Das Buch

»Ein packendes Buch, das jeden unvermeidlich in seinen Bann schlägt. Ein echter Barker.« *The Times, London*

In einem alten Herrenhaus im amerikanischen North Carolina lebt seit über 140 Jahren die Familie von Maddox Barbarossa, der wie alle Barbarossas beinahe unsterblich ist. Befruchtet durch Visionen, die ihm seine Stiefmutter Cesaria schenkt und die ihm erlauben, Schicksale über die Jahre hinweg mitzuerleben, schreibt Maddox an einer Familienchronik. Besonderes Augenmerk schenkt er dabei Rachel Geary, die als armes Mädchen einen Spross der Gearys, einer der reichsten und mächtigsten Familien der USA, geheiratet hat. Denn die Familie Geary und die Barbarossas sind einander schon seit langer Zeit in Hass und in Liebe verbunden. Es war Galileo, der rätselhafte Seefahrer, der nur selten einen Fuß auf festes Land setzt, der im amerikanischen Bürgerkrieg diese gefährliche Allianz stiftete. Da zieht sich Rachel nach einer Fehlgeburt in ein Haus auf Hawaii zurück, das nur den Frauen der Gearys zur Verfügung steht. Dort lernt sie Galileo Barbarossa kennen und beginnt mit ihm eine leidenschaftliche und schicksalshafte Affäre.

Der Autor

Clive Barker wurde 1952 in Liverpool geboren. Neben seinen zahlreichen Romanen, die in viele Sprachen übersetzt wurden, hat er Kurzgeschichten und Drehbücher verfasst und als Illustrator, Regisseur und Filmproduzent gearbeitet. Zuletzt erschien bei Heyne sein Roman *Das Sakrament* (01/10626). Clive Barker lebt in Los Angeles.

CLIVE BARKER

GALILEO

Roman

Aus dem Englischen
von Waltraud Götting

WILHELM HEYNE VERLAG
MÜNCHEN

HEYNE ALLGEMEINE REIHE
Nr. 01/13187

Die Originalausgabe
GALILEE – A Romance
erschien 1998 bei Harper Collins Publishers,
London

Umwelthinweis:
Das Buch wurde auf
chlor- und säurefreiem Papier gedruckt.

Deutsche Erstausgabe 6/2000

Printed in Germany 2000
Umschlagillustration: John Ennis/Agentur Schlück, Garbsen
Umschlaggestaltung: Nele Schütz Design, München
Satz: Pinkuin Satz und Datentechnik, Berlin
Druck und Bindung: Elsnerdruck, Berlin

ISBN 3-453-17425-9

http://www.heyne.de

Für Emilian David Armstrong

Inhalt

GEARY
FAMILIENSTAMMBAUM

»Nub« Nickelberry (Geary)
(* 1839 – † 1909)
verh. mit Bedelia Geary
(* 1848 – † 1889)

Lloyd Sherman Geary
(* 1889 – † 1906)

Laurence Grainger Geary
(* 1873 – † 1946)
⚭
Verna Geary
(* 1877 – † 1958)

William Calloway Geary
(* 1879 – † 1880)

Elizabeth Bedelia Geary
(* 1912 – † 1981)

John Sheldrake Geary
(* 1910 – † 1995)

Eleanor Geary
(* 1903 – † 1986)

Cadmus Northrop Geary
(* 1900 – † 1998)
⚭
1. Katherine »Kitty« Faye Geary
(* 1902 – † 1979)
2. Loretta Talley
(* 1923)

Agnes Victoria Geary
(*†)

Myrna Geary
(*†)

Hudson Geary
(*†)

Richard Emerson Geary
(* 1934)

George Geary
(* 1937 – † 1981)
⚭
Deborah Halford
(* 1938)

Norah Faye Geary
(* 1935)
⚭
Todd Michael Doyle
(* 1931 – † 1987)

Tyler Geary
(* 1968 – † 1987)

Garrison Geary
(* 1957)
⚭
Margaret »Margie« Lexington
(* 1956 – † 1998)

Mitchell Monroe Geary
(* 1967 – † 1998)
⚭
Rachel Pallenberg
(* 1970)

Karen Geary
(* 1972)

BARBAROSSA FAMILIENSTAMMBAUM

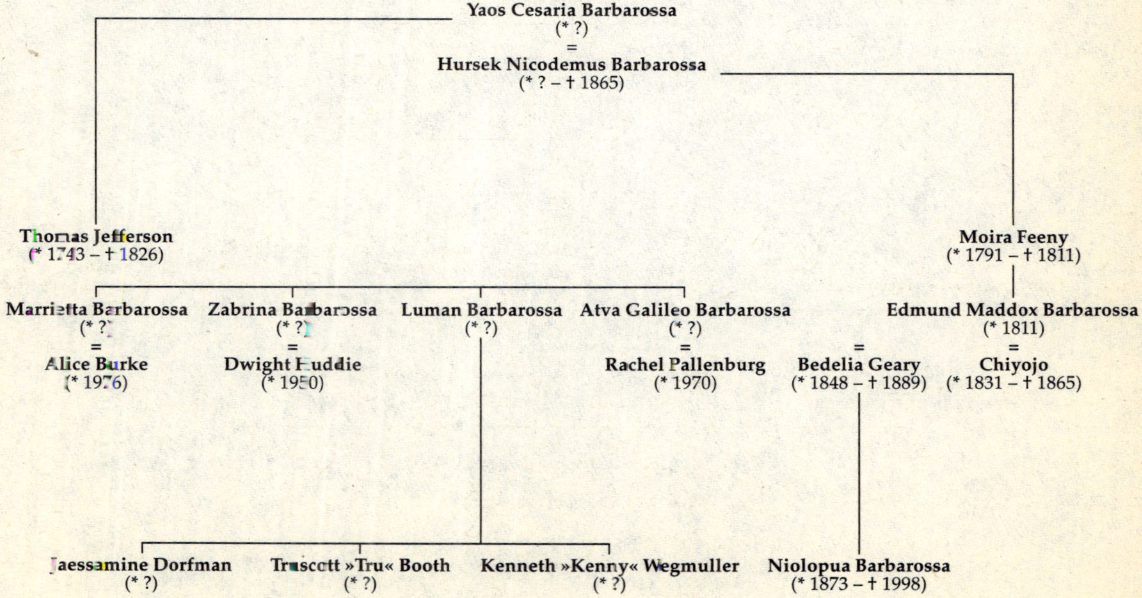

Dank

Zum Glück musste ich diese Reise nicht allein unternehmen. An dieser Stelle möchte ich mich bei den Menschen bedanken, die mich begleitet haben:

Bei Vann Sauls von McGee's Crossroads, North Carolina, für seine Freundschaft, seine geistreichen Ratschläge und sein profundes Wissen, an dem er mich auf unserer gemeinsamen Entdeckungsreise durch North und South Carolina teilhaben ließ. In Folge der Gespräche, die wir während unserer mitternächtlichen Streifzüge durch die Straßen von Charleston und das Waldgebiet bei Bentonville führten, in dem die Truppen der Nord- und der Südstaaten einst so blutig aufeinander geprallt waren, hat dieses Buch viel an Wahrhaftigkeit gewonnen.

Bei Robb Humphreys und Joe Daley, die mir bei den schwierigeren Recherchen behilflich waren und in den Regalen der Bibliotheken mit sicherem Blick diejenigen Bücher entdeckten, in denen sich die kostbarsten Informationsschätze verbargen.

Bei Anna Miller, die gemeinsam mit Robb und Joe unsere Filmproduktionsfirma in Los Angeles leitet. Während ich mich mit Galileo auf hoher See befand, hat sie das Chaos und den Wahnsinn dieser Stadt wie eine erfahrene Dompteurin in Schach gehalten.

Bei Don Mackay, der mir die große Ehre erwies, sich ausnahmsweise von seiner wahren Berufung, der Schauspielerei, ablenken zu lassen, um mein Manuskript abzuschreiben.

Und schließlich bei David John Dodds, der dafür sorgt, dass die Welt, in der ich lebe und arbeite, wie ein Uhrwerk funktioniert – wahrlich keine leichte Aufgabe. Seit dreizehn Jahren ist er mein Freund und der gute Geist, der seine schützende Hand über mich hält. Ohne seine Zuneigung und sein Vertrauen hätte ich das alles nicht schaffen können.

TEIL EINS

Die Zeit, die noch bleibt

I

1

Auf Betreiben meiner Stiefmutter Cesaria Barbarossa wurde das Haus, in dem ich jetzt hier sitze, nach Südosten hin gebaut. Der Architekt – bei dem es sich um keinen Geringeren handelte als den dritten Präsidenten der Vereinigten Staaten, Thomas Jefferson – brachte wiederholt und äußerst vehement seine Einwände gegen ihren Wunsch vor. Die Briefe, in denen er dies tat, liegen hier vor mir auf dem Tisch. Aber sie ließ sich in dieser Frage durch nichts umstimmen. Das Haus sollte in Richtung ihrer ursprünglichen Heimat, nach Afrika hin, blicken, und als ihr Angestellter hatte er sich ihren Anweisungen zu fügen.

Aus dem, was man zwischen den Zeilen ihrer Sendschreiben lesen kann (auch diese befinden sich in meinem Besitz; oder zumindest doch Kopien davon), geht allerdings sehr deutlich hervor, dass er mehr für sie war als ein bezahlter Architekt; und sie mehr für ihn als nur eine halsstarrige Frau mit dem perversen Bedürfnis, ein nach Südosten blickendes Haus im Sumpfland von North Carolina zu bauen. Sie korrespondierten miteinander wie Menschen, die um ein Geheimnis wissen.

Ich selbst kenne auch einige – und es kommt der Glaubwürdigkeit dessen, was nun folgt, sehr zugute, dass ich nicht die geringste Absicht habe, sie für mich zu behalten.

Die Zeit ist gekommen, alles zu erzählen, was ich weiß. Oder aber, falls mich mein Wissen im Stich lässt, alles, was ich herausfinden oder vermuten kann. Und wenn ich mit meinen Vermutungen am Ende bin, alles, was mir zu erfinden möglich ist. Wenn ich meine Sache gut mache, wird es für Sie nicht einmal eine Rolle spielen, was von alledem zutrifft. So wird alles, was auf diesen Seiten Gestalt annimmt, das hoffe ich, zu einer nahtlos ineinander greifenden Ge schichte, in der Taten und Geschicke beschrieben sind, deren Spuren sich über den gesamten Erdball hinziehen. Es werden einige, gelinde gesagt, merkwürdige Ereignisse darunter sein, in Szene gesetzt von irregeleiteten und böswilligen Kreaturen. Aber eines können Sie als gegeben annehmen: Je unwahrscheinlicher die Geschehnisse sind, die ich auf dieser Bühne vor Ihnen in Erscheinung treten lasse, umso eher kann ich den Beweis führen, dass sie sich tatsächlich so ereignet haben. Vermutlich wird das, was ich erfinde, geradezu prosaisch wirken im Vergleich zur Wahrheit. Und wie ich schon sagte, habe ich mir vorgenommen, dafür zu sorgen, dass Sie den Unterschied nicht merken. Ich habe die Absicht, die Elemente meiner Geschichte so geschickt ineinander zu verweben, dass es am Ende keine Rolle mehr für Sie spielt, ob sich ein Ereignis in der realen Welt abgespielt hat, in der Sie sich bewegen, oder aber hier, im Kopf eines Krüppels, der das Haus seiner Stiefmutter niemals wieder verlassen wird.

Dieses Haus, dieses ruhmreiche Haus!

Als Jefferson über dem Entwurf dafür brütete, lag die Pennsylvania Avenue für ihn zwar noch in weiter Ferne, aber er war keineswegs ein Unbekannter. Man schrieb das Jahr 1790, und er war bereits als Verfasser der Unabhängigkeitserklärung ins Rampenlicht der Öffentlichkeit getreten und hatte sich als Gesandter der US-Regierung in Frankreich aufgehalten. Aus seiner Feder waren bedeutende Worte geflossen. Und dieser Mann nahm sich nun neben allen seinen Verpflichtungen in Washington und neben der Arbeit an seinem eigenen Haus die Zeit, der Frau meines Vaters lange Briefe zu schreiben, in denen die sachlichen Belange des Hausbaus und die Regungen seines Herzens aufs Empfindsamste ineinander griffen.

Und als wäre das noch nicht genug des Außergewöhnlichen: Bedenken Sie bitte – Cesaria ist eine schwarze Frau; Jefferson besaß, ungeachtet seiner öffentlich verkündeten demokratischen Überzeugungen, mehr als zweihundert Sklaven. Wie viel Macht musste sie demnach über ihn haben, wenn sie ihn dazu bringen konnte, so hart für sie zu arbeiten? Es ist ein Zeichen ihrer unwiderstehlichen magischen Kräfte – Kräfte, die sie in diesem Fall, wie sie zu betonen pflegte, ›ohne das übliche Juju‹ anwandte. Um es anders auszudrücken: Im Umgang mit Jefferson war sie auf schlichte, liebevolle und sogar unschuldige Weise menschlich. Bei allen ihren Fähigkeiten, eine Menschenseele mit übernatürlichen Kräften zu umgarnen – und sie besaß deren viele –, schätzte sie seine scharfsichtige Klugheit zu sehr, um ihn auf diese Weise hinters Licht zu führen. Wenn er sie verehrte, dann ausschließlich darum, weil sie seiner Wertschätzung würdig war.

Sie nannten das Haus ›L'Enfant‹. Das heißt, sein voller Name lautete, glaube ich, ›L'Enfant de les Carolinas‹. Ich kann nur Vermutungen darüber anstellen, warum sie es so genannt haben.

Dass das Haus einen französischen Namen hat, ist weniger verwunderlich: Sie haben sich in den vergoldeten Salons von Paris kennen gelernt. Aber der Name selbst? Ich habe dazu zwei Theorien zu bieten. Die erste und nahe liegendste ist die, dass das Haus in gewissem Sinne das Produkt ihrer Romanze war, ihr Kind sozusagen, das sie dementsprechend benannt haben. Meine zweite Theorie besagt, dass es ein Kind seines architektonischen Vaters war, nämlich des Wohnhauses von Jefferson in Monticello, auf das dieser Mann fast ein Leben lang seinen genialen Erfindungsreichtum verwendet hat. L'Enfant ist, grob überschlagen, etwa dreimal so groß wie das Haus in Monticello (ich schätze es auf etwas mehr als dreitausend Quadratmeter, während Jeffersons Haus tausend Quadratmeter hat), und es verfügt über eine Reihe kleinerer Nebengebäude im Gegensatz zu dem kompakten Anwesen in Monticello, wo sich Sklaven- und Dienstbotentrakt, Küche und sanitäre Einrichtungen unter demselben Dach wie die Wohnräume befinden. Aber in anderer Hinsicht sind sich die Häuser sehr ähnlich. Beide knüpfen an die Baukunst Palladios an; beiden ist als Eingang ein Doppelportikus vorgebaut, beide haben ein achteckiges Kuppeldach, beide weisen hohe Räume und eine Vielzahl von Fenstern auf, beide sind eher praktisch durchdacht als auf optischen Blickfang ausgerichtet; beide Gebäude offenbaren in meinen Augen ein starkes Vertrauen und eine große Liebe.

In ihrer landschaftlichen Umgebung unterscheiden sie sich allerdings grundlegend. Monticello liegt, wie der Name vermuten lässt, auf einem Berg. L'Enfant befindet sich im Flachland auf einem achtzehn Hektar großen Grundstück, das auf der Südostseite an ein undurchdringliches Sumpfgelände und im Norden an ein hauptsächlich aus Pinien bestehendes Waldgebiet grenzt. Das Haus selbst steht auf einer leichten Erhebung, die es notdürftig vor der alles durchdringenden Feuchtigkeit und der um sich greifenden Fäulnis dieser Gegend schützt, was aber nicht verhindern kann, dass bei schweren Regenfällen die Keller unter Wasser stehen und dass es in den Räumen im Winter bitterkalt und im Sommer unerträglich schwül wird. Nicht dass ich mich beklagen wollte. L'Enfant ist ein außergewöhnliches Haus. Manchmal denke ich, dass es seine eigene Seele hat. Jedenfalls scheint es die Stimmungen seiner Bewohner zu spüren und sich ihnen anzupassen. Ich habe selbst schon erlebt, wie sich, während ich in meinem Arbeitszimmer saß, aus irgendeinem Grund ein schwarzer Gedanke in mein Bewusstsein schlich – und ich schwöre, dass ich spüren konnte, wie sich der Raum dann in Anteilnahme mit mir verdunkelte. Es ist kein physikalischer Vorgang – die Vorhänge schließen sich nicht, die Stockflecken an den Wänden werden nicht größer –, aber dennoch registriere ich eine atmosphärische Veränderung im Raum; als wollte er sich in Gleichklang mit meiner Stimmung versetzen. Genauso verhält es sich an Tagen, an denen ich fröhlich bin oder von Zweifeln geplagt oder einfach nur faul und träge. Vielleicht ist es Jeffersons genialer Geist, der diese Illusion der Anteilnahme bewirkt. Vielleicht ist es auch Cesarias Werk; ihr eigenes Genie, mit dem seinen vereint. Was immer der Grund sein mag, L'Enfant kennt uns. Besser, so denke ich manchmal, als wir uns selbst kennen.

2

Ich bewohne dieses Haus zusammen mit drei Frauen, zwei Männern und einer Reihe von Wesen mit unbestimmbarem Geschlecht.

Die Frauen, das sind natürlich Cesaria und ihre Töchter, meine beiden Halbschwestern Marietta und Zabrina. Die Männer? Der eine ist mein Halbbruder Luman (der nicht eigentlich im Haus wohnt, sondern draußen in einer Baracke auf dem Grundstück) und Dwight Huddie, der als Majordomus, als Koch und als Faktotum fungiert; über ihn werde ich Ihnen später mehr erzählen. Und dann sind da noch, wie schon gesagt, die Undefinierbaren, deren Zahl, wen würde es verwundern, unbestimmt ist.

Wie soll ich Ihnen diese unsichtbaren Wesen am besten erklären? Nicht als Geister – das würde eine allzu fantastische Vorstellung wecken. Es sind einfach namenlose, allein Cesarias Willen gehorchende Arbeitskräfte, die das Haus in Ordnung halten. Sie machen ihre Sache tadellos. Manchmal frage ich mich, ob Cesaria sie schon damals heraufbeschworen hat, als Jefferson hier noch am Werk war, damit er sie mit den Vorzügen und Tücken seines Meisterwerks an Ort und Stelle bekannt machen konnte. Wenn es so war, muss es ein bemerkenswertes Schauspiel gewesen sein: Jefferson, der große Rationalist, der Zahlenmensch, gezwungen zu glauben, was er mit eigenen Augen sah, obwohl sich sein gesunder Menschenverstand heftig gegen die Vorstellung sträubte, dass es solche Wesen – auf Geheiß der Herrin von L'Enfant aus dem Äther hervorgebracht – geben konnte. Wie ich schon sagte, ich weiß nicht, wie viele es sind (vielleicht sechs, vielleicht auch weniger); und ich weiß auch nicht, ob es in Wirklichkeit Cesarias ureigene Schöpfungen sind oder Wesen, die einmal eine Seele und einen freien Willen hatten. Ich weiß nur, dass sie unermüdlich damit beschäftigt sind, das riesige Haus und seine Ländereien einigermaßen in Schuss zu halten, dies aber – wie Bühnenarbeiter am Theater – nur dann tun, wenn wir unseren Blick abwenden. Das mag ein bisschen unheimlich klingen, und vielleicht ist es das auch; ich jedenfalls habe mich daran gewöhnt. Ich mache mir keine Gedanken mehr darüber, wer morgens mein Bett frisch bezieht, während ich mir die Zähne putze, wer meine Hemdknöpfe wieder annäht, wenn sie sich zu lösen beginnen, wer die Risse im Putz ausbessert und wer die Magnolienbäume zurückschneidet. Ich setze als selbstverständlich voraus, dass die Arbeit getan wird und dass den Arbeitern, wer immer sie auch sein mögen, ebenso wenig daran liegt wie mir selbst, Liebenswürdigkeiten auszutauschen.

Einen Hausbewohner sollte ich wohl noch erwähnen, und das ist Cesarias persönlicher Diener. Wie es dazu kam, dass er zu ihrem Herzensgefährten wurde, darüber werde ich an späterer Stelle berichten, wir können uns die Einzelheiten also im Augenblick sparen. Lassen Sie mich nur soviel sagen: Er ist in meinen Augen das traurigste Wesen im ganzen Haus. Und wenn man bedenkt, wie viel Kummer unter diesem Dach wohnt, so will das einiges heißen.

Aber ich will nicht in schwermütigen Gedanken versinken. Fahren wir also fort.

Nachdem ich die menschlichen oder annähernd menschlichen Bewohner von L'Enfant aufgezählt habe, sollte ich vielleicht die Tiere erwähnen. Auf einem Anwesen dieser Größe leben natürlich unzählige wilde Arten. Es gibt Füchse, Stinktiere, Opossums, und daneben tummeln sich hier verwilderte Katzen (entkommen aus der Knechtschaft der Domestizierung irgendwo in Rollins County) und einige Hunde, die im unwegsamen Dickicht Unterschlupf gefunden haben. In den Bäumen wimmelt es Tag und Nacht von Vögeln, und gelegentlich kommt ein Alligator aus den Sümpfen zum Vorschein und sonnt sich auf dem Rasen.

Soweit der normale Teil. Aber zwei Tierarten haben wir hier, deren Anwesenheit nicht ganz so normal ist. Eine davon hat Marietta vor ein paar Jahren ins Haus gebracht, als sie sich in den Kopf gesetzt hatte, drei Hyänenwelpen aufzuziehen. Wie sie an die geraten ist, weiß ich nicht mehr (wenn sie es mir überhaupt je erzählt hat); ich weiß nur, dass sie ihrer Ersatzmutterrolle sehr bald überdrüssig war und die Tiere in die Freiheit entließ. Sie vermehrten sich, inzestuös versteht sich, und inzwischen treibt sich da draußen ein beachtliches Rudel herum. Die zweite Kuriosität ist der Stolz und die Freude meiner Stiefmutter: die Stachelschweine. Sie hält sie seit dem Tage ihres Einzugs hier als Haustiere, und sie sind seitdem prächtig gediehen. Sie leben im Haus, wo sie frei und ungestört umherstreifen, wenn sie es auch im Großen und Ganzen vorziehen, im oberen Stockwerk, in der Nähe ihrer Herrin, zu bleiben.

Als mein Vater noch bei uns war, hatten wir natürlich Pferde – die Ställe waren fürstlich ausgestattet –, aber keines von ihnen überlebte sein Dahinscheiden auch nur um eine Stunde. Selbst wenn sie die Wahl gehabt hätten (was nicht der Fall war), sie hätten nicht weiterleben wollen, nachdem er nicht mehr war; dazu waren sie zu treu ergeben, zu edel. Ich bezweifle, dass es hier auch nur eine einzige andere Tierart gibt, von der man dasselbe sagen könnte. Sie leben notgedrungen mit uns zusammen, solange wir hier sind, aber ich glaube kaum, dass sich große Trauer unter ihnen breit machen würde, wenn wir alle aus dem Leben schieden. Genauso wenig gebe ich mich der Illusion hin, dass sie das Tabu des Hauses lange respektieren würden. Innerhalb weniger Wochen hätten sie es sich hier bequem gemacht: Hyänen in der Bibliothek, Alligatoren im Keller, Füchse in wildem Getümmel unter dem Kuppeldach. Manchmal frage ich mich, ob sie es nicht schon vor sich sehen: ob sie nicht Pläne schmieden für den Tag, an dem es ihnen freisteht, vom Dach bis zu den Grundfesten ihre Kotspuren zu hinterlassen.

II

Meine Zimmerflucht liegt auf der Rückseite des Hauses, vier Räume insgesamt, von denen keiner für seine derzeitige Verwendung entworfen wurde. Mein jetziges Schlafzimmer – und meiner Meinung nach der ansprechendste Raum im ganzen Haus – war ursprünglich das Esszimmer meines verstorbenen Vaters, Hursek Nicodemus Barbarossa, der in all den Jahren, die ich hier verbracht habe, kein einziges Mal mit Cesaria an einem Tisch saß. So ist das Eheleben.

Im angrenzenden Raum, dem Arbeitszimmer, in dem ich jetzt sitze, bewahrte mein Vater früher seine sämtlichen Erinnerungsstücke auf, von denen ein großer Teil auf seinen Wunsch mit ihm begraben wurde, als er starb. Dort befand sich der Schädel des ersten Pferdes, das er besessen hatte, neben einer umfassenden und exotischen Sammlung erotischer Gerätschaften, die im Laufe von Jahrhunderten erfunden worden waren, um den Genuss des wahren Kenners zu steigern. (Er konnte zu jedem dieser Gegenstände eine Geschichte erzählen – eine köstlicher als die andere.) Aber das war noch nicht alles, was er hier hortete.

Da gab es einen Handschuh, der einmal Saladin, dem muslimischen Geliebten von Richard Löwenherz, gehört hatte. Da gab es eine für ihn angefertigte chinesische Zeichnung, die, wie er mir einmal erzählte, die Geschichte der Welt darstellte (obwohl sie für meinen Laienblick aussah wie eine ganz gewöhnliche Landschaft, durch die sich ein Fluss dahinschlängelt); daneben waren Dutzende von Darstellungen der männlichen Genitalien vorhanden – Lingam, Jadeflöte, Aronstab (oder, wie mein Vater es vorzugsweise auszudrücken pflegte: *Il Santo Membro,* das heilige Glied) –, von denen einige meiner Überzeugung nach von seinen eigenen Priestern geschnitzt oder gemeißelt worden waren und damit die männliche Potenz symbolisierten, der ich mein Dasein zu verdanken habe. Ein paar dieser Objekte stehen heute noch hier auf meinen Regalen. Sie finden das vielleicht merkwürdig oder sogar etwas geschmacklos … und ich bin nicht einmal sicher, ob ich Ihnen da widersprechen würde. Aber er war ein Mensch mit starken sexuellen Neigungen, und diese Statuetten, so grob sie auch sein mögen, vermitteln ein deutlicheres Bild von ihm als ein Buch über sein Leben oder tausend Fotografien.

Abgesehen davon ist es nicht das einzige, was die Regale enthalten. Ich habe hier im Laufe der Jahrzehnte eine riesige Bibliothek zusammengetragen. Obwohl ich nur Englisch, Französisch und ziemlich holprig Italienisch spreche, verstehe ich doch hebräische, lateinische und griechische Texte, und so umfasst meine Sammlung zum Teil sehr alte Bücher, die voll geheimen Wissens sind. Wenn man so viel Zeit zur Verfügung hat, wie ich sie hatte, geht die Wissbegierde rätselhafte Wege. In gelehrten Kreisen würde ich vermutlich als unangefochtener Fachmann in einigen Dingen gelten, an die ein Mensch, der ein reales Leben zu leben hat – mit Kindern, Steuerforderungen, Liebe und allem, was dazugehört –, keinen Gedanken verschwendet.

Wäre mein Vater hier, er würde meine Büchersammlung nicht gutheißen. Er wollte nicht, dass ich lese. Es erinnerte ihn, wie er mir immer wieder sagte, daran, wie er meine Mutter verloren hatte. Eine Bemerkung übrigens, die ich bis zum heutigen Tag nicht verstehe. Das einzige Werk, das zu studieren er mir empfahl, war das Buch mit zwei Seiten, das sich zwischen den Schenkeln einer Frau öffnet. Ich bekam als Kind weder Tinte und Feder noch Papier von ihm; was aber, weil es mir verboten war, nur zur Folge hatte, dass ich diese Dinge umso dringender haben wollte. Meine wahre Ausbildung sollte nach seinem unerschütterlichen Beschluss die Kunst der Pferdezucht sein, der – neben dem Sex – seine zweite große Leidenschaft galt.

Als junger Mann bin ich in seinem Auftrag in der Welt herumgereist, habe Pferde gekauft und verkauft und die Verschiffung der Tiere zu den Stallungen hier auf L'Enfant in die Wege geleitet; und ich habe wie er gelernt, ihr Wesen einzuschätzen. Ich machte meine Sache gut, und das Herumreisen machte mir Spaß. Und auf einer dieser Reisen lernte ich dann auch Chiyojoi kennen, meine verstorbene Frau, und brachte sie hier in dieses Haus, um eine Familie mit ihr zu gründen. Alle meine süßen Hoffnungen wurden jedoch unseligerweise zunichte gemacht durch eine Kette tragischer Ereignisse, die im Tod meiner Frau und meines Vaters gipfeln sollten.

Aber ich greife meiner Geschichte voraus. Ich war dabei, von diesem Raum zu erzählen und von den Dingen, die er beherbergte, als er noch von meinem Vater bewohnt wurde: den Phalli, der chinesischen Zeichnung, dem Pferdeschädel. Was gab es noch? Lassen Sie mich überlegen. Da war eine Glocke (er nahm sie mit ins Grab), von der er behauptete, dass ein Leprakranker sie geläutet habe, nachdem er bei der Kreuzigung Christi von seinen Leiden geheilt worden sei, und ein Ding steht dort, nicht größer als der Humidor, in dem ich meine Havannas aufbewahre, das jedes Mal, wenn man es berührt, eine eigenartige, klagende Melodie von sich gibt, einen Ton, der so menschlich klingt, dass man tatsächlich glauben könnte, im Innern dieses versiegelten Kästchens verberge sich ein lebendiger Mechanismus, wie mein Vater immer behauptet hat.

Es steht Ihnen im Übrigen frei, von solchen Behauptungen zu halten, was immer Sie wollen. Mein Vater ist zwar schon seit einhundertvierzig Jahren tot, aber ich werde mich hüten, ihn schwarz auf weiß einen Lügner zu nennen. Männer wie mein Vater können sehr ungemütlich werden, wenn man ihre Geschichten anzweifelt, und auch wenn er tot ist, bin ich nicht restlos überzeugt, dass mich sein Zorn nicht mehr erreichen könnte.

Jedenfalls ist es ein schönes Zimmer. Da ich nun einmal gezwungen bin, hier den größten Teil des Tages zu sitzen, sind mir seine Formen und räumlichen Details inzwischen in allen Feinheiten vertraut, und würde Jefferson jetzt vor mir stehen, so würde ich zu ihm sagen: Sir, ich kann mir kein glücklicheres Gefängnis vorstellen; und auch keines, das besser geeignet wäre, meinen trägen Geist zu Höhenflügen anzuregen.

Wenn ich aber, mit einem Buch in den Händen hier sitzend, so glücklich bin, warum, so werden Sie vielleicht fragen, habe ich mich dann entschlossen, zur Feder zu greifen und etwas zu Papier zu bringen, das sich unweigerlich als tragische Geschichte erweisen muss? Warum quäle ich mich so, wenn ich doch ebenso gut auf den Balkon hinausrollen und mit einem Werk von Thomas von Aquin im Schoß dort sitzen und über das zarte Leben der Mimosen nachsinnen könnte?

Es gibt zwei Gründe. Der eine ist meine Halbschwester Marietta.

Und das kam so. Vor ungefähr zwei Wochen betrat sie mein Zimmer (wie üblich ohne anzuklopfen), nahm sich ein Glas Gin, wie üblich ohne zu fragen, und sagte, nachdem sie unaufgefordert in dem Sessel Platz genommen hatte, in dem mein Vater immer zu sitzen pflegt: »Eddie ...«

Sie weiß, dass ich es hasse, wenn man mich Eddie nennt. Mit vollem Namen heiße ich Edmund Maddox Barbarossa. Edmund ist in Ordnung; Maddox ist auch in Ordnung; in jüngeren Jahren haben mich die Leute sogar ›der Ochs‹ gerufen, und ich fand auch das nicht beleidigend. Aber *Eddie?* Ein Eddie kann laufen. Ein Eddie kann mit einer Frau schlafen. Ich bin kein Eddie.

»Warum tust du das immer?« fragte ich sie.

Sie ließ sich tiefer in den knarrenden Sessel sinken und lächelte mich boshaft an. »Weil es dich ärgert«, antwortete sie. Eine für Marietta typische Entgegnung, könnte man sagen. Sie kann die Durchtriebenheit in Person sein, obwohl man nie auf eine solche Idee kommen würde, wenn man sie so betrachtet. Ich will hier nicht ihr Loblied singen (Komplimente erhält sie ohnehin viel zu viele von ihren Freundinnen), aber sie ist eine überwältigend schöne Frau. Wenn sie lächelt, sehe ich das Lächeln meines Vaters; die schiere genießerische Lust darin ist ein Spiegelbild seines Wesens. In entspannten Augenblicken ist sie Cesarias Tochter; mit trägen Lidern, erfüllt von einer ruhigen Selbstsicherheit, ihr Blick, sofern er länger als einen kurzen Moment auf einem ruht, fast physisch greifbar. Sie ist kein groß gewachsenes Geschöpf, meine Marietta – etwas größer als einen Meter fünfzig ohne Schuhe –, und wie sie so mit diesem töricht-süßen Lächeln im Gesicht in dem mächtigen Sessel versank, wirkte sie fast wie ein Kind. Es war nicht schwer, sich meinen Vater dort vorzustellen, wie er sie in seinen kraftvollen Armen wiegte. Vielleicht hatte sie, in seinem Sessel sitzend, dieselbe Vorstellung. Vielleicht war es diese Erinnerung, die sie veranlasste, zu sagen:

»Bist du in letzter Zeit irgendwie traurig? Ich meine, *besonders* traurig?«

»Was soll das heißen – besonders traurig?«

»Na ja, ich weiß, wie du hier vor dich hin brütest …«

»Ich brüte nicht vor mich hin.«

»Du igelst dich hier ein.«

»Ich tue es aus freien Stücken. Ich bin nicht unglücklich.«

»Ehrlich nicht?«

»Ich habe hier alles, was ich brauche. Meine Bücher. Meine Musik. Und wenn ich gar nicht weiß, was ich tun soll, habe ich immer noch meinen Fernseher. Ich weiß sogar, wie man ihn einschaltet.«

»Du fühlst dich also nicht deprimiert? Niemals?«

Da sie mich so hartnäckig bedrängte, ließ ich mir ihre Frage noch einmal durch den Kopf gehen. »Wenn ich es mir recht überlege, hatte ich wohl in letzter Zeit ab und zu eine melancholische Anwandlung«, räumte ich ein. »Nichts, das ich nicht abschütteln konnte, aber …«

»Ich hasse diesen Gin.«

»Es ist englischer.«

»Er ist bitter. Warum muss es unbedingt englischer Gin sein? Der Stern des Empire ist schon vor langer Zeit untergegangen.«

»Ich mag den bitteren Beigeschmack.«

Sie verzog das Gesicht. »Wenn ich das nächste Mal in Charleston bin, bringe ich dir einen wirklich guten Brandy mit«, sagte sie.

»Brandy wird im Allgemeinen überschätzt«, bemerkte ich.

»Er ist gut, wenn man ein bisschen Kokain darin auflöst. Hast du das schon mal probiert? Es gibt einen angenehmen Kick.«

»In Brandy aufgelöstes Kokain?«

»Es geht runter wie Butter, und man hat am nächsten Morgen nicht diese grauen Popel in der Nase.«

»Ich brauche kein Kokain, Marietta. Ich komme ganz gut mit meinem Gin klar.«

»Aber von Schnaps wird man müde.«

»Und?«

»Und du wirst es dir nicht leisten können, so viel zu schlafen, wenn du dich erst einmal an die Arbeit gemacht hast.«

»Ist mir hier irgendetwas entgangen?«

Sie erhob sich, füllte ungeachtet ihrer Abneigung gegen meinen englischen Gin ihr Glas ein zweites Mal und baute sich hinter mir auf. »Soll ich dich auf den Balkon schieben?«

»Ich wünschte, du würdest endlich zur Sache kommen.«

»Ich dachte, ihr Engländer liebt es, um den heißen Brei herumzureden?« entgegnete sie, indem sie meinen Stuhl zurückzog und um den Schreibtisch zur Balkontür rollte. Beide Flügel waren weit geöffnet – bevor Marietta eingetreten war, hatte ich hier gesessen und den Duft der Abendluft genossen. Sie schob mich auf den Balkon hinaus.

»Vermisst du England?« fragte sie mich.

»Das ist wirklich eine merkwürdige Unterhaltung ...«, bemerkte ich.

»Es ist eine einfache Frage. Du musst es doch manchmal vermissen.«

(Ich sollte vielleicht erwähnen, dass meine Mutter, eine der zahlreichen Geliebten meines Vaters, Engländerin war.)

»Es ist lange her, dass ich in England war. Ich erinnere mich nur noch im Traum daran.«

»Schreibst du deine Träume auf?«

»Oh ...«, sagte ich. »Jetzt verstehe ich. Wir reden schon wieder über das Buch.«

»Es ist an der Zeit, Maddox«, erklärte sie so ernst, wie ich sie schon lange nicht mehr erlebt hatte. »Uns bleibt nicht mehr viel Zeit.«

»Wer sagt das?«

»Ach, um Himmels willen, benutz deine Augen. Irgendetwas verändert sich, Eddie. Es ist kaum merklich, aber es ist überall. In den Mauern. In den Blumen. Im Boden. Ich bin bei den Ställen spazieren gegangen, wo wir Paps beerdigt haben, und ich schwöre dir, ich spürte, wie die Erde gebebt hat.«

»Du sollst doch nicht dorthin gehen.«

»Lenk nicht vom Thema ab. Darin bist du wirklich groß, besonders wenn es dir darum geht, dich vor deinen Verpflichtungen zu drücken.«

»Seit wann ist es ...«

»Du bist der Einzige in der Familie, der das alles aufschreiben kann, Eddie. Du hast hier alle Aufzeichnungen, alle Tagebücher. Du bekommst immer noch Briefe von du-weißt-schon-wem.«

»Drei in den letzten vierzig Jahren. Das ist wohl kaum eine rege Korrespondenz. Und nenn ihn um Himmels willen bei seinem Namen, Marietta.«

»Warum sollte ich? Ich hasse den kleinen Bastard.«

»Genau das ist er ganz sicher nicht, Marietta. Warum trinkst du jetzt nicht einfach deinen Gin aus und lässt mich in Ruhe?«

»Ist deine Antwort also *nein*, Eddie?«

»Dieses Wort hörst du nicht oft, wie?«

»*Eddie ...*«, schmeichelte sie mit gekünsteltem Lächeln.

»Marietta, Schatz. Ich werde mein Leben nicht umkrempeln, nur weil du wünschst, dass ich die Familiengeschichte aufschreibe.«

Sie warf mir einen scharfen Seitenblick zu, trank ihren Gin in einem Zug aus und stellte das Glas auf der Balkonbrüstung ab. Die Präzision ihrer Bewegung und die kleine Pause, die sie einlegte, bevor sie sprach, verrieten mir, dass ihr der Text für ihren Abgang schon auf der Zunge lag. Sie hat ein feines Gespür für das Theatralische, meine Marietta.

»Du willst dein Leben nicht umkrempeln? Sei doch nicht so furchtbar pathetisch. Du *hast* kein Leben, Eddie. Und genau aus diesem Grund musst du das Buch schreiben. Wenn du es nicht tust, wirst du sterben, ohne auch nur ein einziges verdammtes Ding zustande gebracht zu haben.«

III

1

Natürlich wusste sie, dass das nicht stimmte. Ich habe gelebt, zum Teufel mit ihr! Vor meinem Unfall war ich fast ebenso abenteuerlustig wie Nicodemus. Oder nein, ich nehme das zurück. Im Gegensatz zu ihm war ich nie besonders interessiert an den erotischen Abenteuern, die sich mir auf meinen Reisen geboten hätten. Er kannte alle großen Bordelle Europas in- und auswendig; ich zog es vor, durch die Kathedralen zu schlendern oder mich in irgendeiner Bar sinnlos zu betrinken. Der Alkohol ist eine meiner Schwächen, keine Frage, und meine Trinkgewohnheiten haben mich mehr als einmal in Schwierigkeiten gebracht. Außerdem bin ich durch sie fett geworden. Es ist natürlich nicht einfach, schlank zu bleiben, wenn man im Rollstuhl sitzt. Der Hintern geht in die Breite, die Taille verliert ihre Form; und, Herrgott, mein Gesicht, das früher einmal so wohlgeformt war, dass ich in jede beliebige Gesellschaft marschieren konnte und die freie Auswahl unter den anwesenden Frauen hatte, ist mittlerweile teigig und aufgedunsen. Nur in meinen Augen erkennt man vielleicht noch eine Spur der Anziehungskraft, die früher einmal von mir ausstrahlte. Alles andere an mir ist zum Teufel gegangen.

Wahrscheinlich geht es früher oder später jedem so. Sogar Marietta, die eine reinblütige Barbarossa ist, meint im Laufe der Jahre kaum merkliche Anzeichen des Älterwerdens an sich festgestellt zu haben; bei ihr geht es nur viel, viel langsamer als bei einem menschlichen Wesen. Alle zehn Jahre ein graues Haar ist noch kein Anlass zum Jammern, sage ich zu ihr, zumal sie ansonsten von der Natur so verschwenderisch bedacht worden ist: Sie hat Cesarias makellose Haut (wenn auch weder sie noch Zabrina so tiefschwarz ist wie ihre Mutter) und Nicodemus' natürliche, unbefangene Art der Bewegung. Abgesehen davon teilt sie meine maßlose Lust am Trinken, was bisher jedoch spurlos an ihrer Taille und ihren Hüften vorübergegangen ist. Ich schweife vom Thema ab; wieder einmal. Wie bin ich bloß auf Mariettas Hüften gekommen? Ach ja, ich habe von den Reisen erzählt, die ich im Auftrag meines Vaters unternommen habe. Es war wunderbar. Natürlich stand ich in diesen Jahren oft genug bis zu den Knöcheln im Stallmist, aber ich habe auch einige der vielen Herrlichkeiten unseres Planeten gesehen: die Steppenlandschaft der Mongolei, die nordafrikanischen Wüstengebiete, die andalusischen Niederungen. Nehmen Sie also, darum bitte ich Sie, zur Kenntnis, dass es nicht immer so war wie heute, da ich auf die Rolle des Voyeurs beschränkt bin. Ich schreibe nicht als Theoretiker, salbadere nicht über den Zustand einer Welt, die ich nur aus meinen Zeitungen und vom Bildschirm meines Fernsehers kennen würde.

Später, wenn ich tiefer in die Geschichte eindringe, werde ich sie sicher würzen mit den Dingen, die ich beobachtet habe, den Menschen, die mir begegnet sind. Lassen Sie mich für den Augenblick aber erst einmal über England reden, das Land, in dem ich gezeugt wurde. Meine leibliche Mutter war eine Frau namens Moira Feeney, und obwohl sie schon kurz nach meiner Geburt an einer Krankheit starb, deren Natur ich nie so recht verstanden habe, verbrachte ich die ersten sieben Jahre meines Lebens in ihrem Heimatland, und zwar unter der Obhut ihrer Schwester Gisela. Ich führte damals beileibe kein verhätscheltes Dasein; Gisela war außer sich vor Zorn, als sie feststellte, dass der Vater des Kindes ihrer Schwester nicht die Absicht hatte, uns in seine heiligen Kreise einzuführen, und anstatt die ansehnlichen Summen anzunehmen, die er ihr als Hilfe für meinen Unterhalt anbot, wies sie voller Stolz – und Torheit – jegliche Unterstützung zurück. Und sie weigerte sich auch, ihn zu treffen. Erst nachdem auch Gisela tot war (sie wurde, irgendwie merkwürdig, wenn ich darüber nachdenke, vom Blitz erschlagen), trat mein Vater in mein Leben und nahm mich mit auf seine Reisen. In den darauf folgenden fünf Jahren waren wir in einer Reihe bemerkenswerter Häuser zu Gast, bei irgendwelchen bedeutenden Männern, die den Rat meines Vaters als Pferdezüchter einholen wollten (und der Himmel weiß, in welchen Angelegenheiten sonst noch; ich vermute, dass er hinter den Kulissen die Geschicke von Nationen lenkte). Aber bei allem Glanz dieser Jahre – zwei Sommer in Granada, ein Frühling in Venedig und so vieles, woran ich mich nicht mehr erinnern kann – sind es meine Jahre bei Gisela in Blackheath, zu denen ich in Gedanken am liebsten zurückkehre. Die milden Jahreszeiten damals; und meine sanftmütige Menschentante und Milch und Regen und der Pflaumenbaum hinter dem Haus, von dessen höchsten Ästen aus ich das Kuppeldach von St. Paul's sehen konnte.

Ich erinnere mich noch ganz genau, wie es war, auf diesen knorrigen Ästen zu sitzen, wo ich Stunde um Stunde müßig verweilen konnte und mich von Reimen und Liedern in einen glücklichen Trancezustand versetzen ließ. Einen dieser Reime habe ich bis heute nicht vergessen.

Mir scheint, ich bin,
mir scheint, ich wurde
mir scheint, ich werde
geboren, weil
mir scheint, ich bin,
mir scheint, ich wurde,
mir scheint, ich werde
geboren, weil …

Und so weiter und immer so weiter. Marietta hat Recht, ich *vermisse* England tatsächlich, und ich tue, was ich kann, um die Erinnerung daran wach zu halten. Englischer Gin, englische Ausdrucksweise, englische Melancholie. Aber das England, nach dem ich mich sehne, das England, von dem ich träume, wenn ich in meinem Stuhl vor mich hin döse, gibt es nicht mehr. Es war nur der Blick eines glücklichen Kindes, aus einem alten Pflaumenbaum. Beide sind schon vor langer Zeit in die Geschichte eingegangen. Trotzdem ist dies der *zweite* Grund, aus dem ich dieses Buch schreibe. Ich hoffe, dass mich die Flut der Erinnerungen, wenn ich deren Schleusen öffne, zumindest für kurze Zeit zu den Wonnen meiner Kindheit zurückträgt.

2

Ich sollte Ihnen ganz kurz berichten, was hier an dem Tag los war, als ich Marietta erzählte, dass ich mit dem Buch begonnen hatte, weil Sie dann besser verstehen werden, was es bedeutet, in diesem Haus zu leben. Ich saß auf meinem Balkon, um mich herum die Vögel (es sind elf an der Zahl – Kardinalvögel, Ammern, Soldatenstärlinge –, die immer wieder kommen, mir aus der Hand fressen und dann noch verweilen, um mir etwas vorzusingen), und während ich sie fütterte, hörte ich von unten herauf einen heftigen Streit zwischen ihr und meiner zweiten Halbschwester, Zabrina, mit an. Soweit ich es verstehen konnte, legte Marietta ihr gewohntes herrisches Wesen an den Tag, während Zabrina – die den anderen Hausbewohnern meist aus dem Weg geht und, wenn sie zufällig einem von uns begegnet, nicht viel sagt – ihr zur Abwechslung einmal nachdrücklich Kontra gab. Der Punkt, um den es bei diesem Wortwechsel ging, war folgender: Marietta hatte offensichtlich in der vergangenen Nacht ihre Geliebte mitgebracht, und die Besucherin hatte sich als kleine Spionin erwiesen. Sie war in der Nacht, während Marietta schlief, aufgestanden und im Haus umhergewandert – und hatte dabei etwas gesehen, das nicht für ihre Augen bestimmt war.

Nun befand sie sich wohl in einem Zustand höchster Erregung, und Marietta, der allmählich der Geduldsfaden riss, versuchte Zabrina mit Engelszungen zu überreden, eine Süßigkeit zusammenzubrauen, deren Ingredienzien die Erinnerung der Frau an das Erlebte auslöschen sollten. Dann könnte Marietta sie nach Hause bringen, und die ganze unschöne Angelegenheit wäre vergessen.

»Ich habe dir schon beim letzten Mal gesagt, dass ich es *nicht gut* finde …« Zabrina hat normalerweise eine hohe, dünne Stimme; jetzt klang sie ausgesprochen schrill.

»*Herrgott*«, seufzte Marietta gereizt, »sei doch nicht so selbstgerecht.«

»Du weißt genau, dass du keine gewöhnlichen Menschen mit ins Haus bringen sollst«, fuhr Zabrina fort. »Wenn du es doch tust, forderst du die Probleme geradezu heraus.«

»Diese Frau ist etwas Besonderes«, warf Marietta ein.

»Warum willst du dann, dass ich ihre Erinnerung auslösche?«

»Weil ich befürchte, dass sie den Verstand verliert, wenn du es nicht tust.«

»Was hat sie gesehen?«

Darauf folgte eine kurze Pause. »Ich weiß es nicht«, gestand Marietta schließlich. »Sie ist so außer sich, dass sie nur wirres Zeug redet.«

»Wo hast du sie gefunden?«

»Auf der Treppe.«

»Sie hat doch nicht etwa Mama gesehen?«

»Nein, Zabrina. Sie hat Mama nicht gesehen. Wenn sie Mama gesehen hätte …«

»Dann wäre sie tot.«

»… dann wäre sie tot.«

Wieder entstand eine Pause. Schließlich ergriff Zabrina wieder das Wort: »*Wenn* ich es tue …«

»Ja?«

»*Quid pro quo.*«

»Das ist zwar nicht sehr schwesterlich«, brummte Marietta, »aber na schön: *Quid pro quo.* Was verlangst du?«

»Ich weiß es noch nicht«, entgegnete Zabrina. »Aber mir fällt schon etwas ein, mach dir keine Gedanken. Und es wird dir nicht gefallen. Dafür werde ich sorgen.«

»Das ist sehr kleinlich von dir«, bemerkte Marietta.

»Hör zu – willst du, dass ich es tue oder nicht?«

Marietta zögerte einen Augenblick, dann sagte sie: »Sie ist in meinem Schlafzimmer. Ich musste sie am Bett festbinden.«

Zabrina kicherte.

»Das ist nicht komisch.«

»Sie sind *alle* komisch«, gab Zabrina zurück. »Schwach im Kopf, schwach im Herzen. Du wirst nie jemanden finden, mit dem du wirklich zusammen sein kannst. Und das weißt du auch, nicht wahr? Es ist unmöglich. Wir sind auf uns allein gestellt, bis zum bitteren Ende.«

Eine Stunde später etwa tauchte Marietta bei mir auf. Sie sah aschfahl aus; ihre grauen Augen blickten tiefbetrübt.

»Du hast unsere Unterhaltung gehört«, bemerkte sie. Ich machte mir nicht die Mühe, darauf zu antworten. »Manchmal könnte ich dieses Miststück schlagen. Und zwar richtig. Nicht, dass sie es überhaupt spüren würde, diese fette Kuh.«

»Du kannst es bloß nicht ertragen, jemandem etwas schuldig zu sein.«

»Bei dir würde es mir nichts ausmachen«, entgegnete sie.

»Ich zähle nicht.«

»Da hast du wohl Recht«, gab sie zurück. Dann bemerkte sie meinen Gesichtsausdruck. »Was habe ich denn *jetzt* wieder gesagt? Ich habe dir nur zugestimmt, Herrgott noch mal! Warum sind hier alle so verdammt *empfindlich?*« Sie trat an meinen Schreibtisch und studierte den Inhalt der Ginflasche. Es war nur noch ein winziger Schluck übrig. »Hast du noch welchen?«

»Im Wandschrank im Schlafzimmer steht noch eine halbe Kiste.«

»Hast du etwas dagegen, wenn ich …?«

»Bitte, bedien dich.«

»Weißt du, wir sollten öfter miteinander reden, Eddie!« rief sie über die Schulter zurück, während sie nach dem Gin suchte. »Uns gegenseitig besser kennen lernen. Mit Dwight verbindet mich nichts, und Zabrina hat seit Monaten eine unerträgliche Laune. Sie ist so dick geworden in letzter Zeit, Eddie. Hast du sie gesehen? Ich meine, sie ist wirklich abstoßend fett.«

Auch wenn Zabrina und Marietta übereinstimmend darauf bestehen, dass sie sehr verschieden sind – was in vieler Hinsicht der Wahrheit entspricht –, ähneln sie sich doch in ein paar wesentlichen Punkten sehr. Im Grunde ihres Herzens sind beide Frauen eigenwillige, halsstarrige, zwanghafte Personen. Aber während Marietta, die elf Jahre jünger ist als Zabrina, sich immer viel auf ihre Sportlichkeit eingebildet hat und so schlank ist, wie es eine Frau, die noch über gewisse weibliche Rundungen verfügt, überhaupt sein kann, hat es Zabrina schon vor Jahren aufgegeben, gegen ihren unbändigen Appetit auf Krokantpralinen und Karamelltörtchen anzukämpfen. Manchmal entdecke ich sie von meinem Fenster aus, wie sie mit ihrer rundlichen Gestalt über den Rasen wandert. Als ich sie das letzte Mal gesehen habe, muss sie mindestens hundertfünfzig Kilo gewogen haben. (Wir sind hier, wie Sie inzwischen sicher selbst zu merken beginnen, ein Häuflein zutiefst verwundeter Seelen. Aber glauben Sie mir, wenn Sie unsere Lebensumstände erst einmal besser kennen gelernt haben, werden Sie sich wundern, dass wir unseren Alltag überhaupt noch so meistern, wie wir es tun.)

Marietta war mit einer Flasche Gin zurückgekehrt und schraubte jetzt den Verschluss ab, um sich eine großzügige Ration einzuschenken.

»Warum hortest du all diese Kleider in deinem Schrank?« erkundigte sie sich, während sie einen kräftigen Schluck nahm. »Das meiste davon wirst du ohnehin nie tragen.«

»Ich nehme an, das soll heißen, dass du ein Auge auf ein bestimmtes Stück geworfen hast.«

»Das Smoking-Jackett.«

»Nimm es dir.«

Sie beugte sich zu mir herunter und küsste mich auf die Wange. »Ich habe dich all die Jahre unterschätzt«, sagte sie und ging in mein Schlafzimmer zurück, um das Jackett an sich zu nehmen, bevor ich es mir am Ende anders überlegte.

»Ich habe mich entschlossen, das Buch zu schreiben«, erklärte ich, als sie wieder ins Zimmer zurückkam.

Sie warf das Jackett in Nicodemus' Sessel und tanzte geradezu vor Begeisterung. »Das ist ja wunderbar!« rief sie.

»O mein Gott, Eddie, was werden wir für einen *Spaß* haben.«

»Wir?«

»Ja, *wir*. Ich meine, du schreibst natürlich das meiste davon, aber ich werde dir helfen. Es gibt eine Menge Dinge, die du nicht weißt. Kompromittierende Dinge über Cesaria, die sie mir erzählt hat, als ich noch klein war.«

»Vielleicht solltest du deine Stimme ein wenig dämpfen.«

»Sie kann mich nicht hören. Sie verlässt in letzter Zeit nie ihre Räume.«

»Wir wissen nicht, was sie hören kann und was nicht«, warf ich ein. Wenn man gewissen Gerüchten Glauben schenken durfte, hatte sie Jefferson veranlasst, das Gebäude so anzulegen, dass man in ihren Zimmern (in die übrigens weder ich noch Marietta je einen Fuß gesetzt haben) sämtliche Geräusche aus dem Haus hören konnte. Die Geschichte mag frei erfunden sein, aber man weiß ja nie! Obwohl es viele Monate her ist, dass ich die Frau zum letzten Mal gesehen habe, kann ich sie mir ohne weiteres vorstellen, wie sie in ihrem Boudoir sitzt und ihre Kinder und die Kinder ihres Mannes belauscht, die leise weinend vor sich hin leiden und allmählich den Verstand verlieren. Wahrscheinlich macht es ihr Spaß.

»Und wenn schon – soll sie mich doch hören. Sie sollte froh sein, dass wir uns einer solchen Mühe unterziehen. Wir schreiben schließlich die Geschichte der Barbarossas. Es wird sie unsterblich machen.«

»Wenn sie das nicht schon ist.«

»O nein ... sie wird alt. Zabrina sieht sie ständig, und sie sagt, dass die Kräfte der alten Hexe nachlassen.«

»Das kann ich mir nur schwer vorstellen.«

»Nur wegen Zabrinas Bemerkung kam ich auf die Idee mit unserem Buch.«

»Es ist nicht *unser* Buch«, berichtigte ich sie. »Wenn ich es schreibe, dann tue ich es auf meine Weise. Was bedeutet, dass es nicht nur eine Geschichte der Barbarossas sein wird.«

Sie leerte ihr Glas mit einem Zug. »Ich verstehe«, sagte

sie mit einem Anflug von Kälte in der Stimme. »Und was wird es dann sein?«

»Nun, ich werde über die Familie schreiben. Aber ich werde auch über die Gearys berichten.«

In finsteres Schweigen gehüllt starrte sie aus dem Fenster auf die Stelle, an der ich mit den Vögeln zu sitzen pflege. Es dauerte eine ganze Minute, bis sie sich überwinden konnte, ihr Schweigen zu brechen. »Wenn du über die Gearys schreibst, will ich mit dem verdammten Ding nichts zu tun haben.«

»Wie soll ich ein Buch …«

»Und mit dir im Übrigen auch nicht.«

»*Lass mich ausreden*, hörst du? Wie soll ich ein Buch über unsere Familie schreiben – und vor allem über die jüngere Geschichte unserer Familie –, ohne die Gearys zu erwähnen?«

»Sie sind Abschaum, Eddie. *Menschlicher Abschaum*. Und bösartig. Alle, wie sie da sind.«

»Das ist nicht wahr, Marietta. Und selbst wenn es so wäre, kann ich es nur noch einmal sagen: Was für eine verlogene Geschichte wäre dieses Buch, wenn wir darin die Gearys nicht erwähnen?«

»Na schön. Du kannst sie ja einfach so *am Rande* erwähnen.«

»Sie sind ein Teil unseres Lebens.«

»Von meinem ganz bestimmt nicht«, brauste sie auf. Aber als sich unsere Blicke kreuzten, stellte ich fest, dass sie eher bekümmert war als wütend. Mein Wunsch, die Geschichte auf diese Weise zu erzählen, machte mich in ihren Augen zum Verräter. Sie wog ihre nächsten Worte sorgfältig ab, wie ein Anwalt, der zum alles entscheidenden Plädoyer ansetzt.

»Dir ist doch sicher klar, dass die Menschen da draußen ohne dieses Buch vielleicht nie etwas über unsere Familie erfahren würden …«

»Ein Grund mehr …«, fiel ich ihr entschieden ins Wort.

»Jetzt lass du *mich* ausreden. Wenn ich zu dir gekommen bin und dir vorgeschlagen habe, dieses verdammte Buch zu schreiben, dann deshalb, weil ich das sichere Gefühl hatte –

weil ich das sichere Gefühl *habe* –, dass uns nicht mehr viel Zeit bleibt. Und mein Instinkt hat mich noch selten getrogen.«

»Das ist mir klar«, entgegnete ich leise. Marietta besitzt prophetische Kräfte, ohne Frage. Das hat sie von ihrer Mutter.

»Vielleicht sieht sie *darum* so mitgenommen aus in letzter Zeit«, fuhr Marietta fort.

»Weil sie dasselbe spürt wie du?«

Sie nickte. »Die arme Alte«, sagte sie leise. »Und das ist ein weiterer Punkt, den es zu bedenken gilt. Cesaria. Sie hasst die Gearys noch mehr als ich. Sie haben ihr ihren geliebten Galileo weggenommen.«

Ich schnaubte erbost angesichts dieses Unsinns. »Das ist genau die rührselige Legende, die ich als erstes aus der Welt schaffen werde«, erklärte ich.

»Du glaubst also nicht, dass sie ihn in ihre Gewalt gebracht haben?«

»Ganz und gar nicht. Ich weiß besser als irgendein anderes lebendes Wesen, was in der Nacht seines Verschwindens passiert ist. Und ich werde erzählen, was ich weiß.«

»Natürlich, wahrscheinlich interessiert es ohnehin niemanden«, bemerkte Marietta.

»Zumindest werden die Dinge dann klargestellt sein. Ist es nicht das, was du wolltest?«

»Ich weiß nicht, was, zum Teufel, ich mir gedacht habe«, gab Marietta zurück, und die Empörung über mein ungehöriges Vorhaben brach sich wieder Bahn. »Ich fange an, mir zu wünschen, ich hätte dieses verdammte Buch nie erwähnt.«

»Dazu ist es jetzt zu spät. Die Dinge sind ins Rollen gekommen.«

»Du hast schon damit angefangen?«

Das entsprach nicht ganz der Wahrheit. Ich hatte die Feder noch nicht angesetzt. Aber ich wusste, wo ich beginnen würde: bei dem Haus, bei Cesaria und Thomas Jefferson. Der Anfang war so gut wie gemacht.

»Nun, dann will ich dich nicht länger aufhalten«, sagte

Marietta, schon auf dem Weg zur Tür. »Aber auf meine Hilfe kannst du nicht zählen.«

»Das ist in Ordnung. Ich habe dich auch nicht darum gebeten.«

»Bis jetzt nicht, das ist wahr. Aber du wirst es noch tun. Du wirst nicht umhin können. Ich verfüge über eine Menge Informationen, die du brauchen wirst. Dann werden wir ja sehen, was deine Rechtschaffenheit wert ist.«

Mit diesen Worten ging sie hinaus und ließ mich mit meinem Gin allein. Ich hatte keinen Zweifel an der Bedeutung ihrer letzten Bemerkung: Sie hatte einen Handel im Sinn. Die Streichung einer Passage im Buch, die ihr missfiel, gegen eine Information, die ich benötigte. Aber ich war fest entschlossen, mich nicht darauf einzulassen, dass auch nur ein einziges Wort gestrichen wurde. Was ich ihr gesagt hatte, war die reine Wahrheit. Es war unmöglich, eine Chronik der Barbarossas zu schreiben, ohne die Geschichte der Gearys zu erzählen und damit auch die von Rachel Pallenberg, der Frau, deren Name ganz gewiss niemals über Mariettas Lippen kommen würde. Ich selbst hatte diese Frau absichtlich nicht erwähnt, weil ich wusste, dass Marietta mich, sobald ich ihren Namen auch nur aussprach, mit einem einfallsreichen Schwall wüstester Beschimpfungen überhäuft hätte. Aber es versteht sich von selbst, dass ich die Absicht habe, den Lastern und Tugenden von Rachel Pallenberg einen beträchtlichen Teil meines Berichts zu widmen.

Dennoch würde die Geschichte irgendwie an Gehalt verlieren, wenn ich auf Mariettas Hilfe verzichten müsste; ich werde also sehr vorsichtig und wählerisch sein mit dem, was ich über mein Vorhaben sage. Sie wird wiederkommen; und sei es nur, weil sie eine Egoistin ist und ihr der Gedanke, ihre Ideen nicht in das Buch einbringen zu können, noch mehr zuwider ist als die Vorstellung, die Geschichte der Gearys darin wiederzufinden. Abgesehen davon weiß sie genau, dass es genügend Dinge gibt, bei denen ich mich auf meine Intuition verlassen muss, Dinge, deren Wahrheitsgehalt nicht zweifelsfrei zu *belegen* ist. Dinge, die den Geist, Dinge, die das Schlafzimmer, Dinge, die das Grab betreffen.

Das sind die wahrhaft wichtigen Dinge. Alles andere ist Geografie, sind bloße Daten.

3

Später an diesem Tag sah ich, wie Marietta in Begleitung der Frau, um die es in ihrer Auseinandersetzung mit Zabrina gegangen war, das Haus verließ. Wie alle Geliebten meiner Halbschwester war sie blond, zierlich und vermutlich nicht älter als zwanzig Jahre. Ihrer Kleidung nach zu urteilen schien sie mir eher eine Touristin – möglicherweise eine Anhalterin – zu sein als eine Einheimische.

Zabrina hatte Mariettas Bitte offensichtlich erfüllt und die arme Frau von ihren Angstzuständen befreit (und ebenso von jeder Erinnerung an das Erlebnis, das diese Angstzustände ausgelöst hatte). Ich beobachtete sie von meinem Balkon aus durchs Fernglas. Der leere Ausdruck im Gesicht des Mädchens bedrückte mich. Konnten die Menschen wirklich nur so und nicht anders auf die Begegnung mit dem Übernatürlichen reagieren: mit panischer, bis zum Wahnsinn sich steigernder Angst? Oder, wenn sie Glück hatten, mit dem heilsamen Verlust der Erinnerung, sodass sie wurden wie diese Frau jetzt, ruhig, aber innerlich verarmt? Was waren das für traurige Alternativen. (Ein Gedanke, der mich auf das Buch zurückbrachte. Setzte ich mir ein allzu vermessenes Ziel, wenn ich hoffte, in ihm den Weg zu bereiten für solche Offenbarungen, sodass der menschliche Geist, mit ihnen konfrontiert, nicht einfach zerbrach wie ein Spiegel, der zu schwach ist, um die sich ihm darbietenden Wunder zurückzuwerfen?) Ich empfand so etwas wie Bedauern für die Besucherin, weil ihr zu ihrem eigenen Besten die Erinnerung an die eine Erfahrung genommen worden war, die ihr Leben vielleicht hätte lebenswert machen können. Was wird mit ihr werden nach diesem Erlebnis? fragte ich mich. Hatte Zabrina tief in ihrem Inneren ein Saatkorn der Erinnerung zurückgelassen, aus dem, wie aus dem störenden Sandkörnchen im Fleisch einer Auster, mit der Zeit etwas Kostbares und Wunderbares erwachsen konnte? Ich würde danach fragen müssen.

Unterdessen war Marietta im Schutz der Bäume stehen geblieben, um sich mehr als liebevoll von ihrer Begleiterin zu verabschieden. Nachdem ich versprochen habe, die ganze Wahrheit zu erzählen, kann ich kaum verschweigen, welcher Anblick sich mir jetzt bot: Vor meinen Augen entblößte sie die Brüste der Frau; vor meinen Augen streichelte sie spielerisch ihre Brustwarzen und küsste sie auf den Mund, und dann, vor meinen Augen, flüsterte sie ihr etwas ins Ohr, und die Frau ging vor ihr in die Knie, öffnete Mariettas Gürtelschnalle, knöpfte ihre Hose auf und ließ ihre Zunge zwischen ihre Schenkel gleiten; und sie war so geschickt und behände damit, dass ich Mariettas lustvolle Seufzer bis zu meinem Balkon hören konnte. Der Himmel weiß, dass ich dankbar bin für jedes Vergnügen, das sich mir bietet, und ich habe nicht vor, so zu tun, als würde ich mich furchtbar dafür schämen, dass ich sie beim Liebesakt beobachtet habe. Es war einfach wunderbar mit anzusehen, und als es vorbei war und Marietta die Frau über den gewundenen Pfad von L'Enfant wieder in die wirkliche Welt hinausbrachte, durchfuhr mich – so absurd das klingen mag – ein schmerzliches Gefühl der Einsamkeit.

IV

Marietta hatte zwar gelacht bei der Vorstellung, dass dieses ganze Haus eine Art Abhöranlage sein könnte, über die einer ganz bestimmten Person Informationen aus allen Räumen zugetragen wurden, aber in dieser Nacht erhielt ich die Bestätigung für meine Vermutung.

Ich schlafe nicht gut; konnte es noch nie, werde es nie können. So müde ich auch sein mag, sobald mein Kopf das Kissen berührt, kreisen Gedanken aller Art, die meisten davon völlig unsinnig, durch mein Hirn. Das war auch gestern Abend so; ich hörte Fetzen meiner Unterhaltung mit Marietta, derart neu gemischt, dass sie keinen Sinn mehr ergaben, akzentuiert von den Seufzern ihrer Lust. Aber die Bilder stammten aus einem ganz anderen Film. Ich sah vor meinem inneren Auge weder Mariettas Gesicht noch ihre Gestalt; stattdessen erschienen dort die Gesichter und Gestalten von Männern und Frauen, die ich nicht einmal erkannte. Oder nein, ich muss mich berichtigen. Ich erkannte sie; ich konnte sie nur nicht *benennen*. Einige schienen seltsam glücklich zu sein mit ihrem Schicksal, wie sie da – zumindest einige von ihnen – nackt durch die Straßen einer Stadt wanderten, von der ich meine, dass es Charleston war, wie sie über die Gehwege huschten oder unter den Kastanien hockend ihre Notdurft verrichteten. Aber ich träumte auch von anderen, die nicht annähernd so glücklich waren: in der einen Sekunde die völlig ausdruckslosen Brüder und Schwestern von Mariettas Gespielin, in der nächsten Kreaturen, die gellende Schreie ausstießen wie Tiere in Todesnot – als hätte man den Schleier des Vergessens von ihnen gerissen und sie könnten nun das, woran sie sich erinnerten, nicht ertragen. Ich weiß, manche Psychoanalytiker behaupten, dass jede Kreatur, die in einem Traum oder einem

Tagtraum auftaucht, einen Aspekt des Träumenden selbst symbolisiert. Wenn das so ist, nehme ich an, dass die nackten Gestalten in den Straßen von Charleston den väterlichen Teil in mir repräsentieren, während die anderen, die verängstigten, haltlos schluchzenden Seelen der menschliche Anteil ist, den mir meine Mutter mitgegeben hat. Aber ich habe den Verdacht, dass diese Erklärung zu einfach ist. Auf seiner Suche nach einem stimmigen Muster ignoriert der Theoretiker alles, was kantig und widersprüchlich erscheint, und endet bei einer schönen Lüge. Ich bin nicht zwei in einem; ich bin viele. *Ein* Ich beinhaltet die einfühlsame Seele meiner Mutter und meines Vaters Gier nach rohem Fleisch. Ein *anderes* Ich hat die Vorliebe meiner Mutter für Mordgeschichten und meines Vaters Leidenschaft für Sonnenblumen. Wer weiß, wie viele es sind? Zu viele, als dass man eine gültige Aussage darauf bauen könnte, dessen bin ich mir gewiss.

Tatsache jedenfalls ist, dass mich diese Träume in einen furchtbaren Zustand versetzten. Ich war den Tränen nahe, was bei mir nur selten vorkommt.

Und dann vernahm ich in der Dunkelheit einen Schlurflaut und ein Klick-Klack auf den Holzdielen. Als ich hinunterblickte, um die Ursache des Geräuschs zu ergründen, sah ich in dem hellen Lichttrapez des Mondscheins die stacheligen Umrisse eines Tiers, das auf mein Bett zugewatschelt kam. Es war ein Stachelschwein. Regungslos wartete ich, bis das Geschöpf bei mir war (mein Arm hing aus dem Bett, meine Hand baumelte dicht über dem Fußboden) und seine feuchte Nase in meine Handfläche schob.

»Bist du allein hierher gekommen?« fragte ich das Tier leise. Manchmal taten sie das, besonders die jüngeren, abenteuerlustigeren unter ihnen; sie stahlen sich heimlich die Treppe hinunter in der Hoffnung, einen kleinen Imbiss zu finden. Aber ich hatte meine Frage kaum gestellt, da bekam ich auch schon die Antwort in Form meiner physischen Reaktion, die mir die Anwesenheit von Cesaria, der Herrin des Stacheltiers, anzeigte. Sehen Sie, mein Körper, dieses traurige, bar jeder Aussicht auf Genesung zerstörte Ding, begann sich zu beleben. Es war geradezu unheimlich. Ich erlebe die Gegenwart dieser Frau, der Ehefrau meines Vaters, nur selten, aber ich wusste aus früherer Erfahrung, dass die Wirkung ihres Besuches tagelang anhalten würde. Selbst wenn sie den Raum auf der Stelle wieder verließ, würde ich noch mindestens eine Woche lang krampfartige Zuckungen in meinen unteren Gliedmaßen spüren, obwohl meine Beinmuskeln sich doch völlig zurückgebildet hatten. Und mein Schwanz, der mir schon viel zu lange nur noch als Pinkelröhre diente, würde sich aufrichten wie bei einem pubertierenden Knaben und danach schreien, alle zwei Stunden gemolken zu werden. Herrgott, dachte ich, kein Wunder, dass man sie angebetet hat. Sie könnte wahrscheinlich Tote zum Leben erwecken, wenn sie es wollte.

»Komm hierher, Tansy«, befahl sie dem Stachelschwein.

Tansy ignorierte ihre Anweisung, was mir zugegebenermaßen eine gewisse Freude bereitete. Selbst *ihr* konnte man Ungehorsam entgegenbringen.

»Es stört mich nicht«, sagte ich.

»Sei aber vorsichtig. Die Stacheln …«

»Ich weiß.« Man konnte die Narben noch erkennen, die mir eines ihrer Stachelschweine zugefügt hatte, als es auf mich losgegangen war. Und ich glaube, es hatte sie bekümmert, mich bluten zu sehen. Ihren Ausdruck habe ich bis heute nicht vergessen: ihre Augen wie flüssige Nacht in diesem obsidianschwarzen Gesicht; ihr Mitleid zutiefst erschreckend für mich, weil ich mich vermutlich vor der heilenden Berührung ihrer Hände fürchtete. Weil ich fürchtete, dass sie mich für immer verwandeln, für immer zu ihrem ergebenen Diener machen könnte. So hatten wir uns regungslos gegenübergestanden, beide zutiefst berührt von etwas, das für den anderen eine lebenswichtige Funktion hatte (ihre Macht, mein Blut), und das Stachelschwein hatte auf dem Boden zwischen uns gesessen und seine Flohstiche gekratzt.

»Dieses Buch …«, begann sie jetzt.

»Marietta hat dir davon erzählt?« warf ich ein.

»Man muss mir diese Dinge nicht erzählen, Maddox.«

»Nein. Natürlich nicht.«

Was sie dann sagte, überraschte mich. Aber sie wäre schließlich nicht die Frau, die sie ist – sie wäre nicht von den Legenden umgeben, die sie auf Schritt und Tritt begleiten –, wenn sie nicht ständig für Überraschungen sorgen würde.

»Du musst es ohne Furcht schreiben«, mahnte sie mich. »Was du schreibst, muss aus deinem Kopf und aus deinem Herzen kommen, und du darfst dir um die Folgen keine Gedanken machen.«

Ihre Stimme klang so weich, wie ich sie noch nie zuvor vernommen hatte. Nicht kraftlos, wissen Sie, sondern es schwang eine Zärtlichkeit darin, von der ich nie angenommen hätte, dass Cesaria sie mir gegenüber je empfinden würde – eine Zärtlichkeit, von der ich, ehrlich gesagt, nicht angenommen hätte, dass sie sie überhaupt empfinden konnte.

»Dann ist die Sache mit den Gearys also …«

»Sie darf nicht fehlen. Es muss alles hinein. Bis ins letzte Detail. Du darfst weder sie noch uns schonen. Wir haben im Laufe der Jahre alle unsere Kompromisse geschlossen. Haben mit den Feinden paktiert, anstatt ihnen das Herz aus dem Leibe zu reißen.«

»Hasst du die Gearys?«

»Ich sollte die Frage verneinen können. Sie sind nur Menschen. Sie wissen es nicht besser. Aber doch, ich hasse sie. Wenn sie nicht wären, hätte ich noch einen Gatten und einen Sohn.«

»Es ist nicht so, dass Galileo tot wäre.«

»Für mich ist er tot«, entgegnete sie. »Er ist in dem Augenblick gestorben, als er sich mit ihnen gegen deinen Vater verbündet hat.« Sie schnippte leise mit den Fingern, worauf sich das Stachelschwein umdrehte und zu ihr hin watschelte. Ich hatte sie während unserer Unterhaltung die ganze Zeit über nur schemenhaft gesehen, aber als sie sich jetzt bückte, um das Stachelschwein hochzuheben und auf den Arm zu nehmen, konnte ich sie für einen Augenblick in dem Mondlicht, das von den Dielen zurückgeworfen wurde, deutlich erkennen. Sie wirkte nicht, wie Marietta behauptet hatte, angegriffen und kränkelnd, ganz und gar nicht. In meinen Augen sah sie aus wie eine junge Frau; eine von der Natur verschwenderisch bedachte Frau, deren Schönheit zugleich etwas Edles und etwas Primitives an sich hatte, deren Gesichtszüge sich so klar und kraftvoll abzeichneten, dass sie aussah wie ein Götzenbild ihrer selbst, gemeißelt aus dem silbernen Licht, in dem sie stand. Habe ich gesagt, sie sei schön? Ich habe mich geirrt. Schönheit ist ein zu braves Wort; man sieht dabei nur Bilder aus einer Zeitschrift vor sich. Ein wohlgefälliger Ausdruck, eine beruhigende Symmetrie ... nichts davon beschreibt das Gesicht dieser Frau. So muss ich vielleicht davon ausgehen, dass man ihm mit Worten nicht gerecht werden kann. Sagen wir also nur soviel, dass es Ihnen das Herz brechen würde, sie zu sehen; und dass es im selben Augenblick alle Wunden wieder heilen würde; und Sie wären zweimal soviel, wie Sie vorher waren.

Mit dem Stachelschwein im Arm ging sie zur Tür. Aber dort angelangt, blieb sie noch einmal stehen (all das konnte ich nur hören; sie war wieder unsichtbar für mich).

»Der Anfang ist immer am schwersten«, sagte sie.

»Eigentlich habe ich schon angefangen ...«, bemerkte ich ein bisschen zögernd. Obwohl sie nicht das Geringste gesagt oder getan hatte, das meine Befürchtung rechtfertigte, war ich innerlich – ungerechterweise vielleicht – irgendwie immer noch auf einen Angriff von ihr gefasst.

»Womit?« fragte sie.

»Womit ich angefangen habe?«

»Ja.«

»Mit dem Haus natürlich.«

»Ah ...« Ich konnte das Lächeln in ihrer Stimme hören. »Mit Mr. Jefferson?«

»Mit Mr. Jefferson.«

»Das war eine gute Idee. Die Geschichte in der Mitte zu beginnen. Und mit meinem wunderbaren Thomas. Er war die Liebe meines Lebens, weißt du.«

»Jefferson?«

»Du meinst, das hätte dein Vater sein sollen?«

»Nun ja ...«

»Mit deinem Vater, das hatte nichts mit Liebe zu tun. Es wurde Liebe daraus, aber am Anfang war es etwas ganz anderes. Wenn jemand wie ich und jemand wie er sich vereinigen, dann geschieht dies nicht aus einem Gefühl heraus. Wir tun es, um Kinder hervorzubringen. *Um unsere besonderen Gaben für die Nachwelt zu erhalten*, wie es dein Vater ausgedrückt hätte.«

»Vielleicht hätte ich damit beginnen sollen.«

Sie lachte. »Mit unserer Vereinigung?«

»Nein, das habe ich nicht gemeint.« Ich war dankbar, dass die Dunkelheit die Röte verbarg, die mir in die Wangen stieg – obwohl sie ihren Augen vermutlich ohnehin nicht entging. »Ich … ich … meinte, mit dem Erstgeborenen. Mit Galileo.«

Ich hörte, wie sie seufzte. Dann vernahm ich nichts mehr; so lange währte die Stille, dass ich schon dachte, sie sei vielleicht bereits gegangen. Aber nein. Sie war noch da, hier in meinem Zimmer.

»Wir haben ihn nicht auf den Namen Galileo getauft«, bemerkte sie. »Er hat ihn sich selbst ausgesucht, als er sechs Jahre alt war.«

»Das wusste ich nicht.«

»Es gibt viele Dinge, die du nicht weißt, Maddox. Viele Dinge, die du nicht einmal ahnst. Und darum bin ich hier; ich will dich einladen … wenn du bereit bist … einen tieferen Blick in die Vergangenheit zu werfen.«

»Du hast noch mehr Bücher?«

»Keine Bücher. Nichts, das so *greifbar* wäre …«

»Verzeihung, aber das verstehe ich nicht ganz.«

Wieder ließ sie einen Seufzer vernehmen, und ich fürchtete, dass sie ihr Angebot, was immer es auch beinhalten mochte, zurückziehen würde, weil ich ihre Geduld allzu sehr auf die Probe stellte. Aber sie seufzte nicht aus Verärgerung, sondern vielmehr unter der Last, die auf ihrem Herzen lag.

»Galileo war alles für uns«, sagte sie. »Und nun ist er nichts mehr. Ich möchte, dass du verstehst, wie es dazu kam.«

»Ich werde mein Bestes tun, das schwöre ich.«

»Ich weiß, dass du das tust«, erwiderte sie sanft. »Aber vielleicht wird dir der Mut fehlen, der dazu vonnöten ist. Du bist so *menschlich,* Maddox. Ich fand es immer schwierig, diese Seite an dir zu lieben.«

»Ich kann nicht viel dagegen tun.«

»Dein Vater hat dich genau aus diesem Grund geliebt, weißt du …« Ihre Stimme wurde zu einem kaum hörbaren Flüstern. »Was für eine verpfuschte Geschichte das alles ist«, seufzte sie. »Was für eine furchtbare Tragödie. So viel in den Händen zu halten, und dann zerrinnt uns alles zwischen den Fingern …«

»Ich möchte verstehen, wie es dazu kam«, entgegnete ich. »Mehr als alles andere möchte ich es verstehen.«

»Ja«, sagte sie, und ihre Stimme klang irgendwie geistesabwesend. Sie war in Gedanken schon wieder bei anderen Dingen.

»Was muss ich tun?« fragte ich sie.

»Ich werde Luman alles erklären«, antwortete meine Stiefmutter. »Er wird auf dich aufpassen. Und wenn es zu viel wird für deine empfindsame Menschenseele, dann natürlich …«

»Dann kann Zabrina mir die Erinnerung nehmen.«

»Richtig. Dann kann Zabrina dir die Erinnerung nehmen.«

V

Nach diesem Ereignis betrachtete ich das Haus mit anderen Augen. Ich war voll gespannter Erwartung. Überall suchte ich nach einem Zeichen, einem Hinweis, nach einer Spur dieser geheimnisvollen Quelle des Wissens, an dem ich auf Cesarias Geheiß teilhaben sollte. In welcher Gestalt würde es mir begegnen, wenn es sich nicht um Bücher handelte? Gab es irgendwo im Haus eine Sammlung von Familienerbstücken, die ich nun sichten sollte? Oder nahm ich das alles viel zu wörtlich? War der Ort, den ich zu betreten hatte, vielmehr geistiger als materieller Natur? Und wenn es so war, würde ich Worte finden, um auszudrücken, was ich an diesem Ort empfand? Zum ersten Mal seit vielleicht drei Monaten beschloss ich, mein Zimmer zu verlassen und nach draußen zu gehen. Dazu bin ich auf fremde Hilfe angewiesen. Jefferson hat beim Entwurf des Hauses nicht vorausgesehen, dass es einmal einen Krüppel wie mich beherbergen würde (und Cesaria hat es vermutlich nie für möglich gehalten, dass sie einmal eine solche Gebrechlichkeit unter ihrem Dach dulden könnte), und so gibt es in dem Korridor, der zur Eingangshalle führt, vier Stufen, die so hoch sind, dass ich sie nicht einmal dann im Rollstuhl sitzend überwinden kann, wenn mir jemand hilft. Dwight muss mich wie ein Baby auf den Arm nehmen und hinuntertragen; dann legt er mich auf das Sofa in der Halle, wo ich warte, bis er den Stuhl herunterbringt und mich hineinsetzt.

Dwight ist der liebenswürdigste Mensch, den ich kenne, obwohl er eigentlich allen Grund hätte, den Gott, der ihn erschuf, zu hassen, und jede Menschenseele im Staate North Carolina dazu. Er wurde mit einer geistigen Behinderung geboren, die seine Artikulationsfähigkeit beeinträchtigte, und darum hielten ihn alle für einen Idioten. Seine

Kindheit und frühe Jugend waren eine Hölle auf Erden: Ohne Aussicht auf Bildung und Erziehung vegetierte er, von beiden Eltern misshandelt, dahin.

Eines Tages, in seinem vierzehnten Lebensjahr, wanderte er dann in den Sumpf hinaus, vielleicht um sich umzubringen; er sagt, er weiß nicht mehr genau, was ihn damals angetrieben hat. Und er erinnert sich auch nicht mehr, wie lange er so umhergestreift ist – nur dass es viele Tage und Nächte waren –, bevor Zabrina ihn an der Grundstücksgrenze von L'Enfant entdeckte. Sie brachte ihn ins Haus und pflegte ihn aus nur ihr bekannten Gründen in ihren Räumen gesund, ohne einer Menschenseele etwas davon zu sagen.

Ich habe Dwight nie danach gefragt, welcher Art genau seine Beziehung zu Zabrina war, aber ich zweifle nicht daran, dass sie ihn in jüngeren Jahren zur Befriedigung ihrer sexuellen Wünsche benutzte; und ich bezweifle auch nicht, dass er mit diesem Arrangement ganz zufrieden war. Sie war damals noch nicht von dem Kaliber, das sie heute erreicht hat, aber sie war schon immer handfest gebaut. Für Dwight war das kein Problem; er hat mir gegenüber seine Vorliebe für üppige weibliche Formen mehr als einmal beiläufig erwähnt. Ob sein diesbezüglicher Geschmack schon vor seiner Zeit mit Zabrina bestand oder erst durch sie geprägt wurde, kann ich nicht sagen.

Ich weiß lediglich zu berichten, dass sie seine Anwesenheit im Haus fast drei Jahre lang geheim hielt und es sich in dieser Zeit zur Aufgabe machte, ihn zu erziehen, und zwar gründlich. Als sie Marietta und mich endlich mit ihm bekannt machte, war von seinem Sprachfehler nur noch ein kaum merklicher Anflug zurückgeblieben, und er stellte bereits die jungenhafte Ausgabe des stattlichen Mannes dar, der er einmal werden sollte. Heute, zweiunddreißig Jahre danach, ist er aus dem Haus so wenig wegzudenken wie die Holzdielen unter meinen Füßen. Obwohl seine Beziehung zu Zabrina aus Gründen, die ich ihm nie entlocken konnte, abgekühlt ist, spricht er immer noch mit einer gewissen Hochachtung von ihr. Sie ist – und wird es immer bleiben – die Frau, die ihm Herodot gezeigt und seine Seele gerettet hat (zwei Wohltaten, die in meinen Augen übrigens aufs Engste miteinander verbunden sind).

Natürlich altert er viel schneller als jeder andere von uns. Er ist jetzt neunundvierzig, trägt sein schütter werdendes Grauhaar zu kurzen Stoppeln geschnitten (was ihm fast das Aussehen eines Intellektuellen verleiht), und seine früher schlanke Figur wird um die Mitte herum allmählich etwas füllig. Es fällt ihm zusehends schwerer, mich herumzutragen, und ich habe ihm schon etliche Male gesagt, dass er dort draußen bald nach einer anderen verlorenen Seele wird Ausschau halten müssen; nach einem, der die Knochenarbeit hier im Haus für ihn übernehmen kann.

Aber vielleicht sind das alles müßige Überlegungen. Wenn Marietta Recht hat und unsere Tage hier wirklich gezählt sind, wird er niemanden mehr brauchen, der in seine Fußstapfen tritt. Er und wir alle werden dann für immer von der Bildfläche verschwunden sein.

An diesem Tag aßen wir gemeinsam zu Mittag, nicht im Speisesaal, der viel zu groß ist für zwei Personen (ich frage mich manchmal, was für eine Art von Gästen Mama einzuladen beabsichtigt hatte), sondern in der Küche. Hühnchenpastete in Aspik mit Schnittlauch und Sesambrötchen, gefolgt von Dwights Dessertspezialität, einer Hampton Polonaise: ein Schichtkuchen aus Mandelcreme und Schokolade, den er mit Schlagsahne serviert. (Seine Kochkünste verdankt er Zabrina, da bin ich mir ganz sicher. Sein Repertoire an Süßigkeiten ist beeindruckend: kandierte Früchte aller Art, Nougat, Pralinen und ein für die Zähne tödliches Wunderwerk, das er Götterkaramell nennt.)

»Gestern bin ich Zabrina begegnet«, sagte er, während er mir ein zweites Stück Kuchen auflud.

»Hast du mit ihr gesprochen?«

»Nein, sie hatte diesen Komm-mir-nicht-zu-nahe-Ausdruck im Gesicht. Sie wissen ja, wie sie sein kann.«

»Willst du eigentlich die ganze Zeit nur zusehen, wie ich mir den Bauch voll stopfe?« fragte ich ihn.

»Ich bin so satt, dass ich mich heute Nachmittag auch so schon nicht auf den Beinen halten kann.«

»Gegen eine kleine Siesta ist nichts einzuwenden. Gute alte Südstaatentradition. Wenn's draußen heiß wird, machst du ein Nickerchen, bis es sich wieder abgekühlt hat.« Ich schaute von meinem Teller auf und stellte fest, dass Dwight kummervoll dreinblickte. »Was bedrückt dich?«

»Ich schlafe nicht mehr so gut wie sonst«, sagte er leise.

»Warum nicht?«

»Schlechte Träume …«, entgegnete er. »Nein, eigentlich nicht schlecht. Eher traurig. Traurige Träume.«

»Wovon?«

Dwight zuckte die Schultern. »Ich weiß nicht recht. Dies und das. Von Menschen, die ich gekannt habe, als ich ein Kind war.« Er atmete tief durch. »Mir fiel etwas ein, dass ich vielleicht hinausgehen sollte … wissen Sie … dahin, woher ich gekommen bin.«

»Für immer?«

»Großer Gott, nein. Ich bin hier zu Hause und werde es immer sein. Nein, nur einmal noch, um zu sehen, ob meine Leute noch am Leben sind, und wenn sie es sind, um ihnen ein letztes Lebewohl zu sagen.«

»Sie müssen alt geworden sein.«

»Nicht sie sind es, die gehen, Mr. Maddox, das wissen Sie so gut wie ich. Wir selbst sind es.« Er fuhr mit dem Zeigefinger durch die Sahnereste auf seinem Teller und leckte den Finger dann ab. »Davon träume ich. Davon, dass wir verschwinden. Dass alles verschwindet.«

»Hast du dich mit Marietta unterhalten?«

»Hin und wieder.«

»Nein, ich meine, über dieses Thema.«

Er schüttelte den Kopf. »Das ist das erste Mal, dass ich überhaupt mit jemandem darüber rede.«

Ein ungemütliches Schweigen machte sich breit. Dann sagte er: »Was halten Sie davon?«

»Von den Träumen?«

»Davon, dass ich meine Leute besuchen will und so.«

»Ich finde, du solltest es tun.«

Ich versuchte zwar, meinem eigenen guten Rat folgend, am Nachmittag eine Siesta zu machen, aber trotz meiner trübsinnigen Unterhaltung mit Dwight – oder vielleicht gerade ihretwegen – summte und brummte es in meinem Schädel, als hätte man darin einen Bienenschwarm aufgestört. Ich ertappte mich dabei, dass ich über gewisse Parallelen zwischen zwei Familien nachgrübelte, die ansonsten in jeder Hinsicht verschieden waren. Der Familie von Dwight Huddie beispielsweise, die irgendwo in Sampson County in einem Wohnwagenpark hauste: Fragten sie je nach ihrem Kind, das sie an einen Ort verloren hatten, den sie niemals zu Gesicht bekommen würden, von dessen Existenz sie nicht einmal etwas ahnten? Hatten sie vor all den Jahren, als er verschwand, auch nur daran gedacht, nach ihm zu suchen, oder war er so gut wie tot für sie, so wie Galileo für Cesaria? Und der Familie der Gearys. Auch diese Familie, die doch berühmt war für das Zusammengehörigkeitsgefühl des ganzen Clans, hatte einige ihrer Kinder von sich gestoßen wie brandige Gliedmaßen, die es zu amputieren galt. Auch sie: *so gut wie tot*. Ich war sicher, dass Parallelen wie diese die ganze Geschichte durchziehen und mir offenbaren würden, wenn ich weitermachte: Leiden und Grausamkeiten einer Blutlinie, die in einer anderen ihren Widerhall fanden.

Aber wie sollte ich diese Parallelen und Verbindungen am besten zum Ausdruck bringen? Das war die Frage, die vor mir im Raum stand und die zu beantworten mir bis jetzt nicht gelungen war. In meinem Kopf wimmelte es von Ideen, aber ich hatte kein Gefühl dafür, wie sich das, was ich wusste, zusammenfügen und ordnen ließ; kein Gefühl für das Muster.

Um mich von meinen beunruhigenden Gedanken abzulenken, unternahm ich gemächliche Erkundungsfahrten durch das Haus. Ich hatte es schon seit vielen Jahren nicht mehr Raum für Raum durchstreift, wie ich es jetzt tat, und wohin ich mich auch wandte, überall wurde mein jetzt neugierig gewordener Blick belohnt. Jeffersons außergewöhnlicher Geschmack und seine Liebe zum Detail machten sich auf

Schritt und Tritt bemerkbar, gepaart mit einem grenzenlosen Ideenreichtum, den, davon bin ich überzeugt, meine Stiefmutter beigesteuert hat. Was für eine Kombination: Jeffersons beherrschter Geist und die draufgängerische Fantasie der Barbarossas; ein ständiger Willenskampf, der Formen und Räume hervorgebracht hat, wie ich sie nirgendwo sonst gesehen habe. Das große Arbeitszimmer zum Beispiel, inzwischen dem Verfall anheim gegeben, das der vollkommene Inbegriff eines feierlichen Ortes akademischer Forschung zu sein scheint, bis der Blick zur Decke wandert, wo hellenistische Säulen sich lianenhaft verzweigen und eine verschwenderische Fülle unirdischer Früchte hervorbringen. Der Speisesaal, wo der Fußboden aus so kunstvoll verlegten Marmorfliesen besteht, dass man meint, das Wasser eines blaugrünen Sees vor sich zu sehen. Eine Galerie aus einer langen Reihe bogenförmiger Alkoven, und in jedem dieser Alkoven ein Flachrelief, so geschickt beleuchtet, dass jede der dargestellten Szenen aus sich selbst zu strahlen scheint und der Eindruck entsteht, als ströme Licht durch eine Reihe von Fenstern herein. Nichts, so schien mir, hatte man dem Zufall überlassen; jede Form war bis ins kleinste Detail so gestaltet, dass sie dem Gesamtbild schmeichelte, und der gesamte Entwurf wiederum führte das Auge zu den feinen Details zurück. Das Ganze wirkte auf mich wie eine einzige glorreiche *Aufforderung:* zur reinen Freude am Sehen, sicher; aber auch zu einer ruhigen Gewissheit des eigenen Standortes innerhalb des Ganzen, sodass man nicht überwältigt war, sondern es einfach nur genoss, in diesem Augenblick an diesem Ort zu sein und zu spüren, wie die Luft durch den Raum wehte und einem über das Gesicht strich, oder wie das Licht von einer Wand auf den Besucher zurückgeworfen wurde. Mehr als einmal schon sind mir die Tränen in die Augen gestiegen angesichts der reinen Schönheit eines Raumes – und wurden alsbald von eben dieser Schönheit wieder getrocknet, die mir nichts als Glück und Freude verheißen wollte.

Bei alledem ist das Haus keineswegs ohne Mängel. Die Jahre und die Feuchtigkeit haben überdeutlich ihre Spuren hinterlassen; kaum ein Winkel, in dem sich nicht wenigstens ein Anflug von Verfall zeigen würde, und ein paar Räume – besonders die direkt zum Sumpf hin gelegenen – sind in einem so heruntergekommenen Zustand, dass mich Dwight hineintragen musste, weil ich mit meinem Rollstuhl nicht über die maroden Bodendielen fahren konnte. Aber selbst diese Räume strahlen in meinen Augen eine würdevolle Erhabenheit aus. Der Schimmel an den Wänden formt die Landkarten einer bisher noch namenlosen Welt; die kleinen Wäldchen aus Pilzen, die zwischen den verfaulten Dielen hervorsprießen, üben ihre ureigene Faszination aus. Dwight war von alledem nicht beeindruckt. »Das sind schlechte Orte«, sagte er, fest davon überzeugt, dass der Verfall auf einen spirituellen Makel zurückzuführen war, der diesen Räumen anhaftete. »Hier haben sich schlimme Dinge abgespielt.«

Ich fand seine Theorie nicht sonderlich einleuchtend und sagte ihm das auch. Wenn die Wände in einem Raum von Schimmel befallen waren und in einem anderen nicht, dann war das nicht Ausdruck eines guten oder schlechten Karmas, sondern es lag an den Unwägbarkeiten des Grundwasserspiegels.

»In diesem Haus«, sagte Dwight, »steht alles in Beziehung zueinander.«

Das war alles, was ich ihm zu diesem Thema entlocken konnte, aber es war im Grunde ja auch deutlich genug. So, wie ich zu akzeptieren gelernt hatte, dass es in diesem Haus ein Zusammenspiel von Geistigem und Sichtbarem gab, wollte Dwight mir offensichtlich klarmachen, dass der physikalische Zustand der Räume mit deren moralischer Verfassung zusammenhing.

Und er hatte natürlich Recht, auch wenn ich das zu diesem Zeitpunkt noch nicht erkennen konnte. In dem Haus spiegelte sich nicht nur Jeffersons Genie und Cesarias Vision wider; es bewahrte in seinen Mauern alles auf, was sich je darin befunden hatte. Die Vergangenheit war hier immer noch gegenwärtig, auf eine Art und Weise, die meine beschränkten Sinne erst noch erfassen mussten.

VI

In diesen Tagen, in denen ich mich von neuem mit dem Haus vertraut machte, begegnete ich Marietta ein paarmal (ich bekam sogar Zabrina das eine oder andere Mal flüchtig zu sehen, aber sie zeigte keinerlei Interesse an einer Unterhaltung mit mir, sondern eilte stets wortlos davon). Aber von Luman, dem Mann, den mir Cesaria als Helfer bei der Suche nach Informationen in Aussicht gestellt hatte, konnte ich keine Spur entdecken. Hatte meine Stiefmutter ihre Meinung geändert und wollte mir nun doch den Zugang zu ihren Geheimnissen verwehren? Oder hatte sie ganz einfach vergessen, Luman zu sagen, dass er mein Mentor sei sollte? Nach einigen Tagen beschloss ich, ihn selbst aufzusuchen und ihm zu erklären, dass ich unbedingt mit meiner Arbeit vorankommen wollte, dazu aber außerstande wäre, solange ich die Dinge nicht wusste, von denen Cesaria mir gesagt hatte, ich könne sie nicht einmal erahnen.

Luman lebt, wie ich schon gesagt habe, nicht im Haupthaus; obwohl es dort weiß Gott so viele Räume gibt, unbewohnte Räume, dass mehrere Familien bequem darin wohnen könnten. Er zieht es vor, in der ehemaligen Räucherhütte zu hausen, einem bescheidenen Nebengebäude, das seiner eigenen Aussage nach besser zu ihm passt. Bis zu diesem Tag hatte ich mich dem Gebäude nicht weiter als auf fünfzig Meter genähert, geschweige denn, dass ich es je betreten hätte; er schützte seine Einsamkeit mit dem Eifer der Besessenheit.

Aber meine wachsende Verärgerung machte mich tollkühn, und so bat ich Dwight, mich dorthin zu bringen. Er schob mich einen einstmals bequemen Weg entlang, der jetzt aber vollkommen überwuchert war. Die Luft wurde immer feuchter und schwüler; an manchen Stellen wimmelte es von Moskitos. Ich zündete mir eine Zigarre an, um sie fern zu halten, was vermutlich nichts half, aber von einer guten Zigarre werde ich immer ein bisschen high, sodass es mir weniger ausmachte, von ihnen buchstäblich verspeist zu werden.

Als wir uns der Tür näherten, sah ich, dass sie einen Spaltbreit offen stand und dass sich im Innern des Hauses jemand bewegte. Luman wusste, dass ich hier war, und das hieß vermutlich, dass er auch wusste, *warum* ich ihm diesen Besuch abstattete.

»Luman? Ich bin's, Maddox. Ist es dir recht, wenn Dwight mich ins Haus bringt? Ich würde gern ein paar Worte mit dir reden.«

»Es gibt nichts, worüber wir reden müssten«, gab eine Stimme aus dem düsteren Innern des Hauses zurück.

»Da bin ich anderer Meinung, wenn du gestattest.«

Jetzt tauchte Lumans Gesicht in dem klaffenden Türspalt auf. Er hatte das völlig verwüstete Aussehen eines Mannes, der gerade nicht nur einen, sondern eine Reihe von Exzessen durchlebt hatte. Sein breites, verwittertes Gesicht glänzte vor Schweiß, seine Pupillen waren so klein wie Stecknadelköpfe, das Weiß seiner Augen war gelb verfärbt. Sein Bart sah so aus, als wäre er seit Wochen nicht mehr gestutzt oder auch nur gewaschen worden.

»Mann Gottes«, knurrte er, »kannst du mich nicht einfach in Ruhe lassen?«

»Hast du mit Cesaria gesprochen?« fragte ich ihn.

Er fuhr sich mit der Hand durch die Mähne und strich sie so heftig aus der Stirn, dass es aussah wie eine masochistische Handlung. Seine stecknadelgroßen Pupillen weiteten sich urplötzlich und wurden so groß wie Markstücke. Diesen Trick hatte ich noch nie bei ihm gesehen, und ich war so erschrocken, dass ich um ein Haar laut aufgeschrien hätte. Aber ich unterdrückte den Schreckensschrei. Er sollte nicht denken, dass er hier die Oberhand hatte. Zu sehr ähnelte er einem blutrünstigen Hund. Wenn er spürte, dass ich Angst hatte, würde er mich im harmlosesten Fall von seiner Schwelle jagen. Und im schlimmsten Fall? Wer weiß, wozu ein solcher Mensch imstande war, wenn er sich et was in seinen verdrehten Kopf gesetzt hatte. Vermutlich zu allem.

»Ja«, antwortete er schließlich, »sie hat mit mir gesprochen. Aber ich glaube nicht, dass du das Zeug sehen solltest, das sie dir zeigen will. Es geht dich nichts an.«

»Sie ist anderer Meinung.«

»Hm.«

»Hör mal, können wir uns nicht irgendwo unterhalten, wo keine Moskitos sind?«

»Magst du es nicht, wenn sie dich stechen?« fragte er mit einem hässlichen kleinen Grinsen. »Ich ziehe mich am liebsten nackt aus und lasse sie an mich ran. Das bringt mich auf Touren.«

Wahrscheinlich hoffte er, mich damit so vor den Kopf zu stoßen, dass ich von selbst ging, aber ich hatte nicht die Absicht, mich so leicht abweisen zu lassen. Ich starrte ihn wortlos an.

»Hast du noch mehr von diesen Zigarren?«

Natürlich war ich nicht unvorbereitet gekommen. Ich hatte nicht nur Zigarren dabei, sondern auch Gin und, als ein intellektuelleres Mittel der Bestechung, ein dünnes Buch aus meiner Bibliothek über Irrenanstalten. Luman hatte vor vielen Jahren einmal ein paar Monate in der geschlossenen Abteilung von Utica, einer Nervenklinik in der nördlichen Provinz des Staates New York, verbracht. Noch hundert Jahre später (Mariettas Aussage zufolge) grübelte Luman wie ein Besessener über die Frage nach, wie es möglich war, dass man einen normalen Menschen für verrückt erklären und einen Irren an die Spitze des Kongresses stellen konnte. Ich kramte als erstes nach der Zigarre, um die er mich gebeten hatte.

»Hier«, sagte ich.

»Ist es eine Havanna?«

»Selbstverständlich.«

»Wirf sie her.«

»Dwight kann sie dir bringen.«

»Nein. Wirf sie mir zu.«

Ich warf die Zigarre in hohem Bogen in seine Richtung.

Sie landete ungefähr dreißig Zentimeter vor der Schwelle. Er bückte sich, um sie aufzuheben, rollte sie zwischen den Fingerspitzen und roch daran.

»Ganz hervorragend«, bemerkte er beifällig. »Bewahrst du sie in einem Humidor auf?«

»Ja. Bei der Luftfeuchtigkeit hier ...«

»Ein Muss, ein absolutes Muss.« Seine Stimme wurde eindeutig freundlicher. »Na dann«, sagte er, »beweg deinen traurigen Arsch besser herein.«

»Ist es dir recht, wenn Dwight mich ins Haus trägt?«

»Wenn er anschließend wieder geht«, entgegnete Luman. Und an Dwight gewandt: »Nichts für ungut. Aber diese Sache geht nur meinen Halbbruder und mich etwas an.«

»Ich verstehe.« Mit diesen Worten hob Dwight mich aus dem Rollstuhl und trug mich zur Tür, die Luman in diesem Augenblick weit aufstieß. Eine Welle von Gestank und Hitze schlug mir entgegen; es roch wie ein Schweinestall im Hochsommer.

»Ich liebe den Gestank«, erklärte Luman genüsslich. »Es erinnert mich an alte Zeiten.«

Ich gab keine Antwort; der Zustand des Hausinneren – wie soll ich es sagen – überraschte oder ekelte mich zu sehr.

»Setz ihn auf die alte Koje da«, sagte Luman, indem er auf einen merkwürdigen Bettsarg deutete, der dicht an der Feuerstelle stand. Schlimmer als der Anblick der Koje selbst – die eher nach einem Folterinstrument aussah als nach einer Schlafstelle – war die Tatsache, dass der Kamin alles andere als kalt war: ein gewaltig qualmendes Feuer brannte darin. Kein Wunder, dass Luman schweißgebadet war.

»Wird es so gehen?« erkundigte sich Dwight, der sichtlich besorgt war um mein Wohlergehen.

»Kein Problem«, beruhigte ich ihn. »Ein bisschen Abnehmen kann mir nicht schaden.«

»Da hast du Recht«, warf Luman ein. »Du musst dich in Kampfform bringen. Wie wir alle.«

Er hatte ein Streichholz angezündet, und mit der zärtlichen Sorgfalt des echten Genießers erweckte er umständlich seine Zigarre zum Leben. »O ja«, seufzte er, »das tut gut. Ich bin wirklich dankbar für eine ordentliche Bestechung. Es zeugt von einer guten Erziehung, wenn ein Mann weiß, wie man jemanden bestechen kann.«

»Wenn wir schon dabei sind …«, sagte ich. »Dwight. Den Gin.«

Dwight stellte die Ginflasche auf den Tisch, der ebenso dicht mit Müll übersät war wie jeder andere Zentimeter in Lumans Höllenloch.

»Das ist aber wirklich furchtbar nett von dir«, sagte Luman.

»Und das hier …«

»Meine Güte, die Geschenke nehmen gar kein Ende, wie?« Ich reichte ihm das Buch. »Was ist das denn?« Er warf einen Blick auf den Umschlag. »Oh, das ist ja *hochinteressant*, Bruder.« Er blätterte in dem Buch, das reich bebildert war. »Ich frage mich, ob ein Bild von meiner kleinen alten Koje drin ist.«

»Sie stammt aus einem Irrenhaus?« fragte ich mit einem Blick auf das Bett, auf dem Dwight mich abgesetzt hatte.

»Aber sicher doch. Ich war zweihundertfünfundfünfzig Nächte lang darin angekettet.«

»Innen drin?«

»Jawohl, innen drin.«

Er trat zu mir und zerrte die schmierige alte Wolldecke unter mir hervor, damit ich die grausam schmale Kiste besser sehen konnte, in die man ihn gezwängt hatte. Die Haltevorrichtungen waren noch an Ort und Stelle.

»Warum hebst du das Ding auf?« fragte ich ihn.

»Zur Erinnerung«, erklärte er, und zum ersten Mal, seitdem ich das Haus betreten hatte, sah er mir direkt in die Augen. »Ich darf nicht zulassen, dass ich vergesse – denn in dem Augenblick, in dem ich vergesse, habe ich denen, die mir das angetan haben, so gut wie verziehen, und das darf niemals geschehen.«

»Aber …«

»Ich weiß, was du sagen willst: Sie sind alle tot. O ja, das sind sie. Aber das heißt nicht, dass meine Stunde nicht schlagen wird, wenn wir am Tag des Jüngsten Gerichts vor den Herrn treten. Ich werde ihnen auf den Fersen bleiben wie der verrückte Hund, zu dem sie mich erklärt haben. Ich werde mir ihre Seelen holen, und kein Heiliger im Himmel kann mich daran hindern.« Während der letzten Sätze war seine Stimme immer lauter und heftiger geworden. Als er geendet hatte, sagte ich eine Weile nichts, um ihm Zeit zu lassen, sich ein wenig zu beruhigen. Dann fragte ich vorsichtig: »Mir scheint, du hast gute Gründe, die Koje zu behalten?«

Seine Antwort war nur ein Grunzen. Dann ging er zum Tisch hinüber und setzte sich auf den Stuhl, der dort stand. »Fragst du dich nicht manchmal ...«, begann er.

»Frage ich mich was?«

»Warum man den einen von uns ins Irrenhaus steckt, und der andere wird zum Krüppel, und wieder ein anderer reist in der Weltgeschichte herum und schläft mit jeder schönen Frau, die ihm unter die Augen kommt.«

Mit letzterem war natürlich Galileo gemeint; oder zumindest Galileo so, wie ihn unser Familienmythos sah: der Wanderer, der seinen unerfüllbaren Träumen auf allen Weltmeeren nachjagte.

»Nun, fragst du es dich nicht?«

»Von Zeit zu Zeit.«

»Weißt du, die Welt ist nicht gerecht. Darum werden die Menschen wahnsinnig. Darum greifen sie zur Waffe und erschießen ihre Kinder. Oder enden in Ketten. Die Welt ist nicht gerecht!« Seine Stimme schwoll wieder an.

»Wenn ich so sagen darf ...«

»Sag, was, zum Teufel, du willst!« fiel er mir ins Wort. »Ich will es hören, Bruder.«

»Wir sind besser dran als die meisten.«

»Wie meinst du das denn?«

»Wir sind eine besondere Familie. Wir haben ... *du hast* Fähigkeiten, für die viele Menschen einen Mord begehen würden ...«

»Klar, ich kann mit einer Frau schlafen und sie dann vergessen lassen, dass ich sie je angerührt habe. Klar, ich kann belauschen, was eine Schlange zur anderen sagt. Klar, ich habe eine Mama, die einmal zu den unerreichten Größen der weiblichen Elite zählte, und einen Papa, der Jesus kannte. Na und? Sie haben mich trotzdem in Ketten gelegt. Und ich habe trotzdem geglaubt, dass ich es verdiene, weil ich im Grunde meines Herzens überzeugt war, ein wertloser Hurensohn zu sein.« Er senkte die Stimme zu einem kaum hörbaren Flüstern. »Und das hat sich nicht wirklich geändert.«

Seine Worte verschlugen mir die Sprache. Nicht nur die Flut der Bilder (Luman, der den Schlangen lauschte? Mein Vater, ein Vertrauter Jesu?), sondern die schiere Verzweiflung in Lumans Stimme trugen dazu bei.

»Keiner von uns ist das, was er hätte sein sollen, Bruder«, fuhr er fort. »Keiner von uns hat etwas Erwähnenswertes vollbracht, und jetzt ist alles vorbei, und wir werden niemals mehr Gelegenheit zu irgendetwas haben.«

»Dann lass mich darüber schreiben, *warum* es so ist.«

»Oh ... ich wusste, dass wir früher oder später wieder auf dieses Thema zurückkommen«, entgegnete Luman. »Es hat keinen Sinn, ein Buch zu schreiben, Bruder. Wir werden darin nur aussehen wie Versager. Außer Galileo natürlich. Er wird ein stattliches und elegantes Bild abgeben, und ich werde wirken wie ein armer alter Schwachkopf.«

»Ich bin nicht gekommen, um vor dir auf Knien zu rutschen«, sagte ich. »Wenn du mir nicht helfen willst, gehe ich zu Mama ...«

»Sofern du sie finden kannst.«

»Ich werde sie finden. Und dann soll sie Marietta bitten, mir an deiner Stelle die Dinge zu zeigen, um die es geht.«

»Sie vertraut Marietta nicht«, warf Luman ein, dann erhob er sich, ging zur Feuerstelle hinüber und kauerte davor nieder. »Aber sie vertraut mir, weil ich hier geblieben bin. Ich war ihr immer treu ergeben.« Er verzog den Mund zu einer Grimasse. »Treu wie ein Hund«, fuhr er fort, »bin ich in meiner Hundehütte geblieben und habe ihr kleines Imperium bewacht.«

»Warum wohnst du hier draußen?« erkundigte ich mich. »Wir haben soviel Platz im Haus.«

»Ich hasse das Haus. Es ist viel zu kultiviert. Es schnürt mir die Luft ab.«

»Ist das der Grund, warum du mir nicht helfen willst? Du willst das Haus nicht betreten?«

»Ach, Scheiße!« rief er resigniert, offensichtlich bereit, sich in das Unvermeidliche zu fügen. »Wenn es sein muss, muss es sein. Ich bringe dich hinauf, wenn du unbedingt darauf bestehst.«

»Hinauf? Wohin?«

»Zum Dachgewölbe natürlich. Aber wenn ich das getan habe, alter Freund, bist du auf dich allein gestellt. Ich werde nicht bei dir bleiben. Nicht an diesem Ort.«

VII

Ich fing allmählich an zu begreifen, dass das Selbstmitleid einer der Flüche ist, die auf der Familie Barbarossa lasten. Da ist Luman, der in seiner Räucherhütte sitzt und Rachefeldzüge gegen Tote ausheckt; da bin ich in meiner Bibliothek, überzeugt davon, dass das Leben schrecklich mit mir umgesprungen ist; und Zabrina, gefangen in ihrer Einsamkeit, voll gestopft mit Zuckerwerk. Sogar Galileo – da draußen unter einem grenzenlosen Firmament –, der mir schwermütige Briefe über die Sinnlosigkeit seines Lebens schreibt. Das alles war armselig. Wir, die wir die gesegneten Früchte eines so glorreichen Baumes waren. Wie war es nur dazu gekommen, dass wir herumsaßen und unsere Existenz beklagten, anstatt darin Sinn und Erfüllung zu suchen? Wir verdienten die Gaben nicht, die wir mit auf den Weg bekommen hatten: den Glanz, unsere speziellen Fähigkeiten, die Visionen. Wir hatten sie verspielt mit den ewigen Wehklagen über unser Schicksal.

War es zu spät, alles zu ändern? fragte ich mich. Würden vier undankbare Kinder noch einmal eine Chance erhalten, wieder zu entdecken, warum sie geschaffen worden waren?

Nur Marietta, so schien mir, war dem Fluch entronnen, und das auch nur, weil sie sich selbst neu erfunden hatte. Ich beobachtete sie oft, wenn sie von ihren Ausflügen in die Welt zurückkehrte, manchmal gekleidet wie ein Fernfahrer mit Hochwasserjeans und schmutzigem Hemd, manchmal wie eine Schnulzensängerin in hautengem Kleid, und manchmal trug sie so gut wie nichts am Leib, und ihre Haut war taufeucht wie das Gras, wenn sie bei Sonnenaufgang über den Rasen lief.

O Gott, was sage ich da? Na schön, jetzt ist es heraus, sei's drum. Der Liste meiner Sünden (die bei weitem nicht so lang ist, wie ich es gern hätte) muss ich nun meine *inzestuösen Begierden* hinzufügen.

Luman hatte angekündigt, dass er mich um zehn Uhr abholen würde. Er kam natürlich zu spät. Als er sich endlich blicken ließ, hatte er den letzten Zentimeter seiner Havanna zwischen den Zähnen, und die Ginflasche war bis auf einen fingerbreiten Rest geleert. Ich vermute, dass er sich nur selten einen Schnaps genehmigte, denn er wirkte ziemlich betrunken.

»Bist du bereit?« nuschelte er.

»Mehr als bereit.«

»Hast du was zu essen und zu trinken eingepackt?«

»Warum? Wozu brauche ich das?«

»Du wirst lange da drin bleiben. Darum.«

»Das klingt, als würde ich eingeschlossen.«

Luman grinste mich an, als wüsste er nicht recht, ob er boshaft sein sollte oder nicht. »Mach dir nicht in die Hose«, sagte er schließlich. »Die Tür wird die ganze Zeit über offen sein, du wirst nur keine Lust haben zu gehen. Wenn du erst einmal angefangen hast, wirst du süchtig danach.« Mit diesen Worten setzte er sich in Bewegung, und mir blieb nichts anderes übrig, als ihm in meinem Rollstuhl den Korridor hinunter zu folgen.

»Lauf nicht so schnell!« rief ich hinter ihm her.

»Hast du Angst, dich in der Dunkelheit zu verirren?« fragte er. »Bruder, du bist ja das reinste Nervenbündel.«

Ich hatte keine Angst vor der Dunkelheit, aber die Befürchtung, dass ich mich verirren könnte, war hier durchaus begründet. Nach ein paar Abzweigungen gelangten wir in einen Gang, von dem ich ziemlich sicher war, dass ich ihn noch nie gesehen hatte, obwohl ich überzeugt gewesen war, das Haus mit Ausnahme von Cesarias Räumen in- und auswendig zu kennen. Eine Abzweigung weiter, noch eine Biegung, ein Korridor, ein kleiner unmöblierter Raum und noch einer und noch einer, und ich wusste genau, dass ich mich auf unbekanntem Terrain bewegte. Ich bezweifelte, dass ich den Rückweg finden würde, wenn es Luman einfiel, seine boshaften Scherze mit mir zu treiben und mich hier allein zu lassen.

»Merkst du, wie die Luft hier riecht?«

»Abgestanden.«

»Tot. Niemand kommt je hierher, weißt du. Nicht einmal *sie*.«

»Warum nicht?«

»Weil es dich völlig kirre im Kopf macht«, sagte er, indem er mir einen Blick über die Schulter zuwarf. Ich konnte seine Gesichtszüge in der Dunkelheit kaum erkennen, aber ich war überzeugt, dass er seine gelben Zähne wieder zu diesem bösartigen Grinsen gebleckt hatte. »Du bist natürlich normaler im Kopf, als ich es je sein werde, also wird es dir vielleicht nicht so viel anhaben, weil du deinen Verstand besser unter Kontrolle hast. Andererseits ... vielleicht drehst du auch durch, und ich muss dich nachts in meine kleine Koje packen, damit du dir nichts antust.«

Ich hielt meinen Rollstuhl an. »Weißt du was?« sagte ich. »Ich habe es mir anders überlegt.«

»Das kannst du nicht tun«, entgegnete Luman.

»Ich sage dir, ich will da nicht hinein.«

»Was ist das denn für ein Hickhack, he? Erst will ich dich nicht herbringen, und kaum habe ich dich hergebracht, willst du nicht mehr hineingehen. Entscheide dich, verdammt noch mal.«

»Ich werde meine geistige Gesundheit nicht aufs Spiel setzen«, erklärte ich.

Luman trank den letzten Schluck aus der Ginflasche. »Das verstehe ich«, bemerkte er. »Ich meine, ein Mann in deiner Verfassung hat schließlich nichts außer seinem Verstand, habe ich recht? Wenn du den verlierst, hast du nichts mehr.« Er kam ein paar Schritte auf mich zu. »Andererseits«, fuhr er fort, »wenn du nicht hineingehst, wird es kein Buch geben, da kann man irgendwie nur noch die Münze werfen.« Er ließ die Ginflasche wie ein Jongleur von einer Hand zur anderen und wieder zurück fliegen, um zu verdeutlichen, was er damit meinte. »Buch. Verstand. Buch. Verstand. Die Entscheidung liegt bei dir.«

In diesem Augenblick hasste ich ihn; und zwar einfach deshalb, weil er die Wahrheit sagte. Wenn er mich unter dem Kuppeldach zurückließ und ich den Verstand verlor, würde ich nicht mehr fähig sein, Worte so aneinander zu fügen, dass sie einen Sinn ergaben. Wenn ich aber andererseits nicht riskieren wollte, wahnsinnig zu werden, und nur das aufschrieb, was ich bereits wusste, würde ich nie aufhören, mich zu fragen, wie viel reicher, wie viel *wahrer* mein Werk geworden wäre, hätte ich den Mut besessen, mir das anzusehen, was mir der Raum zu zeigen hatte.

»Die Entscheidung liegt bei dir.«

»Was würdest du tun?«

»Das fragst du mich?« Aus Lumans Stimme klang ehrliche Verwunderung über mein Interesse an seiner Meinung. »Na ja, es ist nicht angenehm, verrückt zu sein«, erklärte er. »Es ist alles andere als angenehm. Aber so, wie ich es sehe, bleibt uns nicht mehr viel Zeit. Dieses Haus wird nicht auf ewig stehen, und wenn es einstürzt, wird alles, was du dort vielleicht entdecken könntest …«, er deutete zu der Treppe hinüber, die am Ende des Korridors vor uns nach oben führte, »verloren sein. Stürzt das Haus ein, wird es für dich keine Visionen mehr geben. Für keinen von uns.«

Ich starrte zu der Treppe hinüber.

»Damit steht meine Antwort wohl fest«, sagte ich.

»Du wirst also hineingehen?«

»Ich werde hineingehen.«

Luman lächelte. »Halt dich fest«, mahnte er mich, und dann tat er etwas Bemerkenswertes. Er hob den Rollstuhl, in dem ich saß, hoch und trug ihn zusammen mit mir die Treppe hinauf. Ich hielt die Luft an in der ängstlichen Erwartung, dass er mich entweder fallen lassen oder rückwärts die Treppe hinunterstürzen würde. Aber wir erreichten unbeschadet das obere Ende der Treppe. Sie führte zu einem schmalen Absatz, von dem eine einzige Tür abging.

»Hier lasse ich dich allein«, verkündete Luman.

»Weiter kommst du nicht mit?«

»Du weißt doch, wie man eine Tür aufmacht, oder?« entgegnete er.

»Was passiert, wenn ich drinnen bin?«

»Auch das wird dir, wie du noch merken wirst, schnell klar sein.« Er legte mir die Hand auf die Schulter. »Wenn du etwas brauchst, ruf mich einfach.«

»Und du wirst hier sein?«

»Das kommt darauf an, wie meine Stimmungslage ist«, erwiderte er, und mit diesen Worten stieg er gemächlich die Treppe wieder hinunter. Am liebsten hätte ich ihn zurückgerufen, aber für Verzögerungstaktiken war jetzt keine Zeit mehr. Wenn ich es tun wollte, musste ich es jetzt tun.

Während ich zur Tür rollte, warf ich nur einmal einen Blick zurück, um zu sehen, ob Luman sich noch in der Nähe aufhielt. Er war verschwunden. Ich war allein. Tief Luft holend, griff ich nach dem Türknauf. Etwas in mir klammerte sich noch an die Hoffnung, dass die Tür abgeschlossen sein könnte, sodass mir der Zutritt verwehrt blieb. Aber der Knauf drehte sich, und die Tür ging auf – fast zu schnell, wie ich fand, als hätte auf der anderen Seite ein übereifriger Gastgeber nur darauf gewartet, mich hereinzubitten.

Ich hatte eine bestimmte Vorstellung, was mich hinter der Tür erwarten würde, zumindest im Hinblick auf die Architektur. Marietta (die sich einmal mit einer ihrer Geliebten hinaufgeschlichen hatte, um es hier mit ihr zu treiben) hatte mir den Kuppelsaal – oder ›Himmelssaal‹, wie Jefferson den entsprechenden Raum in Monticello genannt hatte – als einen eigenartigen, aber wunderschönen Raum beschrieben. In Monticello hatte dieser Raum meines Wissens als Spielzimmer für die Kinder gedient, weil er schwer zugänglich war (ein baulicher Mangel, der auch auf L'Enfant zutrifft), aber hier war die Luft von einem so unheimlichen Flüstern erfüllt, dass kein Kind gern an diesem Ort gespielt hätte. Obwohl es im Kuppelsaal, genau wie in Monticello, acht Fenster und ein Oberlicht gab, hatte Marietta ihn als ›irgendwie gruselig‹ empfunden, was immer das heißen mochte.

Ich war im Begriff, es herauszufinden. Als ich die Tür mit dem Fuß weiter aufstieß, war ich darauf gefasst, dass mir Vögel oder Fledermäuse ins Gesicht fliegen würden. Aber der Raum lag vollkommen verlassen da. Nicht ein einziges Möbelstück störte seine Schlichtheit. Nur das Mondlicht strömte durch neun Fensteröffnungen herein.

»Luman«, murmelte ich vor mich hin, »du alter Hurensohn.«

Er hatte mich auf etwas Beängstigendes vorbereitet; auf einen Fieberwahn, einen so gewaltigen Ansturm von Visionen, dass es mich den Verstand hätte kosten können. Aber hier war nichts als Düsterkeit und nochmals Düsterkeit.

Vorsichtig bewegte ich mich ein paar Meter vorwärts und sah mich nach etwas um, das mir Grund zum Fürchten gegeben hätte. Aber da war nichts. Mit einer Mischung aus Enttäuschung und Erleichterung rollte ich ein Stück weiter. Hier war nichts, wovor man sich hätte fürchten müssen. Meine geistige Gesundheit war nicht im Geringsten gefährdet.

Es sei denn, ich wurde absichtlich in falscher Sicherheit gewiegt. Ich blickte über die Schulter zur Tür zurück. Sie stand immer noch offen, war immer noch greifbar und real. Und dahinter lag der Flur, in dem ich mit Luman darüber diskutiert hatte, ob es klug von mir gewesen sei, hierher zu kommen. Was hatte ich ihm doch für eine leichte Zielscheibe geboten; sicher hatte er sich köstlich amüsiert über meine bangen Befürchtungen! Ich wiederholte meine Verwünschungen gegen Luman, dann wandte ich den Blick von der Tür ab und versuchte erneut die Düsterkeit zu durchdringen, die sich vor mir ausbreitete. Und jetzt entdeckte ich zu meiner Verwunderung, dass der Raum doch nicht *ganz* so leer war, wie ich zuerst gedacht hatte. Wenige Meter vor mir – an der Stelle, an der sich die neun Lichtbahnen der Fenster überschnitten – vibrierte ein Muster in der Luft, so ätherisch, dass ich zuerst nicht einmal genau wusste, ob es wirklich existierte. Ich wagte nicht, mit den Augen zu zwinkern, während ich unverwandt darauf starrte, aus Angst, es könnte verschwinden. Aber es blieb und wurde sogar noch ein wenig intensiver. Ich rollte darauf zu; langsam, langsam, wie ein Jäger, der sich an seine Beute anschleicht und fürchtet, sie durch eine unbedachte Bewegung zu verscheuchen.

Aber es wich nicht von der Stelle. Und es verlor auch nichts von seiner Rätselhaftigkeit. Ich näherte mich jetzt etwas beherzter und war gleich darauf in der Mitte des Raumes, direkt unter dem Oberlicht, angelangt. Die Muster flirrten jetzt überall um mich herum, und sie waren immer noch so zart, dass ich nicht völlig sicher war, ob ich sie wirklich sah. Ich blickte zum Zenit meines Gesichtskreises auf: Durch das Oberlicht konnte ich die Sterne erkennen, aber nichts, was diese schwebenden Schatten hätte erzeugen können. Nun ließ ich den Blick von einem Fenster zum anderen wandern, um zu sehen, ob sich dort eine Erklärung für das Phänomen finden würde. Aber ich entdeckte nichts. Durch jedes der Fenster fiel ein matter Lichtstreifen ein, aber nichts bewegte sich dort – kein Ast, der im Wind schaukelte, kein Vogel, der auf einem Fenstersims sein Gefieder aufplusterte. Was immer diese vibrierenden Schatten erzeugen mochte, es befand sich hier in diesem Raum mit mir. Als ich, irritiert vor mich hin murmelnd, den Blick von den Fenstern abwandte, hatte ich das unbehagliche Gefühl, in meiner Ratlosigkeit beobachtet zu werden. In der Annahme, dass Luman vielleicht heimlich zurückgekommen war, um mich zu belauschen, sah ich mich zur Tür um. Aber nein – der Flur lag vollkommen verlassen da.

Na schön, dachte ich, es hat wenig Sinn, hier herumzusitzen und sich mit paranoiden Gedanken den Kopf zu zerbrechen. Genauso gut konnte ich die Gründe meines Kommens hinausposaunen und warten, ob eine Reaktion darauf erfolgte.

Nervös holte ich Luft, und dann sprach ich.

»Ich bin … ich bin gekommen, um die Vergangenheit zu sehen.« Meine Stimme klang so dünn wie die eines Kindes. »Cesaria schickt mich«, fuhr ich fort, weil ich hoffte, dadurch die Mächte, die diesen Raum bewohnten, davon überzeugen zu können, dass meine Anwesenheit hier legitim war und dass sie, sofern sie mir etwas zu zeigen hatten, dies gefälligst auch tun sollten.

Etwas, das ich gesagt hatte – ob es meine Bemerkung über die Vergangenheit war oder Cesarias Name, weiß ich nicht –, löste eine Reaktion aus. Die Schatten um mich herum schienen sich zu verdunkeln, das Bewegungsmuster wurde komplizierter. Etwas zuckte und pulsierte darin wie ein lebendiges Wesen und stieg vor mir auf – höher und höher bis zum Oberlicht. Ein anderes Etwas flog auf die Wand zu meiner Linken zu und zog einen Schweif dunkler Fragmente hinter sich her, die wie der Schwanz eines Drachens in der Luft flatterten. Ein drittes Etwas fiel auf die glänzenden Holzdielen und breitete sich auf dem Boden aus.

Ich glaube, ich hauchte in meiner ungläubigen Verwunderung ein paar Worte vor mich hin: »O mein Gott«, oder etwas Ähnliches. Und ich hatte allen Grund dazu. Das Schauspiel, das sich meinen Augen bot, wurde von Sekunde zu Sekunde gewaltiger, die zuckenden Schatten wuchsen und dehnten sich, als würden sie den Gesetzen einer logarithmischen Potenz folgen. Bewegung erzeugte Bewegung, Formen brachten Formen hervor. Innerhalb eines Zeitraums von vielleicht fünfundvierzig Sekunden waren die Wände des Kuppelsaals fast völlig verschwunden hinter dem wogenden Unfassbaren; grau in grau, aber doch erfüllt von einer vagen Andeutung kommender Visionen. Ich war so perplex, dass ich kaum wusste, wohin ich die Augen wenden sollte, und gleichzeitig hatte ich, während mein Blick von einem komplexen Wolkengebilde zum nächsten wanderte, den Eindruck, als könnte ich *fast* etwas sehen. Als wäre ich unmittelbar im Begriff, das Wesen und das Prinzip dieser Abstraktionen zu begreifen.

Denn auch in diesem amöbenhaften Seinszustand berührten sie mich eigenartig. Während ich die tanzenden und pulsierenden Gebilde beobachtete, dämmerte mir die Erkenntnis, warum Luman sich so heftig dagegen gesträubt hatte, diesen Raum zu betreten. Er war, bei all seinem forschen Gebaren, ein sehr verletzlicher Mensch; und für eine so zart besaitete Seele waren hier viel zu viele *Empfindungen* gegenwärtig. Ich beobachtete das Schauspiel, das vor meinen Augen ablief, und mir war dabei zumute, als lauschte ich einem Musikstück – oder mehreren Musikstücken gleichzeitig.

Die grandiosen Formen unter dem Kuppeldach schwebten wie Rauchsäulen, die an der Sonne vorüberziehen, mit der feierlichen Würde eines Requiems dahin. Die Gebilde dagegen, die dicht um mich herum waren, hüpften und drehten sich im Kreis wie eine trunkene Polka. Und dazwischen rankten und wanden sich ätherische Bänder in die Höhe wie die verspielten, fröhlichen Klänge einer Rhapsodie.

Wenn ich sagen würde, ich war verzaubert, könnte das nicht einmal annähernd beschreiben, wie mir zumute war. Es war alles so unsagbar geheimnisvoll: eine Verführung der Augen und des Herzens, die mich fast zu Tränen rührte. Aber so sehr ich auch in diesem Bann gefangen war, fragte ich mich doch, welche Mächte meiner noch im Verborgenen harrten. Ich selbst hatte die Vision heraufbeschworen durch meine Bereitschaft, sie anzunehmen. Jetzt war es an der Zeit, dasselbe noch einmal zu tun; meinen Geist noch ein wenig weiter zu öffnen und zu beobachten, was mir die Schatten zeigen würden.

»Ich bin bereit«, sagte ich leise, »wann immer ihr wollt …«

Die Schatten dehnten sich weiter aus, ließen meiner Aufforderung aber keine sichtbare Reaktion folgen. In ihrer Bewegung war noch immer eine gewisse Entwicklung zu spüren, ich merkte jedoch, dass sie sich verlangsamt hatte. Die atemberaubenden Veränderungen, die mich noch wenige Minuten zuvor in Erstaunen versetzt hatten, fanden nun nicht mehr statt.

Wieder begann ich zu sprechen: »Ich habe keine Angst«, sagte ich.

Etwas Dümmeres als an einem Ort wie diesem mit meiner Furchtlosigkeit zu prahlen hätte mir im Leben nicht einfallen können.

Ich hatte den Satz kaum ausgesprochen, da zogen sich die Schatten so heftig zusammen, als hätte ein Erdbeben das Kuppelgewölbe erschüttert. Sekunden später, wie der Donnerschlag, der einen Herzschlag später auf den Blitz folgt, traf die Schockwelle die einzige nichtätherische Gestalt im Raum, nämlich mich. Mein Rollstuhl wurde zurückkatapultiert und kippte dabei nach hinten. Ich bemühte mich vergeblich um einen letzten Rest von Kontrolle über das Gefährt, doch es schoss mit kreischenden Rädern quer durch den Raum und prallte dicht neben der Tür so heftig gegen die Wand, dass ich herausgeschleudert wurde.

Als ich mit dem Gesicht nach unten auf dem Boden landete, spürte ich, wie etwas brach, und ich bekam keine Luft mehr. Hätte ich die Kraft besessen, so hätte ich in diesem Augenblick vielleicht um Gnade gefleht, hätte vielleicht den Versuch gemacht, meine tollkühnen Worte zurückzunehmen. Aber ich zweifle daran, dass es von Nutzen gewesen wäre.

Nach Luft schnappend, versuchte ich mich ein wenig aufzurichten, um zu sehen, wo mein Rollstuhl gelandet war. Ein scharfer Schmerz durchfuhr meinen Brustkorb. Ich hatte mir offensichtlich eine Rippe gebrochen. Um mir nicht noch schlimmeren Schaden zuzufügen, gab ich den Versuch auf, mich zu bewegen.

Mir blieb nichts weiter übrig, als dort liegen zu bleiben, wo man mich so unfeierlich hingeschleudert hatte, und darauf zu warten, dass der Raum sein Werk vollendete. Ich hatte diese Mächte aufgefordert, mir ihre Herrlichkeit zu zeigen, und ich war ziemlich sicher, dass sie nicht die Absicht hatten, sich dieses Vergnügen entgehen zu lassen.

VIII

Nichts geschah. Da lag ich nun, mein Atem ging schnell und flach, der Magen drohte sich mir umzudrehen; ich klebte am ganzen Körper vor Schweiß, und der Raum wartete einfach ab. Die unfassbaren Formen – hinter denen jetzt Wände und Fenster vollständig verschwanden und die sogar den gesamten Fußboden bedeckten – waren fast reglos, der Entwicklungsprozess schien für den Augenblick zum Stillstand gekommen zu sein.

Ich fragte mich, ob das oder die Wesen angesichts der Tatsache, dass ich verletzt worden war, vor Schreck erstarrt verharrten. Vielleicht hatten sie das Gefühl, in ihrer Begeisterung zu weit gegangen zu sein und wollten nun nichts lieber, als dass ich mich irgendwo verkroch und meine Wunden leckte? Oder warteten sie darauf, dass ich Luman herbeirief? Ich spielte mit dem Gedanken, verwarf ihn aber wieder. Dies war nicht der Ort, an dem man auch nur ein einfaches Wort aussprach, wenn es nicht unbedingt sein musste. Ich beschloss vielmehr, still liegen zu bleiben und zu warten, bis mein aufgewühlter Organismus zur Ruhe gekommen war. Und wenn ich meine Selbstbeherrschung wieder gefunden hatte, wollte ich mich zur Tür schleppen. Früher oder später würde Luman kommen und mich abholen; davon war ich überzeugt. Und wenn es die ganze Nacht dauern sollte.

Für den Augenblick schloss ich die Augen, um die Bilder, die mich von allen Seiten bedrängten, nicht mehr sehen zu müssen. Ich spürte den Schmerz in meiner Seite zwar nur noch als ein dumpfes Pochen, dafür machte sich jetzt aber auch in meinem Kopf und in meinen Augen ein hämmernder Schmerz bemerkbar; ich konnte mir mühelos vorstellen, dass mein Körper zu einem einzigen monströsen Herz geworden war, das achtlos weggeworfen auf dem Boden lag und seine letzten Schläge tat.

Ich habe keine Angst hatte ich noch Sekunden, bevor ich vom Blitz getroffen wurde, geprahlt. Und nun? O ja, nun hatte ich furchtbare Angst. Angst, dass ich hier sterben würde, bevor ich die Liste der unvollendeten Aufgaben durchgegangen war, die in meinem Hinterkopf lauerte und meine Aufmerksamkeit erheischte, diese aber natürlich nie bekam und stattdessen länger und immer länger wurde. Aber höchstwahrscheinlich war es ohnehin zu spät; mir würde keine Zeit mehr bleiben, mich für jede schändliche Tat auf dieser Liste zu geißeln, und keine Gelegenheit, die Schäden wieder gutzumachen, die ich angerichtet hatte. Keine großen Schäden, sicherlich, wenn man es im Gesamtzusammenhang betrachtete; aber doch so groß, dass ich sie bedauerte.

Und dann spürte ich im Nacken eine Berührung; oder etwas, das ich für eine Berührung hielt.

»Luman?« murmelte ich und öffnete die Augen.

Es war nicht Luman; es war keine menschliche Berührung, nicht einmal etwas, das der Berührung durch eine menschliche Hand glich. Es war irgendein geisterhaftes Wesen in den Schatten; oder waren es die Schatten selbst? Während ich mit geschlossenen Augen dagelegen war, hatten sie sich um mich geschart und drängten jetzt von allen Seiten auf mich ein. Ihre Nähe hatte jedoch absolut nichts Bedrohliches, sondern sie war auf seltsame Weise *zärtlich*. Fast hatte ich den Eindruck, als wären diese pulsierenden, blicklosen Formen um mein Wohlergehen besorgt, so wie sie mir über den Nacken, über die Stirn und die Lippen strichen. Ich blieb vollkommen reglos liegen und hielt den Atem an, halb darauf gefasst, dass ihre Stimmung gleich umschlagen und ihre tröstende Liebkosung sich in etwas ungleich Grausameres verwandeln würde. Aber nein, sie warteten, dicht um mich geschart, einfach nur ab.

Ich atmete erleichtert auf. Und in dem Augenblick, in dem ich Luft holte, wusste ich, dass ich, ohne es zu wollen, wieder etwas Folgenreiches getan hatte.

Beim Einatmen spürte ich, wie die belebte Luft über meinem Kopf zu meinem geöffneten Mund und in meine Lunge strömte. Ich hatte keine andere Wahl, ich musste es geschehen lassen. Als ich merkte, was passierte, war es bereits zu spät, es zu verhindern. Ich war ein Gefäß, das gefüllt wurde; ich spürte den Druck auf meiner Zunge, in der Kehle und der Luftröhre …

Und als ich dieses Etwas erst einmal in mir spürte, wollte ich es gar nicht mehr abwehren, denn kaum war es in mich eingeströmt, da begann der Schmerz in meiner Seite, in meinem Kopf und in meinen Augen nachzulassen. Die Angst davor, einsam hier zugrunde zu gehen, war wie verflogen, und ich fühlte mich – mit einem Atemzug – aus tiefer Verzweiflung in einen Zustand freudigen Wohlbehagens versetzt.

Was für eine Macht der Beeinflussung stand diesem Raum zur Verfügung! Zuerst Alltäglichkeit, dann ein Erdbeben und nun diese opiumberauschte Seligkeit. Es wäre zweifellos töricht von mir gewesen anzunehmen, dass sich damit seine Zauberkünste bereits erschöpft hatten. Aber er begnügte sich vorerst, meine Schmerzen ein wenig zu lindern, und ich nahm dankbar an, was mir geboten wurde, nahm es sogar begierig an. Ich sog die Luft ein, nahm sie in tiefen Zügen in mich auf. Und mit jedem Atemzug spürte ich, wie die Schmerzen weniger wurden. Aber nicht nur die Schmerzen in der Brust, im Kopf und in den Augen ließen nach; es gab einen viel älteren Schmerz – einen dumpfen, quälenden Druck im Bereich meiner abgestorbenen unteren Gliedmaßen –, der jetzt zum ersten Mal in der Zeitspanne zweier Menschenleben verschwand. Es war, glaube ich, nicht so, dass mir der Schmerz genommen wurde; ich nahm ihn nur nicht mehr als Schmerz wahr. Ich muss wohl nicht erwähnen, dass ich ihn freudig aus meinen Gedanken verbannte, dass ich Tränen der Dankbarkeit vergoss, weil mich dieser Schmerz verließ, der mir ein so selbstverständlicher Begleiter geworden war, dass ich vergessen hatte, wie tief er saß.

Und als er verschwunden war, bot sich meinen Augen –

die schärfer waren, als ich es selbst aus meinen jungen Jahren in Erinnerung hatte – ein neues, verblüffendes Schauspiel. Die Luft, die aus meiner Lunge entwich, war von einer eigenen strahlenden Stofflichkeit; sie entströmte mir mit einer sprühenden Fülle zart leuchtender Punkte, als würde in meinem Innern ein Feuer geschürt, und ich atmete Glutfunken aus. War dies eine Manifestation meiner Schmerzen? Die Art, in der dieser Raum – oder mein eigener Fieberwahn – ihre Austreibung sichtbar machte? Dieser Überlegung hing ich zehn Sekunden lang nach, dann erübrigte sie sich von selbst ... Die Lichtfunken waren im Begriff, mir ihr wahres Wesen zu offenbaren, und es hatte nichts mit Schmerzen zu tun.

Mit jedem weiteren Atemzug entströmte mir ein neuerlicher Funkenregen, aber ich achtete nicht darauf. Es waren die Lichtpunkte, die als erstes entwichen waren, zu denen mein erstaunter Blick jetzt unwiderstehlich hingezogen wurde. Sie streuten ihr schimmerndes Licht in die Schatten – versanken in dem Wolkenbett um mich herum. Ich beobachtete das Schauspiel mit fast wissenschaftlicher Distanziertheit – jedenfalls möchte ich meine Haltung gern so interpretieren. Alles, was ich hier erlebte, besaß, wie ich jetzt annahm, eine gewisse innere Logik; die Schatten waren nur die eine Seite eines Ganzen: sie waren der Schauplatz ungeahnter Möglichkeiten, nicht mehr; der fruchtbare Boden dieses Ortes, der darauf wartete, dass ein zündender Funke *etwas* zum Vorschein brachte – aber *was* war dieses Etwas?

Das war die Frage. Was wollte mir diese Vereinigung von Feuer und Schatten zeigen?

Ich musste nicht länger als ein paar Sekunden auf die Antwort warten. Die ersten Feuerfunken waren kaum in die Schatten eingetaucht, da warfen diese alle Ungewissheit ab und fingen an zu erblühen.

Die räumlichen Grenzen des Kuppelgewölbes schienen aufgehoben. Als die Bilder kamen – *ah, und wie sie kamen* – waren sie gewaltig.

Als erstes tauchte aus den Schatten eine Landschaft auf. Die archaischste aller Landschaften, um genau zu sein: Stein und Feuer und ein glühender Magmastrom. Es war wie die Entstehung der Welt; rot und schwarz. Ich brauchte nur einen Augenblick, um diese Szene zu begreifen. Dann stürmte eine Flut von Bildern auf mich ein, und die Szene vor meinen Augen veränderte sich mit jedem Atemzug. Aus den Flammen wuchs etwas empor und erhob sich golden und grün verästelt in den rauchgeschwärzten Himmel. Noch im Wachsen entstanden aus den Blüten daran Früchte, die auf die Lavaerde hinunterfielen. Mir blieb keine Zeit, zuzusehen, wie sie verschlungen wurden. Eine Bewegung in der diesigen Ferne zu meiner Rechten erregte meine Aufmerksamkeit. Ein Tier von einer mir unbekannten Spezies – mit hellen, narbenüberzogenen Flanken – galoppierte quer durch mein Gesichtsfeld. Ich konnte das Dröhnen seiner Hufe bis in die Eingeweide spüren. Noch bevor es außer Sicht war, tauchte das nächste auf, dann noch eins und noch eins, bis es eine ganze Herde dieser Tiere war – nicht Pferde, aber irgendeine verwandte Art. Hatte ich, so fragte ich mich, diese Kreaturen geschaffen? Hatte ich sie mit meinen Schmerzen ausgehaucht – und auch das Feuer, das Gestein und den Baum, der dem Gestein entsprossen war? War das alles ein Produkt meiner Fantasie oder vielleicht eine ferne Erinnerung, die durch den Zauber dieses Ortes sichtbar gemacht wurde?

Während sich dieser Gedanke noch in mir formte, änderte die helle Herde die Richtung und kam nun mit donnernden Hufen auf mich zu. Instinktiv hob ich die Hände schützend über den Kopf, um zu verhindern, dass mir der Schädel zertrümmert wurde. Aber so wild das Trommeln der Hufe auch war, die vorüberziehende Herde fügte mir nicht mehr Schaden zu als ein Windstoß; sie fegte über mich hinweg und war verschwunden.

Ich hob den Kopf und blickte mich um. In den wenigen Sekunden, in denen meine Aufmerksamkeit abgelenkt gewesen war, hatte die Erde reiches Leben hervorgebracht. Von allen Seiten stürmten jetzt Bilder auf mich ein. Ganz in meiner Nähe glitt eine Schlange, leuchtend bunt wie eine Blume, durch die Luft, aus der sie geformt wurde. Aber noch bevor der Akt ihrer Entstehung vollendet war, schnappte sie ein anderes Tier; ich blickte auf und sah vor mir eine fast menschenähnliche Gestalt, die aber Flügel und ein glänzendes Gefieder hatte. Die Schlange war im Nu verschwunden, verschlungen von dieser Kreatur, die gleich darauf mich mit ihrem wilden Blick fixierte, als überlegte sie, ob ich wohl ebenfalls eine genießbare Mahlzeit abgeben würde. Offensichtlich tat sie mich als armseligen Bissen ab. Das gefiederte Wesen breitete seine mächtigen Flügel aus und stieg wie ein Vorhang, der sich vor einem noch merkwürdigeren Schauspiel hebt, in die Lüfte auf.

Der Baum, bei dessen Geburtsstunde ich dabei gewesen war, hatte seine Samen in alle Winde verstreut. Innerhalb von Sekunden war ein Wald in die Höhe gesprossen, dessen rauschendes Blätterdach den Himmel verdunkelte wie eine Gewitterfront. Und zwischen den Bäumen kreuz und quer huschten Lebewesen aller Art, flogen auf, um ihre Nester zu bauen, stürzten zu Boden, um zu verwesen. In meiner Nähe stand im lichtgesprenkelten Schatten der Bäume eine Antilope, die vor Angst ihren Darm entleert hatte. Ich schaute mich nach der Ursache ihrer Angst um. Dort, ein paar Meter von dem Tier entfernt, bewegte sich etwas zwischen den Bäumen. Ich sah nur ein Funkeln, das vielleicht von Augen oder gebleckten Zähnen herrührte, bis das Wesen plötzlich aus seinem Versteck hervorbrach und sich mit einem einzigen mächtigen Satz auf seine Beute stürzte. Ein Tiger, so groß wie vier oder fünf erwachsene Männer. Die Antilope wandte sich vergeblich zur Flucht, ihr Jäger war zu schnell. Der Tiger schlug seine Krallen in die seidenweiche Flanke der Antilope und begrub sie noch im Sprung unter sich. Sie hatte keinen schnellen oder angenehmen Tod. Auch als ihr Leib schon eine einzige klaffende Wunde war und der Tiger ihre sehnige Kehle zerfetzte, schlug sie noch verzweifelt mit den Beinen um sich. Ich wandte den Blick nicht ab. Ich sah zu, bis die Antilope eine dampfende Fleischmahlzeit war und der Tiger sich niederließ, um sich an ihr gütlich zu tun. Dann erst ließ ich die Augen auf der Suche nach anderen Szenen umherschweifen.

Zwischen den Bäumen sah ich etwas auflodern, das von Sekunde zu Sekunde heller wurde. Die unersättlichen Flammen eines alles verzehrenden Feuers fraßen sich im Näherkommen zu dem Blätterdach durch, wo sie schneller und heftiger um sich griffen als unten am Boden. Dort im Dickicht, wo die Tiere – Jäger wie Gejagte ohne Unterschied – vor der Feuersbrunst flohen, herrschte das reine Chaos. Aber oben in der Luft gab es kein Entrinnen. Zu schnell kamen die Flammen näher und verschlangen die Vögel im Flug, die Jungtiere in ihren Nestern, Affen und Eichhörnchen im Geäst der Bäume. Zahllose Kadaver fielen, vom Feuer geschwärzt und noch rauchend, um mich herum auf die Erde.

Ich fürchtete nicht um mein Leben. Ich kannte diesen Ort inzwischen so weit, dass ich auf meine Unverletzbarkeit vertraute. Aber dennoch fühlte ich mich von der Szene, die sich jetzt abspielte, abgestoßen. Was sah ich mir da an? Eine Urkatastrophe, in der die Welt untergegangen war? Die sie aus den Angeln gehoben hatte? Und wenn ja, was war die Ursache? Es handelte sich nicht um ein naturgegebenes Ereignis, davon war ich überzeugt. Die Feuersbrunst breitete sich wie ein Dach über mir aus und schuf im Augenblick der Zerstörung ein kunstvolles Gewölbe, in dem die Sterbenden in einem Flammendenkmal verewigt wurden. Tränen stiegen mir in die Augen, so nah ging mir dieser Anblick. Ich hob die Hand, um sie wegzuwischen, damit mir die Herrlichkeiten oder Schrecken, die mich noch erwarteten, nicht entgingen, und in diesem Augenblick hörte ich in meinem Herzen zum ersten Mal seit meinem Eintritt in diesen Raum einen anderen menschlichen Laut als meine eigene Stimme.

Es war kein Wort, zumindest kein Wort, das ich kannte. Aber es hatte eine Bedeutung; jedenfalls war ich davon überzeugt. In meinen Ohren klang es wie ein Schrei, den eine neugeborene Seele aus vollem Halse mitten in dieser Flammenhölle ausstieß; ein Schrei der feierlichen Verkündung und der stolzen Herausforderung. *Hier bin ich!* schien er zu sagen. *Nun können wir beginnen!*

Ich stemmte mich mit beiden Händen vom Boden ab, um zu sehen, ob der Rufende irgendwo zu entdecken war (ob es sich um einen Mann oder eine Frau handelte, konnte ich noch nicht mit Sicherheit sagen), aber der Regen aus Asche und brennenden Teilchen versperrte mir wie ein dichter Vorhang die Sicht.

Meine Arme konnten mich nur ein paar Sekunden lang tragen. Aber als ich entmutigt wieder zu Boden sank, erloschen über mir die Flammen – vielleicht weil sie keine Nahrung mehr fanden. Der Aschenregen versiegte. Und vor mir, keine zwanzig Meter von der Stelle entfernt, an der ich lag, stand Cesaria, inmitten des Feuers, das wie eine riesige Flammenblume wild um sie aufloderte. Nichts in ihrer Haltung oder ihrer Miene deutete darauf hin, dass die Flammen sie erschreckten. Ganz im Gegenteil – sie schien ihre Berührung unendlich zu genießen; ihre Hände glitten über ihren Körper, als wollte sie sicher gehen, dass der Balsam dieses Flammenbades in jede Pore eindrang. Ihr Haar, das noch schwärzer war als ihre Haut, sträubte sich wie elektrisiert; aus ihren Brüsten quoll Milch, aus ihren Augen flossen silberne Tränen, und aus ihrem Geschlecht, das sie hin und wieder spielerisch streichelte, strömte Blut.

Ich wollte den Blick abwenden, aber ich konnte es nicht, von so erlesener Schönheit, von einer so reifen Weiblichkeit war sie. Mir schien, als wäre alles, was ich in den vergangenen Minuten vor mir gesehen hatte – das Lavagestein, der Baum und seine Früchte, die helle Herde, die Antilope und der Tiger, der sie gerissen hatte, ja sogar das gefiederte Geschöpf, das mir kurz unter die Augen geraten war –, als wäre all dies *in* und *aus* dieser Frau erschaffen worden. Sie war ihre Schöpferin und ihre Schlächterin; das Meer, in das sie geschwemmt wurden und der Fels, dem sie entsprungen waren.

Ich kam zu dem Schluss, dass ich genug gesehen hatte. Ich hatte so viel in mir aufgesogen, wie ich ertragen konnte, ohne den Verstand zu verlieren. Es war an der Zeit, dass ich diesen Bildern den Rücken kehrte und mich wieder auf den sicheren Boden meiner normalen Welt begab. Ich brauchte

Muße, um das Gesehene zu verarbeiten – und die Gedanken, die diese Bilder in mir ausgelöst hatten, zu ordnen.

Aber die Rückkehr in die normale Welt war keine leichte Sache. Die Blicke von der Mutter meines Vaters loszureißen, fiel mir schon schwer genug; als es mir aber gelungen war und ich zur Tür schauen wollte, stellte ich fest, dass sie verschwunden war. Auf allen Seiten war ich von Trugbildern umgeben; nicht ein winziges Stück der Wirklichkeit war mehr zu sehen. Zum ersten Mal, seit der Ansturm der Visionen begonnen hatte, fiel mir ein, was Luman über den Wahnsinn gesagt hatte, und ich wurde von panischer Angst ergriffen. Hatte ich den Verstand verloren und hatte es in meiner Achtlosigkeit nicht einmal gemerkt? Trieb ich nun haltlos in dieser Traumwelt, in der meine Sinne keinen festen Boden mehr finden konnten?

Schaudernd dachte ich an die Koje, in der man Luman angekettet hatte – und an die grenzenlose Wut in seinen Augen. War es das, was nun vor mir lag? Ein Leben ohne Gewissheit, ohne festen Halt; dieser Wald ein Kerker, den ich mit meinem Atem erschaffen hatte, und jene andere Welt, in der ich wirklich und selbst auf meine verwundete Art zufrieden gewesen war, ein Traum von der Freiheit, in den ich niemals würde zurückkehren können?

Ich schloss die Augen, um diese Bilder zu vertreiben. Wie ein zu Tode erschrockenes Kind fing ich an zu beten.

»O Herr im Himmel, sieh her auf deinen Diener, darum flehe ich dich an … Steh mir bei in dieser Stunde.

Hilf mir, ich bitte dich. Nimm diese Bilder aus meinem Kopf. Ich will sie nicht haben, lieber Gott. Ich will nicht.«

Noch während ich mein Gebet vor mich hin murmelte, spürte ich, wie eine starke Kraft auf mich einstürmte. Die Feuersbrunst, die ein Stück weit von mir entfernt zum Stillstand gekommen war, rückte wieder vor. Hastig fuhr ich mit meinem Gebet fort, überzeugt, dass nicht nur die Flammen nach mir griffen, sondern auch Cesaria.

»Rette mich, o Herr …«

Sie war gekommen, um mich zum Schweigen zu bringen. Davon war ich mit einem Mal überzeugt. Sie war Teil meines Wahnsinns und eilte nun herbei, um mir die Worte im Mund zu ersticken, die mich aus seinen Klauen befreien konnten.

»O Herr, erhör mein Flehen …«

Die Kräfte nahmen zu; es war, als wollten sie mir die Worte von den Lippen reißen.

»Schnell, lieber Gott, schnell. Zeig mir den Ausweg aus diesem Raum! Bitte! Gott im Himmel, steh mir bei!«

»Schhh …«, hörte ich Cesarias Stimme. Sie stand dicht hinter mir. Ich glaubte zu spüren, wie meine Nackenhaare knisternd versengt wurden, öffnete die Augen und blickte über die Schulter zurück. Da stand sie, eingehüllt in ihren Flammenkokon, und ihre dunkle Haut glänzte. Mein Mund war plötzlich wie ausgedörrt; ich konnte kaum sprechen.

»Ich will …«

»Ich weiß«, unterbrach sie mich sanft. »Ich weiß. Ich weiß. Armes Kind. Armes verlorenes Kind. Du willst deinen Verstand wiederhaben.«

»Ja …«, brachte ich mit tränenerstickter Stimme hervor.

»Aber er ist ja hier«, erklärte sie. »Überall um dich herum. Die Bäume. Die Flammen. Ich. All das gehört zu *dir*.«

»Nein«, widersprach ich heftig. »Ich war noch nie zuvor an diesem Ort.«

»Aber er ist in dir. An diesen Ort kam dein Vater vor einer Ewigkeit, um mich zu suchen. Er hat ihn in dich hineingeträumt, als du geboren wurdest.«

»In mich hineingeträumt …«, wiederholte ich verständnislos.

»Jedes Bild, jede Empfindung. Alles, was er war und alles, was er wusste, und alle zukünftigen Ereignisse, um die er wusste … all das ist in deinem Blut und in deinen Eingeweiden.«

»Warum habe ich dann solche Angst davor?«

»Du hast dich so lange an ein einfacheres Ich geklammert, bis du glaubtest, die Summe dessen zu sein, was du in den Händen halten kannst. Aber es sind andere Hände, die dich halten, Kind. Gefüllt sind sie mit dir, diese Hände. Gefüllt bis zum Rand mit dir …«

Durfte ich es wagen, auch nur einen Bruchteil ihrer Worte zu glauben?

Cesaria antwortete, als hätte ich meine Zweifel laut ausgesprochen.

»Ich kann dir keine Sicherheit geben«, sagte sie. »Entweder du vertraust darauf, dass diese Visionen einer Weisheit entspringen, die größer ist als alles, was du je gesehen hast, oder du versuchst sie abzuschütteln und fällst wieder.«

»Wohin falle ich?«

»Nun, in deine eigenen Hände zurück natürlich«, erklärte sie.

Machte sie sich über mich lustig? Über meine Tränen, über mein Zittern und Zagen? Wahrscheinlich tat sie das. Und ich konnte es ihr nicht einmal verübeln; irgendwo in meinem Innern fand ich mich selbst lächerlich, wie ich zu einem Gott betete, den ich nie gesehen hatte, nur um einer Fülle von Herrlichkeiten zu entrinnen, bei deren Anblick einem gläubigen Menschen die Tränen gekommen wären. Aber ich hatte Angst. Immer wieder kehrte ich zu diesem Punkt zurück: *Ich hatte Angst.*

»Stell deine Frage«, forderte mich Cesaria auf. »Du hast eine Frage. Stell sie.«

»Es klingt so kindisch.«

»Dann lass dir die Antwort geben und wende dich anderen Dingen zu. Aber zuerst musst du die Frage stellen.«

»Bin ich … in Sicherheit?«

»In Sicherheit?«

»Ja. In Sicherheit.«

»Physisch, meinst du? Nein. Ich kann dir deine physische Sicherheit nicht garantieren. Aber deine unsterbliche Seele! Nichts und niemand kann ihr etwas anhaben. Wenn du zwischen deinen Fingern hindurchfällst, wirst du von anderen Händen aufgefangen. Das habe ich dir bereits gesagt.«

»Und … irgendwie glaube ich dir«, sagte ich.

»Also«, erwiderte Cesaria, »dann hast du keinen Grund, die Erinnerungen nicht zuzulassen.«

Sie streckte mir ihre Hand entgegen. Sie war über und über mit Schlangen bedeckt: haarfein, aber leuchtend bunt, gelb und rot und blau ringelten sie sich um ihre Finger wie lebendiges Geschmeide.

»Nimm meine Hand«, forderte sie mich auf.

Ich blickte in ihr Gesicht auf, das einen Ausdruck süßer Ruhe ausstrahlte, dann sah ich die Hand an, die ich berühren sollte.

»Hab keine Angst«, beruhigte sie mich. »Sie beißen nicht.« Ich streckte den Arm aus und nahm ihre Hand in meine. Sie hatte Recht, die Schlangen bissen nicht. Aber sie *schwärmten* aus, krochen von ihrer Hand auf meine und über meinen Handrücken den Arm hinauf. Dieser Anblick hielt mich so sehr gefangen, dass ich überhaupt nicht merkte, wie Cesaria mich vom Boden hochzog, bis ich auf den Füßen stand. Ich sage, ich stand, obwohl ich mir nicht vorstellen kann, wie das möglich war; bis zu diesem Augenblick waren meine Beine zu schwach gewesen, um mich zu tragen. Und doch stand ich jetzt auf meinen eigenen Füßen, mein Gesicht nur wenige Zentimeter von ihrem entfernt, und hielt ihre Hand umklammert.

Ich glaube nicht, dass ich der Frau meines Vaters jemals zuvor so nah gewesen bin. Selbst als ich noch ein Kind war und sie mich, nachdem mein Vater mich aus England hierher gebracht hatte, als ihren Stiefsohn aufnahm, wahrte sie stets eine gewisse Distanz zu mir. Und jetzt stand ich (oder schien zumindest zu stehen) so dicht vor ihr, dass unsere Gesichter nur Zentimeter voneinander entfernt waren. Ich fühlte das Schlangengewimmel an meinem Arm, hatte aber kein Interesse mehr daran, auch nur einen Blick darauf zu werfen: nicht in diesem Augenblick, in dem ich ihr Gesicht unmittelbar vor mir sah. Sie war vollkommen. Von ihrer Haut, obwohl tiefdunkel, ging ein unglaubliches Leuchten aus, ihr Blick war, wie ihre Lippen, fordernd und unnahbar zugleich. Einzelne Strähnen ihres Haars wurden vom Luftsog der lodernden Flammen hochgeweht (deren Hitze mir offenbar nichts anhaben konnte) und streiften meine Wange. Diese Berührung, so zart sie auch war, hatte etwas unendlich Sinnliches. Das spürend und ihre vollkommenen Züge vor mir sehend, konnte ich nicht umhin, mir vorzustellen, wie es wäre, in ihre Arme aufgenommen zu werden. Sie zu küssen, bei ihr zu liegen und ein Samenkorn in ihren Schoß zu pflanzen. Kein Wunder, dass sich mein Vater bis zum letzten Tag von ihr besessen gefühlt hatte, auch wenn über all den Streitereien und Enttäuschungen die Liebe zwischen den beiden schal geworden war.

»Und jetzt …«, sagte sie.

»Ja?« In diesem Augenblick hätte ich alles für sie getan, das schwöre ich. Mir war zumute wie einem Liebenden, der vor seiner Angebeteten steht; ich hätte ihr keine Bitte abschlagen können.

»Nimm es zurück …«, fuhr sie fort.

Ich begriff nicht, was sie damit sagen wollte. »Was soll ich zurücknehmen?« fragte ich.

»Den Atem. Den Schmerz. Mich. Nimm alles zurück. Es gehört zu dir, Maddox. *Nimm es zurück.*«

Jetzt verstand ich. Es war Zeit, wieder Besitz zu ergreifen von dem, was ich abzustoßen versucht hatte: die Visionen, die Teil meines Seins waren, obwohl ich sie vor mir selbst verborgen gehalten hatte; die Schmerzen, die, ob ich wollte oder nicht, ebenfalls zu mir gehörten. Und natürlich die Atemluft, die diese Reise im Moment ihres Entweichens aus meiner Lunge ausgelöst hatte.

»Nimm es zurück.«

Ich wollte sie um etwas Aufschub bitten, um mit ihr zu reden vielleicht; zumindest, um sie noch eine Weile anzuschauen, bevor mein Körper wieder seinen gewohnten Qualen überantwortet wurde. Aber sie löste bereits ihre Finger aus meinem Griff.

»Nimm es zurück«, sagte sie zum dritten Mal, und um sicherzugehen, dass ich ihrem Gebot Folge leistete, kam sie mit ihrem Gesicht ganz nah an meines heran und tat selbst einen Atemzug, einen Atemzug so blitzschnell und kraftvoll, dass er in Sekundenbruchteilen meinen Mund, meine Kehle, meine Lunge leer saugte.

Mir war schwindelig, weiße Flecken tanzten am Rand meines Blickfeldes und drohten mir völlig die Sicht zu nehmen. Aber mein Körper entfaltete seine eigenen Energien und tat, ohne von meinem Verstand oder Willen geleitet zu sein, was Cesaria befohlen hatte: Er nahm den Atem wieder in sich auf.

Die Wirkung kam schlagartig, und sie war deprimierend für meine verzauberten Augen. Das überwältigende Gesicht löste sich auf, als wäre es aus dem Nebel erschaffen und von meinen gierigen Lungen aufgesogen worden. Ich hob den Kopf, in der Hoffnung, noch einen Blick auf den archaischen Himmel zu erhaschen, bevor auch er sich auflöste, aber es war schon zu spät.

Was noch wenige Augenblicke zuvor unzweifelhaft und wirklich gewesen war, wurde in Bruchteilen von Sekunden zu einem Nichts. Nein, es war kein Nichts. Es verwob sich wieder zu den bedeutungsvollen Mustern, die den Raum bei meinem Eintritt erfüllt hatten. Einige wiesen noch einen Hauch von Farbe auf. Über mir waren vereinzelte blaue und weiße Kleckse zu sehen, und um mich herum, wo das Dickicht nicht vollständig von den Flammen verzehrt worden war, Hunderte von Grüntönen; vor mir goldene Feuerfunken und tiefrot gesprenkelte Dunkelheit, wo die Frau meines Vaters gestanden hatte. Aber mit dem nächsten Herzschlag waren auch diese letzten Überreste verflogen, und um mich herum war wieder das Grau in Grau, das ich irrtümlich für ein Labyrinth auf stockfleckigen Mauern gehalten hatte.

Vielleicht wären mir alle Ereignisse, die sich gerade abgespielt hatten, als reine Fantasiegebilde erschienen, hätte es nicht eine schlichte Tatsache gegeben: *Ich stand noch immer auf meinen Füßen.* Welcher Art die Kräfte auch sein mochten, die mein Geist hervorgebracht hatte, sie hatten die Macht besessen, mich vom Boden aufzuheben und auf die Füße zu stellen. Und da stand ich nun zutiefst verwundert; und natürlich überzeugt davon, dass mir meine Beine im nächsten Moment den Dienst wieder versagen würden. Aber dieser Moment ging vorüber – und dann noch ein weiterer und noch einer und noch einer, und ich stand immer noch aufrecht da.

Ich warf einen zögernden Blick über die Schulter zurück.

Dort, keine sechs Meter von mir entfernt, war die Tür, durch die ich hereingekommen war, bevor diese Flut von Visionen mich überschwemmt hatte. Daneben lag mein umgestürzter Rollstuhl. Ich starrte ihn lange an. Durfte ich wirklich daran glauben, dass er von nun an überflüssig sein würde?

»Sieh einer an …«, ließ sich eine nuschelnde Stimme vernehmen.

Mein Blick wanderte vom Rollstuhl zur Tür zurück, an der jetzt Luman lehnte. In der Zeit, die ich im Kuppelsaal zugebracht hatte, war er offensichtlich auf eine weitere Schnapsquelle gestoßen. Keine Flasche, sondern eine Karaffe. Er hatte den glasigen Blick eines Betrunkenen. »Du stehst ja auf deinen Füßen«, sagte er. »Wann hast du das gelernt?«

»Ich habe es nicht gelernt …«, entgegnete ich. »Ich meine, ich weiß nicht, warum ich nicht umfalle.«

»Kannst du laufen?«

»Ich weiß nicht. Ich habe es nicht probiert.«

»Ja, Mann Gottes, dann versuch es.«

Ich sah auf meine Füße hinunter, die seit hundertdreißig Jahren keine Befehle mehr von mir angenommen hatten. »Ja, dann bewegt euch«, murmelte ich.

Und sie bewegten sich. Nicht ohne Mühe anfangs, aber sie bewegten sich. Erst links, dann rechts, vollzogen sie eine Kehrtwendung mit mir, sodass ich jetzt Luman und die Tür vor mir hatte.

Ich verharrte nicht an dieser Stelle. Die Arme nach vorn gestreckt, um den Sturz abfangen zu können, falls meine Beine mir den Dienst versagten, ging ich weiter. Aber meine Beine trugen mich. Ein Wunder war geschehen, als Cesaria mich aufgehoben hatte. Ihre Willenskraft, oder meine, vielleicht aber auch unsere vereinten Kräfte, hatten mich geheilt. Ich konnte laufen, energisch ausschreiten. Irgendwann würde ich wieder rennen. Ich würde Dinge tun, die ich in all den Jahren, an den Rollstuhl gefesselt, nicht mehr getan hatte. In den Sumpf hinausgehen und über die Straßen jenseits der Sümpfe wandern; in den Gärten hinter Lumans Räucherhütte spazieren gehen; das Grab meines Vaters in den verwaisten Stallungen besuchen …

Für den Augenblick war ich jedoch schon glücklich, dass ich die Tür erreichte. So überglücklich, dass ich Luman um den Hals fiel. Tränen stiegen mir in die Augen, und selbst wenn ich gewollt hätte, ich hätte sie nicht zurückhalten können.

»Danke«, stieß ich unter Tränen hervor.

Und Luman wehrte meine Umarmung nicht ab. Er erwiderte sie im Gegenteil ebenso heftig und vergrub sein Gesicht an meinem Hals. Auch er war in Tränen ausgebrochen, obwohl mir nicht ganz klar war, warum. »Ich weiß nicht, wofür du dich bei mir zu bedanken hättest«, sagte er.

»Dass du mir Mut gemacht hast«, entgegnete ich. »Dass du mich überredet hast hineinzugehen.«

»Dann bereust du es also nicht?«

Lachend nahm ich sein tränenüberstömtes Gesicht in beide Hände. »Nein, Bruder, ich bereue es nicht. Nicht eine Sekunde lang.«

»Hat es dich fast in den Wahnsinn getrieben?«

»Fast.«

»Und hast du mich verflucht?«

»Inbrünstig.«

»Aber es war die Qualen wert?«

»Absolut.«

Er schwieg einen Moment und ließ sich seine nächste Frage durch den Kopf gehen. »Heißt das, wir können uns zusammen hinsetzen und saufen bis zum Umfallen, wie es sich für Brüder gehört?«

»Es wird mir ein Vergnügen sein.«

IX

1

Was muss ich tun in der Zeit, die noch bleibt? – Alles.

Ich weiß noch nicht, wie viel ich weiß; aber es ist eine Menge. Ich habe gewaltige Potenziale in mir, von deren Existenz ich bisher nichts ahnte. Ich glaube, ich habe bis jetzt in einem selbstgeschaffenen Kerker gelebt, vor dessen Mauern sich eine Landschaft voll unvergleichlicher Reichtümer ausbreitet. Ich habe noch nie gewagt, einen Fuß dorthin zu setzen. In meiner Selbsttäuschung hielt ich mich für einen kleinen König, und ich wollte die Grenzen dessen, was ich kannte, nicht überschreiten, weil ich Angst hatte, mein Königreich zu verlieren. Ich wage zu behaupten, dass das Leben der meisten Menschen in ähnlich beklagenswerten Grenzen verläuft. Etwas Tiefgreifendes muss geschehen, damit sich etwas ändert; damit uns die Augen geöffnet werden für die herrliche *Vielfalt* unseres Wesens.

Mir waren die Augen geöffnet worden, und ich wusste, dass mit der neugewonnenen Klarsicht eine ungeheure Verantwortung auf mich zukam. Ich musste das, was ich sah, aufschreiben; ich musste es in Worte fassen und auf eben den Seiten festhalten, die Sie in diesem Augenblick vor sich aufgeschlagen haben.

Aber ich war bereit, die Last dieser Verantwortung zu tragen. Mit Freuden sogar. Denn jetzt kannte ich die Antwort auf die Frage, wo alle Fäden meiner Geschichte zusammenliefen. Ich selbst war dieser Mittelpunkt. Ich war nicht der abstrakte Widerhall des Lebens und Liebens dieser Menschen. Ich war – *ich bin* – die Geschichte selbst; ihr Ursprung, ihre Stimme, ihre Musik. Auf Sie wirkt das vielleicht nicht wie eine großartige Offenbarung. Aber für mich ändert es alles. Es führt mir mit schonungsloser Klarheit die Person vor Augen, die ich einmal war. Es versetzt mich zum ersten Mal in die Lage zu sehen, wer ich heute bin. Und es erfüllt mich mit gespannter Vorfreude auf das, was ich unausweichlich sein werde.

So vieles liegt vor mir: Ich muss Ihnen erzählen, wie es um die lebendige Welt der Menschen bestellt war, aber auch, wie es unter den Tieren zuging und unter jenen Geschöpfen, die aus dem Leben geschieden waren und doch noch auf der Erde wandelten. Ich muss Ihnen von den Kreaturen berichten, die Gott geschaffen hatte, aber auch von jenen, die durch die Kraft ihres Willens oder ihrer Sinneslust aus sich *selbst* entstanden waren. Es werden hier, mit anderen Worten, unweigerlich ruchlose neben heiligen Dingen zur Sprache kommen, und ich kann Ihnen keine Garantie darauf geben, dass ich Ihnen verraten werde – oder auch nur selber weiß –, was in welche Kategorie gehört.

Und mehr als alles andere, das ist mir tief in meinem Innern bewusst, möchte ich Sie mitnehmen auf eine *abenteuerliche Reise;* ich möchte mit Ihnen die Vision einer Welt teilen, die Ordnung schafft, wo Zwietracht und Chaos herrschte. Nichts geschieht zufällig. Wir werden nicht ohne Grund in die Welt gesetzt, auch wenn wir diesen Grund vielleicht niemals erkennen. Ein Neugeborenes, das nur eine Stunde zu leben hat, das stirbt, bevor es einen Blick auf die Menschen werfen kann, aus denen es hervorgegangen ist – auch dieses Leben hatte einen Sinn: Dessen bin ich mir mit einem Mal gewiss. Und ich empfinde es als meine Pflicht, nicht zu ruhen, bis ich auch Sie davon überzeugt habe. Sie werden epische Geschichten hören – von Kriegen und Rebellion und vom Untergang mächtiger Dynastien. Sie werden aber auch Geschichten hören, die Ihnen belanglos erscheinen, von denen Sie sich fragen, was sie überhaupt in diesem Buch zu suchen haben. Haben Sie Nachsicht mit mir. Betrachten Sie diese Fragmente wie die Hobelspäne, die der Zimmermann zusammenfegt, wenn er ein großes Werk vollendet hat. Das Meisterstück hat die Werkstatt bereits verlassen – aber was sagt uns ein kleiner gekringelter Hobelspan über den Augenblick des Schaffens? Erzählt er uns nicht, wie der Zimmermann hier zögerte, dort den Hobel ansetzte, um mit untrüglicher Sicherheit eine Form zu vollenden? Sind diese Späne, die auf den ersten Blick wie Abfall wirken, also nicht in Wirklichkeit Teil des Meisterwerks, weil sie die Hülle sind, die man entfernt hat, um das Ganze sichtbar zu machen?

Ich werde nicht hier bleiben und nach diesen Spänen suchen. Vor uns liegen bedeutende Städte: New York und Washington, Paris und London; und, weiter im Osten und älter als alle anderen, das legendäre Samarkand mit seinen verfallenen Palästen und Moscheen, die an der Seidenstraße noch heute den Reisenden begrüßen. Und wenn wir genug haben von den Städten? Dann wenden wir uns der Wildnis zu. Der Inselwelt von Hawaii, den Gebirgslandschaften von Japan, den Wäldern, in denen die Bürgerkriegstoten ihre letzte Ruhestätte gefunden haben, den Weiten des Ozeans, die kein Seemann je befahren hat. Sie alle haben ihre eigene Poesie: die glitzernden Metropolen und die Ruinenstädte, die Wasser- und die Sandwüsten; ich will sie Ihnen alle zeigen. Ich will Ihnen alles zeigen.

Nichts weiter als alles: Dichter, Soldaten, Hunde, Vögel, Fische, Liebende, Potentaten, Bettler, Geister. Nichts ist in diesem Augenblick zu hoch für meinen ehrgeizigen Willen, nichts so gering, dass ich ihm keine Beachtung schenken würde. Ich will mich bemühen, gewöhnliche Götter heraufzubeschwören und Ihnen die Schönheit des Schmutzes zu zeigen.

Aber halt! Was sage ich da? Ist meine Feder vom Wahnsinn befallen, dass ich Ihnen all diese Versprechungen mache? Es ist der reine Selbstmord. Ich bin zum Scheitern verdammt. Trotzdem ist es das, was ich mir vorgenommen habe. Und wenn ich bei diesem Unterfangen einen elenden Narren aus mir mache, ich werde es versuchen.

Ich will Ihnen das höchste Glück zeigen; nicht zuletzt mein eigenes. Und ganz sicher werden Sie Verzweiflung sehen. Das kann ich Ihnen versprechen, ohne auch nur einen Augenblick zu zögern. Verzweiflung von einem solchen Ausmaß, dass Ihnen das Herz leicht wird bei der Entdeckung, um wie viel furchtbarer andere leiden müssen als Sie selbst.

Und wohin wird all das führen? Dieses Zeigen, dieses Scheitern? Sie wollen eine ehrliche Antwort? Ich habe nicht die leiseste Ahnung.

Während ich hier so sitze und über den Rasen hinausblicke, frage ich mich, wie lange es noch dauern wird, bis die Sturmfront der Außenwelt zu den Grenzen unseres seltsamen kleinen Reichs vorgedrungen ist. Wochen? Monate? Ein Jahr? Ich glaube nicht, dass auch nur einer hier die Antwort auf diese Frage kennt. Nicht einmal Cesaria mit all ihren prophetischen Kräften konnte mir sagen, wann die feindliche Welt über uns hereinbrechen wird. Ich weiß nur, dass sie kommen wird. Kommen muss, besser gesagt, um unser aller willen. Ich klammere mich nicht mehr an die Vorstellung, dass dieses Haus eine heilige Stätte der Verzauberung sei. Vielleicht war es das einmal. Jetzt aber greift der Verfall hier um sich; Fäulnis anstelle von ehrgeizigem Streben. So soll es denn niedergerissen werden; mit einem letzten Rest von Würde, wenn möglich, und wenn nicht, dann ist es auch gut.

Alles, was ich jetzt noch brauche, ist die Zeit, Sie zu verzaubern. Danach werde ich vermutlich Geschichte sein, so wie dieses Haus Geschichte ist. Es sollte mich nicht wundern, wenn wir beide zusammen auf dem Grund des Sumpfes enden würden. Und, um ehrlich zu sein, die Aussicht erschreckt mich nicht einmal allzu sehr, solange ich vorher alles erledigen kann, was getan werden muss.

Und das ist nichts weiter als – alles.

2

Und so komme ich schließlich zum Anfang. Aber wo ist dieser Anfang? Soll ich vielleicht bei Rachel Pallenberg beginnen, die vor kurzem den Bund der Ehe mit Mitchell Monroe Geary, einem der bestaussehendsten und mächtigsten Männer Nordamerikas, geschlossen hat? Soll ich sie in ihrem Anfall von Verzweiflung beschreiben, wie sie ziellos durch die Straßen einer kleinen Stadt in Ohio fährt, völlig verloren, obwohl dies doch der Ort ist, an dem sie geboren wurde und aufgewachsen ist? Sie hat nicht nur ihren Ehemann verlassen, sondern auch einige Häuser und Apartments aufgegeben und dazu ein Leben, um das sie jeder beneidet hätte, mit Ausnahme von vielleicht einem Prozent der Bevölkerung (was dem Anteil der Menschen entspricht, die ein solches Leben führen und wissen, dass es weitgehend freudlos ist). Sie ist nach Hause zurückgekehrt, nur um festzustellen, dass sie auch hierher nicht gehört, und nun steht sie vor der Frage, wohin sie eigentlich gehört.

Es wäre ein verlockender Anfang. Rachel ist so menschlich; ihre Irrtümer und Widersprüche sind leicht zu verstehen. Aber ich fürchte, wenn ich mit ihr beginne, werde ich mich von der modernen Welt ablenken lassen. Ich muss zuerst eine mystische Saite anschlagen; ich muss ihnen ein Bild aus der fernen Vergangenheit zeigen, als die Welt noch eine lebende Legende war.

Es kann also nicht Rachel sein, mit der ich meine Geschichte beginne. Sie wird früh genug auf der Bühne erscheinen, aber noch ist es nicht soweit.

Es muss Galileo sein. Natürlich, Galileo muss es sein. Mein Galileo, der so vieles war und noch ist: heiß geliebter Stammhalter, Liebhaber unzähliger Frauen (und nicht weniger Männer), Schiffbauer, Matrose, Viehtreiber, Hafenarbeiter, Spieler und Zuhälter; Feigling, Betrüger und Unschuldsengel. Mein Galileo.

Ich werde nicht mit einer seiner berühmten Reisen oder einer seiner berüchtigten Liebschaften beginnen. Ich werde mit den Ereignissen beginnen, die sich am Tag seiner Taufe abspielten. All das hätte ich nicht gewusst, wenn ich nicht in den Raum unter dem Kuppeldach gekommen wäre. Aber nun liegt es vor mir, so deutlich wie mein eigenes Leben. Noch deutlicher vielleicht, weil es erst einen Tag her ist, dass ich auf meinen eigenen Beinen diesen Raum verlassen habe, und die Erinnerung daran erscheint mir nicht älter als ein paar Stunden.

TEIL ZWEI

Die heilige Familie

I

Zwei Seelen, so alt wie das Firmament, wanderten eines Mittags in uralten Zeiten an der Küste entlang. Vom einträchtigen Geheul der Wölfe begleitet, ließen sie den Wald hinter sich, der in jenen Tagen noch bis ans Ufer des Kaspischen Meeres heranreichte und der so dicht war und in einem solchen Verruf stand, dass sich kein halbwegs vernünftiger Mensch mehr als einen Steinwurf weit hineinwagte. Was die Menschen zwischen den Bäumen dieses Waldes anzutreffen fürchteten, waren allerdings nicht Wölfe, auch nicht Bären oder Schlangen. Es war eine Spezies ganz anderer Art; eine, die nicht von Gott geschaffen war – etwas Abscheuliches, das in einer Beziehung zum Schöpfer stand wie der Schatten zum Licht.

Unter den Einheimischen kursierten zahllose Schreckensgeschichten über diese ruchlose Schar, aber man erzählte sie nur im Flüsterton und hinter geschlossenen Türen. Geschichten von Kreaturen, die kleine Kinder in den dunklen Wald lockten, um sie dann hoch oben in den Zweigen der Bäume zu verschlingen; die in fauligen Tümpeln unter den Bäumen hockten und sich mit den Gedärmen ihrer ermordeten Geliebten schmückten. Kein Geschichtenerzähler entlang der Küste, der seines Platzes am Feuer würdig war, ließ es sich nehmen, das Legendengebräu mit irgendeiner neu hinzuerfundenen Scheußlichkeit zu würzen. So brachte ein Märchen das nächste hervor, eines immer grässlicher als das andere, bis die Menschen, die an diesem schmalen Küstenstreifen zwischen Meer und Wald ihr kurzes Dasein fristeten, nur noch in Angst und Schrecken lebten.

Selbst um die Mittagszeit an einem Tag wie diesem, an dem die Luft so klar war wie Kristall und der Himmel so strahlend wie der Schuppenleib eines großen Fischs; selbst heute, in einem Licht, so hell, dass kein Dämon sich je aus seiner Höhle hervorgewagt hätte, herrschte Angst.

Lassen Sie uns zum Beweis die vier Männer belauschen, die an diesem Tag am Ufer damit beschäftigt waren, ihre Fi schernetze für den abendlichen Fang zu flicken. Alle vier waren sichtlich nervös, obwohl der Chor der Wölfe noch längst nicht eingesetzt hatte.

Der älteste der Fischer war ein gewisser Kekmet, ein Mann von knapp vierzig Jahren, der seinem Aussehen nach aber gut und gern zwanzig Jahre älter hätte sein können. Wenn er je im Leben erfahren hatte, was Freude ist, so sah man es seinem zerfurchten, wettergegerbten Gesicht jedenfalls nicht an. Sein freundlichster Gesichtsausdruck war eine griesgrämige Miene, und die hatte er jetzt aufgesetzt.

»Aus deinem Mund kommt nichts als Scheiße«, bemerkte er, an den Jüngsten in diesem Quartett gewandt, einen Jungen namens Zelim, der im zarten Alter von sechzehn bereits seine Cousine geschwängert und infolge einer Fehlgeburt verloren hatte. Zelim hatte sich Kekmets Zorn zugezogen, weil er gefragt hatte, ob es nicht besser wäre, wenn alle Dorfbewohner ihre Siebensachen zusammenpacken und sich auf die Suche nach einer neuen Heimat machen würden, da das Leben hier an der Küste so hart war.

»Für uns gibt es keine andere Heimat«, belehrte Kekmet den jungen Mann.

»Mein Vater war einmal in Samarkand«, entgegnete Zelim. »Und er hat gesagt, es glich einem Traum.«

»Genau das war es auch«, warf der Mann ein, der an Kekmets Seite arbeitete. »Falls dein Vater Samarkand gesehen hat, dann war es im Schlaf. Oder der Wein ist ihm zu Kopf gestiegen …«

Der Mann, der das gesagt hatte, hieß Hassan. Er hob jetzt seinen Krug mit dem Gesöff, das hier als Schnaps durchging, eine ekelhaft riechende gegorene Milch, die er von morgens bis abends in sich hineinschüttete. Er setzte den Krug an die Lippen und trank. Die klebrige Flüssigkeit rann ihm über die Lippen und tropfte in seinen schmierigen Bart. Dann reichte er den Krug an den Vierten im Bunde weiter, einen Mann namens Baru, der im Vergleich zu seinen Kumpanen ungewöhnlich fett und noch übel gelaunter war als die anderen. Er trank geräuschvoll und stellte den Krug dann neben sich ab. Hassan machte keinen

Versuch, ihn wieder an sich zu nehmen. Er wusste, was gut für ihn war.

»Mein Vater ...«, setzte Zelim erneut an.

»War nie in Samarkand«, beendete Kekmet den Satz im gequälten Tonfall eines Mannes, der nichts mehr von den Dingen hören will, über die gerade gesprochen wird.

Zelim war jedoch nicht gewillt, den Ruf seines verstorbenen Vaters derart in Zweifel ziehen zu lassen. Er hatte den alten Zelim, der vier Jahre zuvor im Frühling ertrunken war – sein Boot kenterte in einer unverhofften Sturmbö –, abgöttisch geliebt. Wenn sein Vater behauptete, die grenzenlose Pracht von Samarkand gesehen zu haben, dann war es so – daran gab es für den Sohn keinen Zweifel.

»Eines Tages werde ich einfach auf und davon gehen«, erklärte Zelim. »Dann könnt ihr hier von mir aus alle versauern.«

»Dann *geh* doch, in Gottes Namen!« fauchte der fette Baru ihn an. »Mir tun die Ohren weh von deinem ewigen Gejammer. Du bist wie eine Frau.«

Er hatte diese Beleidigung noch nicht ganz ausgesprochen, da hatte sich Zelim auch schon auf ihn gestürzt und bearbeitete sein rundes gerötetes Gesicht mit den Fäusten. Es gab einige Schmähungen, die sich Zelim von den Älteren gefallen ließ, aber das ging zu weit. »Ich bin keine Frau!« schrie er und hämmerte auf den anderen ein, bis das Blut aus dessen Nase schoss.

Ihre beiden Kumpane sahen seelenruhig zu. Man mischte sich hier im Dorf nur selten in die Streitereien der anderen ein. Es stand den Leuten frei, nach Belieben mit Beleidigungen und Schlägen übereinander herzufallen; die anderen wandten entweder den Blick ab oder freuten sich über die willkommene Unterhaltung. Wen scherte schon ein bisschen Blutvergießen; was war dabei, wenn eine Frau vergewaltigt wurde? Das Leben ging weiter.

Abgesehen davon konnte sich Baru recht gut seiner Haut wehren. Er hatte, bei all seiner Ungeschlachtheit, etwas Tückisches an sich. In diesem Augenblick bäumte er sich so heftig unter Zelim auf, dass der Junge abgeworfen wurde und neben einem der Boote schmerzhaft aufschlug. Keuchend rollte sich Baru herum, kniete sich hin und griff erneut an.

»Ich reiße dir die Eier ab, du kleines Arschloch!« zischte er. »Ich habe die Nase voll von dir und deinem Hundesohn von einem Vater. Er wurde dumm geboren und starb dumm.« Mit diesen Worten griff er Zelim zwischen die Beine, als wollte er seine Drohung wahr machen und ihn entmannen, aber Zelim trat nach ihm und traf mit seiner bloßen Sohle die ohnehin schon fürchterlich zugerichtete Nase seines Gegners. Baru heulte auf, dachte aber nicht daran, sich geschlagen zu geben. Er packte Zelims Fuß und drehte ihn mit aller Kraft erst nach links, dann nach rechts. Wahrscheinlich hätte er ihm das Gelenk gebrochen – was Zelim für den Rest seines Lebens zum Krüppel gemacht hätte –, wäre es seinem Opfer nicht gelungen, ein Ruder zu ergreifen, das im flachen Rumpf des Bootes neben ihm lag. Baru war so eingehend mit dem Versuch beschäftigt, Zelim das Fußgelenk zu brechen, dass er es nicht bemerkte. Mit vor Anstrengung verzerrter Miene blickte er auf, um sich an der Qual in Zelims Augen zu weiden, als das Ruder auf ihn heruntersauste. Ihm blieb keine Zeit, um auszuweichen. Das schwere Holz traf sein Gesicht und schlug ihm die wenigen Zähne aus, die er noch im Mund hatte. Er sackte in sich zusammen und ließ im Fallen Zelims Fuß fahren, dann lag er zusammengekrümmt im Sand, die Hände an sein zerschundenes Gesicht gepresst, und zwischen seinen klobigen Fingern quoll das Blut, gemischt mit Flüchen, hervor.

Aber Zelim war noch nicht fertig mit ihm. Als er sich jetzt erhob und seinen misshandelten Fuß aufsetzte, unterdrückte er einen Schmerzensschrei, beugte sich sofort zu dem am Boden Liegenden hinunter und setzte sich rittlings auf seinen schwabbelnden Wanst. Diesmal machte Baru nicht den Versuch, ihn abzuschütteln; er war viel zu benommen. Zelim zerrte an seinem Hemd und legte die Fettwülste darunter frei.

»Du ... nennst mich also eine Frau?« schrie er. Baru stieß etwas Unverständliches hervor. Der Jüngere grub seine Finger in die speckige Brust des anderen. »Du hast größere Titten als jede Frau, die ich kenne.« Klatschend hieb er auf die fleischige Masse ein. »Stimmt das etwa nicht?« Wieder stöhnte Baru auf, aber Zelim war noch nicht zufrieden. *»Hast du Titten, sag schon!«* rief er und zerrte Barus Hände von seinem verwüsteten Gesicht. »Verstehst du mich?« zischte er.

»Ja …«, stieß Baru gequält hervor.

»Dann sag es.«

»Ich habe … Titten.«

Zelim spuckte in das blutverschmierte Gesicht seines Gegners und erhob sich. Ihm war plötzlich übel, aber er war entschlossen, sich nicht vor den Augen der anderen zu übergeben. Er empfand nichts als Verachtung für sie.

Als er sich umdrehte, traf ihn Hassans träger Blick.

»Das hast du gut gemacht«, bemerkte der Mann beifällig. »Willst du einen Schluck?«

Zelim schob den angebotenen Krug beiseite und ließ den Blick über den kleinen Kreis von Fischerbooten hinweg in die Ferne schweifen. Sein Fußgelenk brannte wie Feuer, aber er biss die Zähne zusammen. Er würde sich kein Zeichen von Schwäche anmerken lassen, solange er noch in Sichtweite der anderen Fischer war.

»Wir sind noch nicht fertig mit den Netzen!« rief Kekmet ihm erbost nach, als er sich humpelnd entfernte.

Zelim beachtete ihn nicht. Ihn interessierten weder die Boote noch die Netze, und es war ihm auch gleichgültig, ob sie heute Nacht Fische fangen würden. Baru, der alte Kekmet und der betrunkene Hassan, sie alle konnten ihm gestohlen bleiben. In diesem Moment war ihm sogar seine eigene Person gleichgültig. Er war nicht stolz auf das, was er Baru angetan hatte, aber er schämte sich auch nicht. Es war geschehen, und jetzt wollte er die Sache vergessen. Wollte sich eine kühle, feuchte Grube im Sand schaufeln, sich hineinlegen und alles vergessen. In diesem Augenblick hörte er, wie ihm Hassan, inzwischen etwa hundert Meter hinter ihm, etwas zurief. Er konnte zwar seine Worte nicht verstehen, aber es schwang ein so angstvoller Ton in der Stimme des Trunkenbolds mit, dass Zelim zurückblickte, um zu sehen, was los war. Hassan war aufgesprungen und starrte zum Waldrand hinüber. Zelim folgte seinem Blick und sah, dass Vögel in dichten Schwärmen aus dem Geäst aufgestoben waren und nun über den Baumwipfeln ihre Kreise zogen. Es war gewiss kein alltäglicher Anblick, aber Zelim hätte der Sache wenig Beachtung geschenkt, hätten sich nicht im nächsten Augenblick zwei Dinge ereignet: Die Wölfe im Wald stimmten ein durchdringendes Geheul an, und gleichzeitig tauchten unverhofft zwei Gestalten unter den Bäumen auf. Zelim befand sich etwa auf halbem Weg zwischen diesem Paar und den Männern, die bei den Booten zurückgeblieben waren. Da stand er nun, und es widerstrebte ihm einerseits, in der Gesellschaft von Kekmet und den anderen Schutz zu suchen, und andererseits hatte er Angst davor, sich den Fremden zu nähern, die so unbekümmert aus dem Wald geschritten kamen, als gäbe es in seinen Schatten nichts zu fürchten; lächelnd liefen sie nun auf das glitzernde Wasser zu.

II

Auf Zelim wirkten die beiden Fremden nicht bedrohlich. Sie erschienen ihm im Gegenteil als eine wahre Augenweide, verglichen mit seinen grobschlächtigen Fischerkumpanen. Die Art wie sie ausschritten verriet kraftvolle, elastische Gliedmaßen, die niemals gebrochen und notdürftig wieder zusammengeflickt worden waren, die das zerstörerische Werk der Jahre nicht kennen gelernt hatten. Die beiden sahen so aus, wie sich Zelim einen König und eine Königin vorstellte, wenn sie aus ihrem kühlen Palast ins Freie treten, nachdem sie in kostbaren Essenzen gebadet wurden. Ihre Haut, die von sehr unterschiedlicher Färbung war (die Ihre von einem dunkleren Schwarz, die Seine von einem helleren Weiß, als es Zelim je an einem Menschenwesen gesehen hatte), schimmerte im Sonnenschein, und ihr Haar, das beide lang trugen, war an manchen Stellen zu Flechten gebunden, die sich wie Schlangen durch die dichten Mähnen wanden. Das war schon außergewöhnlich genug, aber es war noch nicht alles. Auch ihre Kleidung versetzte Zelim in Erstaunen, denn er hatte noch nie im Leben so leuchtende Farben gesehen; keine untergehende Sonne, die so rot war wie das Rot in diesen Gewändern, keinen Vogel, dessen Gefieder von einem so lebhaften Grün war. Und nicht einmal in seinen kühnsten Träumen und Fantasien hatte er sich Geschmeide ausgemalt, das so funkelte wie die Goldfäden, mit denen das Rot und Grün durchwoben war. Die Gewänder waren lang, und obwohl sie die beiden Gestalten in üppigem Faltenwurf umspielten, glaubte Zelim deren Körperformen unter dem Stoff zu erkennen, was in ihm plötzlich das Begehren weckte, sie nackt zu sehen. Er schämte sich dieses Wunsches ebenso wenig wie er fürchtete, die beiden könnten ihn für seine neugierigen Blicke bestrafen. Musste nicht eine solche Schönheit, wenn sie sich den Augen der Welt präsentierte, damit rechnen, dass sie Aufsehen und Bewunderung erregte?

Zelim hatte sich keinen Schritt von der Stelle gerührt, seitdem das Paar am Waldrand aufgetaucht war, aber auf ihrem Weg zum Wasser kamen ihm die beiden immer näher, und als sich die Entfernung zu ihnen verringerte, offenbarten sich seinen staunenden Augen immer neue Überraschungen. So trug die Frau eine Fülle verschnörkelter Schmuckstücke – Ringe und Ketten an den Hand- und Fußgelenken sowie Halsbänder und -ketten –, die so schwarz wie ihre Haut waren, aus deren dunklem Innern aber ein verborgener Glanz nach außen drang und die Oberfläche mit einem sanften Schimmer überzog. Und auch der Mann war mit Ornamenten geschmückt: kunstvoll aufgemalte oder eintätowierte Muster zierten seine kraftvollen Oberschenkel, die hin und wieder sichtbar wurden, wenn sich sein weit geschnittenes Gewand teilte.

Das Erstaunlichste an ihrer Erscheinung offenbarte sich aber erst, als sie die Wasserlinie fast erreicht hatten. Mit einem lächelnden Blick auf ihren Gefährten griff die Frau in die Falten ihres Gewandes und brachte mit einer unendlich zärtlichen Geste einen winzigen Säugling zum Vorschein. Das Würmchen fing sofort an zu schreien, als es von der tröstlichen Brust seiner Mutter getrennt wurde – und Zelim konnte es ihm nicht verdenken; er hätte an seiner Stelle nichts anderes getan –, aber es beruhigte sich sofort, als Vater und Mutter gleichzeitig auf den Kleinen einredeten. Konnte es ein glücklicheres Kind auf der Welt geben als dieses kleine Wesen? In solchen Armen zu liegen, in solche Gesichter aufzublicken und tief im Herzen zu wissen, dass man von solchen Wurzeln abstammte – wenn es eine größere Glückseligkeit gab, so konnte Zelim sie sich zumindest nicht vorstellen.

Die Familie hatte das Wasser jetzt erreicht, und zwischen dem Mann und der Frau hatte eine Unterhaltung begonnen.

Es war kein freundliches Geplänkel. Vielmehr ließ die Art, wie sie sich gegenüberstanden und mit gerunzelter

Stirn den Kopf schüttelten, darauf schließen, dass es irgendeine Meinungsverschiedenheit zwischen ihnen gab.

Die Eltern schienen das Kind, das eben noch der angebetete Mittelpunkt ihres Interesses gewesen war, völlig vergessen zu haben. Als Zelim merkte, dass der Streit zu eskalieren drohte, fragte er sich zum ersten Mal, seitdem er das Paar erblickt hatte, ob es nicht ratsamer wäre, den Rückzug anzutreten. Zelim war nicht daran gelegen, aus eigener Erfahrung bezeugen zu können, welche Kräfte sie in sich entfesselten, wenn einer von beiden oder alle beide gar – der Allmächtige möge mich schützen, dachte Zelim – zornig wurden. Aber so groß seine Angst auch war, er konnte den Blick nicht von der Szene vor seinen Augen abwenden. Welche Gefahr ihm auch drohen mochte, wenn er hier auf seinem Beobachtungsposten blieb, sie war nichts gegen das Bedauern, das er empfinden würde, wenn er sich dieses einmalige Schauspiel entgehen ließ. Er war ziemlich sicher, dass ihm die Welt nicht noch einmal eine solche Pracht zeigen würde, und empfand es als ein beispielloses Privileg, sich hier in der unmittelbaren Nähe dieser Menschen aufhalten zu dürfen. Wenn er jetzt aus törichter Furcht den Kopf in den Sand steckten würde, dann verdiente er den Tod, dem er damit zu entgehen suchte. Nur den Tapferen wurde ein solches Geschenke zuteil; und wenn er durch Zufall in diesen Genuss gekommen war (was sicherlich zutraf), dann würde er das Schicksal überraschen, indem er über sich hinauswuchs und sich seiner würdig erwies. Indem er die Augen offen hielt und nicht einen Zentimeter von der Stelle wich und so eine Geschichte sein eigen nennen durfte, die er seinen Kindern und Kindeskindern noch erzählen konnte, wenn dieses Ereignis schon ein Menschenleben zurücklag.

Diese Gedanken hatten sich jedoch kaum in seinem Kopf geformt, als die beiden ihren Streit beendeten und er allen Grund hatte zu wünschen, er hätte doch das Weite gesucht. Die Frau hatte ihren Blick wieder auf das Kind gerichtet, aber ihr Gefährte, der während der Auseinandersetzung mit dem Rücken zu Zelim gestanden hatte, warf jetzt einen

Blick über die Schulter zurück, sah den Beobachter forschend an und *winkte ihn zu sich.*

Zelim rührte sich nicht; seine Beine waren wie Blei, seine Eingeweide hatten sich verflüssigt; es fehlte nicht viel, und er hätte in die Hose gemacht. Plötzlich war es ihm völlig gleichgültig, ob er seinen Kindern eine Geschichte zu erzählen hatte oder nicht. Er empfand nur noch den einen Wunsch: Der Sand unter ihm möge sich auftun, damit er so tief versinken konnte, dass ihn der Blick dieses Mannes nicht mehr traf. Um die Sache noch schlimmer zu machen, hatte die Frau jetzt ihre Brüste entblößt und legte den Säugling zum Trinken an. Sie hatte herrliche Brüste, seidig glänzend und voll. Zelim wusste, dass es nicht klug war, die Frau an ihrem winkenden Gatten vorbei anzustarren, aber er konnte einfach nicht anders.

Der Mann winkte ihn noch einmal mit gekrümmtem Zeigefinger zu sich, aber diesmal sprach er Zelim auch an.

»Komm her, Fischer«, sagte er, und obwohl seine Stimme nicht laut klang, hörte Zelim den Befehl so deutlich heraus, als wären die Worte direkt neben seinem Ohr gesprochen worden. *»Hab keine Angst«,* fuhr der Mann fort.

»Ich kann nicht ...«, begann Zelim, der dem Mann klarmachen wollte, dass ihm seine Beine nicht gehorchten.

Aber bevor er den Satz noch beenden konnte, bewegten sich seine Füße wie von selbst. Die Muskeln, die wenige Sekunden zuvor starr gewesen waren, trugen ihn nun zu dem Mann hin, ohne dass er ihnen wissentlich die Anweisung dazu gegeben hätte. Als er sah, dass der Junge seinem Befehl folgte, lächelte der Fremde, und Zelim konnte, auch wenn er noch so verängstigt war, nicht anders, als sein Lächeln zu erwidern. Und während er sich dieser eindrucksvollen Gestalt näherte, ging ihm der Gedanke durch den Kopf, dass ihn die anderen, sofern sie ihn in diesem Augenblick beobachteten, sicher für einen sehr tapferen Mann hielten, so zwanglos, wie seine Schritte auf sie wirken mussten.

Auch die Frau blickte jetzt, den Säugling bequem an der Brust, in seine Richtung, allerdings war ihr Gesichtsausdruck anders als der ihres Mannes – nicht gerade freundlich zu nennen. Welch ein Strahlen von ihr ausgegangen wäre, wenn sie eine liebenswürdigere Miene gezeigt hätte, konnte Zelim nur raten. Aber auch in der finsteren Stimmung, in der sie zu sein schien, wirkte sie überwältigend auf ihn.

Zelim war jetzt noch ungefähr eineinhalb Meter von dem Paar entfernt, und hier hielt er inne, obwohl ihn der Mann nicht dazu aufgefordert hatte.

»Wie heißt du, Fischer?« fragte der Fremde.

Bevor Zelim seine Frage beantworten konnte, ergriff die Frau das Wort. »Ich werde ihm nicht den Namen eines Fischers geben …«

»Jeder Name ist besser als gar keiner«, entgegnete der Mann.

»Nein, das stimmt nicht«, brauste seine Frau auf. »Er muss den Namen eines Kriegers bekommen. Oder gar keinen.«

»Vielleicht wird aus ihm *kein* Krieger.«

»Jedenfalls wird er kein Fischer«, gab die Frau zurück.

Der Mann zuckte die Schultern. Im Laufe des Wortwechsels war das Lächeln aus seinem Gesicht verschwunden, er verlor sichtlich die Geduld mit seiner Gefährtin.

»Na, dann lass uns deinen Namen hören«, wandte sich die Frau an Zelim.

»Zelim.«

»Da hast du's!« rief sie mit einem triumphierenden Blick auf ihren Begleiter aus. »Zelim! Willst du unser Kind etwa Zelim nennen?«

Der Mann sah den Säugling nachdenklich an. »Ihm scheint es jedenfalls gleichgültig zu sein«, bemerkte er. Dann wandte er sich wieder an den Jungen. »War dein Name gut zu dir?« wollte er wissen.

»Gut zu mir?«

»Laufen dir die Frauen nach, meint er«, ließ sich die Frau vernehmen.

»Es ist immerhin eine Überlegung wert«, verteidigte sich ihr Begleiter. »Wenn der Name Glück und schöne Frauen bringt, wird unser Sohn uns einmal dafür danken.« Er warf

Zelim einen Blick zu. »Und hast du Glück gehabt im Leben?«

»Nicht sehr viel«, erwiderte Zelim.

»Und die Frauen?«

»Ich habe meine Cousine geheiratet.«

»Das ist keine Schande. Mein Bruder war mit meiner Halbschwester verheiratet, und die beiden waren das glücklichste Paar, das mir je begegnet ist.« Er sah seine Frau an, die sanft ihre Brust massierte, damit der Milchfluss nicht versiegte. »Aber meine Frau wird sich nicht damit anfreunden können, das sehe ich schon. Nichts für ungut, mein Freund. Zelim ist ein guter Name, dessen du dich nicht zu schämen brauchst, wirklich.«

»Dann kann ich jetzt also gehen?«

Der Mann hob die Schultern. »Ich nehme an, du musst noch … Fische fangen … nicht wahr?«

»Ehrlich gesagt, ich hasse Fische«, entgegnete Zelim, und er war selbst verwundert, dass er diese Wahrheit – die er noch nie einem Menschen gegenüber ausgesprochen hatte – vor diesen zwei Fremden preisgab. »In Atva reden die Männer über nichts anderes als *Fisch, Fisch und nochmals Fisch …*«

Die Frau blickte vom Gesicht des namenlosen Kindes auf. »Atva?« wiederholte sie fragend.

»Das ist der Name des …«

»… des Dorfes«, beendete sie den Satz für ihn. »Ja, ich verstehe.« Sie sprach das Wort mehrere Male aus, ließ den Klang der einzelnen Silben auf sich wirken. »At… va… At… vah.« Dann sagte sie: »Es ist schlicht und einfach. Der Name gefällt mir. Man kann ihn nicht verniedlichen. Man kann keine albernen Kosenamen daraus machen.«

Jetzt war es an ihrem Mann, verärgert zu reagieren. »Du willst meinen Sohn nach irgendeinem unbedeutenden Dorf nennen?« fragte er.

»Niemand wird je erfahren, woher der Name stammt«, entgegnete sie. »Mir gefällt der Klang, und darauf kommt es an. Sieh nur, dem Kleinen gefällt der Name auch. Er lächelt.«

»Er lächelt, weil er an deiner Brust saugt, Frau. Mir würde es nicht anders gehen.«

Gegen seinen Willen musste Zelim lachen. Es amüsierte ihn, diese beiden, die doch in jeder Hinsicht außergewöhnliche Geschöpfe waren, streiten zu hören wie ein ganz gewöhnliches Ehepaar.

»Na schön«, sagte der Mann schließlich, »wenn du ihn Atva nennen möchtest, will ich deinen Wünschen nicht im Wege stehen.«

»Das will ich dir auch geraten haben«, gab seine Frau zurück.

»Siehst du, wie sie mit mir umspringt?« seufzte der Mann, an Zelim gewandt. »Sie bekommt von mir alles, was sie will, und dankt es mir nicht einmal.« Das Lächeln, das sich bei diesen Worten in sein Gesicht geschlichen hatte, verriet seine Erleichterung darüber, dass die Diskussion ein Ende gefunden hatte. »Nun, Zelim, ich zumindest danke dir für die Hilfe, die du uns in dieser Angelegenheit warst.«

»Wir alle danken dir«, warf die Frau ein. »Ganz besonders Atva. Wir wünschen dir ein glückliches und fruchtbares Leben.«

»Vielen Dank und keine Ursache«, murmelte Zelim.

»Wenn du uns jetzt entschuldigen würdest«, bemerkte der Fremde abschließend. »Wir müssen das Kind taufen.«

III

In Atva hatte sich das Leben verändert seit dem Tag, an dem die Familie zum Meer hinuntergewandert war.

Zelim wurde natürlich eingehend über den Inhalt seiner Unterhaltung mit den beiden Fremden befragt, zuerst von Kekmet und dann von so gut wie jedem Dorfbewohner, der ihm über den Weg lief und der ihn am Ärmel festhalten konnte. Er erzählte die Wahrheit in seinen eigenen einfachen Worten. Aber noch während er sie aussprach, wusste er, dass er niemals die ganze Wahrheit oder auch nur annähernd die Wahrheit treffen konnte, indem er die bloßen Worte wiedergab, die er mit den Eltern des Kindes gewechselt hatte. In der Gegenwart dieses Paares hatte er etwas Wunderbares empfunden; Gefühle, die er mit seinem beschränkten Wortschatz nicht wirklich ausdrücken konnte. Und weil er das Erlebte fast besitzergreifend in sich hütete, gab er sich auch keine allzu große Mühe, den Fragestellern die wahre Natur seiner Begegnung zu erklären. Der einzige Mensch, mit dem er gern darüber gesprochen hätte, war sein Vater. Der alte Zelim hätte ihn verstanden, davon war er überzeugt; er hätte die richtigen Worte gefunden, und wenn ihnen beiden die Worte ausgegangen wären, so hätte er einfach genickt und gesagt: »Dasselbe habe ich in Samarkand erlebt«, wie er es stets getan hatte, wenn das Gespräch auf Wunderdinge kam. *Dasselbe habe ich in Samarkand erlebt …*

Vielleicht merkten die Leute, dass Zelim ihnen nicht alles erzählte, was er wusste, denn als alle Fragen gestellt waren, bemerkte er eine offensichtliche Veränderung in ihrem Verhalten ihm gegenüber. Menschen, die ihn ein Leben lang freundlich behandelt hatten, musterten ihn plötzlich eigenartig, wenn er ihnen zulächelte, oder sie wandten den Blick ab und taten so, als hätten sie ihn nicht gesehen. Andere ließen ihn ihre Abneigung noch deutlicher spüren, besonders die Frauen. Mehr als einmal hörte er, wie jemand in einer Unterhaltung seinen Namen aussprach und dabei ausspuckte, als hätte der bloße Klang der Silben einen bitteren Beigeschmack.

Ausgerechnet der alte Kekmet erzählte ihm, was über ihn geredet wurde.

»Die Leute sagen, du vergiftest das Dorf«, erklärte er. Das erschien Zelim so abwegig, dass er laut auflachte. Aber Kekmet meinte es todernst. »Baru ist der Schlimmste von allen«, fuhr er fort. »Er hasst dich, seitdem du sein fettes Mondgesicht so zugerichtet hast. Und er verbreitet alle möglichen Gerüchte über dich.«

»Was für Gerüchte?«

»Dass du geheime Zeichen mit den Dämonen austauschst ...«

»Dämonen?«

»Er sagt, diese Leute wären Dämonen gewesen. Wie hätten sie sonst aus dem Wald kommen können, sagt er. Sie könnten nicht wie wir sein und im Wald leben. Das ist es, was er sagt.«

»Und alle glauben ihm?« Darauf erwiderte Kekmet nichts. »Glaubst *du* ihm denn?«

Kekmet wandte den Blick ab und starrte auf das Wasser hinaus. »Ich habe in meinem Leben viele seltsame Dinge gesehen«, sagte er, und plötzlich hatte seine Stimme den rauen Klang verloren. »Vor allem da draußen. Dinge, die im Wasser schwimmen und die ich nie in meinem Netz zu finden hoffe. Und manchmal am Himmel ... Umrisse in den Wolken ...« Er unterbrach sich mit einem Schulterzucken. »Ich weiß nicht, was ich glauben soll. Im Grunde spielt es keine Rolle, was wahr ist und was nicht. Baru hat gesagt, was er gesagt hat, und die Leute hier glauben ihm.«

»Was soll ich tun?«

»Du kannst bleiben und abwarten. Hoffen, dass die Sache irgendwann in Vergessenheit gerät. Du kannst aber auch gehen.«

»Und wohin soll ich gehen?«

»Jeder Ort ist besser für dich als unser Dorf.« Kekmet warf Zelim einen prüfenden Blick zu. »Wenn du mich fragst, wirst du hier deines Lebens nicht mehr glücklich, solange Baru unter uns ist.«

Damit war ihre Unterhaltung beendet. Kekmet verabschiedete sich auf seine gewohnte kurzangebundene Weise und überließ es Zelim, sich über die beiden möglichen Alternativen den Kopf zu zerbrechen. Keine davon war allzu verlockend. Wenn er blieb und Baru nicht aufhörte, Hass gegen ihn zu schüren, würde das Leben unerträglich für ihn werden. Aber die einzige Heimat, die er je gekannt hatte, diesen schmalen Küstenstreifen aus Fels und Sand mit seinem kleinen Grüppchen dicht beieinander stehender Häuser zu verlassen und in die weite Welt hinauszuziehen ohne die geringste Ahnung, wohin er sich wenden sollte – das würde mehr Mut von ihm erfordern, als er zu besitzen glaubte. Die Geschichten seines Vaters kamen ihm in den Sinn, die Beschwernisse, denen er seinen Erzählungen zufolge auf seiner Reise nach Samarkand begegnet war; die Wegelagerer und Dschinns. Er fühlte sich nicht in der Lage, solchen Gefahren zu trotzen; zu groß war seine Angst.

Fast ein Monat ging ins Land, und er redete sich ein, dass die Haltung der Menschen um ihn herum sich bereits zum Positiven zu verändern begann. Eines Tages glaubte er in den Augen einer Frau, die ihm begegnete, sogar ein Lächeln zu bemerken. Es war alles nicht so schlimm, wie Kekmet behauptet hatte. Mit der Zeit würden die Dorfbewohner schon merken, wie absurd ihre abergläubischen Verdächtigungen waren. Und bis es soweit war, musste er sich einfach hüten, ihnen einen Anlass zum Zweifeln zu geben.

Er hatte allerdings nicht in Betracht gezogen, dass das Schicksal ein Wörtchen mitreden könnte.

Und das kam so: Seit seiner Begegnung mit den beiden Fremden hatte er sein Boot allein führen müssen, weil niemand bereit war, mit ihm hinauszufahren. Damit verringerte sich automatisch seine Fangmenge, weil er ohne Hilfe das Netz nicht so weit auswerfen konnte. Aber an diesem Tag war ihm, obwohl er allein fischte, das Glück hold. Als er das Netz aus dem Wasser zog, platzte es fast, so viele Fische waren darin, und er ruderte höchst zufrieden mit sich ans Ufer zurück. Etliche Fischer waren bereits damit beschäftigt, ihren Fang auszuladen, sodass sich dort eine Schar von Dorfbewohnern versammelt hatte, und unvermeidlich waren nicht wenige Augenpaare auf ihn gerichtet, als er das schwere Netz aus dem Boot zog, um seinen Inhalt genauer zu betrachten.

Es enthielt Langusten und Seewölfe und sogar einen kleinen Stör. Aber ganz unten im Netz fand Zelim, noch um sich schlagend, als wäre mehr Leben in ihm, als ein normales Geschöpf von Natur aus haben konnte, einen Fisch, wie ihm noch nie einer unter die Augen gekommen war. Er war größer als alle anderen Fische im Netz, und sein zuckender Leib schimmerte nicht grün oder silbrig, sondern in einem matten Rot. Das Ding zog augenblicklich die Aufmerksamkeit aller Anwesenden auf sich. Eine Frau erklärte, es könne sich nur um einen Dämonenfisch handeln. »Seht nur, wie er uns anglotzt!« rief sie mit schriller Stimme. »Gott im Himmel steh uns bei, seht nur, wie er glotzt!«

Zelim sagte nichts; der Anblick des Fischs brachte ihn nicht minder aus der Fassung als die Frau; er schien die Anwesenden mit seinen hervorquellenden Augen anzusehen, als wollte er sagen: Früher oder später werdet ihr alle so krampfhaft nach Luft schnappen und sterben wie ich.

Die Angst der Frau wirkte ansteckend auf die anderen. Kinder begannen zu weinen und wurden weggezerrt und ermahnt, sich nicht nach dem Dämon umzusehen oder nach Zelim, der das Ungetüm an Land gebracht hatte.

»Es ist nicht meine Schuld«, begehrte Zelim auf. »Ich habe ihn in meinem Netz gefunden.«

»Aber warum *ist* er in dein Netz geschwommen?« ließ sich Baru vernehmen, der sich jetzt durch die noch anwesenden Zuschauer nach vorn schob und seinen fetten Zeigefinger anklagend auf Zelim richtete. »Ich werde dir sagen, warum. Weil er bei dir sein wollte!«

»Bei mir sein?« Die Vorstellung erschien Zelim so absurd,

dass er laut auflachte. Aber außer ihm lachte niemand. Die Augen der Anwesenden waren entweder auf seinen Ankläger gerichtet oder auf den sichtbaren Beweis seiner Worte, den Fisch, der immer noch am Leben war, nachdem alle anderen Tiere im Netz längst ihren letzten Atemzug getan hatten. »Es ist nur ein Fisch«, begehrte Zelim auf.

»Ich habe jedenfalls noch nie einen ähnlichen gesehen«, entgegnete Baru. Er ließ den Blick über die Menge schweifen, die in gespannter Erwartung einer deftigen Schlägerei allmählich wieder zusammenzulaufen begann. »Wo ist Kekmet?«

»Ich bin hier«, sagte der alte Mann. Er stand am Rand der Zuschauergruppe, aber Baru rief ihn nach vorn. Widerwillig leistete Kekmet seiner Aufforderung Folge. Ihm war klar, was Baru im Sinn hatte.

»Wie lange fischst du schon in diesen Gewässern?« fragte Baru.

«Fast mein ganzes Leben lang«, antwortete Kekmet. »Und um deiner Frage zuvorzukommen – nein, ich habe noch nie einen solchen Fisch gesehen.« Er warf Zelim einen Seitenblick zu. »Aber das heißt nicht, dass es ein Dämonenfisch ist, Baru. Es heißt lediglich ... dass wir so einen noch nie gesehen haben.«

Ein listiger Ausdruck schlich sich in Barus Augen. »Würdest du ihn essen?« fragte er.

»Was hat denn das damit zu tun?« mischte sich Zelim in die Unterhaltung.

»Baru spricht nicht mit dir«, fuhr ihn eine der Frauen an. Sie war eine verbitterte Person, diese Frau, mit einem Gesicht so knochig und totenbleich, wie das von Baru rund und rot war.

»Antworte, Kekmet! Na los! Sag uns, ob du *dieses Ding* in deinem Magen haben möchtest.« Sie blickte auf den Fisch hinunter, und ein unglücklicher Zufall wollte es, dass er in diesem Moment sein bronzefarbenes Glubschauge so verdrehte, dass es aussah, als würde er ihren Blick auf groteske Art erwidern. Die Frau schauderte, und ohne ein weiteres Wort riss sie Kekmet den Stock aus den Händen und begann auf den Fisch einzudreschen, nicht einmal oder zweimal, sondern zwanzig-, dreißigmal ließ sie den Stock mit einer solchen Wucht heruntersausen, dass von dem Tier nur noch eine breiige Masse übrig blieb. Als sie ihr Werk vollendet hatte, schleuderte sie den Stock von sich, sah Kekmet an und bleckte herausfordernd ihre fauligen Zähne. »Was sagst du nun?« rief sie. »Willst du ihn jetzt essen?«

Kekmet schüttelte den Kopf. »Glaubt, was ihr wollt«, sagte er. »Mir fehlen die Worte, euch umzustimmen. Vielleicht habt ihr Recht. Vielleicht *sind* wir alle verflucht. Ich bin zu alt, um mir darüber Gedanken zu machen.«

Mit diesen Worten streckte er die Hand aus und stützte sich auf die Schulter eines in der Nähe stehenden Kindes, um sich nun, da er den Stock nicht mehr hatte, ein wenig Halt zu verschaffen. Dann entfernte er sich, das Kind vor sich her schiebend, mit schweren Schritten aus dem Kreis der Umstehenden.

»Es reicht, du hast hier genug Schaden angerichtet«, wandte sich Baru an Zelim. »Du musst gehen.«

Zelim begehrte nicht gegen seine Worte auf. Was hatte das auch für einen Sinn? Er ging zu seinem Boot, nahm sein Fischmesser an sich und kehrte zu seinem Haus zurück. Dort benötigte er nicht einmal eine halbe Stunde, um seine Besitztümer zusammenzupacken. Als er vor das Haus trat, lag die Straße verlassen da; seine Nachbarn waren – ob aus Furcht oder Scham, wusste er weder, noch kümmerte es ihn – in Deckung gegangen. Aber im Davongehen spürte er ihre Blicke im Rücken. Fast wünschte er, Baru hätte Recht mit seinen Anschuldigungen und er könnte die Zurückbleibenden wirklich mit einem Fluch belegen, sodass sie am nächsten Morgen aufwachen und feststellen würden, dass ihnen die Augen in den Höhlen verfault waren.

IV

Lassen Sie mich erzählen, wie es Zelim erging, nachdem er Atva verlassen hatte.

Fest entschlossen, sich selbst und den anderen zu beweisen, dass man sich vor dem Wald, aus dem die Fremden gekommen waren, nicht zu fürchten brauchte, wandte er sich vom Dorf aus dem Wald zu. Im Schatten der Bäume war die Luft feucht und kalt, und er war mehr als einmal versucht, ins helle Licht des Küstenstreifens zurückzukehren; aber nach einiger Zeit waren solche Gedanken ebenso verflogen wie seine anfängliche Furcht. Hier gab es nichts, das seiner Seele Schaden zufügen konnte. Wenn Fäkalien auf ihn herunterfielen, wie es gelegentlich der Fall war, so stammten sie nicht von einem menschenfressenden Ungetüm, wie man es ihm als Kind immer wieder weisgemacht hatte, sondern lediglich von einem Vogel. Wenn sich im Unterholz etwas bewegte und das Weiß eines Auges aufblitzte, so steckte dahinter nicht ein nomadisierender Dschinn, der sich auf ihn stürzen wollte, sondern ein Wildschwein oder ein streunender Hund.

Mit seiner Furcht streifte er allmählich auch die Vorsicht ab, und zu seiner Verwunderung wurde ihm zusehends leichter ums Herz. Er fing sogar an, beim Wandern vor sich hin zu singen. Nicht die melancholischen oder obszönen Lieder, die die Fischer sangen, wenn sie aufs Meer hinausfuhren, sondern die zwei oder drei fröhlichen Weisen, an die er sich aus seinen Kindertagen erinnerte. Einfache Melodien, die glückliche Erinnerungen in ihm wachriefen.

Er ernährte sich von Beeren und löschte seinen Durst an den Bächen, die sich zwischen den Bäumen hindurchschlängelten. Zweimal stöberte er im Unterholz Nester auf und konnte sich an rohen Eiern laben. Nur nachts, wenn er gezwungen war, Rast zu machen, weil er nach Sonnenuntergang keine Orientierungsmöglichkeit mehr hatte, regte sich gelegentlich ein leises Gefühl der Angst in ihm. Er hatte nichts, womit er ein Feuer entfachen konnte, und so musste er bis zum Anbruch des Tages im finsteren Gesträuch ausharren und konnte nur beten, dass ihn kein Bär oder Wolfsrudel auf der Suche nach etwas Essbarem aufspüren würde.

Es dauerte vier Tage und vier Nächte, bis er den Wald durchquert hatte, und als er schließlich unter den Bäumen hervortrat, hatten sich seine Augen so an das Dämmerlicht gewöhnt, dass ihm vom strahlenden Sonnenschein der Kopf schmerzte. Er legte sich am Waldesrand ins Gras, um ein wenig in der Wärme zu dösen, bis die Sonne nicht mehr so grell schien. Dann schlief er jedoch bis zur Abenddämmerung und wachte erst vom näher kommenden Singsang von Stimmen auf, die in einer Gebetlitanai auf- und abschwollen. Unweit der Stelle, an der er sein müdes Haupt gebettet hatte, erstreckte sich wie das Rückgrat eines toten Riesen eine Felsengruppe, und auf dem schmalen Pfad, der sich zwischen diesen Felsen hindurchwand, näherte sich jetzt, Gebete intonierend, ein kleines Grüppchen von Mönchen. Einige von ihnen trugen Laternen, in deren Schein er die Gesichter der Männer erkennen konnte: struppige Bärte, tief zerfurchte Züge, sonnenverbrannte Glatzen. Diese Männer schienen für ihren Glauben einiges gelitten zu haben.

Er erhob sich und machte sich, während er auf die Näherkommenden zuhumpelte, durch Rufe bemerkbar, um sie nicht durch sein plötzliches Auftauchen zu erschrecken. Als sie ihn sahen, blieben die Männer stehen und wechselten ein paar vielsagende Blicke.

»Ich weiß nicht, wo ich hier bin, und ich habe Hunger«, erklärte Zelim den Mönchen. »Vielleicht habt ihr ein Stück Brot für mich oder könnt mir wenigstens sagen, wo ich ein Lager für die Nacht finde …«

Der Anführer, ein vierschrötiger Bursche, reichte die Laterne an seinen Nebenmann weiter und winkte Zelim heran.

»Was tust du hier draußen?« wollte der Mönch wissen.

»Ich komme aus dem Wald«, erklärte Zelim.

»Weißt du nicht, dass dies eine üble Gegend ist?« fuhr der Mönch fort, und Zelim glaubte, in seinem ganzen Leben noch keinen so fauligen Atem gerochen zu haben. »Es treiben sich Räuber hier herum. Hier wurden schon viele Menschen überfallen und ermordet.« Unvermittelt packte er Zelim am Arm und zog ihn dicht zu sich heran. Gleichzeitig zückte er ein großes Messer und drückte es Zelim an die Kehle. *»Ruf sie her!«* befahl er.

Zelim hatte keine Ahnung, wovon der Mönch sprach. »Wen soll ich rufen?«

»Den Rest deiner Bande! Du kannst ihnen sagen, ich schneide dir die Kehle durch, wenn sie etwas gegen uns unternehmen.«

»Aber ihr habt mich falsch verstanden. Ich bin kein Räuber.«

»Halt den Mund!« fuhr ihn der Mönch an und presste ihm die Klinge so fest auf den Hals, dass Blut hervorquoll. *»Ruf sie her!«*

»Ich bin allein hier!« protestierte Zelim. »Ich bin ein unschuldiger Mensch.«

»Es gibt keine unschuldigen Menschen mehr heutzutage«, erwiderte Nazar, der Mann, der ihn gepackt hatte. »Dies sind die letzten Tage der Welt, und jeder, der heute noch atmet, ist verderbt bis auf die Knochen.«

Zelim nahm an, dass dies eine hochphilosophische Bemerkung sein sollte, wie sie nur Mönche verstehen konnten. »Wenn du es sagst …«, meinte er. »Was weiß ich? Aber ich sage euch, ich bin kein Räuber. Ich bin ein Fischer.«

»Da bist du aber mächtig weit vom Meer entfernt«, warf der rattenhafte kleine Mönch ein, dem Nazar die Laterne in die Hand gedrückt hatte. Er beugte sich vor und hob das Licht in die Höhe, um Zelim näher in Augenschein zu nehmen. »Warum hast du den Fischen den Rücken gekehrt?«

»Niemand konnte mich leiden«, erklärte Zelim, der das Beste hielt, die Wahrheit zu sagen.

»Und warum war das so?«

Zelim zuckte die Schultern. Allzu viel von der Wahrheit zu verraten schien ihm auch wieder nicht geraten. »Es war einfach so«, sagte er.

Der Mann betrachtete Zelim noch ein Weilchen prüfend, dann bemerkte er, an den Anführer gewandt: »Weißt du, Nazar, ich glaube, er sagt die Wahrheit.« Zelim spürte, wie der Druck des Messers an seiner Kehle ein wenig nachließ. »Wir dachten, du wärest einer von den Knaben«, erklärte ihm der Mönch, »die das Räuberpack hier zurücklässt, um uns von sich abzulenken.«

Wieder hatte Zelim das Gefühl, den Sinn seiner Worte nicht ganz zu verstehen. »Also … damit sie sich anschleichen können, während ihr mit mir redet?«

»Nicht während wir *reden*«, berichtigte Nazar. Er fuhr mit dem Messer von Zelims Hals zu seiner Brust hinunter und schlitzte dabei sein ohnehin schon zerlumptes Hemd auf. Mit der anderen Hand schlüpfte er unter das Hemd, während das Messer weiter nach unten wanderte, bis es am Verschluss der Hose Halt machte.

»Er ist ein bisschen zu alt für mich, Nazar«, bemerkte sein Kumpan und kehrte Zelim den Rücken zu, um sich zwischen den Felsen ein bequemes Plätzchen zu suchen.

»Soll ich mich denn allein mit ihm vergnügen?« wollte der Mönch wissen.

Anstelle einer Antwort drängten sich drei der Männer um Zelim wie geifernde Hunde. Er wurde zu Boden gedrückt, wo ihm die Mönche die Kleider vom Leib rissen und sich anschickten, über ihn herzufallen, ohne seine lauten Proteste und sein Flehen zu beachten. Sie zwangen ihn, ihre Füße und ihre Hinterbacken zu lecken und an ihren Bärten, Brustwarzen und dunkelrot angelaufenen Schwänzen zu saugen. Dann hielten sie ihn fest, während ihn einer nach dem anderen nahm, ohne sich darum zu kümmern, dass er blutete und blutete.

Unterdessen hatten sich die anderen Mönche zwischen die Felsen zurückgezogen und lasen, tranken Wein oder lagen seelenruhig auf dem Rücken und betrachteten die Sterne. Einer von ihnen sprach sogar ein lautes Gebet. All das konnte Zelim sehen, weil er den Blick absichtlich von seinen Peinigern abgewandt hatte; er wollte um keinen Preis, dass sie die Angst in seinen Augen sahen, und er war entschlossen, keine Träne zu vergießen. Also hielt er den Blick fest auf die anderen gerichtet und hoffte darauf, dass die Männer, die ihm Gewalt antaten, irgendwann genug hätten.

Er war im Grunde darauf gefasst, dass sie ihn umbringen würden, wenn sie mit ihm fertig waren, aber der Tod immerhin blieb Zelim erspart. Stattdessen vertrieben sich die Mönche die ganze Nacht über die Zeit mit ihm und vergingen sich abwechselnd an ihm auf jede nur erdenkliche Weise, die ihnen ihre schändliche Begierde eingab. Und dann, kurz vor dem Morgengrauen, ließen sie ihn zwischen den Felsen liegen und zogen ihrer Wege.

Die Sonne ging auf, aber Zelim hielt die Augen fest geschlossen. Er wollte das Tageslicht nie wieder sehen. Zu groß war seine Scham. Aber gegen Mittag wurde die Hitze so drückend, dass er sich auf die Knie aufrichtete und sich in den kühlenden Schatten der Felsen schleppte. Dort entdeckte er zu seiner Überraschung, dass einer der Mönche – vielleicht derjenige, der in der Nacht gebetet hatte – einen Schlauch mit Wein, etwas Brot und ein Stück getrocknetes Obst zurückgelassen hatte. Er wusste, dass die Dinge nicht versehentlich liegen gelassen worden waren. Sie waren für ihn bestimmt.

Jetzt, und erst jetzt ließ der junge Fischer seinen Tränen freien Lauf, und was ihn dazu bewegte, war nicht so sehr der körperliche Schmerz, sondern die Tatsache, dass es einen gab, der genügend Mitgefühl mit ihm besaß, um so etwas für ihn zu tun.

Er trank und aß. Vielleicht lag es am Alkohol im Wein, jedenfalls aber fühlte er sich so gestärkt, dass er seine Blöße bedeckte, so gut es eben ging, sich aus seinem Winkel zwischen den Felsen aufraffte und sich auf den Weg machte. Zwar tat ihm alles weh, aber seine Wunden hatten aufgehört zu bluten, und anstatt sich bei Einbruch der Nacht zum Schlafen niederzulegen, wanderte er im Licht der Sterne unbeirrt weiter. Irgendwo entlang seines Weges näherte sich ihm ängstlich geduckt eine abgemagerte Hündin, vielleicht auf der Suche nach menschlicher Gesellschaft. Er scheuchte sie nicht weg, denn auch er konnte ein wenig Gesellschaft gebrauchen. Nach einiger Zeit hatte die Hündin so viel Mut gefasst, dass sie sich an seine Fersen heftete, und als sie feststellte, dass sie keine Fußtritte von ihrem neuen Herrn zu befürchten hatte, trottete sie bald neben ihm her, als hätte sie von Geburt an zu ihm gehört.

Mit dem Auftauchen der ausgehungerten Hündin wendete sich das Blatt des Schicksals für Zelim eindeutig zum Guten. Schon nach wenigen Stunden erreichte er ein Dorf, das viel größer war als Atva und in dem offensichtlich gerade ein ausgelassenes Fest gefeiert wurde. In den Straßen wimmelte es von johlenden, stampfenden Menschen, die sich offensichtlich prächtig amüsierten.

»Ist heute ein Feiertag?« wandte sich Zelim an einen jungen Burschen, der auf einer Türschwelle saß und trank.

Der Junge lachte. »Nein«, erklärte er, »heute ist kein Feiertag.«

»Warum sind die Leute dann so fröhlich?«

»Wir knüpfen heute ein paar Galgenvögel auf«, erwiderte der andere mit einem trägen Grinsen.

»Oh … ich … verstehe.«

»Willst du mitkommen und es dir ansehen?«

»Lieber nicht«

»Wir könnten uns etwas zu essen besorgen«, meinte der Junge. »Du siehst aus, als könntest du es gebrauchen.« Er musterte Zelim von oben bis unten. »Und mir scheint, das ist nicht das Einzige, was dir fehlt. Eine Hose, zum Beispiel. Was ist dir passiert?«

»Ich möchte nicht darüber reden.«

»So schlimm? Na gut, dann solltest du dir das Spektakel nicht entgehen lassen. Mein Vater ist schon dort. Er sagt, es ist gut, jemanden zu sehen, der noch weniger Glück hat als man selbst. Es ist gut für die Seele, sagt er. Erfüllt dich mit Dankbarkeit.«

Zelim musste zugeben, dass seine Worte ein Fünkchen Weisheit enthielten, und so folgte er, seinen Hund an den Fersen, dem Jungen durch die belebten Straßen bis zum Marktplatz des Dorfes. Sein Führer hatte jedoch nicht geahnt, wie lange sie brauchen würden, um sich einen Weg durch die Menge zu bahnen, und als sie ihr Ziel erreichten, baumelten bereits alle, die man hatte aufknüpfen wollen, an den behelfsmäßig zusammengezimmerten Galgen, bis auf einen Einzigen. Er erkannte die Männer dort auf den ersten Blick: die struppigen Bärte, die sonnenverbrannten Glatzen. Es waren seine Peiniger. Sie alle hatten offensichtlich entsetzliche Qualen erlitten, bevor sie in der Schlinge ihr Leben ausgehaucht hatten. Dreien hatte man die Hände abgehackt; einen hatte man geblendet; andere hatte man, ihren blutgetränkten Hosen nach zu schließen, mit scharfer Klinge ihrer Männlichkeit beraubt.

Zu den Letzteren gehörte Nazar, der Anführer der Bande, der als einziger noch am Leben war. Da er nicht mehr aus eigener Kraft stehen konnte, wurde er von zwei Dorfbewohnern festgehalten, während ihm ein dritter die Schlinge über den Kopf streifte. Man hatte ihm die fauligen Zähne ausgeschlagen, und sein Körper war über und über mit Schwielen und Striemen bedeckt. Die Menge tobte vor Begeisterung beim Anblick seiner Todesqualen. Jedes Mal, wenn er sich krümmte oder ein Stöhnen hören ließ, applaudierten sie und schrien ihm seine Schandtaten ins Gesicht. »Mörder!« riefen sie. »Dieb!« riefen sie. »Knabenschänder!« riefen sie.

»All das ist er und noch mehr, sagt mein Vater«, erklärte Zelims jugendlicher Begleiter. »Er ist so schlecht, sagt mein Vater, dass wir vielleicht sehen, wie der Teufel zum Galgen kommt und sich seine Seele schnappt, wenn sie bei seinem Tod aus seinem Mund entweicht!«

Zelim schauderte, ihm wurde ganz übel bei dem Gedanken. Wenn der Vater dieses Jungen Recht hatte und dieser schändliche, verbrecherische Mönch eine Ausgeburt des Satans war, dann war sein ruchloses Wesen vielleicht zusammen mit seinem Speichel und seinem Samen in seinen eigenen Körper übergeflossen. Oh, diese entsetzliche Vorstellung … dass er in gewisser Weise unlöslich mit diesem furchtbaren Menschen verbunden war und in denselben Höllenschlund hinabgezerrt werden würde, wenn seine Zeit kam.

Die Schlinge lag jetzt um Nazars Hals, das Seil straffte sich und zog ihn in die Höhe wie eine Marionette. Die beiden Männer, die ihn gehalten hatten, traten zurück, um den anderen beim Hochziehen des Stricks behilflich zu sein. Aber bevor ihm die Schlinge endgültig den Hals abschnüren konnte, begann Nazar plötzlich zu reden. Nein, nicht zu reden; er schrie mit dem letzten Quäntchen Kraft, das noch in seinem geschundenen Körper war.

»Gott scheißt auf euch alle!« brüllte er. Die Menge brach in wütendes Geheul aus. Einige fingen an, Steine auf ihn zu werfen. Wenn er spürte, wie seine Knochen brachen, so ließ er es sich nicht anmerken. Er fuhr einfach fort zu schreien. *»Er hat uns tausend unschuldige Seelen in die Hände geliefert! Es war ihm gleichgültig, was wir mit ihnen angestellt haben! Ihr könnt also mit mir machen, was ihr wollt …«*

Die Schlinge zog sich unter der Anstrengung der Männer am anderen Ende des Seils enger um seinen Hals zusammen. Nazar berührte nur noch mit den Zehenspitzen den Boden. Und immer noch brüllte er, Blut und Speichel spuckend, seine Verwünschungen.

»… es gibt keine Hölle! Es gibt kein Paradies! Es gibt keinen …« Weiter kam er nicht; die Schlinge schnürte ihm endgültig die Luft ab, und sein Körper wurde in die Höhe gerissen. Aber Zelim wusste, welches Wort unausgesprochen geblieben war: Gott. Die letzten Worte des Mönchs hatten lauten sollen: *Es gibt keinen Gott.*

Um ihn herum erhob sich ein Freudentaumel; die Menschen jubelten und lachten und spuckten auf den Sterbenden, während er am Strick hängend noch krampfhaft zuckte. Sein Todeskampf währte nicht lange. Sehr zum Bedauern der Schaulustigen gab der entsetzlich zugerichtete Mann schon nach kurzer Zeit den Geist auf und hing nun schlaff in der Schlinge, als hätte ihn der gnädige Hauch des Lebens nie berührt. Der Junge an Zelims Seite war sichtlich enttäuscht.

»Ich habe den Teufel nicht gesehen, du etwa?«

Zelim schüttelte den Kopf, aber tief im Innern dachte er: Vielleicht habe ich ihn gesehen. Vielleicht ist der Teufel ein Mann wie ich. Vielleicht ist er in vielen Männern; in allen, wer weiß?

Er ließ den Blick über die Reihe der Gehenkten wandern auf der Suche nach dem Mann, der gebetet hatte, während ihn die anderen missbrauchten; dem Mann, der, wie er annahm, Wein, Brot und Trockenobst für ihn zurückgelassen hatte. Vielleicht hatte er seine Kumpane auch überredet, ihr Opfer am Leben zu lassen; Zelim würde es nie erfahren. Aber es war eine merkwürdige Sache. Im Tod sahen sie alle gleich aus für ihn. Alles, was charakteristisch an ihnen gewesen war, hatte sich in Nichts aufgelöst, und nun waren ihre Gesichter leer wie ein Haus, dessen Besitzer ausgezogen ist und alles mitgenommen hat, worin es sich von anderen unterschied. Er konnte nicht sagen, welcher dieser Männer in den Felsen gebetet oder welcher ihn besonders grausam misshandelt hatte. Wer es gewesen war, der ihn gebissen hatte wie ein Tier, der in sein Gesicht uriniert hatte, um ihn wieder zu sich zu bringen, als er das Bewusstsein zu verlieren drohte, der ihn mit Frauennamen verhöhnt hatte, während sie sich brutal an ihm vergingen. Am Ende waren sie nicht mehr voneinander zu unterscheiden, wie sie da nebeneinander in der Luft baumelten.

»Jetzt werden sie heruntergeholt, und dann werden ihnen die Köpfe abgeschnitten und auf Pfähle gespießt«, erklärte sein Begleiter, »zur Warnung für andere Verbrecher.«

»Und für fromme Männer«, ergänzte Zelim.

»Das waren keine frommen Männer«, widersprach der Junge.

Eine in der Nähe stehende Frau hatte seine Bemerkung gehört. »O doch, das waren sie«, mischte sie sich in das Gespräch. »Ihr Anführer, Nazar, war Mönch in Samarkand. Er hat dort ein paar Bücher studiert, die er nie hätte lesen sollen, und darum wurde er zu dem, was er war.«

»Was für Bücher?« wollte Zelim wissen.

Sie warf ihm einen ängstlichen Blick zu. »Es ist besser für uns, wenn wir das nicht wissen«, sagte sie.

»Ich gehe jetzt und suche meinen Vater«, wandte sich der Junge an Zelim. »Ich hoffe, alles läuft zur Zufriedenheit für dich. Gott sei mit dir.«

»Und mit dir«, erwiderte Zelim.

V

1

Zelim hatte genug gesehen; mehr als genug, um ehrlich zu sein. Die Menge steigerte sich in neuerliche Begeisterungsstürme hinein, als man die Leichen herunternahm, um sie anschließend zu köpfen; Eltern hoben ihre Kinder auf die Schultern, damit die Kleinen besser sehen konnten, was vor sich ging. Zelim fand das ganze Theater abstoßend. Er kehrte dem Geschehen den Rücken, bückte sich zu seinem flohzerstochenen Hund hinunter, nahm ihn auf den Arm, dann bahnte er sich einen Weg aus der Menge der Zuschauer.

In diesem Augenblick hörte er eine Stimme hinter sich. »Wird dir schlecht beim Anblick von Blut?«

Er warf einen Blick über die Schulter zurück. Es war die Frau, die von den verwerflichen Büchern in Samarkand erzählt hatte.

»Nein, mir wird nicht schlecht«, entgegnete Zelim mürrisch, weil er in ihren Worten eine Beleidigung seiner Männlichkeit witterte. »Es langweilt mich lediglich. Die Männer sind tot. Sie können nicht mehr leiden.«

»Da hast du Recht«, pflichtete ihm die Frau mit einem Schulterzucken bei. Sie trug, wie Zelim jetzt bemerkte, ein Witwengewand, obwohl sie noch jung war; höchstens ein paar Jahre älter als er selbst. »Wir sind die einzigen, die leiden«, fuhr sie fort. »Wir, die wir am Leben gelassen werden.«

In den Tagen vor der entsetzlichen Geschichte, die er unterwegs erlebt hatte, wäre ihm die Wahrheit, die in ihren Worten steckte, nicht in so deutlicher Weise bewusst geworden. Wenigstens das hatte er den Mönchen zu verdanken: Er konnte jetzt die Verzweiflung eines anderen Menschen nachempfinden.

»Früher dachte ich, für alles gebe es einen Grund …«, bemerkte er leise.

Die Menge tobte. Er warf einen Blick zurück. Ein Kopf wurde in die Höhe gehalten, und das Blut, das von ihm heruntertropfte, leuchtete im strahlenden Sonnenlicht.

»Was hast du gesagt?« fragte die Frau und trat dichter an ihn heran, um ihn in dem Lärm besser verstehen zu können.

»Es war nicht wichtig«, gab er zurück.

»Bitte, sag es mir«, bat sie. »Ich möchte es gern wissen.«

Er zuckte die Schultern. Ihm war zum Weinen zumute, aber wer weinte schon vor aller Augen an einem solchen Ort?

»Warum kommst du nicht mit zu mir?« schlug die Frau vor. »Meine Nachbarn sind alle hier und sehen sich diesen Blödsinn an. Es ist also niemand da, der uns beobachten könnte. Niemand, der sich das Maul über uns zerreißen könnte.«

Zelim ließ sich das Angebot einen Moment lang durch den Kopf gehen. »Aber ich muss meinen Hund mitnehmen«, sagte er dann.

2

Er blieb sechs Jahre. Natürlich begannen die Nachbarn nach ein paar Tagen hinter vorgehaltener Hand zu tuscheln, aber es war nicht dasselbe wie in Atva; die Menschen mischten sich nicht ständig in die Angelegenheiten der anderen. Zelim führte ein recht glückliches Leben mit der Witwe Passak, und mit der Zeit wurde aus seinen Gefühlen für sie Liebe. Sie war eine praktisch veranlagte Person, aber hinter geschlossenen Türen und Fensterläden konnte sie sehr leidenschaftlich sein. Aus unerfindlichen Gründen war dies ganz besonders der Fall, wenn der Wind von der Wüste her wehte; ein sengender Wind, der eine beißende Ladung Sand mitbrachte. Erhob sich ein solcher Wind, dann verlor die

Witwe alle Hemmungen – es gab nichts mehr, was sie nicht getan hätte, um ihr beiderseitiges Vergnügen zu steigern, und er liebte sie dafür umso mehr.

Aber die Erinnerung an Atva und an die glorreiche Familie, die an jenem Tag in ferner Vergangenheit an die Meeresküste gekommen war, ging ihm nie ganz aus dem Sinn. Und auch nicht die Stunden seiner demütigenden Qualen oder die merkwürdigen Gedanken, die ihm beim Anblick von Nazar und seiner Bande am Galgen durch den Kopf gegangen waren. Alle diese Ereignisse trug er in seinem Herzen, und sie waren wie ein Eintopf, den man auf dem Herd vor sich hin köcheln und köcheln lässt und der mit den Jahren immer würziger und nahrhafter wird.

Dann, nach sechs Jahren und vielen glücklichen Tagen und Nächten mit Passak, wurde ihm bewusst, dass es allmählich Zeit wurde, den Eintopf zu essen.

Es passierte, während einer dieser Stürme von der Wüste her tobte. Er und Passak hatten sich nicht nur einmal, sondern dreimal geliebt. Aber anstatt Passaks Beispiel zu folgen und hinterher ermattet einzuschlafen, spürte Zelim plötzlich einen eigenartigen, störenden Druck hinter den Augen, als hätte der Wind einen Weg gefunden, in seinen Schädel hineinzupfeifen und würde nun den Eintopf ein letztes Mal umrühren, bevor er ihn auftrug.

Der Hund, der mittlerweile alt und blind war, winselte voller Unbehagen in seiner Zimmerecke. »Sch! mein Mädchen«, beschwichtigte er das Tier. Er wollte nicht, dass Passak geweckt wurde; nicht, solange er die Gefühle, die ihn da bestürmten, nicht begreifen konnte.

Er stützte den Kopf in die Hände. Was sollte aus ihm werden? Er hatte ein erfüllteres Leben geführt, als es ihm in Atva je möglich gewesen wäre, aber er konnte keinen Sinn darin entdecken. In Atva verlief das Leben immerhin nach einem einfachen Rhythmus. Ein Junge wurde geboren, wuchs heran, bis er stark genug war, ein Fischer zu werden, wurde ein Fischer und verlor wieder alle Kraft, bis er so hilflos war wie ein neugeborenes Kind, und dann starb er in dem tröstlichen Wissen, dass schon im Augenblick seines Abschieds von der Welt andere Fischer geboren wurden. Aber in Zelims Leben gab es solche Gewissheiten nicht. Er taumelte von einer Verwirrung in die nächste, erntete Qualen, wo er Trost zu finden gehofft hatte, und Freuden, wo er auf Leid gefasst war. Er hatte den Satan in Menschengestalt gesehen und das Antlitz göttlicher Wesen geschaut, die nach demselben Ebenbild geschaffen waren.

In diesem Augenblick ging ihm der Gedanke durch den Kopf: Ich muss erzählen, was ich weiß. Darum bin ich hier; ich muss den Menschen alles erzählen, was ich gesehen und gefühlt habe, damit sich meine Leiden nicht bei anderen wiederholen. Damit diejenigen, die nach mir kommen, wie meine Kinder sind, weil ich geholfen habe, sie zu formen und ihnen Kraft zu geben.

Er erhob sich, trat an das schmale Lager, kniete neben seiner geliebten Passak auf dem Boden nieder und küsste sie auf die Wange. Aber Passak schlief nicht mehr, sie war bereits seit geraumer Zeit wach.

»Ich werde sehr traurig sein, wenn du gehst«, sagte sie, und nach einem kurzen Schweigen fuhr sie fort: »Aber ich wusste, dass es eines Tages geschehen würde. Ich wundere mich, dass du so lange geblieben bist.«

»Woher weißt du …?«

»Du hast Selbstgespräche geführt, hast du das nicht gemerkt? Das tust du ständig.« Eine Träne lief langsam aus ihrem Augenwinkel über die Wange, aber in ihrer Stimme lag keine Trauer. »Du bist ein wunderbarer Mann, Zelim. Ich glaube nicht, dass du überhaupt weisst, was für ein wunderbarer Mensch du bist. Und du hast Dinge gesehen – vielleicht nur in deinem Kopf, vielleicht aber auch in Wirklichkeit, ich weiß es nicht –, von denen du den Menschen erzählen musst.« Nun war es an ihm zu weinen, als er sie so ohne jede Spur eines Vorwurfs reden hörte. »Die Jahre mit dir waren so schön, mein Geliebter. Ich habe Freuden erlebt, die ich mir nie erträumt hätte. Und es wäre unbescheiden, würde ich mehr von dir verlangen, da du mir doch schon so viel gegeben hast.« Sie hob ihm ihr Gesicht entgegen und küsste ihn. »Ich werde dich noch mehr lieben, wenn du schnell gehst«, sagte sie dann.

Er weinte bittere Tränen. All die schönen Gedanken, die ihm noch vor wenigen Minuten durch den Kopf gegangen waren, erschienen ihm plötzlich leer. Wie hatte er auch nur daran denken können, sie zu verlassen?

»Ich kann nicht fortgehen«, entgegnete er. »Ich weiß nicht, wie ich auf eine solche Idee gekommen bin.«

»Doch, du wirst gehen«, widersprach sie. »Auch wenn es nicht heute ist, früher oder später wirst du fortgehen. Also geh lieber jetzt.«

Er trocknete seine Tränen. »Nein«, sagte er. »Ich gehe nirgendwo hin.«

Und er blieb. Die Stürme wehten nach wie vor Monat für Monat aus der Wüste herüber, und er und die Witwe liebten sich nach wie vor leidenschaftlich in dem kleinen Häuschen, während das Feuer im Kamin prasselte und der Wind flüsternd ums Dach strich. Aber sein Glück war nicht mehr ungetrübt, und ihr erging es nicht anders. Er grollte ihr, weil sie ihn unter ihrem Dach beherbergte, obwohl sie bereit gewesen war, ihn ziehen zu lassen. Und sie liebte ihn ihrerseits nicht mehr mit derselben Kraft, weil er nicht den Mut hatte zu gehen und weil er durch sein Bleiben das Kostbarste tötete, das sie je gehabt hatte: die Liebe zwischen ihnen beiden.

Die Trauer über diesen Verlust brachte sie am Ende um. Seltsam genug, aber diese tapfere Frau, die den schmerzlichen Tod ihres Gatten verkraftet hatte, konnte den Tod ihrer Liebe zu einem Mann nicht verkraften, der an ihrer Seite blieb. Er trug sie zu Grabe, und eine Woche später zog er seiner Wege.

Danach wurde er nie wieder sesshaft. Er hatte das häusliche Leben zur Genüge kennen gelernt; von nun an wollte er ein Nomade sein. Aber der Eintopf, der schon so lange in seinem Innern brodelte, war immer noch genießbar, ja, nach den traurigen letzten Monaten mit Passak vielleicht noch würziger als zuvor. Als er sich nun anschickte, seine Lebensaufgabe zu erfüllen und den Menschen von seinen Erlebnissen und Erfahrungen zu erzählen, hatte er seinem Bericht die bittere Wahrheit ihrer schal gewordenen Liebe hinzuzufügen: Diese Frau, der er einmal ewige Treue und die Unvergänglichkeit seiner Gefühle geschworen hatte, rückte in seiner Erinnerung schon bald in ebenso weite Ferne wie seine Jugend in Atva. Die Liebe – zumindest die Art von Liebe, die einen Mann und eine Frau verbindet – war nicht aus dem Stoff der Ewigkeit gewoben. Und ihr Gegenpol war es ebenso wenig. So, wie die Narben verblichen, die Nazar und seine Männer ihm zugefügt hatten, schwand auch der Hass, den Zelim für seine Peiniger empfunden hatte.

Das heißt nicht, dass er ein Mann ohne Gefühle gewesen wäre, ganz im Gegenteil. Er sollte sich in den einunddreißig Jahren, die noch vor ihm lagen, den Ruf eines Propheten, eines Geschichtenerzählers und eines zutiefst leidenschaftlichen Menschen erwerben. Aber diese Leidenschaft war nicht das, was die meisten von uns darunter verstehen. Trotz seiner bescheidenen Herkunft entwickelte er sich zu einem Menschen, der zu den edelsten und höchsten Empfindungen fähig war. Jesus hätte sich der Gleichnisse, die er erzählte, in ihrer Schlichtheit nicht schämen müssen, aber anders als dessen einfache und gute Lehren enthielten Zelims Geschichten eine zwiespältige Vision, in der Gott und der Teufel in einem ständigen Maskenspiel miteinander verbunden waren.

Vielleicht wird sich im Verlauf der Geschichte eine Gelegenheit ergeben, Ihnen einige seiner Gleichnisse zu erzählen, aber im Augenblick will ich nur berichten, wie er starb. Und das geschah, wie könnte es anders sein, in Samarkand.

VI

Lassen Sie mich zuerst etwas über Samarkand sagen, diese Stadt, um deren Glanz sich so viele der Geschichten rankten, die Zelim als Kind gehört hatte. Der Erzähler dieser Geschichten, der alte Zelim, war nicht der Einzige, der für die Stadt Samarkand schwärmte, ohne sie je gesehen zu haben. In jenen Zeiten war sie so etwas wie eine mythische Stätte. Eine Stadt, so hieß es, von herzzerreißender Schönheit, in der Gedanken, Formen und Taten an der Tagesordnung waren, die man sich an keinem anderen Ort hätte vorstellen können. Die Frauen von Samarkand hatten nicht ihresgleichen und auch die Knaben nicht; und nirgendwo wurde die Schönheit so freizügig zur Schau gestellt wie in den von Wohlgerüchen durchzogenen Straßen dieser Stadt. Nie sah man mächtigere Männer als dort; nie solche Schätze, wie sie dem Mächtigen zustehen, nie schönere Paläste als die, die hier nach den ehrgeizigsten Plänen entworfen wurden, nie prachtvollere Moscheen als jene, die diese Männer um ihres Seelenheils willen bauten.

Und als wäre all diese Schönheit noch nicht genug, grenzte es an ein Wunder, dass es die Stadt überhaupt gab an diesem Ort, der nach allen Seiten hin von Ödnis umgeben war. Die Kaufleute, die auf ihrem Weg über die Seidenstraße nach Turkestan und China hier vorüberkamen, und die Händler, die Gewürze aus Indien oder Salz aus den Steppen brachten, mussten weite, ausgedörrte Wüstengebiete und unwirtliche graue Eislandschaften durchqueren, bevor die blühende Flussoase des Serawschan in Sicht kam, in der sich die Türme und Minarette von Samarkand erhoben wie Blumen, schöner als je ein Garten sie hervorbringen konnte. Sie waren so dankbar, die Wildnis mit allen ihren Beschwernissen endlich hinter sich zu haben, dass sie sich nicht selten dazu beflügeln ließen, die Stadt in Liedern und Gedichten zu preisen (überschwänglicher vielleicht, als sie es verdiente), und die Lieder und Gedichte zogen ihrerseits wieder Kaufleute, schöne Frauen und begnadete Baumeister an, sodass Samarkand im Laufe der Generationen über seinen märchenhaften Ruf hinauswuchs und die Lobpreisungen in den Liedern und Gedichten am Ende fast schon untertrieben wirkten.

Die Stadt, das muss ich hier betonen, war nicht nur ein Schauplatz der sinnlichen Ausschweifungen. Sie war auch ein Ort der Gelehrsamkeit, wo man die Philosophen würdigte, Bücher las und schrieb und bei einem Glas Tee endlose Gespräche über den Anfang und das Ende der Welt führte.

Dreimal in seinem Leben schloss sich Zelim einer Karawane an und gelangte über die Seidenstraße nach Samarkand. Als er wenige Jahre nach Passaks Tod die Reise zum ersten Mal unternahm, musste er zu Fuß wandern, weil er kein Geld hatte, um ein Reittier zu kaufen, das kräftig genug für den anstrengenden Weg gewesen wäre. Diese erste Reise stellte seinen lange gehegten Wunsch, Samarkand zu sehen, auf eine schwere Zerreißprobe: Als endlich die sagenumwobenen Türme der Stadt in Sicht kamen, war er so erschöpft – seine Füße bluteten, er zitterte am ganzen Leib, und seine Augen waren blutunterlaufen, weil er tagelang in den Staubwolken gewandert war, die andere aufgewirbelt hatten –, dass er sich einfach in das duftende Gras am Ufer des Flusses fallen ließ und den Rest des Tages dort draußen vor den Stadtmauern verschlief.

Er erwachte in der Abenddämmerung, wusch sich den Schlaf aus den Augen und blickte auf. Der Himmel glich einem Meer von Farben; kleine Schäfchenwolken reihten sich, nach Westen hin bernsteingelb, im Osten bläulich violett, in luftiger Höhe aneinander, und Vögel umkreisten auf dem Heimflug zu ihren Schlafplätzen in großen Schwärmen die schimmernden Minarette. Er betrat die Stadt in dem Augenblick, als rund um die Stadtmauer die Feuer für die Nacht entzündet wurden, man nährte sie mit einem so wohlriechenden Holz, dass die Luft wie von Weihrauch erfüllt war.

Im Innern der Stadt waren alle Qualen, die er auf sich genommen hatte, um hierher zu gelangen, augenblicklich vergessen. Samarkand war so, wie es sein Vater gesagt hatte, und noch prachtvoller. Obwohl Zelim als Bettler gekommen war, stellte er fest, dass er mit seinen Geschichten hier ein gutes Auskommen finden konnte. Und er hatte viel zu erzählen. Die Leute hörten ihm gern zu, wenn er von der Taufe in Atva erzählte oder vom Wald, von Nazar und seinem schrecklichen Ende. Es spielte keine Rolle, ob sie seine Geschichten für wahre Begebenheiten hielten oder nicht; sie gaben ihm zu essen und zu trinken, und sie gaben ihm Geld und Freundschaft (und, was einige Damen der Gesellschaft betraf, Liebesnächte) als Gegenleistung für seine Dienste als Geschichtenerzähler. Er begann sein Repertoire zu erweitern, Geschichten aus dem Stegreif auszuschmücken und neue hinzuzuerfinden. Er dachte sich neue Episoden über die Familie am Meeresufer aus, und weil es den Leuten offensichtlich gefiel, wenn zur reinen Unterhaltung ein philosophisches Element hinzukam, flocht er seine Gedanken über das Schicksal, die in den Jahren an Passaks Seite gereift waren, in seine Geschichten ein.

Als er nach diesem ersten Aufenthalt, der eineinhalb Jahre währte, wieder aus Samarkand abreiste, hatte er sich dort einen gewissen Ruf nicht nur als wunderbarer Geschichtenerzähler, sondern auch als ein Mann von einiger Weisheit erworben. Und von nun an gab es in seinen Erzählungen ein neues Thema: Samarkand.

Dort, so pflegte er zu sagen, lagen das höchste menschliche Streben und die niedrigste Fleischeslust so dicht beieinander, dass es manchmal schwer fiel, beides auseinanderzuhalten. Diese Weisheit nahmen die Menschen begierig auf, weil sie so oft auf ihr eigenes Leben zutraf, aber so selten eingestanden wurde. Zelims Ansehen wuchs.

Als er das nächste Mal nach Samarkand aufbrach, reiste er auf dem Rücken eines Kamels und hatte einen fünfzehnjährigen Jungen bei sich, der ihm das Essen bereitete und für seine Bequemlichkeit sorgte, einen Jungen, der bei ihm in die Lehre ging, weil er auch ein Geschichtenerzähler werden wollte. Nachdem Zelim in der Stadt angelangt war, fand er sie, wie nicht anders zu erwarten, irgendwie enttäuschend. Er fühlte sich wie ein Mann, der zum Bett seiner großen Liebe zurückkehrt, nur um festzustellen, dass seine Erinnerungen süßer waren als die Wirklichkeit. Aber auch diese Erfahrung wurde zum Stoff eines Gleichnisses, und kaum war eine Woche vergangen, da war seine Enttäuschung bereits Teil der Geschichten, die er erzählte.

Und er wurde reichlich entlohnt: durch das Wiedersehen mit Freunden, die er bei seinem ersten Aufenthalt hier kennen gelernt hatte, durch Einladungen in die königlichen Häuser von Menschen, die ihm wenige Jahre zuvor als ungebildetem Fischer die kalte Schulter gezeigt hätten und die es jetzt als eine Ehre empfanden, wenn er über ihre Schwelle trat. Sein größter Lohn aber war die Entdeckung, dass es hier in der Stadt ein kleines Grüppchen junger Gelehrtenschüler gab, die sein Leben und seine Lehren studierten, als wäre er ein bedeutender Geist. Wer hätte sich da nicht geschmeichelt gefühlt? Er brachte viele Tage und Nächte im Gespräch mit ihnen zu und beantwortete ihre Fragen so aufrichtig er konnte.

Eine Frage insbesondere ging ihm immer noch durch den Kopf, als er die Stadt wieder verließ. »Glaubt Ihr, dass Ihr die Leute, denen Ihr am Meeresufer begegnet seid, je wiedersehen werdet?« hatte ihn einer der Schüler gefragt.

»Das glaube ich nicht«, hatte er geantwortet. »Ich hatte für sie keine Bedeutung.«

»Aber für das Kind vielleicht …«, hatte der Schüler entgegnet.

»Für das Kind?« meinte Zelim. »Ich glaube nicht, dass es mich auch nur bemerkt hat. Es war mehr an der Milch seiner Mutter als an mir interessiert.«

Doch der Schüler ließ nicht locker. »In Euren Geschichten«, sagte er, »sprecht Ihr davon, dass sich die Kreise immer schließen. In einer der Geschichten geht es um das Rad der Sterne. Vielleicht wird es mit diesen Leuten wie mit den Sternen sein. Sie gehen unter …«

»… und steigen wieder auf«, beendete Zelim seinen Satz.

Der Schüler bedachte ihn mit einem strahlenden Lächeln, hocherfreut zu hören, dass der Meister seinen Gedanken zu Ende dachte. »Genau. Sie steigen wieder auf.«

»Schon möglich«, hatte Zelim entgegnet. »Aber ich werde nicht in dieser Erwartung leben.«

Und das tat er auch nicht. Aber die Bemerkung des jungen Mannes war ihm nicht mehr aus dem Kopf gegangen, und sie hatte in ihm wieder ein neues Gleichnis wachsen lassen: die düstere Geschichte eines Mannes, der in ständiger Vorfreude auf die Begegnung mit einem Menschen lebt, der sich dann als sein Mörder entpuppt.

So gingen die Jahre dahin, und Zelims Ruhm wuchs und wuchs. Er unternahm unvorstellbar weite Reisen – nach Europa, nach Indien an die Grenzen Chinas – und stellte fest, während er seine Geschichten erzählte, dass die fremdartige Poesie seiner Worte die Herzen der unterschiedlichsten Menschen erfreute.

Es dauerte achtzehn Jahre, bis er wieder nach Samarkand kam; und dies sollte – auch wenn er es noch nicht wusste – sein letzter Besuch dort sein.

VII

Inzwischen war Zelim in die Jahre gekommen, und obwohl er auf seinen vielen Reisen zäh und ausdauernd geworden war, machte sich in diesem Herbst sein Alter deutlich bemerkbar. Seine Gelenke schmerzten; sein morgendlicher Stuhl war entweder flüssig oder steinhart; er konnte nicht gut schlafen. Und wenn er schlief, träumte er von Atva – oder vielmehr vom Strand des Dorfes und von der heiligen Familie. Alle Weisheit und alle Schmerzen seines Lebens hatten in dieser Begegnung ihren Anfang genommen. Wäre er an jenem Tag nicht zum Meer hinuntergegangen, so würde er wahrscheinlich noch immer ein Leben in größter geistiger Verarmung unter den Fischern führen und hätte all die Dinge nicht erfahren, die seine Seele im einen Moment verzagen ließen und im nächsten zu Höhenflügen beschwingten.

Da war er also nun in Samarkand in diesem Oktober, fühlte sich alt und schlief schlecht. Aber er fand nicht viel Ruhe. Die Zahl seiner Anhänger war gewachsen, und einem von ihnen (dem Schüler, der vor Jahren die Bemerkung über die sich schließenden Kreise gemacht hatte) war es gelungen eine Schule zu gründen. Die jungen Männer, die dort studierten, erkannten in Zelims Gleichnissen einen revolutionären Funken, der in ihnen den sehnlichen Wunsch nährte, die Menschheit von ihren Fesseln zu befreien. Jeden Tag traf er mit ihnen zusammen. Manchmal ließ er sie Fragen stellen, über sein Leben, seine Ansichten. Bei anderen Gelegenheiten – wenn er es leid war, sich ausfragen zu lassen – erzählte er ihnen eine Geschichte.

An diesem Tag hatte sich im Unterricht jedoch eine Mischung aus beidem ergeben. Einer der Schüler hatte gesagt: »Meister, wir haben oft schreckliche Auseinandersetzungen mit unseren Vätern, weil sie nicht wollen, dass wir Eure Lehren studieren.«

»Tatsächlich?« Zelim zog die Augenbraue hoch. »Ich verstehe gar nicht, warum.« Unter den Schülern erhob sich zaghaftes Gelächter. »Wie lautet deine Frage?«

»Ich dachte nur, Ihr könntet uns vielleicht etwas von Eurem Vater erzählen.«

»Von meinem Vater ...«, entgegnete Zelim leise.

»Nur ein kleines bisschen ...«

Der Prophet lächelte. »Schau nicht so ängstlich drein«, mahnte er den Fragensteller. »Warum bist du so nervös?«

Der junge Mann errötete. »Ich dachte, dass Ihr vielleicht wütend auf mich seid, weil ich Fragen über Eure Familie stelle.«

»Erstens«, entgegnete Zelim freundlich, »bin ich viel zu alt, um wütend zu werden. Es ist eine Energieverschwendung, und davon habe ich nicht mehr allzu viel. Und zweitens sitzt mein Vater vor euch, so wie eure Väter hier vor mir sitzen.« Sein Blick wanderte über die Gruppe der etwa dreißig Schüler, die mit überkreuzten Beinen vor ihm auf dem Boden saßen. »Und es sind großartige Männer noch dazu.« Er wandte sich wieder dem Schüler zu, der ihn mit seiner Frage angesprochen hatte. »Was macht dein Vater?«

»Er ist Wollhändler.«

»Dann ist er also im Augenblick in der Stadt unterwegs und verkauft Wolle, aber in seinem Innern ist es ihm nicht genug, Wolle zu verkaufen. Er braucht noch etwas anderes im Leben, und darum schickt er dich her und lässt zu, dass du über philosophische Fragen diskutierst.«

»Oh nein ... das habt Ihr falsch verstanden ... Er hat mich nicht hergeschickt.«

»Vielleicht meint er, er hätte dich nicht hergeschickt. Vielleicht meinst du, niemand hätte dich hergeschickt. Aber du bist als der Sohn deines Vaters geboren, und was immer du tust, tust du für ihn.« Der junge Mann runzelte bei dem Gedanken, etwas für seinen Vater zu tun, irritiert die Stirn. »Du bist wie die Finger seiner Hand, die in der Erde graben, während er seine Wollballen verkauft. Er merkt nicht einmal, wie die Hand gräbt, sieht nicht, dass sie Samenkörner in das Loch fallen lässt. Er wundert sich, wenn er entdeckt, dass neben ihm ein Baum gewachsen ist, der Früchte trägt und in dessen Zweigen Vögel zwitschern. Und dennoch war es seine Hand, die das vollbracht hat.«

Der Schüler senkte den Blick. »Was meint Ihr damit?« wollte er wissen.

»Dass wir nicht uns selbst gehören. Wir werden den Sinn unseres Lebens nie bis zum Letzten ergründen, aber wir sollten uns diejenigen ansehen, die vor uns waren, um ihn besser zu verstehen. Nicht nur unsere Väter und Mütter, sondern alle Menschen, die vor uns waren. Sie weisen den Weg zu Gott zurück, der vielleicht nicht einmal weiß, dass wir, während Er Sterne zählt, still und leise ein Loch graben und ein Saatkorn aussäen ...«

Jetzt hob der Schüler lächelnd den Blick. Ihn amüsierte die Vorstellung von Gottvater, der nicht hinsieht, während Seine menschlichen Hände zu Seinen Füßen einen Garten bestellen.

»Ist damit deine Frage beantwortet?« erkundigte sich Zelim.

»Ich frage mich trotzdem ...«, begann der Schüler zögernd.

»Ja?«

»Euer eigener Vater ...?«

»Er war ein Fischer aus einem kleinen, an der Küste des Kaspischen Meeres gelegenen Dorf namens Atva.« Während er das sagte, spürte Zelim einen leisen Windhauch im Gesicht. Er hielt inne, um die angenehme Kühle zu genießen. Einen Augenblick lang schloss er die Augen. Als er sie wieder öffnete, stellte er fest, dass im Raum eine Veränderung vor sich gegangen war; er wusste nur nicht, um was es sich handelte.

»Wo war ich stehen geblieben?« fragte er.

»Atva«, rief jemand aus der hintersten Reihe.

»Ah ja, Atva. Mein Vater verbrachte dort sein ganzes Leben, aber er träumte immer davon, an einem ganz anderen Ort zu sein. Er träumte von Samarkand. Seinen Kindern erzählte er, er sei in seiner Jugend hier gewesen. Und er wob Geschichten um diese Stadt, wundervolle Geschichten …«

Zelim hielt erneut inne. Der kühle Windhauch hatte wieder seine Stirn gestreift, und so, wie er sein Gesicht berührt hatte, war es fast, als wollte er ihm ein Zeichen geben. Als wollte der Windhauch sagen: Schau her, schau her …

Aber wohin? Er schaute aus dem Fenster; vielleicht war da etwas, das er unbedingt sehen sollte. Der Tag neigte sich dem Abend zu, und es wurde allmählich dunkel. Eine Kastanie, die, der Jahreszeit trotzend, noch im vollen Blätterkleid stand, zeichnete sich wunderschön vor dem Himmel ab. Hoch über der Baumkrone funkelte der Abendstern. Aber all das hatte er schon oft gesehen: einen Himmel, einen Baum, einen Stern.

Immer noch sinnierend ließ er den Blick in den Raum zurückwandern.

»Was für Geschichten?« fragte jemand.

»Geschichten …?«

»Ihr habt gesagt, Euer Vater erzählte Geschichten von Samarkand.«

»Ach ja. Das tat er. Wundervolle Geschichten. Er war kein guter Seemann, mein Vater. Er kenterte mit seinem Boot und ertrank. Aber er hätte ein Jahr lang Geschichten über Samarkand erzählen können, ohne sich ein einziges Mal zu wiederholen.«

»Aber er war nie hier, habt Ihr gesagt?« fragte der Meister der Schule.

»Niemals«, erwiderte Zelim mit einem Lächeln. »Darum konnte er auch so schöne Geschichten darüber erzählen.«

Diese Bemerkung sorgte für Heiterkeit unter seinen Zuhörern. Aber Zelim hörte das Gelächter kaum. Wieder hatte diese seltsame Brise sein Gesicht gestreift; und als er diesmal den Blick hob, sah er im Hintergrund des Raums eine Gestalt, die sich im Halbschatten bewegte. Es war keiner der Schüler; sie waren ausnahmslos hellgelb gekleidet. Dieser Mann aber trug zerlumpte schwarze Hosen und ein schmutziges Hemd. Er hatte dunkle, fast schwarze Haut, von der ein eigenartiges Strahlen ausging, das in Zelim die Erinnerung an einen längst vergangenen Tag wachrief.

»Atva …?« murmelte er.

Nur die Schüler, die ihm am nächsten waren, konnten seine Stimme hören, und selbst sie konnten sich später, als sie die Frage diskutierten, nicht einig werden, was er gesagt hatte. Einige meinten, er habe *Allah* gemurmelt, andere glaubten, ein Zauberwort gehört zu haben, mit dem er den Fremden im Hintergrund des Raumes von sich fern halten wollte. Dass über dieses Wort so hitzig debattiert wurde, hatte einen einfachen Grund: Es war Zelims letztes Wort, zumindest in der Welt der Lebenden.

Er hatte es kaum ausgesprochen, als sein Kopf auf die Brust sackte und das Glas, aus dem er Tee geschlürft hatte, seiner Hand entglitt. Augenblicklich verstummte das Gemurmel im Raum; die meisten Schüler sprangen auf, und einige erhoben ein Wehklagen, während andere leise beteten. Der große Meister war tot, seine Weisheit bereits Geschichte. Es würde nun keine Legenden mehr geben und keine Prophezeiungen. Nur Jahrhunderte, in denen die Menschen die Gleichnisse, die er erzählt hatte, wiederholen und abwarten würden, ob sich seine Prophezeiungen erfüllten.

Vor dem Fenster des Schulraums, unter dem belaubten Kastanienbaum, unterhielten sich zwei Männer im Flüsterton. Niemand sah sie dort stehen; niemand hörte ihr fröhliches Gespräch. Und ich will seinen Inhalt auch nicht erfinden; ich überlasse diese Unterhaltung lieber Ihrer eigenen Fantasie, die Unterhaltung zwischen Zelims Geist und Atva, der sich später Galileo nennen sollte. Nur so viel will ich Ihnen sagen: Als die Unterhaltung beendet war, verließ Galileo, die Stadt Samarkand in Zelims Begleitung; ein Geist und ein Gott, im diesigen Zwielicht dahinwandernd wie zwei unzertrennliche Freunde.

Muss ich noch erwähnen, dass sich Zelims Rolle in dieser Geschichte noch keineswegs erschöpft hat? Er wurde an jenem Tag in die Arme der Familie Barbarossa abberufen, in deren Diensten er seither steht.

Nichts vergeht endgültig, weder in diesem Buch, noch im Leben. Dinge verändern sich, ja; natürlich verändern sie sich – das ist unumgänglich. Aber alles bleibt im Augenblick der Ewigkeit enthalten – Zelim der Fischer, Zelim der Prophet, Zelim der Geist; er wird in all seinen Erscheinungsformen dokumentiert auf diesen Seiten, die ein zwar armseliger, aber doch leidenschaftlicher Widerhall dessen sind, was im heiligen Buch selbst aufgezeichnet ist.

Der Schlussvorhang darf hier allerdings nicht fehlen, dafür muss noch Platz sein. Selbst in einer unvergänglichen Welt gibt es Zeiten, in denen die Schönheit aus dem Blick gerät, in denen die Liebe aus dem Herzen verschwindet, in denen wir den Schmerz der Trennung erleben.

In der Stadt Samarkand, die eine Zeit lang in prachtvoller Blüte stand, sind die blauen und goldenen Fayencefliesen von den Wänden gebröckelt, und der Kastanienbaum, unter dem sich Zelim und Galileo nach dem Dahinscheiden des Propheten unterhielten, wurde gefällt. Die Kuppeldächer sind verfallen, und über den Straßen, die einst von Lärm erfüllt waren, hat sich Stille ausgebreitet. Es ist keine wohltuende Stille; nicht die Ruhe, die in der Einöde des Eremiten herrscht, und auch nicht das Schweigen der Abenddämmerung. Es ist einfach Leblosigkeit. Regierungen sind gekommen und gegangen, Parteien und Potentaten haben einander abgelöst, alte Garden wurden gegen neue ausgetauscht, und jedes Mal, wenn sich die Machtverhältnisse änderten, ging ein Stück vom Glanz der Stadt Samarkand verloren. Diejenigen, die noch dort ausgeharrt haben, hoffen auf nichts Größeres als auf den Einzug der modernen Zeiten. Dann wird es Hamburger und Cola und Zigaretten hier geben. Traurige Aussichten für die Bewohner einer einst so sagenumwobenen Stadt.

Und bis es soweit ist, gibt es nur abbröckelnde Kacheln und stürmische Winde.

Was Atva betrifft, so existiert das Dorf nicht mehr. Wenn

Sie tief genug graben, werden Sie im Küstensand die Mauerüberreste einiger Häuser finden, vielleicht ein paar Türschwellen und den einen oder anderen Krug. Nichts Interessantes jedenfalls. Die Menschen, die in Atva ihr Leben gefristet haben, waren unbedeutend, und genauso unbedeutend sind die wenigen Spuren, die das Leben dieser Menschen hinterlassen hat. Das Dorf Atva ist auf keiner Landkarte zu finden (und war selbst in seiner Blütezeit auf keiner solchen verzeichnet), und es wird in keinem Buch über das Kaspische Meer erwähnt.

Heute existiert Atva auf zweierlei Arten. Hier auf diesen Seiten natürlich. Und als der eigentliche Name meines Bruders Galileo.

Eine Begebenheit muss ich noch erwähnen, bevor wir uns wichtigeren Dingen zuwenden. Sie trug sich an jenem Tag zu, als mein Vater Nicodemus und seine Frau Cesaria ans Meer wanderten, um dort ihr geliebtes Kind zu taufen.

Damals geschah offensichtlich Folgendes: Cesaria hatte den Knaben kaum ins Wasser getaucht, als er wie wild zu zappeln begann, ihren Händen entglitt, von der erstbesten Welle davongetragen wurde und verschwand. Mein Vater stürzte sich natürlich augenblicklich in die Fluten, aber es herrschte eine starke Strömung an diesem Tag, und bevor er seinen Sohn packen konnte, hatte der Sog den Säugling erfasst und vom Ufer fort ins Meer gespült. Ich weiß nicht, ob Cesaria schrie und weinte oder ob sie stumm blieb. Ich weiß aber, dass sie keinen Versuch machte, dem Ausreißer zu folgen, weil ihr, wie sie Marietta einmal anvertraut hat, von Anfang an klar war, dass Galileo sie eines Tages verlassen würde, und obwohl sie nicht damit gerechnet hatte, dass er es in einem so zarten Alter tun würde, unternahm sie nichts, um ihn zurückzuhalten.

Schließlich entdeckte mein Vater mehrere hundert Meter weit draußen ein kleines Köpfchen, das auf den Wellen schaukelte. Der Säugling schwamm dort im Wasser – oder gab sich zumindest alle Mühe, sich über Wasser zu halten. Als Atva spürte, wie sich die Hände seines Vaters um ihn legten, fing er an zu schreien und sich zu winden. Aber mein Vater hatte ihn fest im Griff. Er setzte ihn auf seine Schultern und schwamm ans Ufer zurück.

Cesaria erzählte Marietta, wie der Junge gelacht hatte, als er wieder in ihren Armen lag, er hatte gelacht, bis ihm die Tränen kamen, so lustig fand er das, was er getan hatte.

Aber wenn ich an diese Episode denke, besonders im Zusammenhang dessen, was ich Ihnen jetzt erzählen will, dann schwebt mir dabei nicht das Bild des lachenden Kindes vor. Nein, dann sehe ich den kleinen Atva vor mir, der sich, kaum einen Tag alt, den Händen seiner Erzeuger entwindet und dann, ihre Rufe und ihr Flehen ignorierend, einfach davonschwimmt und immer weiter davonschwimmt, als hätte er vom ersten Augenblick an nichts anderes als sein Entrinnen im Sinn gehabt.

TEIL DREI

Ein Leben im Überfluss

I

1

Erinnern Sie sich noch an Rachel Pallenberg? Ich habe sie an der Stelle erwähnt, an der ich mir den Kopf zerbrochen habe über die Frage, wessen Geschichte ich als erste erzählen sollte. Meinem Bericht zufolge fuhr sie ziellos durch Dansky, ihr Heimatstädtchen in Ohio, das zwischen Marion und Shanck in der Nähe des Mount Gilead liegt. Das Wort unaufdringlich würde den Ort sehr schmeichelhaft beschreiben; unscheinbar käme der Wahrheit vermutlich näher. Sollte er überhaupt einmal einen gewissen Charme besessen haben, so ist dieser längst verschwunden, musste den Dingen weichen, die in Amerika unvermeidbar und allgegenwärtig sind: den billigen Hamburger-Restaurants, den Schnapsläden, einem Supermarkt mit Billiggetränken, die teurere Limonadenmarken imitieren, und mit Käsesorten, die vorgeben, Milchprodukte zu sein. Nachts ist die Tankstelle der einzige helle Punkt im ganzen Ort.

Hier ist Rachel aufgewachsen, bis sie siebzehn war. Die Straßen müssten ihr eigentlich vertraut sein. Aber sie fühlt sich verloren. Natürlich erkennt sie vieles wieder – die Schule, in der sie einige qualvolle Jahre verbracht hat, steht noch ebenso wie die Kirche, die sie jeden Sonntag mit ihrem Vater Hank (der immer ein frommerer Mensch war als ihre Mutter) besuchte, und die Bank, in der Hank bis zu seiner Erkrankung und dem darauf folgenden frühen Tod gearbeitet hat – all das sieht und erkennt sie und fühlt sich dennoch verloren. Sie ist hier nicht zu Hause. Das ist sie aber auch nicht an dem Ort, den sie gerade verlassen hat, um hierher zu fahren: das vornehme Apartment am Central Park, wo sie umgeben von Reichtum und Luxus an der Seite des Mannes lebt, von dem unzählige Frauen träumen: ihr Ehemann Mitchell Geary.

Rachel tut es nicht leid, dass sie von Dansky weggegangen ist. Das Leben, das sie hier geführt hat, war beklemmend: immer dasselbe langweilige Einerlei. Und die Zukunft sah auch nicht rosig aus. Alleinstehende Frauen in Dansky rissen sich kein Bein aus, um es im Leben zu etwas zu bringen. Die Ehe war es, was ihnen als höchstes Ziel vorschwebte, und wenn sie einen Gatten hatten, der zwei oder drei Abende in der Woche nüchtern war, und wenn ihre Kinder gesund und mit allen Gliedmaßen auf die Welt kamen, dann lehnten sie sich zufrieden zurück in Erwartung eines langen, tristen Endes.

Rachel hatte andere Vorstellungen vom Leben. Sie war aus Dansky zwei Tage nach ihrem siebzehnten Geburtstag geflüchtet, ohne auch nur einen Blick zurückzuwerfen. Da draußen wartete das Leben auf sie, wie sie es aus Zeitschriften und vom Fernsehen kannte: ein Leben voller Möglichkeiten, das Leben eines Filmstars, ein Leben, das zu führen sie felsenfest entschlossen war. Natürlich war sie nicht die einzige Siebzehnjährige in Amerika, die Hoffnungen solcher Art in sich nährte. Und ich bin auch nicht der Erste, der schwarz auf weiß darüber berichtet, wie dieser Traum Wirklichkeit für sie wurde. Hier neben mir liegen vier Bücher und ein Stapel Zeitschriften – deren Inhalt im Großen und Ganzen den Namen Reportage nicht verdient –, in denen (oft maßlos übertrieben) vom unaufhaltsamen Aufstieg der Rachel Pallenberg erzählt wird. Ich werde mir alle Mühe geben, nicht übers Ziel hinauszuschießen und mich nur an die Tatsachen zu halten, aber die Geschichte, die wie ein Märchen aus Tausendundeiner Nacht klingt, würde selbst den asketischsten Literaten in Versuchung führen, wie Sie noch sehen werden. Das schöne, dunkeläugige Mädchen aus Dansky, das sich durch nichts anderes aus der Masse gewöhnlicher Menschen hervorhebt als durch ihr betörendes Lächeln und ihren zwanglosen Charme, begegnet durch einen Zufall dem begehrtesten Junggesellen Amerikas und erregt seine Aufmerksamkeit. Der Rest ist noch nicht Geschichte; erst wenn eine Sache einen gewissen Abschluss findet, gehört sie zur Historie, und die Ereignisse um Rachel Pallenberg sind noch in Bewegung. Aber sie sind in jedem Fall höchst bemerkenswert.

Wie es zu diesen Ereignissen kam? Zumindest dieser Teil der Geschichte ist schnell erzählt.

Als Rachel ihrem Heimatort Dansky den Rücken kehrte, hatte sie die Absicht, ihr neues Leben in Cincinnati zu beginnen, wo die Schwester ihrer Mutter lebte. Dorthin fuhr sie, und dort blieb sie nicht ganz zwei Jahre. Sie begann eine kurze und unrühmliche Ausbildung als Zahntechnikerin und arbeitete dann ein paar Monate lang als Kellnerin. Man mochte sie gern, aber nicht ohne Vorbehalte. Einige ihrer Arbeitskolleginnen waren der Meinung, dass sie sich mit ihrem Ehrgeiz selbst schadete; sie gehörte zu den Menschen, die sich nicht scheuen, über ihre Wünsche und Träume zu sprechen, und stieß damit so manch einen vor den Kopf, dem dazu der Mut fehlte oder der einfach keine Träume hatte. Der Geschäftsführer des Restaurants, ein Mann namens Herbert Finney, beschreibt sie in jedem Zeitschrifteninterview anders. War sie nun ›ein hart arbeitendes, eher zurückhaltendes Mädchen‹, wie er es einem Reporter gegenüber behauptet, oder war sie ›manchmal aufsässig und flirtete mit den männlichen Gästen, immer darauf bedacht, einen Vorteil für sich herauszuschlagen‹, wie er bei anderer Gelegenheit zum Besten gibt? Vielleicht liegt die Wahrheit irgendwo in der Mitte. Sicher ist, dass ihr der Kellnerjob nicht sehr lange zusagte; ebenso wenig wie Cincinnati. Einundzwanzig Monate nach ihrer Ankunft, Ende August, bestieg sie einen Zug Richtung Osten und fuhr nach Boston. Wenn sie später in irgendeinem albernen Zeitschrifteninterview gefragt wurde, warum sie ausgerechnet diese Stadt als Ziel gewählt hatte, pflegte sie zu antworten, man habe ihr gesagt, dass die Herbstmonate dort besonders schön seien. Sie suchte sich wieder einen Job als Kellnerin und teilte sich ein Apartment mit zwei jungen Frauen, die auch neu waren in der Stadt. Zwei Wochen später fand sie eine Anstellung in einem teuren Juweliergeschäft in der Newbury Street, wo sie den Herbst über arbeitete – der übrigens tatsächlich wunderschön, frisch und klar war –, bis ihr am Spätnachmittag des 23. Dezembers in der Gestalt von Mitchell Geary der Weihnachtsengel begegnete.

2

An diesem Nachmittag begann es gegen zwei Uhr zu schneien. Die ersten Flocken wirbelten durch die Luft, als Rachel gerade vom Mittagessen zurückkam. Die Vorhersagen für den Rest des Tages und die kommende Nacht wurden stündlich schlechter: Ein Schneesturm kündigte sich an.

Die Geschäfte gingen nur mäßig; obwohl die Menschen die Stunden, die ihnen noch für Weihnachtseinkäufe blieben, fast an den Fingern abzählen konnten, beeilten sie sich, so früh wie möglich aus der Innenstadt herauszukommen. Der Geschäftsführer, ein gewisser Mr. Erickson (ein Mann von vierzig, der die träge, blasierte Eleganz eines Zwanzigjährigen zur Schau trug) telefonierte im angrenzenden Büro mit seinem Chef über die Möglichkeit, den Laden früher zuzumachen, als draußen eine Limousine vorfuhr und ein dunkelhaariger junger Mann in einem schweren Wintermantel mit hochgeschlagenem Kragen und gesenktem Blick – so als fürchtete er, auf den zehn Metern vom Wagenschlag zur Ladentür erkannt zu werden – den Gehweg überquerte, auf der Schwelle den Schnee von den Schuhen stampfte und das Geschäft betrat. Erickson verhandelte immer noch im Hinterzimmer über den Ladenschluss. Noelle, die zweite Verkäuferin, war weggegangen, um Kaffee zu holen. Also fiel es Rachel zu, den Kunden im Wintermantel zu bedienen.

Natürlich erkannte sie auf den ersten Blick, um wen es sich handelte. Wer hätte ihn nicht erkannt? Dieses klassisch schöne Gesicht mit den hohen Wangenknochen, den ausdrucksvollen Augen, dem starken sinnlichen Mund und dem widerspenstigen Haar war mindestens einmal im Monat auf der Titelseite irgendeiner Zeitschrift zu sehen: In ganz Nordamerika gab es kaum einen Mann, der so aufmerksam beobachtet, so eifrig debattiert und von so vielen Frauen angehimmelt wurde wie Mitchell Monroe Geary. Und dieser Mann stand jetzt, schmelzende Schneeflocken in den dunklen Wimpern, vor Rachel.

Was war dann geschehen? Nun, es kam zu einer völlig harmlosen Unterhaltung. Er sei gekommen, hatte er erklärt, weil er ein Geschenk für Loretta, die Frau seines Großvaters, suchte. Irgendetwas mit Diamanten, hatte er gesagt. Und mit einem leichten Kopfschütteln hinzugefügt: »Sie *liebt* Diamanten.« Während Rachel eine Reihe von diamantenen Anstecknadeln vor ihm ausbreitete, hoffte sie inständig, dass Erickson sein Telefonat nicht allzu schnell beenden und Noelle noch ein paar Minuten aufgehalten würde, weil die Schlange in der Kaffeebar so lang war. Nur um Prinz Geary noch ein Weilchen für sich allein zu haben, mehr verlangte sie nicht.

Ihm gefiel, wie er ihr sagte, sowohl der Schmetterling als auch der Stern. Sie nahm sie von ihren schwarzen Samtkissen, damit er einen genaueren Blick darauf werfen konnte. Was ihre Meinung sei, wollte er wissen.

»Meine?« fragte sie erstaunt.

»Ja, Ihre.«

»Nun ja«, meinte sie, überrascht, wie leicht es ihr fiel, mit ihm zu reden, »wenn es für Ihre Großmutter ist, finde ich den Schmetterling vielleicht etwas zu romantisch.«

Er betrachtete sie mit einem spöttischen Funkeln in den Augen. »Woher wollen Sie wissen, ob ich nicht leidenschaftlich in meine Großmutter verliebt bin?« entgegnete er.

»Wenn es so wäre, wären Sie nicht mehr auf der Suche nach einer Frau«, gab sie schlagfertig zurück.

»Und wie kommen Sie darauf, dass ich das bin?«

Jetzt war es an ihr, zu lächeln. »Ich lese manchmal Zeitung«, erklärte sie.

»Sie schreiben nie die Wahrheit«, sagte er. »Ich lebe wie ein Mönch. Ich schwöre es.« Darauf erwiderte sie nichts. Sie hatte wahrscheinlich ohnehin schon zu viel gesagt, hatte das Geschäft vermasselt und würde, sofern Erickson die

Unterhaltung mit angehört hatte, auch noch ihren Job verlieren. »Ich nehme den Stern«, erklärte er. »Danke für Ihren Rat.«

Er bezahlte und ging und nahm seinen Charme, seine Ausstrahlung und das Funkeln in seinen Augen mit. Als er verschwunden war, fühlte sich Rachel irgendwie betrogen, als hätte er etwas mitgenommen, das ihr gehörte, so absurd dieses Gefühl auch sein mochte. In dem Augenblick, als er zu seinem Wagen ging, kam Noelle zur Tür herein.

»War das der, von dem ich denke, dass er es war?« erkundigte sie sich mit großen Augen.

Rachel nickte.

»Er sieht in Wirklichkeit noch viel besser aus als auf Fotos, findest du nicht?« bemerkte Noelle. Rachel nickte geistesabwesend. »Träumst du?«

Rachel lachte. »Du hast Recht, er sieht gut aus.«

»War er allein?« wollte Noelle wissen. Sie sah der Limousine nach, die jetzt vor dem Laden anfuhr. »Oder war *sie* bei ihm?«

»Wer ist sie?«

»Natasha Morley. Das Model. Die Magersüchtige.«

»Die sind alle magersüchtig.«

»Sie sind nicht glücklich«, behauptete Noelle im Brustton der Überzeugung. »Jemand, der so dürr ist, kann unmöglich glücklich sein.«

»Sie war nicht bei ihm. Er hat ein Geschenk für seine Großmutter gekauft.«

»Ach, diese alte Schnepfe«, sagte Noelle spitz. »Die, die immer von Kopf bis Fuß in Weiß gekleidet ist.«

»Heißt sie nicht Loretta?«

»Richtig. Loretta. Sie ist die zweite Frau seines Großvaters.« Noelle plauderte über die Gearys, als wären sie ihre nächsten Nachbarn. »Ich habe einen Artikel in *People* gelesen, in dem stand, dass sie im Grunde das Sagen hat in der Familie. Hat alle unter ihrer Fuchtel.«

»Ich kann mir nicht vorstellen, dass *er* sich von irgendjemandem etwas sagen lässt«, erklärte Rachel, die immer noch auf die Straße hinausstarrte.

»Aber würde es dir nicht gefallen, wenn du die Gelegenheit dazu hättest?« gab Noelle zurück.

In diesem Augenblick tauchte Erickson übel gelaunt aus dem Nebenraum auf. Trotz des immer dichteren Schneetreibens durfte er auf Anweisung seines Chefs erst um halb neun schließen. Das war immerhin schon ein gnädiges Zugeständnis, denn normalerweise hielten sie den Laden zwei Tage vor Weihnachten bis zehn Uhr abends offen, um sich, wie Erickson es ausdrückte, das ›Geschäft mit dem schlechten Gewissen der Ehemänner‹ nicht entgehen zu lassen. Je teurer das Präsent war, pflegte Erickson zu sagen, umso größer die Zahl der Ehebrüche, die der Kunde im Laufe dieses Jahres begangen hatte. Wenn er in besonders gehässiger Stimmung war, konnte es ohne weiteres passieren, dass er diesbezüglich eine Zahl nannte, sobald sich die Ladentür geräuschvoll hinter dem Käufer geschlossen hatte.

So hielten sie also pflichtschuldig die Stellung, und das Schneetreiben wurde, wie angekündigt, immer dichter. Sie verkauften noch das eine oder andere Stück, machten aber kein wirklich lohnendes Geschäft mehr.

Und dann, gerade als Erickson sich anschickte, die Ausstellungsstücke für die Nacht aus dem Schaufenster zu nehmen, kam ein Mann in den Laden, der einen Briefumschlag für Rachel abzugeben hatte.

»Mr. Geary lässt sagen, es tut ihm Leid, aber er hat vergessen, Sie nach Ihrem Namen zu fragen«, wandte er sich an Rachel.

»Ich heiße Rachel.«

»Ich werde es ihm ausrichten. Ich bin übrigens Ralph. Sein Chauffeur und Leibwächter.«

»Hallo, Ralph.«

Ralph, der mindestens zwei Meter maß und so aussah, als hätte er eine erfolgreiche Karriere als Punchingball hinter sich, verzog den Mund zu einem breiten Lächeln. »Hallo, Rachel«, sagte er. »Sehr erfreut, Sie kennen zu lernen.« Damit streifte er seinen Lederhandschuh ab und hielt ihr die Rechte entgegen. »Also, einen schönen Abend noch, Leute!«

rief er dann, schon auf dem Weg zur Tür, über die Schulter zurück. »Ach, übrigens, fahren Sie besser nicht über die Tobin Bridge. Es hat einen Unfall gegeben, und auf der Strecke herrscht das reinste Chaos.«

Eigentlich hatte Rachel keine Lust, den Brief vor Noelles und Ericksons Augen zu öffnen, andererseits widerstrebte ihr aber auch der Gedanke, noch die neunzehn Minuten warten zu müssen, bis der Laden zugemacht wurde und sie endlich gehen konnte. Also öffnete sie den Umschlag. Darin fand sie eine eilig hingekritzelte Nachricht von Mitchell Geary, der sie einlud, am nächsten Abend, dem Heiligabend also, im Algonquin Club etwas mit ihm zu trinken.

Dreieinhalb Wochen später überreichte er ihr in einem Restaurant in New York die Schmetterlingsbrosche und gestand ihr, dass er im Begriff sei, sich zu verlieben.

II

Dieser Zeitpunkt eignet sich so gut wie jeder andere für eine kurze Beschreibung der Familie Geary. Es ist ein langer, langer Weg vom Platz auf dem obersten Zweig, den Rachel Pallenberg in dem Moment einnahm, als sie Mitchell Geary heiratete, bis hinunter zu den Wurzeln der Familie; und diese Wurzeln reichen so tief in die Erde hinein, dass ich nicht genau weiß, ob ich wirklich bereit bin, sie freizulegen. Erlauben Sie mir also – zumindest für den Augenblick –, mich mit dem Teil des Stammbaums zu beschäftigen, den jeder sehen kann, nämlich dem, was über den Aufstieg und die Macht der Geary-Dynastie in den Büchern zu lesen ist.

Selbst wenn man diese Bücher nur flüchtig durchblättert, wird rasch deutlich, dass sich die Gearys über etliche Generationen hinweg verhalten haben (und auch so behandelt wurden), als wären sie die gekrönten Häupter Nordamerikas. Wie königliche Hoheiten haben sie so getan, als stünden sie über dem Gesetz, sowohl in ihrem privaten Leben als auch im Hinblick auf ihre unternehmerischen Transaktionen. Im Laufe der Zeit haben sich einige Mitglieder der Dynastie Dinge geleistet, die sie, wären sie keine Gearys gewesen, garantiert hinter Gitter gebracht hätten: Die Liste reicht vom Fahren im Zustand völliger Trunkenheit bis zum Verprügeln der Ehefrau. Wie Könige legten sie in ihren Leidenschaften wie in ihren Misserfolgen eine Größe an den Tag, von der normale Menschen, deren Leben notgedrungen in viel engeren Grenzen verlief, fasziniert waren. Selbst diejenigen, denen sie über die Jahre übel mitgespielt hatten – sei es im Privatleben oder im Räderwerk des Familienkonzerns –, konnten sich ihrem Zauber nicht entziehen, waren bereit, zu vergeben und zu vergessen, wenn ihnen die Gearys nur einen nächsten Blick gönnten.

Und wie Könige standen sie bis zu den Knöcheln in Blut. Kein Thron wurde je ohne Blutvergießen erobert oder verteidigt; und obwohl auf den Gearys nicht die Gunst der Götter ruhte, von deren Gnaden die gekrönten Häupter Europas und die Kaiser von China und Japan ihre Macht ableiteten, wohnte der gemeinsamen Seele der Familie ein grausamer Zug inne, ein Geary-Dämon, wenn Sie so wollen, der ihnen eine in keinem Verhältnis zu ihren weltlichen Privilegien stehende natürliche Autorität verlieh. Sie waren leidenschaftlich in der Liebe und leidenschaftlich im Hass, zählebig und von eisernem Willen; sie waren auf nonchalante Art grausam und auf ebenso nonchalante Art charismatisch.

Meist erweckten sie den Eindruck, als wüssten sie nicht einmal, ob das, was sie taten, gut, schlecht oder einfach gleichgültig war. Sie lebten in einem egozentrischen Rausch, als wäre der Rest der Welt ein Spiegel, der ihnen vorgehalten wurde, sodass sie ihr Leben lang nichts als sich selbst sehen konnten.

In mancher Hinsicht zeigte sich der Geary-Dämon am deutlichsten in der Liebe, denn die Liebe war das Terrain, auf dem sich die Familie vermehrte und bereicherte.

Für die männlichen Mitglieder der Familie Geary war es fast eine Frage der Ehre, dass sie Ehebruch begingen und dass die Welt davon erfuhr, auch wenn man nicht anders als hinter vorgehaltener Hand darüber sprach. Diese zweifelhafte Tradition wurde von Mitchs Urgroßvater, Laurence Grainger Geary, begründet, dessen Ruf als unersättlicher Draufgänger legendär war und der einer Schätzung zufolge mindestens zwei Dutzend uneheliche Kinder in die Welt gesetzt hatte. Was seine Geliebten betraf, hatte er einen breit gefächerten Geschmack an den Tag gelegt. Nach seinem Tod (der ihn übrigens im Bett einer Prostituierten in Havanna ereilte) hatten zwei schwarze Frauen aus Kentucky, Schwestern noch dazu, behauptetet, dass er der Vater ihrer Kinder sei; eine hoch geachtete Dame der jüdischen Gesellschaft, die gemeinsam mit dem alten Geary in einem Komittee zur Wiederherstellung der öffentlichen Moral tätig gewesen war, hatte Selbstmord begangen und in ihrem Abschiedsbrief die wahre Abstammung ihrer drei Töchter offenbart, und eine Puffmutter aus New Mexico hatte der Lokalpresse ihren Sohn vorgeführt und nachdrücklich auf seine verblüffende Ähnlichkeit mit den Gearys hingewiesen.

Laurences Frau Verna hatte sich über Enthüllungen dieser Art nicht in der Öffentlichkeit geäußert. Aber sie gingen nicht spurlos an der bedauernswerten Frau vorüber. Ein Jahr nach dem Tod ihres Mannes wurde sie in dieselbe Anstalt eingeliefert, in der Mary Lincoln ihre letzten Jahre verbracht hatte. Dort lebte sie noch ein Jahrzehnt, bevor sie ihren traurigen Abschied von der Welt nahm.

Nur eines ihrer vier Kinder (drei weitere waren kurz nach der Geburt gestorben) kümmerte sich in den Jahren ihres Siechtums noch um sie: ihre älteste Tochter Eleanor. Aber der Mutter war nichts an Eleanors liebevoller Zuwendung gelegen. Sie liebte nur ein einziges ihrer Kinder so sehr, dass sie es in den Jahren ihres Anstaltsdaseins in unzähligen Briefen um seinen Besuch bat, und das war ihr Sohn Cadmus. Das Objekt ihrer Mutterliebe reagierte jedoch nicht auf ihre Bitten. Er besuchte sie einmal und ließ sich danach nie wieder blicken. Allerdings war Verna selbst sicherlich nicht unschuldig an dem grausamen Verhalten ihres Sohnes. Sie hatte ihm von frühester Kindheit an beigebracht, dass er etwas Besonderes sei, und diese Besonderheit wurde unter anderem dadurch gewahrt, dass ihm nie ein unangenehmer Anblick zugemutet wurde. Als er sich nun mit diesem Bild konfrontiert sah – seine Mutter im Zustand geistiger Umnachtung – wandte er einfach den Blick ab.

»Ich möchte mich mit schönen Dingen umgeben«, erklärte er seiner schockierten Schwester, »und sie ist kein schöner Anblick.«

Was den wählerischen Sinnen des damals achtundzwanzigjährigen Cadmus allerdings sehr gefiel, war eine Frau namens Katherine Faye Browning – Kitty für die Menschen, die ihr nahe standen –, die Tochter eines Stahlmagnaten aus Pittsburgh. Cadmus hatte sie 1919 kennen gelernt und ihr zwei Jahre lang hartnäckig den Hof gemacht. In dieser Zeit hatte er begonnen, sein Finanzgenie im Dienste des ohnehin schon beträchtlichen Vermögens seines Vaters einzusetzen. Das zeitliche Zusammentreffen dieser beiden Dinge war kein Zufall. Je leichtfertiger Kitty Browning mit seinen Gefühlen spielte (als sie sich beispielsweise im Herbst nach ihrem Kennenlernen fast zwei Monate lang weigerte, sich mit ihm zu treffen, weil sie – wie sie ihm schrieb – sehen wollte, ob sie ohne ihn leben könnte. »Wenn ich es kann«, ließ sie ihn wissen, »werde ich es tun, denn dann weiß ich, dass du nicht der Mann bist, der in meinem Herzen regiert.«), desto mehr Ehrgeiz entwickelte der junge Cadmus in seiner gekränkten Liebe in geschäftlichen Dingen. Dies waren die Jahre, in denen sein Ruf als genialer Finanzstratege – und als furchtbarer Gegner, wenn man ihn sich zum Feind machte – geprägt wurde. Auch wenn er sich später etwas weicher gab, hatten die Leute, wenn sie an Cadmus Northrop Geary dachten, immer den jungen Cadmus vor Augen: den Mann, der nichts und niemandem vergab.

Beim Aufbau seines Imperiums agierte er wie ein Gott auf Erden. Wenn eine Gemeinde von Produktionsbetrieben abhängig war, die er aufkaufte, konnte er sie aus einer Laune heraus ruinieren oder ihr, sofern er ihr wohlgesonnen war, zur Blüte und zum Wohlstand verhelfen. Als er in die mittleren Jahre kam, hatte er bereits so viel erreicht, wie es andere nicht gekonnt hätten, wenn sie hundertmal so alt geworden wären. Es gab keine Stätte der Macht, an der er nicht bekannt und gefeiert gewesen wäre. Er übte Einfluss auf die Gesetzgebung und auf die Wahl von Richtern aus; er kaufte Demokraten und Republikaner ohne Unterschied (und lieferte sie ihren Parteigenossen ans Messer, wenn sie ihm nicht mehr nützlich waren); er ließ große Persönlichkeiten aussehen wie Narren und beförderte – wenn es ihm gerade passte, was manchmal der Fall war – Schwachköpfe in die höchsten Ämter.

Muss ich erzählen, dass Kitty Browning seinem beharrlichen Werben schließlich nachgab und ihn heiratete? Oder dass er den ersten Ehebruch – er nannte es allerdings lieber einen *harmlosen Flirt* – noch während ihrer Flitterwochen beging?

Ein Mann von Cadmus' Macht und Einfluss – noch dazu von seinem Aussehen (er war der klassische Vorzeigeamerikaner, sein Körper geschmeidig in der Bewegung, locker und entspannt, wenn er ruhte; sein längliches, symmetrisch geschnittenes Gesicht stets sonnengebräunt, seine Augen wachsam und spöttisch, sein Lächeln noch spöttischer) –, ein solcher Mann ist immer von Bewunderinnen umlagert. An ihm war keine Spur von Trägheit und Langeweile, kein Anflug von Selbstzweifel oder Erschöpfung: Das war das Geheimnis seiner Macht. Wäre er ein besserer Mensch gewesen, hatte seine Schwester einmal bemerkt, oder ein sehr viel schlechterer, so hätte er vielleicht Präsident werden können. Aber er hatte nicht das geringste Interesse daran, seine Fähigkeiten auf die Politik zu verschwenden. Nicht, solange eine Heerschar von Frauen nur darauf wartete, von ihm verführt zu werden (sofern man eine so mühelos erlangte Gunst überhaupt als Verführung bezeichnen konnte). Er teilte seine Zeit ein zwischen seinen Büros in New York und Chicago, seinen Häusern in Virginia und Massachusetts und den Betten einiger hundert Frauen im Jahr, deren aufgebrachte Ehemänner er, wenn sie es herausfanden, mit Geld oder einer Anstellung zum Schweigen brachte.

Was Kitty betraf, so führte sie ihr eigenes Leben: Sie hatte drei Kinder großzuziehen und gesellschaftliche Verpflichtungen zu erfüllen, die sie zur Genüge in Anspruch nahmen. Das Letzte, wonach sie sich sehnte, war ein Ehemann, der ihr ständig vor den Füßen herumlief. Solange er sie also durch seine Seitensprünge nicht bloßstellte, ließ sie ihn nur allzu gern seiner eigenen Wege gehen.

Es gab nur eine einzige Romanze – oder, besser gesagt, den fehlgeschlagenen Versuch einer Romanze –, die sein bemerkenswertes Gleichgewicht ins Wanken brachte. 1926 folgte Cadmus einer Einladung von Lionel Bloombury, der zu dieser Zeit ein kleines unabhängiges Studio in Hollywood leitete. Er hielt sich für einen Experten in Sachen Film, und Lionel hatte angedeutet, eine Kapitalinvestition in dieser Branche könne vorteilhaft für ihn sein. Tatsächlich folgte Cadmus später seinem Rat. Er steckte einen Teil des Familienkapitals in die Produktionsgesellschaft Metro-Goldwyn-Mayer, eine Investition, die sich in den goldenen Jahren dieser Firma reichlich auszahlte. Darüber hinaus kaufte er beträchtliche Areale in einer Gegend auf, in der später Beverly Hills und Culver City entstehen sollten. Aber das einzige Vorhaben, an dem ihm in Hollywood wirklich gelegen war, schlug fehl, und das war sein brennendes Interesse an einer Schauspielerin namens Louise Brooks. Er lernte sie während der Premiere von *Beggars of Life* kennen, einer Paramount-Produktion, in der sie neben Wallace Beery die Hauptrolle spielte. Cadmus erschien sie wie ein fast übernatürliches Wesen; zum ersten Mal in seinem Leben glaubte er, wie er einem Freund anvertraute, an ein Paradies, einen vollkommenen Garten, aus dem ein Mann wegen der Verführungskünste einer Frau vertrieben werden konnte.

Der Gegenstand dieser metaphysischen Betrachtungen selbst, Louise Brooks, war zweifellos eine große Schönheit, ihr vollkommen geformtes, zartes Gesicht von glattem, dunklem, fast knabenhaft kurz geschnittenem Haar umrahmt. Aber sie war auch eine ehrgeizige Frau mit scharfem Verstand, die kein Interesse daran hatte, Cadmus oder irgendjemandem sonst als *Kunstobjekt* zu dienen. Im Jahr darauf ging sie nach Deutschland, wo sie zwei Filme drehte, darunter *Die Büchse der Pandora*, ein Film, der sie unsterblich machte. Cadmus war mittlerweile so hingerissen von ihr, dass er ihr in der Hoffnung auf eine Verbindung nachreiste, und offensichtlich zeigte sie ihm bei seinen Annäherungsversuchen auch nicht vollkommen die kalte Schulter. Sie gingen abends zusammen essen und machten tagsüber Ausflüge, wenn es ihr Drehplan erlaubte. Aber bei alledem schien sie ein falsches Spiel mit ihm zu treiben, denn eines Tages beklagte sie sich bei ihrem Regisseur, Georg Wilhelm Pabst, darüber, dass Gearys Anwesenheit am Drehort sie in ihrer Konzentration störe, und ob er ihn nicht, bitte, wegschicken könne. In derselben Woche kam es dann zu einem kleinen Eklat, als Cadmus – der sich in der Zwischenzeit offensichtlich vergeblich bemüht hatte, das Studio zu kaufen, in dem *Die Büchse der Pandora* produziert wurde – versuchte, sich gewaltsam Zutritt zum Set zu verschaffen, um mit Louise zu reden. Sie weigerte sich, ihn anzuhören, und er wurde mit Gewalt vor die Tür gesetzt. Drei Tage später hatte er sich wieder nach Amerika eingeschifft.

Seine ›Torheit‹, wie er diese Episode später nennen sollte, war damit beendet. Er wandte sich mit gesteigertem, wenn nicht gierigem Appetit erneut seinen Geschäften zu. 1929, ein Jahr nach seiner Rückkehr aus Europa, kam es zum großen Börsenkrach, der die Weltwirtschaftskrise einleitete. Cadmus hielt sich während dieser Katastrophenzeit im Sattel wie ein Cowboy in einem seiner geliebten Western; er war durch nichts zu erschüttern. Andere Mitglieder des Geldadels verschuldeten sich hoffnungslos, verarmten oder setzten ihrem Leben ein Ende, aber Cadmus verkehrte in diesen Jahren, in denen das Land die schlimmste Wirtschaftskrise seit dem Bürgerkrieg erlebte, die Niederlagen seiner Kollegen in persönliche Triumphe. Er kaufte die in Trümmern liegenden Unternehmen anderer für einen Spottpreis auf, warf Rettungsringe aus für die Glücklicheren unter den Ertrinkenden um ihn herum und sicherte sich so deren Loyalität für die Zeit nach dem großen Sturm.

Dabei beschränkte er sich bei der Wahl seiner Geschäftspartner allerdings nicht auf die verhältnismäßig ehrlichen Gestalten, denen das Schicksal hart mitgespielt hatte, sondern er verkehrte auch mit Männern, an deren Händen Blut klebte. Es waren die letzten Tage der Prohibition, und man konnte eine Menge Geld verdienen, wenn man Schnaps für die ausgedörrten Kehlen Amerikas herbeischaffte. Und wo Profit winkte, war Cadmus Geary stets zur Stelle. In den vier Jahren von seiner Rückkehr aus Deutschland bis zur Aufhebung der Prohibition durch den Einundzwanzigsten Verfassungszusatz leitete er einen Teil des Familienkapitals in illegale Schnapsgeschäfte und Unterhaltungslokale um und verdiente damit Gelder, die nie einem Finanzbeamten unter die Augen kamen, um sie dann wieder den legalen Firmen seines Imperiums zuzuführen.

Dennoch ließ er bei der Wahl seiner Partner eine gewisse Vorsicht walten und mied den Umgang mit Leuten, die ihre kriminelle Karriere allzu deutlich zur Schau stellten. So machte er beispielsweise nie Geschäfte mit Al Capone und seinesgleichen, sondern hielt sich lieber an die bescheideneren Typen wie Tyler Burgess und Clarence Filby, deren Namen nie in den Schlagzeilen auftauchten und keinen Eingang in die Geschichtsbücher fanden. Alles in allem waren kriminelle Geschäfte dieser Art jedoch nicht nach seinem Geschmack, und obwohl ihm die illegalen Aktivitäten zu einem ungeheuren Geldsegen verhalfen, brach er im Frühjahr 1933, kurz vor der endgültigen Aufhebung der Prohibition, alle Verbindungen zu den ›Männern im Mittelwesten‹, wie er sie zu nennen pflegte, ab.

Im Grunde stand Kitty in diesem Punkt als treibende Kraft dahinter. Sie hielt sich im Allgemeinen aus allen geschäftlichen Dingen heraus, aber das, so sagte sie ihm, war keine bloße Geschäftsangelegenheit: Der gute Ruf der Familie war ernsthaft gefährdet, wenn man ihm je eine Verbindung zu diesem Gesindel nachweisen würde. Er beugte sich ihrem Druck bereitwillig; es machte ihm ohnehin keinen Spaß, mit diesen Leuten zu verkehren. Die meisten von ihnen waren Bauern; die Generation vor ihnen hatte noch in irgendeinem gottverlassenen Winkel Europas gehockt und den Grind aus dem Fell ihrer Esel gekratzt. Kitty hatte diese Bemerkung gefallen, und sie gab sie immer dann als ihre eigene zum Besten, wenn sie in besonders bissiger Laune war.

Die Prohibition und die harten Jahre der Wirtschaftskrise vergingen, und die Gearys gehörten jetzt zu den reichsten Familien des Landes. Sie besaßen Stahlwerke, Werften und Schlachthöfe. Sie nannten Kaffee-und Baumwollplantagen ihr Eigen und verfügten über riesige Ländereien, die für Viehzucht, Gerste- und Weizenanbau genutzt wurden. Sie besaßen zahlreiche Immobilien in den größten Städten der Vereinigten Staaten und kassierten Miete für viele Feriensiedlungen und Wohnanlagen, die in landschaftlich schönen

Gegenden gebaut wurden. Ihnen gehörten Rennpferde, Rennbahnen und Rennautos. Sie stellten Schuhe und Fischkonserven her und betrieben eine Hotdog-Kette. Zeitschriften- und Zeitungsverlage, Vertriebsgesellschaften, die deren Produkte verteilten, sowie die Kioske, an denen sie verkauft wurden, gehörten den Gearys. Und wenn sie etwas nicht kaufen konnten, so prägten sie es mit ihrem Namen. Wie um sich von den ›Bauern‹ abzugrenzen, mit denen er seit 1933 keine Geschäfte mehr machte, erlaubte Cadmus seiner Frau, Hunderte von Millionen in wohltätige Projekte zu stecken, was dazu führte, dass der Name der Familie Geary in den folgenden zwei Jahrzehnten immer häufiger über den Portalen von Krankenhäusern, Schulen und Waisenhäusern prangte. Alle diese wohltätigen Werke konnten jedoch den Blick seiner zynischeren Zeitgenossen nicht vom schier unvorstellbaren Ausmaß seiner Profitgier ablenken. Er machte auch im fortgeschrittenen Alter keinerlei Anstalten, die Dinge langsamer anzugehen. Mitte sechzig, in einem Alter, in dem weniger umtriebige Menschen von Angelausflügen und beschaulicher Gartenarbeit träumen, richtete er seinen begehrlichen Blick nach Hongkong und Singapur, wo er nach demselben Prinzip des Ausverkaufs verfuhr, das sich schon in Amerika als so erfolgreich erwiesen hatte. Sein untrüglicher Geschäftssinn ließ ihn auch hier nicht im Stich: Ein Unternehmen nach dem anderen verwandelte sich unter Cadmus' Zauberhand. Er war ein stiller Moloch, der fast unsichtbar regierte, und sein Ruf wurde zur Legende.

Nach wie vor hatte er seine Affären, aber die erotischen Abenteuer und Eroberungen waren längst nicht mehr so wichtig für ihn wie in jüngeren Jahren. Zwar war er, nach allem, was man hörte, immer noch ein meisterhafter Liebhaber (wahrscheinlich suchte er sich in diesen Jahren bewusst Gespielinnen aus, die weniger diskret waren als seine früheren Eroberungen, damit die Kunde seiner nie erlahmenden Männlichkeit sozusagen in die Welt getragen wurde), aber nach der Episode mit Louise Brooks erlebte er in der Liebe nie wieder diesen Zustand der Glückseligkeit, in den ihn seine kapitalistischen Höhenflüge versetzten.

Nur im Hinblick darauf fühlte er sich so lebendig wie damals, als er Kitty zum ersten Mal begegnet oder als er Louise nach Deutschland nachgereist war; nur in ihnen fand er seine äußerste Erfüllung oder auch nur die Andeutung einer solchen Erfüllung.

Inzwischen wuchs natürlich die nächste Generation heran. Zuerst kam Richard Emerson Geary, der 1934 geboren wurde, nachdem Kitty zuvor zwei Fehlgeburten erlitten hatte. Ein Jahr später erblickte Norah Faye Geary das Licht der Welt, und wiederum zwei Jahre später George, der Vater von Mitchell und Garrison.

In vieler Hinsicht waren Richard, Norah und George von allen Geary-Generationen die emotional am reichsten ausgestatteten Menschen. Kitty kannte die verderbliche Wirkung des Reichtums: Sie hatte am Beispiel ihrer eigenen Familie gesehen, wie gründlich das Geld eine gesunde Seele zerstören konnte, also gab sie sich redliche Mühe, ihre Kinder vor dem schädlichen Einfluss einer allzu exklusiven Kindheit und Jugend zu bewahren; all die Liebe, die in ihrer Ehe keine Entfaltungsmöglichkeit fand, floß überreich in ihre Beziehung zu den Kindern ein. Von allen dreien war Norah das verwöhnteste Kind, und schuld daran war der in diesem Punkt völlig uneinsichtige Cadmus. Norah entwickelte sich schon früh zu einem verzogenen Gör, und was Kitty auch versuchte, um sie zur Raison zu bringen, es fruchtete nichts. Sobald das Mädchen nicht bekam, was es wollte, lief es heulend zu seinem Daddy, der ihm jeden Wunsch umgehend erfüllte. Dieser eingespielte Mechanismus nahm groteske Formen an, als Cadmus dafür sorgte, dass die elfjährige Norah – die sich in den Kopf gesetzt hatte, Schauspielerin zu werden –, ihre eigenen Probeaufnahmen bekam, die in einem Nebenstudio bei MGM gedreht wurden. Die wirklich tragischen Auswirkungen dieser Vergötterung sollten sich allerdings erst viele Jahre später offenbaren.

Derweil verteilte Kitty ihre sehr vernünftige Liebe auf Richard und George und sah ihre Söhne zu zwei außerordentlich fähigen Männern heranwachsen. Es war kein Zufall, dass keiner von beiden großes Interesse zeigte, das Geary-Imperium zu übernehmen; ganz behutsam hatte Kitty in ihnen ein Körnchen Misstrauen gesät gegen die Welt, in der Cadmus seine unermesslichen Reichtümer erworben hatte. Erst als sich bei Cadmus, der inzwischen Mitte siebzig war, die ersten Anzeichen zeigten, dass seine geistigen Kräfte nachzulassen begannen, erklärte sich George, der Jüngste, bereit, bei seiner Investmentfirma zu kündigen und die Umstrukturierung und Rationalisierung des schwerfällig und unüberschaubar gewordenen väterlichen Konzerns einzuleiten. Als er erst einmal angefangen hatte, sich damit zu beschäftigen, stellte er fest, dass ihm die Aufgabe entgegen seinen Befürchtungen durchaus lag. Investoren, Gewerkschaften und Vorstandsmitglieder begrüßten in ihm einen neuen Typus des Konzernchefs, dem das Wohl seiner Angestellten und der Gemeinden, die von den verschiedenen Unternehmenszweigen der Familie lebten, mehr am Herzen lag als Profit um jeden Preis.

Im Übrigen war George durch und durch ein Familienmensch der altmodischen Sorte. Er heiratete eine gewisse Deborah Halford, mit der er seit ihren gemeinsamen Highschool-Tagen befreundet war, und ihr Leben zeigte sich bald von dem Geist der Beständigkeit und Liebe durchdrungen, den Kitty in ihrer Familie mit aller Kraft herzustellen versucht hatte. Sein älterer Bruder Richard war Strafanwalt mit einer Vorliebe für Kapitalverbrechen und ausgefeilte Redekunst geworden, sein ganzes Leben glich dem Schlussakt einer Oper mit den überschwänglichsten Gefühlen. Die bedauernswerte Norah hingegen war von einem Ehedesaster ins nächste gestolpert, immer auf der aussichtslosen Suche nach dem Mann, der ihr dieselbe bedingungslose Bewunderung entgegenbrachte wie ihr Vater.

Abgesehen von der Tatsache, dass er die Geschicke des Familienunternehmens weitgehend lenkte, führte George, verglichen mit seinen beiden Geschwistern, ein fast behäbiges Leben. Er sprach mit leiser Stimme, trat zurückhaltend auf und hatte manchmal eine betörende Art zu lächeln. Obwohl er im Umgang mit den Angestellten solches Geschick an den Tag legte, hatte er es als Nachfolger seines Vaters nicht gerade leicht. Das lag vor allem daran, dass der alte Cadmus auch weiterhin versuchte, seinen Einfluss auf die Leitung des Firmenimperiums geltend zu machen und seinen Platz an der Spitze des Vorstandsgremiums wieder einzunehmen gedachte, sobald er seine gesundheitlichen Probleme überwunden hatte. Erst seine zweite Frau Loretta konnte ihn schließlich davon überzeugen, dass es klüger sei, George die Konzernleitung zu überlassen und selbst eine Beraterfunktion zu übernehmen. Der alte Mann ließ sich auf diese Lösung ein, aber er trat nicht mit Würde ab, sondern fing an, seinen Sohn öffentlich zu kritisieren, wenn er mit seinen Entscheidungen nicht einverstanden war, und verdarb ihm damit mehr als einmal den Abschluss eines Geschäfts, das George zuvor in monatelangen Gesprächen ausgehandelt hatte.

Während Cadmus sich noch alle Mühe gab, das Licht seines Sohnes unter den Scheffel zu stellen, wo er nur konnte, tauchten Probleme ganz anderer Art auf. Zuerst wurden wegen des Verdachts von Insidergeschäften mit Geary-Aktien staatliche Ermittlungen eingeleitet, dann brach der gesamte Firmenkomplex im Fernen Osten zusammen, nachdem ein von Cadmus eingestellter Mann Selbstmord begangen und sich herausgestellt hatte, dass ihm der Verlust eines Milliardenbetrages anzulasten war; und zu guter Letzt wurden nach einem halben Jahrhundert des erfolgreichen Vertuschens Cadmus' Aktivitäten während der Prohibition ans Licht der Öffentlichkeit gebracht, und zwar in einem Buch, das für kurze Zeit auf der Bestsellerliste stand, obwohl Richard keinen juristischen Winkelzug ausgelassen hatte, um es als verleumderisch vom Markt nehmen zu lassen.

Immer, wenn ihm alles über den Kopf zu wachsen drohte, suchte George Zuflucht in der Idylle seines Familienlebens. Deborah war die geborene Nestbauerin, und ihr höchstes Bestreben war es, für ihren Mann und ihre Kinder einen Ort der liebevollen Fürsorge und Behaglichkeit zu schaffen. Wenn sich die Haustür hinter ihnen geschlossen hatte, so pflegte sie zu betonen, war dem Rest der Welt der Zutritt verwehrt, sofern er nicht ausdrücklich eingeladen war; und dieses Gebot galt auch für die engsten Familienmitglieder. Wenn George Zeit für sich brauchte – Zeit, um sich hinzusetzen und seiner Sammlung von Jazz-Aufzeichnungen zu lauschen, Zeit, um mit den Kindern zu spielen –, so war sie imstande, die Schwelle des Hauses wie eine Löwin zu verteidigen. Selbst Richard, der es geschafft hatte, Geschworenengerichte vom Unmöglichen zu überzeugen, kam nicht an ihr vorbei, wenn sie Georges Bedürfnis nach Rückzug schützte.

Die vier Kinder dieser Verbindung – Tyler, Karen, Mitchell und Garrison – erfuhren sehr viel Liebe und praktische Unterstützung, aber sie waren auch mit einer Reihe von Versuchungen konfrontiert, die frühere Generationen nicht gekannt hatten. So waren sie die ersten Gearys, die in ihren Jugendjahren auf Schritt und Tritt von neugierigen Reportern verfolgt wurden; die von ihren Klassenkameraden verpfiffen wurden, wenn sie Hasch rauchten oder ihre ersten Erfahrungen in der Liebe machten; und unweigerlich prangten sie auf den Titelseiten der Zeitschriften, wenn sie einmal nackt baden gingen. Deborah gab sich zwar alle Mühe, aber sie konnte ihre Kinder unmöglich vor jedem Spürhund beschützen, der sich ihnen an die Fersen heftete. Was, wie George erklärte, auch nicht klug gewesen wäre. Sie mussten durch die harte Schule gehen und am eigenen Leib die Erfahrung machen, wie schmerzhaft es war, öffentlich bloßgestellt zu werden. Wenn sie schlau waren, würden sie ihr Verhalten ändern. Wenn nicht, würden sie wie seine Schwester enden, die eine Unzahl von Titelseiten geziert und fast ebenso viele Psychoanalytiker verschlissen hatte. Das Leben war hart, und die Liebe schützte niemanden vor Verletzungen. Sie konnte höchstens dazu beitragen, dass die Wunden schneller verheilten.

III

1

So viel zu meinem Versprechen, mich kurz zu fassen. Ich wollte Ihnen in einer knappen Zusammenfassung einen Blick auf den Stammbaum der Familie Geary gewähren – und das endet natürlich damit, dass ich mich in seinen Verästelungen verliere. Dabei ist es nicht so, als wären alle diese Zweige für die Geschichte relevant, die ich Ihnen erzählen will – wenn das der Fall wäre, hätte ich mich der vor mir liegenden Aufgabe nie gestellt –, aber es gibt einige verblüffende Bezüge zwischen dem, was ich gerade berichtet habe, und den kommenden Ereignissen. Um nur ein Beispiel zu nennen: Rachel hat, wenn sie auf eine bestimmte Weise lächelt, einen Ausdruck in den Augen, der an Louise Brooks' spöttisches Wesen erinnert, und dazu natürlich das gleiche dunkle, glänzende Haar wie Louise. Und um zu verstehen, welche Wirkung Rachels Gegenwart später auf Cadmus haben wird, müssen Sie wissen, wie sehr er Louise bewundert hat.

Aber wichtiger als solche Einzelheiten ist meiner Ansicht nach, dass Sie die Muster verstehen, nach denen diese Menschen ihre Wesenszüge und Verhaltensweisen, die guten wie die schlechten, an ihre Kinder weitergegeben haben. Wie Laurence Grainger Geary durch sein eigenes Beispiel aus seinem Sohn Cadmus einen furchtlosen und hartherzigen Menschen machte. Wie unter Cadmus' Einfluss aus seiner Tochter Norah ein zutiefst selbstzerstörerisches Wesen wurde und aus seinem Sohn George ein Mann, der den bösartigen Umtrieben seines eigenen Vaters auf subtile Weise ausgeliefert war.

George: Nehmen wir uns an dieser Stelle einen Augenblick Zeit, um seine Geschichte zu Ende zu bringen. Es ist ein trauriges Ende für einen so gutmütigen Menschen; ein

Tod, der immer noch zahllose Fragen aufwirft. Am 6. Februar 1981 fuhr er, anstatt am Abend in sein geliebtes Wochenendhaus in Caleb's Creek zu seiner Familie zurückzukehren, nach Long Island hinaus. Er saß selbst am Steuer, was befremdlich war, weil er nicht gern Auto fuhr, schon gar nicht, wenn das Wetter so schlecht war wie an diesem Abend. Vorher rief er noch Deborah an, um ihr zu sagen, dass es spät werden würde: Es gab, wie er ihr erklärte, eine ›unangenehme geschäftliche Angelegenheit‹, die es zu regeln galt, aber er versprach ihr, kurz nach Mitternacht zu Hause zu sein. Deborah blieb auf und wartete auf ihn. Aber er kam nicht. Gegen drei Uhr nachts rief sie die Polizei an, und im Morgengrauen begann eine groß angelegte Suchaktion, die den regnerischen Samstag und Sonntag über andauerte, ohne dass sich auch nur der kleinste Hinweis ergab. Erst am Montagmorgen gegen halb acht warf ein Mann, der mit seinem Hund am Smith Point Beach spazieren ging, eher zufällig einen Blick in einen unweit des Strandes geparkten Wagen, der ihm schon seit drei Tagen dort aufgefallen war. Im Wageninnern entdeckte er die Leiche eines Mannes. Der Mann war George. Man hatte ihm das Genick gebrochen. Der Mord musste sich am Strand selbst abgespielt haben – in Georges Schuhen, in seinem Mund und in seinen Haaren wurde Sand gefunden –, dann hatte man die Leiche zum Wagen zurückgeschleift und hineingelegt. Seine Brieftasche wurde später am Strand entdeckt. Das Einzige, was darin fehlte, war ein Foto seiner Frau.

Die Suche nach Georges Mörder zog sich über Jahre hin (und in gewissem Sinne dauert sie wahrscheinlich immer noch an, jedenfalls wurde die Akte des Falls nie geschlossen), aber obwohl Cadmus eine Belohnung von einer Million Dollar ausschrieb für Hinweise, die zur Ergreifung des Täters führten, wurde dieser nie gefunden.

2

Georges Tod hatte – zumindest wenn wir uns auf das beschränken, was für dieses Buch relevant ist – vor allem drei Dinge zur Folge. Zum einen fühlte sich Deborah ihrem Mann durch die verdächtigen Umstände seines Ablebens auf eigenartige Weise entfremdet. Was hatte er ihr verheimlicht? Etwas Lebenswichtiges; ein tödliches Geheimnis? Bei allem Vertrauen, das zwischen ihnen bestanden hatte, war da eine Sache gewesen, eine schreckliche Sache, in die er sie nicht eingeweiht hatte. Sie wusste nur nicht, was es war. Ein paar Monate lang hielt sie sich recht gut, getrieben von dem eisernen Willen, ihre Witwenrolle vor den Augen der Öffentlichkeit gut durchzustehen, aber als sich die Kamera- und Foto-Objektive auf andere Skandale und neue Schrecken richteten, versank sie rasch in der Finsternis ihrer Zweifel und ihrer Trauer. Sie reiste für ein paar Monate nach Europa, und zwar ausgerechnet mit ihrer Schwägerin Norah, mit der sie bis zu diesem Zeitpunkt kaum etwas verbunden hatte. Auf der anderen Seite des Ozeans begann die Gerüchteküche wieder zu brodeln: Die beiden lebten, so wollten es die Klatschkolumnisten wissen, wie zwei alternde Diven, die ihre Begleiter in den Gossen von Rom und Paris auflasen. Als sie im August 1981 aus Europa zurückkehrten, sah Deborah jedenfalls aus wie eine Frau, die mehr gesehen hatte als den Vatikan und den Eiffelturm. Sie hatte dreißig Pfund abgenommen, kleidete sich, als wäre sie zehn Jahre jünger, und bedachte den ersten Fotografen, der sich ihr am Flughafen in den Weg stellte, mit einem Fußtritt.

Daneben wirkte sich Georges Ermordung natürlich nachhaltig auf das Leben seiner Kinder aus. Besonders der damals vierzehnjährige Mitchell rückte nach dem Tod seines Vaters in den Mittelpunkt des öffentlichen Interesses. Es begann sich abzuzeichnen, dass sein Äußeres halten würde, was es versprochen hatte (er würde, da gab es allgemeine Übereinstimmung, der bestaussehende Geary aller Zeiten sein), und die Art, wie er mit den Aufdringlichkeiten der Presse umging, verriet eine für sein Alter erstaunliche Reife und Würde. Er war ein Prinz; darin war man sich einig.

Garrison, der sechs Jahre älter war als Mitchell, hatte immer ein zurückhaltenderes Wesen gehabt, und er gab sich während dieser Zeit keine große Mühe, sein Missbehagen zu verbergen. So stand Mitchell im Verlauf der Trauermonate seiner Mutter stets zur Seite und begleitete sie nun anstelle seines Vaters zu Wohltätigkeitsgalas und ähnlichen Veranstaltungen, während sich Garrison fast vollständig aus dem Scheinwerferlicht der Öffentlichkeit zurückzog und auch nie wieder darin auftauchte. Tyler und Karen, die beide jünger waren als Mitchell, blieben zumindest für ein paar Jahre noch vor der Neugier der Klatschreporter verschont. Tyler sollte 1987 zusammen mit seinem Onkel Todd, Norahs viertem Ehemann, ums Leben kommen, als das von Todd gesteuerte Leichtflugzeug bei Orlando, Florida, plötzlich in einen Sturm geriet und abstürzte. Karen – die, im Nachhinein betrachtet, mit ihrem von Grund auf gütigen Wesen ihrem Vater wahrscheinlich am ähnlichsten war – wurde Archäologin und brachte es auf diesem Gebiet schon bald zu hohem Ansehen.

Als drittes hatte George Gearys unerwartetes Ableben den neuerlichen Aufstieg des Cadmus Geary zur Folge. Er hatte die Phasen körperlicher und geistiger Schwäche wie so vieles andere im Leben überstanden, und als das Geary-Imperium nun einen Mann an seiner Spitze brauchte, war er zur Stelle. Er war mittlerweile über achtzig, benahm sich aber so, als seien seine kleinen Gebrechen nichts als ein Rachenputzer gewesen, ein scharfer Schluck, der ihm Appetit auf das rohe Fleisch gemacht hatte, das ihm nun vorgesetzt wurde. In einem Jahrzehnt der reinen Profitgier sah die Welt den triumphalen Wiedereinzug des Mannes, der die Regeln des modernen unternehmerischen Wettbewerbs festgeschrieben hatte. Manchmal schien er geradezu versessen darauf, der Menschlichkeit seines verstorbenen Sohnes etwas entgegenzusetzen. Jeder, der sich ihm in den Weg stellte (was meist im Kampf um Errungenschaften geschah, die George initiiert hatte), wurde kurzerhand entlassen; Cadmus hatte weder die Zeit noch die Geduld, Überzeugungsarbeit zu leisten.

An der Wall Street wurde der Wechsel positiv aufgenommen. *Der große alte Mann hat das Ruder wieder übernommen,* verkündete eine Schlagzeile des *Wall Street Journal,* und innerhalb weniger Monate war seine Biografie in allen Zeitungen zu lesen, in denen natürlich auch die unvermeidliche Aufzählung seiner Unmenschlichkeiten nicht fehlen durfte. Ihn kümmerte das nicht. Es hatte ihn nie gekümmert und würde es auch nie tun. Es war sein Stil, und er passte zu der Welt, in die hinein er mit Glanz und Gloria wieder auferstanden war.

3

Vom alten Geary werden wir später noch mehr hören; viel mehr sogar. Überlassen wir ihn in diesem Augenblick seines Triumphes sich selbst und wenden wir uns wieder der Vergänglichkeit des Lebens zu. Ich habe bereits darüber berichtet, unter welchen Umständen Laurence Geary starb (im Bett einer Hure in Havanna) und Tyler (im Flugzeug seines Onkels Todd in Florida) und natürlich George (in seinem Mercedes ermordet aufgefunden in Long Island), aber es fanden noch weitere Reisen ins Jenseits statt, über die wir hier sprechen sollten. Erwähnte ich schon Cadmus' Mutter, Verna? Ach ja. Sie verschied in einer Irrenanstalt, wie Sie sich vielleicht erinnern werden. Ich habe allerdings nicht erzählt, dass sie höchstwahrscheinlich ebenfalls keines natürlichen Todes starb, sondern von einer Mitpatientin ermordet wurde, einer gewissen Dolores Cook, die sechs Tage nach Vernas Ableben Selbstmord beging, indem sie sich mit einem heimlich entwendeten Zahnstocher so viele Stiche zufügte, dass sie verblutete. Eleanor erreichte ein gesegnetes Alter, ebenso Louise Brooks, die sich in den frühen dreißiger Jahren aus dem Filmgeschäft verabschiedet hatte, weil sie die Belanglosigkeit dieses Gewerbes nicht mehr ertragen konnte.

Von allen Figuren, die in diesem Stück eine wichtige Rolle spielen, bleibt nur noch Kitty, die 1979 genau in dem Augenblick an Speiseröhrenkrebs starb, als Cadmus sich von seiner vorübergehenden Schwäche zu erholen begann. Sie war zwei Jahre jünger als das Jahrhundert. Im darauf folgenden Jahr verheiratete sich Cadmus wieder, mit Loretta Talley, einer Frau, die über zwanzig Jahre jünger war als er (übrigens auch eine ehemalige Schauspielerin: Loretta hatte in jungen Jahren in Broadway-Produktionen mitgewirkt, war aber wie Louise ihrer Rolle im Filmgeschäft irgendwann überdrüssig geworden).

Was Kitty betrifft, so spielt sie in dem, was noch kommt, keine Rolle mehr, was ich schade finde, weil ich die Kopie einer bemerkenswerten Sammlung von Aufzeichnungen aus dem Jahr vor ihrem Tod besitze, die Anlass zu höchst interessanten Spekulationen geben würden. Das Geschriebene ist ein einziges Chaos, was nicht weiter verwundern kann angesichts der starken Medikamente, unter deren Wirkung sie zu jener Zeit stand. Seite um Seite dieses handgeschriebenen Dokuments bezeugt ihre Sehnsucht nach einem tieferen Sinn im Leben, als es die Pflichten einer Mutter, Ehefrau und öffentlichen Wohltäterin sein konnten, ein heftiges und unerfülltes Verlangen nach einem Hauch von Poesie. An manchen Stellen ergibt das Geschriebene überhaupt keinen Sinn, sondern besteht nur aus einer Reihe unzusammenhängender Bilder. Aber selbst diese strahlen eine große Kraft aus. Ich habe den Eindruck, dass sie kurz vor ihrem Lebensende ihre Gegenwart als ein Kontinuum empfand, in dem Erinnerung, Erleben und Erwartung in einem einzigen rasenden Strom der Gefühle zusammenflossen. Manchmal schreibt sie, als wäre sie ein Kind, das seinen ausgezehrten Körper fasziniert betrachtet und sich wundert, welche absurden Streiche er ihm spielt.

Sie spricht auch von Galileo.

Ich habe erst entdeckt, dass mein Halbbruder auf diesen Seiten auftaucht, als ich das Dokument (auf der Suche nach einem Hinweis auf ihre Theorien zur Ermordung ihres Mannes) zum dritten Mal las. Aber er ist da. Er kommt und geht in Kittys Bericht wie der Wind, der im Augenblick in den Papieren auf meinem Schreibtisch raschelt, sichtbar nur in dem, was er bewirkt. Fest steht aber, dass er ihr einen Vorgeschmack auf all das gab, was ihr bis dahin im Leben verweigert worden war, dass er ihr, wenn er auch vielleicht nicht ihre große Liebe war, doch einen Blick auf die Veränderungen gewährt hatte, die eine wahre Liebe – also eine Liebe, die erwidert wurde – in ihr hätte bewirken können.

4

Ich möchte Sie nun zu einer kleinen Besichtigungstour durch Residenzen der Gearys einladen, da sich dort so viele der Ereignisse abspielen, von denen ich noch berichten werde. Die Familie hat im Laufe der Jahre eine Vielzahl von Immobilien erworben und nur wenige dieser Grundstücke und Häuser wieder verkauft, da nie die Notwendigkeit bestand, Kapital flüssig zu machen. Manchmal wurden diese Anwesen aufwendig hergerichtet und bewohnt; aber ebenso oft kam es vor, dass ein Haus jahrzehntelang in Schuss gehalten, regelmäßig geputzt und renoviert wurde, ohne dass ein Mitglied der Familie einen Fuß über die Schwelle gesetzt hätte. Den Gearys gehören Häuser und Apartments in Washington, Boston, Los Angeles, Montana, Louisiana, South Carolina und Hawaii. Ihre europäischen Besitztümer umfassen Liegenschaften in Wien, Zürich, London und Paris. Weltweit besitzt die Familie außerdem Häuser in Kairo, Bangkok und Hongkong.

Ich möchte an dieser Stelle aber vor allem die Familienresidenzen in New York näher beschreiben. Mitchell gehört eine Zweitwohnung am Rand von Soho, die wesentlich aufwendiger ausgestattet und strenger überwacht ist, als es das unscheinbare Äußere des Hauses vermuten lässt. Margie und Garrison bewohnen im Trump Tower zwei der oberen Stockwerke, von denen man einen herrlichen Ausblick nach allen Seiten genießt. Der Kauf war Margies Idee gewesen

(Trump Tower war zu jener Zeit eine der teuersten Immobilien der Welt, und ihr gefiel der Gedanke, Garrisons Geld mit vollen Händen auszugeben), aber sie hatte sich trotz all seiner Pracht nie richtig für das Apartment erwärmen können. Der Architekt, den sie mit der Innenausstattung beauftragte, ein Mann namens Jeffrey Penrose, starb einen Monat nach Beendigung der Umbauarbeiten, und die Wohnung der Gearys im Trump Tower wurde in zahlreichen Nachrufen erwähnt als seine ›letzte große Schöpfung, großartig kitschig, glanzvoll und kühn wie die Frau, die sie in Auftrag gegeben hat‹. Und das war sie auch, genau wie Margie zu jener Zeit. Aber die Jahre waren nicht barmherzig seither. Die schillernde Pracht von einst wirkt jetzt billig und geschmacklos, und was in den achtziger Jahren Originalität zu vermitteln schien, hat seinen Witz längst verloren.

Die einzige wirklich beeindruckende Residenz in New York ist das Stadthaus, das von allen nur ›die Villa‹ genannt wird, ein geräumiges Herrenhaus aus dem späten 19. Jahrhundert in der Upper East Side. Das Villenviertel trägt den Namen Carnegie Hill, könnte aber ebenso gut nach den Gearys benannt sein; Laurence wohnte hier schon zwanzig Jahre, bevor Andrew Carnegie sein Haus zwischen der 5. und 91. Straße bauen ließ. In vielen Villen dieser Gegend sind heute Botschaften untergebracht, weil sie für eine einzige Familie zu groß und zu teuer im Unterhalt sind. Aber Cadmus war in der ›Villa‹ geboren und aufgewachsen und zog mit keinem Gedanken je in Erwägung, das Haus zu verkaufen. Man hätte die Besitztümer, die das Haus enthielt, aufgrund ihrer bloßen Menge und ihres Umfangs auch gar nicht in ein kleines Gebäude verfrachten können: Die Möbel, Teppiche, Uhren und Kunstgegenstände wären ausreichend gewesen, um ein ansehnliches Museum zu füllen. Und dann sind da noch die Bilder, die Cadmus, im Gegensatz zu den meisten anderen Dingen im Haus, persönlich zusammengetragen hat. Riesige Gemälde allesamt und ausnahmslos von nordamerikanischen Künstlern. Großartige Arbeiten von Albert Bierstadt, Thomas Cole und Frederick Church, Monumentalbilder amerikanischer Landschaften in ihrer ganzen Ehrfurcht gebietenden Schönheit. Manche Kritiker bezeichnen diese Werke als altmodisch und abgedroschen, das Produkt wenig talentierter Maler, die auf der Suche nach einer erhabenen Vision übers Ziel hinausschießen. Aber in der Villa, in der sie in manchen Räumen eine ganze Wand einnehmen, sind diese Bilder zweifellos beeindruckend. In gewisser Weise bestimmen sie die Atmosphäre des Hauses. Sicher ist es düster und beklemmend darin, und man glaubt manchmal schier zu ersticken, so schal und drückend kommt einem die Luft vor. Aber das ist es nicht, woran man sich erinnert, wenn man einmal in der Villa war. Man erinnert sich an die Gemälde, die fast wie Fenster wirken, durch die man in die unendlichen Weiten der ungezähmten Natur hinausblickt.

Es gibt sechs Bedienstete, die unter Lorettas Argusaugen die täglichen Arbeiten im Haus verrichten. Aber wie sehr sie sich auch anstrengen mögen, das Haus ist so groß, dass sie nie wirklich fertig werden. Irgendwo sammelt sich immer Staub an; sie könnten sich vierundzwanzig Stunden am Tag und sieben Tage der Woche bemühen und würden den Berg an Arbeit, der sich in diesem weitläufigen Gebäude auftürmt, doch nie bewältigen können.

Das also sind die New Yorker Residenzen. Ich habe Ihnen allerdings noch nicht alles verraten. Garrison unterhält heimlich eine Wohnung, von deren Existenz nicht einmal Margie etwas ahnt, aber diesen Ort werde ich Ihnen beschreiben, wenn er ihn aufsucht. Dann kann ich Ihnen auch erklären, aus welchem Grund er gezwungen ist, das Geheimnis dieser Wohnung für sich zu behalten. Daneben gibt es ein Haus in der Nähe von Rhinebeck im Norden des Staates New York; da es aber in den kommenden Ereignissen ebenfalls eine wichtige Rolle spielen wird, hebe ich mir eine Beschreibung bis zu diesem Zeitpunkt auf.

Ansonsten möchte ich nur noch eine Residenz der Familie Geary nennen, die zwar ziemlich weit von New York entfernt liegt, aber dennoch erwähnt werden sollte, weil sie in meiner Vorstellung zusammen mit der Villa und L'Enfant eine Art Dreigestirn bildet. Es ist ein wesentlich bescheideneres Anwesen als die beiden Letztgenannten. Vielleicht ist es sogar weniger eindrucksvoll als alle anderen in diesem Buch erwähnten Familienwohnsitze. Aber dieses Haus steht nur ein paar Schritte vom blauen Pazifik entfernt in einem Palmenhain, und die wenigen Glücklichen, die einmal eine Nacht unter seinem Dach zugebracht haben, behalten es als ein Paradies auf Erden in Erinnerung.

Auch auf dieses Haus werden wir noch zurückkommen – und auf seine Geheimnisse, die anrüchiger sind als alles, was Garrison in seinem kleinen Schlupfloch verbirgt, und doch so gewaltig in ihrer Bedeutung, dass Sie die monumentale Kunst der Meister, von deren Hand die Werke in der Villa stammen, in den Schatten stellen würden. Es wird noch eine Weile dauern, bis wir dorthin kommen, aber ich möchte, dass Sie das Bild dieses himmlischen Fleckchens in einem Winkel Ihres Gedächtnisses bewahren wie ein buntes Puzzle-Teil, das nicht ins Ganze zu passen scheint, bis sich seine wahre Bedeutung offenbart und uns ein Verständnis des Bildes vermittelt, das nur möglich ist, wenn sich dieses Teilchen an seinem Platz befindet.

IV

1

Lassen Sie uns nun in der Geschichte weitergehen. Oder vielmehr ein Stück zurück; zurück zu der Person, mit der ich die Szene eröffnet habe, zu Rachel Pallenberg. In den letzten beiden Kapiteln habe ich versucht, einen Hintergrund für die Romanze zwischen Rachel und Mitchell zu zeichnen. Und ich hoffe, dass Sie auf dieser Basis etwas mehr Verständnis für Mitchell aufbringen, als es sein Verhalten zu rechtfertigen scheint. Er war, zumindest zu Beginn ihrer Beziehung, kein grausamer oder verwerflicher Mensch. Aber sein ganzes bisheriges Leben hatte sich, trotz aller gegenteiligen Bemühungen seiner Mutter, vor den Augen einer neugierigen Öffentlichkeit abgespielt. Und ein Mensch, der sich ständig beobachtet fühlt, entwickelt ein gekünsteltes Verhalten. Alles, was er tut, wird zu einer Art Selbstdarstellung.

In den siebzehn Jahren seit dem Tod seines Vaters hatte Mitchell gelernt, sich selbst perfekt zu inszenieren; darin war er ein Genie. Wenn man einmal von seiner äußeren Erscheinung absieht, erreichte er auf allen anderen Gebieten nur das Mittelmaß, wenn nicht gar weniger. Ein durchschnittlicher Schüler, ein unspektakulärer Liebhaber, ein konservativer Langweiler. Aber sobald ein Thema ausdiskutiert war und nur noch der bloße Charme zählte, war Mitchell Geary unschlagbar. Mit den Worten des Journalisten Burgess Motel, der einen halben Tag mit ihm verbrachte, um ihn für ein Porträt in *Vanity Fair* zu interviewen: »Je weniger Substanz das hatte, was er sagte, umso mehr schien er in seinem Element zu sein, umso vollkommener wirkte seine Persönlichkeit. Wenn das für Sie klingt, als würde es gerade noch die Klippe des Unsinnigen umschiffen, so liegt es daran, dass Sie ihn beobachtet haben müssen, wenn er das

Kunststück vollbringt, sich wie ein Zen-Meister im Nichts zu bewegen, anders können Sie nicht verstehen, wie beeindruckend und sexy er ist. Klingt das so, als hätte er mich in seinen Bann gezogen? Aber ja, das hat er!«

Es war zwar nicht das erste Mal, dass ein männlicher Journalist ihn beschrieb wie ein Schulmädchen, das seinen Schwarm anhimmelt, aber niemand hatte bisher so treffend analysiert, auf welche Weise Mitchell in der Lage war, einen Raum zu beherrschen. Mitchell konnte so charmant sein wie kein anderer, und kein anderer wusste so gut wie Mitchell, dass sich Charme am besten in einem Vakuum verbreitet.

All das, werden Sie vielleicht sagen, wirft kein gutes Licht auf Rachel. Wie konnte sie auf einen so oberflächlichen Menschen hereinfallen? Ihr Herz an einen Mann hängen, der die beste Figur machte, wenn er nichts Wichtiges zu sagen hatte? Es war ganz einfach, glauben Sie mir. Sie war geblendet und geschmeichelt, nicht nur von Mitchell, sondern von allem, was er repräsentierte. Die Gearys hatten schon immer untrennbar zu ihrem Bild von Amerika gehört; und nun sollte sie in diese illustren Kreise aufgenommen, sollte ein Teil ihres Mythos werden. Wer hätte einer solchen Versuchung widerstehen können? Es war wie ein Tagtraum, der sie aus ihrem grauen Alltag in eine bunte Welt voller Luxus und Überfluss versetzte. Und sie war erstaunt, wie gut sie sich in diese Traumlandschaft einfügte. Es war fast so, als hätte sie tief in ihrem Innern schon immer geahnt, dass sie für ein solches Leben vorherbestimmt war und als hätte sie sich unbewusst darauf vorbereitet.

Was natürlich nicht heißen soll, dass sie nicht manchmal vor Aufregung feuchte Hände bekommen hätte. Zum Beispiel als sie bei der Feier zu Cadmus' fünfundneunzigstem Geburtstag zum ersten Mal der gesamten Familie begegnet war; als sie, kurz nach der Bekanntgabe ihrer Verlobung, bei einer Wohltätigkeitsveranstaltung im Lincoln Center zum ersten Mal über einen roten Teppich geschritten war; und als sie zum ersten Mal mit dem familieneigenen Jet geflogen war und festgestellt hatte, dass sie der einzige Passagier war. Das alles erschien ihr so fremd und doch so eigenartig vertraut.

Mitchell seinerseits schien stets instinktiv zu wissen, wie es um sie stand, und er verhielt sich der jeweiligen Situation entsprechend. Wenn sie sich unsicher fühlte, war er an ihrer Seite und zeigte ihr durch sein Beispiel, wie man allzu unverschämte Fragen höflich abwehrte oder eine ins Stocken geratene Unterhaltung zwanglos wieder in Gang brachte. Machte sie dagegen den Eindruck sich gut zu amüsieren, so ließ er sie ganz in Ruhe. Sie war schon bald als interessante Gesprächspartnerin geschätzt, die mit jedem auskam. Die eigentliche Offenbarung war für Rachel die Erkenntnis, dass sich diese mächtigen Börsenleute und Potentaten, mit denen sie jetzt auf vertrauten Fuß stand, nichts sehnlicher wünschten als eine ganz normale Unterhaltung. Immer wieder ertappte sie sich bei dem Gedanken: Sie sind nicht anders als wir alle. Sie hatten Verdauungsstörungen, und ihre Schuhe drückten, sie kauten auf den Fingernägeln und machten sich Sorgen um ihre Figur.

Natürlich gab es Einzelne, die sie für unter ihrer Würde hielten – im Allgemeinen Frauen von eher zweifelhafter Herkunft –, aber eine solche Arroganz war eher die Ausnahme. Viel häufiger begegneten ihr die Leute ausgesprochen freundlich und sagten ihr, wie froh sie seien, dass Mitchell nun endlich die Richtige gefunden habe.

Über ihre eigene Vergangenheit erzählte sie anfangs nur wenig. Wenn die Leute Fragen hinsichtlich ihrer Familie stellten, gab sie ausweichende Antworten. Als sie aber allmählich an Selbstvertrauen gewann, begann sie offener über ihr Leben in Dansky und über ihre Familie zu sprechen. Ein paar Leute verdrehten die Augen, sobald die Rede auf irgendetwas kam, das westlich des Hudson lag, aber bei weitem die meisten waren eher begierig nach Geschichten aus einer Welt, die weniger hermetisch abgeriegelt und erdrückend war als ihre eigene.

»Dir ist sicher aufgefallen«, bemerkte Garrisons exzentrische Frau Margie – deren spitze Zunge weithin gefürchtet war –, »dass du, wohin du auch kommst, immer dieselben griesgrämigen alten Gesichter siehst. Weißt du, woran das liegt? Es gibt in New York nur noch zwanzig wichtige Personen, einundzwanzig mit dir, und wir gehen alle zu denselben Partys und sitzen alle in denselben Wohltätigkeitsverbänden. Und wir öden uns gegenseitig alle furchtbar an.« Diese Bemerkung machte sie, während sie mit Rachel von einem Balkon aus auf das bunte Treiben einer etwa tausendköpfigen Gesellschaft hinunterblickte. »Um deinem Einwand zuvorzukommen«, fuhr Margie fort, »der Effekt wird mit Spiegeln erzeugt.«

Unvermeidlich gab es immer wieder einmal eine Bemerkung, die Rachel kränkte. Solche Bemerkungen wurden gewöhnlich nicht an sie selbst gerichtet, sondern in ihrem Beisein an Mitchell.

»Wo hast du sie bloß aufgetrieben?« konnte beispielsweise jemand fragen, ohne sie bewusst beleidigen zu wollen. Aber für Rachel klang es jedes Mal, als würde der Fragesteller sie für einen Luxusartikel halten, den man in irgendeinem Laden um die Ecke auch kaufen könnte.

»Sie staunen nur darüber, was für ein Glück ich hatte«, meinte Mitchell beschwichtigend, als sie ihm erklärte, wie unpassend sie solche Bemerkungen fand. »Sie wollen dich nicht beleidigen.«

»Ich weiß.«

»Wir müssen nicht so oft auf Partys gehen, wenn du nicht willst.«

»Doch. Ich möchte alle deine Bekannten kennen lernen.«

»Die meisten von ihnen sind ziemlich langweilig.«

»Das hat Margie auch gesagt.«

»Verstehst du dich gut mit ihr?«

»Oh ja. Ich mag sie sehr. Sie nimmt kein Blatt vor den Mund.«

»Sie trinkt viel zu viel«, entgegnete Mitchell streng. »In den letzten paar Wochen ging es ganz gut, aber sie ist immer noch unberechenbar.«

»War sie schon immer …?«

»Alkoholikerin? Ja.«

»Vielleicht kann ich ihr helfen«, sagte Rachel.

Er küsste sie zärtlich.

»Meine kleine Samariterin. Du kannst es versuchen, aber ich mache mir da keine allzu großen Hoffnungen. So viel Groll hat sich in ihr gespeichert. Sie kann Loretta nicht ausstehen. Und mich mag sie, glaube ich, auch nicht besonders.«

Diesmal küsste Rachel ihren Liebsten. »Was könnte es für einen Grund geben, dich nicht zu mögen?« fragte sie.

Mitchell lächelte spitzbübisch. »Das wüsste ich auch gern«, sagte er.

»Du Egoist.«

»Ich? Nein. Du musst einen anderen meinen. Ich bin der Bescheidene in der Familie.«

»Ich glaube nicht, dass es so etwas gibt …«

»… wie einen bescheidenen Geary?«

»Genau.«

»Hm.« Mitchell dachte einen Augenblick über ihre Bemerkung nach. »Am ehesten wohl Großmutter Kitty, würde ich sagen.«

»Und du hattest sie gern?«

»O ja«, erwiderte Mitchell, und in seiner Stimme schwangen Wärme und Zuneigung. »Sie war lieb. Ein bisschen verrückt gegen Ende, aber lieb.«

»Und Loretta?«

»Sie ist nicht verrückt. Sie ist die Normalste in unserer Familie.«

»Nein, ich wollte hören, ob du sie magst.«

Mitchell zuckte die Schultern. »Loretta ist Loretta. Sie gleicht einer Naturgewalt.«

Rachel war Loretta erst zwei- oder dreimal begegnet, aber sie hatte eher einen gegenteiligen Eindruck von ihr gewonnen. Auf sie wirkte Loretta ziemlich reserviert, fast spröde, ein Eindruck, der dadurch noch verstärkt wurde, dass sie stets weiß oder silbergrau gekleidet war. Der einzige theatralische Tupfer war der turbanartige Kopfputz, den sie zu tragen pflegte, und das mit penibler Sorgfalt aufgelegte Make-up, wodurch das überwältigende Veilchenblau ihrer Augen besonders schön zur Geltung gebracht wurde. Rachel gegenüber hatte sie sich auf eine sanfte, unverbindliche Art freundlich verhalten.

»Ich weiß, was du denkst«, bemerkte Mitchell. »Du denkst, Loretta ist einfach eine altmodische Dame. Und das ist sie auch. Aber wage es nur einmal, sie zu erzürnen ...«

»Was passiert dann?«

»Wie ich schon gesagt habe: Sie ist eine Naturgewalt. Besonders wenn es um Cadmus geht. Wenn sie hört, dass irgendjemand von der Familie etwas Schlechtes über ihn sagt, springt sie dem Betreffenden an die Kehle. ›Ihr hättet keine zwei Cents in der Tasche ohne ihn‹, pflegt sie zu sagen. Und sie hat vollkommen Recht. Ohne ihn wäre die Familie längst am Ende.«

»Was ist, wenn er stirbt?«

»Er wird nicht sterben«, erwiderte Mitchell ohne auch nur einen Anflug von Ironie in der Stimme. »Er wird immer so weitermachen, bis ihn einer von uns eines Tages nach Long Island hinausfährt. Entschuldige. Das war geschmacklos.«

»Denkst du oft daran?«

»Was mit meinem Vater passiert ist? Nein. Ich denke überhaupt nicht daran. Außer wenn wieder einmal ein Buch erscheint, in dem es heißt, es sei die Mafia oder der CIA gewesen. So etwas deprimiert mich immer furchtbar. Aber wir werden nie erfahren, was wirklich passiert ist. Was hätte es also für einen Sinn, sich darüber den Kopf zu zerbrechen?« Er strich Rachel eine Haarsträhne aus der Stirn. »Über diese Dinge brauchst du dir keine Gedanken zu machen«, sagte er. »Wenn der alte Mann morgen stirbt, werden wir den Kuchen aufteilen – ein Stück für Garrison, ein Stück für Loretta und ein Stück für uns. Dann werden wir zwei, du und ich, einfach von der Bildfläche verschwinden. Wir setzen uns ins Flugzeug und fliegen irgendwohin.«

»Das können wir auch jetzt tun, wenn du es willst«, warf Rachel ein. »Ich brauche die Familie nicht, und ich brauche das Leben in der High Society nicht. Ich brauche nur dich.«

Er stieß einen tiefen, bekümmerten Seufzer aus. »Ja, aber

wo hört die Familie auf, und wo fängt Mitchell an? Das ist die Frage.«

»Ich weiß, wer du bist«, erklärte Rachel und schmiegte sich an ihn. »Du bist der Mann, den ich liebe. So klar und einfach ist das.«

2

Natürlich war es nicht so klar, und es war auch nicht so einfach.

Rachel gehörte jetzt zu einem kleinen und wenig beneidenswerten exklusiven Zirkel, zu dem Kreis von Personen, deren Leben als öffentliches Eigentum betrachtet wurde. Amerika wollte alles über die Frau wissen, die Mitchell Gearys Herz gestohlen hatte, umso mehr, als sie vor noch so kurzer Zeit eine ganz gewöhnliche Sterbliche gewesen war. Und nun konnte man es in den Hochglanzmagazinen und den wöchentlichen Klatschspalten mit eigenen Augen sehen: Rachel Pallenberg in Kleidern, die sie sich sechs Monate zuvor nicht einmal von einem Jahresgehalt hätte kaufen können, mit dem strahlenden Lächeln einer Frau, die im siebten Himmel schwebte. Ein solches Glück konnte man nicht allzu lange feiern; es verlor schnell seinen Reiz. Dieselben Leser, die im Februar und März begeistert das Märchen vom Aschenbrödel im Glück verschlungen hatten, die im April und Mai staunend die Verwandlung einer kleinen Verkäuferin in eine Prinzessin verfolgt und im Juni bei der Ankündigung einer herbstlichen Hochzeit zu Tränen gerührt waren, lauerten im Juli bereits gierig auf den schmutzigen Teil der Geschichte.

Wer war sie wirklich, diese Diebin, die Prinz Mitchells freies Herz gestohlen hatte? Sie konnte nicht so märchenhaft vollkommen sein, wie es den Anschein hatte; niemand konnte so durch und durch *nett* sein. Sie hatte ihre Geheimnisse, kein Zweifel. Sobald der Hochzeitstermin angekündigt war, machten sich die Detektive an die Arbeit. Bevor

Rachel Pallenberg in ihr weißes Kleid schlüpfen und Rachel Geary werden konnte, würden sie mit irgendeiner Skandalgeschichte aufwarten, und wenn sie dazu jeden Stein in Ohio umdrehen müssten.

Auch Mitchell blieb vom Eifer der Skandalreporter nicht verschont. Geschichten aus der Vergangenheit tauchten in aufgebauschter Form wieder in den Klatschspalten auf: seine flüchtige Affäre mit der drogenabhängigen Tochter eines Kongressabgeordneten; seine Kreuzfahrten durch die Ägäis mit einem kleinen Harem von Pariser Models; seine leidenschaftliche Verbindung zu Natasha Morley, die unlängst ein Mitglied des niederen europäischen Adels geheiratet und ihm (einigen Quellen zufolge) damit das Herz gebrochen hatte. Einem dieser Schmierenjournalisten war es sogar gelungen, eine von Mitchells ehemaligen Harvard-Kommilitoninnen aufzutreiben, die behauptete, er habe eine besondere Vorliebe für ganz junge, fast noch kindliche Mädchen.

»›Wenn Gras auf dem Platz ist, muss man Ball spielen‹, pflegte er zu sagen«, so gab diese ›Kommilitonin‹ ihre Erinnerungen zum Besten.

Damit Rachel gar nicht erst in Versuchung kam, sich diese ›Berichte‹ zu Herzen zu nehmen, brachte Margie ihr einen Stapel Zeitschriften aus den ersten Jahren ihrer Ehe mit Garrison, die ihre Haushälterin Magdalene aufbewahrt hatte. Sie waren voll mit gehässigen Geschichten derselben Sorte. Die beiden Frauen waren in fast jeder Hinsicht verschieden: Rachel zierlich, elegant und von zurückhaltender Art; Margie kräftig gebaut, aufgedonnert und redselig. Aber diesem Sturm trotzten sie gemeinsam wie Schwestern.

»Damals habe ich mich furchtbar aufgeregt«, erklärte Margie. »Aber inzwischen wünschte ich, wenigsten zehn Prozent von dem, was sie über Garrison geschrieben haben, wäre wahr. Dann wäre das Leben mit ihm um einiges interessanter.«

»Warum verklagt man sie nicht, wenn alles erlogen ist?« wollte Rachel wissen.

Margie hob resigniert die Schultern. »Wenn es nicht um

uns ginge, würden sie sich ein anderes armes Opfer suchen. Abgesehen davon – sollten sie jemals aufhören, diesen Mist zu schreiben, wäre ich am Ende gezwungen, wieder Bücher zu lesen.« Sie schüttelte sich theatralisch.

»Du liest das Zeug also?«

Margie zog eine sorgsam gezupfte Braue hoch. »Du etwa nicht?«

»Na ja …«

»Schätzchen, wir wollen doch alle gern wissen, wer mit wem geschlafen hat. Solange wir nicht diejenigen sind, welche. Halt durch. Sie werden eine Wagenladung von diesem Mist über dir auskippen. Und dann ist der nächste glückliche Kandidat an der Reihe.«

Zum Glück hatte Margie ihren seelischen Beistand keine Sekunde zu früh angeboten. Schon in der darauf folgenden Woche trafen die ersten Fundsachen aus Dansky ein. Nichts wirklich Verletzendes; nur ein bewusst deprimierendes Porträt des täglichen Lebens in Rachels Heimatstadt, dazu ein paar Fotos vom Haus ihrer Mutter, das auf diesen Bildern einen besonders schäbigen Eindruck machte: der Rasen im Vorgarten verdorrt, an der Haustür abblätternde Farbe. Es gab auch einen kurzen Artikel über Hank Pallenbergs Leben und Tod in Dansky, so kurz, dass Rachel allein das als kränkend empfand. Ihr Vater hatte etwas Besseres verdient. Aber es sollte noch schlimmer kommen. Immer noch auf der Suche nach irgendeiner skandalträchtigen Geschichte, stöberte der Reporter eines Boulevardblatts eine Frau auf, die Rachel während ihrer Ausbildung im Dentallabor kennen gelernt hatte. Unter dem Pseudonym ›Brandy‹, das sie wählte, weil sie angeblich die Presseöffentlichkeit scheute, lieferte sie ein alles andere als schmeichelhaftes Porträt von Rachel.

»Sie war immer darauf aus, sich einen reichen Mann zu schnappen«, wusste Brandy zu berichten. »Ständig schnitt sie Fotos aus der Zeitung aus – Fotos von reichen Männern, die sie sich zu angeln hoffte, wissen Sie –, immer nur die ganz Reichen, und dann hängte sie die Fotos in ihrem Schlafzimmer auf und starrte sie jeden Abend vor dem Einschlafen an.« Und hatte Mitchell Geary einen Platz in Rachel Pallenbergs Hitliste der noch verfügbaren Millionäre gehabt? wollte der Reporter von Brandy wissen. »Aber sicher«, hatte sie erwidert, nicht ohne darauf hinzuweisen, dass sie ein sehr eigenartiges Gefühl beschlichen habe, als sie gehört hatte, wie perfekt Rachels Plan aufgegangen war. »Ich bin in einer christlichen Familie geboren und aufgewachsen, und ich fand immer, dass es irgendwie unheimlich war, was Rachel mit diesen Fotos gemacht hat. Mir kam es immer vor wie Wodu oder so etwas.«

Das Ganze war natürlich eine alberne Erfindung, aber es war ein gefundenes Fressen für die sensationslüsternen Leser. Die Schlagzeile, neben einem Bild von Rachel platziert, das sie mit vom Blitzlicht rot gefärbten Augen bei der letzten Wohltätigkeitsveranstaltung zeigte, lautete: ›Sex-Magie: Die Geary-Braut und ihre schockierenden Geheimnisse.‹ Die Auflage war innerhalb eines Tages vergriffen.

3

Rachel gab sich alle Mühe, sich durch diese Dinge nicht aus der Ruhe bringen zu lassen, aber es fiel ihr schwer – selbst angesichts der Tatsache, dass sie selbst einmal zu den Leserinnen solcher Artikel gehört und Spaß daran gehabt hatte. Jetzt war es ihr Gesicht, das die Leute anstarrten, wenn sie an der Supermarktkasse Schlange standen, ihr Leben, über das sie auf dem Laufenden gehalten wurden, halb von der Wahrheit dieser Lügen überzeugt. So sehr sie sich auch bemühte, Distanz zu wahren, konnte sie doch nicht verhindern, dass es sie verletzte.

»Wieso würdigst du diesen Mist auch nur *eines Blickes?*« fragte Mitchell, als sie eines Abends beim Essen auf das Thema zu sprechen kam. Sie saßen bei Luther's, einem gemütlichen kleinen Restaurant in der Nähe von Mitchells Apartment in der Park Avenue.

»Sie dürfen behaupten, was sie *wollen*«, sagte Rachel, den

Tränen nahe. »Nicht nur über mich. Auch über meine Mutter oder meine Schwester oder über *dich.*«

»Unsere Anwälte behalten sie immer im Auge. Wenn Cecil das Gefühl hat, dass sie zu weit gehen …«

»Zu weit? Wann gehen sie zu weit?«

»Wenn sie etwas behaupten, wogegen anzugehen sich lohnt.« Er nahm ihre Hand. »Es lohnt sich nicht, deswegen Tränen zu vergießen, Liebling«, beschwichtigte er sie sanft. »Das sind dumme Menschen, die nichts Besseres zu tun haben, als andere in den Schmutz zu ziehen. Tatsache ist aber: es gelingt ihnen nicht. Nicht mit uns. Nicht mit den anderen Gearys. Wir sind stärker als sie.«

»Ich weiß …«, stieß Rachel hervor und putzte sich die Nase. »Ich möchte ja stark sein, aber …«

»Ich will kein *aber* hören, Liebling.« Seine Stimme war so ruhig wie zuvor, auch wenn dahinter die Kraft seiner Gefühle nicht zu überhören war. »Du musst stark sein, weil dich die Leute beobachten. Du bist eine Prinzessin.«

»Im Moment fühle ich mich nicht gerade wie eine Prinzessin.«

Er blickte enttäuscht auf, schob seinen Teller mit Lammnieren von sich und strich sich mit der Hand über das Gesicht. »Dann habe ich meine Sache nicht gut gemacht«, erklärte er. Sie sah ihn überrascht an. »Ich habe die Aufgabe, dafür zu sorgen, dass du dich wie eine Prinzessin fühlst. Meine Prinzessin. Was soll ich tun?« In seinem Blick lag ein rührender Ausdruck der Verzweiflung. »Sag mir: *Was soll ich tun?*«

»Hab mich einfach lieb«, erwiderte sie.

»Das tue ich, Liebste, das tue ich.«

»Ich weiß.«

»Und ich hasse den Gedanken, dass diese Schmierfinken dir Kummer bereiten, aber sie können dir nichts anhaben, mein Schatz. Nicht wirklich. Sie können Gift und Galle auf dich spucken und viel Geschrei machen, aber sie können dein Leben nicht wirklich berühren.« Er drückte beruhigend ihre Hand. »Das ist mir vorbehalten«, sagte er. »Der Einzige, der dich berühren darf, bin ich.«

Ein wohliges Schaudern ging durch ihren Körper, als hätte er die Innenseite ihrer Schenkel gestreichelt. Und er wusste genau, welche Wirkung seine Worte hatten. Leicht, ganz leicht befeuchtete er seine Unterlippe mit der Zunge.

»Soll ich dir ein Geheimnis verraten?« fragte er, indem er sich dicht zu ihr beugte.

»O ja, bitte.«

»Sie haben alle Angst vor uns.«

»Wer?«

»Alle«, erklärte er, ohne seinen eindringlichen Blick von ihr zu wenden. »Wir sind anders als sie, und sie wissen das. Wir sind die Gearys. Sie nicht. Wir haben Macht. Sie nicht. Darum haben sie Angst. Du musst ihnen also erlauben, ab und zu einmal Luft abzulassen. Wenn sie das nicht tun, werden sie verrückt.« Rachel nickte; was er sagte, leuchtete ihr ein. Noch vor ein paar Monaten hätte sie es nicht verstanden, aber jetzt ergab es einen Sinn.

»Ich lasse mich durch so etwas nicht mehr aus der Ruhe bringen«, versprach sie. »Und wenn es mich ärgert, behalte ich es für mich.«

»Du bist ein Pfundsmädchen, weißt du das?« erklärte Mitchell. »Das hat Cadmus nach seiner Geburtstagsfeier über dich gesagt.«

»Er hat kaum ein Wort mit mir gewechselt.«

»Er hat Augen im Kopf. ›*Sie ist ein richtiges Pfundsmädchen*‹, hat er gesagt. ›*Sie hat das Zeug zu einer Geary.*‹ Und er hat Recht. Genau das hast du. Und weißt du was? Wenn du erst einmal zu dieser Familie gehörst, kann dich *nichts* mehr verletzen. Nichts. Du bist unverwundbar. Das schwöre ich dir bei meinem Leben. So stehen die Dinge, wenn du eine Geary bist. Und das wirst du in neun Wochen sein. Eine Geary. Für immer und ewig.«

V

Marietta kam in mein Zimmer und sah sich an, was ich geschrieben hatte. Sie war wieder einmal in rechthaberischer Stimmung, und ich hätte es eigentlich besser wissen müssen, aber als sie mich bat, einen Blick auf das Geschriebene werfen zu dürfen, gab ich ihr ein paar Seiten. Sie trat auf die Veranda hinaus, zündete sich eine meiner Zigarren an und begann zu lesen. Ich tat so, als wäre ich mit Schreiben beschäftigt, als wäre mir ihre Meinung zu meiner Arbeit gleichgültig, aber heimlich sah ich immer wieder zu ihr hin und versuchte, ihren Gesichtsausdruck zu deuten. Von Zeit zu Zeit schlich sich ein amüsiertes Lächeln in ihre Augen, aber es hielt nie lange an. Meist überflog sie die Zeilen (viel zu schnell, fand ich, um das Geschriebene wirklich zu würdigen) mit bewegungsloser Miene. Das brachte mich allmählich auf die Palme, und ich war im Begriff, aufzuspringen und auf die Veranda hinauszueilen, als sie sich mit einem leisen Seufzer erhob, in das Zimmer zurückkam und die Seiten vor mich hinlegte.

»Du schreibst lange Sätze«, bemerkte sie.

»Ist das alles, was du dazu zu sagen hast?«

Sie angelte ein Streichholzbriefchen aus der Tasche und zündete ihre Zigarre wieder an. »Was erwartest du von mir?« fragte sie mit einem Schulterzucken. »Es ist ein bisschen geschwätzig, meinst du nicht?« Sie betrachtete eingehend die Streichhölzer in ihrer Hand. »Und es wird schwierig sein, den Faden nicht zu verlieren. Alle diese Namen. Alle diese Gearys. So weit musst du doch nicht zurückgehen, oder? Ich meine, wen interessiert das schon?«

»Es gehört zu der Geschichte dazu.«

»Ich frage mich, wessen Telefonnummer das ist?« sinnierte sie, den Blick immer noch unverwandt auf das Streichholzbriefchen geheftet. »Es ist eine Nummer in Raleigh. Wen, zum Teufel, kenne ich in Raleigh?«

»Wenn du nicht ein bisschen großzügiger sein kannst, ein bisschen konstruktiver ...«

Sie schien erst jetzt zu bemerken, wie bedrückt ich war. »Oh, Eddie«, sagte sie mit einem unvermittelten Lächeln. »Schau doch nicht so betreten drein. Ich finde es wunderbar.«

»Nein, das findest du nicht.«

»Ich schwöre es. Wirklich. Es sind nur diese Hochzeiten, weißt du ...« Dabei verzog sie den Mund kaum merklich. »Ich mag sie nicht besonders.«

»Du warst dabei«, erinnerte ich sie.

»Wirst du das auch schreiben?«

»Selbstverständlich.«

Sie tätschelte meine Wange. »Siehst du, dann kommt ein bisschen Leben in die Sache. Wie geht es übrigens deinen Beinen?«

»Sehr gut.«

»Vollkommen wiederhergestellt?«

»Es sieht so aus.«

»Ich frage mich, warum sie dich nach all den Jahren gesund gemacht hat.«

»Das ist mir gleichgültig. Ich bin ihr einfach nur dankbar.«

»Zabrina sagt, sie hat gesehen, wie du draußen spazieren gegangen bist.«

»Ich besuche Luman alle paar Tage. Er hat sich in den Kopf gesetzt, dass wir zusammen ein Buch schreiben müssen, wenn ich mit diesem hier fertig bin.«

»Über welches Thema?«

»Irrenhäuser.«

»Er ist wirklich ein richtiges Sonnenscheinchen. Ah! Jetzt fällt es mir ein! Das ist Alice.« Sie warf das Streichholzbriefchen in die Luft und fing es wieder auf. »Alice, die Blonde. Sie wohnt in Raleigh.«

»Das ist ein sehr lüsterner Ausdruck, den ich da in deinen Augen sehe«, bemerkte ich.

»Alice ist göttlich. Ich meine, echt … üppig.« Sie pickte einen Tabakkrümel von ihren Zähnen. »Du solltest irgendwann einmal mit mir kommen. Wir gehen etwas trinken. Ich könnte dich mit den Mädels bekannt machen.«

»Ich glaube, ich würde mich nicht wohl fühlen.«

»Warum? Sie würden dir nicht auf den Leib rücken, nicht in einer reinen Frauenbar.«

»Ich könnte das nicht.«

»Du wirst schon sehen.« Sie zeigte mit dem feuchten Ende ihrer Zigarre auf mich. »Ich werde dafür sorgen, dass du dich amüsierst.« Damit steckte sie die Streichhölzer in die Tasche zurück. »Vielleicht mache ich dich mit Alice bekannt.«

Natürlich war ich völlig verunsichert, als sie ging. Aufgewühlt und schlecht gelaunt ging ich in die Küche, um meinen Kummer mit Essen zu beschwichtigen. Es war kurz vor ein Uhr nachts; Dwight war längst zu Bett gegangen. L'Enfant lag totenstill da. In der Küche war es ein wenig stickig, und ich öffnete die Fenster über dem Spülbecken. Eine sanfte Brise wehte herein. Ich blieb einen Augenblick lang vor der Spüle stehen und ließ die kühlende Luft über mein Gesicht streichen. Dann ging ich zum Kühlschrank und bereitete mir ein Schlemmersandwich: mehrere Scheiben gebratener Schinken, großzügig mit Senf bestrichen, ein paar Streifen geschmorte Aubergine, ein halbes Dutzend süße Kirschtomaten, in Scheiben geschnitten, und ein Schuss Olivenöl; das Ganze fest zusammengedrückt zwischen zwei frisch geschnittene Scheiben Roggenbrot.

Die Befriedigung meiner Esslust brachte alles wieder ins Lot für mich. Wozu machte ich mir Gedanken über Mariettas Meinung? Sie war keine berühmte Literaturkritikerin. Es ging um mein Buch, meine Ideen, meine Vision. Und wenn es ihr nicht gefiel, sollte es mir auch recht sein. Ihr Urteil war für mich ohne jede Bedeutung. Alle diese Gedanken gingen mir nicht nur durch den Kopf, sondern ich redete laut vor mich hin, ein senftriefendes Kauderwelsch aus Worten und Schinken.

»Was brabbelst du da vor dich hin?«

Ich verstummte und warf einen Blick über die Schulter. In der Tür, den Rahmen ganz und gar ausfüllend, stand Zabrina. Sie trug ein Zelt von einem Nachthemd; ihr Gesicht, das sie gewöhnlich mit etwas Farbe und Puder verschönte, blickte mir ungeschminkt und gerötet entgegen. Sie hatte winzige Äuglein und einen breiten, schmallippigen Mund. Marietta hatte sie einmal im Zorn eine kleine fette Kröte genannt, und, so grausam diese Beschreibung auch sein mochte, sie hatte nicht Unrecht. Das einzig Spektakuläre an Zabrina ist ihr leuchtend orangerotes Haar, das ihr bis zur Taille reicht. In dieser Nacht trug sie es offen, und es legte sich um ihre Schultern wie ein Umhang.

»Ich habe dich lange nicht mehr gesehen«, bemerkte ich.

»Du hast mich gesehen«, widersprach sie in dem ihr eigenen, seltsam atemlosen Tonfall. »Wir haben nur nicht miteinander gesprochen.«

Weil du immer gleich wegläufst, lag es mir auf der Zunge zu sagen, aber ich sprach die Worte nicht aus. Sie ist ein empfindlicher Mensch. Ein falsches Wort, und sie ist verschwunden. Sie trat an den Kühlschrank und begutachtete seinen Inhalt. Wie immer hatte Dwight extra für sie ein paar von seinen Kuchen und Torten darin deponiert.

»Erwarte nicht, dass ich dir helfe«, bemerkte sie völlig zusammenhanglos.

»Dass du mir wobei hilfst?«

»Du weißt schon, was ich meine.« Sie musterte immer noch eingehend die vollen Kühlschrankfächer. »Ich finde es nicht richtig.« Mit diesen Worten nahm sie in jede Hand ein Stück Kuchen, drehte sich mit einer für ihre Leibesfülle erstaunlichen Anmut um die eigene Achse und stieß die Kühlschranktür mit dem Hinterteil zu. »Erwarte also nicht, dass ich dir mein Herz ausschütte.«

Sie sprach natürlich von dem Buch. Ihre Ablehnung kam nicht überraschend für mich, da sie ja wusste, dass es zum Teil Mariettas Idee war. Aber ich war in diesem Augenblick nicht in der Stimmung, eine Gardinenpredigt über mich ergehen zu lassen.

»Lass uns von etwas anderem reden«, schlug ich vor.

Sie stellte die beiden Kuchenstücke – Kirsch und Pecannuss – nebeneinander auf den Tisch. Dann ging sie mit einem leisen Seufzer der Verärgerung über ihre eigene Vergesslichkeit zum Kühlschrank zurück und holte eine Schüssel Schlagsahne heraus, in der schon eine Gabel steckte. Sie ließ sich vorsichtig auf einem Stuhl nieder und türmte ein Stückchen Kirschtorte, ein Stückchen Pecan Pie und jede Menge Schlagsahne auf die Gabel. Offensichtlich hatte sie viel Übung darin; es hatte wirklich Unterhaltungswert, wie sie diese kleinen Berge der maßlosen Völlerei geschickt aufschichtete, ohne auch nur einen Kuchenkrümel in die Schlagsahne fallen zu lassen.

»Wann hast du denn das letzte Mal etwas von Galileo gehört?« erkundigte sie sich.

»Schon lange nicht mehr.«

»Aha.« Sie schob die gefährlich gehäufte Gabel in den Mund und verdrehte beim Kauen genüsslich die Augen.

»Schreibt er dir manchmal?«

Sie ließ sich Zeit, den Bissen hinunterzuschlucken, bevor sie meine Frage beantwortete. »Früher hat er mir gelegentlich ein paar Zeilen geschrieben. Aber in letzter Zeit nicht mehr.«

»Fehlt er dir?«

Sie sah mich mit gerunzelter Stirn und vorgeschobener Unterlippe an. »Fang nicht damit an«, erwiderte sie. »Ich habe dir schon einmal gesagt …«

Ich hob die Augen gen Himmel. »Herrje, Zabrina, ich habe doch bloß gefragt …«

»Ich will in deinem Buch nicht erscheinen.«

»Das hast du bereits gesagt.«

»Ich will in keinem Buch erscheinen. Ich will nicht, dass man … über mich spricht. Am liebsten möchte ich unsichtbar sein.«

Ich konnte nicht anders, ich musste grinsen. Allein die Vorstellung, dass ausgerechnet Zabrina davon träumte, unsichtbar zu sein, war auf eine traurige Weise absurd. Da saß sie vor mir und machte mit jedem Bissen ihre Hoffnungen unerreichbarer. Als sie mich jetzt ansah, glaubte ich, das Grinsen sei aus meinem Gesicht verschwunden, aber es hielt sich so hartnäckig wie die Sahnetupfer in ihren Mundwinkeln.

»Was findest du so komisch?« fragte sie.

Ich schüttelte den Kopf. »Nichts.«

»Ja, ich bin fett. Und ich wünschte, ich wäre tot. Na und?«

Das Grinsen war mir vergangen. »Das wünschst du nicht«, sagte ich. »Ganz sicher nicht.«

»Wofür sollte ich leben wollen?« entgegnete sie. »Ich habe nichts. Jedenfalls nicht das, was ich haben möchte.« Sie legte die Gabel weg und fing an, die klebrigen Kirschen mit den Fingern vom Kuchen zu picken. »Es ist tagaus, tagein dasselbe Lied. Mama bedienen. Essen. Mama bedienen. Essen. Wenn ich schlafe, träume ich, ich wäre da oben bei ihr, und sie erzählt von den alten Zeiten.« Ihr Ton wurde unvermittelt heftig. »Ich hasse die alten Zeiten! Was ist mit dem Morgen? Wie wäre es, wenn wir zur Abwechslung einmal *an morgen denken?*« Ihr Gesicht, das, wie ich schon erwähnt habe, von Anfang an gerötet gewesen war, hatte sich jetzt dunkelrot verfärbt. »Wir alle sind so passiv.« Als sie das sagte, war ihre Stimme nicht mehr aufbrausend, sondern nur noch traurig. »Du hast deine Beine wieder, aber was fängst du damit an? Bist du aufgestanden und von hier fortgegangen? Nein. Du bist genau da sitzen geblieben, wo du all die Jahre über gesessen hast, als wärest du immer noch ein Krüppel. Und das liegt daran, dass du immer noch einer bist. Ich bin fett, und du bist ein Krüppel, und wir werden immer so weitermachen und unser sinnloses Leben fristen, bis einer von da draußen kommt« – sie deutete mit weit ausholender Geste irgendwohin – »und uns gnädigerweise eine Kugel ins Hirn jagt.«

Mit diesen Worten erhob sie sich und ging, die Trümmer ihrer Kuchenstücke zurücklassend, hinaus. Ich lehnte mich auf meinem Stuhl zurück und sah ihr wortlos nach.

Dann, ich will es nicht leugnen, stützte ich den Kopf schwer in meine Hände und weinte eine Weile vor mich hin

VI

1

Unter dem Eindruck von Mariettas und Zabrinas Attacken und in tiefem Zweifel über meine schriftstellerische Begabung zog ich mich in mein Zimmer zurück, wo ich die ganze Nacht aufblieb. Ich würde Ihnen nur zu gern weismachen, es hätte daran gelegen, dass ich mir den Kopf über die literarischen Probleme zermarterte, mit denen ich konfrontiert war, aber die Wahrheit sah sehr viel prosaischer aus: ich hatte Durchfall. Ob es der gebratene Schinken, die geschmorte Aubergine oder die deprimierende Unterhaltung mit Zabrina war, weiß ich nicht; ich weiß nur, dass ich bis zum Morgengrauen auf meinem Porzellanthron hockte und über meinen eigenen giftigen Ausdünstungen brütete. Irgendwann am frühen Morgen kroch ich geschwächt, unter Schmerzen und von Selbstmitleid geschüttelt ins Bett, und es gelang mir, noch ein paar Stunden Schlaf zu finden. Als ich dann erwachte, hatte sich in meinem noch schlaftrunkenen Kopf die Idee festgesetzt, dass es besser wäre, mich beim Bericht über Rachels und Mitchells Hochzeit kürzer zu fassen, als ich es bisher getan hatte. Schließlich, so sagte ich mir – eine Hochzeit ist eine Hochzeit ist eine Hochzeit. Sinnlos, das Thema krampfhaft in die Länge zu ziehen. Jeder konnte sich die romantischen Einzelheiten selbst ausmalen.

Nun denn: die bloßen Fakten. Die Hochzeit fand in der ersten Septemberwoche in dem kleinen Städtchen Caleb's Creek im Staat New York statt. Ich glaube, ich habe den Ort bereits flüchtig erwähnt. Er liegt in der Nähe von Rhinebeck am Hudson River. Eine hübsche Gegend, sehr beliebt beim amerikanischen Geldadel. Die Van Cortlandts besaßen dort ein Anwesen, ebenso die Astors und die Roosevelts. Extravagante Häuser, in denen für ein gemütliches

Wochenende leicht zweihundert Gäste untergebracht werden konnten. Verglichen damit war das Haus, das George Geary in Caleb's Creek gekauft hatte, ausgesprochen bescheiden; im Kolonialstil gebaut, wurde es mit seinen fünf Schlafräumen in einem Buch über die Gearys einmal als ›das Bauernhaus‹ bezeichnet, aber ich bezweifle, dass es je als ein solches gedient hat. George Geary und seine Frau Deborah hatten das Haus geliebt. Nach seinem Tod war von ihr oft zu hören gewesen, dass sie in diesem Haus die schönste Zeit ihres Lebens verbracht hatten; sorglose Zeiten voller Liebe, in denen der Rest der Welt vor der Tür bleiben musste. Tatsächlich machte Mitchell den Vorschlag, das Haus, das seit Georges Tod praktisch leer gestanden hatte, wieder zu öffnen und die Hochzeit dort zu feiern. Seine Mutter hatte sich auf Anhieb für die Idee erwärmt. »George würde das gefallen«, sagte sie, als würde der Geist ihres geliebten Mannes in ihrer Vorstellung immer noch durch das Haus wandern und verzückt dem Echo glücklicherer Zeiten lauschen.

Um die Sache perfekt zu machen, fuhr Mitchell Mitte Juli mit Rachel nach Caleb's Creek, wo sie die Nacht über blieben. Die Rylanders, ein Ehepaar aus der Stadt, das in früheren Zeiten dort als Haushälterin und als Gärtner gedient und das Haus auch noch in Ordnung gehalten hatte, als es längst nicht mehr bewohnt war, arbeiteten wie die Besessenen, um es wieder zum Leben zu erwecken. Als Mitchell und Rachel ankamen, erwartete sie ein Traum von einem Ferienhaus. Eric Rylander hatte Hunderte von Blumen und Rosenbüschen gepflanzt und einen neuen Rasen angelegt; die Fenster, Türen und Jalousien waren gestrichen, und auch der Lattenzaun strahlte in frischem Weiß. Der kleine Obstgarten hinter dem Haus war gejätet und die Apfelbäume zurückgeschnitten; überall herrschte peinliche Ordnung. Im Innern des Hauses hatte Erics Frau Barbara nicht weniger emsig gewaltet. Sie hatte sämtliche Räume gründlich gelüftet, die Vorhänge und Teppiche gereinigt und Holzböden und Möbel poliert, bis sie glänzten.

Rachel war natürlich hingerissen. Nicht nur von der Schönheit des Hauses und dem strahlenden Anblick des Gartens, sondern auch, weil man hier überall den Geist des Mannes spürte, dem ihr zukünftiger Ehegatte seine Existenz verdankte. Auf Deborahs Veranlassung hin war alles so geblieben, wie George es geliebt hatte. Seine riesige Sammlung von Jazzplatten stand immer noch alphabetisch geordnet in den Regalen. Sein Schreibtisch, an dem er Mitchell zufolge Material für einen Erinnerungsband über seine Mutter Kitty zusammengetragen hatte, war noch so, wie er ihn verlassen hatte, bestückt mit Familienfotos, die mit der Zeit fast völlig verblichen waren.

Der Besuch hatte Mitchell nicht nur in seiner Annahme bestätigt, dass dies der geeignete Ort für die Hochzeitsfeier sei; er hatte sich auch einem romantischen Beisammensein der beiden Liebenden dienlich erwiesen. Sie hatten nach einem köstlichen, von Barbara zubereiteten Mahl den Abend über im Freien gesessen, zugesehen, wie sich der sommerliche Himmel allmählich dunkel färbte, Whiskey getrunken und über ihre Kindheit und ihre Väter geredet. Als es längst so dunkel war, dass keiner das Gesicht des anderen erkennen konnte, unterhielten sie sich immer noch, während der Wind leise in den Zweigen der Apfelbäume raschelte: über Zeiten, in denen sie gelacht hatten, Zeiten, die für immer verloren waren. Und als sie schließlich zu Bett gingen (Mitch wollte nicht im Ehebett schlafen; obwohl Barbara das große alte Himmelbett für sie vorbereitet hatte, zog er es vor, in seinem früheren Kinderzimmer zu übernachten), lagen sie in seliger Erschöpfung beieinander, wie sie sich gewöhnlich nach der Liebe einstellt, obwohl sie sich nicht geliebt hatten.

Auf der Heimfahrt nach New York hielt Rachel die ganze Zeit über Mitchells Hand. Sie hatte in ihrem ganzen Leben noch nie auch nur annähernd so etwas gespürt wie die Liebe, die an diesem Tag für ihn in ihr gegenwärtig war.

2

Am Freitagabend vor der Hochzeit, als es überall im Haus und im Garten von Menschen wimmelte (Leute, die Laternen aufhängten, Schilder aufstellten, ein Podium für das Orchester aufbauten, Tische schleppten, Stühle zählten, Gläser polierten und so weiter und so fort), trat Barbara Rylander zu ihrem Mann, der am Eingangstor stand und den Strom der kommenden und abfahrenden Lieferwagen dirigierte, und nachdem sie ihm das Versprechen abgenommen hatte, niemandem ein Sterbenswörtchen davon zu sagen, erzählte sie ihm, dass sie zum Verschnaufen in den Obstgarten gegangen war und dort Mr. George gesehen hatte, wie er zwischen den Bäumen stand und das Treiben beobachtete. Und er habe gelächelt, meinte sie.

»Du bist eine törichte alte Frau«, schalt Eric seine Gattin. »Aber ich liebe dich sehr.« Und er gab ihr einen energischen, liebevollen Kuss vor all diesen Fremden, was ihm überhaupt nicht ähnlich sah.

Der Tag brach an, und er hätte nicht schöner sein können. Die Sonne strahlte, aber es war nicht zu heiß. Es wehte ein gleichmäßiger, nie zu starker Wind. Die Luft war von Sommerdüften erfüllt, die jedoch den herannahenden Herbst schon ahnen ließen.

Und die Braut – nun, die Braut war die Krönung des Tages. Ihr war am Morgen übel gewesen, aber während des Ankleidens verschwand ihre Nervosität. Sie erlitt einen leichten Rückfall, als Sherrie ins Zimmer kam, um ihre Tochter zu begrüßen, und prompt in Tränen der Rührung ausbrach, in die Rachel um ein Haar eingefallen wäre. Aber Loretta ließ es nicht dazu kommen. Sie schickte Sherrie mit der energischen Aufforderung hinaus, sich einen Brandy zu besorgen, und dann setzte sie sich mit Rachel hin und redete ein paar schlichte, vernünftige Worte mit ihr.

»Ich könnte dich nicht belügen«, erklärte Loretta ernst. »Ich denke, du kennst mich inzwischen gut genug, um das zu wissen.«

»Ja, das tue ich.«

»Du kannst mir also glauben, wenn ich dir sage: Alles ist in Ordnung; nichts wird schiefgehen. Außerdem siehst du … siehst du einfach umwerfend aus.« Lachend drückte sie Rachel einen Kuss auf die Wange. »Ich beneide dich. Ernsthaft. Dein ganzes Leben liegt noch vor dir. Ich weiß, das ist ein albernes Klischee. Aber wenn du erst einmal in meinem Alter bist, wirst du sehen, dass es stimmt. Du hast nur ein Leben. Eine Chance, du selbst zu sein. Dich zu amüsieren. Die Liebe zu erleben. Wenn es vorbei ist, ist es vorbei.« Sie sah Rachel so eindringlich in die Augen, als habe dies einen tieferen Sinn, den Worte allein nicht auszudrücken vermochten. »Und jetzt wollen wir dich zur Kirche bringen«, sagte sie dann munter. »Dort warten eine Menge Leute, die sehen wollen, wie schön du bist.«

Lorettas Versprechen bewahrheitete sich. Der Gottesdienst wurde in der kleinen Kirche von Caleb's Creek abgehalten, deren Portal weit geöffnet war, damit die Gäste, die keinen Sitzplatz fanden – und das war gut die Hälfte der Versammelten –, sich an den Wänden und auf der Eingangstreppe aufstellen und der kurzen Trauungszeremonie von dort aus lauschen konnten. Anschließend tat die ganze Festgesellschaft das, was man bei Hochzeiten schon seit den Gründertagen des Städtchens tat: Sie bewegte sich in einer fröhlichen Prozession, das Brautpaar Hand in Hand an der Spitze, durch die Stadt, deren Bewohner und Besucher lächelnd die Straßen säumten und den Frischvermählten Glückwünsche zuriefen. Das Ganze war wunderbar ungezwungen. An einer Ecke riss sich ein Kind – ein kleines Mädchen aus der Stadt von vielleicht vier Jahren – von der Hand seiner Mutter los und lief dem Zug entgegen, um Braut und Bräutigam aus der Nähe zu betrachten. Mitchell schwang das Kind in seine Arme und trug es ein paar Meter weit, sehr zur Freude der Zuschauer und des kleinen Mädchens selbst, das erst ein Protestgeschrei anstimmte, als seine Mutter kam und es Mitchell wieder abnahm.

Überflüssig zu sagen, dass sofort eine Horde Fotografen

zur Stelle war, um die Szene zu dokumentieren, und selbstverständlich durften diese Bilder nicht fehlen, als die Redakteure ihre Berichte zur Hochzeit zusammenstellten. Natürlich entging den Schreiberlingen, die das Ereignis kommentierten, auch nicht der Symbolgehalt der kleinen Szene. Das anonyme kleine Mädchen aus der Menge, hochgehoben von den starken, schützenden Armen Mitchell Gearys: Es hätte Rachel sein können.

VII

Als die Spannung der Vorbereitungen verflogen und der feierliche Trauungsgottesdienst vorüber war, machte sich ausgelassene Feststimmung breit. Beim letzten offiziellen Teil der Veranstaltung – den Reden und Trinksprüchen – fassten sich gnädigerweise die Beteiligten kurz, und dann stürzten sich alle ins Vergnügen. Die Wärme des Tages hielt an, der Wind war gerade so stark, dass die Lampions in den Bäumen sachte schaukelten, und die untergehende Sonne überzog den Himmel mit einem goldenen Schein.

»Es ist alles so perfekt, Loretta«, sagte Deborah, als die beiden Frauen für einen Augenblick unter sich waren.

»Vielen Dank«, entgegnete Loretta. »Das ist nur eine Frage der Organisation.«

»Es ist jedenfalls wundervoll«, wiederholte Deborah ihr Lob. »Ich wünschte nur, George könnte es erleben.«

»Hätte er sie gemocht?«

»Rachel? O ja. Er hätte Rachel geliebt.«

»Natürlich und bescheiden«, bemerkte Loretta. Sie hatte Rachel während der Unterhaltung beobachtet: Arm in Arm mit ihrem Liebsten lachte sie über irgendeine Bemerkung, die einer von Mitchells Freunden aus Harvard-Zeiten gemacht hatte. »Ein ganz einfaches Mädchen.«

»Ich halte sie überhaupt nicht für einfach«, widersprach Deborah. »Ich glaube, dass sie eine sehr starke Frau ist.«

»Das wird sie auch sein müssen.«

»Mitchell betet sie an.«

»Das tut er sicher. Zumindest für den Augenblick.«

Deborahs Lippen wurden schmal. »Loretta, müssen wir …«

»Die Wahrheit aussprechen? Nicht, wenn du es nicht willst.«

»Wir hatten unsere glücklichen Zeiten«, sagte Deborah. »Jetzt sind sie an der Reihe.« Damit machte sie Anstalten, sich vom Tisch zu erheben.

»Warte ...« Loretta ergriff Deborahs Handgelenk und hielt sie zurück. »Ich möchte nicht mit dir streiten.«

»Ich streite mich nie«, erklärte Deborah.

»Nein. Du gehst einfach weg, was viel schlimmer ist. Es ist an der Zeit, dass wir Freundinnen werden, findest du nicht auch? Ich meine ... es gibt ein paar Dinge, für die wir allmählich anfangen müssen, Vorkehrungen zu treffen.«

Deborah löste ihren Arm aus Lorettas Griff. »Ich weiß nicht, wovon du sprichst«, sagte sie, und ihr Ton gab unmissverständlich zu erkennen, dass sie die Unterhaltung nicht fortzusetzen wünschte.

Loretta wechselte das Thema. »Setz dich noch einen Moment. Habe ich dir von diesem Astrologen erzählt?«

»Nein ...«, entgegnete Deborah zögernd. »Garrison hat einmal erwähnt, dass du jemanden gefunden hast, der dir gefällt.«

»Er ist wunderbar. Sein Name ist Martin Yzerman; er wohnt draußen in Brooklyn Hights.«

»Weiß Cadmus, dass du zu einem dieser Leute gehst?«

»Du solltest Yzerman auch einmal besuchen, Deborah.«

»Warum sollte ich das tun?«

»Solche Ratschläge sind sehr hilfreich, wenn man versucht, langfristig zu planen.«

»Aber das tue ich gar nicht«, warf Deborah ein. »Ich habe den Versuch aufgegeben. Die Dinge verändern sich so schnell.«

»Er könnte dir helfen, die Veränderungen vorauszusehen.«

»Das bezweifle ich.«

»Glaub mir.«

»Hätte er voraussehen können, was George passiert ist?« fragte Deborah schroff.

Zwischen den beiden Frauen herrschte einen Augenblick lang Schweigen, bevor Loretta antwortete: »Ohne Frage.«

Deborah schüttelte den Kopf. »So einfach liegen die Dinge nicht«, erklärte sie. »Wir wissen nicht, was morgen geschieht. Niemand weiß das.« Sie erhob sich entschlossen, und diesmal machte Loretta keine Anstalten, sie zurückzuhalten. »Es wundert mich, dass eine kluge Frau wie du an solche Dinge glaubt. Also wirklich – das ist alles Unsinn, Loretta. Das soll dir nur vorgaukeln, du hättest die Dinge in der Hand.« Ihr Blick ruhte mit einem fast mitleidigen Ausdruck auf Loretta. »Aber das haben wir nicht. Keiner von uns. Morgen um diese Zeit könnten wir alle tot sein.«

Mit diesen Worten entfernte sie sich.

Diese eigenartige Unterredung war nicht der einzige Riss in der heilen Welt der Festtagswonne. Drei weitere Zwischenfälle verdienen in diesem Zusammenhang Erwähnung, obwohl keiner von ihnen so auffällig war, dass er die Feier hätte stören können.

Am ersten dieser Zwischenfälle war, wie konnte es anders sein, Margie beteiligt. Da Champagner nicht ihr bevorzugtes Rauschmittel war, hatte sie dafür gesorgt, dass die Bar mit einem ausreichenden Vorrat an gutem Whiskey versorgt war, und als die erste sprudelnde Pflichtrunde überstanden war, ging sie zu Scotch über. Sie wurde schon bald ein wenig streitlustig und setzte es sich in den Kopf, Senator Bryson, der mit seiner Familie aus Washington angereist war, zu sagen, was sie von seinen jüngsten Bemerkungen zur Reform der Sozialgesetzgebung hielt. Senator Bryson war offensichtlich froh, jemanden gefunden zu haben, mit dem er über ein ernsthaftes Thema sprechen konnte, anstatt sich an dem allgemeinen Smalltalk zu beteiligen, zumal Margie alles andere als auf den Mund gefallen war. Er hörte sich ihre Ausführungen also mit gemessenem Ernst an.

Margie leerte mit einem Zug ihr Glas und warf ihm dann vor, mit gespaltener Zunge zu reden. An diesem Punkt versuchte die Gattin des Senators die gespannte Atmosphäre mit der Bemerkung aufzulockern, dass sicher keiner der Gearys in Gefahr sei, demnächst auf Sozialhilfe angewiesen zu sein. Woraufhin Margie schneidend erwiderte, ihr Vater habe sein Leben lang in einer Stahlfabrik gearbeitet und zwölf Dollar auf dem Konto gehabt, als er mit vierundfünfzig gestorben sei; und wo, zum Teufel, eigentlich der Mann mit dem Whiskey bliebe. Jetzt gab sich Garrison alle Mühe, der Unterhaltung ein Ende zu setzen, aber der Senator hatte inzwischen wirklich Gefallen an dem Disput gefunden und bestand darauf, ihn fortzusetzen. Der Mann mit dem Whiskey eilte pflichtschuldig herbei und füllte Margies Glas. Wo waren sie doch gleich stehen geblieben, wollte sie wissen … ach ja, zwölf Dollar auf dem Konto. »Erzählen Sie mir also bloß nicht, ich hätte keine Ahnung, was in der Welt vor sich geht. Das Problem ist, dass sich keiner von euch hohen Tieren auch nur einen Dreck darum schert. Es gibt in diesem Land Probleme, die immer drängender werden, und was tut ihr dagegen? Außer auf eurem fetten Hintern zu sitzen und salbungsvolle Reden zu halten?«

»Ich bin sicher, dass kein verantwortungsvoller Mensch in Amerika anderer Meinung ist als Sie«, warf der Senator ein. »Wir brauchen Arbeit, damit die Lebensbedingungen der amerikanischen Bevölkerung besser werden.«

»Und was bringt das alles?« brauste Margie auf. »Nichts und wieder nichts. Ist es ein Wunder, dass die Leute in diesem Land euch Politikern kein Wort glauben?«

»Meiner Meinung nach haben die Menschen mehr Interesse an einem Voranschreiten der Demokratie …«

»Demokratie, dass ich nicht lache!« fiel ihm Margie ins Wort. »Es geht um Lobbys und Renditen und darum, guten Freunden einen Gefallen zu tun. Ich weiß, wie der Hase läuft. Ich bin nicht von gestern. Ihr wollt nur eines: nämlich dass die Reichen noch reicher werden.«

»Ich habe den Eindruck, Sie halten mich für einen Republikaner«, kicherte Bryson gut gelaunt.

»Und ich habe den Eindruck, Sie halten mich für jemanden, der einem Politiker auch nur ein beschissenes Wort glaubt«, stieß Margie giftig hervor.

»Jetzt reicht es«, fuhr Garrison sie an und packte seine Frau am Arm.

Sie versuchte seine Hand abzuschütteln, aber er ließ nicht locker. »Ist schon gut, Garrison«, beschwichtigte ihn der Senator. »Sie hat ein Recht auf ihre Meinung.« Dann wandte er sich wieder an Margie. »Aber eines möchte ich noch sagen – Amerika ist ein freies Land. Sie brauchen nicht im Luxus zu leben, wenn sich das nicht mit Ihren politischen Ansichten vereinbaren lässt.« Er lächelte, aber in seinen Augen war keine Spur von Wärme zu entdecken. »Ich frage mich ernsthaft, ob es einer Frau in Ihrer Position zusteht, sich über die Nöte der arbeitenden Bevölkerung auszulassen.«

»Ich habe Ihnen doch gesagt, dass mein Vater ...«

»Das ist Vergangenheit. Unsere Regierung beschäftigt sich mit der Zukunft. Wir können uns keine Gefühlsduselei leisten. Und wir können es uns nicht leisten, in wehmütigen Erinnerungen zu schwelgen. Und weniger als alles andere können wir uns eine solche Scheinheiligkeit leisten.«

Seine kleine Ansprache klang wie ein Schlusswort, was Margie nicht entging. Längst zu betrunken für eine zusammenhängende Entgegnung, brachte sie nichts weiter heraus als: »Und was, zum Teufel, soll das jetzt heißen?«

Der Senator, der sich bereits zum Gehen gewandt hatte, machte noch einmal auf dem Absatz kehrt, um Margies Frage zu beantworten. Selbst das kalte Lächeln war jetzt aus seinem Gesicht verschwunden.

»Das heißt, Mrs. Geary, dass Sie sich nicht in einem Fünfzigtausend-Dollar-Kleid hinstellen und mir erzählen können, Sie wüssten etwas von der Not des kleinen Mannes. Wenn Sie etwas Gutes tun wollen, dann schlage ich vor, dass Sie einen Anfang machen, indem Sie den Inhalt Ihrer Kleiderschränke verkaufen und den Erlös unter die Leute bringen. Ich bin überzeugt, es würde ein erkleckliches Sümmchen zusammenkommen.«

Damit war das Thema für ihn beendet. Im nächsten Augenblick war er verschwunden und mit ihm seine Gattin und sein ganzes Gefolge. Garrison schickte sich an, ihnen nachzueilen, aber Margie hielt ihn am Arm fest.

»*Wage es ja nicht*«, zischte sie. »Sonst erzähle ich ihm, dass du ihn einen kleinen, charakterlosen Scheißer genannt hast.«

»Du bist eine Schande«, erklärte Garrison.

»Nein. *Du* bist eine Schande. Ich bin nur eine armselige Betrunkene, die es nicht besser weiß. Würdest du mich jetzt bitte hineinbringen, bevor ich mir ein anderes Opfer suche?«

Von dieser Auseinandersetzung erfuhr Rachel erst etwas, als Margie ihr nach der Hochzeit die ganze Sache beichtete. Bei dem zweiten Zwischenfall, der sich an diesem Tag ereignete, spielte Rachel dagegen selbst eine tragende Rolle.

Die Sache spielte sich folgendermaßen ab: Irgendwann, als der Abend bereits dämmerte, kam Loretta zu ihr und bat sie, ihre Mutter und ihre Schwester mit Cadmus bekannt zu machen, der sehr bald aufbrechen wolle. Der alte Mann hatte sich erst kurz vor dem Anschneiden der Hochzeitstorte zu den Feiernden gesellt. Man hatte ihn – unter tosendem Beifall – in seinem Rollstuhl auf den Platz unter dem großen Zeltdach geschoben, und er hatte eine kurze eloquente Ansprache gehalten. Anschließend wurde er an ein schattiges Plätzchen hinter dem Haus gebracht, wo die Leibwächter die vielen Menschen, die ihm ehrerbietig ihre Aufwartung machen wollten, besser im Auge behalten konnten. Schon viel früher am Tag hatte er den Wunsch geäußert, Rachels Familie kennen zu lernen, aber erst jetzt, um neun Uhr abends, hatte sich die Schlange derer, die ihm die Hand schütteln wollten, aufgelöst. Er war sehr erschöpft, wie Loretta betonte; sie sollten die Unterredung möglichst kurz machen.

Rachel fand allerdings, dass der alte Mann trotz des anstrengenden Tages eindeutig besser aussah als an seinem Geburtstag: sehr rüstig für einen Sechsundneunzigjährigen, wie er da im Garten bequem in seinem hochlehnigen Korbsessel ruhte, in weiche Kissen gepackt, in der einen Hand ein Glas Brandy, in der anderen eine fast zu Ende gerauchte Zigarre. Sein Gesicht war auf eine altmodische Art immer noch anziehend; jenseits aller Altersfurchen und -falten strahlte es nun eine fast skulpturhafte Erhabenheit aus, die Haut nachgedunkelt wie altes Holz, die Augen tief in den Höhlen wie funkelnde Steine. Er sprach langsam, manchmal ein wenig undeutlich, aber er verfügte immer noch über mehr Charisma als die meisten Fünfundzwanzigjährigen, und er wusste auch noch recht gut, wie er das andere Geschlecht damit beeindrucken konnte. Rachel erschien er wie ein beliebter Filmstar, der zu seiner Zeit so viel Bewunderung erfahren hatte, dass er jetzt, da sein Zenit längst überschritten war, immer noch an seine magische Ausstrahlung glaubte. Und genau das war das Entscheidende, der Glaube. Alles andere war nur schmückendes Beiwerk.

Loretta übernahm die Vorstellung, dann mischte sie sich wieder unter die Festgesellschaft und überließ es Cadmus, in seinem Königreich Hof zu halten.

»Ich wollte dir sagen«, wandte er sich an Rachel, »wie stolz ich bin, dass ihr alle, du, deine Mutter und deine Schwester, jetzt zur Familie Geary gehört. Ihr seid wirklich reizend, wenn ich das so sagen darf.« Er reichte der Frau, die neben seinem Sessel stand (eine Pflegerin, wie Rachel annahm), sein Glas und ergriff die Hand der Braut. »Entschuldige meine kalten Finger«, sagte er. »Mein Kreislauf ist nicht mehr so, wie er einmal war. Ich weiß, wie stark die Gefühle zwischen dir und Mitchell sind, und ich muss dir sagen – ich halte ihn für den glücklichsten Menschen der Welt, dass er deine Liebe gewinnen konnte. So vielen Menschen …« Er hielt inne, und seine Lider flatterten. Dann holte er tief Luft, als schöpfe er Kraft aus einer verborgenen Reserve, und der Augenblick der Schwäche war verflogen. »Verzeih mir«, fuhr er fort, »… so vielen Menschen ist es nie vergönnt, eine so tiefe Liebe zu erfahren, wie ihr zwei sie füreinander empfindet. Ich habe einmal ein solches Gefühl erlebt.« Ein schiefes Lächeln umspielte seine Lippen. »Bedauerlicherweise galt es keiner der Frauen, die ich geheiratet habe.« Rachel hörte, wie ihre Schwester Deanne hinter ihrem Rücken ein Lachen unterdrückte. Mit einem Stirnrunzeln wandte sie sich wieder zu Cadmus um, aber der alte Mann genoss seinen Scherz. Ein fast boshaftes Grinsen erhellte jetzt seine Züge. »Um die Wahrheit zu sagen, meine liebe Rachel – du hast mehr als nur eine flüchtige Ähnlichkeit mit der Dame, der einmal meine Bewunderung galt. Die Ähnlichkeit ist sogar so groß, dass ich bei unserer ersten

Begegnung auf der kleinen Geburtsparty, die Loretta für mich arrangiert hat – als wäre ich daran interessiert, an mein biblisches Alter erinnert zu werden –, bei mir dachte: Was die Schönheit betrifft, hat Mitchell denselben Geschmack wie ich.«

»Darf ich fragen, wer diese Frau war?«

»Das erzähle ich dir mit dem größten Vergnügen. Das heißt, ich habe eine noch bessere Idee. Hättest du Lust, mich nächste Woche einmal zu besuchen?«

»Natürlich.«

»Dann zeige ich dir die Frau, die ich geliebt habe«, erklärte Cadmus. »Auf der Leinwand, wo ihr die Jahre nichts anhaben können. Und wo sie – leider – auch für mich unberührbar ist.«

»Ich freue mich darauf.«

»Ich ebenfalls ...«, entgegnete er, und aus seiner Stimme klang jetzt eine Spur von Erschöpfung. »Nun, ich will euch nicht länger aufhalten. Die Damen möchten sich sicher wieder mit den anderen Gästen amüsieren.«

»Es hat mich sehr gefreut, Ihre Bekanntschaft zu machen«, sagte Sherrie.

»Die Freude ist ganz meinerseits«, entgegnete Cadmus. »Glauben Sie mir. Ganz meinerseits.«

»Solche Männer werden heute einfach nicht mehr geboren«, bemerkte Sherrie, als sie außer Hörweite des alten Cadmus waren.

»Du klingst ja tief beeindruckt«, meinte Deanne.

»Eins kann ich dir sagen«, wandte sich Sherrie jetzt an Rachel, »wenn Mitchell auch nur halb so viel Mann ist wie er, wirst du keinen Grund zur Klage haben.«

VIII

1

Das dritte und letzte Ereignis, über das ich berichten möchte, fand lange nach Einbruch der Dunkelheit statt, und es war ein Zwischenfall, der die Festtagsstimmung ohne weiteres hätte verderben können.

Lassen Sie mich zuerst die Szenerie für Sie entwerfen. Es war, wie ich schon sagte, ein milder Spätsommerabend, und obwohl sich die Zahl der Gäste mit fortschreitender Stunde immer mehr lichtete, blieben doch viele länger als ursprünglich geplant und tranken, plauderten und tanzten noch bis tief in die Nacht hinein. Die Zeit und die Mühe, die es gekostet hatte, die Lampions in den Bäumen rund ums Haus aufzuhängen, war nicht verschwendet worden. Gegen halb zehn zogen zwar im Nordosten Wolken auf, aber die Lampions machten das Fehlen der Sterne am Himmel mehr als wett; wie ein Meer aus funkelnden Früchten, fliederfarben, zitronengelb und zartgrün, schaukelten sie in den Zweigen der Bäume. Es war die Stunde der geflüsterten Liebesschwüre für die Jungen, der erneuerten Versprechen für die Älteren. »Ich werde liebevoller und aufmerksamer sein; ich werde mich wieder so um dich kümmern wie damals nach unserer Hochzeit.«

Niemand kam auf den Gedanken, dass es heimliche Lauscher geben könnte; bei der großen Zahl illustrer Gäste waren strenge Sicherheitsvorkehrungen getroffen worden. Aber jetzt, da viele der namhafteren Persönlichkeiten schon gegangen waren und das Fest allmählich ausklang, ließ die Aufmerksamkeit des Sicherheitspersonals nach, und so bemerkte niemand die beiden Fotografen, die verstohlen über die Grundstücksmauer auf der Ostseite des Hauses kletterten. Sie fanden nichts Sensationelles, womit sie ihren Chef hätten erfreuen können. Ein paar Schnapsleichen in den Sesseln, aber niemand von Bedeutung. Enttäuscht schlichen sie weiter, ihre Kameras vorsichtshalber unter den Jacketts versteckt, falls sie jemandem begegnen sollten, der misstrauische Fragen stellte, und als sie die Tanzfläche erreichten, beschlossen sie, sich zu trennen.

Einer der beiden – ein Mann namens Buckminster – begab sich zum Hauptzelt, in der Hoffnung, wenigstens noch eine übergewichtige Berühmtheit bei heimlicher Völlerei überraschen zu können. Sein Partner Penaloza ging an der Tanzfläche vorbei, auf der sich eine Hand voll Paare zu melancholischen Walzerklängen drehte, auf eine Baumgruppe zu.

Der Anblick, der sich Penaloza bot, war nicht besonders vielversprechend. Er kannte die harten Gesetze seiner Zunft in- und auswendig. Was die Leser der Schmutzblätter, an die er seine Bilder zu verkaufen hoffte, sehen wollten, war eine berühmte Person, die mindestens eine – am besten aber gleich mehrere – Todsünden beging. Maßlosigkeit war gut, Habgier war auch nicht schlecht; Wutausbrüche und sexuelle Ausschweifungen waren hervorragend. Aber im Schein der Lampions spielte sich nichts dergleichen ab, und Penaloza war eben im Begriff, den Rückzug anzutreten, als er ganz in der Nähe das Lachen einer Frau hörte. Etwas an diesem Lachen ließ den erfahrenen Lauscher aufhorchen.

Beim näheren Hinsehen konnte er die Quelle des Gelächters ausmachen. Und, o gnädiger Himmel, er wollte seinen Augen kaum trauen. War das wirklich Meredith Bryson, Senator Brysons Tochter, die da sturzbetrunken und mit offener Bluse unter dem Baum schwankte, während eine andere Frau das Gesicht zwischen ihren Brüsten vergraben hatte?

Penaloza zog mit fliegenden Fingern seine Kamera hervor. Das würde ein Bild werden! Und wenn er nun ein kleines Stück näher heranschlich, nur damit kein Zweifel mehr an Meredith Brysons Identität bestehen konnte? Vorsichtig tat er zwei Schritte, bereit, auf den Auslöser zu drücken und die Beine in die Hand zu nehmen, wenn er entdeckt wurde.

Aber die beiden Frauen waren viel zu sehr miteinander beschäftigt; wenn sie noch mehr in Fahrt kamen, würde keine Zeitung die Bilder veröffentlichen.

Die Bryson-Tochter war jetzt nicht mehr zu verkennen, so wie sie den Kopf in den Nacken geworfen hatte schon gar nicht. Mit angehaltenem Atem schoss er ein Foto, dann noch eins; er hätte gern noch ein drittes Bild gemacht, aber Merediths Gespielin hatte ihn bereits bemerkt. Sie stellte sich galant vor Meredith, sodass sich Penaloza die einmalige Gelegenheit bot, sie in voller Größe mit bis zur Taille aufgeknöpfter Bluse aufs Bild zu bannen. Er wartete das Geschrei der Frau nicht ab.

»Zeit zu gehen!« rief er grinsend, machte auf dem Absatz kehrt und rannte davon.

Mit dem, was nun geschah, hatte er allerdings im Traum nicht gerechnet. Es folgte kein tränenreiches Wehklagen der Frauen, sondern eine unheimliche Stille, in der nur das prasselnde Geräusch seiner eigenen Schritte zu hören war. Und plötzlich fühlte er sich am Kragen gepackt, jemand riss ihn herum, und er stieß einen unterdrückten Schmerzensschrei aus, als ihm die Angreiferin die Kamera aus den Händen wand.

»Du verdammter Mistkerl!«

Es war natürlich keine andere als Merediths Liebhaberin; obwohl sie, weiß Gott, ein übernatürliches Tempo vorgelegt haben musste, um ihn einzuholen.

»Die gehört mir!« protestierte er, während er ihr die Kamera zu entreißen versuchte.

»Nein«, erklärte sie ohne Umschweife und warf den Fotoapparat mit Schwung hinter sich.

»Rühren Sie sie nicht an!« schrie Penaloza. »Die Kamera ist mein Eigentum. Wenn Sie auch nur mit einem Finger daran rühren, verklage ich Sie …«

»Ach, halt den Mund!« fuhr ihn die Frau an und versetzte ihm eine kräftige Ohrfeige. Der Schlag brannte so auf seiner Wange, dass ihm die Tränen in die Augen schossen.

»Das dürfen Sie nicht tun«, begehrte er auf. »Es ist mein verfassungsmäßiges Recht …«

Die Frau versetzte ihm eine zweite Ohrfeige. »Da hast du dein Recht«, erklärte sie.

Penaloza war ein Mann von Anstand und Moral. Es bereitete ihm kein Vergnügen, eine Frau zu schlagen; aber manchmal war es eben nicht zu vermeiden. Er blinzelte, um durch die Tränen besser sehen zu können, täuschte eine Drehung nach rechts vor und landete dann mit Wucht einen linken Schwinger am Kinn seiner Angreiferin. Sie stieß einen Schrei aus, der ihm angenehm in den Ohren klang, und taumelte rückwärts, aber zu seiner Überraschung war sie wieder über ihm, bevor er noch das Gleichgewicht wieder gefunden hatte. Sie stürzte sich so wütend auf ihn, dass sie beide den Halt verloren und zu Boden stürzten.

»Jesus!« hörte er jemanden rufen, und aus den Augenwinkeln erkannte er Buckminster, der das Gerangel aus sicherer Entfernung fotografierte.

Penaloza gelang es, eine Hand unter der Frau hervorzuziehen und auf seine Kamera zu deuten, die wenige Meter von der Tochter des Senators entfernt im Gras lag. »Hol sie!« Schrie er. »Buck! Verdammt! *Nimm meine Kamera!*«

Aber es war zu spät. Die Bryson-Tochter war schon zur Stelle und riss die Kamera an sich, während Buckminster – offensichtlich der Meinung, dass er genug riskiert hatte – kehrtmachte und die Flucht ergriff. Penaloza versuchte sich dem eisernen Griff seiner Gegnerin zu entwinden, aber sie hatte seinen Kopf zwischen ihren Knien eingeklemmt und drückte ihn zu Boden, und er hatte nicht mehr genügend Kraft, gegen sie anzukämpfen. Er zappelte nur noch hilflos wie ein Kind, während sie Meredith Bryson lässig heranwinkte.

»Mach den Fotoapparat auf, Schatz, und zieh den Film heraus.«

Penaloza fing wieder an zu protestieren, inzwischen waren jedoch andere Gäste auf den Tumult aufmerksam geworden und kamen neugierig näher. Wenn einer von ihnen Meredith daran hindern konnte, die Kamera zu öffnen, war sein Beweismaterial vielleicht noch zu retten. Aber zu spät! Die Klappe sprang auf, und die junge Frau zog den Film heraus.

»Zufrieden?« zischte Penaloza.

Die Frau, die rittlings auf ihm saß, dachte einen Augenblick über die Frage nach. »Hat dir schon einmal jemand gesagt, wie reizend du bist?« sagte sie, indem sie hinter sich fasste. Sie packte ihn an den Hoden und drückte zu. »Was für ein prachtvolles, gesundes Exemplar von einem Mann du bist?« Sie drehte einmal kräftig an seinen empfindlichen Teilen, und er stieß einen Klagelaut aus, mehr aus Furcht als vor Schmerzen. »Nein?« hakte sie nach.

»… nein …«

»Gut. Weil du das nämlich *nicht* bist. Du bist ein wertloses Stück Rattenscheiße.« Sie verdrehte seine Hoden noch weiter. »Was bist du?« Hätte er in diesem Moment eine Waffe gehabt, er hätte dieser Furie freudig eine Kugel in den Kopf gejagt.

»Was – bist – du?« wiederholte sie und zerrte bei jedem Wort schmerzhaft an seinen Weichteilen.

»Rattenscheiße«, sagte Penaloza.

2

Die Frau, die Penaloza so übel mitgespielt hatte, war natürlich keine andere als meine süße Marietta. Und Sie kennen sie inzwischen wahrscheinlich gut genug, um zu wissen, dass sie ausgesprochen stolz auf sich war. Zurück in L'Enfant schilderte sie Zabrina und mir ihre Eskapaden in allen Einzelheiten.

Ich weiß noch, dass Zabrina sie fragte: »Warum, zum Teufel, bist du überhaupt dorthin gegangen?«

»Ich wollte ein bisschen Stunk machen«, erklärte sie. »Aber als ich erst einmal da war und ein paar Gläser Champagner getrunken hatte, wollte ich nur noch Sex. Und dann ist mir dieses Mädchen begegnet. Ich wusste nicht, wer sie war.« Sie lächelte verschlagen. »Und sie wusste es auch nicht, das arme Herzchen. Aber ich denke, ich habe ihr geholfen, es herauszufinden.«

Diese Ereignisse verdienen eine kleine Fußnote, die das weitere Liebesleben der Senatorentochter betrifft.

Was glauben Sie wohl, wer etwa ein Jahr nach Rachels und Mitchells Hochzeit auf der Titelseite der Zeitschrift *People* erschien und dort ihre Mitgliedschaft im Verein der Sappho-Jüngerinnen verkündete, wenn nicht die strahlende Meredith Bryson?

Die Zeitschrift enthielt ein fünfseitiges Interview mit zahlreichen Fotos von der neuerdings so offenherzigen Senatorentochter. Eines der Bilder zeigte sie am Fenster ihres Hauses in Charleston, ein anderes mit zwei Katzen im Garten, ein drittes zusammen mit ihrer Familie bei der Amtseinführung des Präsidenten. In das dritte Foto war eine Nahaufnahme von Meredith montiert, auf der sie ausgesprochen gelangweilt wirkte.

»Ich habe mich schon immer für Politik interessiert«, behauptete sie an einer Stelle des Interviews von sich.

Der Reporter ging rasch zu einem ergiebigeren Thema über. *Wann sie ihre lesbischen Neigungen entdeckt habe?*

»Ich weiß, dass viele Frauen sagen, sie hätten es tief in ihrem Innern schon immer gewusst«, antwortete sie. »Aber ich hatte, ehrlich gesagt, keine Ahnung, bis ich der richtigen Person begegnet bin.«

Ob sie den Leserinnen und Lesern verraten könne, wer die Glückliche war?

»Nein, das möchte ich im Augenblick lieber nicht tun«, entgegnete Meredith.

»Haben Sie sie schon einmal mit ins Weiße Haus genommen?«

»Noch nicht. Aber ich habe vor, es irgendwann in nächster Zeit zu tun. Ich habe mich sehr angeregt mit der First Lady über dieses Thema unterhalten, und sie sagte mir, wir seien willkommen.«

Das Interview plätscherte weiter so dahin, ohne dass an irgendeiner Stelle etwas von Substanz oder Bedeutung gesagt worden wäre. Aber nach der Passage über die Besuche im Weißen Haus konnte ich nicht umhin, mir vorzustellen, wie es Marietta und Meredith in Lincolns Schlafzimmer unter dem Porträt des alten Abraham trieben. Das war ein Bild, für dessen Besitz die Skandalreporter ein anständiges Sümmchen auf den Tisch gelegt hätten.

Marietta selbst waren keine weiteren Informationen über die Senatorentochter zu entlocken. Dennoch musste ich mich unwillkürlich fragen, ob sich das Schicksal von L'Enfant und das geheime Leben am Capitol Hill nicht irgendwo im Laufe der Geschichte wieder überschneiden würden. Schließlich wohnen wir hier in einem Haus, das ein Präsident der Vereinigten Staaten entworfen hat. Ich will nicht behaupten, dass es sein Meisterstück war – das ist sicher die Unabhängigkeitserklärung –, aber die Wurzeln von L'Enfant und die Wurzeln des Baums unserer Demokratie liegen so dicht beieinander, dass sie gar nicht anders können, als irgendwo ineinanderzugreifen. Und wenn der Lauf aller Dinge, wie der Prophet Zelim einst behauptete, dem Rad der Sterne entspricht, und alles, was vergangen schien, eines Tages wiederkehrt, wäre es dann so abwegig zu behaupten, dass die Kräfte, aus denen L'Enfant entstanden ist, auch seinen Niedergang verursachen oder beschleunigen könnten?

IX

Nun wissen Sie also, wie aus Rachel Pallenberg und Mitchell Geary ein Paar wurde – von der ersten Begegnung bis zum Ehegelöbnis vor dem Altar. Sie wissen auch, wie mächtig und besitzergreifend die Familie war, in die sie einheiratete; und Sie wissen, dass sie Mitchell leidenschaftlich liebte und dass ihre Gefühle erwidert wurden.

Wie, werden Sie fragen, konnte es dann geschehen, dass eine solche Liebe allen Glanz verlor? Wie war es möglich, dass kaum mehr als zwei Jahre später Rachel gegen Ende eines verregneten Oktobers durch die nächtlichen Straßen von Dansky, Ohio, fuhr und den Tag verfluchte, an dem sie den Namen Mitchell Geary zum ersten Mal gehört hatte?

Wenn dies nur eine erfundene Geschichte wäre, könnte ich ein dramatisches Szenario entwerfen, das die Ereignisse erklären würde. Sie wäre eines Tages nach Hause gekommen und hätte ihren Ehemann mit einer anderen Frau im Bett überrascht. Sie hätten einen Streit gehabt, der in Handgreiflichkeiten ausgeartet wäre. Oder er hätte ihr eines Tages im Zorn eröffnet, er habe sie nur wegen einer Wette mit seinem Bruder geheiratet. Aber in ihrem Leben gab es nichts dergleichen, keinen Ehebruch, keine Gewalttätigkeiten, ja nicht einmal einen lauten Streit, denn das lag nicht in Mitchs Natur. Er wollte, dass man ihn mochte, und dafür war er bereit, Auseinandersetzungen auch dann aus dem Weg zu gehen, wenn sie eigentlich allen Beteiligten gut getan hätten. Das hieß auch, dass er vor Rachels Unbehagen die Augen verschloss, weil er ansonsten riskiert hätte, etwas Unangenehmes zu erfahren. Seine frühere liebevolle Aufmerksamkeit, die sie so sehr an ihm bezaubert hatte, verschwand. War sie unglücklich, sah er einfach weg. Das Familienunternehmen der Gearys, das ihn so sehr in Anspruch nahm, rechtfertigte sein Verhalten; und die Versuchungen des luxuriösen Lebens, die Rachel die vielen einsamen Stunden versüßten, verfehlten ebenfalls nicht ihre einlullende Wirkung.

Es wäre falsch zu behaupten, sie hätte nicht ihren Anteil an der Entwicklung der Dinge gehabt. Sie merkte sehr schnell, dass ihr Eheleben mit Mitchell emotional nicht annähernd so befriedigend war, wie sie es sich erhofft hatte. Er ging vollkommen im Familienunternehmen auf, und da sie in diesem Unternehmen weder eine Rolle spielte noch auch nur Interesse daran hatte, war sie häufiger allein, als ihr lieb war. Anstatt aber Mitch zu zwingen, mit ihr über das Problem zu reden – und ihm deutlich zu sagen, dass sie mehr sein wollte als seine strahlende Begleiterin bei offiziellen Anlässen –, ließ sie den Dingen einfach ihren Lauf, was sich schon bald als fataler Fehler erwies. Je weniger Einwände sie machte, umso schwerer fiel es ihr, überhaupt noch etwas zu sagen.

Aber wie konnte sie auch behaupten, dass in ihrer Ehe etwas nicht stimmte, nachdem man ihr in den Augen der Öffentlichkeit das Paradies auf einem Silbertablett präsentiert hatte? Konnte sie nicht gehen, wohin sie wollte? Gab es einen Laden, in dem sie nicht einkaufen konnte, bis sie es leid war zu sagen: *Das nehme ich?* Sie fuhren nach Aspen zum Skilaufen, für ein Wochenende nach Vermont, um es in seiner herbstlichen Farbenpracht zu bewundern. Sie besuchte die Oscar-Verleihung in Los Angeles, sah sich die neuen Frühjahrskollektionen in Paris an, ging in London ins Theater, machte Spontanurlaube in Rio und Bali. Worüber hätte sie sich beklagen können?

Die Einzige, der sie ihre wachsende Unzufriedenheit eingestand, war Margie, deren Reaktion eher fatalistisch als mitfühlend ausfiel.

»Es ist ein Handel«, erklärte sie. »Und es war schon zu allen Zeiten so. Zumindest seit der erste reiche Mann ein armes Mädchen zur Frau genommen hat.«

Bei diesen Worten zuckte Rachel zusammen. »Ich habe ihn nicht …«

»Ach, *Liebes*.«

»Aus diesem Grund habe ich ihn nicht geheiratet.«

»Nein, natürlich nicht. Du wärest auch mit ihm verheiratet, wenn er hässlich und arm wäre, und ich wäre auch mit Garrison zusammen, wenn er sich als Stepptänzer an einer Straßenecke in Soho betätigen würde.«

»Ich liebe Mitchell.«

»Auch in diesem Augenblick?«

»Wie meinst du das?«

»Ich meine, während du hier sitzt und nachdem du mir gerade erzählt hast, wie er dich vernachlässigt und sich weigert, über Gefühle zu sprechen – liebst du ihn in diesem Augenblick, hier und jetzt?«

»O Gott …«

»Höre ich da ein vielleicht?«

Einen Moment lang überlegte Rachel schweigend, was sie in diesem Augenblick empfand. »Ich weiß nicht, *was* ich empfinde«, gab sie dann zu. »Es ist nur so, dass er nicht …«

»… der Mann ist, den du geheiratet hast?« Rachel nickte. Margie goss sich Whiskey nach und beugte sich vor, als wollte sie Rachel etwas zuflüstern, obwohl sich außer ihnen niemand im Raum befand. »Schatz, er *war nie* der Mann, den du geheiratet hast. Er hat dir einfach den Mitch vorgemacht, den du in ihm sehen wolltest.« Sie lehnte sich wieder zurück und wedelte mit der Hand vor ihrem Gesicht, als gelte es, einen Schwarm lästiger Geary-Gespenster zu vertreiben. »Sie sind alle gleich. Weiß Gott.« Sie nippte an ihrem Whiskey. »Ob du es glaubst oder nicht, auch Garrison kann ungeheuer charmant sein, wenn es ihm in den Kram passt. Sie müssen das von ihrem Großvater geerbt haben.«

Rachel stellte sich Cadmus vor, wie sie ihn auf ihrer Hochzeit gesehen hatte, in seinem Lehnstuhl sitzend und Charme austeilend wie eine göttlichen Segnung.

»Wenn das alles nur Verstellung ist«, warf sie ein, »wo ist dann der wahre Mitch?«

»Er weiß es nicht mehr. Wenn er es überhaupt je wusste, was ich bezweifle. Irgendwie ist es traurig, wenn man darüber nachdenkt. All diese Macht, all dieses Geld, und niemand ist da, um darüber zu verfügen.«

»Sie verfügen ständig darüber«, widersprach Rachel.

»Nein«, entgegnete Margie. »Es verfügt über *sie*. Sie leben nicht. Keiner von uns Gearys lebt wirklich. Wir tun nur so.« Sie beäugte ihr Glas. »Ich weiß, ich trinke zu viel. Es macht meine Leber kaputt und wird mich wahrscheinlich eines Tages umbringen. Aber wenn ich ein paar Whiskeys intus habe, fühle ich mich wenigstens nicht mehr darauf reduziert, *Mrs. Garrison Geary* zu sein. Wenn ich betrunken bin, höre ich auf, seine Frau zu sein, ich werde zu einer Person, die er lieber nicht kennen würde. Das gefällt mir.«

Rachel schüttelte deprimiert den Kopf. »Wenn es so schlimm ist«, sagte sie, »warum verlässt du ihn dann nicht einfach?«

»Ich habe es versucht. Ich habe ihn schon dreimal verlassen. Einmal habe ich es fünf Monate durchgehalten. Aber … man gewöhnt sich an eine bestimmte Lebensweise. Man wird bequem.« Rachel warf ihr einen fragenden Blick zu. »Das geht ganz schnell. Weißt du, es gefällt mir nicht, in Garrisons Schatten zu leben, aber noch viel weniger gefällt es mir, ohne seine Kreditkarten zu leben.«

»Du könntest dich von ihm scheiden lassen und eine großzügige Unterhaltsregelung aushandeln, Margie. Du könntest leben, wo du willst und wie es dir gefällt.«

Jetzt war es an Margie, den Kopf zu schütteln. »Ich weiß«, sagte sie leise. »Das sind alles nur Ausflüchte.« Sie griff zur Whiskeyflasche und füllte ihr Glas zur Hälfte. »Die Wahrheit ist, dass ich nicht gehe, weil ich es irgendwo tief in meinem Herzen gar nicht will. Wahrscheinlich hängt das, was mir noch an Selbstachtung geblieben ist, untrennbar damit zusammen, dass ich zur Dynastie der Gearys gehöre. Ist das nicht armselig?« Sie nahm einen Schluck aus ihrem Glas. »Schau mich nicht so entsetzt an, Schatz. Dass ich zu verkorkst bin, um den Absprung zu schaffen, heißt noch lange nicht, dass du nicht gehen kannst. Wie alt bist du jetzt?«

»Siebenundzwanzig.«

»Das ist doch gar nichts. Du hast das Leben noch vor dir. Weißt du, was ich an deiner Stelle tun würde? Ich würde Mitchell um eine Trennung auf Zeit bitten. Steck dir ein paar Millionen in die Taschen und sieh dir die Welt an.«

»Ich glaube nicht, dass mich das glücklich machen würde.«

»Na schön. Aber was *würde* dich glücklich machen?«

Rachel dachte einen Augenblick nach. »Wenn das Leben mit Mitch wieder so wäre wie vor unserer Hochzeit«, antwortete sie schließlich.

»Großer Gott«, seufzte Margie. »Wenn das so ist, hast du ein echtes Problem.«

X

Mitchells früherer Charme kam immer dann wieder flüchtig zum Vorschein, wenn er mit Rachel über seinen Wunsch nach Kindern sprach. Bei allen möglichen Gelegenheiten schwärmte er davon, wie wunderbar ihre Kinder sein würden: die Mädchen alle bildschön, die Jungen echte Kerle. Er war ganz versessen darauf, so bald wie möglich eine richtige Familie zu haben, und er wünschte sich eine große Kinderschar. Manchmal hatte Rachel das unangenehme Gefühl, dass er Garrisons Mangel an Nachkommenschaft wettmachen wollte (Margie hatte nur ein einziges Kind geboren, ein Mädchen namens Alexia, das inzwischen acht Jahre alt war).

Aber sie genoss die körperliche Liebe, auch wenn sie eher der Vermehrung der Gearys diente als der Lust. Wenn Mitchell bei ihr lag, wenn sie seine Hände auf ihrem Körper, seine Lippen auf ihrem Mund spürte, stellte sie sich ihre ersten Berührungen, ihre ersten Küsse vor und wie er ihr damals das Gefühl vermittelt hatte, etwas ganz Besonderes, etwas Kostbares zu sein.

Er war kein begnadeter Liebhaber. Tatsächlich war Rachel erstaunt gewesen, wie gehemmt, ja fast linkisch er sich im Bett verhielt; ganz sicher nicht wie ein Mann, der, wenn man den Gerüchten glauben durfte, mit den schönsten Frauen der Welt geschlafen hatte. Allerdings gefiel ihr sein Mangel an erotischer Raffinesse. Zum einen kam es ihrer eigenen Unerfahrenheit entgegen, zum anderen fand sie den Gedanken schön, gemeinsam mit ihm zu lernen, wie sie einander Lust bereiten konnten. Aber selbst in seinen besten Momenten ließ er sie irgendwie unbefriedigt zurück. Er schien den Rhythmus ihres Körpers nicht zu begreifen, schien nicht zu spüren, dass sie manchmal zärtlich gestreichelt und manchmal leidenschaftlich genommen werden wollte. Wenn sie versuchte, ihre Bedürfnisse mit Worten auszudrücken, gab er ihr deutlich zu verstehen, dass ihm das unangenehm war.

»Ich mag es nicht, wenn du so ordinäre Dinge sagst«, bemerkte er einmal, nachdem sie miteinander geschlafen hatten. »Vielleicht bin ich altmodisch, aber ich finde, eine Frau sollte so etwas nicht äußern. Es ist nicht …«

»Damenhaft?« ergänzte sie seinen Satz.

Er stand in der Tür zum Badezimmer und band den Gürtel seines Bademantels betont umständlich zu, um sie nicht ansehen zu müssen. »Ja«, sagte er. »Es ist nicht damenhaft.«

»Ich möchte nur sagen dürfen, was ich von dir will, Mitch.«

»Was du von mir willst, wenn wir im Bett sind, meinst du?«

»Ist das verboten?«

Er seufzte ungeduldig. »Rachel …«, erwiderte er, »ich habe es schon mehrfach betont. Du kannst sagen, was du willst.«

»Nein, das kann ich nicht«, widersprach sie. »Jedes Mal wenn ich dich kritisiere, fährst du mich an.«

»Das ist nicht wahr.«

»Aber genau das tust du doch gerade.«

»Das stimmt nicht. Ich sage nur, dass ich anders erzogen worden bin als du. Wenn ich mit einer Frau im Bett liege, möchte ich mir keine Befehle geben lassen.«

Seine Worte begannen Rachel wütend zu machen, und sie war nicht in der Stimmung, ihren Ärger zu unterdrücken. »Wenn ich dich bitte, mich beim Vögeln ein bisschen härter ranzunehmen …«

»Da haben wir es wieder.«

»… und du findest, dass ich dir damit Befehle erteile, haben wir ein Problem, weil …«

»Ich möchte nichts mehr davon hören.«

»… und das ist ein Teil unseres Problems.«

»Nein, das Problem ist, dass du ordinäre Reden führst.«

Erbost sprang sie aus dem Bett. Sie war noch nackt und

verschwitzt vom Liebesakt (er war immer als erster unter der Dusche, der erste, der sich sauber schrubbte). Der Anblick ihres nackten Körpers machte ihn verlegen. Es war derselbe Körper, mit dem er sich zehn Minuten zuvor vereinigt hatte, und nun wagte er es nicht, den Blick tiefer wandern zu lassen als bis zu ihrem Kinn. Es war das erste Mal, dass er ihr lächerlich vorkam. Sie hatte ihn schon manchmal als arrogant oder kindisch empfunden. Aber noch nie als lächerlich. Da stand er nun vor ihr, ein erwachsener Mann, der den Blick von ihrem nackten Körper abwandte wie ein nervöser Schuljunge. Sie hätte gelacht, wäre es nicht so furchtbar armselig gewesen.

»Nur damit wir uns richtig verstehen, Mitchell«, sagte sie in einem Ton, der ihren Ärger verriet. »Ich führe keine ordinären Reden. Wenn du ein Problem damit hast, über Sex zu sprechen …«

»Gib nicht mir die Schuld.«

»Lass mich ausreden.«

»Ich habe alles gehört, was ich hören möchte.«

»Ich bin noch nicht fertig.«

»Aber ich habe genug gehört.« Mit diesen Worten ging er zur Schlafzimmertür.

Sie trat ihm in den Weg, und ihre Nacktheit gab ihr ein eigenartiges Gefühl der Macht. Ihn angesichts ihrer Schamlosigkeit zusammenzucken zu sehen, weckte einen exhibitionistischen Zug in ihr. Wenn er sie behandelte wie eine Schlampe, dann würde sie sich, zum Teufel, auch wie eine benehmen und sich an seinem Unbehagen weiden.

»War das schon das ganze Kindermachen für heute Nacht?« fragte sie herausfordernd.

»Ich werde nicht mit dir in einem Zimmer schlafen, wenn es das ist, was du wissen möchtest.«

»Je öfter wir es miteinander treiben«, hakte Rachel nach, »umso besser stehen die Chancen, dass wir einen kleinen Geary produzieren. Ist dir das klar?«

»Im Augenblick ist mir das vollkommen gleichgültig«, erklärte er kalt und ließ sie stehen.

Sie begann erst zu weinen als sie geduscht hatte und im Begriff war sich abzutrocknen. Wütend über ihre eigene Schwäche schluckte sie die Tränen entschlossen hinunter, dann wusch sie sich das Gesicht mit kaltem Wasser und ging zu Bett.

Sie hatte viele Jahre lang allein geschlafen, und sie war bestens damit zurechtgekommen. Sollte sie also für den Rest ihres Lebens gezwungen sein, es wieder zu tun, bitte sehr. Sie würde niemanden anbetteln, das Lager mit ihr zu teilen; nicht einmal Mitchell Geary.

XI

1

Ironischerweise hatten sie genau in der Nacht, in der sie am Ende allein in ihrem Bett schlief, ein Kind gezeugt. Sieben Wochen später saß Rachel im Sprechzimmer von Doktor Lloyd Waxman, dem Hausarzt der Familie Geary, und erfuhr die freudige Neuigkeit aus seinem Munde.

»Sie sind bei bester Gesundheit, Mrs. Geary«, sagte er. »Ich bin sicher, alles wird problemlos vonstatten gehen. Hatte Ihre Mutter übrigens irgendwelche Schwierigkeiten während ihrer Schwangerschaften?«

»Soviel ich weiß, nein.«

»Na sehen Sie, das ist auch ein gutes Zeichen.« Er notierte die Information auf ihrer Patientenkarte. »Ich schlage vor, Sie kommen in – sagen wir einem Monat wieder zu mir.«

»Keine besonderen Verhaltensregeln bis dahin?«

»Sie sollten nichts übertreiben«, entgegnete Waxman mit einem leichten Schulterzucken. »Das sage ich den Leuten immer. Sie sind eine gesunde Frau, es müsste also im Grunde ein Kinderspiel für Sie sein. Gehen Sie nur nicht mit Margie aus. Oder wenn Sie es tun, überlassen Sie ihr das Trinken. Sie ist sehr geübt darin. Weiß Gott, eines Tages wird es sie noch umbringen.«

Etwa eineinhalb Wochen nach ihrem Streit im Schlafzimmer hatte sich Rachel wieder halbwegs mit Mitchell versöhnt, aber es blieb ein Bruch zwischen ihnen. Sie fühlte sich durch seine Worte weniger verletzt als beleidigt, und sie machte sich nichts vor: Auch wenn er sich jetzt nach außen versöhnlich gab, lauerte seine grundsätzliche Einstellung doch unverändert hinter seinem Lächeln; wie er ganz richtig gesagt hatte, war diese Einstellung Teil seiner Herkunft und seiner

Erziehung. Gefühle, die so tief verwurzelt waren, lösten sich nicht über Nacht in Wohlgefallen auf.

Aber die Neuigkeiten, die sie von ihrem Besuch bei Dr. Waxman mitbrachte, versetzten alle in einen solchen Freudentaumel, dass sie den Streit zumindest für ein paar Wochen vergaß. Es kam ihr vor, als wäre ein Wunder geschehen, so groß war die Begeisterung allenthalben.

»Es ist nur ein Baby«, bemerkte sie Deborah gegenüber eines Tages.

»Rachel«, erwiderte Deborah in fast strafendem Ton, »das meinst du nicht ernst.«

»Na schön, es ist ein Geary-Baby«, gab Rachel klein bei. »Aber Herrgott noch mal, dieses ganze Theater! Es sind immerhin noch sieben Monate.«

»Als ich Garrison erwartet habe«, erklärte Deborah, »hat mir Cadmus in den letzten zwei Monaten der Schwangerschaft täglich Blumen geschickt, mit einer kleinen Karte, auf der die Tage bis zur Geburt verzeichnet waren.«

»Wie ein Countdown?«

»Genau.«

»Je besser ich diese Familie kennen lerne, umso eigenartiger erscheint sie mir.«

Deborah lächelte, und ihr Blick schweifte in die Ferne.

»Was hat das zu bedeuten?«

»Was?«

»Dein Lächeln.«

Deborah zuckte die Schultern. »Ach, weißt du, je älter ich werde, umso mehr erscheint mir eigentlich *alles* um mich herum eigenartig.« Sie saß auf dem Sofa neben dem Fenster, und in dem hell einfallenden Sonnenlicht war ihr Gesichtsausdruck schwer zu erkennen. »Wir nehmen immer an, dass alles klarer wird, wenn wir älter werden. Aber das ist ein Irrtum. Manchmal ertappe ich mich dabei, wie ich einen Menschen ansehe, den ich seit einer Ewigkeit kenne, und plötzlich kommt er mir völlig fremd vor. Wie ein Wesen von einem anderen Stern.« Sie hielt inne, nippte an ihrem Pfefferminztee und starrte aus dem Fenster. »Worüber haben wir gerade gesprochen?«

»Darüber, wie sonderbar die Gearys sind.«

»Hm ... Wahrscheinlich findest du, dass ich die Sonderbarste von allen bin.«

»Nein«, protestierte Rachel. »Das wollte ich nicht sagen ...«

»Sag, was immer du willst«, unterbrach Deborah sie ein wenig geistesabwesend. »Hör nicht auf Mitchell.« Sie warf Rachel einen schwer zu deutenden Blick zu. »Er hat mir erzählt, dass du wütend auf ihn warst. Ich kann dir, ehrlich gesagt, keinen Vorwurf daraus machen. Er kann sehr herrisch werden. Das hat er nicht von George, es ist Garrisons Einfluss. Und Garrison hat es von Cadmus.« Rachel enthielt sich jeden Kommentars. »Er sagte, ihr hättet euch ziemlich heftig gestritten.«

»Das ist wieder vorbei«, erklärte Rachel.

»Ich musste es ihm förmlich aus der Nase ziehen. Dabei weiß er im Grunde genau, dass es keinen Sinn hat, seiner Mutter etwas verheimlichen zu wollen.«

Rachel gingen in diesem Augenblick mehrere Gedanken gleichzeitig durch den Kopf. Erstens: Wenn Deborah es normal fand, dass ihr Sohn ihr Schlafzimmergeheimnisse anvertraute, war sie tatsächlich genauso sonderbar wie der Rest der Familie. Zweitens: Sie konnte sich nicht darauf verlassen, dass Mitchell die intimen Einzelheiten ihres Ehelebens für sich behielt. Drittens: Sie würde ihre Schwiegermutter von jetzt an beim Wort nehmen und sagen, was immer ihr in den Sinn kam, und wenn es noch so unschicklich klingen mochte. Die Gearys hatten sie jetzt am Hals. Sie würde dem Geary-Clan ein Kind gebären. Und das gab ihr Macht.

Margie traf den Nagel auf den Kopf, als sie bemerkte: »Das Kind stärkt deine Verhandlungsposition.« Das war zwar eine harte Sicht der Dinge, aber Rachel machte sich immer weniger romantische Illusionen. Wenn das Kind, das in ihr wuchs, notwendig war, um ihren Willen durchzusetzen, dann sollte es so sein.

Ende Januar kam Mitchell eines Tages überraschend schon um die Mittagszeit nach Hause und bat Rachel, mit ihm zu kommen, weil er ihr etwas zeigen wolle. »Jetzt gleich?« fragte sie ihn.

»Ja«, meinte er, »jetzt gleich.«

Selbst für New Yorker Verhältnisse herrschte ein ungewöhnliches Verkehrschaos. Der Himmel hatte sich bleigrau zugezogen, und es begann zu schneien. Für den Abend hatte der Wetterbericht einen Schneesturm angekündigt. Rachel fiel der Nachmittag in Boston ein, an dem sie sich zum ersten Mal begegnet waren. Schnee auf dem Gehsteig, und ein Prinz in der Tür. Das alles schien so unendlich lange her.

Ihr Ziel war die Fifth Avenue, Ecke Einundachtzigste: ein Apartmenthochhaus, das sie nur vom Hörensagen kannte.

»Ich habe etwas für dich gekauft«, erklärte Mitchell, als sie den Fahrstuhl betraten. »Ich finde, du solltest etwas haben, das nur dir gehört. Einen Ort, an dem du alle Gearys ausschließen kannst.« Er lächelte. »Außer mir natürlich.«

Sein Geschenk erwartete sie im obersten Stockwerk – eine Penthouse-Wohnung. Sie war erlesen ausgestattet; an den Wänden hingen moderne Meister, die Einrichtung war elegant, aber gemütlich.

»Sie hat vier Schlafzimmer, sechs Badezimmer und natürlich« – damit führte er sie zum Fenster – »die schönste Aussicht in ganz Amerika.«

»Oh, mein Gott«, war alles, was Rachel herausbrachte.

»Gefällt es dir?«

Wie hätte es ihr nicht gefallen sollen? Es war wunderbar; vollkommen. Sie hatte keine Vorstellung, was dieser Luxus gekostet haben mochte.

»Das alles gehört dir, Liebling«, erklärte Mitchell. »Und das meine ich wörtlich. Das Apartment ist mit allem, was sich darin befindet, auf deinen Namen eingetragen.« Er trat dicht hinter sie und blickte zusammen mit ihr auf das schneehelle Rechteck des Central Park hinunter. »Ich weiß, dass das Leben in dieser verdammten Familie manchmal schwer für dich ist. Nicht einmal für mich ist es immer leicht, wie musst also du es empfinden.« Er schlang die Arme um sie und legte seine Hände auf ihren gewölbten Bauch. »Ich möchte, dass du dein eigenes kleines Königreich hier oben hast. Wenn dir die Bilder an den Wänden nicht gefallen, verkauf sie einfach. Ich habe mir Mühe gegeben, etwas zu finden, dass dir zusagt, aber wenn du es nicht magst, verkauf es und such dir etwas nach deinem Geschmack aus. Ich habe ein paar Millionen Dollar auf einem Extrakonto für dich deponiert, damit du alle Veränderungen vornehmen kannst, die dir vorschweben. Stell einen Billardtisch auf. Oder richte dir einen Kinoraum ein. Was immer du willst. Hier hast du das Sagen.« Seine Lippen streiften ihr Ohr. »Ich hoffe natürlich, du überlässt mir einen Schlüssel, damit ich gelegentlich zum Spielen vorbeikommen kann.« Seine Stimme klang belegt, und seine Hüften pressten sich sanft, aber fordernd gegen sie. »Nun, Liebling?«

»Ja?«

»Darf ich hereinkommen und spielen?«

»Musst du erst fragen?« lächelte sie und drehte sich in seinen Armen um, sodass sie ihm ins Gesicht sehen konnte. »Natürlich darfst du hereinkommen und spielen.«

»Auch in deinem besonderen Zustand?«

»An meinem Zustand ist nichts Besonderes«, bemerkte sie, indem sie sich fester an ihn schmiegte. »Ich fühle mich gut. Besser als gut.« Sie küsste ihn. »Es ist überwältigend hier.«

»Du bist überwältigend«, sagte er und erwiderte ihren Kuss. »Je besser ich dich kennen lerne, desto mehr liebe ich dich. Es fällt mir schwer, dir das mit Worten zu sagen. Du bringst mich völlig aus dem Gleichgewicht. Man hält mich für Mr. Cool, aber wenn ich mit dir zusammen bin, werde ich albern wie ein kleiner Junge.« Er streifte ihre Wange mit den Lippen. »Ein sehr, sehr begehrlicher kleiner Junge.«

Das brauchte er ihr nicht erst zu sagen; sie spürte seine Erektion deutlich genug. Seine hellen Wangen waren erhitzt, sein Hals hatte sich mit rötlichen Flecken überzogen. »Darf ich ihn in dich stecken?« flüsterte er.

Das war seine Standardeinleitung: *Darf ich ihn in dich stecken?* Als sie im Zorn an diesen Satz gedacht hatte, war er ihr ausgesprochen lächerlich erschienen. Aber in diesem

Augenblick erlag sie dem Charme seiner idiotischen Schlichtheit. Sie *wollte* ihn in sich haben; das Ding, das er nicht beim Namen zu nennen wagte.

»Welches Schlafzimmer?« fragte sie.

Sie liebten sich, ohne sich vollständig auszukleiden, in einem Bett, das so groß war, dass sie eine Orgie zwischen den Kissen hätten veranstalten können. Er war so leidenschaftlich, wie sie ihn noch nie erlebt hatte, und seine Lippen kehrten immer wieder zur seidigen Wölbung ihres Bauchs zurück. Es war, als würde ihn der sichtbare Beweis seiner eigenen Fruchtbarkeit erregen, und dicht an ihrem Leib murmelte er Worte der Bewunderung. Das Intermezzo dauerte nicht länger als eine Viertelstunde, dann konnte er sich nicht mehr beherrschen. Als es vorüber war, erhob er sich, duschte und schickte sich an, nach unten zu gehen, um ein paar Telefonate zu erledigen. Er fürchte, zu spät zu seiner Verabredung zu kommen, sagte er; Garrison würde ihn verfluchen.

»Ich nehme ein Taxi und lasse dir die Limousine hier«, erklärte er, während er sich zu ihr hinunterbeugte, um sie auf die Stirn zu küssen. Sein Haar war noch feucht vom Duschen.

»Hol dir keine Erkältung. Draußen haben wir einen Schneesturm.«

Er warf einen Blick aus dem Fenster. Es schneite jetzt so heftig, dass der Park kaum noch zu sehen war.

»Mir wird nicht kalt«, entgegnete er liebevoll. »Ich denke daran, wie ihr beide hier liegt, und dann ist mir ganz warm.«

Als er gegangen war konnte sie seine Erektion noch in sich spüren, als würde ein Phantomglied in ihr auf und ab gleiten. Und ihr fiel plötzlich ein, wie er mit ihr sprach, wenn er erregt war. Im Augenblick der Lust nannte er sie oft Baby, und heute war es nicht anders gewesen. *Baby-oh-Baby-oh-Baby,* hatte er gestöhnt, als er in sie eingedrungen war. Aber als sie sich jetzt seine Stimme in Erinnerung rief, kam es ihr vor, als hätte er mit dem Kind in ihrem Leib gesprochen. *Baby-oh-Baby-oh-Baby*.

Sie wusste nicht, ob sie gerührt oder beunruhigt sein sollte, also beschloss sie, sich keinem von beidem auszuliefern. Sie zog Laken und Decke über sich und schlief ein, während unten der Schnee seine eigene weiße Daunendecke über dem Park ausbreitete.

2

Seitdem ich die letzte Passage geschrieben habe – also seit dem gestrigen Nachmittag –, hatte ich nicht weniger als drei Besuche von Luman, die mich so aus dem Konzept gebracht haben, dass ich nicht mehr in der Stimmung war, meine Geschichte fortzuführen. Ich habe daher beschlossen, Ihnen den Grund meiner Irritation zu erzählen, in der Hoffnung, dass meine Gedanken dann aufhören, darum zu kreisen.

Je häufiger ich mit Luman zusammen bin, umso unbehaglicher ist mir in seiner Gegenwart zumute. Bei unserer letzten Unterhaltung war er offensichtlich – nach all den Jahren der Entfremdung – zu dem Schluss gekommen, dass ich nun sein bester Freund sei; sein Rauchkumpan (ein halbes Dutzend meiner Havannas hat er schon geschafft), sein Vertrauter und natürlich sein Co-Autor. Er hat sich, wie ich Zabrina erzählt habe, in den Kopf gesetzt, dass wir zusammen das Standardwerk über Irrenhäuser verfassen. Natürlich habe ich ihm nichts dergleichen versprochen, aber ich besitze auch nicht den Mut, seinen Traum zu zerstören; er nimmt die Sache offensichtlich furchtbar ernst. Ständig kommt er mit irgendwelchen dahingekritzelten Notizen zu mir (obwohl er nicht so ins Zimmer platzt wie Marietta; er wartet auf der Veranda, bis mein Blick zufällig auf ihn fällt und ich ihn hereinbitte), lässt mich lesen, was er geschrieben hat, und erzählt mir, wie es seiner Meinung nach in das Gesamtkonzept seines Buches passt. Er hat das Projekt offensichtlich bereits in allen Einzelheiten durchdacht, denn er sagt Dinge wie: *Das gehört in das siebente Kapitel; dies hier passt zu den Geschichten über Bedlam*, als würde ich seine Vision teilen. Aber das tue ich nicht. Ich kann es nicht. Zum einen hat er mir nicht mitgeteilt, was für eine Art Buch das Ganze werden soll (obwohl er offensichtlich der Meinung ist, er hätte es getan), zum anderen habe ich ein eigenes Buch, um das ich mich kümmern muss. In meinem Kopf ist kein Platz für zwei Bücher. Im Grunde ist dieses eine schon fast zu viel für mich.

Wahrscheinlich wäre es für alle Beteiligten besser gewesen, ich hätte ihm einfach erklärt, dass ich nicht die Absicht habe, das Buch mit ihm zu schreiben. Dann wäre er gegangen und hätte mich in Ruhe gelassen, und ich hätte Ihnen erzählen können, was mit Rachel weiter geschah. Aber er war so begeistert von seiner Idee, dass ich Angst bekam, er würde zusammenbrechen, wenn ich ihm die Wahrheit sagte.

Aber das ist zugegebenermaßen nicht der einzige Grund, warum ich ihn nicht mit der Wahrheit konfrontierte. Obwohl es mich immer ablenkt, wenn er kommt und mir auf seine besondere Art auf die Nerven geht, empfinde ich seine Gegenwart auch als beflügelnd. Je sicherer er sich mit mir fühlt, umso weniger bemüht er sich, der Unterhaltung eine zusammenhängende Struktur zu geben. Mitten in einer Ausführung über die irrwitzigen Einzelheiten seines Buches kann er plötzlich zu einem ganz anderen Thema überspringen, dann wieder und wieder abschweifen, als befanden sich in seinem Kopf mehrere Personen, die sich abwechselnd seiner Zunge bemächtigten. Da ist Luman der Schwätzer, der mit etwas weibischem Gehabe vor sich hin plaudert. Da ist Luman der Metaphysiker, der die Augen gen Himmel verdreht, während er gesalbte Reden schwingt. Da ist Luman mit dem enzyklopädischen Wissen, der aus heiterem Himmel Vorträge über das Römische Recht oder über die hohe Kunst des Bäumebeschneidens hält. (Einige der Informationen, die er mir in dieser Stimmung vermittelt hat, fand ich hochinteressant. Zum Beispiel war mir, bis er es mir sagte, nicht bewusst, dass bei manchen Hyänenarten das weibliche Tier nicht vom männlichen zu unterscheiden ist; die Klitoris der Weibchen ist so groß wie ein Penis, und ihre Schamlippen sind geschwollen und ähneln Hoden. Kein Wunder, dass sich Marietta für diese Tiere so begeistern konnte. Und ich wusste auch nicht, dass die Tempel, in denen man Cesaria anbetete, oft gleichzeitig Grabstätten waren und dass die heiligen Hochzeiten, die *heiros gamos*, dort inmitten der Toten gefeiert wurden.)

Und dann ist da noch Luman der Imitator, der unvermittelt mit der Stimme eines anderen sprechen kann, als wäre er besessen. Gestern Abend hat er Dwight so perfekt nachgeahmt, dass ich die Täuschung mit geschlossenen Augen nicht hätte feststellen können. Und später, als er schon im Begriff war zu gehen, zitierte er mit Chiyojos Stimme ein Gedicht, das aus der Feder meiner Mutter stammt:

»Mein Erlöser ist sehr gewissenhaft;
in seinem Buch steh' ich
mit allen meinen Sünden,
und das steht felsenfest.
Nur der Gefallene ist's,
der uns vollkommen will;
denn dann bedürfen wir der Engelshilfe nicht.«

Sie können sich vorstellen, wie seltsam das in meinen Ohren klang: die Stimme meiner Frau, mit ihrem unüberhörbar japanischen Akzent, und sie sprach Gedanken aus, die aus dem Herzen meiner Mutter kamen. Die zwei Frauen, die eine wichtige Rolle in meinem Leben gespielt haben, klangen mir aus der Kehle dieses wirren Menschen entgegen. Ist es ein Wunder, dass ich mich nicht auf den Fluss meiner Geschichte konzentrieren konnte?

Am wunderlichsten aber wurde er ohne Frage, wenn es in unseren Gesprächen metaphysisch zu werden begann. Er hat sich offensichtlich lange und eingehend mit den Widersprüchen unserer Existenz beschäftigt: eine Familie von Göttinnen und Göttern (und ich ein Halbgott unter ihnen), verborgen vor einer Welt, die uns nicht mehr will und braucht.

»Die göttliche Existenz hat nicht das Geringste zu bedeuten«, erklärte er mir. »Sie macht uns lediglich verrückt.«

Ich fragte ihn, warum das seiner Meinung nach so wäre. (Ich stellte seine Grundbehauptung nicht infrage, weil ich glaube, dass er Recht hat: Alle Barbarossas sind mehr oder weniger wahnsinnig.) Er sagte, in seinen Augen liege es daran, dass wir nur untergeordnete Gottheiten seien.

»Wir sind nicht viel besser als die da draußen in der Welt, wenn man es sich genau überlegt«, bemerkte er. »Klar, wir leben länger. Und wir beherrschen ein paar Zauberkunststücke. Aber das ist nicht das Wahre. Wir können keine Sterne erschaffen. Oder ihre Existenz widerrufen.«

»Nicht einmal Nicodemus?« fragte ich.

»Nein. Nicht einmal Nicodemus. Und er war einer der Ersten. Genau wie sie.« Er deutete in die Richtung, in der Cesarias Räume lagen.

»*›Zwei Seelen, so alt wie das Firmament …‹*«

»Von wem ist das?«

»Von mir«, erwiderte ich. »Es ist aus meinem Buch.«

»Schön«, sagte er.

»Danke.«

Eine Weile herrschte Schweigen zwischen uns. Ich nahm an, dass er über den Wohlklang meiner Formulierung nachsann, aber nein, dieser unstete Geist war bereits weitergewandert; oder vielmehr zurück zu den Problemen unserer göttlichen Existenz.

»Ich glaube, wir sind einfach zu hellsichtig«, erklärte er. »Wir können nie in der Gegenwart leben. Ständig schauen wir über die Grenzen der Dinge hinaus. Aber wir sind nicht mächtig genug, um dort wirklich etwas zu *erkennen*.« Er knurrte wie ein wütender Hund. »Es ist so verdammt frustrierend, weder das eine noch das andere richtig zu sein.«

»Was soll das heißen?«

»Wenn wir *richtige* Götter wären … ich meine so, wie Götter im Allgemeinen sein sollten, dann würden wir nicht hier sinnlos unsere Zeit vertrödeln. Wir wären weit weg … da draußen, wo es immer noch einiges zu tun gibt.«

»Du meinst nicht die Welt.«

»Nein, ich meine nicht die Welt. Scheiß auf die Welt. Ich meine, wir wären jenseits von allem, was je eine lebendige Seele auf diesem Planeten gesehen oder zu sehen geträumt hat.«

Als er das sagte, musste ich an Galileo denken. War es nicht genau diese Sehnsucht, die Luman hier beschrieb – unbeholfen vielleicht, aber darum nicht weniger brennend –, die Galileo getrieben hatte, mit seinem kleinen Schiff über die Weltmeere zu segeln und sich jeder ihm bekannten Gefahr zu stellen, ohne je das Gefühl zu haben, dass er weit genug vom Festland oder von seiner Heimat entfernt war?

Die Grübeleien hatten Luman in eine melancholische Stimmung versetzt; er hatte plötzlich keine Lust mehr, sich mit mir zu unterhalten, und verabschiedete sich.

Aber schon bei Anbruch des nächsten Tages oder zumindest doch kurze Zeit später war er wieder da und stattete mir den dritten Besuch ab. Ich glaube nicht, dass er geschlafen hatte. Vielmehr war er wahrscheinlich, nachdem er mein Arbeitszimmer verlassen hatte, in Gedanken versunken umhergewandert.

»Ich habe mir noch ein paar Notizen für das Christus-Kapitel gemacht«, sagte er.

»Christus kommt in deinem Buch vor?« fragte ich.

»Natürlich. Unbedingt. Starke Familienbande.«

»Wir sind nicht mit Jesus verwandt, Luman«, erklärte ich. Aber dann stiegen mir Zweifel an meinen eigenen Worten auf. »Oder doch?«

»Nein. Aber er war genauso verrückt wie wir. Er war nur weniger gleichgültig als wir.«

»Inwiefern?«

»Ihnen gegenüber«, fuhr er fort. »Der Menschheit gegenüber. Der verdammten Herde. Die Wahrheit ist, dass wir niemals Hirten waren. Wir waren immer *Jäger*. Sie zumindest. Nicodemus hatte vielleicht einen Hang zur Häuslichkeit. Mit seiner Leidenschaft für Pferde war er im Grunde seines Herzens ein Viehzüchter.« Ich lächelte angesichts dieser Erkenntnis. Es stimmte. Unser Vater, der Weidekönig.

»Vielleicht hätten wir weniger gleichgültig sein sollen«,

sinnierte Luman weiter. »Vielleicht hätten wir uns bemühen sollen, die Menschen zu lieben, auch wenn sie uns nie geliebt haben.«

»Nicodemus hat sie geliebt«, entgegnete ich. »Einige der Frauen zumindest.«

»Ich habe es auch versucht«, erklärte Luman. »Aber sie sterben dir immer dann weg, wenn du dich gerade an ihre Gegenwart gewöhnt hast.«

»Hast du Kinder da draußen?« erkundigte ich mich.

»Aber sicher, ich habe ein paar uneheliche Bälger.«

Bis zu diesem Augenblick war mir nie der Gedanke gekommen, dass es in unserem Stammbaum vielleicht ein paar Zweige gab, von denen niemand etwas wusste. Ich hatte immer angenommen, dass ich den Barbarossa-Clan mit allen seinen Mitgliedern kannte. Aber da hatte ich mich offensichtlich geirrt.

»Weißt du, wo sie sich aufhalten?« fragte ich ihn.

»Nein.«

»Aber du könntest sie finden?«

»Ich nehme es an …«

»Wenn sie so sind wie wir, sind sie noch am Leben. Werden langsam alt, aber …«

»O ja, sie sind noch am Leben.«

»Und bist du nicht neugierig auf sie?«

»Natürlich bin ich neugierig«, entgegnete er mit einer gewissen Schärfe. »Aber ich drehe ja schon fast in meinem Räucherhaus durch. Wenn ich nach meinen Kindern suchen und die Erinnerung an die Frauen hervorkramen würde, mit denen ich einmal geschlafen habe, würde ich das bisschen Verstand, das ich mir bewahrt habe, auch noch verlieren.« Er schüttelte so heftig den Kopf, als wollte er den verlockenden Gedanken daraus vertreiben.

»Vielleicht … wenn ich irgendwann einmal hinausgehe …«, begann ich. Mit einem Ruck hob er den Kopf, und in seinen Augen glänzten Tränen, aber ich glaubte auch einen Hoffnungsfunken darin zu entdecken. »Dann könnte ich sie vielleicht für dich ausfindig machen …«, fuhr ich fort.

»Du würdest meine Kinder suchen?«

»Ja.«

»Das würdest du für mich tun?«

»Ja. Natürlich. Es … es wäre mir eine Ehre.«

Jetzt konnte er den Tränenstrom nicht mehr zurückhalten. »Oh, *Bruder*«, schluchzte er. »Stell dir das vor. Meine Kinder.« Seine Stimme war nur noch ein raues Flüstern. »Meine Kinder.« Er ergriff meine Hand; ich spürte das Prickeln förmlich auf meiner Haut, seine Aufregung strömte aus allen Poren. »Wann, denkst du, könntest du es tun?« fragte er.

»Nun … also … nicht, bevor das Buch fertig ist.«

»Mein Buch oder deins?«

»Mein Buch. Deines müsste warten.«

»Kein Problem. Kein Problem. Damit könnte ich leben. Wenn ich wüsste, dass du mir meine …« Er konnte den Gedanken nicht zu Ende bringen, so sehr überwältigte ihn allein die Vorstellung. Er ließ mich los und schlug die Hände vor die Augen. Die Tränen liefen ihm über die Wangen, und er schluchzte so laut, dass es sicher im ganzen Haus zu hören war. Endlich hatte er sich wieder soweit in der Gewalt, dass er sagen konnte: »Wir werden uns ein andermal wieder darüber unterhalten.«

»Wann immer du willst«, pflichtete ich ihm bei.

»Aus irgendeinem Grund wusste ich, dass wir wieder Freunde werden würden«, erklärte er. »Du bist ein echter Kerl, Maddox. Und ich wähle meine Worte sehr genau. *Ein echter Kerl.*«

Damit wandte er sich zur Veranda und hielt auf dem Weg dorthin nur kurz inne, um sich eine Zigarre aus meinem Humidor zu nehmen. Als er aber draußen stand, begann er wieder zu sprechen. »Ich weiß nicht, was die Information wert ist«, meinte er, »aber da ich jetzt ein solches Vertrauen zu dir habe, sollte ich es dir meiner Meinung nach erzählen …«

»Was?«

Er schien sich mit einem Mal nicht mehr wohl in seiner Haut zu fühlen und kratzte heftig seinen Bart. »Jetzt wirst du mich *wirklich* für verrückt halten«, sagte er.

»Nun sag es mir schon.«

»Also ... ich habe eine Theorie. Sie betrifft Nicodemus.«

»Ja?«

»Ich glaube nicht, dass sein Tod ein Unfall war. Ich glaube, dass er die ganze Sache selbst inszeniert hat.«

»Warum sollte er so etwas getan haben?«

»Um *ihr* heimlich entwischen zu können. Um sich seinen Pflichten zu entziehen. Ich weiß, dass das schwer ist für dich, Bruder ..., aber ich glaube, dass die Anwesenheit deiner Frau die Sehnsucht nach den alten Zeiten in ihm geweckt hat. Er sehnte sich nach einer menschlichen Pussi. Und darum wollte er weg von hier.«

»Aber du hast ihn begraben, Luman. Und ich habe seinen zerschmetterten Leichnam mit eigenen Augen dort liegen gesehen. Ich lag neben ihm am Boden, von denselben Hufen zertrampelt.«

»Eine Leiche beweist überhaupt nichts«, wandte Luman ein. »Das weißt du genau. Es gibt Möglichkeiten, sich davonzumachen, wenn man weiß, wie. Und wenn *einer* diese Möglichkeiten kannte ...«

»... dann er.«

»Trickreicher Hurensohn, unser Vater. Trickreich und sexbesessen.« Er hörte auf, sich am Bart zu kratzen und zuckte mit einem verzeihungheischenden Blick auf mich die Schultern. »Es tut mir Leid, wenn ich dich mit dem, was ich sage, verletze, aber ...«

»Nein. Das ist schon in Ordnung.«

»Ich glaube, wir müssen hier allmählich anfangen, ehrlich zueinander zu sein. Aufhören, so zu tun, als sei er ein Heiliger.«

»Das tue ich nicht, glaub mir. Er hat mir meine Frau weggenommen.«

»Da siehst du es wieder«, fiel Luman ein. »Du belügst dich selbst. Er hat dir Chiyojo nicht weggenommen. Du hast sie ihm gegeben, Maddox.« Er sah den entsetzten Blick in meinen Augen und war einen Augenblick lang unsicher. Aber dann beschloss er, seinem eigenen Rat zu folgen und die Dinge so beim Namen zu nennen, wie er sie sah, so unaussprechlich diese Wahrheit auch sein mochte. »Du hättest sie von hier wegbringen können, als dir klar wurde, was da vor deinen Augen passierte. Du hättest mitten in der Nacht dein Bündel packen und mit ihr fortgehen können, bis er wieder zur Vernunft gekommen wäre. Aber du bist geblieben. Du hast gesehen, dass er ein Auge auf sie geworfen hatte, und du bist geblieben, obwohl du wusstest, dass sie es nicht schaffen würde, ihn in seine Grenzen zu weisen. Du hast sie ihm gegeben, Maddox, weil du wolltest, dass er dich liebt.« Er starrte auf seine Füße. »Ich mache dir keine Vorwürfe deswegen. Ich hätte an deiner Stelle wahrscheinlich dasselbe getan. Aber bilde dir nicht ein, du könntest abseits stehen und das Geschehen als unbeteiligter Beobachter verfolgen. Das ist unmöglich. Du steckst genauso tief mit drin wie wir alle.«

»Ich glaube, du gehst jetzt besser«, sagte ich sehr ruhig.

»Ich gehe. Ich gehe ja schon. Aber denk über meine Worte nach, dann wirst du erkennen, dass ich die Wahrheit gesagt habe.«

»Lass mich eine Weile in Ruhe«, fügte ich hinzu. »Denn dein Besuch wäre mir für einige Zeit nicht willkommen.«

»Aber, Maddox …«

»*Geh* jetzt bitte«, fuhr ich ihn an. »Mach die Sache nicht noch schlimmer, als sie schon ist.«

Er sah mich mit kummervoller Miene an. Offensichtlich bedauerte er seine Worte bereits; in wenigen Sekunden war es ihm gelungen, das Vertrauen, das sich gerade erst zwischen uns gebildet hatte, zunichte zu machen. Aber er wusste, dass jede weitere Erklärung in diesem Augenblick nichts genützt hätte. Traurig wandte er sich ab und ging über den Rasen davon.

Was kann ich Ihnen zu der schrecklichen Anschuldigung sagen, mit der er mich konfrontiert hatte? Recht wenig, wie mir scheint. Ich habe die heiklen Punkte unserer Unterhaltung so wahrheitsgetreu wie nur möglich wiedergegeben, und ich werde darauf zurückkommen, wenn ich die Sache mit nüchternerem Blick betrachten kann. Ich muss Ihnen wahrscheinlich nicht erst sagen, dass mich das Ganze nicht so sehr beschäftigt und dass ich nicht in dieser Ausführlichkeit darüber berichtet hätte, wäre ich nicht der Meinung, dass zumindest ein Funken Wahrheit in Lumans Worten steckte. Aber Sie werden sich auch vorstellen können, dass es mir nicht leicht fällt, das zuzugeben, so sehr ich mich auch um Ehrlichkeit mir selbst und Ihnen gegenüber bemühen mag. Wenn ich Lumans Sicht der Ereignisse teile, dann trage ich selbst die Schuld an Chiyojos Tod und an meinen Verletzungen; und damit auch an den Jahren, die ich hier in Einsamkeit und unter Qualen verbracht habe. Es ist schwer, das zu akzeptieren. Ich bin nicht sicher, ob ich überhaupt dazu in der Lage bin. Aber seien Sie versichert, dass es diese Seiten als Erste werden bezeugen können, wenn es mir gelingt, meinen Frieden mit dieser Sicht der Dinge zu schließen.

Genug jetzt. Es ist an der Zeit, dass ich den Faden der Geschichte um Rachel und Mitchell Geary wieder aufnehme. Es wird Unglück über die beiden kommen, schon sehr bald. Ich habe Ihnen an früherer Stelle so viel Kummer und Leid in diesem Buch versprochen, dass Ihnen Ihr eigenes Los in einem viel freundlicheren Licht erscheinen wird. Und im Augenblick bin ich selbst es, der Trost in den Tränen anderer suchen muss.

XII

1

Am Montag, nachdem Mitchell ihr das Luxusapartment zum Geschenk gemacht hatte, erwachte Rachel mit den schlimmsten Kopfschmerzen, die sie je erlebt hatte; einem so bohrenden Schmerz, dass die Welt vor ihren Augen verschwamm. Sie nahm eine Tablette und legte sich wieder hin. Als der Schmerz auch dann nicht nachließ, rief sie Margie an, die ihr versprach, sofort vorbeizukommen und sie zu Doktor Waxman zu bringen. Als sie in seiner Praxis ankamen, wurde sie zusätzlich zu den stechenden Kopfschmerzen auch noch von Bauchkrämpfen geschüttelt. Waxman zeigte sich sehr besorgt.

»Ich weise Sie sofort im Mount Sinai ein«, erklärte er. »Doktor Hendrick, der dort arbeitet, ist ein hervorragender Arzt. Ich möchte, dass er einen Blick auf Sie wirft.«

»Was ist los mit mir?« wollte Rachel wissen.

»Wir wollen hoffen, dass es nichts ist. Aber ich hätte gern, dass Sie gründlich untersucht werden.«

»Ich werde das Baby doch nicht verlieren, oder?« fragte Rachel ängstlich.

»Wir werden tun, was in unserer Macht steht …«

»Ich darf das Baby nicht verlieren.«

»Im Augenblick ist Ihre eigene Gesundheit das Wichtigste, Rachel«, sagte er. »Es gibt keinen besseren Arzt als Gary Hendrick, glauben Sie mir. Bei ihm sind Sie in guten Händen.«

Eine Stunde später lag sie in einem Privatzimmer im Mount-Sinai-Krankenhaus. Hendrick untersuchte sie gründlich und erklärte ihr ruhig, dass er ein paar Auffälligkeiten festgestellt habe – ihr Blutdruck war viel zu hoch, und sie hatte leichte Blutungen – und dass er sie zur genauen Beobachtung dabehalten werde. Er hatte ihr Medikamente gegen die Schmerzen verabreicht, die allmählich zu wirken begannen, und riet ihr, ein wenig zu ruhen und sich keine Sorgen zu machen; eine Krankenschwester werde bei ihr Wache halten, und wenn sie etwas brauchen sollte, müsse sie es nur sagen.

Margie hatte unterdessen versucht, Mitchell ausfindig zu machen. Nachdem sich Hendrick verabschiedet hatte, kam sie in Rachels Zimmer zurück, um ihr zu sagen, dass sie Mitchell noch nicht habe benachrichtigen können, dass seine Sekretärin aber der Meinung wäre, er befinde sich auf dem Weg zwischen zwei Terminen und werde sicher schon bald auftauchen.

»Du wirst sehen, alles wird gut, Schatz«, erklärte Margie. »Waxman ist gern ein bisschen melodramatisch. Es gibt ihm das Gefühl, wichtig zu sein.«

Rachel lächelte. Von dem Schmerzmittel, das Hendrick ihr gegeben hatte, waren ihre Glieder schwer geworden, und die Augen drohten ihr zuzufallen. Aber sie kämpfte gegen den Schlaf an, weil sie Angst hatte, ihr Körper werde ihr, sich selbst überlassen, einen bösen Streich spielen.

»Herrje«, bemerkte Margie, »das ist wirklich ein seltenes Ereignis.«

»Was meinst du?«

»Cocktailstunde, und weit und breit kein Cocktail.«

Rachel grinste. »Waxman findet, dass du damit aufhören solltest.«

»Ich möchte ihn mal nüchtern sehen, wenn er mit Garrison verheiratet wäre«, spottete Margie.

Rachel wollte etwas erwidern, aber in dem Augenblick, als sie den Mund öffnete, stieg ein eigenartiges Gefühl in ihrer Kehle auf, so als würde sie etwas Hartes hinunterschlucken. Sie griff mit einem unwillkürlichen Schreckenslaut an ihren Hals.

»Was ist los, Schatz?« erkundigte sich Margie.

Rachel hörte das letzte Wort nicht mehr; als wäre zwischen ihren Ohren ein Damm gebrochen, erfüllte plötzlich ein lautes Rauschen ihren Schädel. Aus den Augenwinkeln sah sie, wie die Krankenschwester erschrocken aufsprang.

Dann wurde ihr Körper von einem so heftigen Krampf erschüttert, dass sie sich kaum im Bett halten konnte. Als der Krampf nachließ, hatte sie das Bewusstsein verloren.

Mitchell traf fünfzehn Minuten vor acht im Mount Sinai ein. Eine Viertelstunde zuvor hatte Rachel das Baby verloren.

2

Sobald sich Rachel soweit erholt hatte, dass sie sich in der Lage fühlte, sich aufzusetzen und zu reden – was acht oder neun Tage dauerte –, suchte Waxman sie auf und erklärte ihr in seiner liebevollen, altväterlichen Art, was passiert war. Sie habe eine Eklampsie erlitten, einen sehr selten auftretenden plötzlichen Krampfanfall während der Schwangerschaft, der im Allgemeinen für Mutter und Kind lebensbedrohlich sei. Und obwohl es natürlich eine furchtbare Tragödie wäre, dass sie das Kind verloren habe, und dass er sehr betroffen darüber sei, habe sie Glück gehabt, zumal er von Hendrick gehört habe, dass sie von Tag zu Tag kräftiger würde und das Krankenhaus schon bald verlassen dürfe. Waxman versicherte Rachel, dass er ihr genauer erklären könne, was passiert war, sobald sie sich dazu in der Lage fühlte, dass sie im Augenblick aber nur eine einzige wichtige Aufgabe habe: die ganze traurige Geschichte erst einmal zu verarbeiten.

Soweit die medizinische Erklärung. Sie bedeutete Rachel wenig, und im Grunde glaubte sie nicht einmal wirklich daran. Was die Ärzte auch sagen mochten, sie hatte ihre eigene Theorie, was das Geschehene betraf: Ihr Körper hatte sich einfach geweigert, einen Geary zu produzieren. Ihr Unterbewusstsein hatte eine Botschaft an ihre Gebärmutter geschickt, ihre Gebärmutter hatte die Botschaft an ihr Herz weitergereicht, und gemeinsam hatten sie beschlossen, sich des Kindes zu entledigen. Es war, mit anderen Worten, ihre Schuld, dass das Kind gestorben war, bevor es richtig zu leben begonnen hatte. Wäre sie fähig gewesen, dieses Kind zu lieben, so hätte ihr Körper es besser versorgt. Ihre Schuld; allein ihre Schuld.

Diese Erkenntnis teilte sie mit niemandem. Als sie zwei Wochen nach der Fehlgeburt aus dem Krankenhaus entlassen wurde, riet Mitch ihr, mit einem Therapeuten über das Geschehene zu reden.

»Waxman sagt, dass du eine Weile trauern wirst«, meinte er. »Es ist so, als hättest du einen geliebten Menschen verloren, obwohl du diesen Menschen nicht wirklich gekannt hast. Du solltest dir alles von der Seele reden. Dann wirst du leichter damit fertig.«

Sie musste feststellen, dass es in Mitchells Augen *ihre* Trauer war, *ihr* Kind, das gestorben war. Und diese Erkenntnis bestätigte ihr die Richtigkeit ihrer Theorie. Er wusste, was sie getan hatte, und wahrscheinlich hasste er sie deshalb.

Dennoch weigerte sie sich, einen Therapeuten zu konsultieren: Es war ihr Schmerz, und sie würde ihn für sich behalten. Vielleicht würde er die Leere ausfüllen, die das Kind in ihr hinterlassen hatte.

Sie konnte sich nicht über einen Mangel an Besuchern beklagen. Sherrie kam einen Tag nach der Fehlgeburt aus Ohio und blieb für den Rest ihres Krankenhausaufenthaltes beinahe ständig bei ihr. Deborah ging in ihrem Krankenzimmer ebenso aus und ein wie Margie. Und sogar Garrison schaute einmal vorbei, fühlte sich aber so erkennbar unwohl, dass Rachel ihn schließlich bat zu gehen, eine Aufforderung, der er nur zu bereitwillig nachkam, nicht ohne ihr zu versichern, dass er am nächsten Tag wieder hereinschauen werde, wenn er weniger um die Ohren habe. Er machte seine Ankündigung nicht wahr, und sie war froh darüber.

»Wohin möchtest du gehen, wenn du entlassen wirst?« fragte Mitchell etwa am zehnten Tag ihres Krankenhausaufenthalts. »Möchtest du in deinem Apartment wohnen oder eine Zeit lang bei Margie bleiben?«

»Weißt du, wo ich am liebsten sein würde?« entgegnete sie.

»Sag es mir, und ich werde es arrangieren.«

»In Georges Haus.«

»In Caleb's Creek?« Er schien ausgesprochen verblüfft zu sein, dass ihre Wahl ausgerechnet auf diesen Ort fiel. »Das ist so weit weg von der Stadt.«

»Genau das will ich ja«, gab sie zurück. »Ich möchte im Augenblick keine Menschen um mich haben. Am liebsten würde ich mich ... für eine Weile verkriechen. Über alles nachdenken.«

»Denk nicht zu viel nach«, mahnte Mitch. »Es führt zu nichts. Der Kleine ist tot, und alles Nachdenken der Welt wird ihn uns nicht wiederbringen.«

»Es war ein Junge ...?« fragte sie leise. Sie hatte bisher nicht zu fragen gewagt, obwohl Waxman ihr angeboten hatte, ihr alles zu sagen, was ihr ihrer Meinung nach helfen konnte, mit dem Verlust fertig zu werden.

»Ja«, erwiderte Mitchell, »es war ein Junge. Ich dachte, du wüsstest es.«

»Für einen Jungen hatten wir schönere Namen als für ein Mädchen.« Während sie das sagte, spürte sie, wie ihr die Tränen kamen. »Dir gefiel Laurence am besten, stimmt's?«

»Rachel, bitte nicht ...«

»Ich fand Mackenzie am schönsten ...«

»Bitte ... O Gott. Rachel.«

»Das Dumme an Mackenzie ... wäre nur, dass alle Welt« – und jetzt konnte sie die Tränen nicht mehr zurückhalten – »ihn Mac genannt hätte ...«

Sie presste die Hand vor den Mund, um das Weinen zu unterdrücken, aber ihre Tränen brachen sich jetzt unaufhaltsam Bahn. »Mac hätte ihm nicht gefallen«, stieß sie schluchzend hervor und griff nach einem Taschentuch, um sich die Nase zu putzen.

Dabei fiel ihr Blick auf Mitch. Er hatte ihr halb den Rücken zugekehrt, aber selbst durch den Schleier ihrer Tränen konnte sie erkennen, dass seine Miene vor Qual verzerrt war und sein ganzer Körper vom Weinen geschüttelt wurde. In diesem Augenblick empfand sie ein tiefes Gefühl der Liebe für ihn.

»Oh, mein armer Liebling«, sagte sie.

»Es tut mir Leid. Ich wollte nicht …«

»Nein. Mein Liebster. Nein.« Sie breitete die Arme aus. »Komm zu mir.« Er schüttelte, immer noch halb von ihr abgewandt, den Kopf. »Du brauchst dich nicht zu schämen. Es tut gut zu weinen.«

»Nein«, widersprach er. »Nein, ich will nicht … ich will nicht weinen. Ich möchte für uns beide stark sein.«

»Komm einfach zu mir«, sagte sie. »Bitte.«

Widerstrebend wandte er sich zu ihr um. Seine Wangen waren gerötet und tränenfeucht, seine Lippen zusammengepresst, seine Zähne krampfhaft aufeinander gebissen. »O Gott, o Gott, o Gott. Warum musste uns das passieren? Was haben wir getan, um das zu verdienen?«

Er war wie ein Kind, das bestraft wurde und nicht wusste, wofür. Und er weinte nicht nur wegen des erlittenen Verlustes, sondern auch weil er diesen Verlust als so ungerecht empfand.

»Komm in meine Arme«, sagte sie. »Ich möchte dich ganz fest halten.«

Er kam zu ihr, und sie schlang die Arme um ihn; er roch schal, nach säuerlichem Schweiß in einem Hemd, das seit dem Morgen nicht gewechselt worden war. Selbst sein Rasierwasser hatte einen faden Geruch angenommen.

»Warum?« fragte er in seinem ganzen Kummer. »Warum? Warum?«

»Ich weiß nicht, warum«, entgegnete sie. Die Schuldgefühle, die sie in sich gehegt hatte, schienen ihr mit einem Mal von egoistischem Selbstmitleid zu triefen. Er hatte still vor sich hin gelitten, und sie hatte einfach beschlossen, es nicht zu sehen. Aber jetzt sah sie ihn durch den Schleier ihrer eigenen Tränen hindurch so deutlich wie schon seit vielen Wochen nicht mehr: die fahle Haut an seinen Schläfen, die tiefen Schatten um seine Augen, die Fieberbläschen auf seinen Lippen.

»Mein armer Mann …«, murmelte sie und küsste sein Haar.

Er schmiegte schluchzend das Gesicht an ihre Brust, und

sie weinten umschlungen und wiegten einander in ihrem gemeinsamen Schmerz.

Danach war es etwas leichter für sie; sie war nicht mehr allein mit ihrem Kummer. Auf seine Weise litt er nicht weniger als sie, und das empfand sie als tröstlich. Es war nicht das letzte Mal, dass sie gemeinsam geweint hatten – wenn einer von beiden durch eine Bemerkung aus dem inneren Gleichgewicht gebracht wurde, stiegen dem anderen Tränen des Mitgefühls in die Augen. Aber nun sah sie sich nicht mehr von völliger Finsternis umgeben; am Horizont schimmerte die Hoffnung, dass die Trauer irgendwann einmal nachlassen würde und sie endlich ihr Leben wieder in die Hand nehmen konnte.

Eine zweite Schwangerschaft kam nicht infrage; das hatte Doktor Waxman unmissverständlich klargestellt. Sollte sie durch einen unglücklichen Zufall doch einmal schwanger werden, würde ein sofortiger Abbruch unumgänglich sein, wenn sie ihren Organismus nicht unnötig belasten wollte.

»Bin ich von so schwacher Konstitution?« wollte sie wissen, als er ihr diese Eröffnung machte. »Ich fühle mich überhaupt nicht so.«

»Sie sind verletzlich, drücken wir es so aus«, entgegnete er. »In jeder anderen Hinsicht können Sie ein vollkommen normales Leben führen. Nur in Bezug auf Kinder …«, hier hob er die Schultern. »Sie könnten natürlich Kinder adoptieren.«

»Ich weiß nicht, ob die Gearys begeistert davon wären.«

Er zog eine Braue hoch. »Vielleicht sind Sie ein bisschen überempfindlich«, bemerkte er. »Was unter den gegebenen Umständen übrigens völlig verständlich ist. Aber wenn Sie mit Mitch, seiner Mutter oder sogar mit dem alten Herrn darüber reden würden, wären Sie sicher erstaunt, wie aufgeschlossen sie dem Gedanken einer Adoption gegenüberstehen. Aber das alles ist ohnehin Zukunftsmusik. Im Augenblick geht es nur darum, dass Sie auf sich aufpassen. Mitch sagte, dass Sie für eine Weile im Haus seines Vaters wohnen wollen?«

»Ich hoffe, dass es geht.«

»Eine wunderbare Gegend. Ich spiele seit einiger Zeit mit dem Gedanken, mich nach meiner Pensionierung dort niederzulassen. Meine Frau war nicht begeistert davon, aber nun, da sie tot ist ...«

»Oh, das tut mir Leid. Ist sie vor kurzem gestorben?«

Das verbindliche Lächeln war aus Waxmans Miene verschwunden. »Letztes Jahr, am Erntedanktag«, erwiderte er. »Sie hatte Krebs.«

»Das tut mir so Leid.«

Er seufzte, und in diesem Ton lag unendliche Trauer. »Sie werden sich sicher keine Plattitüden von einem abgewrackten alten Doktor anhören wollen, aber vielleicht darf ich Ihnen soviel sagen: Sie haben nur ein Leben, Rachel, und niemand kann es für Sie leben. Und das heißt, dass Sie sich ganz genau überlegen sollten, was Sie vom Leben erwarten.« Bei diesen Worten musterte er sie eindringlich. »Eine Tür hat sich gerade geschlossen, und das ist ein furchtbarer Schock für Sie. Aber gerade einer Frau in ihrer Situation stehen noch so viele andere Türen offen.« Er beugte sich vor, und der Ledersessel knarrte unter seinem Gewicht. »Tun Sie mir nur einen Gefallen.«

»Und der wäre?«

»Machen Sie es nicht so wie Margie. Ich sehe ihr seit weiß Gott wie vielen Jahren dabei zu, wie sie sich vorzeitig ins Grab trinkt.« Wieder entrang sich ihm ein schwerer Seufzer. »Es tut mir Leid«, sagte er. »Ich werde jetzt meinen Mund halten.«

»Nein ...«, murmelte Rachel. »Es tut mir sehr gut, Ihnen zuzuhören.«

»Ich war nicht immer ein so trübsinniger Geselle. Aber seit Faiths Tod sehe ich die Dinge mit anderen Augen. Wir waren neunundvierzig Jahre zusammen, wissen Sie. Ich habe sie kennen gelernt, als sie sechzehn war – habe sie also fast ihr ganzes Leben lang gekannt. Man fängt dann an, die Dinge anders zu betrachten.«

»Ja ...«

»Nach Faiths Tod habe ich einmal zu einem Kollegen gesagt, dass ich mich fühlte, als hätte man mich ins All hinauskatapultiert. Von dort aus blickte ich nun auf die Welt zurück, die ich für so dauerhaft gehalten hatte, und alles, was ich sah, war diese zerbrechliche blaue Kugel inmitten eines riesigen … Nichts.« Während er das sagte, war alles Leben aus seinem Blick gewichen, und als er jetzt aufsah, schien es Rachel, als könne sie in sein Inneres blicken; in eine Einsamkeit, die so grenzenlos war, dass sie am liebsten aus dem Zimmer geflohen wäre.

»Ich wünsche Ihnen nichts als Glück, Rachel«, sagte er leise. »Sie sind ein guter Mensch, das sehe ich. Sie verdienen es, glücklich zu sein. Tun Sie also, was Ihnen Ihre innere Stimme rät – und wenn es den Gearys nicht gefällt, gehen Sie einfach weg.« Ihr stockte fast der Atem bei seinen Worten. »Wenn Sie mich allerdings zitieren«, fuhr er fort, »werde ich abstreiten, je etwas dergleichen gesagt zu haben. Ich hoffe nämlich darauf, dass Cadmus mir als Dank dafür, dass ich mich all die Jahre um seine Brut gekümmert habe, ein kleines Stückchen Land schenkt, wenn ich mich zur Ruhe setze.«

»Ich werde ein gutes Wort für Sie einlegen«, versicherte Rachel.

XIII

1

Es gibt Momente, in denen die Pflichten eines Erzählers mit denen eines neutralen Beobachters kollidieren. Hätte ich Ihnen beispielsweise von Anfang an mitgeteilt, dass der Verlust des Kindes der wichtigste Auslöser für Rachels Trennung von Mitchell war, so hätte ich dem vorangegangenen Kapitel jegliche Spannung genommen.

Dennoch glaube ich nicht, dass die Tatsachen von mir falsch dargestellt wurden. Ich habe eingangs behauptet, dass die Entfremdung zwischen den beiden nicht auf ein bestimmtes Ereignis zurückzuführen war, und ich bleibe nach wie vor bei dieser Einschätzung der Dinge. Ohne die Fehlgeburt wäre Rachel vielleicht etwas länger bei Mitchell geblieben, aber früher oder später hätte sie ihn in jedem Fall verlassen. Die Ehe war schon längst nicht mehr in Ordnung, als sie schwanger wurde; der Verlust des Kindes hatte den endgültigen Bruch höchstens schneller herbeigeführt.

Mitchell tat, worum Rachel ihn gebeten hatte. Er brachte sie in das Haus in Caleb's Creek und blieb zehn Tage mit ihr dort. In dieser Zeit fuhr er zwar drei- oder viermal nach New York, um Termine wahrzunehmen, kehrte aber am Abend immer zu Rachel zurück. Obwohl die Rylanders da waren, um Rachel während seiner Abwesenheit jeden Wunsch zu erfüllen, erledigte sie, wie Barbara Mitch mitteilte, inzwischen fast alle im Haus anfallenden Arbeiten selbst. Die behagliche Atmosphäre des Ortes, an dem man auf teure Kunstwerke verzichtet und dafür auf bescheidenen und unaufdringlichen Luxus gesetzt hatte, brachte Rachels häusliche Seite zum Vorschein. Sie belegte die Küche mit Beschlag und fing an, ihre Mahlzeiten selbst zu bereiten, und eines Tages bemerkte sie Mitch gegenüber, dass sie seit ihrer Hochzeit nicht einmal einen Topf Wasser gekocht habe. Sie war keine raffinierte Köchin, aber sie verstand es, ein schmackhaftes Essen auf den Tisch zu bringen. Die Küchenroutine wirkte in ihrer Einfachheit heilsam auf sie: frisches Gemüse aus dem Garten, ein vorzüglicher Wein aus dem Keller, das Abwaschen nach dem Essen und das ordentliche Zusammenstellen der Teller taten ihr gut.

Nach zwei Wochen erkundigte sich Mitch, wie es ihr ginge, und sie antwortete: »Ich komme gut allein zurecht, wenn du das wissen willst. Möchtest du ein paar Tage in der Stadt bleiben?«

»Ich habe daran gedacht, mich bis zum Wochenende dort aufzuhalten. Am Freitagabend komme ich wieder, und wenn es dir dann besser geht, können wir vielleicht zusammen nach New York zurückfahren.«

»Braucht jemand das Haus?«

»Nein«, entgegnete Mitch. »Es wird von niemandem mehr benutzt.«

»Warum kann ich dann nicht bleiben?«

»Natürlich *kannst* du bleiben, Liebes. Ich dachte nur, du möchtest vielleicht wieder einmal ein paar deiner Freunde sehen.«

»Ich habe keine Freunde in New York.«

»Rachel, sei nicht albern. Du hast jede Menge …« Er sah ihre kummervolle Miene und hob ergeben die Hände. »Na schön. Wenn du sagst, du hast keine Freunde, dann hast du eben keine. Ich dachte nur, dass sich alle freuen würden, dich einmal wieder zu sehen, wenn es dir besser geht.«

»Ach so, jetzt begreife ich. Du möchtest mich in der Familie herumzeigen, damit sie nicht auf den Gedanken kommen, ich hätte den Verstand verloren.«

»Das ist doch Unsinn. Warum musst du alles so negativ sehen?«

»Weil ich weiß, wie du denkst. Wie ihr alle denkt. Immer darauf bedacht, den guten Ruf der Familie zu wahren. Und mir ist im Augenblick der gute Ruf der Familie gleichgültig, verstehst du? Ich möchte niemanden sehen. Ich möchte mit niemandem reden. Und ich will ganz bestimmt nicht nach New York zurückgehen.«

»Beruhige dich, bitte«, sagte Mitch. »Ich wollte nur wissen, woran ich bin. Jetzt weiß ich es.« Er verließ wortlos die Küche, kam aber zehn Minuten später noch einmal zurück. Sein Ärger war zwar noch nicht verraucht, aber er gab sich alle Mühe, sich ihn nicht anmerken zu lassen. »Ich bin nicht gekommen, um unseren Streit fortzusetzen«, bemerkte er. »Ich möchte dich nur darauf hinweisen, dass du nicht ewig hier bleiben kannst. Das ist kein Leben, wie ich es mir für meine Frau vorstelle: herumschlurfen wie ein altes Weib, die Rosen schneiden und Kartoffeln schälen.«

»Ich schäle gern Kartoffeln.«

»Du bist pervers.«

»Ich bin ehrlich.«

»Wie dem auch sei, das ist alles, was ich sagen wollte. Ich bin in den nächsten Tagen mit Garrison zusammen, damit wir das Bangkok-Geschäft endlich unter Dach und Fach kriegen.« Sie hatte keine Ahnung, wovon er sprach, und es interessierte sie auch nicht. »Wenn du mich also brauchen solltest …«

»… weiß ich, wo ich dich erreichen kann«, beendete sie seinen Satz, obwohl ihr in diesem Augenblick bereits klar war, dass sie nicht den Versuch machen würde, ihn zu erreichen.

2

Wohin sollte sie gehen? Diese Frage beschäftigte sie während der folgenden Tage. Selbst wenn sie, was ihr noch vor einiger Zeit undenkbar erschienen wäre, ihren Ehemann verließ – wohin sollte sie gehen? Hier in Caleb's Creek konnte sie nicht bleiben, obwohl ihr das am besten gefallen hätte. Das Haus gehörte den Gearys. Natürlich wäre es möglich, in ihrem New Yorker Apartment zu wohnen – es war ihr Eigentum –, aber dort würde sie sich nie richtig heimisch fühlen; zumindest nicht, ohne es vollkommen nach ihren Vorstellungen umzugestalten, und das wäre viel zu aufwendig gewesen. Vielleicht war es das Beste, das Apartment zu verkaufen, auch auf die Gefahr hin, dass sie keinen besonders guten Preis dafür erzielte, und sich eine kleinere Wohnung zuzulegen: eventuell ein wenig abseits der ausgetretenen Pfade, an einem Ort wie Caleb's Creek beispielsweise.

Sie schlief eine Nacht über diesen Gedanken, wenn auch nicht besonders gut. Die ganze Nacht wälzte sie sich unruhig zwischen Schlafen und Wachen im Bett, und wenn sie träumte, so befand sie sich im Traum in dem Zimmer, in dem sie lag, nur dass darin alle Farben verblasst waren wie auf den Fotografien, die in Georges Arbeitszimmer zu lange in der prallen Sonne gestanden hatten. Menschen durchquerten den Raum, von denen einige mit ausdrucksloser Miene auf sie herunterblickten. Sie erkannte keinen von ihnen, obwohl sie das Gefühl hatte, sie irgendwann schon einmal gesehen, ihre Namen und Gesichter aber vergessen hatte.

Am nächsten Tag rief sie Margie an und lud sie ein, nach Caleb's Creek zu kommen.

»Ich kann das Landleben, ehrlich gesagt, nicht ertragen«, jammerte Margie. »Aber wenn du nicht die Absicht hast, in nächster Zeit hierher zurückzukommen …«

»Nein, das habe ich nicht.«

»Dann werde ich kommen.«

Als sie am nächsten Tag eintraf, glich ihre Limousine einem Delikatessenladen: kistenweise Pastete von geräuchertem Blaufisch, der unvermeidliche Beluga-Kaviar, Wiener Mokka, eine Schachtel Florentiner mit Zartbitterschokolade – und natürlich eine Kiste flüssigen Labsals.

»Wir leben hier nicht am Ende der Welt«, bemerkte Rachel, während sie zusah, wie Margies Chauffeur Sam die Vorräte auslud. »Zehn Fahrminuten von hier gibt es einen sehr guten Supermarkt.«

»Ich weiß, ich weiß«, entgegnete Margie, »aber ich komme nicht gern unvorbereitet.« Sie zog eine Flasche Single Malt aus einer der Kisten hervor. »Wo ist das Eis?«

Margie hatte viel zu erzählen. Sie berichtete, dass sich

Loretta in der letzten Zeit zu einer wahren Xanthippe entwickelt hatte. Eine Woche zuvor war es zu einer erbitterten Auseinandersetzung zwischen ihr und Garrison gekommen, in deren Verlauf sie ihm unterstellt hatte, dass beim Verkauf einiger Familienaktien im Wert von mehreren Millionen Dollar nicht alles mit rechten Dingen zugegangen sei.

»Ich dachte, Loretta wäre an den geschäftlichen Angelegenheiten der Familie nicht interessiert«, bemerkte Rachel.

»Da täuschst du dich aber gewaltig. Sie tut gern so, als würde sie über den Dingen stehen. Aber sie wacht mit Argusaugen über ihr Reich. Je genauer ich mir die Sache ansehe, umso mehr komme ich zu der Überzeugung, dass sie schon immer hinter den Kulissen die Fäden gezogen hat. Sogar als George noch am Leben war. Er hat zwar das Reden übernommen, aber sie bestimmte, was er zu sagen hatte. Und da sie jetzt Dinge sieht, die sie nicht gutheißt, spielt sie ihre Trümpfe aus.«

»Und wie ist es Garrison dabei ergangen?«

»Es war ein einziges Chaos. Er sagte, sie wüsste nicht, wovon sie spricht, und etwas Dümmeres hätte er sich wahrhaftig nicht einfallen lassen können. Am nächsten Tag marschierte sie schnurstracks in die Vorstandsetage und entließ fünf Mitglieder der Konzernleitung auf der Stelle.«

»Ist sie dazu berechtigt?«

»Sie hat es jedenfalls getan«, erwiderte Margie. »Sie hat sie aufgefordert, ihre Siebensachen zu packen und zu verschwinden. Danach hat sie die Betreffenden in einem Interview im *Wall Street Journal* der Inkompetenz bezichtigt. Sie gehen natürlich gerichtlich gegen sie vor. Mich wundert, dass Mitch dir kein Wort davon erzählt hat.«

»Er spricht nicht mit mir über geschäftliche Angelegenheiten. Das hat er nie getan.«

»Das ist keine geschäftliche Angelegenheit. Das ist Bürgerkrieg. Garrison war so wütend, wie ich ihn schon seit einer Ewigkeit nicht mehr gesehen habe. Alles in allem fand ich die Sache sehr befriedigend.« Sie sahen sich mit einem wissenden Lächeln an; Verschwörerinnen in ihrer Freude an der allgemeinen Verunsicherung. »So, wie er geredet hat«, fuhr Margie fort, »würde es mich nicht wundern, wenn er mit irgendeinem Ultimatum aufwarten würde. Weißt du, etwas von der Art: Entweder geht sie oder ich.«

»Und wer entscheidet in einem solchen Fall?«

»Ich weiß es nicht«, lachte Margie. »Zumal Loretta ja die Hälfte des Vorstands entlassen hat. Wahrscheinlich wird es am Ende davon abhängen, ob Mitchell sich auf Garrisons oder auf Lorettas Seite schlägt.«

»Das klingt alles so altmodisch.«

»Oh, es ist der reinste *Feudalismus*«, erklärte Margie. »Aber so hat es der alte Herr bestimmt, als er sich aus dem Geschäftsleben zurückzog. Er konzentrierte die gesamte Macht in der Familie.«

»Hat Cadmus eigentlich ein Mitspracherecht?«

»Aber sicher. Ob du es glaubst oder nicht, er schickt Garrison immer noch schriftliche Anweisungen.«

»Und ergeben sie einen Sinn?«

»Ich glaube, das ist von Tag zu Tag verschieden. Es hängt davon ab, wie stark er jeweils unter dem Einfluss von Medikamenten steht. Bei meinem letzten Besuch wirkte er völlig *abgehoben* und erzählte mir irgendetwas, das vor fünfzig Jahren passiert ist. Ich glaube, er wusste nicht einmal, wer ich bin. Und dann gibt es Garrison zufolge wieder Tage, an denen er glasklar im Kopf ist.« Ihre Miene wurde nachdenklich. »Ich finde das alles ziemlich traurig. Wenn einer so alt wird und sich so erbittert an sein kleines Reich klammert.«

»Es ist wahrscheinlich das Einzige, was ihn am Leben erhält«, warf Rachel ein.

»Tja, es ist zwar traurig«, entgegnete Margie, »aber so sind sie nun einmal. Machtbesessen.«

»Gilt das auch für Loretta?«

»Mehr als für alle anderen. Sie hat nichts Besseres zu tun.«

»Sie ist nicht zu alt, um sich noch einmal zu verheiraten, wenn Cadmus stirbt.«

»Sie wäre besser beraten, wenn sie sich einen Liebhaber nähme«, bemerkte Margie. Ein schelmischer Ausdruck trat in ihre Augen. »Gar keine schlechte Sache.«

»Du willst doch wohl nicht sagen …?« Aus dem schelmischen Blick wurde ein breites Lächeln. »Du hast einen Liebhaber?«

»Hat den nicht jede?« Margie lachte. »Er heißt Danny. Ich würde ihm keine zwei Schritte über den Weg trauen, aber er ist ein wunderbarer Unterhalter an langweiligen Nachmittagen.«

»Weiß Garrison etwas von ihm?«

»Wir haben uns nicht angeregt über ihn unterhalten, wenn du das meinst, aber er weiß Bescheid. Weißt du, ich habe seit sechs Jahren nicht mehr mit Garrison geschlafen, abgesehen von der ziemlich missglückten Nacht nach dem verdammten Geburtstagsempfang für Cadmus, als wir beide einen Anfall von Rührseligkeit bekamen. Ansonsten geht jeder von uns seiner eigenen Wege. Und das ist auch besser so.«

»Ich verstehe.«

»Bist du schockiert? Bitte sag, dass du schockiert bist.«

»Nein. Ich denke nur nach …«

»Worüber?«

»Na ja … es ist so, dass ich dich gebeten hatte hierher zu kommen, weil ich die Absicht habe, Mitchell zu verlassen.« Margie war nicht leicht zum Schweigen zu bringen, aber bei dieser Ankündigung verschlug es ihr die Sprache. »Es ist am besten so«, fügte Rachel hinzu.

»Ist Mitchell auch dieser Meinung?«

»Er weiß es noch nicht.«

»Und wann willst du es ihm sagen, Schätzchen?«

»Wenn ich meine Gedanken geordnet habe.«

»Bist du sicher, dass es nicht klüger wäre, es so zu machen wie ich? Es gibt in New York eine Menge gut aussehender Barmixer.«

»Ich brauche keinen Barmixer«, erklärte Rachel. »Bei allem Respekt für … Wie heißt er doch gleich?«

»Daniel.« Margie grinste breit. »Genauer gesagt, Dan-Dan, der Superficker.«

»Also, bei allem Respekt fur den Superficker, das ist es nicht, was mir fehlt.«

»Ist im Bett etwas los mit Mitchell?«

»Ich habe nicht allzu viele Vergleichsmöglichkeiten.«

»Sagen wir es so: Er bietet kein einmaliges, absolut umwerfendes Erlebnis?«

»Nein.«

»Und du willst keinen Barmixer. Aber was willst du dann?«

»Gute Frage«, entgegnete Rachel.

Sie schloss die Augen, um Margies forschendem Blick zu entgehen. »Ich glaube ... ich möchte einfach leidenschaftlichere Gefühle empfinden.«

»Für Mitchell?«

»Für ... den neuen Tag, wenn ich morgens aufstehe.« Sie öffnete die Augen wieder. Margie studierte sie so eingehend, als gelte es, eine Entscheidung zu treffen.

»Was denkst du gerade?« wollte Rachel wissen.

»Über Leidenschaft zu reden ist schön und gut, Schatz. Wenn sie dir aber begegnen würde – und jetzt spreche ich von wahrer Leidenschaft, nicht von irgendeinem aufgesetzten Kitsch –, so würde das dein ganzes Leben verändern. Ist dir das klar? *Alles* in deinem Leben.«

»Ich bin bereit dafür.«

»Du hast Mitchell also vollkommen abgeschrieben?«

»Ja.«

»Er wird nicht kampflos in eine Scheidung einwilligen.«

»Vermutlich nicht. Aber er will sicher genauso wenig wie ich, dass wir die Seiten der Illustrierten füllen. Ich will nichts anderes, als mein Leben zu leben, und zwar möglichst weit weg von den Gearys.«

»Und wenn du nun beides haben könntest?«

»Ich verstehe nicht, was du meinst.«

»Wenn du nun soviel Leidenschaft haben könntest, wie du willst, und dabei nicht auf den Luxus der Gearys verzichten müsstest? Kein Scheidungsverfahren; kein Richter, der in eurer schmutzigen Wäsche herumschnüffelt.«

»Ich wüsste nicht, wie das möglich sein sollte.«

»Ganz einfach. Indem du Mitchell versprichst, bei ihm zu bleiben. Er macht sich Hoffnungen auf einen Sitz im Kongress, und dazu muss sein Privatleben makellos sauber sein. Sofern du ihm hilfst, wie ein Heiliger auszusehen, wird er vielleicht beide Augen zudrücken, wenn du auf Abenteuersuche gehst.«

»Aus deinem Munde klingt das alles so zivilisiert.«

»Warum sollte es das auch nicht sein?« gab Margie zurück. »Es sei denn, er wird plötzlich eifersüchtig. Dann ... nun ja, dann musst du ihm vielleicht ein bisschen Vernunft eintrichtern. Aber dazu bist du schließlich klug genug.«

»Und wo finde ich dieses Abenteuer, von dem du sprichst?«

»Darüber unterhalten wir uns später«, erklärte Margie, und um ihre Lippen spielte ein feines Lächeln. »Im Augenblick gilt es für dich, ein paar Entscheidungen zu treffen. Aber eines will ich dir in Erinnerung rufen: Ich habe versucht, Garrison zu verlassen. Ich habe es mit aller Kraft versucht. Und glaub mir, es ist eine raue Welt da draußen.«

3

Paradoxerweise war es gerade diese letzte Bemerkung, die in Rachel endgültig die Überzeugung festigte, dass sie gehen musste. Vielleicht war es eine raue Welt, und wenn schon. Sie hatte in dieser Welt einundzwanzig Jahre lang ohne die Gearys überlebt. Warum sollte sie es jetzt plötzlich nicht mehr können?

Als Margie irgendwann am frühen Nachmittag aufstand und ihren ersten Bloody Mary kippte (mit einer Stange Bleichsellerie als fester Nahrung), teilte Rachel ihr mit, dass sie sich die Sache gründlich überlegt und beschlossen habe, nach Ohio zu fahren. Die lange Fahrt würde ihr, so sagte sie, Zeit zum Nachdenken geben; Zeit, sich Gedanken darüber zu machen, was sie wirklich wollte.

»Soll Mitchell wissen, wo du bist?« erkundigte sich Margie.

»Lieber nicht.«

»Dann wird er es von mir nicht erfahren«, erklärte Margie ohne Umschweife. »Wann willst du aufbrechen?«

»Meine Sachen sind schon gepackt. Ich wollte mich nur noch von dir verabschieden.«

»Großer Gott. Du verlierst ja keine Zeit. Aber vielleicht ist es am besten so.« Margie breitete die Arme aus. »Du weißt, dass mir sehr viel an dir liegt, nicht wahr?«

»Ja, das weiß ich«, erwiderte Rachel und drückte sie fest an sich.

»Pass also auf dich auf«, mahnte Margie. »Nimm keinen Anhalter mit, nur weil er einen hübschen Hintern hat. Und übernachte in keinen zwielichtigen Motels. Dort treiben sich die komischsten Gestalten herum.«

So trat Rachel also die Heimreise an. Sie war vier Tage unterwegs und machte nachts, Margies Rat in den Wind schlagend, in Motels Halt, die wenig Vertrauen erweckend wirkten. Obwohl sie damit gerechnet hatte, während der Fahrt viel Zeit zum Nachdenken zu finden, wehrte sich ihr Verstand dagegen, mit Problemen behelligt zu werden. Stattdessen schweiften ihre Gedanken hierhin und dorthin und befassten sich ansonsten nur mit praktischen Fragen wie der Suche nach einem geeigneten Restaurant zur Essenszeit oder dem richtigen Weg. Wenn sie die Wahl hatte zwischen einer schnurgeraden Autobahn und einer landschaftlich reizvolleren (aber zwangsläufig zeitraubenderen) Route, entschied sie sich immer für letztere. Sie genoss es, nach zwei Jahren des Herumchauffiertwerdens wieder einmal selbst am Steuer zu sitzen, drehte das Radio auf volle Lautstärke und sang die alten Schlager mit.

Als sie aber die Grenze nach Ohio überquert hatte und Dansky nur noch wenige Fahrstunden vor ihr lag, wurde ihre Stimmung immer gedämpfter. Sie sah einige Probleme auf sich zukommen. Was sollte sie sagen, wenn die Leute sie über ihr märchenhaftes Leben in Reichtum und Luxus ausfragten? Was antworten, wenn sie sich nach Mitchell, ihrem attraktiven Ehemann, erkundigten, der sein Junggesellendasein aufgegeben hatte, um sein Leben mit ihr zu teilen? O Gott, was sollte sie ihnen erzählen? Dass alles zum Teufel war und sie nach Hause gerannt kam, um hier Zuflucht zu suchen? Dass sie ihn nicht wirklich liebte? Dass er ein Blender war, der ihr mitsamt dem oberflächlichen Glanz seiner Welt gestohlen bleiben konnte? Sie würden ihr nicht glauben. Wie konnte sich, würden sie sagen, ein Mensch nur beklagen, der so viel besaß? Der im Reichtum schwamm, während sie alle hier in ihren winzigen Reihenhäuschen saßen und sich fragten, woher sie das Geld für die nächste Hypothekenrate und ein neues Paar Turnschuhe für die Kinder nehmen sollten.

Aber jetzt war es zu spät zum Umkehren. Sie fuhr über die Eisenbahngeleise, die in ihrer Kindheit die Stadtgrenze für sie gebildet hatten; die Linie, an der die Welt, die sie kannte, endete und ein größeres Universum begann. Gleich darauf befand sie sich wieder in den Straßen, von denen sie noch immer so manche Nacht träumte; folgte dem Weg, den sie in den schwierigen Jahren der Vorpubertät genommen hatte, als sie nichts mit sich hatte anfangen können (und im Grunde bezweifelt hatte, dass je etwas aus ihr werden würde). Da war die Drogerie von Albert McNealy, die inzwischen von seinem Sohn Lance übernommen worden war, mit dem sie als Fünfzehnjährige eine kurze, unschuldige Affäre verbunden hatte. Da war die Schule, in der sie von jedem ein bisschen und nichts richtig gelernt hatte, und der Schulhof erinnerte mit seiner Maschendrahtumzäunung immer noch an ein heruntergekommenes Gefängnis. Da war der kleine Park (als solcher wurde er jedenfalls in maßloser Schönfärberei von den Stadtvätern bezeichnet). Da war die über und über mit Taubenkot beschmutzte Statue von Irwin Heckler, dem Mann, dem man nachsagte, er habe die Stadt gegründet. Er hatte 1903 einen kleinen Produktionsbetrieb für saure Drops eröffnet, die sich schon bald einer erstaunlichen Beliebtheit erfreuten. Da war das Rathaus und die Kirche (das einzige Gebäude der Stadt, das noch immer annähernd so eindrucksvoll aussah, wie sie es in Erinnerung hatte) und das kleine Einkaufszentrum, das den Frisör, die Büroräume der Anwältin Marion Klaus, den

Hundesalon und ein halbes Dutzend anderer Unternehmen beherbergte, die für das kommunale Leben notwendig waren.

Es war schon nach neun Uhr abends. Um diese Stunde war alles geschlossen, mit Ausnahme der Bar in der McCloskey Road, direkt neben dem Bestattungsinstitut. Sie war versucht, dort anzuhalten und sich einen Whiskey zu genehmigen, bevor sie bei ihrer Mutter anklopfte, aber da sie wusste, dass ihre Chance, keinem bekannten Gesicht zu begegnen, gleich Null stand, fuhr sie ohne Umwege zu ihrem Elternhaus in der Sullivan Street. Ihr Besuch war keine Überraschung; sie hatte ihre Mutter aus der Nähe von Youngstown angerufen und ihre Ankunft angekündigt. Auf der Veranda brannte Licht, und die Haustür stand einen Spaltbreit offen.

Einen Augenblick lang – nachdem sie den Namen ihrer Mutter gerufen hatte und bevor deren Antwort aus dem Haus kam – stand sie schweigend auf der Schwelle und lauschte andächtig den abendlichen Geräuschen. Es war kein Verkehr zu hören, nur das sanfte Rascheln des Windes in den Blättern des Hibiskusstrauchs, der an der Seite des Hauses ungehindert wucherte, das leise Klappern eines losen Regenrohrs und das Klingeln des Windspiels, das am Dachvorsprung hing. Alles vertraute Geräusche, die ihr Gemüt besänftigten. Sie holte tief Luft. Alles würde gut werden. Hier wurde sie geliebt; geliebt und verstanden. Vielleicht gab es Leute in der Stadt, die sie schief ansehen und Gerüchte über sie verbreiten würden, aber hier war sie in Sicherheit. Hier war sie zu Hause, wo sich seit ihrer Kindheit nichts verändert hatte.

Und jetzt stand Sherrie in der Tür und sah ihrer Tochter, ein wenig irritiert zwar, aber dennoch lächelnd entgegen.

»Na, das ist aber wirklich eine Überraschung«, sagte sie.

XIV

1

Am Abend, nachdem Rachel ihre Fahrt nach Ohio angetreten hatte, lud Garrison seinen Bruder Mitchell zum Essen ein. Es war, wie er sagte, lange her, dass sie sich von Mann zu Mann unterhalten hatten, und jetzt wäre der richtige Zeitpunkt dafür gekommen.

Als Ralph vor dem Restaurant anhielt, das Garrison ihm genannt hatte, glaubte Mitchell zuerst an eine Verwechslung. Es war ein schmuddeliges kleines Lokal an der Ecke Canal und Mott Street; nicht gerade eine Vertrauen erweckende Gegend. Aber Ralph hatte sich nicht geirrt. Garrison wartete bereits im hinteren Teil des Raums an einem Tisch, der gut und gern sechs Gästen Platz geboten hätte, aber nur für zwei Personen gedeckt war. Vor ihm stand eine Flasche Weißwein, und er zog an einer Havanna. Er bot Mitchell Wein und eine Zigarre an, aber Mitchell wollte lieber ein Glas Milch trinken, um seinen Magen zu beruhigen.

»Funktioniert das wirklich bei dir?« fragte Garrison. »Ich bekomme von Milch nur Blähungen.«

»Du bekommst von allem Blähungen.«

»Da hast du Recht«, pflichtete Garrison ihm bei.

»Erinnerst du dich an diesen Jungen, Mario, der dich immer Stinker-Geary gerufen hat?«

»Mario Giovannini.«

»Genau, Giovannini. Möchte wissen, was aus dem geworden ist.«

»Wen interessiert das schon?« sagte Garrison und lehnte sich auf seinem Stuhl zurück. »Mr. Ko?« Der Wirt war augenblicklich zur Stelle, ein flinker kleiner Mann, dessen Haar so pomadig auf dem Schädel klebte, dass es aussah, als wäre es Strähne für Strähne aufgemalt. »Können wir ein Glas Milch für meinen Bruder haben? Und die Karte, bitte.«

»Ich habe keinen Hunger«, erklärte Mitchell.

»Das wird schon noch kommen. Du musst Kraft tanken. Wir haben eine lange Nacht vor uns.«

»Das geht nicht, Gar. Ich habe morgen früh zwei Termine.«

»Ich habe mir die Freiheit genommen, sie abzusagen.«

»Warum?«

»Wir müssen uns unterhalten.« Er zündete umständlich seine erloschene Havanna wieder an. »Vor allem über die Frauen in unserem Leben.« Er zog an der Zigarre. »Also ... erzähl mir von Rachel.«

»Da gibt es nicht viel zu erzählen. Sie war in Caleb's Creek ...«

»... mit Margie.«

»Genau. Dann entschloss sie sich, mit dem Wagen irgendwohin zu fahren. Keiner weiß, wohin.«

»Margie weiß es«, fiel Garrison ein. »Wahrscheinlich hat sie Rachel auf die Idee gebracht.«

»Warum sollte sie so etwas tun?«

»Um Unfrieden zu stiften. Das ist ihre Lieblingsbeschäftigung. Du weißt ja, wie sie ist.«

»Könntest du versuchen, etwas aus ihr herauszubekommen?«

»Da fragst du sie besser selbst«, entgegnete Garrison. »Denn wenn ich sie danach frage, können wir sicher sein, dass wir gar nichts erfahren.«

»Wo ist Margie heute Abend?«

Garrison hob die Schultern. »Ich frage sie nicht danach, weil es mich nicht interessiert. Wahrscheinlich sitzt sie in irgendeinem Lokal und betrinkt sich. Es gibt da drei oder vier Frauen, die immer zusammen ausgehen, nur um sich voll laufen zu lassen. Das Aas, das mit Lenny Bryant verheiratet war ...«

»Marilyn.«

»Genau. Sie ist mit von der Partie. Und die Frau, der ein paar Restaurants gehörten.«

»Ich weiß nicht, wen du meinst.«

»Dünne Frau. Große Zähne, kleine Titten.«

»Lucy Cheever.«

»Na siehst du, du hast ein gutes Gedächtnis für solche Typen.«

»Das liegt daran, dass ich eine Affäre mit Lucy Cheever hatte.«

»Du machst wohl Witze. Du hast es mit Lucy Cheever getrieben?«

»Ich war mit ihr in New Orleans und habe mich eine Woche lang ausgiebig mit ihr im Bett vergnügt.«

»Große Zähne. Kleine Titten.«

»Sie hat schöne Titten.«

»Sie sind verdammt winzig. Und die Frau ist niemals nüchtern.«

»In New Orleans war sie nüchtern. Zumindest manchmal.«

Garrison schüttelte den Kopf. »Ich verstehe dich nicht. Sie muss mindestens fünfzig sein.«

»Es ist fünf oder sechs Jahre her.«

»Und wenn schon. Du könntest jeden Hintern kriegen, den du willst, und was tust du? Du gehst hin und verbringst eine Woche mit einer Frau, die zehn, fünfzehn Jahre älter ist als du. Warum, zum Teufel?«

»Ich mochte sie.«

»Du mochtest sie.« Mr. Ko war mit zwei Speisekarten und der Milch zurückgekommen. »Bringen Sie mir bitte einen Brandy«, sagte Garrison zu dem Wirt. »Das Essen bestellen wir später.« Ko entfernte sich, und Garrison wandte sich wieder dem Rätsel der Beziehung seines Bruders zu Lucy Cheever zu. »War sie gut?«

»Kannst du mich damit in Ruhe lassen? Ich habe wichtigere Dinge im Kopf als meine Affäre mit Lucy Cheever.« Er leerte die Hälfte der Milch in einem Zug. »Ich will wissen, wo Rachel ist.«

»Sie wird zurückkommen. Mach dir keine Sorgen.«

»Und wenn nicht?«

»Sie wird. Es bleibt ihr gar nichts anderes übrig.«

»Natürlich bleibt ihr etwas anderes übrig. Sie könnte beschließen, sich von mir zu trennen.«

»Das könnte sie vermutlich. Es wäre zwar dumm von ihr, aber sie könnte es tun.« Garrison zog nachdenklich an seiner Zigarre. »Weiß sie irgendetwas, das sie besser nicht wissen sollte?«

»Von mir nicht.«

»Soll heißen?«

»Das soll heißen, dass sie mit Margie redet. Weiß der Teufel, worüber sich die beiden unterhalten.«

»Dazu wäre Margie zu klug.«

»Wenn sie nüchtern ist, vielleicht.«

»Du hast Rachel doch sicher einen Ehevertrag unterschreiben lassen?«

»Nein.«

»Warum nicht, verdammt noch mal?«

»Schrei mich nicht an.«

»Ich habe Cecil gesagt, er soll einen Vertrag aufsetzen und von ihr unterschreiben lassen.«

»Ich habe ihn davon überzeugt, dass das nicht nötig ist«, erklärte Mitchell. Garrison schnaubte ungläubig. »Ich wollte nicht, dass sie den Eindruck hat, sie würde eine geschäftliche Vereinbarung mit mir treffen. Ich war verliebt in sie, zum Teufel. Und ich bin es immer noch.«

»Dann sorgst du besser dafür, dass sie den Mund hält.«

»Ich weiß«, entgegnete Mitchell.

»Wenn du es weißt, warum, in drei Teufels Namen, hast du sie dann keinen Ehevertrag unterschreiben lassen?« Er beugte sich vor und legte die Hand auf Mitchells Arm. »Ich will dir eins ganz deutlich sagen: Wenn sie Anstalten macht, irgendjemandem gegenüber etwas über das Geschäft, über unser Familienunternehmen auszuplaudern, werde ich sie per gerichtlicher Verfügung zum Schweigen bringen.«

»Dazu besteht keine Veranlassung.«

»Woher willst du das wissen? Du hast nicht einmal eine Ahnung, wo sie sich in diesem Moment aufhält. Sie könnte irgendwo sitzen und sich mit einem Reporter unterhalten.« Mitchell schüttelte den Kopf. »Ich meine, wegen der gerichtlichen Verfügung«, kam Garrison auf das Thema zurück. »Es macht mir nichts aus, den schwarzen Peter auf mich zu nehmen, wenn du eine Chance siehst, eure Ehe wieder zu kitten.«

»Es geht nicht darum, unsere Ehe zu kitten. Wir hatten zwar einige Probleme in letzter Zeit, aber es ist nichts Endgültiges.«

»Na klar ...«, bemerkte Garrison in einem Tonfall, der vermuten ließ, dass er diese Art von Selbstbetrug schon unzählige Male gehört hatte. »Mach dir vor, was immer du willst.«

»Ich habe sie geheiratet, weil ich etwas für sie empfinde. Und dieses Gefühl hat sich nicht in Luft aufgelöst.«

»Das wird es aber«, warf Garrison ein, während er Mr. Ko heranwinkte. »Glaub mir, das wird es.«

2

Mitchell stellte fest, dass sein Appetit größer war, als er gedacht hatte. Das Essen war gut, allerdings vertrug Garrison die Gerichte wesentlich schärfer gewürzt als sein Bruder. Er überredete Mitchell während des Essens ein paarmal, von seinem Teller zu kosten, und jedes Mal blieb diesem zu Garrisons großer Belustigung fast der Atem weg.

»Ich werde dafür sorgen müssen, dass sich dein Gaumen an Gutes gewöhnt«, bemerkte Garrison.

»Dazu dürfte es ein bisschen zu spät sein.«

Garrison blickte von seinem Teller auf, seine Brillengläser waren leicht beschlagen. »Es ist niemals zu spät«, entgegnete er.

»Und was soll das nun wieder heißen?«

»Du hattest schon immer einen empfindlicheren Magen als ich. Aber das muss sich ändern. Um der ganzen Familie willen.« Garrison legte die Gabel aus der Hand und hob sein Weinglas. »Wusstest du, dass Loretta regelmäßig zu einem Astrologen geht?«

»Ja, Cadmus hat es irgendwann einmal erwähnt. Aber was hat das mit unserem jetzigen Gespräch zu tun?«

»Letzten Sonntag rief mich Loretta an und bat mich, zu

ihr zu kommen. Ganz dringend. Sie war bei ihrem Astrologen gewesen, und was er ihr gesagt hatte, war alles andere als beruhigend.«

»Worauf bezogen sich denn seine Prophezeiungen?«

»Auf uns. Auf die Familie.«

»Und was hat er gesagt?«

»Dass sich unser Leben verändern würde und dass uns diese Veränderung nicht besonders gefallen würde.« Garrison hielt sein Weinglas mit beiden Händen umfasst und starrte an seinem Bruder vorbei in die Ferne. »Oder vielmehr, dass sie uns ganz und gar nicht gefallen würde.«

Mitchell verdrehte die Augen. »Ich verstehe nicht, warum Loretta für diesen Unsinn Geld verschwendet ...«

»Warte. Es kommt noch mehr. Diese ...«, hier schien Garrison nach dem richtigen Wort zu suchen, »... große *Veränderung* wird damit beginnen, dass einer von uns seine Frau verliert.« Jetzt sah er Mitchell wieder in die Augen. »Was dir ja passiert ist.«

»Aber sie wird zu mir zurückkommen.«

»Das behauptest du. Aber ob sie zurückkommt oder nicht, spielt eigentlich keine Rolle; der Punkt ist, dass sie dich verlassen hat.«

»Willst du sagen, dass du *glaubst,* was dieser Kerl erzählt?«

»Ich bin noch nicht fertig. Er hat gesagt, dass es noch ein weiteres Vorzeichen für die Veränderung geben wird und dass dieses Vorzeichen etwas mit einem Seefahrer zu tun hat.«

Mitchell seufzte. »Das ist doch sterbenslangweilig«, erklärte er. »Sie hat ihm vermutlich die ganze Familiengeschichte erzählt ... und er hat sie ihr auf seine Art wieder vorgesetzt.«

»Vielleicht«, entgegnete Garrison.

»Aber was wäre die andere Möglichkeit?« warf Mitchell ein wenig gereizt ein. »Dass dieser Idiot Recht hat und wir alle der Katastrophe entgegensteuern?«

»Ja«, bestätigte Garrison. »Das ist die andere Möglichkeit.«

»Ich ziehe meine Interpretation vor.«

Garrison nippte von seinem Wein. »Wie ich schon sagte …«, murmelte er, »du hattest schon immer einen schwachen Magen.«

»Was soll das heißen?«

Garrisons Miene verzog sich, was selten vorkam, zu einem Lächeln. »Dass du es nicht wagst, auch nur daran zu denken, dass möglicherweise Dinge vorgehen, die wir ernst nehmen sollten. Dass um uns herum vielleicht *wirklich* alles zusammenbricht.«

Mitchell hob die Hände. »Ich glaube einfach nicht, was ich da höre«, sagte er. »Und ausgerechnet aus deinem Mund. Du giltst als der Vernunftmensch in der Familie.«

»Und sieh dir an, was aus mir geworden ist.«

»Auf mich machst du einen recht guten Eindruck.«

»Herrje.« Garrison schüttelte den Kopf. »Das zeigt einmal mehr, wie wenig wir voneinander wissen. Ich schlucke Antidepressiva wie Lutschbonbons, Mitch. Ich gehe viermal wöchentlich zum Therapeuten. Beim Anblick meiner nackten Ehefrau könnte ich kotzen. Hilft das, um dein Bild von mir zurechtzurücken?« Er beäugte sein Glas. »Ich dürfte eigentlich keinen Alkohol trinken. Nicht, wenn ich Psychopharmaka genommen habe. Aber im Augenblick ist mir das scheißegal.« Er schwieg eine Weile, dann fragte er: »Möchtest du noch etwas essen?«

»Nein danke.«

»Sicher ist in deinem Magen noch Platz für ein Eis. Du musst dir ab und zu ein kindisches Vergnügen gönnen. Das ist sehr heilsam fürs Gemüt.«

»Ich setze Fettpolster an den Hüften an.«

»Keine Frau dieser Welt wird dich aus dem Bett werfen, weil du einen dicken Hintern hast. Iss ein Eis.«

»Lenk nicht vom Thema ab. Wir haben darüber gesprochen, dass du Alkohol trinkst, obwohl du Medikamente genommen hast.«

»Nein, das haben wir nicht. Wir haben darüber gesprochen, dass ich es mir leiste, ein bisschen verrückt zu sein, weil mich meine Vernunft nicht sehr weit gebracht hat.«

»Dann sei eben verrückt«, sagte Mitchell. »Mir ist das völlig gleichgültig. Komm von mir aus nackt zur nächsten Vorstandssitzung. Feure alle unsere Angestellten. Stell Taubstumme ein. Tu, was immer du willst, aber fang nicht an, auf das alberne Geschwätz eines verdammten Astrologen zu hören.«

»Er hat von Galileo gesprochen, Mitch.«

»*Ein Seefahrer?* Damit könnten viele gemeint sein.«

»Aber es sind nicht *viele* damit gemeint. *Er* ist gemeint. Galileo.«

»Weißt du was«, erklärte Mitchell, indem er resigniert die Hände hob, »lass uns von etwas anderem reden.«

»Warum?«

»Weil sich unsere Unterhaltung im Kreis dreht. Und das ödet mich an.«

Garrison sah ihn eindringlich an, dann stieß er einen tiefen, seltsam zufriedenen Seufzer aus. »Was also fängst du mit dem angebrochenen Abend an?« erkundigte er sich.

Mitch warf einen Blick auf seine Armbanduhr. »Ich gehe nach Hause und lege mich schlafen.«

»Allein?«

»Ja. Allein.«

»Kein Sex. Kein Eis. Du wirst noch als Trauerkloß enden, weißt du das? Ich könnte dir Gesellschaft besorgen, wenn du möchtest.«

»Nein danke.«

»Bist du sicher?«

Mitchell lachte. »Ja, ich bin sicher.«

»Was findest du so komisch?«

»Dich. Du versuchst mich zu verkuppeln, als ob ich siebzehn wäre. Erinnerst du dich noch an die Nutte, die du einmal für mich mit nach Hause gebracht hast?«

»Juanita.«

»Juanita! Genau. Was für eine Geschichte!«

»Sie wollte nichts weiter ...«

»Erinnre mich nicht daran ...«

»... als auf deinem Gesicht sitzen! Du hättest sie heiraten sollen«, erklärte Garrison, indem er den Stuhl zurückschob und aufstand. »Dann hättest du inzwischen zwanzig Kinder.« Mitchell warf ihm einen bösen Blick zu. »Sei nicht sauer auf mich. Du weißt, dass ich Recht habe. Wir haben beide einen Fehler gemacht. Wir hätten irgendeine dumme Kuh mit gebärfreudigem Becken heiraten sollen. Aber nein. Ich habe mir eine Alkoholikerin ausgesucht und du eine Verkäuferin.« Er hob sein Glas und leerte die letzten Tropfen. »Na ja … ich wünsche dir eine erholsame Nacht.«

»Wohin gehst du?«

»Ich habe noch eine Verabredung.«

»Jemand, den ich kenne?«

»*Ich selbst* kenne sie nicht einmal«, antwortete Garrison, während er bereits zur Tür strebte. »Du wirst sehen. Es ist viel einfacher so.«

XV

Es gab einmal eine Zeit – vor vielen, vielen Jahren; vor so vielen Jahren, dass es vergebliche Mühe wäre, sie zu zählen –, da hörte ich für mein Leben gern Liebeslieder. Einige konnte ich sogar mitsingen, wenn ich betrunken genug war. Manchmal, als ich meine Beine noch gebrauchen konnte, ging ich mit meiner Frau Chiyojo und Marietta nach Raleigh, wo wir uns die Vorstellungen der fahrenden Spielleute ansahen, und immer gab es dann Momente, in denen die Stimmung melancholisch wurde und ein Quartett oder eine Schnulzensängerin mit an den Busen gedrücktem Taschentuch ein Stück sang, das uns ans Herz ging. *I'll Remember You; Love; In My Prayers* oder *White Wings,* je kitschiger und herzergreifender, umso besser. Aber nach Chiyojos Tod fand ich keinen Geschmack mehr an dieser Art von Zeitvertreib. Eine traurige Ballade über die Liebe, die unwiderruflich verloren ist, können wir vielleicht genießen, solange das Objekt unserer Liebe neben uns sitzt und unsere Hand hält. Nachdem ich Chiyojo aber verloren hatte – unter Umständen, die so tragisch waren, das sie alles, was sich ein Liedermacher ausdenken könnte, in den Schatten stellten –, kamen mir jedes Mal die Tränen, sobald der erste Mollakkord erklang.

Und doch nähere ich mich auf diesen Seiten, so sehr ich mich auch dagegen sträuben mag, unaufhaltsam diesem Thema. Wort für Wort, Absatz um Absatz nähern wir uns dem Augenblick, in dem die Liebe auf der Bildfläche erscheinen und das Leben der Figuren, die ich vor Ihren Augen habe auftreten lassen, unwiderruflich verändern wird. Und ihre Folgen werden auch für diejenigen zu spüren sein, die glauben, gegen die Liebe für immer gefeit zu sein.

Und damit bin natürlich auch ich gemeint. Ich habe mich

mehr als einmal gefragt, ob es nicht die Angst vor meiner eigenen Verletzlichkeit war, die mich daran hinderte, diese Geschichte schon früher zu Papier zu bringen. Die Liebe zum Wort war, von meiner Mutter ererbt, schon immer in mir, und an Zeit und Muße hat es mir im Laufe des vergangenen Jahrhunderts weiß Gott nicht gefehlt. Aber ich konnte es einfach nicht. Ich hatte Angst – habe sie noch –, dass ich in dem Augenblick, in dem ich über die Liebe zu schreiben beginne, von dem Feuer, das ich entfacht habe, um die Herzen der anderen zu entflammen, verzehrt werde.

Am Ende bleibt mir natürlich keine Wahl. Die Liebe kommt so unvermeidlich wie die Apokalypse, die Garrison seinem Bruder an jenem Abend im Restaurant verkündete: Denn im Grunde ist ja beides ein und dasselbe.

Garrison verabschiedete sich vor dem Lokal von Mitchell, schickte seinen Chauffeur nach Hause und ging zu Fuß in das Wohnviertel und zu dem Apartment, das er ohne Wissen der übrigen Familienmitglieder für genau den Zweck gekauft hatte, für den er es heute Nacht nutzen wollte. Er schloss die Tür auf und stellte erfreut fest, dass in der Wohnung eine Temperatur herrschte, die man normalerweise als ungemütlich niedrig empfunden hätte, was bedeutete, dass die erotischen Präliminarien schon arrangiert waren. Obwohl er bereits erregt war, begab er sich nicht direkt ins Schlafzimmer, sondern schenkte sich im Salon zuerst einen Drink ein, trat ans Fenster und nippte bedächtig an seinem Glas, während er diese Momente freudiger Erwartung auskostete. Ach, wenn doch das ganze Leben für ihn so reich und wirklich sein könnte wie diese Augenblicke; so erfüllt von Sinn und Gefühl. Sicher, morgen würde er ein wenig Verachtung für sich selbst empfinden und seine schlechte Laune an allen, die ihm über den Weg liefen, auslassen. Aber heute Abend? Heute Abend, schwelgend im Wissen um die Freuden, die vor ihm lagen, war er so glücklich, wie es ihm überhaupt möglich war. Schließlich stellte er das Glas ab, ohne wirklich davon getrunken zu haben, lockerte seine Krawatte und schlenderte zu dem elegant ausgestatteten Schlafzimmer hinüber. Die Tür stand offen. Im Raum brannte Licht, und er trat ein.

Auf dem Bett lag eine Frau. Sie hieß, wie man ihm gesagt hatte, Melodie (allerdings zweifelte er daran, dass eine Frau, die ihren Körper für einen solchen Zweck verkaufte, den Namen benutzte, mit dem man sie vor Gott getauft hatte). Da lag sie, mit einem Laken bedeckt, vollkommen reglos und mit geschlossenen Augen. Um ihren Kopf waren ein Dutzend weiße und gelbe Lilien auf dem Kissen verstreut; ein geschmackvolles Begräbnisarrangement, das Fred Platt, der Mann, der diese Abende für Garrison inszenierte, freundlicherweise vorbereitet hatte. Der Duft der Blumen war allerdings nicht stark genug, um den anderen Geruch zu übertönen, der im Raum hing: den Geruch eines Desinfektionsmittels. Auch mit diesem harzigen Geruch hatte Platt eine glückliche Hand bewiesen, obwohl er Garrison, indem er seinen Fantasien einen noch realistischeren Anstrich gab, anfangs ein wenig aus dem Gleichgewicht gebracht hatte. Aber Platt kannte Garrisons Psyche gut: Als ihm der Desinfektionsgeruch das erste Mal stechend in die Nase gestiegen war, hatte er eine erotische Offenbarung erlebt. Und nun war der Geruch untrennbar mit seiner Fantasie verbunden.

Er trat ans Fußende des Betts, blickte auf die Liegende hinunter und musterte ihren Körper mit aufmerksamem Blick, dem auch das leise Zittern nicht entging, das die Frau offensichtlich nach Kräften zu unterdrücken versuchte. Gut für sie, dachte er. Sie war ein Profi in ihrem Gewerbe. Er bewunderte Professionalismus in allen Dingen, ob es sich um Aktiengeschäfte, Essenkochen oder das Darstellen einer Leiche handelte. Wenn, wie Loretta gern zu sagen pflegte, eine Sache es wert war, getan zu werden, dann sollte man sie auch richtig tun.

Er zog das Laken unter Melodies Händen weg, die über der Brust gefaltet waren. Unter dem Laken war sie nackt, der Körper mit hellem Make-up geschminkt und dann überpudert, sodass die Haut eine fahle Leichenfarbe aufwies.

»Sehr hübsch«, sagte er ohne eine Spur von Ironie.

Sie war tatsächlich eine Augenweide: ihre Brüste klein, die Nippel lang und aufgerichtet wegen der Kälte. Ihr Schamhaar war so ausrasiert, dass er einen Blick auf die vollen Schamlippen erhaschen konnte. Seine Zunge würde bald dort spielen.

Aber zuerst die Füße. Er zog das Laken jetzt ganz herunter und ließ es zu Boden fallen. Dann ging er am Fußende des Betts in die Knie und berührte die Haut der Frau mit den Lippen. Sie war kalt: so kalt, wie ein Körper auf einer plastikverschweissten Eisunterlage eben wurde. Er küsste ihre Zehen und Fußsohlen und umspannte dabei mit beiden Händen ihre schmalen Fesseln. Jetzt, da er ihre Haut unter seinen Händen spürte, registrierte er das Zittern, das tief im Gewebe vibrierte, aber es war so schwach, dass es die Illusion nicht störte. Er konnte sich ohne Schwierigkeiten vorstellen, dass sie tot war. Tot und kalt und ohne jeden Widerstand.

Ich werde nicht mit der Beschreibung fortfahren; dazu besteht keine Veranlassung. Wenn Sie sich unbedingt ausmalen möchten, wie sich Garrison Geary mit einer Frau vergnügt, die sich tot stellt, haben Sie alle Informationen, die Sie brauchen, um sich selbst ein Bild zu machen; tun Sie, was Sie nicht lassen können. Für uns andere reicht es zu wissen, dass dies sein besonderes Stimulans, sein mit Spannung erwartetes Vergnügen war. Ich kann Ihnen nicht sagen, warum. Ich habe keine Ahnung, welche rätselhaften Verirrungen seiner Psyche zur Folge hatten, dass er dieses Ritual so erregend fand, und auch nicht, wie es dazu kam. Aber so war es nun einmal; und so werde ich ihn alleinlassen mit seiner Pseudoleiche, die er jetzt in Vorbereitung auf den Akt so genannter Liebe mit Küssen bedeckt.

Mitchell seinerseits kehrte wie angekündigt nach Hause zurück, um sich schlafen zu legen. Rachel würde noch in dieser Nacht zurückkommen, so dachte er, und alles wäre vergessen und vergeben. Er würde ein Geräusch im Schlafzimmer hören, die Augen aufschlagen, und ihre Silhouette würde sich vor dem Sternenhimmel abzeichnen (er hasste es, bei zugezogenen Vorhängen zu schlafen, weil er dann Albträume bekam). Sie würde ihre Kleider abstreifen, ihm sagen, wie *leid, ach, wie leid* es ihr tat, und dann würde sie zu ihm ins Bett schlüpfen. Vielleicht würden sie sich lieben, vermutlich aber eher nicht. Wahrscheinlich würde sie einfach ihren Kopf in seine Armbeuge schmiegen und eine Hand auf seine Brust legen, und so würden sie dann einschlafen, genau wie damals, als sie zum ersten Mal miteinander in einem Bett geschlafen hatten.

Doch seine romantischen Fantasien gingen nicht in Erfüllung. Sie kam in dieser Nacht nicht nach Hause. Er schlief allein in dem riesigen Bett – zumindest für etwa eine Stunde, bevor er mit Schmerzen in den Eingeweiden aufwachte, die so stechend waren, dass er am liebsten geweint hätte wie ein kleines Kind. Mit einem Fluch auf Garrison und seinen verdammten Mr. Ko schleppte er sich zusammengekrümmt ins Badezimmer und suchte im Medikamentenschränkchen nach einem Mittel zur Linderung seiner Qual. Er konnte vor Schmerzen kaum etwas sehen, und seine Hände zitterten. Es dauerte volle zwei oder drei Minuten, bevor er das richtige Fläschchen gefunden hatte, und kaum hatte er zwei Tabletten in den Mund geschoben, als ein furchtbarer Krampf seine Eingeweide zusammenzog und der Darminhalt sich in einem faulig stinkenden Strom in die Kloschüssel ergoss. Als der Strom versiegte, blieb er sitzen, denn ihm war klar, dass die Erleichterung nur vorübergehend war. Die Bauchschmerzen hatten nicht einen Deut nachgelassen; er fühlte sich immer noch, als würden seine Eingeweide von Nadeln durchbohrt.

Während er so saß, fing er zu weinen an, erst zögernd und stoßweise, aber am Ende flossen die Tränen in einer unaufhaltsamen Flut. Er schlug die Hände vor sein heißglühendes Gesicht und schluchzte haltlos. Elender, als er sich jetzt fühlte, konnte es einem Menschen unmöglich gehen: verlassen, krank, hilflos. Womit hatte er das verdient, was hatte er verbrochen? Nichts. Er hatte sein Leben nach bestem Wissen geführt. Warum also saß er jetzt hier wie eine verdammte Seele, eingehüllt von dem Gestank, der aus seinen eigenen Eingeweiden aufstieg, gepeinigt von den düsteren Vorhersagen, die Garrison ihm eingeflüstert hatte? Und warum wusste er nicht, wo seine Frau in diesem Augenblick war? Warum war sie nicht hier, um ihn zu trösten, warum wartete sie nicht im Bett, um ihn, wenn die Krämpfe vorüber waren, in die Arme zu nehmen, ihn mit kühlender Hand zu berühren, mit liebevoller Stimme zu beschwichtigen? Warum war er allein?

O Gott, warum war er allein?

Am anderen Ende der Stadt trat Garrison aus dem Schlafzimmer, in dem er kurz zuvor seinen Samen verströmt hatte. Die kalte Empfängerin seiner Liebe hatte sich bewundernswert passiv verhalten, während er ihren Körper durchpflügt hatte; sie hatte kein Stöhnen und keinen einzigen Schrei von sich gegeben, auch später nicht, als seine Zuwendungen grober geworden waren. Manchmal, wenn ihm die Erforschung der Vagina nicht genügte, gefiel es ihm, die ›Leiche‹ umzudrehen und sie sich anal vorzunehmen. So war es auch heute, und Mr. Platt hatte auch für diesen Fall vorgesorgt. Als Garrison das Mädchen auf den Bauch drehte und ihre Hinterbacken spreizte, stellte er fest, dass die rückwärtige Passage bereits gut für ihn geschmiert war. Er drang ein, ohne sich um die Schutzmaßnahmen zu scheren, die andere für ratsam gehalten hätten, wenn sie mit einer Frau dieser Sorte schliefen, und schoss seine Ladung in ihren Körper.

Dann erhob er sich, wischte sich mit dem Laken ab, zog den Reißverschluss seiner Hose zu (die er während der ganzen Operation nicht einmal bis zur Mitte der Schenkel heruntergelassen hatte) und verließ den Raum. Im Hinausgehen sagte er: »Es ist vorbei. Du kannst aufstehen.« Und er war seltsam beruhigt, als er sah, wie die Frau Anstalten machte, sich zu erheben, bevor er die Tür hinter sich schloss. Es war schließlich nur ein Spiel, nicht wahr? Niemand kam dabei zu Schaden. Da, sie war wiederauferstanden! Sich streckend und gähnend langte sie nach dem geldgefüllten Umschlag, den Garrison wie immer für sie neben das Bett gelegt hatte. Sie würde ihrer Wege gehen, ohne auch nur zu wissen, wer dieser sonderbare Kunde war (das jedenfalls redete Garrison sich gern ein. Die Frauen hatten die Anweisung, die Augen während des ganzen Spiels geschlossen zu halten. Wenn sie es nicht taten, konnte Platt sehr ungemütlich werden.)

Ohne sich weiter aufzuhalten, stieg Garrison die Treppe hinunter, ging zu seinem Auto und fuhr davon. Wer ihn in diesem Augenblick hinter dem Steuer seines Wagens gesehen hätte, wäre überzeugt gewesen: Da fährt ein Mann, der mit seinem Schicksal zufrieden ist.

Wie schon gesagt, war dieser Zustand nicht von Dauer. Am Morgen würde er aufstehen und Ekel vor sich selbst empfinden; aber auch der Ekel würde nicht lange vorhalten, vierundzwanzig, höchstens achtundvierzig Stunden, dann würde die Begierde, die er heute Nacht gestillt hatte, wieder aufflackern und im Laufe von ein bis zwei Wochen immer stärker werden, bis er es nicht mehr aushielt. Dann würde er Platt anrufen und ihm sagen, dass er dringend wieder eine seiner ›speziellen Nächte‹ brauchte, und das Spiel würde von vorn beginnen.

Was für ein seltsamer Mensch, so dachte er bei sich, ist dieser Garrison Geary doch. Über eine solche Macht zu verfügen und doch tief in seinem verstörten Innern so wenig Selbstachtung zu besitzen, dass er sich physisch nur in der Lage fühlte, eine Frau zu lieben, die sich tot stellte. Was für ein merkwürdiger Vertreter der menschlichen Spezies er doch war! Und doch wollte es ihm nicht recht gelingen, sich seiner Perversion zu schämen. In irgendeinem Winkel seines Herzens war er heute Nacht paradoxerweise stolz; stolz, dass er tun konnte, was er getan hatte; stolz, dass er eine Fantasie ausgelebt hatte, die man selbst in dieser Stadt, in der es von Menschen mit exzentrischer Lebensführung nur so wimmelte, als abartig bezeichnet hätte. Wozu konnte ihn sein perverser Geist möglicherweise beflügeln, wenn er ihn über seine nur sexuellen Ziele hinausschießen ließ? Welche Veränderungen könnte er in der Welt bewirken, wenn er seine dunklen Kräfte in einen höheren Dienst stellte als den, sich an einem kalten Frauenkörper zu verausgaben?

Aber wie, wie? Wenn es einen tieferen Sinn in seinem Leben gab, warum konnte er ihn dann nicht erkennen? Wenn es einen Weg gab, der ihm bestimmt war, warum war er dann nicht längst darüber gestolpert? Manchmal kam er sich vor wie ein Sportler, der im Schweiße seines Angesichts für einen Wettlauf trainierte, zu dem er nicht an den Start gerufen wurde. Und mit jedem Tag, der nutzlos verstrich, schwanden seine Chancen, den Wettlauf zu gewinnen – und zu erfahren, wo das Ziel dieses Laufs war.

Bald, dachte er bei sich; ich muss bald wissen, was meine Aufgabe im Leben ist, sonst bin ich zu alt, um sie noch zu erfüllen. Dann werde ich sterben, ohne je richtig gelebt zu haben, und sobald ich unter der Erde bin, kräht kein Hahn mehr nach mir.

Ich muss es bald wissen.

XVI

Rachel hatte ihre Mutter am Abend ihrer Ankunft gebeten, möglichst wenige Leute wissen zu lassen, dass sie sich in Dansky aufhielt, aber in einer Stadt, die so klein war, dass jeder jeden kannte, blieb eine so interessante Neuigkeit natürlich nicht lange ein Geheimnis. Am Morgen nach ihrer Heimkehr hatte sie für ihre Mutter ein paar Briefe zum Briefkasten gebracht und war dabei von Mrs. Bedrosian, der Witwe aus dem Nachbarhaus, beobachtet worden.

»Na, so was«, hatte Mrs. Bedrosian ausgerufen, »bist du das, Rachel?«

»Ja, ich bin es.«

Das war bereits die ganze Unterhaltung. Aber mehr war auch nicht nötig. Eine halbe Stunde später begann im Hause Pallenberg das Telefon zu läuten – Leute aus der Stadt, die scheinbar ganz zufällig anriefen, um sich nach dem Befinden von Rachels Mutter zu erkundigen, und die dann beiläufig meinten, gehört zu haben, dass Rachel das Wochenende über in Dansky war; und – ach ja, übrigens – ob ihr Ehemann denn wohl auch mitgekommen sei?

Sherrie griff zu einer glatten Lüge. Sie erzählte den Anrufern, sie habe sich in letzter Zeit nicht recht wohl gefühlt, und darum sei Rachel für einige Tage zu Besuch gekommen. »Und nein«, leierte sie dann ihr Sprüchlein herunter, »Mitchell ist nicht mitgekommen. Du brauchst dich also nicht weiter um eine Einladung zu bemühen, um ihn kennen zu lernen, wenn das der Grund ist, warum du fragst.«

Mit dieser Lüge erreichte sie ihr Ziel. Nach etwa einem halben Dutzend dieser Anrufe hatte es sich herumgesprochen, dass Sherrie Pallenberg, selbst wenn es einen Anlass zum Tratschen geben sollte, nicht daran dachte, die Gerüchteküche anzuheizen.

»Du kannst sie natürlich nicht daran hindern, sich das Maul zu zerreißen«, erklärte sie. »Sie haben einfach nichts Besseres zu tun in diesem verdammten Nest, weißt du.«

»Ich dachte, dir gefällt es hier«, bemerkte Rachel.

Es war um die Mittagszeit, und sie saßen in der Küche und aßen Pfirsichkompott.

»Wenn dein Vater noch leben würde, wäre es vielleicht etwas anderes. Aber ich bin allein. Und wer leistet mir Gesellschaft? Andere Witwen.« Sie verdrehte die Augen. »Wir gehen zusammen zum Brunch und spielen Bridge, und es sind wirklich grundgütige Seelen, wirklich, ich will ja nicht undankbar klingen, aber – meine Güte, nach einer Weile ödet es mich grenzenlos an, mich über Gardinen und Familienserien zu unterhalten und mir anzuhören, wie selten sie ihre Kinder zu Gesicht bekommen.«

»Ist das auch eine *deiner* Klagen?«

»Nein, nein. Du lebst dein eigenes Leben. Ich erwarte nicht, dass du alle fünf Minuten vor meiner Tür stehst und nach mir schaust.«

»Es ist gut möglich, dass du mich in Zukunft wieder häufiger siehst«, entgegnete Rachel.

Ihre Mutter schüttelte den Kopf. »Ihr habt einfach zur Zeit eine schwierige Phase. Du wirst sehen, dass es bald von selbst wieder besser wird.«

»Ich glaube nicht, dass es so einfach ist«, widersprach Rachel. »Wir passen nicht zueinander.«

»Das ist doch in keiner Ehe anders«, bemerkte ihre Mutter leichthin.

»Das ist nicht dein Ernst.«

»Aber selbstverständlich. Hör zu, Schatz. Es gibt keine zwei Menschen, wirklich keine, die mit Leib und Seele vollkommen füreinander bestimmt sind. Man muss immer Kompromisse schließen. Große, schwerwiegende Kompromisse. Ich habe es in meiner Ehe so gemacht, und ich bin sicher, dass Hank, wenn er noch leben würde, dasselbe in Bezug auf mich sagen würde. Wir wollten, dass es funktioniert. Ich glaube ...«, hier huschte ein wehmütiges Lächeln über ihr Gesicht, »... ich glaube, uns war klar, dass wir uns nichts Besseres einhandeln würden als das, was wir ohnehin hatten. Ich weiß, das klingt nicht besonders romantisch, aber so war es nun einmal. Und weißt du was? Als ich die alberne Enttäuschung darüber, dass er kein Märchenprinz war – dass er ein ganz gewöhnlicher Mann war, der im Bett furzte und jeder hübschen Kellnerin schöne Augen machte –, erst einmal überwunden hatte, fühlte ich mich ganz zufrieden mit meinem Los.«

»Es geht nur leider nicht darum, dass Mitchell Kellnerinnen schöne Augen macht.«

»Na, umso besser. Wo liegt dann das Problem?«

Rachel legte den Löffel aus der Hand und starrte in ihre noch halb volle Kompottschüssel. »Es gibt so vieles, für das ich dankbar sein müsste«, sagte sie in einem Ton, als würde sie ihr Gebet herunterleiern. »Das weiß ich. Himmel, wenn ich daran denke, wie viel Mitch mir gegeben hat …«

»Sprichst du von *materiellen Dingen?*«

»Ja, natürlich.«

Sherrie winkte ungeduldig ab. »Unwichtig. Er hätte dir halb New York zu Füßen legen und dennoch ein schlechter Ehemann sein können.«

»Ich finde nicht, dass er ein schlechter Ehemann ist. Ich glaube nur, dass er nie in der Weise zu mir gehören wird, wie ich es bei Daddy und dir empfunden habe.«

»Wegen seiner Familie?«

Rachel nickte. »Ich empfinde weiß Gott nicht den Wunsch, mit ihnen um seine Liebe zu konkurrieren, aber ich habe ständig das Gefühl, dass es so ist.« Sie stieß einen Seufzer aus. »Ich könnte nicht einmal sagen, woran genau das liegt. Ich fühle mich einfach ausgeschlossen.«

»Wovon, Liebes?«

»Ach, ich weiß es nicht«, seufzte Rachel. »Es ist nur so ein Gefühl …« Sie blies die Wangen auf und stieß hörbar den Atem aus. »Vielleicht liegt das Problem hier drin.« Sie klopfte sich mit den Fingerspitzen auf die Brust. »In mir. Ich habe überhaupt kein Recht, unglücklich zu sein.« Als sie zu ihrer Mutter aufblickte, schwammen Tränen in ihren Augen. »Findest du nicht? Ganz ehrlich, mit welchem Recht dieser

Welt bin ich unglücklich? Wenn ich an Mrs. Bedrosian denke, die ihre Familie verloren hat …«

Judith Bedrosians Mann und ihre drei Kinder waren bei einem Autounfall ums Leben gekommen, als Rachel vierzehn gewesen war. Alles, wofür sie gelebt hatte – ihr gesamter Lebensinhalt –, war dieser Frau in einem einzigen grausamen Moment genommen worden. Und doch hatte sie die Kraft gefunden weiterzuleben.

»Jeder Mensch ist anders«, warf Sherrie ein. »Ich weiß nicht, wie Judith es geschafft hat, sich mit dem, was ihr passiert ist, abzufinden. Und weißt du was? Vielleicht hat sie das auch gar nicht. Wie sich ein Mensch nach außen hin gibt und wie es tief in seinem Innern aussieht, das sind zwei völlig verschiedene Dinge. Völlig verschieden. Ich weiß jedenfalls, dass es auch nach all den Jahren noch Zeiten gibt, in denen es ihr sehr schlecht geht. Dann sehe ich sie oft tagelang nicht; und wenn sie sich dann wieder blicken lässt, merkt man ihr an, dass sie Stunden um Stunden geweint hat. Und zu Weihnachten fährt sie zu ihrer Schwester nach Wisconsin, obwohl sie die Frau nicht mag, nur weil sie es nicht ertragen kann, allein zu sein. Die Erinnerungen sind zu viel für sie. Tja …«, sie seufzte, als würde Judiths Schmerz schwer auf ihren eigenen Schultern lasten. »Wer weiß? Man kann nur weiterleben, so gut es eben geht. Ich persönlich plädiere für Valium in vernünftigen Mengen. Aber jedem das Seine.«

Rachel lachte trocken. Sie hatte immer gewusst, dass ihre Mutter auf ihre Art eine geistreiche Frau war. Aber wie viel Witz sie tatsächlich besaß, zeigte sich im Laufe der Jahre immer deutlicher. Hinter der Fassade kleinstädtischer Wohlanständigkeit wohnte ein unabhängiger, streitbarer und eigenwilliger Geist, den Rachel hoffte, geerbt zu haben.

»Und was passiert jetzt?« erkundigte sich Sherrie. »Wirst du ihn um die Scheidung bitten?«

»Nein, natürlich nicht«, antwortete Rachel.

»Warum reagierst du so erstaunt auf meine Frage? Wenn du ihn nicht liebst …«

»Das habe ich nicht gesagt.«

»… wenn du nicht mit ihm zusammenleben kannst …«

»Das habe ich auch nicht gesagt. O Gott, ich weiß überhaupt nichts mehr. Margie meint, ich solle mich scheiden lassen. Und eine großzügige Unterhaltsregelung aushandeln. Aber ich will nicht allein leben.«

»Das musst du doch auch nicht.«

»Mutter, das klingt ja, als würdest du dir *wünschen*, dass ich ihn verlasse.«

»Nein, ich sage nur, dass es nicht bedeuten würde, dass du allein leben musst. Nicht sehr lange zumindest. Das ist also kein Grund, an einer Ehe festzuhalten, in der du nicht bekommst, wonach du dich sehnst.«

»Ich muss mich über dich wundern«, sagte Rachel. »Also wirklich. Ich war vollkommen sicher, dass du mir eine Standpauke halten und mir raten würdest, zurückzugehen und es noch einmal zu versuchen.«

»Dazu ist das Leben zu kurz«, entgegnete Sherrie. »Vor ein paar Jahren hätte ich noch anders reagiert, aber mit der Zeit ändert sich die Sicht der Dinge.« Sie strich Rachel über die Wange. »Ich möchte nicht, dass meine schöne Tochter Rachel auch nur eine Sekunde länger unglücklich ist.«

»Ach, Mutter …«

»Wenn du deinen Mann also verlassen willst, dann tu es. Wo er herkommt, gibt es gut aussehende Millionäre in rauen Mengen.«

XVII

Für denselben Abend hatte Deanne die beiden zu einem Grillfest der Kirchengemeinde eingeladen. Sie hatte Rachel versichert, dass sie dort nur Menschen treffen würde, die sie kannte und mochte und dass niemand sie mit Fragen über das Leben im Jetset behelligen würde. Dafür habe sie gesorgt. Dennoch hatte Rachel keine große Lust auf diese Veranstaltung. Aber Deanne ließ sie deutlich spüren, dass sie eine Ablehnung ihrer Einladung als persönliche Kränkung empfinden würde, was sie jedoch nicht daran hinderte, sie ihrem Schicksal zu überlassen, kaum dass sie den Ort der Veranstaltung erreicht hatten. Ihre Kinder stürmten davon, um mit den anderen zu spielen, und fünf Minuten später war Deanne, obwohl sie Rachel versprochen hatte, nicht von ihrer Seite zu weichen, verschwunden, um sich mit der Gastgeberin von Frau zu Frau zu unterhalten. Plötzlich stand Rachel allein zwischen Menschen, die sie nicht kannte, die ihrerseits Rachel aber nur allzu gut zu kennen schienen.

»Ich habe dich und deinen Mann erst vor ein paar Wochen im Fernsehen gesehen«, bemerkte eine Frau namens Kimberly, die sich Rachel als Deannes zweitbeste Freundin vorstellte, was immer das auch heißen mochte. »Es war eine dieser Galaveranstaltungen. Ihr saht alle so aus, als würdet ihr euch großartig amüsieren. Ich habe zu Frankie gesagt – das ist mein Mann, da drüben, der mit dem Hotdog; er hat früher in derselben Firma gearbeitet wie der Mann deiner Schwester –, also, ich habe gesagt: ›Sehen sie nicht aus, als würden sie sich großartig amüsieren?‹ Weißt du, das wirkte alles so richtig glanzvoll.«

»Glanzvoll?«

»Ja, glanzvoll. Alles«, wiederholte Kimberly. »Weißt du, alles hat nur so gefunkelt.« Ihre Augen leuchteten, als sie sich die Bilder in Erinnerung rief. Rachel brachte es nicht über sich, ihr zu sagen, was für eine todlangweilige Angelegenheit diese Gala gewesen war; die Reden endlos, die anderen Gäste völlig uninteressant. Sie ließ die Frau ein paar Minuten weiter plappern und beschränkte sich darauf, zu nicken oder zu lächeln, wo sie es für angemessen hielt. Aus dieser deprimierenden Konversation wurde sie von einem Mann gerettet, der eine Serviette in seinen Hemdausschnitt gesteckt hatte, ein deftiges Stück Sparerib in der Hand hielt und aussah, als wäre er mit dem Gesicht in die Barbecue-Sauce gefallen.

»Entschuldige, wenn ich mich einfach so einmische«, wandte er sich an Rachels hartnäckige Gesprächspartnerin, »aber ich habe diese junge Dame hier sehr lange nicht mehr gesehen.«

»Du siehst aus wie ein Schwein, Neil Wilkens«, erklärte Kimberly.

»Wirklich?«

»Da, um deinen Mund.«

Der Mann zog die Serviette aus seinem Hemd und wischte sich den Mund ab, was Rachel einen Moment Zeit ließ zu realisieren, wen sie da vor sich hatte: Neil Wilkens, der erste Junge, der ihr Herz erobert (und gebrochen) hatte, war inzwischen erwachsen geworden. Er hatte einen rötlich blonden Bart, stark gelichtetes Haar und den ersten Ansatz eines Bierbauchs. Aber als er die Hand mit der Serviette sinken ließ, zeigte er ein Lächeln, das noch genauso strahlend war wie früher.

»Weißt du noch, wer ich bin?« fragte er.

»Neil.«

»Höchstpersönlich.«

»Es ist schön, dich zu sehen. Deanne hatte mir, glaube ich, erzählt, du wärst nach Chicago gegangen.«

»Er ist mit eingekniffenem Schwanz zurückgekommen«, bemerkte Kimberly gehässig.

Neil ließ sich seine fröhliche Laune nicht nehmen. »Mir hat das Leben in der Großstadt nicht gefallen«, sagte er. »Wahrscheinlich bin ich im Herzen ein echter Kleinstädter. Also bin ich nach Hause zurückgekehrt und habe mit Frankie zusammen eine Firma gegründet …«

»Das ist mein Mann, Frankie«, warf Kimberly ein, für den Fall, dass Rachel diese Tatsache entgangen war.

»Wir erledigen Reparaturarbeiten im und am Haus. Ein bisschen Installation, ein bisschen Dachdeckerei.«

»Sie liegen sich ständig in den Haaren«, warf Kimberly ein.

»Das stimmt nicht«, widersprach Neil.

»Gehen in der einen Minute wie Streithähne aufeinander los und sind in der nächsten die besten Freunde.«

»Frankie ist Kommunist«, erklärte Neil.

»Das ist er *nicht*«, brauste Kimberly auf.

»Jack hatte das Parteibuch der Kommunisten in der Tasche, Kimberly«, entgegnete Neil.

»Wer ist Jack?« wollte Rachel wissen.

»Frankies Vater. Er ist vor einiger Zeit gestorben.«

»Prostatakrebs«, warf Kimberly ein.

»Und als Frankie die Papiere des alten Herrn durchsah, fand er das kommunistische Parteibuch. Seither trägt er es mit sich herum und erzählt allen, sie sollten gegen die kapitalistische Ausbeutung auf die Barrikaden gehen.«

»Das meint er nicht so«, bemerkte Kimberly.

»Woher willst du das wissen?«

»Es ist nur sein etwas merkwürdiger Sinn für Humor«, erklärte sie. Neil warf Rachel einen verstohlenen Blick zu, und ein kaum merkliches Lächeln zuckte dabei um seine Lippen. Es machte ihm offensichtlich Spaß, Kimberly auf die Palme zu bringen.

»Na ja«, warf er ein, »du kannst sagen, was du willst, aber wenn einer ein kommunistisches Parteibuch hat, dann ist er für mich ein Kommunist.«

»Manchmal bist du einfach *widerlich*«, sagte Kimberly, machte auf dem Absatz kehrt und ging ohne ein weiteres Wort davon.

»Sie geht so leicht hoch«, lachte Neil, »regt sich furchtbar auf, wenn man etwas gegen ihren Frankie sagt, dabei macht sie dem armen Mann zu Hause die Hölle heiß. Als er sie heiratete, hatte er noch schönes, volles Haar, und sieh ihn dir jetzt an. Nicht, dass ich viel hätte, womit ich mich brüsten könnte.« Er strich mit der Hand über seine glänzende Halbglatze.

»Ich finde, es steht dir gut«, bemerkte Rachel.

Neil strahlte. »Meinst du wirklich? Lisa fand es schrecklich.«

»Lisa ist deine Frau?«

»Die Mutter meiner Kinder«, entgegnete Neil und akzentuierte dabei jedes Wort mit ironischer Bissigkeit.

»Ihr seid nicht verheiratet?«

»Wir waren verheiratet. Das heißt, auf dem Papier sind wir es immer noch. Aber sie lebt mit den Kindern in Chicago, und ich … na ja, ich bin hier. Eigentlich wollte sie mit den Kindern nachkommen, sobald ich mich hier eingerichtet hätte, aber daraus wird wohl nichts mehr. Sie hat inzwischen einen anderen gefunden, und die Kinder sind glücklich. Das behauptet sie jedenfalls.«

»Das tut mir Leid.«

»Tja«, sagte er mit einem tiefen Seufzer. »Wahrscheinlich passiert so etwas ständig und überall. Es ist nur so frustrierend, wenn du dich bemühst, eine Sache hinzukriegen, und du schaffst es einfach nicht.« Er starrte auf seine mit Farbklecksen übersäten Schuhe hinunter, als wäre ihm dieses Eingeständnis peinlich.

»Habe ich Lisa gekannt?« fragte Rachel.

»Ja, du hast sie gekannt«, antwortete er mit immer noch auf seine Stiefelspitzen geheftetem Blick. »Ihr Mädchenname ist Froman. Lisa Angela Froman. Sie ist genauso alt wie deine Schwester. Sie gingen sogar ein Jahr zusammen in die Sonntagsschule.«

»Ich erinnere mich an sie«, sagte Rachel, vor deren innerem Auge das Bild eines hübschen sechzehnjährigen Mädchens mit Brille auftauchte. »Sie war sehr still.«

»Das ist sie immer noch. Sie ist ein helles Köpfchen, und die Kinder haben ihren Verstand geerbt. Zum Glück, denn ich bin weiß Gott nicht die Intelligenzbestie der Stadt.«

»Sie fehlen dir wohl sehr?«

»Wie verrückt. Sie fehlen mir ständig.« Das sagte er so, als fiele es ihm schwer, seine Situation zu begreifen. »Weißt du, man sollte meinen, dass es nach einer Weile leichter wird, aber ...«, er schüttelte den Kopf.

»Möchtest du ein Bier oder irgendetwas anderes?« Er stieß ein leises, freudloses Lachen aus. »Ich habe einen Joint dabei.«

»Du rauchst immer noch?«

»Nicht so viel wie früher. Aber wenn mich alles anödet, klinke ich mich gern aus, weißt du. Dann muss ich nicht so viel grübeln. Ich meine, es würde einem sonst vielleicht das Herz brechen ...«

Sie schlenderten zum Rand des Gartens, und dort kletterten sie auf Neils Vorschlag hin über das niedrige Mäuerchen und befanden sich auf einem Areal, das als Abstellplatz für Schrottfahrzeuge, darunter ein ausrangierter Schulbus, genutzt wurde. In dem leichten Rauschzustand, in den sie der erste Zug von Neils Joint versetzt hatte, fand Rachel die Tatsache, dass sie sich benahmen wie zwei Kinder, die heimlich etwas Verbotenes taten, noch komischer.

»Ah, so ist es besser«, seufzte Neil. »Das hätte ich schon tun sollen, bevor ich hierher kam. Ich habe keinen Spaß mehr an solchen Veranstaltungen. Nicht, wenn ich allein bin.« Er zog ein drittes Mal an seinem Joint und reichte ihn an Rachel »Und weißt du was?«

»Was denn?«

»Es gibt eigentlich nicht mehr viele Dinge, die mir Spaß machen. Ich werde noch so enden wie mein Vater. Hast du meinen Vater je kennen gelernt?«

»Everrett?«

»Du erinnerst dich an ihn?«

»Natürlich erinnere ich mich«, gab Rachel mit einem leisen Kichern zurück.

»Everrett Hancock Wilkens.«

»Hancock?«

»He, sag jetzt nichts Falsches. Ich heiße auch Hancock mit zweitem Namen.«

Der Lachreiz in ihrer Kehle verstärkte sich. Der Klang des Namens schien ihr plötzlich ungeheuer komisch. »Hat dich je im Leben jemand Hancock gerufen?« kicherte sie.

»Nur meine Mutter«, stieß er hervor, jetzt ebenfalls laut lachend. »Ich wusste als Kind immer, dass ich in Schwierigkeiten war, wenn ich sie rufen hörte ...«

Aus vollem Hals und wie aus einem Mund riefen sie: *»Hancock!«* um gleich darauf wie auf Kommando schuldbewusst zu dem Gemeindegarten hinüberzublicken, wo sich einige Köpfe in ihre Richtung gedreht hatten.

Rachel bemühte sich, das Lachen zu unterdrücken. »Wir machen uns hier zum Narren«, sagte sie.

»Das ist die Geschichte meines Lebens«, entgegnete Neil. Sein beiläufiger Tonfall konnte nicht verbergen, dass in der Bemerkung auch eine gewisse Verletztheit mitschwang. »Aber ich mache mir nichts mehr daraus.«

Rachel nahm ihre ganze Willenskraft zusammen, um das Grinsen zu unterdrücken, das immer noch ihr Gesicht überzog. »Es tut mir Leid, dass sich die Dinge so für dich entwickelt haben«, sagte sie; und eine Sekunde später verlor sie völlig die Beherrschung und krümmte sich vor Lachen.

»Was findest du so komisch?« wollte Neil wissen.

»Hancock«, wiederholte sie. »Es ist ein so alberner Name.« Sie wischte sich die Tränen aus den Augen. »Meine Güte, entschuldige bitte. Du hattest gerade gesagt ...«

»Egal«, fiel Neil ein, »es war nichts Wichtiges.« Sein Gesicht war zu einem Lächeln verzogen; aber in seinen Augen stand ein anderer, rätselhafter Ausdruck.

»Was ist los?« fragte sie.

»Ach, nichts«, erwiderte er. »Ich habe nur gedacht ...«

Plötzlich war ihr klar, was er sagen wollte, und sie betete innerlich, dass er den Augenblick nicht verderben würde, indem er es aussprach. Aber ihre Hoffnung erfüllte sich nicht.

»... was für ein Idiot ich doch war ...«

»Neil.«

»... dass ich dich laufen gelassen habe ...«

»Neil, lass uns nicht ...«

»… nein, bitte, lass es mich aussprechen. Vielleicht habe ich nie wieder Gelegenheit, dir zu sagen, was mir durch den Kopf geht …«

»Meinst du nicht, wir sollten einfach noch ein paar Züge nehmen?«

»Ich habe in all den Jahren so oft an dich gedacht.«

»Nett von dir, das zu sagen.«

»Es ist die Wahrheit«, entgegnete er. »Ich habe so vieles in meinem Leben bedauert. Habe mir so oft gewünscht, ich hätte Dinge anders gemacht, hätte sie *richtig* gemacht. Und du stehst ganz oben auf dieser Liste, Rachel. Wie oft habe ich dein Bild in einer Zeitschrift oder im Fernsehen gesehen und gedacht: Sie könnte mit mir zusammen sein, ich hätte sie glücklich gemacht.« Er sah ihr tief in die Augen. »Du weißt das doch, nicht wahr? Ich hätte dich glücklich machen können.«

»Wir haben verschiedene Wege eingeschlagen, Neil«, sagte sie.

»Nicht nur verschiedene. Den falschen.«

»Ich glaube nicht …«

»Nicht du. Ich spreche nicht von dir. Es war weiß Gott ein kluger Schritt von dir, Geary zu heiraten. Nein, ich spreche von meinen eigenen Fehlschlägen.« Er schüttelte den Kopf, und sie bemerkte, dass er plötzlich Tränen in den Augen hatte.

»Ach, Neil …«

»Kümmer dich nicht um mich. Das ist bloß das verdammte Gras.«

»Möchtest du zu den anderen zurückgehen?«

»Wirklich nicht.«

»Ich glaube, es wäre aber besser. Sie werden sich fragen, wo wir geblieben sind.«

»Das ist mir gleichgültig. Ich kann sie alle nicht leiden. Nicht einen von ihnen.«

»Hast du nicht gesagt, du wärest im Grunde deines Herzens ein Kleinstädter?« versuchte Rachel zu scherzen.

»Ich weiß nicht, was ich bin«, gab Neil kleinlaut zurück. »Früher wusste ich es einmal …« Sein Blick verlor sich in der Ferne; er starrte zwischen den verrosteten Karosserien hindurch in die Nacht. »Ich hatte solche Träume, Rachel …«

»Du kannst sie immer noch verwirklichen.«

»Nein«, widersprach er. »Dazu ist es zu spät. Mann muss den richtigen Augenblick nutzen. Wenn man ihn verpasst, ist die Gelegenheit vorbei, und sie kommt kein zweites Mal. Jeder erhält seine Chance. Und ich habe meine verpasst.« Er sah ihr wieder in die Augen. »Du warst diese Chance für mich«, sagte er.

»Das ist lieb von dir, aber …«

»Du brauchst nichts zu sagen, ich weiß es auch so. Du hast mich nie geliebt, es wäre also ohnehin nichts daraus geworden. Aber ich denke immer noch an dich, Rachel. Ich habe nie aufgehört, an dich zu denken. Und ich schwöre, ich hätte deine Liebe gewinnen können. Und wenn ich das getan hätte …«, er lächelte, und in diesem Lächeln lag eine unendliche Traurigkeit, »wenn ich das getan hätte, wäre alles anders.«

Am nächsten Morgen hielt Deanne ihr eine Standpauke. Was sich Rachel dabei gedacht habe, sich ausgerechnet mit Neil *Wilkens* in die Büsche zu schlagen, wollte sie wissen. So etwas könne man vielleicht in New York tun, aber Dansky wäre schließlich ein kleines Städtchen, und hier benahm man sich einfach nicht so. Rachel fühlte sich gemaßregelt wie ein ungezogenes Kind, und sie bat Deanne, ihre Meinung für sich zu behalten. Und was habe sie im Übrigen gegen Neil Wilkens einzuwenden?

»Er ist quasi Alkoholiker«, erklärte Deanne. »Und er hat seine Frau verprügelt.«

»Das glaube ich nicht.«

»Es ist aber wahr«, sagte Deanne bestimmt. »Du hältst dich also wirklich besser von ihm fern, Rachel.«

»Ich hatte nicht die Absicht …«

»Du kannst nicht einfach hereinrauschen …«

»Moment mal …«

»… und so tun, als wärst du hier zu Hause …«

»Was willst du damit sagen?«

Deanne blickte mit hochroten Wangen vom Abwasch auf. »Das weißt du ganz genau.«

»Es tut mir Leid, aber ich weiß es nicht.«

»Du hast mich in Verlegenheit gebracht.«

»Was? Wann soll das gewesen sein?«

»Gestern Abend! Lässt mich mit all diesen Leuten stehen, die mich fragen, wohin du verschwunden bist. Was sollte ich deiner Meinung nach sagen? Oh, die ist hier irgendwo und flirtet mit Neil Wilkens wie ein fünfzehnjähriges …«

»Das habe ich nicht getan.«

»Ich habe dich gesehen! Wir haben dich alle gesehen, kichernd wie ein albernes Schulmädchen. Es war ausgesprochen peinlich.«

»Das tut mir Leid«, entgegnete Rachel kühl. »Ich werde dich nicht noch einmal in Verlegenheit bringen.«

Sie fuhr zum Haus ihrer Mutter zurück und packte. Und während sie packte, weinte sie. Zum Teil aus Wut über das, was Deanne zu ihr gesagt hatte, aber mehr noch aus einem Gefühl der emotionalen Verunsicherung heraus. Vielleicht hatte Neil Wilkens seine Frau geschlagen. Aber, Herrgott, ihr war er auf eine Weise vertraut, die sie selbst nicht richtig erklären konnte. War es vielleicht so, dass sie das Gefühl hatte, irgendwie hierher zu gehören? Dass dieses junge Mädchen, das vor all den Jahren in Neil verliebt gewesen war, noch irgendwo in ihr steckte, dem ersten Kuss entgegenbebend, den Glauben an die wahre Liebe noch bewahrend? Und dass dieses Mädchen jetzt Tränen der Enttäuschung vergoss, weil sich Neils und ihre Wege getrennt hatten?

Wie lächerlich das alles war, wie abgedroschen. Sie ging ins Bad, wusch sich das tränenverschmierte Gesicht und redete sich selbst ins Gewissen. Die ganze Fahrt war ein Fehler gewesen. Sie hätte in New York bleiben und sich schonungslos den Problemen ihrer Beziehung mit Mitch stellen sollen.

Andererseits war es vielleicht ganz heilsam, sich vergegenwärtigt zu haben, dass sie in ihrer Heimat jetzt eine

Fremde war. Von nun an konnte sie sich nicht mehr der sentimentalen Illusion hingeben, einmal zu ihren Wurzeln zurückzukehren; sie musste bereit sein, den Weg weiterzugehen, den sie einmal eingeschlagen hatte. Sie würde zu Mitch zurückkehren, beschloss sie, und offen über alles mit ihm reden. Sie hatte nichts zu verlieren, wenn sie ehrlich war. Und wenn sie beide zu dem Schluss kamen, dass sie nicht zueinander paßten, dann würde sie ihn um die Scheidung bitten, und sie mussten die notwendigen Schritte in die Wege leiten. Vielleicht würde Margie ihr ein paar nützliche Tipps dazu geben, welchen Marktwert sie als geschiedene Ehefrau hatte. Und danach? Nun, das würde sich zeigen. Sie wusste lediglich, dass sie nicht nach Dansky zurückkehren konnte. Was immer sie im Grunde ihres Herzens sein mochte (und im Augenblick hatte sie nicht die geringste Ahnung, was das war), eines war gewiss: Ihre Heimat war nicht mehr die kleine Stadt Dansky.

Ungeachtet aller Einwände ihrer Mutter fuhr sie noch am selben Tag ab. »Bleib wenigstens noch ein oder zwei Tage hier«, hatte Sherrie sie beschworen. »Du bist den weiten Weg hierher gekommen.«

»Ich muss zurück, wirklich.«

»Wegen Neil Wilkens, habe ich Recht?«

»Das hat nichts mit Neil Wilkens zu tun.«

»Ist er aufdringlich geworden?«

»Nein, Mutter.«

»Denn wenn es so ist …«

»Mutter, er hat sich wie ein vollendeter Gentleman verhalten.«

»Dieser Mann weiß nicht einmal, was das Wort Gentleman bedeutet.« Sie sah Rachel herausfordernd an. »Hundert Männer seiner Sorte sind nicht soviel Wert wie ein Mitchell Geary.«

Sie konnte diese Bemerkung ihrer Mutter nicht vergessen, und auf der langen Heimfahrt nach New York grübelte sie über die beiden Männer nach wie die Märchenprinzessin, die bedächtig die Vorzüge ihrer Verehrer gegeneinander abwägt. Der eine gut aussehend, reich und langweilig; der andere bierbäuchig und mit schütterem Haar, aber doch fähig, sie zum Lachen zu bringen. Sie waren in jeder Hinsicht verschieden, nur in einer nicht: Beide waren sie traurige Gestalten. Wenn sie sich ihre Züge vorstellte, sah sie vor ihrem inneren Auge traurige Gesichter; Gesichter, in denen sich die Niederlage abzeichnete. Sie wusste, worin Neils Niederlage bestand: Er hatte es ihr selbst gesagt. Warum aber war in Mitch, der durch seine Geschichte und seine Herkunft doch mit Gaben überschüttet worden war, letztendlich ein ebenso großes Elend zu spüren? Es war ihr ein Rätsel; und je intensiver sie über dieses Rätsel nachdachte, umso stärker wurde ihre Überzeugung, dass die Wunden ihrer Beziehung nur heilen konnten, wenn sie es löste.

TEIL VIER

Der verlorene Sohn

I

Gestern Abend hatte ich Besuch von Marietta. Sie brachte mir Kokain mit, das sie in Miami gekauft hatte und von dem sie behauptete, es sei von allerbester Qualität. Dazu gab sie mir eine Flasche Benedictine und erklärte mir, wie man das Kokain darin auflöste, um, wie sie mir verheißungsvoll ankündigte, ein starkes Gebräu zu erhalten. Es sei an der Zeit, meinte sie, dass wir einen kleinen Abenteuerausflug zusammen machten, denn das würde mich in die richtige Stimmung zum Schreiben bringen. Ich sagte ihr, dass ich nirgendwohin gehen könne. In meinem Kopf überschlugen sich die Ideen, und ich durfte nicht riskieren, dass die Stränge meiner Geschichte unentwirrbar durcheinander gerieten.

»Die Arbeit wird dir leichter von der Hand gehen, wenn du vorher ein bisschen gespielt hast«, verkündete sie.

»Da hast du sicher Recht, aber ich bleibe bei meinem Nein.«

»Und was ist der *wahre* Grund dafür?« wollte sie wissen.

»Na ja«, sagte ich zögernd, »Tatsache ist … dass ich gerade anfange, über Galileo zu schreiben. Und ich fürchte, wenn ich jetzt meine Arbeit unterbreche – noch bevor ich mich der Herausforderung stelle –, habe ich anschließend vielleicht nicht mehr den Mut, den Faden wieder aufzunehmen.«

»Das verstehe ich nicht«, entgegnete Marietta. »Ich habe gedacht, dass es eine großartige Sache sein müsste, über ihn zu schreiben.«

»Also, ich finde die Aussicht ein bisschen beängstigend.«

»Aber warum?«

»Er hat sich in seinem Leben von so vielen Seiten gezeigt. Er hat so viele verschiedene Dinge getan. Ich habe Angst, dass ich ihn nicht fassen kann. Er wird eine völlig widersprüchliche Gestalt sein.«

»Ja, vielleicht ist er genau das.« Ihre Bemerkung erschien mir irgendwie einleuchtend.

»Die Leute werden trotzdem denken, der Fehler läge bei mir«, begehrte ich auf.

»Oh, Eddie, es ist nur ein Buch.«

»Es ist nicht … *nur ein Buch.* Es ist mein Buch. Und es ist eine Gelegenheit, von Dingen zu berichten, über die noch nie jemand gesprochen hat.«

»Schon gut, schon gut.« Sie hob resigniert die Hände. »Reg dich nicht auf. Es wird bestimmt großartig. Zufrieden?«

»Sag so etwas nicht. Du machst mich ganz verlegen.«

»Himmel. Was *soll* ich denn sagen?«

»Gar nichts. Lass mich einfach in Ruhe weiterschreiben.«

Aber ich hatte ihr nicht die ganze Wahrheit gesagt. Ja, ich hatte Angst vor der Aufgabe, die vor mir lag – vor *Galileo* – und ich fürchtete, dass ich nicht den Mut finden würde, mich dem Thema wieder zuzuwenden und mich der drohenden Konfrontation mit ihm zu stellen, wenn ich den Fluss der Erzählung erst einmal unterbrochen hatte. Aber mehr noch fürchtete ich mich davor, mit Marietta zusammen die schützenden Mauern des Hauses zu verlassen und nach so vielen Jahren in die Welt hinauszugehen. Ich hatte Angst, dass ich mir angesichts dessen, was mich dort erwarten mochte, verloren vorkommen würde wie ein Kind. Ich würde weinen, ich würde zittern, ich würde mir in die Hose machen vor Angst. Und so lächerlich Ihnen, die Sie mitten im Leben stehen und alles, was Sie sehen und erleben, völlig selbstverständlich finden, diese Ängste erscheinen mögen, für mich waren sie nur zu real. Ich war, das dürfen Sie nicht vergessen, schon so lange ein freiwilliger Gefangener in L'Enfant, dass ich mich wie ein Mensch fühlte, der den größten Teil seines Lebens in einer winzigen Zelle zugebracht hat und der, wenn er freigelassen wird – wovon er vielleicht seit Jahrzehnten geträumt hat –, vor der Welt zurückschreckt, vor deren Augen ihn nun keine Gefängnismauern mehr schützten.

Kurz gesagt, als Marietta ging, war meine Stimmung auf dem Nullpunkt, und ich hatte das Gefühl, in dieser Nacht, was immer ich auch tun mochte, keinen Frieden finden zu können. Wenn ich blieb, war ich mit Galileo konfrontiert. Wenn ich ging, musste ich der Welt ins Auge sehen. (Was besagt, wenn ich es heute noch einmal überdenke, dass Galileo alles in sich vereinigt, was die Welt nicht ist und umgekehrt. Vielleicht habe ich damals, als ich diese Zeilen schrieb, ohne es zu wissen etwas Wahres über ihn gesagt.)

Wohl auch um den Moment hinauszuschieben, in dem ich mich wieder dem Buch zuwenden musste, beschloss ich, mich erst einmal mit der Zubereitung des Aphrodisiakums zu beschäftigen, dessen Ingredienzen Marietta mir dagelassen hatte. Ihren Anweisungen folgend, goss ich Cognac in ein Likörglas, dann öffnete ich das kleine Säckchen mit dem Kokain, das teils pulverförmig, teils klumpig war, wählte ein ansehnliches Stück aus und ließ es in das Glas fallen. Obwohl ich mit meinem Federhalter im Glas rührte, löste sich der Stoff nicht vollständig auf. Das Ergebnis war eine leicht trübe Flüssigkeit, mit der ich dem vor mir auf dem Schreibtisch liegenden Manuskript zuprostete, bevor ich sie in einem Zug hinunterkippte. Das Zeug brannte so in der Kehle, dass ich fürchtete, etwas falsch gemacht zu haben. Tränen schossen mir in die Augen, und ich musste mich setzen. Ich glaubte genau zu spüren, wie die Flüssigkeit von oben nach unten durch meine Speiseröhre strömte und sich dann immer noch brennend im Magen ausbreitete.

»*Marietta …*«, stieß ich böse zwischen den Zähnen hervor. Warum hörte ich bloß immer wieder auf das, was sie sagte. Diese Frau war eine wahre Plage. Aber ich hatte ihren Namen kaum über die Lippen gebracht, als die Droge zu wirken begann. Eine belebende Energie durchströmte meine Glieder, mein Kopf fühlte sich klar und hellwach an.

Als ich mich von meinem Schreibtisch erhob, spürte ich eine unbändige Kraft in den Beinen. Ich hatte das Bedürfnis, aus meinem Zimmer hinaus und an die milde Abendluft zu eilen. Ich musste eine Weile unter den Kastanien spazieren gehen; mich an den Düften der Abenddämmerung berauschen. Danach konnte ich, erholt und für meine Aufgabe gerüstet, an meinen Schreibtisch zurückkehren und mich Galileo widmen.

II

Bevor ich mein Vorhaben in die Tat umsetzte, löste ich einen etwas größeren Klumpen Kokain in meinem Likörglas auf, das ich zuvor ein zweites Mal bis zum Rand gefüllt hatte. Aber anstatt es an Ort und Stelle zu leeren nahm ich es mit, als ich die Treppe hinunterging und durch eine Hintertür in den Garten hinaustrat. Es war ein herrlicher Abend – still und lau. Zwar wimmelte es von Moskitos, aber das Kokain und der Cognac machten mich unempfindlich gegen ihre Attacken. Ich ging zwischen den Bäumen hindurch bis zu der Stelle, an der die gepflegte Ordnung des Gartens im wuchernden Chaos der Sumpfvegetation untergeht. Hier weichen die süßen Düfte der Blumen dem schalen, fauligen Geruch, der über stehenden Gewässern hängt.

Als sich meine Augen an das Sternenlicht gewöhnt hatten, konnte ich im Schein dieser fernab funkelnden Sonnen ein gutes Stück weit sehen. Ich beobachtete die Alligatoren, die an den Uferböschungen lagen oder träge durchs Wasser glitten, und die Fledermäuse, die über meinem Kopf in Scharen zwischen den Ästen der Bäume umherschossen.

Denken Sie bitte nicht, dass die Freude, die ich an all diesen Dingen hatte – an den Tieren der Nacht, den verwitterten Bäumen, den giftigen Dämpfen des Sumpfes –, in irgendeiner Weise mit dem Kokain zusammenhing. Mir hatten schon immer Dinge und Kreaturen gefallen, die gewöhnliche Menschen als abstoßend empfinden oder gar für Zeichen und Sendboten des Bösen halten. Zum Teil ist diese Freude ästhetischen Urspungs, zum Teil ergibt sie sich aber auch aus meinem Gefühl der Verbundenheit mit der ungeschönten Natur, für die ich als der, der ich nun einmal bin, ein beispielhaftes Exempel statuiere. Mein Körper riecht eher schal als lieblich, ist eher in Verfall begriffen als einer erblühenden Knospe gleich.

Wie dem auch sei – da schlenderte ich also am Rande des gepflegten Rasens entlang, ließ den Blick über den vor mir liegenden Sumpf schweifen und erfreute mich nicht wenig an dem, was sich meinen Augen bot. Ich hatte mein Glas bis hierher mitgenommen, ohne auch nur ein einziges Mal daran zu nippen (manchmal ist eben die Vorfreude auf den Genuss viel besser als der Genuss selbst). Jetzt nahm ich einen kräftigen Schluck. Das Gebräu war um einiges stärker als die erste Mischung. Schon während es mir durch die Kehle rann, spürte ich die Reaktionen meines Körpers: denselben Kraftstrom in den Beinen, dieselbe Belebung der Gedanken wie beim ersten Glas. Ich habe gehört, dass dieser Energieschub reine Einbildung ist; dass dem Kopf durch das Kokain lediglich vorgegaukelt wird, er vollbringe denkerische Höchstleistungen, während er in Wirklichkeit doch nur über seine eigenen Gedanken stolpert. Dem möchte ich widersprechen. Ich habe auf den Flügeln des weißen Pulvers schon einige interessante Denkaufgaben gelöst und dabei Erkenntnisse gewonnen, die auch der nüchternen Prüfung standhielten.

Aber an diesem Abend hätte ich, selbst wenn mein Leben davon abhängig gewesen wäre, mit niemandem ein geistreiches Gespräch führen können. Vielleicht lag es an der Mischung aus Kokain und Benedictine, die es in sich hatte, vielleicht an der Tatsache, dass ich hier draußen allein in der nächtlichen Wildnis stand; vielleicht hatte ich aber auch einfach eine gewisse *Bereitschaft* dazu in mir – jedenfalls spürte ich, dass ich erregt war. In meinem Kopf pulsierte es angenehm, das Herz hämmerte in meiner Brust wie in Erwartung irgendwelcher Taten, und mein Schwanz, der, außer bei Cesarias Besuch, seit Monaten nicht mehr aktiv gewesen war, hatte sich aufgerichtet und stupste in der Hoffnung, freigelassen zu werden, gegen den Verschluss meiner locker geschnittenen Hose.

Meine Begierde richtete sich, das sei betont, auf kein bestimmtes Objekt, ob wirklich oder imaginär. Mariettas Tinktur hatte lediglich einen Weckruf an meinen Körper ausgesandt, dessen erste Regung nun, da er erwacht war, auf seine sexuellen Bedürfnisse abzielte. Ich lachte laut heraus; in diesem Augenblick fehlte mir nichts zu meinem Glück, ich hatte alles, wonach mein Herz begehrte: die Sterne, den Sumpf, das Glas in meiner Hand und einen Ständer. All das war wunderbar und zum Lachen.

Vielleicht, so dachte ich, sollte ich an meinen Schreibtisch zurückkehren, solange diese positive Gemütsverfassung anhielt. Wenn ich beherzt gegen meine Zweifel und Befürchtungen anschrieb, gelang es mir vielleicht, Galileo in einem ersten Entwurf zu Papier zu bringen – das Skelett sozusagen –, bevor mich das Selbstvertrauen, das mir das Kokain verlieh, wieder verließ. Später konnte ich das Ganze mit Substanz füllen. Hauptsache, der Anfang war gemacht. Und wenn ich dann irgendwann zwischendurch eine kleine Aufmunterung benötigte, konnte ich mir immer noch ein weiteres Glas des berauschenden Tranks mischen.

Der Plan gefiel mir. Ich beschloss, mein Glas auf der Stelle zu leeren, was ich auch tat (und es dann in das Brackwasser schleuderte). Anschließend machte ich kehrt und ging zum Haus zurück. Das dachte ich wenigstens. In Wahrheit aber musste ich nach etwa fünfzig Metern feststellen, dass mich meine Sinne, völlig absorbiert von ihrer eigenen Hochstimmung, genarrt hatten, sodass ich nun, anstatt mich auf dem sicheren Boden des Gartens zu bewegen, immer tiefer in den Sumpf geriet. Ein rationaler Winkel meines Bewusstseins machte mich darauf aufmerksam, dass dies nicht eben klug war; aber ich stand vor allem unter dem berauschenden Einfluss von Kokain und Cognac, und so meinte ich, das Richtige zu tun, wenn ich meinem Instinkt, der meine Schritte in diese Richtung lenkte, folgte und den kleinen Ausflug genoss. Die Sumpferde saugte sich an meinen Füßen fest und ließ sie nur widerstrebend und mit einem komischen Schmatzen wieder los; das Blätterdach hatte sich über mir so verdichtet, dass nur noch ein winziger Bruchteil des Sternenlichts hindurchdringen und meinen Weg beleuchten konnte. Aber ungeachtet dessen trieb es mich weiter, immer tiefer hinein in die Wildnis. Das Gelände hätte sich nicht einmal im hellen Tageslicht für eine Wanderung geeignet, um wie viel weniger erst zu einer solchen Stunde. Jeden Moment konnte der schmutziggraue Schlamm unter meinen Füßen nachgeben, und ich würde bis zum Hals in fauligem Wasser stecken, in dem es noch dazu von Alligatoren wimmelte.

Aber wenn schon! Ich hatte einen Ständer, der mich alle Sorgen dieser Welt vergessen ließ, und ich würde meinen Tod als ein Zeichen Gottes dafür hinnehmen, dass ich nicht der Schriftsteller war, für den ich mich hielt.

Dann passierte etwas Merkwürdiges. Ich hatte plötzlich das sichere Gefühl, dass ich nicht allein war. Ein menschliches Wesen befand sich irgendwo in meiner Nähe; ich spürte einen neugierigen Blick im Nacken wie eine sachte Berührung. Abrupt blieb ich stehen und sah mich um.

»Wer ist da?« fragte ich mit unterdrückter Stimme.

Ich erwartete keine Antwort (jemand, der sich bei fast stockfinsterer Nacht an einen Wanderer anschleicht, pflegt im Allgemeinen nicht zu antworten, wenn er angesprochen wird); aber zu meiner Überraschung erhielt ich eine. Allerdings nicht in Worten, zumindest am Anfang nicht. Die Antwort glich vielmehr so etwas wie einem Flattern in der Dunkelheit, als trage mein unsichtbares Gegenüber wie ein Zauberkünstler lebende Vögel unter seinem Mantel. Ich blickte angestrengt in Richtung dieser Bewegung und versuchte ihren Ursprung zu ergründen, und während ich noch starrte, stieg in mir das unerklärliche Gefühl auf zu wissen, wen ich da vor mir hatte. Nach Jahrzehnten in der Fremde war der verlorene Sohn von L'Enfant, war Galileo der Wanderer heimgekehrt.

III

Ich flüsterte seinen Namen mit kaum hörbarer Stimme.

Wieder antwortete mir das Flattern, und weil meine Augen bereits wussten, wohin sie sich zu wenden hatten, glaubte ich diesmal, ihn zu sehen. Seine Gestalt schien aus Schatten, nicht aus Sternenlicht geformt; ein Schattenumriss vor der Dunkelheit. Aber er war es, ohne jeden Zweifel. Es gibt auf der ganzen Welt kein zweites Gesicht, das so schön wäre wie das seine. Ich wünschte, es wäre nicht so. Ich wünschte, er wäre nicht so einzigartig. Aber er ist es, zum Teufel mit ihm. Er ist eine ureigene Spezies unter den Geschöpfen der Natur, und wir anderen haben nur den schwachen Trost, dass er trotz allem ein so unglückliches Wesen ist.

»Bist du wirklich hier?« sprach ich ihn an. Den meisten Menschen gegenüber wäre dies eine ziemlich merkwürdige Frage gewesen, darüber bin ich mir durchaus im Klaren. Aber Galileo hat von seiner Mutter die Fähigkeit geerbt, sein Bild an jeden beliebigen Ort zu projizieren, und nachdem ich einen Moment lang geglaubt hatte, ihn hier leibhaftig vor mir zu sehen, hegte ich nun den Verdacht, dass dieser flirrende Schatten nicht der Mann selbst war, sondern eine Botschaft, die er mir zukommen ließ.

Jetzt vernahm ich mitten in dem Geflatter Worte. »Nein«, sagte er. »Ich bin weit weg.«

»Immer noch auf dem Meer?«

»Immer noch auf dem Meer.«

»Wie kommen wir dann zu der Ehre? Denkst du daran, nach Hause zurückzukehren?«

Aus dem Flattern wurde ein Lachen; aber ein Lachen voller Bitterkeit.

»Nach Hause?« sagte er. »Warum sollte ich nach Hause gehen? Ich bin dort nicht willkommen.«

»Mir wärest du willkommen«, entgegnete ich. »Und Marietta ebenfalls.« Galileo schnaubte verächtlich. Meine Worte hatten ihn offensichtlich nicht überzeugt. »Ich wünschte, ich könnte dich deutlicher sehen«, bemerkte ich.

»Das liegt an dir, nicht an mir«, gab die Schattengestalt zurück.

»Was willst du damit sagen?« fragte ich etwas gereizt.

»Bruder, ich erscheine dir so deutlich, wie du mich ertragen kannst«, erklärte Galileo. »Nicht mehr und nicht weniger.« Wahrscheinlich sagte er die Wahrheit. Welche Veranlassung hätte er auch gehabt, mich zu belügen. »Aber näher werde ich unserem Zuhause in absehbarer Zeit nicht kommen.«

»Wo bist du im Augenblick?«

»Irgendwo vor der Küste von Madagaskar. Das Meer ist ruhig; kein Lüftchen regt sich. Und es wimmelt hier von Fliegenden Fischen. Ich brauche bloß die Bratpfanne über die Reling zu halten, und schon springen sie hinein ...« Seine Augen funkelten, als würde sich darin das sonnige Meer spiegeln, auf das er hinausblickte.

»Ist es eigentlich ein komisches Gefühl?«

»Ist was ein komisches Gefühl?«

»An zwei Orten gleichzeitig zu sein.«

»Ich mache das ständig«, erwiderte er. »Ich lasse meine Gedanken schweifen und streife durch die ganze Welt.«

»Und wenn etwas mit deinem Schiff passiert, während du in der Weltgeschichte herumwanderst?«

»Ich würde es wissen«, versicherte er. »Ich und meine *Samarkand,* wir verstehen uns. Aber heute Nacht besteht keine Gefahr, dass irgendetwas passieren könnte. Das Meer ist so ruhig wie eine Badewanne. Dir würde es hier gefallen, Maddox. Hier draußen sieht man die Dinge aus einer anderen Perspektive. Mit der Zeit überlässt man sich seinen Träumen, man vergisst die Wunden, die einem zugefügt wurden, Leben und Tod und die Geheimnisse des Universums verlieren ihre Bedeutung.«

»Du hast vergessen, die Liebe zu erwähnen«, sagte ich.

»Nun ja ... mit der Liebe ist es etwas anderes.« Sein Blick verlor sich in der Dunkelheit. »Die Liebe wird es immer geben, so weit man auch segelt. Sie holt dich ein, wohin du dich auch wendest.«

»Du klingst, als wärest du nicht sonderlich glücklich darüber.«

»Ach, Bruder, im Grunde spielt es keine Rolle, ob ich glücklich bin oder nicht. Für mich gibt es kein Entrinnen, das ist die ganze Wahrheit.« Er streckte mir die Hand entgegen. »Hast du eine Zigarette?«

»Nein, habe ich nicht.«

»Schade. Wenn ich über die Liebe rede, habe ich immer das Bedürfnis zu rauchen.«

»Ich bin etwas verwirrt«, sagte ich. »Angenommen, ich *hätte* eine Zigarette …«

»Könnte ich sie dann nehmen und rauchen? Wolltest du mir diese Frage stellen?«

»Ja.«

»Nein. Das könnte ich nicht. Aber ich hätte dir beim Rauchen zusehen können, und das wäre fast ebenso schön gewesen. Du weißt, dass mich auch eine Ersatzbefriedigung ganz glücklich machen kann.« Er lachte wieder. Aber diesmal war in seinem Lachen keine Bitterkeit, nur Belustigung. »Es ist sogar so, dass mir die Erlebnisse aus zweiter oder gar aus dritter Hand immer reizvoller erscheinen, je älter ich werde – und glaub mir, Bruder, ich fühle mich alt, sehr alt. Heute würde ich lieber eine Geschichte über die Liebe erzählen oder sie mir erzählen lassen, als mich tatsächlich zu verlieben.«

»Und du siehst lieber zu, wie ein anderer eine Zigarette raucht, als selbst eine zu rauchen?«

»Na ja … noch nicht«, seufzte er. »Aber ich bin fast soweit. Aber nun zum Geschäftlichen, mein lieber Bruder. Warum hast du mich gerufen?«

»Ich habe dich nicht gerufen.«

»Da bin ich anderer Meinung.«

»Nein, wirklich. Ich habe dich nicht gerufen. Ich wüsste nicht einmal, *wie*.«

»Maddox«, sagte er mit einem klitzekleinen Hauch von Überheblichkeit. »Du hörst mir nicht zu …«

»Ich höre dir zu, verdammt …«

»Schrei nicht so.«

»Ich schreie nicht …«

»Doch, das tust du. Du schreist mich an.«

»Du hast mir vorgeworfen, ich würde dir nicht zuhören«, gab ich in so gelassenem Ton wie möglich zurück, obwohl ich alles andere als gelassen war. Was ich im Übrigen, um die Wahrheit zu sagen, in Galileos Gegenwart niemals war. Selbst in den friedlichen Tagen vor dem Krieg, bevor Galileo uns verlassen hatte, um sein Glück in der Welt zu suchen, vor seiner verhängnisvollen Heimkehr, vor dem Tod meiner Frau und Nicodemus' Untergang, selbst damals – als wir an einem Ort lebten, der uns aus heutiger Sicht paradiesisch erscheinen mag – hatten wir uns oft erbittert über die belanglosesten Dinge gestritten. Ich brauchte nur einen bestimmten Tonfall in seiner Stimme zu hören – oder er einen verdächtigen Klang in meiner –, und schon gingen wir aufeinander los. Um was es dabei ging, spielte im Allgemeinen keine Rolle. Wir zankten uns, weil wir auf irgendeiner elementaren Ebene Gegenpole zueinander bildeten. Und diese Gegensätzlichkeit hatte, wie es schien, über die Jahre nichts von ihrer Schärfe verloren. Wir brauchten nur ein paar Sätze zu wechseln, und schon waren die Visiere wieder geschlossen, flammte die alte Wut wieder auf.

»Lass uns über etwas anderes reden«, schlug ich vor.

»Einverstanden. Wie geht es Luman?«

»Er ist noch genauso verrückt wie früher.«

»Und Marietta? Geht es ihr gut?«

»Mehr als gut.«

»Ist sie verliebt?«

»Im Augenblick nicht.«

»Sag ihr, dass ich mich nach ihr erkundigt habe.«

»Wird gemacht.«

»Ich mochte Marietta immer gern. Im Traum sehe ich oft ihr Gesicht vor mir.«

»Das wird ihr schmeicheln.«

»Deins auch«, fuhr Galileo fort. »Ich sehe auch dein Gesicht im Traum.«

»Und dann verfluchst du mich.«

»Nein, Bruder, das tue ich nicht. Ich träume von uns und von der Zeit, als dieser ganze Blödsinn noch nicht passiert war.«

Das schien mir ein völlig unangemessenes Wort aus seinem Munde – so banal, dass es schon fast beleidigend war. Ich konnte mir eine Bemerkung nicht verkneifen.

»Für dich war es vielleicht nur ein Blödsinn«, sagte ich. »Aber für uns andere war es sehr viel mehr.«

»Ich wollte nicht ...«

»Du bist weggegangen, um Abenteuer zu erleben, Galileo. Und ich bin überzeugt, du hattest viel Spaß dabei.«

»Weniger, als du denkst.«

»Du hattest Pflichten«, erklärte ich. »Du warst der Älteste. Du hättest uns ein Vorbild sein sollen, anstatt deinem Vergnügen nachzujagen.«

»Seit wann ist das ein Verbrechen?« gab Galileo zurück.

»Es liegt uns im Blut, Bruder. Wir sind eine Familie von Hedonisten.«

(Dem war kaum zu widersprechen. Unser Vater war von seiner frühesten Kindheit an ein Sinnesmensch von heroischem Format gewesen. Ich selbst bin in einer kulturanthropologischen Schrift auf eine Geschichte über seine ersten erotischen Abenteuer gestoßen, die zum Mythenschatz eines kurdischen Reitervolkes gehörte. Darin wird behauptet, dass sämtliche siebzehn Gründerväter des Stammes von *meinem* Vater gezeugt wurden, bevor er noch alt genug war, um zu laufen. Machen Sie aus dieser Geschichte, was Sie wollen.)

Galileo war längst bei einem anderen Thema.

»Meine Mutter ...«

»Was ist mit ihr?«

»Geht es ihr gut?«

»Schwer zu sagen«, erwiderte ich. »Ich sehe sie nur sehr selten.«

»War sie es, die dich geheilt hat?« erkundigte sich Galileo mit einem vielsagenden Blick auf meine Beine. Bei unserer letzten Begegnung war ich ein Krüppel gewesen, der ihn aus seinem Rollstuhl heraus angezetert hatte.

»Sie würde wahrscheinlich sagen, wir haben es gemeinsam bewirkt.«

»Das würde ihr nicht ähnlich sehen.«

»Sie ist sanfter geworden.«

»Sanft genug, um mir zu verzeihen?« Darauf sagte ich nichts zu Galileo. »Muss ich dein Schweigen als ein Nein verstehen?«

»Vielleicht solltest du sie selbst fragen«, schlug ich vor. »Wenn du willst, rede ich vorher mit ihr. Ich sage ihr, dass wir miteinander gesprochen haben. Bereite sie vor.«

Zum ersten Mal während dieser Unterhaltung konnte ich mehr von Galileo erkennen als sein Schatten-Ich. Ein Leuchten breitete sich von unten her in ihm aus, und in diesem kühlen Licht zeichnete sich seine Gestalt deutlich ab. Ich sah die geschwungenen Linien seines Oberkörpers, seinen pulsierenden Hals und die Form seines Mundes, als wäre sein ganzer Körper von innen heraus beleuchtet.

»Das würdest du für mich tun?« fragte er.

»Selbstverständlich.«

»Ich dachte, du hasst mich. Du hättest allen Grund dazu.«

»Ich habe dich nie gehasst, Galileo. Das schwöre ich.«

Jetzt stieg das Leuchten in seine Augen auf und ergoss sich dann über seine Wangen.

»Himmel, Bruder …«, murmelte er leise, »… es ist lange her, dass ich das letzte Mal geweint habe.«

»Bedeutet es dir so viel, nach Hause zu kommen?«

»Ich möchte, dass sie mir verzeiht«, entgegnete er. »Das wünsche ich mir mehr als irgendetwas sonst. Nur, dass sie mir verzeiht.«

»In diesem Punkt kann ich nicht dein Fürsprecher sein«, sagte ich.

»Das weiß ich.«

»Ich kann nicht mehr für dich tun als ihr zu sagen, dass du mit ihr reden möchtest und dir dann ihre Antwort zu bringen.«

»Das ist mehr, als ich erwarten kann«, bemerkte Galileo und wischte sich mit dem Handrücken die Tränen aus dem

Gesicht. »Und glaub mir, ich habe nicht vergessen, dass ich auch dich um Verzeihung bitten muss. Chiyojo, deine süße Frau ...«

Ich hob die Hand, um ihn am Weiterreden zu hindern. »Mir wäre es lieber, wir würden nicht darüber ...«

»Es tut mir Leid.«

»Abgesehen davon geht es auch nicht darum, jemandem zu verzeihen«, fuhr ich fort. »Wir haben beide Fehler gemacht. Glaub mir, ich habe ebenso viele Fehler gemacht wie du.«

»Das bezweifle ich«, gab Galileo zurück, und in seiner Stimme schwang jetzt wieder der bittere Ton, den sie am Anfang unseres Gesprächs gehabt hatte. Er hasst sich selbst, ging es mir durch den Kopf. Himmel, dieser Mensch hasst sich selbst. »Was denkst du gerade?« wollte er wissen.

Ich wagte nicht, ihm die Wahrheit zu gestehen. »Ach ..., nichts Wichtiges«, sagte ich ausweichend.

»Du findest mich lächerlich.«

»Was?«

»Du hast mich schon verstanden. Du findest mich lächerlich. Du stellst dir vor, dass ich die letzten weiß Gott wie vielen Jahre in der Weltgeschichte herumstolziert bin und mich vor den Frauen aufgeplustert habe wie ein Gockel im Hühnerhof. Was noch? Ach ja, du findest, dass ich nie erwachsen werde. Dass ich kein Herz habe. Dass ich ein Dummkopf bin.« Er starrte mich mit diesen Augen an, in denen das Licht des Ozeans glitzerte. »Na los. Ich habe es für dich ausgesprochen. Jetzt kannst du es ebenso gut zugeben.«

»Na schön. Es ist etwas Wahres an dem, was du sagst. Ich habe gedacht, dass du gleichgültig bist. Das wollte ich schreiben: dass du herzlos bist und ...«

»*Schreiben?*« fiel er mir ins Wort. »Wo?«

»In einem Buch.«

»In welchem Buch?«

»In *meinem* Buch«, erklärte ich, und ein leises Gefühl des Stolzes durchrieselte mich.

»Ist das ein Buch über mich?«

»Über uns alle«, erwiderte ich. »Über dich und mich und Marietta, über Luman und Zabrina …«

»Und Mutter und Vater?«

»Auch über sie natürlich.«

»Wissen sie alle, dass du ein Buch über sie schreibst?« Ich nickte. »Und schreibst du die Wahrheit?«

»Es ist kein Roman, wenn du das meinst. Ich erzähle die wahren Begebenheiten, so gut ich es kann.«

Er dachte einen Augenblick über das Gehörte nach. Die Neuigkeit hatte ihn offensichtlich aus der Fassung gebracht. Vielleicht hatte er Angst vor dem, was ich enthüllen würde – oder bereits enthüllt haben mochte.

»Um deiner Frage zuvorzukommen«, sagte ich, »es geht in meinem Buch nicht nur um *unsere* Familie.«

Sein Gesichtsausdruck verriet mir, dass ich den Kern seiner Befürchtungen getroffen hatte. »O mein Gott«, flüsterte er. »Darum bin ich also hier.«

»Vermutlich hast du Recht«, erwiderte ich. »Ich habe an dich gedacht, und …«

»Wie heißt es?« unterbrach er mich. Ich sah ihn verständnislos an. »Dein Buch, du Trottel. Wie nennst du es?«

»Oh … na ja, mir gehen eine Reihe von Möglichkeiten durch den Kopf«, erklärte ich im Brustton des erfahrenen Schriftstellers. »Ich habe mich noch nicht auf einen bestimmten Titel festgelegt.«

»Ist dir klar, dass ich viele Dinge weiß, die dir von Nutzen sein könnten?«

»Davon bin ich überzeugt.«

»Dinge, die in dem Buch nicht fehlen dürfen. Nicht, wenn du einen wahren Bericht schreiben willst.«

»Und das wäre?«

Er schenkte mir ein listiges Lächeln. »Was sind dir meine Informationen wert?« fragte er. Zum ersten Mal während dieses Zusammentreffens schimmerte etwas von dem Galileo durch, den ich kannte; einem Geschöpf, dessen Glaube an seine eigene Unwiderstehlichkeit unerschütterlich war.

»Ich spreche deinetwegen mit Mama, schon vergessen?«

»Und du meinst, das wiegt die vielen Informationen auf,

die ich dir liefern könnte?« gab er zurück. »Oh nein, Bruder. Da musst du dir schon etwas Besseres einfallen lassen.«

»Was stellst du dir vor?«

»Als erstes musst du einverstanden sein.«

»Worum geht es?« wollte ich wissen.

»Sag einfach ja, in Ordnung?«

»Die Sache dreht sich im Kreis.«

Galileo zuckte die Schultern. »Na schön«, sagte er. »Wenn du nicht wissen willst, was ich weiß, dann lass es eben bleiben. Aber dein Buch wird darunter leiden, das sage ich dir.«

»Ich glaube, es ist besser, wir beenden jetzt unsere Unterhaltung«, sagte ich. »Bevor es unangenehm wird.«

Galileo sah mich sehr ernst an, und seine Stirn furchte sich. »Du hast Recht. Es tut mir Leid.«

»Mir auch«, entgegnete ich.

»Wir haben uns so gut verstanden, und ich habe mich hinreißen lassen.«

»Genau wie ich.«

»Nein, nein, es war allein meine Schuld. Mir sind mit den Jahren die gesellschaftlichen Umgangsformen abhanden gekommen. Ich bin zu viel allein. Das ist mein Problem. Es ist keine Entschuldigung, aber ...« Das Ende seines Satzes verlor sich in Schweigen. »Nun ja, einigen wir uns darauf, das Gespräch irgendwann fortzusetzen?« fuhr er dann fort.

»Das würde ich begrüßen.«

»Wie wäre es morgen um dieselbe Stunde? Würde dir das genug Zeit lassen, mit Mama zu reden?«

»Ich tue, was ich kann«, versprach ich ihm.

»Danke«, sagte Galileo leise. »Ich denke oft an sie, weißt du. In letzter Zeit geht sie mir ständig durch den Kopf. Und das Haus. Ich denke auch an das Haus.«

»Warst du in letzter Zeit einmal hier?«

»Wie meinst du das?«

»Na ja, du könntest kommen und dich hier umsehen, ohne dass es jemand merken würde.«

»*Sie* würde es merken«, entgegnete er. Natürlich würde sie das, dachte ich. »Die Antwort ist also nein«, fuhr er fort. »Ich habe es nicht gewagt.«

»Ich glaube, du würdest feststellen, dass es sich nicht verändert hat.«

»Das ist gut«, bemerkte er mit einem schiefen Lächeln. »So vieles … eigentlich fast alles … wohin ich auch komme … überall haben sich die Dinge verändert. Und leider nicht zum Guten. Orte, die ich einmal geliebt habe. Geheime Orte, weißt du. Winkel der Welt, die niemand sonst je gesehen hat. Jetzt stehen dort Luxushotels, und die Kreuzfahrtschiffe gehen vor Anker. Ich habe schon versucht, den Leuten solche Angst einzujagen, dass sie freiwillig gehen.« Als er das sagte, ging ein Beben durch seinen Körper, und hinter seiner überwältigenden Schönheit wurde ein anderes Wesen sichtbar, das nicht annähernd so anziehend war, die Augen silberne Schlitze, nadelspitze Zähne hinter pergamentenen Lippen gebleckt. Und obwohl ich wusste, dass er mir kein Leid zufügen würde, erschreckte mich der Anblick. »Siehst du, es funktioniert«, sagte er nicht ohne Stolz. »Aber kaum kehre ich ihnen den Rücken, breitet sich der Abschaum wieder aus.« Als ich ihm einen Blick zuwarf, sah ich, dass sein raubtierhaftes Alter Ego bereits wieder verblasste. »Und bevor du dich versiehst …«

»Luxushotels …«

»… und Kreuzfahrtschiffe«, seufzte er. »Und alles ist zum Teufel.« Er blickte zum Himmel. »Ich lasse dich jetzt besser allein. Bald wird es Morgen, und du hast einen arbeitsreichen Tag vor dir.«

»Und du?«

»Oh, ich brauche nicht viel Schlaf«, erklärte er. »Ich weiß nicht recht, ob Gottheiten je viel schlafen.«

»Und du bist eine solche?«

Er zuckte die Schultern, als sei die Frage seiner göttlichen Herkunft vollkommen nebensächlich. »Ich gehe davon aus. Mama und Papa waren so reine Erscheinungsformen des Göttlichen, wie sie die Welt je zu sehen bekommen wird, meinst du nicht? Was ihre Nachkommen im Übrigen zu Halbgöttern macht, wenn dich das irgendwie beruhigt.« Ich brach in lautes Gelächter aus. »Nun denn, gute Nacht, Bruder«, sagte er. »Wir sehen uns morgen.«

Noch während er kehrtmachte, schien er bereits zum Schatten zu verblassen. »Warte!« rief ich. Er drehte sich noch einmal um.

»Was ist?«

»Ich weiß, was du von mir wolltest«, erklärte ich.

»Tatsächlich?« gab er mit einem kaum merklichen Lächeln zurück. »Und was war das?«

»Als Gegenleistung für deine Informationen wolltest du, dass ich dir eine gewisse Mitbestimmung über das einräume, was ich schreibe.«

»Falsch, Bruder«, widersprach er, weiter im Begriff sich abzuwenden und zu verblassen. »Ich wollte dich lediglich bitten, das Buch Galileo zu nennen.« Seine Augen funkelten. »Aber das wirst du ohnehin tun«, schloss er. »Habe ich Recht?«

Damit war er verschwunden, zurückgekehrt zu dem Meer, das in seinen Augen funktelte.

IV

Muss ich Ihnen erst erzählen, dass Galileo nicht, wie er es versprochen hatte, am nächsten Abend wieder auftauchte? Und das, obwohl ich mich seinetwegen fast den ganzen Tag um eine Audienz bei Cesaria bemüht hatte. Allerdings bekam ich sie nicht zu fassen (ich vermute, dass sie sich über mein Anliegen im Klaren war und mir absichtlich aus dem Weg ging). Aber wie dem auch sei, er tauchte nicht auf, was mich im Grunde nicht verwundern konnte. Auf ihn war noch nie Verlass, außer in Herzensangelegenheiten, in denen alle anderen unzuverlässig sind. In diesen Dingen konnte man auf ihn bauen wie auf einen göttlichen Felsen.

Ich erzählte Marietta, was geschehen war, aber sie wusste schon alles – von Luman, der beobachtet hatte, wie ich mich unten am Sumpf offensichtlich mit einem Schatten unterhalten und so viele Gemütszustände durchlebt hatte, dass mein Gegenüber seiner Meinung nach nur eine einzige Person gewesen sein konnte.

»Hat er vermutet, dass es Galileo war?« fragte ich.

»Nein, er hat es nicht vermutet«, entgegnete Marietta. »Er wusste es, weil er solche Unterhaltungen auch schon geführt hat.«

»Du meinst, Galileo war früher schon einmal hier?«

»Es scheint so«, erklärte sie. »Nicht nur einmal, wie es aussieht.«

»Auf Lumans Bitte hin?«

»Das nehme ich an. Er würde es weder verneinen noch bejahen. Du weißt, wie er sich anstellt, wenn er das Gefühl hat, ausgefragt zu werden. Außerdem spielt es im Grunde keine Rolle, ob Luman ihn gebeten hat oder nicht. Wichtig ist, dass er hier war.«

»Aber nicht im Haus«, warf ich ein. »Er hatte zu viel Angst vor Mutter, um sich dem Haus auch nur zu nähern.«

»Hat er dir das gesagt?«

»Glaubst du ihm nicht?«

»Ich halte es für durchaus möglich, dass er uns die ganzen Jahre über ohne unser Wissen heimlich beobachtet hat. Der kleine Scheißer.«

»Ich glaube, er zieht das Wort *Gottheit* vor.«

»Wie wäre es mit göttlicher kleiner Scheißer?« entgegnete Marietta.

»Ist er dir wirklich so verhasst?«

»Er ist mir überhaupt nicht verhasst. So einfach ist das nicht. Aber wir wissen beide, dass wir ein verdammt viel glücklicheres Leben gehabt hätten, wenn er in jener Nacht nicht nach Hause gekommen wäre.«

Jene Nacht. Irgendwann in nicht allzu ferner Zukunft muss ich Ihnen davon erzählen. Ich ziere mich nicht aus Koketterie, glauben Sie mir. Aber es fällt mir nicht leicht. Ich bin nicht einmal sicher, ob ich so genau *weiß,* was in jener Nacht passiert ist, als Galileo nach Hause kam. In dieser Nacht waren so viele Visionen, Leidenschaften und Wahnhandlungen losgelassen, wie sie auf diesem Kontinent seit der Ankunft der Pilgerväter nicht entfesselt worden waren. Ich könnte Ihnen nicht einmal mit annähernder Sicherheit sagen, was damals Wirklichkeit und was Illusion war.

Nein, das ist gelogen. Einige Dinge gibt es, die ich mit Sicherheit weiß. Ich weiß zum Beispiel, wer in dieser Nacht den Tod gefunden hat: die unglücklichen Männer, die den Fehler begingen, Galileo in diese heiligen Gründe zu begleiten, und die den Preis für diesen Frevel bezahlten. Ich könnte Sie auf der Stelle zu ihren Gräbern führen, obwohl ich in den vergangenen hundertdreißig Jahren keinen Fuß in die Nähe der Stelle gesetzt habe. (Noch heute sehe ich, während ich dies schreibe, das Gesicht eines der Männer, eines gewissen Captain Holt, vor mir. Ich sehe ihn in seinem Grab, sein Körper so zerschmettert, dass es aussah, als wäre ihm jeder, aber auch jeder Knochen im Leib gebrochen worden.)

Was weiß ich noch mit Gewissheit? Dass ich in jener Nacht die Liebe meines Lebens verlor. Dass ich sie in den Armen meines Vaters sah – o Gott, wie habe ich gebetet, diesen Anblick vergessen zu können; aber wer erhört schon die Gebete eines Mannes, der sich gegen Gott versündigt hat? – und dass sie mich in der letzten Sekunde ihres Lebens anschaute, und ich wusste, dass sie mich geliebt hatte und dass ich niemals wieder mit einer so unbändigen Leidenschaft geliebt werden würde. All das, soviel weiß ich, ist unbestritten wahr. Es ist, wenn Sie so wollen, Geschichte.

Aber der Rest? Ich könnte nicht sagen, was davon Wirklichkeit war und was nicht. In jener Nacht wurde ein entsetzlicher Sturm der Gefühle entfesselt, und an einem Ort wie diesem bleiben Wut, Liebe und Trauer nicht unsichtbar. Hier zeigen sie sich, wie sie sich in den ersten Tagen der Welt gezeigt haben, als Urkräfte nämlich, die uns niedrigeren Kreaturen Sinn und Gestalt verleihen.

In jener Nacht – in der unsere Nerven blanklagen und unsere Sinne überreizt waren – trieben wir in einer Flut sichtbarer Gefühle, die sich in tausend bizarren Formen manifestierten. Ich glaube nicht, dass ich je wieder etwas Dergleichen sehen werde; und ich bin auch nicht besonders versessen darauf. Denn für jeden Teil meines Wesens, der von meinem Vater stammt und der das Chaos um seiner selbst willen begrüßt, gibt es einen Teil, der mich zum Sohn meiner Mutter macht und der sich nach Frieden sehnt, nach einem Ort, an dem ich schreiben und vom Himmel träumen kann. (Habe ich Ihnen erzählt, dass meine Mutter eine Dichterin war? Nein, ich glaube nicht. Ich muss irgendwann an späterer Stelle ein paar ihrer Gedichte für Sie aufschreiben.)

Trotz aller meiner Beteuerungen am Anfang konnte ich also den Mut nicht aufbringen, diese Nacht zu beschreiben, und so habe ich Ihnen hier nur einen Vorgeschmack darauf gegeben. Es gibt so vieles mehr, das erzählt werden muss.

Trotzdem habe ich vor, es irgendwann zu tun. Nur nicht jetzt. Diese Dinge müssen sich Schritt für Schritt entwickeln.

Glauben Sie mir: Wenn Sie die ganze Wahrheit kennen, werden Sie sich wundern, dass ich es überhaupt geschafft habe, die Sache zu beginnen.

V

1

Wo hatte ich Rachel verlassen? Auf dem Rückweg nach Manhattan, wenn ich mich recht erinnere, in Gedanken über Neil Wilkens und ihren Mann und über deren jeweilige Vorzüge und Schwächen versunken.

Ach ja, und dann hatte sie gedacht, dass beide insgeheim traurige Menschen waren, und sich gefragt, warum sich das so verhielt. (Meine These ist, dass weder Neil noch Mitch ein ungewöhnlicher Mensch war; dass sie vielmehr unglückliche Seelen waren, weil viele, vielleicht sogar die meisten Menschen unglückliche Seelen sind. Wir brennen lichterloh und verströmen doch so wenig Licht; und das macht uns wahnsinnig und schwermütig.)

Sie kam jedenfalls nach Manhattan zurück und war fest entschlossen, ihrem Mann zu sagen, dass sie keine Sekunde länger mit ihm zusammenleben wollte und die Zeit für sie beide für gekommen hielt, sich zu trennen. Sie hatte sich die Worte nicht zurechtgelegt, mit denen sie es ausdrücken würde; das überließ sie lieber der Eingebung des Augenblicks.

Und dieser Augenblick verzögerte sich um einen Tag. Mitchell war am Vorabend nach Boston gefahren, wie sie von Ellen, einer seiner gestrengen Sekretärinnen, erfahren hatte. Rachel spürte einen Anflug von Verärgerung darüber, dass er sich so davongemacht hatte, was natürlich völlig irrational war angesichts der Tatsache, dass sie wenige Tage zuvor genau dasselbe getan hatte. Sie rief im Ritz-Carlton an, wo er immer abzusteigen pflegte, wenn er sich in Boston aufhielt. Ja, erfuhr sie, er wohnte auch diesmal dort; und nein, er war im Augenblick nicht im Haus. Sie ließ ihm ausrichten, dass sie in die New Yorker Wohnung zurückgekehrt wäre, weil sie wusste, dass es zu seinen Eigenheiten gehörte, sich mindestens einmal in der Stunde zu erkundigen, ob Nachrichten für ihn hinterlassen worden waren. Dass er auch dann nichts von sich hören ließ, konnte demnach nur bedeuten, dass er bewusst nicht mit ihr reden wollte; zur Strafe sozusagen. Sie widerstand der Versuchung, noch einmal in Boston anzurufen. Er sollte nicht denken, dass sie neben dem Telefon saß und auf seinen Rückruf wartete, also genau das, was sie in Wirklichkeit tat. Diesen Triumph gönnte sie ihm nicht.

Gegen zwei Uhr morgens, gerade als sie endlich eingeschlafen war, rief er sie zurück. Seine Stimme klang verdächtig jovial.

»Warst du auf einer Party?« erkundigte sie sich.

»Nur ein paar Freunde«, erklärte er. »Niemand, den du kennst. Harvard-Kommilitonen.«

»Wann kommst du nach Hause?«

»Das weiß ich noch nicht genau. Donnerstag oder Freitag.«

»Ist Garrison bei dir?«

»Nein. Warum?«

»Ach, nur so.«

»Ich amüsiere mich ganz gut, wenn du darauf hinaus willst«, sagte Mitch, schon wesentlich weniger gut gelaunt. »Ich habe es satt, zu schuften wie ein Ackergaul, damit alle anderen reich bleiben.«

»Meinetwegen brauchst du das nicht zu tun«, bemerkte sie.

»Nun fang nicht schon wieder damit …«

»Es ist mein Ernst. Ich …«

»… war ganz zufrieden, als ich nichts hatte«, vollendete er ihren Satz mit piepsiger Stimme, die ihren Tonfall imitieren sollte.

»Das war ich allerdings.«

»Herrgott noch mal, Rachel. Ich habe doch nur gesagt, dass ich zu viel arbeite …«

»Damit wir anderen reich bleiben, hast du gesagt.«

»Sei nicht so verflucht empfindlich.«

»Schrei mich nicht an.«

»O Gott.«

»Du bist betrunken, nicht wahr?«

»Ich habe dir doch gesagt, dass ich auf einer Party war. Muss ich mich dafür entschuldigen? Hör mal, ich habe keine Lust mehr, mich so mit dir zu unterhalten. Wir reden miteinander, wenn ich zurückkomme.«

»Fahr morgen nach Hause.«

»Ich habe gesagt, dass ich am Donnerstag oder Freitag komme.«

»Wir müssen miteinander reden, Mitch, und zwar je eher, desto besser.«

»Worüber müssen wir reden?«

»Über uns. Über unser Leben. So kann es nicht weitergehen.«

Es folgte ein langes, langes Schweigen. »Ich komme morgen«, sagte er endlich.

2

Während Rachel und Mitch ihr schmerzliches Ehedrama durchspielten, ereigneten sich andere Dinge, die zwar auf den ersten Blick nicht so bemerkenswert waren wie das Scheitern einer Liebesbeziehung, die sich aber auf lange Sicht als wesentlich folgenschwerer erweisen sollten.

Sie werden sich vielleicht erinnern, dass ich irgendwann einmal Lorettas Astrologen erwähnt habe. Ich weiß nicht, ob dieser Mensch ein Schwindler war oder nicht (obwohl ich zu der Ansicht neige, dass Menschen, die einer reichen Frau ihre Dienste als Propheten verkaufen, im Allgemeinen nicht von hehren Ambitionen geleitet werden). Ich weiß aber, dass sich seine Vorhersagen – auf verschlungenen Wegen, die sich Ihnen im Laufe der nächsten Kapitel erschließen werden – *bewahrheiten* sollten. Wäre das auch der Fall gewesen, wenn er diese Wahrheiten für sich behalten hätte? Oder spielte er, indem er sie aussprach, seine Rolle in dem Drama, das das Schicksal eigens für die Gearys schrieb?

Auch darauf kann ich keine Antwort geben. Ich kann Ihnen lediglich berichten, was geschah, und alles andere Ihrem eigenen Urteil überlassen.

Fangen wir bei Cadmus an. Die Woche, in der Rachel aus Dansky zurückkam, war für den alten Mann eine gute Zeit. Er hatte eine kleine Spritztour nach Long Island gewagt, wo er ein paar Stunden am Strand gesessen und auf das Meer hinausgeblickt hatte. Zwei Tage später war einer seiner Erzfeinde, ein Kongressabgeordneter namens Ashfield, der in den vierziger Jahren versucht hatte, Ermittlungen gegen die Geschäftspraktiken der Gearys ins Rollen zu bringen, an den Folgen einer Lungenentzündung gestorben, was Cadmus in Hochstimmung versetzt hatte. Die Krankheit war dramatisch verlaufen, und Ashfield war, Berichten zufolge, in seinen letzten Stunden entsetzlichen Qualen ausgesetzt gewesen. Diese Nachricht hatte Cadmus mit fröhlichem Gelächter quittiert. Am nächsten Tag hatte er Loretta verkündet, er habe die Absicht, eine Liste derjenigen Menschen zusammenzustellen, die sich ihm im Laufe seines Lebens in den Weg gestellt und die er überlebt hatte. Diese Liste wollte er zur Veröffentlichung in den Todesanzeigen an die *Times* schicken, zum kollektiven Gedenken an all die Menschen, die nie wieder seinen Weg kreuzen würden.

Eine Stunde später dachte er nicht mehr an diesen Plan, aber seine lebhafte Stimmung hielt an. Normalerweise ging er gegen zehn Uhr zu Bett, aber an diesem Abend blieb er länger auf und verlangte einen Wodka Martini als Schlummertrunk. Und während er, in seinem Rollstuhl sitzend und auf die Stadt hinunterblickend, daran nippte, sagte er: »Mir sind da Gerüchte zu Ohren gekommen …«

»Welcher Art?« fragte Loretta.

»Du warst bei deinem Astrologen.«

»Ja.«

»Was hatte er zu sagen?«

»Bist du sicher, dass es dir gut tut, wenn du den Martini austrinkst, Cadmus? Du sollst nicht gleichzeitig trinken und deine Medikamente nehmen.«

»Es ist aber ein ganz angenehmes Gefühl«, gab er mit etwas unsicherer Stimme zurück. »Du wolltest mir von deinem Astrologen erzählen. Er hat irgendetwas Bedrohliches zu dir gesagt, soweit ich es verstanden habe.«

»Du glaubst doch ohnehin nicht an diese Dinge«, warf Loretta ein. »Warum interessiert es dich also?«

»War es denn *so* schlimm?« hakte Cadmus nach. Er musterte das Gesicht seiner Frau mit leicht benebeltem Blick. »Was, in Teufels Namen, hat er gesagt, Loretta?«

Sie seufzte. »Ich glaube nicht, dass ...«

»Sag es mir!« donnerte er.

Erstaunt, dass ein so zerbrechlicher Körper einen so kraftvollen Klang erzeugen konnte, starrte sie ihn an.

»Er hat gesagt, dass irgendetwas unser Leben verändern würde«, erklärte Loretta. »Und dass ich mich auf das Schlimmste gefasst machen sollte.«

»Und was genau wäre dieses Schlimmste?«

»Der Tod, nehme ich an.«

»Mein Tod?«

»Das hat er nicht gesagt.«

»Denn wenn ich sterbe ...«, bei diesen Worten ergriff er ihre Hand, »so ist das nicht das Ende der Welt. Ich bin durchaus bereit, an einen Ort der Ruhe abzutreten.« Er strich ihr liebevoll über die Wange. »Ich mache mir lediglich um dich Sorgen. Ich weiß, wie sehr du das Alleinsein hasst.«

»Es wird nicht lange dauern, bis ich dir folge«, sagte Loretta leise.

»Sag doch so etwas nicht. Ich will nichts davon hören. Du hast noch ein langes Leben vor dir.«

»O nein, nicht ohne dich.«

»Du brauchst keine Angst zu haben. Ich habe für diesen Fall die besten finanziellen Regelungen getroffen. Es wird dir an nichts fehlen.«

»Ich mache mir keine Sorgen wegen des Geldes.«

»Weswegen dann?«

Sie griff nach ihren Zigaretten und spielte eine Weile gedankenverloren mit der Schachtel. »Gibt es etwas, das du mir über deine Familie nicht erzählt hast?« fragte sie dann.

»Oh, da gibt es sicher tausend Dinge«, entgegnete Cadmus munter.

»Ich spreche nicht von tausend Dingen, Cadmus«, warf Loretta ein. »Ich spreche von etwas Wichtigem. Etwas, das du mir bisher verschwiegen hast. Und lüg mich nicht an, Cadmus. Es ist zu spät zum Lügen.«

»Ich lüge dich nicht an«, erklärte er. »Ich habe das ernst gemeint: Es gibt tausend Dinge, die ich dir über unsere Familie nicht erzählt habe, aber nichts davon, das schwöre ich dir, mein Liebling, nichts davon ist ein furchtbares Geheimnis.« Loretta schien einigermaßen beruhigt. Cadmus machte sich die günstige Gelegenheit zunutze und fuhr fort, während er ihre Hand streichelte: »In jeder Familie gibt es Einzelne, die vom Pech verfolgt sind. Das ist bei uns nicht anders. Meine eigene Mutter ist unglücklich gestorben. Aber das weißt du ja schon. Während der Depression haben wir ein paar Geschäfte gemacht, die kein gutes Licht auf mich werfen, aber ...«, hier zuckte er die Schultern, »... der liebe Gott scheint mir vergeben zu haben. Mir waren wunderbare Kinder und Enkelkinder vergönnt und ein längeres, sorgenfreieres Leben, als ich es je zu erhoffen gewagt hätte. Vor allem aber war es mir vergönnt, dich zur Frau zu haben.« Zärtlich küsste er ihre Hand. »Und glaub mir, Liebste, es vergeht kein Tag, an dem ich unserem Schöpfer nicht für seine Großzügigkeit danke.«

Damit war die Unterhaltung mehr oder weniger beendet. Aber die Ereignisse, die der Astrologe vorhergesagt hatte, kamen gerade erst ins Rollen.

Am nächsten Tag, als Loretta zu ihrem allmonatlichen Mittagessen mit einem Grüppchen wohltätiger reicher Witwen aus Manhattan ausgegangen war, lenkte Cadmus seinen Rollstuhl in die Bibliothek, verschloss die Tür hinter sich und nahm eine kleine, mit einer dünnen Lederschnur umwickelte Metallkassette heraus, die, vor dem Zugriff neugieriger Blicke geschützt, hinter einer Reihe schwerer, ledergebundener Bücher versteckt war. Da er nicht genug Kraft in den Fingern hatte, um den Knoten der Schnur zu lösen, schnitt er sie mit einer Schere durch und öffnete dann den Deckel. Hätte ihn in diesem Augenblick jemand beobachten können, so hätte er wahrscheinlich einen unendlich kostbaren Schatz in der Kassette vermutet, so ehrerbietig ging Cadmus damit um. Aber der Beobachter wäre enttäuscht worden. Die Kassette enthielt nichts Aufsehenerregendes, nur ein kleines, altes, stockig riechendes Buch mit fleckigem Einband und vergilbten Seiten, auf denen die handgeschriebenen Zeilen mit den Jahren verblasst waren. Zwischen den Seiten lag hie und da ein loser Zettel, ein kleines Stück blauer Stoff, ein filigranes Blattskelett, das zu feinem grauem Staub zerfiel, als er es herausnehmen wollte.

Er blätterte das Buch einige Male unsystematisch durch und verweilte dabei gelegentlich bei einer Seite, um sie gründlicher zu studieren.

Nachdem er sich in dieser Weise das ganze Buch angesehen hatte, nahm er einen der losen Zettel zur Hand und entfaltete ihn so behutsam, als wäre er ein lebendiges Wesen – ein Schmetterling vielleicht, dessen Flügel er bewundern wollte, ohne das zarte Geschöpf zu verletzen.

Es war ein Brief. Die Schrift war von feinem Schwung, aber der Geist, der die Worte verfasst hatte, musste noch feinsinniger sein, denn die Gedanken waren in so knappe Form gebracht, dass sich das Ganze eher wie ein Gedicht denn wie ein Prosatext las:

Mein liebster Bruder, begann der Brief. *Die tiefen Kümmernisse des Tages sind vergangen, und aus der Abenddämmerung, ganz rosig und golden, weht mir zart die Musik des Schlafs entgegen.*

Die Philosophen irren, so glaube ich heute, wenn sie uns lehren, der Tod sei des Schlafes Bruder. Es ist vielmehr eine nächtliche Reise zurück in den Arm unserer Mutter, wo wir selig den lieblichen Klängen eines Schlaflieds lauschen.

Ich höre sie jetzt, da ich dir diese Zeilen schreibe. Und obgleich unsere Mutter schon ein Jahrzehnt nicht mehr ist, werde ich ihr zurückgegeben und sie mir, und alles ist wieder gut.

Morgen ziehen wir nach Bentonville in die Schlacht, und der Feind begegnet uns in solcher Übermacht, dass wir keinen Sieg erringen können. Vergib mir also, wenn ich dir nicht sage, dass ich mich danach sehne, dich zu umarmen, denn ich hege eine solche Hoffnung nicht, jedenfalls nicht in dieser Welt.

Bete für mich, Bruder, denn das Schlimmste steht uns noch bevor. Und wenn deine Gebete erhört werden, vielleicht auch das Schönste.

Ich habe dich immer geliebt.

Der Brief war mit dem Namen *Charles* unterzeichnet.

Cadmus studierte ihn eine ganze Weile und schenkte dabei dem vorletzten Absatz besondere Aufmerksamkeit. Die Worte ließen ihn schaudern: *Bete für mich, Bruder, denn das Schlimmste steht uns noch bevor.* Nichts in dieser Bibliothek, kein noch so tragisches Meisterwerk der Weltliteratur, besaß die Kraft, ihn so zu erschüttern wie diese Worte. Er hatte den Schreiber des Briefes nicht gekannt – die Schlacht von Bentonville war im Jahre 1865 geschlagen worden –, aber er fühlte sich ihm tief verbunden. Wenn er diese Seite las, war ihm, als sitze er vor der verhängnisvollen Schlacht mit diesem Mann im Zelt, lausche mit ihm den verlorenen Liedern der Infantristen, die sich im Wissen um die erdrückende Übermacht, die sie am nächsten Tag erwartete, um die qualmenden Feuer drängten.

Vor langer Zeit, als er das Tagebuch entdeckt und diesen Brief zum ersten Mal gelesen hatte, war Cadmus zu dem Entschluss gelangt, den Umständen auf den Grund zu gehen, unter denen das Buch geschrieben worden war. Seine Nachforschungen brachten Folgendes zutage: Im März 1865 waren die dezimierten Truppen der Südstaaten unter der Führung von General Johnston und General Bragg quer durch North Carolina getrieben worden und hatten sich, am Ende ihrer Kräfte, ausgehungert und verzweifelt, bei einem Städtchen namens Bentonville gegen die Übermacht der nachstürmenden Unionstruppen verschanzt. Sherman sah den Sieg zum Greifen nah; er wusste, dass seine Gegner nicht mehr lange durchhalten würden. Im November des Vorjahres hatte er mit seinen Männern Atlanta niedergebrannt, und auch Charleston – die wehrhafte, belagerte Stadt Charleston – würde seinem Ansturm nicht mehr lange standhalten können. Die Sache der Konföderierten war aussichtslos, und jedem Einzelnen der bei Bentonville verschanzten Soldaten musste dies klar sein.

Die Schlacht dauerte drei Tage, und sie kostete, gemessen an den Gegebenheiten dieses Krieges, nicht übermäßig viele Menschenleben. Etwa tausend Tote auf der Seite der Unionstruppen, vielleicht zweitausend auf der Seite der Konföderierten. Aber solche Zahlen haben keine Bedeutung für einen Soldaten an der Front, der schließlich nur ein Leben zu verlieren hat.

Cadmus hatte oft daran gedacht, das Schlachtfeld zu besuchen, das, wie er gehört hatte, vom Zahn der Zeit kaum berührt worden war. Das Haus der Harpers, ein bescheidenes Gebäude in der Nähe des Schlachtfelds, das man während der Kampfhandlungen zum Behelfslazarett umfunktioniert hatte, stand immer noch; man konnte auch heute noch in die Gräben steigen, in denen sich die Südstaatler vor den Unionstruppen verschanzt hatten. Wahrscheinlich wäre es ihm mit einigem Spürsinn möglich gewesen herauszufinden, wo die Offizierszelte gestanden hatten, und er hätte sich an der Stelle niedersetzen können, an der dieser Brief, den er jetzt in der Hand hielt, geschrieben worden war.

Warum hatte er es nie getan? Hatte er befürchtet, dass ein solcher Besuch die Fäden, die sein Schicksal mit dem des schwermütigen Captain Charles Holt verbanden, verstärken würde? Wenn es so war, so hatte er sich den Besuch vergebens verwehrt: Die Fäden wurden mit jeder Sekunde stärker. Er spürte, wie sie sich zusammenzogen – fester und immer fester –, als wollten sie sein Schicksal und das des Captains in einer letzten Umarmung umfangen. Vielleicht hätte ihm das Ganze weniger Sorgen bereitet, wenn es nur sein eigenes Leben betroffen hätte, aber so war es natürlich nicht. Lorettas verdammter Astrologe war mit seinen Andeutungen düsterer Familiengeheimnisse bei den Gearys und seiner Vorhersage einer Apokalypse der Wahrheit näher gekommen, als er ahnte. Auch die nahezu einhundertvierzig Jahre, die inzwischen vergangen waren, konnten keine Zuflucht bieten vor dem, was der Wind mit sich brachte; vor der Botschaft, die er wie einen ansteckenden Krankheitskeim von jenem fernen Schlachtfeld herüberwehte.

Bete für mich, Bruder, hatte der Captain geschrieben, *denn das Schlimmste steht uns noch bevor.*

Wahre Worte schon damals, und wahrer noch heute, nachdem so viele Jahre verstrichen waren. Im Laufe der Generationen war Verbrechen auf Verbrechen, Sünde auf Sünde gehäuft worden, und jetzt war die Zeit gekommen, da die Sünder, Gott steh ihnen allen bei – jedem Geary und jedem Kind, jeder Ehefrau und jedem Dienstboten eines Geary –, vor ihren Richter treten mussten.

VI

Die Unterredung zwischen Rachel und Mitch verlief erstaunlich zivilisiert. Es gab keine erhobenen Stimmen, keine Tränen, keine gegenseitigen Vorwürfe. Sie äußerten mit gedämpfter Stimme ihre Enttäuschung, und nach etwa einer Stunde waren sie sich einig, dass sie nicht miteinander glücklich sein konnten und es daher das Beste wäre, sich zu trennen. Lediglich in einem Punkt gingen ihre Meinungen auseinander: Während Rachel die Überzeugung gewonnen hatte, dass ihre Ehe unwiderruflich gescheitert war und am liebsten sofort die Scheidung in die Wege geleitet hätte, bat Mitch sie um eine Frist von ein paar Wochen, in der sie beide ihre Gefühle prüfen und entscheiden könnten, ob sie wirklich das Richtige taten. Nach einer kurzen Diskussion erklärte sie sich einverstanden mit seinem Vorschlag. Was waren schon ein paar Wochen? Sie einigten sich darauf, in dieser Zeit nur im engsten Kreis über die Sache zu reden und keine Anwälte heranzuziehen. Denn in dem Augenblick, erklärte Mitch, in dem sie einen Anwalt ins Spiel brachten, wäre jede Aussicht auf eine Versöhnung zunichte gemacht. Alles Übrige wurde problemlos geregelt. Rachel sollte weiterhin das Apartment am Central Park bewohnen, und Mitch würde entweder die Villa beziehen oder sich vorübergehend eine Suite in einem Hotel mieten.

Sie verabschiedeten sich mit einer so vorsichtigen Umarmung, als bestünden sie beide aus zerbrechlichem Glas.

Am Tag darauf erhielt Rachel einen Anruf von Margie. Ob sie Lust hätte, mit ihr essen zu gehen, erkundigte sich Margie; in ein Lokal, das so unverschämt teuer wäre, dass sie mit der Nachspeise so lange trödeln konnten, bis es Zeit für den ersten Cocktail war.

»Solange wir nicht über Mitch reden«, erklärte sich Rachel einverstanden.

»O nein«, beruhigte Margie sie, und in ihrer Stimme schwang ein geheimnisvoller Unterton mit. »Da weiß ich ein interessanteres Gesprächsthema als *ihn.*«

Das Restaurant, das Margie vorschlug, war erst wenige Monate zuvor eröffnet worden, hatte aber bereits eine so große Zahl von Vier-Sterne-Kritiken geerntet, dass die Leute Schlange standen in der vergeblichen Hoffnung, einen Tisch zu ergattern. Margie kannte wie immer den Maître (er war, so erklärte sie später, in einem viel früheren Leben Barmann in einer der finsteren Spelunken in Soho gewesen, in denen sie sich häufig herumgetrieben hatte). Er begrüßte die beiden Frauen wie Königinnen und führte sie zu einem Tisch, von dem aus sie den ganzen Saal überblicken konnten.

»Jede Menge Leute, über die man tratschen kann«, bemerkte Margie mit einem prüfenden Blick in die Runde. Rachel kannte einige der Gäste vom Sehen, einige dem Namen nach.

»Kann ich Ihnen etwas zu trinken bringen?« erkundigte sich der Kellner.

»Wie viele Martinis führen Sie?«

»Wir haben siebzehn verschiedene Martini-Cocktails auf der Karte«, erklärte der Kellner, indem er die Getränkekarte auf den Tisch legte. »Aber wenn Sie einen speziellen Wunsch haben …«

»Bringen Sie uns fürs erste zwei starke Dry Martinis. Viel Wodka. Keine Oliven. Und bis Sie ihn bringen, sehen wir uns die Karte noch einmal an.«

»Ich wusste nicht, dass man so viele Martini-Varianten mixen kann«, staunte Rachel.

»Nach dem dritten oder vierten erkennst du den Unterschied wahrscheinlich sowieso nicht mehr«, entgegnete Margie. »Oh, sieh mal … an dem Tisch dort am Fenster … Ist das nicht Cecil?«

»Ja, du hast Recht.«

Der Anwalt der Gearys, ein Mann um die sechzig, beugte

sich über den Tisch und sah einer aufgedonnerten Blondine in die Augen, die höchstens ein Drittel so alt war wie er.

»Das ist nicht seine Frau, nehme ich an?« fragte Rachel.

»Ganz und gar nicht. Seine Frau – wie heißt sie doch gleich? Phyllis, glaube ich – sieht aus wie unser Maître hier mit eingeschlafenem Gesicht. Nein, nein, *das* ist eine seiner Geliebten.«

»Er hat gleich mehrere?«

Margie verdrehte die Augen. »Wenn Cecil einmal gen Himmel schlurft, werden sich mehr Frauen um sein Grab scharen als jetzt auf der Fifth Avenue herumschlendern.«

»Aber warum?« fragte Rachel. »Ich meine, er ist doch absolut unattraktiv.«

Margie neigte den Kopf abschätzend zur Seite. »Findest du?« sagte sie. »Ich finde, er hat sich gut gehalten für sein Alter. Und er ist sagenhaft reich, und nur das zählt für eine Frau wie die hier. Er wird ihr ein glänzendes kleines Präsent machen, bevor ihre Teller abgeräumt sind. Pass nur auf. Sie zählt die Minuten. Jedes Mal, wenn seine Hand in die Nähe seiner Jackentasche kommt, hält sie den Atem an.«

»Warum arbeitet er noch, wenn er so reich ist? Könnte er sich nicht zur Ruhe setzen?«

»Er arbeitet nur noch als Anwalt für unsere Familie. Ich glaube, er tut es aus Loyalität zum alten Herrn. Garrison sagt, er ist sehr schlau. Er hätte der Beste unter den Besten werden können, sagt er.«

»Und was ist passiert?«

»Dasselbe, was auch dir und mir passiert ist. Er hat sich mit dem Geary-Clan eingelassen. Und wenn du erst einmal da drin hängst, gibt es kein Entrinnen mehr.«

»Du hast es mir versprochen, Margie. Kein Wort über Mitchell.«

»Ich habe nicht vor, über Mitchell zu reden. Du hast mich gefragt, was mit Cecil los ist, und ich habe es dir gesagt.«

In diesem Augenblick trat der Kellner mit ihren Martinis an den Tisch. Margie erkundigte sich wissbegierig, was ein Cajun Martini – Nummer dreizehn auf der Karte – sei. Der Kellner begann die Zubereitung zu erklären, aber sie unterbrach ihn schon im ersten Satz seiner blumigen Beschreibung.

»Bringen Sie uns einfach zwei«, sagte sie.

»Willst du mich betrunken machen?« fragte Rachel.

»Für das, was ich dir erzählen will«, erklärte Margie, »kann ein kleiner Schwips nicht schaden.«

»Ach, du lieber Himmel …«

»Was ist?«

»Du hattest Recht«, sagte Rachel und deutete mit einem Kopfnicken in Cecils Richtung. Wie von Margie vorausgesagt, hatte der Anwalt ein schmales Kästchen aus der Tasche gezogen, das er nun öffnete, damit die Blondine ihre Belohnung bestaunen konnte.

»Habe ich es nicht gesagt?« murmelte Margie. »Glänzend.«

»In Boston habe ich so etwas ständig erlebt«, bemerkte Rachel.

»Stimmt, du hast ja in einem Juweliergeschäft gearbeitet.«

»Diese Männer kamen in den Laden und baten mich, etwas für ihre Frau auszusuchen. Zumindest behaupteten sie, es sei für ihre Frau, aber nach ein paar Wochen hatte ich begriffen, was gespielt wurde. Das waren alles ältere Männer, weißt du – um die vierzig, fünfzig mindestens –, und sie verlangten immer etwas, das zu einer jüngeren Frau passte. Darum fragten sie mich. Es war, als wollten sie sagen: Was würden Sie haben wollen, wenn Sie meine Geliebte wären? Auf diese Weise habe ich Mitchell kennen gelernt.«

»Wer redet hier über Mitchell? Ich dachte, das Thema wäre tabu.«

Rachel leerte ihr Glas in einem Zug. »Es macht mir nichts aus. Irgendwie würde ich sogar gern über ihn reden.«

»Tatsächlich?«

»Tu nicht so erstaunt.«

»Was gibt es da zu reden?« fragte Margie. »Er ist dein Mann. Wenn du ihn liebst, umso besser. Wenn nicht, ist es auch nicht schlimm. Mach dich nur nicht abhängig von ihm. Führ dein eigenes Leben. Auf diese Weise hat er keine Macht über dich. Oh, sieh mal, was für ein schöner Anblick.« Der Kellner, der mit der nächsten Martini-Runde aufgetaucht war, fühlte sich geschmeichelt und bedachte sie mit einem betörenden Lächeln. »Ich meinte die Drinks, Schätzchen«, klärte ihn Margie auf, woraufhin ihm das Lächeln im Gesicht gefror. »Aber Sie sind trotzdem süß. Wie heißen Sie?«

»Stefano.«

»Stefano – Was können Sie uns empfehlen? Rachel ist heißhungrig, und ich mache gerade eine Diät.«

»Die Spezialität des Küchenchefs ist der Seebarsch. In reinem Olivenöl sautiert, mit einem Hauch von Koriander ...«

»Klingt gut, finde ich. Rachel?«

»Mir ist eher nach Fleisch.«

»Oh.« Margie zog eine Augenbraue hoch. »Stefano, der Dame gelüstet nach Fleisch. Irgendwelche Empfehlungen?«

Der Kellner verlor für einen Augenblick seine kühle Beherrschung. »Tja ... äh ... wir haben ...«

»Vielleicht ein ganz normales Steak?« schlug Margie vor.

Stefano warf ihr einen hilflosen Blick zu. »Wir servieren eigentlich keine Steaks. Wir haben sie nicht auf der Karte.«

»Großer Gott!« rief Margie, die sich sichtlich an dem Unbehagen des jungen Mannes weidete. »Wir sind hier in New York, und Sie haben keine einfachen Steaks auf der Karte?«

»Eigentlich will ich gar kein Steak«, fiel Rachel ein.

»Darum geht es doch nicht«, entgegnete Margie ohne jede Logik. »Es geht ums Prinzip. Nun ja ... haben Sie etwas, das blutig serviert werden kann?«

»Wir haben Lammkoteletts, die der Küchenchef mit Mandeln und Ingwer zubereitet.«

»Das nehme ich«, wandte sich Rachel an Stefano, der sich erleichtert, dass das Problem gelöst war, hastig entfernte.

»Du bist gemein«, sagte Rachel, als er außer Hörweite war.

»Oh, es hat ihm Spaß gemacht, glaub mir. Insgeheim lieben es die Männer, gedemütigt zu werden. Solange es nicht *allzu* deutlich vor den Augen der Öffentlichkeit geschieht.«

»Hast du je daran gedacht, all diese Dinge aufzuschreiben?«

»All welche Dinge?«

»Deine treffenden Beobachtungen.«

»Sie halten einer genaueren Überprüfung nicht stand, Schätzchen«, entgegnete sie. »Genau wie ich. Ich bin sehr eindrucksvoll, solange du mich nicht allzu genau ansiehst.« Sie bedachte ihre Worte mit einem wiehernden Gelächter. »Und jetzt trink aus. Nummer dreizehn ist wirklich nicht übel.«

Rachel winkte ab. »Mir ist jetzt schon schwindelig«, erklärte sie. »Hör auf, mich auf die Folter zu spannen und sag mir, worum es eigentlich geht.«

»Also ... die Sache ist im Grunde ganz einfach. Du brauchst einen Urlaub, meine Liebe.«

»Ich bin gerade erst zurück aus ...«

»Ich rede nicht von einem Besuch *zu Hause,* Herrgott. Das ist doch kein Urlaub, es ist eine Strafe. Du musst irgendwohin fahren, wo du du selbst sein kannst, und das ist unmöglich, wenn du deine Familie um dich hast.«

»Wie komme ich bloß darauf, dass du schon irgendwelche Pläne im Hinterkopf hast?«

»Warst du schon einmal auf Hawaii?«

»Wir haben einmal auf dem Flug nach Australien in Honolulu Zwischenstation gemacht.«

»Entsetzlich!« rief Margie aus.

»Australien oder Honolulu?«

»Beides, um ehrlich zu sein. Aber ich spreche nicht von Honolulu. Ich spreche von Kauai. Der Garteninsel.«

»Ich habe noch nie davon gehört.«

»Ach, Liebes, es ist einfach das schönste Fleckchen auf der ganzen Erde. Es ist das Paradies. Ich schwöre es. Das Paradies.« Sie nippte an ihrem Martini. »Und zufällig kenne ich ein hübsches Häuschen, das in einer kleinen Bucht an der Nordküste steht, keine fünfzig Meter vom Strand entfernt. Es ist absolut perfekt. Du kannst es dir nicht vorstellen. Ehrlich, du kannst es dir nicht vorstellen. Ich meine, ich könnte dir davon erzählen, und es würde idyllisch klingen, aber ... es ist mehr als das.«

»Was denn?«

Während sie von dem Haus erzählte, hatte sich Margies Stimme belegt; jetzt sprach sie so leise, dass Rachel sich vorbeugen musste, um ihre Worte zu verstehen. »Ich weiß, es klingt albern, aber es ist ein Ort, an dem es noch möglich ist, dass ... ach, Mist, ich weiß nicht ... dass so etwas wie ein *Wunder* geschieht.«

»Das klingt schön«, sagte Rachel. Sie hatte Margie noch nie so erlebt und war auf ganz eigenartige Weise berührt. Margie, die Zynikerin, Margie, die Säuferin, schwärmte wie ein kleines Mädchen, das im Wunderland gewesen war. Fast wollte Rachel glauben, dass es so war.

»Wem gehört das Haus?«

»Ha«, sagte Margie. Sie hob den Zeigefinger über den Rand ihres Glases und warf Rachel ein verschmitztes Lächeln zu. »Das ist es ja gerade. Es gehört uns.«

»Uns?«

»Den Frauen des Geary-Clans.«

»Wirklich?«

»Für die Männer ist es tabu. Sie dürfen keinen Fuß in die Nähe setzen. Das ist eine alte Familientradition.«

»Wer hat sie begründet?«

»Cadmus' Mutter, glaube ich. Für ihre Zeit war sie eine echte Feministin. Vielleicht war es aber auch eine Generation früher, ich weiß es nicht genau. Jedenfalls wird das Haus in letzter Zeit nicht mehr oft benutzt. Ein paar Einheimische kommen alle zwei Monate, um den Rasen zu mähen, die Palmen zu pflegen und im Haus ein bisschen Staub zu wischen. Aber im Großen und Ganzen steht das Haus leer.«

»Loretta fährt nie hin?«

»Sie war einmal kurz nach ihrer Eheschließung mit Cadmus dort. Das sagt sie jedenfalls. Aber seitdem weicht sie Tag und Nacht nicht mehr von seiner Seite. Wahrscheinlich hat sie Angst, dass er hinter ihrem Rücken sein Testament ändert, wenn sie es tut. Und da wir gerade von Rechtsangelegenheiten reden...«

Sie nickte zur anderen Seite des Lokals. Cecil und seine blonde Begleiterin erhoben sich soeben von ihren Plätzen.

»Er wird schwer zu tun haben heute Nachmittag. Sie scheint ein sportlicher Typ zu sein.«

»Vielleicht legt sie sich einfach auf den Rücken und wartet, bis er fertig ist«, warf Rachel ein.

»Das Gefühl kenne ich«, entgegnete Margie.

»Hoffentlich schaut er nicht in unsere Richtung«, bemerkte Rachel, als Cecil auf die Tür zustrebte.

»Ich hoffe eigentlich eher, dass er es tut«, entgegnete Margie, und wie es der Zufall wollte, drehte sich Cecil genau in diesem Augenblick um und blickte über die Tische hinweg in ihre Richtung. Rachel erstarrte. Insgeheim hoffte sie, dass er sie nicht erkennen würde. Aber mit einem leise gemurmelten ›Sehr gut‹, hob Margie die Hand und winkte mit ihrem leeren Martiniglas.

»Sieh dir an, was du getan hast«, murrte Rachel. »Jetzt kommt er zu uns herüber.«

»Sag bloß nichts von Kauai«, mahnte Margie. »Das ist unser kleines Geheimnis.«

»Meine Damen«, begrüßte sie Cecil, der seine blonde Begleiterin an der Tür stehen gelassen hatte. »Fast hätte ich Sie hier in Ihrem verborgenen Winkel übersehen.«

»Ach, Sie kennen uns ja«, entgegnete Margie. »Wir gehören eher zu den schüchternen, zurückhaltenden Menschen. Im Gegensatz zu …«, hier blickte sie zu Cecils Begleiterin hinüber, »… wie ist ihr Name?«

»Ambrosina.«

»Das ist aber ein vollmundiger Name für ein so kostbares kleines Wesen«, bemerkte Margie.

Cecils Blick wanderte zu seiner Eroberung. »Sie ist wirklich kostbar«, sagte er und schien es erstaunlicherweise völlig ernst zu meinen.

»Und extrem blond«, gab Margie ohne eine merkliche Spur von Ironie zurück. »Eine Schauspielerin?«

»Model.«

»Natürlich, wie könnte es anders sein. Sie fördern ihre Karriere ein wenig. Wie nett von Ihnen.«

Das Lächeln war aus Cecils Miene verschwunden. »Ich muss zu ihr zurück«, erklärte er. Dann wandte er sich an

Rachel: »Heute Morgen habe ich mit Mitchell gesprochen … es tut mir Leid, dass Sie Probleme haben.« Er streckte die Hand aus und umfasste mit leichtem Griff ihr Handgelenk. »Aber wir werden das schon in Ordnung bringen, wie?« Rachel blickte auf seine Hand. Er zog sie rasch zurück und verfiel mühelos in die Rolle des väterlichen Freundes. »Wenn Sie irgendetwas brauchen, Rachel, irgendetwas, das Ihnen das Ganze leichter macht …«

»Ich komme zurecht, danke.«

»Natürlich, das weiß ich doch«, sagte er im Ton eines Arztes, der einen sterbenden Patienten beruhigt. »Sie werden wunderbar zurechtkommen. Aber wenn Sie etwas brauchen sollten …«

»Ich glaube, sie hat die Botschaft verstanden«, warf Margie ein.

»Ja … also, es war schön, Sie zu sehen, Rachel … und Margie, ich freue mich immer …«

»Wirklich?«

»Natürlich«, erwiderte er. Dann beeilte er sich, zu seiner Begleiterin zurückzukehren, die unverkennbar einen Schmollmund zog.

»Ich glaube, der Alkohol hat mich endlich eingeholt«, bemerkte Margie, während sie dem Anwalt nachblickte, der den Arm um die Blondine legte und sie hinausführte.

»Warum?«

»Ich habe Cecil gerade ins Gesicht gesehen und mich gefragt, wie er wohl ausschaut, wenn er tot ist.«

»Das ist aber nicht sehr nett.«

»Und dann habe ich gedacht: Hoffentlich sehe ich es noch mit eigenen Augen.«

VII

1

Am selben Abend rief Rachel bei Mitch an, um ihm von ihrer Begegnung mit Cecil zu berichten. Sie wies ihn darauf hin, dass er durch sein Gespräch mit dem Anwalt gegen ihre Vereinbarung verstoßen hatte. Mitch widersprach mit dem Hinweis, er habe bei dem Anwalt keinen juristischen Rat eingeholt, sondern betrachte Cecil als eine Art Ersatzvater. Sie hatten sich, wie er erklärte, über die Liebe unterhalten, nicht über rechtliche Fragen. Worauf Rachel nicht umhin konnte zu bemerken, dass Cecil ihrer Meinung nach keine Ahnung von der Liebe habe.

»Sei mir nicht böse«, schmeichelte Mitchell. »Zugegeben, es war ein Fehler. Es tut mir Leid. Für dich muss es so aussehen, als hätte ich es hinter deinem Rücken getan, aber das wollte ich nicht. Wirklich, ich schwöre es dir.«

Sein Gejammer verstärkte nur ihre Verärgerung. Am liebsten hätte sie ihm gesagt, er solle mitsamt seiner Entschuldigung, seinem Anwalt und seiner ganzen verdammten Familie zum Teufel gehen. Stattdessen kam ihr ein Satz über die Lippen, den sie gar nicht hatte aussprechen wollen.

»Ich verreise für eine Weile«, erklärte sie.

Sie war fast ebenso erstaunt über ihre Worte wie Mitchell. Ihr war nicht einmal bewusst gewesen, dass sie sich bereits für eine Reise nach Kauai entschieden hatte.

Mitchell wollte wissen, ob sie die Absicht habe, nach Hause zurückzukehren, was sie verneinte. Wohin sie dann verreisen wolle, fragte er. Irgendwohin, sagte sie, nur weg. Weg von mir, meinte er. Nein, widersprach sie, sie laufe nicht vor ihm weg.

»Aber wohin läufst du dann, zum Teufel?« fragte er.

Ihr lag eine Antwort auf der Zunge, aber diesmal beherrschte sie sich rechtzeitig und schwieg. Erst als das Telefongespräch mit Mitch beendet war und sie allein auf dem Balkon saß, kam ihr, während sie auf den Park hinunterblickte und an nichts Besonderes dachte, die Antwort über die Lippen.

»Ich laufe nicht weg«, murmelte sie vor sich hin, »ich laufe *auf etwas zu* …«

Niemand erfuhr von diesem Gedanken, nicht einmal Margie. Es war, um ehrlich zu sein, eine törichte Vorstellung. Sie fuhr zu einer Insel, die sie noch nie im Leben gesehen hatte, auf Anraten einer Frau, deren Blut zu siebzig Prozent aus Alkohol bestand. Sie hatte keinen Grund, diese Reise anzutreten, und weniger Grund, dahinter einen bestimmten Sinn zu vermuten. Dennoch spürte sie deutlich, dass es einen solchen Sinn gab, und das erfüllte sie mit einem tiefen Glücksgefühl. Was machte es also aus, dass ihr völlig rätselhaft blieb, woher ihre Ahnung rührte? Sie war dankbar, wieder eine gewisse Leichtigkeit im Herzen zu empfinden, und entschlossen, dieses Gefühl zu genießen, solange es währte. Denn sie wusste aus Erfahrung, dass es jederzeit ohne Vorwarnung verschwunden sein konnte, genau wie die Liebe.

Margie traf alle notwendigen Vorbereitungen für die Reise. Rachel brauchte nichts weiter zu tun, als bis zu ihrer Abreise am darauf folgenden Dienstag in New York alles für die Zeit ihrer Abwesenheit zu regeln. Denn, so verkündete Margie, wenn sie erst einmal auf der Insel wäre, würde sie keine Lust mehr haben, ans Telefon zu gehen. Sie würde nicht einmal mehr an die Stadt oder auch an ihre Freunde denken wollen. Man folge dort einem anderen Rhythmus, habe eine andere Sicht der Dinge.

»Fast habe ich das Gefühl, als müsste ich der alten Rachel Lebewohl sagen«, bemerkte sie, »denn ich glaube, sie wird nie wieder zurückkommen.«

»Jetzt übertreibst du aber«, protestierte Rachel.

»Nein, das tue ich nicht«, erklärte Margie. »Du wirst schon sehen. Die ersten paar Tage wird es dich nervös machen, dass es nichts zu tun gibt und niemanden, über den man tratschen könnte. Und dann wird es dir langsam dämmern, dass du das alles überhaupt nicht brauchst. Du wirst dort sitzen und die Wolken über den Bergen oder einen Wal draußen im Meer betrachten, oder du wirst dem Regen auf dem Dach lauschen – o Gott, Rachel, es ist so schön dort, wenn es regnet –, und du wirst denken: Ich habe alles, aber auch alles, was ich brauche.«

Rachel hatte das Gefühl, dass Margie jedes Mal, wenn sie über die Insel sprach, mehr ins Schwärmen geriet. »Wie oft warst du dort?« fragte sie.

»Nur zweimal«, antwortete Margie. »Aber beim zweiten Mal hätte ich nicht gehen sollen. Es war ein Fehler. Das zweite Mal bin ich aus den falschen Beweggründen hingefahren.«

»Wie meinst du das?«

»Ach, das ist eine lange Geschichte«, erklärte Margie. »Und es ist nicht so wichtig. Für dich wird es das erste Mal sein, und alles andere zählt nicht.«

»Es wird also so sein, als wäre ich wieder ein junges Mädchen«, bemerkte Rachel.

»Weißt du was, Schatz? Genau so ist es. Du wirst wieder zu einem jungen Mädchen.«

2

Sofern Rachel noch einen Rest von Zweifeln gehabt hatte, ob sie die Reise antreten solle, so waren sie verflogen, als sie das Flugzeug bestieg, sich in ihrem Sitz erster Klasse zurücklehnte und den ersten Schluck Champagner trank. Selbst wenn sich herausstellen sollte, dass die Insel nicht ganz dem Bild entsprach, das Margie in ihrer Begeisterung entworfen hatte – und tatsächlich hätte sie, um ihre Verheißungen zu erfüllen, das Paradies selbst sein müssen –, so tat es doch gut, an einen Ort zu fahren, wo niemand sie kannte, wo sie schlicht und ergreifend *sie selbst* sein konnte.

Die erste Flugetappe ging ohne bemerkenswerte Ereignisse vonstatten. Nach ein paar Gläsern Champagner spürte sie eine wohlige Müdigkeit und döste für den Rest des Fluges nach Los Angeles vor sich hin. In Los Angeles, wo sie zwei Stunden Aufenthalt hatte, verließ sie die Maschine, um sich die Beine zu vertreten und eine Tasse Kaffee zu trinken. Auf dem Flughafen herrschte hektisches Treiben, und sie beobachtete die Menschen um sich herum – schwitzend, in Eile, gereizt oder beim tränenreichen Abschied – wie eine Besucherin von einem anderen Stern, interessiert, aber völlig unbeteiligt. Als sie ihren Sitz wieder einnahm, erfuhr sie, dass sich der Weiterflug verzögern würde. Ein kleines technisches Problem, wie der Flugkapitän verkündete, nichts, das einem baldigen Start im Wege stand. Zur Abwechslung bewahrheiteten sich die Informationen aus dem Cockpit, und zwanzig, höchstens fünfundzwanzig Minuten später konnte der Kapitän den Passagieren mitteilen, dass die Maschine jetzt startbereit sei. Während der zweiten Flugetappe blieb Rachel wach. Ein Gefühl gespannter Erwartung begann sich in ihr bemerkbar zu machen. Sie stellte fest, dass ihr plötzlich das, was Margie beim Mittagessen über die Insel und das Haus gesagt hatte, durch den Kopf ging. Was war das doch gleich gewesen? Dass es ein Ort war, an dem magische Kräfte sich zeigten, an dem noch Wunder geschehen konnten?

Wenn es nur so wäre, dachte Rachel; wenn sie nur die Zeit zurückdrehen und wieder die Rachel sein könnte, die sie gewesen war, bevor das Leben sie so verletzt und enttäuscht hatte. Aber wann genau war das gewesen? Die sorglose Rachel, die sich einen gewissen Glauben an den guten Kern in allen Dingen bewahrt hatte; wo war sie? Es schien Jahre her, dass sie dieses selbstbewusste, glückliche Geschöpf im Spiegel erblickt hatte. Das Leben in Dansky hatte die junge Frau – besonders nach dem Tod ihres Vaters – bedrückt und deprimiert. Nach und nach hatte sie die Hoffnung aufgegeben, die drückende Last je wieder abstreifen zu können, je wieder sorglos und ungestüm zu sein. Selbst als Mitchell in ihr Leben getreten und aus ihr eine Prinzessin gemacht hatte, war es ihr nicht gelungen, die quälenden Selbstzweifel abzuschütteln. In den ersten zwei bis drei

Monaten ihrer Bekanntschaft, auch noch nachdem er ihr bereits seine Liebe gestanden hatte, war sie immer der Meinung gewesen, dass er ihr irgendwann raten würde, das Leben ein wenig optimistischer zu betrachten. Aber er schien überhaupt nicht zu bemerken, wie niedergeschlagen die stille Frau an seiner Seite war. Oder er *hatte* es bemerkt, hatte aber angenommen, dass er sie mit einer kleinen Dosis des Gearyschen Prunks von ihren Selbstzweifeln würde kurieren können.

Der Gedanke an ihn machte Rachel traurig. Armer Mitchell; armer optimistischer Mitchell. Sie hatte sich selbst und ihm einen Gefallen getan, als sie ihrem Plan, sich von ihm zu trennen, gefolgt war.

Der Flughafen von Honolulu war noch genauso, wie sie ihn in Erinnerung hatte. Souvenirläden, in denen Hula-Hula-Mädchen in Form von Schnitzereien aus Kokosnussschalen verkauft wurden, Bars, die exotische Cocktails anboten, blumenbehangene Menschen in Reisegruppen, die von Reiseleitern mit erhobenen Schildern erwartet wurden. Und das allgegenwärtige Symbol des forschen amerikanischen Touristen: das buntbedruckte Hawaii-Hemd. War es wirklich möglich, dass zwanzig Flugminuten entfernt von diesem Ort das Paradies lag, das Margie ihr beschrieben hatte? Es war kaum zu glauben.

Aber als sie ins Freie trat, um den liebevoll als Wikki-Wikki bezeichneten Pendelbus zum Inland-Terminal zu nehmen, begannen sich ihre Zweifel zu zerstreuen. Die Luft war mild und wohlriechend. Obwohl der Wind vom Meer herwehte, brachte er süße Blütendüfte mit.

Das Flugzeug, das sie bestieg, war klein und dennoch höchstens zur Hälfte besetzt. Ein gutes Zeichen, wie Rachel fand. Sie ließ die Urlauber in ihren grellen Hawaii-Hemden ohne Bedauern hinter sich. Die Maschine ging abrupter in den Steilflug als ihre massigeren Artgenossen, und schon nach kurzer Zeit, nach Rachels Empfinden kaum mehr als Sekunden, sah sie unter sich nur noch türkisfarbenes Wasser, und die Skyline der Hochhäuser von Honolulu war verschwunden.

VIII

Von den Wolkenkratzern von Honolulu zur Garteninsel ist es nur ein kurzer Flug; er dauert nicht einmal fünfundzwanzig Minuten. Aber lassen Sie mich, während Rachel sich ihrem Ziel nähert, eine Szene beschreiben, die sich zwei Wochen zuvor abgespielt hat.

Schauplatz der Ereignisse ist ein schmuddeliges Städtchen namens Puerto Bueno, der Ort, der wahrscheinlich für sich beanspruchen kann, unter den in diesem Buch genannten der entlegenste und gottverlassenste zu sein. Er liegt auf einer der äußeren Inseln der zu Chile gehörenden Magellanstraße an der Südspitze des Südamerikanischen Kontinents. Keine Gegend, in der die Menschen einen Erholungsurlaub machen würden; die Inseln sind so sturmgepeitscht, karg und abweisend, dass viele von ihnen nie besiedelt wurden. In einer solchen Umgebung gilt eine Stadt wie Puerto Bueno mit ihrer stolzen Zahl von siebenhundert Einwohnern als ansehnliche Gemeinde, aber auf den benachbarten Inseln spricht man nicht oft darüber. Es ist eine Stadt, in der die Gesetze nur sehr nachlässig überwacht werden, was dazu geführt hat, dass sich im Laufe der Jahre eine bunt gemischte Gesellschaft von Menschen hier zusammengefunden hat, die im Allgemeinen ein Leben am Rande oder jenseits der Legalität geführt haben; Menschen, die ihre Heimat aus Angst vor Strafverfolgung oder vor der Rache ihrer Feinde verlassen haben, die es auf der Suche nach einem Ort der Zuflucht hierhin und dorthin verschlagen hat. Einige von ihnen haben es in ihrem früheren Leben sogar zu einer gewissen Berühmtheit gebracht. Wie der Mann beispielsweise, der als Geldwäscher für den Vatikan tätig war, oder die Frau aus Adelaide, die ihren Mann ermordet hat und noch immer ein Foto der Leiche im Portemonnaie mit sich herumträgt. Aber die meisten Bewohner der Stadt sind kleine Fische – Drogenkonsumenten und Geldfälscher –, auf deren Ergreifung nirgendwo besonderen Wert gelegt wird.

Angesichts dieser Einwohnerschaft ist es erstaunlich genug, dass das Leben in Puerto Bueno in verhältnismäßig ruhigen Bahnen verläuft. Es gibt keine Kriminalität, nicht einmal der Gedanke daran taucht in Gesprächen auf. Die Bürger der Stadt haben ihrer Vergangenheit den Rücken gekehrt und wollen weiter nichts, als ihre restlichen Tage in Frieden leben. Puerto Bueno ist kein luxuriöser Ruhesitz (es gibt dort nur zwei Läden, und die Stromversorgung ist eher unzuverlässig), aber immerhin besser als eine Gefängniszelle oder das Grab. Und an manchen Tagen kann man auf der zerfallenen Hafenmauer sitzen und – in einen Himmel blickend, der von keinem einzigen Kondensstreifen eines Flugzeugs durchzogen wird – daran denken, dass sich Gottes Gnade selbst an diesem reizlosen Fleckchen Erde manifestiert.

Nur selten geht hier ein Schiff vor Anker. Dann und wann sucht ein vor der Küste kreuzendes Fischerboot im Hafen Schutz vor einem Sturm, und noch seltener taucht ein Ausflugsdampfer, dessen Kapitän hoffnungslos die Orientierung verloren hat, hier auf und verschwindet wieder, sobald seine Passagiere einen flüchtigen Blick auf die Stadt geworfen haben. Von diesen Stippvisiten abgesehen, beheimatet der Hafen eine Hand voll kleinerer Boote, von denen keines den Eindruck erweckt, als wäre es noch stabil genug, um in See zu stechen. Jeden Winter sinkt mindestens eines dieser Boote und fault dann im Hafenbecken vor sich hin.

Ein Schiff allerdings gab es, das in dieser desolaten Flotte aus dem Rahmen fiel: ein Boot mit dem Namen *Samarkand*, eleganter als alle Fischerboote und schöner als jeder Ausflugsdampfer. Es war eine Art Yacht, deren Holzrumpf man nicht mit Farbe gestrichen, sondern lasiert und mit einem farblosen Lackanstrich überzogen hatte. Auch der Kajütaufbau, das Ruder und die beiden Masten waren dunkel lasiert; die Holzmaserung trat deshalb bei bestimmten Lichtverhältnissen so klar hervor, dass es aussah, als wäre das Schiff von Künstlerhand bemalt worden. Die ursprünglich weißen Segel waren im Laufe der Jahre immer wieder ausgebessert worden, und die Flicken waren als ungleichmäßige Flächen von dunklerer oder hellerer Färbung deutlich zu erkennen.

Wahrscheinlich wäre das Schiff in den Augen der meisten Betrachter nicht annähernd so bemerkenswert, wie ich es darstelle. In einem der mondäneren Yachthäfen der Welt, in Florida oder San Diego beispielsweise, hätte es wohl keinen besonderen Eindruck gemacht. Aber hier in Puerto Bueno wirkte es, wenn es an einem grauen, kalten Tag im Hafen einlief, wie eine Erscheinung aus dem Reich der Träume. Obwohl der Kapitän (der zugleich Erster Offizier, Mannschaft und einziger Passagier war) Puerto Bueno schon so lange mit seinem Schiff ansteuerte, dass sich niemand mehr genau erinnern konnte, wann es zum ersten Mal am Horizont aufgetaucht war, liefen die Leute bei seinem Anblick immer noch am Kai zusammen. Irgendwie gehörte seine Ankunft so selbstverständlich zum Leben in Puerto Bueno wie die Rückkehr der Zugvögel nach den kalten Wintermonaten und schien sogar die harten Herzen dieser Leute ein wenig zu erweichen.

Sobald das Schiff jedoch das ruhige Gewässer der Hafenzufahrt erreicht hatte, suchten die Zuschauer eilends das Weite. Sie hielten es für ratsam, nicht zu warten, bis das Schiff anlegte, oder gar zuzusehen, wie sein einsamer schwarzer Kapitän an Land ging. Tatsächlich hatte sich im Laufe der Jahre eine Art Aberglaube unter den Leuten verbreitet, demzufolge jeder, der den Kapitän der *Samarkand* beobachtete, wenn er den Fuß auf festen Boden setzte, todgeweiht war und sterben müsse, bevor noch ein Jahr vergangen war und das Schiff wieder am Horizont erschien. Daher waren alle Blicke abgewandt, wenn der Mann, den man nur bei einem Namen kannte, zu seinem Haus hinaufstieg, das oberhalb des Hafens auf einer Anhöhe stand. Den Namen des Mannes haben Sie natürlich schon erraten. Es war kein anderer als Galileo.

Wie, so werden Sie sich vielleicht fragen, kam mein Halbbruder dazu, in einer Gemeinde von Kriminellen irgendwo am Ende der Welt einen Wohnsitz zu haben? Zufall, lautet die Antwort. Er war an der Küste entlanggesegelt, als ihn – wie die Fischerboote, von denen ich an früherer Stelle gesprochen habe – ein aufkommender Sturm zwang, im Hafen Schutz zu suchen, wenn er nicht untergehen wollte. Die Entscheidung fiel ihm, ob Sie es glauben oder nicht, zum damaligen Zeitpunkt nicht leicht. Er hatte eine Phase tiefer Depressionen durchgemacht, und als der Sturm aufzog, spielte er mit dem Gedanken, sein Schiff darin treiben und zu Kleinholz zerschmettern zu lassen. Schließlich hatte er den Gedanken nicht um seiner selbst willen verworfen, sondern aus Sorge um sein Schiff, das er als seinen einzigen wahren Freund betrachtete. An den Felsen dieser Küste zu zerschellen und von den Bauern ausgeweidet zu werden, schien ihm ein unpassendes Ende für ein so schönes Boot. Er hatte der *Samarkand* gelobt, dafür zu sorgen, dass sie, wenn ihre Zeit gekommen war, einen würdigen Tod irgendwo draußen auf hoher See finden sollte.

Also nahm er Zuflucht in dem Städtchen Puerto Bueno, das zu jener Zeit höchstens ein Viertel seiner heutigen Größe hatte und dessen fast völlig verlassener Hafen gerade erst angelegt worden war. Die Hafenanlage hatte ein gewisser Arturo Higgins erbaut, ein Mann britischer Abstammung, der bei dem Unternehmen sein gesamtes Vermögen verloren und seinem Leben kurz darauf ein Ende gesetzt hatte. Nun stand sein Haus unbewohnt auf der Anhöhe, und Galileo war aus dem merkwürdigen Wunsch heraus, sich den Schauplatz des Selbstmordes anzusehen, hinaufgestiegen. Kein Mensch war in dem Haus gewesen, seit man den Leichnam hinausgetragen hatte; in den Zimmern brüteten die Möwen, und Ratten hatten im Kamin ihre Nester gebaut, aber diese trostlose Einsamkeit war genau das, was dem Wanderer gefiel. Am nächsten Tag kaufte er Higgins' Tochter das Haus ab und schaffte ein paar Habseligkeiten hinein. An klaren Tagen bot sich dem Auge von dem Anwesen aus ein friedliches Panorama, und er betrachtete es schon bald als sein zweites Zuhause; nach seinem Schiff natürlich, das im Hafen vertäut lag.

Ein paar Wochen später stach er wieder in See, nachdem er das Haus hinter sich verschlossen und ohne viel Aufsehen klargestellt hatte, dass Stadtbewohner, die es wagten, die Schwelle zu übertreten, ihren Leichtsinn bitter bereuen würden.

Danach hatte er sich dreizehn Monate lang nicht mehr blicken lassen, aber irgendwann kam er immer zurück, manchmal drei- bis viermal im Jahr, manchmal erst nach mehrjähriger Abwesenheit. Die Kunde von dem geheimnisvollen Fremden verbreitete sich, und es spricht einiges dafür, dass die Ganoven und vom Gesetz Verfolgten, die sich in den Folgejahren in Puerto Bueno niederließen, durch diese Gerüchte um ihn angezogen wurden. Wenn das aber zutraf, warum lockte die Kunde von dem Seefahrer, einem Mann immerhin, in dessen Adern göttliches Blut floß, nicht auch ein paar edlere Gemüter an? Diese Frage werden Sie sich zu Recht stellen. Warum strömten keine Heiligen nach Puerto Bueno, warum machte Galileos Gegenwart aus der Stadt nicht einen Ort, an dem die Lahmen ausgelassen herumsprangen und die Taubstummen fröhliche Lieder sangen?

Ich habe auf diese Fragen nur eine einzige Antwort: Er selbst war zu sehr verwundet. Wie konnte sein Mythos die Heilkräfte der Heiligen aktivieren, wenn er nicht einmal fähig war, sich selbst zu heilen?

Das also war – eine Woche, bevor Rachel den Flug nach Hawaii antrat – der Stand der Dinge.

Wie es der Zufall wollte, befand sich Galileo zu dieser Zeit nicht auf hoher See, sondern hielt sich in seinem Haus auf der Anhöhe auf. Er war mit der *Samarkand* nach Puerto Bueno gekommen, weil einige Reparaturen an dem Schiff anstanden, und seit einigen Wochen pendelte er jetzt täglich zwischen dem Hafen und dem Haus hin und her, arbeitete von morgens bis abends an seinem Boot und vertrieb sich die Abendstunden damit, von einem Fenster des Anwesens aus auf den Pazifik hinauszublicken. Er erlaubte niemandem, ihm bei den Arbeiten an Bord der *Samarkand* zur Hand zu gehen. Keinem Menschen außer sich selbst traute er zu, der schweren Aufgabe des Nagelns, Hobelns und Lasierens gewachsen zu sein; darin war er Perfektionist. Dann und wann schlenderte ein neugieriger Zeitgenosse über den Kai und sah ihm bei der Arbeit zu, aber ein finsterer Blick von ihm genügte, um jeden Schaulustigen nach kurzer Zeit wieder zu vertreiben. Nur ein einziges Mal zeigte er sich von einer etwas geselligeren Seite, und zwar an einem windigen Abend, wenige Tage vor seiner neuerlichen Abreise, als er in der kleinen Spelunke am Berg auftauchte, wo sich Abend für Abend halb Puerto Bueno zu betrinken pflegte, und dort so viel Brandy in sich hineinschüttete, dass jeder andere aus den Stiefeln gekippt wäre. Galileo jedoch wurde lediglich ein wenig lustiger und gesprächiger – gemessen an seinem gewohnten Verhalten zumindest. Seine Gesprächspartner fühlten sich geschmeichelt, weil sie den Eindruck hatten, er habe sich ihnen geöffnet, habe seine kleinen Geheimnisse mit ihnen geteilt. Aber als sie sich am nächsten Morgen in Erinnerung zu rufen versuchten, was er gesagt hatte, mussten sie sich eingestehen, dass er im Grunde nur sehr wenig von sich preisgegeben hatte. Sein Beitrag zu der Unterhaltung hatte, wie es schien, vor allem aus Zuhören bestanden, und wenn er einmal eine Bemerkung eingeworfen hatte, so bezog sie sich unweigerlich auf eine Episode aus dem Leben eines anderen.

Zwei Tage später begann er seine Bemühungen auf der *Samarkand* zu verstärken. Er arbeitete zweiundsiebzig Stunden ohne Pause durch, nachts im Schein der Sturmlaternen, die rund um das Boot aufgehängt waren. Es war fast, als hätte er unerwartet den Befehl zum Aufbruch erhalten und müsste nun früher als ursprünglich geplant in See stechen.

Drei Tage darauf erschien er am Spätnachmittag im Gemischtwarenladen der Stadt, um Proviant zu bestellen. Sein Ton war unwirsch, seine Miene finster; niemand wagte ihn zu fragen, welches Ziel er diesmal ansteuern würde. Hernandez, der Sohn des Ladenbesitzers, brachte die bestellten

Vorräte später zum Schiff. Galileo entlohnte den jungen Mann großzügig für seine Dienste und bat ihn, seinem Vater Galileos Entschuldigung zu überbringen; er sei, das wisse er, zuvor alles andere als höflich gewesen, habe aber niemanden damit beleidigen wollen.

Das war das letzte Gespräch, das Galileo während dieses Besuchs mit einem Bewohner von Puerto Bueno führte. Bei Einbruch der Dunkelheit lichtete Galileo den Anker, und die *Samarkand* glitt mit der aufsteigenden Flut aus dem kleinen Hafen hinaus und Zielen entgegen, über die viele mutmaßten, die aber niemand kannte.

IX

1

Nicodemus war, wie ich bereits erwähnt habe, ein Mann von ausschweifenden sexuellen Gelüsten. Er liebte alles, was mit Erotik zu tun hatte (außer Bücher natürlich), und ich glaube nicht, dass auch nur zwei Minuten vergehen konnten, ohne dass seine Gedanken um dieses Thema kreisten. Und sein Interesse beschränkte sich keineswegs auf die menschliche – oder übermenschliche – Sexualität. Er genoss das Schauspiel der entfesselten Lust, wo es sich ihm auch zeigte. Vor allem aber bei seinen Pferden. Er liebte es, sie beim Kopulieren zu beobachten; und nicht selten nahm er direkt am Geschehen teil, flüsterte, selbst schweißgebadet vor Erregung, mal dem Hengst, mal der Stute Worte der Ermunterung ins Ohr und legte auch gelegentlich einmal Hand an, wenn die Dinge sich nicht nach Wunsch entwickeln wollten. Er masturbierte den Hengst sogar, wenn es nötig war, führte ihn eigenhändig ans Ziel seines Begehrens und streichelte die Stute mit einer solchen Sanftheit, dass sie ruhig und aufnahmebereit wurde.

An eine dieser Begebenheiten erinnere ich mich besonders deutlich; sie ereignete sich ungefähr zwei Jahre vor seinem Tod. Er besaß ein Pferd namens Dumuzi, auf das er ungeheuer stolz war. Und das mit Recht. Es war ein Hengst, bei dessen Genzusammensetzung mein Vater in irgendeiner göttlichen Weise mitgemischt hatte, da bin ich mir ganz sicher, denn ein solches Pferd habe ich nie zuvor gesehen und werde ich sicher auch nie wieder zu sehen bekommen. Vergessen Sie alles, was Sie je über Araberhengste oder über die Pferde der kriegerischen Kosaken gehört haben. Dumuzi gehörte zu einer anderen Spezies, außergewöhnlich klug, perfekt gebaut und von überwältigender Schönheit. Seine Nachkommen, hätten sie überlebt, wären dazu prädestiniert gewesen, dem Wort ›Pferd‹ eine neue Bedeutung zu geben. Ich habe mich manchmal gefragt, ob mein Vater diese atemberaubende Schönheit nicht geschaffen hat, um den Menschen ein Beispiel zu geben; ein Geschöpf von solcher Vollkommenheit, dass jedem, der seine Kraft und Anmut sah, die erhabene Größe der Schöpfung vor Augen geführt wurde. (Andererseits – vielleicht war es auch purer Egoismus, und er wollte nichts weiter, als sich auf L'Enfant an der Schönheit von Dumuzis Söhnen und Töchtern ergötzen. Genau werde ich es wohl nie wissen.)

Aber kommen wir zurück zu meiner Geschichte: In der Nacht, von der ich gesprochen habe, tobte ein furchtbares Gewitter, das sich schon am späten Nachmittag angekündigt hatte. Eine bedrohliche dunkelgraue Wolkendecke hatte sich vor die untergehende Sonne geschoben und den Himmel lange vor der Zeit verdunkelt. Die Donnerschläge entluden sich mit einer solchen Gewalt, dass der Boden noch Meilen entfernt zitterte.

Unter den Pferden herrschte Panik; sie waren ganz und gar nicht in der Stimmung, sich zu paaren. Schon gar nicht Dumuzi, dessen einzige Schwäche sein leicht erregbares Wesen war. Er schien zu wissen, dass er etwas Besonderes war, und neigte zu theatralischen Temperamentsausbrüchen. In dieser Nacht war er besonders gereizt. Als mein Vater den Stall betrat, um Dumuzi auf seine Aufgabe vorzubereiten, tobte Dumuzi in seiner Box und reagierte auf kein noch so beruhigendes Zureden. Ich weiß noch, dass ich Nicodemus riet, es am nächsten Morgen noch einmal zu versuchen, wenn der Sturm sich gelegt hatte, aber hier fand ein Kräftemessen zwischen zwei willensstarken Kreaturen statt, von dem auch der vernünftigste Vorschlag von meiner Seite nicht ablenken konnte. Nicodemus redete auf Dumuzi ein wie auf einen alkoholseligen Freund, den es zur Vernunft zu bringen galt: Er habe keine Lust, sich dieses Theater länger anzusehen, und je eher Dumuzi sich beruhigen und zur Vernunft kommen würde, umso besser sei es für alle Beteiligten. Dumuzi schlug seine Warnung in den Wind, ja er steigerte sich womöglich noch mehr in seine Raserei hinein. Mit seinen Hufen zerschmetterte er seine Tränke, dann hämmerte er ein Loch in die Boxenwand – trat ein paar Backsteine heraus, als wären sie aus Pappmaché. Ich hatte keine Angst um meinen Vater – zu dieser Zeit hielt ich ihn noch für unverwundbar –, aber ich machte mir sehr wohl Sorgen um mein eigenes Wohlergehen. Auf den zahlreichen Reisen, die ich in Nicodemus' Auftrag unternommen hatte, um Pferde für ihn zu begutachten, hatte ich so manches Mal gesehen, was diese Geschöpfe anrichten konnten. In Limoges hatte ich am Grab eines Züchters gestanden, dem dasselbe Pferd, um dessentwillen ich gekommen war, zwei Tage vor meiner Ankunft den Schädel zertrümmert hatte. Im Tienschan-Gebirge war ich einem Mann begegnet, dem eine wütende Stute beide Hände abgebissen hatte, einfach so – rapp, zapp! Und ich hatte Pferde gesehen, die so erbittert miteinander kämpften, dass mehr Blut auf ihren Flanken und auf der Erde war als in ihren Adern. So stand ich also da, in höchster Angst um Leib und Leben und dennoch unfähig, die Augen von dem Schauspiel abzuwenden, das sich mir bot. Der Sturm tobte jetzt genau über uns, und Dumuzi war in so wilder Panik, dass man das Weiße in seinen Augen sah. Seine Mähne war wie elektrisch geladen, und seine Hufe schlugen Funken, sein zorniges Wiehern klang durchdringend, dass es selbst den Donner übertönte.

Nicodemus ließ sich nicht einschüchtern. Er hatte es in seinem Leben schon mit unzähligen widerspenstigen Tieren aufgenommen, und Dumuzi war, bei all seiner Kraft und imposanten Größe, doch nur eines von ihnen. Nach einigem Ringen hatte mein Vater dem Tier ein Halfter übergestreift und zerrte es nun aus dem Stallgebäude ins Freie, wo er die Stute angebunden hatte. Noch heute schlägt mir das Herz bis zum Hals, wenn ich an diese Szene denke, so deutlich sehe ich sie vor mir: die Blitze, die durch die schwarze Wolkendecke zuckten, das hysterische Wiehern der beiden Pferde, ihre schaumbedeckten Mäuler, ihre zum tödlichen Angriff gebleckten Zähne; und dann Nicodemus, der über das Tosen des Sturms hinweg seinen Lieblingen Befehle zuschrie, während seine Hose seine unbändige Erregung nicht verbergen konnte.

Im zuckenden Schein der Blitze wirkte er selbst fast wie ein Tier; sein Haar, das ihm sonst bis auf die Taille fiel, flog jetzt in alle Richtungen, ein wildes Lachen spaltete sein Gesicht in zwei Hälften, seine Haut schien zu phosphoreszieren. Hätte er in dieser Sekunde seine menschliche Hülle gänzlich abgestreift – hätte sich gereckt und gestreckt und in ein anderes Wesen verwandelt (in ein Pferd, einen Sturmwind oder etwas von beidem) –, mich hätte es nicht verwundert. Ich staunte eher, dass er sich inmitten dieses Infernos seine menschlichen Züge bewahrte, dass er nicht alle Fesseln seines Menschseins abwarf. Vielleicht empfand er es als erregender, unter den gegebenen Umständen in seinem menschlichen Körper gefangen zu sein, im Schweiße seines Angesichts kämpfen zu müssen.

So sah ich ihn vor mir – eine menschgewordene Gottheit. Und dieses Wesen, halb Mensch, halb Tier, zog Dumuzi unter Aufbietung all seiner Kräfte zu der Stute. Ich dachte, dass Dumuzi in diesem Moment alles andere im Sinn hatte, als die Stute zu besteigen, aber ich irrte mich. Nicodemus hatte sich vorsichtig zwischen die beiden Tiere geschoben und begann, ihre Flanken, ihre Bäuche, ihre Nüstern zu streicheln und ihnen dabei gut zuzureden. Ungeachtet seiner Nervosität wurde Dumuzi heiß auf die Stute, und sogleich bestürmte er sie mit seinem mächtigen erigierten Phallus, den mein Vater jetzt – immer noch flüsternd, tätschelnd und streichelnd – umfasste und zu der für ihn bestimmten Öffnung hinführte. Den Rest schaffte Dumuzi ohne jede Hilfe. Er deckte die Stute, als sei er nur dafür geboren worden.

Mein Vater trat zurück und ließ den Dingen ihren Lauf. Sein ganzer Körper schien unter Strom zu stehen. Hätte ich ihn in diesem Moment berührt, so hätte dies meinem sterblichen Herzen einen tödlichen Schlag versetzt, darauf möchte ich schwören. Er lachte jetzt nicht mehr. Mit geducktem Kopf und eingezogenen Schultern stand er da wie ein lauerndes Raubtier, bereit, den beiden Kreaturen an die Kehle zu springen, wenn sie seine Erwartungen enttäuschten.

Aber das taten sie nicht. Während der Sturm mit unverminderter Kraft tobte – die Blitze in so rascher Folge kamen, dass sie diese mitternächtliche Stunde zum unheimlich lebendigen Tag machten, die Donnerschläge so laut waren, dass durch die Schallwellen mehrere Bäume umstürzten und ein gutes Dutzend Fenster im Haus zerbarst –, kopulierten die Tiere wie besessen, ihre Panik eins mit der Raserei ihrer Paarung.

Das Fohlen, das dieser Paarung entsprang, war ein Hengst. Nicodemus nannte ihn Temüdschin nach dem Geburtsnamen des Dschingis Khan. Dumuzi aber schien meinem Vater nach dieser Nacht treu ergeben zu sein. Ich sage *schien,* weil ich den Verdacht habe, dass die Anhänglichkeit des Tiers reine Verstellung war. Warum ich das glaube? Weil die verschreckte Herde, die meinen Vater in jener verhängnisvollen Nacht zu Tode trampelte, von Dumuzi angeführt wurde, in dessen Augen ich dabei – das kann ich beschwören – ein rachsüchtiges Funkeln entdeckte.

Ich habe Ihnen diese Geschichte zum einen erzählt, damit Sie sich eine genauere Vorstellung von meinem Vater machen können, der in diesem Buch zwangsläufig nur sporadisch auftaucht, und zum anderen, um mir selbst das naturgegebene Potential zu vergegenwärtigen, das in mir schlummert.

Wie ich schon am Anfang dieses Kapitels sagte, ist meine Libido ein trauriger Abklatsch der sexuellen Begierden meines Vaters. Mein Leben war nie besonders kompliziert oder interessant, außer in der kurzen Zeitspanne in Japan, als ich Chiyojo, die später meine Frau werden sollte, in aller Form den Hof machte, während ich nachts das Lager mit ihrem Bruder Takeda teilte, der sich als Kabuki-Schauspieler (genauer gesagt als *onagatta,* also als Mime, der ausschließlich Frauenrollen spielte) einigen Ruhm erworben hatte. Ansonsten hätten meine erotischen Abenteuer nicht einmal genügend Stoff für ein sehr dünnes Büchlein hergegeben.

Und doch kann ich jetzt, da ich bald zu dem Teil der Geschichte komme, der dem Akt der Liebe gewidmet ist, nicht umhin mich zu fragen, wo der Funke geblieben ist, der im

Augenblick meiner Zeugung von meinem Vater auf mich übersprang. Ist irgendwo in mir ein feuriger Liebhaber verborgen, der nur darauf wartet, sein Geschick unter Beweis zu stellen? Oder sind diese Energien in weniger leidenschaftliche Betätigungen eingeflossen? Sind sie es, die mich bewegen, diese Worte zu Papier zu bringen? Ist aus den Säften der Begierde, die in Nicodemus flossen, die Tinte in meinem Federhalter geworden?

Ich gehe zu weit mit meinen Vergleichen. Na schön. Jetzt steht es hier schwarz auf weiß, und ich werde es, nach all der Anstrengung, die es mich gekostet hat, nicht ausstreichen.

Aber ich muss fortfahren. Muss die Erinnerungen an meinen Vater, den Sturm und die Pferde beiseite lassen. Ich kann nur hoffen, dass die Leidenschaft, die mich an meinen Schreibtisch treibt (sie gleicht schon einer Besessenheit; keine Sekunde vergeht, in der ich mich nicht damit beschäftige, was ich gerade geschrieben habe oder was ich als nächstes zu schreiben gedenke), nicht ebenso blind und erratisch ist, wie es die Liebe sein kann. Ich sehne mich nach Klarheit. O Gott, wie sehr ich mich nach Klarheit sehne!

In letzter Zeit passiert es oft, dass ich mir sage: Ich habe den Faden verloren. Ich habe alle diese faszinierenden Fragmente eines Mosaiks ausgelegt, aber ich weiß nicht, wie ich sie aneinander fügen soll. Sie kommen mir so zusammenhanglos vor: die Fischer in Atva, die Hinrichtung der Mönche, Zelim in Samarkand; der Brief eines Mannes, der den Tod auf einem Schlachtfeld des Bürgerkriegs vor Augen hat; ein Stummfilmstar, bis nach Deutschland von der Liebe eines Mannes verfolgt, der so reich ist, dass er den genauen Wert seines Besitzes nicht kennt; George Gearys Leiche im Wagen an einem Strand von Long Island und Loretta mit der düsteren Prophezeiung ihres Astrologen; Rachel Pallenberg, die den Glauben an die Liebe verloren hat, und Galileo Barbarossa, der das Leben selbst nicht mehr liebt. Wie, zum Teufel, ergibt sich aus allen diesen Teilen ein zusammenhängendes Muster?

Vielleicht (der Gedanke macht mich krank, aber ich muss ihn zumindest in Erwägung ziehen) *gehören* sie überhaupt nicht zusammen. Vielleicht habe ich schon vor längerer Zeit den Faden verloren und trage nun Dinge zusammen, aus denen nie ein einheitliches Ganzes werden kann, auch wenn jedes Einzelne für sich noch so reizvoll sein mag.

Nun ja, ich kann es nicht mehr ändern, dazu ist es jetzt zu spät. Ich kann nicht mit dem Schreiben aufhören; dazu bin ich schon zu sehr in Schwung. Ich muss fortfahren und mit dem bisschen Genie, das ich hoffentlich von meinem Vater geerbt habe, die menschlichen Wünsche und Bedürfnisse deuten, die sich in den kommenden Szenen vor meinem inneren Auge entfalten werden; und ich kann nur hoffen, dass sich in dieser Deutung eine Möglichkeit für mich ergibt, das bisher Beschriebene in einen sinnvollen Zusammenhang zu bringen.

2

Eins noch. Ich kann dieses Kapitel nicht beenden, ohne noch einmal auf meine Unterhaltung mit Luman zurückzukommen. Ich möchte nicht, dass Sie mich für einen Feigling halten; das bin ich nicht. Ich bin mir im Klaren darüber, dass ich mich den Anschuldigungen, die mir mein Bruder entgegengeschleudert hat, irgendwann einmal stellen muss; von Angesicht zu Angesicht mit ihm und mit mir selbst (und das heißt hier, in diesem Buch). Er hat gesagt, dass meine Verehrung für meinen Vater in gewisser Weise für den Tod meiner Frau verantwortlich war; dass ich Chiyojos Verführung nicht tatenlos zugesehen hätte, wäre ich ein so liebender Ehemann gewesen, wie ich es behauptete. Ich hätte Nicodemus gesagt, dass sie zu mir gehörte und dass er die Hände von ihr lassen solle. Ich habe es nicht getan. Ich ließ zu, dass er sie umgarnte, und sie musste den Preis dafür bezahlen.

Ich bekenne mich schuldig.

So! Jetzt ist es heraus. Und was nun? Es ist zu spät, den Schaden, den ich Chiyojo zugefügt habe, wieder gutzumachen. Zumindest hier in diesem Buch kann ich es nicht.

Wenn ihr Geist noch in diesen irdischen Gefilden wandelt – was ich annehme –, dann ist sie zu Hause in den Bergen über Ichinoseki und wartet darauf, dass die Kirschbäume wieder blühen.

Hier in L'Enfant gibt es nur einen, mit dem ich Frieden schließen kann, und das ist Luman, der den Streit mit mir sicher ohne jede böse Absicht entfacht hat. Er ist nicht der Mensch, der seine Ansichten verbergen kann. Wenn ihm ein Gedanke in den Sinn kommt, muss er ihn ausspucken, und das hat er getan. Nicht nur das, sondern er hatte auch noch Recht damit; selbst wenn es mir ungeheuer schwer fällt, das zuzugeben. Ich sollte (eine Kiste Zigarren als Versöhnungsgabe unterm Arm) zur Räucherhütte hinübergehen und mich für meinen Ausbruch entschuldigen; ihm sagen, dass ich unsere Gespräche gern wieder aufnehmen würde.

Aber allein bei der Vorstellung, den überwucherten Weg zur Räucherhütte entlanggehen zu müssen, bekomme ich Kopfschmerzen; ich kann es einfach nicht. Noch nicht jedenfalls. Der Augenblick wird kommen, da bin ich mir ganz sicher, in dem es keine Ausflüchte mehr für mich gibt – in dem es keine dringenden Dinge mehr gibt, die ich vorschieben könnte –, und dann werde ich meinen Bußgang antreten

Vielleicht ist es schon morgen so weit oder übermorgen. Wenn ich von der Insel erzählt habe, dann werde ich zu ihm gehen. Genau, das werde ich tun. Wenn ich alles aus dem Kopf habe, was es über die Insel und darüber, was Rachel dort erlebt hat, zu berichten gibt, fällt es mir sicher leichter, mich hinzusetzen und mit ihm zu reden. Er verdient schließlich meine ungeteilte Aufmerksamkeit, und die kann ich ihm nicht schenken, solange ich von so vielen Dingen abgelenkt werde.

Jetzt fühle ich mich etwas besser. Ich habe meine Schuld zugegeben, und das ist ein seltsam beruhigendes Gefühl. Ich werde das Eingeständnis meiner Schuld nicht abschwächen, indem ich das, was ich getan habe, zu rechtfertigen suche. Ich war schwach und allzu versessen darauf, zu gefallen. Aber ich muss an dieser Stelle noch einmal auf das

Bild meines Vaters in jener Sturmnacht zurückkommen. Er war ein außergewöhnliches Geschöpf, soviel steht fest; wahrscheinlich würde so mancher Sohn seine Pflichten als Ehemann neben der Loyalität für einen solchen Vater zurückstellen. Das Komische ist nur: Als ich ihm, in meinem Wunsch, wie er zu sein, und in der Hoffnung, seine Anerkennung zu gewinnen und ihm näher zu kommen, Chijoyo überließ, opferte ich gründlich und heldenhaft meine eigenen Interessen und Ziele. In einer einzigen Nacht verlor ich mein Idol, ich verlor meine Frau und – lassen Sie mich dies ein für alle Mal klarstellen –, ich verlor mich selbst. Das bisschen, was von mir übrig war – dieses Ich, getrennt von dem Wunsch, meinem Vater zu gefallen –, wurde unter denselben Hufen zerstampft, die meinen Vater zu Tode trampelten. Erst in der letzten Zeit, in den paar Wochen, seitdem ich begonnen habe, diese Geschichte aufzuschreiben, ist die Seele namens Maddox, die in meinem Körper wohnt und wert ist, am Leben erhalten zu werden, wieder in Erscheinung getreten. Ich glaube, ich wurde in dem Augenblick wieder geboren, in dem ich auf eigenen Füßen aus dem Himmelssaal trat und den Rollstuhl hinter mir zurückließ.

Und noch etwas entbehrt nicht der Ironie: Die Kraft, dies zu tun, wurde mir von meiner Stiefmutter eingeflößt; sie gab den Anstoß zu meiner Wiederauferstehung. Auch wenn sie keinen Lohn für diesen Dienst fordert – von den Worten, die ich schreibe, einmal abgesehen –, so weiß ich doch, dass ich dafür werde bezahlen müssen; und mit jedem Satz, den ich schreibe, sehe ich den Maddox, der diese Schuld begleichen wird, deutlicher vor mir.

Und was ich sehe, ist Folgendes: einen Mann, der gerade ein Schuldbekenntnis abgelegt hat und der Abbitte leisten wird, wenn die Zeit dafür gekommen ist. Einen Mann, der liebend gern Geschichten erzählt und der, wenn die Zeit dafür gekommen ist, einen Weg finden wird, die Dinge zu verstehen, die er erzählt. Und einen Mann, der fähig ist zu lieben und der wieder einen Menschen finden wird, den er lieben kann – o Gott, darum bitte ich –, wenn die Zeit dafür gekommen ist.

X

Der erste Blick, den Rachel auf die Insel Kauai werfen konnte, war kurz und verlockend; gerade lang genug, um eine Reihe strahlendweißer geschwungener Strände und eine sanft gewellte Hügellandschaft zu erblicken. Dann setzte die Maschine zu einer steilen Landung auf dem Flughafen von Lihue an, und wenige Sekunden später rollte sie auf der holprigen Landebahn aus. Das Flughafengebäude war klein und wenig belebt. Sie begab sich zur Gepäckausgabe und hielt nach dem Verwalter des Hauses Ausschau, das sie in nächster Zeit bewohnen wollte. Und da stand er auch schon pflichtbewusst neben dem kurzen Gepäckband, vor sich einen Wagen für ihre Koffer. Sie erkannten einander auf Anhieb.

»Mrs. Geary …«, er ließ den Gepäckwagen stehen und eilte ihr entgegen, um sich ihr vorzustellen. »Ich bin Jimmy Hornbeck.«

»Ja. Das habe ich mir schon gedacht. Margie hat mir gesagt, ich müsse nach einem Mann mit perfekt gebügelten Kleidern Ausschau halten.«

»Aha, dieser Ruf eilt mir also voraus«, lachte Jimmy. »Nun ja, es gibt vermutlich Schlimmeres.«

Sie tauschten ein paar höfliche Bemerkungen über den Flug aus, bis Rachels Gepäck vollzählig war, dann führte er sie in den strahlenden Sonnenschein hinaus.

»Wenn Sie hier warten wollen«, bat er sie, »dann hole ich den Wagen her. Das erspart Ihnen den Fußweg zum Parkplatz.«

Sie hatte nichts dagegen einzuwenden; hier zu stehen und sich die Meeresbrise ins Gesicht wehen zu lassen, schien ihr das höchste Glück. In diesem Augenblick überkam sie das Gefühl, dass schon jetzt der Großstadttrubel und die Hektik von New York von ihr abzufallen begannen. Und es würde nicht lange dauern, dann wäre überhaupt nichts mehr davon zu spüren.

Nach zwei oder drei Minuten kehrte Hornbeck mit einem Vehikel zurück, das so aussah, als sei es robust genug für eine Dschungelexpedition. Kurze Zeit später war Rachels Gepäck in dem Wagen verstaut, dann hatten sie das kleine Netz von Zufahrtswegen rund um den Flughafen hinter sich gelassen und befanden sich auf der einzigen Straße der Insel, die auch nur entfernt an eine Autobahn erinnerte.

»Entschuldigen Sie übrigens das Transportmittel«, wandte sich Hornbeck an Rachel. »Ich wollte Sie eigentlich in einem etwas zivilsierteren Fahrzeug abholen, aber der Zustand der Straßen hat sich in den letzten Monaten derartig verschlechtert …«

»Wirklich?«

»Es hat in letzter Zeit viel geregnet, weshalb die Insel im Augenblick auch besonders blühend aussieht.«

Blühend war noch untertrieben. Zu ihrer Linken, zum Innern der Insel hin, dehnten sich saftig grüne Zuckerrohrfelder auf fruchtbarer roter Erde. Dahinter wellte sich samtenes Hügelland und stieg zu immer ehrgeizigeren Höhen an, deren schroffe Gipfel in weiterer Ferne mit zarten Wolkenschleiern überzogen waren.

»Das Problem ist, dass die kleineren Nebenstraßen nicht so gewartet werden, wie es sein sollte«, erklärte Hornbeck. »Und im Augenblick gibt es ein bisschen Streit darum, wer nun eigentlich für die Zufahrtswege zum Haus verantwortlich ist. Die Bezirksverwaltung ist der Meinung, dass sie zum Grundstück gehören und dass ich das Geld für die notwendigen Reparaturen deswegen von Ihrer Familie bekommen müsste. Aber das ist Unsinn. Die Straße ist öffentlicher Grund und Boden, also ist nicht ein privater Grundstücksbesitzer dafür zuständig, dass die Schlaglöcher aufgefüllt werden, sondern der Staat.«

Rachel hörte ihm nur mit halbem Ohr zu. Die Schönheit der Felder und Berge auf der einen und des bewegten blauen Ozeans auf der anderen Seite der Straße nahm ihre Aufmerksamkeit in Anspruch.

»Dieser Streit zieht sich jetzt schon zwei Jahre hin« fuhr Hornbeck fort. »Zwei Jahre! Und an der Straße wird natürlich nichts gemacht, solange die Frage nicht geklärt ist. Und so wird sie mit jedem Regen katastrophaler. Es ist wirklich zum Verzweifeln, und ich kann mich nur entschuldigen …«

»Das brauchen Sie nicht …«, entgegnete Rachel verträumt.

»… dass ich Sie mit diesem unbequemen Wagen abholen musste.«

»Es stört mich überhaupt nicht«, beruhigte Rachel den Verwalter. »Wirklich.«

»Sie müssen das verstehen, wissen Sie. Ich möchte nicht, dass Sie denken, ich würde meine Pflichten vernachlässigen.«

»Wie bitte?«

»Nun ja, im Hinblick auf die Straße …«

Sie sah den Mann von der Seite an. Wie er da saß, voll ängstlicher Nervosität und die Hände so fest um das Lenkrad geklammert, dass die Knöchel auf seinen Handrücken weiß hervortraten, wurde ihr plötzlich klar, dass er in ernsthafter Sorge um seine Stellung war. Für ihn vertrat sie die Seite der Macht und Herrschaft, und er hatte Angst, etwas falsch zu machen.

»Machen Sie sich keine Gedanken, James. Werden Sie James oder Jim genannt?«

»Die meisten Leute nennen mich Jimmy«, antwortete er.

»Sie sind Engländer?«

»Ich bin in London geboren und aufgewachsen. Aber dann kam ich eines Tages hierher. Im kommenden November ist es dreißig Jahre her. Ich sagte mir, das ist perfekt, schöner als hier kann es nirgends sein. Also bin ich geblieben.«

»Und Sie haben es nie bereut?«

»Manchmal sticht mich ein bisschen der Hafer«, räumte Jimmy ein. »Aber dann kommt wieder ein Tag wie der heutige, und ich kann mir nicht vorstellen, anderswo zu sein. Ich meine, sehen Sie doch selbst.«

Rachels Blick schweifte wieder zu den Bergen hinüber.

Die Wolken hatten sich über den Gipfeln geteilt, die jetzt in der Sonne erstrahlten.

»Können Sie die Wasserfälle erkennen?« fragte Jimmy. Sie konnte: silbrige Wasserbänder, die sich in den Felsspalten am Berghang nach unten ergossen. »Das da oben ist der regenreichste Ort der Erde«, erklärte Jimmy. »Auf dem Mount Waialeale gibt es dreizehn Meter Niederschlag pro Jahr. Auch im Augenblick regnet es dort.«

»Waren Sie schon einmal oben?«

»Ich war ein paarmal mit dem Hubschrauber dort. Es ist atemberaubend. Wenn Sie wollen, arrangiere ich einen Flug für Sie. Einer meiner besten Freunde hat ein kleines Flugunternehmen unten in Poipu. Er und sein Schwager fliegen diese kleinen Dinger.«

»Ich glaube nicht, dass ich mich in einem Hubschrauber sehr wohl fühlen würde.«

»Es ist aber die beste Art, sich die Insel anzusehen. Wenn Sie Tom darum bitten, wird er mit Ihnen einen Rundflug übers Meer machen. Man kann dort Wale beobachten.«

»O ja, das würde mir gefallen.«

»Mögen Sie Wale?«

»Ich habe noch nie welche aus der Nähe gesehen.«

»Das könnte ich auch arrangieren«, bemerkte Jimmy. »Ich kann von einem Tag auf den anderen ein Boot für Sie auftreiben.«

»Das ist nett von Ihnen, Jimmy. Vielen Dank.«

»Kein Problem. Dafür bin ich ja da. Wenn Sie irgendetwas brauchen, sagen Sie es mir einfach.«

Sie hatten jetzt eine kleine Stadt erreicht – Kapaa, wie sie von Jimmy erfuhr –, in der bedauerlicherweise der Einfluss des amerikanischen Mutterlandes nicht zu übersehen war. Zwischen kleinen Läden in verwitterten Bretterbuden prangte die unvermeidliche Hamburger-Filiale, wegen der Bestimmungen hier auf der Insel und aus Gründen der Zurückhaltung der Unternehmensleitung vielleicht nicht ganz so geschmacklos, aber dennoch hässlich.

»Es gibt ein wunderbares Restaurant hier in Kapaa, das immer ausgebucht ist, aber ...«

»Lassen Sie mich raten. Sie haben einen Freund …«

Jimmy lachte. »Das stimmt. Sie halten immer einen guten Tisch für besondere Gäste frei. Ich glaube übrigens, dass die Stiefmutter Ihres Mannes einiges Geld in das Unternehmen investiert hat.«

»Loretta?«

»Genau.«

»Wann war sie das letzte Mal hier?«

»Oh … das muss ungefähr zehn Jahre her sein, wenn nicht länger.«

»War sie mit Cadmus hier?«

»Nein, nein. Sie allein. Sie ist eine beeindruckende Frau.«

»Das ist sie.«

Er warf Rachel einen Seitenblick zu. Offensichtlich lag ihm zu dem Thema noch mehr auf der Zunge, aber er fürchtete wohl, etwas Falsches zu sagen.

»Sprechen Sie weiter«, ermunterte Rachel den Verwalter.

»Ich habe nur gerade gedacht, dass … na ja, Sie sind so anders als die Frauen, die ich bisher kennen gelernt habe. Ich meine die Frauen der Familie Geary.«

»Inwiefern?«

»Sie sind irgendwie weniger … wie soll ich es bloß ausdrücken?«

»Gebieterisch.«

Er lachte. »Ja. Das ist sehr gut. Gebieterisch. Das trifft den Nagel auf den Kopf.«

Sie hatten Kapaa hinter sich gelassen, und die Straße, die immer noch der Küstenlinie folgte, wurde schmaler und kurvenreicher. Es herrschte nur wenig Verkehr. Hin und wieder kam ihnen ein Einheimischer in einem verrosteten Lieferwagen entgegen, ein Grüppchen Radfahrer strampelte sich schwitzend an einer Steigung ab, und dann und wann wurden sie von einem schnittigeren Auto überholt – Touristen, wie Jimmy ein wenig verächtlich bemerkte. Aber über lange Strecken war ihr Wagen das einzige Fahrzeug weit und breit.

Auch im Umkreis der Straße waren nur wenige menschliche Behausungen zu sehen. Gelegentlich tauchte zwischen den Bäumen ein Häuschen oder eine Kirche auf (die meisten Kirchen waren so winzig, dass sie wohl nur einer kleinen Gemeinde Platz bieten konnten), und von Zeit zu Zeit passierten sie eine Hand voll Fischer, die am Strand beschäftigt waren.

»Ist es hier immer so ruhig?« erkundigte sich Rachel.

»Nein, im Moment ist keine Saison«, erklärte Jimmy. »Und die Insel erholt sich nur langsam vom letzten Wirbelsturm. Viele Hotels mussten danach erst einmal schließen, und manche haben noch nicht wieder eröffnet.«

»Sie werden aber wieder aufmachen?«

»Natürlich. Man kann die Macht des Mammon nicht für immer in die Schranken weisen.«

»Wessen Macht?«

»Des Mammon. Der Dämon des Geldes. Ich meine den Kommerz. Die Leute beuten die Insel um des Profits willen aus.«

Sie schaute zu den Bergen hinüber, die sich in den zehn Minuten, seitdem ihr Blick das letzte Mal darauf gefallen war, schon wieder verändert hatten. »Es ist wirklich ein Jammer«, sagte sie, während sie sich vorstellte, wie die Touristenhorden, die sie in Honolulu gesehen hatte, in ihren Hawaiihemden durch dieses Paradies trampelten und überall Coladosen und angebissene Hamburger am Wegrand zurückließen.

»Er war nicht immer ein Dämon«, fuhr Jimmy fort. »Ich glaube, ursprünglich war *er* eine *sie:* die Göttin Mamitu, Mutter der Wünsche und Sehnsüchte. Sie ist eine sumerisch-babylonische Göttin, und ihren Namen verdankt sie wahrscheinlich ihren vielen Brüsten. Das Wort hat denselben Stamm wie Mamilla. Und Mama natürlich.« Das alles sagte er mit monotoner Stimme, fast als würde er ein Selbstgespräch führen. »Achten Sie nicht auf mich«, schloss er.

»Nein, es ist interessant.«

»Ich habe in meinen jüngeren Jahren Religionswissenschaften studiert.«

»Was hat Sie dazu bewogen?«

»Tja … Ich weiß nicht. Das Rätselhafte vermutlich. Dinge, die ich nicht erklären konnte. Davon gibt es hier sehr viele.«

Rachels Blick wanderte wieder zu den wolkenverschleierten Bergen hinüber. »Vielleicht ist es deshalb so schön«, bemerkte sie versonnen.

»Das gefällt mir«, murmelte Jimmy. »Ohne Geheimnis keine Schönheit. Ich habe es bis jetzt nicht so betrachtet, aber es gefällt mir. Sehr elegant.«

»Wie bitte?«

»Der Gedanke«, erklärte er. »Er ist elegant.«

Während des Schweigens, das nun folgte, dachte sie über seine Bemerkung nach: dass ausgerechnet ein Gedanke elegant sein sollte, war eine völlig neue Vorstellung für sie. Menschen waren elegant, Kleider konnten elegant sein, sogar eine Epoche konnte man als elegant bezeichnen; aber einen Gedanken? Jimmy unterbrach sie in ihren Grübeleien.

»Sehen Sie den steilen Berg da vorn? Von dort aus ist es nur noch eine halbe Meile bis zum Haus.«

»Margie sagte mir, dass es direkt am Strand liegt.«

»Fünfzig Meter vom Meer entfernt, wenn überhaupt. Sie können praktisch vom Schlafzimmerfenster aus angeln.«

Trotz dieser Ankündigung führte sie die Straße, die in Serpentinen zu einer Brücke hin abfiel, kurze Zeit später außer Sichtweite des Ozeans. Sie befanden sich jetzt im Schatten des schroffen Berges, den Jimmy ihr gezeigt hatte und von dessen steilem Hang in rauschenden Kaskaden das Gewässer herabstürzte, über das die Brücke vor ihnen führte.

»Halten Sie sich fest«, sagte Jimmy, als sie die Brücke hinter sich gelassen hatten, »wir erreichen jetzt die Holperstrecke, von der ich Ihnen vorhin erzählt habe.«

Sekunden später bogen sie um eine scharfe Rechtskurve, und wie Jimmy vorausgesagt hatte, verschlechterte sich der Straßenzustand rapide. Anstelle der asphaltierten Autobahn lag vor ihnen ein mit Schlaglöchern und Pfützen überzogener Weg, der sich zwischen jahrelang nicht mehr beschnittenen Bäumen hindurchwand. Die tieferen Äste streiften unter der Last der Blüten und des dichten Blattwerks das Dach ihres Fahrzeugs.

»Passen Sie auf den Hund auf!« Rachel musste schreien, um den Lärm des aufheulenden Motors zu übertönen.

»Ich habe ihn gesehen«, beruhigte Jimmy sie. Dann beugte er sich aus dem Wagenfenster und versuchte den Hund durch lautes Zurufen zu vertreiben, aber das Tier blieb ungerührt mitten auf dem Weg sitzen, bis es im allerletzten Moment träge seinen räudigen Hintern hob und sich in gemächlichem Trott in Sicherheit brachte.

Auf ihrem Weg tummelten sich alle möglichen Tiere. Ein imposanter Hahn stolzierte umher, während seine Hühnerschar in den Spurrinnen pickte. Diesmal musste Jimmy die Tiere nicht vertreiben. Verschreckt flatterten sie auf und flüchteten ungeschickt hopsend in das wuchernde Buschwerk, das einst zu einer gepflegten Heckenbepflanzung gehört haben mochte. Wo sich das Gebüsch am Straßenrand lichtete, konnten sie hier und da die Überreste menschlicher Besiedelung entdecken. Eine kleine Hütte im fortgeschrittenen Stadium des Verfalls, eine hoffnungslos verrostete Landmaschine auf einem seit Jahren nicht mehr bestellten Feld.

»Leben in dieser Gegend Menschen?«

»Nur ein paar«, entgegnete er. »Wir hatten hier vor vier Jahren eine Überschwemmung. Furchtbare Regenfälle, eine Katastrophe. Die Brücke, über die wir gekommen sind, war innerhalb von zwei, drei Stunden weggeschwemmt, und viele Häuser wurden mitgerissen. Ein paar Leute sind zurückgekommen und haben ihre Häuser wieder aufgebaut, aber die meisten siedelten sich in einer weniger gefährlichen Gegend an.«

»Wurde jemand verletzt?«

»Drei Menschen, darunter ein Kleinkind, sind ertrunken. Das Haus der Gearys blieb aber vom Hochwasser verschont. Dort sind Sie also in Sicherheit.«

Während dieser Unterhaltung hatte sich der Zustand des Weges womöglich noch verschlechtert; das Dickicht am Straßenrand war hier so undurchdringlich geworden, dass es den ganzen Weg zu überwuchern drohte. Die Vögel, die beim Herannahen des Wagens aufstoben, waren keine verwilderten Hühner, sondern Geschöpfe, wie Rachel sie noch nie im Leben gesehen hatte, leuchtend rot und blau schillernde geflügelte Blitze.

»Wir sind gleich da«, verkündete Jimmy über das lärmende Gerüttel des Fahrzeugs hinweg. »Sie haben hoffentlich kein edles Porzellan im Gepäck.« Der Wagen machte einen Satz auf dem holprigen Weg und neigte sich zur Seite, als Jimmy etwas zu schnell in die letzte Kurve ging. Einen Augenblick lang hatte es den Anschein, als würden sie gleich umkippen. Rachel stieß einen unterdrückten Schreckensschrei aus.

»Verzeihung«, sagte Jimmy. Mit einem dumpfen Schlag krachte der Wagen wieder auf alle vier Räder. Jimmy trat auf die Bremse und brachte ihn etwa zwölf Meter vor einem breiten Holztor zum Stehen. »Wir sind da«, erklärte er.

Als er den Motor abstellte, flutete um sie herum aus Bäumen und Büschen ein wahres Konzert von Vogelstimmen, und von irgendwoher klang dumpf der rhythmische Wellenschlag des Meeres herüber.

»Möchten Sie allein hineingehen, oder soll ich Ihnen alles zeigen?«

»Ich hätte ganz gern ein paar Minuten für mich«, erwiderte Rachel.

»Natürlich. Lassen Sie sich Zeit. Ich lade inzwischen das Gepäck aus und rauche eine Zigarette.«

»Ich könnte auch eine gebrauchen«, bemerkte sie, als Jimmy seine Zigarette anzündete.

Er hielt ihr das Päckchen hin. »Es tut mir Leid. Ich hätte Ihnen eine anbieten sollen. Neuerdings raucht ja kaum noch jemand.«

»Ich normalerweise auch nicht. Aber heute ist ein besonderer Tag.«

Sie nahm eine Zigarette und inhalierte, nachdem er ihr Feuer gegeben hatte, tief und genüsslich. Es war die erste seit langem, und gleich der erste Zug stieg ihr angenehm zu Kopf: genau der richtige Zustand für ihren ersten Rundgang im Haus.

Energisch schritt sie zwischen den Fröschen aus, die in dem hohen, feuchten Gras hockten, und ging aufs Tor zu, das sich ohne ihr Zutun öffnete, kaum dass sie es entriegelt hatte. Sie warf einen Blick zu Hornbeck zurück. Er lehnte mit dem Rücken zu ihr am Wagen und sah zum Himmel auf. Beruhigt darüber, dass er sein Wort zu halten und sie nicht zu stören gedachte, trat sie durch das Tor und sah sich dem Haus gegenüber.

XI

1

Es war nicht prachtvoll, auch wenn sie noch so sehr ihre Fantasie bemüht hätte; ein bescheidener Bau im Plantagenstil mit einer rundum verlaufenden Veranda, Klappläden vor den Fenstern und in mattem Rosa gestrichenem Mauerwerk. Über eine Breite von zwei Dritteln war das Haus eingeschossig, aber auf der einen Seite hatte man es nachträglich um eine Etage aufgestockt, sodass es irgendwie aussah, als hätte das ganze Gebäude Schlagseite. Dieser Teil des Hauses hatte ein ockerfarbenes Dach, während die Ziegel ansonsten rotbraun waren, und auch die Fenster passten nicht zum Rest des Gebäudes. Aber all das konnte seinen Reiz nicht schmälern. Ganz im Gegenteil. Gerade weil sie sonst immer und überall von einer Architektur umgeben war, die in ihrer erdrückenden Grandiosität schon faschistoid anmutete, empfand sie die Verschrobenheit dieses Hauses als wohltuend.

Auch für sich allein genommen hätte der Anblick schon faszinierend genug auf sie gewirkt. Aber das Haus stand nicht einsam und allein da, sondern mitten in einem Dschungel aus üppigem Grün und bunten Blüten. Palmen wiegten sich träge über dem Dach, und Kletterpflanzen rankten von der Veranda bis zu den Regenrinnen hoch.

Sie blieb eine Weile am Tor stehen und ließ den Anblick auf sich wirken. Dann zog sie ein letztes Mal an der Zigarette, trat sie im Gras aus und ging auf die Haustür zu. Leuchtend grüne Geckos huschten vor ihr her wie ein Begrüßungskomitee, das sie zur Schwelle geleitete.

Sie öffnete die Eingangstür. Der Anblick, der sich ihr bot, war überwältigend. Im Innern des Hauses standen die Türen offen; Türen, die durch einen geschickten Kunstgriff des Architekten so angeordnet waren, dass der Besucher, auf der Eingangsschwelle stehend, durch das ganze Haus hindurch auf die dahinterliegende funkelnde Weite des Ozeans blicken konnte. Die Zimmer selbst wirkten, besonders wenn man aus der strahlenden Sonne des Vorgartens ins Haus trat, so dunkel, dass Rachel einen Moment lang das Gefühl überkam, in ein düsteres Labyrinth zu starren, in das sich ein schmaler Streifen Himmel und Meer verirrt hatte.

In dieses Trugbild der Sinne versunken, verharrte sie ein Weilchen auf der Schwelle, bevor sie ins Innere des Hauses trat. Dort bestätigte sich schnell der Eindruck, den sie schon von außen gewonnen hatte: Hier herrschte bei weitem nicht der Luxus, den sie von den anderen Besitztümern der Gearys gewohnt war. Ein anheimelnd muffiger Geruch hing in der Luft, der nicht von Vernachlässigung zeugte, sondern von feuchten Wänden oder der allgemeinen Luftfeuchtigkeit der Insel herrührte. Sie wanderte von Raum zu Raum, um sich einen ersten Überblick über den Grundriss des Hauses zu verschaffen. Die Möblierung der Zimmer wirkte wahllos zusammengewürfelt, als hätte das Gebäude irgendwann einmal als Sammellager für alle Gegenstände gedient, die einen Erinnerungswert besaßen. Nichts passte zusammen. Um den Esstisch, der mit Kerben, Kratzern und Flecken übersät war, standen fünf völlig unterschiedliche und zwei gleiche Holzstühle. Bei den Töpfen und Pfannen, die in der geräumigen Küche hingen, musste es sich um die traurigen Überreste von einem Dutzend sehr unterschiedlicher Sets handeln. Und die Kissen, die sich in verschwenderischer Fülle auf dem Sofa türmten, passten auch nicht besonders gut zusammen. Nur die Bilder an den Wänden wiesen eine gewisse optische Übereinstimmung auf. Im Gegensatz zu den abstrakten modernen Meistern, die Mitchell für Rachels Apartment ausgesucht hatte, oder zu den wuchtigen Landschaftsbildern vom amerikanischen Westen, die von Cadmus in seinem Haus zusammengetragen worden waren, hingen hier überall an den Wänden bescheidene kleine Aquarell und Bleistiftzeichnungen, die ausnahmslos Inselmotive zeigten: Buchten und Boote, Blumen- und Schmetterlingsstudien. Am Treppenaufgang sah Rachel eine Reihe von Skizzen des Hauses, die der Künstler oder die Künstlerin zwar weder signiert noch datiert hatte, die ihrem Aussehen nach aber schon viele Jahre alt waren, das Papier vergilbt, die Bleistiftstriche verblasst.

Das Mobiliar im ersten Stock war nicht weniger absonderlich als das im Erdgeschoss. Eines der Betten schien so spartanisch wie eine Kasernenpritsche zu sein, stand aber in trauter Gesellschaft einer Chaiselongue, die der Stolz jedes Boudoirs hätte sein können, während die Möbel im Hauptschlafzimmer mit schnörkelreichen Schnitzereien und exotischen Blumengirlanden verziert waren, zwischen denen nackte Männer- und Frauengestalten in seligem Schlaf dahingegossen lagen. Die Farbe war mit den Jahren matt und fleckig geworden, und die Schnitzereien waren nicht gerade von Meisterhand geschaffen, aber die Stücke gaben dem Raum ein eigenartig verzaubertes Ambiente.

Rachel fiel ein, was Margie über diesen Ort gesagt hatte. Sie war erst seit zwei Stunden auf der Insel, und schon spürte sie den Zauber, von dem Margie beeinflusst gewesen war.

Sie trat ans Fenster. Von hier aus konnte sie über eine kleine, nicht sonderlich gepflegte Rasenfläche und einen Streifen niedrigen Buschwerks auf den sonnenbeschienenen Sandstrand blicken, hinter dem sich die glitzernde türkisgrüne Weite des Ozeans dehnte.

Die Entscheidung, in welchem Zimmer sie schlafen würde, war schon gefallen. Sie ließ sich wie eine Zehnjährige rücklings auf das Bett fallen. »O Gott« –, murmelte sie, die Augen zur Zimmerdecke erhoben –, »ich danke dir für dieses Geschenk. Ich danke dir von ganzem Herzen.«

2

Als sie ins Erdgeschoss zurückkehrte, stand Jimmy beflissen wartend zwischen ihren Koffern, die er an der Haustür abgestellt hatte, und war im Begriff, sich eine zweite Zigarette anzuzünden.

»Sie können das Gepäck hereinbringen«, sagte Rachel. Er machte Anstalten, die Zigarette wegzuwerfen. »Nein, nein, Sie dürfen im Haus ruhig rauchen, Jimmy.«

»Sind Sie sicher?«

»Ich werde es auch tun«, erklärte sie. »Ich werde rauchen und trinken und ...«, hier hielt sie nachdenklich inne: Was noch würde sie tun? »Und lauter ungesunde Sachen essen.«

»Apropos, da fällt mir ein ...«, bemerkte Jimmy, »die Köchin heißt Heidi. Sie wohnt ungefähr zwei Meilen von hier. Ihre Schwester kommt viermal die Woche zum Putzen, aber wenn es Ihnen lieber ist, kann sie auch täglich kommen, um die Betten zu machen und ...«

»Nein, nicht nötig.«

»Ich war so frei, den Kühlschrank und die Gefriertruhe aufzufüllen. Ach ja, und in einem der Küchenschränke finden Sie ein paar Flaschen Wein und so. Wenn Sie sonst noch etwas brauchen, schicken Sie einfach Heidi nach Kapaa. Ich nehme an, Sie schlafen im großen Schlafzimmer?«

»So ist es.«

»Ich werde die Koffer hinaufbringen.«

Während er sich ans Werk machte, setzte Rachel ihre Besichtigungstour fort. Sie schlenderte zu der Terrassentür, durch die sie beim Betreten des Hauses den Strand erblickt hatte, entriegelte sie und trat auf die Veranda hinaus. Draußen standen ein paar verwitterte Stühle und ein kleiner schmiedeeiserner Tisch; auch hier Kletterpflanzen, Blumen, Geckos und Schmetterlinge, wohin der Blick nur fiel. Der Wind hatte einen großen trockenen Palmwedel auf die Stufen geweht. Sie stieg darüber und wanderte über den Rasen, den Blick gebannt auf das Meer gerichtet. Das Wasser sah herrlich einladend aus, die Wellen brachen sich am Strand wie samtweich gedämpfte Donnerschläge.

»Mrs. Geary?«

Erst als Jimmy zum dritten Mal ihren Namen rief, erwachte sie aus ihrer Versunkenheit und wurde sich bewusst, dass sie diese Mrs. Geary war, die er meinte. Sie drehte sich zum Haus um. Aus dieser Perspektive war es noch schöner als vom Weg her. Die dem Meer zugewandte

Seite war von Wind und Regen stärker gezeichnet, und die Vegetation umschmeichelte das Haus hier noch üppiger, als wollte sie den Schaden wieder gutmachen, den die Kräfte der Natur angerichtet hatten. Hier könnte ich für den Rest meiner Tage leben, dachte Rachel.

»Verzeihen Sie, wenn ich störe, Mrs. Geary ...«

»Nennen Sie mich einfach Rachel.«

»Vielen Dank. Dann also – Rachel. Ich habe das Gepäck in Ihr Zimmer gestellt, und auf dem Küchentisch liegt ein Zettel mit meiner und Heidis Telefonnummer. Ach ja – das hätte ich fast vergessen – in der Garage steht ein Jeep. Wenn Sie einen bequemeren Wagen wünschen, kann ich einen für Sie mieten. Würden Sie mich dann bitte entschuldigen? Ich bin etwas in Eile. Ich muss zu einer Versammlung der Kirchengemeinde ...«

»Ist schon gut«, versicherte Rachel. »Sie haben mehr als genug für mich getan.«

»Dann verabschiede ich mich jetzt«, erklärte er, schon auf dem Weg ins Haus zurück. Auf der Veranda drehte er sich noch einmal um. »Wenn Sie etwas brauchen ... irgendetwas ...«

»Danke. Ich werde schon zurechtkommen.«

»Dann also bis bald.« Als er durch die Haustür ins Freie trat, winkte er ihr ein letztes Mal zu.

Dann fiel die Tür mit einem lauten Schlag ins Schloss, und sie lauschte dem leiser werdenden Brummen des Wagens, als er davonfuhr. Schließlich war es in der Ferne verklungen, und sie war allein mit dem Vogelgezwitscher und dem Rauschen des Meers.

»Perfekt«, murmelte sie, Jimmys etwas abgehackte britische Aussprache nachahmend. Ihr wäre dieses Wort nicht in den Sinn gekommen, bevor sie es aus Jimmys Mund gehört hatte; aber an keinem Ort der Welt, in keiner Sekunde ihres Lebens hätte sie es als so passend empfunden wie hier und jetzt.

Wirklich – es war perfekt ... absolut vollkommen.

XII

1

Nun, da Jimmy abgefahren war und sie das Haus ganz für sich allein hatte, beschloss sie, die Besichtigung des Strandes auf später zu verschieben und stattdessen erst einmal zu duschen und sich einen Drink zu machen. Der Verwalter hatte beim Einkauf der Küchenvorräte wirklich an alles gedacht. Als sie sich erfrischt und das Reisekostüm gegen ein leichtes Sommerkleid getauscht hatte, machte sie sich auf die Suche nach den Zutaten für eine Bloody Mary, und zu ihrer Begeisterung fand sie alles, was sie dazu benötigte: eine Flasche Wodka, Tomatensaft, Tabasco, Meerrettich, sogar Bleichsellerie. Den fertigen Drink in der Hand ging sie zum Telefon, um Margie anzurufen und ihr zu sagen, dass sie gut angekommen war. Da ihre Schwägerin nicht zu Hause war, hinterließ sie ihr eine Nachricht und machte sich auf den Weg zum Strand.

Ein wunderschöner lauer Abend begann den milden Nachmittag abzulösen; die letzten Sonnenstrahlen fingen sich in den Wipfeln der Palmen und vergoldeten die südwärts ziehenden Wolken. Ein paar hundert Meter weiter tummelten sich drei einheimische Jungen mit ihren Surfbrettern im Wasser; sie feuerten sich gegenseitig mit lauten Zurufen an, während sie über die Wellenkämme paddelten und auf einen geeigneten Brecher warteten. Ansonsten lag das lang gezogene Halbrund der Bucht verlassen da. Rachel stellte ihr Glas im Sand ab, dann ging sie zum Wasser hinunter und watete bis zu den Waden hinein. Nach einem sonnigen Tag, der den Sand aufgeheizt hatte, war das niedrige Wasser hier in Strandnähe lauwarm. Sie stand da und ließ die Wellen gegen ihre Beine klatschen; der feine Sprühregen der Gischt benetzte ihren Oberkörper, ihren Hals, ihr Gesicht.

Die drei Jungen hatten ihre Surfversuche inzwischen aufgegeben und am höchsten Punkt der Bucht ein abendliches Lagerfeuer entzündet, das sie mit Treibholz speisten. Rachel merkte plötzlich, dass sie fröstelte, und so machte sie kehrt und ging zu der Stelle zurück, an der sie ihr Glas zurückgelassen hatte. Es war erst zwanzig Minuten her, dass sie bei Tageslicht aus dem Haus getreten war, und doch war aus der kurzen tropischen Abenddämmerung schon fast dunkle Nacht geworden. Die Wolken und Palmwipfel hatten ihren goldenen Glanz verloren, die ersten vorwitzigen Sterne zeigten sich am Himmel.

Sie schlürfte den scharf gewürzten Bodensatz der Bloody Mary, dann ging sie ins Haus zurück. In ihrem Wunsch, möglichst schnell zum Strand zu kommen, hatte sie es versäumt, irgendein Licht einzuschalten, sodass sie nun, als sie den mit Gebüsch bewachsenen Streifen erreichte, in nahezu vollkommener Finsternis dahinstolperte. Aber selbst in seiner Düsterkeit, die nachtblaue Schatten auf die hellen Mauern und das weiß gestrichene Holzwerk warf, wirkte das Haus überwältigend schön. Sie hatte vergessen, wie das war, wenn keine Straßenbeleuchtung, kein Fahrzeugscheinwerfer, ja, nicht einmal der Widerschein einer weit entfernten Stadt das Dunkel des nächtlichen Himmels erhellte. Plötzlich sah sie die Welt aus einer völlig neuen Perspektive; oder vielmehr aus einer Perspektive, die sie vor langer, langer Zeit gehabt hatte und die sie nun wieder entdeckte. In den nächtlichen Geräuschen – dem Quaken der Frösche, dem hohen Fiepen der Fledermäuse, dem leisen Rascheln der Palmen – schwangen Harmonien, die sie unter anderen Umständen gar nicht wahrgenommen hätte; unzählige Düfte umspielten sie, stiegen von der feuchten Erde unter ihren Füßen auf, wehten von Blumen herüber, die das nächtliche Dunkel verbarg.

Im Haus angelangt, tastete sie nach den Lichtschaltern und knipste die Lampen an. Dann ging sie nach oben, um etwas Trockenes anzuziehen. Sie wollte eben ihr feucht gewordenes Kleid abstreifen, als ihr Blick auf den hohen Ankleidespiegel fiel. Was sie darin sah, ließ sie laut auflachen.

Wind und Gischt hatten innerhalb weniger Minuten mit vereinten Kräften eine verwegene Gestalt aus ihr gemacht: zerzauste Mähne und gerötete Wangen, keine Spur mehr von großstädtischem Schick, selbst wenn sie versucht hätte, diesen Schein zu erwecken. Doch wenn schon – was sie sah, gefiel ihr. Vielleicht hatten ihre Sorgen und die Familie Geary es doch nicht fertig gebracht, sie ganz und gar zu zähmen. Vielleicht lebte noch etwas von der Rachel in ihr, die sie gewesen war, bevor der Tod ihres Vaters, die Zeit in Cincinnati und die Enttäuschungen, die danach kamen, einen anderen Menschen aus ihr gemacht hatten. Ja, da war es! Da! Es lächelte ihr aus dem Spiegel entgegen: der ungestüme Wildfang, der Schrecken aller Lehrer und Polizisten, das Mädchen, das nichts als Unfug im Kopf hatte – da war es.

»Wo, zum Teufel, warst du denn die ganze Zeit?« fragte sie ihr Spiegelbild.

Ich war nie weg, schien ihr Lächeln zu sagen. *Ich habe nur auf den richtigen Moment gewartet, um mich wieder zu zeigen.*

2

Rachel bereitete sich zum Abendessen ein paar Brote mit Aufschnitt und Käse und öffnete eine Flasche Wein – keinen Weißen, sondern zur Abwechslung einen Roten, etwas Gehaltvolles. Dann machte sie es sich zum Essen auf dem Sofa gemütlich. Im Wohnzimmer gab es einen kleinen Fernseher, aber sie hatte nicht das Bedürfnis, ihn einzuschalten. Sollte die Börse doch zusammenbrechen, sollte das Weiße Haus in Flammen aufgehen – na und? Der Rest der Welt konnte samt allen Problemen zur Hölle fahren, zumindest für diesen Augenblick.

Mitten in dieses behagliche Nachtmahl hinein schrillte das Telefon. Sie war ernsthaft versucht, es einfach klingeln zu lassen, da sie aber annahm, dass es Jimmy Hornbeck sein könne, der sich erkundigen wollte, ob alles zu ihrer Zufriedenheit war, nahm sie den Hörer ab. Am Telefon war nicht

Hornbeck, sondern Margie, die Rachels Nachricht inzwischen erhalten hatte. Ihre Stimme klang müde.

»Wie spät ist es in New York?«

»Keine Ahnung. Zwei, halb drei«, antwortete Margie. »Hast du dich schon im Haus eingerichtet?«

»Hier ist alles bestens«, erklärte Rachel. »Es ist noch schöner, als du es beschrieben hast.«

»Und es fängt gerade erst an, Schätzchen«, lachte Margie. »Du wirst dich wundern, was passiert, wenn du dich erst einmal dem Rhythmus der Insel angepasst hast. Hast du das große Schlafzimmer genommen?«

»Samt den geschnitzten Möbeln …«

»Ist das Zimmer nicht umwerfend?«

»Das ganze Haus ist umwerfend«, erwiderte Rachel. »Ich habe mich von der ersten Sekunde an darin heimisch gefühlt.«

»Du rätst nie, wo ich gerade war«, bemerkte Margie.

»Wo denn?«

»Bei Cadmus.«

»Loretta hat eine Dinnerparty gegeben?«

»Nein, nur Cadmus und ich.«

»Was wollte er von dir?«

»Es war sehr eigenartig. Ich musste ihm schwören, dass ich es für mich behalte. Aber dir erzähle ich es, wenn du zurückkommst.« Sie lachte. »Also, ich weiß nicht … diese Familie.«

»Was ist mit ihr?«

»Alle Männer dieser Familie sind verrückt«, erklärte Margie. »Und wir müssen noch verrückter sein, weil wir uns in diese Mistkerle verliebt haben.« Sie dämpfte ihre Stimme zu einem Flüstern. »Ich muss Schluss machen, Schatz. Ich höre Garrison. Hab' dich lieb.«

Ohne auf eine Antwort zu warten, legte sie auf.

Der Anruf riss Rachel für einen Moment aus ihrer Hochstimmung, denn er hatte sie an eine Tatsache erinnert, an die sie eigentlich nicht denken wollte: Solange sie nicht von Mitchell geschieden war, blieb die Geschichte der Gearys zwangsläufig auch ihre Geschichte.

Sie war jedoch so müde, dass dieses leichte Unbehagen sie nicht am Einschlafen hindern konnte. Das Bett war eine wahre Freude: die Kissen weich, die Laken duftig frisch. Und kaum war sie unter die Decke geschlüpft, da war sie schon entschwunden in ein Reich, zu dem die Gearys – mit ihren verrückten Männern, ihren traurigen Frauen, ihren Geheimnissen und Ränken – keinen Zutritt hatten.

XIII

1

Sie erwachte beim ersten Morgengrauen, sprang aus dem Bett und trat ans Fenster, um den Ausblick auf die Welt dort draußen zu bewundern, dann schlüpfte sie unverzüglich wieder in die Federn und wiegte sich drei weitere Stunden selig in Morpheus' Armen, bevor sie nach unten ging und Kaffeewasser aufsetzte. Das Gefühl, etwas Verlorengegangenes wieder zu entdecken, das sie am Vorabend bestürmt hatte – das Wiederaufleben tot geglaubter Sinnesempfindungen, der Wildfang Rachel im Spiegel –, hatte sich über Nacht nicht verflüchtigt, und das Morgenlicht konnte den Zauber des Hauses nicht schmälern. Als sie durch die Zimmer wanderte, war sie von einem ebenso tiefen Glücksgefühl erfüllt wie am Nachmittag zuvor. Auf jedem Bord, in jedem Winkel gab es etwas Neues und Aufregendes zu entdecken. Sie stellte fest, dass sie bei ihrem ersten Rundgang zwei Räume übersehen hatte. Das eine war ein kleines Arbeitszimmer, das auf ein seitlich des Hauses angelegtes Gärtchen hinausging und in dem sich ein Schreibtisch, eine paar bequeme Stühle und etliche Bücherborde mit vom Lesen zerfledderten Büchern befanden, das andere eine kleinere Stube, die offensichtlich als Abstellkammer für Treibgut genutzt worden war, das die wechselnden Bewohnerinnen des Hauses zusammengetragen hatten: von den Wellen glattgewaschene Holzstücke, Muscheln, Korallen, ausgefranste Taureste, ein Pappkarton mit Steinen, die irgendjemandem beim Strandspaziergang ins Auge gesprungen waren. Die vielversprechendste Entdeckung aber machte sie in einem Schrank im Wohnzimmer: eine Sammlung alter Schellackplatten, alle noch ordentlich in ihren Originalhüllen verpackt, und auf dem Bord darüber ein Grammophon. Etwas Ähnliches hatte sie zum letzten Mal im

Haus der Gearys in Caleb's Creek gesehen, obwohl sie den Eindruck hatte, dass die hier entdeckten Schallplatten älter sein mussten als selbst das älteste Stück in Georges geliebter Sammlung. Später, nahm sie sich vor, würde sie ein paar Platten heraussuchen und sehen, ob sie das Grammophon zum Laufen bringen konnte. Das war aber auch die einzige Aktivität, die sie für diesen Tag ins Auge fasste.

Gegen Mittag, nachdem sie ein reichhaltiges spätes Frühstück zubereitet und gierig verschlungen hatte (erstaunt darüber, wie hungrig sie war, obwohl sie doch so gut wie nichts getan hatte), ging Rachel wieder zum Strand hinunter. Diesmal wollte sie einen Spaziergang um die ganze Bucht machen. Sie hatte erst ein paar Schritte zurückgelegt, als plötzlich vor ihr eine braune Henne aufstob und in heller Aufregung zu ihren drei Küken rannte, die am Wegrand auf sie warteten. Unter lautem Gegacker zog sie mit ihrer Brut zwischen dürren Palmwedeln und halb verfaulten Kokosnussschalen von dannen.

An diesem Tag lag der Strand vollkommen verlassen da. Das Meer war viel ruhiger als am Vorabend, so ruhig, dass es nicht einmal den ängstlichsten Wellenreiter in Versuchung hätte führen können. Sie wanderte am Strand entlang – und bedauerte schon nach wenigen Minuten, dass sie sich im Haus nicht nach einem Hut mit breiterer Krempe umgesehen hatte, denn die Sonne brannte unbarmherzig herunter –, bis sie zu der Stelle kam, an der sich der Fluss, den sie auf der Hinfahrt mit Jimmy überquert hatte, ins Meer ergoss. Rötlich braun vom Schlamm, den es unterwegs mitgeschwemmt hatte, verbreiterte sich das Gewässer zum Meer hin, und obwohl es nicht besonders tief aussah, hatte Rachel keine große Lust, die fünfzig Meter bis zum anderen Ufer zu waten. Sie beschloss also, umzukehren. Auf dem Rückweg suchte sie den Horizont mit den Augen ab. Jimmy hatte gesagt, dass man hier um diese Jahreszeit Wale beobachten konnte. Mit etwas Glück würde sie vielleicht einen dieser mächtigen gebuckelten Leiber aus dem Meer auftauchen sehen. Aber sie hatte Pech; weit und breit war kein Wal zu entdecken. Nur ein paar kleine Fischerboote, die in Ufernähe auf den Wellen schaukelten, und ganz weit draußen ein weißes Segel. Sie blieb stehen und beobachtete eine Weile, wie es sich am Rande ihres Gesichtsfelds bewegte, in der einen Sekunde deutlich abgehoben vor dem blauen Himmel und in der nächsten wieder wie vom Meer verschluckt. Schließlich verlor sie das Interesse an dem Objekt und kehrte, durstig und mit den ersten Anzeichen eines Sonnenbrands, zum Haus zurück.

An der Haustür wartete ein Besucher auf sie. Ein dunkelhäutiger, breitschultriger Mann, den sie auf Mitte dreißig schätzte und der sich als Niolopua vorstellte.

»Ich bin gekommen, um ein paar Dinge rund ums Haus zu erledigen«, erklärte er.

»Was denn zum Beispiel?« wollte Rachel wissen. Soweit sie sich erinnern konnte, hatte Jimmy nichts von diesem Mann erwähnt, und sie konnte das tiefsitzende Misstrauen der New Yorkerin gegen Fremde nicht verleugnen, auch wenn sein Blick offen und sein Benehmen unbefangen war.

»Rasenmähen«, sagte er und wies mit einem Kopfnicken zur Hinterseite des Hauses. »Die Büsche stutzen.«

»Ach … Sie meinen nicht im Haus, sondern im Garten?«

»Genau.«

»Kein Problem«, meinte sie und trat einen Schritt beiseite, um ihn einzulassen.

»Ich gehe ums Haus herum«, erklärte der Mann, der sie jetzt eindringlicher musterte. »Ich wollte mich nur vorstellen.«

»Danke, das ist nett von Ihnen«, sagte sie. So, wie er sie ansah, hatte sie das Gefühl, dass sich hinter seinen Worten noch eine andere Bedeutung verbarg, aber seine Körperhaltung bestätigte diese Vermutung in keiner Weise. Er stand, die Hände hinter dem Rücken, in respektvollem Abstand da und sah sie einfach nur an. Sie erwiderte seinen Blick in der sicheren Erwartung, dass er die Augen abwenden würde, was er aber nicht tat. Mit fast kindlicher Unbefangenheit starrte er sie an, bis sie schließlich fragte:

»Ist noch etwas?«

»Nein«, erwiderte er. »Nichts. Es ist alles in Ordnung.« Seine Stimme klang, als müsste er sie beruhigen.

»Gut, dann können Sie jetzt gehen.« Damit machte sie auf dem Absatz kehrt und schloss die Tür hinter sich.

Als sie nach einiger Zeit das Brummen des Rasenmähers hörte, trat sie ans Wohnzimmerfenster und sah zu dem Mann hinaus. Er hatte sein Hemd abgelegt, und sein bloßer Rücken hatte dieselbe schlammbraune Farbe wie das Flusswasser. In einem der Kitschromane, die Margie immer verschlang, hätte sie ihn jetzt nur auf ein Glas Eiswasser ins Haus zu bitten brauchen, und schon hätte er sie in leidenschaftlichem Begehren mit dem Rücken gegen die Tür gedrängt und ihren Mund mit heißen Küssen bedeckt. Rachel musste über ihre eigene Boshaftigkeit lachen. Vielleicht würde sie irgendwann einmal die Probe aufs Exempel machen; mal sehen, ob die Wirklichkeit mit der Fantasie Schritt halten konnte.

Etwas später wurde ihr, während sie sich abmühte, das Grammophon in Gang zu setzen, bewusst, dass sie das Brummen des Rasenmähers nicht mehr hörte. Sie blickte von ihrer Beschäftigung auf und sah, dass Niolopua seine Arbeit unterbrochen hatte. Er stand jetzt am Rand der Rasenfläche und blickte, die Augen mit der Hand vor dem blendenden Sonnenlicht schützend, aufs Meer hinaus.

Rachel konnte genau erkennen, was er beobachtete. Das Boot mit dem weißen Segel war näher ans Ufer herangekommen, und sie sah jetzt, dass es nicht nur ein Segel, sondern mindestens zwei hatte. Der Schiffsrumpf hob und senkte sich auf der dunkelblauen Wasserfläche. Sie konnte den Blick nicht davon abwenden, wie hypnotisiert starrte sie auf das kleine Boot, dessen Bewegung so träge und schwer zu fassen war wie das Vorrücken eines Uhrzeigers. Aber es konnte keinen Zweifel daran geben, dass es in der kurzen Zeit, seitdem sie es beobachtete, dem Ufer noch ein Stück näher gekommen war.

In diesem Augenblick wurde sie durch ein plötzliches Lärmen und Kreischen in den Palmwipfeln neben dem Haus abgelenkt. Ein Schwarm von Hausfinken lieferte sich in den Zweigen ein heftiges Gefecht, Federn stoben auf und schwebten langsam zu Boden. Als der Zank endlich beigelegt war und Rachel wieder auf den Rasen hinunterblickte, hatte Niolopua seinen Beobachtungsposten verlassen und seine Arbeit mit dem Rasenmäher wieder aufgenommen. Sie stellte fest, dass das Boot, von der Strömung oder vom Wind, vielleicht auch von beidem an der Küstenlinie entlanggetrieben, mittlerweile aus ihrem Gesichtsfeld verschwunden war, und spürte einen leisen Stich der Enttäuschung. Die Vorstellung, die Fahrt des Schiffs zu verfolgen, während sie ihren Cocktail schlürfte, hatte ihr gefallen. Aber wenn schon, dachte sie. Sie würde in nächster Zeit sicher noch viele Boote zu sehen bekommen, die zwischen den Inseln ihre Bahnen zogen.

2

Im Laufe des Tages frischte der Wind auf, rauschte in den Palmzweigen rund um das Haus und peitschte das Meer, das am Morgen noch so friedlich dagelegen hatte, zu wild schäumenden Wellenkronen auf. Es machte sie wie immer nervös. Schon als Kind hatte sie empfindlich reagiert, wenn starker Wind herrschte, hatte geglaubt, darin weinende, klagende Stimmen zu hören. Verlorene Seelen, hatte ihre Großmutter erklärt, was natürlich nicht dazu beitragen konnte, ihr Unbehagen zu mildern.

Sie beschloss, nicht im Haus zu bleiben, sondern den Jeep aus der Garage zu holen und ein Stück an der Küste entlangzufahren. Es erwies sich als eine großartige Idee. Nach kurzer Fahrt erreichte sie eine schmale Landzunge, an deren äußerstem Punkt eine kleine weiße Kirche stand. Auf dem Kirchhof zählte sie etwa dreißig Grabstätten. Das Bauwerk selbst war teilweise eingestürzt, ein Werk des Wirbelsturms vielleicht, den Jimmy erwähnt hatte. Die Dachziegel waren ganz verschwunden, und auch vom Dachstuhl war nicht mehr viel zu sehen. Von den vier Wänden standen nur noch drei, die vierte, zum Meer hingewandte Gebäudewand fehlte völlig, ebenso wie der Altar. Übrig geblieben waren nur Reste des Kirchengestühls, einfache Holzstühle, an denen aus irgendeinem Grund niemand Interesse gefunden hatte.

Rachel besah sich die Grabstätten näher, von denen die meisten mindestens dreißig, vierzig Jahre alt waren; ein paar mussten sogar noch wesentlich älter sein, so verwittert und eingesunken sahen sie aus. Einige der Namen auf den Grabsteinen klangen vertraut – Robertson, Montgomery, sogar einen Schultz gab es hier –, aber viele waren vollkommen fremdartig für sie. Wie sprach man Kaohelaulii aus, grübelte sie; oder Hokunohoaupuni?

Sie hatte sich etwa zehn Minuten mit den Namen der Toten beschäftigt, als ihr plötzlich bewusst wurde, dass sie für die Witterung viel zu leicht angezogen war. Zwar lugte die Sonne noch gelegentlich zwischen den immer schneller dahinziehenden Wolken hervor, aber der kalte Wind drang ihr bis auf die Knochen. Da sie jedoch wenig Lust hatte, in den Jeep zu steigen und nach Hause zurückzukehren, suchte sie in der Kirchenruine Schutz. Die Holzwände knarrten bei jedem kräftigen Windstoß. Der nächste starke Sturm, mutmaßte Rachel, würde das ganze Gebäude zum Einsturz bringen. Aber jetzt fand sie darin genau das, was sie brauchte: Schutz vor dem Ansturm der Naturgewalten und gleichzeitig freien Ausblick auf das Meer und den Himmel.

Sie setzte sich auf einen der schäbigen Stühle und lauschte den Wechselgesängen des Windes, der durch die Bretterwände und Balken pfiff. Vielleicht hatte ihre Großmutter doch Recht gehabt. An einem Ort wie diesem konnte man sich wahrhaftig vorstellen, dass die Verstorbenen ihre klagenden Stimmen im Wind erhoben. Vielleicht kehrten die Seelen der Menschen, die auf der Landzunge begraben lagen – der Montgomerys und Kaohelauliis – vom Meer hierher zu ihrer sterblichen Hülle zurück. Es war ein schwermütiger Gedanke, aber er beunruhigte sie nicht. Sie konnte sich vorstellen, dass sie sahen, wie sie hier saß und ihren Stimmen ohne Angst lauschte, und dass sie mit dieser Erinnerung getröstet in ihr Niemandsland zurückkehrten.

Plötzlich traf Sprühregen ihr Gesicht. Sie erhob sich und

trat ins Freie. Eine dunkle Wolkenwand schob sich auf die Insel zu, und vor sich her trieb sie als düsteren Vorboten einen warnenden Regenschauer. Es war Zeit aufzubrechen. Rachel schlug den Kragen ihrer Bluse hoch und machte sich auf den Rückweg zum Jeep. Der Regen kam rasch heran; sie hatte den Friedhof noch nicht einmal zur Hälfte überquert, als das Wasser in Strömen vom Himmel rauschte, und es wurde immer schlimmer. Es war kalt; so kalt, dass es ihr den Atem nahm.

Sie schob sich auf den Fahrersitz und kramte nach dem Zündschlüssel. Der Regen prasselte mit solcher Kraft auf das Wagendach, dass selbst das Rauschen des Windes in dem Getöse unterging. Während Rachel den Rückwärtsgang einlegte, warf sie einen Blick auf das Meer, und durch die regenüberströmte Windschutzscheibe konnte sie zwischen den dunklen Wellen einen weißen Fleck erkennen. Sie schaltete die Scheibenwischer ein.

Dort draußen in der Bucht schwamm das Boot, das sie am frühen Nachmittag schon gesehen hatte; der Zweimaster, den Niopolua so interessiert beobachtet hatte. Natürlich war es unvernünftig, das schützende Fahrzeug zu verlassen, nur um sich die Sache anzusehen, aber aus unerfindlichen Gründen hatte Rachel das Bedürfnis, genau das zu tun.

Gedacht, getan – hinaus in den Wolkenbruch, der sie innerhalb von Sekunden bis auf die Haut durchnässt hatte. Aber es kümmerte sie nicht. Sie nahm die Nässe gern in Kauf für diesen Anblick: wie ihr Boot den Wellen trotzte, wie sich seine Segel im Sturm blähten, wie der Bug immer wieder schäumend eintauchte in die aufgewühlten graugrünen Fluten. Als Rachel sicher war, dass es dasselbe Boot war und dass seinem Kapitän und der Mannschaft keine Gefahr drohte, schlüpfte sie wieder in den Wagen, zog energisch die Fahrertür zu und machte sich auf die Heimfahrt.

XIV

In letzter Zeit krampft sich meine Hand beim Schreiben so fest um den Federhalter, dass ich den Pulsschlag in Daumen und Zeigefinger spüren kann. Allmählich komme ich mir vor wie ein Besessener, so wie ich den Stift halte. Ich bin sicher, wenn ich jetzt, während ich diese Worte schreibe, auf der Stelle tot umfallen würde, so wären einige kräftige Mannsbilder vonnöten, um mir mein Schreibwerkzeug zu entwinden.

Ich habe Ihnen, Sie werden sich erinnern, in einem der letzten Kapitel gestanden, dass ich nicht mehr weiter weiß; dass ich keine Ahnung habe, wie die einzelnen Teile meiner Geschichte zusammenpassen. Seit einigen Tagen beginnt sich dieses Unbehagen zu verflüchtigen, wenn ich nachts schreibe. Vielleicht mache ich mir nur etwas vor, aber ich habe den Eindruck, dass ich die Bezüge jetzt klarer sehe: Allmählich wird der rote Faden dessen, was ich erzähle, für mich erkennbar. Und je deutlicher er sich herauskristallisiert, umso stärker zieht mich die Geschichte in ihren Bann, ich werde von ihr angezogen wie ein Gläubiger vom Altar und – darf ich eine so abenteuerliche Mutmaßung wirklich wagen? – aus denselben Gründen, nämlich aus der Hoffnung heraus, zu einem Ort der Offenbarung aufzusteigen.

Derweil leiste ich den Figuren meiner Geschichte Gesellschaft, als wären es gute Freunde. Ich brauche nur die Augen zu schließen, und schon sind sie da.

Rachel zum Beispiel. In dieser Sekunde sehe ich sie im Geiste vor mir, wie sie an ihrer abendlichen Bloody Mary nippt, bevor sie zu Bett geht, ohne auch nur im Entferntesten zu ahnen, dass die Nacht ihres Lebens vor ihr liegt. Ebenso deutlich kann ich mir Cadmus vorstellen. Da sitzt er im Rollstuhl vor seinem Großbildfernseher und denkt mit verschleiertem Blick an eine Szene, die an Jahren in weiter Ferne liegt und ihm doch näher ist als die Altersflecken auf seinem Handrücken. Ich kann Garrison heraufbeschwören – den armen, kranken Garrison, der ein solches Leid im Herzen trägt und darum weiß – und Margie, vom Alkohol benebelt; Loretta, mit Überlegungen zur Machtübernahme beschäftigt; die Frau meines Vaters, die ihre eigenen Pläne schmiedet; und Luman, Marietta, Galileo.

Oh, mein Galileo. So deutlich wie heute Abend habe ich ihn noch nie im Leben vor mir gesehen, nicht einmal dann, wenn er leibhaftig vor mir stand. Klingt es absurd in Ihren Ohren, wenn ich sage, dass er mir in meiner Fantasie realer erscheint, als ich ihn im wirklichen Leben je empfunden habe? Wie immer es klingen mag, es ist die Wahrheit. Wenn ich so wie jetzt von Galileo träume, wenn ich ihn nicht als ein stoffliches Individuum heraufbeschwöre, sondern als ein Wesen aus einer mystischen Welt, dann ist er mir, so glaube ich, als wahre Seele näher als das Phantom, das mir neulich begegnet ist.

So ein Unsinn, werden Sie vielleicht sagen. Wir leben als Geschöpfe aus Fleisch und Blut, meinen Sie möglicherweise. Und ich antworte Ihnen: Ja, aber im Sterben werden wir zu Geistwesen. Auch Gottheiten wie Galileo streifen einmal die Fesseln der leiblichen Existenz ab, und befreit überschreiten sie die Grenzen zur Legende. Wenn ich ihn mir also in seiner mythischen Gestalt vorstelle – als Wanderer, als Liebhaber, als rücksichtslosen Draufgänger –, bin ich dann nicht dem Galileo näher, dem meine Seele in der Ewigkeit begegnen wird?

Ich habe den Fehler gemacht, Marietta die letzte Passage voll Stolz vorzulesen. Sie schäumte vor Wut, bezeichnete es als ›aufgeblasenes Geschwätz‹ (und das war noch der mildeste Ausdruck), riet mir, solche Abschweifungen zu unterlassen und einfach meine Arbeit zu tun, die – wenn es nach ihr ginge – darin bestehen würde, dass ich klipp und klar und in knappen Worten das berichte, was ich über die Geschichte der Barbarossas und der Gearys weiß.

Also habe ich beschlossen, Marietta nicht mehr zu zeigen, was ich schreibe. Wenn sie ein Buch über den Aufstieg und Fall der Geary-Dynastie haben will, soll sie es von mir aus selbst verfassen. Mir schwebt etwas vollkommen anderes vor. Es wird ein Flickwerk sein, ohne Frage, aus einem Sammelsurium von Einzelteilen zusammengeschustert, aber ich finde das auf seine Weise nicht weniger reizvoll als eine ordentlich aufgebaute Erzählung. Und mehr aus dem Leben gegriffen alle Mal.

Ach ja, zwei Dinge hat Marietta an diesem Tag noch gesagt, die ich hier berichten sollte, und sei es nur, weil sie mehr als ein Quäntchen Wahrheit enthielten. Sie warf mir vor, die Worte um ihrer Melodie willen zu lieben. Ich bekannte mich schuldig, was sie ziemlich wütend machte. »Dir ist die Melodie wichtiger als der Sinn der Worte!« behauptete sie. (Das war pure Boshaftigkeit, es stimmt einfach nicht. Aber ich bin der Meinung, dass der Sinn immer ein bisschen länger braucht. Als erstes sind wir von Schönheit und Melodie bezaubert; erst später fragen wir, weil wir uns unserer eigenen sinnlichen Lust schämen, nach dem Sinn.)

Und das bringt mich zu ihrer zweiten Bemerkung, die darauf hinauslief, dass ich nicht besser sei als ein dahergelaufener Märchenerzähler. Und darüber musste ich grinsen wie ein Honigkuchenpferd. Ich erklärte ihr, dass mir nichts lieber wäre, als mein ganzes Buch auswendig zu wissen und meine Geschichte laut zu erzählen. Dann würde sie sehen, wie viel Freude ich den Menschen mit meinem Märchenschatz zu bereiten in der Lage wäre. Was ich erzähle, gefällt Ihnen nicht, mein Herr? Seien Sie unbesorgt. In zwei Minuten bekommen Sie etwas ganz anderes zu hören. Sie haben etwas gegen Obszönitäten? Ich werde Ihnen von Gott erzählen. Sie hassen Gott? Ich will Ihnen eine Liebeszene ausmalen. Sie sind Puritaner? Haben Sie ein wenig Geduld; die Liebenden werden schon noch leiden. Liebende müssen immer leiden.

Aber was ich auch sagte, Marietta reagierte gereizt.

»Du bist also nicht besser als irgendein Hanswurst, der

den Leuten Honig um den Mund schmiert und immer das sagt, was sie hören wollen«, zürnte sie. »Warum kritzelst du nicht einfach irgendeinen schweinischen Kram hin und basta?«

»Bist du jetzt fertig?«

»Nein.«

»Mir wäre es lieb, wenn du gehen würdest. Du bist nur gekommen, um einen Streit vom Zaun zu brechen, und ich habe wirklich Besseres zu tun.«

»Ha!« trumpfte sie auf und schnappte sich eine der Manuskriptseiten, aus denen ich ihr vorgelesen hatte, von meinem Schreibtisch. »Gehört das auch zu diesen besseren Dingen? *Wir leben als Geschöpfe aus Fleisch und Blut, werden Sie vielleicht sagen …*« Ich riss ihr das Blatt Papier aus der Hand, bevor sie weiterlesen konnte. »Geh jetzt einfach«, fuhr ich sie böse an. »Du verstehst wirklich nichts davon.«

»Ach, jetzt bin ich plötzlich zu blöd, um deine künstlerischen Ambitionen zu würdigen, so läuft der Hase also.«

Ich dachte einen Moment über ihre Worte nach. »Hm, wenn du es so ausdrücken willst …«, sagte ich dann. »Ja.«

»Wunderbar. Dann wissen wir ja beide, woran wir sind, nicht wahr? Ich halte dein Geschreibsel für elenden Mist, und du hältst mich für blöd.«

»Das scheint mir eine zutreffende Zusammenfassung.«

»Nein«, fuhr sie mich an, als machte ich Anstalten, meine Worte zurückzunehmen (was keineswegs in meiner Absicht lag). »Gesagt ist gesagt. Damit ist die Sache beendet.«

»Da bin ich ganz deiner Meinung, Marietta.«

»Ich werde keinen Fuß mehr in dieses Zimmer setzen«, erklärte sie drohend.

»Sehr gut«, erwiderte ich.

»Von mir hast du keine Hilfe zu erwarten.«

»Wie ich schon sagte – sehr gut.«

Sie war jetzt rot vor Zorn. »Ich meine es ernst, Maddox«, zischte sie.

»Ich weiß, dass du es ernst meinst, Marietta«, entgegnete ich ganz ruhig. »Und glaub mir, es zerreißt mir das Herz. Es sieht vielleicht nicht so aus, aber ich leide Höllenqualen, wenn ich daran denke. Und … dort ist die Tür«, schloss ich mit einer unmissverständlichen Geste.

»*Gott,* Maddox«, stöhnte sie. »Manchmal bist du ein furchtbarer *Dickschädel.*«

Damit endete, soweit ich mich erinnere, unsere Unterhaltung, und seither habe ich sie nicht mehr gesehen. Natürlich wird sie früher oder später wieder angekrochen kommen und vermutlich so tun, als hätte diese Unterhaltung nie stattgefunden. Aber bis dahin kann ich ungestört arbeiten, was mir sehr entgegenkommt. Vor mir liegt die bis hierher vielleicht wichtigste Episode meiner Geschichte. Je weniger Ablenkung ich um mich herum habe, umso besser kann ich mich darauf konzentrieren.

In meiner Unterhaltung mit Marietta gab es nur einen Punkt, der mir auch später noch durch den Kopf gegangen ist, und das war ihre Bemerkung, ich gleiche einem dahergelaufenen Märchenerzähler. Sie meinte es wohl als Beleidigung, aber ich kann, ehrlich gesagt, nichts Unehrenhaftes an einer solchen Beschäftigung sehen. Im Gegenteil, ich habe schon oft davon geträumt, auf einem staubigen Dorfplatz unter einem hundertjährigen Baum zu sitzen – in Samarkand vielleicht; ja, in Samarkand! – und für eine Mahlzeit und etwas Opium jeden Abend eine neue Fortsetzung meiner epischen Geschichten zu erzählen. Auf diese Weise hätte ich ein wunderbares Leben, würde mir Tag für Tag den Bauch vollschlagen und auf Wolken schweben, nur dafür, dass ich meine Erzählung in kleinen Häppchen an die Leute austeile. Ich würde meine Zuhörer um den Finger wickeln; jeden Tag würden sie in der blauen Stunde der Abenddämmerung zu mir kommen und darum betteln, dass ich ihnen wieder ein Stück von der Familiensaga verkaufe.

Mein Vater konnte aus dem Stegreif wunderbare Geschichten erzählen. Im Grunde ist das in meiner Erinnerung eine der wenigen Situationen, in denen ich ihn als liebevollen Vater erlebt habe: wenn ich als Kind zu seinen Füßen saß, während er die wunderbarsten Fantasien für mich spann. Es waren übrigens nicht selten Schreckensgeschichten, die er erzählte; blutrünstige Berichte von der Welt, wie sie in irgendeiner, im Menschengedenken längst vergessenen Zeit einmal war. Als er noch jung war, vermutlich; wenn er das überhaupt je war.

Jahre später, als ich allmählich erwachsen wurde und mich nach weiblicher Gesellschaft umzusehen begann, sagte er mir, ich solle nicht unterschätzen, welche Wirkung man in der Kunst der Verführung mit einer guten Geschichte erzielen könne. Er habe, erklärte er, meine Mutter nicht mit Küssen und Komplimenten für sich gewonnen (und ganz sicher hatte er sie nicht betrunken gemacht und vergewaltigt, wie Cesaria mir hatte weismachen wollen); sondern er hatte sie mit einer Geschichte umgarnt und in sein Bett gelockt.

Was uns (auch wenn Sie jetzt noch nicht begreifen werden, warum) zu jener Nacht auf Kauai und zu Rachel zurückbringt.

TEIL FÜNF

Ein Akt der Liebe

I

Am frühen Abend hatte der Wind die Wolkenwand bis zum Mount Waialeale getrieben, wo sie ihre Last abregnete. Über der Nordküste begann sich der Himmel aufzuklären, und gegen Viertel nach sieben legten sich die Sturmböen so plötzlich, dass es fast unheimlich war. Rachel saß zu dieser Zeit gerade beim Essen – eine Platte mit gebackenen Hähnchenteilen, von Heidi zubereitet, die gekommen war, gekocht hatte und anschließend gleich wieder verschwunden war. Als sie von ihrem Teller aufblickte, sah sie, dass der Wind die Palmen nicht mehr zerzauste und das Meer verhältnismäßig friedlich dalag.

Die Stille machte sie ein wenig nervös, und so legte sie Musik auf – einen Bigband-Swing. Sie merkte schnell, dass es ein Fehler war; die Melodie erinnerte sie an einen Abend am Anfang ihrer Romanze mit Mitchell, als sie zum Tanzen ausgegangen waren und er sie in ein sehr teures Lokal im besten Viertel der Stadt geführt hatte, in dem eine kleine Band Hits aus den Vierzigern spielte und die Paare Wange an Wange tanzten. Gott, wie verliebt sie an diesem Abend gewesen war, wie eine Fünfzehnjährige, die den Schwarm der Schule anhimmelte. Er hatte Champagner für sie bestellt und ihr gesagt, dass er sie anbetete und immer anbeten würde.

»Lügner …«, murmelte sie, den Blick gedankenverloren aufs Meer hinaus gerichtet. Manchmal, wenn ihr Dinge einfielen, die Mitchell gesagt hatte – süße Versprechen, die er gebrochen, harte Worte, mit denen er Rachel absichtlich getroffen hatte –, dann wünschte sie, er stünde in diesem Augenblick vor ihr, damit sie anklagend den Finger heben und ihn fragen könnte: Warum hast du das getan? Gott, Mitchell, was für ein Lügner du warst, was für ein elender *Lügner* …

Sie entschloss sich, die Musik nicht abzuschalten, sondern sie bis zum letzten melancholischen Akkord über sich ergehen zu lassen. Man konnte den Schmerz nur besiegen, indem man sich ihm stellte. Und wenn diese Reise ins Paradies ihr ansonsten keinen Nutzen bringen sollte, sie würde ihr immerhin Gelegenheit geben, in ihren Erinnerungen zu forschen und einen nüchternen Blick darauf zu werfen. Erst dann würde sie sich der Zukunft zuwenden und Mitchell und alles, was er für sie bedeutet hatte, als das betrachten können, was es war, nämlich als einen Teil ihrer Vergangenheit. Erst dann würde sie ein neues Leben beginnen können.

Ein neues Leben. Es war eine beängstigende Vorstellung. Sie fragte sich nicht zum ersten Mal in ihrem Leben, was nun aus ihr werden würde, aber die Frage bekam eine bis dahin unbekannte Bedeutung – hier, auf dieser Insel, auf der, wie sie wusste, andere Menschen vor ihr einen Neuanfang gewagt hatten. Jimmy Hornbeck zum Beispiel. Und was war mit Montgomery, Robertson, Schultz und den anderen, die auf der Landzunge begraben lagen? Sicher waren auch sie als Fremde in dieses Land gekommen. Vielleicht auf der Flucht wie sie – auf der Flucht vor einem Leben, das sie verletzt und enttäuscht hatte. Es wäre nicht das Schlechteste, dachte sie, aus der Welt zu verschwinden und in diesem Paradies zu leben und zu sterben; zur letzten Ruhe gebettet zu werden auf der Landzunge, wo niemand sie besuchen, niemand sie betrauern, niemand sich ihrer erinnern würde.

Gegen zehn Uhr ging sie zu Bett und schlief ebenso schnell ein wie am Abend zuvor. Aber diesmal schlief sie nicht durch bis zum nächsten Morgen, sondern schreckte irgendwann nach Mitternacht aus einem Traum auf. Sie hatte den Eindruck, von irgendetwas geweckt worden zu sein, wusste aber nicht, was das sein konnte. Von draußen war nichts zu hören als das gleichmäßige Zirpen der Grillen und das leise Quaken der Frösche. Durch die Vorhangritzen drangen ein paar Mondstrahlen ins Zimmer, aber nichts an diesen Dingen war beängstigend genug, sie aus dem Schlaf zu reißen.

Doch plötzlich registrierte sie, dass es ein Geruch war,

der sie geweckt hatte. Der beißend-süßliche Geruch eines Feuers. In ihrem Kopf formte sich der lästige Gedanke, dass sie besser aufstehen und nachsehen sollte, ob dieser Geruch nicht irgendwo im Haus seinen Ursprung hatte. Noch schlaftrunken schob sie die Decke beiseite und kroch aus dem Bett. Dann zog sie ein T-Shirt und einen Slip an und lief die Treppe hinunter, um der Sache auf den Grund zu gehen. Im Wohnzimmer angelangt, sah sie das Feuer sofort: Es brannte lichterloh unten am Strand. Waren die drei Surfer, die sie am ersten Tag gesehen hatte, jetzt, mitten in der Nacht, zurückgekommen, um ein Freudenfeuer zu entzünden und ein paar Joints zu rauchen? Wenn ja, so war ihnen das Feuer viel größer geraten als beim letzten Mal. Es war eine Pyramide aus steil aufgeschichteten Holzscheiten, um deren Seiten und Scheitelpunkt hellgelbe Flammen züngelten. Aber es roch nicht nur nach verbranntem Holz. Sie nahm einen starken aromatischen Duft wahr, den sie als angenehm exotisch empfand.

Rachel öffnete die Verandatür und trat ins Freie, um die Leute, die das Feuer entfacht hatten, besser sehen zu können. Sie konnte jedoch niemanden entdecken. Der Himmel war mondlos, dafür aber mit Myriaden von Sternen übersät. Sie ging ins Haus zurück, holte das Päckchen Zigaretten, das Jimmy hier vergessen hatte, zündete sich eine an und trat wieder auf die Veranda hinaus. Diesmal blieb sie jedoch nicht stehen, sondern stieg die Stufen zum Garten hinunter und lief über den kühlen Rasen zu dem Weg, der zum Strand führte.

Obwohl sie nicht weiter als zehn bis zwölf Meter von dem Feuer entfernt war, konnte sie noch immer keine Menschen in seiner Nähe entdecken. Dafür stieg ihr der aromatische Duft noch stärker in die Nase als zuvor, zog von der Pyramide wie von einer riesigen Räucherschale zu ihr herüber. Sie empfand den Geruch jetzt als noch angenehmer. Süßlich und doch streng, wie Honig aus einem sehr alten Bienenstock.

Rachel schlenderte zwischen den Büschen hindurch zu dem Feuer am Strand. Sie genoss die Wärme auf ihrem Gesicht und an ihren bloßen Beinen. Die Leute, die das Feuer entfacht hatten, waren offensichtlich verschwunden, und die Flammen loderten nun ungehindert zum nächtlichen Himmel auf. Kein besonders kluger Einfall, dachte sie. Wenn wieder stärkerer Wind aufkam, konnten ohne weiteres Funken ins Buschwerk und, schlimmer noch, bis zum Haus geweht werden.

Was sollte sie tun? Hier warten, bis das Feuer von selbst heruntergebrannt war, oder versuchen, die Flammen mit Sand zu ersticken? Sie kam zu dem Schluss, dass Letzteres ein Ding der Unmöglichkeit war. Das Feuer war einfach zu groß, die Feuerstelle zu solide angelegt. Und was die erste Möglichkeit betraf, so würde ihr ein langes, langes Warten bevorstehen.

Vielleicht musste sie sich zur Abwechslung einmal darauf verlassen, dass es nicht zum Schlimmsten kommen würde.

Am besten war es wohl, sie ging einfach wieder schlafen. Am Morgen würde von dem Feuer nur noch eine verkohlte, schwelende Stelle im Sand zu sehen sein, und sie würde über ihre eigenen Ängste lachen. Allerdings wollte sie die Surfer, wenn sie ihr wieder begegneten, bitten, ihr Feuer das nächste Mal kleiner zu halten und nicht so nah an Büschen und Bäumen zu entfachen. Diesen Vorsatz im Kopf, ging sie einmal um die Feuerstelle herum und machte sich dann auf den Rückweg zum Haus.

Der eigenartige Geruch folgte ihr. Er hing in ihren Kleidern und in ihrem Haar, schien ihr in die Haut und sogar in den Mund zu dringen. Und sie hatte den Eindruck – obwohl das natürlich völlig unsinnig war –, dass er intensiver wurde, je weiter sie sich vom Ort seiner Entstehung entfernte. Es war, als würde die kühle Luft ihn verfeinern. Als sie am Haus ankam, war der Geruch so stark, als würde er aus allen ihren Poren dringen.

Einen Moment lang erwog sie zu duschen, bevor sie wieder zu Bett ging, doch dann überlegte sie es sich anders, nicht so sehr aus Müdigkeit, sondern weil sie sich von dem Duft wie berauscht fühlte. Ihr Kopf war luftig-leicht, ihre

Wahrnehmung ein wenig verzerrt (als sie die Nachttischlampe ausknipsen wollte, verfehlte sie zu ihrer eigenen Erheiterung den Schalter um ein paar Zentimeter). Schließlich fand sie den Schalter, und als sie sich in der Dunkelheit des Zimmers auf ihr Kissen zurücksinken ließ, wogten hinter ihren geschlossenen Lidern intensive Farben auf, wie die bunten Schlieren, die sich auf einer Seifenblase bilden. Fasziniert betrachtete sie das Spiel der Farben und überlegte dabei flüchtig, ob sie sich ihr in die Netzhaut eingebrannt hatten, als sie dabei gewesen war, in die Flammen zu starren. Ihr kam der Gedanke, dass sie die Farben, den Duft nie wieder loswerden würde, dass sie demnach deren Gefangene war: für immer an sie gebunden, von ihnen geformt. Sie würde die Welt von nun an immer in diesen Farben sehen, mit jedem Atemzug, den sie tat, den Duft des Feuers in sich aufsaugen.

Schließlich schlug sie die Augen auf, um sich zu vergewissern, dass die Welt, die sie vor ihren Lidern zurückgelassen hatte, wirklich noch existierte. Alles schien ihr auf eine angenehme, sanfte Art verschwommen; kein Wahn, keine Angstvorstellung, nur das Gefühl, dass sie die Dinge, die sich außerhalb ihres Kopfes abspielten, in dieser Nacht nicht ganz so ernst zu nehmen brauchte.

Das Zimmer war noch da: der Lichtkreis, den die Lampe an die Decke warf, das geöffnete Fenster, vor dem sich die Vorhänge im Wind bauschten und wieder in sich zusammenfielen, das geschnitzte Bett, in dem sie lag, die Liebespaare zwischen den üppigen Blumengirlanden dahingegossen, die Tür am Fußende des Betts, die in den Korridor hinausführte und von dort die Treppe hinunter …

Es war, als würde ihr Blick diesen Gedanken folgen, hinaus auf den im Dunkel liegenden Treppenabsatz – in der einen Sekunde zur Decke wandern und in der nächsten über den abgetretenen Flor des Teppichs streichen.

In dem Moment, als ihre Augen am Treppenabsatz anlangten, brach sich ein ungebetener Gedanke in ihrem Kopf Bahn: Sie war nicht allein im Haus. Es war jemand hereingekommen. So lautlos wie Rauch und ohne Gefahr mit sich zu bringen – denn wer hätte in einer solchen Nacht Schlechtes im Schilde führen können – hatte jemand das Haus betreten und stand nun unten an der Treppe.

Die Erkenntnis beunruhigte sie nicht im Geringsten. Sie fühlte sich eigenartig unverwundbar, so als hätte sie das Feuer am Strand nicht nur betrachtet, sondern wäre mitten durch die Flammen geschritten, ohne sich zu verbrennen.

In der Hoffnung, den Eindringling zu sehen, blickte sie hinunter, und ihr war, als könne sie seine Umrisse in der Dunkelheit erkennen: ein großer, kräftig gebauter Mann, ein Schwarzer, dachte sie. Er begann die Treppe hinaufzusteigen. Sie spürte, wie die Luft oben auf dem Treppenabsatz bei seinem Näherkommen in Bewegung geriet, als wartete sie voller Erregung darauf, in seine Lungen gesogen zu werden. Rachels Blick zog sich aus dem Korridor in ihr Schlafzimmer zurück; schlüpfte wieder in ihren Kopf. Vielleicht konnte sie so tun, als würde sie schlafen. Warten, dass er an ihr Bett trat und sie durch seine Berührung weckte. Mit den Fingern über ihre Lippen strich, über ihre Brüste; oder, wenn er es wollte, seine Hand auf ihren Bauch legen, dann tiefer gleiten, zwischen ihre Beine. Sie würde ihn gewähren lassen. Das alles war ohnehin nicht wirklich, warum also nicht? Er konnte tun, was immer er wollte, und ihr würde kein Leid geschehen. Nicht hier, in ihrem geschnitzten Laubenbett. Hier gab es nur Freude, nur Seligkeit.

Aber ungeachtet dieser kühnen Gedanken meldete sich, wenn auch ganz leise, die Stimme der Vernunft zu Wort und riet ihr zur Vorsicht.

»Du bist unvernünftig«, mahnte dieser furchtsame Teil ihres Ich. *»Der Rauch ist dir zu Kopf gestiegen. Der Rauch und die Insel. Sie haben dich völlig um den Verstand gebracht.«*

Wahrscheinlich stimmt das sogar, entgegnete der verträumte Wildfang in ihr. Na und?

»Du weißt nicht einmal, wer er ist«, tadelte die Stimme der Vernunft. *»Und er ist schwarz. In Dansky, Ohio, gibt es keine Schwarzen. Und wenn es doch welche gibt, kennst du zumindest keinen von ihnen. Sie sind anders.«*

Ich bin auch anders, begehrte der Wildfang auf. Ich bin

nicht mehr die, die ich war, und das ist auch gut so. Was ist also dabei, wenn mich die Insel mit ihrem Zauber betört? Ein bisschen Magie kann mir nicht schaden. Ich bin bereit dafür, o Gott, ich bin mehr als bereit.

Sie schloss die Augen, immer noch in der Absicht, so zu tun, als würde sie schlafen, wenn er hereinkam. Aber als sie den Lufthauch im Gesicht spürte, der sein Erscheinen an der Tür ankündigte, schlug sie die Augen wieder auf und fragte ihn mit vollkommen ruhiger Stimme, wer er sei.

Er sagte darauf nur ein einziges Wort.

»Galileo.«

II

In diesem Augenblick prasselte der Regen in Sturzbächen auf den wolkenverhüllten Gipfel des Mount Waialeale herunter. In Felsspalten, so unzugänglich, dass sie nie erforscht worden waren, tranken namenlose Pflanzen gierig die Flut; Insekten, die sich niemals dahin wagten, wo der Fuß eines Menschen sie hätte zertreten können, brachten ihre gepanzerten kleinen Leiber schutzsuchend ins Trockene. Dies waren geheime Orte, unbekannte Spezies; eine seltene Erscheinung auf einem Planeten, dessen Bewohner kaum etwas für so heilig, so kostbar, so zart erachteten, dass sie es nicht ans Licht gezerrt, seziert und neugierigen Blicken preisgegeben hätten.

Draußen im nächtlichen Ozean zogen die Wale zwischen den Inseln ihre Bahnen; Mütter und ihre Jungen Seite an Seite, ältere Jungtiere, die übermütig in das Dunkel auftauchten, sich in perlenden Schaumkronen aufbäumten und um sich selbst drehten, um die Sterne zu beäugen, bevor sie sich klatschend in die Fluten zurückfallen ließen. Unter ihnen in der warmen Strömung des Korallenriffs, dessen Grotten und Winkel ebenso unberührt waren wie der Gipfel des Waialeale, tummelten sich andere geheimnisvolle Geschöpfe: Myriaden winziger Tierchen, durchsichtige, lebendige Partikel, die, so klein und unscheinbar sie auch waren, doch die riesigen Wale nährten.

Und zwischen der Gipfelhöhe und den Tiefen des Riffs? Auch dort wohnte das Geheimnis. Genauso eine lebendige Spezies wie die Blume oder das Plankton, auch wenn sie keiner hierarchischen Ordnung unterworfen war. Es lebte, dieses Wesen, in den Köpfen der Menschen, in den Herzen der Menschen. Es regte sich nur, wenn es berührt wurde, was selten geschah, aber wenn es geschah – wenn es sich bewegte und sich der Kreatur zeigte, in der es lebte –, dann war es eine Offenbarung. Die Verheißung der Liebe konnte das Wesen erwecken, das Herannahen des Todes konnte es erwecken, aber auch viel einfachere Dinge wie ein Lied oder ein kluger Gedanke. Doch was es am Nachhaltigsten aufrüttelte, war die Erwartung der eigenen Gottwerdung. Wenn es spürte, dass dieser Moment herannahte, erfüllte es die Augen seines Wirts mit einem Feuer, das lodernd brannte und brannte …

»Wer immer Sie sein mögen …«, murmelte Rachel, »… kommen Sie, und zeigen Sie mir Ihr Gesicht.«

Der Mann trat auf die Schwelle. Zwar wurde ihre Bitte nicht erfüllt, und sie konnte sein Gesicht nicht erkennen, wohl aber sah sie seine Gestalt, und die war, wie sie vermutet hatte, wohlgeformt, groß und kraftvoll.

»Wer sind Sie?« fragte sie und fuhr dann, als er nicht antwortete, fort: »Haben Sie das Feuer entfacht?«

»Ja.« Seine Stimme war sanft.

»Der Rauch …«

»… ist Ihnen gefolgt.«

»Ja.«

»Ich habe es ihm befohlen.«

»Sie haben es dem Rauch befohlen«, wiederholte sie. Seine Worte ergaben merkwürdigerweise einen Sinn für sie.

»Ich wollte, dass er mich mit Ihnen bekannt macht«, erklärte er, und in seiner Stimme lag ein Anflug von Ironie, so als erwartete er nur halb, dass sie ihm glaubte. Aber der Teil in ihr, der seinen Worten Glauben *schenkte,* glaubte inbrünstig.

»Warum?« fragte sie.

»Warum ich Sie kennen lernen wollte?«

»Ja …«

»Ich war neugierig«, sagte er. »Genau wie Sie.«

»Ich wusste nicht einmal, dass Sie hier sind«, warf sie ein. »Wie hätte ich also neugierig sein können?«

»Sie sind hinausgegangen und haben sich das Feuer angesehen.«

»Ich hatte Angst ...«, begann sie, aber der Rest ihres Gedankens war wie weggeblasen. Wovor hatte sie Angst gehabt?

»Sie hatten Angst, der Wind würde die Funken herübertragen ...«

»Ja.« Sie erinnerte sich vage an ihre Befürchtungen.

»Das hätte ich nicht zugelassen«, beruhigte er sie. »Hat Niolopua Ihnen nicht gesagt, warum?«

»Nein ...«

»Er wird es Ihnen erzählen«, versicherte Galileo, und dann nahm seine Stimme einen weicheren Ton an. »Mein armer Niolopua. Mögen Sie ihn?«

Sie überlegte einen Augenblick; über diese Frage hatte sie sich nicht viele Gedanken gemacht. »Er macht einen gutmütigen Eindruck«, sagte sie. »Aber ich glaube nicht, dass er es wirklich ist. Ich glaube, dass er sehr viel Zorn mit sich herumträgt.«

»Er hat allen Grund dazu«, entgegnete Galileo.

»Alle hassen die Gearys.«

»Jeder tut, was er tun muss.«

»Und was tut Niolopua? Abgesehen vom Rasenmähen?«

»Er bringt mich hierher, wenn ich gebraucht werde.«

»Wie stellt er das an?«

»Wir verfügen über Mittel der Verständigung, die nicht leicht zu erklären sind«, sagte Galileo. »Aber immerhin bin ich ja hier.«

»Schön«, bemerkte sie. »Sie sind also hier. Und wie soll es nun weitergehen?« In ihrer Stimme war mehr als nur ein fragender Ton. Auch wenn ihre Zunge träge war und die Worte zögernd kamen, wusste sie doch, worauf ihre Frage hinauslief; sie wusste, welche Antwort sie hören wollte. Dass er gekommen war, um das Lager mit ihr zu teilen, wer immer er auch sein mochte; dass er gekommen war, um sich die träumerische Leichtigkeit, die sie eingeatmet hatte, zunutze zu machen und sie zu lieben. Dass er gekommen war, um sie nach einer Ewigkeit der Dornen und der Trauer mit seinem Kuss ins Leben zurückzuholen.

Er gab ihr nicht die Antwort, die sie erwartete. Zumindest nicht mit Worten.

»Ich möchte Ihnen eine Geschichte erzählen«, verkündete er.

Sie stieß ein belustigtes Lachen aus. »Bin ich dafür nicht ein bisschen zu alt?«

»Nein«, entgegnete er leise. »Niemals.«

Und natürlich hatte er Recht. Natürlich wollte sie, dass er eine Geschichte für sie ersann, dass seine tiefe, melodische Stimme die Farben in ihrem Kopf ordnete, ihnen Leben und eine Bestimmung gab.

»Würden Sie«, bat sie, »zuerst ins Licht kommen, damit ich Sie sehen kann?«

»Das ist ein Teil der Geschichte«, erwiderte er. »Das ist immer ein Teil der Geschichte.«

»Oh ...«, murmelte sie, und obwohl sie die Logik seiner Worte nicht recht begriff, beschloss sie, sich in dieser Nacht einfach darauf zu verlassen, dass alles seine Richtigkeit hatte. »Dann erzählen Sie.«

»Mit dem größten Vergnügen. Also, wo soll ich anfangen?« Er schwieg einen Moment lang und überlegte. Als er wieder zu sprechen begann, hatte sich seine Stimme kaum merklich verändert; sie hatte einen trällernden Rhythmus angenommen, als wären die Worte seiner Geschichte in eine Melodie gefasst, die er nun zu singen gedachte.

»Stellen Sie sich«, begann er, *»ein Land vor, weit weg von hier und in einer Zeit des Überflusses, als die Reichen noch gütig und die Armen noch gottgläubig waren. In diesem Land lebte das Mädchen namens Jerusha, von dem diese Geschichte handelt. Sie war fünfzehn, als sich die Dinge ereigneten, von denen ich Ihnen erzählen werde, und es gab kein glücklicheres Mädchen unter der Sonne als sie. Warum das so war? Weil sie geliebt wurde. Ihr Vater besaß ein großes Schloss, das angefüllt war mit Schätzen aus den entlegensten Winkeln seines Reichs, aber er liebte seine Jerusha mehr als allen Besitz, den er sein Eigen nannte oder je sein Eigen würde nennen können. Und es verging kein Tag, an dem er ihr dies nicht gesagt hätte. An diesem Tag nun, es war im Spätsommer, war Jerusha auf einem schmalen, gewundenen Pfad*

durch den Wald zu einem ihrer Lieblingsplätze gewandert; einer Stelle am Ufer des Flusses Zun, der das Land ihres Vaters im Süden begrenzte.

Manchmal, wenn sie am Vormittag hierher kam, traf sie die Frauen aus der Gegend an, die ihre Wäsche wuschen und sie dann auf den Felsen zum Trocknen ausbreiteten, aber die Wahrscheinlichkeit, dass sie den Platz ganz für sich allein hatte, nahm mit den vorrückenden Stunden des Tages immer mehr zu. Als sie diesmal jedoch unter den Bäumen hervortrat, sah sie, obwohl es schon später Nachmittag war, eine Gestalt im Wasser sitzen. Es war keine der Wäscherinnen. Es war ein Mann – oder doch beinahe ein Mann, und er betrachtete sein Spiegelbild im Wasser. Ich sage beinahe ein Mann, denn dieses Wesen hatte zwar die Gestalt eines Mannes und eine sehr ansehnliche obendrein, aber es schillerte ganz eigenartig im Sonnenlicht, silbrig hell und im nächsten Moment wieder tiefdunkel.

Nun hatte König Laurent, Jerushas Vater, seine Tochter gelehrt, sich vor nichts zu fürchten. Er war ein Mann der Vernunft. Er glaubte nicht an den Teufel, und er hatte über die Jahre hinweg jeden, der auf seinem Boden ein Verbrechen beging, so prompt und unbarmherzig bestraft, dass kein Spitzbube es mehr wagte, einen Fuß in sein Land zu setzen. Und er hatte seiner Tochter auch gesagt, dass es in der Welt von merkwürdigen Dingen wimmelte, über die sie nichts in ihren Schulbüchern las. Dinge, die die Wissenschaft eines Tages würde erklären können, auch wenn sie auf den ersten Blick unerklärlich erscheinen mochten.

Jerusha ergriff also nicht die Flucht, als sie diesen Fremden erblickte. Sie ging stattdessen schnurstracks zum Fluss hinunter und sagte beherzt ›Hallo‹. Der Bursche blickte von seinem Spiegelbild auf. Er hatte weder Haare auf dem Kopf noch Wimpern oder Augenbrauen, war aber trotzdem von einer fast unheimlichen Schönheit, die in Jerusha nie gekannte Gefühle weckte. Er sah sie mit seinen funkelnden Augen an und lächelte, sagte jedoch kein Wort.

›Wer bist du?‹ fragte sie ihn.

›Ich habe keinen Namen‹, antwortete er.

›Aber du musst einen Namen haben‹, widersprach sie.

›Nein, ich habe keinen. Ich schwöre es‹, erklärte der Fremde.

›Wurdest du nicht getauft?‹ fragte sie.

›Nicht dass ich wüsste‹, entgegnete er. ›Und du?‹

›Natürlich.‹

›Hier im Fluss?‹

›Nein. In einer Kirche. Meine Mutter wollte es so. Sie lebt nicht mehr …‹

›Wenn du in der Kirche getauft wurdest, war es keine richtige Taufe‹, bemerkte der Fremde. ›Komm zu mir in den Fluss, dann gebe ich dir einen neuen Namen.‹

›Mir gefällt mein Name aber.‹

›Und der lautet?‹

›Jerusha.‹

›Jerusha also. Bitte, komm zu mir in den Fluss.‹ Mit diesen Worten richtete er sich auf, und sie sah, dass zwischen seinen Beinen, wo ein normaler Mann einen Penis hat, eine Wassersäule war, und das Wasser floss aus seinem Körper wie aus einem Wasserhahn, sodass es im Sonnenlicht fast aussah wie eine durchsichtig glitzernde Schnur …«

Bis zu diesem Augenblick hatte sich Rachel nicht gerührt, so gebannt war sie von den Bildern, die diese schlichten Worte heraufbeschworen: Bilder des Mädchens, des Sommertages und des Flussufers. Jetzt aber setzte sie sich in ihrem Bett auf und betrachtete den Mann im Schatten der Tür prüfend. Was für eine Geschichte erzählte er ihr da eigentlich? Ganz sicher war das kein Märchen.

Er spürte ihr Unbehagen. »Keine Sorge«, beschwichtigte er sie. »Es wird nicht obszön werden.«

»Sind Sie sicher?«

»Warum? Wäre Ihnen eine obszöne Geschichte lieber?«

»Ich möchte nur wissen, was mich erwartet.«

»Sie brauchen keine Angst zu haben.«

»Ich habe keine Angst.«

»›Komm zu mir in den Fluss.‹«

Oh, dachte Rachel; die Geschichte geht weiter.

»›Was ist das‹, fragte Jerusha und deutete auf das Geschlecht des Fremden.

›Hast du keine Brüder?‹

›Sie sind im Krieg‹, antwortete Jerusha. ›Angeblich sollen sie

zurückkommen, aber jedes Mal, wenn ich meinen Vater frage, wann das sein wird, küsst er mich und sagt, ich solle mich gedulden.‹

›Und was hältst du davon?‹

›Ich denke, dass sie vielleicht tot sind‹, sagte Jerusha.

Der Fremde lachte. ›Ich meinte davon*‹, sagte er mit einem Blick auf die Wassersäule, die aus seinem Körper strömte. ›Was hältst du* davon?*‹*

Jerusha hob die Schultern. Sie war nicht sonderlich beeindruckt, behielt das aber lieber für sich.«

Rachel lächelte. »Ein höfliches Mädchen«, bemerkte sie.

»Wären Sie nicht so höflich?« gab Galileo zurück.

»Doch. Ich würde mich genauso verhalten. Ich würde ihm auch nicht mit der Wahrheit das Herz brechen wollen.«

»Und was ist die Wahrheit?«

»Dass es nicht so schön ist wie …«

»Wie?«

»… wie man vielleicht gern glauben würde.«

»Sie wollten eigentlich etwas anderes sagen, nicht wahr?« Rachel antwortete nicht auf diese Frage. »Bitte, verraten Sie mir, was Sie sagen wollten.«

»Ich möchte erst Ihr Gesicht sehen.«

Darauf folgte ein Moment des Schweigens, keiner von beiden regte sich. Endlich stieß Galileo einen leisen, ergebenen Seufzer aus und trat einen kleinen, zögernden Schritt vor. Der Mondschein streifte sein Gesicht, aber so flüchtig, dass sie nur einen ganz vagen Eindruck von seinen Zügen bekam. Seine Haut hatte die Farbe von gebrannter Umbra, sein mehrere Tage alter Bart war noch dunkler als sein Teint. Sein Schädel war kahl geschoren. Seine Augen konnte Rachel nicht erkennen; sie saßen so tief in ihren Höhlen, dass der Mondschein sie nicht erreichte. Seine Lippen schienen schön geformt, seine hohen Wangenknochen feingemeißelt zu sein; vielleicht wies seine Stirn ein paar Narben auf, das konnte sie nicht mir Sicherheit sagen.

Und was die übrige Erscheinung betraf: Er trug ein fleckiges T-Shirt, Jeans mit einem locker geschnallten Gürtel und Sandalen, und er war, wie sie schon geahnt hatte, beeindruckend gebaut, mit breitem, muskulösem Brustkorb, ganz leicht gewölbtem Bauch, kräftigen Armen und großen Händen.

Was sie aber nicht geahnt hatte: Er verharrte nicht deshalb im Schatten, weil er sie provozieren wollte, sondern weil er sich unwohl fühlte, wenn man ihn ansah. Seine ganze Haltung drückte diese Befangenheit aus, so, wie er nervös von einem Fuß auf den anderen trat und nur darauf wartete, sich wieder zurückziehen zu können, sobald sie gesehen hatte, was sie sehen wollte. Fast erwartete sie, dass er sie bitten würde, gehen zu dürfen. Stattdessen sagte er aber: »Würden Sie jetzt Ihren Gedanken zu Ende führen?«

Sie wusste nicht mehr, worüber sie gesprochen hatten; seine Erscheinung mit all ihren faszinierenden Widersprüchen – sein ungezwungenes Selbstbewusstsein und sein Bedürfnis, sich unsichtbar zu machen, seine Schönheit und seine ganz und gar unelegante Aufmachung – hatte in ihrem Kopf alles ausgelöscht, außer dem Bewusstsein seiner Gegenwart.

Er half ihr auf die Sprünge. »Sie hatten gesagt, dass das, was er hat, nicht so schön ist wie …«

Jetzt fiel es ihr wieder ein. »Wie das, was *wir* da unten haben«, beendete sie den Satz leise.

»Oh …«, murmelte er. »Da stimme ich Ihnen uneingeschränkt zu.« Und dann sagte er, so leise, dass sie nicht gemerkt hätte, dass er überhaupt sprach, wäre ihr nicht die Bewegung seiner Lippen aufgefallen: »Es gibt nichts Vollkommeneres.«

Bei diesen Worten hob er ein ganz klein wenig den Kopf, sodass seine Augen nun vom Mondlicht gestreift wurden. So tief sie auch in den Höhlen lagen, waren sie doch groß und von einem solchen Reichtum der Gefühle erfüllt, dass Rachel seinem Blick nicht länger als ein paar Sekunden standhalten konnte.

»Soll ich die Geschichte weitererzählen?« fragte er.

»Ja, bitte«, antwortete Rachel.

Feinfühlig, als wisse er aus Erfahrung, wie sein Blick auf andere Menschen wirkte und wolle sie nicht in Verlegenheit bringen, wandte er die Augen ab. »Der Mann hatte Jerusha also gefragt, was sie von seinem Schwanz hielte.« Bei diesem Wort zuckte Rachel zusammen. »Und Jerusha hatte ihm keine Antwort gegeben.

Aber sie wollte zu ihm in den Fluss gehen; sie wollte wissen, wie es sich anfühlte, wenn sie ihre Gesichter, ihre Körper aneinander schmiegten, wenn seine Hände über ihre Brüste, über ihren Bauch, zwischen ihre Schenkel glitten.

Er schien ihre Gedanken zu erraten, denn er sagte:

›Würdest du mir zeigen, was du unter deinen Röcken hast?‹

Jerusha tat schockiert. Nein, das ist unfair. Sie war schockiert, wenn auch nicht so sehr, wie sie vorgab. Vergessen Sie nicht, dass die Geschichte in einer Zeit spielt, in der die Frauen Kleider trugen, die sie von Kopf bis Fuß verhüllten, und dieser Mann forderte sie nun auf – als wäre es eine ganz belanglose Bitte –, ihm die intimste Stelle ihres Körpers zeigen.«

»Was hat sie darauf gesagt?« warf Rachel ein.

»Gar nichts zuerst. Aber Sie war, wie schon gesagt, dank der Erziehung ihres Vaters ein furchtloses Mädchen. Er wäre natürlich entsetzt gewesen, hätte er gesehen, welche Früchte seine liebevollen Ratschläge trugen, aber er war in diesem Moment nicht da, um sie an ihrem Tun zu hindern. Sie musste sich auf ihr eigenes Gefühl verlassen, und dieses Gefühl sagte ihr, warum eigentlich nicht? Warum soll ich es ihm nicht zeigen? Und so antwortete sie schließlich:

›Ich werde mich ins Gras legen, wo es bequem ist. Dann kannst du kommen und es dir ansehen.‹

›Geh nicht in den Wald‹, mahnte er sie.

›Warum nicht?‹ wollte sie wissen.

›Weil es dort giftige Kreaturen gibt‹, erwiderte er. ›Kreaturen, die sich von menschlichem Leichenfleisch ernähren.‹

Aber Jerusha glaubte ihm kein Wort. ›Genau da gehe ich hin‹, erklärte sie. ›Wenn du kommen willst, dann komm. Wenn du Angst hast, bleib, wo du bist.‹ Mit diesen Worten machte sie kehrt und schickte sich an zu gehen.

›Warte!‹ rief ihr der Mann nach. ›Es gibt noch einen anderen Grund.‹

›Und der wäre?‹ fragte sie.

›Ich kann mich nicht weit vom Wasser entfernen. Jeder Schritt, den ich tue, bringt mich in Gefahr.‹

Jerusha lachte nur, sie hielt das Gesagte für eine dumme Ausrede. ›Dann bist du nichts als ein Feigling‹, sagte sie verächtlich.

›Nein, ich …‹

›Doch. Du bist ein Feigling! Ein Mann, der nicht aus dem Fluss heraussteigen kann, ohne zu jammern? So etwas Lächerliches habe ich noch nie gehört!‹

Sie wartete seine Erwiderung nicht ab. Sein Gesichtsausdruck verriet ihr, dass sie einen empfindlichen Nerv getroffen hatte. Und nun machte sie einfach auf dem Absatz kehrt und schlenderte in den Wald davon, bis sie auf eine kleine Lichtung stieß, deren Wiese weich und einladend aussah. Dort legte sie sich auf den Rücken, die Füße dem Fluss zugewandt, sodass der Blick des Fremden, wenn er sie fand, unweigerlich auf das fallen musste, was zwischen ihren Beinen war.«

Rachel war nicht entgangen, dass ihre Position, so wie sie vor Galileo auf dem Bett lag, sich nicht sehr von der Jerushas unterschied.

»Was überlegen Sie?« wollte Galileo wissen.

»Ich frage mich, was als nächstes passiert«, erklärte sie.

»Sie können es sich selbst ausdenken, wenn Ihnen das lieber ist«, bemerkte er.

»Nein«, widersprach sie. »Ich möchte, dass Sie es mir erzählen.«

»Aber vielleicht wäre Ihre Version der Geschichte besser als meine«, sagte er. »Weniger traurig.«

»Hat die Geschichte ein trauriges Ende?«

Er wandte den Kopf zum Fenster, und in diesem Moment sah sie sein Gesicht zum ersten Mal deutlich im Mondschein. Sie hatte sich nicht geirrt: Auf seiner Stirn gab es tatsächlich eine Narbe, eine tiefe Narbe, die von der Mitte der linken Braue bis zum Haaransatz verlief; und sein Mund war tatsächlich breit und schön geschwungen, der sinnlichste Mund, den sie je gesehen hatte. Das eigentlich Überraschende aber war der Rahmen, in dem sich diese Einzelheiten zeigten. Nie in ihrem Leben, weder auf Fotografien noch in Gemälden, hatte sie ein Gesicht gesehen, in dem die

Knochenstruktur eine so vollendete filigrane Verbindung mit dem sie umgebenden Gewebe aus Muskeln, Nerven und Haut eingegangen wäre. Es schien ihr, als würde das Gewebe die Linien seines Schädels nicht verhüllen, sondern hervorheben. Und sein Schädel – der lange vor der Schwermut in seinen Augen geschaffen worden war – hatte schon im Mutterleib gewusst, dass ihn Kummer erwartete, und er hatte sich in dieser Erwartung geformt.

»Natürlich hat sie ein trauriges Ende«, sagte Galileo. »Es muss so sein.«

»Warum?«

»Lassen Sie mich erzählen, wie es weitergeht«, bat er und blickte dabei auf sie hinunter. »Und wenn Ihnen ein besseres Ende einfällt, sagen Sie es mir, ich bitte Sie.«

Er nahm den Faden seiner Erzählung wieder auf und ließ die Szene, die er gerade beschrieben hatte, noch einmal aufleben, um sicherzugehen, dass Rachel wusste, an welchem Punkt der Geschichte sie sich befanden.

»Jerusha legte sich also, ein gutes Stück vom Fluss entfernt, ins Gras. Sie war überzeugt, dass der Fremde kommen würde, und weil sie bereit sein wollte, wenn er kam, zog sie Schuhe und Strümpfe aus und hob die Hüften, um auch den Schlüpfer abzustreifen. Dann zog sie ihre Röcke bis über die Knie hoch. Sie brauchte sich nicht zu berühren, um in Erregung zu geraten. In dem Augenblick, als sie die Beine öffnete, strich ein warmer Windhauch über ihre süße, rosige Knospe; Grashalme kitzelten sachte die Innenflächen ihrer Schenkel. Sie begann leise zu stöhnen; sie konnte einfach nicht anders. Hätte ihr Leben in diesem Augenblick von ihrem Schweigen abgehangen, sie wäre gestorben, so unwiderstehlich überkam sie die Lust.

Dann hörte sie ihn ...«

»Den Flussgott«, warf Rachel ein.

»Sie kennen die Geschichte schon.«

Rachel lachte. »Er ist doch einer, oder nicht?«

»Ein Gott, nein. Aber etwas Ähnliches.«

»Ist er alt?«

»Uralt.«

»Aber er ist nicht sehr schlau.«

»Wie kommen Sie darauf?«

»Wenn er schlau wäre, würde er im Fluss bleiben. Denn dort gehört er hin.«

Galileo seufzte. »Man kann nicht immer da bleiben, wohin man gehört. Das wissen Sie doch.«

Einen Moment lang starrte sie ihn schweigend an. »Sie wissen, wer ich bin«, sagte sie endlich.

»Sie sind meine Jerusha«, entgegnete er, und als er ihr diesen Namen gab, schwang eine tiefe Würde in seiner Stimme. »Meine kindliche Braut.«

»Dann sollen Sie mich auch sehen dürfen«, sagte Rachel und zog das Laken, das ihren Körper vor seinen Blicken verhüllte, beiseite. Sie hatte die Knie ein wenig angewinkelt. Der geheime Ort zwischen ihren Beinen lag im Schatten, aber Galileos Augen verweilten dort, als wolle er die Dunkelheit mit seinen Blicken durchdringen, vielleicht sie selbst durchdringen: sich einschmeicheln zwischen ihre Lippen, um zu sehen, was sie verbargen.

Die Vorstellung beängstigte sie nicht; ganz im Gegenteil. Sie wollte, dass er sie betrachtete, dass er nicht aufhörte, sie zu betrachten. Sie war seine Jerusha, seine kindliche Braut, gebettet auf ein weiches Lager aus Gras – und so erregt wie noch nie zuvor in ihrem Leben. Sie bebte vor Lust und in der Vorfreude auf die Lust, die er ihr bereiten würde; mit seinem Gesicht, seinen Worten, seiner bloßen Gegenwart. Am meisten aber damit, dass er sie betrachtete. Etwas Ähnliches war ihr noch nie begegnet. Sie hatte im Laufe ihres Lebens mit sieben Männern erotische Erfahrungen gesammelt, einschließlich der ersten unbeholfenen Versuche mit Neil Wilkens. Ganz sicher war sie in sexuellen Dingen keine raffinierte Expertin, aber sie war darin auch nicht völlig unbedarft, hatte ihre wilden Zeiten erlebt. Aber keines dieser Erlebnisse hatte sie als so *intensiv* empfunden wie jetzt dieses; nie hatte sie sich so nackt gefühlt.

Er hatte sie nicht einmal berührt, um Himmels willen, und sie bebte vor Lust. Das Laken unter ihr war nass. Ihr Atem ging flach und schnell.

»Sie erzählten gerade …«, sagte sie.

»Jerusha …«

»… lag auf dem Rücken und wartete auf den Flussgott …«

»Sie blickte auf …«

»Ja.«

»… und es war ein seltsamer Anblick, wie er so zwischen den Bäumen auf sie zukam. Jeder Schritt kostete ihn so ungeheure Mühe, dass er den Kopf vor lauter Anstrengung immer tiefer sinken ließ.«

»Bereute sie in diesem Augenblick, dass sie ihn aufgefordert hatte, ihr zu folgen?« flüsterte Rachel.

»Nein«, antwortete Galileo. *»Sie war viel zu erregt, um Reue zu empfinden. Mehr als alles in der Welt wünschte sie sich, dass er sie betrachtete.*

Während er näher kam, traf ihn von Zeit zu Zeit ein Sonnenstrahl, und dann spannte sich ein Regenbogen von seinem Körper bis in die Baumkronen hinauf.

Sie wollte ihn eben fragen, ob ihm das, was er sah, gefiel, als sie ein Summen hörte und ein Insekt – so groß wie ein Kolibri, aber schwarz und hässlich – über ihr in der Luft kreiste. Ihr fiel ein, was der Mann im Fluss gesagt hatte …«

»Giftige Kreaturen«, warf Rachel ein. »Kreaturen, die sich von Leichen ernähren.«

»Dieses Insekt war das schlimmste von allen. Es ernährte sich nur vom Fleisch solcher Menschen, die an schrecklichen Seuchen gestorben waren. Es trug Krankheiten aller Art in sich.«

Rachel gab einen angeekelten Laut von sich. »Lässt es sich nicht verscheuchen?« fragte sie.

»Ich habe Ihnen doch gesagt, Sie können die Geschichte zu Ende erzählen, wenn Sie wollen.«

Sie schüttelte den Kopf. »Nein«, erklärte sie. »Ich möchte Sie von Ihnen hören.«

»Dann muss das Insekt über ihr kreisen … *und plötzlich stieß es auf sie hinunter.«*

»Wohin?«

»Soll ich es Ihnen zeigen?« Ohne ihre Antwort abzuwarten, trat Galileo ans Fußende des Betts und legte die Hand zwischen ihre Beine. Sie wollte, dass er ihre Lippen berührte, aber stattdessen zwickte er sie mit Daumen und Zeigefinger in die Innenseite der Schenkel. »*Es biss zu*«, sagte er. »*Sehr fest.*«

Sie schrie auf.

»Sie schrie auf, mehr vor Schreck als vor Schmerz, dann schlug sie heftig nach dem Tier und zerquetschte es auf ihrer weißen Haut.«

Er zog die Hand zurück. Rachel spürte den Saft des Insekts, der ihr am Bein herunterrann; sie griff danach, als wolle sie ihn wegwischen, doch dann streckte sie den Arm aus und fasste Galileo bei der Hand.

»Gehen Sie nicht weg«, bat sie ihn.

»Die Geschichte ist noch nicht zu Ende«, murmelte er, während er ihr sachte die Hand entzog. Instinktiv zog sie das Laken wieder hoch und bedeckte ihre Blöße. Die Geschichte begann sie zu ermüden. Wenn Galileo ihre Bewegung registriert hatte, so ließ er es sich jedenfalls nicht anmerken. Er sprach unbeirrt weiter.

»Es war, als hätte der Biss des Insekts einen Zauberbann gebrochen. Jerusha blickte voller Entsetzen an sich herunter. Was hatte sie sich nur dabei gedacht, sich so seinen Blicken preiszugeben? Tränen brannten in ihren Augen, als sie sich von ihrem Lager erhob.

›Wohin gehst du?‹ fragte eine Stimme hinter ihr, und als sie sich umdrehte, sah sie, dass der Mann aus dem Fluss nur noch wenige Schritte von ihr entfernt war.

Er sah furchtbar aus. Sein Körper, der im Fluss so strahlend und kraftvoll gewirkt hatte, war jetzt mager. Er klapperte mit den Zähnen und rollte wild mit den Augen. Sie fragte sich, wie sie je auf die Idee hatte kommen können, dass er schön sei.

Dann kehrte sie ihm den Rücken und machte sich auf den Heimweg.

»Versuchte er ihr zu folgen?«

»Nein. *Er war völlig verwirrt. Er hatte das Insekt nicht gesehen. Darum nahm er an, sie hätte es sich einfach anders überlegt, hätte plötzlich festgestellt, dass er ihr doch allzu merkwürdig vorkam. Es war nicht das erste Mal, dass er von einer Frau zurückge-*

wiesen wurde. Er schleppte sich zum Fluss zurück und tauchte in den Fluten unter.«

»Und was wurde aus Jerusha?«

»Das ist eine furchtbare Geschichte. Kaum war sie zu Hause angelangt, als sie sich elend zu fühlen begann. Das Insekt hatte ihren Körper derartig mit Gift voll gepumpt, dass sie bei Sonnenuntergang desselben Tages schon kaum noch bei Sinnen war. Natürlich ließ ihr Vater Ärzte kommen, aber keiner warf einen Blick zwischen ihre Beine; das hätte auch keiner gewagt, solange ihr König hinter ihnen stand und jammerte, was für ein braves, unschuldiges Kind seine Tochter doch sei. Sie taten alles Menschenmögliche, um das Fieber zu senken – Wadenwickel, Blutegel, den üblichen Zauber –, aber es half alles nichts. Das Fieber stieg mit jeder Stunde der Nacht höher, und sie wurde immer kränker, bis das Gift hervorzubrechen begann und sich in ihrem Gesicht, auf dem Hals und auf den Brüsten hässliche Eiterblasen bildeten.

Jerushas Vater verlor schließlich die Geduld mit den Ärzten und schickte sie fort. Als er endlich allein mit ihr war, beugte er sich zu der Liegenden hinunter und flüsterte ihr ins Ohr:

›Kannst du mich verstehen, mein Kind? Bitte, meine süße Jerusha, wenn du mich verstehen kannst, so sag mir, was dir widerfahren ist, damit ich jemanden suchen kann, der dir hilft.‹

Zuerst reagierte sie nicht. Er wusste nicht einmal, ob sie ihn überhaupt gehört hatte. Aber er ließ nicht locker. Die ganze Nacht über redete er auf die Kranke ein. Und dann, gerade als der Morgen zu dämmern begann, sagte sie ein einziges Wort …«

»Fluss«, warf Rachel ein.

»Ja. Sie sagte das Wort *Fluss.*

Ihr Vater ließ umgehend den Haushofmeister kommen und befahl ihm, mit allen Bediensteten des Schlosses, sämtlichen Mägden, Lakaien und Köchen die Flussufer abzusuchen, bis sie herausgefunden hatten, was seiner geliebten Jerusha dort zugestoßen war.

Der Haushofmeister trommelte eilends alle Dienstboten zusammen, bis hin zu dem kleinen Jungen, dessen Aufgabe es war, die Asche aus dem Herd zusammenzukehren. Sie alle machten sich auf den Weg zum Fluss. Nur Jerusha und ihr Vater blieben in dem großen Haus zurück, in dem das Licht des Tages langsam von Zimmer zu Zimmer vordrang.

Weinend wartete der Vater, hielt dabei die Hand seiner Tochter, wiegte sie in seinen Armen und sagte ihr, wie sehr er sie liebte, und schließlich sank er – alle seine Vernunftprinzipien über Bord werfend – auf die Knie und betete zu Gott um ein Wunder. Es war sein erstes Gebet seit dem Tag, an dem man ihn als Kind gezwungen hatte, am Sarg seiner Mutter zu beten. Damals hatte er bei sich gedacht: Wenn du sie nicht wieder zum Leben erweckst, Gott, werde ich nie wieder an dich glauben. Natürlich war die Mutter in ihrem Sarg nicht wieder lebendig geworden, und der kleine Junge hatte von diesem Tag an nur noch auf die Vernunft gebaut.

Aber in dieser Stunde verließ ihn sein Glaube an die Vernunft, und er betete inbrünstiger als der Papst selbst um ein Zeichen des Himmels.

Auch die Dienstboten schickten Gebete zum Himmel, während sie unter Jammern und Wehklagen das Flussufer absuchten.

Der Kleinste von allen, der Junge, dessen Aufgabe es war, die Asche aus dem Herd zusammenzukehren, sah den Mann im Fluss als Erster. Laut schreiend rief er die anderen Dienstboten herbei: ›Kommt und seht euch das an! Kommt schnell!‹

Als der Haushofmeister bei dem Jungen anlangte, hatte sich eine Gestalt aus dem Fluss erhoben, und die Morgensonne, die auf sie herunterströmte, durchdrang diesen Körper mit Strahlen, die in den reinsten Farben schillerten. Die Leute wussten nicht, ob sie Angst haben oder vor Freude jauchzen sollten, also blieben sie wie angewurzelt auf der Stelle stehen und starrten das Geschöpf an, das ihnen jetzt entgegenwatete. Einige der Frauen schlugen die Augen nieder, als sie seiner Blöße gewahr wurden, aber die meisten vergaßen die Tränen, die eben noch so reichlich geflossen waren, und gafften das Wesen mit aufgerissenen Augen an.

›Ich habe gehört, wie jemand für meine Jerusha gebetet hat‹, sprach der Mann aus dem Fluss. ›Ist sie krank?‹

›Todkrank‹, antwortete der kleine Junge.

›Willst du mich zu ihr bringen?‹ fragte der Mann aus dem Fluss den Jungen.

Das Kind nahm ihn wortlos bei der Hand und führte ihn durch den Wald zurück.«

»Hat denn niemand den Versuch gemacht, sie aufzuhalten?« wollte Rachel wissen.

»Dem Haushofmeister ging der Gedanke durch den Kopf. Aber er war kein abergläubischer Mensch. Wie sein Herr glaubte er daran, dass es auf der Welt keine Sache gab, die nicht im Grunde ihres Wesens einen natürlichen Ursprung gehabt hätte und eines Tages von der Wissenschaft erklärt werden könnte. So folgte er dem kleinen Jungen und dem Mann aus dem Fluss in einigem Abstand, ohne etwas zu unternehmen.

Im Haus war Jerusha unterdessen dem Tode nah. Ihr Körper war jetzt so heiß vom Fieber, dass es aussah, als müsste sie in ihrem Bett gleich in Flammen aufgehen und zu einem Häuflein Asche verbrennen.

In diesem Augenblick vernahm ihr Vater von der Treppe her ein Geräusch, als würde jemand einen nassen Lappen Stufe um Stufe auf den Marmor klatschen. Er ließ die Hand seiner Tochter los und öffnete die Tür. Der Korridor war von einem Licht erfüllt, das flirrte wie Sonnenlicht, wenn es von einer Wasserfläche reflektiert wird. Und dort auf der Treppe kam, sich unter Qualen von Stufe zu Stufe schleppend, der Mann aus dem Fluss näher. Seine Wassergestalt wurde mit jeder Stufe weniger. Mit jedem Schritt, den er sich von seinem Element entfernte, verlor er an lebendiger Substanz.

Natürlich wollte Jerushas Vater wissen, wer er sei und was er im Haus zu suchen habe. Aber der Mann aus dem Fluss durfte seine Kraft nicht mit Worten vergeuden, darum antwortete der Junge an seiner Stelle.

›Er ist gekommen, um zu helfen‹, erklärte er.

Jerushas Vater wusste nicht, was er davon halten sollte. Die Vernunft in ihm sagte: Hab keine Angst, nur weil du noch nie etwas dergleichen gesehen hast. Und der Teil in ihm, der Gott um Beistand angefleht hatte, flüsterte ihm zu: Das hat dir der Himmel gesandt. Und dieser Teil hatte ganz furchtbare Angst, denn wenn dieses Geschöpf ein Engel war – dieser silbrige Schatten, der da schwankend näher kam –, was für eine Art Gott war das dann, der ihn gesandt hatte? Und was für eine Art von Rettung würde er seiner Tochter bringen?

Über diese Frage zerbrach er sich den Kopf und versperrte dem

Mann aus dem Fluss dabei den Weg zur Tür, als er Jerusha rufen hörte:

›Bitte, Papa … lass … ihn … herein …‹

Überrascht, die Stimme seiner Tochter zu vernehmen, stieß er die Tür auf, und in diesem Augenblick stürmte der Mann wie eine aufgestaute Wassermasse durch einen brechenden Damm an ihm vorüber an Jerushas Krankenlager.

Ihre Augen waren geschlossen, aber sie wusste genau, wer ihr Retter war. Sie fing an, sich die Kleider vom Leib zu reißen, die mit Blut und Eiter besudelt waren. So ungestüm zerrte sie daran, dass es keine halbe Minute dauerte, bis sie nackt vor ihm lag, jeder Zentimeter ihres geschundenen Leibes preisgegeben den Blicken ihres Vaters und des Mannes aus dem Fluss.

Dann streckte sie die Arme aus wie eine Frau, die ihren Geliebten freudig in ihrem Bett empfängt …«, hier machte Galileo eine Pause, bevor er mit leiserer Stimme fortfuhr: »*… was sie in diesem Augenblick natürlich auch tat.*

Plötzlich war es in dem Raum, als würde die Zeit angehalten. Jerusha mit ausgebreiteten Armen, der Mann aus dem Fluss am Fußende ihres Lagers, der Vater in sprachlosem Erstaunen, was er da getan hatte, dieses Ding in die Nähe seiner Tochter zu lassen.

Im nächsten Augenblick warf sich der Mann aus dem Fluss wortlos auf das Mädchen. Und als er ihren Körper berührte, brach er wie eine Welle, ergoss sich über ihr Gesicht, ihre Arme und Brüste, ihren Bauch und ihre Schenkel. In dieser Sekunde wich alles Menschliche aus seiner Gestalt. Jerusha schrie vor Schmerz und Entsetzen laut auf, als sich diese Sturzflut zischend und brodelnd über ihren Körper ergoss wie Wasser, das man zum Löschen in die Flammen gießt. Dampf stieg von ihrem Lager auf, und ein fauliger Gestank erfüllte den Raum.

Aber als er verflogen war …«

»War sie geheilt?« warf Rachel ein.

»*… war sie geheilt.*«

»Vollständig?«

»*Ihre Haut war so makellos wie eh und je. Jede Schwäre, jedes Fieberbläschen war verschwunden. Sie war von Kopf bis Fuß geheilt. Sogar von dem giftigen Biss an ihrem Schenkel war nichts mehr zu sehen.*«

»Und der Mann aus dem Fluss?«

»Der verschwand natürlich auch«, sagte Galileo leichthin, als sei ihm dieser Teil der Geschichte eher gleichgültig.

Aber Rachel hakte unbeirrt nach. »Er hat sich also geopfert.«

»So muss es wohl gewesen sein«, erwiderte Galileo. Dann fuhr er fort, als fiele es ihm leichter, über diese Frage zu reden, wenn er sie in seine Geschichte einbettete:

»Jerushas Vater war überzeugt, dass er das ganze Unglück durch seinen Unglauben heraufbeschworen hatte, dass Gott dieses Leid über seine Jerusha gebracht hatte, um ihm zu zeigen, wie doch jeder Mensch manchmal auf göttliche Hilfe angewiesen war.«

»Um ihn das Beten zu lehren, mit anderen Worten?«

»So ist es ... Und wenn es wirklich das Werk Gottes gewesen war, so hatte er ganze Arbeit geleistet, denn Jerushas Vater wurde zu einem tief gläubigen Menschen. Er ließ mit allem Geld, das er besaß, am Flussufer, wo Jerusha das Wesen zum ersten Mal gesehen hatte, eine Kathedrale errichten. Es war ein großartiges Bauwerk. Gewaltig. Ein achtes Weltwunder, wäre es je vollendet worden.«

»Und warum wurde es nicht vollendet?«

»Nun ... dieser Teil der Geschichte ist sehr merkwürdig«, warnte Galileo.

»Merkwürdiger als das, was bis jetzt geschehen ist?«

»Ich denke schon. Wissen Sie – *der alte Mann wollte, dass das Taufbecken aus dem Fluss gespeist wurde. Das stieß bei einigen der Bischöfe auf Widerstand, die meinten, man könne mit diesem Wasser keine Kinder taufen, weil es kein heiliges Wasser sei. Worauf Jerushas Vater entgegnete* ... na ja, Sie können sich wahrscheinlich denken, was er sagte. *Das Wasser sei sehr wohl heilig, wies er die Bischöfe zurecht, denn es habe seine Jerusha gesund gemacht. Es bedürfe keines lateinischen Sermons, um es zu heiligen. Die Bischöfe reichten eine Beschwerde in Rom ein. Der Papst versprach, sich um die Sache zu kümmern.*

Unterdessen gingen die Arbeiten weiter. Vom Fluss wurden Leitungen in das Kirchenschiff gelegt, wo ein wundervolles, von florentinischen Künstlern geschaffenes Taufbecken errichtet worden war.

Ich sollte vielleicht erwähnen, dass der Frühling gerade begonnen hatte. In den Bergen war in diesem Winter viel Schnee gefallen und die einsetzende Schneeschmelze hatte den Fluss anschwellen lassen; er schäumte so ungestüm dahin wie seit Menschengedenken nicht mehr. Die Menschen, die an der Kathedrale arbeiteten, mussten, um sich zu verständigen, aus vollem Halse schreien, so laut war das Getöse. Und das alles erklärt vielleicht, was dann geschah …«

»Nämlich was?«

»Jerushas Vater machte einen Rundgang durch die Kathedrale und näherte sich eben dem Taufbecken, als irgendjemand – weil er möglicherweise eine Anweisung falsch verstanden hatte – das Ventil für den Wasserzufluss zum ersten Mal öffnete.

Ein wahres Erdbeben brach los. Die Kathedrale wurde von den Grundfesten bis zur höchsten Turmspitze erschüttert. Die Steinplatten, mit denen man die Leitung abgedeckt hatte – eine jede mindestens eine Tonne schwer –, wurden von dem Wasser, das vom Fluss in das Taufbecken donnerte, in die Luft gewirbelt wie Spielkarten …«

Rachel sah die Szene deutlich vor sich; in ihrem Kopf tobten Lärm und Chaos. Sie spürte, wie die Mauern erbebten, hörte die Schreie und Stoßgebete der Menschen, sah, wie sie wild durcheinander rannten, um dem Inferno zu entkommen. Noch bevor Galileo weiterredete, wusste sie, dass sie es nicht schaffen würden. Sie würden alle umkommen.

»… und als das Wasser das Taufbecken erreichte, kam es mit einer solchen Wucht, dass das Becken in tausend Stücke zersprang. Die Steinbrocken wurden durch die Luft katapultiert …«

Dieses Bild hatte sie nicht gesehen …

»… wie ein Trommelfeuer von Geschossen in allen Größen.«

… sie hatte sich vorgestellt, dass das Dach auf die Menschen herunterbrechen, die Mauern über ihnen zusammenstürzen würden. Aber es war das Taufbecken, das den größten Schaden anrichtete …

»… Schädeldecken zerbarsten, Herzen wurden durchschlagen, Arme und Beine wurden abgetrennt. Es war eine Sache von Sekunden.

Jerushas Vater war dem Taufbecken am nächsten, und das war sein Glück, denn er fand als erster den Tod. Eine mächtige Steinplatte mit einem Engelsrelief traf ihn und schleuderte ihn in den Fluss hinaus. Seine Leiche wurde nie gefunden.«

»Und die anderen?«

»Genau, wie Sie es sich ausgemalt haben.«

»Sie sind alle umgekommen.«

»Ohne Ausnahme. Keiner von denen, die an diesem Tag an der Kathedrale gearbeitet hatten, kam mit dem Leben davon.«

»Wo war Jerusha?«

»Im Haus ihres Vaters, das hoffnungslos verfiel, seit er mit dem Bau der Kathedrale begonnen hatte.«

»Sie blieb also am Leben?«

»Sie und einige der Dienstboten, unter ihnen der Junge, dessen Aufgabe es war, die Asche aus dem Herd zusammenzufegen. Der Junge, der den Mann aus dem Fluss zu ihr geführt hatte.«

An dieser Stelle verstummte Galileo, sehr zu Rachels Verwunderung.

»War das alles?« fragte sie.

»Das war alles«, erwiderte er. »Was könnte jetzt noch kommen?«

»Ich weiß es nicht … irgendetwas …« Sie dachte über die Frage nach. »Ein Ende …«

Galileo zuckte die Schultern. »Es tut mir Leid«, sagte er. »Wenn es ein Ende gibt, so kenne ich es zumindest nicht.«

Eine leichte Verärgerung stieg in ihr auf; erst hatte er ihre Neugier geweckt, sie mit allen möglichen versteckten Hinweisen auf eine tiefere Bedeutung seiner Geschichte gelockt, und jetzt, da sie am Ende angekommen waren – oder doch zumindest da, wo für ihn angeblich das Ende erreicht war –, blieb alles offen.

»Es ist eine einfache kleine Geschichte«, bemerkte er.

»Aber sie hat kein richtiges Ende.«

»Sie können sich selbst eins ausdenken, das habe ich Ihnen bereits gesagt.«

»Und ich sagte, dass ich es von Ihnen hören möchte.«

»Ich habe Ihnen alles erzählt, was ich weiß«, entgegnete Galileo. Dann fuhr er mit einem Blick zum Fenster fort: »Ich glaube, es wird Zeit, dass ich gehe.«

»Wohin?«

»Zurück zu meinem Schiff. Es heißt *Samarkand* und liegt in der Bucht unten vor Anker.«

Weil sie verärgert war, dass er die Geschichte so merkwürdig beendet hatte, aber auch weil sie nicht den Eindruck erwecken wollte, dass sie allzu begierig auf seine Gesellschaft war, fragte sie ihn nicht, warum er gehen musste. Aber sie stellte ihm, bevor sie recht wusste, was sie tat, eine andere Frage:

»Werden Sie wiederkommen?«

»Das hängt ganz von Ihnen ab«, antwortete er. »Wenn Sie es wünschen, komme ich wieder.«

Das sagte er so unbefangen, so offen, dass ihr Ärger wie weggeblasen war.

»Natürlich möchte ich, dass Sie wiederkommen«, erklärte sie.

»Dann werde ich es tun.« Mit diesen Worten war er verschwunden. Rachel strengte ihre Ohren an, konnte aber nicht hören, wie er sich durchs Haus entfernte – keine Fußtritte, nicht den geringsten Laut. Sie schlüpfte aus dem Bett und trat ans Fenster. Der Himmel hatte sich zugezogen, sodass der Garten nun in tiefer Dunkelheit dalag. Aber ihre Augen fanden ihn dennoch, als er mit schnellen Schritten den Rasen überquerte und auf den Strand zulief. Sie sah ihm nach, bis er verschwunden war. Dann stieg sie wieder ins Bett, lag aber noch eine Stunde lang in der Dunkelheit wach und lauschte dem Doppelrhythmus ihrer Herzschläge und der Brandung, während sie über die Frage nachgrübelte, ob sie vielleicht den Verstand verloren hatte.

III

1

Als sie im frühen Morgengrauen erwachte, begab sie sich unverzüglich zum Strand, in der Hoffnung, dort auf die *Samarkand* zu stoßen – vielleicht sogar Galileo an Deck zu sehen –, aber die Bucht lag verlassen da. Sie suchte den Horizont ab, konnte aber weit und breit keine Spur von einem Schiff entdecken. Wohin, zum Teufel, war er verschwunden? Vor ein paar Stunden erst hatte er sie gefragt, ob er wiederkommen solle, und sie hatte seine Frage unmissverständlich bejaht. Hatte er das nur gesagt, um ihre Gefühle nicht zu verletzen, um aus ihrer Nähe zu entkommen, ohne sich förmlich verabschieden zu müssen? Wenn das zutraf, war er ein elender Feigling.

Rachel machte auf dem Absatz kehrt und ging zum Haus zurück. Wenige Schritte, bevor sie den Weg erreichte, stieß sie auf die Überreste des Feuers, das Galileo am Abend zuvor entfacht hatte: ein schwarzer Kreis aus verkohltem Holz und Asche, die sich im Wind allmählich über den ganzen Strand verteilte. In Gedanken noch voller Groll über den Wankelmut ihres Besuchers vom Vorabend ging sie in die Hocke. Ein bittersüßer Duft stieg ihr in die Nase, ein Gemisch aus dem beißenden Geruch eines erloschenen Feuers und dem intensiven Aroma, das sie am Vorabend bis ins Haus begleitet hatte: dem Aroma, das ihr in den Kopf gestiegen war und in ihrer Fantasie diese merkwürdigen Farben und Bilder hatte entstehen lassen.

War es möglich, so fragte sie sich, dass ihr erster Eindruck sie nicht getrogen hatte, dass Galileo wirklich nur eine Halluzination, ein Wachtraum gewesen war, ausgelöst durch den aromatisierten Rauch dieses Feuers?

Sie erhob sich und ließ den Blick über die menschenleere Bucht schweifen. In der Erinnerung sah sie Galileo klar und deutlich vor sich, wie er in ihr Zimmer gekommen war, hörte den Klang seiner Stimme, die verworrene Geschichte, die er erzählt hatte: von Jerusha am Fluss, dem Flussgott in seiner strahlenden Schönheit, dem giftigen Insekt. Wenn es überhaupt einen Beweis dafür gab, dass er leibhaftig in ihrem Haus gewesen war, so diese Geschichte. Sie hatte sie schließlich nicht erfunden, sie hatte sie sich nicht selbst erzählt; irgendjemand hatte ihr diese Bilder und Vorstellungen eingegeben.

Galileo war kein Produkt ihrer überbordenden Fantasie. Er war lediglich einer unter vielen Männer, auf die man sich nicht verlassen konnte.

Sie machte sich eine Kanne starken Kaffees, den sie mit sehr viel Zucker trank. Dann duschte sie, nahm ein kärgliches Frühstück zu sich, trank noch eine Tasse Kaffee und rief schließlich Margie an.

»Hast du jetzt mehr Zeit zum Reden?« fragte sie.

»Zehn Minuten«, erwiderte Margie. »Dann muss ich gehen. Ich muss heute unbedingt pünktlich sein.«

Diese Bemerkung erstaunte Rachel; Pünktlichkeit war sonst nicht Margies Stärke. »Um was geht es denn?« wollte sie wissen.

»Um *wen* geht es denn, wolltest du wohl sagen«, berichtigte Margie.

»Ach ja … dein Superficker.«

»Danny«, rief ihr Margie in Erinnerung. »Er tut mir echt gut, Schätzchen. Ich meine, *echt* gut. Letzte Woche hat er mir gesagt, er würde nicht mehr mit mir schlafen, wenn ich betrunken bin, also habe ich schon seit zwei Tagen keinen Alkohol angerührt. Wir haben uns stattdessen geliebt. Und wie wir uns geliebt haben! Danach hatte ich überhaupt kein Bedürfnis mehr nach Alkohol. Ich wollte nur noch in seinen Armen einschlafen. Kannst du dir das vorstellen?«

»Es klingt wunderbar, Margie.«

»Das ist es. Es ist so wunderbar, dass es mir fast Angst macht. Wie dem auch sei … ich muss gleich weg, erzähl mir also nur schnell das Wichtigste. Wie steht es bei dir?«

»Wie du gesagt hast: Es ist traumhaft.« Sie brannte darauf, Margie von ihrem Besucher zu erzählen, hatte aber die Befürchtung, dass sie das Erlebnis in der Kürze der Zeit, die ihr zur Verfügung stand, nur unzulänglich würde wiedergeben können. So erzählte sie gar nichts davon und fragte stattdessen: »Wann warst du das letzte Mal hier?«

»Hm ... das muss jetzt sechzehn oder siebzehn Jahre her sein. Ich war dort für kurze Zeit sehr glücklich. Ich habe dort *Trost* gefunden.« Rachel entging ihre merkwürdige Wortwahl nicht. »Dieses eine Mal habe ich mein Leben deutlich vor mir gesehen. Weißt du, was ich meine?«

»Eigentlich nicht so recht ...«

»Na ja, das war's, was ich erlebt habe. Ich konnte mein Leben sehen, und anstatt etwas zu ändern, als ich es sah, habe ich einfach den Weg des geringsten Widerstands gewählt. Herrje, Schatz, jetzt muss ich aber wirklich los. Ich will meinen Liebling doch nicht warten lassen.«

»Das verstehe ich.«

»Lass uns morgen noch einmal telefonieren.«

»Was ich dich noch fragen wollte ...«

»Ja?«

»... ist dir irgendetwas wirklich Seltsames passiert, als du hier warst?«

Darauf schwieg Margie lange.

Dann sagte sie schließlich: »Wir müssen uns unterhalten, wenn ich mehr Zeit habe, Schätzchen. Aber du hast Recht, natürlich sind mir dort seltsame Sachen passiert.«

»Und wie hast du reagiert?«

»Das habe ich dir doch gesagt. Ich bin den Weg des geringsten Widerstands gegangen. Und ich habe es immer bereut. Glaub mir, Liebes, eine Gelegenheit wie diese wird es in deinem Leben nie wieder geben. Sie begegnet uns nur einmal, und wenn du bereit bist, blickst du nicht zurück und fragst dich, was die anderen wohl denken werden. Du gehst einfach vorwärts.« Als sie fortfuhr, war ihre Stimme kaum mehr als ein Flüstern. »Natürlich werden wir alle entsetzlich neidisch sein. Wir werden dich dafür verfluchen, dass du tust, was wir nicht getan haben, was wir vielleicht nicht tun konnten. Aber tief im Innern werden wir es dir gönnen.«

»Wer ist *wir?*« fragte Rachel.

»Die Frauen der Gearys«, erklärte Margie. »Wir alle, die armen, traurigen und zutiefst frustrierten Frauen der Gearys.«

2

Nach dem Mittagessen unternahm Rachel einen Spaziergang, diesmal allerdings nicht am Strand entlang, sondern ins Landesinnere. Am Morgen hatte eine sanfte Brise geweht, die aber gegen Mittag völlig abgeflaut war, und nun war es heiß und drückend. Das Wetter passte zu Rachels Stimmung. Sie fühlte sich wie gelähmt; unfähig, sich weit vom Haus zu entfernen, um ja Galileo nicht zu verpassen, sollte er wider Erwarten doch auftauchen, unfähig sogar, an etwas anderes zu denken als an ihn – an ihn und seine Geschichte.

Draußen schwirrten an diesem Tag ungewöhnlich viele große Insekten herum. Jedes Mal, wenn eines dieser Tiere aus dem Gebüsch aufflog, musste sie an das Insekt auf Jerushas Schenkel denken und daran, wie Galileo seinen Biss nachgeahmt hatte. Und es war die einzige Berührung gewesen, dieses schmerzhafte Kneifen. Soviel zur Zärtlichkeit. Aber hatte sie nicht seine Hand genommen, als er sie zurückziehen wollte, und hatte sie nicht die harten, schwieligen Finger und die Hitze seiner Handflächen gespürt?

Diesen Augenblick wollte sie erneut erleben, und diesmal würde sie nicht nur seine Hand halten. Sie würde ihn dazu bringen, seinen Mund auf die Stelle zu pressen, an der er sie gezwickt hatte, würde ihn dazu bringen, ihren Schmerz wegzuküssen. Sie zu küssen und immer weiter zu küssen, tiefer und tiefer und tiefer, bis er klein beigab. Und das würde er tun, o ja. Sie wusste, dass er es tun würde.

Denn die ganze Geschichte war ein Spiel gewesen; seine Art, sie beide auf eine süße Folter zu spannen und den unvermeidlichen Augenblick, in dem sie sich lieben würden, hinauszuzögern.

Sie setzte sich am Wegrand ins Gras, fächelte sich mit einem tellergroßen Blatt, das sie von einem Baum gepflückt hatte, Luft zu und stellte sich vor, wie er in ihrer Tür gestanden hatte. Wie sich die Muskeln unter seinem T-Shirt abgezeichnet hatten, das Funkeln in seinen Augen, als er sie angesehen hatte, das zögernde Lächeln, das sich von Zeit zu Zeit in seine Miene geschlichen hatte. Das und sein Name war eigentlich schon alles, was sie von ihm wusste. Woher also, so fragte sie sich, dieses Gefühl der Einsamkeit und des Verlusts bei dem Gedanken, dass sie ihn vielleicht nie wieder sehen würde? Wenn sie sich so verzweifelt danach sehnte, Trost im bloßen Sex zu finden, würde es ihr an Gelegenheit sicher nicht mangeln, weder hier auf der Insel noch in New York. Aber sie sehnte sich nicht nach irgendeinem männlichen Körper, sie sehnte sich nach ihm, nach Galileo. Was für ein Unfug andererseits. Gewiss, er sah gut aus, aber er war schließlich nicht der erste gut aussehende Mann, der ihr begegnete. Und sie wusste zu wenig von ihm, um dem Charme seiner geistigen Qualitäten zu erliegen. Warum also saß sie hier und dachte unaufhörlich an ihn wie ein liebeskranker Teenager?

Sie warf ihren Behelfsfächer beiseite und sprang auf. Was immer der Grund für ihre Gefühle sein mochte, sie waren da, und sie würden sich nicht in Luft auflösen, nur weil es ihr nicht gelang, ihnen auf den Grund zu gehen. Sie begehrte diesen Mann; so einfach war das. Und der Gedanke, dass er vielleicht davongesegelt war, ohne ihr zu sagen, wohin, machte sie ganz krank.

Als sie zum Haus zurückkam, saß Niolopua auf der Eingangstreppe und trank Bier aus einer Dose. Am Hausgiebel lehnte eine Leiter, und auf dem Rasen türmte sich ein Berg abgeschnittener Ranken. Er hatte schwer gearbeitet, zumindest eine Zeit lang. Jetzt saß er müßig in der Sonne und trank sein Bier, und er machte auch keinerlei Anstalten, das zu verbergen, als Rachel auftauchte. Er machte nicht einmal Anstalten, höflicherweise aufzustehen. Er hob nur sein verschwitztes Gesicht, sah ihr blinzelnd entgegen und sagte:

»Da sind Sie ja ...«

»Haben Sie mich gesucht?«

Er schüttelte den Kopf. »Ich habe mich nur gewundert, dass Sie nicht da waren, das ist alles.«

Er stellte die Bierdose auf der Treppe ab. Es war, wie sie sah, nicht sein erstes Bier. Drei leere Dosen standen bereits neben ihm. Kein Wunder, dass nichts mehr von der Zurückhaltung zu merken war, die er bei ihrer ersten Begegnung an den Tag gelegt hatte. »Sie sehen aus, als hätten Sie nicht besonders gut geschlafen«, bemerkte er.

»Da haben Sie zufällig Recht.«

Er kramte eine weitere Bierdose aus seiner Umhängetasche. »Wollen Sie auch eins?« fragte er.

»Nein. Aber vielen Dank.«

»Ich trinke normalerweise nicht während der Arbeit«, erklärte er. »Aber heute ist ein besonderer Tag.«

»Aha ... Und warum?«

»Raten Sie mal.«

Es fiel ihr immer schwerer, einen jovialen Ton zu bewahren. Dazu fand sie sein Benehmen zu provozierend, und so sagte sie: »Wissen Sie was? Ich glaube, es ist das Beste, Sie packen jetzt Ihre Sachen zusammen und gehen nach Hause.«

»Ach ja? Glauben Sie das?« Es gab ein zischendes Geräusch, als er die Bierdose mit einem Ruck aufriss. »Und wenn ich Ihnen nun sage: Dies *ist* mein Zuhause?«

»Ich weiß nicht, wovon Sie reden«, entgegnete sie kalt und wandte sich der Haustür zu.

»Meine Mutter hat ihr Leben lang hier gearbeitet. Sie hat mich schon als Baby mit hierher genommen.«

»Aha.«

»Ich kenne dieses Haus besser, als Sie es je kennen werden.« In der Gewissheit, dass er ihre Neugier geweckt hatte, kehrte er ihr den Rücken zu. »Ich liebe dieses Haus. Sie kommen hierher, eine nach der anderen, und benehmen sich, als würde es Ihnen gehören ...«

»Es gehört nicht mir. Es gehört der Familie Geary.«

»Nein, das ist nicht wahr«, widersprach Niolopua, »es gehört den Frauen der Familie Geary. Noch nie war einer der Männer hier. Nur die Frauen.« Er verzog missbilligend das Gesicht. »Warum begnügen Sie sich nicht mit Ihrem Ehemann? Warum müssen Sie hierher kommen und ...«, aus der Missbilligung wurde Verachtung, »... und ... alles in den Schmutz ziehen?«

»Was, zum Teufel, reden Sie da?« Sie wandte sich von der Tür ab und baute sich vor ihm auf. Niolopua wich ihrem Blick nicht aus, und was sie in seinen Augen las, konnte sie nur als blanken Hass bezeichnen.

»Sie denken gar nicht daran, was Sie ihm antun, oder?«

»Ihm?«

»Nicht, dass je ein Funken Liebe im Spiel wäre.«

»Ihm?«

»Ja. Ihm.«

»Galileo?«

»Ja! Wem sonst?« Niolopua sprach die Worte aus, als hätte er eine Schwachsinnige vor sich. »Von wem sonst sollte ich sprechen?« In seinen Augen standen Tränen der Wut und Verzweiflung. »Meine Mutter war die Einzige, die ihn je geliebt hat. Die *Einzige!*« Er wandte das Gesicht ab, um seine Tränen zu verbergen, die jetzt so hemmungslos strömten, dass sie auf die Treppe tropften. »Er hat dieses Haus für sie gebaut.«

»Galileo hat dieses Haus gebaut?«

Niolopua nickte, ohne sie anzusehen.

»Wann war das?«

»Ich weiß es nicht genau. Es ist sehr lange her. Es war das erste Haus, das an diesem Küstenstreifen gebaut wurde.«

»Das kann nicht stimmen«, widersprach Rachel. »Er ist noch nicht so alt. Ich meine, wie alt kann er sein – vierzig? Wenn überhaupt.«

»Sie haben ja keine Ahnung, wer er ist.« Er sagte das in

einem so mitleidigen Ton, als sei Rachels Unwissen viel schwerwiegender als ein bloßer Mangel an Information.

»Dann sagen Sie es mir«, bat sie. »Helfen Sie mir, es zu verstehen.«

Niolopua trank einen Schluck Bier. Starrte zu Boden. Sagte nichts.

»Bitte«, beschwor sie ihn leise.

»Sie wollen ihn doch nur benutzen«, brach es statt einer Antwort aus ihm heraus.

»Sie haben das falsch verstanden«, widersprach sie. Und als er darauf beharrlich schwieg, fuhr sie schließlich fort: »Ich bin nicht wie die anderen, Niolopua. Ich bin keine Geary. Oder nein … das stimmt nicht ganz … ich habe einen Mann geheiratet, den ich zu lieben glaubte, und dieser Mann war zufällig ein Geary. Mir war nicht klar, was das bedeutete.«

»Tja, mein Vater hasst Sie alle. Tief in seinem Innern *hasst* er auch Sie.«

»Und Ihr Vater ist wer?« Sie verstummte abrupt, weil ihr die Antwort plötzlich bewusst wurde. »Oh, mein Gott. Sie sind Galileos Sohn?«

»Ja, ich bin sein Sohn.«

Rachel strich sich seufzend mit den Händen über die Augen. Es gab so vieles hier, das sie nicht verstand: Geheimnisse, Wut und Trauer. Nur eines begriff sie mit absoluter Sicherheit – dass die Gearys selbst hier, in diesem Paradies, Spuren der Zerstörung hinterlassen hatten. Kein Wunder, dass sie Galileo verhasst waren. Ihr selbst waren sie auch verhasst. In diesem Augenblick wünschte sie, die ganze Bande wäre tot. Und fast wünschte sie, sie selbst wäre auch tot. Aus dem Gefängnis, in das sie eingeheiratet hatte, schien es keinen anderen Ausweg zu geben.

»Wird er wiederkommen?« fragte sie nach einer Weile.

»O ja«, erwiderte Niolopua mit ausdrucksloser Stimme. »Er kennt seine Verpflichtungen.«

»Wem gegenüber?«

»Ihnen. Sie sind eine Geary, ob es Ihnen gefällt oder nicht. Darum war er bei Ihnen. Er würde sonst nicht hierher kommen. Sie haben nichts, das er braucht.«

Ihr war klar, dass er sie absichtlich verletzte, weil es ihm Genugtuung verschaffte, aber es traf sie dennoch wie ein Schlag.

»Das muss ich mir nicht anhören«, erklärte sie, machte auf dem Absatz kehrt und ging ins Haus. Niolopua blieb allein mit seinem warmen Bier auf der Treppe zurück.

IV

1

Es ist kein Zufall, dass folgenschwere Ereignisse stets gehäuft auftreten; das liegt in der Natur der Dinge. Ich war in meiner Jugend ein leidenschaftlicher Spieler und weiß aus meinen damaligen Erfahrungen, dass dieses Prinzip sogar im Spielkasino funktioniert. Plötzlich wird der Roulettetisch ›heiß‹; ein Gewinn jagt den anderen. Und wenn Sie sich zufällig zur rechten Zeit am richtigen Tisch befinden, wendet sich das Blatt auf atemberaubende Weise zu Ihren Gunsten. (Es kommt nur darauf an, dass Sie den Moment, in dem der Tisch ›abkühlt‹, erkennen und nutzen, denn sonst verspielen Sie Ihr letztes Hemd.) Dasselbe werden Ihnen Wissenschaftler sagen, die sich mit natürlichen Phänomenen beschäftigen, Astronomen und Insektenforscher zum Beispiel. Über sehr lange Zeitphasen – Millionen von Jahren im Leben einer Sonne, Minuten im Leben eines Schmetterlings – passiert rein gar nichts von Bedeutung. Und plötzlich überschlagen sich die Ereignisse: Eruptionen, radikale Umwälzungen, Katastrophen.

Natürlich lassen wir uns von den Phasen der Ruhe täuschen. Denn auch wenn unsere Messinstrumente, unsere Sinne und unser Verstand nicht ausreichen, um die Prozesse wahrzunehmen, die zum Ausbruch der Ereignisse hinführen, wird es doch unweigerlich zu diesem Ausbruch kommen. Die Sonne, das Rad, der Schmetterling – sie alle verharren in einem Zustand ruheloser Erwartung und lauern auf den Augenblick, in dem ihnen ein unsichtbarer Mechanismus anzeigt, dass der Augenblick gekommen ist. Dann birst die Sonne auseinander; das Rad macht die Armen reich; der Schmetterling paart sich und stirbt.

Wenn wir uns die Familie Geary als eine Einheit vorstellen, war das erste der Ereignisse, welche die Umwälzungen herbeiführen sollten, bereits eingetreten: Rachel und Galileo waren sich begegnet. Auch wenn das, was sich in den darauf folgenden Tagen abspielen sollte, wenig mit ihrer Begegnung zu tun hatte, könnte man rückblickend doch zu der Vermutung kommen, dass die Verbindung zwischen den beiden die folgenden Geschehnisse einleitete.

Mir erscheint der Gedanke gar nicht so abwegig. Ein so tiefes (und so zutiefst irrationales) Gefühl wie die Leidenschaft, die diese beiden Menschen bewegte, muss Folgen haben, muss Schwingungen auslösen, die noch in weiter Ferne ungeahnte Prozesse in Gang setzen.

In diesem Sinne unterscheidet sich die Liebe von allen anderen Phänomenen, denn sie kann zugleich ein Ereignis sein *und* ein Zeichen dieser unsichtbaren Mechanismen, von denen ich gerade sprach; das empfindlichste, das sicherste Zeichen vielleicht. Wenn wir ihrem Ansturm ausgeliefert sind, brauchen wir weder Glück noch Wissenschaft. Wir sind das Rad und der Mensch, den es begünstigt. Wir sind die Sonne und die Finsternis, die sie durchbohrt. Wir sind der Schmetterling, kurzlebig und berückend schön.

All das erzähle ich Ihnen, um Sie auf die Ereignisse vorzubereiten, die kurze Zeit nach der Begegnung zwischen Rachel und Galileo für die Gearys ihren Lauf nehmen und dazu führen sollten, dass ein System, das sich einhundertvierzig Jahre lang erfolgreich am Leben erhalten hatte, innerhalb von achtundvierzig Stunden in sich zusammenbrach.

2

Wer Cadmus Geary kannte, wusste, dass die Vernachlässigung seiner äußeren Erscheinung das sicherste Indiz für die plötzliche Verschlechterung seines gesundheitlichen Zustands war. Obwohl er, seit er die achtzig erreicht hatte, einige schwere und manchmal langwierige Krankheiten durchgemacht hatte, war er immer stolz auf sein untadeliges Äußeres gewesen. Von Kindheit an war ihm das in Fleisch und Blut übergegangen. Es gibt eine Fotografie, auf der er, kaum vierjährig, wie ein kleiner Dandy herausgeputzt ist, sichtlich stolz auf sein perfekt gebügeltes Hemd und die glänzend polierten Schuhe. Man hatte ihn deshalb nicht selten für homosexuell gehalten, was ihn nie gestört hatte. Auf diese Weise war es ihm gelungen, noch mehr Frauen in sein Bett zu locken.

Heute weigerte er sich jedoch verbissen, frische Kleider anzuziehen; er wolle im Pyjama bleiben, erklärte er. Den Einwand seiner Pflegerin Celeste, die ihn bescheiden darauf hinwies, dass er sich in der Nacht beschmutzt hatte, fegte er mit der Bemerkung beiseite, es sei seine eigene Scheiße, und er fühle sich wohl darin. Dann verlangte er, nach unten gebracht und vor den Fernseher gesetzt zu werden. Die Pflegerin kam seinem Wunsch nach und verständigte den Arzt. Cadmus wollte jedoch von einer ärztlichen Untersuchung nichts wissen. Er wollte in Ruhe gelassen werden und schickte Waxman nach Hause. Wenn er sich seinen Anweisungen nicht fügen sollte, so drohte der Alte, würde er sämtliche Mittel streichen, die seine Familie und ihre Treuhandgesellschaften für die medizinische Forschung bereitgestellt hatten, und Waxman selbst würde den in Aussicht gestellten Bonus für seine alten Tage verlieren.

»Das klingt ganz nach dem Cadmus, wie wir ihn kennen und lieben«, bemerkte der Arzt, als er mit Loretta allein war. »Möchten Sie, dass ich es noch einmal versuche?«

Loretta verneinte die Frage und versprach Waxman, ihn zu benachrichtigen, falls sich der Zustand ihres Mannes verschlechtern sollte. Erleichtert tat der gute Doktor, wie Cadmus ihn geheißen hatte: Er ließ den alten Mann, der auf seinem Sofa vor dem Fernseher saß und sich ein Baseballspiel ansah, in Ruhe und ging nach Hause. Etwa eine Stunde später brachte Loretta ihrem Mann etwas zu essen, einen Teller

Suppe, ein halbes getoastetes Brötchen und Frischkäse. Er bat sie, das Tablett auf den Tisch zu stellen. Er würde essen, sagte er, wenn das Spiel zu Ende wäre.

»Ist alles in Ordnung mit dir?« erkundigte sie sich.

Obwohl seine Miene keinen Deut von Interesse für die Vorgänge auf dem Bildschirm verriet, wandte er den Blick nicht vom Fernseher ab, als er ihre Frage beantwortete. »Es könnte nicht besser sein.«

Sie stellte das Tablett auf dem Tisch ab. »Soll ich dir etwas anderes bringen ... vielleicht ein bisschen Obst?«

»Vielen Dank, ich habe schon Durchfall«, beschied er sie liebenswürdig.

»Möchtest du Schokoladenpudding?«

»Ich bin kein Kind, Loretta«, entgegnete er. »Obwohl mir natürlich klar ist, dass ich dir das schon sehr lange nicht mehr bewiesen habe. Aber ich bin sicher, dass es dir irgendjemand zu deiner Zufriedenheit besorgt ...«

»Cadmus ...«

»Ich hoffe nur, dieser Jemand weiß zu schätzen, wie viel Geld es dich gekostet hat, deine Titten und deinen Arsch zu liften und deinen Bauch wieder in Form zu bringen ...«

»Hör auf damit!«

»Hast du dir eigentlich die Muschi auch gleich liften lassen?« fuhr er unbeirrt in seinem liebenswürdigsten Plauderton fort. »Nach all den Jahren musst du ganz schön schlaff geworden sein da unten.«

»Du bist widerlich«, fuhr Loretta auf.

»Darf ich das als ein Ja verstehen?«

»Wenn du nicht sofort aufhörst ...«

»Was wirst du dann tun?« unterbrach er sie, und ein boshaftes Lächeln zuckte um seine pergamentenen Lippen. »Mich übers Knie legen und mir eine Tracht Prügel verpassen? Weißt du noch, wie ich das früher mit dir gemacht habe, Schatz? Erinnerst du dich an die lackierte Haarbürste, die du mir immer gebracht hast, wenn dir nach einer kleinen Bestrafung zumute war?« Loretta wollte nichts mehr hören. Mit energischen Schritten ging sie zur Tür, ihre Absätze klapperten auf dem Parkett. »Hast du dich je gefragt, wie viel von diesen Dingen ich anderen Leuten erzählt habe?« fragte er.

Sie blieb, die Hand zur Türklinke erhoben, wie angewurzelt stehen. »Das hast du nicht getan«, sagte sie.

»Mach dich nicht lächerlich«, entgegnete er. »Natürlich habe ich es einem kleinen Kreis von Auserwählten erzählt. Cecil zum Beispiel. Und einigen Mitgliedern deiner Familie.«

»Du bist wirklich ein *widerlicher, schmutziger* alter Kerl ...«

»So ist's recht, Zuckerpüppchen. Spuck es aus. Es ist vielleicht deine letzte Chance.«

»Du hattest nie eine Spur von Anstand ...«

»Ich wage zu behaupten, dass ich dich ansonsten nicht geheiratet hätte.«

»Was willst du damit sagen?«

»Dass dich außer mir niemand genommen hätte. Bei deinem Ruf. Als ich dich zum ersten Mal nackt sah, dachte ich: An ihr ist von Kopf bis Fuß kein jungfräulicher Fleck, jeder Zentimeter ist schon durchgeknetet, gevögelt und verdroschen worden. Damals hat mich das ziemlich aufgegeilt. Und wenn mich die Leute fragten, warum ausgerechnet diese Nutte, die hat doch schon mit halb Washington geschlafen? dann pflegte ich zu sagen, weil ich ihr ein paar Tricks beibringen kann, die sie noch nicht kennt.« Er verstummte für einen Augenblick. Loretta weinte leise vor sich hin. »Warum heulst du denn?« wollte Cadmus wissen. »Wenn ich tot bin, kannst du aller Welt erzählen, was für ein Dreckskerl ich war. Du kannst ein Buch darüber schreiben, was für ein dekadenter, geiler alter Bock ich war. Ich werde es nicht hören. Ich werde zu sehr damit beschäftigt sein, für meine Sünden zu bezahlen.« Endlich hob er, nachdem er während der gesamten Unterhaltung den Blick nicht vom Bildschirm abgewandt hatte, den Kopf und drehte sich langsam und unter sichtbaren Schmerzen zu ihr um. »Für Menschen, die so reich sterben wie wir, gibt es eine spezielle Hölle«, sagte er. »Sprich also ein paar Gebete für mich, ja?« Sie blickte ihn gedankenverloren an. »Was denkst du gerade?«

»Ich habe mich gefragt … ob du mich je geliebt hast.«

»Ach, du meine Güte, Schätzchen!« rief er aus. »Findest du nicht, dass es ein bisschen spät für solche Sentimentalitäten ist?«

Sie ging ohne ein weiteres Wort hinaus. Es war sinnlos, mit ihm zu streiten; offensichtlich verwirrten die Medikamente seine Gedanken. Sie würde ein Wort mit Waxman sprechen müssen; vielleicht bekam er eine zu hohe Dosis. Sie ging ins obere Stockwerk und zog ein Kleid an, das sie sich schon im Jahr zuvor hatte machen lassen, das sie aber noch nie getragen hatte, weil sie nie in der richtigen Stimmung dazu gewesen war. Es war weiß und schlicht geschnitten, und als sie sich zum ersten Mal darin im Spiegel betrachtet hatte, war es ihr so vorgekommen, als würde sie irgendwie blass aussehen. Jetzt dagegen gefiel ihr im Spiegel der ernste, nüchterne Schnitt und die kühle Ausstrahlung, die er suggerierte.

Ihr Mann hatte sie eine Nutte genannt, und das war nicht fair. Sicher, sie hatte ihre wilden Zeiten durchlebt, und an seiner Bemerkung, dass es an ihrem Körper keinen unberührten Zentimeter gegeben habe, war etwas Wahres. Aber wenn schon. Sie hatte das Beste aus dem gemacht, was ihr von Gott geschenkt worden war, hatte ihr Vergnügen gesucht, wo, wann und mit wem sie nur konnte. Dessen brauchte sie sich nun wirklich nicht zu schämen. Cadmus war seltsamerweise anfangs sogar stolz auf ihren schlechten Ruf gewesen. Er hatte es geradezu genossen, dass sich die Leute über ihre Verbindung das Maul zerrissen. Und sie hatte sich den Geboten der Eitelkeit gebeugt und sich ein paarmal unters Messer begeben, auch darin hatte er Recht. Aber sie konnte sich nur wiederholen: Und wenn schon. Seitdem sah sie zehn Jahre, bei günstiger Beleuchtung sogar fünfzehn Jahre jünger aus, als sie tatsächlich war. Dennoch hatte sie nie den Wunsch gehabt, ihre Schönheit in der Weise für sich zu nutzen, wie es Cadmus gerade angedeutet hatte. Nachdem sie seinen Namen angenommen hatte, war sie nur ein einziges Mal fremdgegangen, und auch das war nur eine Sache weniger Tage gewesen. Ihr hätte die Vorstellung, dass sie diesem Liebhaber das Herz gebrochen hatte, durchaus geschmeichelt, aber derartigen Illusionen gab sie sich nicht hin. Dieser andere war unempfänglich für die Liebe gewesen. Er war davongesegelt, nachdem er mit ihr fertig war, und sie war diejenige gewesen, die mit gebrochenem Herzen zurückblieb.

So ging sie also in ihrem weißen Kleid aus dem Haus und ließ Cadmus allein mit seinem Baseballspiel, von dem er ohnehin in Wirklichkeit nichts sah. Er hatte sich schon seit Monaten kein Spiel mehr angeschaut. Doch wenn er so vor dem Fernseher saß, lenkte ihn das von seinem gegenwärtigen Zustand ab – von den Schmerzen und der Demütigung – und half ihm, seine Gedanken zurückzulenken auf vergangene Tage. Da gab es noch einiges zu tun, einige Dinge in Ordnung zu bringen, bevor ihn der Tod holte und er sich in dieser Hölle wiederfand, die eigens für die Reichen geschaffen war.

Als Atheist aus katholischem Elternhaus glaubte etwas in ihm an diese Hölle; etwas in ihm glaubte daran, dass er – wenn auch nicht in alle Ewigkeit, so doch für lange, lange Zeit – verdammt sein würde, an einem trostlosen Ort, beraubt aller Wohltaten, die Reichtum und Macht vermitteln konnten, zu leiden. Er hatte sich nie viel aus Luxus gemacht, und darum würden ihm auch die Seidenpyjamas, die italienischen Schuhe und der teure Champagner nicht fehlen. Was ihm fehlen würde, war die Macht. Zu wissen, dass er jeden beliebigen Politiker bis in die höchsten Regierungskreise hinein innerhalb von fünf Minuten ans Telefon zitieren konnte, über welche Verbindungen dieser auch verfügen mochte – das würde ihm fehlen. Zu wissen, dass man in jedem Wort, das ihm über die Lippen kam, nach einem Hinweis auf seine verborgenen Wünsche suchte – das würde ihm fehlen. Es würde ihm fehlen, auf ein Podest gestellt zu werden. Es würde ihm fehlen, gehasst zu werden. Es würde ihm fehlen, ein Ziel zu verfolgen. Das war die wahre Hölle, die ihn erwartete: die Ödnis, in der sein Wille nichts zählte, weil er ihn niemandem aufzwingen konnte.

Am Abend zuvor hatte er bei dieser Vorstellung heimliche Tränen vergossen. Nun hatte er keine Tränen mehr. Sein Kopf war eine Jauchegrube, randvoll mit schmutzigen Worten, für die er jetzt, da seine Hure von einer Frau aus dem Haus gegangen war, keine Verwendung mehr hatte. Aus dem Haus gegangen, um es sich richtig besorgen zu lassen, daran zweifelte er nicht; um die Beine für einen stinkenden Hurenbock breit zu machen …

Undeutlich wurde ihm bewusst, dass er die Verwünschungen laut aussprach, dass er Obszönitäten vor sich hin brabbelte, während er in seinem eigenen klebrigen Kot hockte. Und in seinem Kopf tauchten dazu Bilder auf, die seinen unflätigen Monolog begleiteten; so verschwommen allerdings, dass er nicht wusste, ob Fäkalien oder Sex deren Hauptinhalte waren.

Irgendwo in diesem Chaos blitzten andere Gedanken auf, Dinge, um die er sich hätte kümmern müssen. Unerledigte Geschäfte, Abschiede, die noch vor ihm lagen. Aber er konnte seine Gedanken nicht lange genug beisammen halten, um sich darüber Klarheit zu verschaffen; der Schmutz lenkte ihn immer wieder ab.

Als die Pflegerin irgendwann einmal hereinkam und sich nach seinem Befinden erkundigte, kostete es ihn ungeheure Mühe, ihr nicht eine Flut wüster Beschimpfungen entgegenzuschleudern. Stattdessen beherrschte er sich unter Aufbietung seiner letzten Kraft und schickte sie hinaus. Im Hinausgehen versprach sie ihm, in zehn Minuten mit den Medikamenten wiederzukommen, die er zur Mittagszeit einnehmen musste.

Während er noch den leiser werdenden Schritten seiner Pflegerin lauschte, hörte er ein Surren in seinem Schädel. Es schien aus seinem Hinterkopf zu kommen, ein störendes, gedämpftes Dröhnen, das allmählich an Lautstärke zunahm. Er versuchte es abzuschütteln – wie ein Hund, der einen lästigen Floh im Ohr spürt –, aber es wollte nicht verschwinden. Es wurde nur immer lauter und durchdringender. Cadmus umklammerte die Armlehne des Sofas und versuchte, sich hochzuziehen. Er brauchte Hilfe. Ein Kopf voller unflätiger Worte war schon schlimm genug, aber dieses Dröhnen war einfach nicht auszuhalten. Als er endlich auf den Füßen stand, waren seine Beine zu schwach, um ihn zu tragen. Sein Arm knickte ein, und er stürzte seitlich zu Boden. Im Fallen schrie er laut auf, aber er konnte nichts hören. Das Dröhnen in seinem Kopf war jetzt zu solcher Lautstärke angeschwollen, dass es alles andere übertönte: das knackende Geräusch seiner brüchigen Knochen, als er auf dem Boden aufschlug, das Scheppern der Lampe, als er sie, hilflos in der Luft rudernd, mit der Hand vom Tisch fegte.

Beim Aufprall auf dem Boden verlor Cadmus das Bewusstsein, und hätte er in einer weniger grausamen Welt gelebt, so wäre er vielleicht nie wieder daraus erwacht. Aber das Schicksal hielt noch mehr für ihn bereit. Nach einigen Minuten gnädiger Dunkelheit öffnete er die Augen mit flatternden Lidern. Er lag da, wo er gestürzt war, auf der Seite, und das Dröhnen in seinem Kopf war jetzt so laut, dass er das Gefühl hatte, sein Schädel müsse zerbersten.

Nein, nicht einmal die fragwürdige Gnade eines Todes war ihm vergönnt. Er musste hier lebendig und qualvoll ausharren, bis jemand kam und ihn fand.

In seinen Gedanken – wenn man das, was in seinem Kopf vorging, überhaupt so nennen konnte – herrschte Chaos. Zwar schwammen in dem Gebrodel noch Reste von Obszönitäten, aber es waren keine zusammenhängende Worte mehr, nur noch einzelne Silben, die in dem erbarmungslosen Dröhnen unter seiner Schädeldecke verhallten.

Als Celeste kam, war sie die geschäftsmäßige Tüchtigkeit selbst. Sie säuberte seinen Mund von Erbrochenem, überzeugte sich, dass er frei atmen konnte und rief dann einen Rettungswagen. Anschließend lief sie in die Diele hinaus, informierte die Hausangestellten über den Stand der Dinge und bat sie, Loretta ausfindig zu machen und sie zum Mount-Sinai-Krankenhaus zu schicken, wohin man Cadmus bringen würde. Als sie zu dem alten Mann zurückkehrte, stellte sie fest, dass er die Augen einen Spaltweit geöffnet und den Kopf von der Tür abgewendet hatte.

»Können Sie mich hören, Mr. Geary?« fragte sie ihn sanft.

Er antwortete nicht, öffnete aber die Augen ein Stück weiter. Offensichtlich bemühte er sich, seinen Blick auf etwas zu konzentrieren, und der Gegenstand dieser Bemühung war das Gemälde an der gegenüberliegenden Wand. Die Pflegerin hatte keine Ahnung von Kunst, aber dieses Kolossalgemälde hatte im Laufe der Zeit eine solche Faszination auf sie ausgeübt, dass sie den alten Mann eines Tages darüber ausgefragt hatte. Sie hatte erfahren, dass es von einem Künstler namens Albert Bierstadt stammte und dass es seine Vorstellung des grenzenlosen amerikanischen Westens wiedergab. Es sollte dem Betrachter das Gefühl vermitteln, eine Reise zu unternehmen: Sein Blick konnte von einer Stelle des Panoramas zur nächsten wandern und dabei immer neue Dinge entdecken. Cadmus hatte ihr sogar gezeigt, wie man das Bild durch ein zusammengerolltes Blatt Papier betrachten konnte, als würde man durch ein Teleskop blicken. Am linken Rand war ein Wasserfall zu sehen, der sich in einen See ergoss, und an diesem See stillte eine Herde Büffel ihren Durst; dahinter erstreckte sich eine sanft gewellte Ebene, auf der sich helle Sonnenflecke und Schatten abwechselten. Hinter dem Grasland erhob sich eine schneebedeckte Gebirgskette, deren mächtige Gipfel in eine sahnige Wolkendecke eintauchten; nur die höchste Bergspitze ragte schroff vor einem kleinen Stück tiefblauen Himmels auf. Die einzige Menschenseele in dieser Landschaft war ein Siedler auf einem Apfelschimmel, der sein Pferd auf einem Felsgrat am rechten Bildrand angehalten hatte und mit aufmerksamem Blick die Weite absuchte, die sich unter ihm ausbreitete.

»Der Mann ist ein Geary«, hatte Cadmus der Pflegerin erklärt. Sie wusste nicht, ob es ein Scherz war oder sein Ernst, und da sie nicht riskieren wollte, ihn zu verärgern, hatte sie ihn nicht danach gefragt. Aber als sie ihn in diesem Augenblick beobachtete, wie er sich bemühte, seinem Blick eine Richtung zu geben, wusste sie instinktiv, dass dieser Pionier das Ziel seiner Bemühung war. Nicht die Büffel, nicht die Berge, sondern der Mann, der von seinem einsamen Beobachtungsposten aus das Land betrachtete, das zu erobern er sich anschickte. Am Ende gab Cadmus auf: Die Anstrengung war zu viel für ihn. Er stieß einen leisen, resignierten Seufzer aus, und seine Oberlippe kräuselte sich fast verächtlich angesichts der eigenen Hilflosigkeit. »Es ist schon gut ...«, beschwichtigte ihn die Pflegerin und strich eine silberweiße Haarsträhne zurück, die ihm in die Stirn gefallen war. »Ich höre sie kommen.«

Sie hatte nicht gelogen. Die Schritte der Rettungssanitäter waren jetzt tatsächlich aus der Diele zu hören. Im nächsten Moment waren sie bei Cadmus. Sie hoben ihn vom Boden auf, legten ihn auf eine Trage und deckten ihn zu, während sie wie die Pflegerin zuvor in beschwichtigendem Ton auf ihn einredeten.

Als sie die Trage schließlich anhoben, um ihn hinauszubefördern, wanderte sein Blick noch einmal zu dem Gemälde zurück. Celeste hoffte, dass seine ermatteten Augen diesmal ihr Ziel gefunden hatten, obwohl sie es bezweifelte. Die Aussichten, dass er je hierher zurückkehren und das Bild noch einmal betrachten konnte, waren, das wusste sie, mehr als gering.

V

Rachel sah das Haus mit ganz anderen Augen, seitdem sie wusste, dass Galileo sein Erbauer war. Wie mühselig musste es für einen einzelnen Mann gewesen sein, die Baugrube auszuschachten, die Fundamente zu legen, die Mauern hochzuziehen, Fenster und Türen einzusetzen, den Dachstuhl zu zimmern, das Dach zu decken und schließlich das ganze Haus zu streichen. In jedem Stein, in jedem Balken staken wohl sein Schweiß und seine Flüche, aber auch sein genialer Geist, denn sonst wäre das Haus niemals von einer so wohl tuenden Atmosphäre erfüllt gewesen. Kein Wunder, dass Niolopuas Mutter so erpicht darauf war, es zu besitzen. Es hätte sie dafür entschädigt, dass sein Erbauer ihr nicht treu geblieben war.

Nach der Unterhaltung mit Niolopua zweifelte sie nicht mehr daran, dass Galileo wiederkommen würde, aber je weiter die Zeit an diesem Tag vorrückte, umso düsterer wurde ihre Stimmung. Vielleicht machte sie sich etwas vor, wenn sie sich einbildete, in der vergangenen Nacht habe sich ein zartes und kostbares Band zwischen ihnen gesponnen; kam er wirklich wieder, dann geschah dies vielleicht aus einem absurden Gefühl der Verpflichtung heraus. Was bedeutete sie denn schon für ihn? Nichts weiter als eine der vielen Geary-Frauen; eine gelangweilte Ehefrau mehr, die hierher kam, um ein wenig von den Früchten des Paradieses zu naschen. Wie sollte er auch ahnen, dass sie sich wie eine Gefangene fühlte! Und wer konnte ihm einen Vorwurf machen, wenn er Verachtung für sie empfand, weil sie sich in seinem Traumhaus einnistete und müßig im Schatten räkelte wie eine verwöhnte Plantagenbesitzerin, während Niolopua die Sklavenarbeit verrichtete?

Und damit nicht genug! Was hatte sie vergangene Nacht

nur getan? Ihr wurde ganz übel, wenn sie daran dachte. Wie schamlos sie sich vor seinen Augen präsentiert hatte; was war ihr dabei nur in den Sinn gekommen? Hätte eine andere Frau sich so benommen, sie hätte sie als Hure bezeichnet, und sie hätte Grund dazu gehabt. Sie hätte ihm Einhalt gebieten müssen, sobald ihr klar war, wohin die Geschichte führte. Sie hätte sagen müssen: Ich möchte mir das nicht weiter anhören, und dann hätte sie ihn nachdrücklich bitten müssen zu gehen. Dann wäre er vielleicht wiedergekommen, weil es sein Wunsch war, und nicht …

»O Gott …«, hauchte sie.

Da stand er, dort unten am Strand.

Da stand er, und ihr Herz klopfte plötzlich so laut, dass es in ihrem Kopf widerhallte, ihre Hände waren schweißnass, und ihr war flau im Magen. Da stand er, und sie hatte nur noch den einen Wunsch, zu ihm zu laufen, ihm zu sagen, dass sie im Herzen keine Geary war; dass sie im Grunde nicht einmal eine Ehefrau war. Sie wollte ihm sagen, alles sei nur ein dummes Missverständnis – er solle ihr bitte verzeihen und so tun, als seien sie sich nie zuvor begegnet, sodass sie ganz von vorn beginnen könnten, als hätten sie sich gerade eben zufällig bei einem Strandspaziergang kennen gelernt.

Natürlich tat sie nichts dergleichen. Sie beobachtete ihn nur, als er auf das Haus zukam. In diesem Augenblick entdeckte er sie und winkte ihr lachend zu. Sie ging zur Verandatür, schob sie auf und trat ins Freie. Er hatte den Rasen schon halb überquert, in seinen Augen blitzte immer noch das Lachen. Seine Hosenbeine waren bis zu den Knien durchnässt, und auch sein schmuddeliges T-Shirt war von der Gischt so nass geworden, dass es am Oberkörper klebte. Er streckte ihr die Hand entgegen.

»Haben Sie Lust, mit mir zu kommen?« fragte er.

»Wohin?«

»Ich möchte Ihnen etwas zeigen.«

»Ich hole schnell meine Schuhe.«

»Sie werden keine Schuhe brauchen. Wir gehen nur am Strand entlang.«

Sie zog die Fliegentür zu, damit keine Moskitos ins Haus kamen, dann lief sie zu ihm in den Garten hinunter. Er nahm sie bei der Hand, als sei dies die selbstverständlichste Sache der Welt, als sei er schon hundertmal hierher gekommen, habe ihr entgegengelächelt und sie bei der Hand genommen.

»Ich möchte Ihnen mein Schiff zeigen«, erklärte er, während sie den kurzen Weg zum Strand hinuntergingen. »Es liegt in der Nachbarbucht vor Anker.«

»Wunderbar«, sagte sie. »Ach ... übrigens ... ich glaube, ich muss mich für mein Benehmen heute Nacht entschuldigen. Ich ... benehme mich sonst nicht so.«

»Nein?«

Sie war nicht sicher, ob in seiner Stimme ein Anflug von Spott lag oder nicht. Alles, was sie sah, war sein Lächeln, und das schien ihr völlig aufrichtig.

»Also, ich habe mich heute Nacht wunderbar amüsiert«, erklärte er, »wenn Ihnen also wieder einmal danach ist, sich so zu benehmen, dann sagen Sie es mir.« Sie zeigte ihm ein schiefes Lächeln. »Möchten Sie im Wasser laufen?« fragte er, und seine Miene ließ erkennen, dass für ihn das Thema damit geklärt und abgeschlossen war. »Es ist nicht kalt.«

»Mir macht kaltes Wasser nichts aus«, entgegnete sie. »In der Gegend, aus der ich komme, hatten wir strenge Winter.«

»Und wo ist das?«

»Dansky, Ohio.«

»Dansky, Ohio.« Er ließ die Worte auf der Zunge zergehen, als wäre jede einzelne Silbe ein Genuss. »Ich war nur einmal in Ohio. Das war, bevor ich mich für das Meer entschieden habe. Eine Stadt namens Bellefontaine. Ich war aber nicht lange dort.«

»Was meinen Sie damit, dass Sie sich für das Meer entschieden haben?«

»Genau das, was ich sage. Ich habe dem Festland den Rücken gekehrt. Und den Menschen, die darauf leben. Das heißt – eigentlich mehr den Menschen als dem Festland.«

»Sie mögen die Menschen nicht?«

»Einige schon«, erwiderte er mit einem Seitenblick auf sie. »Aber nicht viele.«

»Die Gearys mögen Sie zum Beispiel nicht.«

Das Lächeln, das um seine Lippen gespielt hatte, war mit einem Schlag verschwunden. »Wer hat Ihnen das gesagt?«

»Niolopua.«

»Aha. Es wäre besser, er würde den Mund halten.«

»Seien Sie nicht ungerecht. Er war wütend. Und nach allem, was er mir erzählte, hat sich die Familie hier nicht gerade beliebt gemacht.«

Galileo schüttelte den Kopf. »Ich beklage mich nicht«, sagte er. »Wir leben in einer harten Welt. Das macht die Menschen manchmal bösartig. Es gibt schlimmere als die Gearys. Abgesehen davon ... Sie sind doch auch eine Geary.« Jetzt schlich sich wieder ein Lächeln in seine Augen. »Und Sie sind gar nicht so übel.«

»Ich werde mich scheiden lassen.«

»So? Lieben Sie Ihren Mann denn nicht?«

»Nein.«

»Haben Sie ihn je geliebt?«

»Ich weiß es nicht. Es ist schwer zu sagen, was man fühlt, wenn man einem Menschen wie Mitchell begegnet. Besonders wenn man ein naives Mädel aus dem Mittleren Westen ist und sich einsam fühlt und nicht recht weiß, was man will. Und dann kommt einer wie er und sagt einem, man solle sich darüber keine Gedanken mehr machen. Er würde dafür sorgen, dass alles gut wird.«

»Und das hat er nicht getan?«

Sie dachte einen Moment über seine Frage nach. »Er hat sich redliche Mühe gegeben«, räumte sie ein. »Aber mit der Zeit ...«

»... haben sich Ihre Ansprüche an das Leben geändert«, fiel Galileo ihr ins Wort.

»So ist es.«

»Und am Ende stellt man fest, dass sie einem das, was man sich wünscht, nicht geben konnen.« Ihr wurde mit einemmal klar, dass er nicht mehr von ihr sprach, sondern von sich selbst, von seiner Beziehung zu den Gearys, deren Natur ein Rätsel für sie war.

»Sie tun das Richtige«, fuhr er fort. »Man geht am besten, bevor man anfängt, sich selbst zu hassen.« Auch diese Bemerkung war offensichtlich vor allem an ihn selbst gerichtet, und das empfand Rachel als tröstlich. Er schien gewisse Parallelen in ihrem Leben zu sehen. Damit hatten die Ängste, die sie am Nachmittag gequält hatten, ihren Schrecken verloren. Wenn er ihre Situation tatsächlich so gut verstand, wie es den Anschein hatte – wenn er das Gefühl hatte, dass ihr Schmerz und sein eigener sich in mancher Hinsicht glichen –, dann hatten sie eine gemeinsame Grundlage, auf der sie aufbauen konnten.

Jetzt hätte sie natürlich gern mehr erfahren, aber er war nach seiner Bemerkung verstummt, und sie befürchtete, allzu aufdringlich zu wirken, wenn sie das Thema noch einmal anschnitt. Aber was macht das schon, dachte sie. Warum die Zeit mit Gesprächen über die Gearys vergeuden, wenn es so viel Schönes gibt: den Himmel, der sich in der untergehenden Sonne allmählich rosig färbte, das Meer, das spiegelglatt dalag, das Wasser, das sich um ihre Beine kräuselte, Galileos heiße Hand um die ihre.

Offensichtlich gingen ihrem Begleiter ganz ähnliche Gedanken durch den Kopf.

»Manchmal rede ich mich wie jetzt in düstere Stimmung«, bemerkte er, »und dann sage ich mir: Worüber, zum Teufel, beklage ich mich eigentlich?« Er blickte zu dem korallenfarbenen Wolkenriff auf, das sich hoch über ihnen gebildet hatte. »Was macht es schon, wenn ich die Welt nicht verstehe?« fuhr er dann fort. »Ich bin ein freier Mann. Meistens zumindest. Ich gehe, wohin ich will und wann ich es will. Und wohin ich auch gehe …«, hier wanderte sein Blick langsam vom Himmel zu Rachel, »überall begegnen mir wunderschöne Dinge.« Er beugte sich über sie und hauchte einen Kuss auf ihre Lippen. »Dinge, für die ich dankbar bin.« Sie waren jetzt stehen geblieben. »Dinge, die so schön sind, dass ich meinen Augen kaum traue.« Wieder küsste er sie, aber diesmal war seinem Kuss nicht die geringste Scheu anzumerken. Diesmal schlangen sie die Arme umeinander und küssten sich so leidenschaftlich wie zwei Liebende, die von Anbeginn füreinander bestimmt waren.

Rachel ging flüchtig der Gedanke durch den Kopf, dass dies alles ein Traum war, denn in diesem Augenblick stimmte alles; Galileo war in jeder Hinsicht so vollkommen, dass er fast nicht real sein konnte. Der Himmel, das Meer, die Wolken, ihre Lippen. Seine Augen, in die ihren versenkt. Seine Hände auf ihrem Rücken, in ihrem Nacken, in ihrem Haar.

»Es tut mir Leid …«, hauchte er.

»Was tut dir Leid?«

»Dass ich nicht rechtzeitig gekommen bin«, sagte er. »Dass ich dich nicht gesucht und gefunden habe.«

»Das verstehe ich nicht.«

»Ich habe nicht hingesehen. Ich habe aufs Meer hinausgeblickt, als ich nach dir hätte Ausschau halten sollen. Dann hättest du ihn nicht geheiratet.«

»Wenn ich ihn nicht geheiratet hätte, wären wir uns nie begegnet.«

»O doch«, widersprach er. »Wenn ich nicht aufs Meer hinausgeblickt hätte, wäre mir bewusst geworden, dass es dich irgendwo gibt. Und ich wäre gekommen und hätte dich gesucht.«

Nach einer Weile setzten sie ihren Weg fort, aber jetzt wanderten sie eng umschlungen dahin. Er führte sie bis zum Ende der Bucht und dann über die felsige Landzunge, hinter der sich die nächste Bucht erstreckte, die etwa halb so lang war wie der Strand, der hinter ihnen lag. Auf halbem Weg ragte ein hölzerner Landungssteg ins Wasser, der wohl schon eine Ewigkeit hier stand, denn das Holz war zu einem fahlen Grau verwittert, und die Stützpfeiler waren über und über mit zottigen grünen Algen bedeckt. Nur ein einziges Schiff lag hier vertäut: die *Samarkand*. Die Segel waren eingeholt, und der Rumpf schaukelte sanft auf dem Wasser, ein Bild der Ruhe und des Friedens.

»Hast du das Schiff selbst gebaut?« wollte sie wissen.

»Nicht ganz. Ich habe die *Samarkand* auf Mauritius erworben, dann habe ich sie bis auf den Rumpf abgetakelt und die Aufbauten nach meinen Vorstellungen angefertigt. Es waren zwei Jahre harter Arbeit, weil ich alles selbst gemacht habe.«

»Wie bei dem Haus.«

»Ja, weißt du, mir ist es lieber so. Ich fühle mich nicht wohl in der Gesellschaft anderer Menschen. Früher war das anders …«

»Aber?«

»Irgendwann war ich es leid, mich zu verstellen.«

»Inwiefern verstellen?«

»So zu tun, als würde ich sie mögen«, erklärte er. »Als würde es mir Spaß machen, mit ihnen zu reden über …«, er zuckte die Schultern, »… na ja, worüber die Leute eben so reden.«

»Über sich selbst«, warf Rachel ein.

»Ist es das, worüber sie reden?« fragte er mit einem seltsam zweifelnden Ausdruck, als wäre er so lange nicht mehr in der Gesellschaft anderer Menschen gewesen, dass er es vergessen hatte. »Da habe ich offensichtlich etwas verpasst.« Rachel lachte über diese Bemerkung. »Nein, ernsthaft«, fuhr er fort. »Es hätte mir nichts ausgemacht, wenn die Leute wirklich über das hätten reden wollen, was in ihrer Seele vorgeht. Das hätte ich mir mit Freuden angehört, aber so etwas erzählen sie dir nicht. Sie erzählen lauter belanglose Dinge. Dass ihre Frau immer fetter wird, dass ihr Mann ein alter Trottel ist und ihre Kinder unausstehlich sind. Wer will sich einen solchen Unsinn lange anhören? Da ziehe ich es schon vor, gar nichts zu hören.«

»Oder eine Geschichte zu erzählen.«

»O ja«, entgegnete er, und ein schwärmerischer Ausdruck trat in seine Augen, »das ist sogar noch besser. Aber es darf nicht irgendetwas sein, es muss eine wahre Geschichte sein.«

»Und wie steht es mit der Geschichte, die du mir heute Nacht erzählt hast?«

»Da handelt es sich um eine wahre Geschichte. Ich schwöre es. Ich habe in meinem ganzen Leben keine Geschichte erzählt, die wahrer gewesen wäre als diese.« Als er ihren ungläubigen Blick sah, fuhr er fort: »Und wenn sie jetzt noch nicht wahr ist, so wird sie es noch werden, du wirst schon sehen.«

»Das kann jeder sagen«, wandte sie ein.

»Sicher, aber es hat nicht jeder gesagt. Ich sage es. Und ich würde meine Zeit nicht mit Geschichten verschwenden, die nicht wahr sind.« Er strich ihr über die Wange. »Du musst mir bald einmal auch eine Geschichte erzählen. Und sie muss ebenso wahr sein.«

»Ich kenne keine Geschichten wie diese.«

»Wie meinst du das?«

»Das weißt du doch«, entgegnete sie. »Geschichten, die den Zuhörer so in Erregung versetzen, wie es deine gestern mit mir getan hat.«

»Oho, sie hat dich also erregt?«

»Das weißt du doch.«

»Na, siehst du. Dann muss sie wahr gewesen sein.«

Darauf wusste sie keine Antwort. Nicht, weil ihr seine Worte sinnlos erschienen, sondern weil sie auf irgendeine unerklärliche Art spürte, dass er Recht hatte. Für ihn hatte der Begriff *Wahrheit* eine andere als die allgemein übliche Bedeutung, wenn auch in seiner Sicht eine ganz eigene unbegreifliche Logik lag.

»Lass uns weitergehen«, unterbrach er ihre Gedanken. »Ich glaube, mein Schiff fühlt sich allmählich einsam.«

VI

Als sie den ächzenden Landungssteg betraten, fragte Rachel, warum Galileo sein Schiff *Samarkand* genannt hatte. Er erklärte ihr, dass es der Name einer Stadt wäre.

»Ich habe noch nie davon gehört«, sagte sie.

»Warum solltest du auch? Es ist weit weg von Ohio.«

»Hast du dort gelebt?«

»Nein. Ich war nur auf der Durchreise dort. Ich war in meinem Leben sehr oft auf der Durchreise.«

»Hast du viele Reisen unternommen?«

»Mehr, als mir lieb ist.«

»Warum suchst du dir nicht ein Fleckchen, an dem es dir gefällt, und lässt dich dort nieder?«

»Das ist eine lange Geschichte. Am einfachsten lässt es sich wahrscheinlich damit erklären, dass ich mich nie irgendwo heimisch gefühlt habe. Außer da draußen.« Sein Blick schweifte über das Meer in die Ferne. »Und selbst dort ...«

Zum ersten Mal im Verlauf dieser Unterhaltung hatte sie das Gefühl, dass er mit seinen Gedanken anderswo war, als hätte das Gespräch über ferne Welten eine Sehnsucht in ihm geweckt, vielleicht nicht einmal nach der Stadt Samarkand, sondern einfach nach der Ferne, nach einem Ort, der weit entfernt war vom Hier und Jetzt. Sie legte die Hand auf seinen Arm.

»Komm zurück zu mir«, bat sie.

»Verzeih mir«, entgegnete er. »Hier bin ich.«

Sie waren am Ende des Landungsstegs angelangt. Vor ihnen schaukelte die Samarkand sachte in der steigenden Flut.

»Gehen wir an Bord?« fragte Rachel.

»Aber sicher.«

Er trat einen Schritt beiseite, und sie balancierte über die schmale Planke, die den Landungssteg mit dem Bootsdeck verband. Er folgte ihr. »Willkommen«, sagte er mit hörbarem Stolz, als sie auf dem Deck standen. »Willkommen auf *meiner Samarkand*.«

Der Rundgang über Deck dauerte nicht lange, es war im Grunde ein unspektakuläres Schiff. Er machte sie auf ein paar Details aufmerksam, die ihn entweder besondere Mühe gekostet hatten oder die ihm besonders gut gelungen waren, aber die eigentliche Kunst, die in seinem Werk steckte, sah sie erst, als sie unter Deck gingen. Die Wände der engen Kabine waren mit Holztäfelungen verkleidet, und er hatte das Holz nach seiner Farbe, seiner Maserung und sogar nach seinen Astlöchern so gewählt, dass aus dem Zusammenspiel der Muster fast der Eindruck von Bildern entstand.

»Bilde ich mir das nur ein«, fragte Rachel, »oder kann man in der Holztäfelung wirklich Dinge erkennen?«

»Irgendetwas Spezielles?«

»Na ja … da drüben sehe ich zum Beispiel eine Art Landschaft mit Ruinen und vielleicht ein paar Bäumen. Und da ist etwas, das sieht aus wie ein Baum, es könnte aber auch ein Mensch sein …«

»Ich glaube, es ist ein Mensch.«

»Du hast es also absichtlich so gemacht?«

»Nein. Während ich daran gearbeitet habe, dachte ich, ich füge einfach nur passende Muster zusammen. Erst als ich dann die erste Reise mit dem Schiff antrat, fing ich nach einer Weile an, Bilder darin zu entdecken.«

»Es ist genauso, als würde man Tintenkleckse betrachten«, warf Rachel ein.

»Oder Wolken.«

»Oder Wolken, genau. Je länger man die Muster betrachtet, umso mehr Dinge entdeckt man darin.«

»Auf langen Reisen ist das sehr hilfreich«, bemerkte Galileo. »Wenn ich keine Lust mehr habe, aufs Meer zu starren und die Fische zu beobachten, komme ich hier herunter, rauche ein Pfeifchen, mache eine Flasche auf und sehe mir die Wände an.« Er legte ihr die Hände auf die Schultern und drehte sie sachte um. »Siehst du das?« fragte er, während er auf die Tür an der gegenüberliegenden Wand deutete, die in derselben Art gefertigt war wie die Wandverkleidungen.

»Die Muster auf der Tür?«

»Ja.«

»Erinnern sie dich an etwas?«

Sie trat näher heran, gefolgt von Galileo, der seine Hände dabei nicht von ihren Schultern nahm. »Ich will dir einen Tipp geben«, sagte er und senkte dabei seine Stimme zu einem geheimnisvollen Flüstern. »Die Wiese sieht weich und einladend aus …«

»Die Wiese?«

Ungefähr einen Meter vor der Tür blieb sie stehen und studierte aufmerksam die Muster. Zum oberen Türrand hin häuften sich ein paar dunkle Gebilde, darunter verlief horizontal ein an manchen Stellen unterbrochener schmaler Streifen helleren Holzes, und einige Formen und Umrisse, aus denen sie sich keinen Reim machen konnte, waren wie zufällig über die gesamte Fläche der Tür verstreut. Aber wo war die Wiese? Und wieso war sie weich und einladend?

»Ich kann es nicht sehen«, erklärte sie schließlich.

»Du musst die Jungfrau suchen«, entgegnete Galileo.

»Die Jungfrau?« fragte sie verständnislos. »Welche Jungfrau?« Er setzte dazu an, ihr mit einem weiteren Tipp auf die Sprünge zu helfen, aber bevor er noch ein Wort sagen konnte, rief sie aus: »Du meinst Jerusha?«

Lächelnd drückte er ihr einen Kuss auf den Nacken und sagte nichts.

Unter ihrem forschenden Blick begann sich das Bild herauszukristallisieren. Die Wiese – das weiche Lager, auf dem sich Jerusha ausgestreckt hatte – befand sich ungefähr in der Mitte der Tür, ein zart gesprenkeltes Stück Holz. Darüber bauschten sich die dunklen Gebilde, über deren Bedeutung sie gerätselt hatte: das dichte Laubwerk uralter Bäume. Und der horizontal verlaufende hellere Streifen? Das musste der etwas weiter entfernte Fluss sein.

Als sich das Geheimnis vor ihren Augen aufzulösen begann, lächelte sie. Nur eines wollte sie noch wissen: »Wo sind die Personen?«

»Die musst du selbst einfügen«, erklärte er. »Es sei denn …« Er trat näher an die Tür und fuhr mit der Fingerspitze über einen dünnen, fast spindeligen Streifen in der Maserung eines der Holzstücke. »Könnte das der Mann aus dem Fluss sein?«

»Nein. Er sah viel besser aus.«

Galileo lachte. »Dann ist es vielleicht gar nicht Jerushas Wald«, bemerkte er. »Ich werde eine neue Geschichte erfinden müssen.«

»Es gefällt dir, Geschichten zu erzählen?«

»Mir gefällt, wie es auf die Menschen wirkt«, erwiderte er mit einem etwas schuldbewussten Lächeln. »Es bewirkt, dass sie sich sicher fühlen.«

»Wenn sie dein Reich betreten? *Wo die Reichen gütig waren und die Armen an Gott glaubten …*«

»Wahrscheinlich ist das wirklich mein Reich. So habe ich es aber bisher noch nie gesehen.« Die Vorstellung schien ihn irgendwie zu bekümmern. Seine Miene wurde nachdenklich, aber nur für einen kurzen Augenblick. Dann tauchte er aus seinen Gedanken auf und fragte: »Bist du hungrig?«

»Ja, ein bisschen.«

»Gut. Dann werde ich uns etwas kochen. Es dauert ein paar Stunden. Wirst du es so lange aushalten?«

»Ein paar Stunden?« fragte sie erstaunt. »Was willst denn kochen?«

»Oh, es ist nicht das Kochen, das so lange dauert«, entgegnete er, »sondern das Fangen.«

Als sich die *Samarkand* vom Landungssteg löste, war keine Spur von Tageslicht mehr zu sehen, und auch der Mond schien nicht. Aber der Himmel war mit einem funkelnden Meer von Sternen überzogen, und sie hatte den Eindruck, dass ihr Strahlen immer intensiver wurde, je weiter sie aufs Meer hinaussegelten. Noch nie in ihrem Leben hatte sie so viele Sterne auf einmal gesehen, und auch die Milchstraße war so klar zu erkennen wie noch nie: ein breites, unregelmäßiges, dicht an dicht gesprenkeltes Himmelsband.

»Woran denkst du?« erkundigte sich Galileo.

»Ich habe in Boston in einem Juwelierladen gearbeitet«, antwortete sie. »Und da gab es eine Kette, die angeblich aussah wie die Milchstraße und auch so hieß. Ich glaube, sie kostete achthundertfünfzigtausend Dollar. So viele Diamanten hatte ich noch nie an einem Schmuckstück gesehen.«

»Hast du daran gedacht, sie zu stehlen?« fragte Galileo.

»Ich bin keine Diebin.«

»Aber kam dir nie der Gedanke?«

Ein verschmitztes Lächeln spielte um ihre Lippen. »Ich habe sie anprobiert, wenn ich allein im Laden war. Und sie war *sehr* schön. Aber die echte Milchstraße ist noch viel schöner.«

»Ich hätte sie für dich gestohlen«, erklärte Galileo. »Kein Problem. Du hättest nur zu sagen brauchen, *die will ich haben*, und schon hätte sie dir gehört.«

»Und wenn du erwischt worden wärst?«

»Ich werde nie erwischt.«

»Was hast du denn schon alles gestohlen?«

»Ach, du meine Güte …«, seufzte er. »Wo soll ich anfangen?«

»Soll das ein Witz sein?«

»Nein. Stehlen ist für mich eine ernste Angelegenheit.«

»Es war *doch* ein Witz.«

»Ich habe dieses Schiff gestohlen.«

»Du lügst.«

»Wie hätte ich es denn sonst in meinen Besitz bringen sollen?«

»Kaufen …?«

»Weißt du, wie viel so ein Schiff kostet?« fragte er sie im Brustton der Vernunft. Sie war dennoch unsicher, ob er Witze machte oder nicht. »Ich hatte die Wahl, entweder das notwendige Geld für das Schiff oder gleich das Schiff selbst zu stehlen. Da schien es mir einfacher, das Schiff zu stehlen, so habe ich mir einen Umweg erspart.« Rachel lachte. »Abgesehen davon war die *Samarkand* dem Mann, dem sie damals gehörte, völlig gleichgültig. Sie lag die meiste Zeit über vertäut im Hafen. Ich habe sie mitgenommen und ihr die große weite Welt gezeigt.«

»Das klingt, als hättest du sie geheiratet.«

»So verrückt bin ich nun auch wieder nicht«, erwiderte Galileo. »Ich segle gern, aber noch lieber schlafe ich mit einer Frau.« Ihre Überraschung musste sich in ihrer Miene ausgedrückt haben, denn er beeilte sich zu sagen: »Verzeihung. Das war unhöflich von mir. Ich meine …«

»Nein, nein, wenn du es so meinst, dann sollst du es auch so sagen.«

Er warf ihr einen Blick aus den Augenwinkeln zu, und seine Augen glühten im Lampenschein. Seine Miene strafte seine vorherige Bemerkung Lügen: Er sah in diesem Moment eindeutig und wunderbar verrückt aus.

»Ist dir klar, was du da herausforderst?« fragte er.

»Nein.«

»Mir zu erlauben, dass ich sage, was ich meine, ist ein Spiel mit dem Feuer.«

»Das Risiko nehme ich auf mich.«

»Na schön, aber sag hinterher nicht …«

»… ich hätte dich nicht dazu aufgefordert.«

Er sah sie unverwandt an, und in seinen Augen brannte noch immer dieses unheimliche Feuer.

»Ich habe dich auf mein Schiff gebracht, um dich zu lieben.«

»So heißt das jetzt also?«

»Nein, um mit dir zu schlafen. Ich will mit dir schlafen.«

»Machst du das immer so, dass du mit den Frauen aufs Meer hinausfährst, wo ihnen keine andere Wahl bleibt?«

»Du könntest ja schwimmen«, erwiderte er darauf. Und lächelte nicht einmal.

»Das könnte ich vermutlich.«

»Aber wie die Inselbewohner hier sagen: *Uliuli kai holo ka mano.*«

»Und das heißt was?«

»*Wo das Meer schwarz ist, schwimmen die Haie.*«

»Na, das ist ja sehr tröstlich«, bemerkte sie mit einem Blick in das Wasser, das klatschend gegen den Rumpf der *Samarkand* schlug. Es war tatsächlich tiefschwarz.

»Es wäre also möglicherweise nicht die klügste Entscheidung. Hier bist du sicherer. Bei mir. Wo du bekommst, was du möchtest.«

»Ich habe nicht gesagt ...«

»Du brauchst es mir nicht zu sagen. Du brauchst nur in meiner Nähe zu sein. Ich kann riechen, was du willst.«

Hätte Mitchell als Ausdruck seines sexuellen Begehrens eine derartige Äußerung getan, so hätte sie ihm todsicher die kalte Schulter gezeigt. Aber diesen Mann hatte sie gerade aufgefordert zu sagen, was ihm in den Kopf kam. Nun war es zu spät, die Sittsame zu spielen. Abgesehen davon fand sie die Bemerkung aus seinem Mund seltsamerweise erregend. *Er konnte sie riechen.* Ihren Atem, ihren Schweiß, weiß Gott was sonst noch alles. Sie war in seiner Nähe, und er konnte sie riechen; wozu also seine und ihre Zeit vergeuden mit Protesten und Leugnen ...

So sagte sie nur: »Ich dachte, wir wollten fischen?«

Er lachte. »Du willst einen Liebhaber, der seine Versprechen hält, wie?«

»Unbedingt.«

»Ich hole einen Fisch«, erklärte er, und dann streifte er sein T-Shirt ab, öffnete die Gürtelschnalle und zog seine Hose aus. Das alles ging so schnell, dass sie erst begriff, was er vorhatte, als er sich über die Reling schwang – was er nicht mit einem eleganten Kopfsprung tat, sondern er ließ sich mit Schwung ins Wasser klatschen, sodass ihre Kleider von der aufspritzenden Gischt durchnässt wurden. Das war allerdings nicht der Grund, warum sie zur Reling stürzte und laut nach ihm rief. Vielmehr kam ihr in den Sinn, was er über Haie und schwarzes Wasser gesagt hatte.

»Tu das nicht!« schrie sie. Sie konnte ihn nur undeutlich erkennen. »Komm wieder raus!«

»Ich bleibe nicht lange.«

»*Galileo!* Du hast gesagt, es gibt Haie hier.«

»Ja, und je länger ich mit dir rede, umso wahrscheinlicher ist es, dass sie kommen und mich anknabbern. Könnte ich also jetzt bitte fischen?«

»Ich habe keinen Hunger mehr.«

»Der wird sich schon wieder einstellen.« Sie konnte das Grinsen in seinem Tonfall geradezu hören, dann sah sie, wie er die Arme in die Luft warf und untertauchte.

»Du Hurensohn«, murmelte sie vor sich hin. Ungebetene Fragen stürmten auf sie ein. Wie lange konnte er die Luft anhalten? Wann musste sie anfangen, sich Sorgen um ihn zu machen? Was sollte sie tun, wenn sie einen Haifisch sah? Sich über die Reling beugen und gegen den Rumpf des Schiffs hämmern, um ihn abzulenken? Keine sehr angenehme Vorstellung auf einem Meer, das alles verbarg. Das Untier würde sie anfallen, bevor sie wusste, wie ihr geschah; ihr die Hand abreißen, den Arm, sie über Bord zerren …

Eines war gewiss: Sobald er wieder an Bord war, würde sie darauf bestehen, dass er sie augenblicklich an Land zurückbrachte, der Hurensohn, dieser *Hurensohn* – sie hier allein zurückzulassen. Und sie stand da, starrte angestrengt in die Finsternis, und das Herz schlug ihr bis zum Hals …

Dann hörte sie ein klatschendes Geräusch auf der anderen Seite des Schiffs.

»Bist du das?« rief sie, aber niemand antwortete ihr. Hastig lief sie zur anderen Deckseite hinüber. In der Dunkelheit stolperte sie über irgendeinen Gegenstand. *»Galileo, verdammt! Antworte mir!«*

Wieder war das Klatschen zu hören. Sie suchte die Wasseroberfläche nach einer Bewegung ab. Betete, dass es ein Mensch und keine Flosse sein würde.

»O Gott, lass ihm nichts passieren«, stieß sie zu ihrem eigenen Erstaunen hervor. »Bitte, lieber Gott, bitte, tu ihm nichts zuleide.«

»Du klingst wie eine Inselbewohnerin.«

Sie blickte in die Richtung, aus der die Stimme gekommen war. Dort konnte sie etwas erkennen, das aussah wie ein schwarzer Ball, der auf den Wellen hüpfte. Und um ihn herum tummelten sich Fische, deren Leiber im Licht der Sterne silbrig schimmerten.

»Schön«, sagte sie, und weil sie fürchtete, ihn in seinen übermütigen Späßen noch zu bestärken, gab sie sich alle Mühe, sich ihre Ängste nicht anmerken zu lassen. »Du hast die Fische? Wunderbar.«

»In Puhi gab es einen Haifischgott namens Kaholia-Kane …«

»Ich will nichts davon hören!« zürnte sie.

»Aber ich habe gehört, wie du gebetet hast …«

»Nein …«

»*Bitte, lieber Gott*, hast du gesagt.«

»Ich habe nicht zu dem verdammten Haifisch gebetet!« brüllte sie, völlig außer sich vor Angst und Wut.

»Das solltest du aber. Sie können es hören. Dieser eine zumindest. Die Frauen pflegten ihn zu rufen, wenn ein Mensch auf See verschollen war …«

»Galileo?«

»Ja?«

»Ich finde das nicht mehr lustig. Ich möchte, dass du wieder an Bord kommst.«

»In Ordnung«, versprach er. »Lass mich nur noch …« Sein Arm schnellte aus dem Wasser, und er griff blitzschnell nach einem der springenden Fische. »Hab' ich dich! Fertig, ich komme schon.« Mit kraftvollen Stößen schwamm er auf das Schiff zu. In der irrationalen Furcht, im letzten Augenblick könne sich doch noch ein Hai zeigen, ließ sie den Blick suchend in die Runde schweifen. Aber Galileo erreichte ohne Zwischenfälle das rettende Schiff.

»Hier.« Er reichte ihr den Fisch hoch, der ziemlich groß war und wild entschlossen schien, wieder in sein Element zurückzukehren, denn er zappelte so heftig, dass Rachel beide Hände brauchte, um ihn zu bändigen.

Als sie den Fisch endlich an einer sicheren Stelle deponiert hatte, von der aus er sich nicht mehr über Bord katapultieren konnte, hatte sich Galileo bereits über die Reling gezogen und stand triefend nass ein paar Schritte hinter ihr.

»Es tut mir Leid«, erklärte er, bevor sie auch nur den Mund aufmachen konnte, um ihm zu sagen, wie wütend sie auf ihn war. »Ich habe nicht gemerkt, dass ich dir Angst gemacht habe. Ich dachte, du wüsstest, dass es ein Scherz war.«

»Du meinst, es gibt hier überhaupt keine Haie?«

»O doch. Es gibt schon Haie hier draußen. Und die Redensart *Uliuli kai holo ka mano* gibt es auch unter den Inselbewohnern. Aber ich glaube nicht, dass sie wirklich Haifische meinen, wenn sie das sagen.«

»Was denn sonst?«

»Menschen.«

»Ach so«, warf Rachel ein, »wenn es dunkel wird, kommen die Menschen heraus …«

»… auf der Suche nach etwas Essbarem.« Er nickte.

»Aber wenn es hier echte Haie gibt«, beharrte sie, »hätte dir trotzdem etwas passieren können.«

»Sie würden mich nicht anrühren.«

»Und warum nicht? Zu zäh?«

Statt einer Antwort nahm er ihre Hand und legte sie auf seine muskulöse Brust. Sein Herz klopfte ungestüm. Es fühlte sich an, als sei nur eine einzige dünne Hautschicht zwischen ihrer Hand und seinem Herzen, als könne sie, wenn sie wollte, direkt in seine Brust hineinfassen und es berühren. Und in diesem Augenblick konnte sie *ihn* riechen. Seine Haut duftete wie Rauch und gerösteter Kaffee, sein Atem salzig.

»Es gibt viele Geschichten über Haifische, Menschen und Götter«, sagte er.

»Wieder deine wahren Geschichten?«

»Absolut wahr«, erwiderte er. »Ich schwöre es.«

»Als da wären?«

»Tja, es gibt sie in vier Varianten. Zum einen die Legende vom Mann, der in Wirklichkeit ein verwandelter Haifisch ist. Diese Kreatur treibt in den Nächten ihr Unwesen am Strand. Sie stiehlt den Menschen die Seele, und manchmal holt sie auch kleine Kinder.«

Rachel zog eine Grimasse. »Das klingt nicht besonders lustig.«

»Dann gibt es die Geschichte von den Menschen, die sich entschließen, ins Meer zu gehen und Haifische zu werden.«

»Und warum tun sie das?«

»Aus demselben Grund, aus dem ich mir ein Schiff besorgt habe und fortgesegelt bin: Sie haben keine Lust mehr, sich zu verstellen. Sie wollen im Wasser sein, immer in Bewegung bleiben. Haie sterben, wenn sie sich nicht ständig bewegen, wusstest du das?«

»Nein …«

»Aber es ist wahr.«

»Das wäre also Nummer zwei.«

»Ja, und dann gibt es noch die Geschichte, die ich schon erwähnt habe. Kaholia-Kane und seine Brüder und Schwestern.«

»Haifischgötter?«

»Sie beschützen die Seeleute und ihre Schiffe. In Pearl Harbor gibt es eine solche Schutzpatronin. Ihr Name ist Ka' ahupahau, und sie wacht über die Toten. Und der größte von allen heißt Kuhaimuana. Er ist dreißig Faden lang …«

Rachel schüttelte den Kopf. »Weißt du was? Mir gefallen diese Geschichten alle nicht«, erklärte sie.

»Damit bleibt uns nur noch die letzte Variante.«

»Menschen, die in Wahrheit Götter sind?« Als Galileo nickte, fuhr Rachel fort: »Nein, das nehme ich dir auch nicht ab.«

»Sei nicht so vorschnell mit deinem Urteil«, mahnte Galileo. »Vielleicht ist dir nur der richtige Mann noch nicht begegnet.«

»Und vielleicht sind das alles nur Lügenmärchen«, lachte Rachel. »Hör zu, ich habe nichts dagegen, mich morgen mit dir über Haifische und religiösen Aberglauben zu unterhalten. Aber für heute Abend lass uns einmal ganz normale Menschen sein.«

»Das klingt so einfach aus deinem Mund.«

»Es ist einfach«, bestätigte sie. Sie trat dichter an ihn heran. Ihre Hand lag immer noch auf seiner Brust. Sein Herz schien womöglich noch heftiger zu schlagen. »Ich verstehe nicht, was zwischen uns passiert.« Ihr Gesicht war seinem jetzt so nah, dass sie die Wärme seines Atems spürte. »Und um ehrlich zu sein, es ist mir inzwischen auch egal.« Als sie ihn küsste, sah er sie an, ohne ein einziges Mal zu blinzeln, und er sah sie ebenso unverwandt an, als er ihren Kuss erwiderte. »Was möchtest du tun?« fragte er ganz ruhig.

Sie ließ die Hand über die harte, flache Wölbung seines Bauchs und dann zu seinem Geschlecht gleiten. »Was immer du willst«, antwortete sie und umfasste ihn. Ein Zittern lief durch seinen Körper.

»Es gibt so vieles, das ich dir erzählen muss«, murmelte er.

»Später.«

»Dinge über mich, die du wissen solltest.«

»Später.«

»Sag hinterher nicht, ich hätte es nicht versucht.« Sein Blick war sehr ernst.

»Das werde ich nicht.«

»Dann lass uns hinuntergehen und für eine Weile ganz normal sein.«

Sie setzte sich bereits in Bewegung, da machte er noch einmal kehrt. Er trat zu dem Fisch, ging in die Hocke und hob ihn auf. Sie betrachtete ihn im Schein der Bordlaterne; seinen kraftvollen Rücken, das feste Gesäß, die Schenkelmuskeln, die sich in dieser Haltung sehnig hervorwölbten, die dunklen Hoden, die schwer zwischen den Schenkeln hingen. Er war unvergleichlich; der herrlichste Mann, der ihr je begegnet war.

In diesem Moment richtete sich Galileo wieder auf – offensichtlich, ohne zu merken, dass sie ihn beobachtete – und schleuderte, ein paar Worte vor sich hin murmelnd, den toten Fisch ins Meer zurück.

»Was war das denn?« wollte Rachel wissen.

»Eine Opfergabe«, erklärte er. »Für die Haifischgötter.«

VII

Mein Halbbruder Galileo hatte nie viel Geduld mit seinen Mitmenschen. Mich wundert es daher nicht, dass er es eines Tages »leid wurde, sich zu verstellen«, wie er Rachel erklärte. Was mich dagegen *sehr* wundert, ist die Tatsache, dass er offensichtlich der Meinung war, mit Rachel würde es ihm anders ergehen, er würde mit ihr nicht das altbekannte Spiel spielen und früher oder später genug von ihr haben.

Aber vielleicht irre ich mich ja auch; denn wenn ich jetzt darüber nachdenke, was er in diesen ersten Tagen ihrer Bekanntschaft zu ihr sagte, dann stoße ich doch auf einige Widersprüche. Einerseits schien er von ihr hingerissen zu sein – all das Gerede darüber, wie er aufs Meer hinausgeblickt habe, anstatt nach ihr Ausschau zu halten zum Beispiel –, und andererseits war sein Benehmen manchmal geradezu herablassend. Nehmen wir nur seine Bemerkung, Samarkand sei weit weg von Ohio. Das klang fast, als hielte er sie für so beschränkt, dass sie nichts von der Welt wisse, die jenseits ihres privaten kleinen Horizonts lag. Ein Wunder, dass sie ihn nicht auf der Stelle vom Landungssteg geworfen hat.

Aber irgendwie habe ich den Eindruck, dass sie ihn vom ersten Tag an besser verstand – mit allen seinen Widersprüchen –, als ich ihn je begreifen werde. Und natürlich war sie auf eine Weise empfänglich für seinen Charme, wie ich es nie sein werde, und vielleicht gerade darum nachsichtiger mit seinen Fehlern. Ich gebe mir Mühe, Ihnen ein Bild von seiner Ausstrahlung zu vermitteln. Vermutlich ist es mir gelungen, seine körperlichen Merkmale richtig wiederzugeben. Aber bei den sexuellen Dingen fällt mir das schwer. Einen Liebesakt zu beschreiben, an dem der eigene Bruder beteiligt ist, erscheint mir fast wie ein literarischer Inzest, obwohl ich ihm mit meiner Zurückhaltung wahrscheinlich nicht gerecht werde. Beispielsweise habe ich Ihnen nicht erzählt, wie exquisit er zwischen den Beinen gebaut war. Wahrhaft exquisit, um das nur für die Annalen festzuhalten.

Also weiter. Und wenn es mir die Schamröte ins Gesicht treibt – weiter.

Im Hinblick auf die Familie Geary wird es, wie ich Ihnen versprochen habe, noch einige verhängnisvolle Ereignisse zu berichten geben, aber bevor ich damit fortfahre, möchte ich Ihnen von einem kleinen Drama erzählen, das sich hier im Hause der Barbarossas abspielte.

Es begann gestern Nacht, während ich damit beschäftigt war, Rachels und Galileos Erlebnisse auf der *Samarkand* zu beschreiben. Plötzlich erhob sich irgendwo im Haus ein Höllenspektakel (und ich meine das wörtlich: Es war ein solches Schreien und Toben, dass in meinem Zimmer die Regale wackelten und einige von den leichteren Büchern herausfielen). Natürlich war es mit meiner Konzentration vorbei. Ich war einfach zu neugierig. Also trat ich auf den Korridor hinaus, um zu sehen, was da vor sich ging. Es war nicht schwer, die Quelle des Lärms herauszufinden. Marietta spielte eine nicht unwesentliche Rolle darin: Wenn sie wütend ist, wird sie so *schrill*, dass einem der Schädel davon brummt, und jetzt brüllte sie aus voller Lunge. Und als Begleitmusik zu dem Gezeter – aus dem ich nicht recht schlau werden konnte – hörte man das Türenschlagen, mit dem sie in ihrer Wut offensichtlich von Zimmer zu Zimmer stürmte. Aber das Spektakel hatte auch noch eine andere Seite, und die empfand ich als wesentlich bedrohlicher: ein Getöse wie in einem nächtlichen Urwald, ein aberwitziges Gemisch aus Schnattern und Heulen.

Meine Mutter natürlich. Verzeihung, die Frau meines Vaters. (Es ist eigenartig, aber auch bezeichnend, dass ich sie immer dann als Mutter empfinde, wenn ich über ihre friedfertigeren Seiten nachdenke, während sie als die Kriegerin Cesaria Yaos für mich die Frau meines Vaters ist.) Jedenfalls war sie es, daran konnte kein Zweifel bestehen. Wer sonst hätte über eine Stimme verfügt, die in einem Atemzug klingen konnte wie eine Horde wütender Paviane, Leoparden und Nilpferde zugleich.

Aber was hatte sie derartig in Rage versetzt? Mir kamen Zweifel, ob ich es überhaupt wissen wollte. Ein ehrenhafter Rückzug hatte auch seine guten Seiten, fand ich. Aber bevor ich noch kehrtmachen und mich unauffällig in mein Zimmer zurückschleichen konnte, kam mir Marietta entgegengestürzt, unter dem Arm etwas, das aussah wie ein Haufen Kleidungsstücke. Sie werden sich erinnern, dass Marietta mich, als wir uns das letzte Mal unterhielten, im Streit verließ, nachdem sie ein paar ziemlich abfällige Bemerkungen über mein Buch gemacht hatte. Aber in diesem Augenblick hätte sie vermutlich nicht einmal dann bei mir innegehalten, wenn wir Busenfreunde gewesen wären. Cesarias Urwaldgeschrei wurde von Sekunde zu Sekunde ohrenbetäubender.

Während Marietta Hals über Kopf davonstürzte, tat ich das, was ich schon zehn Sekunden früher hatte tun wollen und wandte mich meiner Tür zu. Aber es war zu spät. Ich war noch keinen Schritt weit gekommen, als der Lärm urplötzlich verstummte, und in diese Stille hinein ertönte Cesarias andere Stimme; ihre menschliche Stimme, und die ist – ich habe es sicher bereits erwähnt – alles andere als einschmeichelnd.

»Maddox«, zischte sie.

Scheiße, dachte ich.

»Wohin willst du?«

(Ist es nicht übrigens erstaunlich, dass wir nie zu alt werden können, um uns wie gemaßregelte Kinder zu fühlen? Da stand ich nun, uralt nach menschlichem Ermessen, wie angewurzelt da und kam mir vor wie ein Kleinkind, das beim verbotenen Naschen ertappt wurde.)

»Ich wollte gerade wieder an die Arbeit gehen«, erklärte ich und setzte dann, in der Hoffnung, sie damit milder stimmen zu können, ein »Mama« hinzu.

Vielleicht hatte es den gewünschten Erfolg. »Kommst du

gut voran?« erkundigte sie sich in fast beiläufigem Plauderton. Ihr Ton beruhigte mich so weit, dass ich mich zu ihr umwandte, aber sie war nicht sichtbar für mich. Am Ende des Korridors, wo eben noch das Vestibül in hellem Licht gelegen hatte, war nur noch bewegtes Dunkel. Offen gesagt, ich war dankbar dafür. Denn obwohl ich nie wirklich gesehen habe, welche Erscheinungsform meine Mutter während ihrer gefürchteten Wutanfälle annimmt, bin ich sicher, dass es selbst einen Heiligen aus der Fassung bringen würde.

»Es geht«, beantwortete ich ihre Frage. »Es gibt Tage, da …«

Cesaria schnitt mir das Wort ab. »Ist Marietta aus dem Haus gegangen?« erkundigte sie sich.

»Ich … ja, ich glaube schon.«

»Hol sie zurück.«

»Wie bitte?«

»Bist du taub, Maddox? Geh deine Schwester suchen und bring sie zurück ins Haus.«

»Was ist passiert?«

»Geh einfach und hol sie.«

(Das ist das zweite erstaunliche Phänomen, das es wert ist, erwähnt zu werden: So wie in jedem von uns ein schuldbewusstes Kind steckt, verbirgt sich in jedem Menschen auch ein kleiner Rebell, der sich dagegen sträubt, herumkommandiert zu werden, und der nicht leicht zum Schweigen zu bringen ist. Diese rebellische Stimme war es, die Cesaria, so unklug das auch sein mochte, antwortete.)

»Warum gehst du nicht selbst und holst sie?« hörte ich mich sagen.

Ich hatte den Satz noch nicht zu Ende gesprochen, da wusste ich schon, dass mir meine Worte Leid tun würden. Aber es war zu spät, sie zurückzunehmen: Cesarias Schatten-Ich hatte sich in Bewegung gesetzt. Sie kam – langsam und unaufhaltsam – auf mich zu. Obwohl der Korridor nicht besonders hoch ist, hatte Cesarias Erscheinung etwas Gewaltiges; sie wirkte auf mich wie eine Gewitterfront. Und ich wurde ganz klein; ich war ein Stäubchen vor ihr, ein Nichts …

Im Näherkommen begann sie zu sprechen, aber jedes Wort, das sie hervorstieß, drohte vom Getöse ihrer Wut verschluckt zu werden, als könne sie das Chaos nur mit Mühe in Zaum halten.

»Du«, stieß sie hervor, »erinnerst mich« – ich wusste, was jetzt kommen würde – »an deinen Vater.«

Darauf gab ich ihr keine Antwort. Ich war, ehrlich gesagt, viel zu verängstigt. Abgesehen davon hätte mir, selbst wenn ich es versucht hätte, meine Zunge vermutlich nicht gehorcht. Ich stand einfach nur da, während sie schäumte vor Wut und die ohrenbetäubenden Tierschreie mit neuer Wucht aus ihr hervorbrachen.

Aber diesmal ging mit der akustischen eine visuelle Illusion einher, die von den Schatten nicht freigegeben wurde, sondern aus ihnen geformt zu sein schien. Gnädigerweise enthüllte sie sich mir nur kurz, aber ich bin überzeugt, dass Cesaria mich mehr davon hätte spüren lassen, wenn sie mich in diesem Augenblick nicht als Laufburschen gebraucht hätte. So jedoch begnügte sie sich mit einer kurzen Kostprobe, die immerhin ausreichte, mich die Kontrolle über meine Blase verlieren zu lassen; drei oder vier Sekunden lang, wenn es hoch kommt. Was ich sah? Es wäre sinnlos, Ihnen zu sagen, dass es keine Worte gab, es zu beschreiben. Natürlich gibt es Worte; es gibt immer Worte. Die Frage ist nur: Bin ich ihrer so mächtig, dass sie die Kraft, die sich da vor mir entfaltete, ausdrücken würden? Daran habe ich meine Zweifel. Aber ich will mein Bestes tun.

Ich sah, glaube ich, eine Frau, die wie ein Vulkan ausbrach, sodass aus jeder Pore und aus jeder Körperöffnung unfertige Gebilde hervorquollen. Sie gebar, könnte man vermutlich sagen, nicht eine oder zehn, sondern tausend, zehntausend Kreaturen. Und da fängt die Schwierigkeit der Beschreibung schon an. Sie trägt der Tatsache nicht Rechnung, dass sie zur gleichen Zeit – wie soll ich es nur ausdrücken? – *dichter* wurde; wie diese Sonnen, von denen ich gelesen habe, die in sich zusammenfallen und dabei alles Licht und alle Materie in weitem Umkreis in sich einsaugen. So war es bei ihr. Wie wurde ich damit fertig, dass zwei so gegensätzliche Dinge auf einmal mit ihr geschahen? Nicht besonders gut. Die Vision war so gewaltsam, dass ich wie von einem mächtigen Schlag getroffen zu Boden stürzte und meinen Kopf mit den Händen bedeckte, als könnte sie das Bild durch meine Schädeldecke hindurch noch einmal in meinen Kopf zwingen.

Aber sie verschonte mich. Ließ mich in meinen eingenässten Hosen schluchzend am Boden liegen. Es dauerte eine Weile, bis ich die Fassung wieder fand, aber als ich endlich den Kopf hob und einen vorsichtigen Blick in ihre Richtung wagte, stellte ich fest, dass die Gewitterfront nicht mehr drohend über mir stand. Sie hatte ihr wutentbranntes Antlitz verhüllt und stand abwartend ein paar Schritte vor mir.

»Es tut mir Leid …«, waren die ersten Worte, die ich herausbrachte.

»*Nein.*« Aus ihre Stimme war jede Melodik und Kraft gewichen. »Es war meine Schuld. Du bist kein Kind, das man herumkommandieren könnte. Es lag nur daran, dass ich deinen Vater in diesem Augenblick so deutlich vor mir gesehen habe.«

»Darf … ich … dich etwas fragen?«

»Frag, was du willst«, seufzte sie.

»Das Gesicht, das ich gerade gesehen habe …«

»Was ist damit?«

»Hat Nicodemus es je geschaut?«

Die Frage belustigte sie trotz ihrer augenscheinlichen Erschöpfung. Als sie antwortete, konnte man ein leises Lächeln aus ihrer Stimme heraushören. »Willst du wissen, ob ich ihm Angst eingejagt habe?« Ich nickte. »Dann will ich dir eins sagen: das Gesicht, wie du es nennst, war einer der Hauptgründe, warum er mich geliebt hat.«

»Wirklich?« Offensichtlich hörte ich mich verwundert an – was ich auch war –, denn es klang fast wie eine Verteidigung, als sie sagte: »Er hatte Seiten, die nicht weniger Furcht erregend waren.«

»Das weiß ich.«

»Natürlich weißt du es. Du hast mehr als einmal mit angesehen, wozu er imstande war.«

»Aber er hatte auch andere Seiten«, warf ich ein.

»So wie auch ich andere Seiten habe als die, die du gerade gesehen hast.«

»Aber es ist die Seite, die dein wahres Gesicht am deutlichsten zeigt, nicht wahr?« fragte ich. Unter anderen Umständen wäre ich nicht so beharrlich in sie gedrungen, aber ich wusste, dass sich mir nicht noch einmal die Gelegenheit bieten würde, sie zu diesem Thema so unumwunden zu befragen. Wenn ich, bevor das Haus der Barbarossas einstürzte, wissen wollte, wer Cesaria Yaos wirklich war, dann jetzt oder nie.

»Mein wahres Gesicht?« wiederholte sie nachdenklich. »Nein. Ich glaube nicht, dass eines meiner Gesichter wahrer ist als die anderen. Früher wurde ich in Dutzenden von Tempeln verehrt, wusstest du das?«

»Ich weiß es.«

»Heute stehen nur noch die Ruinen. Niemand erinnert sich daran, wie sehr ich geliebt wurde ...« Ihre Stimme erstarb. Sie hatte offensichtlich den Faden verloren. »Wovon habe ich gerade gesprochen?«

»Dass sich niemand erinnert.«

»Und davor?«

»Von den vielen Tempeln ...«

»Ach ja. So viele Tempel, und darin Statuen und Wandbilder, und alle waren Abbilder von mir. Aber es glich nicht eines davon dem anderen.«

»Woher weißt du das?«

»Weil ich dort war«, erklärte sie. »Wenn dein Vater und ich Streit hatten, gingen wir für eine Weile getrennter Wege. Er machte sich auf die Suche nach ein paar bedauernswerten Frauen, die er verführen konnte, und ich besuchte meine Kultstätten. Es ist tröstlich, wenn man sich ein bisschen verlassen fühlt.«

»Schwer vorzustellen.«

»Was? Dass ich mich verlassen fühlte? Oh, ich bin ebenso fähig, Selbstmitleid zu empfinden, wie jeder andere.«

»Nein. Ich meinte, es ist schwer, sich vorzustellen, wie man sich in einem Tempel fühlt, in dem man angebetet wird.«

»Es kann ein wunderbares Gefühl sein, wenn du von Menschen umgeben bist, die dich anbeten.«

»Hattest du je das Bedürfnis, ihnen zu sagen, wer du bist?«

»Das habe ich viele, viele Male getan. Gewöhnlich habe ich mir dafür jemanden ausgesucht, der kein besonders verlässlicher Zeuge war. Einen sehr alten Menschen. Ein sehr kleines Kind. Einen Schwachsinnigen oder einen Heiligen, was oft dasselbe ist.«

»Aber warum? Warum hast du dich nicht einem klugen und gebildeten Menschen zu erkennen gegeben? Jemandem, der den Glauben an dich hätte verbreiten können?«

»Jemand wie du?«

»Wenn du so willst.«

»Ist das der Sinn deines Buchs – ein letzter Versuch, deinen Vater und mich wieder auf den Sockel zu heben?« Was wollte sie von mir hören, fragte ich mich. Und wenn meine Antwort falsch ausfiel, würde ich ihren Zorn wieder zu spüren bekommen? »Ist es das, was du vorhast, Maddox?«

Ich entschied mich für die Wahrheit. »Nein«, sagte ich. »Ich erzähle einfach die Geschichte, so gut ich kann.«

»Also auch diese Unterhaltung. Wird sie in deinem Buch auftauchen?«

»Ich werde darüber schreiben, wenn sie mir wichtig erscheint.«

Eine Weile sagte sie nichts. Schließlich murmelte sie: »Wahrscheinlich spielt es keine Rolle, ob du darüber schreibst oder nicht. Geschichten ... Tempel ... Wen interessiert das heute noch? Du wirst weniger Leser haben als ich Anhänger, Maddox.«

»Ich bin ein Schriftsteller, auch wenn meine Bücher nicht gelesen werden«, erklärte ich.

»Und ich bin eine Göttin, auch wenn mich niemand anbetet. Aber es tut gut. Glaub mir, es tut gut.« Sie schenkte mir die Andeutung eines Lächelns, das ich – zu meiner eigenen Verwunderung – erwiderte. In diesem Augenblick verstanden wir uns so gut wie noch nie zuvor. »Und nun zu Marietta.«

»Eine letzte Frage noch«, bat ich.
»Nein, das reicht.«
»Bitte, Mama. Nur noch eine.«
»Na schön. Eine einzige also.«
»Hatte mein Vater Tempel?«
»Selbstverständlich.«
»Wo befanden sie sich?«
»Das ist bereits die zweite Frage, Maddox. Aber da du nun einmal so neugierig bist ... Der schönste Tempel stand meiner Meinung nach in Paris.«
»Wirklich? In Paris? Ich dachte, Paris sei Nicodemus verhasst gewesen.«
»Später war es auch so. Ich habe dort Mr. Jefferson kennen gelernt, wie du weißt.«
»Ich weiß nicht viel über ihn.«
»Es gibt vieles an diesem Mann, das nur die wenigsten wissen. Was ich dir über ihn erzählen könnte, würde Bücher füllen. Er war ein unglaublich charmanter Mann. Aber sehr still ... so still, dass man sich anstrengen musste, ihn zu verstehen, wenn er sprach. Ich sah ihn das erste Mal, als ihm irgendjemand eine Aprikose geschenkt hatte, und er hatte eine solche Frucht noch nie im Leben gegessen. Oh, dieser selige Ausdruck in seinem sonst so steinernen Gesicht! Am liebsten hätte ich auf der Stelle mit ihm geschlafen.«
»Und habt ihr das getan?«
»O nein. Er ließ mich lange zappeln. Damals war er in eine englische Schauspielerin verliebt. Was für eine armselige Kombination: Engländerin *und* Schauspielerin. Etwas Schlimmeres kann es gar nicht geben. Wie dem auch sei, Thomas spielte wochenlang mit meinen Gefühlen. Um uns herum tobte eine Revolution, aber ich war so in ihn vernarrt, dass ich es kaum registrierte. Die Köpfe purzelten zuhauf, und ich schwebte auf meinen juvenilen Traumwolken und bemühte mich verzweifelt um die Liebe dieses spindeldürren amerikanischen Botschafters.«
»Und wie hast du sie errungen?«
»Ich bin mir nicht einmal sicher, ob ich sie errungen habe. Wenn ich ihn heute aus seinem Grab in Monticello auferste-

hen lassen und fragen würde: ›Hast du mich geliebt?‹, würde er mir wahrscheinlich im besten Fall antworten: ›Für ein paar Tage, für ein paar Stunden, an jenem Nachmittag, als du mir den Tempel gezeigt hast.‹«

»Du warst mit ihm im Tempel meines Vaters?«

»Wenn man es nicht schafft, einen Mann, den man will, mit Worten zu betören, muss man ihm einen heiligen Ort zeigen, das weiß jede Frau.« Sie lachte. »Gewöhnlich liegt dieser Ort zwischen ihren Beinen. Schau nicht so schockiert, Maddox. So ist das Leben. Wenn eine Frau einen Mann in die Knie zwingen will, muss sie ihm etwas geben, das er anbeten kann. Aber ich wusste, dass es nicht reichen würde, meine Röcke für Jefferson zu heben. Das bot ihm schon seine aufgetakelte Schauspielerin, diese Miss Cosway. Also nahm ich ihn mit in den Tempel deines Vaters.«

»Und was geschah?«

»Er war tief beeindruckt. Er wollte wissen, woher ich diesen Ort kannte. Der Kult deines Vaters war damals streng geheim. Seine Anhängerschaft bestand vor allem aus Adelsfamilien, und die meisten von ihnen waren natürlich außer Landes geflohen oder hatten auf dem Schafott ihr Leben beendet. Der Tempel war also menschenleer. Wir durchstreiften ihn, während draußen in den Straßen der Mob raste, und ich glaube, in diesem Moment war er wirklich verliebt. Ich weiß noch, wie er mich nach dem Erbauer des Tempels fragte, und ich führte ihn zum Altar, der mit einer Statue deines Vaters geschmückt war. Sie war mit einem roten Samttuch verhüllt; ich sagte also zu Jefferson: ›Ich möchte, dass du mir etwas versprichst, bevor ich dir die Statue zeige‹, und er antwortete: ›Gut, wenn es in meiner Macht steht.‹ Darauf sagte ich: ›Bau mir ein Haus, in dem ich glücklich und zufrieden leben kann, denn so werde ich mich immer an dich erinnern können.‹«

»So hast du ihn also dazu gebracht, dieses Haus für dich zu bauen?«

»Ich ließ es ihn schwören. Auf seine Frau. Auf seinen Traum von Monticello. Auf seine kühnsten Träume von der

Demokratie. Ich habe ihn gezwungen, auf all das zu schwören.«

»Du hast ihm nicht vertraut?«

»Nicht im Mindesten.«

»Also schwor er …«

»… und ich enthüllte die Statue deines Vaters. Da stand er vor ihm in seiner ganzen männlichen Pracht!« Hier lachte sie wieder. »Thomas wand sich vor Unbehagen. Aber ich will ihm nicht unrecht tun, er bewahrte die Fassung und fragte mich mit feierlicher Miene, ob die Darstellung naturgetreu und den wirklichen Proportionen meines Mannes entsprechend sei. Darauf versicherte ich ihm, dass man zwar übertrieben habe, aber nur ein ganz klein wenig. An seine Antwort erinnere ich mich noch wortwörtlich. ›Dann‹, sagte er, ›bin ich überzeugt, dass Sie eine sehr zufriedene Ehefrau sein müssen.‹ Ha, eine sehr zufriedene Ehefrau! Ich zeigte ihm an Ort und Stelle, wie zufrieden ich war. Unter den bemalten Augen deines Vaters zeigte ich Jefferson, wie wenig mir die Ehe bedeutete. Wir haben es danach nie wieder getan. Ich wollte es nicht, und ich bin sicher, dass es ihm genauso ging. Seine Liebschaft mit der Schauspielerin fand ein tränenreiches Ende, und er kehrte zu seiner Frau zurück.«

»Aber er baute dir das Haus, wie er es versprochen hatte.«

»Oh, er tat noch mehr. Er errichtete einen Tempel, der bis ins letzte Detail dem Tempel deines Vaters glich. Das vollkommene Ebenbild.«

»Warum?«

»Das ist auch so eine Frage, die man seinem Geist stellen könnte. Ich weiß es nicht. Er war ein merkwürdiger Mann. Schöne Dinge faszinierten ihn. Und der Tempel war wunderschön.«

»Baute er darin auch einen Altar?«

»Du willst wissen, ob es eine Statue deines Vaters darin gab? Es würde mich nicht wundern.«

»Wo befand sich dieser Tempel?«

»Wo befindet er sich, meinst du.«

»Es gibt ihn noch?«

»Das nehme ich an. Es ist eines der bestgehüteten Geheimnisse in Washington.«

»Washington ...« Die Vorstellung, dass sich im Herzen des Kapitols unseres Landes ein Ort befinden sollte, der meinem notorisch promiskuitiven Vater geweiht war, fand ich erstaunlich. »Ich würde ihn mir gern ansehen«, erklärte ich.

»Ich werde ein Empfehlungsschreiben für dich aufsetzen«, versprach Cesaria.

»An wen?«

Sie lächelte. »An die höchste Instanz im Lande. Ich bin nicht völlig in Vergessenheit geraten. Jefferson hat dafür gesorgt, dass es mir nie an Einfluss fehlen wird.«

»Er wusste also, dass du ihn überleben würdest?«

»O ja, das war ihm vollkommen klar, auch wenn er es nie mit Worten ausgedrückt hat. Das wäre wahrscheinlich zu viel verlangt gewesen.«

»Mutter ... du erstaunst mich.«

»Tatsächlich?« Ihre Stimme hatte jetzt einen Ton, den man fast als liebevoll hätte bezeichnen können. »Nun, das freut mich zu hören.« Sie schüttelte den Kopf. »Aber genug davon. Ich habe alles erzählt. Und du«, damit stieß sie mit dem Zeigefinger bedrohlich in meine Richtung, »pass auf, was du mir in den Mund legst. Ich möchte nicht, dass ich falsch zitiert werde, auch nicht in einem Buch, das kein Mensch lesen wird.«

Damit machte sie auf dem Absatz kehrt, rief ihre Stachelschweine herbei und rauschte durch den Korridor davon. Ich rief ihr nach:

»Was soll ich wegen Marietta unternehmen?«

»Nichts«, knurrte sie. »Lass sie nur spielen. Sie wird noch bereuen, was sie getan hat. Vielleicht nicht heute, aber schon bald.«

Ich war erleichtert, dass ich von der Pflicht entbunden war, Marietta zu suchen, aber ich war auch neugierig, mit welchem furchtbaren Verbrechen sie Cesarias Zorn auf sich gezogen hatte. Fast war ich versucht, meiner Schwester doch nachzulaufen und sie selbst zu fragen. Andererseits hatte ich gerade eine Flut wertvoller Informationen von Cesaria erhalten und wollte auf keinen Fall riskieren, auch nur ein Wort davon zu vergessen. Daher begab ich mich unverzüglich in mein Arbeitszimmer zurück, schenkte mir ein Glas Gin ein und fing an, alles aufzuschreiben. Nur einmal hielt ich kurz inne, um darüber nachzudenken, was es zu bedeuten hatte, dass Thomas Jefferson, der Verfasser der Unabhängigkeitserklärung, der Vater der nordamerikanischen Demokratie, den Tempel meines Vaters nachgebaut hatte. Dass er sich nur aus Liebe zu den schönen Dingen eine solche Mühe gemacht haben sollte, hielt ich für unwahrscheinlich. Was zwei Fragen aufwarf. Erstens: Warum hatte er es wirklich getan? Und zweitens: Falls der Tempel einem geheimen Zweck diente, wusste irgendjemand im Kapitol darüber Bescheid?

VIII

1

Keine Bange, ich werde beizeiten auf Mariettas Verbrechen zurückkommen. Wie Sie sehen werden, laufen im Umfeld ihrer Tat mehrere Fäden unserer Geschichte zusammen, und sie wird – wie Cesaria angekündigt hat – nicht ohne Folgen bleiben.

Aber vorerst muss ich zurückkehren zur *Samarkand* und zu dem Paar, das die Nacht darauf verbracht hat.

Als Rachel die Augen aufschlug, drang das erste Tageslicht in die kleine Kajüte, und in seinem Schein sah sie Galileo, der, einen Arm über dem Kopf, den anderen über sie gelegt, an ihrer Seite schlief. Beruhigt von diesem Anblick schloss sie die Augen und schlief wieder ein. Als sie das nächste Mal aufwachte, streichelte er ihre Brüste und küsste ihr Gesicht. Noch schlaftrunken schob sie die Hand zwischen ihre beiden Körper und hob das Bein ein wenig an, um ihn zu führen und in sich aufzunehmen. Er murmelte etwas, das sie nicht verstand, aber in diesem Zustand zwischen Träumen und Wachen, in dem sie sich befand, bat sie ihn auch nicht, es zu wiederholen. Sie wollte nur ausgefüllt sein von ihm, seine sanfte Bewegung, seine Berührung spüren. Sie brauchte ihn nicht einmal anzuschauen: Wenn sie die Augen schloss, sah sie ihn vor sich, ihren vollkommenen Liebhaber, der ihr in einer einzigen Nacht größere Lust bereitet hatte, als ihr in Jahren zuvor zuteil geworden war. Sie strich zärtlich mit der Hand über seine Brust, über die Nippel bis zu den Achselhöhlen, dann über seine Schultern, und sie berauschte sich am Spiel ihrer Fingerspitzen auf den glatten, wohlgeformten Muskeln. Er streichelte mit dem Handrücken der einen Hand ihr Gesicht, die andere Hand schob sich zwischen ihre Beine, öffnete sie und bereitete sich den Weg, indem er sein Geschlecht mit ihrem Saft befeuchtete.

Als er ganz in sie eingetaucht war, stieß sie einen lustvollen Seufzer aus und bat ihn, so zu bleiben. Er rührte sich nicht, blieb einfach, wo er war. Ihr Körper schmiegte sich so eng um ihn, dass sie spüren konnte, wie sein Blut pulsierte. Endlich begann sie sich zu bewegen; winzige Bewegungen zuerst, aber genug, um einen wohligen Schauder durch seinen Körper rinnen zu lassen.

»Gefällt dir das?« flüsterte sie.

Seine Antwort war kaum mehr als ein Stöhnen, während er gleichzeitig tief in sie eindrang und sich dann fast vollständig zurückzog. Sie ließ ihn ohne Protest gewähren; die Leere fühlte sich köstlich an, solange sie nur vorübergehend war. Rachel schlang beide Arme um seinen Hals und verschränkte die Finger in seinem Nacken. Dann kam sie seinem nächsten Stoß zuvor, indem sie ihm langsam, ganz langsam das Becken entgegenhob.

Er flüsterte wieder etwas, und diesmal verstand sie seine Worte.

»Oh, mein Gott ...«

Ganz behutsam nahm sie ihn in sich auf – beide waren sie noch empfindlich von den exzessiven Liebesfreuden der Nacht, die Grenze zwischen Lust und Schmerz haarfein. Als sie sich ihm entgegenhob, begegnete er ihr mit einer sachten Abwärtsbewegung, und in diesem Augenblick verlor das Bild, das sie von ihm im Kopf hatte, seine Konturen, ging unter in einer Woge der Lust. Der dunkle Schimmer seiner Haut dehnte sich hinter ihren Lidern aus, bis in ihrem Bewusstsein für nichts anderes mehr Platz war. Seine Bewegungen wurden jetzt schneller, und auch sie wurde fordernder und trieb ihn mit Worten an, zusammenhanglos vielleicht, aber das spielte keine Rolle, er verstand sie. Sie brauchte ihm nicht zu sagen, wann er den Rhythmus ändern sollte, der Gedanke hatte sich kaum in ihrem Kopf gebildet, da tat er es schon. Und bevor er die Kontrolle über sich verlor und zum Höhepunkt kam, verlangsamte sie ihre Bewegungen und lenkte ihn von seinem

Gipfelsturm ab, um ihrer beider Lust nicht allzu schnell zu beenden.

So ging es zwei, drei Stunden lang: manchmal ein Kampf – heftige Stöße und kleine Schreie; dann wieder so ruhig, so still, dass es aussah, als schliefen sie in inniger Umarmung. Sie gaben sich keine Liebesschwüre; nicht mit Worten zumindest. Keiner von beiden sprach, nicht einmal um den Namen des anderen auszurufen. Es war kein Mangel an Gefühlen in diesem Schweigen, im Gegenteil. Sie waren so vollkommen ineinander eingetaucht, so vollkommen miteinander verschmolzen in ihrer Lust, dass sie sich für einen kurzen, seligen Augenblick untrennbar fühlten.

2

Aber der Augenblick ging vorüber.

Das Gefühl verflog, als sie ihre Kräfte verausgabt hatten. Schweißüberströmt und zitternd lagen sie beieinander, wunderbar befriedigt, aber jeder wieder mit seinem eigenen Körper allein.

»Ich habe Hunger«, sagte Rachel.

Sie hatten, seitdem sie an Bord der *Samarkand* gegangen waren, nicht ganz auf leibliche Nahrung verzichtet. Galileo hatte als Opfergabe an Kuhaimuana den Fisch ins Meer zurückgeworfen, aber er hatte im Laufe der Nacht ein paar Dosen mit Austern und in Brandy eingelegten Pfirsichen geöffnet, die sie sich gegenseitig von der Haut geschlürft und so mit dem einen Appetit zugleich den anderen gestillt hatten.

Aber jetzt war es später Vormittag, und Rachels Magen machte sich bemerkbar.

»In einer Stunde können wir wieder an Land sein«, erklärte Galileo.

»Ich will nicht an Land zurückgehen«, entgegnete Rachel. »Ich würde am liebsten für immer hier draußen bleiben, nur wir beide ...«

»Man würde kommen und uns suchen«, bemerkte er. »Du bist immerhin eine Geary.«

»Wir könnten uns irgendwo verstecken. Es verschwinden immer wieder Menschen und tauchen nie mehr auf.«

»Ich besitze ein Haus …«

»Wirklich?«

»In Chile, in einem winzigen Dorf namens Puerto Bueno. Es liegt ganz oben auf einem Berg, mit Blick auf den Hafen und Sittichen in den Bäumen.«

»Lass uns hinfahren.« Galileo lachte. »Ich meine es ernst«, sagte sie.

»Das weiß ich.«

»Wir könnten Kinder haben …«

Das Lachen verschwand aus seiner Miene. »Ich glaube nicht, dass das eine gute Idee wäre«, sagte er.

»Warum nicht?«

»Weil ich mich nicht als Vater eignen würde.«

»Woher willst du das wissen?« fragte sie und legte ihre Hand auf seine. »Vielleicht stellst du fest, dass es dir gefällt.«

»Schlechte Väter sind in unserer Familie an der Tagesordnung«, erklärte Galileo. »Oder einer, besser gesagt.«

»Einer von wie vielen?«

»Einer von einem«, antwortete er.

Sie dachte, er hätte sie missverstanden. »Nein, ich meine, wie steht es mit deinen Großvätern zum Beispiel?«

»Es gibt keine Großväter.«

»Du meinst, sie sind gestorben?«

»Nein, ich meine, es gibt keine. Es hat sie nie gegeben.«

Sie lachte. »Sei nicht albern. Deine Mutter und dein Vater müssen doch Eltern gehabt haben. Sie waren vielleicht schon tot, als du geboren wurdest, aber …«

»Sie hatten keine Eltern.« Galileo wandte den Blick ab. »Glaub mir.«

Etwas an der Art, wie er dieses *Glaub mir* gesagt hatte, irritierte sie. Es war keine Bitte, es war ein Befehl. Er wartete nicht ab, welche Wirkung seine Worte hatten, sondern stand einfach auf und begann sich anzukleiden. »Es wird

Zeit, dass wir zurückfahren«, sagte er. »Man wird anfangen, dich zu suchen.«

»Lass sie suchen.« Sie umschlang ihn von hinten mit den Armen und schmiegte sich an ihn. »Wir müssen noch nicht aufbrechen. Ich möchte mit dir reden; ich möchte dich besser kennen lernen.«

»Ein andermal«, erklärte er und löste sich aus ihrer Umarmung, um sein Hemd vom Boden aufzuheben.

»Wird es ein anderes Mal geben?« fragte sie.

»Natürlich wird es das.« Aber er sah sie bei diesen Worten nicht an.

»Habe ich irgendetwas Beleidigendes gesagt?«

»Nichts dergleichen«, beantwortete er ihre Frage. »Ich finde lediglich, dass wir zurückfahren sollten, das ist alles.«

»Heute Nacht ...«

Galileo, der im Begriff war, sein Hemd zuzuknöpfen, hielt mitten in der Bewegung inne. »... war es wunderbar«, fiel er ihr ins Wort.

»Dann sei nicht so seltsam.« Ein Anflug von Gereiztheit hatte sich in ihre Stimme geschlichen. »Es tut mir Leid, wenn ich etwas Unpassendes gesagt habe. Es war nur ein Scherz.«

Er seufzte. »Nein, das war es nicht. Du hast es ernst gemeint, sonst hättest du es nicht gesagt. Du möchtest Kinder haben?«

»Ja«, unterbrach sie ihn. »Das möchte ich. Und ich möchte sie mit dir haben.«

»Wir kennen uns doch kaum«, entgegnete er, schon halb auf dem Weg zum Deck.

Rachel folgte ihm, sie war jetzt wirklich verärgert. »Was ist mit den Dingen, die du am Strand zu mir gesagt hast? Darüber, dass du nach mir hättest Ausschau halten sollen? War das nur ein Trick, um mich hierher zu locken?« Als sie das Deck erreichte, saß er bereits auf der schmalen Bank im Cockpit und hatte den Kopf in die Hände gestützt. »War das der ganze Zweck deiner Reden?« fuhr sie fort. »Und nachdem wir die Nacht zusammen verbracht haben, machst du dich einfach wieder auf und davon?«

Er hob den Kopf nicht aus den Händen. Seine Stimme klang vollkommen leblos. »Das alles hatte nichts zu bedeuten. Ich hab' mich einfach hinreißen lassen, und das war dir gegenüber nicht fair. Es war nicht fair. Ich dachte, du hättest verstanden …«

»Was verstanden?«

»Dass es eine meiner Geschichten war«, erklärte er.

»Sieh mich an«, fauchte Rachel. Er rührte sich nicht; sein Gesicht blieb in seinen Händen verborgen. »Sieh mir in die Augen und sag das noch mal!« forderte sie.

Sichtlich widerstrebend blickte er auf. Sein Gesicht wirkte grau, seine Augen stumpf und ausdruckslos. »Es hatte nichts zu bedeuten«, sagte er mit monotoner Stimme. »Ich dachte, du hättest verstanden, dass es nur eine meiner Geschichten war.«

Rachels Augen brannten, das Blut rauschte in ihren Ohren. Wie konnte er so etwas sagen? Die Welt verschwamm, als ihr die Tränen in die Augen schossen. Wie konnte er da sitzen und behaupten, alles sei nur ein Spiel gewesen, obwohl sie doch beide wussten, obwohl sie doch beide *ganz genau* wussten, dass etwas Wundervolles geschehen war?

»Du bist ein Lügner«, sagte sie.

»Das kann sein.«

»Du weißt, dass das, was du gerade gesagt hast, nicht wahr ist!«

»Es ist so wahr wie alle meine Geschichten«, erwiderte er, den Blick auf die Decksplanken gesenkt. Sie hätte ihm gern das vorgehalten, was er selbst über die Wahrheit und Unwahrheit von Geschichten zu ihr gesagt hatte, aber seine Argumentation wollte ihr nicht mehr einfallen. Sie konnte nur eines denken: Er läuft vor mir weg. Ich werde ihn nie wieder sehen. Es war unerträglich. Noch vor zehn Minuten hatten sie sich über sein Haus auf dem Berg unterhalten. Und jetzt verkündete er ihr, dass alles, was er gesagt hatte, ohne jede Bedeutung war.«

»Lügner«, wiederholte sie. »Lügner, Lügner, Lügner.«

Er erhob sich von der Bank und trat ins Ruderhaus, ohne sie eines einzigen Blickes zu würdigen. Dann warf er den Motor an und betätigte den Schalter, der die Ankerwinde in Gang setzte. Motor und Ankerwinde machten zusammen einen solchen Lärm, dass sich jedes weitere Wort erübrigte. Aufgewühlt stieg Rachel unter Deck, um sich anzuziehen.

In der Kabine herrschte Chaos, Kissen und Decken lagen zerwühlt auf dem Bett, ihre Kleider waren über den ganzen Boden verstreut. Ein paar Minuten lang konzentrierte sie sich auf die Suche nach einem verschwundenen Schuh, was sie vom Aufruhr ihrer Gefühle ablenkte und einen neuerlichen Tränenausbruch verhinderte. Als sie den Schuh endlich gefunden und sich fertig angezogen hatte, war auch das Bedürfnis zu weinen verflogen, und sie fühlte sich fast imstande, ein vernünftiges Gespräch zu führen.

Sie kehrte an Deck zurück, wo ihr ein kalter, schneidender Wind entgegenschlug. Das Schiff machte inzwischen gute Fahrt bei ruhiger See.

»Sieh mal!« rief Galileo und deutete zum Bug. Sie konnte nichts entdecken. »Geh hin und sieh es dir an!« drängte er.

Rachel kletterte am Ruderhaus vorbei auf das Vorderdeck. Sie wollte jetzt wissen, was es dort so Interessantes zu sehen gab. Ein Schwarm Delphine durchpflügte das Wasser auf gleicher Höhe mit der *Samarkand*, und drei oder vier der Tiere schossen so dicht neben dem Schiff her, dass ihre samtenen Leiber wie Torpedos seinen Rumpf zu berühren schienen. Hier und da schnellte ein kleinerer Delphin – ein Jungtier vermutlich – auf der einen oder der anderen Seite aus dem Wasser und vollführte im Sprung eine so übermütige Drehung, dass es aussah, als würde er auf der Schwanzspitze tanzen.

Um Galileo ihre Begeisterung über das Schauspiel zu zeigen, wandte sie sich zu ihm um, aber sein Blick war starr auf die vor ihnen liegende Insel gerichtet. Schwere Regenwolken verhüllten die höheren Regionen des Mount Waialeale, genau wie am Tag ihrer Ankunft auf Kauai. Die Fahrt mit Jimmy Hornbeck und ihre Unterhaltung über Mammon, den Dämon des Geldes, lag nur wenige Tage zurück, aber ihr kam es vor wie Wochen. Nein, nicht wie Wochen – wie ein ganzes Leben. Damals war sie eine andere Rachel gewesen; sie war eine Rachel gewesen, die nicht gewusst hatte, dass es einen Galileo in der Welt gab. Seither hatte sich, ob zum Guten oder zum Schlechten, alles geändert.

IX

Als der Landungssteg in Sicht kam, war er nicht mehr verwaist: Eine einsame Gestalt saß am Rand und blickte aufs Meer hinaus. Rachel nahm an, dass es ein Angler war und schenkte ihm keine Beachtung. Erst als sie nur noch wenige Bootslängen von ihrem Ziel trennten, sah sie sich den Mann näher an und erkannte, dass es sich um Niolopua handelte. Er war jetzt aufgesprungen und erwartete sie, offensichtlich in heller Aufregung, am Ende des Landungsstegs. Noch bevor das Schiff richtig angelegt hatte, sprang er an Bord. Ohne seinen Vater zu beachten, wandte er sich an Rachel. Offensichtlich hatte er etwas sehr Dringendes auf dem Herzen.

»Jemand wollte Sie sprechen«, berichtete er. »Aus New York.«

»Weshalb?«

»Das wollte die Frau nicht sagen. Sie hat mich nur gebeten, Sie zu suchen. Es sei sehr wichtig, hat sie gesagt. Ich suche Sie schon seit heute Morgen.«

»Mit wem haben Sie gesprochen?«

»Mit Mrs. Geary.«

»Ja, aber mit welcher Mrs. Geary? War es Margaret?« Der Mann schüttelte den Kopf. »Loretta? War es Loretta?«

»Die alte Dame?« fragte Niolopua.

Bevor Rachel bestätigen konnte, dass Loretta die alte Dame war, hatte Galileo die Antwort bereits vorweggenommen. »Und sie hat dir nicht gesagt, worum es ging?«

»Nein. Nur, dass … diese Mrs. Geary so bald wie möglich anrufen soll, weil etwas passiert ist, das sie wissen muss.«

»Cadmus«, murmelte Rachel. Höchstwahrscheinlich war der alte Herr gestorben. »Kommst du bitte mit?« wandte sie sich an Galileo.

»Niolopua kann dich begleiten. Ich komme später nach.«

»Versprochen?«

»Versprochen.«

»Wir müssen miteinander reden.«

»Ich weiß. Ich verstehe dich. Ich komme bald nach. Lass mich nur das Boot versorgen.«

Es fiel ihr schwer, nicht zurückzublicken, als sie in Niolopuas Begleitung zum Haus zurückging. Sie musste mit aller Macht gegen die Furcht ankämpfen, dass Galileo sie belog und davonsegeln würde, kaum dass sie außer Sicht war. Aber sie musste sich einen Rest von Vertrauen bewahren, denn wenn sie seinen Versprechen keinen Glauben schenkte, gab es ohnehin keine Hoffnung für sie. Und wenn er sein Versprechen brach, hatte es nie Hoffnung gegeben.

Aber es fiel ihr dennoch schwer. Je näher sie dem Felsvorsprung kamen, der die beiden Buchten voneinander trennte und der ihr, wenn sie ihn einmal überquert hatte, die Sicht auf den Landungssteg versperren würde, umso unwiderstehlicher wurde die Versuchung, wenigstens einen Blick zurückzuwerfen, um zu sehen, ob er noch da war. Sie widerstand der Versuchung zwar, aber der innere Kampf musste ihr deutlich ins Gesicht geschrieben stehen, denn als sie die heimatliche Bucht erreichten und sich fast schon in Sichtweite des Hauses befanden, sagte Niolopua zu ihr:

»Keine Sorge, er wird kommen.«

Sie sah ihn aus den Augenwinkeln an. »Ist das so sicher?«

Niolopua hob die Schultern. »Er ist, wer er ist. Sie sind, wer Sie sind.«

»Und was soll das heißen?«

»Dass er sein Versprechen halten wird.«

Erst als sie im Haus angelangt war und einen Moment lang stehen blieb, merkte Rachel, dass sie an Bord der *Samarkand* ein wenig den Gleichgewichtssinn verloren hatte. Der Boden schien unter ihren bloßen Füßen zu schwanken, und ihr Kopf fühlte sich leer an, es war wie ein verspäteter Ansturm von Seekrankheit. Sie ging ins Bad und tauchte das Gesicht in kaltes Wasser, dann bat sie Niolopua, ihr einen heißen, süßen Tee zu bereiten, während sie in New York anrief. Er kam ihrem Wunsch bereitwillig nach. Während sie in der Stille des Esszimmers die Nummer der Villa wählte, überlegte sie, wie sie ihr Beileid am besten ausdrücken sollte. Würde Loretta erwarten, dass sie bei der Nachricht in Tränen ausbrach? Gewiss nicht.

Die Stimme, die am anderen Ende der Leitung ertönte, war ihr unbekannt: ein Mann, der so klang, als sei er in der Bronx aufgewachsen und habe überdies eine schwere Erkältung. Sie fragte nach Loretta.

»Mrs. Geary kann im Moment nicht ans Telefon kommen. Wer spricht da?« Rachel sagte es ihm. Darauf folgten gedämpfte Geräusche, und der Hörer wurde offensichtlich an eine andere Person weitergereicht. Diesmal erkannte sie die Stimme; es war Mitchell. Ihr Magen tat einen Satz – sie fühlte sich wie in einem Fahrstuhl, der zwischen zwei Etagen ins Stocken gerät und stecken zu bleiben droht. Das Gefühl überkam sie, in der Falle zu sitzen.

»Loretta hat mich angerufen«, begann Rachel.

»Ja, ich weiß.«

»Wer war das eben am Telefon?«

»Ein Polizeibeamter.«

»Was ist los?«

»Es geht um Margie …«

»Was ist mit ihr?«

Es folgte ein kurzes Schweigen. Dann sagte Mitchell: »Sie ist tot, Rachel. Jemand hat sie erschossen.«

Der Fahrstuhl geriet wieder ins Rucken. »Oh Gott, Mitch …«

»Sie sagen, Garrison habe es getan«, fuhr Mitchell fort. »Aber das ist Unsinn. Er war außer sich. Es ist einfach Unsinn.«

»Wann ist das passiert?«

»Heute Nacht. Jemand muss ins Haus eingebrochen sein. Jemand, der wütend auf sie war. Gott weiß, dass Margie imstande war, die Leute vor den Kopf zu stoßen.«

»Arme Margie. O Gott, arme Margie.«

»Du musst nach Hause kommen, Rachel. Die Polizei will mit dir reden.«

»Ich weiß doch nichts.«

»Du hattest in letzter Zeit häufig Kontakt mit Margie. Vielleicht hat sie dir etwas erzählt …«

»Ich will nicht nach Hause kommen, Mitchell.«

»Was redest du da?« Zum ersten Mal klang so etwas wie persönliche Betroffenheit aus seine Stimme; eine Mischung aus Wut und Ungläubigkeit. »Du musst nach Hause kommen. Wo, zum Teufel, bist du überhaupt?«

»Das geht dich nichts an.«

»Du bist auf dieser verdammten Insel, stimmt's?« Die Wut in seiner Stimme war jetzt nicht mehr zu überhören. »Du glaubst, wir wissen nichts von der Insel? Du denkst, es sei ein großes Geheimnis? Ich weiß genau, was dort vor sich geht.«

»Gar nichts weißt du«, entgegnete sie und hoffte dabei, dass ihr Ton so überzeugt klang, wie sie es war.

»Wenn du nicht zurückkommst, wird dich die Polizei suchen. Ist dir das vielleicht lieber?«

»Versuch nicht, mich einzuschüchtern. Das zieht bei mir nicht mehr.«

»*Rachel …*«

»Ich rufe dich wieder an.«

»*Leg nicht auf!*«

Sie legte den Hörer auf. »Du Mistkerl«, murmelte sie leise vor sich hin. Und dann, noch leiser: »Arme Margie.«

»Schlechte Nachrichten?« erkundigte sich Niolopua. Er stand mit einer dampfenden Tasse Tee in der Tür.

»Sehr schlechte«, antwortete sie. Er kam näher und stellte den Tee vor sie auf den Tisch. »Meine Schwägerin ist heute Nacht ermordet worden.«

»Wie das?«

»Sie wurde erschossen. Von … ihrem eigenen Mann.« Das alles erklärte sie weniger um Niolopuas willen; vielmehr kleidete sie das Unfassbare in Worte, um es sich selbst begreifbarer zu machen.

»Möchten Sie, dass ich zu meinem Vater gehe und es ihm sage?«

»Ja«, bat Rachel, »wenn es Ihnen nichts ausmacht. Würden Sie ihn bitten, sich zu beeilen? Sagen Sie ihm, dass ich ihn hier brauche.«

»Kann ich noch irgendetwas für Sie tun, bevor ich gehe?«

»Nein, vielen Dank.«

»Es tut mir Leid«, erklärte Niolopua. »Sie war eine nette Person.« Mit diesen Worten ließ er sie allein.

Sie trank ein paar Schlucke von dem Tee, den Niolopua mit Honig gesüßt hatte, dann erhob sie sich und ging ins Arbeitszimmer hinüber. Wenn ihre Erinnerung sie nicht trog, hatte sie in einer der Schubladen dort ein halb volles Päckchen Zigaretten gesehen. Genau das brauchte sie jetzt: einen tiefen, bitteren, Krebs erregenden Zug aus einer Zigarette zur Erinnerung an Margie. Besser noch viele Züge, und nach ihr die Sintflut.

Das Päckchen war da, wo sie es vermutet hatte, aber sie konnte keine Streichhölzer finden. Also nahm sie ihren Tee und die Zigaretten und ging in die Küche. Die Nachwehen der eigenartigen Seekrankheit stellten sich wieder ein, nicht die dumpfe Leere im Kopf, wohl aber das Gefühl, keinen festen Boden unter den Füßen zu haben. Sie fand eine Schachtel Streichhölzer und setzte sich auf die Veranda, um auf Galileos Ankunft zu warten.

Die Zigarette schmeckte schal, aber sie rauchte sie dennoch und dachte dabei an die vielen Male, die sie mit Margie fröhlich über Gott und die Welt geplaudert hatte, eingehüllt in die Rauchschwaden, die ihre Schwägerin um sich zu verbreiten pflegte. Wäre das Opfer eine andere Person gewesen, so hätte das Margie zutiefst fasziniert und sie hätte begeistert alle nur erdenklichen Szenarien des Mordes durchgespielt. Sie habe keinen Sinn für das Tragische, hatte sie Rachel einmal erklärt. Tragödien seien etwas für Menschen, deren Gefühle nicht völlig abgestumpft wären, und bei allen, die sie kannte, sei das der Fall. Rachel hatte ihr widersprochen. Unter all den wichtigen Leuten, mit denen Margie verkehrte, mussten doch ein paar sein, die anders waren. Nicht einer, hatte Margie geantwortet; Lügner, Betrüger und Diebe, einer wie der andere. Von dieser Unterhaltung war Rachel nicht Margies Zynismus am deutlichsten im Gedächtnis geblieben, sondern die Resignation und Enttäuschung, die sie aus ihrer Stimme herausgehört hatte. Hinter der rauen Fassade verbarg sich eine Frau, die sich nichts sehnlicher wünschte, als dass man ihre vernichtende Meinung über die Reichen und Mächtigen dieser Welt widerlegte.

Dieser Gedanke brachte Rachel unvermeidlich auf Garrison, für den Margie nie ein gutes Wort übrig gehabt hatte. Für sie war er nichts weiter als ein egoistischer Aufschneider gewesen und obendrein ein Versager im Bett. Aber das waren Geringfügigkeiten neben dem Verbrechen, dessen er jetzt bezichtigt wurde. Rachel fiel es schwer, sich vorzustellen, unter welchen Umständen er hätte fähig sein können, eine Waffe zur Hand zu nehmen und seine Frau zu erschießen. Sicher, sie hatten sich gegenseitig verabscheut, aber sie hatten viele Jahre lang in diesem Zustand gegenseitiger Verachtung nebeneinanderher gelebt. Das machte aus ihm noch keinen Mörder. Wenn er die Ehe hätte beenden wollen, so hätte es bequemere Lösungen gegeben.

Mitchells Bemerkung, dass sie entweder freiwillig zurückkommen oder damit rechnen müsse, von der Polizei abgeholt zu werden, kam ihr in den Sinn. Das war natürlich Unfug. Sie zählte eindeutig nicht zum Kreis der Verdächtigen, was außer altem Klatsch und Tratsch hätte sie also zur Klärung des Falles beitragen können? Wenn sie mit ihr reden wollten, konnten sie das ebenso gut am Telefon tun. Es gab keinen Grund, nach Hause zurückzukehren, wenn sie es nicht wollte; und sie wollte nicht. Besonders jetzt nicht, da es hier zwischen Galileo und ihr so vieles zu klären gab.

Rachel hatte ihre Zigarette zu Ende geraucht, und auch die Teetasse war fast leer. Sie beschloss, ihren Beobachtungsposten auf der Veranda zu verlassen und sich umzuziehen. Auf dem Weg durch die Küche aß sie ein paar Kekse, dann ging sie ins Badezimmer, um zu duschen.

Als ihr Blick zufällig auf ihr Bild im Spiegel fiel, wurde

ihr auf einmal bewusst, wie eigenartig ruhig sie innerlich war. Hatten die Ereignisse, die in den vergangenen paar Stunden auf sie eingestürmt waren, sie in einen solchen Zustand der Betäubung versetzt, dass sie einfach zu keiner Reaktion mehr fähig war? Warum weinte sie nicht? Ihre beste Freundin war tot, und ihr Gesicht blickte ihr mit vollkommen tränenlosen Augen aus dem Spiegel entgegen. Sie sah ihr Spiegelbild so eindringlich an, als könne es zu sprechen anfangen und das Rätsel für sie lösen; aber das Gesicht im Spiegel verriet ihr gar nichts.

Nachdem sie ihre Kleider einfach fallen gelassen hatte, wo sie stand, drehte sie die Dusche an. Es kam nur ein dünner Wasserstrahl, aber sie genoss ihn dennoch, und während sie das Salz der Meerluft von ihrem Körper spülte, schwelgte sie in der Erinnerung an Galileos Berührung. Seine Hände auf ihrem Gesicht, ihren Brüsten, ihrem Bauch, das Spiel seiner Zunge zwischen ihren Beinen. Sie sehnte sich hier und jetzt danach. Wünschte sich, dass er ihr flüsternd eine Geschichte erzählte wie in der ersten Nacht: eine Geschichte, die von Wasser und Liebe handelte. Ihr wäre sogar eine Geschichte über Haifische recht gewesen, wenn ihm der Sinn danach stand. Sie war in der Stimmung, sich mit Haut und Haaren verschlingen zu lassen.

Sie ließ sich viel Zeit, wusch sich die Haare und spülte dann die restliche Seife von ihrem Körper. Dann stieg sie, da sie vergessen hatte, ein Handtuch bereitzulegen, tropfnass aus der Dusche – und da stand er; stand einfach in der Tür und sah sie an.

Instinktiv wollte sie ihre Blöße bedecken, aber die Art, wie er sie ansah, ließ ihr diesen Impuls als lächerlich erscheinen. Sein Blick hatte nichts Obszönes; es war eher ein Ausdruck kindlicher Naivität, wie er da mit großen Augen und völlig entspannten Zügen in der Tür stand.

»Jetzt bringen sie sich also schon gegenseitig um«, murmelte er. »Früher oder später musste es vermutlich so weit kommen.« Er schüttelte den Kopf. »Das ist der Anfang vom Ende, Rachel.«

»Wie meinst du das?«

»Mein Bruder Luman hat all das vorausgesagt.«

»Er wusste, dass ein Mord geschehen würde?«

»Mord ist noch das Mindeste. Margie war ein bedauernswertes Geschöpf, und für sie ist es wahrscheinlich besser so …«

»Sag so etwas nicht.«

»Aber es ist wahr. Wir wissen beide, dass es wahr ist.«

»Ich habe Margie geliebt.«

»Das glaube ich dir gern.«

»Dann sag nicht, dass es besser für sie ist, tot zu sein, denn das stimmt nicht. Es ist nicht wahr.«

»Niemand hätte sie von ihrem Elend erlösen können. Sie ist lange im Gift geschwommen.«

»Dann soll es mir also gleichgültig sein, dass sie tot ist?«

»O nein, das will ich damit nicht sagen. Natürlich geht es dir nah. Natürlich sollst du um sie trauern. Aber erwarte keine Gerechtigkeit.«

»Sie haben ihren Mann bereits verhaftet.«

»Sie werden ihn bald laufen lassen.«

»Auch eine der Prophezeiungen deines Bruders?«

»Nein, die kommt von mir persönlich«, entgegnete er. »Garrison wird ungeschoren davonkommen mit dem, was er getan hat. Er ist ein Geary. Sie finden immer einen anderen Sündenbock.«

»Woher weißt du so viel über die Gearys?«

»Sie sind der Feind«, sagte er ganz nüchtern.

»Und was unterscheidet mich von ihnen?« wollte Rachel wissen. »Ich bin auch im Gift geschwommen.«

Er nickte. »Ich weiß. Ich habe es geschmeckt.«

In diesem Augenblick wurde sie sich ihrer Nacktheit wieder bewusst. Das war kein Zufall; sein Blick hatte sich bei seinen letzten Worten von ihrem Gesicht gelöst, war zu ihren Brüsten und weiter zu ihrem Geschlecht gewandert.

»Würdest du mir ein Handtuch geben?« bat sie ihn.

Er nahm das größte Badetuch von der Stange, und sie streckte die Hand danach aus, aber anstatt es ihr zu reichen, sagte er: »Lass mich das machen … bitte …« Dann breitete er das Tuch aus, legte es um sie und begann ihren Körper abzureiben. Trotz der gereizten Stimmung, die sich in den letzten Stunden zwischen ihnen ausgebreitet hatte – zuerst auf dem Schiff, jetzt hier –, fühlte sie sich durch die liebevolle Berührung, die durch den flauschigen Stoff des Handtuchs hindurch nur umso aufregender war, augenblicklich besänftigt. Als er ihre Brüste trocknete, konnte sie einen wohligen Seufzer nicht unterdrücken.

»Das fühlt sich gut an«, flüsterte sie.

»Ja?«

»O ja …«

Er zog sie näher zu sich heran, trocknete erst sorgfältig die Halbmonde unter ihren Brüsten und arbeitete sich dann zum Nabel hin weiter.

»Wann wirst du nach New York zurückfahren?« erkundigte er sich.

Sie konnte sich nur mit Mühe auf seine Frage konzentrieren, und noch schwerer fiel es ihr, eine Antwort zu formulieren. »Ich sehe … keinen Grund, das zu tun.«

»Ich dachte, sie war deine Freundin?«

»Das war sie auch. Aber ich kann jetzt nichts mehr für sie tun. Für mich ist es besser, hier bei dir zu bleiben. Genau das würde auch Margie zu mir sagen. Sie würde sagen: Wenn du etwas hast, das gut tut, halt es fest.«

»Und ich habe dir gut getan?«

»Das weißt du ganz genau«, schmeichelte sie.

»Sehr gut.« Aus seiner Stimme klang eine fast erzwungene Munterkeit, als sei der Gedanke angenehm und quälend zugleich für ihn.

Er war jetzt zwischen ihren Beinen angelangt. Sie zog ihm das Badetuch aus den Händen und sagte: »Komm mit mir ins Schlafzimmer.«

»Nein«, erwiderte er. »Hier.« Und plötzlich waren seine Finger in ihr, sein Mund war auf ihrem, und er drückte sie mit dem Rücken an die Wand. Sein Kuss schmeckte eigenartig, fast säuerlich; und die Art, wie er sie streichelte, war alles andere als zärtlich. Irgendetwas stimmte plötzlich nicht daran. Sie wollte ihm Einhalt gebieten, fürchtete aber, ihn damit aus dem Haus zu treiben.

»Warte …«, bat sie ihn. »Bitte, mach langsam.«

Er hörte nicht auf sie. Eher wurde er noch ungestümer. Er drückte ihre Beine auseinander, und sie spürte seine Erektion, spürte, wie er auf sie einstieß wie eine blinde Kreatur, die den Eingang in ihr Haus sucht. Sie mahnte sich selbst, sich zu entspannen, ihm zu vertrauen. Er war ihr in der vergangenen Nacht ein so unvergleichlicher Liebhaber gewesen, hatte die Signale ihres Körpers zu lesen gewusst wie kein anderer Mann je zuvor.

Warum also hatte sie jetzt den Wunsch, ihn wegzustoßen? Warum tat es ihr weh, als er in sie eindrang? Was sie noch vor wenigen Stunden auf köstliche Weise erfüllt hatte, schien ihr jetzt so unerträglich, dass sie am liebsten laut aufgeschrien hätte. Das waren keine lustvollen Empfindungen mehr, ganz und gar nicht.

Rachel konnte sich nicht länger beherrschen. Sie presste die Lippen zusammen, um seinem Kuss auszuweichen, und stemmte die Hände gegen seine Brust.

»Ich will das nicht«, stieß sie hervor.

Er beachtete sie nicht. Bis zum Heft in sie eingetaucht, sein Penis fordernd und hart, presste er seinen Leib unerbittlich gegen ihren.

»Nein!« rief sie. »Nein! Würdest du mich bitte loslassen!«

Mit aller Kraft versuchte sie ihn von sich zu schieben, aber er war zu stark, seine Erektion drückte sie unentrinnbar gegen die Wand.

»Galileo!« Sie versuchte, seinen Blick zu finden. »Du tust mir weh. *Hör mir zu! Du tust mir weh!«*

Sie schrie jetzt so laut, dass es von den gekachelten Wänden widerhallte. Vielleicht war es das, was ihn wachrüttelte. Vielleicht langweilte ihn aber auch nur sein eigenes grausames Spiel, wie es seine Körpersprache zu verkünden schien. Er zog sich aus ihr zurück mit der leicht angewiderten Miene eines Mannes, der von der Tafel aufsteht, weil ihm die aufgetischten Speisen nicht munden.

»Mach, dass du hier rauskommst«, fuhr sie ihn an.

Er trat einen Schritt zurück, ohne sie anzusehen, dann machte er kehrt und ging zur Tür. In diesem Augenblick hasste sie alles an ihm – seinen betont langsamen Gang, die Art, wie er auf seine Erektion hinunterblickte, das kaum merkliche Lächeln, das sie im Spiegel erhaschte, bevor er verschwand. Sie schloss die Tür hinter ihm und lauschte seinen Schritten, die sich im Haus entfernten. Erst als sie hörte, wie die Terrassentür geöffnet und wieder zugeschlagen wurde, bückte sie sich nach ihren Kleidern und zog sich an. Als sie schließlich das Badezimmer verließ, war sie allein im Haus.

Niolopua saß auf dem Rasen hinter dem Haus und blickte aufs Meer. Rachel trat auf die Veranda hinaus und rief seinen Namen.

»Hatten Sie einen Streit?« fragte er.

Sie nickte.

»Er hat kein Wort mit mir geredet, sondern ist mit finsterer Miene an mir vorbeigestürmt.«

»Würden Sie noch ein Weilchen hier bleiben? Ich möchte nicht, dass er noch einmal ins Haus kommt.«

»Ich bleibe, wenn Ihnen dann wohler ist. Aber ich bin sicher, dass er nicht zurückkommt.«

»Vielen Dank.«

»Er wird jetzt Segel setzen«, fuhr Niolopua fort. »Sie werden sehen.«

»Es ist mir gleichgültig, was er tut, solange er sich von mir fern hält«, fauchte Rachel.

Wie Niolopua vermutet hatte, ließ sich Galileo nicht noch einmal blicken. Der Tag schleppte sich dahin, und Rachel fühlte sich so lustlos und erschöpft, dass sie keinen Fuß aus dem Haus setzte. Sie aß und trank etwas, aber nichts wollte ihr so recht schmecken. Niolopua blieb, wie sie es gewünscht hatte, auf seinem Wachposten im Garten, den er nur einmal verließ, um sich ein Bier zu holen; ansonsten ließ er sie in Ruhe. Das Telefon klingelte ein paarmal, aber sie nahm nicht ab. Wahrscheinlich war es entweder Mitch oder Loretta, die sie überreden wollten, nach Hause zu kommen. Nach ihrer letzten Begegnung mit Galileo war der Gedanke, nach New York zurückzukehren, gar nicht mehr so abwegig für sie. Jedenfalls schien es ihr nicht ratsam, im Haus zu bleiben. Hier würde sie nur ins Grübeln kommen. Besser, sie kehrte in den Schoß der Familie zurück, wo sie sich zumindest über ihre Gefühle im Klaren war. Nach den Gefühlsstürmen der vergangenen Tage würde sie die Gegenwart der Gearys als geradezu angenehm empfinden. Sie waren verabscheuungswürdig, punktum – eine vollkommen klare und einfache Sache. Kein Wenn und Aber, keine Zweideutigkeiten, keine Küsse in der einen und Brutalitäten in der nächsten Sekunde. Vielleicht sollte sie sich wie Margie einen Rausch antrinken und dafür sorgen, dass er nie mehr abklang; hinter ihrem Trauerschleier der Welt die kalte Schulter zeigen. Zugegebenermaßen keine sehr verlockende Aussicht, aber was blieb ihr denn anderes übrig? Die Insel war ihre letzte Zuflucht gewesen: ein Ort, an dem sie hätte genesen können, an dem das Wunder hätte geschehen können. Aber es war ihr nicht vergönnt. Sie stand mit leeren Händen da.

Als die Abenddämmerung der Nacht wich, hörte sie, wie Niolopua ihren Namen rief, und trat auf die Veranda hinaus. Er stand am Rand des Gartens und deutete aufs Meer.

Dort schwamm die *Samarkand*. Obwohl die Segel nur als weiße Kleckse vor dem dunkelblauen Himmel zu sehen waren, wusste Rachel ohne den geringsten Zweifel, dass es sich um Galileos Schiff handelte. Einen schmerzlichen Augenblick lang stellte sie sich vor, sie würde jetzt mit ihm an Deck stehen und auf die Insel zurückblicken, über ihnen die Sterne, unter ihnen das Bett, das schon für sie bereitet war. Unwillig riss sie sich aus diesen romantischen Träumereien.

Dennoch brachte sie es nicht über sich, dem Meer den Rücken zu kehren; nicht, solange das Boot noch zu sehen war. Sie verfolgte, wie es kleiner und kleiner wurde, bis es schließlich in der Ferne vollends von der Dunkelheit verschluckt wurde. Erst jetzt wandte sie den Blick ab.

Das ist also das Ende der Geschichte, dachte sie. Der Mann, in dem sie einen flüchtigen Moment lang ihren Prinzen zu erkennen geglaubt hatte, war verschwunden. Er hatte sich einen vollendeten Abgang verschafft, hatte sich von der Flut davontragen lassen; wohin, das wussten die Götter.

Seltsamerweise weinte sie nicht. Ihr Prinz hatte sie verlassen, und sie vergoss keine Träne. Sicher empfand sie Trauer, das verstand sich von selbst. Bis an ihr Lebensende würde sie nicht aufhören, sich zu fragen, was geschehen wäre, wenn sie die Klippen und Untiefen seines Wesens besser umschifft hätte. Wie hätte ihr gemeinsames Leben ausgesehen, in seinem Haus auf dem Berg?

Aber neben der Trauer machte sich ein anderes Gefühl bemerkbar, und das war Wut. Und diese Wut auf das Leben, das ihr einen Schmerz nach dem anderen aufbürdete, war, wie sie schließlich erkannte, der Grund dafür, dass sie nicht weinen konnte. Die Wut trocknete ihre Augen, sobald sie sich mit Tränen füllen wollten.

Hatte Margie nicht nach einer ganz ähnlichen Lebensphilosophie gehandelt? Indem sie die Boshaftigkeit zur Kunstform erhoben und sich lauthals über die Sinnlosigkeit des Lebens ausgelassen hatte, war es ihr gelungen, den Alltag zu bewältigen.

Und von nun an würde dasselbe für Rachel gelten. Sie musste lernen, so zu sein wie Margie – und dann gnade ihr Gott.

TEIL SECHS

Tinte und Wasser

I

1

Galileo segelte also davon; ich kann Ihnen nicht sagen, wohin. Wäre dies ein anderes Buch, könnte ich die Stationen seiner Reise vielleicht erfinden, könnte sie mir aus Büchern und von Karten zusammenfantasieren. Aber dann würde ich aus Ihrem Unwissen Kapital schlagen; würde voraussetzen, dass Sie es nicht merken, wenn mir bei der Beschreibung der Einzelheiten ein Fehler unterliefe.

Ich bleibe lieber bei der Wahrheit: Galileo segelte davon, und ich habe keine Ahnung, wohin. Wenn ich die Augen schließe und darauf warte, dass ein Bild von ihm entsteht, sehe ich ihn gewöhnlich vor mir, wie er, offensichtlich alles andere als zufrieden mit seinem Los, auf dem schaukelnden Deck der *Samarkand* sitzt. Aber auch wenn ich den Horizont nach einem Anhaltspunkt abgesucht habe, aus dem ich auf seinen Aufenthaltsort schließen könnte, war da immer nur die endlose Weite des Ozeans. Vielleicht hätte ein geübteres Auge als das meine selbst darin einen Hinweis entdecken können, aber ich bin kein Seefahrer. Für mich sieht ein Meerespanorama aus wie das andere.

Zugegeben, ich habe mich bemüht, die Frage mit den Mitteln der reinen Logik zu beantworten. Ich suchte aus den Regalen ein paar Karten heraus, die sich im Laufe der Jahre bei mir angesammelt haben (und von denen einige vielleicht sogar Galileo selbst gehörten; früher einmal, bevor er zu seinen Streifzügen rund um die Welt aufbrach, liebte er es, Fantasiereisen zu unternehmen), und nachdem ich sie auf dem Boden meines Arbeitszimmers ausgebreitet hatte, schritt ich, ein Buch über Astronavigation in der einen, einen Gezeiten- und Strömungskalender in der anderen, zwischen ihnen umher und versuchte herauszufinden, welchen Kurs die *Samarkand* unter den gegebenen Bedingungen genommen haben mochte. Aber die Aufgabe erwies sich als unlösbar. Für den Anfang nahm ich, wie ich es mit Rachels Augen gesehen hatte, einen nördlichen Kurs an, der an der Insel vorbeiführte; dann berechnete ich die damals herrschenden Winde und gab dem Schiff die entsprechende Richtung, wurde aber hoffnungslos vom Kurs abgelenkt durch die Karten, die doch eigentlich meinen theoretischen Überlegungen konkrete Anhaltspunkte geben sollten. Es waren, wie ich schon sagte, alte Karten; entstanden in einer Zeit, als noch nicht so streng (so verhängnisvoll, würden manche vielleicht sagen) zwischen Wissen und der Freude am Fantasieren unterschieden wurde. Die Zeichner dieser Karten hatten nichts dabei gefunden, hier und da ein bisschen schmückendes Beiwerk einzufügen: filigrane Meeresungeheuer, die schnaubend aus den gemalten Wellen des Ozeans auftauchten und vorbeifahrende Schiffe anfauchten; luftige Engel, die mit wehendem Haar und runden Trompeterbacken in den vier Ecken schwebten; auf einer der Karten sogar ein großer Kalmar mit Augen wie Schmelzöfen und Tentakeln, die (wie in der Legende zu lesen war) so lang waren wie sechs Klipper.

Umgeben von solchen Wunderdingen, führten mich meine hilflosen Bemühungen um eine logische Berechnung Richtung Süden. Inmitten meiner Karten sitzend wie ein fliegender Händler, der auf einen Käufer wartet, gab ich den Versuch endlich auf.

2

Natürlich hatte Galileo sich schon oft verliebt, und er hatte es überlebt und woanders von neuem seine Geschichten erzählt. Aber nur ein einziges Mal hatte er eine Geary geliebt, und das war eine ganz andere Sache. Es war nicht klug, eine Frau aus der Familie zu lieben, mit der man verfeindet war; den Beweis dafür lieferten unzählige Tragödien. Und seine Erfahrung hatte ihn gelehrt, dass eine Liebe immer in Bitterkeit endet. Süß für eine gewisse Zeit, aber nie so lange, dass es sich dafür gelohnt hätte, die Folgen zu ertragen: die Wochen voller Selbstvorwürfe, die Monate der Schlaflosigkeit, die Jahre der Einsamkeit. Jedes Mal, wenn eine Romanze zu Ende ging, schwor er sich aufs Neue, sich nie wieder zu verlieben und auf hoher See zu bleiben, wo er vor den Versuchungen seiner Lust sicher war.

Und was erwartete er überhaupt von der Liebe? Eine Gefährtin oder einen Ort, an dem er sich verkriechen konnte? Beides vielleicht. Aber hatte er nicht immer und immer wieder gegen die stumpfe Zufriedenheit seines animalischen Ichs gewettert, das sich selbstgefällig in der Behaglichkeit seines Nests, in der tröstlichen Wärme seines eigenen Drecks suhlte? Er hasste diesen Teil von sich: den Teil, der in den Armen eines geliebten Menschen Geborgenheit suchte, der wie ein Kind gewiegt, in den Schlaf gesungen und mit alles verzeihender Liebe umhüllt werden wollte. Welch eine Einfalt! Aber während er noch fluchte und aufs weite Meer hinaus floh, schauderte es ihn schon beim Gedanken daran, was ihn erwartete – nun, da ihn die Liebe wieder verlassen hatte. Nicht nur die Einsamkeit und die schlaflosen Nächte würden ihn quälen, sondern die entsetzliche Aussicht, in dem Licht seiner eigenen Göttlichkeit, das hart und kalt auf ihn herunterbrannte, dort draußen zu sein.

Während er die *Samarkand* in die Meeresströmungen hinaus manövrierte, fragte er sich, wie oft er es wohl noch schaffen könnte davonzusegeln, bevor der Preis des Abschiednehmens unerträglich für ihn würde. Vielleicht war dies das letzte Mal. Es war nicht die schrecklichste aller Vorstellungen: sich zu schwören, dass es nach Rachel keine Verführung, keine gebrochenen Herzen mehr geben durfte. Er würde ein Zeichen seiner Achtung vor ihr setzen, auch wenn sie nie etwas davon erfahren würde: indem er zu verstehen gab, dass es nach ihr nur noch das Meer für ihn gab.

Aber auch danach konnte er diese Frau nicht aus seinen Gedanken vertreiben. Während sich die *Samarkand* immer weiter vom Festland entfernte, saß er die ganze Nacht an

Deck und dachte über das nach, was zwischen ihnen passiert war. Wie sie in jener ersten Nacht, in dem geschnitzten Bett liegend, ausgesehen hatte; wie sie mit ihm geredet hatte, als er die Geschichte von Jerusha und dem Flussgott erzählte, wie sie Fragen gestellt und keine Ruhe gegeben hatte, bis die Geschichte noch besser, noch facettenreicher, noch tiefschichtiger wurde. Wie sie, auf dem Bett liegend, die kindliche Braut gespielt und ihren Körper seinen Blicken preisgegeben hatte; und wie köstlich dieser Anblick gewesen war. Wie sie sich berührt hatten; wie er, nachdem sie sich getrennt hatten, unaufhörlich an sie gedacht und hin und her überlegt hatte, ob er es wagen könnte, sie an Bord seines Schiffes zu bringen. Nie zuvor hatte er zugelassen, dass eine Frau die *Samarkand* betrat; was das betraf, hatte er sich immer an den alten Aberglauben gehalten. Aber in ihrer Gegenwart schienen ihm solche Befürchtungen unsinnig. Musste es nicht jedem Schiff zum Segen gereichen, wenn ein solches Wesen den Fuß auf seine Planken setzte?

Er bedauerte auch jetzt seine Entscheidung nicht. Unter dem Sternenhimmel sitzend, glaubte er sie vor sich zu sehen, wie sie sich lächelnd zu ihm umdrehte. Da war sie, die Arme ausgebreitet, um ihn darin aufzunehmen. Da stand sie und sagte ihm, dass sie ihn liebe. Welche Wunder er auch noch schauen mochte – und er hatte schon viele Wunder gesehen: das Meer, das sich mit den Leibern von Kalmaren silbern färbte, Stürme, die golden und zinnoberrot waren –, nie würde das Meer oder der Himmel wieder ein Bild erschaffen, das ihm ein so ehrfürchtiges Staunen eingab wie sie.

Wäre sie nur keine Geary gewesen.

II

Galileo segelte also davon, und ich weiß nicht – wie schon gesagt –, welche Ziele er ansteuerte. Allerdings weiß ich, wo er am Ende auftauchte. Nach drei Wochen lief die *Samarkand* in den kleinen Hafen von Puerto Bueno ein. Anfang des Monats hatten an der ganzen Küste Stürme gewütet und die Stadt in Mitleidenschaft gezogen. Von den Häusern, die dicht am Kai standen und dem Ansturm der über die Kaimauer brechenden Wellen ausgesetzt waren, hatten einige schwere Schäden davongetragen, und eines war eingestürzt und hatte die Witwe, die darin wohnte, unter sich begraben. Aber Galileos Haus oben auf der Anhöhe war weitgehend unbeschädigt geblieben, und hierher kehrte er nun zurück, stieg die steilen Sträßchen der Stadt hinauf, ohne mit den Leuten, die ihm begegneten, ein Wort zu wechseln, obwohl er sie alle kannte und ihnen allen bekannt war.

Das Dach des Higgins-Hauses war während der Stürme undicht geworden, und es roch feucht in den Räumen. Alles hatte Schimmel angesetzt; in der oberen Etage begannen die Möbel zu verrotten. Es scherte ihn nicht. Hier gab es nichts, das ihm etwas wert gewesen wäre. Hatte er jemals auch nur vage davon geträumt, eine Frau mit hierher zu bringen und so etwas wie ein normales Leben zu führen, so schien ihm eine solche Vorstellung jetzt albern; lächerlich. Was für eine unglaubliche Zeitverschwendung, sich in Träumen vom häuslichen Glück zu ergehen.

Zufällig klarte das Wetter am Tag nach seiner Ankunft auf – was seinem Ruf, über gewisse Kräfte zu verfügen, in der Stadt nicht eben Abbruch tat. Aber der Anblick, der sich ihm von den Fenstern seines Hauses aus bot – die Wolken, vom Wind stetig verformt, bis nichts mehr übrig war von ihnen, das Meer, das in der Sonne funkelte –, konnte ihn nicht erfreuen. Es gab nichts Neues mehr, wonach er hätte Ausschau halten können; weder Erde noch Himmel hielten noch Überraschungen für ihn bereit. Er konnte für immer die Augen schließen und ohne Bedauern aus dieser Welt scheiden in dem Wissen, dass er das Beste schon gesehen hatte.

Oh, und das Schlimmste. Er hatte das Schlimmste gesehen, wieder und immer wieder.

Er wanderte von einem modrigen Raum zum anderen, die Treppen hinauf und hinunter; und wohin er sich auch wandte, überall sah er Bilder von Ereignissen vor sich, die er lieber nie erlebt hätte. Damals hatte er sich für einiges davon begeistern können. Bluttaten hatte er in seiner frühen Jugend als sehr aufregend empfunden; warum verfolgte ihn nun ihr Echo und quälte ihn auf diese unsägliche Weise?

Warum fiel ihm, wenn er sich in das stockfleckige Bett legte, ein Bordell in Chicago ein, wohin er zwei Männer verfolgt und sie abgeschlachtet hatte wie das Vieh, mit denen sie so profitable Geschäfte gemacht hatten? Warum erinnerte er sich nach all den Jahren daran, wie einer der beiden, als er im Sterben lag, eine kleine Rede gehalten und seinem Mörder für diese Wohltat gedankt hatte?

Warum beschworen seine Gedanken, wenn er sich hinsetzte, um seinen Darm zu entleeren, einen schmutziggelben Hund herauf, wie er sich vor Angst mit Kot besudelte beim Anblick seines Herrn, der mit durchschnittener Kehle auf der Treppe lag, während Galileo am Fuße der Treppe den Champagner des Toten trank?

Und warum musste er, wenn er zu schlafen versuchte – nicht im Bett, sondern auf dem zerschlissenen Sofa im Wohnzimmer –, an eine verregnete Nacht im Februar denken und an einen Mann, der keinen triftigeren Grund hatte zu sterben als den, dass er sich gegen den Willen eines Mächtigeren aufgelehnt hatte, während er, Galileo, keinen triftigeren Grund hatte zu morden als den, dass er eben diesem Willen verpflichtet war? Es war eine entsetzliche Vorstellung. Und obwohl es keineswegs die grausamste Erinnerung war, deprimierte sie ihn in gewisser Weise am tiefsten von allen, weil sich damit ein so persönliches Erlebnis verband. Er sah es noch deutlich vor sich: das Auto, das in den Windböen vom Meer her erbebte; den Regen, der auf das Wagendach prasselte; die stickige Hitze im Wageninneren und die noch erstickendere Wärme des Mannes, der in seinen Armen starb.

Armer George; armer, unschuldiger George. Er hatte mit einem so verwirrten Gesichtsausdruck zu Galileo aufgeblickt und sich bemüht, mit den Lippen eine letzte verständliche Frage zu artikulieren. Er war schon viel zu schwach, um die Worte herauszubringen – aber Galileo hatte ihm auch so die Antwort gegeben.

»Ihr Vater hat mich geschickt«, hatte er gesagt.

Der ratlose Blick war einem seltsam friedlichen Gesichtsausdruck gewichen, als George hörte, dass er auf Befehl seines Vaters starb; als wäre es ein letzter erbärmlicher Dienst, den er dem alten Mann erweisen konnte, bevor er sich für immer der väterlichen Autorität entzog.

Hatte Galileo je mit dem Gedanken gespielt, ein Kind in die Welt zu setzen, so war ihm in diesem Moment jede Lust dazu vergangen; der Handlanger des Vaters bei der Ermordung des Sohnes zu sein hatte diesen Wunsch ein für alle Mal ausgelöscht. Und nicht nur die Lust auf Vaterschaft war ihm vergangen – auch wenn das der traurigste Aspekt der Geschehnisse in dieser Nacht war –, sondern das Leben selbst hatte in diesem Moment den Reiz für ihn verloren. Wenn jemand einen Menschen tötete, weil er dem Aufstieg seiner Familie im Weg stand, war das eine Sache (jeder König tat das früher oder später einmal); aber den Tod des eigenen Kindes in Auftrag zu geben, weil es einen enttäuscht hatte: das war eine ganz andere Kategorie des Verbrechens; und diese Tat ausführen zu müssen hatte Galileo das Herz gebrochen.

Und noch heute, nach all den Jahren, ging Galileo diese Szene nicht aus dem Kopf. Die Erinnerung an die Stunden im Chicagoer Bordell und an den lohfarbenen Hund, der sich auf der Treppe entleert hatte, waren schlimm genug; aber sie waren nichts im Vergleich zu den Gedanken an George Gearys Gesichtsausdruck in jener regnerischen Nacht.

Und so ging es eineinhalb Wochen lang: Erinnerungen bei Tag und Träume in der Nacht, und ihm blieb nichts anderes übrig, als die Bilder über sich ergehen zu lassen. Abends überwand er sich, das Haus zu verlassen und in den Hafen hinunterzugehen, um sich zu überzeugen, dass mit der *Samarkand* alles in Ordnung war, aber selbst dieser Weg fiel ihm mit der Zeit immer schwerer; er war am Ende seiner Kräfte.

So konnte es nicht weitergehen. Er musste eine Entscheidung treffen. Es war nichts Heldenhaftes daran zu leiden, außer vielleicht, wenn ein Ziel damit verbunden war. Aber er hatte keine Ziele, hatte nie welche gehabt; nichts, wofür es sich gelohnt hätte entweder zu leben oder zu sterben. Er hatte nur sich selbst.

Nein, das stimmte nicht ganz. Hätte er nur sich selbst gehabt, so würden ihn die Geister der Vergangenheit nicht in dieser Weise verfolgen.

Sie war schuld daran. Diese Frau; die verfluchte, sanfte Frau, die er so verzweifelt und so vergeblich aus seinem Herzen zu verdrängen suchte. Sie war es, die ihn daran erinnert hatte, dass er fähig war, Gefühle zu empfinden, und die, indem sie das tat, wie mit einem scharfen Messer sein Herz bloßgelegt hatte, sodass diese unliebsamen Dinge auf ihn einstürmen konnten. Sie war in der Lage gewesen, seine Menschlichkeit und alles, was er seinem besseren Ich zum Trotz getan hatte, in Erinnerung zu rufen. Sie hatte die Stimme des Mannes auf dem Fußboden des Bordells und den lohfarbenen Hund zum Leben erweckt – und hatte George Geary vor ihm auferstehen lassen.

Rachel. Seine schöne Rachel, deren Bild er zu verdrängen suchte und die dennoch ständig bei ihm war, seine Hand hielt, seinen Arm berührte, ihm sagte, dass sie ihn liebte.

Zur Hölle mit ihr für all die Qualen, die sie ihm bereitete! Nichts rechtfertigte diesen Schmerz, diesen beständig nagenden Schmerz. Er fühlte sich in seiner eigenen Haut nicht mehr sicher. Irgendwie war sie in ihn eingedrungen, hatte Besitz von ihm ergriffen. Der Schlafmangel raubte ihm den Verstand. Er begann ihre Stimme zu hören, als wäre sie im Nebenzimmer und würde seinen Namen rufen. Zweimal fand er, als er das Esszimmer betrat, den Tisch für zwei Personen gedeckt.

Für diese Geschichte gab es keinen glücklichen Ausgang, das wusste er. Er konnte ihr nicht entkommen, so geduldig er auch warten mochte. Sie hatte seine Seele so fest im Griff, dass es keine Hoffnung auf Erlösung gab.

Es war, als wäre er plötzlich alt geworden – als hätten ihn die Jahrzehnte, die spurlos an ihm vorübergegangen waren, plötzlich eingeholt –, und vor ihm lag nichts mehr als der sichere Niedergang; ein unaufhaltsamer Abstieg in wahnhafte Besessenheit. Er würde der Irre auf dem Berg sein, weggesperrt in eine Welt der faulenden Bilder; er würde sie sehen, sie hören, Tag und Nacht gemartert werden von den vernichtenden Erinnerungen, die mit der Liebe einhergingen: dem Wissen um seine Grausamkeiten, seine zahllosen Grausamkeiten.

Es wäre besser, der Tod käme bald, dachte er. Gütiger für ihn selbst, obwohl er diese Güte vermutlich nicht verdiente.

Am sechsten Abend entwarf er, während er den steilen Weg zu seinem Haus hinaufstieg, seinen Plan. Er hatte in seinem Leben einige Selbstmörder gekannt, und keiner von ihnen hatte saubere Arbeit geleistet. Sie hatten, um nur eines zu nennen, eine Schweinerei hinterlassen, die andere beseitigen mussten, und das war ganz und gar nicht sein Stil. Er wollte, soweit dies möglich war, unsichtbar abtreten.

Noch am selben Abend machte er Feuer in allen Kaminen des Hauses und verbrannte alles, was seinen Nachbarn dazu hätte dienen können, sich eine Geschichte über ihn zurechtzulegen. Die wenigen Bücher, die sich im Laufe der Jahre angesammelt hatten, ein Sammelsurium von Nippes von den Kaminsimsen und Fensterbänken, ein paar Schnitzarbeiten, die er in Mußestunden gefertigt hatte (nichts Besonderes, aber wer konnte sagen, wie die Leute, die sie hier fanden, sie interpretieren würden?). Es gab nicht viele Dinge, die verbrannt werden mussten, aber er war so in Träumen versunken und seine Glieder schmerzten so sehr vor Sehnsucht nach Ruhe, dass es doch beträchtliche Zeit in Anspruch nahm.

Als er fertig war, öffnete er sämtliche Türen und Fenster und machte sich kurz vor Tagesanbruch auf den Weg zum Hafen hinunter. Seine Nachbarn würden die Botschaft verstehen, wenn sie das offen stehende Haus sahen. Nach ein paar Tagen würde sich ein besonders Mutiger unter ihnen ein Herz fassen und sich ins Haus wagen, und wenn sich erst einmal herumgesprochen hatte, dass er für immer verschwunden war, würde man bald alles forttragen, was irgendwie brauchbar war. Das hoffte er zumindest. Lieber sollte jemand die Stühle und Tische, die Uhren und Lampen benutzen, als dass die Sachen hier verrotteten.

Es herrschte starker Wind. Kaum hatte die *Samarkand* den schützenden Hafen verlassen, blähten sich ihre Segel, und bevor die Bewohner von Puerto Bueno noch auf den Beinen waren und ihren Morgenkaffee aufbrühten oder sich ihren Frühstückswhiskey eingossen, war ihr ehemaliger Nachbar verschwunden.

Sein Plan war einfach. Er würde die *Samarkand* ein gutes Stück von der Küste wegsteuern, und dann würde er – sobald er sicher war, dass ihn weder Wind noch Strömungen an Land zurücktreiben konnten – die Gewalt über beide Instrumente, sein Schiff und seinen Körper, aus der Hand geben und der Natur ihren Lauf lassen. Er würde die Segel nicht reffen, wenn ein Sturm aufkam. Er würde das Schiff nicht um Klippen und Felsen herumsteuern. Er würde sich einfach der See überlassen, wann immer und wie immer es ihr gefiel, ihn zu sich zu nehmen. Wollte sie die *Samarkand* zum Kentern bringen und ihn ertränken, dann sollte es so geschehen. Wollte sie das Boot und seinen Kapitän in Stücke schmettern, dann sollte ihm auch das recht sein. Und wenn sie beschloss, seiner Untätigkeit ihre eigene entgegenzusetzen und ihn in einer Flaute dahintreiben zu lassen, bis er an Deck starb und von der Sonne ausgedörrt wurde, dann lag auch das in ihrer Macht, und er würde keinen Finger rühren, um sich ihrem Willen zu widersetzen.

Er hatte nur eine Befürchtung: dass ihn die Entschlossenheit, die ihn jetzt antrieb, verlassen würde, wenn er vor Hunger und Durst zu fantasieren begann, und dass er in einem Moment der Schwäche versuchen könnte, sein Schiff wieder unter Kontrolle zu bringen. Daher suchte er alles zusammen, was ihm auf dem Schiff von praktischem Nutzen sein konnte, und warf es über Bord. Seine Seekarten, die Schwimmwesten, den Kompass, die Leuchtraketen, das aufblasbare Rettungsfloß: alles ging über Bord. Zurück blieb nur der wenige Luxus, der ihm diese letzten Tage versüßen sollte, denn, so argumentierte er vor sich selbst, warum sollte man einen Selbstmord nicht auf zivilisierte Weise begehen. Er behielt seine Zigarren, seinen Brandy, ein paar Bücher. So ausgerüstet überließ er sich dem Schicksal und den Gezeiten.

III

1

Die meisten Morde geschehen, wie Ihnen sicher bewusst ist, innerhalb der Familie. Was in der Literatur üblicherweise erzählt wird, ist nicht die Wahrheit: Der Mensch, der Ihnen am ehesten gewaltsam das Leben nimmt, ist nicht irgendein namenloser Wahnsinniger, sondern der Mann oder die Frau, mit dem oder mit der Sie am Morgen noch gefrühstückt haben. Ich glaube also nicht, dass ich ein großes Geheimnis verrate, wenn ich hier bestätige, dass Margies Mörder kein anderer als Garrison Geary war.

Er hatte die Tat nicht begangen, weil er seine Frau verachtete, auch wenn dies der Fall war. Er hatte sie nicht begangen, weil sie einen Liebhaber hatte, obwohl auch dies der Fall war. Er hatte es getan, weil sie ihm Informationen vorenthielt, was vielleicht merkwürdig klingt als Grund dafür, die eigene Ehefrau abzuschlachten, was aber vermutlich wesentlich weniger merkwürdig ist als die meisten Dinge, die noch kommen werden.

Als Rachel in New York ankam, hatte Garrison die Tat bereits gestanden. Keinen kaltblütigen Mord natürlich, sondern vielmehr einen Akt der Selbstverteidigung angesichts des rasenden Angriffs seiner Frau auf sein Leben. Seiner Aussage zufolge hatte sich das Ganze folgendermaßen abgespielt: Er war nach Hause gekommen und hatte dort Margie angetroffen, die ihn in volltrunkenem Zustand mit einem 38er Revolver bedrohte. Sie habe das Zusammenleben mit ihm satt, hatte sie erklärt, und wolle allem ein Ende setzen. Er hatte versucht, sie zur Vernunft zu bringen, aber sie hatte sich so in ihre Wut hineingesteigert, dass sie durch nichts zu beruhigen war. Stattdessen schoss sie auf ihn. Die Kugel hatte ihn jedoch verfehlt, und bevor sie ein zweites

Mal auf ihn schießen konnte, hatte Garrison versucht, ihr die Waffe abzunehmen. In dem Gerangel hatte sich ein Schuss gelöst und Margie getroffen. Er hatte sofort die Polizei gerufen, aber als der Notarzt eintraf, war es schon zu spät. Ihr durch jahrelangen Missbrauch geschwächter Körper hatte seinen Dienst versagt.

Es gab einiges, das für Garrisons Version der Geschichte sprach. Das erste und überzeugendste Indiz war die Tatsache, dass der Revolver Margie gehört hatte. Sie hatte ihn sechs Jahre zuvor gekauft, nachdem einer ihrer Trinkkumpane auf der Straße überfallen worden und später, im Koma liegend, an den Folgen des Überfalls gestorben war. Margie hatte keinen Hehl daraus gemacht, dass ihr die Waffe gefiel; es sei ein ›hübscher Revolver‹, hatte sie gesagt, und sie habe nicht die geringsten Skrupel, ihn unter gegebenen Umständen zu benutzen.

Und wenn man Garrison glaubte, hatte sie genau das gemacht. Sie hatte versucht, ihn umzubringen, und er hatte das getan, was jeder andere in dieser Situation auch getan hätte. Er spielte niemandem den trauernden Ehemann vor. Seine Ehe mit Margie habe schon seit Jahren nur noch aus Pflichtgefühl bestanden, gab er freimütig zu. Aber, erklärte er, wenn er wirklich gewollt hätte, dass sie aus seinem Leben verschwand, so hätte es weniger törichte Methoden gegeben, das zu bewerkstelligen, als sie im Badezimmer des eigenen Hauses zu erschießen. Eine Scheidung beispielsweise. Dass er sie ermordet haben sollte, ergab keinen Sinn. Er hätte damit nur seine Freiheit riskiert.

Die *New York Times* und das *Wall Street Journal* druckten Auszüge aus seiner Aussage auf der ersten Seite ab, daneben zitierten sie aus einigen Kommentaren, die den Schluss zuließen, dass seine Argumente durchaus stichhaltig waren. Und natürlich vergaßen die meisten Kommentatoren auch nicht, ein paar wenig schmeichelhafte Anekdoten über Margies Alkoholexzesse zum Besten zu geben, die seit über einem Jahrzehnt ein offenes Geheimnis waren (und so manches Mal für öffentliches Aufsehen gesorgt hatten). Es gab allerdings auch keinen Mangel an Klatschgeschichten, sowohl in den Zeitschriften als auch im Fernsehen, die einige der weniger appetitlichen Abenteuer aus Garrisons Vergangenheit hervorkramten. Zwei seiner früheren Geliebten erklärten sich, ebenso wie eine Reihe ehemaliger Angestellter, zu Interviews bereit. Das Bild, das sie entwarfen, war nicht eben schmeichelhaft. Selbst wenn nur die Hälfte von dem stimmte, woran sie sich erinnerten, erschien Garrison als ein egoistischer und herrischer Mann mit gelegentlich krankhaften sexuellen Neigungen. Aber auf die wichtigste Frage – war es Ihrer Meinung nach Notwehr oder Mord – gaben sie einhellig die Antwort, dass er ihrer Ansicht nach nicht der Mann sei, der seine Frau kaltblütig erschießen würde. Eine der Geliebten fügte sogar hinzu: »Garrison war sehr sentimental, wenn es um Margie ging. Er erzählte mir ständig von damals, als die beiden frisch verliebt waren. Ich sagte ihm, dass ich nichts davon hören wollte, aber manchmal überkam es ihn, dann musste er, glaube ich, einfach über sie reden. Ich war damals ein bisschen eifersüchtig deswegen, aber rückblickend finde ich es irgendwie süß.«

Noch etwas wurde in dieser Zeit genauestens unter die Lupe genommen, und das war die Familie selbst. Der Mordfall Geary lieferte der Presse im ganzen Land, von der anspruchsvollsten Zeitschrift bis zum billigsten Schmierenblatt, den idealen Vorwand, sämtliche alten Geschichten über die Gearys aus der Versenkung zu holen. *»So reich wie die Rockefellers und so mächtig wie die Kennedys«*, hieß es in einem *Newsweek*-Beitrag, *»ist die Familie Geary seit dem Ende des Bürgerkriegs, als ihre Gründerväter plötzlich zu beeindruckender Berühmtheit kamen, die bis heute nichts von ihrem Glanz eingebüßt hat, eine Institution in Amerika. Kriegstreiber und Friedensstifter, Konservative und Radikale, Hedonisten und Puritaner; manchmal sah es so aus, als gebe es in den Reihen des Geary-Clans für jedes amerikanische Extrem einen typischen Vertreter. Die polizeilichen Ermittlungen im Mordfall Margaret Geary werfen einen Schatten des Zweifels auf das Ansehen der Familie; aber was immer diese Ermittlungen erbringen werden, eine Voraussage kann man gefahrlos machen: Die Familie wird überle-*

ben ebenso wie das unerschöpfliche Interesse der amerikanischen Öffentlichkeit an ihren Affären.«

2

Rachel hatte ihre Rückkehr niemandem angekündigt, aber sie war sicher, dass ihr die Kunde dank Jimmy Hornbeck vorauseilen würde. Und sie hatte sich nicht geirrt. Die Wohnung am Central Park war mit frischen Blumen geschmückt, und auf dem Tisch lag eine Nachricht von Mitchell, in der er sie zu Hause willkommen hieß und ihr für ihr Kommen dankte. Es war ein kurzer, merkwürdig distanzierter Brief, kaum persönlicher als die Dankeskarte, die ein Hoteldirektor einem treuen Gast zur Begrüßung in sein Zimmer legen lässt. Aber an Mitchell konnte sie nichts mehr überraschen. Sie blickte dem, was auf sie zukam, mit heiterer Gelassenheit entgegen. So absurd die Dinge auch sein mochten, die sie noch erleben würde, sie war entschlossen, sie mit der belustigten Distanziertheit zu betrachten, die sie an Margie gekannt hatte.

Am frühen Abend rief sie Mitchell an, um ihn von ihrer Heimkehr zu unterrichten. Er bat sie, zum Abendessen in die Villa zu kommen. Loretta würde sie gern sehen, sagte er; und er selbst natürlich auch. Sie versprach zu kommen. Gut, sagte er, er werde Ralph bitten, sie abzuholen.

»Um das Haus herum wimmelt es von Reportern«, warnte er sie.

»Ich weiß, sie haben schon auf mich gewartet, als ich hierher zurückkam.«

»Was hast du ihnen gesagt?«

»Absolut nichts.«

»Ich möchte bloß wissen, wer ihnen all diese Dinge über unsere Familie erzählt. Wenn das alles vorbei ist, werde ich herausfinden, wer, zum Teufel, diese Leute sind ...«

»Und wirst was tun?«

»Ihnen Feuer unterm Hintern machen! Ich bin es so leid,

ständig von Kameras umgeben zu sein und von Idioten, die alberne Fragen stellen.« Noch nie hatte sich Mitchell in ihrer Gegenwart so ereifert; er hatte die Neugier der Leute immer als Preis für das exklusive Leben der Reichen und Mächtigen akzeptiert. »Weißt du, dass irgendein Schweinehund ein Foto von Garrison im Gefängnis gemacht hat, wie er auf dem Topf sitzt? Und eines dieser verdammten Schmierenblätter hat es veröffentlicht! Ein Bild von meinem Bruder, wie er im Knast auf dem Klo hockt. Ist das nicht unglaublich?«

Seine heftig vorgebrachten Worte schockierten sie; nicht weil jemand Garrison in dieser entwürdigenden Pose fotografiert hatte, sondern weil sie bis zu diesem Augenblick nicht angenommen hatte, dass er hinter Gittern saß. Sie war einfach davon ausgegangen, dass Cecil oder einer aus der Heerschar von Anwälten, die von der Familie als Garrisons Verteidiger engagiert worden waren, für eine Freilassung gegen Kaution gesorgt hatten.

»Wann kommt er aus dem Gefängnis?« erkundigte sie sich.

»Wir setzen zur Zeit alle Hebel dafür in Bewegung«, erwiderte er. »Ich meine, er ist schließlich unschuldig. Wir alle wissen das. Es war ein entsetzlicher Unfall, und uns allen wäre es lieber, die Sache wäre nicht passiert, aber es ist lächerlich, Garrison ins Gefängnis zu sperren wie einen gewöhnlichen Kriminellen.«

Wie einen gewöhnlichen Kriminellen: das traf den Kern der Sache. Was immer Garrison sonst noch sein mag, schien Mitchell sagen zu wollen, er gehört zur amerikanischen Aristokratie und verdient es, mit angemessenem Respekt behandelt zu werden. Dieser Eindruck verstärkte sich noch, als Rachel zur Villa fuhr: Es herrschte Belagerungsstimmung; die Vorhänge waren zum Schutz vor den neugierigen Blicken des Pöbels geschlossen, während die vornehmen Gearys darüber diskutierten, wie sie sich in der gegenwärtigen Krisensituation verhalten sollten. Loretta gab in der Unterhaltung den Ton an. Ihre Autorität war ungebrochen, wurde aber von einem Hauch Melancholie überschattet, als sei sie von einem Martyrium heimgesucht worden, das sie standhaft ertrug. Sie begrüßte Rachel mit einem kühlen Kuss.

Zum Abendessen versammelten sie sich im Speisesaal um den Tisch, an dessen einem Ende Loretta saß, während der Platz am anderen Ende – ziemlich demonstrativ, wie Rachel fand – Cecil zugewiesen worden war. Außer Deborah, Rachel und Mitch waren noch drei weitere Familienmitglieder erschienen. Norah war da, braun gebrannt und spröde; Georges Bruder Richard war aus Miami gekommen, wo er gerade erfolgreich einen Mann verteidigt hatte, der einen Zuhälter mit einem elektrischen Küchenmesser zerfleischt hatte, und Karen war aus Europa angereist. Sie war die einzige in der Runde, der Rachel noch nie begegnet war; zur Zeit ihrer Hochzeit hatte sie sich im Ausland aufgehalten. Karen war eine zurückhaltende Person, ihr Äußeres, ihre Gestik und ihre Stimme gesetzt und unaufdringlich. Rachel hatte den Eindruck, dass sie nicht aus Liebe zu Garrison oder zum Rest der Familie gekommen war, sondern weil man sie per Familienbeschluss herbeordert hatte. Gewiss hatte sie wenig zu der Unterhaltung beizutragen, und sie sagte auch während des Essens nur selten ein Wort. Kaum, dass sie einmal von ihrem Teller aufblickte.

Der Star des Abends stand eindeutig fest: Es war kein anderer als Loretta. Kaum hatten alle um den Tisch Platz genommen, gab sie mit bedeutungsschwerer Stimme eine Erklärung ab.

»Wir werden uns wieder wie eine Familie verhalten«, sagte sie in die Runde. »Die Sache mit Garrison ist eine Warnung für uns alle. Es ist höchste Zeit, dass wir unsere Differenzen hintanstellen. Welche Probleme wir auch miteinander haben mögen – und sie treten zwangsläufig auch unter den günstigsten Umständen auf –, jetzt ist es an der Zeit, sie zu vergessen und der Welt zu zeigen, aus welchem Holz wir geschnitzt sind. Wie ihr alle wisst, ist Cadmus ans Bett gefesselt, und er ist leider sehr geschwächt. Manchmal weiß er nicht einmal mehr, wer ich bin, was für mich natürlich sehr schmerzhaft ist. Aber es gibt Phasen, in denen er plötzlich völlig klar im Kopf ist, und in diesen Augenblicken kann seine Wahrnehmung erstaunlich scharf sein. Heute meinte er am frühen Abend, Stimmen im Haus zu hören. Ich bestätigte es ihm und erklärte, dass wir eine kleine Familienzusammenkunft hätten. Natürlich erzählte ich ihm nicht, aus welchem Anlass sie stattfindet. Er weiß nichts von… davon, was passiert ist … und ich habe auch nicht die Absicht, es ihm zu erzählen. Was er mir aber sagte, als ich ihm von unserem Familientreffen erzählte, war, dass er hier bei uns sein würde. Und ich glaube, das ist er auch in einem sehr realen Sinn. Wir sollten uns heute Abend von ihm inspirieren lassen.« Ein beifälliges Gemurmel erhob sich um den Tisch, und die lauteste Zustimmung kam von Richard. »Wir alle wissen, was Cadmus sagen würde, wenn er wüsste, wie die Dinge liegen«, erklärte Loretta.

»Zum Henker mit dem ganzen Gesindel«, warf Mitch ein. Norah lachte verstohlen in ihr Weinglas.

Loretta fuhr fort, ohne ihren Schwiegersohn eines Blickes zu würdigen. »Er würde sagen: Die Geschäfte gehen weiter wie gewohnt. Wir müssen unsere Stärke als Familie nach außen zeigen. Unseren Zusammenhalt. Aus diesem Grund bin ich dir, Rachel, auch ganz besonders dankbar dafür, dass du es einrichten konntest, so spontan herzukommen. Ich weiß, dass es zwischen dir und Mitchell zur Zeit nicht zum Besten steht, und darum rechne ich persönlich es dir auch hoch an, dass du heute Abend hier bist. Nun zu Ihnen, Cecil, vielleicht können Sie uns erläutern, wie es mit der Kaution für Garrison steht.«

In der darauf folgenden Stunde drehte sich das Gespräch um juristische Dinge; von Richard kam eine kurze Charakterisierung des Richters, der die Anhörung leiten würde, Cecil trug seine Einschätzung der am Verfahren beteiligten Staatsanwälte bei, und dann kam man auf die Probleme zu sprechen, die Garrisons vorübergehende Abwesenheit mit sich brachte. Rachel verstand nicht viel von den Dingen, um die es hier ging, aber eines war ihr klar: Auch wenn Loretta darauf beharrte, dass die Geschäfte weitergehen mussten wie gewohnt, war es ohne Garrison als Steuermann, der die Befehle gab, nicht einfach, den Kurs zu halten. Ein dutzend Mal, wenn nicht häufiger, musste ein Frage unbeantwortet bleiben, weil sie in Garrisons Zuständigkeitsbereich fiel.

Schließlich kam das Gespräch auf Rachel zurück.

»Hat Mitchell dir von der Wohltätigkeitsveranstaltung am Freitagabend erzählt?« wandte sich Loretta an sie.

»Nein, ich …«

Loretta warf Mitchell einen missmutigen Blick zu. »Es geht um das Krankenhaus. Die Kinderstation. Es war die einzige wohltätige Stiftung, für die Margaret auch nur einen Hauch von Interesse aufgebracht hat, und ich halte es für wichtig, dass wir dort vertreten sind.«

»Ich hatte die Absicht, später mit Rachel darüber zu reden«, warf Mitchell ein.

»Später ist nicht gut, Mitchell«, erklärte Loretta. »Wir haben in dieser Familie die Dinge zu oft auf später verschoben, sie aufgeschoben und immer wieder aufgeschoben …«

Wovon, zum Teufel, redet sie eigentlich, fragte sich Rachel.

»Wir müssen weitermachen und das tun, was getan werden muss. Auch wenn wir uns nicht wohl fühlen dabei oder …«

»Ist schon gut, Loretta«, fiel ihr Mitchell ins Wort. »Beruhige dich.«

»Spar dir deinen herablassenden Ton«, entgegnete Loretta mit ausdrucksloser Stimme. »Du wirst mich einmal in deinem bequemen kleinen Leben anhören. Wir stecken hier tief im Schlamassel. Hast du mich verstanden?« Mitchell sah sie wortlos an, was Lorettas Zorn nur anstachelte. »Hast du mich verstanden?« brüllte sie und hieb mit der flachen Hand auf den Tisch, dass die Messer und Gabeln einen Satz machten.

»Loretta …«, mahnte Cecil leise.

»Versuch bloß nicht, die Wogen zu glätten, Cecil. Dies ist nicht der richtige Zeitpunkt, Höflichkeiten auszutauschen. Wir stecken in furchtbaren Schwierigkeiten. Wir alle. Die ganze Familie. In schrecklichen Schwierigkeiten.«

»In einer Woche ist er wieder frei«, warf Mitchell ein.

»Machst du das absichtlich, oder bist du wirklich so

dumm, dass du nicht siehst, was direkt vor deiner Nase abläuft?« sagte Loretta, ihre Stimme nicht mehr ganz so laut, aber immer noch um einige Nuancen schärfer als der normale Plauderton. »Es geht hier um mehr als das, was der armen Margie passiert ist …«

»Zieh jetzt um Himmels willen nicht wieder deine Kassandra-Nummer ab«, fuhr Mitchell sie in verächtlichem Ton an.

»Mitchell«, mahnte Cecil, »ein bisschen Respekt …«

»Wenn sie Respekt für sich fordert, sollte sie anfangen, praktisch zu denken und uns nicht erzählen, dass alles in den verdammten Sternen steht.«

»Das habe ich nicht gesagt«, entgegnete Loretta.

»Oh, Verzeihung. Was ist es denn heute? Tarotkarten?«

»Wenn dich dein Vater hören könnte …«

»Mein Vater hielt dich für ein verrücktes altes Huhn«, sagte Mitchell, während er sich vom Tisch erhob. »Und ich werde meine Zeit nicht damit verschwenden, hier herumzusitzen und mir dein Geschwätz anzuhören, als hättest du auch nur einen blassen Schimmer davon, wie die Geschäfte dieser Familie laufen.«

»Du bist derjenige, der den Boden unter den Füßen verloren hat«, gab Loretta zurück.

»Da haben wir sie ja schon wieder, deine albernen kleinen Drohungen«, brauste Mitchell auf. »Ich weiß genau, was du vorhast! Glaubst du, ich merke nicht, dass du versuchst, Rachel auf deine Seite zu ziehen?«

»Ach, um Himmels willen …«

»Sie auf diese stinkende kleine Insel zu schicken und zu denken, es sei ein Geheimnis.«

Rachel fasste nach seiner Hand. »Mitch«, sagte sie. »Du machst dich lächerlich. Halt bitte den Mund.«

Er sah sie an, als hätte sie ihm eine kräftige Ohrfeige gegeben. Dann entzog er ihr seine Hand. »Du bist also schon auf ihrer Seite?« fragte er, wobei er Rachel ansah, gleichzeitig aber auf Loretta deutete. »Ist das eine beschissene Verschwörung? Cecil? Helfen Sie mir auf die Sprünge. Ich will wissen, was hier vorgeht.«

»*Nichts* geht hier vor«, entgegnete Cecil müde. »Wir alle sind einfach mit unserer Kraft am Ende, wir stehen unter Druck, und wir sind traurig.«

»*Sie* ist nicht traurig«, widersprach Mitchell mit einem Blick auf Loretta, deren Haltung erhabene Unverwundbarkeit ausdrückte. »Sie ist verdammt froh, dass Margie tot ist und mein Bruder hinter Gittern sitzt.«

»Ich glaube, dafür sollten Sie sich entschuldigen«, sagte Cecil.

»Aber es ist wahr!« widersprach Mitchell. »Seht sie euch doch an!«

Jetzt erhob sich Cecil von seinem Platz. »Es tut mir Leid, Mitchell, ich kann nicht zulassen, dass Sie so über Loretta reden.«

»*Setzen Sie sich auf Ihren verdammten Arsch!*« schrie Mitchell. »Was glauben Sie eigentlich, wer Sie sind?« Cecil sagte nichts darauf. »Wissen Sie, was passiert, wenn der Alte abtritt? Dann sind Garrison und ich am Ruder. Wir übernehmen die Verantwortung. Und wenn Garrison im Gefängnis bleibt, habe ich allein das Sagen.« Er verzog das Gesicht zu einem kalten Lächeln. »Sie nehmen sich also besser zusammen, Cecil. Ich werde mir sehr genau ansehen, welche Art von Unterstützung ich bekomme. Und wenn ich einen Mangel an Loyalität bemerke, mache ich kurzen Prozess.« Cecil setzte sich und senkte den Blick auf seinen Teller. »Schon besser«, sagte Mitchell. »Rachel, wir gehen.«

»Geh du nur«, entgegnete Rachel. »Wir unterhalten uns morgen.« Mitchell zögerte. »Ich komme nicht mit«, sagte Rachel.

»Das ist deine Entscheidung«, entgegnete Mitchell mit gespielter Gleichgültigkeit, die nicht sehr überzeugend wirkte.

»Ich weiß«, erklärte Rachel. »Und ich bleibe hier.«

Mitchell unternahm keinen weiteren Versuch, sie zu überreden. Wortlos verließ er den Raum.

»Flegel«, murmelte Loretta.

»Ich gehe ihm besser nach und versuche ihn zu beruhigen«, bemerkte Richard.

»Warum gehen wir nicht alle nach Hause schlafen?« schlug Norah vor.

»Das halte ich für eine sehr gute Idee«, erklärte Loretta. »Rachel ... würdest du nur noch ein paar Minuten bleiben? Ich muss mit dir reden.«

Die übrigen Anwesenden verabschiedeten sich. Als sich die Tür hinter dem Letzten geschlossen hatte, sagte Loretta: »Mir ist aufgefallen, dass du nichts gegessen hast.«

»Ich hatte keinen Hunger.«

»Liebeskummer?« Rachel gab keine Antwort. »Er wird vergehen«, fuhr Loretta fort. »Du wirst genügend Ablenkung haben in den nächsten paar Tagen.« Sie nippte an ihrem Weißwein. »Du hast nichts zu verbergen«, bemerkte sie dann. »Wir alle haben das empfunden, was du jetzt fühlst.«

»Ich weiß nicht, wovon du sprichst.«

»Von ihm«, erwiderte Loretta leise. »Galileo. Ich spreche von Galileo.« Als Rachel den Kopf hob, ruhte Lorettas Blick auf ihr, als wollte sie in ihren Augen lesen. »War er alles, was du dir je erträumt hast?« wollte sie wissen.

»Ich habe dir doch gesagt, ich ... weiß nicht ...«

Loretta lächelte gequält. »Vor mir brauchst du nichts zu verheimlichen«, sagte sie. »Mitchell musst du natürlich unter allen Umständen Lügen erzählen. Aber mir nicht.« Sie sah Rachel immer noch an, als warte sie nur darauf, dass diese ihren Schmerz hinausschrie. Als sei sie geradezu begierig danach.

»Warum sollte ich Mitchell belügen?« fragte Rachel, entschlossen, dem Verhör einfach mit starrem Blick zu begegnen.

»Weil es genau das ist, was er verdient«, entgegnete Loretta bestimmt. »Es tut ihm nicht gut, dass ihm so viele Privilegien in die Wiege gelegt wurden. Es hat ihm geschadet. Wäre er mit einer Hasenscharte zur Welt gekommen, so wäre aus ihm vielleicht ein richtiger Mann geworden.«

»Dann muss ich wohl annehmen, dass du mich auch für ziemlich dumm hältst.«

»Warum sollte ich das?«

»Ich habe ihn schließlich geheiratet.«

»Dass eine schöne und kluge Frau einen Volltrottel heiratet, passiert alle Tage. Manchmal muss man es tun, um im Leben voranzukommen. Wenn du eine Schuhverkäuferin bist und genau weißt, dass du ein Leben lang nichts anderes tun wirst, als Schuhe zu verkaufen, sofern du nicht einen Ausweg findest, dann wirst du alles in deiner Macht Stehende tun, um dein Los zu verändern. Dafür braucht man sich nicht zu schämen. Du hast getan, was du tun musstest. Und jetzt bist du fertig mit ihm. Und auch dafür musst du dich nicht schämen.« Sie hielt einen Moment inne, als wollte sie der anderen Zeit für eine Erwiderung lassen, aber Rachel war wie vor den Kopf geschlagen von ihren Worten. »Ist es wirklich so schwer, es dir einzugestehen?« fuhr Loretta fort. »An deiner Stelle würde ich stolz auf mich sein. Im Ernst.«

»Stolz worauf?«

»Jetzt stellst du dich dumm«, sagte Loretta, »und das ist deiner nicht würdig. Wovor hast du Angst?«

»Ich weiß es einfach nicht … ich weiß nicht, warum du so mit mir redest, obwohl wir uns doch kaum kennen und … also, um ehrlich zu sein, ich dachte, dass du mich nicht besonders gut leiden kannst.«

»Oh, ich mag dich sogar sehr«, widersprach Loretta. »Aber es geht jetzt nicht mehr darum, ob wir uns mögen. Wir sind aufeinander angewiesen, Rachel.«

»Inwiefern?«

»Zu unserem Selbstschutz. Was immer dein blödsinniger Ehemann denken mag, er wird nicht an der Spitze des Geary-Imperiums stehen.«

»Warum nicht?«

»Weil er damit viel mehr erbt, als er verkraften kann. Er wird unter der Last zusammenbrechen. Er ist jetzt schon einem Zusammenbruch nahe, weil Garrison nicht bei ihm ist und ihm die Hand hält.«

»Was ist, wenn Garrison aus dem Gefängnis kommt?«

»Da gibt es kein Wenn und Aber. Er wird bald frei sein. Aber es gibt da noch ein paar Dinge, die bald ans Licht kommen könnten. Seine Frauengeschichten, um nur etwas zu nennen.«

»Na schön, er hat eine Geliebte. Das interessiert doch keinen Menschen.«

»Weißt du, was er mit Vorliebe tut?« entgegnete Loretta. »Er bezahlt Frauen dafür, dass sie sich tot stellen. Dafür, dass sie sich zurechtmachen wie eine Leiche und dann starr daliegen und sich vergewaltigen lassen. Das ist eine seiner harmloseren Perversionen.«

»Oh, mein Gott ...«

»Er ist in den letzten Jahren immer unvorsichtiger geworden. Ich glaube sogar, dass er erwischt werden möchte. Es gibt da ein paar Fotos ...«

»Wovon?«

»Das brauchst du nicht zu wissen«, wehrte Loretta ab. »Lass dir nur soviel gesagt sein: Wenn das am wenigsten abstoßende Bild veröffentlicht würde, so wäre Garrisons Einfluss über Nacht zum Nichts zusammengeschrumpft.«

»Und wo befinden sich diese Bilder?« Loretta lächelte. »Du?« fragte Rachel ungläubig. »Du hast sie?«

Loretta sprach, während sie eine Falte im Tischtuch glatt strich, mit vollkommen unbeteiligter Stimme weiter. »Ich werde nicht die Hände in den Schoß legen und mit ansehen, wie ein Nekrophiler und sein hirnloser Bruder den gesamten Besitz der Familie an sich reißen. Alles, was diese Familie symbolisiert.« Sie blickte von dem glatt gestrichenen Tischtuch auf. »Der springende Punkt ist der: Wir alle müssen uns entscheiden, auf welcher Seite wir stehen. Du kannst dich entweder mit mir zusammentun und gemeinsam mit mir dafür sorgen, dass wir nicht mit leeren Händen zurückbleiben, wenn Cadmus stirbt, oder du kannst dein Glück bei Mitchell versuchen, kannst zu ihm laufen und ihm erzählen, dass ich gegen ihn und Garrison intrigiere. Es ist deine Entscheidung.«

»Warum vertraust du mir plötzlich?« wollte Rachel wissen. »Weil Margie tot ist?«

»Himmel, nein. Mit ihr war nichts anzufangen. Sie war zu weit abgedriftet. Auch wieder Garrisons Werk. Gott weiß, was er Margie hinter verschlossenen Türen alles angetan hat.«

»Sie hätte sich niemals dazu hergegeben …«

»Samstagabends die Leiche für ihn zu spielen? Ich glaube, viele Frauen tun noch viel Schlimmeres, um ihre Ehemänner bei Laune zu halten.«

»Aber du hast meine Frage noch nicht beantwortet. Warum erzählst du mir das alles ausgerechnet jetzt?«

»Weil es jetzt etwas gibt, das du haben möchtest, und ich kann dir dazu verhelfen.«

Lange sagte keine von beiden ein Wort. »Galileo?« fragte Rachel endlich.

Loretta nickte. »Wer sonst? Am Ende laufen die Fäden immer wieder bei Galileo zusammen.«

IV

1

Unter normalen Umständen wäre Rachel die Wohltätigkeitsgala für das Krankenhaus verhasst gewesen. Es war eine dieser glanzvollen, glamourösen Veranstaltungen, die sie schon wenige Monate nach ihrer Hochzeit als unangenehme Pflicht empfunden hatte: rundum nichts als hochmütige Blicke und gefrorenes Lächeln. Aber die Umstände hatten sich geändert. Insofern zum Beispiel, als Mitchell sie nicht aus den Augen ließ, was sie mit einer gewissen Genugtuung erfüllte. Er war ihr im Laufe des Abends einige Male, wenn sie sich aus irgendeinem völlig harmlosen Grund von ihm entfernt hatte, gefolgt und hatte sie gebeten, sich in seiner Nähe zu halten. Nach dem Grund befragt, hatte er erklärt, er wolle verhindern, dass irgendein neugieriger Idiot sie in die Enge trieb und über Garrison ausfragte, worauf sie entgegnet hatte, sie sei sehr gut in der Lage, sich in einer schwierigen Situation ihrer Haut zu wehren und im Übrigen wisse sie ohnehin nichts, worüber es sich zu tratschen lohnte.

»Du stellst mich bloß«, zischte er, als er ihr zum vierten Mal durch die Menge folgte. Seine Augen funkelten vor Zorn, aber er verstand es meisterhaft, seine wahren Gefühle hinter einer Maske der Liebenswürdigkeit zu verbergen und brachte seine Vorwürfe mit einem breiten Lächeln heraus. »Ich will nicht, dass du mit irgendjemandem redest – verstehst du, mit *niemandem* –, wenn ich nicht bei dir bin. Das ist mein bitterer Ernst, Rachel.«

»Ich gehe, wohin, zum Teufel, ich will, und ich sage das, wozu ich Lust habe, Mitchell, und niemand wird mich daran hindern, weder du noch dein Bruder noch Cecil, Cadmus oder sonst einer der verdammten Gearys.«

»Garrison wird dich fertig machen«, knirschte Mitchell. Er bemühte sich nicht einmal mehr zu lächeln.

Rachel konnte es kaum glauben. »Du klingst wie eine schlechte Gangsterimitation.«

»Aber es ist wahr. Er wird dir nichts durchgehen lassen.«

»Großer Gott, sei nicht so kindisch. Willst du mir jetzt mit deinem großen Bruder drohen?«

»Ich versuche nur, dich zu warnen.«

»Nein. Du versuchst, mich einzuschüchtern. Und es wird dir nicht gelingen.«

Mit einem raschen Blick überzeugte sich Mitchell, ob keine unerwünschten Lauscher in der Nähe waren. »Was glaubst du denn, wer da sein wird, um dir zu helfen, wenn du in Schwierigkeiten steckst?« zischte er dann. »Wir sind die einzige Familie, die du hast, Schätzchen. Die Einzigen, an die du dich wenden kannst, wenn es unangenehm für dich wird.«

Rachel spürte, wie Übelkeit in ihr aufstieg. Mitchells Worte waren deutlich.

»Ich glaube, ich möchte jetzt lieber nach Hause gehen«, erklärte sie.

»Ja, du siehst ein bisschen erhitzt aus«, bemerkte er und strich ihr mit der Hand über die Wange. »Was ist los?«

»Ich bin einfach nur müde«, entgegnete sie.

»Ich bringe dich zum Wagen.«

»Das schaffe ich schon allein.«

»Nein«, widersprach er bestimmt, indem er seine Hand auf ihren Arm legte und sie dicht zu sich heranzog. »Ich begleite dich.«

Arm in Arm schoben sie sich durch das Gedränge und blieben von Zeit zu Zeit stehen, wenn Mitchell ein paar Worte mit jemandem wechseln wollte, den er kannte. Rachel gab sich keine große Mühe, die aufmerksame Ehefrau zu spielen. Stattdessen löste sie sich unauffällig von seinem Arm und strebte wenige Sekunden später zur Tür, sodass er gezwungen war, ihr zu folgen.

»Wir sollten uns noch ein bisschen unterhalten«, bemerkte Mitchell, als sie endlich im Freien standen.

»Worüber? Ich habe dir nichts zu sagen.«

»Nur, weil wir in letzter Zeit Probleme miteinander hatten … hör mich an, Rachel, *bitte* … sollten wir nicht die Waffen strecken, um nicht alles, was wir je hatten, alles, was wir je füreinander empfunden haben, zum Teufel gehen zu lassen. Wir sollten miteinander reden. Das ist meine ehrliche Meinung.« Er hauchte ihr einen flüchtigen Kuss auf die Wange. »Ich will doch nur dein Bestes.«

»Und deswegen hast du mich vorhin bedroht?« fragte Rachel.

»Wenn es für dich so klang, tut es mir leid, wirklich, ich habe es absolut nicht so gemeint. Ich möchte nur, dass du die Dinge so siehst, wie ich sie sehe.« Sie starrte ihn an und hoffte, dass er die Verachtung in ihrem Blick bemerkte. »Ich bin im Augenblick einfach besser im Bilde als du«, fuhr er fort. »Ich verfüge über mehr … Informationen über den Stand der Dinge. Und ich weiß … glaub mir, Rachel, ich *weiß* …, dass du nicht sicher bist in deiner Wohnung.«

»Das Risiko nehme ich auf mich.«

»Rachel …«

»Scher dich zum Teufel«, sagte sie mit vollkommen ruhiger Stimme.

Der Chauffeur war ausgestiegen, um ihr die Wagentür aufzuhalten.

»Ruf mich morgen an«, bat Mitchell. Sie beachtete ihn nicht. »Wir sind noch nicht fertig miteinander, Rachel.«

»Sie können die Tür zumachen«, sagte sie, an den Fahrer gewandt, der ihrer Aufforderung nachkam, sodass Mitchell stumm und mit verärgertem, aber auch ein wenig verlorenem Blick auf dem Gehweg zurückblieb.

2

Als sie, vor ihrem Haus angekommen, aus dem Wagen stieg, trat ihr ein junger bebrillter Mann – der im Schatten der Kübelzypressen an der Tür gewartet hatte – in den Weg.

»Mrs. Geary?« sprach er sie an. »Ich muss mit Ihnen reden.«

Der Mann war, wie ihre Mutter gesagt hätte, in seinem Sonntagsstaat gekleidet: taubengrauer Anzug, schmale schwarze Krawatte, auf Hochglanz polierte Schuhe. Sein blondes Haar war kurz geschoren, aber trotz des militärisch strengen Schnitts wirkten seine Züge freundlich. Er hatte ein rundliches Gesicht, seine Nase und sein Mund waren klein, und in seinen sanften Augen lag ein ängstlicher Ausdruck.

»Bitte, hören Sie mich an«, drängte er, obwohl Rachel keinerlei Anstalten gemacht hatte, ihn links liegen zu lassen. »Es ist sehr wichtig.« Er warf einen nervösen Blick zu dem Posten vor der Eingangstür des Hauses, das rund um die Uhr durch einen Sicherheitsdienst bewacht wurde. »Ich bin nicht verrückt. Und ich will auch nicht betteln. Es geht um ...«

»Belästigt Sie dieser Mann, Mrs. Geary?« erkundigte sich der Wachposten.

»... um Margie«, stieß der junge Mann hastig hervor. Er hatte die Stimme zu einem Flüstern gesenkt.

»Was ist mit ihr?«

»Wir waren miteinander ... bekannt«, erklärte der Fremde. »Mein Name ist Danny.«

»Der Barkeeper?«

»Genau. Der Barkeeper.«

»Möchten Sie ins Haus gehen, Mrs. Geary?« mischte sich der Wachposten wieder ein. »Ich kann mich um den Mann kümmern.«

»Nein, ist schon in Ordnung«, entgegnete Rachel. Dann fuhr sie, an Danny gewandt, fort: »Sie kommen besser mit ins Haus.«

»Nein, ich glaube, ich fühle mich sicherer, wenn wir ein Stück gehen.«

»Na schön, dann begleite ich Sie ein Stück.«

Auf Dannys Bitte hin wechselten sie zur anderen Straßenseite hinüber und schlenderten unter den Bäumen um den Park herum.

»Wozu diese Geheimniskrämerei?« wollte sie wissen. »Sie sind nicht in Gefahr.«

»Ich traue der Familie nicht. Margie sagte, die Gearys sind wie die Mafia.«

»Margie hat gern übertrieben.«

»Sie sagte auch, Sie seien die Einzige, die einen Heller wert ist.«

»Das freut mich zu hören.«

»Sie mochte sie furchtbar gern, wissen Sie.«

»Ich mochte sie auch sehr«, entgegnete Rachel. »Sie war eine wunderbare Frau.«

»Sie hat Ihnen also von mir erzählt?«

»Ein wenig. Sie sagte, es gebe einen jüngeren Mann in ihrem Leben. Sie hat regelrecht damit geprahlt.«

»Wir haben uns großartig verstanden. Sie mochte meine Martinis, und ich ... für mich war sie wie jemand, den man normalerweise im Kino sieht, wissen Sie.«

»Überlebensgroß?«

»So ist es. Überlebensgroß.«

»Sie hat nie halbe Sachen gemacht, soviel steht fest.«

»Das weiß ich«, lächelte er wehmütig. »Sie war so voller Leidenschaft. Ich bin nie zuvor einer Frau wie ihr begegnet. Zwar war ich nicht oft mit älteren Frauen zusammen ... Ich meine, ich möchte nicht, dass Sie denken, ich wäre ein Gigolo oder so etwas Ähnliches.«

»Was für ein hübsches, altmodisches Wort.«

»Also, das bin ich jedenfalls nicht.«

»Ich verstehe, Danny«, sagte Rachel freundlich. »Sie haben wirklich etwas für Margie empfunden.«

»Und sie hat auch etwas für mich empfunden«, entgegnete Danny. »Das weiß ich genau. Aber sie wollte nicht, dass die Leute tratschen. Ihr war klar, dass man sie für eine Schlampe halten würde. Wissen Sie, immerhin bin ich jünger als sie und dann auch noch ein Barkeeper, Himmel noch mal.«

»Sind Sie hier, um sicherzustellen, dass ich nicht darüber rede? Darüber brauchen Sie sich nämlich keine Sorgen zu machen. Ich habe nicht die Absicht, mein Wissen auszuplaudern.«

»Oh, das ist mir klar«, erklärte er. »Wirklich. Margie hat Ihnen vertraut, und ich tue das auch.«

»Was wollen Sie dann von mir?«

Einige Schritte weit musterte er eingehend das Gehwegpflaster. Dann sagte er: »Ich habe ihr ein paar Briefe geschrieben und darin Dinge erwähnt, die wir miteinander gemacht haben. Körperliche Dinge.« Er zupfte nervös an seinem Schnurrbart. »Es war dumm von mir; aber an manchen Tagen war ich so voller Gefühle, dass ich es einfach aufschreiben musste.«

»Und wo befinden sich diese Briefe?«

»Irgendwo in ihrer Wohnung, nehme ich an.«

»Und Sie möchten, dass ich sie hole und Ihnen zurückgebe?«

»Ja. Wenn es möglich ist. Und … es gibt auch noch ein paar Fotos.«

»Von welchen Mengen ist hier eigentlich die Rede?«

»Nur fünf oder sechs Fotos. Etwas mehr Briefe. Zehn bis zwölf vielleicht. Ich habe nicht Buch geführt. Ich meine, ich habe doch nicht damit gerechnet …« Rachel hatte plötzlich das Gefühl, dass er gleich in Tränen ausbrechen würde. Seine Stimme klang gebrochen, und er kramte in seiner Jacke nach einem Taschentuch. »Herrje«, murmelte er. »Ich bin völlig am Ende.«

»Sie halten sich sehr gut«, versuchte Rachel ihn zu beruhigen.

»Bestimmt denken Sie, ich wäre hinter ihrem Geld her gewesen, und ganz am Anfang war es auch so. Ich will Ihnen in dieser Hinsicht nichts vormachen. Mir gefiel es, dass sie Geld wie Heu hatte, und mir gefiel es auch, dass sie mir Geschenke machte. Aber am Ende spielte das überhaupt keine Rolle mehr für mich. Ich wollte nur sie.« Ohne Vorwarnung schossen ihm die Tränen in die Augen. »Und dieses gottverdammte Schwein von einem Ehemann! Jesus! *Jesus!* Wie kann man nur so dumm sein, ihm ein einziges Wort zu glauben? Sie müssten ihn, verflucht noch mal, grillen!«

»Sie werden ihn laufen lassen«, warf Rachel leise ein.

»Dann gibt es keine Gerechtigkeit, denn er hat sie kaltblütig ermordet.«

»Das klingt so, als wären Sie Ihrer Sache völlig sicher«, sagte Rachel. Danny antwortete nicht. »Hielten Sie sich in dieser Nacht etwa bei ihr auf?«

»Ich weiß nicht, ob wir uns mit dieser Frage befassen sollten.«

»Mir scheint, wir stecken schon mittendrin.«

»Aber was ist, wenn Sie unter Eid aussagen müssen?«

»Dann werde ich lügen«, erwiderte sie ausdruckslos.

Danny warf ihr einen erstaunten Blick zu. »Wie kommt es, dass Sie so sind?«

»Dass ich wie bin?«

»Na ja … überhaupt nicht arrogant mir gegenüber, wissen Sie. Ich bin schließlich nur ein Barkeeper.«

»Und ich bin eine Frau, die Schmuck verkauft hat.«

»Aber jetzt sind Sie eine Geary.«

»Das ist ein Fehler, den ich auszubügeln gedenke.«

»Sie haben also keine Angst vor ihnen?«

»Ich will genauso wenig wie Sie, dass Margies Name in den Schmutz gezogen wird. Ich kann nicht garantieren, dass ich die Sachen finde, aber ich werde mein Möglichstes tun.«

Sie verabschiedeten sich voneinander, nachdem Danny ihr seine Telefonnummer gegeben und gesagt hatte, wenn sie sich nicht bei ihm meldete, ginge er davon aus, dass sie es sich anders überlegt habe, was er im Übrigen unter den gegebenen Umständen selbstverständlich verstehen würde.

Aber Rachel dachte gar nicht daran, es sich anders zu überlegen. Auf dem Rückweg zu ihrem Wohnhaus schmiedete sie bereits Pläne, wie sie am besten in Margies und Garrisons Wohnung im Trump Tower gelangen und sie durchsuchen konnte, ohne dabei erwischt zu werden. Die Sache war mit Risiken verbunden, da konnte es keinen Zweifel geben; sie hatte sich mit einem Mann eingelassen, dem die Polizei sicher liebend gern ein paar Fragen stellen würde, wenn sie etwas von seiner Existenz erfuhr. Vermutlich machte sie sich mit ihrem Schweigen in dieser Angelegenheit strafbar; und den Schauplatz eines Mordes zu durchsuchen und Beweisstücke beiseite zu schaffen (sofern ihre Suche Erfolg hatte) war mit Sicherheit ebenfalls ein gesetzeswidriger Eingriff in ein Strafverfahren. Aber das war ihr gleichgültig. Bei dieser Sache ging es nicht nur darum, Dannys Liebesbriefe und ein paar verräterische Fotos aufzustöbern.

Sie fühlte sich verloren in einem Labyrinth möglicher Bündnisse: Loretta wollte sie auf ihre Seite ziehen. Danny brauchte ihre Hilfe; Mitchell hatte ihr unmissverständlich gedroht, als sie sich nicht an seine Anweisung, in seiner Nähe zu bleiben, gehalten hatte. Plötzlich spielte sie eine entscheidende Rolle im Gleichgewicht der Macht; aber ihr war nicht ganz klar, warum. Und sie wusste auch nicht, welche Folgen es für sie haben würde, wenn sie die falschen Verbündeten wählte. Was hatte der Sieger in diesem Kampf zwischen Söhnen und Stiefmutter zu gewinnen? Nur den unschätzbaren Reichtum der Familie Geary? Ein Preis, für den mancher bereit sein mochte zu morden, ohne Frage; aber doch nicht Menschen, die ohnehin schon so viel besaßen, dass der Traum vom Reichtum keine Rolle für sie spielte.

Irgendetwas trieb diese Leute an, und es ging dabei nicht um Geld. Es ging auch nicht um Liebe, und sie war überzeugt, dass selbst Macht nicht der entscheidende Faktor war. Vielleicht konnte sie das Rätsel entschlüsseln, wenn sie dorthin ging, wo Margie ihr Ende gefunden hatte – Margie, die diesem Etwas, das sie nicht fassen oder begreifen konnte, zum Opfer gefallen war. Es war, wie ihr bewusst wurde, eine einfältige Hoffnung, die an Aberglauben grenzte. Aber was blieb ihr anderes übrig? Mit logischen Schlussfolgerungen kam sie nicht weiter. Jetzt fand sie es an der Zeit, sich auf ihre Intuition zu verlassen, und diese riet ihr, dort zu suchen, wo das Verbrechen geschehen war; genauer gesagt, die Spur der Kugel zurückzuverfolgen, die Margies Leben beendet hatte. Zurück in das schwarze Herz Garrison Gearys, zurück zu den Hoffnungen und Ängsten, die ihn zum Mörder gemacht hatten.

V

1

Beim Überfliegen der letzten Kapitel stelle ich fest, dass ich einen Faden meiner Geschichte vernachlässigt habe (das heißt, eigentlich bin ich sicher, dass es mehr als nur ein Faden ist, aber die anderen werden wieder in das Muster eingewoben, wenn sie an der Reihe sind). Ich spreche von den Abenteuern meiner Schwester. Sie werden sich erinnern, dass ich ihr das letzte Mal begegnet bin, als sie vor Cesaria flüchtete, die wegen irgendeines mir nicht bekannten Vergehens furchtbar wütend auf sie war. Wenn Sie gestatten, werde ich mir einen Moment Zeit nehmen und Ihnen berichten, was es mit diesem Streit auf sich hatte. Denn wenn ich es Ihnen jetzt nicht erzähle, dann fürchte ich, dass ich angesichts der Erschütterungen, die in Kürze über das Leben der Gearys hereinbrechen werden, an späterer Stelle keine Gelegenheit mehr dazu finden könnte. Anders gesagt ist dies vielleicht das letzte Mal, dass ich dazu komme, wirklich Atem zu holen. Danach die Sintflut.

Kommen wir also zu Marietta. Sie tauchte etwa drei bis vier Tage nach meinem Zusammentreffen mit Cesaria mit einem verträumten Lächeln in den Augen bei mir auf.

»Auf welchem Trip bist du denn?« fragte ich sie.

»Ich habe es mit ein paar Pilzen versucht«, erklärte sie.

Ich ärgerte mich über sie und machte daraus auch keinen Hehl. Sie habe keinen Funken Verantwortungsgefühl, warf ich ihr vor: ständig auf der Jagd nach irgendeiner bewusstseinsverändernden Droge.

»Ach, sieh mal einer an. Hast du etwa keinen Cognac mit Kokain getrunken?«

Das musste ich zugeben, aber ich konnte einen guten Grund dafür ins Feld führen: Es hatte mich in den langen Stunden des Schreibens wach gehalten. Das sei etwas ganz anderes, erklärte ich ihr, als sich Tag für Tag zu berauschen, wie sie es tat.

»Du übertreibst«, meinte sie.

In schöner Selbstgerechtigkeit zählte ich ihr eine lange Liste auf. Es gebe nichts, warf ich ihr vor, das sie nicht ausprobieren würde. Sie rauche Opium und kaue Cocablätter; sie stopfte chemische Schmerzmittel wie Süßigkeiten in sich hinein und spüle sie mit Tequila und Rum hinunter; weder Heroin noch Weinbrandkirschen und Haschischplätzchen seien vor ihr sicher.

»Herrje, Maddox, manchmal kannst du einem wirklich auf die Nerven gehen. Wenn ich Musik höre, und die Musik taugt auch nur einen Pfifferling, dann gerate ich in einen anderen Bewusstseinszustand. Wenn ich mich streichle und meine Lust befriedige, verändere ich meinen Bewusstseinszustand.«

»Das eine ist mit dem anderen nicht vergleichbar.«

»Warum nicht?« Ich holte tief Luft, bevor ich zu einer Erwiderung ansetzte. »Siehst du, darauf weisst du keine Antwort.«

»Moment, warte mal …«, protestierte ich.

»Abgesehen davon«, fuhr sie fort, »finde ich, dass es dich überhaupt nichts angeht, was ich mit meinem Kopf mache.«

»Es geht mich etwas an, wenn ich es deswegen mit deiner Mutter zu tun bekomme.«

Sie verdrehte die Augen. »Meine Güte, ich wusste, dass wir früher oder später bei diesem Thema landen.«

»Ich denke, du bist mir eine Erklärung schuldig.«

»Sie hat mich dabei überrascht, wie ich in alten Klamotten gestöbert habe, das ist alles«, erklärte Marietta.

»In alten Klamotten?«

»Ja … es war lächerlich. Ich meine, wen interessiert der Plunder nach all den Jahren?«

Ihre anmaßende Haltung konnte nicht darüber hinwegtäuschen, dass sie wegen irgendetwas, das sie mir verheimlichte, ein schlechtes Gewissen hatte. »Wessen Kleider waren es?« erkundigte ich mich.

»Seine«, antwortete sie mit einem leichten Schulterzucken.

»Galileos? »

»Nein … *seine.*« Wieder ein Schulterzucken. »Vaters.«

»Du hast Kleider gefunden, die ihm gehört haben, unserem Vater …«

»… der da ist im Himmel … ja.«

»Und du hast sie angefasst?«

»Ach, um Himmels willen, Maddox, fang du nicht auch noch damit an. Es waren Kleider. Alte Kleider. Ich glaube nicht einmal, dass er sie je getragen hat. Du weißt doch, wie eitel er war.«

»Das habe ich anders in Erinnerung.«

»Vielleicht war es ja nur in meiner Gegenwart«, warf sie mit einem anzüglichen Grinsen ein. »Ich hatte oft genug das Vergnügen, bei ihm im Ankleidezimmer zu sitzen …«

»Ich habe genug gehört, danke«, fiel ich ihr ins Wort. Mir passte weder die Richtung, die unsere Unterhaltung nahm, noch das Funkeln in Mariettas Augen. Aber es war zu spät. Ihre rebellische Ader war geweckt, und sie hatte nicht die Absicht, sich den Wind aus den Segeln nehmen zu lassen.

»Du hast damit angefangen«, erklärte sie. »Und nun kannst du mich auch, verdammt noch mal, ausreden lassen. Es ist die reine Wahrheit; jedes einzelne Wort.«

»Ich habe trotzdem …«

»Hör mir zu«, unterbrach sie mich herrisch. »Du solltest wissen, was er trieb, wenn niemand hinsah. Er war ein promiskuitiver alter Schweinehund. Kommt das Wort in deinem Buch übrigens schon vor? Promiskuitiv?«

»Nein.«

»Dann wird es aber Zeit. Du darfst mich zitieren.«

»Es hat in dem Buch nichts zu suchen.«

»Herrje, manchmal benimmst du dich wie eine alte Jungfer, Maddox. Es gehört zu der Geschichte.«

»Es hat nichts mit dem zu tun, worüber ich schreibe.«

»Die Tatsache, dass der Gründervater unserer Familie so sexbesessen war, dass er vor seiner sechsjährigen Tochter mit einem Steifen herumstolziert ist? Ich glaube, ehrlich gesagt, das ist sehr entscheidend für das, worüber du schreibst.« So wie sie mich angrinste, möchte ich schwören, dass jeder gottgläubige Mensch den Teufel in diesem Gesicht gesehen hätte: die wunderbare Lebendigkeit ihres Ausdrucks; die pure Freude, die es ihr bereitete, mich zu schockieren.

»Ich war natürlich fasziniert. Kennst du den Ursprung des Wortes? Es stammt aus dem Lateinischen. *Fascinare* heißt verzaubern. Das Wort wurde vor allem in Verbindung mit Schlangen verwendet …«

»Warum musst du dich eigentlich so benehmen?«

»Er hatte diese Macht. Ohne Frage. Er winkte mit seiner Schlange, und ich war … verzaubert.« Bei der Erinnerung huschte ein Lächeln über ihre Züge. »Ich konnte den Blick nicht davon abwenden. Ich wäre dem Ding überall hin gefolgt. Und natürlich wollte ich es anfassen, aber er ließ mich nicht. ›Wenn du ein bisschen älter bist‹, sagte er ›zeige ich dir, was es kann.‹«

Sie verstummte und blickte versonnen zum Fenster hinaus in die vorüberziehenden Wolken. Ich schämte mich meiner Neugier, konnte aber nicht umhin zu fragen:

»Und hat er es wirklich getan?«

Sie starrte immer noch gedankenverloren in die Ferne. »Nein, niemals. Er wollte es – das konnte ich manchmal in seinen Augen lesen –, aber er hat es nicht gewagt. Ich habe Galileo davon erzählt, weißt du. Das war mein großer Fehler. Ich habe ihm erzählt, ich hätte Papas Schlange gesehen und sie sei wunderbar. Natürlich ließ ich ihn schwören, dass er es niemandem verraten würde, aber ich bin ziemlich sicher, dass er es Cesaria gesagt hat, und sie hat Papa vermutlich die Hölle heiß gemacht. Sie war immer eifersüchtig auf mich.«

»Das ist doch lächerlich.«

»Nein, wirklich. Sie ist es noch heute. Sie hat einen Tobsuchtsanfall bekommen, als sie mich in seinem Ankleidezimmer erwischte. Nach all den Jahren wollte sie nicht, dass ich in die Nähe seiner Sachen komme.« Endlich löste sie den Blick von den Wolken und sah mir wieder ins Gesicht. »Ich liebe die Frauen mehr als das Leben«, erklärte sie. »Ich liebe alles an ihnen. Wie sie sich anfühlen, wie sie riechen, wie sie sich bewegen, wenn man sie streichelt ... Und ich kann Männer nicht ertragen. Nicht auf diese Weise. Sie sind so grobschlächtig. Aber bei Papa hätte ich eine Ausnahme gemacht.«

»Du bist grotesk, weißt du das?«

»Warum denn?« Meine einzige Antwort war eine gequälte Miene. »Wir müssen nicht nach denselben Regeln leben wie alle anderen«, fuhr sie fort. »Weil wir nicht so *sind* wie die anderen.«

»Vielleicht wären wir glücklicher, wenn wir es wären.«

»Glücklich? Ich bin außer mir vor Glück. Ich bin verliebt. Und diesmal ist es mir wirklich ernst. Ich bin verliebt. Und auch noch in ein Mädchen vom Land.«

»Ein Mädchen vom Land?«

»Ich weiß, es klingt nicht sehr vielversprechend, aber sie ist etwas Besonderes, Maddox. Sie heißt Alice Pennstrom, und ich habe sie beim Scheunentanz in Raleigh kennen gelernt.«

»Sie veranstalten lesbische Scheunentanzveranstaltungen heutzutage?«

»Es war keine Schwulenparty. Es waren Männer und Frauen da. Du kennst mich. Ich habe schon immer gern gutbürgerlichen Mädchen geholfen, ihr wahres Ich zu entdecken. Wie dem auch sei, Alice ist eine Wucht. Und ich wollte mich besonders in Schale werfen für unser dreiwöchiges Jubiläum.«

»Und darum hast du in den Kleidern gekramt?«

»Ja. Ich dachte, ich finde vielleicht etwas Ausgefallenes. Etwas, das Alice richtig auf Touren bringt«, entgegnete Marietta. »Was mir im Übrigen auch gelungen ist. Also, vielen Dank noch mal, dass du Cesaria wieder beruhigt hast. Irgendwann einmal werde ich dir denselben Gefallen tun.«

»Darauf möchte ich zurückkommen«, sagte ich.

»Kein Problem«, erklärte Marietta. »Wenn ich ein Versprechen gebe, halte ich es auch.« Mit einem Blick auf die Uhr fuhr sie fort: »He, ich muss los. Ich bin in einer halben Stunde mit Alice verabredet. Eigentlich bin ich nur gekommen, um mir ein Buch mit Gedichten von dir zu leihen.«

»Gedichte?«

»Etwas, woraus ich zitieren kann. Etwas Erotisches und Romantisches, damit sie in Stimmung kommt.«

»Du kannst dich gern umsehen«, forderte ich sie auf. »Ich schließe übrigens aus deinem Verhalten, dass du meinst, zwischen uns beiden herrsche wieder Frieden?«

»Hat jemals Krieg zwischen uns geherrscht?« gab Marietta mit etwas verwunderter Miene zurück. »Wo ist die Abteilung mit den Gedichten?«

»Es gibt keine spezielle Abteilung. Sie stehen überall verstreut.«

»Ein wenig Ordnung täte deinen Bücherregalen gut.«

»Danke, aber mir gefällt es so, wie es ist.«

»Na schön. Dann zeig mir einen Dichter.«

»Suchst du eine lesbische Dichterin? Da oben stehen ein paar Sachen von Sappho und ein Band von Maria Tswetajewa.«

»Ist etwas dabei, das Alice scharf machen wird?«

»Himmel, du kannst manchmal wirklich ordinär sein.«

»Also, wie nun – ja oder nein?«

»Keine Ahnung«, fuhr ich sie an. »Außerdem dachte ich, du hättest diese Frau schon verführt.«

»So ist es«, bestätigte Marietta, während ihr Blick suchend über die Regale wanderte. »Und der Sex mit ihr war umwerfend. So umwerfend, dass ich beschlossen habe, sie zu fragen, ob sie mich heiratet.«

»Soll das ein Witz sein?«

»Nein. Ich möchte Alice heiraten. Ich möchte ein Heim mit ihr haben und Kinder adoptieren. Dutzende von Kindern. Aber zuerst brauche ich ein Gedicht, das ihr das Gefühl gibt … du weißt schon, was ich meine … Nein, wenn ich es mir recht überlege, weißt du es vermutlich nicht … Sie soll so verliebt in mich sein, dass es wehtut.«

Ich streckte den Arm aus. »Zu deiner Linken …«

»Was?«

»… das kleine Büchlein mit dem blasstürkisen Einband. Versuch es damit.« Marietta zog es aus dem Regal.

»Es ist ein Gedichtband von einer Nonne.«

»Von einer Nonne?« Marietta machte Anstalten, das Buch an seinen Platz zurückzustellen.

»Warte«, forderte ich sie auf, »gib ihm eine Chance. Hier ...«, ich trat zu ihr und nahm ihr das Buch – das sie noch nicht aufgeschlagen hatte – aus der Hand. »Ich suche dir etwas heraus, und dann kannst du mich in Ruhe lassen.«

Rasch blätterte ich durch die verstaubten Seiten. Es war Jahre her, dass mir diese Gedichte nahe gegangen waren, aber eines war mir im Gedächtnis geblieben, weil es mich tief berührt hatte.

»Wer ist sie?« wollte Marietta wissen.

»Wie ich schon sagte: eine Nonne. Sie hieß Mary-Elizabeth Bowen und ist in den Vierzigern mit hundertundeinem Jahr gestorben.«

»Als Jungfrau?«

»Spielt das eine Rolle?«

»Aber sicher, wenn es darum geht, etwas Erotisches zu finden.«

»Lies das mal«, forderte ich sie auf, während ich ihr das Buch wieder in die Hand drückte.

»Welches? »

»Ich war ein engstirniges Geschöpf.«

Marietta las es laut vor:

»Ich war ein engstirniges Geschöpf durch und durch,
bevor du kamst.
Nichts ging mir mit Leichtigkeit aus oder ein;
doch als du meinen Namen aussprachst,
wurde ich entfesselt wie die Welt ...«

Sie sah zu mir auf. »Das gefällt mir«, sagte sie. »Bist du sicher, dass es von einer Nonne ist?«

»Lies einfach weiter ...«

»... wurde ich entfesselt wie die Welt.
Nie war meine Furcht so gross wie jetzt, da ich so
grenzenlos bin,

Nachdem ich stets nur Mauern und Flüstern gekannt hatte.
Töricht lief ich vor dir fort;
suchte mich in allen Winkeln zu verbergen.
Verkroch mich in einer Knospe – sie erblühte.
Verkroch mich in einer Wolke – sie begann zu regnen.
Verkroch mich in einem Mann – der starb.
Bis ich wieder geboren wurde –
in deine Arme.«

»Oh, mein Gott«, seufzte sie.

»Gefällt es dir?«

»Für wen hat sie es geschrieben?«

»Für Jesus Christus, nehme ich an. Aber das brauchst du Alice ja nicht zu erzählen.«

2

Glücklich zog sie von dannen, und obwohl ich mich wegen der Störung beschwert hatte, fühlte ich mich durch die Unterhaltung mit ihr eigenartig belebt. Die Vorstellung, dass sie Alice Pennstrom heiraten wollte, schien mir nach wie vor absurd, aber wer bin ich denn, das zu beurteilen? Wie lange schon hatte ich eine so sinnliche Liebe, wie Marietta sie offensichtlich empfand, nicht mehr erlebt; ich glaube fast, ich war ein klein wenig eifersüchtig.

In meinen Augen gibt es nichts Persönlicheres als die Gestalt, die man der Leere im eigenen Innern verleiht; und nichts Charakteristischeres als die Mittel, mit denen man sie ausfüllt. Für mich ist das Buch zu diesem Mittel geworden: Wenn ich über den Verlust anderer und über drohendes Unheil schreibe, empfinde ich das als tröstlich. Gottlob passiert das alles nicht mir, denke ich und lecke mir die Lippen, während ich die nächste Katastrophe beschreibe.

Aber bevor ich zu dieser nächsten Katastrophe komme, möchte ich meinem Bericht über Mariettas Besuch noch ein paar abschließende Sätze hinzufügen. Schon am nächsten Tag kam sie um die Mittagszeit wieder in mein Arbeitszimmer. Sie hatte seit unserer letzten Begegnung offensichtlich nicht geschlafen – unter ihren Augen zeichneten sich dunkle Ringe ab, und ihre Stimme klang wie ein heiseres Brummen –, aber sie war bestens gelaunt. Das Gedicht hatte seine Wirkung nicht verfehlt, erzählte sie mir. Alice hatte ihren Heiratsantrag angenommen.

»Sie hat keine Sekunde gezögert, einfach nur gesagt, dass sie mich so sehr liebt, wie sie noch nie einen Menschen geliebt habe, und dass sie für den Rest unseres Lebens mit mir zusammenbleiben möchte.«

»Und hast du ihr auch gesagt, dass *dein* Leben verdammt viel länger sein wird als ihres?«

»Das ist mir egal.«

»Aber sie wird es früher oder später erfahren müssen.«

»Ich werde es ihr sagen, wenn ich der Meinung bin, dass sie es verkraften kann. Ich werde sie im Übrigen nach der Hochzeit hierher bringen. Ich werde ihr alles zeigen. Und weißt du was, mein geliebter Bruder?«

»Was?«

Marietta senkte die Stimme zu einem heiseren Flüstern. »Ich werde einen Weg finden, sie bei mir zu behalten. Die Jahre werden mir Alice nicht nehmen. Ich werde das nicht zulassen.«

»Es ist der Lauf der Natur, Marietta. Und wie, glaubst du, wirst du es verhindern können?«

»Papa kannte ein Mittel. Er hat es mir gesagt.«

»Bei einem eurer kleinen Spielchen im Ankleideraum?«

»Nein, das war viel später. Kurz bevor Galileo nach Hause kam.«

Jetzt war meine Neugier geweckt. Sie machte offensichtlich keine Witze. »Was hat er dir gesagt?«

»Dass er vorhatte, deine Mutter bei sich zu behalten, aber Cesaria hat es ihm verboten.«

»Hat er dir auch gesagt, wie er das anstellen wollte?«

»Nein. Aber ich werde es herausfinden«, entgegnete Marietta leichthin. Dann senkte sie die Stimme zu einem noch leiseren Flüstern als zuvor. »Und wenn ich in seine Gruft einbrechen und es aus ihm herausschütteln muss«, sagte sie, »dann werde ich das tun. Was immer dazu notwendig ist, ich werde meine Alice heiraten und bis zum Ende der Welt mit ihr zusammenbleiben.«

Was soll ich mit all dem anfangen? Ich versuche, um ehrlich zu sein, nicht allzu oft an das zu denken, was sie gesagt hat. Es macht mir Angst. Abgesehen davon habe ich viel zu erzählen: Garrison sitzt im Gefängnis, Margie liegt im Leichenschauhaus, Loretta plant einen Aufstand. Es gibt genug, womit ich meine Gedanken beschäftigen kann, auch ohne mir den Kopf über Mariettas Wahnideen zu zerbrechen.

Das ändert allerdings nichts daran, dass an dem, was sie mir erzählt hat, meiner Meinung nach etwas Wahres ist. Mein Vater war zweifellos imstande, Ungewöhnliches zu vollbringen. Er war auf seine eigene merkwürdige Weise göttlich, und das Gottsein bringt Fähigkeiten und Ambitionen mit sich, über die wir anderen uns nicht einmal Gedanken machen. So finde ich es eigentlich ganz einleuchtend, dass er zu irgendeinem Zeitpunkt während seiner Beziehung zu meiner Mutter, die er vermutlich geliebt hat, den Wunsch hegte, ihr das Geschenk des Lebens zu machen.

Wenn aber meine Schwester glaubt, dass sie seine Knochen dazu bringen kann, ihr zu verraten, wie ein solches Geschenk gemacht werden kann, so steht ihr eine sichere Enttäuschung bevor. Mein Vater ist jeder Befragung, auch wenn seine eigene Tochter die Fragestellerin ist, entzogen, und so sehr Marietta sich auch aufplustern und brüsten mag, selbst sie würde es nicht wagen, den Fuß dahin zu setzen, wo seine Seele jetzt weilt.

Sollten Sie annehmen, ich wolle das Schicksal mit dieser Bemerkung herausfordern, sei's drum. Ich bin nicht gewillt, Ihnen zu erklären, wohin Nicodemus gegangen ist; und ich hoffe von ganzem Herzen – hoffe so inständig, wie ich nie glaubte, etwas erhoffen zu können –, dass ich nie Anlass haben werde, den Willen dazu aufbringen zu müssen. Nicht weil ich dazu nicht fähig sein würde (was ganz sicher der Fall wäre), sondern weil es hieße, dass das jenseits unserer Erkenntnis Liegende versuchen könnte, in unsere Erkenntnis vorzudringen, und dass die Gesetze, die das Leben auf der Welt bestimmen, als Scherbenhaufen vor unseren Füßen liegen würden.

An einem solchen Tag würde ich dann kein Bedürfnis mehr haben, in meinem Zimmer zu sitzen und an einem Buch zu schreiben. Ich weiß nicht, ob ich an einem solchen Tag auch nur das Bedürfnis hätte, am Leben zu sein.

VI

1

Am Tag nach Rachels Begegnung mit Danny fand die Beerdigung statt. Margie hatte etliche Jahre zuvor eine anwaltliche Verfügung getroffen, wie und wo sie bestattet werden wollte: auf einem kleinen Friedhof in Wilmington, Pennsylvania, neben ihren Eltern und ihrem Bruder Sam, der im Alter von einundzwanzig Jahren bei einem Motorradunfall ums Leben gekommen war. Dies war Margies letzter Akt der Auflehnung. Welche Wege sie im Leben auch gegangen sein mochte, wo sie im Tod sein wollte, wusste sie genau: und das war nicht in der Familiengruft der Gearys.

Mitchell rief Rachel am frühen Morgen an und erbot sich, sie mitzunehmen, aber sie lehnte sein Angebot ab und fuhr allein nach Wilmington. Es war ein unwirtlicher Tag, stürmisch und kalt, und nur ein paar Unverwüstliche hatten sich eingefunden, um die Trauergesellschaft zu begaffen. Die Presse hatte dagegen ihre Truppen entsandt, denn die seltene Mischung von Berühmtheiten, die sich hier versammelt hatte, war ein gefundenes Fressen für sie. So sehr sie den Tratsch geliebt hatte, war Margie doch sehr zurückhaltend gewesen, wenn es um Namen ging (sie hatte sich fast ebenso lustvoll über die ehebrecherischen Verirrungen ihres Lieblingskellners auslassen können wie über die eines Kongressabgeordneten), und Rachel wurde erst jetzt bewusst, wie viele berühmte und einflussreiche Menschen mit ihr bekannt gewesen waren. Nicht nur bekannt, sondern so von ihr fasziniert, dass sie auf die Behaglichkeit ihrer vornehmen Wohnungen, ihrer eleganten Kongressbüros und ihrer Wochenendhäuser am Meer oder in den Bergen verzichteten, um ihr die letzte Ehre erweisen. Rachel fragte sich, ob Margies Geist vielleicht hier weilte, inmitten der Mächtigen des Landes. Wenn ja, machte sie vermutlich hämische Bemerkungen über das geliftete Gesicht des einen und die aus den Nähten geratene Taille des anderen; aber im Grunde ihres Herzens war sie sicher stolz, dass es ihr gelungen war – bei all ihren Exzessen –, mit dem Leben, das sie gelebt hatte, eine solche Demonstration der Trauer und Dankbarkeit auszulösen.

Mitchell war noch nicht da, aber Loretta saß bereits in der ersten Bankreihe und starrte ausdruckslos auf den blumengeschmückten Sarg. Rachel war zwar nicht besonders erpicht auf ihre Gesellschaft, aber sie wollte auch keinen Anlass zu Spekulationen bieten, indem sie demonstrativ einen anderen Platz wählte. Daher ging sie durch den Mittelgang nach vorn, verweilte einen Moment lang vor dem Sarg und setzte sich dann neben Loretta.

Lorettas makellos geschminkte Wangen waren tränenfeucht; in ihren zitternden Händen hielt sie ein durchweichtes Taschentuch. Das war nicht die berechnende Frau, die wenige Tage zuvor in der Villa den Vorsitz am Familientisch geführt hatte. Ihre Trauer war zu unkleidsam, um gespielt zu sein: die Augen verquollen, die Nase rot vom vielen Schnäuzen. Rachel fasste nach Lorettas Hand und drückte sie. Loretta schluchzte verhalten auf.

»Ich war nicht sicher, ob du kommen würdest«, sagte sie leise.

»Ich habe nicht vor wegzugehen«, gab Rachel zurück.

»Ich würde dir keinen Vorwurf daraus machen«, erklärte Loretta. »Das alles ist ein solches Chaos.« Ihr Blick war wieder starr auf den Sarg gerichtet. »Sie hat es wenigstens überstanden. Jetzt hängt alles an uns.« Ein langes Schweigen folgte, dann murmelte Loretta: »Sie hat mich gehasst.«

Rachel wollte schon irgendeine nichtssagende Bemerkung machen, überlegte es sich dann aber anders und sagte stattdessen: »Ja, ich weiß.«

»Weißt du auch, warum?«

»Nein.«

»Wegen Galileo.«

Das war der letzte Name, den zu hören Rachel unter den gegebenen Umständen erwartet hatte. Galileo gehörte in eine andere Welt; eine warme, verzauberte Welt – in der die Luft nach Meer roch. Sie schloss für einen Moment die Augen und rief sich das Bild dieser Welt in Erinnerung. Das Deck der *Samarkand* am Abend: die schläfrigen Wellen, die träge gegen den Rumpf klatschten, die Takelage, die mit ihrem Knarren die Sterne hervorzulocken schien, und Galileo, der sie umarmte. Sie sehnte sich danach, dort zu sein, wie sie sich noch nie nach etwas gesehnt hatte. Sehnte sich danach, seine Versprechungen zu hören, auch wenn sie wusste, dass er sie brechen würde.

Ein Raunen ging durch die Kirchenbänke und unterbrach sie in ihren Gedanken. Sie schlug die Augen auf und folgte Lorettas Blick in den hinteren Teil des Kirchenschiffs. Dort entdeckte sie ein kleines Grüppchen von Trauergästen in schwarzen Anzügen. Als erstes erkannte sie Cecil; dann drehte sich der größte der Männer zum Altar um, und sie hörte, wie Loretta neben ihr murmelte: »O Gott, das hat uns gerade noch gefehlt.« In diesem Augenblick wurde ihr bewusst, dass der Mann, den sie anstarrte, kein anderer als Garrison war. Er hatte sich verändert seit ihrer letzten Begegnung: seine Haare waren kurz geschoren, sein Gesicht hager und bleich. Er wirkte fast zerbrechlich.

Das Raunen legte sich rasch, und die Blicke wandten sich wieder ab, aber die Atmosphäre in der Kirche hatte sich kaum merklich verändert. Der Mann, der für den Tod der betrauerten Frau verantwortlich war, hatte die Stirn, hierher zu kommen und vor aller Augen durch den Mittelgang zu schreiten, um dieser Frau die letzte Ehre zu erweisen. Mitchell war bei ihm und hielt ihn leicht am Ellbogen, als müsse er ihn führen.

»Wann ist er entlassen worden?« erkundigte sich Rachel leise bei Loretta.

»Heute Morgen«, antwortete sie. »Ich habe Cecil gebeten, ihn am Kommen zu hindern.« Sie schüttelte den Kopf. »Das Ganze ist absurd.«

Garrison stand jetzt vor Margies Sarg. Er beugte sich zu seinem Bruder und flüsterte ihm etwas ins Ohr. Mitchell trat zurück, und Garrison streckte beide Hände aus und legte sie auf den Sarg. Seine Geste hatte nichts Theatralisches; es schien vielmehr, als sei ihm die Anwesenheit der anderen Trauergäste überhaupt nicht bewusst. Er stand einfach nur mit gesenktem Kopf da, als versuchte er, Zwiesprache mit der Toten zu halten. Rachel blickte über die Schulter zurück. Alle – selbst diejenigen unter den hier Versammelten, die zuvor den Blick abgewandt hatten – beobachteten in diesem Augenblick den trauernden Ehemann. Wie viele von ihnen, fragte sich Rachel, glaubten ihm seine Version der Geschichte? Wahrscheinlich die meisten. Der Himmel wusste, wie schwer es ihr selbst fiel, daran zu zweifeln, dass Garrison fähig war, ehrliche Trauer am Sarg der Frau zu zeigen, die er ermordet hatte.

Als sie sich wieder umdrehte, stellte sie fest, dass Mitchells Blick auf ihr ruhte. Er sah müde aus. Zum ersten Mal in all den Jahren, die sie ihn jetzt kannte, registrierte sie die Ähnlichkeit mit Garrison: dasselbe wilde Flackern in den Augen, dieselben hängenden Schultern. Unter anderen Umständen hätte sie gesagt, dass ihn ein paar Wochen in der Karibik kurieren würden. Aber nun wusste sie es besser: Er entglitt sich selbst – oder zumindest entglitt er dem polierten Bild, das er der Welt sonst von sich präsentierte; er verlor sich in dem traurigen Schattenort, an dem Garrison all die Jahre über sein heimliches Unwesen getrieben hatte.

Wie hatte Loretta die beiden genannt? Der Nekrophile und sein hirnloser Bruder? Ein bisschen übertrieben vielleicht, aber sicher nicht sehr weit von der Wahrheit entfernt. Zweifellos gehörten sie zusammen, die verdorbenen Früchte eines fauligen Baums.

Mitchell hatte den Blick jetzt von ihr abgewandt und zog seinen Bruder sanft am Arm. Garrison drehte sich zu ihm um. Rachel sah, wie Mitchells Lippen die Worte ›Komm jetzt‹ formten, und Garrison folgte ihm wie ein Opferlamm. Sie nahmen am anderen Ende der Bank Platz, in der auch Rachel und Loretta saßen. Wieder sah Mitchell zu Rachel hinüber. Aber diesmal wandte sie den Blick ab.

Die ziemlich pompöse Messe wurde von einem bejahrten Priester gehalten, der seine Trauerrede mit der Bemerkung einleitete, dass Margie von ihm selbst vor achtundvierzig Jahren in eben dieser Kirche getauft wurde. Er habe das Leben ›dieser bemerkenswerten Frau‹, wie er sie nannte, mit derselben Mischung aus Staunen und Mitgefühl verfolgt, die sie sicher alle empfunden hätten. Sie sei, sagte er, ein unglücklicher Mensch gewesen und habe auf ihren Lebenspfaden vielleicht nicht immer die richtigen Wege eingeschlagen, aber nun stehe sie auf dem Goldenen Boden, wo die Wechselschläge des Lebens von ihren Schultern genommen seien, sodass sie nun unbeschwert voranschreiten könne. Die Metapher des Goldenen Bodens für den Himmel hatte Rachel noch nie gehört. Sie gefiel ihr ausnehmend gut, auch wenn sie den Verdacht hatte, dass Margie, wäre sie einer der Trauergäste und nicht das Objekt der Trauer gewesen, sich bei der Erwähnung des Paradieses aus der Kirche hinausgeschlichen und zwischen den Grabsteinen eine Zigarette angezündet hätte.

Nach Beendigung des Trauergottesdienstes wurde der Sarg auf den Friedhof getragen. Diesen Moment der Zeremonie hatte Rachel am meisten gefürchtet; aber als es schließlich soweit war und sie, im Nieselregen stehend, zusah, wie der Sarg in die Grube hinuntergelassen wurde, hatte sie dieses entsetzliche Bild schon so lange vor ihrem inneren Auge vorweggenommen, dass es jetzt, da es real wurde, seinen Schrecken verloren zu haben schien. Wieder wurden Gebete gesprochen; Blumen wurden in das Grab geworfen; dann war alles vorbei.

2

Sie fuhr im strömenden Regen nach New York zurück. Wenige Meilen vor der Brücke überholte sie ein weißer Mercedes, der von zwei Polizeiwagen verfolgt wurde, in selbstmörderischem Tempo. Zwei Meilen weiter sah sie im sintflutartigen Wolkenbruch rote Lichter blinken, und auf der Straße brannten Signalfackeln. Der verfolgte Wagen hatte sich in das Heck eines schweren Lkw gebohrt, zwei nachfolgende Autos hatten nicht mehr ausweichen können und waren quer über den nassen Asphalt geschleudert. Der eine Wagen brannte; seine Insassen hatten Glück gehabt, sie standen jetzt am Straßenrand und starrten in die Flammen. Der andere hatte sich überschlagen und lag wie eine mutwillig auf den Rücken gedrehte Schildkröte im Regen, während die Polizisten bemüht waren, die Familie aus dem Wageninneren zu befreien. Was den Fahrer oder die Fahrerin des Mercedes betraf, so hatte man ihn oder sie ebenso wie alle eventuellen Beifahrer offensichtlich aufgegeben: Der Wagen hatte sich am Heck des Lkw wie eine Ziehharmonika zusammengeschoben und war praktisch nicht mehr zu erkennen. Überflüssig zu sagen, dass die Straße in beiden Richtungen gesperrt war. Es dauerte eine halbe Stunde, bis der Verkehr wieder ins Rollen kam, und in dieser halben Stunde spielte sich vor ihren Augen wie auf einer regenverhangenen Theaterbühne ein komplettes Drama ab. Das Eintreffen der Feuerwehr- und Notarztwagen; die Bergung der Familie aus dem auf dem Dach liegenden Wagen (aus dessen Wrack ein Kind nur noch tot herausgeholt werden konnte); Schmerz und Vorwürfe; und schließlich das Auseinanderziehen des Lkw und des Mercedes, dessen Inneres ihren Blicken gnädigerweise verborgen blieb.

Erst als sie wieder ungehindert fahren konnte, richtete sie die Gedanken auf ihre Pläne für den nächsten Tag: die Suche nach Dannys Briefen. Wenn sie Glück hatte, würde Garrison, wie er es manchmal tat, zur Morgenandacht in die Kirche gehen. Immerhin war seine Freiheit ein guter Grund, ein Dankgebet zu sprechen. Und während er sich als braver Katholik erwies, könnte sie dem Apartment im Trump Tower einen Besuch abstatten und sich auf die Suche machen. Hatte sie beim ersten Anlauf keinen Erfolg, musste sie entweder bis zum nächsten Sonntag warten, an dem seine Abwesenheit sicher war, oder sich während der Woche hinsichtlich seiner Aktivitäten informieren. Es würde schwer sein, um den Tower herumzuspionieren, ohne bemerkt zu werden. In der nächsten Zeit würden sich sicher noch jede

Menge Journalisten in der Gegend herumtreiben, und abgesehen davon gab es im Apartment einige fest angestellte Bedienstete, obwohl ihr zu Ohren gekommen war, dass zwei von ihnen nach dem Mord an Margie gekündigt hatten und die dritte so geschwätzig gegenüber der Regenbogenpresse gewesen war, dass man sie vermutlich entlassen hatte.

Letztendlich musste sie sich jedoch auf ihr Glück verlassen und einen guten, glaubhaften Grund für ihre Anwesenheit parat haben, sollte sie entdeckt werden. Tatsächlich erfüllte sie der Gedanke an ihren heimlichen Besuch im Tower mit einer eigenartigen Euphorie. Zu lange hatte sie die Dinge passiv geschehen lassen, war sie ein unbedeutendes Rädchen im großen Geary-Getriebe gewesen. Selbst zu ihrer Reise nach Kaua'i hatte sie sich von einem Mitglied der Familie überreden lassen. Indem sie Danny half – oder zumindest den Versuch dazu unternahm –, löste sie sich von der ihr zugewiesenen Rolle, und sie bedauerte lediglich, dass sie so lange dafür gebraucht hatte. So stark waren eben die Verlockungen von Reichtum und Luxus.

Während ihr Weg sich jetzt vor ihrem inneren Auge klarer abzuzeichnen begann, stellte sie sich die Frage, ob Galileo, der Prinz ihres Herzens, nicht Teil dieser Verlockungen war. Repräsentierte er den höchsten Luxus? War er ihr in den Weg gestellt worden, um ihren Blick von Dingen abzulenken, die sie nicht sehen sollte? Wie sehr sie sich danach sehnte, Margies Stimme am Telefon zu hören, die eigenen bangen Vermutungen mit ihr zu teilen. Margie war es immer gelungen, unbeirrbar auf den Kern eines Problems zuzusteuern, alles hochtrabende Beiwerk links liegen zu lassen und sich auf das Wesentliche zu konzentrieren. Was hätte sie zu Rachels Überlegungen gesagt? Dass sie für die banale Aufgabe, den Tag zu bewältigen, ohne jede Bedeutung waren. Dass sie mit dem Versuch, das übergeordnete Ganze zu begreifen, einem sehr männlichen Irrtum unterlag: dem Glauben, dass es möglich wäre, die Ereignisse nach dem Willen eines Einzelnen zu formen und zu lenken. Margie hatte für solche Vorstellungen nie viel übrig gehabt. Das

Einzige, das man wirklich beeinflussen konnte, waren die kleinen Dinge des Lebens: die Zahl der Oliven in einem Martini, die Höhe der Absätze, die man trug. Und die Männer, die an etwas anderes glaubten – die Potentaten und Plutokraten –, mussten früher oder später eine furchtbare Enttäuschung erleben; was Margie natürlich mit nicht geringer Häme erfüllt hätte.

Vielleicht, dachte Rachel, gelten auf dem Goldenen Boden andere Gesetze. Vielleicht war der große Weltenplan dort Gegenstand angeregter Plaudereien, und den Geistern der Toten machte es Spaß, das komplizierte Muster des menschlichen Strebens zu entwerfen. Aber sie hatte ihre Zweifel. Sie konnte sich unmöglich vorstellen, dass Margie mit solchen Dingen ihre Zeit verschwenden würde. Anderswo mochte man über Fragen des Schicksals diskutieren, aber da, wo Margie Hof hielt, würde es eine fröhliche Versammlung von Klatschmäulern geben, die ob der Theoretiker die Augen verdrehten.

Bei dem Gedanken musste Rachel unwillkürlich lächeln, zum ersten Mal an diesem langen, traurigen Tag. Margie hatte ihre Freiheit verdient. Auch wenn sie ihr Unglück vielleicht selbst provoziert, oder zumindest immer wieder von neuem herbeigeführt hatte, kam es letztlich doch nur darauf an, dass sie in der Lage gewesen war es zu erdulden, ohne das zu vergessen, was sie selbst einmal dargestellt hatte, bevor die Gearys in ihr Leben getreten waren. Bei ihr hatte es so ausgesehen, als ob dies kein großes Kunststück sei, aber Rachel hatte am eigenen Leib erfahren, wie schwer es in Wirklichkeit war. Die Welt glich einem Labyrinth; man konnte sich leicht darin verirren, sich selbst fremd werden. Rachel hatte Glück gehabt. Sie hatte sich auf der Insel wiederentdeckt, hatte den Wildfang wiedergefunden, die Frau aus Fleisch und Blut, mit Sehnsüchten und Leidenschaften. Und diese Frau würde sie nie wieder verlieren. So dunkel es im Labyrinth auch werden mochte, so bedrohlich die Gestalten darin wirkten, sie würde das Wesen, das sie eigentlich war, nie wieder loslassen; nicht jetzt, da ihr Galileos Liebe zuteil geworden war.

VII

Am Sonntagmorgen regnete es noch heftiger als an den Tagen zuvor, so heftig, dass man manchmal nach allen Seiten hin nur einen Häuserblock weit sehen konnte. Sofern sich um den Tower herum Pressefotografen aufgehalten hatten, so waren sie inzwischen irgendwo untergekrochen, bis das Objekt ihrer Neugierde aus der Kirche zurückkam, oder aber sie waren ihm dorthin gefolgt. Margie hatte Rachel, als sich die ersten Probleme mit Mitchell abzuzeichnen begannen, einen Schlüssel zu ihrem Apartment gegeben und ihr angeboten, es zu benutzen, wann immer sie den Wunsch hatte, allein zu sein.

»Garrison ist nur selten zu Hause«, hatte sie gesagt, »du brauchst also nicht zu befürchten, dass er plötzlich in der Unterwäsche vor dir steht. Was ein überwältigender Anblick ist, das kannst du mir glauben. Er sieht aus wie eine dünne Teigrolle mit Wampe.«

Rachel hatte sich allerdings im Tower und in dem Apartment nie wohlgefühlt. Selbst an sonnigen Tagen hatte sie die Atmosphäre bei allem Prunk als deprimierend empfunden. An einem grau verhangenen Tag wie diesem war es dort düster und bedrückend. Die Tatsache, dass die Räume mit Antiquitäten möbliert waren und in den Fluren riesige Gemäldeschinken hingen, die Garrison Anfang der achtziger Jahre als Geldanlage erworben hatte, unterstrich nur den Eindruck der Trostlosigkeit.

Einen Moment blieb Rachel in der Eingangshalle stehen und lauschte, ob jemand da war. Die einzigen Geräusche, die an ihr Ohr drangen, kamen von draußen; Regen, der gegen die Fensterscheiben prasselte; das ferne Heulen einer Sirene. Sie war allein. Zeit, sich an die Arbeit zu machen.

Die Treppe hinaufsteigend, drang sie mit jeder Stufe in

noch dunklere Gefilde vor. Auf dem Treppenabsatz ragte düster eine Standuhr auf, bei deren Anblick ihr fast das Herz stehen blieb, weil sie sich eine Sekunde lang einbildete, es könnte Garrison sein, der sie dort erwartete.

Sie blieb stehen, bis sich ihr Herzschlag wieder normalisiert hatte. Ich habe Angst vor ihm, dachte sie. Zum ersten Mal gestand sie sich die Tatsache ein: Sie fürchtete sich vor seiner Reaktion, wenn er sie hier entdeckte, wo sie nichts verloren hatte. Loretta zuzuhören, wenn sie von seinen perversen Gewohnheiten sprach, oder ihn zu sehen, wie er müde und bleich vor Margies Sarg stand, war eine Sache. Etwas völlig anderes war die Vorstellung, ihm hier in dieser Wohnung zu begegnen, in der er seine eigene Frau brutal ermordet hatte. Was sollte sie ihm sagen, wenn er plötzlich vor ihr auftauchte? Fiele ihr dann auch nur eine einzige Lüge ein, die er glauben würde? Wahrscheinlich nicht. Ihr einziger Schutz vor seiner Wut war die Tatsache, dass sie die Frau seines Bruders war, aber welche Garantie bot ihr das, vor einem Angriff sicher zu sein? Das Band zwischen den beiden Brüdern war stärker als jeder Anspruch, den sie erheben konnte. In diesem Augenblick, hier auf der Treppe stehend, war sie überzeugt, dass er sie töten würde, wenn es die Umstände seiner Ansicht nach erforderten.

Sie dachte an die Bemerkung, die Mitchell wenige Tage zuvor gemacht hatte; darüber, wie gefährlich das Leben für sie sein könnte, wenn er nicht da wäre, um sie zu beschützen. Es war keine leere Drohung gewesen; seine Worte hatten Gewicht. Genau wie Margie war sie angreifbar.

»Reiß dich zusammen«, mahnte sie sich selbst. Dies war weder der richtige Ort noch der richtige Zeitpunkt, sich Gedanken über die eigene Verwundbarkeit zu machen.

Sie musste tun, was zu tun sie sich vorgenommen hatte, und dann schnellstens verschwinden. Mit einem trotzigen Blick auf das helle Zifferblatt der Uhr (die, wie Margie ihr einmal erzählt hatte, seit den letzten Jahren des Bürgerkriegs nicht mehr getickt hatte) stieg sie das restliche Treppenstück bis zum oberen Stockwerk hinauf. Auf dieser Etage befanden sich Margies privates Wohnzimmer, ihr Schlafzimmer und das Bad, in dem sie gestorben war. Rachel hatte sich vorgenommen, das Badezimmer nur dann zu betreten, wenn ihre Suche überall sonst erfolglos blieb, aber als sie jetzt in dem angsteinflößenden Korridor stand, wurde ihr bewusst, dass die Nähe dieses Ortes sie so lange verfolgen würde, bis sie sich dem Schrecken stellte. Nachdem sie das Flurlicht eingeschaltet hatte, ging sie zur Schlafzimmertür, die einen Spaltbreit offen stand. In dem Raum war es hell: Die Beamten der Mordkommission hatten sämtliche Vorhänge weit geöffnet. Und sie hatten das Zimmer in einem Zustand der totalen Verwüstung zurückgelassen; dem Augenschein nach hatten sie bei der Suche nach Beweismaterial das unterste zuoberst gekehrt. Das Schlafzimmer war der einzige Raum in der ganzen Wohnung, dessen Bilder von Margies wählerischem Geschmack zeugten: ein süßlicher Chagall, ein kleiner Picasso, der eine französische Dorfszene zeigte, zwei Kandinskys. Und in krassem Gegensatz zu dieser Farbenfülle zwei Elegien von Motherwell, harte schwarze Formen vor schmutzigweißem Hintergrund, die wie ein Mahnmal an die Lebenden zu beiden Seiten des Bettes hingen.

Rachel sichtete den Inhalt der vielen Schubladen, die zur Durchsuchung herausgezogen und auf den Fußboden gestellt worden waren, dann wandte sie sich der Badezimmertür zu. Als sie die Hand auf die Klinke legte, schlug ihr das Herz bis zum Hals. Ohne auf das wilde Hämmern zu achten, öffnete sie die Tür.

Es war ein geräumiges Bad, ganz in rötlichem Marmor und Gold gehalten, die Badewanne – in der sich Margie so gern geräkelt hatte – gigantisch. »Ich fühle mich wie eine Edelnutte, wenn ich in dieser Wanne liege«, hatte Margie mit unüberhörbarem Stolz erklärt.

Überall gab es Gegenstände, die an ihre Gegenwart erinnerten. Parfümflaschen und Aschenbecher, ein Foto ihres Bruders Sam, unter den Rahmen des venezianischen Spiegels gesteckt, ein weiteres Foto (diesmal von Margie in Spitzenunterwäsche, aufgenommen von einem Gesellschaftsfotografen, der sich auf ästhetisch arrangierte erotische Porträts spezialisiert hatte) neben der Tür der Duschkabine.

Auch hier hatte die polizeiliche Durchsuchung zahlreiche Spuren hinterlassen. An einigen Stellen waren die Marmorkacheln zur Sicherstellung der Fingerabdrücke eingestäubt worden, und eine Schicht dieses Spezialstaubs war immer noch sichtbar. In einem fettigen Karton neben der Badewanne lagen die vertrockneten Reste einer Pizza – von den Beamten wahrscheinlich während der Arbeit verzehrt. Der Inhalt der Schubladen war untersucht worden, und man hatte einige suspekte Gegenstände auf den Waschtisch gelegt. Ein Sammelsurium von Tablettenfläschchen; einen kleinen Spiegel und eine Rasierklinge (wahrscheinlich aus nostalgischen Gründen aufbewahrt, da Margie schon vor Jahren aufgehört hatte, Kokain zu schnupfen, um sich aufzuputschen) sowie einige erotische Objekte: einen kleinen rosafarbenen Vibrator, ein Töpfchen Gleitcreme mit Kirschgeschmack, Kondome.

Der Anblick dieser Dinge versetzte Rachel einen Stich. Sie konnte nicht umhin sich vorzustellen, wie die Kriminalbeamten mit anzüglichem Grinsen die Schubladen durchwühlten und zotige Witze auf Margies Kosten rissen. Nicht, dass sie sich den Teufel darum geschert hätte.

Rachel hatte genug gesehen. Dieser Ort würde sie nicht länger verfolgen; alle Macht, die er über sie hätte haben können, war in Grund und Boden getrampelt worden. Das dachte sie zumindest bis zu dem Augenblick, in dem sie das Licht ausknipsen wollte. Dort an der Wand, neben dem Schalter, war ein dunkler Fleck. Sie zwang sich wegzusehen, aber ihr Blick blieb gleich darauf am nächsten eingetrockneten Fleck hängen, der größer war als der erste. Sie streckte die Hand danach aus, und etwas wie abgeblätterte Farbe blieb an ihrer Fingerspitze hängen. Es war Margies Blut. Und da war noch mehr davon, sehr viel mehr, von dem geflammten Marmor nur bis zu diesem Augenblick unsichtbar gemacht.

Plötzlich machte es keinen Unterschied mehr, dass die Polizeibeamten mit ihrer Pizza und ihren Fettfingern diesen Raum durchwühlt hatten. Hier war Margie gestorben. O Gott im Himmel, *Margie war hier gestorben*. Dies war ihr Blut, über die Wand verspritzt; ein verschmierter Fleck neben Rachels Schulter, wo Margie zurückgesackt war oder Halt gesucht hatte, um nicht zu fallen, eine größere eingetrocknete Lache auf dem Boden zwischen Rachels Füßen, fast so dunkel wie der Marmor selbst.

Voller Abscheu wandte sie den Blick ab, doch aller Selbstschutz, den sie errichtet hatte, um sich das Geschehene nicht vorstellen zu müssen, war in sich zusammengebrochen. Plötzlich sah sie die Szene bis ins letzte scheußliche Detail vor sich. Das Echo der Schüsse, das von den Marmorwänden und Spiegeln widerhallte; den ungläubigen Ausdruck in Margies Augen, während sie vor ihrem Mann zurückwich; das Blut, das unter ihren Händen hervorquoll und auf den Boden tropfte.

Was hatte Garrison getan, nachdem er die Schüsse abgefeuert hatte? Hatte er den Revolver fallen gelassen und war neben ihr in die Knie gesunken? Oder war er zum Telefon getaumelt und hatte einen Krankenwagen gerufen? Wahrscheinlich hatte er vorher mit Mitchell oder einem Anwalt telefoniert; hatte den Augenblick, in dem Hilfe kam, so lange wie möglich hinausgezögert, um sicherzugehen, dass Margie ihr Leben auch wirklich ausgehaucht hatte. Bis auf den allerletzten Atemzug.

Rachel schlug die Hände vors Gesicht, aber so leicht ließ sich das Bild nicht verdrängen. Pulsierend stand es vor ihr: Margies Gesicht, ihr aufgerissener Mund, ihre Hände, die vergeblich nach Halt suchten, ihr Körper, des Lebens für jetzt und alle Zeit beraubt, der sich langsam dunkel färbte vom rinnenden Blut.

»Hör auf damit«, mahnte sich Rachel.

Am liebsten wäre sie aus dem Badezimmer gerannt, ohne noch einen Blick darauf zu werfen, aber sie wusste, dass dies das Verkehrteste war, das sie tun konnte. Sie musste die Hände von den Augen nehmen und sich dem Gesehenen stellen. Nichts von den Dingen hier konnte ihr etwas anhaben, außer ihren eigenen quälenden Fantasien.

Widerstrebend ließ sie die Hände sinken und zwang sich, die ganze Szene noch einmal zu betrachten. Zuerst das

Waschbecken und seine nähere Umgebung; dann den Spiegel und die Badewanne. Schließlich die getrocknete Blutlache auf dem Boden. Erst als sie alles in sich aufgenommen hatte, wandte sie sich ab und ging hinaus.

Wohin nun? Vor ihr lag das Schlafzimmer mit seinen herausgezogenen Schubladen. Sie konnte eine Stunde darauf verschwenden, den Raum zu durchsuchen, aber das wäre ein törichtes Unterfangen gewesen. Wenn sich die Briefe dort befanden, waren sie so gut versteckt, dass die Polizeibeamten sie übersehen hatten, und ihr würde es vermutlich noch viel weniger gelingen, sie zu finden.

Stattdessen bahnte sie sich also einen Weg durch das Chaos und ging über den Flur zu Margies Wohnzimmer hinüber. Unterwegs warf sie einen Blick auf ihre Armbanduhr. Sie hielt sich jetzt schon zwölf Minuten in der Wohnung auf und durfte keine Zeit mehr verlieren.

Kaum hatte sie die Wohnzimmertür geöffnet, da wich sie auch schon wieder in den Flur zurück, verfolgt von Margies Mops Didi, dessen wütendes Gebell einem dreimal so großen Hund alle Ehre gemacht hätte.

»Sch, sch ...« Sie ging in die Knie und ließ ihn an ihren Händen schnuppern. »Ich bin es nur.«

Augenblicklich verstummte das Getöse, und der Hund stimmte stattdessen ein dankbares Gewinsel an und tanzte aufgeregt vor ihr im Kreis. Sie hatte sich nie viel aus dem Tier gemacht, aber jetzt empfand sie Mitleid mit ihm. Sicher war es verwirrt über das Verschwinden seiner Herrin und nahm Rachels Anwesenheit als Zeichen ihrer bevorstehenden Heimkehr.

»Komm mit«, forderte sie das Tier auf, das ihr gehorsam in das Wohnzimmer folgte, wo ein Teller mit Speiseresten und eine kotverkrustete Zeitung Zeugnis von seiner beklagenswerten Verfassung ablegten. Ansonsten machte der Raum einen wesentlich aufgeräumteren Eindruck als das Schlafzimmer und das Bad. Entweder war die Polizei bei ihrer Suche hier nicht besonders gründlich vorgegangen, oder das Zimmer war von einer Beamtin durchsucht worden.

Rachel hielt sich nicht auf. Sie machte sich sofort an die Arbeit, öffnete jeden Schrank und jede Schublade. Es gab eine Menge nahe liegender Verstecke – Regale mit Büchern (die meisten davon seichte Liebesromane), haufenweise Broadwayprogramme, ein kleiner Stapel Briefe (ausnahmslos von Wohltätigkeitsorganisationen, die Margie um Spenden baten) –, aber nichts, das auch nur im Entferntesten verdächtig wirkte. Während ihrer Suche folgte ihr Didi, offensichtlich ängstlich entschlossen, ihr nicht mehr von den Fersen zu weichen. Nur einmal entfernte er sich kurz und watschelte mit gespitzten Ohren zur Tür hinaus, als hätte er irgendwo in der Wohnung jemanden gehört. Rachel hielt inne und folgte ihm vorsichtig in den Flur, wo sie ebenso angestrengt lauschte wie der Hund, aber es schien falscher Alarm gewesen zu sein. Während sie ihre Suche fortsetzte, sah sie auf die Uhr. Sie war jetzt seit fast einer halben Stunde im Wohnzimmer; viel länger durfte sie nicht im Haus verweilen. Würde sie aber, wenn sie jetzt mit leeren Händen ging, den Mut aufbringen wiederzukommen? Ihre Begeisterung für dieses Abenteuer war bis zum letzten Quäntchen verflogen. Es würde ihr nicht leicht fallen, sich zu einem neuerlichen Besuch zu überwinden; nicht jetzt, da es konkrete Bilder gab, die ihre Gedanken beschäftigten: das Blut, die finstere Atmosphäre, die Verwüstung.

Plötzlich stellte sie fest, dass Didi nicht mehr bei ihr im Wohnzimmer war. Sie rief ihn, aber er kam nicht. Als sie ihn ein zweites Mal rief, hörte sie von der anderen Seite des Raums ein schlabberndes Geräusch. In der gegenüberliegenden Wand gab es eine Tür, die in einen kleinen Nebenraum führte, gerade groß genug für eine Toilette und ein Waschbecken. Irgendwie hatte Didi es geschafft, auf den Toilettensitz zu springen, und nun kauerte er da und trank aus der Schüssel, ein zugleich trauriger und lächerlicher Anblick. Rachel befahl ihm herunterzukommen. Mit tropfenden Lefzen hob er den Kopf und sah sie verständnislos an. Als er auch ihrer zweiten Aufforderung nicht folgte, ging sie auf ihn zu, um ihn von seinem Sitz zu heben. Aber bevor sie ihn noch fassen konnte, war er heruntergesprungen und wieselflink zwischen ihren Beinen hindurchgeschlüpft.

Sie sah sich in dem winzigen Raum um. Hier gab es keinen Platz, an dem man etwas hätte verstecken können, mit Ausnahme des einfachen Unterschranks, in den das Waschbecken eingelassen war. Als sie sich bückte und die Tür öffnete, stieg ihr der Geruch von Desinfektionsmitteln in die Nase. In dem Schrank befanden sich Putzmittel und ein kleiner Vorrat an Toilettenpapier. Sie nahm alles heraus und spähte in die Dunkelheit. Wasserleitung und Abflussrohr des Waschbeckens waren beschlagen; als sie darüber fuhr, blieb schmierige Substanz an ihrer Hand hängen. Sie sah genauer hin. Etwas befand sich außer der Leitung und dem Rohr unter dem Waschbecken, etwas in Papier Verpacktes. Sie tastete ein zweites Mal in dem kleinen Raum, und diesmal bekam sie den Gegenstand zu fassen, der zwischen den Abfluss und den feuchten, schmierigen Putz gezwängt worden war. Er ließ sich nicht von der Stelle bewegen. Rachel fluchte, worauf Didi, der neugierig wieder näher gekommen war, eilends die Flucht ergriff. Plötzlich löste sich das Ding, und ihre klammen Finger waren nicht geschickt genug, es festzuhalten, bevor es auf den Schrankboden fiel. Das leicht gedämpfte Geräusch einer Flasche, die zerbrach, war zu hören, dann stieg Brandygeruch aus dem Wandschränkchen auf. Offensichtlich war das, was sie gefunden hatte, Alkohol, den Margie in einem ihrer vielen gescheiterten Versuche, mit dem Trinken aufzuhören, hier versteckt hatte. Didi war zurückgekommen und reckte schnuppernd die Nase in den betäubenden Brandydunst.

»Mach, dass du hier rauskommst!« Rachel packte den kleinen Hund und zog ihn von der Alkoholwolke weg. Er quietschte wie ein Ferkel. Mit einem wenig feierlichen Schwung und einer strengen Ermahnung beförderte sie ihn zur Tür, dann räumte sie die Putzmittel und Toilettenpapierrollen in den Schrank zurück. Mit etwas Glück würde niemand den Alkohol riechen, wenn sie die Schranktür fest zumachte. Aber selbst wenn, redete sie sich beruhigend zu, was würden sie schon finden? Nur eine zerbrochene Flasche. Doch als sie den letzten Putzmittelbehälter an seinen Platz stellte, fiel ihr Blick auf etwas, das neben dem Brandy lag. Zwei Umschläge, beide prall gefüllt. Entweder schreibt Danny sehr lange Briefe, dachte sie, oder er hat sich mit der Zahl der Fotos, die er gemacht hat, verschätzt. Sie zog die Umschläge aus dem Innern des Schrankes ans Licht. Unverkennbar waren sie mit der Wand in Berührung gekommen, denn an beiden klebten Reste des stockigen Putzes; ansonsten hatten sie in ihrem feuchten Versteck keinen Schaden gelitten. Einer der beiden Umschläge war deutlich schwerer als der andere. Er konnte nach ihrem Dafürhalten keine Briefe oder Fotografien enthalten; eher schon ein kleines, dickes Buch.

Die Wohnung war nicht der richtige Ort, um den Inhalt der Päckchen zu begutachten; das konnte sie zu Hause in aller Ruhe tun. Sie schloss energisch die Tür des Schränkchens, verabschiedete sich hastig von Didi und eilte aus dem Wohnzimmer in den Korridor hinaus.

Wenn Garrison jetzt auftaucht, ging es ihr durch den Kopf, kann ich mir jede Lüge sparen. Allzu deutlich stand ihr die Freude über ihren Fund ins Gesicht geschrieben. Sie schob die Umschläge unter ihren Mantel und lief, den Blick ängstlich auf die Eingangstür geheftet, eilig die Treppe hinunter; aber das Glück, das ihr die Umschläge in die Hände gespielt hatte, ließ sie auch jetzt nicht im Stich. Als sie die Tür einen Spalt weit aufzog, um Ausschau nach aufdringlichen Fotografen zu halten, stellte sie fest, dass es immer noch wie aus Eimern goss und der Gehweg völlig verlassen dalag. Erleichtert schlüpfte sie hinaus und stieg mit sehr selbstzufriedener Miene die Treppe hinunter.

VIII

1

Ich muss an dieser Stelle Platz schaffen für einen ganz kurzen Abstecher zu einem unvermeidlichen und vermutlich unerschöpflichen Thema, meiner wetterwendischen Schwester Marietta. Als Letztes habe ich berichtet, wie sie völlig aufgelöst in mein Zimmer kam, nachdem sie ihrer Geliebten das Gedicht von Schwester Mary-Elizabeth vorgelesen und ihr erfolgreich einen Heiratsantrag gemacht hatte. Vor ein paar Stunden nun suchte sie mich wieder auf, um mich über die Einzelheiten des Festes zu informieren.

»Keine Ausflüchte«, sagte sie. »Ich bestehe darauf, dass du kommst.«

»Ich war noch nie auf einer lesbischen Hochzeit«, protestierte ich, »und weiß wirklich nicht, wie ich mich zu verhalten habe.«

»Freu dich einfach für mich.«

»Das tue ich.«

»Ich möchte, dass du tanzt und dich betrinkst und eine sentimentale Rede über unsere Kindheit hältst.«

»Worüber? Über dich und Papa im Ankleidezimmer?«

Sie schoss einen wütenden Blick in meine Richtung. Vielleicht ist es der letzte Rest einer ursprünglichen Kraft, die ihr innewohnt, jedenfalls sieht sie furchterregend aus, wenn sie wütend wird.

»Hat Alice dich schon einmal wütend erlebt?«

»Ein- oder zweimal.«

»Nein. Ich meine wirklich wütend. Wahnsinnig wütend. Ich-könnte-dich-mit-bloßen-Händen-erwürgen-wütend.«

»Hm … nein.«

»Sollte man sie nicht warnen, bevor ihr den Bund fürs Leben schließt? Immerhin kannst du eine wahre Furie sein.«

»Das kann sie auch. Sie ist das einzige Mädchen unter acht Geschwistern.«

»Sie hat sieben Brüder?«

»Sieben Brüder. Und sie behandeln sie mit ausgesprochenem Respekt.«

»Wohlhabende Familie?«

»Weiße Unterschicht. Zwei ihrer Brüder sitzen im Knast. Der Vater ist Alkoholiker. Bier zum Frühstück.«

»Bist du sicher, dass sie es nicht wegen deines Geldes auf dich abgesehen hat?« erkundigte ich mich. Mariettas Miene verfinsterte sich. »Herrje, ich frage ja nur. Ich möchte nicht, dass du enttäuscht wirst.«

»Wenn du so misstrauisch bist, dann solltest du mitkommen und sie kennen lernen. Du solltest sie alle kennen lernen.«

»Du weißt, dass ich das nicht kann.«

»Warum nicht? Sag jetzt bloß nicht, dass du arbeiten musst.«

»Aber es ist so. Ich arbeite die ganze Zeit. Morgens, mittags und abends.«

»Hier geht es um wichtigere Dinge als dein Buch. Das ist die Frau, die ich liebe, anbete und vergöttere.«

»Hm ... die du liebst, anbetest und vergötterst, ja? Sie muss wirklich gut sein im Bett.«

»Sie ist die Größte, Eddie. Glaub mir, *die absolut Größte.* Sie verschlingt mich, als hätte sie die Liebe erfunden. Manchmal schreie ich so laut, dass der Wohnwagen wackelt.«

»Sie lebt in einem Wohnwagen? Bist du *sicher,* dass du das Richtige tust?«

Marietta zupfte an ihren Schneidezähnen, was sie immer tut, wenn sie sich unbehaglich fühlte. »Meistens«, antwortete sie.

»Aber ...?«

»Aber was?«

»Nein. Das musst du mir sagen. Ist meistens denn genug?«

»Na schön, du Klugscheißer. Als du Chiyojo begegnet bist, warst du da *absolut* sicher – ohne auch nur den Hauch eines Zweifels –, dass sie die Richtige ist?«

»Absolut.«

»Aber du hattest eine Affäre mit ihrem Bruder«, rief sie mir nachsichtig in Erinnerung.

»Und?«

»Und wie konntest du deiner Sache so sicher sein, wenn du mit dem Bruder der Frau, die du heiraten wolltest, geschlafen hast?«

»Das war etwas anderes. Er war ...«

»Ein Transvestit.«

»Nein. Er war ein Schauspieler.« Sie verdrehte die Augen. »Wie sind wir überhaupt darauf gekommen?« warf ich ein.

»Du hast versucht, mir die Heirat mit Alice auszureden.«

»Nein, das stimmt nicht. Wirklich nicht. Ich habe gesagt, dass ... Ich weiß nicht mehr, was ich gesagt habe. Vergiss es einfach.«

Marietta trat neben mich und nahm meine Hand. »Du tust mir sehr gut, weißt du das?« sagte sie.

»Inwiefern?«

»Du bringst mich dazu, mir selbst Fragen zu stellen, noch einmal gründlich über die Dinge nachzudenken.«

»Ich weiß nicht, ob das so gut ist. Manchmal wünschte ich mir, ich würde nicht so gründlich über die Dinge nachdenken, wenn du verstehst, was ich meine. Dann hätte ich vielleicht mehr aus meinem Leben gemacht.«

»Ich glaube, dass Alice die Richtige für mich ist, Eddie.«

»Dann heirate sie, in Gottes Namen.«

Sie drückte herzhaft meine Hand. »Ich möchte wirklich, dass du sie vorher kennen lernst. Deine Meinung interessiert mich. Es bedeutet mir viel.«

»Dann solltest du sie vielleicht mit hierher bringen«, schlug ich vor und erntete dafür einen zweifelnden Blick von Marietta. »Früher oder später wird sie das Haus ohnehin kennen lernen. Und wir beide könnten sicher besser beurteilen, ob die Sache funktionieren kann, wenn wir ihre Reaktion gesehen haben.«

»Du meinst, ich soll ihr alles erzählen?«

»Nicht alles. Kein Mensch könnte das verkraften. Nur soviel, dass du siehst, ob sie bereit ist für die Wahrheit.«

»Hm ... Würdest du mir helfen?«

»Und wie, wenn ich fragen darf?«

»Sorg dafür, dass Cesaria sie nicht in Angst und Schrecken versetzt.«

»Daran kann ich sie nicht hindern, wenn sie es sich in den Kopf gesetzt hat. Das könnte keiner. Nicht einmal Papa.«

»Aber du tust, was du kannst.«

»Ja. Ich werde die Stimme der Vernunft sein, wenn das etwas nützt.«

»Und du würdest Cesaria sagen, dass es dein Vorschlag war?«

»Wenn es sein muss«, seufzte ich.

»Dann ist die Sache beschlossen. Ich werde jetzt gehen und mit Alice reden.«

»Sag mir nur rechtzeitig Bescheid, damit ich mich darauf vorbereiten kann.«

»Ich bin ganz aufgeregt.«

»O Gott. Das klingt gar nicht gut in meinen Ohren.«

Natürlich bereue ich es bereits. Das würde jedem so gehen. Im günstigsten Fall wird es ein gigantischer Reinfall werden. Aber was blieb mir anderes übrig? Offensichtlich ist es keine kurzlebige Romanze. Das sehe ich in ihren Augen. Ich höre es in ihrer Stimme. Und es wäre verlogen von mir, einerseits in den höchsten Tönen von der großen – wenn auch in eine Sackgasse geratenen – Leidenschaft zwischen Rachel und Galileo zu schwärmen und andererseits die Augen vor einer Liebe zu verschließen, die sich direkt vor mir entfaltet.

Wie dem auch sei, ich habe eingewilligt. Die Frau wird ins Haus kommen, und wir werden sehen, was geschieht.

Und bis dahin habe ich eine Geschichte zu erzählen.

2

Obwohl niemand in der Wohnung am Central Park war, als Rachel von ihrem Ausflug zum Trump Tower zurückkam, setzte sie sich nicht gleich an den Wohnzimmertisch und öffnete die beiden Umschläge, die sie gefunden hatte; sie war zu ängstlich, von einem unerwarteten Besucher überrascht zu werden. Stattdessen ging sie ins Schlafzimmer, wo sie die Tür verschloss und die Vorhänge zuzog. Erst dann setzte sie sich mit überkreuzten Beinen auf das Bett und machte sich daran, ihre Beute zu begutachten.

Der dünnere der beiden Umschläge enthielt die Briefe und Fotos. Nach dem zu urteilen, was er geschrieben hatte, musste Danny ein ziemlicher Erotomane sein. Seine Befürchtung, dass diese Briefe, wenn sie in die falschen Hände fielen, dazu benutzt werden konnten, Margies Andenken in den Schmutz zu ziehen, war durchaus berechtigt. Es waren darin Zeiten und Orte genannt, Erinnerungen an vollbrachte Heldentaten wurden heiß beschworen, und auch Verheißungen kommender und noch raffinierterer Liebesspiele fehlten nicht. Und die Formulierungen ließen an Deutlichkeit nichts zu wünschen übrig. *»Wir werden demnächst in einem schalldichten Raum vögeln müssen«*, hieß in einem der Briefe, *»bei dem Lärm, den du machst. Ich sitze hier mit einem steinharten Ständer, wenn ich daran denke, wie du dir die Lunge aus dem Leib schreist, während ich langsam hinein- und herausgleite, so, wie du es am liebsten magst. Es gibt nichts, das ich nicht für dich tun würde, ist dir das klar? Wenn wir zusammen sind, kann mir der Rest der Welt gestohlen bleiben – wir brauchen niemanden außer uns beiden. Manchmal wünsche ich mir, ein Baby zu sein und Milch aus deinen herrlichen Titten zu saugen. Oder von dir geboren zu werden. Verdammt, ich weiß, das klingt pervers, aber du hast gesagt, wir sollten keine Angst vor dem haben, was wir denken und empfinden, stimmt's? Ich würde gern so tief in dich eindringen, dass ich mich in dir verliere und du mich mit dir herumtragen könntest, als wäre ich dein Baby. Und wenn du dir dann wünschen würdest, dass ich herauskomme und es dir richtig besorge, müsstest du nur die Beine breit machen, und schon wäre ich zur Stelle und bereit, dir zu dienen.«*

Die Fotos waren nicht annähernd so plastisch wie die Briefe, aber immer noch einigermaßen anrüchig. Danny war offensichtlich stolz auf sein Gemächt und ganz erpicht darauf, es für die Nachwelt aufs Bild zu bannen, während

Margies Sinn für Humor in der Art dokumentiert war, wie sie mit ihm spielte. Auf einem der Fotos hatte sie ihm den Bauch und die Schenkel mit Lippenstift so bemalt, dass es aussah, als stünden seine edlen Teile in Flammen. Ein anderes Bild zeigte die beiden beim Liebesakt, wobei er ihren Slip trug, aus dem sein Schwanz kirschrot glänzend herausragte. Alles ehrlicher, deftiger Humor.

Rachel rief Danny an, um ihm die gute Neuigkeit zu erzählen. Er war gerade im Begriff, aus dem Haus zu gehen, weil seine Schicht bald begann, bot aber in seiner Erleichterung an, sich krank zu melden und die Briefe und Fotos sofort abzuholen, wenn es Rachel so am liebsten wäre. Sie bat ihn jedoch, nichts zu tun, das auch nur einen Schatten des Misstrauens wecken konnte. Die Sachen seien bei ihr gut aufgehoben, versicherte sie ihm und schlug vor, sich gegen Mitternacht, wenn seine Schicht beendet war, mit ihm zu treffen und ihm dann den Umschlag auszuhändigen. Der Treffpunkt, auf den sie sich einigten, war zwei Häuserblocks von der Bar entfernt, in der Danny arbeitete.

Nachdem sie das hinter sich gebracht hatte, wandte sich Rachel dem Inhalt des zweiten Umschlags zu. Eigentlich hatte sie erwartet, weitere kompromittierende Beweise für Margies Liebesabenteuer zu finden, aber in dem Umschlag befand sich etwas völlig anderes. Es war ein Tagebuch, in Leinen gebunden und in Auflösung begriffen, der Einband fleckig und zerschlissen, der Rücken an mehreren Stellen gebrochen, die Seiten teilweise aus der Fadenheftung gelöst. Ein darumgewickelter dünner Lederriemen hielt das Ganze zusammen. Als sie ihn löste, entdeckte sie, dass zwischen den Seiten des Tagebuchs etliche lose Blätter steckten. Sie befanden sich in sehr unterschiedlichem Zustand. Einige waren ordentlich zusammengefaltet und gut erhalten, von anderen war kaum mehr als ein Fetzen übrig. Und auch das, was die losen Blätter enthielten, umfasste die ganze Bandbreite von gestochener Schönschrift bis zum kaum leserlichen Gekritzel. Es gab Briefe darunter, und bei einigen schien es sich um Ausschnitte aus einer Predigt zu handeln (zumindest war darin sehr viel von Gott und Erlösung die

Rede); manche der Blätter waren mit flüchtigen Skizzen illustriert, deren Objekt stets das gleiche war: Soldaten in Uniformen, wie sie im Bürgerkrieg üblich gewesen waren. Nichts wies am Anfang des Buches auf die Natur seines Inhalts hin, es schien vielmehr mitten im Satz zu beginnen. Als sie jedoch weiterblätterte, stellte sie fest, dass sich die ersten vier oder fünf Seiten irgendwann einmal gelöst haben mussten, und vom Besitzer dann in die Mitte des Buchs gesteckt worden waren. Auf der ersten Seite stand in eleganter weiblicher Handschrift eine Widmung:

Dies ist für deine Gedanken, mein liebster Charles.
Bring es zurück, wenn dieser entsetzliche Krieg vorüber ist,
dann werden wir es wegschließen und mit ihm alles Leiden.
Ich liebe dich mehr als das Leben und werde dir meine Liebe auf tausenderlei Art und Weise zeigen, wenn du wieder bei mir bist.
Deine dich innig liebende Frau
Adina

Und darunter das Datum:

2. September 1863

Die Skizzen zeigen also *tatsächlich* Bürgerkriegsuniformen, dachte Rachel. Das Tagebuch hatte einem Soldaten gehört, der darin seine Kriegserlebnisse dokumentiert hatte. Rachel wusste wenig vom Krieg zwischen den Nord- und Südstaaten; sie hatte sich in der Schule nie besonders für Geschichte interessiert. Und schon gar nicht für deren gewalttätigeren Seiten. Das wenige, das ihr aus dem Unterricht über diese Zeit in Erinnerung geblieben war, betraf die Grausamkeiten, die den Krieg ausgelöst hatten, und die Gräueltaten, mit denen er zu Ende gegangen war. Nichts von alledem war geeignet, sie für die Ereignisse einzunehmen, und so waren alle Daten und Namen, die sie in diesem Zusammenhang gelernt hatte, schnell wieder in Vergessenheit geraten.

Aber ein Geschichtsbuch und ein Tagebuch wie dieses waren zwei völlig verschiedene Dinge. Ersteres enthielt Fakten, die man auswendig lernen und wie ein Papagei aufsagen sollte. Letzteres besaß eine Stimme, eine dramatische Handlung, eine gewisse Intimität. Schon nach kurzer Lektüre konnte sie sich dem Bann nicht mehr entziehen – nicht dessen, was hier beschrieben wurde, denn das war im Großen und Ganzen eine deprimierende Aufzählung von Leiden und Entbehrungen: ungenießbare Nahrungsmittel, sterbende Tiere, lange, erschöpfende Märsche, wund gelaufene Füße, Durchfallerkrankungen und Läuse –, sondern der spürbaren Gegenwart des Mannes, der all das beschrieb und dessen Bild ihr von Zeile zu Zeile lebendiger vor Augen stand. Er liebte seine Frau und glaubte an Gott und die Sache der Südstaaten; er hasste Lincoln (den ›verfluchten Heuchler‹) und die Nordstaatler ganz allgemein (›Sie geben sich rechtschaffen, weil es ihnen in den Kram paßt‹); sein Pferd war ihm lieber als die meisten Männer, die er befehligte, und doch schien ihm ihr Leiden näher zu gehen als sein eigenes.

Gibt es keinen besseren Weg, den Streit zu schlichten, schrieb er, *als diese simplen Gemüter vor die Gewehre und Bajonette hinzustellen, diese einfachen Menschen, die weder begreifen noch wirklich wissen wollen, um was es hier geht, die nur den einen Wunsch haben, dass dieser blutige Krieg bald beendet ist, damit sie sich wieder dem zuwenden können, wofür Gott sie geschaffen hat. Pflügen und Trinken und im Kreise ihrer Kinder und Kindeskinder zu sterben.*

Wenn ich ihre Gespräche höre, dann reden sie nie über Politik und die Erhabenheit unserer Sache; sie unterhalten sich über sauberes Wasser und Erdbeerkuchen. Was hat es für einen Sinn, diese unwissenden Seelen in den Tod zu schicken? Besser wäre es, wir würden zehn edle Kämpfer aus den Südstaaten wählen und zehn wirklich vornehme Männer aus dem Norden, sofern man so viele auftreiben könnte, und die müssten sich auf einem Feld mit Schwertern gegenüberstehen und so lange kämpfen, bis nur noch einer übrig ist. Und dessen Sei-

te trägt den Sieg davon, sodass nur das Blut von neunzehn Männern vergossen werden müsste anstelle dieses allgemeinen Gemetzels, das den Leib unserer Nation auf so grausame Weise verstümmelt.

Wenige Seiten später kommentierte er in einem Absatz, der auf den 22. August 1864 datiert war, erneut das Leid der Soldaten, diesmal allerdings aus einer ganz anderen Perspektive.

Die Vorstellung, dass dieser Krieg Gottes Werk sein könnte, wird mir immer verhasster. Wir haben einen freien Willen, und welche Entscheidung haben wir damit getroffen? Uns gegenseitig Leid zuzufügen.

Gestern kamen wir zu einem Hügel, der zuvor offensichtlich eine Woche oder einen Monat lang, wer kann das heute schon noch sagen, von strategischer Bedeutung gewesen war. Überall lagen Tote verstreut oder zumindest das, was die drückende Hitze dieser Jahreszeit von einem toten Menschen übrig lässt. Blaue und graue Uniformen zu gleichen Teilen, wie mir scheinen wollte. Warum hatte man ihnen kein christliches Begräbnis gegönnt? Ich kann nur vermuten, dass nicht mehr genug Infanteristen am Leben waren, die diese Aufgabe hätten übernehmen können, und dass die Kommandanten, die sie befehligten, nicht genug Mitgefühl besaßen, eine Brigade anzufordern, um die Toten unter die Erde zu bringen. Die Front rückt zum nächsten Hügel vor – der für eine Woche oder einen Monat ein Punkt von strategischer Bedeutung sein wird –, und hier bleiben erneut Hunderte von Männern, die alle irgendjemandes Söhne sind, als Brutstätten für die Schmeißfliegen zurück.

Heute Abend schäme ich mich meiner selbst. Wenn dies Menschsein bedeutet, dann möchte ich lieber kein Mensch sein.

Je weiter Rachel las, umso mehr Fragen drängten sich ihr auf. Wer war dieser Mann, der seinen Gefühlen in diesem Buch so beredten Ausdruck gegeben hatte, dass sie fast meinte, ihn sprechen zu hören? Wo hatte er gelernt, sich so eindringlich auszudrücken, und auf welchem Gebiet hatte er diese Fähigkeit eingesetzt, als der Krieg beendet war? Als Prediger? Als Wortführer der Friedenspolitik? Oder hatte er getan, was seine Frau gewünscht hatte? Hatte er das Buch mit seinem ganzen zornigen und traurigen Inhalt nach Hause gebracht, verschlossen und nie wieder ein Wort darüber verloren?

Andere Fragen wiederum, die ihr durch den Kopf gingen, hatten nichts mit Charles und Adina zu tun. Wie war Margie in den Besitz des Buches gekommen? Und warum hatte sie es in einen unauffälligen Umschlag getan und zusammen mit Dannys Briefen versteckt? Es war schließlich kein kompromittierendes Material. Vielleicht hätten Charles' Ansichten zu seiner Zeit als revolutionär gegolten, aber wer fragte fast eineinhalb Jahrhunderte später noch danach, was er damals geschrieben hatte?

Sie las weiter. Von Zeit zu Zeit entfaltete sie eines der lose eingelegten Blätter, von denen einige in keinem Zusammenhang mit dem standen, was sie bisher gelesen hatte; auf anderen schien er seine Gedankensplitter notiert zu haben, wenn das Tagebuch nicht zur Hand war, bei wieder anderen handelte es sich um Briefe. Zwei dieser Briefe, die zwischen denselben Seiten steckten und von Adina stammten, waren traurig und eigenartig knapp. Der erste lautete:

Liebster Mann,

heute schreibe ich dir die schlimmste aller Nachrichten, und mir fallen keine Worte ein, sie zu mildern. Vorgestern hat uns Gott unseren geliebten Nathaniel genommen, durch ein Fieber, an dem er so plötzlich erkrankte, dass er dahingeschieden war, bevor Henrietta noch Dr. Sarris holen konnte.

Er würde im kommenden Monat vier werden, und ich hatte ihm versprochen, dass du ihn als besonderes Geburtstagsgeschenk auf deinem Pferd reiten lassen würdest, wenn du nach Hause kommst. Davon sprach er zuletzt, als er noch bei Bewusstsein war.

Ich glaube nicht, dass er sehr gelitten hat.

Der zweite Brief war noch kürzer.

Ich muss nach Georgia fahren, wenn ich kann, schrieb Adina. *Hamilton hat mich benachrichtigt, dass die Plantage völlig heruntergewirtschaftet ist und dass unser Vater so verzweifelt ist, dass er zweimal versucht hat, seinem Leben ein Ende zu setzen. Ich werde ihn mit nach Charleston nehmen, wo ich mich um ihn kümmern kann.*

Man konnte zwar, wenn man sich Mühe gab, erkennen, dass die Briefe von derselben Person geschrieben waren, die auch die Widmung am Anfang verfasst hatte, aber aus der vorher eleganten Schönschrift war jetzt ein kaum leserliches Gekritzel geworden. Rachel fiel es schwer, sich vorzustellen, wie dieser Frau zumute gewesen sein musste: ihr Ehemann im Krieg, eines ihrer Kinder tot, der Familienbesitz verloren; ein Wunder, dass sie nicht den Verstand verloren hatte. Andererseits, wer sagte denn, dass dies nicht der Fall war.

Wieder blätterte Rachel weiter. In etwa einer Stunde musste sie sich auf den Weg zu ihrer Verabredung mit Danny machen, aber sie konnte das Tagebuch nicht aus der Hand legen.

Es faszinierte sie – diese Menschen, deren tragisches Schicksal vor ihren Augen seinen Lauf nahm wie das Leben von Romanfiguren. Nur dass dieses Buch keines der vertrauten Elemente enthielt, die in einer erfundenen Geschichte so tröstlich waren. Keine Stimme eines Erzählers, der die Ereignisse in einen größeren Zusammenhang stellte; nicht einmal die Gewissheit, dass sie am Ende erfahren würde, wohin die dramatischen Schilderungen führten.

Einige Seiten weiter jedoch, als sie etwa in der Mitte des Tagebuches angelangt war, stieß sie auf einen Bericht, der allen folgenden Ereignissen eine neue Richtung geben sollte.

Heute Nacht kann ich nicht sagen, ob ich noch bei klarem Verstand bin, schrieb Charles. *Ich hatte ein so merkwürdiges Erlebnis, dass ich es niederschreiben möchte, bevor ich mich schlafen lege, damit ich es nicht morgen als Ausgeburt meiner übermüdeten Fantasie abtue. Denn das war es nicht. Ich bin sicher, dass es das nicht war. Ich weiß, wie die Trugbilder aussehen, die einem die Müdigkeit vorgaukelt – ich habe sie des öfteren erlebt –, und das war etwas völlig anderes.*

Wir marschieren in südöstlicher Richtung durch North-Carolina. Es regnet ununterbrochen, und der Boden ist aufgeweicht; die Männer sind so erschöpft, dass sie weder singen noch sich beklagen, ja dass sie kaum noch die Kraft haben, einen Fuß vor den anderen zu setzen. Ich weiß nicht, wie lange es noch dauert, bis ich mich ihnen anschließen muss; mein Pferd ist krank, und ich glaube, es läuft nur noch aus Zuneigung zu mir weiter. Das arme Geschöpf! Ich habe gesehen, dass Nickelberry, der Koch, gelegentlich einen Blick auf das Tier wirft und sich wahrscheinlich fragt, wie um alles in der Welt man aus einer solchen Schindmähre noch etwas Essbares zaubern kann.

So also sah der Tag aus, und es war schlimm genug. Aber als dann der Abend dämmerte und die Stunde gekommen war, in der nichts auf der Welt mehr reale und sichere Konturen zu haben scheint, senkte ich den Blick und sah – o Gott im Himmel, meine Feder sträubt sich dagegen, die Worte niederzuschreiben – ich sah meinen goldgelockten Nathaniel, der vor mir im Sattel saß.

Ich dachte an Adinas Brief, daran, dass sie ihm einen Ritt auf meinem Pferd versprochen hatte, und das Herz schlug mir plötzlich bis zum Hals, denn es war Nathaniels Geburtstag.

Ich erwartete, dass die Erscheinung nach kurzer Zeit wieder verschwinden würde, aber nichts dergleichen geschah. Als sich die Nacht herabsenkte, blieb er, als wollte er mir Trost spenden, bei mir. Einmal spürte ich, wie er sich in der Dunkelheit zu mir umdrehte, und ich sah sein bleiches Gesicht und seine dunklen Augen vor mir.

In diesem Moment sprach ich ihn an. Ich sagte: »Ich liebe dich, mein Sohn.«

Und er antwortete mir! Als wäre das alles nicht schon unglaublich genug, antwortete er mir. »Papa«, sagte er, »das Pferd ist müde und möchte, dass ich mit ihm fortreite.«

Es war unerträglich, diese Kinderstimme in der Dunkelheit zu hören, die mir sagte, dass mein Pferd nicht mehr für diese Welt taugte.

Ich erwiderte: »Dann musst du es mitnehmen.« Kaum hatte ich die Worte ausgesprochen, da spürte ich, wie ein Zittern durch das Pferd ging, dann hauchte das Tier sein Leben aus und brach unter mir zusammen. Natürlich riss es mich mit sich zu Boden, und ich stürzte in den Schlamm. Laternen wurden herbeigebracht, und die Leute machten einen gewaltigen Wirbel um mich, aber ich muss mich bei diesem Sturz wohl in einer Art Trance befunden haben, sodass ich mich nicht ernsthaft verletzte.

Von Nathaniel war natürlich keine Spur mehr zu sehen. Er war verschwunden und hatte die Seele meines Pferdes dorthin mitgenommen, wo die Seelen der Getreuen und der Liebenden weilen.

Nach dieser Passage folgte eine kleine unbeschriebene Spalte. Als Charles seinen Bericht wieder aufnahm, befand er sich offensichtlich in noch aufgewühlterer Verfassung als zuvor.

Ich kann nicht schlafen. Ich weiß nicht, ob ich je wieder schlafen kann. Die ganze Zeit muss ich an das Kind denken. Warum ist Nathaniel zu mir gekommen? Was wollte er mir sagen?

Nickelberry ist ein besserer Mensch, als ich angenommen habe. Köche sind meiner Erfahrung nach fast immer widerwärtige Gesellen. Er ist anders. Die Männer nennen ihn Nub. Er hat gesehen, wie ich heute in mein Tagebuch schrieb, und kam, um mich zu fragen, ob ich einen Brief an seine Mutter für ihn schreiben könnte. Ich versprach es ihm. Dann erklärte er, es täte ihm leid, dass mein Pferd gestorben sei, aber ich könne mich immerhin damit trösten, dass es Männern als Nahrung gedient habe, die so krank waren, dass sie ohne diese Stärkung die Nacht nicht überlebt hätten. Ich dankte ihm für seine Worte, merkte aber, dass er noch etwas auf dem Herzen hatte und nicht wusste, wie er anfangen sollte. Also forderte ich ihn auf, es einfach auszuspucken. Und schon sprudelte es aus ihm heraus. Er hätte gehört, sagte er, dass wir keine Hoffnung mehr hätten, diesen Krieg zu gewinnen. Ich musste ihm zustimmen. Worauf er, klar wie der lichte Tag, meinte: »Warum kämpfen wir dann noch?«

Eine so einfache Frage. Ich lauschte dem Regen, der auf das Zelt prasselte, hörte irgendwo in der Nähe das Stöhnen der Verwundeten, dachte an Nathaniel vor mir im Sattel meines Pferdes, und obwohl ich in diesem Augenblick am liebsten geweint hätte, wagte ich es nicht. Nicht etwa, weil ich mich geschämt hätte. Ich mochte diesen Nickelberry, und es hätte mir nichts ausgemacht, in seiner Gegenwart zu weinen. Aber ich wagte nicht zu weinen, weil ich Angst hatte, dass ich nie wieder würde aufhören können.

Also sagte ich wahrheitsgemäß zu ihm: »Früher einmal hätte ich gemeint, wir müssen kämpfen bis zum letzten Atemzug, um zu beweisen, dass wir für eine gerechte Sache eintreten. Aber heute glaube ich, dass es nichts wirklich Reines auf der Welt gibt oder jemals gegeben hat, und dass wir so sinnlos sterben werden, wie wir gelebt haben.«

Habe ich schon erwähnt, dass er ein wenig beschwipst war? Ich glaube jedenfalls, dass er es war. Aber meine Worte schienen ihn auf der Stelle auszunüchtern, und er sagte, er wolle wegen des Briefes an seine Mutter am nächsten Tag wiederkommen. Dann ging er, damit ich noch etwas Schlaf finden konnte.

Aber ich kann nicht schlafen. Ich muss daran denken, was er gesagt hat und was ich darauf geantwortet habe, und ich frage mich, ob ich nicht morgen meine Uniform ausziehen und der Sache, für die ich bereit war zu sterben, den Rücken kehren soll und anstatt wie ein Soldat wie ein Mensch zu handeln und meiner eigenen Wege zu ziehen.

Ich kann kaum glauben, dass ich diese Worte geschrieben habe. Aber ich bin überzeugt, dass Nathaniel aus diesem Grund gekommen ist und mein Pferd geholt hat. Es war seine Art, mich aus meiner Erstarrung aufzurütteln; seine Art zu verhindern, dass ich in den Tod marschiere. Wofür würde ich denn sterben? Für nichts. All das für nichts.

Rachel sah auf die Uhr. Es war Zeit aufzubrechen, aber sie wollte nicht aufhören zu lesen. Also schob sie die Briefe und Fotos in den einen, das Tagebuch in den anderen Umschlag zurück und nahm beide mit. Wie so oft in dieser Stadt war das Wetter ganz plötzlich umgeschlagen: Ein warmer Wind hatte die Wolken nach Norden getrieben, und in den Straßen hing ausnahmsweise ein frischer Duft. Während sich das Taxi mühsam Richtung Soho quälte, zog sie das Tagebuch hervor und begann wieder zu lesen.

IX

1

Die Schlacht von Bentonville begann am Montag, dem 21. März, im Jahre des Herrn 1865. Gemessen daran, was im Krieg zwischen den Nord- und den Südstaaten zur Normalität wurde, war es weder eine entscheidende noch eine besonders blutige Schlacht, konnte aber eines für sich in Anspruch nehmen: Es war der letzte Triumph, den die Konföderierten zu verbuchen hatten. Sechsunddreißig Tage später sollte General Joseph E. Johnston auf der Farm der Bennetts seinem Gegner William T. Sherman die Kapitulation seiner Truppen überbringen. Das bedeutete das Ende dieses Krieges.

Hauptmann Charles Rainwill Holt desertierte in der Nacht vor der Schlacht nicht, wie er geplant hatte, von seiner Einheit, sondern überlegte es sich anders. Das Wetter, das den ganzen März über unfreundlich gewesen war, wurde immer schlechter, und er schätzte seine Chancen, unbeschadet in der Dunkelheit entkommen zu können, mehr als gering ein.

Die Kämpfe, zu denen es vom folgenden Tag an kam, waren von Anfang an chaotisch. Das Schlachtfeld bestand zum Teil aus Kiefernwald, zum Teil aus Moorland und Baumheidevegetation. Die Soldaten beider Armeen waren erschöpft, und es gab kaum ein Scharmützel an diesem ersten Tag, das nicht in völliger Verwirrung geendet hätte. Männer, die sich in Rauch, Regen und Dunkelheit verirrten und in die eigenen Reihen schossen. Geschosssalven, die auf eine gar nicht vorhandene feindliche Front abgefeuert wurden. Schützengräben, die aufgegeben wurden, bevor sie noch fertig gegraben waren. Verwundete, zurückgelassen in den Wäldern (die trotz des strömenden Regens durch das

Kanonenfeuer in Brand gerieten), wo sie in Rufweite ihrer Kameraden bei lebendigem Leib verbrannten.

Es sollte noch schlimmer kommen, und der Hauptmann wusste es, er verfiel aber, je weiter die Stunde vorrückte, wieder in den Zustand der Betäubung, aus dem ihn sein Sohn aufgerüttelt hatte. Mehr als einmal bot sich ihm eine Gelegenheit, und er konnte sich nicht überwinden, sie beim Schopf zu packen. Nicht die Angst vor einer verirrten Kugel war es, die ihn an der Flucht hinderte. Vielmehr fühlte er sich innerlich so schwer, als hätte der Krieg Blei in seine Eingeweide gegossen, und diese innere Trägheit hinderte ihn daran, entschlossen zu handeln.

Schließlich war es Nickelberry, der Koch, der ihm den Anstoß dazu gab. Nicht durch Worte, sondern indem er selbst die Flucht ergriff.

Die Kämpfe dauerten schon den zweiten Tag, und Charles hatte sich kurz nach Einbruch der Dunkelheit ein Stück vom Lager entfernt, um seine Gedanken zu ordnen. Hinter ihm drängten sich die Männer um ihre niedrig gehaltenen Feuer und versuchten mit allen Mitteln, sich bei Laune zu halten. Jemand zupfte auf einem Banjo, und zwei oder drei Stimmen waren ohne große Begeisterung in die Melodie eingefallen. Sie klangen gespenstisch zwischen den Bäumen, wie Geisterstimmen. Charles versuchte, sich den Garten in Charleston in Erinnerung zu rufen, in dem er Adina um ihre Hand gebeten hatte; wie oft war es ihm schon gelungen, seine innere Uhr zu bekämpfen, indem er an dieses Fleckchen dachte. An den Duft, der die abendliche Luft erfüllte, an die Nachtvögel, deren lieblicher Gesang aus den Baumwipfeln aufstieg. Aber an diesem Abend wollte sich die Erinnerung an den Duft dieses Ortes oder an die Melodien der Vögel nicht einstellen. Es war, als hätte es diesen paradiesischen Garten nie gegeben.

Während er, in seine schwermütigen Gedanken versunken, in die Dunkelheit starrte, sah er keine zehn Meter entfernt eine Gestalt, die zwischen den Bäumen hindurchschlüpfte. Er war schon im Begriff, den Mann zur Rede zu stellen, als er erkannte, um wen es sich handelte.

»Nickelberry …?« flüsterte er.

Die Schattengestalt erstarrte und stand jetzt so still, dass sie kaum von den Stämmen zu unterscheiden war, zwischen denen sie stand.

»Sind Sie es, Nickelberry?«

Er bekam keine Antwort. Da er aber sicher war, den Koch vor sich zu haben, begann er auf ihn zuzugehen. »Nickelberry? Ich bin es, Hauptmann Holt.«

Statt einer Antwort begann Nickelberry in die Richtung zu laufen, die vom Lager wegführte.

»Wohin wollen Sie?« rief der Kapitän, während er seinen Schritt beschleunigte und versuchte, den Koch einzuholen. Das Heidegestrüpp erschwerte das Vorwärtskommen für beide Männer, besonders aber für Nickelberry. Er war auf einen dicht bewachsenen Fleck geraten und pflügte das Geäst unter Flüchen und mit heftigem Armerudern beiseite.

Der Hauptmann hatte den anderen jetzt fast erreicht.

»Kommen Sie nicht näher!« warnte Nickelberry. »Ich möchte Ihnen nicht wehtun, aber ich werde nicht hier bleiben, und Sie werden mich nicht dazu zwingen. Nein, Sir!«

»Alles in Ordnung, Nub. Immer mit der Ruhe.«

»Ich hab' die Nase voll von dem verdammten Krieg.«

»Schreien Sie nicht so. Man wird uns hören.«

»Sie haben nicht vor, mich zu verraten?«

»Nein, keineswegs.«

»Wenn Sie es versuchen …« Eines von Nubs Fleischermessern blitzte mattsilbern vor dem Hauptmann auf. »Ich werde Sie töten, bevor ich mich erwischen lasse.«

»Davon bin ich überzeugt.«

»Mir ist alles egal. Verstehen Sie? Ich versuche lieber, mich dort draußen durchzuschlagen, als hier zu bleiben und den sicheren Tod zu erwarten.«

Aufmerksam betrachtete der Hauptmann den Mann, der vor ihm stand. Es war so dunkel, dass er seinen Gesichtsausdruck kaum erkennen konnte, aber er hatte seine lebhaften Züge auch so deutlich vor Augen. Es war ein Gesicht, das eine gewisse Schläue und Beharrlichkeit ausstrahlte. Kein schlechter Gefährte, ging es Charles durch den Kopf, wenn es darum ging, sich auf eigene Faust in der Wildnis durchzuschlagen.

»Wollen Sie allein flüchten?« sprach er den anderen an.

»Wie meinen Sie das?«

»Wir könnten uns zusammentun.«

»Wir beide?«

»Warum nicht?«

»Ein Hauptmann und ein Koch?«

»Es spielt keine Rolle, was wir hier waren. Wenn wir davonlaufen, sind wir beide Deserteure.«

»Sie versuchen nicht, mich aufs Kreuz zu legen?«

»*Nein.* Ich will hier weg. Wenn Sie sich mir anschließen wollen, dann kommen Sie. Wenn nicht …«

»Ich komme mit«, fiel Nickelberry ein.

»Dann stecken Sie das Messer weg.« Holt spürte Nickelberrys Blick, der immer noch misstrauisch auf ihm ruhte. »Stecken Sie es weg, Nub.« Einen Moment lang schwankte der Koch noch, dann schob er das Messer in den Gürtel zurück. »Gut«, sagte Charles. »Und nun … ist Ihnen klar, dass Sie sich auf feindlichen Linien zubewegen?«

»Ich dachte, ihre Stellungen wären weiter im Osten.«

»Nein, sie befinden sich genau hier«, erklärte Holt, indem er zwischen den Bäumen hindurchdeutete. »Wenn Sie Ihre Augen anstrengen, können Sie ihre Feuer sehen.«

Nickelberry blickte aufmerksam in die angegebene Richtung. Tatsächlich war dort schwacher Feuerschein zu erkennen; ein gelbes Flackern im Dunkel der Nacht.

»Himmel, sieh dir das an. Ich wäre ihnen genau in die Arme gelaufen.« Hatte er bis jetzt vielleicht noch einen Rest von Zweifeln an der gemeinsamen Flucht mit dem Hauptmann gehegt, so waren diese nun offensichtlich vollständig ausgeräumt. »Welche Richtung nehmen wir also?« fragte er.

»Soweit ich es beurteilen kann«, erwiderte Holt, »stehen unsere Chancen am besten, wenn wir uns südlich zur Goldsboro Road und von dort aus weiter nach Charleston durchschlagen, wo ich zu Hause bin. Das ist mein Ziel.« »Dann komme ich mit Ihnen«, erklärte Nickelberry. »Ein besserer Ort fällt mir auch nicht ein.«

2

Nichts von dem, was ich gerade berichtet habe, fand Eingang in Holts Tagebuch. Er setzte seine Eintragungen erst zwei Wochen später fort, als die Schlacht von Bentonville längst beendet war.

Folgendes las Rachel, während ihr Taxi über die Madison Avenue rollte:

Gestern Abend sind wir in Charleston angekommen. Die Stadt ist kaum wiederzuerkennen, so haben die Yankees darin gewütet. Nickelberry stellte mir unterwegs ständig Fragen, aber ich hatte nicht die Energie, ihm zu antworten. Wenn ich daran denke, wie diese wunderbare Stadt vor dem Krieg aussah und wie sie jetzt vor mir in Trümmern liegt, packt mich eine tiefe Verzweiflung, denn ich habe den Eindruck, dass alles, was schön war, der Zerstörung anheim gefallen ist. Die Stadt, die einmal so elegant und vornehm war, hat sich in eine Hölle verwandelt: rußgeschwärzte Ruinen, in denen die Toten herumgeistern. Ganze Straßenzüge sind verschwunden. Menschen irren mit ausdruckslosen Gesichtern in den Trümmern umher, die Hände blutig vom Graben im Schutt, in dem sie, Stein um Stein umdrehend, nach Erinnerungen an das Leben suchen, wie es einmal war.

Als wir uns auf direktem Weg in die Tradd Street begaben, war ich auf das Schlimmste gefasst. Doch ich erlebte eine Überraschung. Obwohl viele Gebäude im Umkreis zerstört waren, stand mein Haus fast unversehrt da. Das Dach war leicht beschädigt, einige Fensterscheiben waren geborsten, und im Garten waren die Pflanzen verdorrt, aber ansonsten schien alles beim Alten.

Aber oh, als ich das Haus betrat, wünschte ich fast, es wäre von Granaten in tausend Stücke gesprengt worden. Mein Haus, mein geliebtes Haus war zur letzten Stätte für die Sterbenden und die Toten geworden. Ich weiß nicht, warum man diese Wahl getroffen hatte – ganz sicher hätte Adina ihre Zustimmung nicht gegeben. Es ist also anzunehmen, dass es diese Verwendung erst fand, als sie nach Georgia abgereist war.

Ich weiß nur, dass der Anblick, der sich mir bot, von Zimmer zu Zimmer Ekel erregender wurde.

Aus dem Wohnzimmer war das gesamte Mobiliar entfernt worden bis auf den Mahagonitisch aus dem Esszimmer, der offensichtlich als Operationstisch gedient hatte. Der Fußboden im Umkreis war schwarz von geronnenem Blut, ebenso der Tisch selbst. Und überall im Raum verstreut chirurgisches Werkzeug: Sägen, Hämmer, Messer. Die Küche, in der man Breiumschläge und Ähnliches vorbereitet hatte, stank so entsetzlich, dass sich selbst Nickelberry, der einen stärkeren Magen hat als die meisten, übergeben musste. Ich folgte seinem Beispiel, setzte jedoch entgegen Nubs Ratschlag meinen Rundgang durch das Haus fort.

Im ersten Stock, im ehemaligen Schlafzimmer, in dem ich das Bett mit Adina geteilt hatte – und in dem Nathaniel und auch Evangeline und Miles gezeugt worden waren –, stieß ich auf einen leeren Sarg. Das Bett war verschwunden; Plünderern in die Hände gefallen oder als Feuerholz zweckentfremdet, wie ich vermutete. In den anderen Räumen im Obergeschoss fleckige Matratzen, Decken, Schalen und was sonst noch zu einem typischen Krankenzimmer gehört. Ich bringe es nicht über mich, all die anderen widerwärtigen Spuren der armen Seelen zu beschreiben, die hier ihr Leben ausgehaucht haben.

Nickelberry drängte mich ständig, das Haus zu verlassen, und schließlich hörte ich auf seinen Rat. Aber bevor ich es endgültig hinter mir ließ, wollte ich noch einmal in den Garten hinausgehen. Er bat mich, es nicht zu tun; sagte, er habe sich an mich als Weggefährten gewöhnt und fürchte um meinen Verstand. Ich ließ mich jedoch nicht davon abbringen, einen Blick auf den Ort werfen, an dem ich in den Jahren vor dem Krieg so oft gesessen und mich des Lebens gefreut hatte. Irgendwie ahnte ich, dass mich dort das Schlimmste von allem erwartete, und ich glaubte, die Sache hier nur zum Abschluss bringen zu können, wenn ich dieses Schlimmste, was immer es auch sein mochte, mit eigenen Augen gesehen hatte.

Kein Ort, den ich kenne, ist von einer solchen Fülle von Düften erfüllt wie dieses kleine Fleckchen Erde: Jasmin und Magnolien, Kamelien und Bananenstauden; sie alle verström-

ten einen süßen Duft, der dem Verweilenden in Sommernächten wie ein Rausch zu Kopf steigen konnte. Und selbst jetzt noch, angesichts der Zerstörung um sie herum, unternahm die Natur alle Anstrengung, Wohlgerüche zu erzeugen. Einige der kleineren Bäume und Sträucher waren der Zerstörung entgangen und hatten Knospen ausgetrieben. Sogar ein paar Blumen hatten sich aus der Erde herausgewagt.

Aber diese kleinen Siege der Natur konnten nicht mit dem Schrecken konkurrieren, der sich dem Auge in der Mitte des Gartens bot. Hier hatten die Sanitätshelfer Gruben ausgehoben, um die vom Wundbrand zerfressenen Gliedmaßen der Amputierten zu verscharren. Sie hatten ihre Arbeit nicht sorgfältig erledigt. Nach ihrem Abzug waren Hunde gekommen, hatten die abscheulichen Fleischbrocken ausgegraben und die Knochen abgenagt. Hier, wo meine Kinder gespielt hatten und meine geliebte Adina mit Liebe im Herzen umhergeschlendert war, lagen Skelettteile zuhauf herum. Vermutlich hatte mein Kommen einige der Tiere verscheucht, denn an manchen Stellen war der Boden frisch aufgescharrt, und die Beutestücke lagen noch ungefressen herum. Ein Bein, dessen Fuß noch im Stiefel steckte. Ein Arm, mitten im Bizeps durchtrennt. Viel mehr konnte und wollte ich nicht erkennen.

Ich habe in den vergangenen drei Jahren unglaubliche Schrecken gesehen und mich bemüht, sie so zu ertragen, wie es von einem Mann erwartet wird. Aber diesen Anblick, der das Schlimmste in den Schatten stellte, hier an diesem Ort zu erleben, an dem meine Kinder gespielt und ich meiner Frau Liebesschwüre ins Ohr geflüstert hatte, der für mich – kurz gesagt – einmal das Paradies auf Erden war, ging fast über meine Kräfte.

Wäre Nub nicht gewesen, ich hätte in diesem Moment meinem Leben sicher eigenhändig ein Ende gesetzt.

Er sagt, wir sollten die Stadt morgen verlassen, und ich habe ihm zugestimmt. Heute Nacht schlafen wir unter dem Portal der St. Michaels Church, wo ich im Augenblick diese Worte schreibe. Nub ist losgezogen, um etwas zu essen zu erbetteln oder zu stehlen (worin er ein wahrer Meister ist), aber mir ist so übel von dem, was ich heute gesehen habe, dass ich vermutlich keinen Bissen herunterbekommen werde.

3

In dem kleinen Club, in dem sich Danny mit Rachel verabredet hatte, drängten sich die Nachtschwärmer, und sie musste eine Weile suchen, bevor sie ihn schließlich entdeckte.

Die ganze Zeit hatte sie dabei das eigenartige Gefühl, ein wenig neben sich zu stehen, so als wäre ein Teil von ihr in den Seiten von Charles Holts Tagebuch zurückgeblieben. Nichts in ihrem Leben kam auch nur im Entferntesten den Schrecken gleich, die er beschrieben hatte, aber die Tatsache, dass sie das Buch in Händen hielt, das er dort in seinem Haus in der Tradd Street bei sich getragen hatte, ließ ihr die Bilder, die er heraufbeschwor, ungeheuer lebendig erscheinen. Die Menschen hier in diesem schummrigen Raum mit ihren vom Alkohol geröteten Gesichtern kamen ihr dagegen irreal vor.

Selbst Danny wirkte, als sie ihn endlich in dem rauchgeschwängerten Halbdunkel entdeckte, fremd und unwirklich.

»Ich dachte schon, Sie würden nicht mehr kommen«, begrüßte er sie mit einer Stimme, die vom Alkohol leicht verschwommen war. »Möchten Sie etwas trinken?«

»Ich nehme einen Brandy«, sagte Rachel. »Holen Sie mir einen Doppelten, ja?«

»Warum setzen Sie sich nicht? Tut mir Leid, dass es so voll ist. Ich nehme an, jemand feiert seinen Geburtstag. Möchten Sie in ein anderes Lokal gehen?«

»Nein, ich trinke nur ein Glas und übergebe Ihnen die Sachen, dann …«

»… werde ich Sie nie wieder behelligen«, unterbrach Danny sie. »Das verspreche ich Ihnen.« Er wartete Rachels Protest nicht ab, den sie schon aus Höflichkeit vorgebracht hätte, sondern tauchte im Getümmel der Geburtstagsgäste unter.

Rachel ging zu einem leeren Tisch im hinteren Teil des Raumes und setzte sich. Sie konnte der Versuchung, das Tagebuch wieder hervorzuholen, nur mit Mühe widerstehen, obwohl dies kaum der richtige Ort zum Lesen war. So düster, wie es hier war, würde sie wahrscheinlich nicht einmal die Schrift entziffern können. Um sich auf andere Gedanken zu bringen hielt sie nach Danny Ausschau. Er stand immer noch an der Bar und wedelte mit einem Geldschein, um die Bedienung auf sich aufmerksam zu machen.

Fast unbeabsichtigt zog Rachel das Tagebuch aus dem Umschlag. An einem der Nachbartische hatte eine Gruppe angetrunkener Gäste ein Geburtstagsständchen angestimmt und bemühte sich vergeblich um ein Mindestmaß an Harmonie. Der misstönende Gesang irritierte sie, bis sie den ersten Satz zu Ende gelesen hatte. Dann war sie wieder eingetaucht in die Welt der beiden Deserteure, in die stille Stadt …

Ich schreibe diese Zeilen zwei Tage nach unserer Ankunft in Charleston, und ich weiß nicht, wie ich die Dinge beschreiben soll, die sich seit meinem letzten Eintrag hier ereignet haben.

Am besten berichte ich die einfachen Tatsachen. Nub kam kurz vor dem Morgengrauen zur St. Michael's Church zurück und brachte nicht nur etwas zu essen mit – etwas Gutes, das beste Essen seit Monaten –, sondern erzählte mir auch von einer höchst ungewöhnlichen Begegnung, die er gehabt hatte.

Offensichtlich war ihm eine Frau begegnet, die er anfangs für eine Art Geist gehalten hatte, so vollkommen, so schön, so anmutig war sie ihm in dieser gespenstischen Stadt erschienen. Ihr Name war Olivia, und sie war offensichtlich so angetan von Nickelberry und er so fasziniert von ihr, dass er ihr bedenkenlos gefolgt war, als sie vorgeschlagen hatte, einen Freund am anderen Ende der Stadt zu besuchen.

Als er zu mir zurückkam, hatte er nicht nur die Bekanntschaft dieses Freundes gemacht, der den ungewöhnlichen Namen Galileo trägt …

Wie vom Donner gerührt blickte Rachel von ihrer Lektüre auf. Um sie herum tobte die Menge. Die Sänger hatten sich schwankend von ihren Plätzen erhoben, während das bedauernswerte Objekt ihrer Zuwendung vom Alkohol betäubt am Tisch sitzen geblieben war. Danny hatte ein Glas Brandy und ein anderes Getränk für sich selbst ergattert und bahnte sich einen Weg zu Rachels Tisch, was ihm in dem Gedränge sichtliche Mühe bereitete. Bevor sich ihre Augen begegnen konnten, senkte Rachel den Blick wieder auf das Tagebuch, halb überzeugt, dass die Worte, die sie gelesen hatte, verschwunden sein würden.

Aber nein. Da stand es:

… dieses Freundes gemacht, der den ungewöhnlichen Namen Galileo trägt …

Natürlich konnte es sich nicht um denselben Mann handeln. Dieser Galileo hatte in einer früheren Zeit gelebt und war längst tot, als der Galileo, den sie kannte, geboren wurde. Die wenigen Sekunden, die ihr blieben, bis Danny ihren Tisch erreichte, genügten ihr, um die nächsten Zeilen zu überfliegen:

… sondern er hatte bei ihm auch eine Großzügigkeit erlebt, die ihn auf eine nur schwer zu beschreibende Art verändert hatte. Wir müssten diesen Mann zusammen besuchen, erklärte er mir, und wenn ich ihn kennen gelernt hätte, würde ich feststellen, dass die Schmerzen, die ich in dieser Stadt erlitten habe, gelindert sein würden …

»Was lesen Sie da?« Danny stellte die Gläser auf den Tisch. Rachel hatte Holts Worte noch vor Augen …

… die Schmerzen, die ich in dieser Stadt erlitten habe …

»Ach, das ist nur ein altes Tagebuch.«

»Familienerbstück?«

»Nein.«

… gelindert sein würden …

Danny setzte sich zu ihr. »Ihr Brandy«, sagte er, indem er das Glas zu Rachel hinüberschob.

»Danke.« Sie hob das Glas und nippte daran. Der Brandy

brannte ein wenig auf den Lippen und auf der Zunge. »Ist alles in Ordnung mit Ihnen?« erkundigte sich Danny.

»Ja, alles in Ordnung.«

»Sie sehen ein bisschen angegriffen aus.«

»Nein ... ich bin nur ... die letzten Tage ...« Sie brachte kaum einen zusammenhängenden Satz heraus, so sehr war sie in Gedanken mit den Worten beschäftigt, die sie gerade gelesen hatte. »Ich möchte nicht unhöflich wirken«, erklärte sie, krampfhaft bemüht, sich klar auszudrücken. Je schneller sie das Gespräch hinter sich brachte, umso eher konnte sie sich wieder dem Tagebuch zuwenden und herausfinden, was Charles Holt als nächstes erwartete. »Mir gehen im Augenblick einfach viele Dinge durch den Kopf. Das ist alles, was ich in der Wohnung gefunden habe.« Mit diesen Worten reichte sie Danny den Umschlag mit den Briefen und Fotografien. Er blickte sich nach allen Seiten um, ob niemand zu ihm hinsah, dann griff er ein wenig zögernd in den Umschlag und zog den Inhalt heraus.

»Ich konnte sie nicht zählen«, erklärte Rachel, »aber ich nehme an, das ist alles.

»Ich glaube schon«, versicherte Danny, den Blick auf den Beweis seiner Liebesaffäre geheftet. »Vielen, vielen Dank.«

»Was werden Sie damit machen?«

»Ich werde die Sachen aufbewahren.«

»Seien Sie vorsichtig, Danny.« Er hob den Kopf und sah sie an. »Sprechen Sie mit niemandem über Margie. Ich möchte nicht ... wissen Sie ...«

»Sie möchten nicht, dass man mich im East River findet.«

»Ich sage nicht ...«

»Ich weiß, was Sie meinen«, unterbrach er sie. »Und ich danke Ihnen. Aber um mich brauchen Sie sich keine Sorgen zu machen. Wirklich nicht. Mir wird schon nichts passieren.«

»Gut«, sagte sie und leerte ihr Glas in einem Zug. »Danke für den Brandy.«

»Sie wollen schon gehen?«

»Ich habe noch einiges zu tun.«

Danny erhob sich und ergriff ein wenig verlegen ihre

Hand. »Ich weiß, es ist eine Plattitüde«, murmelte er, »aber ich habe keine Ahnung, was ich ohne Sie getan hätte.« Plötzlich wirkte er so hilflos wie ein zwölfjähriges Kind. »Sie haben ein ziemliches Risiko auf sich genommen, das ist mir bewusst.«

»Für Margie ...«, erwiderte sie.

»Ja«, fiel er mit einem leisen, traurigen Lächeln ein, »für Margie.«

»Passen Sie auf sich auf, Danny«, sagte Rachel und umarmte ihn zum Abschied. »Ich bin sicher, dass Ihnen die Zukunft noch viel Schönes bringen wird.«

»Meinen Sie?« Seine Stimme klang zweifelnd. »Ich glaube, mit Margie sind die besten Zeiten vorbei.« Er küsste sie auf die Wange. »Sie hat uns beide gern gehabt. Das ist immerhin etwas.«

»Das ist eine Menge, Danny.«

»Ja«, sagte er, um einen munteren Ton bemüht. »Sie haben Recht. Es ist eine Menge.«

X

Etwa um die Zeit, als Rachel mit dem Taxi die Heimfahrt antrat und das Tagebuch aufschlug, um den Faden von Hauptmann Holts Geschichte wieder aufzunehmen, schenkte sich Garrison den vierten Scotch dieses Abends ein und stellte die Flasche neben seinem Lehnsessel, der vor dem Fenster des Esszimmers stand, auf den Boden. Er war nicht allein mit seinem Rausch. Mitchell saß vor dem Kaminfeuer, das auf sein Betreiben hin brannte, und war so betrunken wie seit den Tagen seines Jurastudiums nicht mehr. Zwei weinerliche Trunkenbolde, die sich über die Treulosigkeit ihrer Ehefrauen unterhielten. Sie hatten an diesem Abend ihre Herzen so hemmungslos ausgeschüttet wie den Whiskey eingeschenkt; hatten sich gegenseitig ihre Gleichgültigkeit gegen die lästige Erfüllung der ehelichen Pflichten eingestanden und darüber gejammert, wie überdrüssig sie ihrer Seitensprünge waren; sich geschworen, dass nur ihre brüderliche Loyalität zählte und jeder Zwist, der zwischen ihnen gestanden haben mochte, der Vergangenheit angehörte; und vor allem bis ins letzte Detail diskutiert, wie ihr weiteres Vorgehen aussehen sollte, da ihnen nun bewusst geworden war, wie vollkommen allein sie dastanden.

»Ich weiß, es hat keinen Sinn, zurückzublicken …«, nuschelte Mitchell.

»Da hast du Recht …«

»Aber ich kann nichts dagegen machen. Wenn ich daran denke, wie es einmal war …«

»Es war nicht immer so großartig, wie es in deiner Erinnerung aussieht. Erinnerungen trügen. Besonders die schönen.«

»Warst du nie glücklich?« fragte Mitchell. »Nicht ein einziges Mal? Nicht einmal für einen Nachmittag?«

Garrison grunzte, während er über diese Frage nachdachte. »Jetzt, wo du es erwähnst«, sagte er schließlich, »fällt mir der Tag ein, an dem ich dich in das Ameisennest im Garten gesetzt habe. Dein ganzer Hintern war zerbissen. An dem Tag war ich ziemlich glücklich. Erinnerst du dich daran?«

»Ob ich mich daran erinnere …?«

»Ich wurde dafür grün und blau geschlagen.«

»Von Paps?«

»Nein, von unserer Mutter. Wenn es um wichtige Dinge ging, hat sie sich nie auf George verlassen, weil sie wusste, dass wir keine Angst vor ihm hatten. Sie hat mich fast zu Tode geprügelt.«

»Das hattest du verdient«, entgegnete Mitchell. »Ich war fast eine Woche krank. Und dir war das völlig egal.«

»Es gefiel mir nicht, dass du immer im Mittelpunkt standest. Als ich den Kopf hängen ließ und sauer war, dass sich wieder einmal alles nur um dich drehte, sagte Cadmus zu mir: *›Da siehst du, was passiert, wenn du dich so verhältst, dass alle Mitleid mit dem anderen haben.‹* Er war mir nicht böse. Er wollte mir nur klarmachen, dass ich eine Dummheit begangen hatte: Meinetwegen turtelte alle Welt um dich herum. Danach habe ich nie wieder versucht, dir etwas anzutun, weil ich wusste, dass ich damit nur das Gegenteil von dem erreichen würde, was ich wollte.«

Mitchell erhob sich und holte die Flasche.

»Da wir gerade vom alten Herrn sprechen«, begann er. »Jocelyn hat mir erzählt, dass du ihm gestern Abend Gesellschaft geleistet hast.«

»Allerdings. Ich war ein paar Stunden bei ihm, nachdem sie ihn aus dem Krankenhaus zurückgebracht hatten. Ich sage dir, der Alte ist zäh. Die Ärzte haben nicht geglaubt, dass er das Krankenhaus noch einmal lebend verlassen würde.«

»Hat er dir irgendetwas erzählt?«

Garrison schüttelte den Kopf. »Er hat fast die ganze Zeit über wirres Zeug geredet. Das liegt an den Schmerzmitteln, die er bekommt. Er ist ständig im Delirium davon.« Nach einer langen Pause fuhr er fort: »Weißt du, was ich mir überlegt habe?«

»Was?«

»Wenn wir seine Medikamente absetzen würden …«

»Das können wir nicht tun.«

»Ich meine, wenn wir ihm seine Pillen wegnehmen?«

»Das würde Waxman nie erlauben.«

»Waxman braucht nichts davon zu wissen. Wir würden es einfach tun.«

»Er würde Höllenqualen leiden.«

Ein verschlagenes Lächeln schlich sich in Garrisons Züge. »Aber vielleicht bekämen wir ein paar klare Antworten von ihm, wenn wir seine Pillen hätten.« Er schüttelte die geballte Faust, als hielte er darin die Mittel, um Cadmus' Schmerzen zu lindern.

»Scheiße …«, murmelte Mitchell.

»Ich weiß, es ist nicht gerade anständig«, gab Garrison zu, »aber uns bleibt keine große Wahl. Er wird nicht ewig leben. Und wenn er nicht mehr ist …«

»Es muss eine andere Möglichkeit geben«, widersprach Mitchell. »Lass mich mit ihm reden.«

»Du wirst nichts aus ihm herauskriegen. Er traut inzwischen keinem mehr. Wahrscheinlich hat er es nie getan. Der einzige Mensch, dem er je vertraut hat, ist er selbst.« Er dachte eine Weile über seine Worte nach. »Kluger Mann.«

»Aber woher weißt du dann, dass dieses Zeug existiert?«

»Von Kitty. Sie war die einzige, die je mit mir über die Barbarossas gesprochen hat. Sie hat das Tagebuch mit eigenen Augen gesehen.«

»Dann hatte sie immerhin das Vertrauen des alten Herrn.«

»Vermutlich. Anfangs zumindest. Wahrscheinlich haben wir alle unseren Ehefrauen am Anfang vertraut …«

»Warte«, unterbrach Mitch ihn. »Mir ist gerade etwas eingefallen …«

»Margie?«

»Genau.«

»Daran habe ich auch schon gedacht, Bruder.«

»Cadmus mochte sie.«

»Er könnte ihr also das Tagebuch gegeben haben? Ja. Wie gesagt, der Gedanke ist mir auch schon gekommen.« Tief in seinen Sessel geschmiegt, war er eingehüllt in einen Schattenkokon. »Aber selbst wenn es sich in ihrem Besitz befand, hätte sie mir nie etwas davon gesagt. Nicht einmal mit einem Pistolenlauf vor dem Gesicht.«

»Hast du in eurer Wohnung nachgesehen?«

»Die Polizei hat sie von oben bis unten durchsucht.«

»Vielleicht haben sie es mitgenommen.«

»Ja, vielleicht …« Garrison klang nicht sonderlich überzeugt. »Cecil hat herauszubekommen versucht, was sie weggeschafft haben, während ich im Gefängnis saß. Aber aus welchem Grund hätten sie das Ding mitnehmen sollen? Es hat überhaupt keinen Wert für sie.«

Mitchell seufzte. »Ich habe es so satt«, sagte er.

»Was hast du satt?«

»Den ganzen Mist mit den Barbarossas. Warum vergessen wir sie nicht einfach? Wenn sie ein so großes Problem wären, hätte der alte Herr schon vor Jahren etwas gegen sie unternommen.«

»Das konnte er nicht«, entgegnete Garrison und nippte an seinem Whiskey. »Sie sind zu mächtig.«

»Warum habe ich noch nie von ihnen gehört, wenn sie so mächtig sind?«

»Weil sie nicht wollen, dass du etwas von ihnen weißt. Sie halten sich sehr bedeckt.«

»Was haben sie zu verbergen? Vielleicht ist es etwas, das wir gegen sie verwenden können.«

»Das glaube ich nicht«, erklärte Garrison mit leiser Stimme. Mitchell sah ihn an und wartete, dass er weitersprach, aber er verharrte in seinem Schweigen. Nachdem einige Sekunden verstrichen waren, murmelte er: »Die Frauen wissen mehr als wir.«

»Weil sie von diesem Hurensohn bedient werden?«

»Ich glaube, es ist mehr als das«, warf Garrison ein.

»Ich könnte diesen Scheißkerl umbringen«, brauste Mitchell auf.

»Versuch nichts dergleichen«, mahnte Garrison ruhig. »Hast du mich verstanden, Mitch?«

»Er hat mit meiner Frau geschlafen.«

»Du wusstest, dass du sie früher oder später zu ihm gehen lassen musstest.«

»Das ist doch Blödsinn ...«

»Es wird sich nicht wiederholen«, bemerkte Garrison mit ausdrucksloser Stimme. »Sie war die Letzte.« Aus der Schattentiefe des Sessels traf sein Blick den Mitchells. »Wir werden sie vernichten, Mitch. Ihn und seine Familie. Darum möchte ich auch keinen persönlichen Rachefeldzug von deiner Seite haben. Ich will nicht, dass sie nervös werden. Wir müssen alles über sie in Erfahrung bringen, bevor wir etwas gegen sie unternehmen.«

»Womit wir wieder bei dem Tagebuch wären«, sagte Mitchell, während er sein Glas auf den Kaminsims stellte. »Ich glaube wirklich, *ich* sollte mit Cadmus reden.«

Garrison reagierte nicht auf seinen Vorschlag. Er schien ihn nicht einmal gehört zu haben. Stattdessen leerte er sein Whiskeyglas und sagte dann so leise, dass seine Stimme nur ein raues Flüstern war: »Weißt du, was Kitty mir erzählt hat?«

»Was?«

»Dass sie keine Menschen sind.«

Mitchell lachte; es war ein hartes, abgehacktes Lachen.

Als es verklungen war, fuhr Garrison fort: »Ich glaube, dass sie die Wahrheit gesagt hat.«

»Was soll der Unsinn?« brauste Mitchell auf. »Ich will nichts davon hören.« Er zog eine angewiderte Grimasse. »Wie kannst du nur einen so haarsträubenden Blödsinn glauben?«

»Ich glaube, sie war sogar mit mir im Haus der Barbarossas, als ich noch ein Baby war.«

»Scheiß auf das Haus!« rief Mitchell und wischte alle Einwände mit einer ärgerlichen Handbewegung beiseite. »Ich will nichts mehr davon hören! Klar?«

»Wir müssen es früher oder später akzeptieren.«

»Nein«, erklärte Mitchell im Brustton der Entschlossenheit. »Wenn du anfängst, so einen Mist zu reden, gehe ich nach Hause.«

»Wir können uns nicht davor verkriechen«, warf Garrison leise ein. »Es ist ein Teil unseres Lebens, Mitch. Das war es schon immer. Wir wussten nur nichts davon.«

An der Tür blieb Mitchell noch einmal stehen. Schwerfällig und benommen vom Alkohol, fiel ihm keine vernünftige Antwort auf Garrisons Worte ein. »Affenscheiße«, war alles, was er sagte.

Garrison redete weiter, als hätte er Mitchell nicht gehört. »Weißt du was?« sagte er. »Vielleicht ist es am besten so. Wir sind unseren Weg so gegangen, wie wir sind. Es ist Zeit für etwas Neues.« Er sprach jetzt in den leeren Raum; Mitchell war bereits verschwunden. Das hinderte Garrison jedoch nicht daran, seinen Gedanken zu Ende zu führen. »Etwas Neues«, wiederholte er, »oder vielleicht auch etwas Uraltes.«

XI

In dieser Nacht fand Garrison keinen Schlaf. Er hatte schon früher nicht mehr als dreieinhalb Stunden Schlaf gebraucht, und seit Margies Tod kam er auch mit zwei, manchmal sogar mit einer Stunde aus. Natürlich trieb er Raubbau an seinen Kräften und wusste das auch. Er konnte seinem Körper nicht auf ewig die Ruhe verweigern, die er brauchte, ohne einen Preis dafür zu bezahlen. Aber die ständige Erschöpfung brachte eine eigenartige Hellsicht mit sich. Beispielsweise wäre die Unterhaltung, die er an diesem Abend mit seinem Bruder geführt hatte, noch wenige Wochen zuvor undenkbar gewesen: Sein Verstand hätte die Gedanken, die er geäußert hatte, ebenso eindeutig zurückgewiesen wie es Mitchell getan hatte. Aber mittlerweile wusste er es besser. Er lebte in einer Welt der Rätsel, hatte deren Existenz aber aus Furcht geleugnet. Nun sah er nur noch einen Weg nach vorn: nach diesen Rätseln zu greifen, ihr Wesen und ihre Bedeutung zu ergründen, die Veränderungen zuzulassen, die sie für ihn bereithielten.

Auch Mitchell würde eines Tages zu dieser Erkenntnis gelangen. Er hatte keine andere Wahl. Das Imperium verblasste. Die alten Mächte vergingen, und mit ihnen verschwanden die alten Gewissheiten. Etwas musste an die Stelle dieser alten Mächte treten, und es würde eine Demokratie der Liebe und der Wahrheit sein; dessen war sich Garrison sicher. Das neue Zeitalter würde wie das im verschwindende eine Elite hervorbringen. Ein paar Auserwählte – diejenigen, die den Willen hatten, ein privilegiertes Leben zu führen – würden über die Mittel verfügen, ein solches Leben auch zu verwirklichen. Alle anderen würden wie eh und je in Bedeutungslosigkeit leben und sterben. Der einzige Unterschied war die Erscheinungsform der Macht. Die Tage der

Eisenbahnen und Schlachthöfe, der Holz und Ölimperien waren gezählt; eine Zeit brach an, in der Macht an anderen Dingen gemessen wurde, an Dingen, die zu beschreiben ihm noch die Worte fehlten. Er spürte ihr Herannahen, ähnlich den Ahnungen, die er in seinen Träumen manchmal hatte; es war ein Wissen jenseits aller Sinneswahrnehmungen, jenseits des Messbaren und sogar jenseits der stofflichen Welt. Er wusste nicht, woher sein Interesse an diesen Dingen kam, aber er wusste, dass es schon immer in ihm geschlummert hatte. An dem Tag, als ihm seine Großmutter Kitty von den Barbarossas erzählt hatte, war ein brachliegender Teil seines Wesens erwacht. Er konnte sich immer noch an alle Einzelheiten dieses Gesprächs erinnern. Wie sie ihn beim Reden aufmerksam gemustert und seine Reaktionen genau beobachtet hatte; wie sie ihm so zart wie noch nie zuvor über die Wange gestrichen hatte; wie sie ihm versprochen hatte, ihm zum gegebenen Zeitpunkt Geheimnisse zu erzählen, die sein Leben verändern würden. Natürlich hatte er durch sie von der Existenz des Tagebuchs erfahren, auch wenn er Mitchell gegenüber behauptet hatte, sich nicht mehr genau zu erinnern. Was sie ihm darüber erzählt hatte, war Folgendes: Es gab ein Buch, in dem der Weg beschrieben war, der in das Land der Barbarossas führte. Und beschrieben waren darin auch Schrecknisse, die den Wanderer auf diesem Weg erwarteten. Entsetzliche Dinge, ein Grauen, das jeden in den Wahnsinn treiben würde, der nicht darauf gefasst war. Und darum war es so wichtig, dieses Buch zu besitzen: Die Informationen, die es enthielt, waren unverzichtbar, wenn es darum ging, den Barbarossas die Stirn zu bieten.

Wie viele Nächte hatte er wachgelegen und über dieses Buch nachgegrübelt! Hatte versucht sich vorzustellen, wie es aussah, wie es sich anfühlte. War es groß oder klein; hatte es dicke oder dünne Seiten? Würde er die Weisheiten, die es offenbarte, auf Anhieb begreifen, oder war es in einer verschlüsselten Sprache verfasst, deren Code es erst zu knacken galt? Und die wichtigste Frage von allen: Wo bewahrte sein Großvater Cadmus dieses Buch auf? Manchmal schlich er sich heimlich in sein Arbeitszimmer – zu dem ihm der

Zutritt strengstens verboten war –, starrte die Regale und Schränke an (ängstlich darauf bedacht, nichts anzurühren) und überlegte, wo er es versteckt haben mochte. Gab es einen geheimen Safe hinter den Bücherregalen oder eine Geheimkammer unter den Bodendielen? Oder lag es in einer Schublade des antiken Sekretärs, der ihn als Kind so eingeschüchtert hatte, dass er eine fast abergläubische Furcht davor empfand, so, als hätte dieses Möbelstück ein Eigenleben und könnte schnaubend wie ein wilder Stier auf ihn losgehen, wenn er es zu lange ansah.

Niemals war er bei einem dieser heimlichen Besuche in Cadmus' Arbeitszimmer ertappt worden. Dazu war er zu klug. Er verstand es, zu warten, zu beobachten, zu planen; er verstand es zu lügen. Nur eines verstand er nicht: andere Menschen für sich einzunehmen, nicht einmal seine eigene Großmutter. Als er nach Cadmus' Genesung mit Kitty über die Dinge reden wollte, die sie ihm anvertraut hatte, weigerte sie sich glattweg und bestritt gar, dass eine solche Unterhaltung je stattgefunden hatte. Die Erkenntnis, dass er sie weder durch Taten noch durch gute Worte dazu bringen konnte, das Thema noch einmal anzuschneiden, verdross ihn zutiefst, und diese Verdrossenheit sollte für alle Zeit sein prägender Charakterzug bleiben. Auf Familienfotos war er derjenige, der nie lächelte; der mürrische Heranwachsende, den alle mit Samthandschuhen anfassten, weil sie befürchten mussten, dass er wie ein wütender Hund nach ihnen schnappen würde. Seine Attitüde hatte ihm ebenso wenig gefallen wie die Reaktion seiner Umwelt darauf, aber mit Mitchells angeborenem Charme konnte er nicht mithalten. Wenn er geduldig war, das wusste er, würde die Zeit kommen, da er über die Macht verfügte, die Geheimnisse selbst zu ergründen. Bis dahin würde er arbeiten, den liebenden Enkel spielen und wie ein Luchs auf jede unbeabsichtigte Bemerkung von Cadmus' Lippen achten, die ihm einen Hinweis darauf geben konnte, wo das Tagebuch zu finden sein mochte und was es enthielt.

Aber Cadmus entschlüpfte nie eine solche Bemerkung. Obwohl er Garrison bei seinem Aufstieg zur Macht ermutigt und unzählige Male betont hatte, dass er seinem Urteil vertraute, ging sein Vertrauen nicht so weit, dass er je mit seinem Enkelsohn über die Barbarossas gesprochen hätte. Garrison war es auch nicht gelungen, Loretta zu seiner Komplizin zu machen. Sie hatte von Anfang an keinen Hehl aus ihrem Misstrauen und ihrer leisen Antipathie gegen ihn gemacht, und so sehr er sich auch anstrengen mochte, er konnte sie nicht für sich einnehmen. Noch ärgerlicher fand er die Tatsache, dass sie, obwohl sie erst vor kurzem in die Geary-Dynastie eingeheiratet hatte, einen Zugang zu Informationen hatte, die ihm verwehrt blieben. Und nicht nur zu Informationen natürlich. Wie Kitty und Margie und Mitchells Frau war sie, mehr als einmal, nach Kaua'i gereist, um gemeinsame Sache mit einem Barbarossa zu machen. Warum dieses Ritual geduldet wurde, hatte Garrison nie begriffen; er wusste lediglich, dass es eine Tradition war, die sehr weit zurückreichte. Als er zum ersten Mal davon hörte, hatte er seine Bedenken dagegen geäußert, aber Cadmus hatte ihn unmissverständlich darauf hingewiesen, dass dieses Thema nicht zur Debatte stand. Es gibt Dinge, hatte er Garrison erklärt, die ohne Widerrede hingenommen werden müssen, auch wenn sie noch so unerfreulich sind. Es gehörte zum Lauf der Welt.

»Nicht meiner Welt«, hatte Garrison, von gerechtem Zorn gepackt, entgegnet. »Ich erlaube meiner Frau nicht, zu irgendeiner Insel zu fahren und sich mit einem Fremden zu vergnügen.«

»Halt einfach den Mund«, hatte ihn Cadmus angefahren. Und dann hatte er ihm mit leiser, ruhiger Stimme erklärt, er habe sich in dieser Sache so zu verhalten, wie man es von ihm verlangte, sonst müsse er die Konsequenzen tragen. »Wenn du nicht tust, was ich dir sage, ist für dich kein Platz in dieser Familie«, hatte er gesagt.

»Du würdest mich doch nicht hinauswerfen? Ausgerechnet jetzt!«

»Hör mir gut zu«, hatte sein Großvater darauf erwidert. »Wenn du mit mir streiten willst, kannst du deinen Hut nehmen. So einfach ist das. Es ist ja nicht einmal so, dass du deine Frau auf Händen trägst. Du betrügst sie, habe ich Recht?« Garrison hatte ihm einen finsteren Blick zugeworfen. »Also, habe ich Recht?«

»Ja.«

»Dann kann sie dich doch auch betrügen, wenn es der Familie nützt.«

»Ich verstehe nicht, was …«

»Es ist völlig gleichgültig, ob du es verstehst oder nicht.«

Damit war die Unterhaltung beendet, und Garrison hatte, als er ging, nicht den leisesten Zweifel daran, dass es sein Großvater ernst meinte. Cadmus war nicht der Mann, der leere Drohungen ausstieß. Garrison war also gewarnt und behielt von nun an seine Meinung für sich. Und das bisschen Vertrauen, das er in die Liebe seines Großvaters gesetzt hatte, war zerstört.

Jetzt, im ersten Licht des heraufdämmernden Morgens, dachte er an den alten Mann, der todkrank war, sich aber hartnäckig weigerte zu sterben, und er überlegte, ob er einen letzten Versuch unternehmen sollte, die Wahrheit aus ihm herauszubekommen. Natürlich würde Cadmus, wie Mitchell gesagt hatte, Höllenqualen leiden, wenn man ihm seine Pillen einen halben Tag lang vorenthielt; aber vielleicht konnte ihn das zum Reden bringen. Und selbst wenn er nicht redete, würde es doch eine gewisse Genugtuung sein, den alten Kerl um seine Medikamente betteln zu sehen. Bei der Vorstellung, wie Cadmus, wachsweiß vor Schmerzen, schluchzend nach seinen Opiaten schrie, spielte ein Lächeln um Garrisons Lippen. Aber erst wollte er sich ansehen, wie Mitchell mit seinen Bemühungen vorankam, Cadmus die Wahrheit zu entlocken. Wenn sein Bruder keinen Erfolg hatte, blieb ihm nichts anderes übrig, als den Folterknecht zu spielen, und er würde die Gelegenheit dankbar beim Schopf ergreifen.

XII

Tinte und Wasser; Wasser und Tinte.

Letzte Nacht habe ich von Galileo geträumt. Es war keiner meiner Wachträume – meiner Visionen, wenn Sie so wollen –, in denen mir die Personen und Ereignisse dieses Buches begegnen. Es war ein Traum, den ich im Schlaf hatte, der sich aber mit solcher Macht in mein Gedächtnis einprägte, dass er auch nach dem Aufwachen noch präsent war.

Folgendes habe ich geträumt: Ich schwebte wie ein Vogel über einem sturmgepeitschten Meer, und in diesem Meer trieb, nackt auf ein jämmerliches Floß gebunden, Galileo. Sein Körper war mit Wunden übersät, und sein Blut vermischte sich mit dem Wasser. Ich konnte keine Haie entdecken, aber das hatte nichts zu sagen. Das Meer war so *schwarz* wie die Tinte in meinem Füllfederhalter; es verbarg seine Bewohner.

Eine dunkle Welle nach der anderen schlug gegen das Floß und riss es Stück um Stück mit sich fort, bis nur noch drei oder vier Planken übrig waren, auf denen Galileos ausgestreckter Körper lag, während sein Kopf und seine Unterschenkel ins Wasser abrutschten. Erst in diesem Augenblick schien ihm bewusst zu werden, dass er im Begriff war zu sterben, und er begann in einem verzweifelten Befreiungsversuch heftig an den Knoten zu zerren. Seine Haut glänzte vor Schweiß, und manchmal, wenn die Szene besonders turbulent wurde, wusste ich nicht mehr genau, was ich dort sah. War dieses schwarze, glänzende Etwas, das sich auf den Planken bewegte, noch mein Bruder, oder war es ein Brecher, der ihn fortriss?

Ich wünschte mir sehnlichst aufzuwachen; die Szene bekümmerte mich zutiefst. Ich hatte nicht das geringste Bedürfnis, meinen Bruder ertrinken zu sehen, und versuchte mich aus dem Schlaf zu wecken. *Du brauchst das nicht auszuhalten*, sagte ich mir, *mach einfach die Augen auf*.

Ich spürte, wie sich der Traum von mir entfernte. Aber im selben Moment wurde der Kampf meines Bruders noch verzweifelter – die Wunden an dem sich aufbäumenden Körper klafften –, und es gelang ihm, eine Hand aus den Fesseln zu befreien. Sein Kopf schnellte aus den Wellen hoch, und das Wasser schien sich um seinen Schädel zu schließen wie eine Gischtkrone; seine Augen rollten wild, und seinem Mund entrang sich ein lautloser Schrei. Er riss an der Fessel am anderen Handgelenk, dann setzte er sich auf den letzten Trümmern des Floßes auf und beugte sich nach unten, um auch die Fußfesseln abzustreifen.

Er war nicht schnell genug. Die Planken unter ihm brachen und wurden weggeschwemmt. Blutüberströmt fiel er rücklings ins Wasser, und die vollgesogenen Holzblöcke, an die seine Füße noch gefesselt waren, zogen ihn nach unten, hinunter in die Tiefe des aufgewühlten Meeres.

Und nun folgte der merkwürdigste Teil dieser Szene. Als sein dunkler Körper in die Tiefe sank, entsagten die Fluten, in denen er verschwand, wie in Ehrfurcht vor dem Fleisch, dessen Opfer sie gefordert hatten, ihrer absoluten Schwärze. Sie wurden nicht etwa durchsichtig wie gewöhnliches Meerwasser. Vielmehr verwandelte sich ihre verhüllende Dunkelheit in ein Licht der Offenbarung, neben dessen hellem Strahlen selbst der Himmel verblasste.

Ich konnte sehen, wie der Körper meines Bruders in der leuchtenden Tiefe versank. Ich konnte all die Lebewesen sehen, die ihn umschwärmten und deren Umrisse sich im Licht des Wassers deutlich abzeichneten. Schwärme winziger Fische, die sich in vollendetem Einklang bewegten; riesige Kalmare – größer als alles, was ich von dieser Spezies bisher gesehen hatte –, die Galileos Abstieg in ihr Reich aufmerksam beäugten; und, nicht zu vergessen, zahllose Haie, die ihn umrundeten, die ihre schützenden Kreise um ihn zogen, während er immer tiefer sank.

Und dann, wie es in den Büchern derer, die feige zur Fantasie Zuflucht nehmen, immer heißt, erwachte ich, und alles war nur ein Traum gewesen.

Ich bestreite nicht die Möglichkeit, dass die Bilder, obwohl nicht real, wie es meine Visionen meiner Überzeugung nach sind, die Wahrheit zeigten. Dass Galileo, sofern er nicht schon tot ist, Gefahr läuft zu ertrinken.

Welche Folgen hat das für die Geschichte, die ich eigentlich erzählen wollte? Nun, um es grob auszudrücken, es zwackt sie ab, bevor sie fertig ausgeschissen ist. (Verzeihen Sie, das ist nicht gerade eine salonfähige Metapher, aber ich bin auch nicht in salonfähiger Laune, und sie drückt wunderbar ordinär aus, wie mir heute bei meiner Arbeit zumute ist. Nämlich so, als wäre dieses ganze elende Unterfangen nichts anderes als ein krankhaft gestörter Verdauungsprozess. An einem Tag leide ich unter Verstopfung, und am nächsten rinnt es aus mir heraus wie fauliges Wasser.)

Aber jetzt errege ich Abscheu bei Ihnen. Ich höre auf damit.

Kehren wir lieber für eine Weile zu Rachel zurück. Ich lasse den Traum ruhen und sehe ihn mir in ein paar Stunden noch einmal an. Vielleicht ergibt er dann einen ganz anderen Sinn. Als wir Rachel das letzte Mal begegnet sind, saß sie in einem Taxi und befand sich auf dem Heimweg zu ihrer Wohnung am Central Park. In ihren Händen das Tagebuch, über das sich Garrison in seiner Jugend Stunden um Stunden den Kopf zerbrochen hatte; dessen Größe, Gewicht und Inhalt er sich vorzustellen versucht hatte. Und in diesem Buch war sie auf etwas Rätselhaftes gestoßen: Im Frühjahr 1865 hatte in Charleston ein Mann namens Galileo gelebt. Nun waren Nickelberry und Holt auf dem Weg zu diesem Mann, der, wie Nickelberry versprochen hatte, die Wunden heilen würde, die dem Hauptmann in dieser Stadt zugefügt worden waren.

Einen Überfluss, wie ich ihn hier erleben sollte, schrieb Charles Holt, *hatte ich seit Kriegsbeginn nicht mehr gesehen, als ich in ein Bordell gerufen wurde, wo einer meiner Männer im Streit erschlagen worden war. Um ehrlich zu sein hat mir Luxus, besonders übertriebener Luxus, noch nie besonders behagt; Überfluss ist etwas, woran ich nur in der Natur, in den Zeichen der unerschöpflichen Fülle der Schöpfung, Gefallen finde. Meine geliebte Adina umgab sich im Haus schon eher mit schönen Dingen – Vasen und Seidenstoffen und hübschen Bildern. Ich dagegen finde, wie vermutlich die meisten meiner Geschlechtsgenossen, Dekoratives in Maßen erträglich, aber allzu viel Prunk erdrückt mich.*

Stellen Sie sich also Folgendes vor: Zwei Häuser in der East Battery mit Blick aufs Meer im feindlichen Geschützfeuer so beschädigt, dass sie von außen nur noch wie die Ruinen einer ehemaligen Behausung aussehen, aber sobald man sie betritt, offenbaren sie die Kostbarkeiten aus den fünfzig vornehmsten Häusern der Stadt, jeder einzelne Gegenstand sorgsam ausgewählt, weil er auf archaischste Weise die Sinne anspricht.

Dorthin also führte mich Nickelberry; in das Haus, in das er von seiner Gönnerin und Fürsprecherin Olivia eingeführt worden war, die nur eine von etwa einem Dutzend Bewohnerinnen und Bewohnern dieses erstaunlichen Ortes war.

Nub hatte den übertriebenen Luxus, der hier herrschte, offensichtlich völlig selbstverständlich hingenommen (vielleicht liegt das, vor allem in Zeiten der Not, in der Natur eines Kochs). Ich dagegen begann sofort Olivia alle möglichen Fragen zu stellen. Auf welche Weise dieser perverse Reichtum zusammengetragen worden sei, wollte ich wissen. Die Frau, eine Schwarze von sehr geringer Bildung (eine ehemalige Sklavin, auch wenn sie jetzt Kleider trug und mit Schmuckstücken behängt war, die jede elegante Dame in der Meeting Street vor Neid hätten erblassen lassen), war nicht imstande, mir eine halbwegs vernünftige Antwort zu geben. Ich verlor allmählich die Geduld mit ihr, aber bevor ich mich in Rage steigern konnte, tauchte neben mir eine Weiße auf, die um einiges älter war als Olivia. Sie stellte sich mir als General Walter Harris' Witwe vor, eines Mannes also, unter dessen Kommando ich in Virginia gekämpft hatte, und sie beantwortete bereitwillig meine Fragen. Keine einzige der Kostbarkeiten, von denen wir hier umgeben waren, sei durch Diebstahl oder Plünderei erworben, erklärte sie, sondern freiwillig einem Mann zum Geschenk gemacht worden, der hier wohnte, nämlich dem schon erwähnten Galileo. Ich äußerte mein Erstaunen angesichts der Tatsache, dass es hier nicht nur Schätze in Hülle und Fülle gab, sondern auch Speisen und Getränke in einem Überfluss, wie ihn die anderen Einwohner von Charleston sicher seit Beginn der Belagerung nicht mehr gesehen hatten. Die Damen luden mich ein, am Tisch Platz zu nehmen und mich zu bedienen, und nach all den Monaten, in denen ein in Schweinefett gebratenes Brötchen schon als Leckerbissen gegolten hatte, konnte ich nicht nein sagen. Ich war nicht allein am Tisch. Außer mir saßen dort ein Negerjunge von höchstens zwölf Jahren, ein junger Mann namens Maybank aus Alabama und eine sehr blasse, elegante Frau, die von Maybank mit den Fingern gefüttert wurde, als sei er ihr Sklave. Überwältigt von der Fülle des Angebots aß ich anfangs nur zögernd, doch mein Appetit ließ mit dem Essen nicht nach, sondern er wurde immer größer, und schließlich aß ich für zehn; dann wurde mir schlecht, und ich musste mich übergeben, worauf ich erfrischt an den Tisch zurückkehrte und mich wieder der Völlerei hingab. Kalbsbries in Sherry, gebackener Kalbskopf in dicken Scheiben, Austern mit Pilzen, eine köstliche Krabbencremesuppe und gedünstete Austern mit Sesam. Zum Nachtisch gab es Weinschaumcreme, Heidelbeerkuchen, eingelegte Pfirsiche und kandierte Früchte, wie wir sie früher zu Weihnachten hatten. Nickelberry, Olivia und die Generalswitwe leisteten mir beim Essen Gesellschaft, während sich die junge Frau, eine gewisse Katherine Morrow, mit Brandy betrank und sich schließlich auf die Suche nach unserem Gastgeber machte, worauf sie jedoch prompt im Nachbarzimmer das Bewusstsein verlor. Der junge Maybank verkündete plötzlich, er wolle sich mit der Frau vergnügen, solange sie noch in diesem Zustand sei, und rief den Negerjungen Thaddeus herbei, der ihm helfen sollte, sie zu entkleiden.

Ich protestierte energisch, aber Nickelberry riet mir, den Mund zu halten. Es sei ihr gutes Recht, sich mit der betrunkenen Miss Morrow zu vergnügen, wenn sie wollten, sagte er, so seien die Gesetze in diesem Haus nun einmal. Olivia bestätigte seine Worte. Wenn ich mich einmischte, warnte sie mich, und dies würde Galileo zufällig zu Ohren kommen, würde er mich umbringen …

Rachel hatte die Heimfahrt wie in Trance erlebt und nicht einmal die Fahrt mit dem Aufzug wahrgenommen. Jetzt saß sie am Fenster, ohne den funkelnden Glanz des nächtlichen New York zu sehen, der sich unter ihr ausbreitete. Sie sah nichts als das Haus in der East Battery mit seinen Räumen, die den Bildern in einem Ausstellungskatalog für Luxusgüter glichen; und den Hauptmann, wie er am Tisch saß und sich hemmungslos voll stopfte …

Ich fragte sie, was für ein Mensch dieser Galileo sei, und Olivia lächelte mich an. »Sie werden schon sehen«, sagte sie. »Und wenn er mit Ihnen zu reden beginnt, werden Sie begreifen, was für eine Art von König er ist.«

»König?« warf ich ein. »Über welches Land denn?« – »Über alle Länder«, antwortete Olivia; »über alle Städte, über jeden Stein.»

»Er ist schwarz, war aber nie ein Sklave«, erklärte die Witwe Harris. Ich fragte sie, woher sie das wisse, und sie antwortete darauf, es gebe keinen Menschen auf der Welt, der Galileo in Ketten legen könnte.

Eine merkwürdige Unterhaltung, fand ich, und während sie noch im Gang war, wurden die Geräusche im angrenzenden Raum lauter, wo Maybank und der Junge sich an Miss Morrow zu schaffen machten.

Nickelberry erhob sich vom Tisch und ging hinüber, um zu sehen, was los war. Nach kurzer Zeit rief er mich zu sich, und zu meiner Schande muss ich gestehen, dass ich die Weinflasche, die ich schon fast bis zur Neige getrunken hatte, ergriff und seinem Ruf Folge leistete.

Miss Morrow war inzwischen nicht mehr bewusstlos, sondern reagierte höchst lebhaft auf die Vorstöße ihrer Angreifer. Der Junge, der völlig nackt war, saß rittlings auf ihr und rieb seine kleine Rute zwischen ihren Brüsten, während Maybank die Passage zwischen ihren Beinen nahm, die er freigelegt hatte, indem er ihr kostbares Seidenkleid zerriss.

Es war eine abstoßende Szene, aber ich will nicht lügen: Sie erregte mich. Sie erregte mich sogar wahnsinnig.

Ich hatte soviel Krankheit und Tod erlebt, dass es eine Freude war, gesunde Leiber zu sehen, die in gesundem Schweiß gebadet waren. Der Lärm ihrer lustvollen Beschäftigung miteinander erfüllte den Raum und hallte von den Wänden wider, sodass es klang, als wären nicht drei, sondern zehn Personen an diesem Liebesspiel beteiligt. Ich fühlte mich benebelt, in meinem Schädel pochte es, und als ich mich abwandte, stellte ich fest, dass Nickelberry an den Tisch zu Olivia zurückgekehrt war, die sich, jetzt entblößt, seinen Augen darbot. Mit der Miene eines gierigen Kindes tauchte er beide Hände in eine Schüssel mit Sahne und verteilte sie genüsslich auf dem ansehnlichen Busen seiner Gespielin. Sie schien es zu genießen, denn sie drückte seinen Kopf an sich, damit er ihr die süße Sahne vom Körper lecken konnte.

In diesem Augenblick näherte sich mir die Witwe Harris und bot ihren Leib zu meinem Vergnügen. Ich wich zurück, worauf sie mir verkündete, dass dies nicht erlaubt sei. Wenn ich in der Lage wäre, ihr die Lust der Liebe zu bereiten, dann sei ich dazu verpflichtet, es auch zu tun, erklärte sie. Auch das gehörte zu den Gesetzen, die hier herrschten.

Ich protestierte und erklärte, dass ich ein verheirateter Mann sei, aber sie lachte nur und sagte, es wäre völlig gleichgültig, was ein Mann oder eine Frau vor seinem oder ihrem Eintritt in dieses Haus gewesen sei. Hier war die Vergangenheit vergessen, und ein Mensch war nur das, was er zu sein beliebte.

»Dann gehöre ich nicht hierher«, erklärte ich ihr. »Sind Sie so stolz auf das, was Sie dort draußen waren?« fragte sie, die Wangen gerötet. »Sie sind vor Ihren Pflichten davongelaufen; Sie haben Ihre Familie und Ihr Haus verloren. Sie sind weniger als ich dort draußen. Stellen Sie sich das vor! Sie, der Sie so vornehm waren, sind weniger als eine hässliche alte Witwe.«

Ich geriet in Wut und schlug sie, betrunken wie ich war, schlug sie mit aller Kraft mitten in ihr geschminktes Gesicht. Sie taumelte gegen die Wand und fing an, wüste Beschimp-

fungen gegen mich auszustoßen – Obszönitäten, die ich aus ihrem Mund nicht für möglich gehalten hätte, wäre mir der Schwall unflätiger Worte nicht zu eigenen Ohren gekommen. Ich schleuderte die Flasche zu Boden, aus der ich getrunken hatte, worauf sie für einen Moment verstummte, vielleicht weil sie fürchtete, ich könnte ihr wirklich etwas antun. Aber als ich ihr den Rücken kehrte, hob sie wieder ihr Geschrei an und folgte mir wie eine Furie unter den übelsten Beschimpfungen.

In meiner Trunkenheit verirrte ich mich bei dem verzweifelten Versuch, dieser Frau zu entfliehen. Die Richtung, in der ich auf die Straße hinauszugelangen glaubte, führte mich zu einer im Dunkel liegenden Treppe. Diese torkelte ich hinauf und drückte mich etwa auf halbem Weg in den Schatten. Die Witwe hatte nicht gesehen, dass ich die Treppe genommen hatte und eilte fluchend daran vorbei.

Schaudernd verharrte ich in der Dunkelheit. Nicht aus Angst vor der Witwe, sondern aus Verzweiflung über das, was sie gesagt hatte. Die Frau hatte Recht, und ich wusste es. Ich bin ein Nichts. Weniger als ein Nichts.

Und dann erschien, als hätte ich meine kummervollen Gedanken laut ausgesprochen, oben an der Treppe ein Mann und sah auf mich herunter. Nein, er sah nicht auf mich herunter, sondern mitten in mich hinein. Nie hatte ich einen solchen Blick gespürt. Zuerst war ich voller Angst. Ich hatte das Gefühl, er könnte mich mit diesem Blick ebenso sicher töten, als würde er in meine Brust fassen und die Hand um mein Herz schließen.

Aber dann ging er mir ein Stück entgegen, setzte sich auf die Treppe und sagte mit ruhiger Stimme: »Ein Mann, der nichts ist, hat nichts zu verlieren. Ich bin Galileo. Willkommen.« Und in diesem Augenblick war mir, als hätte ich einen Grund gefunden weiterzuleben.

XIII

1

Einen Grund weiterzuleben.

Rachel ließ das Tagebuch sinken, und ihr Blick schweifte über den dunklen Park in die Ferne. Dieser Galileo konnte unmöglich der Mann sein, den sie kannte, und doch war es so leicht, sich ihn dort auf der Treppe vorzustellen, sich vorzustellen, dass er diese Worte der Begrüßung sprach, sich vorzustellen, dass er der Mann war, der dem Hauptmann etwas gab, für das es sich zu leben lohnte.

Hatte er nicht in gewisser Weise dasselbe für sie getan? Hatte er ihr nicht das Selbstwertgefühl und das Vertrauen in ihre eigene Macht wiedergegeben?

Als sie das Tagebuch auf den Tisch legte, fiel ihr Blick auf den Anfang des nächsten Absatzes.

Wie soll ich erzählen, was als nächstes mit mir geschah?

Sie wandte den Blick ab, denn sie konnte es nicht ertragen weiterzulesen, nicht in dieser Nacht. Ihr brummte der Schädel, wie dem Hauptmann nach seiner kulinarischen Völlerei war ihr fast körperlich schlecht von den Exzessen, die sie gelesen hatte. Auch hatte sich, was ihr nicht entgangen war, der Stil des Geschriebenen verändert. Die ersten Eintragungen waren gut geschrieben, aber die Wortwahl war die eines Mannes, der sich bemühte, Distanz zu den erlebten Schrecken zu gewahren. Jetzt aber hatte er begonnen, wie ein Geschichtenerzähler zu schreiben, indem er die Szenen und seine eigene Rolle darin mit einer erschreckenden Direktheit und Unmittelbarkeit entstehen ließ. Die Bilder, die er mit seinen Worten in Rachels Kopf hervorgerufen hatte, bestürmten sie immer noch: das Haus, die Speisen, die sexuellen Ausschweifungen.

Als sie das letzte Mal eine Geschichte so sehr gefesselt hatte, war Galileo der Mann gewesen, der sie erzählt hatte …

Sie senkte den Blick wieder auf das Tagebuch, berührte es jedoch nicht. Wie säuberlich die Wörter auf die Seite gemalt waren. Ein wenig zu säuberlich vielleicht. War dies wirklich das Tagebuch eines Mannes, der die beschriebenen Erfahrungen persönlich gemacht und Stunden später niedergeschrieben hatte? Oder war es nach einem Tatsachenbericht von jemandem verfasst worden, der die Kunst des Geschichtenerzählens gelernt hatte? Dessen Lehrer ein Mann gewesen war, der Geschichten liebte; der sie als Mittel der Verführung erzählte?

»Nein …«, schalt sie sich selbst. Nein, es war nicht derselbe Mann; ein- für alle Mal: Es gab zwei Männer mit Namen Galileo; einen in diesem Tagebuch und einen in ihrer Erinnerung. Sie überflog noch einmal die hintergründigen Worte:

Wie soll ich erzählen, was als nächstes mit mir geschah?

Ein schlauer Kunstgriff, dieser Satz. Der Schreiber wusste *genau,* wie er das, was mit ihm geschah, erzählen wollte; die Worte waren fertig formuliert. Aber ließ es diese Worte nicht wahrhaftiger erscheinen, wenn sie den Eindruck erweckten, aus der Feder eines Mannes zu stammen, der sich seines Könnens nicht sicher war? Plötzlich erfüllten sie die Geschichte und die Bereitwilligkeit, mit der sie selbst sich hatte täuschen lassen, mit heftigem Widerwillen. Sie hatte den Bericht geradezu verschlungen. Hatte jede Einzelheit gierig in sich aufgesogen, als könne ihr das Leben dieses Fremden eine Antwort auf die Fragen ihres eigenen Lebens geben.

Bisher hatte ihr das Buch nichts von wirklicher Bedeutung vermittelt. Sicher, es hatte sie fasziniert mit seinem Geschwafel von unheimlichen Dingen, mit seinen Geistererscheinungen gestorbener Kinder und den ausgegrabenen Leichenteilen, aber mit den Szenen im Haus war der Autor zu weit gegangen. Sie glaubte nicht mehr an die Wahrheit der Erzählung. Sie mochte sich als historischer Bericht ausgeben, aber in Wirklichkeit war alles Erfindung; die Exzesse waren entlarvend in ihrer Monstrosität.

Als sie zur Bett ging, war sie immer noch so wütend auf sich, dass sie nicht einschlafen konnte. Nachdem sie sich eine halbe Stunde lang in einem unerquicklichen Halbschlaf herumgewälzt hatte, stand sie auf, nahm eine Schlaftablette und legte sich dann wieder hin. Aber die Schlaftablette erwies sich als Fehler. Etwas in ihr weigerte sich einfach, zur Ruhe zu kommen, und ihr Körper wehrte sich gegen das Beruhigungsmittel. Als es ihr endlich gelang, für wenige Minuten in Schlaf zu sinken, wurde sie von einem wüsten Chaos aus Traumfragmenten überflutet, aus denen sie schweißgebadet und in einer so entsetzlichen, unerträglichen Panik erwachte, dass sie aufstehen, das Licht einschalten und sich zu einem Mindestmaß an innerer Ruhe zwingen musste.

Sie ging auf bloßen Füßen in die Küche hinunter, brühte sich einen Earl Grey auf und kehrte zu dem Tagebuch zurück. Was nutzt es, wenn ich mich dagegen wehre, dachte sie, als sie sich im kreisrunden Schein des Lampenlichts an den Tisch setzte und den Blick auf das aufgeschlagene Buch senkte. Unsinn oder nicht, es hatte sie in seinen Bann gezogen, und sie würde erst wieder frei davon sein, wenn es ihr seine ganze Geschichte erzählt hatte.

2

Ein gutes Stück entfernt lag Cadmus Geary in derselben Stadt wach in seinem Bett und dachte an seine geliebte Louise und an die Tage jener Liebelei, die ihm manchmal so fern schien, als habe sich das alles in einem anderen Leben ereignet; obwohl es dann wieder, wie heute Nacht zum Beispiel, so deutlich in seiner Erinnerung stand, als habe es sich erst vor wenigen Tagen abgespielt. Wie schön sie gewesen war! Ein ganz und gar würdiges Objekt seiner Liebe. Natürlich spielte sie heute Nacht wieder einmal die Unnahbare, aber das war eines der Vorrechte der Schönen; ihm blieb nichts anderes übrig, als sich in ihrer Nähe zu halten und zu hoffen, dass sie erkannte, wie aufrichtig seine Liebe war.

»Louise …«, murmelte er.

»Hier ist niemand, der Louise heißt«, ertönte eine ruhige Männerstimme.

Der leicht herablassende Ton dieser Stimme ärgerte Cadmus. »Das weiß ich«, fauchte er. Dann tastete er nach seiner Brille, die auf dem Nachttisch lag.

»Möchtest du ein Glas Wasser?« fragte der Mann.

»Nein, ich möchte sehen, mit wem ich rede.«

»Ich bin es, Mitchell.«

»Mitchell?« Seine fahrige Hand hatte die Brille, und er setzte sie auf und sah seinen Enkel durch die verschmierten Gläser an. »Wie spät ist es?«

»Es ist mitten in der Nacht.«

»Was tust du dann hier?«

»Wir haben uns sporadisch unterhalten.«

»Habe ich etwas Verständliches von mir gegeben?«

»Selbstverständlich«, beruhigte Mitchell den alten Mann. Es entsprach nicht ganz der Wahrheit. Obwohl Cadmus weniger verwirrt war als Garrison behauptet hatte, war er doch fast nie im Vollbesitz seiner geistigen Kräfte. »Du bist immer wieder eingedöst.«

»Und habe ich im Schlaf gesprochen?«

»Ja«, bestätigte Mitchell. »Keine Peinlichkeiten. Du hast lediglich nach dieser Louise gerufen.«

Cadmus ließ sich in die Kissen zurücksinken. »Meine wunderbare Louise«, seufzte er. »Sie war das Beste, das mir je begegnet ist.« Müde schloss er die Augen. »Worauf wartest du?« fragte er. »Du hast doch sicher etwas Besseres zu tun als hier herumzusitzen. Ich habe nicht vor, ausgerechnet heute Nacht zu sterben.«

»Das habe ich auch nicht angenommen.«

»Also geh dich amüsieren. Besauf dich. Schlaf mit deiner Frau, wenn sie dich lässt.«

»Das wird sie nicht.«

»Dann schlaf mit der Frau irgendeines anderen.« Als er die Augen aufschlug und ein Lachen von sich gab, klang es wie Luft, die zischend entweicht. »Das macht ohnehin mehr Spaß.«

»Ich möchte lieber hier bei dir sein.«

»Ist das wahr?« fragte der alte Mann ungläubig. »Entweder bin ich interessanter als ich dachte, oder du bist einfach ein Langweiler.« Er hob mühsam ein paar Zentimeter den Kopf und sah seinen Enkel an. »Die Natur hat es gut mit dir gemeint, nicht wahr, Mitch? Ich meine, du bist wirklich ein gut aussehender junger Mann. Aber ... du bist nicht so klug wie deine Mutter und nicht so ehrlich wie dein Vater, und das ist ein Jammer, denn ich hatte einige Hoffnung in dich gesetzt.«

»Dann hilf mir.«

»Wie soll ich dir helfen?«

»Sag mir, wie ich deiner Meinung nach sein soll, und ich werde mir Mühe geben.«

»Da hilft alle Mühe nicht«, entgegnete Cadmus mit fast verächtlicher Stimme. »Du musst mit dem zurechtkommen, was du hast. Niemand macht dir einen Vorwurf. Es ist reine Glücksache.« Er ließ den Kopf so vorsichtig in die Kissen sinken, als sei sein Schädel gebrochen. »Bist du allein hier?« fragte er.

»Die Pflegerin ist da ...«

»Nein. Ich meine deinen Bruder.«

»Garrison ist nicht hier.«

»Gut. Ich will ihn nicht um mich haben.« Er schloss wieder die Augen. »Wir alle haben Dinge getan, die wir bedauern, aber ... aber ... o Gott, o mein Gott ...« Ein leises Zittern lief durch seinen Körper.

»Soll ich dir noch eine Decke holen?«

»Das hilft nichts. Mir ist immer kalt, dagegen kann man nichts tun. Am liebsten wäre mir, meine Louise wäre hier ...«, bei diesen Worten verzog sich sein Gesicht zu einem fast schelmischen Lächeln. »Sie würde mich wärmen.«

»Ich weiß nicht, von wem du sprichst.«

»Deine Frau ... sieht Louise ähnlich ... wusstest du das?«

»Wirklich? »

»Das wenigstens haben wir gemein. Den Blick für weibliche Schönheit.«

»Wo ist sie jetzt?« wollte Mitchell wissen.

»Deine Frau?« gab Cadmus zurück. »Du weißt nicht, wo deine Frau ist?« Wieder stieß er ein Lachen aus. »Das war ein Scherz, Mitchell.«

»Oh.«

»Ich habe dich nicht als so humorlos in Erinnerung.«

»Es hat sich vieles verändert. Ich habe mich verändert.«

»Lass dir deinen Sinn für Humor nicht nehmen. Am Ende ist er vielleicht alles, was dir noch bleibt. Er ist weiß Gott alles, was ich noch habe.« Mitchell wollte ihm widersprechen, aber der alte Mann schnitt ihm das Wort ab. »Erzähl mir nicht, wie sehr mich alle lieben, denn ich weiß es besser. Ich bin euch nur noch lästig, weil ich eurem Erbe im Weg stehe.«

»Wir wollen nur das Beste für die Familie«, warf Mitchell ein. »

»Und wer ist *wir…?*«

»Garrison und ich.«

»Seit wann ist es schlau, einen Mord zu begehen?« Die Worte kamen Cadmus jetzt quälend langsam über die Lippen. »Dein Bruder hat Schande über die Familie gebracht. Nichts als *Schande.* Ich schäme mich meiner eigenen Enkelsöhne.«

»Moment mal …«, protestierte Mitchell. »Das war allein Garrisons Werk. Ich habe mit Margies Tod nichts zu tun.«

»Wirklich nicht?«

»Absolut nicht. Ich habe Margie geliebt.«

»Sie war wie eine Schwester zu dir.«

»Das stimmt.«

»Du verstehst nicht, wie es dazu kommen konnte. Es ist eine Tragödie. Die arme Margie, die arme trunksüchtige Margie. Womit hat sie das verdient?« Er bleckte seine braunen Zähne. »Soll ich es dir sagen? Soll ich dir sagen, was sie getan hat? Sie hat ein Negerbaby zur Welt gebracht, und das hat ihr dein großer Bruder nie verziehen.«

»Wie bitte?«

»Das wusstest du nicht? Sie hat ein Kind von Galileo geboren. Das glaubte zumindest Garrison. Ich meine, er ist schließlich ein Geary. Wie hätte es also von ihm sein können, dieses kleine schwarze Balg?«

»Ich verstehe nicht.«

»Ich glaube, das ist das erste wahre Wort, das du heute Abend ausgesprochen hast. Ja, das glaube ich dir gern, dass du nichts verstehst. Ich bin überzeugt, dass all das über deinen Verstand geht.« Mit einem Kopfschütteln fuhr er fort: »Was ist eigentlich der *wahre* Grund deines Besuchs?«

»Warte. Langsam. Erzähl mir mehr von der Sache mit Margie.«

»Du hast alles gehört, was du von mir erfahren wirst. Ich möchte wissen, warum du hierher gekommen bist.«

»Ich wollte nur mit dir reden.«

»Worüber?«

»Worüber du willst. Wir standen uns einmal so nah, und …«

»Hör auf. Hör auf«, fiel ihm Cadmus ins Wort. »Mir wird schlecht, wenn ich diesen Mist höre. Ich frage dich zum letzten Mal: Warum bist du hierher gekommen? Beantworte meine Frage ehrlich, oder verschwinde und lass dich nie wieder bei mir blicken.« Er richtete den Oberkörper auf und beugte sich zu Mitchell. »Und ich meine es genau so, wie ich es sage. *Lass dich nie wieder blicken.*«

Mitchell nickte. »Schon gut«, sagte er leise. »Also … es ist ganz einfach. Ich möchte die Barbarossas finden.«

»Jetzt kommen wir der Sache schon näher«, erklärte Cadmus, der zum ersten Mal während dieser Unterhaltung eine zutiefst befriedigte Miene zeigte. »Sprich weiter.«

»Garrison sagt, dass es ein Buch gibt …«

»So so, sagt er das?«

»… eine Art Tagebuch, von dem ihm deine erste Frau erzählt hat.«

»Kitty konnte nie etwas für sich behalten.«

»Dieses Buch existiert also?«

»O ja, es existiert.«

»Ich bin gekommen, um es mir zu holen.«

»Ich habe es nicht, mein Sohn.«

Mitchell sah seinen Großvater eindringlich an. »Wo ist es?« fragte er. »Komm schon, sag es mir. Ich war ehrlich zu dir.«

»Dasselbe gilt für mich. Ich habe es nicht. Und selbst wenn ich es hätte, würde ich es dir nicht geben.«

»Warum nicht, zum Teufel? Wieso interessiert es dich, was wir mit diesen Leuten machen?«

»Mit *wir* meinst du unsere Familie?« Seine trüben Augen verengten sich zu Schlitzen. »Hast du vor, einen Krieg zu beginnen? Ich rate dir, lass die Finger davon. Du hast keine Ahnung, worauf du dich da einlässt.«

»Ich weiß, dass sie uns irgendwie in der Hand haben.«

»Sie haben uns nicht nur in der Hand«, erwiderte Cadmus mit leidenschaftsloser Stimme. »Wir gehören ihnen mit Haut und Haaren. Und ich will dir eins sagen: Wir hatten Glück, großes Glück, dass sie uns all die Jahre über in Ruhe gelassen haben. Denn wenn es ihnen einfallen würde, sich mit uns zu befassen, hätten wir nicht die geringste Chance.«

»Gehören sie zur Mafia?«

»Ach du lieber Himmel, schön wäre es, wenn sie bloß Männer mit Knarren wären.«

»Aber was sind sie dann?«

»Ich weiß es nicht«, erwiderte der alte Mann. »Aber ich fürchte, ich werde es in dem Augenblick herausfinden, in dem mein Herz aufhört zu schlagen.«

»Sag so etwas nicht.«

»Macht es dich nervös?« Tränen glänzten in Cadmus' Augen. »Mit Recht. An der Sache ist mehr dran, als du je begreifen wirst, Sohn, also lass die Finger davon, wenn du weißt, was gut für dich ist. Lass dich nicht von Garrison in diesen Schlamassel hineinziehen. Er hat keine andere Wahl, verstehst du? Es wurde ihm in die Wiege gelegt. Aber du … du kannst dich immer noch davonmachen. Gott weiß, dass es für mich zu spät ist. Und auch für deinen Bruder. Und für deine Frau natürlich …«

»Sie hat von all dem keine Ahnung.«

»Sie gehört ihnen«, flüsterte Cadmus ausdruckslos. »Wie

alle unsere Frauen. Manchmal denke ich, dass uns das bisher vor der Vernichtung bewahrt hat. Galileo liebt die Frauen der Gearys. Und die Frauen der Gearys lieben ihn.« Seine Hand fuhr nervös zu seinen bleichen Lippen, und er wischte einen Speicheltropfen ab. »Ich habe Kitty an ihn verloren. Sie hat mich verlassen, lange bevor sie mir der Krebs nahm. Dann habe ich Loretta verloren. Es ist eine bittere Wahrheit. Ich habe beide geliebt, aber das war nicht genug.«

Mitchell stützte den Kopf in die Hände. »Garrison sagt, sie seien nicht wie wir«, murmelte er.

»Er hat Recht und Unrecht. Ich glaube, sie sind in vieler Hinsicht wie wir. Aber sie sind auch mehr, als wir je sein könnten.« Die Tränen flossen ihm jetzt über die Wangen. »Wahrscheinlich sollte das ein Trost für mich sein. Ich hatte keine Chance gegen ihresgleichen. Nichts, das ich für meine Frauen hätte tun können, wäre je genug gewesen. Sie gehörten ihm in dem Moment, als sein Blick auf sie fiel.«

»Weine nicht, Pops«, sagte Mitchell leise. »Bitte.«

»Achte nicht darauf. Ich weine ständig.«

Mitchell rückte mit seinem Stuhl näher an das Bett. »Weih mich in alles ein«, bat er mit weicher, eindringlicher Stimme. »*Bitte.* Ich weiß, du hältst mich für einen Versager … aber … das liegt nur daran, dass ich nie etwas verstanden habe. Niemand hat sich je die Mühe gemacht, mir etwas zu erklären. Also habe ich einfach immer weggesehen. Ich habe so getan, als sei es mir gleichgültig. Aber das stimmt nicht. Pops, es stimmt nicht. Ich möchte wissen, wer diese Menschen sind; ich will dafür sorgen, dass sie so leiden, wie du gelitten hast.«

»Nein.«

»Warum nicht?«

»Weil du mein Enkelsohn bist, und weil ich nicht die Verantwortung dafür tragen möchte, dass du in dein Verderben rennst.«

»Warum hast du solche Angst vor ihnen?«

»Weil ich mit einem Fuß im Grab stehe, mein Sohn. Und sollte ich eine unsterbliche Seele besitzen, ist sie in Schwierigkeiten. Ich will dich nicht auf dem Gewissen haben, es ist auch so schon schwer genug.«

Mitchell holte tief und geräuschvoll Atem. »Also gut«, sagte er, während er sich von seinem Stuhl erhob. »Ich weiß nicht, was ich noch sagen soll. Du tust, was du für richtig hältst, und ich habe meine eigene Tagesordnung.«

»Herrje, Junge, hör dich doch an«, mahnte Cadmus leise. »Es geht hier nicht um einen Geschäftsabschluss, der gefährdet ist. Es geht um unser Leben.«

»Du wolltest uns so haben, Opa«, entgegnete Mitchell. »Du hast es unserem Vater beigebracht, und wir haben es von ihm gelernt: Geschäft geht vor Vergnügen. Das Geschäft geht immer vor.«

»Ich habe mich geirrt«, erklärte Cadmus. »Du wirst dieses Eingeständnis nie wieder aus meinem Mund hören, aber ich habe mich geirrt.« An der Tür stehend, blickte Mitchell nachdenklich auf die Knochengestalt im Bett zurück. »Gute Nacht, Pops.«

»Warte!« rief ihm der alte Mann zu.

»Was ist?«

»Tu mir den Gefallen«, bat Cadmus, »und warte, bis ich unter der Erde bin. Du brauchst nicht lange zu warten, glaub mir. Nur ... warte bitte, bis ich nicht mehr bin. Bitte.«

»Wenn ich es dir verspreche ...«

»Schon wieder Geschäfte?«

»Wenn ich dir das verspreche, musst du mir sagen, wo sich das Tagebuch befindet.«

Cadmus schloss gequält die Augen, während Mitchell unschlüssig an der Tür stand und nicht wusste, ob er gehen oder bleiben sollte. Endlich holte sein Großvater rasselnd Atem und sagte: »Also gut. Ganz wie du willst. Ich habe das Tagebuch Margie gegeben.«

»Das dachte sich Garrison schon. Aber er konnte es nicht finden.«

»Dann frag Loretta. Oder deine Frau. Vielleicht hat Margie das Buch weitergegeben. Aber vergiss nicht ... ich habe dir geraten, die Finger davonzulassen. Ich habe dich gewarnt, aber du willst ja nicht hören.«

»Bestimmt hast du dir damit einen Platz im Himmel verdient, Pops«, sagte Mitchell. »Gute Nacht.«

Cadmus antwortete nicht. Er weinte wieder leise vor sich hin. Mitchell äußerte kein Wort des Trostes mehr. Wie sein Großvater gesagt hatte: Alte Männer weinten eben, da konnte man nichts machen.

XIV

1

Wie Sterne in der Abenddämmerung kommen die Geheimnisse, eines nach dem anderen, zum Vorschein.

Nur zur Information: Cadmus' Behauptung, Garrisons Frau habe ein schwarzes Kind zur Welt gebracht, war zumindest teilweise richtig. Sie wurde tatsächlich schwanger, trug das Kind aber nicht aus. Im fünften Monat erlitt sie eine Fehlgeburt, und die wenigen Menschen, die darüber Bescheid wussten, dass dieses tot geborene Kind schwarz war, wurden großzügig für ihr Schweigen belohnt. Garrison ging, wie Cadmus gesagt hatte, davon aus, dass Galileo der Vater sei. Vielleicht war das der folgenschwerste Irrtum, der ihm je unterlief; ein Irrtum, der den Kern dessen trifft, was er ist und – entscheidender noch – dessen, was in absehbarer Zukunft aus ihm werden wird.

Was Margie betrifft, so weiß ich nicht, wie viel sie erfuhr, als sie wieder zu sich kam; obwohl ich es für sehr wahrscheinlich halte, dass man ihr nie sagte, welch eine Schande ihr Leib hervorgebracht hatte. Cadmus war mit Sicherheit nicht interessiert daran, das Gleichgewicht der Familie zu stören; daher beschränkte er die Information auf den kleinstmöglichen Kreis von Mitwissern. Und Garrison hatte keinen Grund, einer Menschenseele etwas davon zu erzählen: Der Anblick des toten Kindes – ja, er sah den Leichnam, er bestand darauf, ihn sich, eingehüllt in ein winziges Leichentuch, in der Pathologie anzusehen –, dieser Anblick also bewirkte lediglich, dass die Kluft zwischen ihm und seiner Frau noch tiefer wurde. Der erste Stein für die Straße, die zu Margies Tod führen sollte, wurde an jenem Tag gelegt.

Natürlich gibt es in dieser Angelegenheit noch einiges zu berichten, aber einige Sterne kommen eben später zum Vorschein als andere. Der Widerspruch ist der: Je dunkler es wird, umso mehr dieser Geheimnisse treten in Erscheinung. Und am Ende sehen wir sie in ihrer vollen Pracht; wobei wir genau nach denjenigen Dingen, die wir verborgen haben, deren wir uns am meisten schämen, unseren Kurs ausrichten.

2

Drei, vier, fünf Tage vergingen, und Galileo ließ die *Samarkand* treiben, wohin Wind und Gezeiten sie trugen. Sechsunddreißig Stunden lang lag das Schiff bei vollkommener Flaute in seidenglatten Gewässern und bewegte sich kaum vom Fleck. Fast die ganze Zeit über saß er an Deck, sog an seiner Zigarre und blickte in die kühlen Fluten. Einmal kam ein weißer Hai geschwommen und umkreiste mehrere Male den Schiffsrumpf, aber meistens lagen Himmel und Meer völlig verlassen da, und die einzigen Geräusche kamen von der *Samarkand* selbst, das Knarren einer Planke, das Knirschen der Takelage, als finge das Schiff an, seine eigene Existenz anzuzweifeln und müsse sich durch diese Geräusche in Erinnerung rufen, dass es noch real und vorhanden war.

Man hätte ihm derartige Zweifel nachsehen können bei all den Trugbildern, die sein Deck bevölkerten. Je leerer Galileos Magen wurde, umso fieberhafter wurden seine Fantasien, und je fieberhafter seine Fantasien wurden, umso mehr Bilder bestürmten ihn. Er sah seine Familie in den verschiedensten Gruppierungen. Ich erschien ihm sicher mehr als einmal, und irgendwann verstrickten wir uns in eine lange, komplizierte Debatte, ausgelöst durch ein Zitat von Heraklit, das sich in seinem Kopf eingenistet hatte – irgendetwas über *Schutt und Asche, aus denen die schönste aller Welten entsteht*. Mit einer Vision von Luman führte er eine noch längere Unterhaltung, und einmal saß er in der Gesellschaft von Marietta und Zabrina an Deck und sang obszöne Seemannslieder, während ihm die Tränen in Strömen über die Wangen liefen.

»Warum bist du nie nach Hause gekommen?« fragte ihn das Schattenbild Zabrinas.

»Ich konnte nicht, nach allem, was passiert ist. Alle haben mich gehasst.«

»Wir sind darüber hinweggekommen«, erklärte Zabrina. »Ich zumindest.«

Marietta schwieg. Sie war weniger substanziell als Zabrina, und Galileo hatte in ihrer Gegenwart aus unerfindlichen Gründen Schuldgefühle.

»Mir scheint«, sagte Zabrina in ziemlich förmlichem Ton, »du hast so ungefähr das ganze Repertoire heruntergespielt, nur nicht die Rolle des verlorenen Sohns. Du warst der Liebhaber. Du warst der Tölpel. Du warst der Mörder.«

»Worauf willst du hinaus?« fragte er.

»Du könntest immer noch nach Hause kommen, wenn du wolltest. Du musst lediglich das Kommando über dein Schiff wieder übernehmen.«

»Ich habe weder einen Kompass noch Karten.«

»Du könntest nach den Sternen navigieren«, warf Zabrina ein.

Galileo lächelte über das, was ihm seine Fantasie da vorgaukelte. »Ich habe auch diese Rolle gespielt«, bemerkte er. »Den Versucher. Ich habe sie immer wieder gespielt. Ich weiß, wie es funktioniert. Gib dir keine Mühe.«

»Wirklich schade«, schmeichelte Zabrina. »Ich hätte dich gern noch ein letztes Mal gesehen. Wir hätten zusammen zu den Stallungen gehen und Vater einen Besuch abstatten können.«

»Glaubst du, es ist Zufall, dass Christus in einem Stall geboren und unser Vater in einem Stall gestorben ist?« erkundigte sich Galileo.

»Purer Zufall«, mischte sich Marietta in die Unterhaltung. »Jesus Christus und unser Vater haben absolut nichts gemein. Unter anderem war unser Vater ein ziemlich großer Schwanzheld.«

»Das habe ich noch nie gehört«, bemerkte Zabrina.

»Über unseren Vater?«

»Nein, den Ausdruck. *Schwanzheld.* Das Wort habe ich noch nie gehört.«

Die schattenhaften Gespräche setzten sich fort, selten mehr als belangloses Geplauder, und wenn doch einmal, dann nur für kurze Zeit. Und nicht nur Familienmitglieder kamen. Margie erschien eines Nachts für ein Weilchen auf dem Schiff und beteuerte mit alkoholbelegter Zunge, wie sehr sie ihn liebte. Kitty, die zarte Kitty, tauchte wenig später auf, wollte aber nicht sprechen; sie starrte ihn nur wortlos und mit einem ungläubigen Ausdruck in den Augen an, als könnte sie seine Dummheit nicht fassen. Sie hatte ihm sein Selbstmitleid immer vorgeworfen, und das tat sie auch bei dieser letzten Begegnung; nur drückte sie ihren Vorwurf diesmal nicht mit Worten aus.

Viele andere kamen, gelangten aber nicht bis an Deck: geisterhafte Erscheinungen, die im Wasser vorbeitrieben und zu ihm aufblickten. Die meisten von ihnen seine Opfer, Männer und Frauen, denen er das Leben genommen hatte, so schnell er konnte zwar, aber welcher gewaltsame Tod konnte schon schnell genug sein? Oh, es waren beklagenswerte Geschöpfe darunter. Viele, mit denen er gottlob keinen Namen verbinden konnte; einige, die ihn so anklagend ansahen, dass er am liebsten sein Haupt verhüllt hätte. Er gab diesem feigen Wunsch nicht nach, sondern hielt, so gut es der Tränenschleier vor seinen Augen erlaubte, ihrer stummen Anklage stand, bis sie schließlich aus seinem Blickfeld verschwunden waren.

Eine ganz andere Art von Erscheinung suchte ihn am Nachmittag des fünften Tages heim. Die Flaute war längst vorbei; die *Samarkand* trieb jetzt im eisernen Griff einer starken Strömung in immer höheren Wellen, und ihr Bug tauchte gelegentlich so tief in die gischtigen Fluten ein, dass es aussah, als wollte sie nie wieder hochkommen; aber jedes Mal richtete sich das Schiff am Ende wieder auf. Galileo hatte sich am Hauptmast festgebunden, um nicht über Bord geschwemmt zu werden. Der Nahrungsmangel hatte ihn so geschwächt, dass ihn seine Beine kaum noch trugen, und in seinen Armen war nicht mehr genug Kraft, um sich festzuhalten, wenn eine Welle ihn fortreißen wollte. So saß er auf seinem stampfenden, tobenden Schiff wie ein von seiner Mannschaft überwältigter Kapitän, mit vor Kälte klappernden Zähnen und einem Blick, der den kommenden Wahnsinn verriet.

Und dann war ihm, als sähe er – in einem Tal zwischen den steilen, stahlblauen Wellenbergen – ein Gruppe goldener Bäume. Einen bitteren Augenblick lang dachte er, die Strömung hätte ihm einen elenden Streich gespielt und ihn nach Kaua'i zurückgetragen, aber als das Bild wieder in Sicht kam, erkannte er, dass es keine Insel war. Es war vielmehr die schönste und qualvollste aller Visionen: Es war sein Zuhause.

Dort, am Ende einer mit Spanischem Moos behangenen Eichenallee, sah er das Haus, das Jefferson gebaut hatte; das Haus seiner Mutter; den Ort, von dem er immer wieder geflohen und dem er doch nie ganz entkommen war. Hinter einem der Fenster stand Cesaria. Sie sah ihn in seinem selbstgewählten Exil. Vielleicht hatte sie ihn immer gesehen, immer aus den Augenwinkeln beobachtet, wie es eine Mutter eben tut; hatte ihn trotz aller Anstrengungen seinerseits, sich aus ihrem Einfluss zu befreien, nie ganz losgelassen.

Angestrengt starrte er auf die Szene – einmal verdeckt von den sich auftürmenden Wellen, dann wieder dem Auge preisgegeben –, in der Erwartung, sie dort zu sehen. Aber es war nichts Belebtes in diesem Bild, nicht einmal ein Eichhörnchen im Gras. Oder zumindest nichts, das sich ihm zeigen wollte.

Nach einer Weile verschwand auch diese Vision. Wieder senkte sich die Dunkelheit herab, und er blieb, wo er war, festgebunden am Mast, während der Himmel über ihm hin und her schaukelte.

XV

1

Diesmal hatte Rachel das Tagebuch mit einem Gefühl zynischer Abwehr zur Hand genommen, entschlossen, sich nicht noch einmal von seinen suggestiven Lügengespinsten übertölpeln zu lassen. Aber es gelang ihr nicht. Schon nach wenigen Seiten war sie wieder eingetaucht in die Welt, die darin beschworen wurde: das Haus in der East Battery mit seinen Essensdüften und dem Geruch der körperlichen Liebe. Und Galileo auf der Treppe, wie er Holt in seiner Welt willkommen hieß. Ob wahrer Bericht oder nicht, sie konnte dem Drang weiterzublättern nicht widerstehen.

Auf den nächsten Seiten folgte eine ausführliche Beschreibung des Lebens, das Holt und Nickelberry nun führten: eine fast zwanghafte Aufzählung der Gaumenfreuden und erotischen Genüsse, die ihnen beschieden waren. Holt schien es nicht mehr schwer zu fallen, freimütig von seinen Ausschweifungen zu berichten. Dieser Mann, eben noch ein treu sorgender Familienvater, brüstete sich nun fast seiner Exzesse und erzählte ohne jede Scham von seinen Abenteuern mit den Frauen des Hauses. Es war eine erstaunliche Lektüre, besonders wenn man bedachte, dass sich alle diese schlüpfrigen Details in einem Tagebuch wiederfanden, das ihm seine eigene Frau geschenkt hatte (deren Widmung – *Ich liebe dich mehr als das Leben und werde dir meine Liebe auf tausenderlei Art und Weise zeigen, wenn du wieder bei mir bist* – die erste Seite zierte). Arme Adina; sie war vergessen, zumindest für den Augenblick. Ihr Mann war in eine Welt eingetreten, in der kein Platz war für gefühlsmäßige Bindungen. Hier wurde das Leben von einer so verzweifelten Gier getrieben, dass die Menschen vergaßen, was sie gewesen waren, bevor sie dieses Haus betreten hatten. Jede Zurückhaltung, alle Scham, jedes normale Gefühl für Anstand war verflogen. Dem Tagebuchbericht zufolge wurde morgens, mittags und abends gegessen, getrunken und kopuliert, und drei Faktoren trieben die Menschen zu diesem Verhalten. Zum einen die Tatsache, dass alle Bewohner des Hauses nur den bedingungslosen Genuss im Auge hatten und sich gegenseitig zu immer neuen Erfahrungen anspornten. Zum zweiten ein steter Fluss erotischer Stimulationen durch Galileo, von deren Existenz Holt (wie auch Rachel) keine Ahnung gehabt hatte. Und drittens die Gegenwart des Mannes selbst, der die Gesetze in diesem Haus bestimmte. Hier gab es niemanden, ob Mann oder Frau, ob Alt oder Jung, der nicht mit Galileo geschlafen hätte. Diese Tatsache offenbarte sich in einer von Holt wiedergegebenen Unterhaltung zwischen ihm selbst und Nickelberry, einem Mann, an dessen heterosexuellen Neigungen er bisher keinen Zweifel gehabt hatte. Aber weit gefehlt. Er hatte, mit Holts Worten, *für unseren Gastgeber die Rolle der Frau übernommen und erzählte mir, ohne zu erröten, er habe sich selten so sehr geliebt gefühlt wie in Galileos Armen.*

Rachel war erstaunt, dass sie nach der endlosen Litanei sexueller Eskapaden auf den vorangegangenen Seiten noch etwas erschüttern konnte, aber so war es, sie war schockiert. Auch wenn sie es für absurd hielt, in diesem Galileo denselben Mann zu sehen, den sie kennen gelernt hatte, erschien er vor ihrem inneren Auge, sobald sein Name in dem Buch erwähnt wurde. Und ihr Galileo war es in seiner überwältigenden Schönheit, der Nickelberry in den Armen hielt, ihn küsste und verführte, ihn zur Frau machte.

Sie hätte wissen müssen, was als nächstes kam, aber sie ahnte nichts. Während sie noch mit ihrem Widerwillen gegen das, was Holt beschrieb, zu kämpfen hatte, ging er zu einem sehr viel persönlicheren Bekenntnis über, das ihm sicher schwerer fiel als alles andere in diesem Buch.

Gestern Abend bin ich Nickelberrys Beispiel gefolgt, schrieb Holt, *und zu Galileo gegangen. Ich weiß nicht einmal genau, warum ich es tat; ich hatte kein Verlangen danach, bei ihm zu sein. Jedenfalls nicht die Art von Verlangen, die ich bei einer*

Frau empfinde. Und er hat mich auch nicht um meine Gesellschaft gebeten, obwohl er mir, als ich erst einmal da war, gestand, dass er sich nach meiner Umarmung und meinen Küssen gesehnt hatte. Ich brauche mich nicht zu schämen, sagte er, wenn mir diese Art der Liebe Lust bereitete. Die meisten Männer trügen dieses Verlangen in sich, aber nur die Mutigsten seien bereit, sich der Herausforderung zu stellen.

Ich erklärte, dass ich mich keineswegs mutig fühlte, sondern Angst hätte vor dem vor uns liegenden Akt; Angst vor den Folgen, den er für meinen Seelenfrieden haben würde; und vor allem Angst vor ihm.

Er lachte nicht über dieses Geständnis. Vielmehr nahm er mich so zart in die Arme, als würde er etwas berühren, das kostbarer war als ein Mensch aus Fleisch und Blut. Er forderte mich auf, ihm zuzuhören, denn er wolle mir eine Geschichte erzählen, um meine Ängste zu vertreiben …

Eine Geschichte? Was war denn das? Noch ein Galileo, der Geschichten erzählte?

… In seinen Armen fühlte ich mich wie ein Kind, und etwas in mir wollte sich daraus befreien. Aber so beruhigend wirkte seine Nähe auf meinen aufgewühlten Geist, dass dieses Kind in mir, das sich seit so vielen Jahren nicht mehr zu Wort gemeldet hatte, zu mir sagte: Lieg still. Ich möchte die Geschichte hören. Und ich gehorchte dem Kind und lag still, und bald wurden alle Schrecken, die ich gesehen hatte, wurden der Tod und der Schmerz zu einem Traum, aus dem ich in seinen Armen erwachte.

Die Geschichte begann wie ein Kindermärchen, aber sie wurde allmählich immer merkwürdiger und weckte in mir alle nur erdenklichen Gefühle. Es war die Geschichte von zwei Prinzen, die in einem fernen Land lebten, in dem die Reichen noch gütig …

… und die Armen gottgläubig waren. Rachel kannte dieses Land. Die kindliche Braut Jerusha hatte dort gelebt. Und Galileo hatte das Land erfunden.

Sie saß so vollkommen still da, dass sie das Blut in ihren Ohren rauschen hörte, während ihre Augen stumpf über die Zeile glitten, als könnte sie diese ändern, indem sie sie wieder und wieder las.

Es war die Geschichte von zwei Prinzen …

Aber nein; die Worte blieben dieselben, so oft sie die Zeile auch lesen mochte. Sie konnte der Wahrheit nicht aus dem Weg gehen, auch wenn es schwer war – oder vielmehr nahezu unmöglich –, ihr ins Auge zu sehen. Aber alles andere wäre willentliche Selbsttäuschung gewesen. Die Last der Beweise war erdrückend.

Der Galileo dieses Buches – der Mann, der vor hundertvierzig Jahren und früher gelebt hatte; dieser Mann war derselbe Galileo, den sie liebte. Nicht sein Vater oder sein Großvater: *er selbst.* Dasselbe Fleisch und Blut; derselbe Geist in diesem Leib, dieselbe Seele.

Obwohl es ihr ganzes bisheriges Verständnis der Welt durcheinander brachte, akzeptierte sie es. Sie würde sich nicht mehr mit Händen und Füßen dagegen sträuben in der Hoffnung, eine Wahrheit zu finden, die leichter zu glauben war, wenn sie nur lange genug danach suchte. Damit quälte sie sich nur selbst; schob den Moment vor sich her, in dem sie die Wahrheit annehmen und versuchen konnte, ihren Sinn zu begreifen.

Es war ja nicht so, dass er sie angelogen hatte. Ganz im Gegenteil. Wiederholt hatte er ihr zu verstehen gegeben, dass sein Leben anderen Prinzipien unterworfen war als das ihre. Er hatte beispielsweise davon gesprochen, ein Mann ohne Großeltern zu sein. Aber sie hatte es gar nicht wissen wollen. So hoffnungslos verliebt war sie in ihn gewesen, dass sie nichts wissen wollte, das dieses Gefühl hätte zerstören können.

So viel zum Selbstbetrug. Es war Zeit, die Wahrheit zu akzeptieren, so merkwürdig sie auch sein mochte. Schon zwei Lebensspannen vor ihrer Zeit hatte er dieselben Tricks der Verführung angewandt, mit denen er sie eingewickelt hatte, nur war damals Hauptmann Holt das Objekt seines Begehrens gewesen. Das Bild der beiden Männer hatte sich ihr unauslöschlich eingeprägt: Holt wie ein Kind in den Armen seines Liebhabers, völlig eingelullt von der Geschichte, die Galileo erzählte.

In einem Land, weit weg von hier, lebten zwei Prinzen …

Sie wollte nicht wissen, wie es weiterging, weder für die beiden Prinzen noch für die Männer, die damit gemeint waren. Die Lust auf das Tagebuch war ihr plötzlich vergangen; ihre Augen hingen nicht mehr gebannt an den Worten. Sie hatten ihr alles erzählt, was sie wissen musste, und mehr als das.

Sich die Tränen mit dem Handballen von den Wangen wischend, erhob sie sich vom Tisch und schlug das Buch zu. Ihr war ein wenig schwindlig, und sie fühlte sich erhitzt, als würde sich eine Grippe anbahnen. In der Küche schenkte sie sich ein Glas Wasser ein, nippte daran und beschloss dann, wieder zu Bett zu gehen. Vielleicht würde sie sich nach ein paar Stunden Schlaf besser fühlen. Und ihre Chancen, die Ruhe zu finden, die sie brauchte, standen jetzt, da die Macht des Tagebuches über sie endlich gebrochen war, wesentlich besser.

Mit dem Glas in der Hand und auf bloßen Füßen ging sie ins Schlafzimmer. Die Uhr zeigte kurz nach fünf. Sie stellte das Glas ab, legte sich ins Bett und überlegte, ob sie noch eine halbe Schlaftablette nehmen sollte. Aber bevor sie den Gedanken noch zu Ende gedacht hatte, übermannte sie die Erschöpfung.

2

Vor ein paar Stunden bin ich in der Überzeugung eingeschlafen, den sechsten Teil zu einem befriedigenden Abschluss gebracht zu haben. Aber jetzt sitze ich hier und füge diese Zeilen hinzu und mache damit die ganze schöne Ordnung meiner Ausführungen gründlich zunichte. Auch gut; diesem Buch war es nie beschieden, sich durch eine ordentliche Form auszuzeichnen. Und ich bin sicher, dass es noch sehr viel chaotischer werden wird, bevor wir zum Schluss kommen.

Was war so wichtig, dass es mich drängte, aus dem Bett aufzustehen und es niederzuschreiben? Wieder einmal ein Traum. Ich erzähle ihn hier nicht, weil ich ihn für prophetisch halte wie meinen Traum von Galileo auf dem Floß, sondern weil er mich so eigenartig berührt hat.

In dem Traum ging es um Lumans Kinder.

Das ist merkwürdig genug, weil ich seit unserer Unterhaltung über seine unehelichen Nachkommen keinen bewussten Gedanken mehr an das Thema verschwendet habe. Aber mein Unterbewusstsein beschäftigte sich offensichtlich eingehend damit und brachte dabei diese groteske Vision hervor: Ich träumte, ich sei ein Blatt Papier; ein zerknüllter Papierfetzen. Und ich wurde vom Wind verweht. Er trieb mich über einer gewaltigen Landschaft dahin, wirbelte mich herum und herum. Wie es so oft in Träumen der Fall ist, sah ich konzentriert in wenigen Traumsekunden mehr, als ich je beschreiben könnte. Manchmal wurde ich hoch in die Lüfte getragen und blickte auf Städte hinunter, die so tief unter mir lagen, dass ihre Bewohner nur winzige Pünktchen waren; dann wieder wurde ich mit den übrigen Abfällen über das Pflaster einer staubigen Straße geweht. Ich sah zerklüftete Schluchten und Großstädte; ich blieb an Gartenzäunen und Telegrafenmasten hängen; ich lag reglos in der sommerlichen Hitze von Louisiana und wurde in Vermont mit dem Laub zusammengekehrt, ich klebte festgefroren an einem Weidezaun in Nebraska, dessen Drähte im Wind summten; ich schwamm im Schmelzwasser, das mit der Frühlingswärme die Flüsse von Wisconsin anschwellen ließ. Allmählich wuchs in mir das Gefühl einer bevorstehenden Veränderung. Die Landschaft entfaltete sich nach wie vor unter mir – die Gipfel des High Country von Montana, ein palmengesäumter Strand, eine Wiese voller Mohnblumen und Kornblumen –, aber ich wusste, dass sich meine Reise einem entscheidenden Ziel näherte.

Dieses Ziel war ein wenig vielversprechender Ort. Ein trostloses Viertel in einer Kleinstadt irgendwo in Idaho; eine Einöde leer stehender Häuser, voll Schutt und grauem Gras. Aber da saß ein Mann in den Trümmern eines ausgeschlachteten Lkws, und als ich ihm vor die Füße flog, griff er nach mir und hob mich auf. Es war ein eigenartiges Gefühl, zwischen diesen vom Tabak verfärbten Fingern gehalten zu werden, aber als ich in das Gesicht des Mannes blickte, wusste ich, dass er einer von Lumans Söhnen war. Ich entdeckte in seinen Augen etwas von dem bissigen Spott meines Halbbruders und auch einen Schimmer seiner brennenden Wissbegier, wenn auch durch die Mühsal des Lebens abgestumpft.

Er schien zu spüren, dass er in mir mehr als einen Fetzen Müll gefunden hatte, denn er warf seine Zigarette weg, erhob sich von der Sitzbank des heruntergekommenen Wracks und rief:

»He! Hallo! Seht mal, was ich gefunden habe!«

Er wartete nicht ab, bis die Personen, die er gerufen hatte, zu ihm kamen, sondern eilte mit großen Schritten zu dem verfallenen Tankstellengebäude, vor dem die verrosteten Zapfsäulen wie eherne Wächter aufragten. Eine Schwarze in mittleren Jahren – an ihrem Körperbau eindeutig als Enkelin Cesarias zu erkennen – tauchte in der Tür auf.

»Was ist das, Tru?«

Er reichte ihr seinen kostbaren Fund, und die Frau betrachtete mich neugierig.

»Das ist ein Zeichen«, nuschelte Tru in seinem schleppenden Dialekt.

»Kann schon sein«, entgegnete die Frau.

»Ich hab's dir ja gesagt, Jessamine.«

Die Frau sah über die Schulter zum Tankstellengebäude zurück und rief: »He, Kenny! Sieh mal, was Tru hier hat. Wo hast du es gefunden?«

»Es wurde mir vor die Füße geweht. Und du hast behauptet, ich wäre verrückt.«

»Das hab' ich nicht gesagt«, widersprach Jessamine.

»Nein, *ich* war das«, ertönte die Stimme eines Dritten, und ein Mann, der sich, was Alter und Hautfarbe betraf, irgendwo zwischen den beiden anderen bewegte, trat hinzu und riss mich Jessamine aus der Hand. Sein Schädel war kahl wie ein Ei, aber sein Gesicht verschwand fast unter einem dichten Bartgewirr. Auch er ließ keinen Zweifel an seiner Herkunft. Er sah sich nicht einmal an, was er in der Hand hielt.

»Nichts als ein Fetzen Müll«, erklärte Kenny, und bevor die beiden noch Einwände vorbringen konnten, machte er kehrt und stapfte davon.

Sie folgten ihm nicht. Vermutlich hatten sie Angst vor ihm. Aber kaum hatte er ihnen den Rücken gekehrt, sah ich, wie sein Blick verloren auf das Ding in seiner Hand fiel. Seine Augen waren mit Tränen gefüllt.

»Schluss mit dem vergeblichen Hoffen«, murmelte er vor sich hin.

Dann hielt er mein Gesicht in die Flammen eines kleinen Feuers, das zwischen Backsteinen züngelte. Als mich die Hitze erfasste, erlebte ich einen Moment höchster Panik. Ich spürte, wie mein Körper in den Flammen schrumpfte und sich schwärzte, bis er die Farbe von Galileos Haut angenommen hatte. In diesem Moment erwachte ich und war so in Schweiß gebadet, dass jedes Feuer, hätte ich wirklich gebrannt, gelöscht worden wäre.

So – das war mein Traum, wie ich ihn in Erinnerung habe. Eine meiner befremdlicheren nächtlichen Visionen, muss ich sagen. Ich weiß nicht, was ich davon halten soll. Aber nachdem ich ihn aufgeschrieben habe, nehme ich zurück, was ich vorher darüber gesagt habe, dass er nämlich nicht prophetisch sei. Vielleicht ist er es doch. Vielleicht warten dort draußen irgendwo im Land in diesem Augenblick drei von Lumans Kindern sehnsüchtig auf ein Omen; wissend, dass sie mehr sind, als die Welt ihnen zugesteht, aber nicht wissend, was es ist. Sie warten auf jemanden, der kommt und ihnen sagt, wer sie sind. Warten auf mich.

TEIL SIEBEN

Das Rad der Sterne

I

Heute habe ich mich mit Luman versöhnt. Es fiel mir nicht leicht, aber ich wusste, dass es früher oder später sein musste. Vor wenigen Stunden, als ich mich auf meinem Stuhl zurücklehnte, um über irgendetwas nachzudenken, ging mir plötzlich durch den Kopf, wie traurig es doch wäre, wenn sich die Ereignisse überschlagen würden und L'Enfant fiele, ohne dass ich mit Luman Frieden geschlossen hätte. Also stand ich auf, nahm meinen Regenschirm (es hat fast den ganzen Tag über leicht genieselt; vielleicht klärt das die Luft ein wenig) und machte mich auf den Weg zur Räucherhütte.

Luman saß auf der Türschwelle, wo er, in der Nase bohrend, in die Richtung blickte, aus der ich kommen musste. Offensichtlich wartete er auf mich.

»Du hast dir Zeit gelassen«, war die Bemerkung, mit der er mich begrüßte.

»Ich habe was?«

»Du hast mich schon verstanden. Du hast lange gebraucht, um hierher zu kommen und mir zu sagen, dass es dir Leid tut.«

»Wie kommst du darauf, dass ich das vorhabe?« fragte ich verwundert.

»Weil du so aussiehst, als täte es dir Leid«, erklärte er und schnippte dabei irgendetwas, das er aus seiner Nase zutage gefördert hatte, ins Gebüsch.

»Ach, tatsächlich?«

»Ja, Mr. Ich-bin-ein-Super-wichtiger-Autor-Maddox, du siehst tatsächlich so aus, als täte es dir furchtbar Leid.« Er fasste nach dem verrotteten Türgriff und zog sich daran hoch.

»Ich würde mich nicht einmal wundern, wenn du deinen traurigen Leib vor mir in den Staub werfen und mich um

Verzeihung bitten würdest.« Er grinste. »Aber das ist nicht nötig, geliebter Bruder. Ich vergebe dir deine Schuld.«

»Wie überaus großzügig von dir. Und was ist mit *deiner* Schuld?«

»Ich habe mir nichts zuschulden kommen lassen.«

»Luman, du hast mir praktisch vorgeworfen, meine Frau umgebracht zu haben.«

»Ich habe die schlichte Wahrheit gesagt«, entgegnete er und fügte dann hinzu: »Wie ich sie gesehen habe. Niemand hat dich gezwungen, mir zu glauben.« Ein listiger Ausdruck schlich sich in seine einfältigen Züge. »Obwohl ich irgendwie das Gefühl habe, dass du es tust.« Eine Weile musterte er mich schweigend. »Oder willst du mir sagen, dass ich mich irre?«

Am liebsten hätte ich ihm dieses selbstgefällige Grinsen aus dem Gesicht geprügelt, aber ich widerstand der Versuchung. Ich war hierher gekommen, um Frieden mit ihm zu schließen, und nichts anderes würde ich tun. Und wie ich an früherer Stelle bereits zugegeben habe, trifft mich die Schuld an Chiyojos Tod tatsächlich bis zu einem gewissen Grad. Dieses Geständnis hatte ich dem Papier anvertraut, jetzt war es an der Zeit, dasselbe Angesicht zu Angesicht vor meinem Ankläger stehend zu tun. Das sollte doch nicht so schwierig sein, nicht wahr? Ich kannte die Worte; warum war es so viel schwerer, sie auszusprechen als sie niederzuschreiben?

Schließlich legte ich den Schirm beiseite und hob das Gesicht in den Regen. Er war warm, aber doch erfrischend. Etwa eine Minute lang blieb ich so stehen und ließ mir den Regen ins Gesicht prasseln, bis ich so nass war, dass meine Haare am Schädel klebten. Dann sagte ich, ohne Luman dabei anzusehen:

»Du hattest Recht. Ich trage die Verantwortung für das, was Chiyojo passiert ist. Ich habe sie Nicodemus überlassen, genau wie du gesagt hast. Ich wollte …« Ich spürte, wie Tränen in mir aufstiegen und meine Stimme sich belegte, aber ich setzte meine Beichte fort. »Ich wollte ihm gefallen. Ich wollte, dass er mich liebt.« Mit einer Hand wischte ich mir den Regen aus dem Gesicht, dann endlich sah ich Luman an. »Die Sache ist die, dass ich nie das Gefühl hatte, sein Sohn zu sein. Nicht so wie du. Oder wie Galileo. Ich war immer nur euer Halbbruder. Also bin ich durch die Weltgeschichte gereist und habe versucht, mich bei ihm beliebt zu machen. Aber es hat nicht funktioniert. Ich war eine Selbstverständlichkeit für ihn. Am Ende wusste ich nicht, was ich ihm noch geben sollte. Ich hatte mich selbst gegeben, und das war nicht genug …«

Irgendwann, während all dies aus mir hervorsprudelte, hatte ich angefangen zu zittern; meine Hände, meine Beine, mein Herz, alles an mir flatterte. Aber nur der Tod hätte mich jetzt noch daran hindern können, zu Ende zu führen, was ich einmal begonnen hatte. »Als ich merkte, dass er ein Auge auf Chiyojo geworfen hatte, war ich zuerst wütend und wollte das Haus verlassen. Hätte ich es nur getan. Hätte ich Chiyojo nur – wie du gesagt hast – von L'Enfant weggebracht, dann hätten wir unser eigenes Leben führen können. Ein ganz gewöhnliches Leben vielleicht – das Leben von Menschen. Aber das wäre gar nicht so schlecht gewesen, nicht wahr?«

»Verglichen hiermit«, warf Luman leise ein, »wäre es das Paradies gewesen.«

»Aber ich hatte Angst davor zu gehen. Ich hatte Angst, dass ich es eines Tages bedauern könnte und dass es dann kein Zurück mehr geben würde.«

»Wie für Galileo?«

»Ja … wie für den armen Galileo. Also beachtete ich meine unguten Ahnungen nicht. Und als er Chiyojo nachstellte, wandte ich den Blick ab. Wahrscheinlich habe ich tief im Innern gehofft, sie würde mich so sehr lieben, dass sie ihn zurückweist.«

»Mach ihr keine Vorwürfe«, bemerkte Luman. »Die heilige Jungfrau höchstpersönlich würde Nicodemus ihre Muschi freiwillig überlassen.«

»Ich mache ihr keine Vorwürfe. Das habe ich nie getan. Aber irgendwie hatte ich diese Hoffnung.«

»Du armer Trottel«, sagte Luman fast liebevoll. »Es muss schrecklich für dich gewesen sein.«

»Schrecklicher geht es nicht, Luman. Ich fühlte mich völlig zerrissen. Ein Teil von mir wollte, dass sie ihn abweist. Dass sie zu mir gelaufen kommt und mir sagt, er habe versucht, sie zu vergewaltigen. Und ein anderer Teil von mir wollte, dass er sie mir nimmt. Er sollte sie zu seiner Geliebten machen, wenn das bewirkte, dass er mir mehr Beachtung schenkte.«

»Wie hast du dir das vorgestellt?«

»Ich weiß es nicht. Vielleicht sollten ihn seine Schuldgefühle dazu bringen, netter zu mir zu sein, oder wir hätten sie uns einfach geteilt. Er auf der einen Seite, ich auf der anderen.«

»Das hättest du getan?«

»Ich glaube – ja.«

»Moment mal. Nur um sicherzugehen, dass ich dich richtig verstanden habe: Du hättest dich auf ein Dreiecksverhältnis mit deiner Frau und deinem eigenen Vater eingelassen?« Ich gab keine Antwort, aber mein Schweigen sagte ihm genug. Mit einer clownhaften Geste schlug er eine Hand vor die Augen. »Ich dachte, ich bin verdreht«, stöhnte er, dann verzog sich sein Gesicht zu einem Grinsen.

Was mich betraf, so wusste ich nicht, ob ich lachen oder weinen sollte. Diese Dinge hatte ich nicht einmal dem Papier anvertraut; es war die schmutzigste Wahrheit; die traurigste, widerwärtigste Wahrheit.

»Wie dem auch sei, es kam nie dazu«, erklärte ich.

»Das ändert allerdings nichts daran«, entgegnete Luman, »dass du pervers bist, wenn du mich fragst.«

»Er hat sie genommen und mit ihr geschlafen, und er hat ihr Gefühle vermittelt, die sie bei mir vermutlich nie empfand.«

»Dazu war er imstande«, bestätigte Luman. »Er hatte diese Gabe.«

»War es ... etwas Körperliches?« Damit sprach ich eine Frage aus, die mich seit Jahren quälte. Luman sah mich verständnislos an. »Diese Gabe«, hakte ich nach. »Ach, komm schon, Luman, du weißt genau, was ich meine. Hat er die Frauen auf diese Weise dazu gebracht, ihn zu lieben?« Ich senkte den Blick auf meinen Schritt. »Damit?«

»Fragst du mich, wie groß sein Schwanz war?« Ich nickte. »Na ja, nach meiner eigenen Ausstattung zu urteilen, ansehnlich. Aber ich glaube, das ist nur die halbe Miete. Wenn man nicht damit umzugehen weiß …« Hier seufzte er. »Ich habe es nie gekonnt. Ich habe ein Gehänge wie ein Zuchthengst, aber im Bett gleiche ich einem lahmen Esel.« Endlich brach das Lachen aus mir heraus, was Luman offenbar mit freudiger Genugtuung erfüllte, denn er strahlte übers ganze Gesicht. »Jedenfalls wissen wir jetzt eindeutig mehr voneinander als noch vor fünf Minuten«, bemerkte er. Und fuhr dann, etwas leiser, fort: »Perverser Kerl.«

Wir unterhielten uns noch eine Weile, dann sah er mir, im Schutz seiner Tür stehend, nach, wie ich mich im Regen auf den Rückweg zu meinem Arbeitszimmer machte. Wir hatten nur noch ein paar Dinge von Bedeutung besprochen. Von Luman war der Vorschlag gekommen, dass wir irgendwann in nächster Zeit einmal zusammen zu den Stallungen gehen und Nicodemus' Grab einen Besuch abstatten sollten, und ich hatte ihm zugestimmt und hinzugefügt, wir sollten uns nicht allzu viel Zeit damit lassen, weil uns sonst die Ereignisse vielleicht bald einholen würden und es keine Gelegenheit mehr gäbe. Die Antwort, die Luman mir darauf gab, war interessant.

»Befinden wir uns denn im Kriegszustand?« meinte er. »Müssen wir täglich mit einem Überfall rechnen?«

Ich sagte ihm, dass ich das nicht wisse, dass sich im Hause Geary jedoch unberechenbare Dinge abspielten, was sicher genug Anlass böte, nervös zu werden.

»Wenn du nervös bist, bin ich es auch«, erklärte Luman. »Ich werde heute Abend meine Messer herausholen. Und anfangen, sie zu wetzen. Hast du eine Schusswaffe?«

»Nein.«

Er verschwand im Haus und tauchte wenig später mit einem vorsintflutlichen Revolver wieder auf. »Nimm den«, sagte er.

»Woher hast du ihn?« erkundigte ich mich.

»Er hat einmal Nub Nickelberry gehört«, erklärte er. »Er

hat ihn mir beim Abschied gegeben. Das heißt, eigentlich hat Galileo ihn dazu gebracht, ihn mir zu geben. Er hat Nickelberry davon überzeugt, dass er keine Verwendung mehr dafür haben würde, weil er den besten Beschützer der Welt hätte.«

»Womit er sich selbst meinte?«

»Das nehme ich an.« Wieder hielt er mir die Waffe hin. »Na los, Eddie, nimm sie schon. Selbst wenn du glaubst, dass du sie nie brauchen wirst. Mir ist wohler, wenn ich weiß, dass du außer deiner Schreibfeder noch etwas hast, womit du notfalls herumfuchteln kannst, wenn es unangenehm wird.«

Damit drückte er mir die Waffe in die Hand. Es war ein Griswold and Gunnison Revolver, wie meine späteren Nachforschungen ergaben; einfach und solide.

»Alle Kammern sind geladen«, erklärte Luman. »Aber mehr Munition habe ich nicht dafür, du wirst dir deine Ziele also mit Bedacht auswählen müssen. He! Halt den Lauf nicht auf mich gerichtet. Wann hast du das letzte Mal einen Revolver in der Hand gehabt?«

»Das ist lange her«, musste ich einräumen. »Es ist ein eigenartiges Gefühl.«

»Sei nicht überängstlich damit. Unfälle passieren immer dann, wenn man im Umgang mit einer Waffe allzu zimperlich ist. *Du* beherrschst den Revolver, nicht umgekehrt. Verstanden?«

»Verstanden. Danke, Luman.«

»Ist mir ein Vergnügen. Ich will sehen, was ich sonst noch ausgraben kann. Irgendwo im Haus habe ich einen hübschen Säbel aus Nashville. Es gab dort eine Fabrik, die während des Krieges Pflugscharen zu Schwertern umgearbeitet hat.«

»Wie ungemein biblisch.«

»Und weißt du, was ich noch habe?« Luman grinste jetzt von einem Ohr zum anderen. »Eine Wirbeltrommel der Konföderierten.«

»Auch von Nickelberry?«

»Nein … Marietta hat sie mir unmittelbar nach Kriegsende mitgebracht. Sie hatte sie irgendwo in einem Graben gefunden. Zusammen mit dem Trommler. Es war klar, dass er nie mehr darauf trommeln würde, also hat sie ihm das Instrument aus den starren Fingern gewunden und es für mich mitgenommen. Ich muss wieder lernen zu trommeln. Einen anständigen, lauten Alarm schlagen …« Das Grinsen war aus seinem Gesicht verschwunden; er starrte auf den Revolver in meiner Hand. »Seltsam«, sinnierte er. »Nach all den Jahren – Dinge, von denen man geglaubt hat, man würde sie nie wieder brauchen.«

»Vielleicht werden wir das auch nicht.«

»Machst du Witze?« fragte er. »Es ist nur noch eine Frage der Zeit.«

II

1

Nass bis auf die Haut, aber merkwürdig belebt durch die Unterhaltung mit Luman kehrte ich in mein Arbeitszimmer zurück. Während ich mich aus meinen durchnässten Kleidern schälte, blickte ich mich in dem Raum um und stellte fest, dass sich hier allmählich Chaos ausgebreitet hatte: haufenweise Notizzettel, übereinander gestapelte Bücher und Zeitschriften, wohin man auch sah. Zeit, einmal aufzuräumen, dachte ich; Zeit, Ordnung zu schaffen und sich für die Schlachten zu rüsten, die vor mir liegen mochten. Ich machte mich auf der Stelle an die Arbeit, ohne auch nur ein trockenes Paar Strümpfe anzuziehen. Nackt wie Gott mich geschaffen hat begann ich die Dinge zu sortieren, die sich in den Monaten des Schreibens angesammelt hatten. Die Bücher aufzuheben und in die Regale zurückzustellen war kein Problem; die Zeitungen und Zeitschriften bündelte ich und türmte die Stapel vor der Tür meines Arbeitszimmers auf, wo Dwight sie später mitnehmen konnte. Echte Schwierigkeiten bereiteten mir nur meine Aufzeichnungen, die Hunderte von Seiten füllten. Es waren mitternächtliche Inspirationen darunter, die ich in der Dunkelheit aufgeschrieben hatte, wenn ich aus einem Traum erwacht war; es gab auch müßige Gedanken, die ich hingekritzelt hatte, um die Stille meines Zimmers auszufüllen, wenn sich meine Feder sträubte, etwas zu Papier zu bringen. Einige der Notizen lasen sich wie das Gekrakel eines legasthenischen Dichters, andere wie die wütende Attacke eines Paranoikers auf die Metaphysik; im schlimmsten Fall war es völlig unverständliches Gebrabbel.

Ich hatte Angst, auch nur einen dieser Zettel wegzuwerfen, falls doch etwas darunter war, das mir einmal von Nutzen sein konnte. Selbst die übelsten Ergüsse enthielten vielleicht etwas, das eine seichtere Passage meines Buchs zum Leuchten bringen, das einem trüben Textteil ein wenig Glanz verleihen könnte.

Genug davon, schalt ich mich selbst. Weg mit dem ganzen Kram. Ich bin an einem Punkt angelangt, an dem ich Ballast abwerfen und mit leichtem Gepäck reisen muss, damit ich mit den Ereignissen Schritt halten kann. Die Lage aller Beteiligten wird immer verzweifelter, und ich muss an Ort und Stelle sein, direkt neben ihnen, wenn sie sich lieben, an ihren Lippen kleben, wenn sie sterbend ihre letzten Worte flüstern, in ihren Köpfen sein, wenn ihr Verstand zu bröckeln beginnt. Also weg damit. Meine Kurzbiografie des Eroberers Timur-Leng zum Beispiel, dessen sterbliche Überreste in *Samarkand* begraben liegen: Ich werde nie Gebrauch davon machen. Weg damit. Meine Notizen zur Anordnung der Geschlechtsteile bei den Hyänen; alles höchst interessant, aber völlig belanglos. Weg damit. Die seitenlangen Auslassungen über das Wesen meiner Bemühungen – das meiste davon hochtrabendes, in berauschtem Zustand geschriebenes Geschwafel – weg auch mit ihnen. Es ist kein Platz mehr für solches Zeug; nicht jetzt, da wir zum Krieg rüsten.

Sieben Stunden habe ich gebraucht, um alles aufzuräumen und auch meine Schreibtischschubladen einer gründlichen Säuberung zu unterziehen. Als ich das Werk endlich vollbracht hatte, war es draußen dunkel geworden und ich vollkommen erschöpft. Aber es war eine angenehme Erschöpfung; ich hatte etwas geleistet: man konnte den Teppich wieder sehen. Und mein Schreibtisch war leer bis auf mein Manuskript, das ich in der linken oberen Ecke platziert hatte, einen Stapel Papier, meinen Federhalter und Tinte in der Mitte und Lumans Revolver, den ich auf die rechte Seite gelegt hatte, wo ich ihn leicht erreichen konnte, wenn es brenzlig wurde.

Jetzt blieb mir nur noch eines zu tun. Die überflüssigen Notizen, die ich zusammengetragen hatte, mussten vernichtet werden. Ich wollte auf keinen Fall, dass irgendwann einmal jemand darauf stieß und meine sentimentalen Ergüsse oder die Schreibfehler darin entdeckte; und ich wollte auch nicht, dass ich in einem Augenblick der Schwäche der Versuchung nachgeben würde, sie wieder hervorzukramen. Also raffte ich alles zusammen und trug es in den Garten hinaus. Ich war immer noch splitternackt, aber zum Teufel damit! Kein Mensch würde seine Zeit damit verschwenden, heimlich meine Blöße zu beobachten; es ist ein ausgesprochen unerquicklicher Anblick. Ich ließ die Papiere auf den Rasen fallen, dann nahm ich ein Streichholz und zündete den Haufen an. Es wehte kein Wind, der die brennenden Seiten weggeweht hätte; sie wurden einfach eine nach der anderen schwarz und kräuselten sich. Mit einem Glas Gin setzte ich mich in das noch regenfeuchte Gras und prostete den dahinschwindenden Worten zu. Hin und wieder erhaschte ich einen Satz, bevor er verbrannte, und einmal – als eine Passage, an der ich besonders hing, vor meinen Augen von den Flammen verzehrt wurde – übermannte mich eine tiefe Traurigkeit. Ich versuchte mich damit zu trösten, dass ich diese Gedanken, wenn sie einmal in meinem Kopf entstanden waren, jederzeit wieder einfangen könnte, aber eigentlich glaubte ich selbst nicht recht daran. Angenommen, der Verstand, der dieses Buch hervorbringt, könnte immer mehr an Kraft verlieren – während der erlöschende Lebensfunke seines Schöpfers sich auf hunderterlei subtile Weise auf seinen Seiten bemerkbar machen würde? Dann wäre das, was ich verbrannt habe, unwiderruflich verloren; zumindest die philosophischen Gedanken. Die Fakten, ja; die Fakten kann ich wiederfinden. Aber die Gefühle, die ich beschrieben habe? Sie sind verloren, und zwar für alle Zeiten.

O Gott! Noch vor wenigen Minuten war ich bester Dinge, und jetzt dreht sich mir der Magen um, wenn ich daran denke, was ich getan habe. Was ist nur los mit mir? Dieses verdammte Buch ist schuld. Es macht mich fertig. Ich bin es leid, auf die verfluchten Stimmen in meinem Kopf zu hören. Ich bin das Gefühl leid, ihnen in irgendeiner Weise verpflichtet zu sein. Mein Vater hätte nicht einen einzigen Tag seines weiß Gott langen Lebens damit verschwendet, über Galileo und die Gearys zu schreiben. Und die Vorstellung, dass sich ein Mensch, und noch dazu sein eigener Sohn, Tag für Tag hinsetzen und über die Stimmen berichten könnte, die in seinem Kopf schnattern, wäre ihm vollkommen absurd erschienen.

Ich hätte zu meiner Entschuldigung nur das Argument vorbringen können, dass dieses Buch den schleichenden Wahnsinn in Schach hält, den ich ausschließlich ihm zu verdanken habe. Obwohl ich mir schon in der Sekunde, in der ich das sage, vorstellen kann, wie seine Antwort lauten würde.

»Ich war nie wahnsinnig.«

Was könnte ich darauf erwidern? »Aber Paps«, würde ich sagen, »es gab Monate, da hast du dich geweigert, mit irgendjemandem zu reden. Du hast deinen Bart bis zum Bauchnabel wachsen lassen und dich nicht gewaschen. Du bist in den Sümpfen herumgeirrt und hast die halb verwesten Kadaver von Alligatoren gegessen. Erinnerst du dich nicht daran?«

»Worauf willst du hinaus?«

»So handelt ein Wahnsinniger.«

»Das sagst du.«

»Das würde jeder sagen, Vater.«

»Ich war nicht wahnsinnig. Ich wusste genau, warum ich das tat, was ich getan habe.«

»Dann sag es mir. Hilf mir zu verstehen, warum du einmal der liebevolle Vater warst und dann wieder ein verlauster und mit Exkrementen besudelter Fremder ...«

»Einmal habe ich ein Paar Stiefel aus Exkrementen gefertigt. Erinnerst du dich daran?«

»Ja, ich erinnere mich.«

»Und einmal habe ich einen Schädel mitgebracht, den ich in den Sümpfen gefunden hatte – einen menschlichen Schädel –, und meiner Frau, dieser Schlampe, erzählt, ich wäre in Virginia gewesen und hätte ... na, du weißt schon wen ausgegraben ...«

»Du hast ihr erzählt, du hättest Jeffersons Schädel ausgegraben?«

»Aber ja.« An dieser Stelle blitzt er mich in freudiger Erinnerung an das Entsetzen, das er ausgelöst hat, mit boshaf-

tem Grinsen an. *»Und ich habe sie daran erinnert, wie seine schmalen Lippen einmal aussahen und habe meine Finger in die Höhlen gesteckt, in denen seine wässrig blauen Augen einmal saßen. Dabei habe ich sie gefragt: ›Hast du seine Augen geküsst? Denn genau an dieser Stelle waren sie …‹«*

»Warum hast du etwas so Grausames getan?«

»Was sie mir angetan hat, war viel schlimmer. Abgesehen davon tat es gut, sie ab und zu einmal weinen und jammern zu sehen. Es hat mich daran erinnert, dass sie ein Herz hatte, denn manchmal hatte ich da so meine Zweifel. Und, mein Gott, was hat sie für ein Theater gemacht! Mich angebrüllt, ich solle ihr den Schädel geben. Es sei pietätlos, hat sie gesagt. Pietätlos! Als hätte sie sich je einen Dreck um die Pietät geschert! Sie konnte sich wie die billigste Nutte aus der Gosse benehmen, wenn sie in Wallung geriet. Aber mir wollte sie etwas von Pietät erzählen!« Unter höhnischem Gelächter schüttelt er jetzt den Kopf. *»Die verlogene Schlampe.«*

Plötzlich fällt es mir wieder ein. Wie in L'Enfant buchstäblich die Wände zitterten, als die beiden aufeinander losgingen. Damals wusste ich nicht, um was es ging, aber rückblickend wundert es mich eigentlich nicht, dass Cesaria derartig außer sich war.

»Dann riss sie mir das Ding aus der Hand – oder versuchte es zumindest –, und in dem Handgemenge fiel es zu Boden und zerbrach. Die Splitter flogen nach allen Seiten, und sie stimmte ein furchtbares Geschrei an und sammelte die Trümmer so liebevoll ein, dass man meinen konnte, er lebte irgendwie noch in dem verdammten Ding …«

»Und hast du ihr gesagt, dass es nicht Jeffersons Schädel war?«

»Nicht sofort. Ich habe sie eine Weile beobachtet, wie sie heulte und jammerte. Bis zu diesem Augenblick war ich nie wirklich sicher gewesen, was sich zwischen den beiden abgespielt hat. Ich meine, ich hatte schon den Verdacht …«

»Er hat L'Enfant für sie gebaut.«

»Das hat überhaupt nichts zu sagen. Wenn sie es sich in den Kopf setzte, konnte sie einen Mann dazu bringen, alles für sie zu tun. Es ging mir nicht darum, was er für sie empfand, sondern

darum, was sie für ihn empfand. Und jetzt hatte ich die Antwort. Als ich sah, wie sie die Knochensplitter aufhob, die sie für seine hielt, war mir klar, wie sehr – oh, wie sehr – sie ihn liebte.« Hier hielt er inne und sah mich mit seinen schwarzen und türkisblauen Augen an. »*Wie sind wir eigentlich darauf gekommen?*«

»Es ging um deinen Wahnsinn.«

»*O ja …*«, lächelte er. »*Mein Wahnsinn … mein wunderbarer Wahnsinn …*« Er holte tief Atem, füllte seine Lunge mit einem gewaltiger Atemzug. »*Ich war nie wahnsinnig*«, wiederholte er. »*Denn die Wahnsinnigen wissen nicht, was sie tun und warum sie es tun. Und ich weiß es immer. Immer.*« Er stieß die Luft aus. »*Du dagegen …*«

»Ich?

»*Ja, mein Sohn. Du. Tag für Tag, Nacht für Nacht sitzt du da und lauschst auf Stimmen, die real sein mögen oder auch nicht. So benimmt sich kein vernünftiger Mensch. Sieh dich nur an. Schreibst sogar das hier auf. Denk mal einen Moment darüber nach, wie absurd es ist, Dinge aufzuschreiben, als wären sie wahr, obwohl du genau weißt, dass sie deiner Fantasie entspringen.*«

»Da bin ich mir nicht so sicher.«

»*Aber ich bin seit hundertvierzig Jahren tot und begraben, Sohn. Ich bin zu Staub zerfallen wie Jefferson.*«

Krampfhaft suchte ich nach einer Antwort auf seine Worte. Die Sache ist nur die, dass er Recht hatte. Es war verrückt – nein, es ist verrückt –, eine Unterhaltung mit einem Toten zu führen, wie ich es jetzt tue, ohne mir selbst klar darüber zu sein, wie viel von dem, was ich schreibe, wahr und wie viel Erfindung ist; ohne zu wissen, ob mein Vater durch meine Gene, durch meine Feder, durch meine Fantasie mit mir spricht, oder ob dieser Dialog nur der Beweis eines tiefsitzenden Wahnsinns in mir ist. Manchmal hoffe ich, dass letzteres zutrifft. Denn wenn ersteres stimmt – wenn dieser Mann hier in mir gegenwärtig ist –, sind wir nicht weit entfernt von der Zukunftsaussicht, vor der ich mich so fürchte; von dem Augenblick, in dem er von seiner Reise in den Tod zurückkehren und die Tür, durch die er getreten ist, weit offen lassen wird.

»Vater?«

Manchmal ist es wie eine Beschwörung, wenn man ein Wort aufschreibt, manchmal.

»Wo bist du?«

Vor wenigen Sekunden war er noch da, und seine Stimme hallte in meinem Kopf. (Die Geschichte von dem Schädel, mit dem er Cesaria erschreckte, habe ich noch nie zuvor gehört. Wenn ich ihr das nächste Mal begegne, werde ich sie fragen, ob sie stimmt. Und wenn sie wahr ist, kann ich seine Stimme nicht erfunden haben, nicht wahr? Dann ist er hier bei mir.) Oder war es zumindest.

»Vater?«

Er antwortet nicht mehr.

»Wir sind noch nicht fertig mit unserer Diskussion über den Wahnsinn.«

Beharrliches Schweigen. Na schön, vielleicht ein andermal.

2

Ich habe zu Beginn dieses Abschnitts von meiner Aufräumaktion erzählt, und am Ende bin ich beim Besuch meines verstorbenen Vaters gelandet. So war es von Anfang an: Fremdartiges, Groteskes, sogar Apokalyptisches hat sich immer wieder mit den häuslichen, familiären, belanglosen Dingen vermischt. Während ich meinen Tee schlürfte, bereiste ich im Traum die Seidenstraße nach *Samarkand*. Während ich dem Zirpen der Grillen lauschte, sah ich Garrison Geary bei seinem nekrophilen Vergnügen zu. Als ich mir eines Abends die Haare aus den Ohren zupfte, blickte mir aus meinem Badezimmerspiegel Rachel entgegen, und ich sah sofort, dass sie sich verliebt hatte.

Vielleicht ist es nicht verwunderlich, dass ich die Seidenstraße mit dem Fremdartigen und Garrisons kalten Liebesakt mit dem Grotesken in Verbindung bringe. Aber warum kommen mir Rachel und Galileo in den Sinn, wenn ich an das Apokalyptische denke?

Um ehrlich zu sein, weiß ich es nicht genau. Ich habe ein paar ungute Ahnungen, fürchte mich aber davor, sie auszusprechen, weil dann vielleicht das Mögliche wahrscheinlich würde.

Nur eines kann ich mit Sicherheit sagen: Während mich die Visionen unverändert bestürmen, fühle ich mich Rachel von allen Personen am nächsten. So nah, dass es mir manchmal, wenn ich mich vom Schreibtisch erhebe, nachdem ich eine Episode mit ihr beschrieben habe – besonders solche Episoden, in denen nur sie erscheint (in denen ich, mit anderen Worten, mit ihr allein bin) –, so vorkommt, als *wäre* ich sie. Ich bin schwerfällig, sie ist ein Leichtgewicht; ich bin ein romanischer Typ, sie ist sehr hellhäutig; ich bewege mich wie ein Mensch, der gerade erst wieder gehen lernt (steif und unsicher), sie bewegt sich geschmeidig wie ein seidenes Segel. Und doch habe ich das Gefühl, sie zu sein.

In einem früheren Kapitel habe ich – nach der etwas schamhaften Beschreibung der ersten sexuellen Begegnung zwischen Rachel und Galileo – gesagt, dass ich leicht schockiert war über die inzestuösen Gefühle, die diese Beschreibung in mir auslöste. Heute kann ich ehrlich sagen, dass ich solche Bedenken nicht mehr habe, und das verdanke ich Rachel. Sie hat mir meine Schamgefühle genommen. Indem ich mich mit ihr auf diese Reise begeben habe, indem ich mir angehört habe, wie sie weinte, zürnte und ihrer Sehnsucht nach Galileo Ausdruck gab, bin ich mutiger geworden.

Müsste ich die Szene noch einmal erzählen, wäre ich weniger puritanisch. Wenn Sie an meinen Worten zweifeln, warten Sie ab. Sofern sie sich noch einmal begegnen, werde ich meine Behauptung unter Beweis stellen. Maddox wird in dieser Gleichung nicht mehr vorkommen: Ich werde Rachel sein, die in den Armen ihres Geliebten liegt.

III

Rachel öffnete die Augen gerade weit genug, um einen Blick auf die Uhr werfen zu können. Es war erst kurz nach sechs; seit sie das Tagebuch aus der Hand gelegt hatte, war erst eine Stunde vergangen. Ihr Schädel hämmerte, und sie hatte einen schalen Geschmack im Mund. Sie dachte daran, eine Kopfschmerztablette zu nehmen, konnte sich aber nicht überwinden, aufzustehen und sie zu holen.

Gerade als ihr die Augen wieder zufallen wollten, hörte sie jedoch ein Geräusch aus dem unteren Stockwerk. Ihr Herz begann heftig zu schlagen. Es war jemand in der Wohnung. Sie hielt den Atem an und hob den Kopf ein ganz klein wenig, um besser hören zu können. Jetzt vernahm sie ein anderes Geräusch; keine Schritte diesmal, sondern eine Stimme, eine Männerstimme. War es Mitchell? Wenn ja, was, zum Teufel, dachte er sich dabei, so früh in ihre Wohnung zu kommen, und mit wem redete er da? Angestrengt versuchte sie, einzelne Worte zu verstehen. Die Sprachmelodie war ihr vertraut, aber die Sätze ergaben keinen Sinn. Es war tatsächlich Mitchell, dieser Mistkerl! Einfach hereinzuspazieren, als sei es immer noch sein gutes Recht, nach Belieben zu kommen und zu gehen.

Nach einer kurzen Pause begann er wieder zu sprechen. Offensichtlich telefonierte er mit jemandem, und seinem Tonfall nach zu schließen war er erregt.

Ihre Neugier war fast ebenso groß wie ihr Zorn: Warum befand er sich in einem solchen Zustand? Rasch schlüpfte sie aus dem Bett, zog ihren Slip und ein Sweatshirt an und ging zur Tür.

Von hier aus konnte sie ihn besser verstehen. Er sprach mit Garrison. Selbst wenn sie nicht gehört hätte, wie er den Namen seines Bruders sagte, hätte sie es an seinem Ton gemerkt: diesem Gemisch aus Respekt und Vertrautheit, das ausschließlich Garrison vorbehalten war.

»Ich komme sofort ...«, sagte Mitchell. »Lass mich nur noch eine Tasse Kaffee trinken, dann ...«

Sie öffnete die Tür und trat in den Flur hinaus. Er war ihren Blicken zwar verborgen, hatte sie aber offenbar gehört, denn er beendete das Gespräch ganz abrupt. »Wir sehen uns in einer Stunde«, sagte er und legte den Hörer auf.

Als sie die Treppe erreichte, hörte sie, wie er sich vom Tisch erhob und den Raum durchquerte, konnte ihn aber immer noch nicht sehen.

»Mitchell?«

Endlich tauchte er in der Tür auf, das Gesicht zu einem strahlenden Lächeln verzogen, jedoch aschgrau und mit geröteten Augen.

»Habe ich doch richtig gehört. Ich wollte dich nicht wecken, darum ...«

»Was, zum Teufel, tust du hier?«

»Ich wollte nur kurz hereinschauen und Hallo sagen«, erklärte er, immer noch dieses aufgesetzte Lächeln im Gesicht. »Du siehst aus, als hättest du nicht gut geschlafen. Alles in Ordnung mit dir?«

Rachel starrte auf ihn hinunter. »Es ist sechs Uhr morgens, Mitchell.«

»Es geht eine Grippewelle um, weißt du. Vielleicht solltest du zum Arzt ...«

»Hörst du mir eigentlich zu?«

»Sei nicht sauer, Schatz.« Sein Lächeln hatte sich endlich verflüchtigt. »Du brauchst nicht jedes Mal zu schreien und zu toben, wenn wir uns sehen.«

»Ich schreie nicht«, erwiderte Rachel ruhig. »Ich sage dir lediglich, dass du in meiner Wohnung nichts zu suchen hast.«

Sie war jetzt nur noch drei Stufen vom Fuß der Treppe entfernt. Mitchell trat einen Schritt zurück und hob ergeben die Hände. »Ich gehe ja schon«, sagte er, während er auf dem Absatz kehrtmachte und zum Tisch zurückkehrte. »Ich hätte mir denken können, dass sie es an dich weitergegeben hat«, fuhr er im Gehen fort. Er sprach von dem Tagebuch. Es lag auf dem Tisch, wo Rachel zuletzt darin gelesen hatte. »Garrison hat mir gesagt, dass ihr allesamt hinterhältige Schlangen seid, aber ich wollte ihm nicht glauben. Nicht meine Rachel. Nicht meine süße, unschuldige Rachel.« Er streckte die Hand nach dem Tagebuch aus.

»Rühr es nicht an«, warnte sie ihn.

»Ich tue, was mir gefällt.« Mit diesen Worten nahm Mitchell das Tagebuch an sich und drehte sich zu ihr um. »Du hattest eine faire Chance ...«, bemerkte er, während er seine Beute durch die Luft schwenkte. »Auf dem Wohltätigkeitsball habe ich dich gewarnt: Misch dich nicht in Dinge ein, die dich nichts angehen, habe ich gesagt, denn sonst hast du am Ende niemanden mehr, der dich beschützt. Erinnerst du dich?«

»Es gehört dir nicht«, erklärte Rachel, krampfhaft bemüht, Ruhe zu bewahren. »Leg es hin und geh dann bitte.«

»Und wenn ich das nicht tue?« entgegnete Mitchell. »Hm? Was wirst du dann tun? Du bist allein.« Sein Ton wurde plötzlich so sanft, als sei er ehrlich betrübt, sie so verwundbar zu sehen. »Warum bist du nicht einfach zu mir gekommen und hast mir gesagt, dass sie es dir gegeben hat?«

»Sie hat es mir nicht gegeben. Ich habe es gefunden.«

»Du hast es *gefunden?*« Die Sanftheit war so plötzlich aus seiner Stimme verschwunden, wie sie gekommen war. »Du hast in Garrisons Wohnung herumgestöbert?«

»Ja.«

Entgeistert schüttelte er den Kopf. »Du bist wirklich unglaublich«, bemerkte er. »Hast du eigentlich eine Ahnung, auf was du dich da einlässt?«

»Ich beginne es zu ahnen.«

»Und du hast gedacht, dein Galan Galileo würde kommen und dich retten, wenn du in der Klemme steckst?«

»Nein«, erklärte sie, während sie langsam auf ihn zuging. »Ich weiß sehr gut, dass es nicht so sein wird. Ich muss selbst auf mich aufpassen, und ich habe keine Angst vor dir. Ich kenne deine Gedanken.«

»O nein, nicht mehr«, widersprach er. Der Ausdruck in seinen geröteten Augen bestätigte seine Worte: In ihnen lebte etwas, das sie noch nie zuvor darin gesehen hatte, etwas Flackerndes, Unstetes. »Weißt du, was du tun solltest, Schätzchen? Du solltest nach Dansky zurückgehen und dankbar sein, dass du noch lebst. Das ist mein voller Ernst. Geh und wirf keinen Blick zurück …«

Seine Einschüchterungsversuche während der Wohltätigkeitsgala hatte Rachel als irgendwie lachhaft empfunden, aber diesmal nahm sie seine Drohung ernst. Er machte ihr Angst. Trauer, Verwirrung und Schlafmangel hatten an ihren Kräften gezehrt; wenn er ihr jetzt etwas antun wollte, hatte sie ihm nicht viel entgegenzusetzen.

»Vielleicht hast du Recht«, erklärte sie, bemüht, sich ihr Unbehagen nicht anmerken zu lassen. »Vielleicht sollte ich deinem Rat folgen.«

Sichtlich zufrieden, dass seine Worte Eindruck auf sie gemacht hatten, sagte er: »Endlich nimmst du Vernunft an.«

»Mir war nicht klar …«

»Natürlich, wie sollte es auch!«

»… dass die Lage ernster ist …«

»… als du dachtest. Ich habe versucht, dich zu warnen.«

»Ja. Das hast du. Und ich wollte nicht auf dich hören.«

»Aber jetzt begreifst du …«

Sie nickte; er schien ihr Theater für bare Münze zu nehmen. »Ja, jetzt begreife ich. Ich habe mich geirrt, und du hattest Recht.«

Wunderbar, das gefiel ihm; es zauberte ein breites Grinsen auf sein Gesicht. »Du kannst so nett sein, wenn du nur willst.« Ohne Vorwarnung trat er dicht an sie heran und hob mit der freien Hand ihr Kinn. Sie konnte sauren Schweiß und schal gewordenes Rasierwasser riechen. »Wenn ich mehr Zeit hätte« – das unstete Flackern in seinen Augen war aus dieser Nähe noch deutlicher zu erkennen – »würde ich dich nach oben begleiten und dir zeigen, was dir entgeht.«

Am liebsten hätte sie ihn zum Teufel gejagt, aber sie hatte gerade erst die Wogen geglättet und würde dadurch, dass sie seine Wut wieder anstachelte, nichts gewinnen. Also schwieg sie und ließ es über sich ergehen, dass er ihr einen trockenen Kuss auf die Lippen drückte, eine dieser besitzergreifenden Gesten, die ihr früher das Gefühl gegeben hatten, Prinzessin zu sein. Aber das war ihm nicht genug. Seine Hand glitt von ihrem Kinn nach unten und streifte ihre Brust. »Sag etwas«, murmelte er.

»Was willst du hören?«

»Das weißt du doch«, erwiderte er.

»Ich soll dich fragen, ob du mit mir nach oben kommst?«

Er sah sie mit einem anzüglichen Grinsen an. »Es wäre vielleicht ganz nett«, meinte er.

Insgeheim schwor sie sich, dass sie es ihm eines Tages heimzahlen würde; eines Tages würde er dafür vor ihr im Staub kriechen. Aber bis dahin: »Und, willst du?«

»Will ich was?«

»Mit mir nach oben gehen …«

»Und?«

»… mit mir schlafen?«

»Ach, Schätzchen, ich dachte schon, du würdest nie fragen.« Seine Hand glitt von der Brust weiter nach unten, seine Finger schoben sich unter ihren Slip. »Du bist nicht feucht, Baby«, murmelte er, während er tastend ein wenig in sie eindrang. »Fühlt sich an wie ein verdammtes Grab.« Damit zog er seine Hand weg, als wäre er gestochen worden. »Tut mir Leid, Schätzchen. Ich muss jetzt gehen.«

Gleich darauf wandte er sich ab und ging zur Tür. Am liebsten wäre sie ihm nachgelaufen und hätte ihm ins Gesicht gesagt, was für ein wertloses Stück Scheiße er in ihren Augen war. Aber sie widerstand der Versuchung. Er verließ ihre Wohnung, und das war im Augenblick das Wichtigste.

»Noch eins …«, begann er, als er die Klinke schon in der Hand hatte.

»Ja?«

»Willst du, dass ich die Wohnung für dich zum Verkauf anbiete? Du möchtest sicher nicht länger hier wohnen, nicht wahr?«

»Du kannst damit machen, was immer du willst.«

»Ich werde die Kaufsumme auf dein Konto überweisen.«

Er drehte den Kopf in ihre Richtung, allerdings nicht so weit, dass er ihr wirklich in die Augen gesehen hätte. »Wenn du mir natürlich nicht traust ...«

»Verkauf es, Mitch. Ich bin in zwei Wochen hier weg.«

»Wohin gehst du?«

»Ich weiß es noch nicht. Ich habe viele Freunde. Vielleicht zurück nach Boston. Ich werde Cecil auf dem Laufenden halten.«

»Ja, tu das, bitte.«

Das war sein Schlusssatz: das ferne Echo eines Mannes, der sie einst geliebt hatte und dem sie einmal bis ans Ende ihrer Tage eine liebende Ehefrau hatte sein wollen.

Was war mit ihm geschehen? Was geschah mit ihnen allen? Es war, als würden sie alle ihre alte Haut abwerfen, und ein neuer Mensch – oder vielleicht der Mensch, der sie schon immer waren – würde sich der Welt präsentieren. Die Frage, mit der sich Rachel konfrontiert sah, war einfach: Wer war sie? Sie war nicht mehr Mitchells Frau, soviel stand fest. Aber sie war auch nicht Galileos Geliebte. War sie dazu verdammt, das Schicksal der vielen traurigen Frauengestalten dieser Stadt zu teilen, deren Stern einmal am Himmel aufgegangen war – eine Ehe mit einem berühmten Mann, der Aufstieg zum Star –, um kurz darauf sang- und klanglos wieder unterzugehen? Die sich unendliche Mühe gaben, in Würde alt zu werden; die erbittert an ihrem Platz in der Gesellschaft festhielten, auch wenn sich die Menschen um sie herum meist nicht einmal daran erinnerten, wer sie waren?

Bevor sie ein solches Leben führte, würde sie nach Dansky zurückkehren. Sie würde Neil Wilkens einen Heiratsantrag machen und, sofern er sie haben wollte, mit ihm in vollkommener Anonymität leben. Alles lieber, als zu erleben, dass die Leute mit dem Finger auf sie zeigten: Das ist die Frau, die Mitchell Geary geliebt und wieder verloren hat.

Aber sie eilte den Dingen voraus. Das Wichtigste in diesem Augenblick drohender Gefahr war es, ihr Leben zu schützen und bei klarem Verstand zu bleiben. Zu deutlich sah sie auch jetzt noch den Funken des Wahnsinns in Mitchells Augen vor sich und das irre Zucken um seinen Mund, als er die Hand von ihr zurückgezogen hatte.

Fühlt sich an wie ein verdammtes Grab …

Beim Gedanken an seine Worte durchlief sie ein Schauder. Nicht nur wegen der Leichtigkeit, mit der ihm diese Grobheit über die Lippen gekommen war – obwohl das erschreckend genug war –, sondern weil seine Worte sie mit dem Tod in Verbindung brachten. War es das, was Mitchell in ihr sah? Erkannte er, wenn er sie anschaute, eine Frau, die Margie schon bald Gesellschaft leisten würde auf dem Goldenen Boden? Für ihn würde es ausgesprochen praktisch sein, wenn sie starb. Er könnte eine Zeit lang den trauernden Hinterbliebenen spielen, um sich dann schnellstens eine bequemere Frau zu suchen – eine, die in regelmäßigen Abständen kleine Gearys produzieren und sich über seinen Mangel an Leidenschaft nicht allzu heftig beklagen würde.

Wahrscheinlich leide ich unter Wahnvorstellungen, dachte sie, aber das half nichts gegen ihre Niedergeschlagenheit. Und um die Sache noch schlimmer zu machen, war Mitchell nun zu allem Übel im Besitz des Tagebuchs. Es war offensichtlich wichtig für ihn – und war es auch für Margie gewesen. Warum sonst hätte sie sich die Mühe machen sollen, es so sorgsam zu verstecken? Welche Bedeutung kam seinem Inhalt zu, dass Mitchell so froh war, es an sich gebracht zu haben?

Nun ja, es war sinnlos, sich darüber den Kopf zu zerbrechen; was geschehen war, war geschehen. Am besten, sagte sie sich, gehe ich hinaus und mache einen Spaziergang.

Rasch zog sie sich an, lief die Treppe hinunter und trat ins Freie. Es war ein schöner, sonniger Tag, und sie wusste in dem Augenblick, als sie sich in Bewegung setzte, dass sie die richtige Entscheidung getroffen hatte. Ihre Laune besserte sich zusehends, besonders als sie in das Gewimmel der Fifth Avenue eintauchte. Hier herrschte eine angenehme Anonymität; hier war sie eine von Tausenden, die auf den Gehwegen flanierten und den Tag genossen.

Ihre Gedanken kehrten nicht mehr zu Mitchell und seinen gehässigen Worten zurück, wohl aber zu Galileo. Die Rätsel, die ihn umgaben, quälten sie jetzt nicht mehr. Unter freiem Himmel, umgeben vom geschäftigen Treiben der Menschen schienen sie ihr eher faszinierend: unerklärliche, fast magische Punkte in einer ganz eigenen Landschaft. Wer *war* er, dieser Mann, der von Haifischgöttern sprach, als wären es seine besten Freunde? Der so einsam war und doch keinen Trost fand in der Gegenwart anderer lebendiger Geschöpfe?

Sie wünschte, sie hätte ihm damals mehr Fragen gestellt, besonders über seine Familie. Angenommen, er hatte die Wahrheit gesagt, als er behauptet hatte, ein Mensch ohne Großeltern zu sein, was hieß das in Bezug auf seinen Vater und seine Mutter? Dass sie so etwas wie *elementare Seelen* waren, Adam und Eva ihrer Spezies? Wenn ja, was war dann Galileo? Kain oder Abel? Der erste Mörder? Das erste Opfer?

Der biblische Vergleich wäre ihr nicht so nahe liegend erschienen, hätte es da nicht den Namen dieses Mannes gegeben. Immerhin hieß er Galileo, wie der große Sternensucher. In dessen Namen wiederum sich die Herkunft des Gottessohns aus Galiläa verbarg. Jemand in seiner Familie war mit der christlichen Botschaft vertraut.

Aber wer immer er war, was auch das Wesen seiner Geheimnisse sein mochte, Rachel erwartete nicht, dies in absehbarer Zukunft zu ergründen. Der Inhalt des Tagebuchs hatte sie nur in der Auffassung bestärkt, dass ihrer beider Wege in sehr unterschiedliche Richtungen führten. Sie würde nicht so bald Gelegenheit haben, mit ihm über seinen Namen oder seine Kindheit zu reden. Er war, vielleicht für immer, aus ihrem Leben verschwunden, und es gab für sie kein Zurück zu ihm. Nur über die verschlungenen Wege der Familiengeschichte der Gearys hätte sie seine Spur zurückverfolgen können, und diese Möglichkeit war ihr nun definitiv verwehrt. Sie war wie er in ein Exil verbannt. Seines war das Wasser, ihres die Fifth Avenue; er war von Einsamkeit umgeben, sie von Tausenden von Menschen; aber beide waren sie letzten Endes Ausgestoßene.

Da sie vom Laufen hungrig geworden war, ging sie zum Mittagessen zu Alfredo – einem kleinen italienischen Restaurant, in dem sie gelegentlich mit Mitchell gewesen war. Ursprünglich hatte sie vor, nur einen Salat zu nehmen, aber je länger sie die Speisekarte studierte, umso größer wurde ihr Appetit, und am Ende entschied sie sich für Spaghetti als Hauptgang und Profiterole als Nachspeise. Was nun? fragte sie sich während des Essens. Sie konnte nicht ewig durch dic Straßen von New York laufen; irgendwann musste sie zu einem Entschluss kommen und entscheiden, welcher Zufluchtsort ihr am sichersten erschien.

Der Espresso wurde nicht vom Kellner serviert, sondern von Alfredo, dem Inhaber des Restaurants: einem rosigen, pausbackigen Mann, der seinen italienischen Akzent nie abgelegt hatte. Wahrscheinlich pflegte er ihn sogar eher als Teil seines Charmes.

»Mrs. Geary« – begrüßte er sie höchst würdevoll – »wir sind alle sehr, sehr traurig über die Nachricht vom Tod ihrer Schwägerin. Sie war einmal mit der älteren Mrs. Geary hier – Loretta –, und alle waren sofort hingerissen von ihr.«

Loretta und Margie, die bei einer Flasche Wein Erinnerungen austauschten? Eine ziemlich abwegige Vorstellung.

»Kommt Loretta oft hierher?«

»Gelegentlich«, erwiderte Alfredo.

»Und wie ist es mit *ihr?* Sind von ihr auch alle hingerissen?«

Alfredos beträchtliches diplomatisches Geschick versagte angesichts der Direktheit ihrer Frage. Er öffnete den Mund, aber es kam keine Antwort.

»Keine spontane Begeisterung für Loretta, wie?«

»Sie ist eine sehr energische Person«, bemerkte Alfredo nach einigem Zögern. »In Italien gibt es viele solcher Frauen. Sehr stark im Herzen. Sie haben das Sagen in der Familie. Die Männer machen viel Lärm, sind manchmal gewalttätig, aber die Frauen gehen einfach ihren Weg und sind stark.«

Kein Zweifel, damit war Loretta treffend beschrieben: Es war schwer, sie zu lieben, aber unmöglich, sie nicht zur Kenntnis zu nehmen. Vielleicht war es an der Zeit, ihr einen Besuch abzustatten und über das Gespräch nach Margies

Tod zu reden, in dem Loretta eine so klare Vision der zukünftigen Entwicklungen entworfen und Rachel aufgefordert hatte, gemeinsame Sache mit ihr zu machen. War es zu spät, ja zu sagen? Die Vorstellung, Loretta um Hilfe bitten zu müssen, behagte ihr nicht sonderlich; aber die Frau hatte an jenem Abend genau gewusst, wovon sie sprach. *»Wir sind aufeinander angewiesen«*, hatte sie gesagt; *»zu unserem Selbstschutz. Was immer dein blödsinniger Ehemann denken mag, er wird nicht an der Spitze des Geary-Imperiums stehen.«*

»Warum nicht?« hatte Rachel gefragt.

Und die Antwort? Rachel erinnerte sich nur zu gut daran, und mit dem Abstand der Zeit empfand sie sie fast als prophetisch.

»Weil er damit viel mehr erbt, als er verkraften kann«, hatte Loretta gesagt. *»Er wird unter der Last zusammenbrechen. Er ist jetzt schon einem Zusammenbruch nahe …«*

Sie bedankte sich bei Alfredo für das vorzügliche Mittagessen und trat auf die lärmende Straße hinaus.

Der Espresso hatte sie belebt, aber als sie sich jetzt nordwärts wandte, war es nicht nur das Koffein, das ihre Schritte beschleunigte, sondern die plötzliche Erkenntnis, dass es doch einen Zufluchtsort für sie gab und dass es nicht zu spät war, dort anzuklopfen.

IV

Wenn man bedenkt, wie wenig herzlich meine Beziehung zu Zabrina ist (ich glaube, unsere letzte hier erwähnte Unterhaltung fand damals in der Küche statt, als sie mit den Kuchenbergen jonglierte), können Sie sich meine Verwunderung vorstellen, als sie gestern Abend in meinem Arbeitszimmer auftauchte. Ihr Gesicht war tränenüberströmt, und die gewohnte Röte war völlig aus ihren Wangen gewichen.

»Du musst mit mir kommen!« rief sie.

Ich fragte sie nach dem Grund, aber sie behauptete, es sei keine Zeit für Erklärungen. Ich solle einfach mitkommen, und zwar auf der Stelle.

»Sag mir wenigstens, wohin wir gehen«, bat ich sie.

»Es geht um Mama.« Als sie das sagte, wurde sie von neuerlichen Schluchzern geschüttelt. »Irgendetwas ist mit Mama passiert! Ich habe Angst, dass sie stirbt.«

Das genügte mir. Ich sprang von meinem Stuhl auf und folgte Zabrina, obwohl ich überzeugt war, dass sie sich irrte. Cesaria konnte nichts zustoßen: Sie war eine ewige Naturgewalt. Ein Wesen, das aus dem Urfeuer der Welt geboren wurde, stirbt nicht einfach still in seinem Bett.

Je näher wir Cesarias Gemächern jedoch kamen, umso stärker wurde in mir die Befürchtung, dass Zabrinas Panik doch begründet sein mochte. In den Gängen, die zu Cesarias Räumen führten, hatte immer eine unterschwellige Unruhe geherrscht, als würde ihre Gegenwart die Moleküle in Bewegung versetzen. Wer sich hier aufhielt, fühlte sich auf unerklärliche Weise *lebendiger.* Das Licht schien klarer, die Farben schienen leuchtender zu sein; wenn man einatmete, hatte man das Gefühl, die Form der sich ausdehnenden Lunge zu spüren. Nicht so an diesem Tag; heute wirkten die Flure wie ein Mausoleum. Ich spürte, wie ein angstvolles

Prickeln durch meinen Körper lief. Was, wenn sie nun wirklich tot war? Cesaria Yaos, die Mutter aller Mütter – tot? Was hieß das für uns, die wir hier zurückblieben? Die Gearys rüsteten zum Angriff gegen uns, daran hatte ich keinen Zweifel. Holts Tagebuch, in dem der Weg zu diesem Haus beschrieben war, befand sich in den Händen von Garrison Geary. Und Cesaria, unsere Mutter, war tot? O Gott.

Einige Meter vor der Tür zu Cesarias Gemächern blieb Zabrina stehen.

»Ich kann nicht noch einmal da hineingehen …«, murmelte sie, und wieder liefen ihr die Tränen herunter.

»Wo ist sie?«

»In ihrem Schlafzimmer.«

»Ich war noch nie in ihrem Schlafzimmer.«

»Geh … einfach hinein, nimm die zweite Tür rechts, am Ende dieses Korridors.«

Ich war mittlerweile ziemlich nervös. »Komm mit«, bat ich Zabrina.

»Ich kann nicht«, widersprach sie und sah dabei so ängstlich aus, wie ich noch nie im Leben jemanden gesehen hatte.

Schließlich ließ ich das zitternde Häufchen Elend stehen und wandte mich allein zum Gehen. Mit jedem Schritt wuchs meine Furcht. Zweifellos lag es in Cesarias Absicht, dass jeder Besucher, der diese Räume betrat, das Gefühl hatte, in den Tempel ihres Leibes selbst einzutreten; so jedenfalls war mir zumute. Wände und Decken waren in einem ins Violette spielenden Rotton gehalten, der blanke Dielenboden war dunkel gemasert. In den Gängen standen keine Möbel; die Zimmer zu beiden Seiten lagen im Dunkel, sodass ich kaum etwas darin erkennen konnte, aber sie wirkten ebenfalls völlig kahl.

Ich bog nach rechts in den zweiten Gang ein, wie Zabrina mich angewiesen hatte. Zum ersten Mal, seit ich durch Cesarias Hände geheilt worden war, spürte ich diesen stechenden Schmerz wieder in den Beinen und hatte plötzlich die wahnhafte Vorstellung, dass sich meine Muskeln in der Leblosigkeit, die mich umgab, schlagartig zurückbilden würden.

»Hör auf damit«, flüsterte ich mir selbst zu.

Es war, als hätte ich die Worte im luftleeren Raum ausgesprochen. Obwohl ich spürte, wie meine Zunge und mein Gaumen die Silben formten, wurde daraus kein hörbarer Ton. Sie wurden mir von den Lippen gerissen und erstickt.

Ich wagte nicht mehr zu sprechen, sondern ging geradewegs auf Cesarias Schlafzimmertür zu und trat ein.

Hier war es so düster wie in allen anderen Räumen. Die schweren Vorhänge waren geschlossen und sperrten den Himmel, sperrten die Welt aus. Ich wartete darauf, dass sich meine Augen an die Dunkelheit gewöhnten, was sie ganz allmählich auch taten.

In dem Raum stand ein großes, schweres Bett. Das war alles, ein mächtiges Bett, auf dem die Frau meines Vater hingestreckt lag wie ein aufgebahrter Leichnam. Sie hatte in dieser Haltung nichts von ihrem Glanz verloren. Selbst im Tod – sofern sie wirklich tot war – forderte ihre physische Gegenwart Hochachtung. Die Szene war von einer unheimlichen Perfektion; Cesaria wirkte auch in diesem Zustand vollkommen: als hätte sie ihren Leichnam selbst als meisterliches Kunstwerk erschaffen.

Während ich an das Bett trat, war ich erleichtert, dass Zabrina mich nicht begleitet hatte. Ich wollte diesen Augenblick mit niemandem teilen. Zwar hatte ich zugegebenermaßen Angst, aber es war ein überwältigendes Gefühl, eine Angst, wie man sie nur angesichts einer toten oder sterbenden Göttin empfinden kann: eine Angst, in die sich eine tiefe, wachsende Dankbarkeit mischte, weil mir dieser Anblick vergönnt war.

Ihr Gesicht! Oh, dieses Gesicht. Die Fülle ihres schwarzen Haars war aus der hohen Stirn zurückgestrichen, ihre dunkle Haut schimmerte, ihre Lippen waren leicht geöffnet, und auch ihre Lider standen einen Spaltbreit offen, zeigten aber nur das Weiße in ihren Augen.

Endlich fand ich den Mut zu sprechen. Ich sagte ihren Namen.

Diesmal weigerte sich die Luft nicht, das Wort zu tragen. Es wehte mühelos von meinen Lippen. Aber es kam keine

Antwort von Cesaria. Nicht, dass ich es erwartet hatte. In mir wuchs die Überzeugung, dass Zabrinas Vermutung stimmte. Mama war tot.

Was nun, überlegte ich. Sollte ich es wagen, sie zu berühren? Nach Lebenszeichen zu suchen, als wäre die Frau vor mir eine ganz gewöhnliche Tote? Die Vorstellung erschreckte mich. Lieber wollte ich zum Fenster gehen und die Vorhänge ein wenig aufziehen, damit ich den Leichnam besser sehen konnte. Auf diese Weise konnte ich mir aus respektvollerer Entfernung ein Bild von der Lage der Dinge machen.

Während ich mit der gebührenden Ehrfurcht zum Fenster ging, dachte ich daran, wie zurückgezogen Cesaria seit dem Tod meines Vaters gelebt hatte, und ich fragte mich, womit diese traurigen Jahre für sie ausgefüllt waren. Hatten die Erinnerungen genügt, um ihr eine Ahnung des Glücks zu vermitteln? Oder hatte sie sich hier oben ganz ihrer Trauer hingegeben, hatte ihre Zählebigkeit verflucht und die Kinder, die keine Freude für sie waren?

Ich streckte die Hand aus, um einen der Vorhänge beiseite zu ziehen. Doch im selben Augenblick spürte ich, wie etwas meinen Nacken streifte – eine federleichte Berührung, die mich zur Salzsäule erstarren ließ. Die Hand in den Vorhangstoff verkrallt, blickte ich über die Schulter zurück. War in Cesarias Gesicht eine unmerkliche Veränderung vor sich gegangen? Waren ihre Augen einen winzigen Spalt weiter geöffnet? Hatte sich ihr Kopf ein ganz klein wenig in meine Richtung gedreht? Eine volle Minute lang starrte ich in ihr Gesicht und suchte nach einem Lebenszeichen. Aber es war reine Einbildung: Nichts hatte sich verändert.

Allen Mut zusammennehmend, wandte ich mich wieder dem Fenster zu und hatte den Vorhang vielleicht einen Zentimeter weit aufgezogen, als ich das Ding, das mich vorher im Nacken berührt hatte, im Gesicht spürte, diesmal jedoch nicht federleicht, sondern es fühlte sich an wie ein Schlag, der in meinem Kopf widerhallte, und dann lief mir das Blut aus der Nase. Ich muss wohl nicht betonen, dass ich augenblicklich den Vorhang losließ. Hätte ich nicht am Bett vorbeigehen müssen, um zur Tür zu gelangen, so wäre ich wahrscheinlich Hals über Kopf dorthin gestürzt, so aber hielt ich es für das Klügste, mich passiv zu verhalten. Was immer sich hier mit mir im Raum befand, war zweifellos imstande, mir ernsthaften Schaden zuzufügen, wenn dies in seiner Absicht lag. Ich wollte zeigen, dass von mir keine Bedrohung für dieses Wesen ausging; oder besser gesagt, für die heilige Ruhe der Toten dort auf dem Bett.

Ohne mich um meine blutende Nase zu kümmern, wartete ich ab. Ich ließ das Blut einfach laufen, und nach einer Weile wurde das Rinnsal dünner und versiegte dann ganz. Mein Angreifer, wo immer er sich befinden mochte, schien von meiner Unschuld überzeugt, denn er attackierte mich nicht noch einmal.

Und dann geschah etwas höchst Eigenartiges. Ohne die Lippen zu bewegen, sprach mich Cesaria an:

»Maddox«, sagte sie, *»was tust du hier?«*

In der Frage schwang keine Drohung mit. Cesarias Stimme war sanft und melodisch. Sie klang fast verträumt, als würde sie im Schlaf sprechen.

»Ich dachte – das heißt, Zabrina dachte –, dir wäre etwas zugestoßen«, antwortete ich.

»So ist es«, erklärte Cesaria.

»Bist du krank? Wir dachten, du würdest vielleicht sterben?«

»Ich sterbe nicht. Ich befinde mich nur auf der Reise.«

»Auf der Reise? Wohin?«

»Es gibt jemanden, den ich besuchen muss, bevor er sich aus dem Leben verabschiedet.«

»Cadmus Geary«, fiel ich ein.

Meine Vermutung wurde bestätigt. *»Du hast natürlich seine Geschichte erzählt«*, murmelte Cesaria.

»Zumindest Teile davon.«

»Er hat ein schändliches Leben geführt«, erklärte sie, *»und er wird einen schändlichen Tod sterben. Dafür werde ich sorgen.«* Das sagte sie ganz ruhig und ohne Aufregung, aber ich war sehr froh, weit weg von dem Sterbenden zu sein. Wenn Cesaria wollte, dass er litt, dann würde sie ihn leiden lassen,

und man konnte sich nur hüten, ihr dabei in die Quere zu kommen.

»Du bist verletzt«, bemerkte sie.

»Nein, nur …«

»Du blutest. War das Zelims Werk?«

»Ich weiß nicht, wer es war. Ich wollte die Vorhänge öffnen, um besser sehen zu können, was mit dir los ist.«

»… da wurdest du geschlagen.«

»Ja.«

»Das war Zelim«, erklärte Cesaria. *»Er weiß, dass ich das Licht nicht mag. Aber er war ein wenig übereifrig. Zelim? Wo steckst du?«*

Aus einer Zimmerecke war ein Geräusch zu hören, das wie das Summen eines Bienenschwarms klang, und vor meinen leicht benebelten Augen schien sich die Luft selbst zusammenzuziehen; eine Form begann sich herauszukristallisieren, die einer rudimentären menschlichen Gestalt ähnelte: ein schlankes, androgynes Wesen mit großen, dunklen Augen.

»Schließ jetzt Frieden«, sagte Cesaria. In der Annahme, dass diese Aufforderung an mich gerichtet war, setzte ich zu einer Entschuldigung an, aber sie unterbrach mich. *»Nicht du, Maddox. Zelim.«*

Der Diener verneigte sich. »Es tut mir Leid«, sagte er. »Es war mein Fehler. Ich hätte Sie ansprechen sollen, bevor ich zuschlug.«

»Und jetzt könnt ihr mich allein lassen«, erklärte Cesaria. *»Zelim, bring Maddox in Mr. Jeffersons Arbeitszimmer und richte ihn ein wenig her. Er sieht aus wie ein Schuljunge nach einer Rauferei.«*

»Kommen Sie mit«, forderte mich Zelim auf, dessen Körper sich jetzt bis zu einem solchen Grad materialisiert hatte, dass mir seine Nacktheit trotz der nur angedeuteten Form seiner Genitalien irgendwie peinlich war.

Ich leistete seiner Aufforderung Folge, aber als ich gerade im Begriff war, das Zimmer zu verlassen, hörte ich, wie Cesaria noch einmal meinen Namen rief. Ich drehte mich um. Nichts hatte sich verändert. In derselben Stellung wie zuvor lag sie völlig reglos da. Aber aus ihrer Richtung kam – wie soll ich es nur beschreiben, ohne mich von Rührseligkeit übermannen zu lassen – kam eine Welle der Liebe (da, schon hat es mich übermannt), die unsichtbar über mir brach, mich aber tiefer berührte, als es eine sichtbare Kraft je gekonnt hätte. Tränen des Glücks strömten mir über die Wangen.

»Danke, Mama«, murmelte ich.

»Bitte sehr, mein Kind«, entgegnete sie. *»Und jetzt geh und lass dich versorgen. Wo ist übrigens Zabrina?«*

»Sie ist draußen.«

»Sag ihr, sie soll nicht albern sein. Wenn ich wirklich tot wäre, würde ich dafür sorgen, dass jedes einzelne Geschöpf im Lande in Weinen und Wehklagen ausbricht.«

Darüber musste ich lächeln. »Das glaube ich dir aufs Wort«, entgegnete ich.

»Und sag ihr, sie soll Geduld haben. Ich bin bald wieder zu Hause.«

V

Mr. Jeffersons Arbeitszimmer, wie Cesaria es genannt hatte, war einer der kleineren Räume, an denen ich auf dem Weg in ihr Schlafzimmer vorbeigekommen war. Zelim schob mich hinein. Die Tatsache, dass er mich jetzt mit ausgesuchter Höflichkeit behandelte, änderte nichts an dem Unbehagen, das ich in seiner Gegenwart empfand. Seine Stimme war ebenso undefinierbar wie seine äußere Erscheinung. Es war, als würde er sich krampfhaft an die letzten Erinnerungen seines Menschseins klammern (vielleicht war es aber auch umgekehrt; vielleicht war das, was ich sah, einfach sein endgültiges, freudiges Abschiednehmen von dem Mann, der er einst war). Wie auch immer, sein Anblick und der Klang einer Stimme, die kaum noch etwas Menschliches hatte, deprimierten mich. Ich legte keinen Wert auf seine Gesellschaft. Daher erklärte ich ihm, ich könne mich ganz gut selbst herrichten, wenn ich erst einmal wieder im unteren Stockwerk sei, und bedürfe seiner Hilfe nicht. Aber er beachtete meine Einwände nicht. Seine Herrin hatte ihm befohlen, den Schaden, den er angerichtet hatte, wieder gutzumachen, und er war offensichtlich entschlossen, ihren Befehl zu befolgen, ob ich mich nun von ihm geschädigt fühlte oder nicht.

»Kann ich Ihnen ein Glas Brandy bringen?« fragte er. »Wie ich höre, trinken Sie nicht sehr oft Brandy …«

»Woher wissen Sie das?«

»Ich habe Ohren, zu hören«, antwortete er. Also sind die Gerüchte wahr, dachte ich. Das Haus war tatsächlich eine Abhöranlage, die Informationen aus allen anderen Räumen in Cesarias Gemächer leitete. »Aber das hier ist eine Flasche, die wir selten anrühren. Es ist ein sehr starker Brandy, und er wird den Schmerz betäuben.«

»Dann nehme ich einen kleinen Schluck«, erklärte ich. »Vielen Dank.«

Er verneigte sich, als hätte ich ihm damit, dass ich sein Angebot annahm, einen großen Gefallen getan, dann entfernte er sich ins angrenzende Zimmer, was mir Gelegenheit gab, mich ein wenig im Raum umzuschauen. Hier gab es einiges zu sehen. Im Gegensatz zu den übrigen Räumen, die unmöbliert schienen, war das Arbeitszimmer vollständig eingerichtet. Es gab zwei Sessel und einen kleinen Tisch, vor dem Fenster stand ein Schreibtisch mit daruntergeschobenem, integriertem Lederstuhl, daneben ein Bücherregal, dessen Borde sich unter gewichtigen Werken der Fachliteratur bogen. An den Wänden hingen verschiedene Bilder. Eines davon war die grob skizzierte Landkarte eines Gebietes, das mir nicht bekannt vorkam, auf die getrocknete Haut irgendeines unseligen Tieres gezeichnet. Eine stark abstrahierte Zeichnung in einem schlichten Rahmen zeigte Cesaria, dahingegossen auf einer Chaiselongue. Sie trug ein elegantes, mit einer Unzahl kleiner Schleifen verziertes Empirekleid. Eine Cesaria, wie zumindest ich sie nicht kannte. Hatte sie so ausgesehen, als sie der Glanzpunkt der Pariser Gesellschaft gewesen war? Vermutlich. Das andere waren mittelmäßige Landschaftsbilder, bei denen ich mich nicht länger aufhielt. Stattdessen wandte ich mich dem Hauptgegenstand meines Interesses zu, einem merkwürdigen Objekt, das auf Jeffersons Schreibtisch stand. Es sah aus wie eine große, aus Holz gezimmerte Spinne.

»Das ist ein Kopierapparat«, erklärte Zelim, als er aus dem angrenzenden Zimmer zurückkehrte. »Jeffersons Erfindung.« Er zog den Stuhl unter dem Tisch hervor. »Setzen Sie sich. Sie können es ruhig ausprobieren.« Ich nahm am Schreibtisch Platz, auf dem mehrere Papierbögen lagen. In dem Apparat war eine Schreibfeder befestigt. Jetzt, da ich den Verwendungszweck des Gerätes kannte, fiel es mir nicht schwer, mir vorzustellen, wie es funktionierte. Ich hob den Federhalter und tauchte ihn ein – worauf, von einem Gestänge geführt, auch eine zweite Feder sich hob und eingetaucht wurde –, dann kritzelte ich meinen Namen auf ein Blatt Papier. Mit einem Blick nach rechts stellte ich fest, dass meine Unterschrift nahezu perfekt kopiert worden war.

»Schlau«, bemerkte ich. »Hat er den Apparat je benutzt?«

»In Monticello gibt es einen, den er ständig benutzte«, entgegnete Zelim. »Dieser hier war nur ein paarmal in Gebrauch.«

»Aber er hat ihn wirklich benutzt?« fragte ich. »Ich meine … Jeffersons Hand hat diesen Federhalter hier berührt?«

»Aber ja. Ich habe es mit eigenen Augen gesehen. Er schrieb damals einen Brief an John Adams, soweit ich mich erinnere.«

Unwillkürlich durchlief mich ein kleiner Freudenschauer, was Sie verwundern mag angesichts der göttlichen Gesellschaft, in der ich mich hier tagtäglich bewege. Schließlich war Jefferson nur ein Mensch. Aber vielleicht war das der Grund für mein Erschauern. Er hatte als gewöhnlicher Sterblicher nach einer Vision gestrebt, die großartiger war als alles, was sich die meisten von uns auch nur vorzustellen wagen.

Zelim reichte mir mein Brandyglas. »Ich möchte mich noch einmal für meine Grobheit entschuldigen. Dürfte ich Ihnen das Blut jetzt aus dem Gesicht waschen?«

»Nicht nötig«, entgegnete ich.

»Es macht mir keine Mühe.«

»Es ist schon in Ordnung«, erklärte ich. »Wenn Sie etwas wieder gutmachen wollen …«

»Ja?«

»Dann unterhalten Sie sich mit mir.«

»Worüber?«

»Wie es Ihnen ergangen ist im Laufe der Jahrhunderte.«

»Ah …«

»Sie sind Zelim, der Fischer, nicht wahr?«

Obwohl das bleiche Gesicht vor mir so bar aller charakteristischen Züge war, schien es mir plötzlich kummervoll. »Daran denke ich überhaupt nicht mehr«, erwiderte Zelim. »Es kommt mir vor, als sei es nicht mein Leben.«

»Eher wie eine Geschichte?« drang ich in ihn.

»Eher wie ein Traum. Ein sehr undeutlicher Traum. Warum fragen Sie?«

»Ich möchte in meinem Buch alles beschreiben können. *Nichts weiter als alles,* das habe ich mir selbst geschworen. Sie sind eine außergewöhnliche Person, und ich möchte gern sichergehen, dass ich Ihre Geschichte wahrheitsgemäß wiedergebe.«

»Da gibt es nicht viel zu erzählen«, warf Zelim ein. »Ich war ein Fischer und wurde in den Dienst einberufen. Das ist eine alte Geschichte.«

»Aber sehen Sie nur, was aus Ihnen geworden ist.«

»Ach, das ...«, sagte er, und sein Blick senkte sich auf seinen Körper. »Stört es Sie, dass ich nackt bin?«

»Nein.«

»Je länger ich bei ihr lebe, umso mehr werde ich zu einem Zwitterwesen und umso mehr verliert die Kleidung an Bedeutung für mich. Ich kann mich nicht mehr erinnern, wie ich aussah, als ich noch ein Mensch war.«

»Mir schwebt ein Bild von Ihnen vor«, fiel ich ein. »Damals am Strand mit Cesaria, mit Nicodemus und dem Säugling. Dunkles Haar, dunkle Augen.«

»Ich hatte gute Zähne, das weiß ich noch«, erklärte er. »Die Witwe Passak liebte es, mir zuzusehen, wenn ich in ein Stück Brot biss.«

»An sie erinnern Sie sich also?«

»Besser als an die meisten anderen Dinge«, entgegnete Zelim. »Besser als an meine philosophischen Gedanken auf jeden Fall.« Als seine irisierenden Augen jetzt zum Fenster blickten, sah ich in dem hereinströmenden Lichtschein, dass er fast durchsichtig war, und ich fragte mich, ob er überhaupt Knochen im Leib hatte. Vermutlich ja, wenn man bedachte, wie kräftig er in der Lage war zuzuschlagen. In diesem Augenblick erschien er mir jedoch ungeheuer zerbrechlich; wie eines dieser zarten, wirbellosen Wesen aus den dunkelsten Schluchten eines Tiefseegrabens.

»Eine Zeit lang hatte ich sie vergessen ...«, sagte er mit einer Stimme wie ein hauchdünnes Gespinst.

»Sie meinen die Witwe Passak?«

»Ja«, murmelte er. »Ich folgte dem Lauf meines Lebens, und die Liebe, die ich für sie empfunden hatte …« Die Worte erstarben, und sein Gesicht begann zu flimmern. Ich drängte ihn nicht, so gespannt ich auch darauf war, zu diesem Thema mehr aus seinem Mund zu hören. Auch wenn seine Stimme noch so ausdruckslos war, befand er sich doch in einer höchst aufgewühlten Gemütsverfassung, und ich wollte auf keinen Fall sein inneres Gleichgewicht ins Wanken bringen. Also wartete ich ab. Endlich griff er den Faden seiner Erinnerungen wieder auf: »… die Liebe, die ich empfunden hatte, schien verflogen. Ich dachte, sie wäre für immer verschwunden. Aber das war ein Irrtum … Meine Gefühle für sie stürmen heute auf mich ein, als würde ich sie zum ersten Mal erleben. Die Art, wie sie mich angesehen hat, wenn der Wind von der Wüste her wehte. Das süße, teuflische Funkeln in ihren Augen.«

»Die Kreise schließen sich«, entgegnete ich. »Haben Sie das nicht Ihren Schülern gesagt?«

»Das stimmt. Ich glaube, ich habe die Sterne als Metapher herangezogen.«

»Das Rad der Sterne«, fiel ich ein.

Bei dieser Erinnerung schlich sich der ferne Anklang eines Lächelns in Zelims Züge. »Das Rad der Sterne«, murmelte er. »Es war ein schönes Bild.«

»Mehr als ein Bild«, widersprach ich. »Es ist die Wahrheit.«

»Das würde ich nicht beschwören«, entgegnete Zelim.

»Aber wir haben hier und jetzt den Beweis. Sie haben selbst gesagt, dass Ihre Gefühle für diese Frau wiedergekehrt sind.«

»Es könnte das letzte Mal gewesen sein«, erwiderte Zelim. »Mein Leben hat seinen Lauf genommen, und danach werde ich nicht noch einmal aufsteigen.«

»Was meinen Sie mit danach?«

»Wenn L'Enfant zugrunde geht – wie es geschehen wird, wie es geschehen muss – und alle in die Welt hinauswandern, werde ich Cesaria bitten, meinem Sein ein Ende zu setzen. Ich habe als Mensch gelebt, und ich habe als Geist gelebt, und nun möchte ich, dass alles ein Ende hat.«

»Keine Wiederauferstehung?«

»Nicht für mich. Ich glaube, das ist der natürliche Lauf der Dinge: von der Geschlechtslosigkeit zum Erlöschen des Seins. Ich freue mich darauf.«

»Sie freuen sich darauf, in Vergessenheit zu geraten?«

»Es ist nicht das Ende der Welt«, entgegnete er mit einem leisen Lachen. »Es ist nur ein einziger Mann, dessen Licht erlöscht. Und wenn das für mich kein großer Verlust ist, warum sollte sich sonst jemand darüber aufregen?«

»Ich rege mich nicht auf, ich bin nur ein bisschen verwirrt«, erklärte ich.

»Warum?«

Einen Moment dachte ich über die Frage nach, bevor ich antwortete: »Ich nehme an, ich habe mich in den Jahren meines Lebens in diesem Haus an den Gedanken gewöhnt, dass immer alles weitergeht.«

»Oder zu neuem Leben erwacht wie Ihr Vater.«

»Wie bitte?«

Zelims Gesicht flimmerte wieder wie am Anfang dieser Unterhaltung. Um seine abgeklärte Ruhe war es geschehen, er war plötzlich sichtlich nervös. »Es tut mir Leid«, sagte er. »Ich hätte das nicht ...«

»Sie brauchen sich nicht zu entschuldigen«, fiel ich ihm ins Wort. »Erklären Sie einfach, was Sie damit meinen.«

»Das kann ich nicht. Es tut mir Leid. Es war völlig unpassend von mir.«

»*Zelim.* Erklären Sie es mir.«

Sein Blick huschte in die Richtung, in der Cesarias Gemächer lagen. Hatte er Angst, dass sie kommen und ihn für seine Schwatzhaftigkeit bestrafen würde? Der Blick schien ihn jedoch zu überzeugen, dass er nichts dergleichen zu befürchten hatte. Als er sich mir wieder zuwandte, hatte sich seine Erregung fast völlig gelegt. Cesaria befand sich offensichtlich bereits auf dem Weg zu ihrer Begegnung mit Cadmus Geary.

»Ich weiß nicht, ob ich überhaupt etwas erklären kann, das mit Ihrem Vater zu tun hat«, bemerkte er endlich. »Im Zusammenhang mit Göttern gibt es keine Erklärungen. Die beiden Dinge schließen sich gegenseitig aus, nicht wahr? Ich kann Ihnen lediglich sagen, was ich *glaube.*«

»Und das wäre?«

Er atmete hörbar ein. Sein Körper schien mit diesem Atemzug ein wenig an Substanz zu gewinnen. »Cesarias Leben in diesem Haus ist leer. Vollkommen leer. Ich weiß es, weil ich dieses Leben mit ihr geteilt habe, Tag für Tag für Tag über die letzten Gott weiß wie vielen Jahre hinweg. Es ist ein leeres Leben. Sie sitzt am Fenster oder füttert ihre Stachelschweine. Und sie verlässt das Haus nur, wenn eins der Tiere stirbt und draußen begraben werden muss.«

»Mein Leben sieht in mancher Hinsicht ähnlich aus«, sagte ich. »Ich weiß, wie qualvoll das ist.«

»Sie haben immerhin Ihre Bücher. Sie liest nicht mehr gern. Und sie kann weder Fernsehen noch Musikaufnahmen ertragen. Vergessen Sie nicht, dass diese Frau irgendwann einmal der gesellschaftliche Mittelpunkt in allen großen Städten der Welt war. Ich habe sie in ihren Glanzzeiten gesehen, und es war einfach unvorstellbar. Sie war der Inbegriff der Eleganz; keine Frau der Welt wurde so umschwärmt, so heiß bewundert und so häufig nachgeahmt wie sie. Man sagte von ihr, wenn sie zur Tür hinausging, dann wäre es, als verließe das Leben selbst den Saal ...«

»Ich verstehe nicht, was das mit Nicodemus zu tun hat.«

»Finden Sie es nicht seltsam, dass sie hier bleibt?« entgegnete Zelim. »Warum hat sie das Haus nicht niedergerissen? Es steht in ihrer Macht. Sie könnte einen Sturm heraufbeschwören und es innerhalb einer Sekunde in Trümmer legen. Sie wissen, dass sie Stürme hervorrufen kann.«

»Ich habe es nie mit eigenen Augen gesehen, aber ...«

»Doch, das haben Sie. Der Sturm, der in der Nacht wütete, als Ihr Vater Dumuzzi paarte, war ihr Werk.«

»Das wusste ich nicht.«

»Sie war wütend, weil Nicodemus mehr Interesse für seine Pferde zeigte als für sie, und darum beschwor sie einen Sturm herauf, der das halbe Land verwüstete. Wahrscheinlich hoffte sie, die Tiere würden vom Blitz erschlagen. Wie dem auch sei, ich will auf Folgendes hinaus: Wenn sie das

Haus zerstören wollte, wäre es ein Leichtes für sie. Aber sie tut es nicht. Sie bleibt einfach. Sie beobachtet. Sie *wartet.*«

»Vielleicht lässt sie das Haus um Jeffersons willen stehen«, warf ich ein. »Es ist sein Meisterwerk.«

Zelim schüttelte den Kopf. »Sie wartet auf Ihren Vater. Davon bin ich überzeugt. Sie glaubt, dass er zurückkommt.«

»Nun ja, dann sollte er sich besser beeilen«, bemerkte ich. »Denn wenn die Gearys hier erscheinen, wird es keine Wunder mehr geben ...«

»Das ist mir klar. Und ihr vermutlich ebenfalls. Nach all den Jahren des Müßiggangs überschlagen sich die Ereignisse plötzlich. Die Sache mit Cadmus Geary beispielsweise. Sie hätte sich früher nie dazu herabgelassen, sich in das Leben eines der Gearys einzumischen.«

»Was hat sie mit ihm vor?«

Zelim hob die Schultern. »Ich weiß es nicht.« Sein Blick schweifte wieder zum Fenster ab. »Aber sie kann unerbittlich nachtragend sein.«

Sofern er noch eine weitere Bemerkung über Cesarias Mangel an Mitgefühl hatte machen wollen, kam er nicht mehr dazu. Jemand klopfte leise an die Tür des Arbeitszimmers, dann trat Zabrina ein. Sie hatte in ihrer Sorge um Cesaria Trost gesucht und gefunden. In der rechten Hand balancierte sie zwei Stücke Kuchen, die sie – so geschickt wie ein Falschspieler am Pokertisch mit den Assen hantiert – eines nach dem anderen im Mund verschwinden ließ.

»Es ist alles in Ordnung«, versicherte ich ihr.

»Das habe ich schon gehört.«

»Es tut mir Leid. Ich hätte es dir schon längst sagen sollen.«

»Ich bin es gewohnt, nicht beachtet zu werden«, entgegnete sie und wandte sich, den letzten Kuchenkrümel in den Mund schiebend, zum Gehen.

VI

1

Als ich ins Erdgeschoss zurückkehrte, befand ich mich in einem eigenartigen Zustand, einer Mischung aus Erschöpfung und Erregung. Ich hätte ein wenig Ablenkung gebrauchen können. Eine Unterhaltung mit Marietta wäre genau das Richtige gewesen, aber da sie ausgeflogen war, um Hochzeitspläne mit ihrer geliebten Alice zu schmieden, beschloss ich, einen kleinen Joint zu rauchen. Dabei ging mir mein Gespräch mit Zelim durch den Kopf – was er über seine Liebe zur Witwe Passak, über seine Hoffnung, bald in Vergessenheit zu geraten, über Cesarias einsames Leben und über die wahren Hintergründe ihrer Geduld gesagt hatte –, und ich fragte mich auf diese beiläufige, distanzierte Art, in der man über Dinge nachdenkt, wenn man gutes Haschisch raucht, ob ich mich in meinem Buch nicht weniger mit den Gearys und etwas mehr mit den Vorgängen hier im Haus hätte befassen sollen. Hatte ich, indem ich mich Rachel Pallenberg so dicht an die Fersen geheftet hatte, vielleicht ein größeres Werk der Banalität preisgegeben? Hatte ich mich vom trivialsten aller Klischees, nämlich dem Vom-Tellerwäscher-zum-Millionär-Märchen verführen lassen, während der eigentliche Stoff, den es zu erzählen galt, beim unglücklichen Clan der Barbarossas zu finden war?

In meinem Arbeitszimmer blätterte ich in dem Manuskript und ließ meine Augen absichtlich nach Belieben schweifen, um zu sehen, wie sich die Dinge anhörten, wenn sie willkürlich herausgepickt wurden. Es gab eine Reihe stilistischer Schwächen, und ich nahm mir vor, sie später zu beheben; im Großen und Ganzen hatte ich jedoch den Eindruck, dass sich die Erzählung auf der von mir vorgesehenen Linie zwischen unserer Welt hier und der Außenwelt jenseits der Grenzen von L'Enfant bewegte. Vielleicht hätte ich mich bei den Berichten über unseren Alltag hier im Haus etwas kürzer fassen können, aber in der Geschwätzigkeit liegt auch ein Funken Ehrlichkeit. Auf welche mystischen Wurzeln unsere Familie auch immer zurückblicken mag, heute sind wir zu einer bedeutungslosen, zahmen Gesellschaft verkommen. Natürlich sind wir nicht die ersten Götter, denen das widerfährt. Die Bewohner des Olymp haben gezankt und gehurt; wir sind weder besser noch schlechter als sie. Aber sie waren erfunden, wir sind es nicht. (Im Übrigen vermute ich, dass wir diese erfundenen Gottheiten als das Fantasieprodukt empfinden, das am meisten über die menschliche Vorstellungskraft aussagt. Und das Leben dieser Fantasieprodukte als den überzeugendsten Beweis des Göttlichen im Menschen ansehen. Ein jedes von beiden ist das aufschlussreichste Werk des anderen.)

Wohin führen mich diese Gedanken? Mich, der ich in einem von Gottheiten bevölkerten Haus sitze und über erfundene Götter rede? Sie führen mich, wie immer, in einen Zustand tiefer Verwirrung; ich stehe mir selbst gegenüber, als wäre mein Herz zweigeteilt und jede Hälfte müsste dem Rhythmus eines anderen Trommlers folgen.

Das Haschisch machte mich hungrig, und nachdem ich etwa zwei Stunden in meinem Manuskript geblättert hatte, ging ich in die Küche und machte mir ein Sandwich aus Schwarzbrot mit englisch gebratenem Roastbeef, das ich auf der Eingangsstufe vor der Hintertür des Hauses sitzend verspeiste. Die Krümel verfütterte ich an die Pfauen.

Danach schlief ich eine Weile, in der Absicht, später am Abend wieder aufzustehen und mich mit meinem Manuskript zu befassen. Diese wenigen Stunden seligen Schlafs waren vermutlich die letzten, die mir vergönnt sein werden; denn als ich erwachte (oder vielmehr geweckt wurde), war mein Kopf voller Bilder des Hauses der Familie Geary in New York, und in meiner rechten Hand zuckte es, als würde sie sich für die Aufgabe bereitmachen, alles aufzuschreiben, was mir als nächstes vor Augen käme. Und zu alledem hatte ich das beängstigende Gefühl, dass auch die letzte

Spur der Ruhe und Geborgenheit von den Schauplätzen meiner Geschichte gewichen war.

Der letzte Akt der Katastrophe wurde eingeläutet. Ich füllte meine Lungen mit Luft und meinen Federhalter mit Tinte; wartete, beobachtete und begann dann zu schreiben.

2

Als Rachel in der Villa eintraf, erfuhr sie von einer der Hausangestellten, einer freundlichen Frau namens Jocelyn, dass Loretta an diesem Abend nicht mehr zu sprechen sei. Der Zustand des alten Herrn war seit dem Mittag äußerst kritisch, und Loretta hatte die Pflegerin weggeschickt und gesagt, sie wolle sich selbst um Cadmus kümmern, was sie nun tat. Sie hatte Anweisung gegeben, sie nicht zu stören.

Rachel blieb hartnäckig: ihr Anliegen duldete keinen Aufschub bis zum morgigen Tag. Wenn Jocelyn sich weigere, Loretta zu holen, erklärte sie, sehe sie sich gezwungen, dies selbst zu tun. Widerstrebend ging Jocelyn nach oben, und etwa zehn Minuten später kam Loretta die Treppe herunter. Es war das erste Mal, dass Rachel sie anders als in perfekter Aufmachung sah. Sie wirkte wie ein leicht verschmiertes Gemälde; ihre sonst so untadelige Frisur nicht ganz so akkurat, eine der nachgezogenen Augenbrauen ein klein wenig verwischt.

Sie bat Jocelyn, Tee zu machen, dann führte sie Rachel ins Esszimmer.

»Du hast einen ungünstigen Zeitpunkt gewählt, Rachel«, sagte sie.

»Ja, ich weiß.«

»Cadmus ist sehr schwach, und ich muss wahrscheinlich gleich wieder zu ihm hinaufgehen. Sag also, was immer du zu sagen hast.«

»Wir hatten kurz nach Margies Tod hier in diesem Zimmer eine Unterhaltung.«

»Ja, ich erinnere mich daran.«

»Also, du hattest Recht. Mitchell war vorhin in meiner Wohnung, und ich hatte den Eindruck, dass er nicht ganz normal ist.«

»Was hat er getan?«

»Du willst, dass ich mich kurz fasse, und ich weiß nicht, ob das überhaupt möglich ist«, begann Rachel. »In Margies Besitz befand sich ein Buch – ich kenne nicht die ganze Geschichte, aber es war eine Art Tagebuch –, das mir in die Hände fiel. Auf welche Weise, spielt keine Rolle. Nur, dass ich es bekam; und es enthält Informationen über die Barbarossas.«

Loretta zeigte keinerlei Reaktion auf ihre Worte, bis sie zu einer Antwort ansetzte. Als sie zu sprechen begann, verriet ihre Stimme ihre Gemütsverfassung. Sie zitterte.

»Du hast Holts Tagebuch?« fragte sie.

»Nein, Mitchell hat es.«

»Mein Gott«, stieß sie leise hervor. »Warum bist du nicht damit zu mir gekommen?«

»Ich wusste nicht, dass es so wichtig ist.«

»Warum, glaubst du wohl, habe ich endlose Stunden oben an Cadmus' Bett gesessen und mir sein unzusammenhängendes Geschwätz angehört?«

»*Du* wolltest das Tagebuch?«

»Natürlich. Ich wusste, dass er es besaß, weil er es mir vor Jahren erzählt hat. Zwar ließ er es mich nie sehen ...«

»Warum nicht?«

»Vermutlich wollte er nicht, dass ich mehr über Galileo erfuhr, als ich ohnehin schon wusste.«

»Was Holt über ihn schreibt, ist nicht gerade schmeichelhaft.«

»Du hast es also gelesen?«

»Nicht alles. Aber einen großen Teil davon. Und wie Holt ihn beschreibt ... o Gott, wie ist das nur möglich?«

»Wie ist was möglich?«

»Wie kann Galileo schon 1865 gelebt haben?«

»Du fragst die falsche Person«, erwiderte Loretta. »Mir ist das Wie und Warum ebenso schleierhaft wie dir. Und ich habe es schon vor langer Zeit aufgegeben, Fragen zu stellen.«

»Warum willst du das Tagebuch unbedingt haben, wenn du aufgehört hast, Fragen zu stellen?«

»Komm bloß nicht hierher und bitte mich um Hilfe, um mir dann auf die Nerven zu gehen, Mädchen.« Loretta wandte den Blick ab und stieß einen leisen Seufzer aus. »Würdest du mir eine Zigarette holen?« bat sie nach einer langen Pause. »Sie liegen auf der Anrichte dort drüben.«

Rachel erhob sich, holte das silberne Zigarettenetui und das Feuerzeug und legte beides auf den Tisch. Während sich Loretta eine Zigarette anzündete, brachte Jocelyn den Tee. »Stellen Sie ihn einfach auf den Tisch«, sagte Loretta. »Wir bedienen uns selbst. Ach ja, noch etwas, Jocelyn. Würden Sie bitte nach oben gehen und nach Mr. Geary sehen?«

»Das habe ich gerade getan«, erwiderte Jocelyn. »Er schläft im Augenblick.«

»Würdest du von Zeit zu Zeit nach ihm schauen?«

»Selbstverständlich.«

»Diese Frau hat uns der Himmel geschickt«, bemerkte Loretta, nachdem Jocelyn hinausgegangen war. »Sie beklagt sich nie. Worüber haben wir gerade gesprochen?«

»Galileo.«

»Vergiss Galileo.«

»Du hast einmal gesagt, dass alle Fäden bei Galileo zusammenlaufen.«

»Habe ich das wirklich?« gab Loretta zurück und zog heftig an ihrer Zigarette. »Nun ja, wahrscheinlich hatte ich einen Anfall von Selbstmitleid.« Sie stieß eine Wolke graublauen Tabakrauchs aus, dann fuhr sie fort: »Du bist nicht die einzige, die in ihn verliebt war, weißt du. Wenn du wirklich begreifen willst, was mit uns vorgeht, musst du aufhören, die Dinge von einem ichbezogenen Standpunkt aus zu sehen. Jeder erlebt seine eigenen Enttäuschungen, Rachel. Jeder von uns weiß, was eine verlorene Liebe, was ein gebrochenes Herz ist. Sogar der alte Herr.«

»Seine Beziehung zu Louise Brooks?«

»Ja. Die wunderbare Louise. Das war natürlich zu Kittys Zeiten. Ich musste mir sein endloses Gejammer über diese Frau nicht mehr anhören. Obwohl sie wirklich eine Schönheit war. Das muss man ihr lassen. Sie war eine Schönheit.« Während sie das sagte, goss sie sich Tee ein. »Möchtest du auch eine Tasse?«

»Nein danke.«

»Er wird innerhalb der nächsten vierundzwanzig Stunden sterben«, fuhr Loretta in sachlichem Ton fort. »Und wenn er nicht mehr ist, werde ich das Sagen über die Familie und ihre Besitztümer haben. So steht es in seinem Testament.«

»Du hast sein Testament gesehen?«

»Nein. Aber er hat es mir versprochen. Wenn in seinem Testament das steht, was er mir versichert hat, dann werde ich mich in der Lage befinden, einen Handel mit Garrison und Mitchell zu schließen.«

»Und wenn nicht?«

»Wenn nicht …«, Loretta trank einen Schluck Tee, bevor sie weitersprach, »… dann werden wir Galileo vielleicht doch noch brauchen. Wir beide«, sagte sie leise.

VII

In seinem Schlafzimmer im ersten Stock schlug Cadmus die Augen auf. Ihm war kalt, und er spürte in seinem Magen eine Leere, die nicht vom Hunger kam. In der Hoffnung, dass das gedämpfte Licht die Schattengestalten vertreiben würde, die ihn noch aus seinen Träumen verfolgten, wandte er das Gesicht der Lampe auf seinem Nachttisch zu. Die Schatten sollten ihn in der realen Welt in Ruhe lassen. Nur allzu bald würden sie ihn ohnehin haben.

Die Tür ging auf. Er hob den Kopf.

»Loretta?«

»Nein, Sir. Ich bin es, Jocelyn.«

»Wo ist Loretta? Sie wollte bei mir bleiben.«

»Sie ist unten, Sir. Mitchells Frau ist zu Besuch gekommen. Möchten Sie etwas essen, Sir? Vielleicht eine Suppe?«

»Schicken Sie Rachel herauf.«

»Sir?«

»Sie haben schon verstanden. Schicken Sie Rachel herauf. Und sagen Sie ihr, sie soll mir ein Schlückchen Brandy mitbringen. Nun gehen Sie schon.«

Als Jocelyn das Zimmer verlassen hatte, ließ Cadmus den Kopf in die Kissen zurücksinken. Herrgott, wie kalt ihm war! Aber der Gedanke, dass Rachel im Haus war und er sie in ein paar Minuten sehen würde, versöhnte ihn ein wenig mit seinem Los. Sie war eine nette junge Frau; er hatte sie immer gemocht. Sicher hatte sie im Zusammenleben mit Mitchell etwas von ihrer Unschuld verloren; sie hatte etwas von ihrem Glauben an das Gute verloren … Aber sie war eine starke Person, sie würde sich nicht unterkriegen lassen. Er zog die Schublade des Nachtschränkchens auf und holte eine Rolle Pfefferminzbonbons heraus. Kaugummi konnte er nicht mehr kauen – dazu reichte die Kraft seiner

Kiefermuskeln nicht –, und sein Zahnfleisch war so wund und vereitert, dass ihm das Zähneputzen Qualen bereitete, aber er wollte sichergehen, dass sein Atem einigermaßen frisch war, wenn Rachel an seinem Bett saß. Mit steifen Fingern schob er ein Pfefferminz auf seine trockene Zunge und begann daran zu lutschen, so gut es ging.

Auf der Straße hörte er jemanden rufen, und er sehnte sich danach hinauszugehen; sein kaltes Bett zu verlassen und den Himmel zu sehen. Nur noch ein einziges Mal; war das zu viel verlangt?

In besseren Zeiten war er gern zu Fuß gegangen. Bei gutem wie bei schlechtem Wetter war er, wo immer und wann immer ihn die Lust überkam, aus dem Wagen gestiegen und gelaufen. An arktische Wintermorgen und an glühend heiße Augustnachmittage erinnerte er sich; an Frühlingstage, an denen er, glücklich wie ein Kind, das die Schule schwänzt, nach Hause geschlendert war; Abende im Hochsommer, an denen er, beschwingt wie ein König nach einem halben Dutzend Martinis, auf dem Heimweg laut gesungen hatte.

Alles vorbei. Nie wieder die Straße, nie wieder der Himmel, nie wieder ein Lied. Nur noch Schweigen; und bald das Jüngste Gericht. So sehr er sich auch bemüht hatte, sich darauf vorzubereiten, er war es nicht.

Das Fenster klapperte. Ein starker Wind war aufgekommen. Wieder klapperte das Fenster, und diesmal bewegten sich die Vorhänge. Kein Wunder, dass er fror! Die törichte Krankenschwester hatte eines der Fenster offen gelassen. Beim nächsten Windstoß bauschten sich die Vorhänge wie Segel. Er spürte den Wind jetzt bis in sein Bett; er war so stark, dass der Lampenschirm zitterte.

Ein flaues Gefühl breitete sich in seinem leeren Magen aus, und er schob sich am Kopfteil des Bettes hoch, um die sich bauschenden Vorhänge besser im Blick zu haben. Was, zum Teufel, ging da vor?

Er brauchte seine Brille; aber als er zwischen den Tablettenfläschchen danach tastete, hörte er, wie jemand seinen Namen sagte.

Eine Frau. Es war eine Frau bei ihm im Zimmer.

»Loretta?«

Die Stimme der Frau senkte sich in eine tiefere Tonlage, es kamen keine Worte mehr, nur ein Geräusch, eine Art Grollen, das die Bettstatt erzittern ließ.

Mit bebenden Händen versuchte er die Brille aufzusetzen, aber bevor er es geschafft hatte, flog die Lampe vom Nachttisch. Er war allein mit dem Eindringling in fast völliger Dunkelheit.

»Was war das, um Himmels willen?« stieß Loretta erschrocken hervor. Sie sprang auf und rief nach Jocelyn, aber Rachel war bereits in die Diele hinausgestürzt.

Jetzt ertönte ein Schrei: ein schriller Schrei. Ohne Lorettas Warnung zu beachten – *»warte, Mädchen, so warte doch!«* – eilte Rachel zur Treppe. Sie hatte das flüchtige Gefühl eines *Déja-vu:* zwei bis drei Stufen auf einmal nehmen, der Furcht erregende Lärm im Obergeschoss, das Heulen des Windes. Diese Szene hatte sich schon einmal in ihrer Vorstellung abgespielt, und aus irgendeinem Grund war die Erinnerung in ihrer Seele verhaftet.

Oben angelangt, blickte sie auf die Treppe zurück. Loretta folgte ihr, am Geländer Halt suchend, Jocelyn stand am Fuß der Treppe und fragte, was der Lärm zu bedeuten habe.

»Es ist Cadmus, Sie verdammte Närrin!« schrie Loretta sie an. »Ich dachte, Sie kümmern sich um ihn!«

»Das habe ich!« verteidigte sich Jocelyn. »Ich sollte ihm einen Brandy holen. Und Rachel «

Loretta sagte nichts darauf, sondern wandte sich stattdessen an Rachel.

»Bleib weg von dieser Tür!«

»Warum?« wollte Rachel wissen.

»Es geht dich nichts an! Geh wieder nach unten.«

Die Tür bebte heftig in den Angeln, und die Versuchung, Lorettas Rat zu folgen, war groß. Vielleicht ging sie das Ganze wirklich nichts an – es war der Wahnsinn der Gearys, ihr geheimes Leid. Aber wie konnte sie die angstvollen Schluchzer ignorieren, die aus dem Zimmer drangen? Irgendjemand quälte den alten Mann, und sie musste auf der Stelle eingreifen. Hastig drehte sie am Türknauf – er vibrierte in ihrer Hand. Jemand drückte von der anderen Seite gegen die Tür, und sie musste sich mit ihrem ganzen Gewicht dagegen stemmen, um sie zu öffnen. Als es ihr gelang, flog sie mit einem Schlag auf, sodass Rachel nach vorn fiel und passenderweise nicht gemessenen Schritts, sondern stolpernd die Bühne betrat, auf der sich das Drama, das sie im Zimmer erwartete, abspielte.

VIII

In Cadmus' Schlafzimmer herrschte ein einziges Chaos. Das mächtige Bett war leer, die Decke war heruntergerissen, die Kissen lagen im Zimmer verstreut. Alle Lichter waren erloschen, nur die Nachttischlampe, die auf dem Boden lag, flackerte noch kläglich vor sich hin. Das Schränkchen, auf dem sie gestanden hatte, war umgestürzt, ebenso sämtliche Stühle und die kleine Frisierkommode. Das gesamte Inventar des Krankenzimmers – die Tablettenröhrchen samt ihrem Inhalt, die Medizinflaschen und ihre Dosierlöffel, der Spritzenbehälter, die Brechschale und der Sauerstoffapparat – lag zerschmettert, zertrümmert, nutzlos am Boden.

Rachel suchte den Raum nach Cadmus ab, konnte ihn aber nirgends entdecken. Und sie sah auch keine Spur dessen, der dieses Chaos angerichtet hatte. Als sie einen Schritt weiter ins Zimmer trat, flatterten die Vorhänge. Das Fenster stand, wie sie erst jetzt bemerkte, weit offen. O Gott! Hatte er versucht hinauszuklettern und war gestürzt? Oder war er hinausgestoßen worden?

Über Tabletten und Glassplitter hinweg, die unter ihren Sohlen knirschten, wollte sie eben das Zimmer durchqueren, als sie ein leises Schluchzen hörte. Sie blickte in die Richtung, aus der das Geräusch kam, und dort, in die tiefen Schatten der Zimmerecke gekauert, entdeckte sie Cadmus. Er war nackt, bedeckte mit den Händen seine Genitalien, und sein Gesicht sah aus wie das eines zu Tode verängstigten Affen: die Zähne gebleckt, die Stirn in tiefe Falten gefurcht. Obwohl er ihr direkt in die Augen sah, gab er kein Zeichen des Erkennens von sich, sondern starrte sie nur zitternd an.

»Es wird alles gut«, versuchte sie ihn zu beschwichtigen.

Er sagte nichts, blickte ihr nur unverwandt entgegen, als

sie näher kam. Und mit jedem Schritt erkannte sie deutlicher, wie entsetzlich der alte Mann zugerichtet worden war. Auf seinen Schultern und seiner Brust zeichneten sich, puterrot auf der wachsgelben Haut, Striemen ab; unter seinen Händen quoll Blut hervor, das sich in Lachen zwischen seinen Beinen sammelte. Sie war entsetzt. Wer konnte in das Krankenzimmer eines sterbenden Mannes eindringen und ihm ein solches Leid zufügen? Es war unmenschlich.

Cadmus hatte jetzt laut zu klagen begonnen. Sie redete so besänftigend auf ihn ein wie eine Mutter auf ihr verängstigtes Kind, aber je näher sie ihm kam, umso angstvoller wurde sein Blick.

»Nicht …«, stieß er hervor. »Fass mich nicht an …«

»Ich muss dich hier herausbringen«, erklärte sie ihm.

Er schüttelte den Kopf und krümmte sich noch mehr zusammen. Die Bewegung verursachte ihm Schmerzen, das konnte sie deutlich sehen; für einen Moment schloss er die Augen, und ein unterdrückter Schrei entrang sich seiner Kehle.

Aus dem Flur kam jetzt Lorettas Stimme, die Jocelyn energisch aufforderte, wieder nach unten zu gehen. Rachel hob den Kopf und blickte zur Tür. Dort erhaschte sie für eine Sekunde Loretta, bevor die Tür vor ihrer Nase zuknallte und sie ausschloss. Bei dem lauten Geräusch heulte Cadmus auf, und das zusammengekauerte Häufchen Mensch, das von ihm übrig war, begann am ganzen Leib zu zittern wie Espenlaub.

Rachel versuchte nicht, ihn zu beschwichtigen. Der Schock saß so tief, dass ihn nichts trösten konnte; es wäre vergebene Liebesmüh gewesen. Abgesehen davon beschäftigte sie noch eine andere Sorge. Die unsichtbare Kraft, die Loretta die Tür vor der Nase zugeschlagen hatte und dafür sorgte, dass sie geschlossen blieb, befand sich hier mit ihr im Raum. Sie konnte die Energie spüren, konnte sie in ihrem Nacken fühlen.

Ganz langsam drehte sie sich um. Wenn dieses Etwas beschloss, sie anzugreifen, wollte sie ihm von Angesicht zu

Angesicht gegenüberstehen, wollte es deutlich sehen, und wenn es das Letzte war, was sie tat.

Ihr Blick wanderte durch den Raum. Zwar hatten sich ihre Augen an das flackernde Halbdunkel, das von der Lampe herrührte, gewöhnt, aber die treibende Kraft der Verwüstung blieb ihr nach wie vor verborgen. Also beschloss sie, dieses Etwas einfach anzusprechen, was immer es auch sein mochte.

»Wer ist da?« rief sie. Das Wehklagen des alten Mannes hinter ihr brach abrupt ab, als hielte er den Atem an, weil er das Schlimmste befürchtete. »Ich heiße Rachel«, fuhr sie fort, »und er –« damit deutete sie auf Cadmus – »ist mein Schwiegervater. Ich würde ihn gern aus dem Zimmer bringen und Hilfe für ihn rufen. Er ist verletzt und blutet.«

Es war totenstill im Zimmer. Dann ertönte von der anderen Seite des Raums eine Stimme: von einer Stelle zwischen den Fenstern, die ihr Blick zweimal gestreift und für leer befunden hatte. Jetzt erkannte sie ihren Irrtum. Dort saß eine Gestalt, aufrecht wie eine Statue, jeder Faltenwurf ihres Gewands, jede Haarsträhne auf ihrem Kopf makellos arrangiert.

»Ich habe ihn nicht angerührt«, erklärte die Frau.

Obwohl ihr Blick jetzt auf der Fremden ruhte, fiel es Rachel schwer, sie nicht wieder aus den Augen zu verlieren. Ihr Blick schien von der schwarzseidenen Haut abzugleiten. Aber sie blieb hartnäckig. Sobald ihr Blick nach rechts oder links abschweifen wollte, zwang sie ihn zu der Frau zurück, wieder und immer wieder, entschlossen, nicht klein beizugeben.

»Er hat versucht, sich selbst zu entmannen«, erklärte die Frau, *»weil er dachte, er könnte mich damit friedlich stimmen.«*

Rachel wusste nicht, ob sie den Worten der Frau Glauben schenken sollte oder nicht. Die Vorstellung, dass Cadmus sich selbst an den Genitalien verletzt haben sollte, schien ihr absurd.

»Kann ich ihn also hinausbringen?« fragte sie.

»Nein, das können Sie nicht«, entgegnete die Frau. *»Ich bin gekommen, um ihn sterben zu sehen, und genau das werde ich tun.«*

Rachel warf einen Blick über die Schulter. Cadmus sah seine Peinigerin an, und das Entsetzen in seiner Miene war völliger Leere gewichen, als sei er selbst zum Weinen zu schwach.

»Sie können bei ihm bleiben, wenn Sie wollen«, fuhr die Frau fort. *»Sie werden nicht lange warten müssen. Ihm sind nur noch ein paar Atemzüge vergönnt.«*

»Ich will ihn nicht sterben sehen«, protestierte Rachel.

»Wo bleibt Ihr Sinn für den Lauf der Geschichte?« entgegnete die Frau. Bei diesen Worten erhob sie sich und ließ die Abwehr, die sie gegen Rachels Blick errichtet hatte, fallen. Rachel glaubte, noch nie eine so beeindruckende Frau gesehen zu haben; ihr überwältigend schönes Gesicht war von derselben nackten Vollkommenheit, die sie in jener Nacht in Galileos Zügen gesehen hatte. Haut, Nerven, Muskeln und Knochen ein perfekt harmonierendes Ganzes.

Jetzt verstand sie, was die Frau gemeint hatte, als sie ihren Sinn für den Lauf der Geschichte angesprochen hatte. Sie war eine Barbarossa, die dem Tod eines Geary beiwohnte.

»Sind Sie seine Schwester?« fragte Rachel.

»Schwester?«

»Galileos Schwester?«

Ein winziges Lächeln spielte um die Lippen der Frau. *»Nein. Ich bin seine Mutter: Cesaria Yaos Barbarossa. Und Sie … wer waren Sie, bevor Sie eine Geary wurden?«*

»Mein Name war Rachel Pallenberg.«

»Rachel Pallenberg?«

»So ist es.«

»Sagen Sie mir … bereuen Sie es – in diese elende Familie eingeheiratet zu haben?«

Rachel dachte über die Frage nach, bevor sie antwortete. Vielleicht wäre es klug gewesen, der Frau zu sagen, dass sie es aus tiefstem Herzen bereute, aber sie brachte es nicht über sich. Es entsprach nicht der Wahrheit. Wie bei allen Dingen gab es Gewinne und Verluste.

»Ich glaubte, meinen Mann zu lieben, und ich dachte, er würde mich lieben«, erklärte sie schließlich. »Aber ich war verliebt in eine Lüge.«

»Und welche Lüge war das?«

»Dass ich glücklich sein würde, wenn ich alles besäße ...«

»... auch wenn Sie sich selbst dabei verloren hätten?«

»Fast«, erwiderte Rachel. »Fast hätte ich mich verloren.«

»Sagen Sie mir: Ist Ihr Mann hier im Haus?«

»Nein.«

»Nur die Frauen da draußen?« erkundigte sich Cesaria mit einem Blick auf die Tür.

»Tun Sie Ihnen nichts«, bat Rachel. »Es sind anständige Menschen.«

»Ich bin, wie ich schon sagte, nicht gekommen, um jemandem etwas anzutun. Ich bin gekommen, um etwas zu bezeugen.«

Rachel ließ den Blick durch das völlig verwüstete Zimmer schweifen. »Warum haben Sie das dann getan?«

»Er hat mich wütend gemacht«, erklärte Cesaria, *»hat versucht, mit mir zu handeln. ›Ich gebe dir alles, was ich habe, wenn du mich nur in Ruhe lässt.‹«* Sie warf einen funkelnden Blick in Cadmus' Richtung. *»Du hast nichts, das ich haben will, alter Mann«*, sagte sie. *»Abgesehen davon hat das Haus ohnehin eine gründliche Reinigung nötig. Er weiß, warum. Er versteht es. Es wird Zeit, dass alle Lügen daraus verschwinden. All die tröstlichen Dinge, die er um sich angehäuft hat, um sich wie ein König fühlen zu können. Das alles muss verschwinden.«* Sie näherte sich Cadmus. *»Am Ende wird es sogar einfacher für ihn sein zu gehen, wenn nichts mehr hier ist, das ihn hält.«*

»Wenn Sie das Haus verwüsten wollen«, warf Rachel ein, »ist das eine Sache. Aber er ist nur ein kranker alter Mann, und es ist grausam, hier zu sitzen und zuzusehen, wie er verblutet.« Cesaria starrte sie an. »Finden Sie es nicht grausam?«

»Ich habe mir keine Gedanken darüber gemacht«, erwiderte Cesaria. *»Aber Sie haben vermutlich Recht. Und lassen Sie sich gesagt sein, er hat noch Schlimmeres verdient für die Dinge, die er getan hat.«*

»Die er Ihnen angetan hat?«

»Nein, meinem Sohn. Atva. Oder wie er sich lieber nennt: Galileo.«

»Was hat Cadmus ihm angetan?«

»Sag es ihr«, wandte sich Cesaria an den alten Mann. *»Na los. Sag es ihr. Dies ist deine letzte Chance, also sag es!«* Rachel sah Cadmus an, aber es kam keine Antwort von ihm. Der Kopf war ihm auf die Brust gesunken; ob vor Erschöpfung oder vor Scham, konnte Rachel nicht erkennen. *»Hast du geglaubt, du könntest es geheim halten, niemand würde es erfahren?«* fuhr Cesaria fort. *»Ich habe alles gesehen. Als du mein Kind gezwungen hast, dein Fleisch und Blut zu morden, habe ich es gesehen.«* Ein kaum hörbares Seufzen entrang sich Cadmus' Brust. *»Sag ihr die Wahrheit«*, forderte ihn Cesaria auf. *»Sei kein so erbärmlicher Feigling.«*

»Es ist wahr ...«, murmelte Cadmus.

»Weiß deine Frau davon?« wollte Cesaria wissen.

Mühsam hob Cadmus den Kopf. Hatte er vorher schon krank ausgesehen, so wirkte er jetzt geradezu gespenstisch. Alles Blut war ihm aus dem Gesicht gewichen, seine Lippen hatten sich bläulich verfärbt, seine Augen und Zähne waren gelb. »Nein«, hauchte er.

»Lassen Sie sie herein«, wandte sich Cesaria an Rachel. *»Sie soll erfahren, was er vor ihr verheimlicht hat. Und schicken Sie die Dienstboten fort. Dies ist eine Familienangelegenheit.«*

Obwohl es Rachel nicht gefiel, wie eine Untergebene behandelt zu werden, widersetzte sie sich Cesarias Anweisung nicht, sondern ging schnell zur Tür, die sich jetzt mühelos öffnen ließ. Loretta stand wartend davor, neben ihr Jocelyn, die haltlos schluchzte.

»Warum hast du die Tür verschlossen?« verlangte Loretta zu wissen.

»Das habe ich nicht«, erwiderte Rachel. »Cesaria Barbarossa ist bei Cadmus. Sie will, dass du hereinkommst. Und sie möchte, dass Jocelyn das Haus verlässt.«

»Cesaria ...?« Lorettas schrille Stimme hatte sich zu einem Flüstern gesenkt. »Wie ist sie hereingekommen?«

»Ich weiß es nicht«, sagte Rachel und trat einen Schritt beiseite, damit Loretta einen Blick in das Krankenzimmer werfen konnte. »Sie sagt, sie ist hergekommen, um Cadmus sterben zu sehen.«

»Nun, dieses Vergnügen wird ihr nicht vergönnt sein«,

erklärte Loretta, indem sie sich energisch an Rachel vorbei in das Zimmer schob.

»Was soll ich tun?« ließ sich Jocelyn vernehmen.

»Gehen Sie einfach.«

»Soll ich Garrison anrufen?«

»Nein. Verlassen Sie nur das Haus. Sie haben getan, was Sie konnten.«

Der ängstliche Ausdruck in Jocelyns Gesicht verriet nur allzu deutlich, dass sie nichts lieber tun wollte, als zu gehen; aber ihre tief verwurzelte Loyalität verbot ihr dies.

»Wenn Sie jetzt nicht gehen«, mahnte Rachel, »wird es vielleicht zu spät sein. Sie müssen an Ihre eigene Familie denken. *Gehen Sie!*«

Erleichterung machte sich in Jocelyns Miene breit; nach diesen Worten konnte sie mit ruhigem Gewissen verschwinden. »Danke«, murmelte sie und entfernte sich eilends.

Als sie gegangen war, schloss Rachel die Tür und richtete ihre Aufmerksamkeit wieder auf das Geschehen im Raum. Loretta hatte sich bereits für eine Strategie Cesaria gegenüber entschieden: frontaler Angriff.

»Sie haben hier nichts zu suchen«, erklärte sie. »Sie sind widerrechtlich hier eingedrungen, und ich fordere Sie auf, mein Haus augenblicklich zu verlassen.«

»Es ist nicht Ihr Haus«, entgegnete Cesaria, den Blick nicht auf Loretta gerichtet, sondern auf den Mann, der immer noch in seiner Ecke kauerte. *»Und auch nicht seins.«* Loretta setzte zum Protest an, aber Cesaria brachte sie mit einer herrischen Geste zum Schweigen. *»Mein Sohn hat dieses Haus gebaut, und er«* – hier deutete sie auf Cadmus – *»weiß das recht gut. Er hat es mit dem Blut erbaut, das er vergossen hat, um euer Vermögen zu begründen. Und mit dem Samen, den er vergossen hat.«*

»Was reden Sie da?« In Lorettas immer noch energische Stimme hatte sich ein Anflug von Unsicherheit geschlichen, als wüsste sie, dass an Cesarias Worten etwas Wahres sein musste.

»Sag es ihr«, forderte Cesaria Cadmus auf. Die schattenhaft zusammengekauerte Gestalt schüttelte kraftlos den

Kopf. Cesaria machte einen Schritt auf ihn zu. *»Alter Mann«*, sagte sie, *»steh auf.«*

»Er kann nicht …«, setzte Loretta an.

»Halten Sie den Mund«, fuhr Cesaria sie an. *»Du hast gehört, was ich gesagt habe, Alter. Ich wünsche, dass du aufstehst.«*

Kaum hatte sie die Worte ausgesprochen, da fiel Cadmus' Kopf in seinen Nacken, sodass er gezwungen war, ihr direkt ins Gesicht zu sehen. Dann begann er sich zitternd, den Rücken an die Wand gestemmt, Zentimeter um Zentimeter hochzuschieben; aber es geschah nicht aus freien Stücken. Seine Beine hatten nicht genug Kraft, ihn zu tragen. Es war Cesarias Werk. Sie richtete ihn allein kraft ihres Willens auf.

Er schien nicht einmal unglücklich zu sein, dass sie ihn zu ihrer Marionette machte. Ein schmallippiges Lächeln überzog sein Gesicht, als würde es ihm Spaß machen, so behandelt zu werden – die Macht zu spüren, die diese Frau über ihn hatte.

Fasziniert und abgestoßen zugleich durchquerte Rachel den Raum und stellte sich neben Loretta. »Bitte, tun Sie das nicht«, bat sie. »Lassen Sie ihn in Frieden sterben.«

»Er will nicht in Frieden sterben«, entgegnete Cesaria. Dann, an Cadmus gewandt: *»Habe ich Recht? Du hältst es für besser, jetzt zu leiden, weil du glaubst, dass du damit deine Schuld beglichen hast. Das ist es doch, worauf du hoffst?«*

Cadmus deutete ein unmerkliches Nicken an.

»Vielleicht hast du sogar Recht«, fuhr Cesaria fort. *»Ich habe keine genauere Vorstellung davon, was dich erwartet, als du. Vielleicht wird deine Seele danach frei sein. Vielleicht müssen die, die du zurücklässt, die eigentliche Schuld für dich bezahlen.«* Sie trat einen Schritt näher an ihn heran. *»Deine Kinder. Deine Enkel. Deine Frau.«* Jetzt stand sie so dicht vor ihm, dass sie ihn hätte berühren können. Aber es bedurfte keines körperlichen Kontakts: Ihre Macht über ihn bestand aus ihrem Willen und ihren Worten.

Cadmus' Augen hatten sich mit Tränen gefüllt. Als er den Mund öffnete und zu sprechen begann, kam nur der Schatten eines Flüsterns über seine Lippen.

»Können wir nicht … Frieden schließen?« hauchte er.

»Frieden?«

»Deine ... und meine Familie.«

»Dafür ist es zu spät.«

»Nein ...«

»Du hast dein eigenes Fleisch und Blut durch meinen Sohn ermorden lassen«, zürnte Cesaria. *»Du hast Atva um deiner ehrgeizigen Pläne willen in den Wahnsinn getrieben. Damals hast du eine furchtbare Saat gesät. Eine entsetzliche Saat.«*

Die Tränen strömten Cadmus jetzt ungehemmt über die Wangen. Das groteske Lächeln war aus seinem Gesicht gewichen; er sah aus wie die Maske der Tragödie selbst: die Mundwinkel nach unten gezogen, die bleichen Wangen ausgehöhlt, die Stirn tief gefurcht.

»Bestraf sie nicht für das, was ich getan habe«, stieß er zwischen Schluchzern hervor. »Du kannst ... diesen Krieg ... beenden ... wenn du willst.«

»Ich bin zu müde«, seufzte Cesaria, *»und zu alt. Und meine Kinder sind nicht weniger starrsinnig als deine. Ich kann nichts machen. Wärest du vor fünfzig Jahren zu mir gekommen und hättest bereut, hätte ich vielleicht noch etwas ausrichten können. Aber jetzt ist es für uns alle zu spät.«*

In dem Augenblick, als sie nun Atem holte, schien der letzte Lebensfunke des alten Mannes zu verlöschen. Sein Körper hörte auf zu zittern, aus seinem Maskengesicht war plötzlich jeder Ausdruck wie weggewischt. Einen Moment lang war alles still. Dann wandte sich Cesaria an Loretta und sagte: *»Jetzt gehört er Ihnen.«* Mit diesen Worten kehrte sie dem Toten und seiner Witwe den Rücken. Im selben Moment, als sie ihm ihre stützende Kraft entzog, rutschte er an der Wand herunter wie ein Sack voller Knochen. Loretta stieß einen unterdrückten Schrei aus und sank neben ihm auf die Knie.

Nachdem Cadmus von der Bühne abgetreten war, interessierte sich Cesaria nicht mehr für das Drama. Ohne sich noch einmal nach Loretta umzudrehen, die sich über den Leichnam ihres Mannes gebeugt hatte, verließ sie hocherhobenen Hauptes den Raum und trat in den Korridor hinaus. Rachel folgte ihr.

»Warten Sie!« rief sie ihr nach.

Sie spürte, wie die Luft hinter Cesaria in Bewegung geriet. Eine Aura strahlte von ihrem Körper ab wie Hitze von einem Ofen. Um sie herum wogte und verflüchtigte sich die Luft. Aber bevor Rachel gewillt war, die Frau gehen zu lassen, wollte sie zumindest den Versuch machen, ihr ein paar Fragen zu stellen. Es war zu vieles gesagt worden, das einer Erklärung bedurfte.

»Helfen Sie mir zu begreifen«, bat sie.

»Es gibt nichts, womit Sie sich noch befassen müssten. Jetzt ist alles vorbei.«

»Nein, das ist es nicht! Ich muss wissen, was aus Galileo geworden ist.«

»Warum?« fragte Cesaria, während sie weiter die Treppe hinunterstieg. Die Kraft, die von ihr ausging, begann größere Turbulenzen auszulösen. Von der Decke kam ein verdächtiges Knirschen, als würden sich die Balken unter dem Putz lösen; das Treppengeländer bebte, als würde ein Sturm daran rütteln.

»Ich liebe ihn«, erklärte Rachel.

»Natürlich«, gab Cesaria zurück. *»Ich hatte nichts anderes erwartet.«*

»Darum möchte ich ihm helfen«, fuhr Rachel fort. Am Treppenabsatz zögerte sie einen Augenblick, da sie aber erkannte, dass sie keine Worte finden würde, die Cesaria aufhalten konnten, folgte sie ihr nach unten. Eine Welle übler Luft schlug ihr entgegen, es roch nach Kampfer und Unrat. Sie tauchte hinein, obwohl ihre Augen davon brannten und sich mit Tränen füllten.

»Wissen Sie, wie viele Frauen und Männer im Laufe der Jahre den Wunsch hatten, meinen Atva zu heilen?« bemerkte Cesaria. *»Keinem von ihnen ist es gelungen. Keinem von ihnen konnte es gelingen.«*

Sie war jetzt am Fuß der Treppe angelangt, und dort hielt sie einen Moment lang inne, als müsste sie sich erst noch darüber klar werden, wo sie ihr Vernichtungswerk beginnen sollte. Hatte Rachel noch irgendwelche Zweifel daran gehegt, dass Cesaria Ernst machen und das Haus in Schutt und Asche legen würde, so wurde sie nun eines Besseren belehrt, als der große venezianische Spiegel in der Eingangshalle erbebte und zu Boden krachte, in kurzen Abständen gefolgt von allen anderen Objekten, die an den Wänden hingen, bis hin zum kleinsten Bildchen.

Erschüttert über diesen plötzlichen Ausbruch von Gewalt blieb Rachel stehen. Unterdessen setzte Cesaria ihren Weg in Richtung Wohnzimmer fort. »Du solltest das Haus verlassen«, ertönte eine Stimme von oben.

Rachel hob den Kopf. Loretta war aus dem Zimmer des Toten getreten und stand nun auf dem oberen Treppenabsatz.

»Sie wird uns nichts tun«, erklärte Rachel mit fester Stimme, obwohl sie sich dessen ganz und gar nicht sicher war. Ein neuerlich ausbrechendes Getöse ließ ahnen, dass Cesaria ihre Zerstörungswut jetzt an Cadmus' Wohnzimmer ausließ. Wenn solche unberechenbaren Kräfte entfesselt wurden, war niemand seines Lebens sicher, selbst wenn diese Frau nicht die Absicht hatte, jemanden zu verletzen.

»Wirst *du* denn das Haus verlassen?« fragte Rachel.

»Nein.«

»Dann gehe ich auch nicht.«

»Rachel, bleib weg von ihr. Was sich hier abspielt, ist zu viel für dich. Es ist zu viel für uns beide. Wir sind nur unbedeutende Menschen.«

»Na und? Geben wir darum einfach auf?«

»Wir haben nie gebetet«, sagte Loretta, und ihr Blick wirkte dabei verloren. »Das wird mir jetzt klar. Wir haben nie gebetet.«

Die Ereignisse der letzten Wochen hatten viele Menschen verändert: Mitchell, Cadmus, Galileo. Aber keine dieser Veränderungen hatte Rachel so erschüttert wie das, was sie jetzt vor sich sah. Loretta war ihr immer wie ein Fels in der Brandung erschienen. Sie war so sicher gewesen, welcher Weg der richtige war, welche Maßnahmen ergriffen werden mussten, um diesen Weg von Hindernissen freizuräumen. Plötzlich war nichts mehr von dieser Sicherheit übrig. Ob wohl sie gewusst hatte, dass Cadmus nicht mehr lange leben würde und dass die Barbarossas aus anderem Holz geschnitzt waren als gewöhnliche Sterbliche, hatte ihr der Beweis dieser Tatsachen den Boden unter den Füßen weggezogen.

Ich bin so allein wie noch nie, dachte Rachel. Jetzt habe ich nicht einmal mehr Loretta.

Während ihres Wortwechsels war der Lärm im Wohnzimmer leiser geworden, jetzt war er völlig verstummt. Was war los? War Cesaria ihrer Wutausbrüche schon überdrüssig und hatte sie beschlossen, das Haus zu verlassen? Oder holte sie nur Luft zwischen zwei Attacken?

»Mach dir keine Sorgen um mich«, wandte sich Rachel noch einmal an Loretta. »Ich weiß, was ich tue.«

Und mit dieser zuversichtlichen Übertreibung stieg sie die restlichen Stufen hinunter und schlug den Weg zum Wohnzimmer ein.

IX

1

Dort erwartete sie eine groteske Szenerie. Der Raum, Cadmus' Allerheiligstes, war ebenso gründlich in Trümmer gelegt worden wie zuvor das Krankenzimmer und die Eingangshalle; nur zwei Gegenstände hatten das Vernichtungswerk schadlos überstanden: das Landschaftsgemälde an der Wand und der schwere Ledersessel. In letzterem saß Cesaria inmitten eines Meers aus Scherben und gesplittertem Holz und betrachtete ersteres. Bierstadts Meisterwerk schien es ihr angetan zu haben. Aber es hatte sie keineswegs so sehr in seinen Bann gezogen, dass ihr Rachels Anwesenheit entgangen wäre. Ohne der Eintretenden den Blick zuzuwenden, begann sie zu sprechen.

»Vor vielen, vielen Jahren« – sagte sie – *»bin ich westwärts gezogen.«*

»Ja?«

»Ich wollte einen Ort finden, an dem ich mich niederlassen, an dem ich mein Haus errichten konnte.«

»Und haben Sie ihn gefunden?«

»Nein. Ich stieß fast überall auf unfruchtbares Land.«

»Wie weit westlich kamen Sie?«

»Bis nach Kalifornien«, erwiderte Cesaria. *»In Kalifornien gefiel es mir. Aber ich konnte Jefferson nicht überreden, dorthin zu kommen.«*

»Wer war Jefferson?«

»Mein Architekt. Und als Architekt taugte er mehr als in seinem Präsidentenamt, würde ich sagen. Oder in seiner Eigenschaft als Liebhaber.«

Das Gespräch driftete unaufhaltsam ins Irreale ab, doch Rachel gab sich redliche Mühe, sich ihre Verwunderung nicht anmerken zu lassen. »Thomas Jefferson war Ihr Liebhaber?«

»Für kurze Zeit.«

»Ist er Galileos Vater?«

»Nein, ich hatte nie ein Kind von ihm. Aber ich habe mein Haus bekommen.«

»Wo haben Sie es schließlich gebaut?«

Ohne ihre Frage zu beantworten, erhob sich Cesaria aus dem Sessel und ging zu dem Bild hinüber. Die Porzellanscherben und Glassplitter unter ihren bloßen Sohlen schien sie nicht einmal zu bemerken.

»Gefällt Ihnen dieses Bild?« wollte sie von Rachel wissen.

»Nicht besonders.«

»Was gefällt Ihnen nicht daran?«

»Ich mag es einfach nicht.«

Cesaria sah sie über die Schulter hinweg an. *»Ich bin sicher, dazu fällt Ihnen noch mehr ein«*, sagte sie.

»Es ist zu sehr bemüht«, sagte Rachel zögernd. »Es möchte beeindrucken und ist doch … einfach nur … groß.«

»Sie haben Recht«, erklärte Cesaria und wandte sich wieder dem Bierstadt zu. *»Es ist zu sehr bemüht. Aber das gefällt mir daran. Es berührt mich. Es ist sehr männlich.«*

»Zu männlich«, entgegnete Rachel.

»So etwas gibt es nicht«, widersprach Cesaria. *»Ein Mann kann niemals zu sehr Mann sein. Und eine Frau kann niemals zu sehr Frau sein.«*

»Sie scheinen sich nicht allzu sehr zu bemühen«, warf Rachel ein.

Als Cesaria jetzt das Gesicht Rachel zuwandte, lag ein fast komisches Staunen in ihren edlen Zügen. *»Zweifeln Sie etwa an meiner Weiblichkeit?«*

Solcherart herausgefordert, verlor Rachel etwas von ihrer Sicherheit; sie zögerte einen Moment, bevor sie sagte: »Vorhin, dort oben …«

»Glauben Sie, dass Frausein aus Seufzern und zartem Mitgefühl besteht?« Der ins Komische übertriebene Ausdruck war aus ihrem Gesicht verschwunden; schwere Schatten hatten sich um ihre Lider gelegt. *»Sind Sie der Meinung, ich hätte am Bett dieses Verbrechers sitzen und ihm Trost spenden sollen? Das verstehe ich nicht unter Weiblichkeit. Es ist angelernte Unterwürfigkeit. Wenn Sie den Wunsch haben, Sterbenden die Hand zu*

halten, wären Sie besser bei den Gearys geblieben. Es wird dort genügend Totenbetten geben, an denen Sie Wache halten können.«

»Muss es denn so enden?«

»Ich fürchte, ja. Was ich zu dem alten Mann gesagt habe, war mein voller Ernst: Ich bin zu alt und zu müde, um den Ausbruch eines Krieges verhindern zu können.« Ihr Blick wanderte wieder zu dem Gemälde und verweilte dort für kurze Zeit. *»Wir haben das Haus schließlich in North Carolina gebaut«*, fuhr sie fort. *»Thomas pendelte zwischen diesem Haus und Monticello, wo er sein eigenes Haus baute, hin und her. Er brauchte vierzig Jahre dazu, und ich glaube nicht, dass er je wirklich zufrieden war mit seinem Werk. Aber L'Enfant gefiel ihm, weil er wusste, wie viel Freude ich daran hatte. Ich wollte ein prachtvolles Haus daraus machen. Ich wollte es mit kostbaren Dingen, schönen Träumen füllen ...«* Bei diesen Worten ging Rachel unwillkürlich der Gedanke durch den Kopf, ob Cadmus und Kitty und später auch Loretta nicht ähnliche Wünsche mit dem Haus verbunden hatten, gegen das Cesaria gerade ihren Privatkrieg führte. *»Aber jetzt werden die Gearys kommen, in mein Haus marschieren und mit eigenen Augen etwas von diesen Träumen sehen. Und es wird sehr interessant sein, herauszufinden, welcher Traum der stärkere ist.«*

»Sie scheinen dem Ganzen recht fatalistisch entgegenzublicken.«

»Weil ich schon sehr lange weiß, was die Zukunft bringen wird. Vermutlich seit dem Tag, an dem Galileo uns verlassen hat, weiß ich in irgendeinem Winkel meines Herzens, dass der Tag kommen wird, an dem die Menschenwelt uns aufspüren will.«

»Wissen Sie, wo Galileo jetzt ist?«

»Wo er immer ist – auf hoher See.« Sie sah Rachel in die Augen. *»Ist er das Einzige, das für Sie zählt? Beantworten Sie meine Frage ehrlich.«*

»Er ist das Einzige, das für mich zählt.«

»Sie wissen, dass er Sie nicht beschützen kann? Darin war er nie besonders gut.«

»Ich brauche niemanden, der mich beschützt.«

»Jeder von uns braucht manchmal jemanden, der ihn beschützt«, erklärte Cesaria mit einem Anflug von Wehmut.

»Dann erlauben Sie, dass *ich ihm* helfe«, bat Rachel. Der Blick, den Cesaria ihr zuwarf, war von einer eigenartig sanften Würde erfüllt. »Erlauben Sie, dass ich bei ihm bin«, fuhr Rachel fort, »und für ihn da bin. Erlauben Sie, dass ich ihn liebe.«

»So wie ich es hätte tun sollen, meinen Sie«, gab Cesaria zurück. Bevor Rachel die Chance hatte, ihr zu widersprechen, war sie aufgesprungen und kam auf sie zu. *»Es gibt nicht viele Menschen, die so mit mir reden würden, wie Sie es tun. Schon gar nicht nach dem, was heute Abend in diesem Haus passiert ist.«*

»Ich habe keine Angst vor Ihnen«, erklärte Rachel.

»Das sehe ich. Aber glauben Sie nicht, dass Sie vor mir sicher sind, nur weil Sie eine Frau sind. Wenn ich Ihnen etwas tun wollte …«

»Aber das wollen Sie nicht. Denn wenn Sie mir wehtun, tun Sie auch Galileo weh, und das ist das Letzte, was Sie wollen.«

»Sie haben keine Ahnung, was mir dieses Kind angetan hat. Sie haben keine Ahnung, welchen Schmerz er mir zugefügt hat. Wäre er nicht in die Welt hinausgegangen, hätte ich heute noch einen Ehemann …« Ihre Stimme erstarb in Verzweiflung.

»Es tut mir Leid, dass er Ihnen solchen Kummer bereitet hat«, entgegnete Rachel. »Aber ich weiß auch, dass er sich selbst nie verzeihen konnte.«

Cesarias Blick glich einem in Eis eingeschlossenem Licht. *»Das hat er Ihnen gesagt?«* fragte sie.

»Ja, das hat er.«

»Warum ist er dann nicht nach Hause gekommen und hat mit mir gesprochen? Warum ist er nicht einfach zu mir gekommen und hat mir gesagt, dass es ihm Leid tut?«

»Weil er sicher war, dass Sie ihm nicht verzeihen würden.«

»Ich hätte ihm verziehen. Er hätte mich nur darum bitten müssen, dann hätte ich ihm verziehen.« Das Eis, in dem das Licht gefangen war, schmolz und rann ihr über die Wangen. *»Der Teufel soll Sie holen«*, stieß sie hervor, *»dass Sie mich nach all den Jahren zum Weinen bringen.«* Sie holte tief Luft, dann fuhr sie fort: *»Also, was soll ich nun für Sie tun?«*

»Finden Sie ihn für mich«, erwiderte Rachel. »Den Rest übernehme ich. Ich werde ihn nach Hause bringen. Das schwöre ich. Und wenn ich ihn eigenhändig mit mir schleifen muss, ich werde ihn zu Ihnen nach Hause bringen.«

Cesarias Tränen flossen hemmungslos, aber sie machte sich nicht die Mühe, sie abzuwischen. Sie stand einfach nur da, und ihr tränenfeuchtes Gesicht war so nackt wie das von Galileo in jener ersten Nacht auf der Insel; unfähig, etwas zu verbergen. Ihre Trauer war ebenso deutlich darin zu lesen wie der Zorn, den sie all die Jahre gegen ihn genährt hatte. Aber es stand auch ihre Liebe zu ihm darin; inmitten all dieses Kummers ihre zärtliche Liebe.

»Kehren Sie zur Garteninsel zurück«, sagte sie, *»und warten Sie dort auf ihn.«*

Rachel traute ihren Ohren kaum. »Sie werden ihn für mich finden?« fragte sie ungläubig.

»Wenn er es zulässt«, antwortete Cesaria. *»Aber Sie sorgen dafür, dass er zu mir nach Hause kommt, haben Sie verstanden? Das ist unser Handel.«*

»Ich habe verstanden.«

»Bringen Sie ihn nach L'Enfant zurück, wohin er gehört. Jemand muss da sein, der mich begraben wird, wenn alles vorbei ist. Und ich möchte, dass er es ist.«

2

»Befinden wir uns denn im Kriegszustand?«

Das war die Frage, die Luman an dem Tag gestellt hatte, an dem ich ihn in der Räucherhütte besucht hatte, um mich mit ihm zu versöhnen. Damals konnte ich ihm keine Antwort geben. Heute weiß ich sie. Jawohl, wir befinden uns im Kriegszustand mit den Gearys, obwohl ich immer noch Schwierigkeiten hätte, ihm zu sagen, wann dieser Krieg tatsächlich ausbrechen wird.

Wenn man es sich recht überlegt, trifft das vielleicht auf alle Kriege zu. Der Krieg zwischen den Nord- und den Südstaaten beispielsweise, aus dessen Wirrungen heraus die Gearys zu solcher Macht und solchem Reichtum aufstiegen – wann hatte er begonnen? In dem Moment, als der erste Schuss in Fort Sumter fiel? Für die Geschichtswissenschaftler sicher eine bequeme Wahl: Sie können das genaue Datum benennen und sogar den Mann, der diesen Schuss abfeuerte – ein schießwütiger Zivilist namens Edmund Ruffin. Aber zu dem Zeitpunkt, als das geschah, waren die Mühlen der Kriegsmaschinerie natürlich schon längst in Gang gesetzt. Die Feindschaft, die ein solches Räderwerk antreibt, reicht im Allgemeinen viele Generationen zurück, sie wird in den Herzen der Menschen, die bereit sind, ihre Wirtschaft dafür zu ruinieren und ihre Söhne zu opfern, genährt und zum Mythos erhoben.

Genauso verhält es sich mit dem Krieg zwischen den Gearys und den Barbarossas: Auch wenn sein erstes Opfer, Margie, gerade erst beerdigt wurde und die Messer erst seit kurzem gewetzt werden, reichen die Verschwörungen und Anschläge, die diesen Moment heraufbeschworen haben, sehr weit zurück. Bis zum Frühjahrsbeginn 1865 in Charleston, wo Charles Holt und Nub Nickelberry in den Ruinen der East Battery Galileos seltsame Boudoirs betraten und sich dem hemmungslosen Vergnügen hingaben. Hätten sie sich anders verhalten, wenn sie gewusst hätten, welche Entwicklungen sie damit auslösten? Wahrscheinlich nicht. Sie lebten in der Gegenwart ihrer Sehnsüchte und Verzweiflungen. Hätte ihnen, während sie sich mit Kuchen und Fleisch und Küssen trösteten, jemand gesagt, dass ihre sinnlichen Freuden mehr als hundert Jahre später schreckliche Folgen haben würden, so wäre ihre Antwort gewesen: »Na und?« Und wer hätte ihnen daraus einen Vorwurf machen können? Ich hätte an ihrer Stelle dasselbe getan. Man kann nicht durchs Leben gehen und ständig darüber nachgrübeln, wie die Folgen der Folgen der Folgen unserer Taten einmal aussehen werden; man muss in der Gegenwart leben, so gut es geht, und es anderen überlassen, mit ihrer Gegenwart fertig zu werden, wenn es soweit ist.

Ich mache Charles und Nub also keinen Vorwurf. Sie haben ihr Leben gelebt und sind dann ins Jenseits übergegangen. Nun müssen wir unser Leben leben, und es wird in eine Phase des Krieges eintreten, der uns alle vernichten könnte. Es wird, so vermute ich, zumindest am Anfang ein Krieg mit subtilen Mitteln sein, dessen Auswirkungen sich nicht an der Zahl der benötigten Särge messen werden, sondern am Ausmaß der zerstörten Gebäude. Damit sind nicht nur Gebäude im wörtlichen Sinn gemeint (obwohl auch diese unvermeidlich fallen werden), sondern die komplexen Gebäude aus Einfluss, Macht und ehrgeizigem Streben, die unsere beiden Familien im Laufe der Jahre errichtet haben. Ich bezweifle, dass von diesen Gebäuden noch etwas übrig sein könnte, wenn der Krieg vorüber ist. Es wird keinen Sieger geben: Das ist meine Prognose. Die beiden Familien werden sich einfach gegenseitig ausradieren.

Kein großer Verlust, werden Sie vielleicht sagen, nach allem, was Sie über uns erfahren haben. Die Besten unter uns sind nicht frei von einer gewissen Banalität, und die Schlimmsten sind von solcher Bosheit, dass es vermutlich ein Grund zum Feiern sein wird, wenn sie nicht mehr sind.

Während wir uns also unaufhaltsam auf diese düsteren Zeiten zubewegen, bleibt meine einzige Hoffnung, dass der Krieg in dem einen oder anderen von uns (in allen, das wage ich nicht zu hoffen) Tugenden zum Vorschein bringen könnte, die meinen Pessimismus widerlegen. Wohlgemerkt, ich will damit nicht sagen, dass ein Krieg den Charakter adeln kann; das glaube ich keine Sekunde lang. Aber ich glaube, dass er uns zwingen kann, einige der Lügen und Maskeraden abzulegen, die zu den zweifelhaften Errungenschaften des Friedens gehören – die Allüren, mit denen wir alle uns umgeben –, und uns zu unserem wahren Ich zu bekennen. Zu unserem Menschsein, unserem Gottsein, oder zu beidem.

Ich bin also bereit. Der Revolver liegt auf der einen Seite meines Schreibtischs, daneben mein Füllhalter. Zweifellos habe ich die Absicht, bis zum bitteren Ende hier auszuharren und zu schreiben, aber ich kann Ihnen nicht mehr versprechen, dass die Geschichte zu Ende erzählt sein wird, bevor ich die Feder aus der Hand legen und mich bewaffnen muss. Mein *Nichts weiter als alles* erscheint mir nun wie ein ferner Traum, eine der Lügen des Friedens, von denen ich im letzten Absatz gesprochen habe.

Eines will ich Ihnen versprechen: Ich werde in den kommenden Kapiteln nicht mit Ihren Gefühlen spielen, als läge unser ganzes gemeinsames Leben noch vor uns. Ich werde Ihnen, so offen und sachlich wie möglich, die Mittel an die Hand geben, damit Sie diese Geschichte in Ihrem eigenen Kopf zu Ende denken können, sollte ich von einer Kugel ausgelöscht werden.

Und – wenn wir schon dabei sind – vielleicht ist dies nicht der richtige Moment, diejenigen um Verzeihung zu bitten, die ich hier vernachlässigt oder falsch dargestellt habe. Sie lesen das Buch eines Mannes, der sein Handwerk Wort für Wort, Satz für Satz erlernen musste; ich bin oft ins Straucheln gekommen, habe oft versagt.

Verzeihen Sie mir meine Schwächen. Und wenn ich eine solche Vergebung verdiene, dann sei es nicht um der Tatsache willen, dass ich der Sohn meines Vaters bin, sondern weil ich nur ein Mensch bin. Hoffen wir auf eine Zukunft, in der dies Grund genug ist, geliebt zu werden.

TEIL ACHT

Das Haus der Frauen

I

Als ich den Schluss des vorangegangenen Kapitels schrieb, war ich in ziemlich rührseliger Stimmung; im Nachhinein erscheint mir das Ganze ein wenig übereilt. Schließlich sind die Barbaren noch nicht hier. Nicht einmal ein Hauch ihres Eau de Cologne hängt in der Luft. Vielleicht werde ich Lumans Revolver nie brauchen. Wäre das nicht ein fantastisches Ende meines ehrgeizigen Werks? Nach Hunderten von Seiten gespannter Erwartung – nichts. Die Gearys beschließen, dass sie die Nase voll haben; Galileo bleibt auf hoher See; Rachel wartet auf der Insel, sieht ihn aber niemals wieder. Der Lärm der Kriegstrommeln wird leiser und verstummt schließlich ganz.

Luman hält eine solche Entwicklung offensichtlich nicht für sehr wahrscheinlich. Vor kurzem hat er mir zwei weitere Waffen gebracht: einen schönen Kavalleriesäbel, den er auf Hochglanz poliert hat, und ein Kurzschwert, das von einem Artilleristen der Konföderierten stammte und zweifellos von diesem benutzt worden war. Er hat, wie er mir sagte, versucht, auch diese Waffe zu polieren, aber ohne großen Erfolg: Das Metall wollte einfach nicht glänzen. Dessen ungeachtet ist es eine Waffe, die sich durch eine animalische Zweckmäßigkeit auszeichnet. Im Gegensatz zu dem Säbel, der von einer aristokratischen Eleganz ist, sucht das Kurzschwert sein tödliches Ziel direkt; man spürt seine Bestimmung, wenn man sein Heft in der Hand hält. Es schreit geradezu danach, benutzt zu werden.

Luman blieb eine Stunde oder zwei und plauderte über dieses und jenes, und als ich mich endlich wieder an den Schreibtisch setzen konnte, war es dunkel geworden. Ich machte mir gerade Notizen zu der Szene, in der Garrison Geary dem hinfälligen Cadmus in dessen Sterbezimmer elnen Besuch abstattet, und hatte mich in die Einzelheiten vertieft, als es an der Tür klopfte und Zabrina ins Zimmer trat. Sie überbrachte mir die Aufforderung, zu Cesaria zu kommen.

»Mama ist also wieder zu Hause?«

»Soll das eine sarkastische Bemerkung sein?« fauchte sie.

»Nein«, widersprach ich. »Es war nur eine Feststellung. Mama ist zu Hause. Das ist gut. Du solltest froh sein.«

»Das bin ich«, sagte sie, aber das Misstrauen, ich könnte mich über ihren dramatischen Auftritt lustig machen, war ihr anzuhören.

»Schön, ich bin froh, dass du froh bist. So. Zufrieden?«

»Eigentlich nicht«, erwiderte sie.

»Warum denn nicht, um alles in der Welt?«

»Sie ist irgendwie verändert, Maddox. Sie ist nicht mehr die Frau, die sie war, bevor sie ihre Reise angetreten hat.«

»Umso besser vielleicht«, bemerkte ich, worauf Zabrina nur wortlos die Lippen zusammenpresste. »Abgesehen davon weiß ich nicht, warum du dich darüber aufregst. Natürlich ist sie verändert. Sie hat einen ihrer Feinde verloren.« Zabrina sah mich verständnislos an. »Hat sie es dir nicht erzählt?«

»Nein.«

»Sie hat Cadmus Geary getötet. Oder zumindest war sie dabei, als er starb. Es ist schwer zu sagen, was von beidem die Wahrheit ist.«

»Und was bedeutet das für uns?« wollte Zabrina wissen.

»Ich versuche selbst, es herauszufinden.«

Ihr Blick fiel auf die drei Waffen, die auf meinem Schreibtisch lagen. »Du bist auf das Schlimmste gefasst«, meinte sie.

»Die hat mir Luman gegeben. Möchtest du eine davon haben?«

»Nein, danke«, wehrte sie ab. »Ich habe meine eigenen Methoden, mit diesen Leuten fertig zu werden, wenn sie kommen. Wird es Garrison Geary oder sein gut aussehender Bruder sein?«

»Ich hatte keine Ahnung, dass du dich über all das auf

dem Laufenden hältst«, bemerkte ich. »Es könnte jeder von ihnen sein.«

»Ich hoffe, es ist der Hübsche«, erklärte Zabrina. »Ich hätte durchaus Verwendung für ihn.«

»Inwiefern?«

»Das weißt du sehr gut«, entgegnete sie. Ihre Direktheit erstaunte mich, aber warum sollte sie andererseits nicht sagen, was sie dachte. Alle anderen bekannten schließlich Farbe. Warum nicht auch sie?

»Ich hätte den Mann liebend gern in meinem Bett«, fuhr sie fort. »Er hat wunderbar dichtes Haar.«

»Im Gegensatz zu Dwight.«

»Dwight und ich vergnügen uns immer noch miteinander, wenn uns danach ist«, gab sie zurück.

»Dann stimmt es also«, fragte ich, »dass du ihn verführt hast, als er damals hierher kam.«

»Selbstverständlich habe ich ihn verführt, Maddox. Hast du gedacht, ich hätte ihn die ganze Zeit über in meinem Zimmer beherbergt, um ihm das Lesen und Schreiben beizubringen? Marietta ist nicht die Einzige in der Familie, die Spaß am Sex hat, weißt du.« Sie trat an den Schreibtisch und nahm den Säbel zur Hand. »Hast du wirklich vor, das Ding zu benutzen?«

»Wenn es sein muss.«

»Wann hast du das letzte Mal einen Menschen getötet?«

»Noch nie.«

»Tatsächlich?« staunte sie. »Nicht einmal, als du mit Papa in der Weltgeschichte herumgezogen bist?«

»Niemals.«

»Oh, es macht Spaß«, erklärte sie mit funkelnden Augen. Die Unterhaltung nahm, wie ich fand, eine interessante Wendung.

»Wann hast du je einen Menschen getötet?« fragte ich sie.

»Ich weiß nicht, ob ich es dir erzählen soll«, wich sie mir aus.

»Zabrina, sei nicht albern. Ich werde nichts darüber schreiben.« Bei diesen Worten beobachtete ich sie und sah, dass ein Schatten der Enttäuschung über ihr Gesicht huschte. »Es sei denn, du möchtest es gern«, fügte ich hinzu.

Ein winziges Lächeln spielte um ihre Lippen. Anstelle der Frau, die mir einmal – und zwar in sehr deutlichen Worten – gesagt hatte, die Vorstellung, in dem Buch erwähnt zu werden, sei ihr zuwider, sah ich mich jetzt einer Person gegenüber, die sich für die Idee durchaus erwärmen konnte.

»Wenn ich es dir nicht erzähle und du es nicht aufschreibst, wird es vermutlich nie eine Menschenseele erfahren …«

»Was erfahren?« Mit gerunzelter Stirn nagte sie an ihrer Unterlippe. In diesem Augenblick hätte ich ihr gern eine Praline oder ein Stück Pecan Pie angeboten, aber alles, was mir als Mittel der Verführung zur Verfügung stand, war mein Füllfederhalter. »Ich werde es genau so wiedergeben, wie du es mir erzählst«, schmeichelte ich. »Was immer es auch sein mag. Ich schwöre es.«

»Hm …«

Sie stand immer noch da und kaute auf ihrer Unterlippe. »Jetzt spielst du mit mir«, sagte ich. »Wenn du es mir nicht erzählen willst, dann lass es bleiben.«

»Nein, nein, nein«, versicherte sie hastig. »Ich will es dir erzählen. Es kommt mir nur seltsam vor – nach all den Jahren.«

»Wenn du wüsstest, wie oft ich beim Schreiben genau diesen Gedanken hatte. In dem Buch wird es von Dingen wimmeln, die nie erzählt wurden, obwohl es besser gewesen wäre. Und du hast Recht, es ist ein seltsames Gefühl, solche Geständnisse zu machen.«

»Hast du auch Geständnisse abgelegt?«

»O ja«, erklärte ich, während ich mich auf meinem Stuhl zurücklehnte. »Und es war manchmal sehr schwer. Es waren Dinge darunter, die kein sehr günstiges Licht auf mich werfen.«

»Na ja, was ich zu erzählen habe, wirft eigentlich kein ungünstiges Licht auf mich …« In der Hoffnung, mein Schweigen würde sie zum Reden animieren, wartete ich ab. Der Trick funktionierte. »Als Dwight etwa ein Jahr bei mir lebte«, begann sie, »fuhr ich nach Sampson County, um seine Familie ausfindig zu machen. Er hatte mir erzählt, was sie ihm angetan hatten, und ich fand es ... einfach entsetzlich. Die Grausamkeit dieser Menschen! Ich wusste, dass er mich nicht angelogen hatte, denn ich konnte die Narben sehen. Sein Rücken und sein Hintern waren mit Brandnarben übersät. Zum Beispiel pflegte ihn sein Bruder zu quälen, indem er Zigaretten auf seiner Haut ausdrückte. Und von seinem Vater hatte er Narben anderer Art.« Die Erinnerung an die Grausamkeiten, die man ihm zugefügt hatte, schien sie immer noch aufzuwühlen. Tränen glitzerten in ihren kleinen Äuglein. »Also beschloss ich, ihnen einen Besuch abzustatten. Und ich setzte meinen Plan in die Tat um. Ich freundete mich mit seiner Mutter an, was nicht besonders schwierig war. Sie hatte offensichtlich niemanden, mit dem sie reden konnte. Die Leute waren Parias. Keiner wollte etwas mit ihnen zu tun haben. Jedenfalls lud sie mich eines Tages ein, über Nacht zu bleiben. Ich erbot mich, Steaks für die Mannsleute mitzubringen. Das würde ihnen gefallen, sagte sie. Es waren fünf Brüder und der Vater, also brachte ich sechs Steaks mit und briet sie, während die Männer im Garten saßen und tranken.

Die Mutter wusste genau, was ich vorhatte, das schwöre ich. Sie muss es gespürt haben. Immer wieder sah sie mich an, während ich die Steaks zubereitete. Ich tat eine Prise von diesem und eine Prise von jenem hinzu und sagte ihr, es sei ein ganz besonderes Rezept, speziell für ihre Männer. Darauf sah sie mir direkt in die Augen und meinte: ›*Gut. Sie haben es verdient.*‹ Sie wusste also genau Bescheid.

Sie half mir sogar, das Fleisch zu servieren. Wir legten die Steaks auf die Teller – es waren mächtige Brocken, und ich hatte sie ganz zart gebraten, in Blut und Fett schwimmend, wie sie den Jungs am besten schmeckten, das hatte sie mir verraten –, wir legten sie also auf die Teller, und sie sagte: ›*Ich hatte noch einen Sohn, aber er ist weggelaufen.*‹ ›*Ich weiß*‹, sagte ich, und sie antwortete: ›*Ich weiß, dass Sie es wissen.*‹

Dann servierten wir Ihnen die Steaks. Es dauerte nicht lange, bis das Gift wirkte. Nach den ersten sechs Bissen waren sie tot. Eine furchtbare Verschwendung des guten Fleischs, aber es erfüllte seinen Zweck. Da saßen sie nun im Garten, während die Sterne am Himmel aufgingen, mit schwarz verfärbten Gesichtern und gebleckten Zähnen. Was für ein Abend …«

Als sie jetzt verstummte, war von aufsteigenden Tränen nichts mehr zu sehen.

»Was ist aus der Mutter geworden?«

»Sie packte ihre Siebensachen und verschwand noch am selben Tag.«

»Und die Leichen?«

»Die ließ ich im Garten zurück. Ich wollte sie nicht hierher bringen, die gottlosen Hurensöhne. Ich hoffe, sie sind an Ort und Stelle verfault, obwohl ich es bezweifle. Spätestens als am nächsten Tag die Sonne aufging, muss irgendjemand den Gestank bemerkt haben.«

Hunderttausend Worte ist es her, dass ich mich in diesem Buch gefragt habe, ob sich Dwight Huddies Familie je Gedanken über den vermissten Sohn gemacht haben mochte. Jetzt hatte ich die Antwort.

»Hast du Dwight erzählt, was du getan hast?«

»Nein«, entgegnete Zabrina. »Mit keinem Wort. Ich habe es bis zum heutigen Tag niemandem erzählt.«

»Und hat es dir *wirklich* Spaß gemacht?« wollte ich wissen.

Sie dachte einen Moment über meine Frage nach. Dann sagte sie: »Ja, das hat es. Wahrscheinlich habe ich das von Mama geerbt. Aber ich erinnere mich ganz deutlich, dass ich diese Mistkerle ansah und dachte: Ich habe eine Begabung für so etwas. Und weißt du, nichts auf der Welt macht mehr Spaß, als Dinge zu tun, die zu tun man beherrscht.«

Offenbar war sie zu der Erkenntnis gekommen, dass sie keinen besseren Schlusssatz finden konnte, denn sie sah mich mit einem schiefen Lächeln an, wandte sich ohne ein weiteres Wort zur Tür und war verschwunden.

II

Wunder über Wunder. Ich hätte nie gedacht, dass Zabrina fähig wäre, so etwas zu tun. Und wie sie es erzählt hat, dieser sachliche, fast beiläufige Ton – erstaunlich. Um die Wahrheit zu sagen, es erfüllt mich mit Hoffnung. Es bringt mich auf den Gedanken, dass ich die Fähigkeit meiner Familie, sich den Mächten zu widersetzen, die auf uns zukommen, möglicherweise unterschätzt habe. Zumindest werden wir ein paar unserer Angreifer mitnehmen, wenn wir abtreten. Zabrina kann Mitchell Geary in ihr Bett locken und ihn vergiften, wenn sie ihr boshaftes Vergnügen mit ihm genossen hat.

Wie dem auch sei, ich folgte Cesarias Ruf und stattete ihr einen Besuch ab.

Die Atmosphäre dort oben war nicht annähernd so bedrückend wie bei meinem letzten Auftauchen, und Cesaria lag auch nicht wie leblos auf ihrem Bett. Sie saß vielmehr in Jeffersons Arbeitszimmer, was äußerst selten vorkam, wie ich von Zabrina erfuhr. Es war kurz vor Einbruch der Nacht; die Kerzen, die überall brannten, tauchten den Raum in ein freundlicheres Licht. Und auch Cesaria wirkte weicher im Schein der Kerzen. Sie saß am Schreibtisch, trank heißen Tee und sah überwältigend aus. Von der rachsüchtigen Kreatur, die ich im Hause der Gearys gesehen hatte, war keine Spur mehr zu entdecken. Nachdem sie mich aufgefordert hatte, Platz zu nehmen, bot sie mir eine Tasse Tee an, die von Zelim gebracht und vor mich auf den Tisch gestellt wurde. Zabrina hatte sich zurückgezogen. Wir waren unter vier Augen, und ich muss zugeben, dass mich das ein wenig nervös machte. Nicht dass ich Angst hatte, sie würde sich in haltlose Wut steigern und das Haus in Schutt und Asche legen. Mir bereitete einfach der Gedanke Unbehagen, mit einem Menschen allein zu sein, der über eine so ungeheure Macht verfügte, sich aber nichts davon anmerken ließ. Es war, als würde man mit einem wilden Tiger Tee trinken; unwillkürlich fragte ich mich, wann sie ihre Krallen zeigen würde.

»Ich gehe sehr bald wieder auf Reisen«, erklärte sie. »Und diesmal – nur damit du Bescheid weißt – werde ich möglicherweise nicht zurückkommen. Wenn dieser Fall eintritt, hast du das Sagen hier im Haus.« Ich erkundigte mich nach dem Ziel ihrer Reise. »Ich werde mich auf die Suche nach Galileo machen«, antwortete sie.

»Ich verstehe.«

»Und wenn ich kann, werde ich ihn vor sich selbst retten.«

»Du weißt, dass er irgendwo auf hoher See ist?«

»Ja, das ist mir bekannt.«

»Ich wünschte, ich könnte dir seinen genauen Aufenthaltsort nennen. Aber vermutlich kennst du ihn ohnehin.«

»Nein. Ich habe keine Ahnung. Das ist einer der Gründe, warum ich dich davon in Kenntnis setze, dass ich vielleicht nicht zurückkommen werde. Es gab eine Zeit, da sah ich ihn in meinen Visionen fast täglich, aber ich habe diese Visionen bewusst verdrängt – ich wollte mich nicht mit ihm beschäftigen –, und jetzt ist er meinen Blicken verborgen. Ich bin sicher, dass er dafür gesorgt hat.«

»Und warum willst du ihn jetzt suchen?«

»Um ihn davon zu überzeugen, dass er geliebt wird.«

»Du möchtest also, dass er nach Hause kommt?«

Cesaria schüttelte den Kopf. »Es geht dabei nicht um mich, sondern um die Person, von deren Liebe ich ihn überzeugen will …«

»Du meinst Rachel.«

»Ja. Es geht um Rachel.« Cesaria setzte ihre Teetasse ab und nahm sich eine ihrer kleinen ägyptischen Zigaretten. Dann bot sie mir das Päckchen an. Ich nahm eine heraus und zündete sie an. Ein so übles Kraut hatte ich in meinem Leben noch nicht geraucht.

»Ich hätte nie gedacht, dass ich so etwas je über die Lippen bringen würde, aber das, was diese Frau für Galileo empfindet, könnte für uns alle die Rettung sein. Schmeckt dir die Zigarette nicht?«

»Doch, doch. Sie ist sehr gut.«

»Ich persönlich finde, dass sie wie Kameldung schmecken, aber ich verbinde nostalgische Erinnerungen damit.«

»Tatsächlich?«

»Ich habe einmal ein paar wunderbare Wochen mit deinem Vater in Kairo verbracht. Das war kurz bevor er deine Mutter kennen lernte.«

»Und daran erinnern dich diese Zigaretten?«

»Nein, sie erinnern mich an einen ägyptischen Jungen namens Muhammed, mit dem ich es am Ufer des Nils mitten zwischen den Krokodilen getrieben habe.«

Ein heftiger Hustenanfall trieb mir die Tränen in die Augen, was sie sehr erheiterte.

»Armer Maddox«, sagte sie, als ich mich einigermaßen erholt hatte, »du bist nie richtig schlau aus mir geworden, stimmt's?«

»Um ehrlich zu sein, nein.«

»Wahrscheinlich habe ich dich auf Distanz gehalten, weil ich nicht deine Mutter bin. Immer wenn ich dich ansah, musste ich daran denken, was für ein Frauenheld dein Vater war. Das tut weh. Selbst nach so vielen Jahren tut es noch weh. Du siehst deiner Mutter sehr ähnlich, wusstest du das? Besonders die Mundpartie.«

»Wie kannst du sagen, es tut dir weh, daran erinnert zu werden, dass er ein Frauenheld war, nachdem du gerade von deinen erotischen Abenteuern mit irgendeinem dahergelaufenen Ägypter erzählt hast?«

»Das habe ich getan, um mich an deinem Vater zu rächen. Ich war nie mit dem Herzen bei der Sache. Nein, ich muss mich berichtigen. Manchmal war ich auch wirklich verliebt. In Jefferson zum Beispiel. Ich war verrückt nach ihm. Aber die Nummer zwischen den Krokodilen? Das war pure Rache. Ich habe viele Dinge aus Rache getan.«

»Und er hat es dir mit gleicher Münze heimgezahlt?«

»Natürlich. Rache fordert Rache heraus. Er hat es morgens, mittags und abends mit irgendwelchen Frauen getrieben.«

»Und er hat keine von ihnen geliebt?«

»Du möchtest wissen, ob er für deine Mutter ehrliche Liebe empfunden hat?«

Ich inhalierte den Zigarettenrauch so tief, dass meine Lunge brannte. Natürlich war es das, was ich wissen wollte. Aber jetzt, da es die Frage offen auszusprechen galt, brachte ich, von meinen Gefühlen überwältigt, kein Wort heraus. Aber noch während ich spürte, wie mir die Tränen in den Augen brannten, dachte ein anderer Teil von mir – der Teil, der diese Geschichte leidenschaftslos zu Papier bringt –, was soll das Theater? Wen, zum Teufel, interessiert es nach all diesen Jahren, was mein Vater an dem Tag, an dem er mich zeugte, für meine Mutter empfunden hat? Würdest du dich wirklich besser fühlen, wenn du wüsstest, dass sie sich geliebt haben?

»Hör mir gut zu«, unterbrach Cesaria meine Gedanken. »Ich werde dir etwas erzählen, das dir Freude machen wird. Oder dir doch zumindest zeigt, was zwischen deinen Eltern war.

Deine Mutter war Analphabetin, als Nicodemus sie kennen lernte. Sie war eine wunderbare Frau, das muss ich sagen, eine wirklich wunderbare Frau, aber sie konnte nicht einmal ihren Namen schreiben. Ich glaube, ehrlich gesagt, deinem Vater gefiel sie genau so, wie sie war, aber sie hatte ehrgeizige Pläne, und wer könnte ihr einen Vorwurf daraus machen. Es waren damals harte Zeiten für Männer und für Frauen gleichermaßen, aber sie war eine Frau, deren einziges Kapital ihre Schönheit war, und sie wusste, dass diese Schönheit der Vergänglichkeit anheim fallen würde.

Sie hatte keinen sehnlicheren Wunsch, als lesen und schreiben zu lernen, und sie bat deinen Vater, es ihr beizubringen. Sie bat und bettelte immer wieder, sie war wie besessen von ihrem Wunsch …«

»Du hast sie also kennen gelernt?«

»Ich bin ihr ein paarmal begegnet. Am Anfang, als er vor

mir mit ihr angeben wollte, und ganz am Ende. Aber darauf komme ich gleich zurück.

Jedenfalls drängte sie deinen Vater Tag und Nacht, ihr das Lesen beizubringen, und schließlich gab er nach. Natürlich fehlte ihm die Geduld, sie so zu unterrichten, wie es ein normaler Sterblicher getan hätte. Er wollte seine kostbare Zeit nicht mit dem ABC verschwenden. Daher pflanzte er ihr den nötigen Willen ein, und das Wissen strömte nur so in ihren Kopf. Sie lernte über Nacht zu lesen und zu schreiben. Nicht nur englisch. Griechisch, hebräisch, italienisch, französisch, sanskrit …«

»Was für ein Geschenk.«

»Das dachte sie auch. Du warst zu diesem Zeitpunkt etwa drei Wochen alt. Ein so ruhiges Kind … mit demselben Stirnrunzeln, das du jetzt gerade aufgesetzt hast. An einem Tag hattest du eine Mutter, die kein einziges Wort lesen konnte, und am nächsten hätte diese Frau sich angeregt mit Sokrates unterhalten können. Es war eine erstaunliche Verwandlung, das kannst du mir glauben. Und natürlich wollte sie das, was sie gelernt hatte, auch anwenden. Sie verschlang jede Lektüre, die dein Vater heranschaffen konnte. Während du an ihrer Brust trankst, lagen ein Dutzend aufgeschlagener Bücher vor ihr auf dem Tisch, und sie flog mit den Augen darüber hinweg und nahm alle diese Gedanken gleichzeitig in sich auf. Immer mehr Bücher verlangte sie, und er brachte ihr immer mehr. Plutarch, Augustinus, Thomas von Aquin, Ptolemäus, Vergil, Herodot – ihre Wissbegier kannte keine Grenzen.

Nicodemus war stolz wie ein König. ›Seht euch meine kluge Geliebte an. Sie flüstert mir Liebesschwüre auf Griechisch ins Ohr!‹ Er wusste nicht, was er getan hatte. Nicht die leiseste Ahnung hatte er. Ihr Hirn kochte buchstäblich in ihrem armen Schädel. Und die ganze Zeit über stillte sie dich …«

Ich versuchte mir das Bild vorzustellen. Meine Mutter, von Büchern umgeben, mich an ihrer Brust, den Kopf so mit Worten angefüllt, dass es ihr schier den Schädel sprengte.

»Das ist ja furchtbar …«, murmelte ich.

»Warte nur, es wird noch schlimmer. Die Sache sprach

sich herum, und innerhalb von zwei Wochen war sie eine Berühmtheit. Erinnerst du dich vielleicht vage daran? An die Menschenmengen?« Ich schüttelte den Kopf. »Aus ganz England und schließlich auch aus Europa liefen die Leute zusammen, um deine Mutter anzustaunen.«

»Und was hat Vater dazu gesagt?«

»Er hatte den Trubel bald satt. Ich bin sicher, dass er bereute, was er getan hatte, denn eines Tages kam er zu mir und fragte, ob er sein Geschenk zurücknehmen sollte. Ich sagte ihm, dass mir das völlig gleichgültig sei. Schließlich war sie sein Problem, nicht meins. Heute tut es mir Leid. Ich wäre vielleicht in der Lage gewesen, ihr Leben zu retten, wenn ich etwas gesagt hätte. Und rückblickend muss ich außerdem sagen, dass ich wusste ...«

»Was wusstest du?«

»... was ich ihr antat. Es stand in ihren Augen. Das Ganze war mehr, als ein menschliches Gehirn fassen konnte.

Eines Nachts bat sie deinen Vater, ihr Feder und Papier zu bringen, was er ihr mit der Begründung abschlug, sie solle sich lieber um dich kümmern, als ihre Zeit mit Schreiben zu vergeuden. Daraufhin geriet deine Mutter außer sich vor Wut. Sie verschwand einfach und ließ dich zurück.

Dein Vater hatte natürlich keine Ahnung, was er mit einem so winzigen Säugling anfangen sollte, und so brachte er dich zu mir.«

»Du hast dich um mich gekümmert?«

»Für kurze Zeit.«

»Und er hat sich auf die Suche nach meiner Mutter gemacht?«

»Genau. Es dauerte ein paar Tage, aber er fand sie schließlich. Sie war zu einem Mann in Blackheath gezogen und bot ihre sexuellen Dienste im Tausch gegen das an, was Nicodemus ihr verweigert hatte: Feder, Tinte und Papier, soviel sie wollte.

»Was hat sie geschrieben?«

»Ich weiß es nicht. Dein Vater hat mir nie etwas davon gezeigt: Er sagte, es sei wirres Zeug. Aber für deine Mutter muss es sehr wichtig gewesen sein, denn sie arbeitete Tag und Nacht pausenlos daran und nahm sich oft nicht einmal die Zeit, gelegentlich ein wenig zu schlafen oder etwas zu essen. Als er sie nach Hause zurückbrachte, war sie nur noch ein Schatten ihrer selbst: abgemagert bis auf die Knochen, Hände und Gesicht mit Tintenflecken übersät. Wenn sie sprach, kam kein verständlicher Satz heraus. Es war eine wahnwitzige Mischung aus allen Sprachen, die sie beherrschte, und aus allen Dingen, die sie wusste. Wenn man ihr zuhörte, konnte man selbst ganz wirr im Kopf werden, so wie sie all diese Fragmente und Wissensfetzen hervorsprudelte und einen dabei ansah, als wollte sie sagen: Versteh mich doch bitte, bitte …

Ich dachte, es würde ihr vielleicht gut tun, wenn sie dich in den Armen hielte, darum führte ich sie zu deinem Bettchen und sagte ihr, du müsstest gesäugt werden. Sie schien mich zu verstehen, denn sie nahm dich heraus und wiegte dich eine Weile in den Armen, dann setzte sie sich vor den Kamin, wo sie dich immer gestillt hatte. Und kaum hatte sie dort Platz genommen, da seufzte sie leise und starb.«

»Oh, mein Gott …«

»Du fielst von ihrem Schoß und schlugst auf dem Boden auf. In diesem Augenblick fingst du zu schreien an. Du schriest zum ersten Mal in deinem Leben, und von da an – bis zu diesem Zeitpunkt warst du das friedlichste, freundlichste Baby, das man sich vorstellen konnte – von da an wurdest du zum Ungeheuer. Du weintest und schriest, und ich glaube, ich habe jahrelang kein Lächeln mehr in deinem Gesicht gesehen.«

»Was hat mein Vater getan?«

»In Bezug auf dich oder auf sie?«

»Sie.«

»Er nahm ihren Leichnam und begrub sie irgendwo in Kent. Schaufelte das Grab eigenhändig und betrauerte sie endlose Wochen lang. Während ich hier zurückblieb und dich versorgen durfte, möchte ich hinzufügen, wofür ich ihm nicht eben dankbar war.«

»Aber du hast mich nicht bei dir behalten«, warf ich ein. »Gisela …«

»Ja, Gisela kam, um dich in ihre Obhut zu nehmen. Sie zog dich die nächsten sechs oder sieben Jahre groß. Jetzt kennst du die Geschichte«, fügte Cesaria hinzu. »Obwohl ich nicht weiß, wozu das gut sein soll. Das alles liegt so lange zurück …«

Eine Weile sagte keiner von uns ein Wort; wir waren wohl beide in unsere eigenen Gedanken versunken. Mir ging die Erinnerung an Gisela durch den Kopf oder zumindest an Gisela, wie ich sie in meinen Träumen vor mir sehe. Zuerst höre ich, wie sie mit ihrer dünnen, etwas blechernen Stimme ein Liedchen trällert. Dann sehe ich den Himmel; kleine, weiße Wolken, die hoch über mir vorbeiziehen. Und schließlich taucht ihr Gesicht vor mir auf, das mich anlächelt, während sie singt, und ich erkenne, dass ich im Gras liege – es muss der erste Sommer meines Lebens sein, denn ich bin noch so klein, dass ich nichts weiter kann als dort zu liegen. Sie hebt mich auf und drückt mich an ihre Brust.

Vielleicht habe ich geweint und gejammert, als ich bei Cesaria war, aber ich glaube, dass ich mich in Giselas Obhut glücklich fühlte. Zumindest habe ich es so in Erinnerung. Ich weiß nicht, an was Cesaria in diesem Moment dachte, vermute aber, dass es mein Vater war. Dass sie ihn insgeheim verfluchte. Und wer hätte ihr einen Vorwurf daraus machen können?

»Ich möchte, dass du jetzt gehst«, sagte sie.

Ich erhob mich vom Tisch und bedankte mich bei ihr, aber sie schien mich schon nicht mehr zu beachten, denn ihr Blick war geistesabwesend in die Ferne gerichtet. Dachte sie an die Vergangenheit oder an die Zukunft? An den Ehemann, der für sie verloren war, oder an den Sohn, den sie zu suchen gedachte? Mir fehlte der Mut, sie zu fragen.

Als ich auf leisen Sohlen hinausging, hoffte ein Teil von mir, dass sie mich zurückrufen und bitten würde, auf mich aufzupassen; aber der weitaus stärkere Teil hatte eher den Wunsch, unbemerkt aus dem Zimmer zu gelangen.

III

1

Rachel brauchte Hilfe, um die Stadt zu verlassen. Cadmus Gearys Tod – und die merkwürdigen Begleitumstände seines Dahinscheidens – bildete am nächsten Morgen die Schlagzeilen in sämtlichen Zeitungen, und die Reporter, die schon nach dem Mord an Margie in Scharen aufgetaucht waren, sammelten sich jetzt wie die Geier um den Eingang des Apartmenthauses und fotografierten jeden, der kam und ging. Entschlossen, sich möglichst schnell aus dem Staub zu machen, bevor die Polizei neugierige Fragen stellte (was hätte sie den Ermittlern auch erzählen sollen?) und bevor Mitchell und Garrison sie aufhalten konnten, rief sie Danny an, der hocherfreut war, ihr seinerseits einen Dienst erweisen und bei der Flucht behilflich sein zu können. Er fuhr umgehend in ihre Wohnung, packte einen Koffer für sie, steckte Bargeld, Kreditkarten und Papiere in die Tasche und traf sie am Kennedy Airport, wo er ihr ein Flugticket nach Honolulu besorgte. Gegen Mittag saß sie in der Maschine nach Honolulu.

Beim Abschied sagte Danny: »Sie haben nicht vor zurückzukommen?«

»Ist das so offensichtlich?«

»Nun, Sie haben so eine Art die Dinge anzuschauen, als rechneten Sie damit, sie nie wieder zu sehen.«

»Ja, wenn ich Glück habe, ist es so.«

»Darf ich fragen …«

»Was los ist? Ich kann es Ihnen nicht sagen, Danny. Nicht, dass ich Ihnen nicht trauen würde. Es würde nur zu lange dauern, es Ihnen zu erklären. Und selbst wenn ich alle Zeit der Welt hätte, weiß ich einfach nicht, ob das Ganze einen Sinn für mich ergibt.«

»Sagen Sie mir nur eines: Ist es wegen Garrison? Laufen

Sie vor diesem Schweinehund weg? Denn wenn es so ist …«

»Nein, ich laufe vor niemandem weg«, entgegnete Rachel. »Ich bin auf dem Weg zu dem Mann, den ich liebe.«

Ein merkwürdiger Zufall wollte es, dass ihr derselbe Platz in der Ersten Klasse zugeteilt wurde, auf dem sie auch auf ihrem ersten Flug nach Kaua'i gesessen hatte, sodass sie in dem Moment, als ihr ein Glas Champagner gebracht wurde und sie sich in ihren Sitz zurücksinken ließ, den flüchtigen Eindruck eines Déja-vu erlebte. Erst als dies vorüber war, erlaubte sie sich den Luxus, sich ihren Erinnerungen an die Insel zu überlassen: Die Unterhaltung, die sie auf der Fahrt nach Anaholu mit Jimmy Hornbeck über das Geheimnisvolle und den Gott Mammon geführt hatte; dann das Haus, der Garten, der Strand und Niolopua; später die Kirche auf dem Steilfelsen, an dem Tag, als sie vom Sturmregen überrascht worden war; der Moment, als sie die Segel des Schiffes entdeckt hatte, von dem sie später erfahren sollte, dass es die *Samarkand* war, das Feuer am Strand und schließlich Galileos Auftauchen im Haus. Seit all diesen Ereignissen waren erst ein paar Wochen vergangen, aber so vieles hatte sich inzwischen ereignet – so viele Dinge, die sie am liebsten für immer aus ihrem Gedächtnis verbannt hätte –, dass es ihr wie die vage Erinnerung eines Traums vorkam. Sie würde erst glauben, dass dies alles wirklich geschehen war, wenn sie sich wieder dort im Haus befand. Nein, wenn sie die Segel der *Samarkand* sah, in diesem Augenblick würde sie es glauben; wenn sie die Segel sah.

2

Draußen in den unerbittlichen Gewässern des Südpazifiks bot das Schiff, das sich Rachel so sehnsüchtig herbeiwünschte, einen erbarmungswürdigen Anblick. Es trieb jetzt seit elf Tagen ohne Steuermann dahin, von seinem einsamen Passagier dem Ansturm der Wellen und der Wucht des Windes überlassen. Die meisten Gegenstände an Deck, die Galileo unter normalen Umständen vertäut oder sicher verstaut hätte, waren über Bord gespült worden; der Hauptmast war geknickt, und die Segel hingen in Fetzen. Im Steuerhaus herrschte Chaos, und das Unterdeck befand sich in einem noch schlimmeren Zustand.

Die *Samarkand* wusste, dass sie dem Untergang geweiht war. Galileo hörte es am Stöhnen ihrer Planken, an der Erschütterung, wenn eine Welle sie von der Breitseite traf. Ähnliche Laute hatte das Schiff noch nie von sich gegeben. Manchmal glaubte er fast hören zu können, wie ihn die *Samarkand* anflehte, sich aus seiner Erstarrung zu lösen und das Kommando wieder zu übernehmen. Aber die Kräfte hatten ihn in den vergangenen vier Tagen so rapide verlassen, dass ihm keine Energiereserven mehr geblieben waren. Selbst wenn er in diesem Augenblick den Wunsch gehabt hätte zu retten, wäre es zu spät gewesen. Der Lebenswille war ihm abhanden gekommen, und sein Körper – der so viele Exzesse unbeschadet überstanden hatte – war dem raschen Verfall anheim gegeben. Obwohl er immer noch täglich zwei Flaschen Brandy trank, wurde er nicht einmal mehr von Wahnvorstellungen heimgesucht. Sein Geist war so erschöpft, dass er keine Fantasien hervorbringen konnte; ebenso erschöpft wie seine Gliedmaßen, die zu schwach waren, ihn zu tragen. Er lag auf dem schaukelnden Deck, starrte in den Himmel und wartete.

Kurz vor der Abenddämmerung glaubte er, der Moment sei gekommen; der Moment seines Todes. Er hatte zugesehen, wie die Sonne ins Meer eingetaucht war; die Wolken, durch die sich ihre Strahlen bohrten, wurden so flüssig wie das Wasser unter ihnen, und plötzlich war es um ihn herum auf der *Samarkand* totenstill geworden. Die Planken hatten ihr Wehklagen eingestellt, die zerfetzten Segel hingen schlaff herunter.

Er hob den Kopf ein paar Zentimeter. Die Sonne war noch im Untergehen begriffen, aber ihr Lauf hatte sich verlangsamt. Auch sein Puls war langsamer geworden, als wollte sein Körper in dem Wissen, dass das Ende nahte – jede Empfindung auskosten und hätte seine Lebensflamme heruntergedreht, damit sie ein wenig länger brannte. Nur bis die Sonne ganz verschwunden war; bis der Himmel auch den letzten Farbhauch verloren hatte; bis das Kreuz des Südens strahlend am Himmel erschien.

Was für ein Durcheinander sein Leben gewesen war, welch eine traurige Vorstellung. Kaum eine seiner Taten, die zu bereuen er nicht allen Grund gehabt hätte. Und es gab nicht einmal eine Entschuldigung für die Dinge, die er getan hatte. Er war mit dem Segen der Göttlichkeit geboren worden und trat mit leeren Händen aus der Welt ab, hatte alle Gaben, mit denen er überhäuft worden war, sinnlos verschwendet. Nicht nur verschwendet, sondern für grausame Zwecke missbraucht. Er hatte so vielen Menschen Leid zugefügt (von denen zwar zugegebenermaßen nur die wenigsten wirklich unschuldig gewesen waren, aber das konnte ihn jetzt nicht trösten); er hatte zugelassen, dass er aus schierem Ehrgeiz zu einem gewöhnlichen Mörder verkam. Menschlichem Ehrgeiz. Dem Ehrgeiz der Gearys; dem Verlangen danach, Viehhöfe, Eisenbahnen, Felder und Wälder zu besitzen, Menschen und Länder zu beherrschen, das Leben von Königen zu führen.

Fast alle waren inzwischen verblichen. Wie viele von ihnen hatte er in der Stunde ihres Todes erlebt: ihre Tränen, ihre Gebete, ihr verzweifeltes Hoffen auf die Erlösung. Warum hatte er von diesen Sterbenden nichts gelernt? Warum hatte er sein Leben nicht geändert, als er sah, was der Tod brachte? Warum hatte er seinen Herren nicht die Stirn geboten und war mutig nach Hause zurückgekehrt, um Vergebung zu erbitten?

Warum war er am Ende allein und voller Furcht, da er doch in eine Gewissheit hineingeboren worden war, für die alle Religionen der Welt ihre Glaubenssätze und heiligen Bücher geopfert hätten, wäre ihnen nur die Möglichkeit geboten worden, einen Abglanz davon genießen zu dürfen?

Nur ein Gesicht konnte er sich noch in Erinnerung rufen, ohne Höllenqualen zu leiden; nur eine Seele, die er nicht verraten hatte. Er sprach ihren Namen aus, als die Sonnenscheibe das Meer berührte und die letzte Phase ihres – und seines – Untergangs begonnen hatte.

»Rachel«, murmelte er. »Wo du auch sein magst … ich liebe dich …«

Dann schloss er die Augen.

IV

Garrison Geary stand im Schlafzimmer seines Großvaters und nahm das Bild mit einem angenehmen Kribbeln im Bauch in sich auf. Er konnte seine Freude kaum verbergen, gab sich aber alle Mühe, sich nichts anmerken zu lassen. Er hatte eine kurze, sachliche Presseerklärung abgegeben, in der es hieß, dass die genauen Umstände des Todes von Cadmus Geary zwar noch nicht bekannt seien, dass sein Ableben aber für niemand überraschend gekommen sei. Anschließend hatte er eine unerfreuliche Stunde bei Loretta zugebracht und sie beschworen, ihm zu sagen, was sich im Haus abgespielt hatte. Alle möglichen Gerüchte machten bereits die Runde; man hatte den Lärm der Zerstörung einen ganzen Häuserblock weit gehört. Es sei besser, bedrängte er sie, ihm die Wahrheit zu sagen, damit er den Behörden und der Presse die Fakten in angemessen aufbereiteter Form präsentieren könne und sie nicht den Spekulationen der Leute überlassen blieben. Da sei nichts zu machen, antwortete sie, sie könne sich einfach nicht erinnern. Das Erlebnis, wie auch immer es ausgesehen haben mochte, sei offenbar solcher Natur gewesen, dass jede Erinnerung daran ausgelöscht worden war, vielleicht würde sie irgendwann einmal zurückkehren. Im Augenblick jedenfalls müssten er selbst, die Polizei und die Presse sich die Antworten auf ihre Fragen selber aus den Fingern saugen.

Das alles war natürlich reine Erfindung, und sie gab sich nicht einmal besondere Mühe, überzeugend zu klingen. Sie sagte einfach nur ihren Vers auf und verbat sich jeden Widerspruch. Zumindest für den Augenblick beschloss er, nicht weiter in sie zu dringen. Er konnte es sich leisten zu warten. Er hatte sich weiß Gott in Geduld geübt, als er den unterwürfigen Enkel gespielt hatte, während Cadmus sich an sein Leben und seine Macht geklammert hatte. Jetzt war der Alte tot, und Loretta hielt kaum noch einen Trumpf in der Hand. Die einzige Karte, die sie noch hatte, war die Wahrheit; und als die besonnene Spielerin, die sie war, würde sie daran festhalten, solange es ging. Aber es würde ihr nichts nützen. Von nun an würde alles sehr schnell gehen, und ehe sie sich's versah, würde auch diese letzte Karte wertlos sein. Aus reiner Neugier würde er sie ihr aus der Hand nehmen, wenn sie aus dem Spiel ausgeschieden war.

Mitchell betrat das Schlafzimmer und gesellte sich zu ihm.

»Ich habe mit Jocelyn geredet«, bemerkte er. »Sie mochte mich schon immer.«

»Und?«

»Und ich konnte sie dazu bringen, mir zu erzählen, was hier los war.« Mitchell trat an das Bett des Gestorbenen und zog seinen Triumph genüsslich in die Länge. »Rachel war hier, als es passierte.«

»Na und?« Garrison zuckte die Schultern. »Sie ist völlig unwichtig, Mitchell. Herrje, fang endlich an, sie dementsprechend zu behandeln.«

»Findest du es nicht verdächtig, dass sie hier war?«

»Inwiefern verdächtig?«

»Vielleicht steckt sie mit den Leuten, die das hier getan haben, unter einer Decke. Vielleicht hat sie sie ins Haus gelassen und dafür gesorgt, dass sie unerkannt entkommen konnten.«

Garrison sah seinen Bruder mit der wächsernen Miene an, die er so oft zur Schau trug. »Wer immer das hier getan hat«, erklärte er gedehnt, »ist nicht auf die Hilfe deiner verdammten Frau angewiesen, Mitchell. Hast du mich verstanden?«

»*Sprich nicht so mit mir*«, fuhr Mitchell auf und stach mit dem Zeigefinger gegen die Brust seines Bruders. »Ich bin kein Volltrottel, und Rachel genauso wenig. Sie hat das Tagebuch an sich gebracht, hast du das vergessen?«

Garrison tat, als habe er die Bemerkung nicht gehört.

»Was hat Jocelyn dir außerdem erzählt?« fragte er.

»Nichts.«

»Das ist alles, was du aus ihr herausbekommen konntest?«

»Es ist mehr, als du von Loretta erfahren hast.«

»Scheiß auf Loretta.«

»Ist dir je der Gedanke gekommen, dass wir die beiden vielleicht unterschätzen?«

»Vergiss es.«

»Nein, du hörst mir jetzt zu. Es wäre möglich, dass sie hinter unserem Rücken irgendwelche Pläne schmieden.«

»Sollen sie doch. Was können zwei Weiber schon gegen uns ausrichten?«

»Du kennst Rachel nicht.«

»O doch, ich kenne sie«, entgegnete Garrison müde. »Ich habe diesen Typ nur zu oft gesehen. Sie ist ein Niemand. Alles, was sie besitzt, hat sie von dir, von dieser Familie. Sie ist es nicht wert, dass wir auch nur eine Minute unserer Zeit mit ihr verschwenden.« Mit diesen Worten kehrte er seinem Bruder den Rücken und ging zur Tür.

Er hatte sie noch nicht erreicht, als Mitchell leise sagte: »Sie geht mir nicht aus dem Kopf, so sehr ich mich auch bemühe. Ich weiß, dass du Recht hast. Aber ich kann nicht aufhören, an sie zu denken.«

Garrison blieb stehen, und nach kurzem Zögern machte er auf dem Absatz kehrt. Als er seinen Bruder ansah, stand neu erwachtes Mitleid in seinen Augen. »Was willst du von mir hören?« fragte er. »Dass es in Ordnung ist, wenn du sie zwingst, zu dir zurückzukommen? Wenn du es wirklich willst, dann tu es.«

»Ich weiß nicht, wie«, erwiderte Mitchell. Plötzlich war alle Wut verschwunden; er war nur noch Garrisons hilfloser kleiner Bruder, der an die Hand genommen werden wollte. »Ich weiß nicht einmal, ob ich sie haben will. Ich meine, du hast Recht: Sie ist ein Niemand. Sie ist *nichts*. Aber wenn ich mir vorstelle, wie sie mit diesem … Tier …«

Ein zufriedenes Lächeln breitete sich auf Garrisons Gesicht aus. »Ich verstehe. Es geht um Galileo.«

»Ich will nicht, dass sie in seiner Nähe ist. Ich will nicht, dass sie auch nur an ihn *denkt*.«

»Du kannst sie nicht zwingen, mit dem Denken aufzuhören.« Nach kurzem Zögern fuhr er, immer noch lächelnd, fort: »Das heißt … du könntest schon, aber so weit möchtest du wahrscheinlich nicht gehen.«

»Ich habe daran gedacht. Glaub mir, ich habe daran gedacht.«

»So fängt es an«, bemerkte Garrison. »Du denkst daran und denkst daran, und eines Tages ergibt sich eine Gelegenheit. Und dann tust du es.« Mitchell starrte auf das Chaos vor seinen Füßen, Garrison sah Mitchell an, und beide schwiegen lange. Endlich sagte Garrison: »Ist es das, was du willst?«

»Ich weiß es nicht.«

»Denk darüber nach.«

»Ja.«

»Sehr gut.«

»Nein. Ich meine: *Ja, das ist es, was ich will.*« Er zitterte jetzt am ganzen Leib, starrte auf den Teppich und zitterte. »Ich will nicht, dass je ein anderer sie bekommt. Ich habe sie geheiratet, ich habe etwas aus ihr gemacht.« Als er aufblickte, hatten sich seine Augen mit Tränen gefüllt. »Ist es nicht so? Habe ich nicht etwas aus ihr gemacht?«

»Mich musst du nicht überzeugen, Mitch«, beschwichtigte Garrison ihn mit unendlich sanfter Stimme. »Wie schon gesagt: Es ist nur eine Frage der Gelegenheit.«

»Ich habe etwas aus ihr gemacht, und sie lässt mich einfach stehen, als wäre ich nichts.«

»Dafür möchtest du sie bestrafen. Natürlich. Das ist völlig normal.«

»Was soll ich tun?«

»Finde zuerst einmal heraus, wo sie ist. Sei nett zu ihr.«

»Wozu, zum Teufel?«

»Damit sie keinen Verdacht schöpft.«

»Na schön.«

»Und wenn der Alte unter der Erde ist, setzen wir uns zusammen und überlegen, wie wir dein Problem lösen.«

»Das wäre schön.«

Garrison breitete die Arme aus. »Komm her«, sagte er,

und als Mitchell seiner Aufforderung folgte, zog er ihn fest an seine Brust. »Ich bin froh, dass du mit mir darüber gesprochen hast«, murmelte er, Wange an Wange mit seinem Bruder. »Mir war nicht klar, wie sehr sie dich verletzt hat.«

»Sie hat mich wie Dreck behandelt.«

Garrison tätschelte seinen Rücken. »Ist schon gut«, flüsterte er. »Ich verstehe dich. Alles wird gut. Wir haben einen langen Weg vor uns, du und ich. Und ich möchte, dass du glücklich bist.«

»Das weiß ich.«

»Was immer getan werden muss, damit es dir gut geht, wir werden es tun. Darauf gebe ich dir mein Wort. Was auch immer.«

V

Noch am selben Tag stattete Garrison der Dame einen Besuch ab, deren Dienste er seit einigen Wochen nicht mehr in Anspruch genommen hatte: der reizenden und stets gefälligen Melodie. Nach den Anspannungen des Tages empfand er diese stille Gesellschaft als reinste Erholung. Eine volle halbe Stunde lang betrachtete er die reglos vor ihm liegende Frau, strich ab und zu über ihre kalten Füße, ihre Schenkel, ihren Bauch, glitt mit den Fingern zwischen ihre Beine. Sie machte ihre Sache wirklich gut. Nicht ein einziges Mal zuckte sie auch nur mit einem Muskel, nicht einmal als er sie auf den Bauch drehte und von hinten grob in sie eindrang.

Nachdem er seinen Orgasmus gehabt hatte, verließ er nicht die Wohnung, wie er es unter normalen Umständen getan hätte. Stattdessen ging er ins Badezimmer, wusch seinen Schwanz, ließ kühlendes Wasser über seinen geröteten Nacken laufen und kehrte dann in das Schlafzimmer zurück, wo er sich ans Bett setzte und die Liegende noch eine Weile betrachtete. Als er sie herumgerollt hatte, waren die Blumen auf dem Bett zerdrückt worden, und ihr Duft schärfte alle seine Sinne. Die Haut der Frau schien von innen heraus zu leuchten, der Brandy, an dem er genüsslich nippte, entwickelte Geschmacksnoten, die er noch nie wahrgenommen hatte; selbst das Glas fühlte sich seidig an in seiner Hand.

Was geschah mit ihm? Es war, als würde eine Veränderung in ihm vorgehen; als wäre der Garrison, der er gewesen war – der strebsame, schwer arbeitende Garrison, der nie einen Menschen zu Höhenflügen inspiriert hatte, am allerwenigsten sich selbst –, im Begriff, sich abzulösen wie eine tote Haut und etwas anderes würde darunter zum Vorschein kommen: ein strahlenderes, kraftvolleres, fremdartigeres Wesen.

Sicher war es kein Zufall, dass sich dieses andere Ich gerade jetzt aus seinem Versteck hervorwagte, da Cadmus tot war. Der alte Herrscher war abgetreten. Seine Gesetze, seine Heucheleien, seine Vorschriften gehörten der Vergangenheit an. Es war an der Zeit, dass etwas Neues hervortrat, dass neue Visionen sich der Welt präsentierten. Und dieses Neue regte sich in ihm – tief in seinem Innern – gab seinen Sinnen einen Vorgeschmack auf die Wonnen, die ihn erwarteten, wenn es sich zeigen würde.

Sicher, in einem Winkel seines Ich fürchtete er sich vor diesem Neuen. In jeder Veränderung war auch eine Ahnung des Todes; was gewesen war, verging und machte Platz für das, was kommen sollte. Aber er würde nichts verlieren, woran sein Herz hing. Der Mann, den die Welt als Garrison Geary kannte, war ein Kunstprodukt; er hatte – vor allem an Cadmus' Beispiel – gelernt, den Menschen eine glatte, höfliche Fassade zu zeigen, die das verbarg, was ihn wirklich bewegte. In seiner Naivität hatte er angenommen, dass ihn dieselben Ziele interessierten wie seinen Mentor: der Aufstieg der Familie, die Konzentration von Reichtum, Macht und Einfluss.

Heute wusste er es besser; und wo wäre eine solche Erkenntnis angemessener gewesen als an diesem Ort, an dem er sein wahres Gesicht ehrlicher gezeigt hatte als jemals im Kreis seiner Familie? Nur dass es nie jemand gesehen hatte, weil die einzige Anwesende nie die Augen öffnen durfte.

Vielleicht war jetzt der richtige Moment. Er stellte sein Brandyglas ab, erhob sich aus dem Sessel und trat ans Bett. Die Frau lag reglos da wie ein Stein. Er schob die Hände unter ihren Körper und drehte sie auf den Rücken. Ihre schlaffe Haltung war ausgesprochen überzeugend. Garrison ging in die Hocke und legte die flache Hand auf ihren Bauch.

»Das Spiel ist vorbei ...«, sagte er.

Sie bewegte sich nicht. Seine Hand glitt zu ihrer Brust hoch.

»Ich spüre dein Herz«, fuhr er fort. »Du machst deine Sache sehr gut, aber ich spüre deinen Herzschlag.« Er beugte sich über sie und drückte unsanft ihre Brustwarze. »Hör auf, die Tote zu spielen. Ich erwecke dich zum Leben.«

Die Stirn der Frau runzelte sich kaum merklich.

»Du warst großartig«, fuhr er fort, »ehrlich. Sehr überzeugend. Aber ich will jetzt nicht mehr spielen.«

Sie schlug die Augen auf.

»Braun«, stellte er fest. »Du hast braune Augen. Ich dachte immer, sie wären blau.«

»Sind Sie fertig mit mir?« fragte die Frau. Die Worte kamen ein wenig schleppend. Vielleicht spielte sie die Tote so überzeugend, weil sie mit Drogen voll gepumpt war.

»Ich bin mit dir fertig, wenn ich es sage«, erklärte Garrison. »Keinen Augenblick früher.«

»Sie haben gesagt, Sie wollen nicht mehr spielen.«

»Nicht dieses Spiel«, entgegnete er. »Ein anderes.«

»Welches?«

»Ich habe mich noch nicht entschieden.«

»Ich erlaube Ihnen nicht, irgendwelche Schweinereien mit mir zu machen ...«

Garrison brach in ein so lautes, schallendes Gelächter aus, dass ihn die Hure mit offenem Mund anstarrte. Er griff nach ihrer Brust. »Ich kann mit dir machen, was ich will. Ich bezahle für deine Gesellschaft. Und du bist sehr teuer.«

Bei der Erwähnung ihres Marktwertes hellte sich ihre Miene sichtlich auf. »Was wollen Sie?« fragte sie mit einem Blick auf ihre Brust, die er grob umklammert hielt.

»Schau mich an.«

»Was?«

»Schau mich einfach an. Sieh mir in die Augen.«

Sie stieß ein nervöses Kichern aus wie ein kleines Mädchen, das bei einem verbotenen Spiel ertappt wird. Unwillkürlich musste Garrison über diese absurde Vorstellung lachen. »Wie heißt du?« fragte er sie. »Ich meine, mit richtigem Namen.«

»Melodie ist mein richtiger Name«, antwortete sie. »Meine Mutter sagt, sie hat mich so genannt, weil ich schon vor mich hin sang, bevor ich getauft wurde.«

»Lebt deine Mutter noch?«

»Na klar. Sie ist nach Kentucky gezogen. Sobald ich genug Geld habe, gehe ich auch dorthin. Ich will raus aus New York. Ich hasse diese Stadt.«

Mit der Einsicht seiner geschärften Sinne schien er in sie hineinsehen zu können, während sie sprach. Sie war ein bis ins Mark verwundetes Geschöpf, diese arme Hure. Welche Träume und Hoffnungen sie auch einmal gehegt haben mochte, sie waren gründlich zerstört.

»Was würdest du in Kentucky anfangen?« erkundigte er sich.

»Oh ... ich hätte gern einen kleinen Frisörsalon. Ich bin sehr geschickt darin, Leute zu frisieren.«

»Tatsächlich?«

»Aber ... ich kann nicht ...« Die Worte erstarben ihr auf den Lippen.

»Hör mir zu«, sagte er, und seine Hand wanderte dabei zu ihrem Gesicht hoch. »Wenn du etwas wirklich willst, musst du daran glauben. Und du musst Geduld haben. Die Dinge kommen dann, wenn du sie am wenigsten erwartest.«

»Das habe ich früher auch gedacht. Aber es stimmt nicht. Es ist reine Zeitverschwendung, auf irgendetwas zu hoffen.«

Garrison erhob sich so unvermittelt, dass Melodie zusammenzuckte. Und er gab ihr einen guten Grund dazu: einen so heftigen Schlag ins Gesicht, dass sie auf das Bett zurückgeschleudert wurde. Sie stieß einen Schrei aus, versuchte aber nicht, aus seiner Reichweite zu gelangen.

»Ich hätte es wissen müssen«, murmelte sie, indem sie den Kopf hob. Vor Schreck waren ihr die Tränen in die Augen geschossen, aber ansonsten wirkte sie nicht eingeschüchtert. Schläge waren nichts Neues für sie; das gehörte zum Geschäft. Es hatte seinen Preis, wie alles andere. »Wenn Sie Spuren hinterlassen, kostet Sie das was«, erklärte sie, indem sie sich aufrichtete und ihm das Gesicht zuwandte. »Es kostet Sie eine Stange Geld.«

»Dann sorge ich wohl besser dafür, dass ich etwas für

mein Geld bekomme, meinst du nicht?« Im nächsten Moment schlug er so hart zu, dass ihr Blut an die Wand spritzte.

Irgendwann hatte er sie so weit, dass sie ihn bat aufzuhören, aber es dauerte seine Zeit. Lange wehrte sie sich nicht gegen seine Schläge, die sie vor allem ins Gesicht, gelegentlich aber auch auf die Brüste und Schenkel trafen. Erst als sie unter dem Ansturm seiner Schläge zusammenbrach und feststellte, dass sie zu schwach war, um wieder aufzustehen, hatte sie genug und sagte ihm dies auch. Natürlich hörte er nicht auf sie. Je brutaler er zuschlug, umso deutlicher spürte er, wie sich dieses strahlende, fremde Ich in ihm ausdehnte; und je mehr es sich ausdehnte, umso stärker wurde sein Bedürfnis, ihr wehzutun.

Nur einmal, als sein Blick zufällig auf einen Spiegel fiel und er sein vor Eifer schweißglänzendes Gesicht sah, hielt er inne. Er war nie ein Narziss gewesen wie Mitchell; sein eigener Anblick hatte ihn nie begeistert. Aber jetzt gefiel ihm das, was er sah, ganz ausgezeichnet. Er strahlte etwas Grandioses aus, ohne Zweifel. Mit neu entfesselter Wucht begann er wieder auf die Frau einzuschlagen, ohne auf ihre Proteste, ihre Tränen, ihre kläglichen Verhandlungsversuche zu achten: was sie nicht alles tun wollte, wenn er nur aufhören würde, sie zu schlagen. Er hörte gar nicht zu, ließ Schlag um Schlag um Schlag auf sie niederprasseln, bis er sie so weit hatte, dass sie in Panik geriet, weil sie aufzustehen versuchte und feststellen musste, dass sie dazu nicht mehr in der Lage war.

Sie fürchtete um ihr Leben, das war ihr deutlich anzusehen; sie befürchtete, dass er sie in seinem veränderten Zustand umbringen würde, ohne mit der Wimper zu zucken. Sobald er diesen Blick in ihren Augen sah, hörte er auf, sie zu schlagen und ging wortlos ins Badezimmer, um zu pinkeln und sich die Hände zu waschen. Er hatte das, was er gerade getan hatte, nicht im Entferntesten als erregend empfunden. Vielleicht brauchte er keine Erregung mehr (sie war zu menschlich, etwas, das der Vergangenheit angehörte). Mit gewaschenen Händen und entleerter Blase kehrte er in das Schlafzimmer zurück.

»Ich brauche deinen vollen Namen«, wandte er sich an die Frau, die verzweifelt versuchte, zur Tür zu kriechen (die er ohnehin verschlossen hatte; der Schlüssel steckte in seiner Tasche).

Sie murmelte etwas Unverständliches. Er zog einen Stuhl unter dem Tisch hervor und setzte sich.

»Versuch einen Neuanfang«, sagte er. »Es ist sehr wichtig.« Mit einem Griff in seine Jackentasche zog er seine Brieftasche und sein Scheckbuch heraus. »Ich werde dir etwas Geld geben«, erklärte er. »So viel, dass du zu deiner Mutter nach Kentucky ziehen und mit einem kleinen Geschäft einen Neuanfang machen kannst.«

Verwirrt und halb ohnmächtig, wie sie war, begriff Melodie doch den Sinn seiner Worte. »New York ist eine schmutzige, perverse Stadt«, fuhr Garrison fort, »und wenn ich dir dieses Geld gebe ...«, hier begann er den Scheck auszufüllen, »... sagen wir, eine Million Dollar ... möchte ich dir das Versprechen abnehmen, dass du nie wieder zurückkommst. Nie. Deinen vollen Namen, bitte.«

Die Frau hatte begonnen, leise vor sich hinzuweinen. »Melodie Lara Hubbard«, flüsterte sie.

»Ich bezahle dich nicht dafür, dass ich dich geschlagen habe«, erklärte Garrison, während er den Scheck ausstellte. »Das habe ich getan, weil ich es wollte, nicht weil du mir einen Dienst angeboten hast. Und ich bezahle dich auch nicht, damit du davon absiehst, zu irgendeinem billigen Käseblatt zu laufen. Es ist mir scheißegal, wem du es erzählst. Hast du mich verstanden? Es könnte mir nicht gleichgültiger sein. Ich gebe dir das Geld, weil ich will, dass du Vertrauen hast.« Damit setzte er seine Unterschrift unter den Scheck, nahm eine Karte aus der Brieftasche und kritzelte ein paar Worte auf die Rückseite. »Leg das morgen meinem Anwalt, Cecil Curry, vor. Er sorgt dafür, dass dir die Summe gutgeschrieben wird.« Damit erhob er sich vom Tisch und legte Scheck und Karte zwischen die zerdrückten Blumen aufs Bett. Aus den Augenwinkeln versuchte Melodie die Zahl der Nullen zu erkennen, die Garrison auf den Scheck geschrieben hatte. Ja, es waren sechs Nullen, davor ein Dollarzeichen und eine Eins.

»Dann lasse ich dich jetzt allein, damit du das Zimmer in Ordnung bringen kannst«, bemerkte Garrison, während er den Schlüssel aus der Tasche zog. »Überleg dir gut, was du mit dem Geld anfängst. Leute wie ich laufen dir nicht jeden Tag über den Weg.« Nachdem er den Schlüssel ins Schloss gesteckt und die Tür aufgeschlossen hatte, fuhr er fort: »Genau genommen begegnen sie dir nur ein einziges Mal. Du kannst dich also glücklich schätzen.« Er sah sie mit einem Lächeln an. »Nenn eines deiner Kinder nach mir, ja? Dasjenige, das dir das Liebste ist.«

VI

Garrison schlief nicht mehr viel in dieser Nacht. Er kehrte in seine Wohnung im Trump Tower zurück und nahm eine eiskalte Dusche, nach der sich sein Körper angenehm schlaff anfühlte. Dann machte er es sich in dem schweren Sessel bequem, in dem er gesessen hatte, als er sich mit Mitchell über Margies Tod unterhalten hatte. In jener Nacht hatte er das Gefühl gehabt, nahezu unverwundbar zu sein, aber das war nichts gegen das Gefühl der Macht, von dem er jetzt durchdrungen war.

Für den Rest der Nacht saß er da und dachte über seine nächsten Schritte nach. Als erstes musste er natürlich das Versprechen einlösen, das er Mitchell gegeben hatte, und diese Aussicht fand er sehr erfreulich. Für ihn persönlich war Rachel Pallenberg keine Bedrohung, aber wenn sie seinem Bruder ein solcher Dorn im Auge war, könnte es für alle Beteiligten am besten sein, wenn das Problem ein für alle Mal gelöst wurde, so wie er das Problem mit Margie gelöst hatte. Sobald das erledigt war, gab es für Mitchell keine Ablenkung mehr von den wirklich wichtigen Dingen, und sie konnten sich endlich an die Arbeit machen. Garrison zweifelte nicht daran, dass dieses andere Ich, das er in sich entdeckt hatte, auch in Mitchell schlummerte und nur darauf wartete, geweckt zu werden und in vollem Glanz zu erstrahlen. Welche Offenbarungen sie gemeinsam erleben würden!

Im Morgengrauen, als ihn schließlich doch noch eine angenehme Müdigkeit beschlich, ging er zu Bett. Er schlief nicht länger als zwei Stunden und hatte einen Traum, wie er noch nie zuvor in seinem Kopf entstanden war.

In diesem Traum schwebte er durch einen großen Wald. Die Baumwipfel bildeten ein dichtes Dach über ihm, durch das aber immer noch Sonnenlicht drang und auf sein nach oben gewandtes Gesicht fiel. Jemand – eine Frau – sprach mit heiterer, unbeschwerter Stimme mit ihm. Er verstand nicht, was sie sagte, wusste aber, dass es Worte voller Liebe waren und dass diese Liebe ihm galt.

Er wollte ihr Gesicht sehen, einen Blick auf die Schönheit ringsum werfen. Aber so sehr er sich auch bemühte, den Traumblick seinem Willen zu unterwerfen und in die Richtung zu lenken, aus der die Stimme kam, wollte er ihm doch nicht gehorchen. Er konnte nichts anderes tun als schweben und der süßen Stimme der Frau lauschen, die ihn umhüllte, die ihn liebkoste.

Schließlich verlangsamte sich seine Bewegung, und dann hielt er ganz inne. Eine Weile schwebte er noch in der Luft, dann sank er langsam zu Boden. Erst als er in das hohe Gras gelegt wurde, das ihm teilweise den Blick versperrte, stellte er fest, dass er nicht aus eigener Kraft geschwebt war: dass er im Traum ein Kind war, das man hierher getragen hatte. Und jetzt kam die majestätische Gestalt der Frau, die ihn in ihren Armen gehalten hatte, in sein Blickfeld. Sie stand mit dem Rücken zu ihm und hatte den Blick unverwandt auf ein Haus gerichtet, ein prachtvolles Haus, das in einiger Entfernung aufragte.

Leise fing er an zu weinen. Die Frau sollte kommen und ihn aufheben. Aber sie starrte nur auf das Haus, und obwohl er ihr Gesicht nicht sehen konnte, verriet ihm ihre Haltung, die Art, wie sie die Arme hängen ließ, dass die Heiterkeit, die er vorher in ihrer Stimme vernommen hatte, verschwunden war und dass sie sich jetzt vor Sehnsucht verzehrte. Sie sehnte sich danach, dort in diesem prachtvollen Haus mit dem weißen Säulenportal zu sein, aber der Eintritt war ihr verwehrt.

Unterdessen schrie er aus Leibeskräften, um ihre Aufmerksamkeit auf sich zu lenken, und sein Gebrüll hallte so gellend von den moosbewachsenen Baumstämmen am Rande der Lichtung wider, dass die Vögel angstvoll aus den Zweigen aufflatterten und davonflogen. Endlich riss sie sich vom Anblick des Hauses los und wandte ihm den Kopf zu.

Es war seine Mutter.

Warum überraschte ihn das so sehr? Warum war er so erschrocken darüber, ihr Gesicht zu sehen, dass die Traumszene zu flimmern begann und zu verblassen drohte? Es war seine Mutter; von einer Mutter erwartete man, dass sie ihr Kind im Arm trug, oder nicht?

Und doch war er überrascht, ja erschüttert sie zu sehen. Nicht weil ihr Gesicht tränenfeucht und blass war (in dieser Verfassung sah er Frauen am liebsten), sondern weil sie sich hier an diesem Ort befand, wo er eine unheimliche Kraft spürte. Sie gehörte in eine profanere Welt, in der billiger Zauber käuflich war wie jede andere Ware; nicht aber hierher, keinen Fall hierher.

Sie kniete sich neben ihm ins Gras, als wollte sie ihn wieder in den Arm nehmen. Aus ihren Augen tropften Tränen auf ihn herunter. Dann sagte sie das einzige Wort, das er in dem ganzen Traum verstehen konnte:

»Lebwohl.«

Kaum hatte sie es ausgesprochen, erhob sie sich und ging davon – ohne einen Kuss, ohne ihn auch nur flüchtig zu streicheln. Er blieb allein im Gras zurück.

Schrill und herzzerreißend begann er wieder zu schreien. Aber jetzt konnte sein Mund plötzlich Worte artikulieren …

»Lass mich nicht allein!« schluchzte er. *»Mama! Mama! Lass mich nicht allein!«*

So laut war seine Stimme, als er im Schlaf aufschrie, dass er davon erwachte. Mit wild hämmerndem Herzen setzte er sich im Bett auf und wartete darauf, dass die Bilder, die sein Geist im Schlaf heraufbeschworen hatte, wie üblich verschwinden würden, aber nichts dergleichen geschah. Obwohl er sich mit weit geöffneten Augen auf hundert Einzelheiten seines Zimmers konzentrierte, hörten die Bilder, die er gesehen, und die Gefühle, die er empfunden hatte, nicht auf, ihn zu bestürmen.

Vielleicht war das Teil seiner Veränderung: Sein Geist konfrontierte ihn mit alten Ängsten, damit er sie bewältigen und hinter sich lassen konnte. Es war keine besonders angenehme Erfahrung, aber brachte nicht jede Veränderung –

vor allem eine so tiefgreifende wie die von ihm durchlebte – ein gewisses Maß an Unbehagen mit sich?

Nachdenklich stieg er aus dem Bett, trat ans Fenster und schob die Vorhänge zurück. In dem Augenblick, als seine Hand den schweren Stoff berührte, überkam ihn eine dumpfe Ahnung. Rasch warf er seinen Morgenmantel über und ging über den Flur in sein Arbeitszimmer, wo Holts Tagebuch lag. Er hatte sofort darin zu lesen begonnen, nachdem Mitchell es ihm gebracht hatte, aber die Ereignisse hatten ihn daran gehindert, sich eingehend mit dem Buch zu befassen, und so war er nicht dazu gekommen, die Lektüre fortzusetzen. Jetzt begann er durch die mit vielen Eselsohren gezeichneten Seiten zu blättern. Er überflog Berichte über Bentonville und Holts Rückkehr zu seinem Haus; dann die Passagen, in denen von Holts und Nickelberrys Erlebnissen in der East Battery und von ihrem Abschied aus Charleston die Rede war. Die beiden Deserteure zogen in Galileos Begleitung nach Norden, zum Besitz der Barbarossas. Über vier oder fünf Seiten hinweg wurde in allen Einzelheiten beschrieben, wie man ins Haus gelangte, mit kleinen Skizzen, die fast aussahen wie Insignien, und einer Aufzählung der Rätsel um L'Enfant, die für jeden, der sich Zutritt zu den Gefilden der Barbarossas verschaffen wollte, ohne sie gelöst zu haben, tödlich sein würden. Garrison verweilte lange genug bei diesem Abschnitt, um sich davon zu überzeugen, dass er die Lösungen aller dieser Rätsel enthielt, dann blätterte er weiter auf der Suche nach einer Beschreibung des Hauses selbst.

Wenige Seiten vor dem Ende der Eintragungen fand er die Passage, die zu finden er befürchtet hatte:

Nie im Leben habe ich so etwas gesehen wie das Haus, das vor uns zwischen den Bäumen auftauchte, schrieb Holt. *Und neu war für mich auch dieses starke Gefühl, dass dort etwas Unsichtbares in der Luft lag, Kräfte, die sich verhängnisvoll für uns ausgewirkt hätten, wären wir nicht als Samariter gekommen, die einen verlorenen Sohn auf seinen heimatlichen Boden zurückbrachten. Das sind zwei biblische Geschichten auf ein-*

mal, aber ich halte das für durchaus passend, denn hier an diesem Ort waren so viele Geheimnisse angehäuft, dass man ein Dutzend Bibeln damit hätte füllen können.

Nun also zum Haus selbst. Es war weiß getüncht, mit einer klassischen Fassade, wie man sie an den Herrenhäusern der großen Plantagen in den Südstaaten oft sieht; über dieser gewohnten Architektur erhob sich jedoch ein weiß in der Sonne schimmerndes Kuppeldach von solcher Schönheit und Pracht …

Garrison legte das Buch aus den Händen. Er brauchte nicht weiterzulesen. Das Haus in seinem Traum war dasselbe gewesen, das Holt in seinem Tagebuch beschrieb: der Familiensitz der Barbarossas. Nicht mehr lange, und er würde es mit eigenen Augen sehen. Aber hatte sein Traum zu bedeuten, dass er schon einmal dort gewesen war? Und wenn nicht, wieso hatte er dann ein so genaues Bild davon?

Rätsel über Rätsel. Zuerst der Tod des Alten und die Verwüstung, die sein Sterben überschattet hatte. Dann seine eigene Veränderung, die Kraft, die ihm flammend aus dem Spiegel entgegengeschlagen war. Jetzt dieses geheimnisvolle Erlebnis: der Traum von seiner Mutter, die ihn vor dem Haus der Barbarossas im Gras zurückließ.

Er war immer ein Mann gewesen, der auf seine Vernunft baute; in Geldangelegenheiten und im Umgang mit Menschen war es nicht ratsam, sich von Gefühlen leiten zu lassen. Aber der kluge Geist kannte seine Grenzen. Wo rationale Erklärungen ihre Gültigkeit verloren, half der Verstand nicht weiter; dann verstummte er und überließ es dem Bewusstsein, seine eigenen Wege zu finden, das Unbegreifliche zu verstehen.

Eine solche Grenze, an der sich der Verstand zurückzog, hatte er jetzt erreicht. Wenn er sie überschritt und den Ort der Häutungen, der entfesselten Kräfte, des Alleinseins betrat, der vor ihm lag, so musste er sich auf seine Instinkte verlassen und hoffen, dass sie stark genug waren, ihn zu schützen.

Vor ihm hatten andere sich auf diese Reise begeben und hatten sie überlebt. Einer von ihnen war der Schreiber des

Tagebuchs, das hier auf seinem Schreibtisch lag: der Hauptmann, dessen Leben und dessen Saat so verhängnisvoll mit den Wurzeln des Stammbaums der Familie Geary verwoben waren.

Vielleicht lag vor ihm dieselbe Zukunft; vielleicht begab er sich auf diese Reise, um eine eigene Dynastie zu gründen. Der Gedanke war ihm nie zuvor gekommen, aber wie auch? Im Schweiße seines Angesichts hatte er stets der Sache der Gearys gedient; eine trockene, freudlose Beschäftigung bestenfalls. Jetzt war er aus seinen Diensten entlassen und hatte seine Haut abgestreift. Es war an der Zeit, über einen neuen Anfang nachzudenken. Fruchtbare Schöße zu finden; Kinder zu zeugen. Und sie – wenn es sein musste, eigenhändig – im Gras abzulegen, wo man ihn abgelegt hatte, wo sie das Säulenportal und das Kuppeldach des Palasts sehen konnten, den die Barbarossas mit ihren Träumen erschaffen hatten und den er ihnen nach und nach stehlen würde, um seine eigenen Söhne und Töchter darin zu beherbergen.

VII

Als Rachel diesmal auf der Insel landete, kam sie nicht als die verwöhnte Mrs. Geary. Kein respektvoller Jimmy Hornbeck war da, um sie abzuholen, erpicht, ihr jeden Wunsch von den Augen abzulesen. Sie nahm einen Leihwagen am Flughafen, lud ihr Gepäck in den Kofferraum und fuhr mit Hilfe der Karte, die man ihr im Büro des Autoverleihs gegeben hatte, nach Anahola. Der Himmel war bedeckt, schwere Regenwolken, wie sie bei ihrem ersten Besuch nur den Gipfel des Mount Waialeale umhüllt hatten, hingen über der gesamten Insel. Dennoch war es heiß und schwül. Einem Impuls folgend entschloss sie sich, die Fenster nicht hochzukurbeln und die Klimaanlage einzuschalten. Sie wollte die Luft einatmen, den Blumenduft, den salzigen Geruch des Meeres, wollte noch einmal erleben, was sie empfunden hatte, als sie das erste Mal hier war und noch nicht gewusst hatte, was vor ihr lag.

Natürlich war es nicht möglich, sich in den Stand der Unschuld zurückzuversetzen, besonders da der Verlust dieser Unschuld so weitreichende Folgen nach sich gezogen hatte. Als sie aber in den holprigen, kurvenreichen Weg einbog, der zum Haus hinunterführte, stellte sie überrascht fest, wie leicht es ihr fiel sich vorzustellen, dass die quälenden Ängste der vergangenen Tage und Wochen zu einer anderen Person gehörten und dass sie von keiner Last beschwert diesen Ort betrat.

Seit ihrem letzten Besuch war das Laub der Bäume und Sträucher, die in der Zwischenzeit niemand beschnitten hatte, noch dichter geworden. Die Kletterpflanzen hatten die Dachrinne überwuchert und breiteten sich über dem Dach aus; die Veranda vor dem Haus war mit großen abgestorbenen Blüten übersät, und die Geckos, die dort kreuz und quer umherhuschten, schienen sich weniger durch ihre Anwesenheit stören zu lassen als beim letzten Mal. Es war, als hätten sie das Haus in Besitz genommen und seien nun nicht gewillt, sich ihre Besitzrechte von ihr streitig machen zu lassen.

Die Haustür war abgeschlossen, was sie nicht überraschte. Sie erinnerte sich jedoch, dass das Schloss der Schiebetür auf der Rückseite des Hauses defekt gewesen war und ging um das Gebäude herum, in der (angesichts der allgemeinen Verwahrlosung des Grundstücks nicht unbegründeten) Hoffnung, dass es niemand in der Zwischenzeit repariert hatte.

Ihre Erwartung erfüllte sich. Die Tür glitt auf, und sie trat ins Haus, wo es zwar modrig roch, aber nicht wirklich unangenehm. Darüber hinaus war es nach der drückenden Hitze im Freien wohltuend kühl hier. Nachdem sie die Tür hinter sich geschlossen hatte, ging sie auf direktem Weg in die Küche, ließ kaltes Wasser in ein Glas laufen und trank einen Schluck. Mit dem Glas in der Hand begab sie sich auf einen Rundgang durch das Haus, um sich wieder mit den Räumlichkeiten vertraut zu machen. Sie war überrascht, mit welcher Freude es sie erfüllte, wieder hier zu sein, und ihre Freude wurde durch die Tatsache noch gesteigert, dass niemand von ihrer Anwesenheit wusste.

Das große Bett war nach ihrer Abreise abgezogen und nicht frisch bezogen worden; im Wäscheschrank fand sie jedoch Laken und Kissenbezüge, mit denen sie das Bett machte. Bewusst widerstand sie der Versuchung, sich auf der Stelle hinzulegen und zu schlafen. Stattdessen nahm sie eine Dusche, bereitete sich einen heißen, süßen Tee und trat auf die Veranda, um eine Zigarette zu rauchen und zuzusehen, wie das letzte Tageslicht der Dunkelheit wich. Kaum hatte sie die Blätter von den antiquierten Stühlen gefegt und sich gesetzt, entfesselte der düstere Himmel einen Sturm. Die Geckos schossen schutzsuchend im Zickzack durch das Gras, eine ängstlich gackernde Henne wurde wie ein gefiederter Ball durch den Garten geweht. Das Trommelgeräusch des Regens reizte sie aus irgendeinem unerfindlichen Grund zum Lachen; also lachte sie, saß auf der Veranda und lachte wie eine Verrückte, die beim langen Warten auf ihren Geliebten den Verstand verloren hatte, lachte und lachte, während der Regen niederprasselte und den Blick auf das Meer verschleierte, das sich weigerte, ihn herauszugeben.

VIII

Galileo hatte nicht erwartet, je wieder zu erwachen – zumindest nicht in dieser Welt –, aber genau das tat er jetzt.

Seine verklebten Augen öffneten sich mühsam, und er hob den Kopf, um auf das Wasser zu blicken.

Jemand rief seinen Namen. Es war beileibe nicht das erste Mal, dass er in seiner Einsamkeit Stimmen hörte; viele Menschen hatten in seinen Fieberträumen mit ihm geredet. Aber dies hier war etwas anderes; es war eine Stimme, bei deren Klang sich sein Herz schüttelte wie ein nasses Tier, eine Stimme, die an sein Innerstes rührte. Er blickte auf. Der Himmel hatte die Farbe von erhitztem Stahl.

»Setz dich auf, Kind.«

Kind? Wer nannte ihn Kind? Nur eine einzige Frau in der Welt …

»Setz dich auf und hör mir zu.«

Er wollte etwas sagen und öffnete den Mund. Der Ton, der herauskam, war kläglich, aber sie verstand ihn.

»Doch, du kannst«, sagte sie.

Wieder wollte er protestieren. Er war zu schwach, dem Tod schon zu nah.

»Ich bin genauso müde wie du, Kind«, ließ sich seine Mutter vernehmen, *»und ebenso bereit zu sterben. Glaub mir. Absolut bereit. Aber wenn ich schon die Mühe auf mich nehme, nach dir zu suchen, kannst du dich wenigstens aufsetzen und mir in die Augen sehen.«*

An der Echtheit dieser Stimme konnte es keinen Zweifel geben. Sie war hier. Die Frau, die ihn in der Höhle ihres Schoßes gewärmt, die ihn von ihrem Leib genährt und seine Seele geformt hatte; die Frau, die ihm für seine Torheiten gezürnt und ihm – in dem einen entscheidenden Augenblick seiner Jugend – gesagt hatte, dass er unrettbar verdorben wäre – diese Frau hatte ihn gefunden, und es gab keinen Ort, an dem er sich verstecken konnte, wollte er sich nicht ins Meer stürzen. Und wer konnte sagen, ob sie ihm nicht auch dorthin folgen würde, aus den Elementen geboren, wie sie war? Sie fürchtete den Tod nicht, was immer sie über ihre Bereitschaft zu sterben behaupten mochte.

»Ich bin nicht aus eigenem Anlass gekommen«, fuhr sie fort.

»Warum bist du dann hier?«

»Weil ich deine Geliebte kennen gelernt habe. Deine Rachel.«

Jetzt endlich hob er den Kopf und sah in ihre Richtung. Seine Mutter – oder vielmehr die Projektion seiner Mutter – stand am Heck der *Samarkand*. Trotz ihrer Aufforderung an ihn, sie anzusehen, stellte er jetzt fest, dass ihr eigener Blick abgewandt war. Sie betrachtete die untergehende Sonne, den geschmolzenen Himmel. Flüchtig ging ihm der Gedanke durch den Kopf, dass ein Tag vergangen war, seitdem er die letzten Sekunden seines Lebens vor dem schwindenden Licht gezählt hatte. Er und das Schiff hatten weitere vierundzwanzig Stunden überlebt.

»Wo bist du ihr begegnet? Sie ist doch nicht nach …«

»L'Enfant? Nein, nein. Ich bin ihr in New York begegnet.«

»Du warst in New York? Warum?«

»Um dem alten Geary einen Besuch abzustatten. Er lag im Sterben, und ich hatte mir geschworen, dabei zu sein, wenn er seinen letzten Atemzug tut.«

»Du warst da, um ihn zu töten?«

Cesaria schüttelte den Kopf. *»Nein. Ich war da, um zu sehen, wie ein Feind die Welt verlässt. Als ich erst einmal da war, fiel es mir natürlich schwer, nicht auch ein wenig Unruhe zu stiften.«*

»Was hast du getan?«

Wieder schüttelte sie den Kopf. *»Nichts von Bedeutung.«*

»Aber er ist tot?«

»Ja, er ist tot.« Sie legte den Kopf in den Nacken. Am Himmel tauchten die ersten Sterne auf. *»Aber ich bin nicht gekommen, um über ihn zu reden. Ich bin Rachel wegen hier.«*

Galileo lachte, oder er bemühte sich zumindest zu lachen, soweit es seine ausgedörrte Kehle zuließ.

»Was findest du so komisch?« wollte Cesaria wissen.

Seine Hand tastete nach der Brandyflasche, die über das Dollbord gekullert war, und er nahm einen Schluck. »Die Vorstellung, dass du irgendetwas nicht um deiner selbst willen tun könntest«, entgegnete er.

Sie beachtete den Spott nicht. *»Es ist schändlich«*, erklärte sie, *»wie du einer Frau die kalte Schulter zeigst, die soviel für dich empfindet wie Rachel.«*

»Seit wann interessiert es dich, was ein Menschenwesen empfindet?«

»Vielleicht werde ich auf meine alten Tage sentimental. Du hast eine außergewöhnliche Frau gefunden. Und was tust du? Du versuchst dich umzubringen. Du bist ein hoffnungsloser Fall.« Bei diesen letzten Worten hatte sie die Stimme gesenkt, und die Planken der *Samarkand* vibrierten mit ihrem Timbre. *»Ein wahrhaft hoffnungsloser Fall.«*

»Na schön, dann bin ich eben ein hoffnungsloser Fall«, entgegnete Galileo. »Das ist mir scheißegal. Geh weg und lass mich in Ruhe sterben.« Damit winkte er ihr zu verschwinden und ließ den Kopf wieder sinken, sodass sich sein Gesicht an die Decksplanken schmiegte. Obwohl er sie nicht mehr ansah, wusste er natürlich, dass sie nicht verschwunden war. Er spürte die Schwingungen ihrer Macht, die unaufdringlich und rhythmisch auf ihn einwirkten. Selbst als Vision strahlte sie etwas von ihrer überwältigenden physischen Präsenz aus.

»Worauf wartest du?« murmelte er ohne aufzublicken.

»Ich weiß es nicht genau«, erwiderte sie. *»Wahrscheinlich habe ich die Hoffnung noch nicht aufgegeben, dass du dich daran erinnerst, wer du bist.«*

»Ich weiß, wer ich bin«, knurrte er.

»DANN HEB DEINEN KOPF.« Ihre Worte erschütterten das Schiff vom Heck bis zum Bug; die Fische in der Tiefe des Meers krümmten sich vor Angst. Aber Galileo blieb unbeeindruckt; zumindest gehorchte er nicht ihrem Befehl, sondern blieb mit dem Gesicht nach unten liegen.

»Du bist eine elende Kreatur«, fuhr sie ihn an.

»Zweifellos«, murmelte er.

»Ein selbstsüchtiger, starrsinniger …«

»Zweifellos«, wiederholte er. »Ich bin das wertloseste Stück Dreck, das je im Ozean trieb. Würdest du mich nun *bitte in Ruhe lassen?«*

Wieder wurde das Schiff erschüttert, allerdings nicht so heftig wie beim ersten Mal. Einen Moment lang herrschte Schweigen zwischen ihnen. »Du hast genug andere Kinder«, sagte Galileo schließlich. »Warum gehst du ihnen nicht auf die Nerven?«

»Sie bedeuten mir nicht soviel wie du«, antwortete Cesaria. *»Das weißt du genau. Maddox ist mein Stiefsohn, Luman ist verrückt, und die Frauen …«* Sie schüttelte den Kopf. *»Nun ja, sie sind nicht das, was mir vorschwebte, als ich sie großgezogen habe.«*

Galileo hob ein ganz klein wenig den Kopf. »Arme Mutter. Was sind wir doch für eine Enttäuschung. Du wolltest Vollkommenheit erschaffen, und sieh dir an, was dabei herausgekommen ist.« Jetzt kniete er sich mühsam hin. »Natürlich ist das alles nicht deine Schuld, nicht wahr? Du hast dir niemals irgendetwas vorzuwerfen.«

»Wäre ich ohne Schuld, wäre ich nicht hierher gekommen«, warf sie ein. *»Ich habe Fehler gemacht, besonders dir gegenüber. Du warst der Älteste, darum habe ich dich verzogen. Ich war zu nachsichtig, weil ich dich zu sehr geliebt habe.«*

»Du hast mich zu sehr geliebt?«

»Ja! Viel zu sehr! Darum konnte ich nicht sehen, was für ein Ungeheuer aus dir geworden ist.«

»Jetzt bin ich also ein Ungeheuer?«

»Ich weiß, was du all die Jahre über getan hast …«

»Du weißt nicht einmal die Hälfte von alledem. An meinen Händen klebt soviel unschuldiges Blut …«

»Das interessiert mich nicht! Wie du dein Leben vergeudet hast, das stößt mich ab. Die Zeit, die du verschwendet hast.«

»Und was hätte ich deiner Meinung nach tun sollen? Pferde züchten?«

»Lass deinen Vater aus dem Spiel. Das hier hat nichts mit ihm zu tun …«

»Es geht um nichts anderes als um ihn.« Galileo fasste

nach dem umgestürzten Mast und zog sich daran hoch. »Er ist in Wirklichkeit derjenige, der dich enttäuscht hat. Und wir bekommen die Folgen zu spüren.« Jetzt war es an Cesaria, den Blick abzuwenden. Nachdenklich starrte sie aufs Meer hinaus.

»Habe ich einen empfindlichen Nerv getroffen?« fuhr Galileo fort. Cesaria schwieg beharrlich. »Es ist so, nicht wahr?«

»Was immer sich zwischen deinem Vater und mir abgespielt hat, ist vergangen und vergessen. Gott weiß, wie sehr ich ihn geliebt habe. Und ich habe mir Mühe gegeben, ihn glücklich zu machen.«

»Nun, es ist dir nicht gelungen.«

Ihre Augen wurden schmal. Er war auf einen zweiten Wutausbruch gefasst, der das Schiff erschüttern würde, aber nein, als sie zu sprechen begann, war ihre Stimme so leise, dass sie im Geräusch der Wellen, die an den Schiffsrumpf klatschten, fast unterging.

»Du hast Recht, es ist mir nicht gelungen ...«, sagte sie. *»Und ich habe für meine Fehler mit vielen Jahren der Einsamkeit bezahlt. Jahre, in denen ich mir von meinem Erstgeborenen ein wenig Trost hätte erhoffen können.«*

»Du hast mich aus dem Haus gejagt, Mutter. Du hast gedroht, mich umzubringen, falls ich mich noch einmal in L'Enfant blicken lassen würde.«

»Das habe ich nie gesagt.«

»O doch, das hast du gesagt. Frag Marietta.«

»Ich traue ihr nicht über den Weg. Sie ist ebenso halsstarrig wie du. Ich hätte euch beide eigenhändig aus meinem Leib reißen sollen.«

»Herrje, Mutter, nicht schon wieder diese alte Leier! Ich habe das schon hundertmal gehört! Du bedauerst, dass du mich zur Welt gebracht hast, und ich bedauere, dass ich je geboren wurde. Und wohin führt uns das?«

»Wohin es uns immer führt«, entgegnete Cesaria nach kurzem Zögern. *»Es führt dazu, dass wir uns gegenseitig an die Kehle springen.«* Sie stieß einen Seufzer aus, der das Meer in Wallung brachte. *»Es ist reine Zeitverschwendung. Du wirst es*

nie begreifen. Und vielleicht ist es auch besser so. Du hast mehr Unheil angerichtet als hundert Männer zusammen …«

»Ich dachte, es interessiert dich nicht, wie viel Blut ich vergossen habe?«

»Ich rede nicht vom Blutvergießen. Ich rede von den gebrochenen Herzen.« Hier hielt sie inne und strich sich mit den Fingerspitzen über die Lippen. *»Rachel verdient einen Menschen, dem sie etwas bedeutet. Der bei ihr bleibt. Bis zum Tod. Du verfügst nicht über die Qualitäten, deren es dazu bedarf. Du redest immer nur. Genau wie dein Vater.«*

Darauf wusste Galileo nichts zu erwidern. So wie er mit seiner Bemerkung über seinen Vater einen empfindlichen Nerv bei ihr getroffen hatte, rührte sie mit dieser Spitze an seinem wunden Punkt. Und als sie sah, was ihre Worte bewirkt hatten, beschloss sie, ihn damit allein zu lassen.

»Ich überlasse dich deinem Martyrium«, erklärte sie, indem sie sich abwandte. Ihr Bild, das bis zu diesem Augenblick feste Substanz gehabt hatte, begann zu flattern wie ein zerfetztes Segel, das der nächste Windstoß davonwehen würde.

»Warte!« rief Galileo.

Cesarias Bild war immer noch undeutlich, aber ihre Augen durchbohrten ihn wie spitze Nägel. Er wusste, dass sie verschwunden sein würde, sobald sie den Blick von ihm löste. Dieser Blick war das Einzige, das sie noch hier hielt.

»Was willst du noch?« fragte sie.

»Selbst wenn ich zu ihr zurückkehren wollte …«

»Ja?«

»… würden mir die Mittel dazu fehlen. Ich habe alles an Bord zerstört.«

»Du hast nicht einmal mehr ein Rettungsfloß?«

»Ich hatte nicht vor, meine Meinung zu ändern.«

Cesaria hob das Kinn und betrachtete ihn herrisch von obenherab. *»Aber jetzt hast du deine Meinung geändert?«*

Galileo hielt ihren stechenden Blick nicht länger aus und schlug die Augen nieder. »Ich glaube … wenn es möglich wäre …«, flüsterte er, »würde ich Rachel gern wiedersehen …«

»Sie wartet keine sechshundert Meilen von hier auf dich.«

»Sechshundert?«

»Auf der Insel.«

»Was macht sie dort?«

»Ich habe sie hingeschickt und ihr versprochen, alles in meiner Macht Stehende zu tun, damit du zu ihr kommst.«

»Und wie willst du das bewerkstelligen?«

»Ich bin nicht sicher, ob es mir gelingt. Aber ich kann es versuchen. Wenn es misslingt, wirst du ertrinken. Aber dazu warst du ja ohnehin entschlossen.« Galileo warf ihr einen bekümmerten Blick zu. *»Jetzt bist du nicht mehr so entschlossen, habe ich Recht?«*

»Du hast Recht«, gab er zu. »Jetzt bin ich nicht mehr so entschlossen.«

»Du würdest gern leben.«

»Ja … ich glaube schon.«

»Aber, Atva …«

Zum ersten Mal seit Beginn ihrer Unterhaltung benutzte sie den Namen, auf den er getauft worden war; und dieser Name ließ das, was sie nun sagte, wie ein Edikt klingen.

»Wenn ich es tue, und du wirst ihrer überdrüssig und verlässt sie …«

»Das wird nicht geschehen.«

»Ich sage, wenn, Atva, wenn das eintritt, und es kommt mir zu Ohren, dann, das schwöre ich dir, werde ich dich finden und dich zu dem Ufer schleppen, an dem du getauft wurdest, und dort werde ich dich eigenhändig ertränken. Hast du mich verstanden?« All das sagte sie ohne ein Zeichen von Erregung; es war die schlichte Feststellung einer Tatsache.

»Ich habe dich verstanden«, erwiderte er.

»Ich tue es nicht, weil ich besondere Zuneigung zu Rachel empfinden würde. Das tue ich nicht. Sie ist eine Närrin, dich so zu lieben, wie sie es tut. Aber ich werde nicht zulassen, dass sich noch eine Seele aus Liebe zu dir verzehrt. Ich weiß, wie das ist, und ich würde eher mein eigenes Kind töten als zuzusehen, wie es einem Herzen diesen Schmerz zufugt.«

Galileo breitete die Arme mit nach oben gekehrten Handflächen aus wie ein Heiliger, der sein Leben in Gottes Hand legt. »Was muss ich tun?« fragte er.

»Mach dich bereit …«, erwiderte Cesaria.

»Wofür?«

»Ich werde einen Sturm heraufbeschwören«, erklärte sie, *»der die kläglichen Überreste deines Schiffs zur Insel treibt.«*

»Ich werde einen solchen Sturm nicht überleben«, wandte Galileo ein.

»Hast du einen besseren Vorschlag?«

»Nein«, gab er zu.

»Dann halt den Mund und sei dankbar, dass dir noch eine Chance gegeben wird.«

»Du kannst deine eigenen Kräfte nicht einschätzen, wenn du diese Dinge tust, Mama.«

»Jetzt ist es ohnehin zu spät, etwas zu ändern«, beschied ihn Cesaria, und während sie das sagte, spürte Galileo bereits, wie ihm ein auffrischender Wind ins Gesicht wehte, der nach Südsüdost hin drehte.

Er blickte zum Himmel auf. Die Wolken über der *Samarkand* waren bedrohlich in Bewegung geraten, als hätte eine unsichtbare Hand an sie gerührt. Die Sterne, die erst vor kurzem aufgegangen waren, wurden abrupt von der Dunkelheit verschluckt.

Er spürte deutlich, wie sich der Blutstrom in seinen Adern beschleunigte; der göttliche Wille, der Cesaria befähigte, die Elemente aufzurütteln, hatte offensichtlich auch eine unerklärliche Macht über sein Blut.

Die *Samarkand,* an ihrer Breitseite von einer Welle getroffen, bäumte sich auf; ihre Planken bebten unter seinen Füßen. Die kurzen, drahtigen Härchen in seinem Nacken richteten sich auf; in seinem Magen begann Aufruhr zu herrschen. Obwohl es viele Jahre her war, dass er es das letzte Mal erlebt hatte, kannte er das Gefühl: Er hatte Angst.

Ihm entging nicht die Ironie seiner Lage. Noch vor einer halben Stunde hatte er sich mit seinem Tod abgefunden. Nicht nur abgefunden, sondern ihn freudig herbeigesehnt. Aber mit Cesarias Erscheinen war alles anders geworden. Sie hatte ihm Hoffnung gegeben, zum Teufel mit ihr. Trotz ihrer Drohungen und Einschüchterungsversuche (oder zum Teil vielleicht gerade deswegen) sehnte er sich plötzlich danach, noch einmal mit Rachel zusammen sein zu können, und die Aussicht zu sterben, die er noch vor wenigen Minuten als tröstlich empfunden hatte, erfüllte ihn jetzt mit Angst.

Cesaria entgingen seine Gefühle nicht. Sie winkte ihn zu sich. *»Komm her«*, sagte sie. *»Stärk dich an meiner Kraft.«*

»Wie bitte?«

»Du wirst in den kommenden Stunden alle Kraft brauchen, die dir zur Verfügung steht. Lass dir etwas von meiner Kraft geben.«

Sie bot einen imposanten Anblick, wie sie da im Heck stand, den Arm nach Galileo ausgestreckt, ihr Körper im zuckenden Schein der Bordlaternen leuchtend abgehoben vor dem mörderischen Himmel.

»Beeil dich, Atva!« Sie musste die Stimme jetzt erheben, um das Tosen des Windes zu übertönen, der kleine Gischtspritzer von den Schaumkronen der Wellen riss. *»Ich kann nicht mehr sehr lange hier bleiben.«*

Es bedurfte keiner weiteren Aufforderung. Er stolperte über das schlingernde Deck auf sie zu und streckte ihr die Arme entgegen.

Sie hatte ihm Kraft versprochen, und die bekam er auch, aber auf eine Art und Weise, dass er nicht sicher war, ob es sich seine Mutter inzwischen anders überlegt und stattdessen beschlossen hatte, einen Kindsmord zu begehen. Das Mark in seinen Knochen schien in Flammen aufzugehen – eine sengende, qualvolle Hitze breitete sich von seinem Innersten her über Sehnen und Nervenstränge bis in die Haut aus. Er spürte sie nicht nur, sondern konnte sie buchstäblich sehen; zumindest teilten ihm seine Augen ein Leuchten mit, das sich blau und gelb von der Magengrube her in seinem Körper ausdehnte, durch seine geschwächten Gliedmaßen strömte und sie belebte. Das war jedoch noch nicht alles, was er sah. Das Leuchten stieg ihm zu Kopf, kreiste unter seiner Schädeldecke wie Wein, der in seinem Kelch geschwenkt wird, und als es dort noch heller aufglühte, erblickte er seine Mutter an einem anderen Ort: In ihrem Zimmer, in dem Haus, das Jefferson für sie erbaut hatte, lag sie mit geschlossenen Augen auf ihrem Tempellager. Am Fußende des Bettes stand Zelim – der treu ergebene Zelim, der Galileo einen ehrlichen, erbitterten Hass entgegengebracht hatte –, den kahl geschorenen Kopf wie zum Gebet oder zur Meditation gesenkt. Die Fenster waren geöffnet, und Nachtfalter waren ins Zimmer geflattert. Nicht Einzelne, sondern Tausende, Zehntausende. Sie saßen auf den Wänden und auf dem Bett, auf Cesarias Kleidern, ihren Händen und ihrem Gesicht. Sogar auf Zelims Glatze krochen die Falter herum.

Die Vision des Hauses dauerte nur ein paar Sekunden, dann wurde sie von einem viel merkwürdigeren Bild verdrängt. Die Nachtfalter wurden immer unruhiger, und im dunklen Flattern ihrer Flügel löste sich die Szene von der Decke bis zum Fußboden auf. Die einzige feste Form, die erhalten blieb, war Cesaria, die jetzt nicht mehr auf dem Bett lag, sondern in grenzenloser Dunkelheit schwebte.

Ein schneidendes Gefühl der Einsamkeit ergriff plötzlich von Galileo Besitz: Was immer dieser leere Raum sein mochte – real oder ein Produkt der Fantasie –, er hatte nicht den Wunsch, dort zu sein.

»Mutter …«, murmelte er.

Die Vision dauerte an, und sein Blick verharrte unsicher über Cesarias Körper, als könnte dieser und auch er selbst jeden Moment die Kraft verlieren, sich in der Schwebe zu halten, und in die Dunkelheit hinunterstürzen.

Wieder rief er nach seiner Mutter, aber diesmal nannte er sie beim Namen. Kaum hatte er ihn ausgesprochen, als die Gestalt vor ihm zu leuchten begann und die dritte und letzte Vision sich entfaltete. Das Dunkel veränderte sich nicht, wohl aber Cesaria. Die Gewänder, in die sie gehüllt war, verrotteten und fielen von ihr ab. Darunter war sie nicht nackt, oder zumindest nahmen seine Augen sie nicht in einem solchen Zustand wahr. Sie war geschmolzen wie flüssige Lava; ihr menschliches Wesen oder der Schein des Menschseins strömte, einen leuchtenden Schweif nach sich ziehend, aus ihr heraus in den leeren Raum. Er sah, wie ihr Gesicht zu einem Lichtschein zerfloss; sah ihre Augen, die offen waren und voll Glückseligkeit; sah ihr Herz fallen wie einen Stern, der in seinem Flug den dunklen Abgrund mit Licht füllte.

In diesem ekstatischen Augenblick verbrannte die unerträgliche Einsamkeit zu einem Nichts. Die Angst, die er in diesem leeren Raum empfunden hatte, erschien ihm plötzlich lachhaft. Wie konnte er je einsam sein an einem Ort, den er mit einer so wundersamen Seele teilte? Denn siehe, *sie war Licht!* Und die Dunkelheit war ihre Ergänzung, das andere, ihr makelloser Begleiter; sie waren Liebende, sie und dieses andere, Gefährten in einer Ehe des Unbeschränkten.

Mit dieser Offenbarung verließ ihn die Vision, und er befand sich wieder an Deck der *Samarkand*.

Cesaria war verschwunden. Ob sie sich durch die Übertragung ihrer Kraft auf Galileo verausgabt und ihren Geist an einen Ort der Ruhe zurückgezogen hatte – vielleicht in das Schlafzimmer, in dem er sie gesehen hatte –, oder ob sie verschwunden war, weil alles getan war und sie ihm nichts mehr zu sagen hatte (was vollkommen ihrer Natur entsprach), wusste er nicht. Und ihm blieb auch keine Zeit, darüber nachzudenken. Der Sturm, den sie entfesselt hatte, war mit all seiner entfesselten Wut über ihn hereingebrochen. Die Wellen waren so hoch wie der Mast, hätte das Schiff noch einen solchen gehabt, und der Wind war stark genug, die Segel zu zerfetzen, wären diese noch vorhanden gewesen. Wie die Dinge aber lagen, hatte er – aus eigenem Verschulden – nichts mehr von alledem. Nur seine Gliedmaßen, die ihm nun nicht mehr aus Schwäche den Dienst versagten, sein scharfer Verstand und der ächzende Rumpf seines Schiffs waren ihm geblieben.

Es würde reichen. Er warf, von einer wilden Erregung gepackt, den Kopf in den Nacken und rief zu den aufgewühlten Wolken hinauf:

»RACHEL! WARTE AUF MICH!«

Dann fiel er auf die Knie und betete zu seinem Vater im Himmel, ihn sicher durch den Sturm zu geleiten, den seine Mutter entfesselt hatte.

IX

1

Vor ein paar Stunden gab es einen gewaltigen Aufruhr im Haus; zur Abwechslung einmal ausgelassenes Gelächter. L'Enfant hat in den letzten Jahrzehnten nicht viele lachende Stimmen gehört. Ich erhob mich von meinem Schreibtisch, um nach der Ursache des Lärms zu sehen, und traf auf Marietta, die mir, Hand in Hand mit einer Frau in Jeans und T-Shirt, im Flur entgegengeschlendert kam. Das Lachen, das ich gehört hatte, stand noch in ihren Gesichtern.

»Eddie!« rief sie munter. »Wir waren gerade auf dem Weg zu dir, um Hallo zu sagen.«

»Sie müssen Alice sein«, wandte ich mich an ihre Begleiterin.

»Ja«, entgegnete sie, strahlend vor Stolz.

Und sie hatte allen Grund, so schlicht sie auch gekleidet war. Die junge Frau war schlank und hübsch, mit zierlichem Knochenbau und kleinen Brüsten. Im Gegensatz zu Marietta, die sich gern dick mit Kajal und Lippenstift schminkt, trug Alice nicht einen Hauch von Make-up. Ihre Wimpern waren so blond wie ihre Haare, ihr milchweißes Gesicht war mit sehr hellen Sommersprossen bestäubt. Bei manchen Frauen wirkt eine solche Farbgebung langweilig, aber nicht so bei ihr. Aus ihren grauen Augen sprach eine Wildheit, die ahnen ließ, dass sie die ideale Partnerin für Marietta war. Diese Frau gehörte nicht zu den Menschen, die sich von irgendjemandem Vorschriften machen ließen. Sie sah vielleicht aus wie Buttermilch, hatte aber höchstwahrscheinlich einen eisernen Willen. Als sie mir die Hand schüttelte, fand ich meine Mutmaßungen weiter bestätigt. Ihr Griff fühlte sich an wie ein Schraubstock.

»Eddie ist der Schriftsteller in der Familie«, stellte mich Marietta stolz vor.

»Das Wort klingt gut in meinen Ohren«, sagte ich und zog die schriftstellernde Hand zurück, bevor mir Alice die Finger zerquetschen konnte.

»Was schreiben Sie?« erkundigte sich Alice.

»Ich schreibe an einer Geschichte der Familie Barbarossa.«

»Und du kommst jetzt auch darin vor«, warf Marietta ein.

»Wirklich?«

»Natürlich«, versicherte Marietta und wandte sich dann an mich. »Sie wird doch in dem Buch vorkommen, oder nicht?«

»Ich denke schon«, erwiderte ich. »Wenn du wirklich vorhast, sie in die Familie einzugliedern.«

»Oh, wir werden heiraten«, erklärte Alice, die ihren Kopf zärtlich auf Mariettas Schulter gelegt hatte. »Ich werde diese Frau nicht mehr aus den Augen lassen. Nie wieder.«

»Ich gehe nach oben mit ihr«, ließ sich Marietta vernehmen. »Ich möchte sie Mama vorstellen.«

»Das halte ich im Augenblick nicht für besonders ratsam«, warnte ich sie. »Sie ist viel gereist in letzter Zeit und daher ziemlich erschöpft.«

»Das macht doch nichts, Liebling«, wandte sich Alice an Marietta. »Es dauert nicht mehr lange, dann bin ich für immer hier.«

»Ihr zwei wollt also auf L'Enfant wohnen?«

»Klar«, bestätigte Marietta und strich ihrer Geliebten mit der Außenseite des Zeigefingers über die glatte Wange. Alices Miene strahle vor Glückseligkeit. Sie schloss genießerisch die Augen und schmiegte ihr Gesicht tiefer in Mariettas Halsbeuge. »Ich habe es dir doch gesagt, Eddie«, erklärte Marietta. »Es ist etwas Dauerhaftes. Sie ist die Richtige … ohne Frage.«

Unwillkürlich fühlte ich mich an Galileos und Cesarias Unterhaltung auf der *Samarkand* erinnert; wie er ihr geschworen hatte, dass Rachel in Zukunft die Königin seines Herzens sein, dass es keine andere Frau mehr für ihn geben würde. War es ein Zufall, oder folgten die Ereignisse einem Muster? In dem Augenblick, in dem der Krieg beginnt und unklar ist, ob es für unsere Familie eine Zukunft geben wird, erklären zwei ihrer Mitglieder (die zuvor berüchtigt waren für ihr ausschweifendes Liebesleben) ihre wilden Zeiten für beendet, weil sie überzeugt sind, den idealen Partner und Seelenverwandten gefunden zu haben.

Die Unterhaltung plätscherte noch ein Weilchen angenehm dahin, dann verkündete Marietta, sie wolle Alice die Stallungen zeigen. Ob ich nicht Lust hätte mitzukommen, meinte sie. Ich lehnte dankend ab. Fast war ich versucht, sie zu fragen, ob sie es wirklich für klug hielt, zu den Stallungen zu gehen, aber ich behielt meine Meinung für mich. Wenn Alice in absehbarer Zukunft hier wohnen würde, musste sie die Geschichte des Hauses – und der Kreaturen, die hier gelebt hatten und gestorben waren – ohnehin früher oder später erfahren. Ein Besuch bei den Stallungen würde zwangsläufig Fragen nach sich ziehen: Warum war die Anlage so prachtvoll und stand doch leer? Warum befand sich dort eine Grabstätte? Aber vielleicht lag genau das in Mariettas Absicht. Vielleicht glaubte sie nicht ohne Grund, aus Alices Reaktion auf die unheimliche und bedrohliche Atmosphäre, die diesen Ort umgibt, darauf schließen zu können, ob sie ihrer Freundin unsere düstersten Geheimnisse anvertrauen durfte. Wenn sie sich durch diesen Ort nicht einschüchtern ließ, was immerhin möglich war, konnte sich Marietta ein paar Tage lang mit ihr zusammensetzen und ihr alles erzählen. Zeigte Alice dagegen Furcht, so würde sie sich vielleicht entschließen, ihr die Informationen in kleinen, verdaulichen Häppchen zukommen zu lassen, um sie nicht aus dem Haus zu treiben. Wir werden sehen.

Jedenfalls machten sich die beiden auf den Weg zu ihrem Rundgang, während ich in mein Arbeitszimmer zurückkehrte, um mich dem nächsten Kapitel zuzuwenden, in dem es um die Vorbereitungen für Cadmus Gearys Begräbnis geht, aber die Worte wollten mir nicht aus der Feder fließen. Etwas lenkte mich von meinem Vorhaben ab. Ich legte den Füllhalter beiseite, ließ mich auf dem Stuhl zurücksinken und versuchte zu ergründen, wo das Problem lag. Lange musste ich nicht darüber nachgrübeln. Ich machte mir

Sorgen um Marietta und Alice. Ein Blick auf die Uhr sagte mir, dass fast eine Stunde vergangen war, seitdem sie das Haus verlassen hatten und zu den Stallungen aufgebrochen waren. Hätten sie nicht längst zurück sein müssen? Vielleicht waren sie schon im Haus, und ich hatte sie nicht gehört? Ich beschloss, selbst nachzusehen, da ich ohnehin keinen Strich zu Papier gebracht hätte, solange mich diese innere Unruhe verfolgte.

2

Der Abend war inzwischen schon fortgeschritten, und ich fand Dwight in der Küche vor dem kleinen Schwarzweißfernseher sitzend. Ob er Marietta in der letzten Stunde gesehen hätte, fragte ich ihn. Er verneinte, bemerkte dann aber offensichtlich meine Besorgnis und erkundigte sich, ob irgendetwas nicht in Ordnung sei. Darauf erklärte ich ihm, dass sie mit ihrer Besucherin zu den Stallungen gegangen war. Er ist ein schlauer Mann; weitere Erklärungen waren überflüssig. Augenblicklich erhob er sich, nahm seine Jacke zur Hand und fragte: »Wollen Sie, dass ich nachsehe, ob alles in Ordnung ist?«

»Vielleicht sind sie auch schon zurück«, bemerkte ich, worauf er hinausging, um dies zu überprüfen. Nach zwei Minuten tauchte er mit einer Taschenlampe wieder auf, und berichtete, dass er Marietta nirgendwo im Haus gefunden hatte. Vermutlich war sie mit ihrer Besucherin noch irgendwo draußen.

Gemeinsam machten wir uns auf die Suche, und die Taschenlampe war wirklich notwendig. Es war eine ungemütliche, feuchtkalte Nacht.

»Wahrscheinlich verschwenden wir nur unsere Zeit«, meinte ich, während wir auf die dichte Hecke aus Magnolien und Azaleen zugingen, die den Blick auf die Stallungen vom Haus aus verdeckt. Insgeheim hoffte ich, dass ich mit meiner Bemerkung Recht hatte, aber meinem Gefühl zufolge bestand wenig Grund zum Optimismus. Das Unbehagen, das mich veranlasst hatte, meinen Schreibtisch zu verlassen, hatte sich verstärkt. Mein Atem ging schnell und flach, und ich war auf das Schlimmste gefasst, wenn ich auch keine Ahnung hatte, was dies sein konnte.

»Bist du bewaffnet?« fragte ich Dwight.

»Ich habe immer eine Pistole bei mir«, erwiderte er. »Was ist mit Ihnen?«

Ich zeigte ihm den Griswold-and-Gunnison-Revolver, und er richtete den Strahl der Taschenlampe darauf.

»Herrje«, sagte er. »Das ist ja eine echte Antiquität. Ist es nicht gefährlich, damit zu schießen?«

»Luman behauptet, er funktioniert einwandfrei.«

»Ich bete zu Gott, dass er weiß, wovon er spricht.«

In dem Lichtschein, der von unseren hellen Händen zurückgeworfen wurde, konnte ich Dwights Gesichtausdruck erkennen. Die Atmosphäre machte ihn offensichtlich genauso nervös wie mich, was gewisse Schuldgefühle in mir weckte. Schließlich hatte ich ihn zu diesem Abenteuer angestiftet.

»Warum gibst du mir nicht die Taschenlampe und lässt mich gehen?« schlug ich vor.

Dagegen hatte er nichts einzuwenden. Nachdem er mir die Taschenlampe übergeben hatte, leuchtete ich das vor uns liegende Gebüsch ab, und dann setzten wir unseren Weg fort.

Wir mussten nicht mehr weit laufen. Nach weiteren zehn Metern hatten wir das Buschwerk hinter uns gelassen: Etwa fünfzig Meter vor uns lag das Stallgebäude, dessen helles Mauerwerk selbst in der Dunkelheit gut sichtbar war. Wie schon an früherer Stelle erwähnt, ist es ein bemerkenswerter Bau; eine elegante Anlage von etwa zweihundert Quadratmetern, die man mit ihren schlichten Säulen und dem Portikus (er war, was man im Dunkeln allerdings nicht sah, mit einem Relief aus Reitern und wilden Pferden verziert) für einen antiken Tempel hätte halten können. In ihren ruhmreicheren Tagen waren die Stallungen ein von Sonnenlicht durchflutetes und vom Wiehern und Schnauben der Tiere erfülltes Gebäude, aber als wir heute in seinen Schatten traten, erschien es uns nur wie eine gewaltige Grabstätte.

Vor dem Gebäude blieben wir stehen. Ich ließ den Strahl der Taschenlampe über das schwere Eingangstor wandern, das offen stand. Der Lichtschein drang kaum über die Schwelle hinaus.

»Marietta?« Ich hätte ihren Namen gern laut gerufen, wagte es aber nicht, aus Angst vor den Mächten, die ich damit möglicherweise aufstören würde.

Zuerst blieb alles still; ich rief ein zweitesmal ihren Namen. Wenn sie auch auf den dritten Ruf nicht reagieren würde, konnten wir, so dachte ich, zu Recht davon ausgehen, dass sie nicht da war und uns zurückziehen. Aber diesmal bekam ich eine Antwort. Als erstes vernahm man, wie sich im Innern des Gebäudes jemand bewegte, dann folgte ein verschlafenes: »Wer ist da?« Beruhigt, Mariettas Stimme zu hören, trat ich über die Schwelle.

Selbst nach all den Jahren roch es in dem Gebäude noch nach den kraftvollen Bewohnern früherer Tage: Es war erfüllt vom satten Geruch der Pferde, ihrem Schweiß und ihrem Dung. Was für ein Leben hatte hier geherrscht, welche Energie hatte diesen stampfenden Leibern aus Muskeln und Mähnen innegewohnt.

Jetzt entdeckte ich Marietta. Sie kam uns entgegen und knöpfte im Gehen ihre Weste zu. Es konnte kein Zweifel daran bestehen, was sie und Alice hier getrieben hatten. Ihr Gesicht war gerötet, ihre Lippen voll und weich vom Küssen.

»Wo ist Alice?« erkundigte ich mich.

»Eingeschlafen«, erwiderte sie. »Sie ist völlig erschöpft, das arme Kind. Was macht ihr denn hier draußen?«

Ihre Frage machte mich verlegen. Zweifellos wusste Marietta von meinen voyeuristischen Neigungen ihr gegenüber und nahm nun an, dass ich aus diesem Grund hier war. Anstatt meine diesbezügliche Unschuld zu beteuern, sagte ich nur: »Ist alles in Ordnung mit euch?«

»Bestens«, gab Marietta sichtlich erstaunt zurück. »Wen hast du da mitgebracht?«

»Dwight«, tönte die Antwort aus der Dunkelheit hinter mir.

»Was ist denn los?« rief ihm Marietta zu.

»Nichts Besonderes«, erwiderte Dwight.

»Es tut mir Leid, dass wir euch gestört haben«, fiel ich ein.

»Macht nichts«, beruhigte mich Marietta. »Es wird ohnehin Zeit, dass wir ins Haus zurückgehen …«

Während sie das sagte, wanderte mein Blick an ihr vorbei in die Tiefe des Gebäudes. Obwohl wir uns ganz zwanglos unterhielten, war da etwas, das mich beunruhigte und meinen Blick in die Dunkelheit lenkte.

»Was ist los, Eddie?« fragte Marietta.

Ich schüttelte den Kopf. »Ich weiß es nicht. Vielleicht nichts als Erinnerungen.«

»Geh nur hinein, wenn du möchtest«, sagte sie, indem sie zur Seite trat. »Alice ist ganz schicklich angezogen …« Ich ging an ihr vorbei, »… was dich vermutlich enttäuschen wird.« Die letzte Bemerkung trug ihr einen gereizten Blick von mir ein, dann ließ ich sie mit Dwight zurück und drang vorsichtig weiter in das Stallgebäude vor. Das dunkle Gefühl, dass irgendetwas hier sein Unwesen trieb, wuchs mit jedem Schritt. Ich leuchtete mit der Taschenlampe jeden Winkel aus: den Marmorboden mit seinen Abflussrinnen, die Boxen mit ihren kunstvollen, intarsienverzierten Türen, die Decke mit ihren flachen Gewölbebögen. Nichts rührte sich. Nicht einmal Alice konnte ich entdecken. Ängstlich ging ich weiter und widerstand der Versuchung, mich zu Marietta und Dwight umzudrehen, um meine Nerven zu beruhigen.

Der Platz, an dem man Nicodemus begraben hatte – zusammen mit all den Besitztümern, die ihn nach seinem Willen im Tod begleiten sollten (seine Jadephalli, die weißgoldene Maske und der Lendenschurz; Dinge, die er in Augenblicken der Ekstase getragen hatte, die Mandoline, auf der er wie ein Engel gespielt hatte) –, befand sich etwa zwanzig Meter von meinem jetzigen Standort entfernt in der Mitte des Raums. Dort hatte man die Marmorplatten entfernt und nach dem Begräbnis nicht wieder eingefügt. Pilze waren dort in übernatürlicher Fülle aus der Erde gesprossen. Im schwachen Lichtschein konnte ich ihre fahlen Köpfe erkennen; Hunderte von ihnen. Natürlich in der Form von Phalli. Sein letzter Scherz.

Eine Bewegung zu meiner Rechten ließ mich innehalten. Als ich in die Richtung blickte, sah ich, dass es Mariettas Geliebte war, die aus dem Schlaf erwacht war und sich erhoben hatte.

»Was ist los?« fragte sie. »Warum ist es so kalt, Schatz?«

Es war mir bis jetzt nicht aufgefallen, aber sie hatte Recht: Ich konnte meinen Atem vor dem Mund sehen.

»Ich bin's, Maddox, nicht Marietta«, klärte ich sie auf.

»Was tun Sie denn hier?«

»Es ist alles in Ordnung«, erklärte ich. »Ich bin nur gekommen, um ...«

Der Satz erstarb mir auf den Lippen. Was mich unterbrochen hatte, war ein Geräusch, das aus der Dunkelheit hinter dem Grab meines Vaters zu uns drang. Ein Klappern auf dem Marmorboden.

»Oh, mein Gott ...«, stieß Alice hervor.

Unter dröhnendem Hufgeklapper, wie es dieses Gebäude seit fast einem Jahrhundert nicht mehr vernommen hatte, stürmte ein Pferd aus den Schatten hervor. Nicht irgendein Pferd. Es war Dumuzzi. Selbst aus dieser Entfernung, selbst in der vom Lampenlicht kaum erhellten Dunkelheit wusste ich, dass er es war. Nie hatte es ein prachtvolleres Tier gegeben oder eines, das sich seiner Schönheit so bewusst gewesen wäre wie er. Unter seinen tänzelnden Hufen stoben Funken vom Marmor auf, in deren Lichtschein das Spiel seiner glänzenden Muskeln sichtbar wurde. Seine Augen funkelten. Welche Wunden ihm Cesaria auch zugefügt haben mochte – und obwohl ich es in meiner Bewusstlosigkeit nicht hatte sehen können, bin ich sicher, dass sie sich für Dumuzzi, den Anführer, die schlimmsten Grausamkeiten ausgedacht hatte –, sie waren alle verheilt. Er war wieder die Vollkommenheit selbst.

Auf wundersame Weise war er wiederbelebt worden,

war aus der Grube, in die man seinen Kadaver geworfen hatte, auferstanden und zu glorreichem Leben erwacht.

Ich hatte keine Zweifel daran, wer dieses Werk vollbracht hatte. So sicher wie Dumuzzi durch Cesaria Yaos' Hand abgeschlachtet worden war, war er nun durch die Hand ihres Gatten, meines Vaters, wieder zum Leben erweckt worden. Das stand so felsenfest wie sonst kaum etwas.

Nie im Leben habe ich eine so grenzenlose Flut widerstreitender Gefühle in mir gespürt wie in diesem Augenblick. Dumuzzis unwiderlegbare Gegenwart war der lebendige, überzeugende Beweis für die Anwesenheit einer größeren Macht an diesem deprimierenden Ort. Nicodemus war hier, zumindest ein Teil von ihm; er hatte den Vorhang zwischen dieser Welt und dem kommenden Reich zerrissen. Was empfand ich angesichts dieser Erkenntnis? Furcht? Ja, bis zu einem gewissen Grad; die Urangst, die den Lebenden unweigerlich befällt, wenn die Geister der Toten wiederkehren. Ehrfurcht? Auch das; nie hatte sich mir die Göttlichkeit meines Vaters so deutlich gezeigt wie in diesem Augenblick. Dankbarkeit? Ja, auch Dankbarkeit. So flau mir im Magen war und so sehr meine Knie auch zitterten, war ich doch dankbar, dass mich mein Instinkt hierher geführt hatte; dass es mir vergönnt war, dieses Zeichen der Wiederkehr meines Vaters mit eigenen Augen zu sehen.

Ich wandte mich zu Alice um, wollte sie auffordern, das Gebäude zu verlassen, aber Marietta war zu ihr geeilt und hatte schützend die Arme um sie gelegt. Alice sah Dumuzzi an, Mariettas Blick war jedoch auf mich gerichtet, und in ihren Augen standen Tränen.

Inzwischen hatte Dumuzzi den Rand des Grabes erreicht, und plötzlich tänzelte er nach vorn, bäumte sich auf und begann die Erde zu zerstampfen, die Nicodemus' Leichnam bedeckte. Die Pilze wurden unter seinen hämmernden Hufen zerquetscht und in alle Richtungen katapultiert.

Nach etwa einer halben Minute beruhigte sich der Hengst allmählich, bis er schließlich zwischen aufgewühlter Erde und zertretenen Pilzen einfach so dastand, den Kopf ein wenig in unsere Richtung gewandt.

»Dumuzzi?« sprach ich ihn an.

Beim Klang seines Namens schnaubte er. »Du kennst dieses Tier?« fragte Marietta erstaunt.

»Er war das Lieblingspferd unseres Vaters.«

»Wo, zum Teufel, kommt es her?«

»Aus dem Reich der Toten.«

»Er ist wunderschön«, murmelte Alice mit vor Staunen atemloser Stimme. Sie schien den Wortwechsel zwischen mir und Marietta gar nicht gehört zu haben, so vertieft war sie in den Anblick, der sich uns bot. Marietta fasste sie am Arm.

»Alice«, sagte sie in energischem Ton, »wir müssen jetzt gehen. Auf der Stelle.«

Aber kaum machte sie Anstalten, Alice zur Tür zu ziehen, bäumte sich Dumuzzi zu noch imposanterer Größe auf als zuvor, stieß ein so markerschütterndes Gewieher aus, dass uns vor Schreck der Atem stockte, und preschte direkt auf uns zu. Der Anblick des angreifenden Tieres – seine fliegende Mähne, die wirbelnden Hufe – ließ mich zur Salzsäule erstarren. Das war das Letzte, das ich gesehen hatte, bevor ich vor all diesen Jahren von ihm und seinen Gefährten überrannt worden war: Die Erinnerung lähmte meine Glieder. Hätte mich Dwight nicht gepackt und aus dem Weg gezerrt, so hätte sich in diesem Moment die Geschichte ohne weiteres wiederholen können. Ich glaube nicht einmal, dass Dumuzzi Böses im Sinn hatte – was beim ersten Mal ohne Zweifel der Fall gewesen war –, er hielt einfach auf direktestem Weg auf das Tor zu. Aber genauso wenig glaube ich, dass er gezögert hätte, mich zu überrennen und unter seinen Hufen zu zerstampfen, hätte ich ihm noch im Weg gestanden.

Zu sehr beschäftigt mit meiner eigenen Rettung sah ich nicht mehr, wie er aus dem Gebäude stürmte. Als ich mich endlich wieder aufgerappelt hatte, war er verschwunden. Aus der Ferne war noch der Hufschlag des davongaloppierenden Pferdes zu hören, dann herrschte Stille, nur unterbrochen vom schweren Atmen der vier aufgewühlten Menschen, die hier zurückblieben

»Wir sollten besser wieder ins Haus gehen«, ließ sich

Marietta vernehmen. »Mehr Aufregung vertrage ich nicht an einem Abend.«

Wie sich die Dinge verändern! Habe ich nicht an einer Stelle geschrieben, dass mich allein die Vorstellung, anwesend zu sein, wenn Nicodemus sich zeigen würde, so sehr in Angst und Schrecken versetzte, dass ich lieber tot wäre, als es mit ansehen zu müssen? Nun, da der Beweis seiner Gegenwart so eindeutig erbracht wurde, versetzt mich der Gedanke in eine unerklärliche Hochstimmung. Die Familie war allzu lange zerrissen; es ist Zeit, dass wir wieder zusammenfinden. Es gibt Wunden, die der Heilung bedürfen, Frieden, der geschlossen werden muss, Fragen, die einer Antwort harren.

Beispielsweise möchte ich wissen, was Chiyojo meinem Vater gesagt hat, bevor sie starb. Es fielen Worte zwischen ihnen, das weiß ich genau, denn bevor ich das Bewusstsein verlor, sah ich, wie Nicodemus – selbst schon zu Tode verwundet – sich über meine Frau beugte, um ihre letzten Worte verstehen zu können. Was hat sie ihm damals gesagt? Dass sie ihn lieben, dass sie auf ihn warten würde? Ich habe mir diese Frage im Laufe der Jahre so oft gestellt. Nun besteht die Aussicht, dass mir der einzige Mensch, der die Wahrheit kennt, die Antwort darauf gibt.

Die zweite Frage, die mir auf der Zunge brennt? Nun, sie ist vielleicht schwerer zu beantworten. Ich will wissen, was Nicodemus im Sinn hatte, als er mich zeugte. War ich durch Zufall entstanden? Ein ungewolltes Nebenprodukt seiner Leidenschaft? Oder hat er mich wissentlich gezeugt als Kind eines göttlichen Vaters und einer sterblichen Mutter, weil das Schicksal mir eine Aufgabe zuweisen sollte, die zu erfüllen nur eine so unglückliche Kreatur wie ich die Mittel besaß?

Wäre ich nicht der glücklichste Mensch der Welt, wenn ich auf diese Frage eine Antwort erhielte? Und darum erfüllt mich die Rückkehr meines Vaters eher mit froher Erwartung als mit Furcht. Weil sie mir in Aussicht stellt, dass ich vor den Mann, der meiner Seele zum Sein verholfen hat, hintreten und ihm die älteste aller Fragen stellen kann: *Vater, Vater, was ist der Sinn meines Lebens?*

X

Schon vor einem Jahr hatte Loretta begonnen, eine inoffizielle Gästeliste für Cadmus' Begräbnis zusammenzustellen, indem sie die Namen, die ihr zufällig in den Sinn kamen, in ihrem Tagebuch notierte. Ihr war natürlich klar, dass dies einen etwas morbiden Beigeschmack hatte, aber sie war immer eine praktisch veranlagte Person gewesen. Früher oder später würde ihr die Liste nützlich sein, und es schadete nichts, auf das Unvermeidliche vorbereitet zu sein, selbst wenn Cadmus hundertundfünf Jahre alt zu werden gedachte.

Sicher, die Ereignisse der Nacht, in der er gestorben war, hatten sie zutiefst schockiert. Aber tief in ihrem Innern hatte sie immer gewusst, dass die Wahrheit über die Barbarossas, sofern sie diese je erfahren sollte, sie in Erstaunen versetzen würde; und genauso war es gekommen. Nicht, dass sie der Meinung war, in jener Nacht die ganze Wahrheit erfahren zu haben. Was sie gesehen und gehört hatte, war ein winziges Teilchen von einem Puzzle, das sie in seiner Gesamtheit wahrscheinlich nie begreifen würde. Aber möglicherweise war das auch besser so. Aus derselben typisch pragmatischen Haltung der Neuengländerin, die es ihr ermöglichte, noch vor dem Tod ihres Mannes eine Gästeliste für sein Begräbnis zusammenzustellen und Pläne für ihre eigene Machtergreifung zu schmieden, sträubte sie sich gegen Dinge, die sich nicht ohne weiteres einordnen ließen. Das Leben des Geistes und das Leben des Fleisches waren zwei gänzlich verschiedene Komplexe. Wenn die zwei miteinander vermischt wurden – wenn das Unsichtbare Substanz anzunehmen begann und das Seelendrama sich vor ihren Augen abspielte –, fühlte sie sich zutiefst verunsichert. Dass Kräfte wie diejenigen, die ihr in jener Nacht in der Villa begegnet waren, in der realen Welt ihre Wirksamkeit bewiesen, war ganz und gar keine beruhigende Vorstellung für sie. Ihre Existenz konnte ihr auch auf einer metaphysischen Ebene keinen Trost spenden. Aber diese Existenz war unbestritten, und ihr schon erwähnter Pragmatismus hinderte sie daran, sich etwas vorzumachen. Sie hatte gesehen, was sie gesehen hatte, und mit der Zeit würde sie sich damit auseinandersetzen müssen. Aber vorerst stellte sie ihre Liste zusammen.

Mitchell besuchte sie am späten Nachmittag und erkundigte sich, ob sie Rachel gesehen oder etwas von ihr gehört habe.

»Seitdem sie nach Cadmus' Tod aus dem Haus gegangen ist, nicht mehr«, erklärte Loretta.

»Sie hat dich nicht angerufen?«

»Nein.«

»Bist du absolut sicher? Vielleicht hat Jocelyn eine Nachricht entgegengenommen und vergessen, sie weiterzugeben.«

»Muss ich aus deinen Worten schließen, dass sie verschwunden ist?«

»Hast du eine Zigarette für mich?«

»Nein. Mitchell – würdest du bitte einen Moment lang aufhören, so nervös hin und her zu laufen, und mir meine Frage beantworten?«

»Ja, sie ist verschwunden. Aber ich muss mit ihr reden. Ich bin … noch nicht fertig … mit ihr.«

»Nun ja, du wirst es nicht gern hören, aber vielleicht ist sie fertig mit dir. Vergiss sie. Im Augenblick gibt es genügend wichtigere Dinge zu tun. Wir müssen uns mit einem Rudel von Presseleuten herumschlagen, Gerüchte machen die Runde …«

»Zum Teufel damit! Es ist mir gleichgültig, was die Leute denken. Ich habe mein Leben lang versucht, den perfekten Gentleman zu spielen. Das ist jetzt vorbei. Ich will meine Frau wiederhaben! *Und zwar auf der Stelle!*« Als er bei diesen Worten auf Loretta zukam, war es schwer vorstellbar, dass dieses Gesicht je ein Lächeln gezeigt hatte. »Wenn du weißt, wo sie sich aufhält«, drohte er, »sagst du es mir besser.«

»Sonst passiert was, Mitchell?«

»Sag es mir einfach.«

»Nein, Mitchell. Sprich deinen Gedanken zu Ende. Wenn ich weiß, wo sie ist, und ich sage es dir nicht, passiert *was?*« Sie sah ihn dabei so stechend an, dass er den Blick abwenden musste. »Mach nicht denselben Fehler wie dein Bruder, Mitchell. So wird man nicht mit Problemen fertig. Du kannst andere nicht bedrohen, nur weil sie dir nicht das geben, was du willst. Du musst sie überreden. Du musst sie auf deine Seite bringen.«

»Angenommen, das wäre meine Absicht ...«, entgegnete Mitchell in gemäßigterem Ton. »Was müsste ich tun, um dich auf meine Seite zu bringen?«

»Du könntest einen Anfang machen, indem du mir versprichst, eine Dusche zu nehmen. Jetzt gleich. Du riechst nach Schweiß. Und du siehst schrecklich aus.«

»Einverstanden«, erklärte Mitchell. »Ist das alles? Du hast Recht, ich habe mich gehen lassen. Aber im Augenblick fällt es mir schwer, an etwas anderes zu denken als an sie.«

»Was ist, wenn du sie findest?« wollte Loretta wissen. »Sie wird kein Bedürfnis haben, von vorn anzufangen, Mitchell.«

»Das ist mir klar. Ich habe es vermasselt. Es wird nie wieder so werden, wie es war. Aber ... sie ist immer noch meine Frau. Ich empfinde noch etwas für sie. Und ich will wissen, ob es ihr gut geht. Wenn sie mich nicht sehen will, werde ich damit fertig werden.«

»Bist du sicher?«

Mitchell setzte ein betörendes Lächeln auf. »Klar bin ich sicher. Ich sage nicht, dass es mir leicht fallen wird, aber ich kann damit fertig werden.«

»Dann mache ich dir einen Vorschlag: Du gehst jetzt nach oben unter die Dusche, und ich werde ein paar Telefonate tätigen.«

»Ich danke dir.«

»Wenn du saubere Kleider brauchst, bitte Jocelyn, dir eines von Cadmus' Hemden herauszusuchen. Vielleicht findet sie auch eine Hose, die dir passt.«

»Vielen Dank.«

»Hör auf, dich ständig zu bedanken, Mitch. Es macht mich misstrauisch.«

Als er verschwunden war, goss sie sich einen Brandy ein. Dann setzte sie sich vor den Kamin und dachte über das nach, was Mitchell gesagt hatte. Die kleine Vorstellung, die er am Ende des Gesprächs für sie zum Besten gegeben hatte, überzeugte sie keine Sekunde lang: Die ganze gekünstelte Munterkeit war absurd. Andererseits glaubte sie aber auch nicht, dass er ein hoffnungsloser Fall war; dass sie ihn nicht mit etwas Geschick für ihre Sache gewinnen könnte. Rachel würde für sie verloren sein, wenn sie es nicht ohnehin schon war. Die Frau war so besessen von Galileo Barbarossa, dass sie als Verbündete nicht mehr taugte. Falls oder wenn sie ihn fand, würden die beiden nichts Eiligeres zu tun haben als eine eigene Fraktion zu bilden. Und wenn sie ihn nicht fand oder wenn er sie zurückwies, würde sie so am Boden zerstört sein, dass sie eher eine Belastung als eine Hilfe wäre.

Loretta brauchte einen Menschen, der mit ihr am selben Strang zog, und obwohl sie ihre Zweifel an seiner Intelligenz hatte, schien ihr Mitchell der geeignetste Kandidat. In Wirklichkeit hatte sie keine große Auswahl. Cecil war immer ein loyaler Anwalt gewesen, sicher, aber er würde sofort die Seiten wechseln, wenn es ihm einen finanziellen Vorteil brachte, und das konnte Garrison ohne weiteres so einrichten. Die übrigen Familienmitglieder – Richard und die anderen – waren zu wenig vertraut mit dem Familienunternehmen, um von einem Tag auf den anderen in die Bresche zu springen. Und Zeit war in diesem Fall zweifellos der entscheidende Faktor. Im Augenblick hatte sie lediglich den einen Vorteil, dass sie mit Cadmus' ganz persönlichen Geschäftsmethoden vertraut war: wie er die Vermögensentwicklung bis kurz vor seinem Tod berechnet und gelenkt hatte, wo er zu investieren und wo er zu verkaufen gedacht hatte; Geheimnisse und Prognosen, die er niemandem, nicht einmal Garrison mitgeteilt, die er ihr aber in seinen letzten Tagen anvertraut hatte. Möglicherweise konnte sie nun auch noch Mitchell auf ihrer Haben-Seite verbuchen: allerdings nur, sofern es ihr gelang, ihm die Frau wieder zuzuführen, von der er offensichtlich immer noch so besessen war.

Bei diesem Gedanken beschlich sie lediglich ein winziger Anflug von Schuldgefühlen. Obwohl sie in letzter Zeit eine gewisse Sympathie für Rachel entwickelt hatte (und Mut konnte man ihr wahrhaftig nicht in Abrede stellen), war sie einfach keine weltgewandte Person und würde es niemals sein. Sie hatte ihre Sache gut gemacht für eine Frau ihrer Herkunft, aber sie würde sich nie zu der Persönlichkeit entwickeln, die Margie unter anderen Umständen hätte sein können: Es lag ihr einfach nicht im Blut. Und schließlich lief es, wenn alle edlen Lippenbekenntnisse zur Demokratie gemacht waren, stets darauf hinaus: Entscheidend war das Blut, das in den Adern eines Menschen floss.

Sie würde Rachel leichten Herzens opfern, um Mitchell für sich zu gewinnen: Diese Chance war es wert, beim Schopf ergriffen zu werden. Und sie wusste auch schon, wo sie mit ihren Nachforschungen beginnen konnte. Sie rief Jocelyn zu sich und bat sie, ihr Adressbuch zu holen. Fünf Minuten später kehrte Jocelyn zurück und entschuldigte sich, weil sie so lange gebraucht hatte. Obwohl sie sich in ihrem unerschütterlichen Pflichtbewusstsein bemühte, eine tapfere Miene aufzusetzen, war sie sichtlich in einer schlechten seelischen Verfassung; ihre Hände zitterten ständig, und sie sah aus, als würde sie beim geringsten Anlass in Tränen ausbrechen.

»Kann ich noch etwas tun?« erkundigte sie sich, nachdem sie Loretta das Adressbuch ausgehändigt hatte.

»Was Mitchell betrifft …«, erwiderte Loretta.

»Ich habe ihm bereits ein Hemd gebracht«, erklärte Jocelyn, »und wollte ihm gerade eine Hose heraussuchen. Danach würde ich gern einen kleinen Spaziergang machen, wenn Sie mich nicht mehr brauchen.«

»Nein, nein. Selbstverständlich. Lassen Sie sich Zeit.«

Nachdem sie gegangen war, blätterte Loretta in dem Adressbuch und fand den Eintrag, den sie gesucht hatte. Dann wählte sie die Nummer.

Niolopua nahm den Hörer ab.

XI

Rachel erwachte im Morgengrauen, als um das Haus herum die Vögel ihren melodischen Gesang anstimmten. Als sie die Decke zurückschlug, stellte sie fest, dass es erstaunlich kühl geworden war. Sie hüllte sich in den verblichenen Bettüberwurf und ging mit noch schlaftrunkenen Augen in die Küche, um den Teekessel aufzusetzen. Dann trat sie auf die Veranda hinaus und sah zu, wie der Tag erwachte. Es sah nach einem schönen Tag aus. Die Regenwolken waren nach Nordosten weitergezogen, und der Himmel war zumindest für den Augenblick klar. Am Horizont standen die Zeichen jedoch auf Sturm; die Wolken, die sich dort zusammenbrauten, sahen noch dunkler aus als die Regenwolken des Vortags. Sie ging ins Haus zurück und brühte Tee auf, den sie verschwenderisch süßte, dann setzte sie sich wieder auf die Veranda und blieb dort etwa zwanzig Minuten, während sich die Szenerie vor ihren Augen allmählich belebte. Ein paar Vögel ließen sich im Gras nieder und pickten nach Würmern, die sich durch den Tau hatten hervorlocken lassen; ein gescheckter Hund kam vom Strand getrottet und hatte schon fast die Stufen zur Veranda erreicht, bevor sie merkte, dass er blind oder doch zumindest fast erblindet war. Leise rief sie ihn zu sich, worauf er näher kam und sich eine Weile den Kopf kraulen ließ, bevor er sich schnüffelnd wieder entfernte und seinen eigenen Geschäften nachging.

Als sie ihren Tee getrunken hatte, duschte sie und zog sich an. Sie hatte sich entschlossen, am Vormittag nach Hanalei zu laufen, wo sie auf dem kleinen Markt ein paar frische Lebensmittel einkaufen und sich zudem mit Zigaretten eindecken wollte.

Es war ein angenehmer und malerischer Fußweg; an einer Stelle führte er über eine schmale Brücke, die ein Tal von paradiesischer Vollkommenheit überspannte: Ein Flüsschen schlängelte sich durch üppige Vegetation, aus der elegante Palmen emporwuchsen und sich in einer Kaskade von Grün entfalteten.

Hanalei war ein beschauliches Städtchen. Sie ließ sich Zeit für ihre Einkäufe, und als sie, mit Vorräten beladen, wieder in Anahola ankam, hatte sie einen Besucher. Niolopua saß mit einer Dose Bier auf der Eingangstreppe und rauchte eine Zigarette. Beflissen sprang er auf, um ihr die Einkäufe abzunehmen, dann folgte er ihr ins Haus.

»Woher wussten Sie, dass ich hier bin?« fragte sie ihn, nachdem er die Tüten in der Küche abgestellt hatte.

»Ich habe gestern Abend im Vorbeigehen gesehen, dass die Lichter im Haus brannten.«

»Warum sind Sie dann nicht hereingekommen und haben Guten Tag gesagt?«

»Weil ich nach Hause wollte, um Mrs. Geary Bescheid zu geben.«

»Ich verstehe nicht.«

»Ihrer Schwiegermutter.«

»Loretta?«

»Ja. Die alte Dame. Loretta. Sie hatte mich angerufen, um sich zu erkundigen, ob Sie hier sind oder nicht.«

»Wann war das?«

»Gestern Abend.«

»Und darum sind sie hergekommen und haben nachgeschaut, ob ich da bin?«

»Ja. Als ich die Lichter sah, habe ich sie angerufen und ihr gesagt, dass Sie gut angekommen sind.« Niolopuas Miene verriet, dass ihm irgendetwas an der Geschichte nicht ganz geheuer vorkam.

»Was hat Sie zu Ihnen gesagt?« erkundigte sich Rachel.

»Nicht viel. Sie bat mich, Sie nicht zu stören. Genauer gesagt wollte sie nicht einmal, dass ich Ihnen überhaupt etwas von ihrem Anruf erzähle.«

»Warum erzählen Sie es mir dann?«

Er wand sich sichtlich vor Unbehagen. »Ich weiß es nicht.

Ich wollte wohl, dass Sie wissen, was die andere Mrs. Geary gesagt hat.«

»Ich bin keine Mrs. Geary mehr, Niolopua. Nennen Sie mich bitte einfach Rachel.«

Ein nervöses Lächeln zuckte um seine Lippen. »In Ordnung«, sagte er. »Rachel.«

»Danke, dass Sie so ehrlich waren.«

»Sie wusste nicht, dass Sie vorhatten, hierher zu kommen?«

»Nein, sie wusste nichts davon.«

»Mist. Es tut mir Leid. Ich hätte zuerst mit Ihnen reden sollen. Ich habe nicht nachgedacht.«

»Das konnten Sie doch nicht wissen«, beruhigte Rachel ihn. »Sie haben getan, was Sie für das Richtige hielten.« Ungeachtet ihrer beruhigenden Worte sah er aus, als würde er sich furchtbar über sich selbst ärgern. »Möchten Sie bleiben und etwas mit mir essen?«

»Das würde ich gern, aber ich muss noch einiges an meinem Haus tun, bevor der Sturm kommt.« Sein Blick wanderte aus dem Fenster zum Strand hinunter. »Es bleiben mir nur noch ein paar Stunden, bevor das da losbricht.« Damit deutete er auf die schwarzen Wolkenballen am Horizont. »Es ist aus dem Nichts heraufgezogen.« Während er sprach, starrte er unverwandt auf die Wolken hinaus. »Und es zieht in unsere Richtung.«

»Es tut jedenfalls gut zu wissen, dass Sie auf meiner Seite sind, Niolopua. Ich habe im Augenblick nicht mehr sehr viele Freunde, die zu mir stehen.«

Endlich riss er den Blick von den Wolken los und sah sie an. »Es tut mir Leid, dass ich es verpatzt habe. Wenn ich gewusst hätte, dass Sie hier Ihre Ruhe haben wollen …«

»Ich bin nicht gekommen, um mich von der Sonne bräunen zu lassen«, erklärte Rachel. »Sondern weil …« Jetzt war es an ihr, versonnen aufs Meer hinauszublicken, »… weil ich Grund zu der Annahme habe, dass er zurückkommen könnte.«

»Wer hat Ihnen das gesagt?«

»Das ist eine lange Geschichte, und ich weiß nicht, ob ich

jetzt in der Lage wäre, sie zu erzählen. Über einige Dinge muss ich mir erst einmal selbst Klarheit verschaffen.«

»Was ist mit Loretta?«

»Was soll mit ihr sein?«

»Weiß sie, warum Sie hier sind?«

»Es dürfte ihr nicht schwer fallen, das zu erraten.«

»Wenn Sie wollen, können Sie für einige Tage bei mir in den Bergen wohnen. Wenn sie dann jemanden herschickt, der Sie wegbringen soll ...«

»Ich möchte das Haus nicht verlassen«, unterbrach ihn Rachel. »Galileo erwartet, mich hier zu finden. Und hier werde ich auf ihn warten.«

XII

1

Allem zufolge was zu dem Thema bisher geschrieben wurde – und das ist sehr wenig –, ist das Heraufbeschwören eines Sturms eine unberechenbare Sache. Stürme führen ein Eigenleben; sie nehmen unvorhergesehene Ausmaße an, berauschen sich an ihrer eigenen Macht wie ein Diktator. Sie drehen, verwirbeln, verändern sich. Auch wenn sie Gesetzmäßigkeiten unterliegen, deren Erkenntnis auf nüchterner Wissenschaft basiert, sind die Variablen und möglichen Abweichungen so zahlreich, dass ihr Verlauf bestenfalls vorsichtig geschätzt werden kann. Der Sturm folgt seinen eigenen Gesetzen; niemand, nicht einmal Cesaria mit ihren hellseherischen Kräften kann ihn lenken oder seine Entwicklung voraussagen, wenn er erst einmal losgelassen ist.

All das soll erklären, wie es kam, dass sich der Wirbel, den sie erzeugt hatte, als sie die Luft in Bewegung brachte, zu dem Sturm entwickelte, der nun daraus wurde.

Eine Stunde, nachdem Cesaria vom Deck der *Samarkand* verschwunden war, geriet das Schiff in ernste Schwierigkeiten. Der Rumpf, der so entschlossen den gefährlichsten Ozeanen der Welt getrotzt hatte – dem Kap der Guten Hoffnung, den eisigen Fluten der Arktis –, bekam Risse und begann sich mit Wasser zu füllen. Galileo schöpfte, da er die Pumpe in seiner Entschlossenheit zu sterben, funktionsunfähig gemacht hatte, mit bloßen Händen, so schnell er konnte, musste aber bald einsehen, dass es ein aussichtsloser Kampf war. Es stellte sich weniger die Frage, ob die *Samarkand* dem Untergang geweiht war, als die, ob das Schiff von der Wucht des Meeres zerschmettert werden oder so viele Lecks davontragen würde, dass es sank.

Und doch brachte ihn die *Samarkand*, während sie vom Sturm Planke für Planke, Nagel für Nagel auseinander genommen wurde, den Inseln immer näher. Manchmal wurde sie hoch auf den Kamm einer Welle gehoben, von dem aus er Land zu erblicken glaubte. Aber im Tumult der Elemente war es unmöglich, etwas mit Sicherheit zu erkennen.

Dann flaute der Wind plötzlich ab, und der Regen, den er vor sich hergetrieben hatte, verebbte zu einem Nieseln. Es trat eine kurze Ruhepause ein – zehn Minuten vielleicht –, in der die *Samarkand* aufhörte, wie wild zu schlingern, und Galileo Gelegenheit hatte, die Schäden am Schiff in Augenschein zu nehmen. Was er sah, war nicht ermutigend. Die Steuerbordseite wies drei lange Risse auf, zwei weitere entdeckte er an Backbord; die Trümmer des abgeknickten Masts waren zusammen mit den zerfetzten Segeln über Bord gespült worden, hingen aber noch wie an einer verknoteten Nabelschnur aus Tauen und Takelage am Schiff, das dadurch permanent Schlagseite hatte.

Und natürlich hatte sich der Sturm noch längst nicht erschöpft. Galileo erlebte dieses Phänomen nicht zum ersten Mal: eine kurze Zwischenphase der Ruhe, als würde der Sturm all seine Kraft für den letzten vernichtenden Schlag zusammenraffen.

Und genau so war es. Nach kurzer Zeit nahm der Wind wieder an Stärke zu, das Meer begann erneut zu brodeln und zu schäumen, trieb das Schiff fauchend auf immer steiler aufgetürmte Wellenberge und ließ es in immer tiefere Schluchten stürzen. So wehrhaft die *Samarkand* einmal gewesen sein mochte, einem solchen Ansturm konnte sie nicht lange standhalten. Sie begann zu beben, als würde sie von Todeskrämpfen erschüttert, dann brach sie mit einem Schlag auseinander. Galileo hörte ein entsetzliches Splittern von unten, als die Planken dem Druck nachgaben und gewaltige, schäumende Wassermassen durch den Kajütaufbau in die Höhe schossen und ihn mit sich rissen.

Die Wellen trennten Galileo erst ganz am Ende von seinem Schiff. Er wehrte sich mit aller Kraft dagegen. Während um ihn herum alles in Stücke brach, klammerte er sich an der Seite des Schiffsrumpfes fest und beobachtete nicht ohne Staunen die Wucht des Elements, das er so lange Zeit sorglos befahren hatte. Wie es arbeitete, wie es, Welle um Welle, immer wieder neu ansetzte, um zu zerbrechen, was längst gebrochen war, es wieder und wieder zu brechen, bis aus Planken Kleinholz, aus Kleinholz Splitter geworden waren und schließlich alles in der Tiefe versank.

Erst als es keine Wunder dieser Art mehr zu schauen gab, ließ er auch die letzten Rudimente seines Schiffes fahren und vertraute sich dem Wasser an. Augenblicklich wurde er von der Stelle weggerissen, an der die *Samarkand* untergegangen war, sein Körper nicht bemerkenswerter für die Wellen als irgendein anderes Stück Treibgut. Er versuchte nicht, gegen die Strömung anzuschwimmen: Es wäre ein nutzloses Unterfangen gewesen. Das Meer hatte ihn, und es würde ihn erst wieder freigeben, wenn es selbst dazu bereit war.

Und in diesem Augenblick erinnerte sich sein Körper daran, dass er schon einmal auf diese Weise davongetragen worden war, ein Säugling im Griff der Gezeiten des Kaspischen Meeres, weggetrieben vom Land, so wie er jetzt hoffte, zum Ufer zurückgetrieben zu werden.

2

Überall auf der Insel, im teuersten Hotel wie in der schäbigsten Hütte, wurden Vorbereitungen für den Sturm getroffen. Die Meteorologen des Landes sahen keine große Gefahr für Leib und Leben oder für Hab und Gut der Bewohner. Es war kein Wirbelsturm, lediglich eine Schlechtwetterfront, die sie auf ihren Wetterkarten und Satellitenfotos nicht erkannt hatten – aber auch diese war nicht auf die leichte Schulter zu nehmen. Die Inselbewohner hatten ihre leidvollen Erfahrungen gemacht; es war unter keinen Umständen klug, das Kraftpotential einer solchen Wetterfront zu unterschätzen. Dächer konnten abgedeckt, Häuser zerschmettert, Bäume entwurzelt, Straßen überflutet werden. An der Südostküste, wo der Sturm der Voraussage zufolge auf Land treffen würde, rüstete man sich: Die Tiere wurden in die Ställe gebracht, die Kinder früher aus der Schule abgeholt, locker sitzende Fenster wurden vernagelt und schwere Holzklötze auf die Dächer baufälliger Hütten gewuchtet, damit sie nicht davonflogen.

Als der Sturm näher kam, hörte man immer pessimistischere Einschätzungen seines Ausmaßes. Die Experten stellten fest, dass er sich völlig untypisch verhielt: Statt allmählich an Kraft zu verlieren, nahm die Windgeschwindigkeit stetig zu. Am Nachmittag machten sich die ersten Vorläufer des Sturms an Land bemerkbar. Die Bäume bogen sich in den Windböen, die erste Regenschauer mit sich brachten. Draußen auf dem Meer gerieten die Ausflugsdampfer, die zu lange gezögert hatten, einen sicheren Hafen anzulaufen, in schwere See, und die Kapitäne holten das Äußerste aus den Maschinen heraus, um den tobenden Fluten zu entkommen. Drei kleinere Boote schafften es nicht rechtzeitig. Eines kenterte, wobei die zweiköpfige Besatzung und sieben Passagiere vermutlich ums Leben kamen; die anderen beiden entgingen der Katastrophe um ein Haar, jedoch war eines davon so stark beschädigt, dass es im Hafen unterging.

Es konnte keinen Zweifel geben: Der Sturm entwickelte sich zu einem sehr ungewöhnlichen Wetterphänomen.

XIII

1

Mitchell wartete nicht, bis der nächste Linienflug von New York ging. Sobald er von Loretta erfahren hatte, wo Rachel sich aufhielt, mietete er eine Privatmaschine. In dem sicheren Gefühl, dass sein Bruder nicht glücklich über seine Entscheidung sein würde, rief er ihn erst auf dem Weg zum Flughafen an, um ihn über seine Pläne zu informieren.

»Wir haben gesagt, wir lösen dein kleines Problem gemeinsam«, rief ihm Garrison in Erinnerung.

»Ich fliege nur hin, um sie dazu zu bringen, dass sie mit mir zurückkommt«, verteidigte sich Mitchell.

»Warte, bis sie von selbst auftaucht. Warte, bis sie gekrochen kommt.«

»Und wenn sie das nicht tut?«

»Sie wird. Vergiss nicht, dass sie noch die Scheidungsformalitäten erledigen muss. Sie weiß, dass sie keinen Cent von uns bekommt, wenn sie sich nicht an die Spielregeln hält.«

»Das Geld ist ihr gleichgültig.«

»Sei nicht albern, Mitch!« Garrison schrie jetzt förmlich in den Hörer. »Das verdammte Geld ist *niemandem* gleichgültig!« Er wartete einen Moment, bis sich sein Ärger gelegt hatte, dann fuhr er fort: »Mitch, hör mir zu. Es gibt andere Methoden, mit dem Problem fertig zu werden. Saubere, ruhige, rationale Methoden.«

»Ich bin vollkommen ruhig«, entgegnete Mitchell. »Und ich werde keine Dummheiten machen. Ich will nur nicht, dass sie dort ist. Nicht mit ihm.«

»Du weißt nicht einmal …«

»Gib's auf, Garrison. Ich bin auf dem Weg und basta. Ich rufe dich an. Wenn ich dort bin.«

Es erwies sich als schwieriger sein Ziel zu erreichen als Mitchell angenommen hatte. Seine gemietete Maschine war kaum auf die Startbahn gerollt, als das Radarsystem des Flughafens ausfiel, sodass für die Dauer von eineinhalb Stunden sämtliche Starts und Landungen ausgesetzt werden mussten. Notgedrungen fand er sich mit der Verzögerung ab. Als der Fehler im System endlich behoben war, mussten natürlich erst die vielen Maschinen, die in einer Warteschleife über dem Flughafen kreisten, zur Landung freigegeben werden, bevor auch nur ein einziges Flugzeug starten konnte, und selbst dann war es eine langwierige Angelegenheit, weil den großen Verkehrsmaschinen der Vortritt eingeräumt wurde. Als Mitchell endlich in der Luft war, hatte er fast dreieinhalb Stunden lang in der stickigen Kabine in seinem Ledersitz ausgeharrt und Whiskey getrunken, und es lag noch ein Zehn-Stunden-Flug vor ihm.

2

Am Abend hatte Garrison eine Besprechung wegen der letzten Vorbereitungen für die Begräbnisfeier. Den Vorsitz führte ein Mann, der ihm nie besonders sympathisch gewesen war, ein gewisser Carl Linville, der seit dreißig Jahren die wichtigen Familienereignisse arrangierte, wie es sein Vater vor ihm getan hatte. Linville, ein farbloser Mensch mit einem verdächtigen Hang zu pastellfarbenen Seidenkrawatten, schien immer zu wissen, was unter den gegebenen Umständen geschmackvoll und angemessen war, eine Eigenschaft, die Garrison seit jeher ein wenig suspekt gewesen war. Heute erschien ihm die Frage, was geschmackvoll war und was nicht – welche Blumen, welche Musik, welche Gebete –, belangloser denn je. Der Alte wurde unter die Erde gebracht, das war alles.

Er behielt seine Meinung jedoch wohlweislich für sich und überließ es Linville, wortreich wie immer seine Vorschläge zum Besten zu geben. Der Mann hatte ein ansehnliches Publikum. Loretta war natürlich anwesend, aber auch Jocelyn und zwei seiner eigenen Angestellten. Nicht die geringste Kleinigkeit durfte dem Zufall überlassen werden, wie Linville betonte; die Augen der Welt würden auf ihnen ruhen, und sie alle waren Cadmus ein würdiges und perfektes Begräbnis schuldig. So salbaderte er immer weiter, nur gelegentlich durch einen mit glockenheller Stimme eingeworfenen Kommentar von Loretta unterbrochen. Nur einmal kam es zu einem Überraschungsmoment (die einzige dramatische Note dieses Abends), als Loretta mitten in der Diskussion um die Gästeliste ihre eigene Liste hervorholte und Linville davon in Kenntnis setzte, dass sie zwei bis drei Dutzend Namen enthielt, die er nicht kannte, die bei der Einladung aber alle zu berücksichtigen seien.

»Darf ich fragen, wer diese Leute sind?« erkundigte sich Carl.

»Wenn Sie es unbedingt wissen müssen«, entgegnete Loretta. »Einige von ihnen sind verflossene Geliebte meines Mannes.«

»Ich verstehe.« Carl machte ein Gesicht, als wünschte er, die Frage wäre ihm nie über die Lippen gekommen.

»Er war ein Mann, der die Frauen liebte«, erklärte Loretta mit einem leichten Schulterzucken. »Jeder weiß das. Und ich bin sicher, dass viele der Frauen ihn liebten. Sie haben ein Recht darauf, sich von ihm zu verabschieden.«

»Das ist alles sehr … europäisch«, bemerkte Carl.

»Und Sie finden es nicht schicklich …«

»Offen gestanden, nein.«

»Das ist mir egal«, beschied ihn Loretta. »Laden Sie sie ein.«

»Und die anderen?« Ein frostiger Ton hatte sich in seine Stimme geschlichen.

»Einige davon sind Geschäftspartner aus früheren Tagen. Schauen Sie nicht so nervös drein, Carl, keiner von ihnen wird als Osterhase verkleidet erscheinen. Sie waren alle schon einmal auf einer Beerdigung.«

Die Bemerkung wurde mit einem kleinen, unbehaglichen Gelächter quittiert, dann ging es weiter in der Tagesordnung. Garrison betrachtete Loretta jetzt aufmerksamer. Er fand sie an diesem Abend verändert. Es lag nicht nur an der Trauerkleidung, die sie trug, obwohl das Schwarz die Perfektion ihres Make-up hervorhob. In ihren Augen war ein Funkeln, das ihm nicht behagte. Was war es nur, das ihr so diebisches Vergnügen bereitete? Erst als Linville gegen Ende der Besprechung Mitchells Rolle bei der Beerdigung erwähnte und sich erkundigte, wo er sei, wurde Garrison klar, warum Loretta eine so selbstgefällige Miene zur Schau trug: Sie war es, die Mitchell den Tip mit der Insel gegeben hatte. Sie zog wieder einmal ihre Fäden, ließ ihren Einfluss auf Mitchell spielen, stimmte ihn milde, zog ihn auf ihre Seite. Kein Wunder, dass er am Telefon so selbstsicher geklungen hatte, obwohl er noch wenige Stunden zuvor wie ein heulender Idiot vor ihm gestanden hatte. Sie hatte ihm den Rücken gestärkt; hatte ihm vermutlich eingeredet, dass er seine Verkäuferin immer noch zurückgewinnen konnte, wenn er sich so verhielt, wie sie es ihm sagte. Und er war natürlich darauf hereingefallen. Sie hatte es schon immer verstanden, ihn um den Finger zu wickeln.

Nachdem Linville den Abend mit dem Versprechen beendet hatte, bis zum nächsten Vormittag ein vollständiges Programm für die Begräbnisfeier auszuarbeiten und den Anwesenden zu überstellen, trat Loretta zu Garrison und sagte:

»Wenn das Begräbnis vorbei ist, hätte ich gern, dass du dich in dem Haus in Washington umsiehst, ob du etwas daraus haben möchtest, bevor ich es zum Verkauf anbiete.«

»Wie überaus freundlich von dir«, entgegnete er.

»Ich weiß, dass einige Möbelstücke darunter sind, die deine Mutter aus Wien mitgebracht hat.«

»Ich verbinde keine sentimentalen Erinnerungen mit diesem Zeug«, erklärte Garrison.

»Hin und wieder schadet ein bisschen Sentimentalität nicht«, gab Loretta zurück.

»Bei dir habe ich in letzter Zeit allerdings nicht viel davon bemerkt.«

»Ich trauere im Stillen.«

»Nun ja, Ruhe wirst du genug haben, wenn er begraben ist«, sagte Garrison. »Ich bin überrascht, dass du das Haus in Washington verkaufen möchtest. Wo wirst du wohnen?«

»Ich habe nicht die Absicht, still von der Bühne abzutreten, wenn du darauf gehofft hast«, erwiderte Loretta. »Es warten eine Menge Pflichten auf mich.«

»Mach dir darüber keine Sorgen«, warf Garrison ein. »Du hast deine Ruhe verdient.«

»Ich mache mir keine Sorgen«, erklärte Loretta kühl. »Im Gegenteil, ich freue mich darauf, die Dinge wieder in die Hand zu nehmen. In den letzten Monaten habe ich zu vieles schleifen lassen.« Garrison bedachte sie mit einem schiefen Lächeln. »Gute Nacht, Garrison.« Damit hauchte sie ihm einen Kuss auf die Wange. »Du solltest übrigens zusehen, dass du ein bisschen Schlaf bekommst«, bemerkte sie, schon im Gehen. »Du siehst schlimmer aus als Mitchell, als ich ihm das letzte Mal begegnet bin.«

Nachdem Garrison in seine Wohnung im Trump Tower zurückgekehrt war und in dem Sessel saß, in dem er neuerdings zu schlafen pflegte (aus unerfindlichen Gründen fühlte er sich in seinem Bett nicht mehr wohl), dachte er über das Haus in Washington und über Lorettas Vorschlag nach, sich dort nach einem Erinnerungsstück umzusehen. Wie er ihr gesagt hatte, war er nicht sonderlich interessiert daran, etwas aus dem Haus an sich zu nehmen, aber wenn sie wirklich vorhatte, es mitsamt seinem Mobiliar zu verkaufen, musste er sich einen Tag freimachen und sich in den Räumen umschauen. Als Kind hatte er dort glückliche Tage verlebt: in der Hitze des Hochsommers, beim Spiel unter den Platanen hinter dem Haus, die kühlende, blaue Schatten warfen; zu Weihnachten, wenn es im Haus warm und anheimelnd war und er sich, wenn auch nur für ein paar Stunden, als Teil der Familie gefühlt hatte. Solche Zusammengehörigkeitsgefühle hatten nie lange angehalten; am Ende war er sich immer wie ein Außenseiter vorgekommen. Er hatte in jahrelanger Therapie versucht, die Ursachen solcher Gefühle zu ergründen, hatte aber nie eine auch nur annähernd einleuchtende Erklärung dafür gefunden. Was für eine Zeitverschwendung das gewesen war: Stunde um Stunde mit diesen Muffköpfen Nabelschau zu halten und nach einer Erklärung für die Tatsache zu suchen, dass er sich selbst fremd war. Heute kannte er natürlich die Ursache; jetzt, da er sich selbst deutlich sehen konnte. Er war fremd in diesem Nest, weil er zu einer anderen Gattung von Lebewesen gehörte.

Diese Gedanken versetzten ihn in eine angenehm träumerische Stimmung; im Sessel sitzend, glitt er in den Schlaf und rührte sich nicht, bis er vom Lärm des anbrechenden Tages geweckt wurde.

XIV

1

Der Sturm, der wie vorhergesagt von Südosten her über Land gezogen war, dauerte bis tief in die Nacht an. Die Stadt Poi'pu wurde am stärksten in Mitleidenschaft gezogen, aber auch einige kleinere Gemeinden waren betroffen. An manchen Stellen kam es zu Überflutungen, und eine Brücke bei Kalaheo wurde weggerissen; auch ein paar Hütten hielten dem Sturm nicht stand. Als der Wind die Sturmwolken zum Inselinnern trieb, wo sie für den Rest der Nacht über den Bergen hingen und sich allmählich auflösten, waren den Opfern, die auf dem Meer ihr Leben gelassen hatten, drei weitere Todesfälle hinzuzufügen.

Rachel ging erst nach ein Uhr zu Bett; bis dahin saß sie im Wohnzimmer und lauschte dem Rauschen der Bäume im Wind, den Palmen, die sich im Sturm so tief beugten, dass ihre Wedel wie lange Fingernägel über das Dach kratzten. Als Kind hatte sie solche Regenstürme geliebt – sie hatte sie immer als reinigend empfunden –, und jetzt war es nicht anders. Sie mochte das Tosen, das Temperament, das Theatralische daran. Selbst als der Strom ausfiel und sie gezwungen war, im Kerzenlicht zu sitzen, störte das nicht ihre gelöste Stimmung. Nur eines bedauerte sie: dass sich Holts Tagebuch nicht mehr in ihrem Besitz befand. Ort und Zeit wären ideal gewesen, um den letzten Teil zu lesen. Vermutlich würde sie es nie wieder sehen: Jetzt, da es sich in Mitchells oder Garrisons Händen befand, standen ihre Chancen, es erneut an sich zu bringen, schlecht. Aber es spielte keine Rolle. Sie würde von Galileo erfahren, was aus Holt geworden war. Vielleicht würde er für sie eine Geschichte daraus spinnen; er würde sie in den Armen halten und ihr erzählen, wie es dem Hauptmann, wie es Nickelberry und ihm selbst weiter ergangen war. Vermutlich hatte die Geschichte keinen glücklichen Ausgang, aber in diesem Augenblick, während sie dem Regen lauschte, der gegen die Fenster prasselte, war ihr das gleichgültig. Es war keine Nacht für ein Happy End; es war eine Nacht, in der man der Dunkelheit ihren Lauf lassen musste. Morgen, wenn sich die Wolken verzogen hatten und die Sonne aufgegangen war, würde sie freudig den Geschichten von wundersamen Rettungen und erhörten Gebeten lauschen. Aber jetzt, im brüllenden, regengepeitschten Herzen der Nacht, sehnte sie Galileo herbei. Er sollte ihr erzählen, wie der Tod den Hauptmann ereilt hatte und wie der Geist seines Kindes – ja! Ganz sicher war das Kind wiedergekommen – am Fußende seines Totenbettes gestanden und ihn zu sich gerufen hatte, so wie es auch Holts Pferd mit sich genommen hatte. Es hatte seinen Vater gerufen und ihn über das Grab hinaus ins Jenseits geleitet.

Die Kerzen flackerten leise, und ein Schauder überlief sie. Sie hatte es tatsächlich geschafft, sich selbst in Gruselstimmung zu versetzen. Mit einer Kerze in der Hand ging sie in die Küche, stellte die Kerze neben dem Herd ab und füllte den Kessel auf. Ein trippelndes Geräusch über ihrem Kopf ließ sie aufblicken, und im Schatten der Decke sah sie einen großen Gecko – den größten, der ihr im Haus oder in der Umgebung des Hauses je begegnet war –, der über die hölzerne Deckenverstrebung huschte. Das Tier schien ihren Blick zu spüren, denn es erstarrte und verhielt sich reglos, bis sie die Augen abwandte. Erst dann hörte sie wieder das eilige Trippeln über sich. Als sie den Kopf erneut hob, war der Gecko verschwunden.

Sie wandte sich wieder dem Kessel zu, aber in der kurzen Zeit, in der sie den Gecko beobachtet hatte, war ihr der Appetit auf Tee vergangen. Also stellte sie den Kessel auf den Herd zurück, nahm die Kerze und ging ins Schlafzimmer. Dort wollte sie sich ausziehen, kam aber nur bis zu den Sandalen und der Jeans, dann schlüpfte sie unter die Laken und schlief zum rhythmischen Prasseln des Regens ein.

2

Ein ungeduldiges Kratzen an der Tür weckte sie, dann hörte sie, wie jemand ihren Namen rief: »Rachel? Sind Sie da?«

Halb noch in ihrem Traum gefangen – er spielte in Boston und es ging um Diamanten, die in der Newbury Street im Schnee vergraben waren –, setzte sie sich verschlafen auf. »Wer ist da?«

»Ich bin's, Niolopua. Es hat niemand auf mein Klopfen reagiert, darum bin ich ins Haus gekommen.«

»Ist etwas passiert?« Ein Blick aus dem Fenster verriet ihr, dass es inzwischen heller Tag war; der Himmel leuchtete in strahlendem Blau.

»Sie müssen aufstehen«, drängte Niolopua mit aufgeregter Stimme. »Ein Wrack wurde an Land gespült. Und ich glaube, es könnte *sein* Schiff sein.«

Noch immer zu verschlafen, um recht zu begreifen, was er sagte, stand sie auf und ging zur Tür. Niolopua stand, über und über mit rotbraunem Schlamm bespritzt, vor ihr. »Die *Samarkand*«, stieß er hervor. »Galileos Schiff. Es wurde ans Ufer gespült.« Ihr Blick wanderte zum Fenster. »Nicht hier«, fuhr Niolopua fort. »Auf der anderen Seite der Insel. An der Küste bei Napali.«

»Sind Sie sicher, dass es seines ist?«

Niolopua nickte. »So sicher, wie ich nur sein kann«, bestätigte er.

»Und er? Was ist mit ihm?«

»Von ihm ist keine Spur zu sehen«, erklärte Niolopua. »Jedenfalls bis vor einer Stunde nicht, als ich dort war.«

»Ich ziehe mir nur schnell etwas an«, sagte sie. »Dann komme ich mit.«

»Haben Sie Stiefel im Haus?« fragte er.

»Nein. Warum?«

»Weil es ein schwieriger Weg dorthin ist. Wir müssen klettern.«

»Ich werde klettern«, versicherte sie, »ob mit Stiefeln oder ohne.«

Der Sturm hatte überall seine Spuren hinterlassen. Die Schnellstraße war immer noch mit leuchtend orangefarbenem Wasser überflutet, das in Rinnsalen ablief, und die breiteren dieser Bäche führten alles Mögliche mit sich: Äste, Bretter, tote Hühner, sogar kleinere Bäume. Zum Glück waren zu dieser frühen Stunde – es war gerade erst sieben – noch nicht viele Fahrzeuge auf der Schnellstraße unterwegs, und Niolopua ignorierte verwegen die Wasserfluten und alle anderen Hindernisse.

Während der Fahrt erklärte er Rachel kurz, wohin sie unterwegs waren. Napali war der gefährlichste, aber auch der schönste Küstenabschnitt der Insel. Hier stiegen die Felsen steil aus dem Meer auf, sodass die Strände und Höhlen an ihrem Fuß außer von der Seeseite her nur sehr schwer erreichbar waren. Rachel hatte auf dem kurzen Flug von Honolulu Bilder dieses Küstenstreifens in einem Prospekt gesehen: Eine der beliebtesten Touristenattraktionen war ein Hubschrauberflug über die Klippen und die blühenden, schmalen Täler zwischen den Felsen, erreichbar nur für denjenigen, der tollkühn genug war, den Abstieg von den Gipfeln zu wagen. Wer dieses Abenteuer auf sich nahm, wurde reich belohnt – atemberaubende Wasserfälle und dichter, jungfräulicher Dschungel erwarteten ihn –, aber es war ein gefährlicher Weg. Der Insellegende zufolge waren einige der Täler so unzugänglich, dass es bis vor kurzem noch kleine Siedlungen hier gegeben hatte, die vollkommen von der Außenwelt abgeschnitten waren.

»Zu dem Strand, den ich im Auge habe, gelangen wir, wenn wir am Fuß der Klippen entlanggehen«, erklärte Niolopua. »Vom Ende der Fahrstraße ist es ungefähr noch eine Meile.«

»Wie haben Sie von dem Wrack erfahren?«

»Ich war während des Sturms dort. Ich weiß nicht, warum ich hingefahren bin. Ich wusste nur, dass ich dort sein musste.« Er warf ihr einen Blick zu. »Vielleicht hat er mich gerufen.«

Rachel strich sich mit der Hand über das Gesicht; plötzlich spürte sie, wie die Tränen in ihr aufstiegen. Der Gedanke an Galileo, draußen auf dem dunklen Meer ...

»Können Sie ihn immer noch hören?«

Seinen Tränen freien Lauf lassend, schüttelte Niolopua den Kopf. »Aber das hat nichts zu bedeuten.« In seiner Stimme klang keine echte Überzeugung. »Er kennt das Meer. Niemand kennt es besser als er. Nach all den Jahren ...«

»Aber wenn das Schiff gesunken ist ...«

»Dann müssen wir hoffen, dass ihn die Flut an Land getragen hat.«

Plötzlich fiel Rachel die Geschichte von den Haifischgöttern ein, die schiffbrüchige Seeleute aus unerfindlichen Gründen manchmal sicher an Land geleiteten und sie ein andermal verschlangen. Und sie dachte auch daran, wie Galileo in jener Nacht ihr Abendessen ins Meer zurückgeworfen hatte, als eine Opfergabe, die ihr zum damaligen Zeitpunkt absurd erschienen war. Jetzt war sie dankbar, dass er es getan hatte. In der Welt, in der sie aufgewachsen war, glaubte man weder an Haifischgötter noch daran, dass es sinnvoll war, Essen ins Meer zu werfen; aber in letzter Zeit hatte sie begriffen, wie einseitig eine solche Sicht der Dinge war. Es gab Kräfte in der Welt, die sich den Mitteln des Verstandes und der Wissenschaft entzogen und die sich nicht durch einfache Befehle in Bann halten ließen. Wesen, die ihr eigenes wildes grenzenloses Leben im Verborgenen führten. Galileo kannte sie, weil er in gewisser Hinsicht eines von ihnen war.

Genau das war im Augenblick ihre Angst und ihre Hoffnung zugleich. Wenn er sich zu sehr diesem anderen Leben verbunden fühlte, war es dann nicht möglich, dass er beschlossen hatte, ganz darin einzutauchen? Sich selbst in diesem grenzenlosen Raum zu verlieren? In diesem Fall würde sie ihn niemals wiederfinden. Dann befand er sich an einem Ort, der ihr auf ewig verschlossen bliebe. Wenn andererseits sein Liebesbekenntnis – seine Beteuerung, dass er besser nach ihr hätte Ausschau halten sollen als seine Zeit mit anderen Dingen zu verschwenden – aufrichtig gewesen war, dann waren dieselben Mächte, die ihn für sich forderten, vielleicht jetzt ihre Verbündeten, dann waren die Opfergabe und die Haifischgötter, für die sie bestimmt war, vielleicht Teil der Geschichte, die ihn zu ihr zurückführen würde.

3

Hinter Poi'pu waren die Schäden, die der Sturm angerichtet hatte, gravierender; an manchen Stellen, an denen die Regenfluten große Gesteinsbrocken heruntergespült hatten, schien die Straße fast unpassierbar. Und als sie erst die Küstenstraße erreicht hatten, die am Fuß der Klippen entlangführte, wurde es noch schlimmer. Die Straße war hier kaum mehr als ein kurvenreicher, zerfurchter Pfad, den der Sturm in eine rötliche Schlammpiste verwandelt hatte. Obwohl er vorsichtig fuhr, verlor Niolopua mehr als einmal fast die Kontrolle über das Fahrzeug, dessen Räder auf dem glitschigen Grund ins Rutschen kamen.

Zu ihrer Linken, hinter einem Streifen zerklüfteter schwarzer Felsen, verlief der Strand; und das Bild, das sich dort bot, legte ein beredteres Zeugnis von der Kraft des Sturmes ab als alles, was sie bisher auf ihrem Weg gesehen hatten. Vom Rand der Felsen bis zum Wassersaum war der Sand mit Trümmern übersät, und der vom Land heruntergespülte Schlamm färbte die Wellen rot. Es glich einer Traumszene – der Himmel fast durchsichtig, das Meer scharlachrot, der helle Sand mit dunklem, durchtränktem Holz übersät. Unter anderen Umständen hätte sie es vielleicht schön gefunden, aber jetzt sah sie nichts als Trümmer und blutrotes Wasser, denen sie nicht das Geringste abgewinnen konnte.

»Hier fängt die Kletterpartie an«, verkündete Niolopua.

Sie wandte den Blick vom Strand ab und sah nach vorn. Die Schlammpiste endete wenige Meter vor ihnen, wo eine Steilklippe ins Meer ragte, ein Fels, an dem sich die rot gefärbten Wellen zischend brachen.

»Der Strand, den wir erreichen wollen, liegt auf der anderen Seite.«

»Ich bin bereit«, erklärte Rachel und stieg aus dem Wagen.

Obwohl der Lärm der aufgewühlten See ohrenbetäubend war, schien die Luft hier in der Nähe des Kliffs merkwürdig ruhig, fast schwül zu sein. Schon nach einer Minute war sie schweißgebadet, und während sie über die Felsen kletterten, begann ihr Schädel zu dröhnen. Niolopua hatte seine Sandalen im Auto gelassen und kletterte behände mit bloßen Füßen, ohne darauf Rücksicht zu nehmen, dass sie nicht eben eine geübte Bergsteigerin war. Nur manchmal, wenn der Weg ausgesprochen gefährlich wurde, drehte er sich nach ihr um, und ein paarmal reichte er ihr, wenn sie an eine besonders glitschige oder steile Stelle kamen, helfend die Hand. Um nicht über Felsblöcke klettern zu müssen, die praktisch nicht zu bewältigen waren, führte er sie an den Rand des vorspringenden Kliffs, wo die Luft frischer war und sich gelegentlich eine Welle, die sich höher auftürmte als ihre Kameraden, nicht weit unter ihren Füßen brach, sodass ihnen die eiskalte Gischt ins Gesicht spritzte. Bald war sie durchnässt bis auf die Haut, und ihr war so kalt, dass ihre Brustwarzen schmerzten und ihre Finger taub wurden. Aber jetzt lag ihr Ziel vor ihnen – ein Strand, der paradiesisch ausgesehen hätte, wäre er nicht mit allem möglichen Unrat überhäuft gewesen: ein lang gezogener, sanft geschwungener Streifen weißen Sandes, der zum Land hin nicht von Felsen, sondern von einem in das Kliff geschnittenen saftig grünen Tal begrenzt wurde. Auch hier hatte der Sturm seinen Tribut gefordert: Viele Bäume waren praktisch kahl, und überall lagen heruntergerissene Palmwedel herum. Aber die Vegetation war so üppig und undurchdringlich, dass das Unwetter nur oberflächliche Schäden hatte anrichten können; hinter den kahlen Palmen leuchtete Grün in allen Schattierungen, gesprenkelt mit bunten Blüten.

Der Strand, der sich über etwa eine halbe Meile erstreckte, bevor er auf der anderen Seite vor einer Steilklippe endete, die wesentlich imposanter als die hinter ihnen liegende war, lag verlassen da. Aus dieser Entfernung wirkte dieser Felsvorsprung unüberwindlich: Weiter als bis zu dem

Strand, der vor ihnen lag, konnte ein Mensch zu Fuß nicht vordringen.

Niolopua stand bereits unten auf dem Sandstrand und deutete auf das Meer hinaus. Wenige hundert Meter vom Ufer entfernt brach ein Wal aus den Wellen hervor, bäumte seinen mächtigen Leib gen Himmel auf, kippte dann wie eine schwarze Säule um und ließ sich, schaumiges Wasser rund um sich aufspritzend, in die Wellen zurückfallen. Sie wartete darauf, dass der Wal noch einmal auftauchen würde, aber offensichtlich hatte er genug von seinem Spiel. Nur ein schwarzer Rücken und eine Flosse waren noch zu sehen, dann nichts mehr. Plötzlich von Sorge erfüllt, suchte sie den Strand mit den Augen ab. Er war nicht hier; daran war nicht zu rütteln: Er war nicht hier. Wenn es sich bei dem Wrack, das Niolopua gesehen hatte, wirklich um die *Samarkand* handelte, dann lag sein Kapitän dort draußen im tiefen Gewässer der Bucht, wo nur die Wale ihn finden konnten.

Einen Moment lang kauerte sie auf dem Felsen und ermahnte sich selbst eindringlich, sich nicht dem Selbstmitleid hinzugeben, sondern das zu Ende zu führen, was sie sich vorgenommen hatte. Es hatte keinen Sinn, der Wahrheit auszuweichen, so schmerzlich sie auch sein mochte. Wenn hier ein Wrack angespült worden war, musste sie es mit eigenen Augen sehen. Dann würde sie Bescheid wissen. Ein für alle Mal würde sie Bescheid wissen.

Tief durchatmend, richtete sie sich auf. Dann kletterte sie die letzten paar Meter bis zum Strand hinunter.

XV

Mitchell wusste, wo das Haus auf Kaua'i lag; oft genug hatte er sich im Laufe der Jahre mit Garrison darüber unterhalten. Aber es war ein Unterschied, ob man davon sprach oder tatsächlich dort war. Er hatte nicht erwartet, dass ihn das Gefühl, ein Eindringling zu sein, so sehr überwältigen würde. Kaum war er aus dem Taxi gestiegen, schlug sein Herz schneller, und seine Handflächen wurden feucht. Vor dem Gartentor wartete er ein paar Sekunden, bis er seine Gefühle wieder im Griff hatte, dann erst wagte er es, den Riegel zurückzuschieben und das Tor zu öffnen.

Hier gab es nichts, das ihm gefährlich werden konnte, rief er sich in Erinnerung, nur eine Frau, die vor ihrer eigenen Torheit gerettet werden musste.

Auf dem Weg zur Haustür rief er ihren Namen. Ein Taubenpärchen flatterte vom Dach auf, aber ansonsten war keine Spur von Leben zu entdecken. Als er die Tür erreicht hatte, rief er noch einmal ihren Namen, aber sie hatte ihn entweder nicht gehört oder versuchte, sich heimlich aus dem Staub zu machen. Er öffnete die Tür und trat ins Haus, wo es nach muffigem Bettzeug und abgestandenem Essen roch. Keine heitere Atmosphäre, wie er erwartet hatte; alles schien düster und gedämpft. Braun war die vorherrschende Farbe. Soviel zum weiblichen Fluidum. Dieses Haus war über sechzig oder siebzig Jahre hinweg sporadisch von den Ehefrauen des Geary-Clans bewohnt worden, aber es strahlte nicht den geringsten Charme aus.

Die Erkenntnis beruhigte seinen Herzschlag jedoch nicht. Er befand sich im Haus der Frauen, an dem geheimen Ort, den – wie man ihm schon in seinen Jugendjahren erklärt hatte – kein männlicher Geary je betrat. Natürlich hatte er nach dem Grund gefragt, und sein Vater hatte gesagt: Eine der Eigenschaften, die einen Geary von anderen Menschen unterscheidet, ist die Ehrfurcht der Familie vor der Geschichte. Die Vergangenheit, so hatte er zu erklären versucht, war nicht immer leicht zu verstehen; aber sie musste respektiert werden. Selbstverständlich hatte diese Antwort den jungen Mitchell nicht zufrieden gestellt. Das ausweichende Gerede von der Ehrfurcht interessierte ihn nicht, er wollte konkrete Gründe für ein Verhalten wissen, das ihm absurd erschien. Ein Haus, das nur von Frauen bewohnt werden durfte? Warum? Womit hatten sich die Frauen ein solches Haus verdient (noch dazu auf einer solchen Insel)? Sie waren nicht die Geldverdiener, sie saßen nicht an den Hebeln der Macht. Den täglichen Gepflogenheiten seiner Mutter und ihrer Freundinnen nach zu urteilen taten sie nichts weiter, als das Geld auszugeben, das ihre Männer verdienten. Er konnte es einfach nicht begreifen.

Und auch heute begriff er es noch nicht. Natürlich hatte es Momente gegeben, in denen er die Kraft der Geary-Frauen mit eigenen Augen gesehen hatte, und es war ein beeindruckendes Erlebnis gewesen. Aber sie waren trotz alledem Schmarotzerinnen, deren sorgloses Luxusleben ohne die harte Arbeit ihrer Ehemänner nicht möglich gewesen wäre. Wenn er gehofft hatte, durch seine Anwesenheit im Haus das Geheimnis lüften zu können, so wurde er enttäuscht. Während er von Raum zu Raum wanderte, ließ seine Nervosität nach und legte sich schließlich ganz. Hier gab es keine Rätsel und folglich auch keine Erklärungen für diese Rätsel. Es war nichts als ein Haus: ein wenig schäbig, ein wenig muffig; Zeit, es gründlich leerzuräumen und neu zu möblieren; oder es einfach niederzureißen.

Im oberen Stockwerk stellte er fest, dass die Schlafzimmer ebenso unspektakulär waren wie die Räume im Erdgeschoss. Nur ein einziges Mal spürte er einen Anflug der ängstlichen Nervosität, die ihn bei seiner Ankunft beschlichen hatte, und das war in dem Moment, als er das größte Schlafzimmer betrat und das ungemachte Bett erblickte. Zweifellos hatte seine Frau in der vergangenen Nacht hier geschlafen; eine Tatsache, die ihn nicht sonderlich berührt hätte, wäre das Bett nicht von einer so ungewöhnlichen Machart gewesen. Die rohe Kunstfertigkeit der Schnitzereien und die Art, wie die ursprünglich leuchtenden Farben mit dem Alter verblasst waren, irritierten ihn irgendwie. Er hatte das Gefühl, vor einem grotesken Sarg zu stehen. Wie ein Mensch, noch dazu eine neurotische Zicke wie Rachel, das Bedürfnis haben konnte, in einem solchen Möbelstück zu schlafen, war ihm ein Rätsel. Er hielt sich nur so lange in dem Raum auf, wie er benötigte, um einen Blick auf den Inhalt ihres Koffers und ihrer Reisetasche zu werfen. Als er nichts Interessantes darin entdecken konnte, ging er hinaus, machte die Tür hinter sich zu und verschloss sie. Erst als er dem Schlafzimmer den Rücken gekehrt hatte, wagte er es, an die andere Verwendung dieses Raums zu denken. Es war das Brautzimmer, der Ort, an dem Galileo seine Frauen aufgesucht hatte. Im Halbdunkel des Flurs stehend, wurde Mitchell fast übel bei dem Gedanken, und doch musste er sich die Szene unwillkürlich ausmalen. Eine Frau, eine Geary – Rachel, Deborah, Loretta, Kitty; sie alle verschmolzen zu einem einzigen Körper –, die nackt auf diesem morbiden Bett lag, während ihr Liebhaber – die Hände so dunkel wie die Haut, die sie berührten, hell war – streichelte und liebkoste, was nicht zu seinem Vergnügen bestimmt war, in keinem Land und unter keinem Gesetz: nur hier, in diesem gottlosen, finsteren Haus, wo Besitzregeln herrschten, die Mitchell niemals begreifen würde. Im Augenblick wünschte er sich nur eines: seine Frau in die Finger zu bekommen und sie zu schütteln. So sah er sich, wenn er sich ihre Wiederbegegnung ausmalte: seine Hände fest um ihre Arme geklammert, sie schüttelnd, bis ihre Zähne klapperten. Vielleicht konnte er ihr doch noch ein wenig Verstand einbläuen, sie dazu bringen, dass sie ihn bat, ihr zu verzeihen und sie gnädig wieder aufzunehmen. Und wer weiß, vielleicht tat er es sogar. Es war nicht unmöglich, wenn sie es ernst meinte und ihm zeigte, dass er respektiert wurde. Das war das eigentliche Problem zwischen ihnen: Sie war nie so dankbar gewesen, wie sie es hätte sein sollen. Schließlich hatte er ihr Leben von Grund auf verändert, hatte sie aus ihrer belanglosen Existenz herausgehoben und sie in die glanzvollen Gefilde der besseren Gesellschaft eingeführt. Sie schuldete ihm alles; einfach alles. Und was hatte er dafür von ihr geerntet? Undankbarkeit, Verrat, Untreue.

Aber er konnte großherzig sein. Sein Vater hatte immer gesagt, dass ein Mensch, der so vom Leben verwöhnt worden war wie er, die Pflicht hatte, sich in allem, was er tat, großzügig zu erweisen. Um Neid und Kleinlichkeit zu vermeiden, die Laster derjenigen, denen das Schicksal eine höhere Perspektive verwehrt hatte, um auf der Seite der Engel zu sein.

Es war nicht leicht. Kein Tag verging, an dem er diese Ideale nicht verfehlt hätte. Aber hier sah er sich eindeutig in der Situation, in der er die Grundsätze anwenden konnte, die man ihn gelehrt hatte; in der er dem Ruf des Neides und der Rachsucht widerstehen und beweisen konnte, dass sein besseres Ich doch die Oberhand behielt.

Sie brauchte weiter nichts zu tun als zuzulassen, dass er sie schüttelte und schüttelte, bis sie ihn anflehte, gnädig von ihm wieder aufgenommen zu werden.

XVI

»Das ist ein Teil vom Rumpf der *Samarkand*«, sagte Niolopua und deutete auf ein längliches Stück Holz im Sand. »Hier liegt noch ein Stück. Und weitere Trümmer treiben in der Brandung.«

Rachel lief zum Wasser hinunter. Dort, im flachen Ufergewässer, schwappten tatsächlich die Reste gestrichener Bootsplanken in den Wellen. Und weiter draußen schaukelten auf tieferem Gewässer zwei größere Wrackteile, an denen etwas hing, das ein Maststück sein konnte.

»Warum sind Sie so sicher, dass es die Samarkand ist?« wandte sie sich an Niolopua, der sich jetzt zu ihr gesellt hatte.

Er starrte auf seine Füße und bohrte die Zehen in den rot gefleckten Sand. »Es ist nur so ein Gefühl«, sagte er. »Ich vertraue darauf.«

»Wäre es nicht möglich, dass er an einer anderen Stelle an Land geschwemmt wurde als das Wrack seines Schiffes?«

»Natürlich«, entgegnete Niolopua. »Er könnte auch an der Küste entlanggeschwommen sein. Die Kraft dazu hätte er.«

»Aber Sie glauben nicht, dass es so ist.«

Niolopua zuckte die Schultern. »Was ihn betrifft, ist Ihr Instinkt sicher ebenso gut wie meiner. Wahrscheinlich noch besser. Sie waren ihm näher, als ich es je gewesen bin.«

Mit einem Nicken blickte sie über den verwüsteten Strand. Vielleicht lag ihr Liebster irgendwo in der seichten Brandung, zu sehr entkräftet, um die letzten Meter ohne Hilfe zu schaffen. Bei dem Gedanken wurde ihr flau im Magen. Vielleicht war er ganz nah, und sie wusste es nicht. Vielleicht musste er sterben, weil keine liebende Hand da war, ihn zu retten.

»Ich gehe ein Stück am Strand entlang«, verkündete sie, »und sehe, ob ich eine Spur von ihm …«

»Möchten Sie, dass ich Sie begleite?«

»Nein«, wehrte sie mit einem Frösteln ab. »Vielen Dank.«

Niolopua kramte in der Brusttasche seines Hemdes und brachte eine selbstgerollte Zigarette und ein altmodisches Stahlfeuerzeug zum Vorschein. »Wollen Sie eine kleine Dröhnung, bevor Sie gehen?« fragte er. »Es ist sehr guter Stoff.«

Sie nickte und sah Niolopua zu, wie er den Joint anzündete, daran zog und ihn ihr weiterreichte. Dann füllte sie ihre Lunge mit einem tiefen Zug von dem duftenden Rauch und gab den Joint an Niolopua zurück.

»Lassen Sie sich Zeit«, sagte er. »Ich werde mich nicht von hier wegbewegen.«

Während sie langsam den Rauch aus der Lunge entweichen ließ, spürte sie bereits eine angenehme, wenn auch nur ganz leichte Wirkung. Gleich darauf machte sie sich auf den Weg. Nach wenigen Metern stieß sie auf weitere Schiffstrümmer – ein Tau, an dem noch ein Stück der Takelage hing; ein Holzrahmen, der aussah, als stamme er vom Fenster des Steuerhauses; ein Instrumentenboard mit noch intakten Messgeräten. Um letztere genauer in Augenschein zu nehmen, ging sie in die Hocke. Vielleicht befand sich an dem Bord so etwas wie eine Signatur, irgendein Hinweis, der Niolopuas Vermutung bestätigte. Oder besser noch widerlegte.

Als sie das Bord aufhob, rann Meerwasser heraus, und eine Krabbe mit bläulichem Rückenpanzer, die im Sand darunter ein Versteck gefunden hatte, huschte eilig davon. Weder auf der Ober- noch auf der Unterseite war etwas zu finden, nicht einmal ein Herstellername auf den Instrumenten. Enttäuscht ließ sie das Instrumentenbord wieder in den Sand fallen und erhob sich. In diesem Moment spielte ihr die Droge, die in ihrem Blut kreiste, einen merkwürdig irritierenden Streich. Ihr wurde plötzlich deutlich bewusst, dass jedes ihrer Ohren etwas vollkommen anderes aufnahm. Von links das Meer: das rhythmische Rauschen und

Klatschen der Brandung. Von rechts, nur hörbar, wenn das Meer für einen Augenblick verstummte, die Geräusche der Vegetation. Eine leichte Brise war aufgekommen, während sie und Niolopua über die Felsen geklettert waren, und sie brachte Bewegung in die Baumwipfel, rieb Blatt an Blatt, Blüte an Blüte.

Sie sah sich nach Niolopua um, der im Sand saß und aufs Meer hinausstarrte. Diesmal folgte sie seinem Blick nicht. Es interessierte sie nicht, was das Meer ihr zu zeigen hatte. Stattdessen wandte sie sich um und musterte den sanft ansteigenden Strand. Wenige Meter von der Stelle entfernt, an der sie stand, trat ein schmaler Bach zwischen den Bäumen hervor und schlängelte sich über den Sandstrand zum Meer. Den Blick aufmerksam auf die dichte Mauer aus Grün gerichtet, begann sie zum Rand der Vegetation hinaufzusteigen. Ein Windstoß fuhr in das Blätterdach und brachte die Blüten in Bewegung, sodass es aussah, als würden sie ihr aufmunternd zunicken.

Beim Bach angekommen, streifte sie ihre Sandalen ab und stieg in das Wasser. Es war kalt, viel kälter als das Meer. Sie bückte sich und ließ die Wellen einen Moment lang um ihre Finger spielen, dann formte sie mit den Händen eine flache Schale, schöpfte ein wenig Wasser, benetzte ihr Gesicht damit und fuhr sich dann mit den nassen Fingern durchs Haar. Eiskaltes Wasser tropfte ihr in den Nacken, lief am Hals nach vorn und zwischen ihre Brüste. Damit es nicht weiter nach unten rinnen konnte, drückte sie ihre Hand an die Brust. Sie spürte, wie ihr Herz gegen ihre Handfläche hämmerte. Warum schlug es so schnell? Es lag nicht nur am kalten Wasser und an der Wirkung des Marihuanas, dass ihr plötzlich so eigenartig zumute war: Da war noch irgendetwas anderes. Als sie die Hand wieder in das Wasser hielt, glaubte sie ganz deutlich zu spüren, wie sich ihr Herzschlag beschleunigte. Ihr Blick wanderte, dem Bachlauf folgend, zum Dschungel hinauf. Ein neuerlicher Windstoß fegte sämtliche Blätter gleichzeitig nach oben, sodass sie ihre großflächigen hellen Unterseiten zeigten und die tiefen Schatten, die ihr leuchtendes Grün verborgen hatte, sichtbar wurden. Was befand sich in diesen Schatten? Etwas rief nach ihr; das Wasser transportierte die Botschaft, und sie drang in ihre Hände und über ihre Nervenbahnen in ihr Herz und ihren Kopf.

Langsam setzte sie sich in Bewegung und folgte dem sanft dahinplätschernden Bach, bis sie den Rand des Waldes erreicht hatte. Der Geruch, der ihr entgegenschlug, war ein Gemisch aus dem schweren Duft der Blüten und dem erdigeren Aroma aller Grünpflanzen: der Schößlinge, Strünke, Palmwedel und Blätter. Suchend blickte sie sich um, ob es vielleicht einen einfacheren Weg in den Wald gab als den Bach, sie konnte aber keinen entdecken. Nach beiden Seiten erstreckte sich dichte Vegetation: Es war das Einfachste, den Bachlauf zu nehmen und durch das seichte Wasser zu waten.

Nachdem diese Entscheidung getroffen war, trat sie beherzt aus dem hellen Sonnenschein in den Schatten des Waldes. Schon nach wenigen Schritten wurde ihr unangenehm kalt; prickelnde Schweißtropfen sammelten sich auf Stirn und Oberlippe. In dem eisigen Wasser begannen ihre Zehen bereits taub zu werden.

Sie warf einen Blick über die Schulter zurück. Obwohl das Meer nur fünfzig Meter entfernt war, wenn überhaupt, hätte es ebenso gut in eine andere Welt gehören können. Es war so hell und blau dort draußen, so dunkel und grün hier drinnen.

Gleich darauf nahm sie ihren Weg wieder auf. Der Bach verlief hier nicht mehr durch sandigen Untergrund, sondern über Steine und verrottetes Laub. Es war ein schlüpfriger Pfad, und das Vorankommen gestaltete sich immer schwieriger, je steiler das Gelände anstieg. Bald war sie gezwungen, sich im Unterholz festzuhalten, wenn sie über allzu steile Hänge kletterte. Sie zog sich an Schößlingen und Schlingpflanzen hoch, bis sie ein Plateau erreichte, auf dem der Bach weniger zugewachsen war und sie frei ausschreiten konnte, ohne nach einem Halt suchen zu müssen.

Von hier aus war weder der Strand zu sehen noch die Brandung zu hören. Um sie herum nichts als Dschungelpflanzen und die Bewohner dieses grünen Dickichts. Vögel lärmten in den Baumwipfeln, Eidechsen huschten vor ihren Füßen hin und her. Aber noch beeindruckender und auch zahlreicher waren die Spinnen: orange und schwarz gefleckte Tiere von der Größe einer Kinderhand, die ihre kunstvollen Netze überall gesponnen hatten und im Zentrum ihres Machtbereichs reglos auf Beute lauerten. Rachel bemühte sich, den Netzen auszuweichen, aber es waren so viele, dass ihr dies nicht immer gelang. Mehr als einmal geriet sie mitten in eines dieser Gespinste und musste seinen Bewohner anschließend aus ihrem Gesicht oder von der Schulter wischen oder ihn aus dem Haar schütteln.

Die Anstrengung der Kletterpartie begann sich bemerkbar zu machen. Ihre Hände wurden kraftlos und verloren immer häufiger den Halt, ihre Knie zitterten vor Erschöpfung. Die verheißungsvolle Aufregung, die sie am Strand gepackt hatte, begann von ihr abzufallen. Ihr wurde bewusst, dass sie vielleicht stundenlang so weiterlaufen und nichts finden würde. Zwar konnte sie sich nicht verirren, solange sie dem Bachlauf folgte, aber in dem steilen Gelände war die Gefahr eines Sturzes groß.

Als sie einen flachen Felsen im Bach erreichte, ruhte sie sich einen Moment darauf aus und überdachte ihre Lage. Sie hatte keine Armbanduhr um, schätzte aber, dass sie seit etwa einer halben Stunde im Wald unterwegs war. Lange genug, dass Niolopua sich möglicherweise Sorgen über ihr Verschwinden zu machen begann.

Zögernd richtete sie sich auf dem Felsen auf und rief laut seinen Namen. Es war unmöglich zu sagen, wie weit ihre Stimme trug. Nicht sehr weit, fürchtete sie. Wahrscheinlich blieb sie im Gewirr der Schlingpflanzen, im Herzen der Blütenkelche, in den Spinnweben hängen und wurde darin erstickt.

Plötzlich bereute sie es, so laut gerufen zu haben. Aus einem unerfindlichen Grund war sie nervös geworden. Sie sah sich nach allen Seiten um. Nichts hatte sich verändert; hinter, vor und neben ihr nichts als Grün. Und unter ihren Füßen der gurgelnde Bach.

»Zeit umzukehren«, sagte sie leise zu sich selbst und tastete sich vorsichtig über den schlüpfrig bewachsenen Felsen nach unten. In diesem Augenblick durchströmte sie von den Fußsohlen her dieselbe Kraft, die sie schon unten am Strand gespürt hatte.

Instinktiv fuhr sie herum und suchte mit den Augen den Bach über sich ab, versuchte in dem Gewässer, das ihr entgegenrauschte, eine Erklärung zu finden. Aber da war, zumindest soweit sie sehen konnte, nichts Ungewöhnliches. Angestrengt starrte sie in das unentwirrbare Dickicht vor ihr. Das Wechselspiel von Sonne und Schatten bildete trügerische Formen …

Halt – was war das? Zehn, zwölf Meter weiter lag etwas im Wasser. Ein dunkles, längliches Etwas.

Sie wollte sich keine allzu großen Hoffnungen machen. Und doch setzte sie jetzt ihren Aufstieg fort, obwohl der Weg vor ihr durch etliche große Steinblöcke versperrt war, von denen einer umgestürzt im Bachbett lag, sodass sie nicht um ihn herumgehen konnte, sondern gezwungen war, mühsam über dieses steile, glatte Hindernis hinwegzuklettern. Ihre Finger tasteten krampfhaft nach Spalten und Vorsprüngen, an denen sie sich festhalten konnte, während das Wasser unablässig auf sie herunterströmte. Als sie endlich oben angelangt war, keuchte sie zwar vor Kälte und Anstrengungen, konnte das, was sie gesehen hatte, nun aber deutlicher erkennen, und bei diesem Anblick stieß sie einen solchen Freudenschrei aus, dass die Vögel in Panik kreischend aus den Baumkronen aufflatterten.

Er war es! Kein Zweifel! Ihre Gebete waren erhört worden. Er war hier.

Seinen Namen rufend, die Ranken, die ihr den Weg versperrten, beiseite schlagend, eilte sie zu der Stelle, an der er lag. Sein Gesicht hatte eine entsetzliche Farbe, wie feucht gewordene Asche, aber seine Augen waren offen, und er sah sie, er erkannte sie.

»Oh, mein Liebster«, murmelte sie, fiel auf die Knie und umfing ihn mit ihren Armen. »Mein süßer, wunderbarer Geliebter.« War ihr schon kalt, so fühlte er sich noch kausendmal kälter an, kälter sogar als das Wasser, in dem er gelegen und das seine Botschaft zu ihr getragen hatte.

»Ich wusste, dass du mich finden würdest«, flüsterte er, den Kopf in ihren Schoß gebettet. »Cesaria … hat es mir gesagt.«

»Wir müssen zum Strand hinunter«, erklärte sie, worauf sich ein kaum merkliches Lächeln in seine Züge schlich, als hätte sie einen liebenswerten Unsinn geplappert. »Kannst du aufstehen?«

»Ich wurde von toten Männern verfolgt«, murmelte er und blickte dabei ängstlich in das Dickicht, als könnten seine Verfolger dort noch lauern. »Sie sind mir aus dem Meer gefolgt. Männer, die ich getötet habe …«

»Das waren Fieberfantasien …«

»Nein, nein«, widersprach er und schüttelte den Kopf. »Sie waren wirklich da. Sie haben versucht, mich ins Meer zurückzuziehen.«

»Du hast Salzwasser geschluckt …«

»Sie waren hier!«

»Also gut«, beschwichtigte sie ihn mit sanfter Stimme. »Sie waren hier. Aber jetzt sind sie verschwunden. Vielleicht hatten sie Angst vor mir.«

»Ja«, entgegnete er, und wieder stand dieses schwache Lächeln in seinen Augen. »Vielleicht.« Er sah sie so dankbar an wie ein Kind, das man aus einem Albtraum geweckt hat.

»Sie werden nicht wiederkommen, das schwöre ich dir. Was immer geschehen ist, Liebster, sie sind verschwunden, und sie werden nicht wiederkommen. Dir kann nichts passieren.«

»Wirklich?«

Sie hob seinen Kopf ein wenig und küsste sein kaltes Gesicht. »Oh, ja«, erklärte sie, denn das wusste sie so sicher wie noch selten zuvor etwas. »Ich werde nicht zulassen, dass dir jemand wehtut oder dich mir jemals wieder wegnimmt.«

XVII

1

Sein ermatteter, nur noch von wenigen Kleiderfetzen bedeckter Körper war mit Wunden und Schwielen übersät; als es ihr aber endlich gelungen war, ihn aufzurichten – sie brauchte fünf Minuten, um ihn hochzuwuchten, und weitere fünf, um den Blutkreislauf in seinen Beinen durch Massage wieder in Gang zu bringen –, gewann er bald die Herrschaft über seine Muskeln wieder. Sie erbot sich vorzugehen und Niolopua zu Hilfe zu holen, aber davon wollte er nichts wissen. Es würde zwar ein bisschen länger dauern, meinte er, aber sie würden es schon schaffen.

Zuerst vorsichtig, dann immer beherzter und schneller ausschreitend, traten sie den Rückweg an.

Nur einmal hielten sie für kurze Zeit an, aber nicht etwa, weil der Weg zu steil oder zu gefährlich gewesen wäre, sondern weil Galileo plötzlich hörbar die Luft einsog und angstvoll ausrief: »Da!«

Seine Augen waren nach rechts gewandt, wo sich die Blätter des Buschwerks bewegten, als sei gerade ein Tier aus seinem Schutz geflohen.

»Was ist los?« fragte Rachel.

»Sie sind immer noch hier«, stieß er mit unterdrückter Stimme hervor. »Die Männer, die mich verfolgt haben.« Ängstlich deutete er auf das schwankende Laub. »Der da hat mich angestarrt.«

»Ich sehe niemanden«, erklärte sie.

»Jetzt ist er verschwunden ... aber sie werden mich nicht in Frieden lassen.«

»Das werden wir ja sehen«, sagte sie entschieden. »Wenn sie etwas von dir wollen, bekommen sie es mit mir zu tun. Und ich werde dafür sorgen, dass sie schleunigst wieder dahin verschwinden, woher sie gekommen sind.« Das sagte sie lauter als unbedingt nötig, als wollte sie einem eventuell herumschleichenden Geist beweisen, wie überaus kriegerisch sie gestimmt war. Galileo schien beruhigt zu sein.

»Ich sehe sie nicht mehr«, murmelte er.

Als sie ihren Weg wieder aufnahmen, kamen sie leichter voran; es war, als hätte Galileo aus dem kurzen Wortwechsel neue Kraft geschöpft. Doch als sie endlich am Strand anlangten, waren sie beide ermattet und setzten sich einen Augenblick in den Sand, um wieder zu Atem zu kommen. Von Niolopua war weit und breit nichts zu sehen.

»Er wäre bestimmt nicht ohne mich weggefahren«, bemerkte Rachel. »Ich hoffe nur, er ist nicht irgendwo dort oben ...« Besorgt musterte sie die undurchdringliche Dschungelmauer. Je weiter der Tag voranschritt, umso weniger einladend schien ihr das grüne Dickicht; der Gedanke, noch einmal den Hang hinaufklettern zu müssen, um Niolopua zu suchen, behagte ihr ganz und gar nicht.

Ihre Befürchtungen waren jedoch unbegründet. Sie saßen etwa fünf Minuten im Sand, als Niolopua etwas weiter oben am Strand zwischen den Bäumen auftauchte. Sobald er Rachel und Galileo entdeckt hatte, stieß er in seiner Freude und Erleichterung einen lauten Schrei aus, rannte auf sie zu und verlangsamte seinen Schritt erst, als Galileo sich erhob, um ihn zu begrüßen. Ein paar Meter vor ihnen blieb er stehen.

»Hallo«, murmelte er mit gesenktem Kopf; seine Haltung drückte Ehrerbietung aus.

»Ich freue mich, dich zu sehen«, sagte Galileo in dem ihm eigenen seltsam förmlichen Ton. »Du dachtest, ihr hättet mich verloren, wie?«

Niolopua nickte. »Das hatten wir befürchtet«, bestätigte er.

»Ich würde euch nicht verlassen«, entgegnete Galileo. »Keinen von euch beiden.« Sein Blick wanderte von Niolopua zu Rachel, dann wieder zurück zu seinem Sohn.

»Wir müssen über vieles reden«, sagte er schließlich und streckte Niolopua die Hand entgegen.

Rachel erwartete, dass sie sich die Hände schütteln würden, aber sie hatten ein ungewöhnlicheres und zärtlicheres Begrüßungsritual. Niolopua drehte die Handfläche seines Vaters nach oben, küsste sie und schmiegte sein Gesicht in die Furchen und Schwielen dieser riesigen Hand, bis er den Kopf wieder heben musste, weil er keine Luft mehr bekam.

2

Die Stunden zogen sich in die Länge, und Mitchell war allein im Haus. Ihm war alles andere als behaglich zumute. Obwohl er müde war, hätte er sich um nichts in der Welt zum Schlafen in eines der Betten gelegt. Er wollte keinesfalls wissen, welche Träume einen Mann befielen, der das tat. Auch in der Küche mochte er nichts anrühren. Die Vorstellung, so zu tun, als wäre er hier zu Hause, behagte ihm nicht; er wollte sich nicht in dem Glauben wiegen lassen, das Haus sei unschuldig. Es war so wenig unschuldig wie die Frauen, die hier ihr Hurenwesen getrieben hatten.

Aber je weiter der Tag voranschritt, umso müder, hungriger, verschwitzter und übellauniger wurde er, und gegen zwei Uhr nachmittags fühlte er sich so matt, dass ihm klar wurde, er müsse etwas unternehmen, um das Vorhaben, dessentwegen er hierher gekommen war, nicht zu gefährden. Er musste sich etwas zu essen besorgen, vielleicht auch Zigaretten und einen starken Kaffee. Wenn dieses Weibsstück in der Zwischenzeit zurückkam, spielte das auch keine Rolle. Der Grundriss des Hauses war ihm jetzt vertraut; er konnte ihr eine Falle stellen. Und wenn sie bei seiner Rückkehr noch nicht wieder da war, dann war er gestärkt und bereit, sich notfalls die ganze Nacht auf die Lauer zu legen und auf sie zu warten.

Kurz nach halb drei machte er sich zu Fuß auf den Weg. Nach der bedrückenden Enge des Hauses empfand er es als eine Wohltat, im Freien zu sein. Seine düstere Stimmung besserte sich zusehends. Er kannte sein Ziel: Nicht mehr als eine halbe Meile von der Abzweigung zum Haus entfernt hatte er am Rand der Schnellstraße einen kleinen Supermarkt gesehen. Unterwegs dorthin erfreute er sich an ein paar zufälligen Dingen: am strahlenden Lächeln einer jungen Einheimischen, die Wäsche zum Trocknen aufhängte; dem Duft einer Blüte in der Hecke am Wegrand; dem Dröhnen eines Düsenflugzeugs und seinem weißen, wie mit Kreide ins Blau des Himmels gezogenen Kondensstreifen, den er sah, als er den Kopf in den Nacken legte und in die Sonne blinzelte.

Es war ein wunderbarer Tag, um sich zu verlieben, und aus irgendeinem unerklärlichen Grund fühlte er sich genau so: wie ein Verliebter. Vielleicht war ein Ende der Probleme in Sicht. Vielleicht konnte er, wenn sie das Schütteln und die Tränen hinter sich gebracht hatten, gemeinsam mit Rachel zu dem angenehmen Leben zurückfinden, das ihm zustand. Er war kein schlechter Mensch; er hatte niemandem etwas zu Leide getan. Nichts von dem, was in letzter Zeit geschehen war –, Margies Tod, die Sache mit dem Tagebuch, die erschreckenden Umstände, unter denen Cadmus gestorben war – lag in seiner Verantwortung. Er wollte lediglich – und hatte nie etwas anderes gewollt –, dass man ihn als den Prinzen sah und respektierte, dass er es war. Wenn er dieses bescheidene Ziel erst einmal erreicht hatte, würden wieder goldene Zeiten anbrechen, davon war er überzeugt. Garrison würde seine depressive Phase überwinden und seine Energien wieder auf das konzentrieren, was seine Aufgabe war, nämlich die Leitung des Familienunternehmens. Sie würden alte Träume verwirklichen und eine neue Zukunft schmieden. Die Vergangenheit mit allen ihren düsteren Geheimnissen würde nur noch eine Fußnote in einem Buch künftiger Siege sein.

Diese frohen Gedanken gingen ihm auf dem Weg zum Supermarkt durch den Kopf, und als er dort ankam, war das tiefe Unbehagen, das ihn im Haus niedergedrückt hatte, vollkommen verschwunden. Vor sich hinpfeifend, schlenderte er durch den Laden und nahm eine Dose Limonade, ein paar Donuts und zwei Päckchen Zigaretten aus den Regalen. Dann setzte er sich auf die Begrenzungsmauer des unasphaltierten, mit rotem Schotter bedeckten Parkplatzes, aß, trank, rauchte und genoss die Wärme des Tages. Nachdem er so eine Weile müßig in der Sonne gesessen hatte, fiel ihm ein, dass es vielleicht ratsam wäre, nicht unbewaffnet zum Haus zurückzukehren. Also ging er noch einmal in den Laden zurück und schritt suchend die Regale ab, bis er ein Küchenmesser gefunden hatte, das ihm für seine Zwecke bestens geeignet schien. Er bezahlte es und setzte sich dann wieder draußen auf die Mauer, um sein bescheidenes Mahl zu beenden. Der Zucker in den Donuts und in der Limonade hatte ihm einen angenehmen Kick verschafft, und als er jetzt den Rückweg zum Haus antrat, waren seine Schritte ausgesprochen beschwingt.

XVIII

Galileos Kraftreserven waren völlig aufgebraucht, als Rachel und Niolopua endlich mit ihm am Wagen anlangten. In sich zusammengesunken hockte er da und konnte den Kopf nicht länger als ein paar Sekunden heben, bevor er ihm wieder auf die Brust fiel. Auf der Fahrt nach Anahola kämpfte er sichtlich darum, wach zu bleiben. Manchmal öffnete er die Augen mit flatternden Lidern und sagte ein paar Worte, dann versank er wieder in lange Phasen der Bewusstlosigkeit, die an ein Koma grenzten. Selbst in den kurzen Momenten, in denen er bei Besinnung war, wirkte er kaum ansprechbar. Was er von sich gab, waren nicht viel mehr als unverständliche Satzfetzen. Durchlebte er noch einmal die Zerstörung der *Samarkand*? So wie er unvermittelt mit angstverzerrtem Gesicht aufschrie, hatte es fast den Anschein. Einmal schnappte er nach Luft, als wäre er am Ersticken, und für ein paar entsetzliche Sekunden wurde er, während er krampfhaft nach Atem rang, ganz steif in Rachels Armen; jeder Muskel verhärtete sich in seinem Körper. Gleich darauf war der Anfall ebenso plötzlich wie er gekommen war vorüber; er entspannte sich, und sein Atem ging wieder regelmäßig.

Danach erreichten sie ihr Ziel ohne weitere Zwischenfälle. Es wurde bereits dämmrig, als sie ankamen, und das Haus lag still und dunkel da. Obwohl er halb bewusstlos war, schien Galileo zu wissen, wo er sich befand, denn als er sich, schwer auf Niolopua gestützt, zwischen ihnen über den Gartenweg schleppte, hob er den Kopf ein paar Zentimeter und blickte unter schweren Lidern hervor zum Haus.

»Sind … sie … da?« stammelte er.

»Wer?«

»Die Frauen.«

»Nein, Liebster«, erwiderte Rachel. »Wir sind allein.«

Die Augen immer noch auf das im Zwielicht liegende Haus geheftet, lächelte er ein ganz klein wenig. »Lasst mich schlafen«, bat er. »Sie werden kommen.«

Sie diskutierte nicht weiter mit ihm. Wenn ihn der Gedanke, dass die Frauen der Gearys hierher zurückkehren würden, beruhigte, war nichts dagegen einzuwenden. Und die Vorstellung schien ihm die nötige Kraft für die letzten paar Meter zu verleihen. An der Tür angelangt, strengte er sich so sehr an, auf eigenen Beinen ins Haus zu gelangen, als sei es eine Frage der Ehre: als wolle er, der Erbauer dieses Hauses, unter keinen Umständen so entkräftet dorthin zurückkehren, dass er die Schwelle nicht ohne fremde Hilfe überschreiten konnte. Als er aber diesen Beweis seiner Selbstständigkeit erbracht hatte und eingetreten war, verließen ihn die Kräfte wieder, sein Kopf sackte herunter, die Augen fielen ihm zu, und ihm blieb nichts anderes übrig, als sich Rachels und Niolopuas stützenden Armen zu überlassen.

Niolopua schlug vor, ihn gleich auf das Sofa zu legen, aber Rachel glaubte zu wissen, wo er am schnellsten gesunden würde: oben in dem großen Bett mit den bemalten Schnitzereien. Es war Schwerarbeit, ihn die Treppe hinaufzubekommen, aber Niolopua nahm all seine Kraft zusammen, und nach einem fünfminütigen zähen Kampf hatten sie das obere Stockwerk erreicht. Der Rest war ein Kinderspiel: den Flur entlang, durch die Tür und auf das Bett.

Rachel stopfte Galileo ein Kissen unter den Kopf und zog die Decken unter ihm hervor, um ihn darin einzuhüllen. Er fühlte sich immer noch so kalt an wie in dem Bach, wo sie ihn gefunden hatte, aber zumindest war seine Haut nicht mehr so aschgrau. Da seine Lippen trocken und aufgesprungen waren, holte sie Salbe und trug eine dicke Schicht auf. Dann zog sie ihm die zerfetzte Weste aus und untersuchte die Wunden an seinem Oberkörper. Sie bluteten nicht mehr, und so wusch sie eine nach der anderen mit einem angefeuchteten Lappen aus, um sie von eventuellen Schmutzresten zu reinigen. Mit Niolopuas Hilfe drehte sie ihn um und versorgte auch die Wunden auf seinem Rücken. Anschließend öffnete sie seinen Gürtel, und gemeinsam zogen sie ihm das aus, was von seiner Hose übrig geblieben war. Er lag jetzt vollkommen nackt auf dem weißen Laken, sein muskulöser Körper dahingegossen auf dem Bett, als wäre er gerade so vom Himmel gefallen.

»Kann ich jetzt gehen?« fragte Niolopua. Ihm war sichtlich unwohl dabei, seinen Vater in diesem Zustand zu sehen. »Ich werde unten warten. Rufen Sie mich, wenn Sie mich brauchen.« Damit entfernte er sich eilig.

Rachel ging ins Badezimmer und wusch die Tücher aus, mit denen sie Galileos Wunden gesäubert hatte. Als sie zurückkam, musste sie unwillkürlich einen Moment innehalten und den Anblick, der sich ihr bot, in vollen Zügen in sich aufnehmen. Wie wunderschön er war! Selbst im Zustand äußerster Entspannung und ausgezehrt von den Entbehrungen der vergangenen Wochen strahlte er eine unbändige Kraft aus. Sie zeigte sich in diesen mächtigen Armen, die sie so mühelos umfangen hatten; in diesem sehnigen, stämmigen Hals; in diesem aristokratischen Schädel mit den fein gemeißelten Knochen; in seinen von der Salbe glänzenden Lippen, in seiner tief gefurchten Stirn, seinem dichten grau melierten Bart. Und unterhalb seines straffen Bauchs jene andere Kraft, die sich schlafend und doch groß in die Höhle zwischen seinen Beinen schmiegte. Ich werde ein Kind von ihm haben, ging es ihr durch den Kopf, während sie ihn so betrachtete; welche Gefahr für ihren Körper auch damit verbunden sein mochte, sie würde etwas von ihm in sich tragen, zum Beweis ihrer Verschmelzung.

Sachte, ganz sachte wusch sie die Wunden an seinen Beinen aus. Seine vollkommene Passivität hatte etwas unsäglich Erotisches. Sie wurde feucht bei der Vorstellung, wie es wäre, rittlings auf ihm zu sitzen, sein schlafendes Geschlecht so lange an ihrer Spalte zu reiben, bis es hart wurde und ihn dann in sich aufzunehmen. Irritiert versuchte sie, diese Bilder zu verdrängen und sich auf die Versorgung seiner Wunden zu konzentrieren, aber ihre Gedanken und ihr Blick kehrten immer wieder zu diesem einen Körperteil zurück. Obwohl Galileo im Schlaf keinen Muskel bewegte, hatte sie das unheimliche Gefühl, dass sein Geschlecht ihre Anwesenheit wahrnahm. Pures Wunschdenken natürlich, aber das Gefühl wollte nicht weichen. Galileo war tief in einer Traumwelt versunken, aber sein Penis war wach. Während sie sich mit seinen Füßen beschäftigte, regte er sich und schwoll an. Sein Kopf füllte sich mit Blut und schob sich ein Stückchen aus seiner Hülle.

Sie legte den Waschlappen beiseite und schob die Hand zwischen ihre Beine. *Er* wusste, was sie im Sinn hatte. *Er* sah es durch den glänzenden Schlitz seines Auges und schwelgte in der Hitze ihres geröteten Gesichts. Ihre Finger strichen über ihre Lippen und glitten in ihren Schoß. So befeuchtet kamen sie wieder zum Vorschein, spannten sich um die Länge seines Schafts und glitten unendlich zart daran auf und ab. Er reagierte wie ein Tier, das gestreichelt wird, schmiegte seinen schwarzen Rücken in ihre Hand, reckte sich genießerisch der Liebkosung entgegen.

Rachel betrachtete prüfend Galileos Gesicht, in der vagen Annahme, er könne sich hier vielleicht eine besonders raffinierte Variante der Verführung ausgedacht haben und würde jeden Moment lächelnd die Augen aufschlagen und sie auffordern, auf ihn zu klettern und ihr Verlangen von ihm stillen zu lassen. Aber das Einzige, was sich an ihm rührte, war sein Geschlecht. Seine Lider flatterten nicht, nicht das kleinste Zucken ging um seinen Mund. Wie von der ersten Sekunde an lag er im Zustand tiefster Bewusstlosigkeit vor ihr. Nichts an ihm verriet den Mann, der sie auf der *Samarkand* so meisterlich geliebt hatte, nichts auch an den groben Kerl, der sie im Badezimmer des Hauses so rücksichtslos genommen hatte. Nur dieser harte, pulsierende Schaft – knorrig wie ein Weinstock, den Kopf jetzt fast ganz entblößt – schien am Leben.

Es hatte keinen Sinn, sich dagegen zu wehren. Sie zog sich aus und kletterte zu ihm auf das Bett, nicht ohne gelegentlich einen Blick auf sein Gesicht zu werfen, um zu sehen, ob er sich regte. Aber sein Atem ging ruhig, langsam und gleichmäßig. Er schlief fest.

Ihre Glieder schmerzten vor Müdigkeit, und ihre Hüften wollten die Anstrengung, die es sie kostete, sich rittlings auf ihn zu setzen, nicht mitmachen. Doch die Lust, die ihren Körper durchrieselte, entschädigte sie reichlich für den kurzen Moment des Unbehagens. Hatte sie auch nur die geringsten Zweifel verspürt, ob sie nicht seine Hilflosigkeit missbrauchte, indem sie eine Wohltat genoss, die ihr nicht aus freien Stücken gewährt wurde, so waren sie in dem Augenblick verflogen, als sie ihn in sich aufnahm. Die Kälte war aus seinem Körper gewichen; seine Hüften, seine Lenden, sein Penis, sie strahlten Fieberhitze aus und kannten ihre Pflicht, ohne dass man sie daran erinnern musste. Sie spürte, wie sich sein Becken unter ihr bewegte, dann schob er sein Glied tief in sie hinein, bis es ihr einen Seufzer abrang – und noch einen und noch einen.

Sie war sich der Laute, die sie von sich gab, überhaupt nicht bewusst, bis sie von den Wänden zurückgeworfen wurden; Seufzer und Schreie, die in dem kleinen Raum widerhallten. Als die Bewegungen seines Beckens heftiger wurden, begann das Bett zu knarren, sie ließ sich nach vorn fallen und stützte die Hände auf seiner Brust auf, die so heiß war wie sein Geschlecht. Einmal tastete sie nach der Stelle, an der ihre Leiber aufeinander trafen und die sie in Feuchtigkeit gebadet vorfand. Der Geruch ihrer Lust stieg zwischen ihnen auf. Kein zarter Duft, nichts Ätherisches; reif und erdig entströmte ihr der Geruch der Salbung, die ihr physisches Verlangen stillte, ihrer Einsamkeit ein Ende bereitete. Wie nie zuvor in ihrem Leben empfand sie die Liebe als einen archaischen Akt. Keine Worte, keine Treueschwüre waren vonnöten; es war ein von Gefühlen unberührter Akt, ein Druchdringen, ein Besitzergreifen, ein fleischliches Verschmelzen, in dem ihr Körper seinen Tribut verlangte. Hätte in diesem Moment jemand nach ihrem Namen gefragt, sie hätte ihn nicht gewusst, noch hätte sie den seinen nennen können. Sie, die so erbittert darum gekämpft hatte, sich nicht zu verlieren, hatte dieses ganze Labyrinth bewältigt, nur um an diesen Ort des Vergessens zu gelangen, an dem alle Rachels, die sie einmal gewesen war – der Wildfang und die elegante Dame, die Verkäuferin und die verwöhnte Ehefrau –, ausgelöscht wurden.

Und während sie sich über ihm hob und senkte, spürte sie, wie der Raum um sie herum erbebte. Die Fensterscheiben klirrten, die Wände warfen ihr Seufzen und Stöhnen tausendfach zurück, als hätten ihre Schreie andere Stimmen geweckt, deren Schwingungen bis dahin gefangen gewesen waren. Es war nicht nur ihre fleischliche Begierde, die eine solche Hemmungslosigkeit bewirkte, sondern eine viel elementarere Kraft.

Einmal öffnete sie die Augen und blickte durch den Schleier ihrer Lust in das Gesicht ihres Geliebten. Seine Miene hatte sich nicht verändert, aber er hatte die Augen einen winzigen Spalt weit geöffnet und sah zu ihr auf.

Und dann begann er zu sprechen.

»*Wir sind nicht allein …*«, sagte er.

XIX

Unten am Strand waren die Surfer ein letztes Mal hinausgeschwommen, bevor es dunkel wurde. Ihre begeisterten Rufe drangen bis zur Veranda herauf, wo Niolopua saß und seinen letzten Joint rauchte. Seinen Vater so nackt auf dem Bett liegen zu sehen, hatte ihn aus dem Gleichgewicht gebracht. Er kannte Galileo nun schon so lange, hatte ihn aber noch nie so verwundbar erlebt. Und obwohl er überzeugt war, dass Rachels Gefühle für seinen Vater aufrichtig und ihre Absichten lauter waren, gab es einen Teil in ihm, der ihn ihr wegnehmen wollte, der ihn von diesem elenden Haus und seinen traurigen Erinnerungen wegbringen wollte; der ihn in den Bergen verstecken wollte, wo weder Rachel noch sonst eine Frau aus dem Clan der Gearys je wieder Anspruch auf ihn erheben konnte. Liebe war nicht genug; nicht in dieser Welt. Die Liebe endete früher oder später immer im Verrat oder im Grab; es war nur eine Frage der Zeit.

Doch das Marihuana gab seinen düsteren Gedanken eine andere Wendung. Er mahnte sich selbst, nicht immer alles so schwarz zu sehen. Dass er bisher ein freudloses Dasein geführt hatte, hieß nicht, dass das Leben für ihn keine Freude bereithielt. Nur machten ihm die Veränderungen, die vor ihm lagen, ein wenig Angst. Er hatte es nicht leicht gehabt bisher – zurückgezogen in seiner Hütte, damit seine Mitmenschen nicht merkten, dass die Jahre an ihm nicht dieselben Spuren hinterließen wie an ihnen. Der Sinn seines Lebens war abhängig von den regelmäßigen Besuchen seines Vaters auf der Insel. Über die Jahrzehnte hinweg hatte er als Mittelsmann fungiert, hatte seinem Vater immer wieder die Botschaft gesendet, dass seine Dienste gebraucht wurden; er war derjenige gewesen, der jede dieser Affären ermöglicht hatte und der nicht selten geblieben war, um die jeweilige Frau nach der

Abreise seines Vaters zu trösten. Er hatte weder seine Rolle selbst noch seine Fähigkeit, sie zu erfüllen, je infrage gestellt. Zwischen Vater und Sohn existierte eine starke geistige Verbindung. Niolopua brauchte nur in der Stille seiner Hütte zu sitzen und den richtigen Namen seines Vaters auszusprechen – Atva, Atva –, dann hörte ihn Galileo, wo immer er auch sein mochte. Es war keine weitere Erklärung notwendig. Niolopua hatte diesen Namen nur dann gerufen, wenn ein weibliches Familienmitglied der Gearys ihm den Auftrag dazu gegeben hatte. Auf seinen Ruf hin war Galileo stets erschienen, und er war ein so hervorragender Seefahrer, kannte sich mit Winden und Strömungen so gut aus, dass er oftmals schon an Ort und Stelle war, bevor die Frau, deren Vergnügen er dienen sollte, eintraf. Für Niolopua war es deprimierend, zu sehen, wie sein wunderbarer Vater, der große Weltenbummler, auf Kommando herbeieilte, als wäre er ein gut dressierter Hund. Aber es stand ihm nicht zu, die Tradition infrage zu stellen. Er hatte es nur ein einziges Mal getan, und damals hatte ihm sein Vater unmissverständlich klar gemacht, dass diese Frage nicht zur Debatte stand. Danach hatte Niolopua nie wieder gewagt, das Thema anzuschneiden. Nicht, weil er den Zorn seines Vaters fürchtete – von Galileo war ihm nie etwas anderes als Liebe zuteil geworden –, sondern weil er den Schmerz in den Augen seines Vaters gesehen hatte, und dieser Anblick war Gebot gewesen, ihn verstummen zu lassen. Er hatte sich damit abgefunden, dass er nie erfahren würde, warum sein Vater für diese einsamen Frauen den Liebhaber spielte. Es war einfach ein Teil ihres Lebens.

Würde sich das nun ändern? Würde die Tatsache, dass Galileos Elend um ein Haar zu seiner Selbstvernichtung geführt hatte (anders war der erbärmliche Zustand, in dem sie seinen Vater gefunden hatten, nicht zu erklären, denn ein Mann wie er geriet nicht zufällig in eine so aussichtslose Lage – er führte sie willentlich herbei), würde diese Tatsache ihrem Leben von nun an eine radikale Wendung geben? War diese Frau die letzte Geary, der er zu Diensten gewesen war? Wenn ja, welchen Zweck erfüllte Niolopua dann noch? Keinen vermutlich.

Er nahm einen letzten Zug von seinem Joint und warf den Stummel ins Gras. Dann erhob er sich und blickte zum Haus zurück. Das letzte Tageslicht war inzwischen verblasst, und im Innern des Hauses war alles dunkel. Er suchte nach einem Lebenszeichen, konnte aber keines entdecken. Wahrscheinlich war Rachel immer noch oben und versorgte seinen Vater. Vielleicht sollte er gehen. Sie hatten jetzt keine Verwendung mehr für ihn. Morgen konnte er wiederkommen und sich von ihnen verabschieden. Ein paar Sekunden stand er noch zögernd auf der Veranda, dann machte er kehrt und stieg die Treppe zum Garten hinunter.

Niolopua sah den Angreifer erst im allerletzten Augenblick; ihm blieb keine Zeit zum Sprechen oder auch nur zum Schreien. Zu plötzlich fuhr das Messer in seinen Körper, mit einer solchen Wucht geführt, dass es ihm die Luft abschnitt. Während er vor seinem Angreifer zurückwich, versuchte er durchzuatmen, aber nur ein Lungenflügel erfüllte noch seine Funktion, der andere war durchbohrt und hatte sich bereits mit Blut gefüllt. Bevor er die Hand heben konnte, um den zweiten Angriff abzuwehren, hatte ihm der Mann das Messer schon in den Bauch gestoßen. Er sackte vornüber vor Schmerz, aber der Mörder packte ihn unterm Kinn und stieß ihn zurück. Er taumelte rückwärts und presste die Hände in der verzweifelten Hoffnung gegen seinen Leib, dass er die Blutung so lange aufhalten konnte, bis Hilfe kam. Aber er hatte nicht mehr die Kraft zu rufen; er konnte nur noch versuchen, ins Haus zu gelangen, obwohl ihm jeder Schritt Todesqualen bereitete. Aus den Augenwinkeln sah er, dass der Angreifer jetzt zwei, drei Meter von ihm entfernt stand und ihn beobachtete. Stolpernd schleppte sich Niolopua die Stufen zur Veranda hoch. Oben angelangt, warf er sich nach vorn und hoffte inständig, dass jemand im Haus auf den Lärm hin herbeieilen und den Angreifer in die Flucht schlagen würde. Aber bevor er den Gedanken zu Ende gedacht hatte, war der Mann wieder über ihm, eine verschwommene Gestalt wie eine unscharfe Fotografie.

Erst als sich das Messer zum dritten und letzten Mal in

seinen Körper bohrte, konnte er das Gesicht seines Mörders deutlich sehen. Er kannte diesen Mann. Nicht persönlich, sondern von den Titelseiten vieler Zeitschriften. Es war einer der Söhne aus dem Hause Geary. Sein hübsches Gesicht war völlig ausdruckslos. In den wenigen Sekunden, in denen Niolopua ihn deutlich erkennen konnte, sah er aus wie ein Mensch in tiefer Trance: mit glasigem Blick, den Mund leicht geöffnet, das Gesicht schlaff.

Mit einem leisen Knurren zog er das Messer heraus, und Niolopua fiel nach vorn, die ausgestreckte Hand nur wenige Zentimeter von der Haustür entfernt. Der Mann griff ihn nicht noch einmal an, es war nicht nötig. Er hatte sein Werk vollbracht. Nun stand er wartend auf der Treppe und starrte auf sein Opfer hinunter. Niolopua lag auf dem Bauch, das Blut, das ihm aus Mund und Nase quoll, färbte die Holzdielen der Veranda rot. In den letzten Sekunden seines Lebens spürte er nicht, wie seine Seele sich zu einem Ort aufschwang, an dem es keine Schmerzen gab und von dem aus er die Szene unter sich mit ansehen konnte, sondern er blieb gefangen in seiner sterblichen Hülle und sah die Holzmaserung des Fußbodens, in dem das Blut versickerte, das ihm aus Mund und Nase floß. Sein Körper bäumte sich in einem letzten, qualvollen Versuch auf, Luft zu holen, aber er hatte nicht mehr die Kraft dazu. Schaudernd stieß er einen leisen Seufzer aus, als das Leben ihn endgültig verließ.

Mitchell blickte, selbst ein wenig erstaunt über die Wucht seines Angriffs, auf den Toten hinunter. Er hatte nicht damit gerechnet, beim Anblick – oder vielmehr beim vermeintlichen Anblick – von Galileo Barbarossa von einer so unbändigen Wut übermannt zu werden. Fast hatte er gemeint, von der Hand geführt zu werden, die das Messer hielt; und, oh, der Triumph, den er empfunden hatte, als sich die Klinge ins Fleisch des Mannes gebohrt hatte! Das reine Hochgefühl der Tat. Natürlich hatte er nur Sekunden später seinen Irrtum bemerkt. Aber der kurze Augenblick, in dem er geglaubt hatte, Galileo getötet zu haben, war so süß, so überwältigend gewesen, dass ihn danach dürstete, diesen Rausch, diesmal mit dem richtigen Mann als Opfer, noch einmal zu erleben.

Er stieg die paar Stufen zum Garten hinunter, wo er sich bückte und die Klinge in die Erde stieß, um sie vom Blut zu reinigen. Noch vor einer Minute war es ein billiges Küchenmesser gewesen, beiläufig aus einem Regal im Supermarkt genommen. Und jetzt war es im Begriff, zu einem ganz besonderen Objekt zu werden. Es hatte seine Initiation bestanden und war nun bereit, die Tat zu vollbringen, durch die es in die Geschichte eingehen würde. Er richtete sich auf und wandte sich dem Haus zu. Es lag vollkommen still da, aber er zweifelte nicht daran, dass die Ehebrecher sich dort aufhielten; er hatte seine Frau gehört, als sie gestöhnt hatte wie eine Hure.

Diese Laute hallten in seinem Kopf, als er die Treppe hinaufging, über den Toten, wen immer sein Messer auch getroffen haben mochte, hinwegstieg, die Tür öffnete und ins Haus trat.

XX

Die Phase der Klarheit hatte nicht lange gedauert. Galileo war nur aus seiner tiefen Bewusstlosigkeit aufgetaucht, um zu sagen: *Wir sind nicht allein,* dann hatten sich seine flatternden Lider geschlossen, und er war wieder im Koma versunken. Aber diese wenigen Worte hatten genügt, um bei Rachel ein Unbehagen zu erzeugen. *Wer* war bei ihnen im Haus? Und warum hatte die Anwesenheit eines Fremden im Haus Galileo gerade beunruhigt? Widerstrebend löste sie sich von ihm und stieg aus dem Bett. Sobald sie ihn nicht mehr spürte, fröstelte sie; es schien ihr eiskalt im Zimmer zu sein. Sie ging in die Knie und kramte in ihrer Reisetasche nach einem wärmenden Kleidungsstück. Vor Kälte zitternd zog sie einen Pullover hervor und schlüpfte hinein. In diesem Augenblick knarrte die Tür, und als sie den Kopf in diese Richtung drehte, sah sie den Schatten eines Schattens, nicht mehr, der durch das Zimmer huschte. Es war eine so flüchtige Erscheinung, dass sie nicht einmal sicher war, sie überhaupt wahrgenommen zu haben; und als sie der schattenhaften Bewegung mit den Augen folgte, konnte sie dort nichts entdecken. Tief verunsichert richtete sie sich auf und warf einen Blick auf das Bett. Galileo lag zwar physisch immer noch erregt, aber ansonsten vollkommen still und mit geschlossenen Augen da.

Immer wieder misstrauisch zu der Stelle blickend, an der sie den Schatten wahrgenommen zu haben glaubte, trat sie zum Nachttisch und schaltete die Lampe ein. Es war zwar nur ein gedämpftes Licht, doch es drang bis in die Winkel des Zimmers. Der Raum war leer. Was sie gesehen hatte, war entweder verschwunden, oder es war von Anfang an nur eine Projektion ihrer erschöpften und überreizten Sinne gewesen. Vorsichtig ging sie zur Tür und öffnete sie. Im Flur war es dunkel, aber in dem Lichtschein, der aus dem Schlafzimmer drang, fand sie mühelos den Weg zur Treppe. Trotz des Pullovers war ihr kalt. Vielleicht war sie nur übermüdet; sie würde Niolopua suchen, ihm sagen, dass sie Schlaf brauchte und sich dann zu Galileo ins Bett legen. Und was seine seltsamen Worte betraf, so würde sie diese einfach ignorieren; es war kein Fremder im Haus.

In diesem Moment streifte etwas ihre Schulter, als wäre ein unsichtbarer Geist in entgegengesetzter Richtung an ihr vorbeigegangen. Sie drehte sich um und sah zur Schlafzimmertür zurück. Wieder nichts. Wahrscheinlich war sie tatsächlich so erschöpft, dass ihr Wahrnehmungsvermögen ihr merkwürdige Streiche spielte. Langsam stieg sie die Treppe hinunter. Unten brannte kein Licht, aber der Mond schien ins Haus, und in seinem Schein fand sie den Lichtschalter neben der Küchentür. Plötzlich fiel ihr Blick auf eine Gestalt auf der anderen Seite des Raums, nahe der Eingangstür. Diesmal zweifelte sie nicht an ihrer Wahrnehmung, das war kein unwirklicher, aus dem Augenwinkel erhaschter Schatten; es war handfeste Wirklichkeit. Vor ihren Augen beendete er, womit er gerade beschäftigt war – nämlich die Haustür abzuschließen –, und drehte sich dann zu ihr um. Obwohl sie nur seine Umrisse sah, erkannte sie ihn. Ihr Herz begann in ihrer Brust zu hämmern.

»Was tust du hier?« fragte sie.

»Wonach sieht es denn aus?« gab er zurück. »Ich schließe die Tür ab.«

»Ich möchte dich hier nicht haben.«

»Man kann nicht vorsichtig genug sein, Schatz. Hier treibt sich eine Menge zwielichtiges Gesindel herum.«

»Mitchell! Ich möchte, dass du das Haus verlässt.«

Er ließ den Schlüssel in die Brusttasche seines Jacketts gleiten und kam dann gemächlich auf sie zu. Das weiße Hemd, das er unter dem Jackett trug, war über und über mit Blut besudelt.

»Was hast du getan?« fragte sie.

Mit einem Blick auf sein Hemd entgegnete er leichthin:

»Ach das. Das sieht schlimmer aus als es ist.« Er sah an ihr vorbei zur Treppe. »Ist er da oben?« Sie gab ihm keine Antwort. »Schatz, ich habe dich etwas gefragt. *Ist der Nigger da oben?*« Etwa drei Schritte von der Treppe entfernt war er stehen geblieben. »Hat er dir etwas getan, Liebling?«

»Mitchell ...«

»Hat er?«

»Nein. Er hat mir nichts getan. Er hat mir noch nie etwas getan.«

»Versuch nicht, ihn in Schutz zu nehmen. Ich kenne diesen Abschaum. Er wickelt jemanden wie dich um den Finger, jemanden, der sich mit seiner Art zu denken nicht auskennt, und dann lässt er seinen Einfluss spielen. Schleicht sich in deinen Kopf, erzählt dir alle möglichen Lügen. Nichts davon ist wahr, Baby. Nichts davon ist wahr.«

»Also gut«, erwiderte sie ruhig. »Nichts davon ist wahr.«

»Siehst du? Du weißt es. Du weißt es.« Sein Gesicht verzog sich zu einem Lächeln; einem betörenden Lächeln von der Art, wie er es immer für Journalisten und Kongressabgeordnete bereitgehalten hatte. Es war dazu bestimmt, sein Gegenüber für ihn einzunehmen. Aber jetzt wirkte es nur grotesk, das Lächeln eines Totenschädels. »Weisst du was ich Loretta gesagt habe? Ich kann sie noch retten, habe ich gesagt, weil sie tief in ihrem Innern weiß, dass sie nicht das Richtige tut. Du weißt, dass es falsch ist. Nicht wahr, Rachel?« Als keine Antwort von ihr kam, hakte er noch einmal nach. *»Nicht wahr, Rachel?«*

Die kaum verhohlene Wut in seiner Stimme war nicht zu überhören, und so beschloss sie, dass es das Beste sei, zu allem, was er sagte, ergeben zu nicken. Sofort nahm seine Stimme einen weicheren Ton an. »Du musst mit mir nach Hause kommen«, sagte er. »Dies hier ist nicht der richtige Ort für dich, mein Schatz.«

Bei diesen Worten huschte sein Blick zu der Treppe, und ein erstaunter Ausdruck trat in sein Gesicht.

»All die Dinge, die hier passiert sind«, fuhr er fort, schien dabei aber mit den Gedanken mehr bei seiner Betrachtung der Treppe zu sein. »Die Dinge, die er getan hat ... mit unschuldigen Frauen …« Langsam fuhr er mit der Hand in seine Jackentasche und zog ein Messer heraus. An der Klinge klebte Erde.

»Es muss ein Ende haben«, murmelte er.

Als er sie ansah, entdeckte sie in seinen Augen denselben Wahnsinn wie in der Nacht, als er in ihre Wohnung eingedrungen war und das Tagebuch an sich genommen hatte; aber jetzt war der Wahnsinn nicht mehr nur angedeutet, er funkelte unverhüllt aus seinen Augen.

»Hab keine Angst, mein Schatz«, sagte er. »Ich weiß, was ich tue.«

Sie warf einen nervösen Blick zur Treppe. Fast fürchtete sie, Galileo wäre aus dem Bett gekrochen und stünde nun oben am Treppenabsatz. Aber da war niemand. Nur der schwache Lichtschein aus dem Schlafzimmer. Er flackerte ein wenig, als würde sich dort oben etwas bewegen; etwas, das nicht sichtbar war, dessen Bewegung aber genügend Kraft besaß, das Licht zum Pulsieren zu bringen. Ihr war nicht klar, ob Mitchell es bemerkt hatte. Und sie hatte auch nicht die Absicht, ihn danach zu fragen, aus Angst, auch noch den letzten Hauch von Normalität, den er sich bewahrt hatte, aus dem empfindlichen Gleichgewicht zu bringen. Wenn er jetzt nach oben ging, würde er ein vollkommen wehrloses Opfer vor sich haben. Und dem Zustand seines Messers und den Blutspuren auf seinem Hemd nach zu urteilen hatte er bereits einen Akt der Gewalt begangen.

Erst jetzt fiel ihr Niolopua ein. O Gott, er hatte Niolopua angegriffen. Plötzlich war es ihr sonnenklar. Deshalb hatte er diesen wahnsinnigen Ausdruck in den Augen; er hatte bereits Blut geleckt. Sofern sich diese Erkenntnis in ihrer Miene spiegelte, bemerkte er es nicht. Sein Blick war immer noch auf das Ende der Treppe gerichtet.

»Ich möchte, dass du hier bleibst«, erklärte er.

»Warum gehen wir nicht einfach?« schlug sie vor, »wir beide.«

»In einer Minute.«

»Wenn dies ein so gefährlicher Ort ist …«

»In einer Minute, habe ich gesagt. Erst muss ich nach oben gehen.«

»Tu es nicht, Mitch.«

Sein Blick huschte in ihre Richtung. »*Was* soll ich nicht tun?« fragte er. Ihr stockte der Atem, als sie bemerkte, dass er die Hand fester um das Messer schloss. »Ich soll ihn nicht verletzen? Wolltest du das sagen?« Drohend kam er auf sie zu, und sie wich zurück. »Du willst nicht, dass ich deinem kleinen Liebhaber etwas tue, ist es das?«

»Mitch! Ich war dabei, als seine Mutter der Villa einen Besuch abstattete. Ich habe gesehen, wozu sie fähig ist.«

»Ich habe keine Angst vor den verdammten Barbarossas.« Bei diesen Worten neigte er den Kopf zur Seite. »Weisst du, das ist ja das Problem ...«

Während er das sagte, stieß er mit dem Messer in Rachels Richtung, durchbohrte die Luft zwischen ihnen, um seine Worte zu unterstreichen.

»... Niemand hat sich diesen Leuten je in den Weg gestellt.« Plötzlich war er die Vernunft in Person. »Wir haben diesem Nigger da oben unsere verdammten Frauen überlassen, als würden sie ihm gehören. Nun, *meine Frau* gehört ihm jedenfalls nicht. Hast du mich verstanden, mein Schatz? Ich lasse nicht zu, dass er dich mir wegnimmt.«

Mit der freien Hand strich er ihr über das Gesicht.

»Armer Schatz«, sagte er. »Ich mache dir keine Vorwürfe. Er hat deinen Verstand durcheinander gebracht. Du hattest keine Wahl. Aber jetzt wird alles gut. Ich werde mich um alles kümmern. Dazu sind Ehemänner da. Sie sind dazu da, ihre Frauen zu beschützen. Ich habe meine Sache nicht sehr gut gemacht. Ich war kein guter Ehemann. Ich weiß das, und es tut mir Leid, Liebling, es tut mir Leid.«

Er beugte sich über sie und hauchte ihr einen flüchtigen Kuss auf die Wange wie ein nervöser Schuljunge.

»Es wird alles gut«, wiederholte er. »Ich werde tun, was ich tun muss, und dann verlassen wir dieses Haus und fangen ganz von vorn an.« Seine Finger strichen wieder fahrig über ihre Wange. »Denn ich liebe dich, mein Schatz. Ich habe dich immer geliebt und werde es immer tun. Und ich kann es nicht ertragen, ohne dich zu sein.« Seine Stimme war dünn, fast bemitleidenswert. »Ich kann es nicht ertragen, Liebling. Es macht mich wahnsinnig, wenn du nicht bei mir bist. Hörst du?«

Sie nickte. Irgendwo in einem verborgenen Winkel ihres Bewusstseins, hinter der Angst, die sie um Galileo, um sich selbst hatte, bewahrte sie sich noch einen letzten Rest dessen auf, was sie einmal für ihren Ehemann empfunden hatte. Vielleicht war es keine Liebe gewesen, aber es war ihr doch wie ein wunderschöner Traum erschienen. Und als er jetzt, wenn auch in diesem Wahnzustand, so zu ihr sprach, löste das in ihr eine fast zärtliche Erinnerung aus. An die Gefühle, die er in den ersten Monaten ihrer Bekanntschaft in ihr geweckt hatte; an seine liebevolle und vornehme Art. Aber das alles war restlos verschwunden. Übrig geblieben war nur die schale Hülle des Mannes, der er einmal gewesen war.

Der Gedanke machte sie unendlich traurig. Er schien ihre Traurigkeit bemerkt zu haben, denn als er jetzt wieder zu sprechen begann, war die Wut aus seiner Stimme verschwunden. Und mit ihr seine Sicherheit.

»Ich wollte nicht, dass es so kommt«, murmelte er. »Ich schwöre es dir.«

»Ich weiß.«

»Ich habe keine Ahnung … was ich tun soll …«

»Es muss nicht so sein«, flüsterte sie ganz leise und sacht. »Du brauchst niemanden zu verletzen, um mir deine Liebe zu beweisen.«

»Ich … liebe dich wirklich.«

»Dann leg das Messer weg, Mitch.« Seine Hand, die nicht aufgehört hatte, ihre Wange zu streicheln, stockte mitten in der Bewegung, »Bitte, Mitch«, fuhr sie fort. »Leg es weg.«

Als er die Hand zurückzog, hatte sich seine Miene, die zuvor so weich geworden war, wieder verhärtet.

»O nein …«, stieß er hervor. »Ich weiß, was du vorhast …«

»Mitch …«

»Du denkst, wenn du mir Honig um den Mund

schmierst, gehe ich nicht da hinauf.« Er schüttelte den Kopf. »Nein, mein Schatz. Da irrst du dich gewaltig. Tut mir Leid.«

Mit diesen Worten machte er auf dem Absatz kehrt und ging auf die Treppe zu. Einen Augenblick lang schien Rachel mit traumwandlerischer Klarheit die ganze Szene vor sich zu sehen: der Mann mit dem Messer, ihr Ehemann, ihr Prinz aus vergangenen Zeiten, der sich, einen Gestank von Schweiß und Hass verbreitend, von ihr entfernte; ihr Geliebter, der in Träumen versunken oben in seinem Bett lag; und dazwischen, auf der im Dunkel liegenden Treppe und im Flur diese geisterhaften Wesen, die sie nicht benennen konnte.

Mitchell hatte die Treppe erreicht und begann, ohne noch einmal das Wort an sie zu richten, hinaufzusteigen. Er ließ ihr keine andere Wahl. Hastig lief sie ihm nach und schlüpfte, bevor er sie daran hindern konnte, an ihm vorbei, um sich ihm in den Weg zu stellen. Oben schien die Luft in Bewegung zu geraten. Sie spürte den Hauch in ihrem Gesicht. Sofern Mitchell überhaupt etwas Ungewöhnliches bemerkte, machte ihn seine Entschlossenheit, zu Galileo zu gelangen, blind dafür. Seine Miene war starr wie eine Maske, die man ihm auf das Gesicht geschmiedet hatte; er war längst nicht mehr ansprechbar. Wortlos stellte sie sich ihm in den Weg. Wenn er Galileo etwas tun wollte, musste er an ihr vorbei. Die Augen, mit denen er sie ansah, waren das einzig Lebendige in diesem toten Gesicht.

»Geh mir aus dem Weg«, sagte er.

Mit ausgestreckten Armen hielt sie sich rechts und links am Treppengeländer fest. Ihr war entsetzlich bewusst, wie verwundbar sie in diesem Augenblick war, wie schutzlos ihr Bauch und ihre Brust seinem Angriff ausgeliefert waren. Aber sie hatte keine andere Wahl, und sie musste darauf hoffen, dass er trotz des Wahnsinns, der von ihm Besitz ergriffen hatte, davor zurückschrecken würde, sie zu verletzen.

Eine Stufe unter ihr blieb er stehen, und für einen kurzen Moment wagte sie zu glauben, dass sie ihn immer noch zur

Vernunft bringen konnte. Aber im nächsten Augenblick schnellte seine Hand hoch, krallte sich in ihre Haare und riss sie mit einem einzigen Ruck zu sich herunter. Sie musste das Geländer loslassen, und da sie trotz aller verzweifelten Versuche keinen anderen festen Halt finden konnte, stürzte sie. Er ließ jedoch ihr Haar nicht los, sodass ihr Kopf zurückgerissen wurde. Mit einem Schmerzensschrei klammerte sie sich an seinem Arm fest. Die Welt drehte sich vor ihren Augen, sie wusste nicht mehr, was oben und was unten war. Mitchell zerrte sie grob auf die Füße und schleuderte sie mit dem Rücken gegen das Geländer. Diesmal gelang es ihr, sich daran festzuhalten, aber bevor sie noch Luft holen konnte, schlug er ihr ins Gesicht, mit der flachen Hand zwar, aber mit solcher Brutalität, dass ihre Beine einknickten und zur Seite wegrutschten. Ein zweiter Schlag traf sie mit aller Wucht, dann ein dritter, der sie die Treppe hinunterschleuderte. Sie spürte schmerzhaft, wie sie im Fallen mit Armen, Beinen, Schultern und Kopf auf die Stufen und an das Geländer prallte. Dann schlug sie so heftig am Fuß der Treppe auf, dass sie für einen Moment das Bewusstsein verlor. In der dröhnenden Dunkelheit ihres Schädels versuchte sie, ihre Gedanken zu ordnen, aber es wollte ihr nicht gelingen. Mit äußerster Anstrengung konnte sie ihre Augen zwingen, sich zu öffnen. Und als sie ihr gehorchten, stellte sie fest, dass sie aus einer gekrümmten Seitenlage zur Treppe blickte. Dort stand Mitchell und starrte auf sie herunter, Körper und Kopf grotesk verkürzt aus ihrer Perspektive. Er betrachtete sie lange genug, um sich zu vergewissern, dass er sie außer Gefecht gesetzt hatte. Dann kehrte er ihr, sicher, dass sie ihm und seinem Vorhaben nicht mehr in die Quere kommen würde, den Rücken und stieg die restlichen Stufen hinauf.

XXI

Außerstande, auch nur einen Finger zu rühren, konnte sie nichts weiter tun, als ihn zu beobachten, als dazuliegen und zuzusehen, wie Mitchell sich anschickte, Galileo in seinem Bett zu ermorden. Nicht einmal warnen konnte sie ihren Geliebten; ihre Zunge versagte ihr den Dienst. Selbst wenn es ihr gelungen wäre, einen Ton hervorzubringen, hätte Galileo sie nicht gehört. Er befand sich in seiner eigenen Welt, heilte sich selbst im tiefsten Schlaf. Es würde ihr nicht gelingen, ihn zu wecken.

Mitch war nur noch drei oder vier Stufen vom Treppenabsatz entfernt; in wenigen Sekunden würde er ihren Blicken entzogen sein. O Gott, am liebsten hätte sie vor Wut und Verzweiflung geweint. War dies das Ende nach all den Anstrengungen und großen Hoffnungen der letzten Tage? Dass sie hier unten am Boden lag, unfähig sich zu bewegen, und Galileo oben in seinem Bett, nicht weniger hilflos, während ein Mann mit einem Messer das Band zwischen ihnen zerschnitt?

Als sie Mitchell sprechen hörte, versuchte sie, ihn klarer in den Blick zu bekommen. Aber er war dort oben am Ende der Treppe nur undeutlich zu sehen; die Schatten waren zu dicht und schienen ihn fast vor ihr zu verbergen. Krampfhaft bemühte sie sich, ihren Arm zu bewegen und sich ein Stück aufzurichten, um sich einen besseren Überblick zu verschaffen. In diesem Moment begann er wieder zu sprechen.

»Wer seid ihr?« fragte er.

Seine Stimme klang unsicher, fast verängstigt, und er fuchtelte mit dem Messer in der Luft herum, als wollte er die Schatten damit in Schach halten. Aber sie ließen sich nicht vertreiben. Lebendig und voller Tatendrang schienen sie auf ihn zuzukommen. Wieder und wieder stach er mit dem Messer ins Leere. Dann wich er einen Schritt zurück und stieß einen angstvollen Schrei aus.

»*Jesus!*« schrie er auf. »Was, zum Teufel, ist hier los?«

Mit einer letzten verzweifelten Willensanstrengung stemmte Rachel auf ihrem schmerzenden Arm den Oberkörper vom Boden ab. In ihrem Kopf drehte sich alles, und eine Welle der Übelkeit stieg in ihr auf, aber das war im nächsten Augenblick vergessen, als sie zu begreifen begann, was sich vor ihren Augen auf dem oberen Treppenabsatz abspielte. Drei, vielleicht vier Schattengestalten waren dort mit Mitchell zu sehen; sie bewegten sich anmutig, rückten aber dennoch mit aller Entschiedenheit vor und drängten ihn zur Wand zurück. Er stach immer noch wie wild in die Luft, wohl hoffend, sie sich auf diese Weise vom Leib zu halten, aber es war nicht zu übersehen, dass er ihnen mit seinem Messer nichts anhaben konnte. Es waren Geister irgendeiner Art, deren geschmeidige Formen sich aus dem Zusammenspiel von Licht und Dunkelheit ergaben. Eines dieser Wesen blickte, während es Mitchell näher kam, nach unten, sodass Rachel sein Gesicht besser erkennen konnte. Es war eine Frau – wie alle anderen Wesen dort oben auch –, und ihrer Miene nach zu urteilen schien sie das, was sie tat, durchaus zu amüsieren. Ihre Züge waren keineswegs ganz ausgeprägt, vielmehr sah sie aus wie ein Porträt, das der Maler nur skizziert hatte und dem er später die Details hinzufügen wollte. Dennoch erkannte Rachel dieses Gesicht. Erkannte es nicht, weil sie dieser Frau schon einmal begegnet war, sondern weil sie die Charakteristika ihrer Züge an sämtliche nachfolgenden Generationen weitergegeben hatte. Die geschwungene Stirn, die Wangenbögen, das starke Kinn – all das fand sich in der Linie der Gearys ebenso wie ihr durchdringender Blick. Und wenn sie, wie Rachel vermutete, eine der Frauen war, die mit Galileo in diesem Haus zusammen gewesen waren, dann konnte sie dasselbe von ihren Gefährtinnen dort oben annehmen. Es waren die Frauen der Gearys, die unter diesem Dach süße Tage der Liebe erfahren hatten und im Tod hierher zurückgekehrt waren, damit ein Teil ihrer Seele da weilte, wo sie sich im Leben am glücklichsten gefühlt hatten.

Als der Schwindel allmählich nachließ und sie die Gestalten, die sich um Mitchell bewegten, besser erkennen konnte, bestätigte sich ihre Vermutung. Eines der Geisterwesen war Cadmus' erste Frau Kitty, deren Porträt sie im Wohnzimmer der Villa gesehen hatte. Eine imposante Frau mit der Ausstrahlung einer unumstrittenen Matriarchin, erschien sie hier von ihrem Korsett und allen gesellschaftlichen Konventionen befreit, mit einem sinnlichen Körper wiederauferstanden als die Genießerin, die sie unter diesem Dach hatte sein dürfen. Eine Frau, die in den schützenden Armen Galileos für ein paar selige Tage die Freuden der Liebe und Sorglosigkeit genossen hatte.

Und um das zu finden waren alle diese Frauen gekommen; um das zu finden war auch sie, Rachel, hierher gekommen, obwohl sie es zu diesem Zeitpunkt noch nicht gewusst hatte – auf der Suche nach Liebe. Etwas, das mehr war als eheliche Pflicht, mehr als Kompromisse und Verstellung. Die Kostprobe eines Gefühls, das sie bis ins Innerste durchdrang und ihnen allen einen Blick auf das gewährte, was ihre Seele brauchte, um ihren Glanz zu bewahren. Kein Wunder, dass sie den Weg hierher zurückgefunden hatten; kein Wunder auch, dass sie sich nun sichtbar machten. Sie wollten den Mann schützen, der ihnen diesen Einblick gewährt hatte.

Wie viel begriff Mitchell von all diesen Dingen? Sehr wenig, wie Rachel vermutete, obwohl einiges darauf hindeutete, dass man es ihm erklärte. Flüsternde Stimmen drangen von dort oben an ihr Ohr – sanfte, spielerische Töne –, und während sie sprachen, rückten ihm die Frauen immer näher, bis ihre Gesichter nur noch Zentimeter von seinem entfernt waren. Er hatte es aufgegeben so zu tun, als könnte er sie mit seinem Messer in Schach halten, und schlug stattdessen die Hände vors Gesicht, um sie nicht mehr sehen zu müssen.

»Lasst mich in Ruhe!« hörte Rachel ihn schluchzen. »Lasst mich, verdammt noch mal, in Ruhe!«

Aber sie dachten gar nicht daran, ihn in Ruhe zu lassen. Unerbittlich umringten sie ihn, während er geduckt in ihrer Mitte stand wie ein Mann, der in einen Bienenschwarm geraten ist und nun, da ihm der Fluchtweg versperrt ist, nur dastehen und sich immer wieder stechen lassen kann …

Rachel war es inzwischen gelungen, das geschwungene Geländer am Fuß der Treppe zu fassen; unter Aufbietung ihrer ganzen Willenskraft war sie bemüht, sich daran hochzuziehen. Zwar hatte sie keine Ahnung, ob ihre Beine sie überhaupt tragen würden, aber sie wusste auch, dass sie jetzt, da Mitchell von ihr abgelenkt war, eine Chance hatte, sich einzumischen. Vielleicht die letzte Chance. In diesem Moment, sie hatte sich noch nicht ganz aufgerichtet, wurde über ihr am Ende der Treppe eine weitere Gestalt sichtbar. Es war Galileo. Er war aus seinen Träumen aufgetaucht und hatte sich nackt und unter Qualen vom Schlafzimmer zur Treppe geschleppt.

Mitchell hatte ihn ebenfalls gesehen. Mit einem wütenden Aufschrei ließ er die Hände von seinem Gesicht sinken und hieb wild mit dem Messer nach den Geistern, die ihn bedrängten. Dann hob er das Messer und stieß es mit Wucht nach vorn, in dem Versuch, die Barriere seiner Gegnerinnen zu durchbrechen und zu seinem Feind zu gelangen.

Von ihrem Standort am Fuß der Treppe aus konnte Rachel nicht deutlich erkennen, was als nächstes geschah. Mitchell versperrte ihr die Sicht auf Galileo, und eine Sekunde später wurde Mitchell seinerseits von den Frauen verdeckt, die sich wie eine Wolkenmasse um ihn zusammenballten. Einen lautlosen Augenblick lang konnte sie in der Dunkelheit dort oben gar nichts mehr erkennen. Dann schnellte Mitchell aus den Schatten hervor, mit solcher Wucht geschleudert, dass er den Boden unter den Füßen verlor. Er verfehlte die oberste Stufe, kam auf der zweiten auf und überschlug sich. Ein lauter Schrei entrang sich seiner Kehle, dem weitere folgten, als er kopfüber die Treppe hinunter polterte. Im letzten Moment zog sie sich zur Seite, und er landete mit dem Gesicht nach unten genau an der Stelle, an der sie sich Sekunden zuvor noch befunden hatte. Fast im gleichen Moment richtete er den Oberkörper auf, als wolle er eine Liegestütz machen, und Rachel wich, auf einen neuerlichen Angriff von ihm gefasst, ängstlich zurück. Aber als sie genauer hinsah, bemerkte sie, dass Blut von seinem Körper auf den Boden tropfte. Das Messer – sein Messer – ragte aus seiner Brust. Ihr Blick wanderte zu seinem Gesicht. Die eherne Maske war gesprungen, seine Züge waren nicht mehr unbeweglich. Tränen des Schmerzes quollen ihm aus den Augen, seine Mundwinkel waren klagend heruntergezogen. Er sah sie mit großen, tränengefüllten Augen an.

»Oh, Baby ...«, stieß er hervor. »Es tut so weh.«

Das waren seine letzten Worte. Seine bebenden Arme knickten unter ihm ein, und als er zu Boden fiel, bohrte sich die Klinge bis zum Heft in seine Brust. Sein Blick war immer noch auf sie gerichtet, als er sein Leben aushauchte.

Mit tränenlosen Augen sah sie ihn an. Die Tränen würden später kommen, jetzt empfand sie nur Erleichterung, dass es vorbei war, dass sie endlich miteinander fertig waren.

Sie blickte zum Treppenabsatz auf. Dort stand Galileo und hielt sich am Treppengeländer fest. Er sah mit einem so verlorenen Ausdruck auf den Leichnam hinunter – einem solchen Ausdruck der Trauer –, dass man meinen konnte, er habe den Toten, der dort am Fuße der Treppe lag, geliebt.

»Ich wollte nicht ...«, setzte er zu einer Erklärung an, aber er hatte nicht die Kraft, den Satz zu beenden.

»Es spielt keine Rolle«, entgegnete sie

Den Blick unverwandt auf den Toten gerichtet, sank er in die Knie. Hinter ihm standen die Frauen der Gearys wie ein Trauerchor.

Nur eine von ihnen löste sich aus der Reihe, schob sich an Galileo vorbei und begann die Treppe hinunterzusteigen. Erst als sie den halben Weg zurückgelegt hatte und stehen blieb, erkannte Rachel, wen sie vor sich hatte. Es war Margie – oder vielmehr der Schatten der Frau, die sie bei diesem Namen genannt hatte. Ihre Gesichtszüge waren nicht deutlicher als die der anderen Frauen – eher sogar noch skizzenhafter –, aber die spöttisch hochgezogene Augenbraue war ebenso unverkennbar wie das listige Lächeln, das sich jetzt auf ihren Zügen ausbreitete.

Mehr als ein Lächeln; Gelächter. Nicht die lärmende Heiterkeit, in die sie in ihren Glanzzeiten auszubrechen pflegte, aber immer noch unverkennbar das Lachen Margies. Wer sonst hätte den Anblick des toten, bäuchlings in seinem Blut liegenden Mitchell Geary so lachhaft gefunden? Der Prinz war tot, und Margies Geist stand auf der Treppe und quittierte den Anblick mit schallendem Gelächter.

TEIL NEUN

Die Straße der Menschheit

I

1

»Ich bin schlecht«, sagte Galileo. »Ich habe in meinem Leben schreckliche Dinge getan. So viele … entsetzliche Dinge. Aber das wollte ich nie. Bitte, glaub mir.«

Sie waren am Strand und zündeten Treibholz an, das er an der Stelle zu einem Haufen aufgeschichtet hatte, an der er damals das wohlriechende Feuer entfacht hatte: das Feuer, von dem Rachel aus dem Haus gelockt worden war. Im Schein der züngelnden Flammen betrachtete sie sein Gesicht. Die eigenartige Schönheit, die Nacktheit dieses Gesichts – Cesarias Schönheit in ihrer männlichen Entsprechung –, waren atemberaubend. Auf dem Weg hierher hatte Rachel zweimal geglaubt, er würde zusammenbrechen. Einmal, als er die Treppe herunterkam und, über Mitchells Leiche steigend, mit bloßem Fuß in eine Blutlache getreten war. Und ein zweites Mal, als er Niolopua auf der Veranda entdeckt hatte. Heftige Schluchzer hatten ihn erschüttert wie ein verzweifeltes Kind, ein qualvoller Ton in ihren Ohren.

Sein Elend gab Rachel Kraft. Sie nahm ihn bei der Hand und führte ihn in den Garten hinunter. Dann kehrte sie ins Haus zurück, um eine Flasche Whiskey und ein Päckchen Zigaretten zu holen. Die Frauen, die sie dort zu sehen erwartet hatte, waren inzwischen offensichtlich wieder mit anderen Dingen beschäftigt, wofür sie ausgesprochen dankbar war. Im Augenblick wollte sie sich keine Gedanken darüber machen, was mit den Toten geschah, wollte sich nicht vorstellen, wie Mitchells Geist aus seinem Körper geholt wurde, auf den er so stolz gewesen war, und sich im Nichts verlor.

Auf dem Weg in den Garten hatte sie überlegt, was sie Galileo sagen sollte. Warum gehen wir nicht zum Strand, würde sie vorschlagen und ihn dabei an die Hand nehmen. Wir könnten ein Feuer machen. Mir ist kalt.

Er war ihr gefolgt wie ein gehorsames Kind und hatte schweigend Treibholz gesammelt und aufgeschichtet. Dann hatte sie ihm die Streichhölzer gereicht, und er hatte das Feuer entzündet. Das Holz war vom Sturmregen noch feucht, sodass es eine Weile dauerte, bis auch an den dickeren Scheiten die Flammen züngelten. Fauchend und zischend verdampfte das Wasser darin, bevor endlich die Flammen an ihnen leckten und sie zu brennen begannen. Erst dann fing er an zu erzählen. Und er begann seine Erzählung mit diesem schlichten, allgemeinen Bekenntnis: *Ich bin schlecht.*

»Ich habe keine Angst vor dem, was du mir sagen willst«, erklärte Rachel.

»Du wirst mich nicht verlassen?«

»Warum sollte ich so etwas je tun?«

»Wegen der Schuld, die ich auf mich geladen habe.«

»So schlimm kann es nicht sein«, beruhigte sie ihn, doch er schüttelte den Kopf, als wüsste er es besser. »Ich weiß, dass du George Geary getötet hast«, fuhr sie fort, »und ich weiß, dass Cadmus dir den Auftrag dazu gegeben hat.«

»Wie hast du das erfahren?«

»Er hat es auf dem Totenbett gestanden.«

»Meine Mutter hat ihn dazu gebracht, es dir zu erzählen?«

»Nicht mir, sondern Loretta. Ich war nur zufällig dabei.« Versonnen blickte Galileo in das Feuer. »Du musst mir helfen, dass ich es verstehe«, bat Rachel. »Mehr verlange ich nicht von dir: Ich will nur verstehen, wie all das geschehen konnte.«

»Wie es kam, dass ich George Geary getötet habe?«

»Nicht nur das. Warum du hierher gekommen bist, um mit den Frauen der Gearys zusammen zu sein. Und vor allem, warum du überhaupt von zu Hause weggegangen bist.«

»Oh …«, murmelte er leise. »Du willst die ganze Geschichte hören?«

»Ja«, bestätigte sie, »genau das will ich. Bitte.«

»Darf ich fragen, warum?«

»Weil ich jetzt irgendwie dazugehöre. Ich nehme an, ich wurde an dem Tag zu einem Teil der Geschichte, als Mitchell in Boston den Juwelierladen betrat. Und ich will wissen, welche Rolle ich darin spiele ...«

»Ich weiß nicht, ob ich dir da helfen kann«, warf Galileo ein. »Ich weiß ja nicht einmal so recht, welche Rolle mir selbst darin zukommt.«

»Erzähl mir einfach die Geschichte von Anfang an«, entgegnete Rachel. »Alles andere lege ich mir schon selbst zurecht.«

Galileo nickte und holte tief Luft. Das Holz hatte jetzt, da der letzte Rest von Feuchtigkeit verdampft war, richtig Feuer gefangen. Der Rauch hatte sich verzogen. Gelb und weiß züngelten die Flammen hoch, und die Luft zwischen Rachel und Galileo flimmerte vor Hitze.

»Ich sollte wohl mit Cesaria beginnen«, meinte Galileo und begann zu erzählen.

2

Natürlich kennt niemand die ganze Geschichte; das ist völlig unmöglich. Vielleicht gibt es nichts Vollständiges auf der Welt, außer diesen Trümmern, auf die Heraklit so große Stücke hält. Ich habe den Mund zu voll genommen, als ich am Anfang dieses Buches sagte, ich würde alles erzählen. Ebenso muss Galileo scheitern, wenn er jetzt ein ähnlich prahlerisches Versprechen gibt. Aber inzwischen habe ich begriffen, dass wir angesichts der Tatsache, dass allem, was wir tun, zwangsläufig ein Mangel anhaftet, vor einer doppelten Herausforderung stehen: zum einen, uns keine Vorwürfe für etwas zu machen, das ohnehin unvermeidlich ist; und zum zweiten, in unserer Unvollkommenheit etwas anderes zu sehen, vielleicht eine höhere Wahrheit, weil sie sowohl unseren Ehrgeiz als auch das Scheitern unseres Elugeizes enthält; das Erschöpfen der Ordnung und die Entdeckung – mitten in tiefster Verzweiflung –, dass das Tier, das sich der Schönen an die Fersen heftet, eine ureigene Schönheit besitzt.

Galileo schickte sich also an, seine Geschichte zu erzählen, und obwohl Rachel ihn gebeten hatte, alles zu erzählen, und er durchaus willens war, ihr diesen Wunsch zu erfüllen, konnte er nur das berichten, woran er sich an diesem einen Tag, in dieser bestimmten Stunde erinnerte. Keineswegs alles. Nicht einmal annähernd alles. Nur Splitter und Fragmente; aus dieser besten aller Welten, die auf Schutt gebaut ist.

Wie er es angekündigt hatte, begann seine Geschichte mit Cesaria.

»Du bist ihr bereits begegnet«, sagt er, »also hast du eine ungefähre Vorstellung, wie sie ist. Und ich glaube, das ist das, was wir alle von ihr haben: eine ungefähre Vorstellung. Nur mein Vater Nicodemus vielleicht …«

»Und Jefferson?«

»Sie hat dir von ihm erzählt?«

»Nicht sehr viel. Nur dass er ein Haus für sie gebaut hat.«

»Das stimmt, und es ist eines der schönsten Häuser auf der Welt.«

»Wirst du mit mir hinfahren?«

»Ich wäre dort nicht willkommen.«

»Vielleicht irrst du dich da«, widersprach Rachel.

Er sah sie über die Flammen hinweg an. »Möchtest du das wirklich? Möchtest du meine Familie kennen lernen.«

»Ja. Das würde ich sehr gern.«

»Sie sind alle verrückt«, erklärte er.

»Schlimmer als die Gearys können sie nicht sein.«

In diesem Punkt musste er ihr mit einem Schulterzucken Recht geben. »Wenn du es so willst, fahren wir eben hin«, sagte er.

Rachel lächelte. »Das war ja einfach.«

»Dachtest du, ich würde nein sagen?«

»Ich dachte, du würdest dich mit allen Mitteln dagegen wehren.«

Galileo schüttelte den Kopf. »Nein«, erwiderte er. »Es wird Zeit, dass ich Frieden schließe. Oder es zumindest versuche. Wir werden alle nicht ewig leben. Nicht einmal Cesaria.«

»Als sie bei Cadmus war, sagte sie, dass sie alt und müde wird.«

»Ich glaube, ein Teil von ihr war schon immer alt und müde. Und ein anderer Teil wird jeden Tag neu geboren.« Als er Rachels verständnislosem Blick begegnete, fuhr er fort: »Ich kann es nicht besser erklären. Sie ist für mich genauso rätselhaft wie für alle anderen. Sogar für sich selbst. Sie ist voller Widersprüche.«

»Auf dem Schiff hast du mir erzählt, sie habe keine Eltern.«

»Soweit ich weiß, hat sie keine. Und mein Vater auch nicht.«

»Wie ist das möglich? Woher kamen sie?«

»Aus der Erde. Aus den Sternen.« Das sagte er mit einer Miene, die ausdrückte, dass er es für überflüssig hielt, über die Frage auch nur nachzudenken, weil sie ohnehin nicht zu beantworten war.

»Aber sie ist sehr alt«, warf Rachel ein. »Soviel weißt du jedenfalls.«

»Die Menschen haben sie schon vor Christi Geburt angebetet, sogar bevor Rom gegründet wurde.«

»Also ist sie so etwas wie eine Göttin?«

»Das hat nicht mehr viel zu bedeuten. Heutzutage werden die Göttinnen in Hollywood gemacht. Es ist ganz einfach.«

»Aber du hast gesagt, dass sie von den Menschen angebetet wurde.«

»Wahrscheinlich wird sie das heute noch an manchen Orten. In Afrika gab es viele Tempel, die ihr geweiht waren. Die Missionare haben einige ihrer Kultstätten zerstört, aber solche Dinge sterben nie ganz aus. Einmal habe ich eine Statue von ihr in Madagaskar gesehen. Es war ein seltsames Gefühl, zu beobachten, wie sich die Leute vor dem Bild meiner eigenen Mutter verneigten. Am liebsten hätte ich ihnen zugerufen: Spart euch eure Gebete. Ich weiß genau, dass sie euch nicht zuhört. Sie hat in ihrem ganzen Leben nie jemandem zugehört, außer ihrem Ehemann. Und ihm hat sie das Leben derartig zur Hölle gemacht, dass er lieber tot als weiter mit ihr zusammen sein wollte. Zumindest ließ er alle in dem Glauben, er sei gestorben. Ich nehme jedoch an, dass er seinen Tod inszeniert hat, um heimlich das Weite suchen zu können.«

»Und wo ist er jetzt?«

»Da, von wo er kam vermutlich. In der Erde. Bei den Sternen.« Mit einem tiefen Atemzug fuhr er fort: »Ich weiß, es ist schwer zu begreifen. Ich wünschte, ich könnte es dir leichter machen. Aber bin kein Experte, wenn es darum geht, das Wesen unserer Familie zu erklären. Für uns ist es wahrscheinlich ebenso selbstverständlich wie für euch das Menschsein. Und im täglichen Leben unterscheiden wir uns auch gar nicht so sehr voneinander. Wir essen, wir schlafen, wir haben einen Kater, wenn wir zu viel trinken. Ich jedenfalls.«

»Aber ihr seid fähig, Dinge zu tun, die ein normaler Sterblicher nicht tun kann.«

»Nicht viel«, entgegnete er leichthin.

Als er die Hand hob, sprangen die Flammen hoch wie ein spielender Hund. »Natürlich sind wir – du und ich – gemeinsam mächtiger als jeder von uns für sich. Aber das trifft wahrscheinlich auf alle Liebenden zu.«

Darauf sagte Rachel nichts, sondern betrachtete nur über die Flammen hinweg aufmerksam sein Gesicht.

»Was soll ich dir noch erzählen?« fuhr er fort. »Ach ja … meine Mutter kann Stürme heraufbeschwören. Das Unwetter, das mich hierher gebracht hat, war beispielsweise ihr Werk. Und sie kann ihr Bild auftauchen lassen, wo immer es ihr gefällt. Wahrscheinlich könnte sie sich auf den Mond versetzen, wenn ihr danach wäre. Sie kann Menschen einfach so das Leben nehmen« – hier schnippte er mit den Fingern – »und vermutlich kann sie es auch geben, obwohl das weniger ihrem Wesen entspricht. Zu ihrer Zeit war sie eine sehr gewalttätige Frau. Ihr fällt das Töten leicht.«

»Dir nicht?«

»Nein, mir nicht. Ich tue es, wenn ich dazu gezwungen bin, wenn ich mich dazu verpflichtet habe, aber es fällt mir nicht leicht, nein. Mein Vater war genauso. Er war verrückt nach Sex. Das war seine große Leidenschaft. Nicht einmal Liebe. Sex. Purer, körperlicher Sex. Ich habe einige seiner Tempel gesehen, und ich sage dir, sie boten einen beeindruckenden Anblick. Besonders die Statuen, die meinen Vater darstellten. Manchmal war sogar lediglich sein enormer Penis abgebildet.«

»Und das hast du von ihm geerbt?«

»Was, den Penis?«

»Die Liebe zum Sex.«

Galileo schüttelte den Kopf. »Ich bin kein großartiger Liebhaber«, erklärte er. »Nicht so wie er, war ich auf hoher See, habe ich oft monatelang nicht daran gedacht.« Er lächelte. »Wenn ich mit einer Frau zusammen bin, ist es natürlich eine ganz andere Geschichte.«

»Nein«, widersprach Rachel mit einem wissenden Lächeln, »es ist dieselbe Geschichte.« Mit fragend gerunzelter Stirn sah er sie an. »Du erzählst immer dieselbe Geschichte«, erklärte sie, »von deinem erfundenen Land.«

»Woher weißt du das?«

»Weil ich sie wiedererkannt habe, als sie mir zum zweiten Mal begegnete.«

»Von wem hast du sie gehört? Loretta?«

»Nein.«

»Von wem dann?«

»Es war eine deiner älteren Eroberungen«, erklärte sie. »Hauptmann Holt.«

»Oh ...«, entgegnete Galileo leise. »Wie hast du von Charles erfahren?«

»Durch sein Tagebuch.«

»Es existiert noch nach all den Jahren?«

»Ja. Mitchell hat es mir weggenommen. Ich glaube, sein Bruder hat es jetzt.«

»Das ist sehr bedauerlich.«

»Warum?«

»Weil vermutlich darin steht, wie man sich Zutritt zu L'Enfant verschafft. Ich habe es Charles gesagt, als ich mit ihm und Nickelberry dort war, und er hat es aufgeschrieben.«

»Warum hast du das getan?«

»Weil ich sehr krank war und fürchtete, das Bewusstsein zu verlieren, bevor wir im Haus waren. Sie hätten den Weg ohne meine Hilfe nicht lebend bewältigen können.«

»Garrison weiß also jetzt, wie er in das Haus deiner Mutter gelangen kann?« wollte Rachel wissen.

Galileo nickte. »Nun ja. Da ist nichts mehr zu machen. Hast du das ganze Tagebuch gelesen?«

»Nicht alles, aber das meiste.«

»Aber du weißt, wie wir uns kennen gelernt haben? Wie Charles von Nub in mein Haus gebracht wurde?«

»Ja, diese Geschichte kenne ich.« Bildfetzen gingen ihr in rascher Folge durch den Kopf; das Schlachtfeld bei Bentonville, das gespenstische Kind auf Holts Pferd, die Ruinen von Charleston und der gruselige Anblick im Garten des Hauses in der Tradd Street. Sie hatte durch Holts Augen so viele Dinge gesehen. »Er konnte sehr gut schreiben«, bemerkte sie.

»In jungen Jahren wollte er Dichter werden«, sagte Galileo. »So wie er schrieb, hat er auch gesprochen, ob du es glaubst oder nicht. Es hörte sich wunderbar an, wie ihm die Sätze über die Lippen kamen.«

»Hast du ihn geliebt?«

Überrascht über diese Frage hob Galileo den Kopf. Nach kurzem Zögern sagte er: »Ich vermute, in gewisser Weise ja. Er war ein edler Charakter. Zumindest war er es einmal gewesen. Als ich ihn kennen lernte, war er so furchtbar traurig. Er hatte alles verloren.«

»Aber er hat dich gefunden.«

»Ich konnte ihm das Verlorene unmöglich ersetzen«, erwiderte er und lächelte fast reumütig über seine eigene Förmlichkeit. »Ich konnte ihm nicht Frau, Kinder und all das sein, was er vor dem Krieg besessen hatte. Obwohl ... ich vielleicht dachte, ich könnte es. Das war immer mein größter Fehler. Ich will immer Geschenke machen. Ich möchte Menschen glücklich sehen. Aber es geht nie gut aus.«

»Warum nicht?«

»Weil ich den Menschen nicht das geben kann, was sie wirklich haben wollen. Ich kann ihnen nicht das Leben geben. Früher oder später müssen sie sterben, und der Tod ist niemals angenehm. Kein Mensch stirbt einen angenehmen Tod. Die Leute klammern sich ans Leben. Selbst wenn sie Qualen leiden, wollen sie noch ein paar Minuten, ein paar Sekunden mehr haben …«

»Was ist aus Holt geworden?«

»Er starb in L'Enfant und wurde dort begraben.« Galileo stieß einen Seufzer aus. »Ich hätte nie zulassen dürfen, dass sie mich dorthin brachten. Das konnte nur Ärger nach sich ziehen. Aber ich war so lange fortgewesen, war verwundet und am Ende meiner Kraft. Ich brauchte einen Ort, an dem ich genesen konnte.«

»Wie kam es zu den Verletzungen?«

»Ich war unvorsichtig. Irgendwie dachte ich, ich sei unverwundbar … und das war ein Irrtum.« Er hob die Hand und strich sich über das Gesicht. Instinktiv wanderten seine Finger zu den Narben auf der Stirn und am Schädel und fuhren so sachte darüber, als würden sie darin lesen; die Blindenschrift vergangener Leiden. »Es gab dort eine Frau namens Katherine Morrow«, erklärte er. »Sie war eine meiner … wie heißt das – Konkubinen? Bevor sie zu mir kam, war sie eine überaus sittsame Tochter aus den Südstaaten. Und dann zeigte sie ihr wahres Gesicht. Sie war eine Frau ohne jedes Schamgefühl. Was immer ihr in den Sinn kam, setzte sie umgehend in die Tat um. Aber sie hatte zwei Brüder, die den Krieg lebend überstanden hatten, und die kamen nach Charleston, um sie zu suchen. In der betreffenden Nacht war ich betrunken. Ich war in den meisten Nächten betrunken, aber in jener Nacht war ich so sturzbetrunken, dass ich erst registrierte, was los war, als ich draußen auf der Straße von einem Dutzend Männern umringt wurde – die Brüder und ihre Freunde –, die alle auf mich eindroschen. Es ging nicht nur darum, dass ich das Mädchen verführt hatte. Ich war ein Nigger, und sie waren voller Hass, weil man im Frühjahr desselben Jahres alle amerikanischen Nigger zu freien Bürgern gemacht hatte, was ihnen ganz und gar nicht gefiel. Für sie war es der Weltuntergang. Also schlugen sie unerbittlich auf mich ein, und ich war zu benebelt vom Alkohol, um sie daran zu hindern.«

»Wie kam es dann, dass sie dich nicht umbrachten?«

»Nickelberry erschoss die beiden Brüder. Er kam mit zwei Pistolen – ich sehe das Bild noch vor mir, wie er die Menge um mich herum durchdrang und jedem der beiden eine Kugel in den Kopf jagte. Peng! Peng! Dann kam Charles dazu und drohte, dasselbe mit demjenigen zu machen, der versuchen würde, mich noch einmal zu schlagen. Daraufhin suchten sie alle das Weite. Und Charles und Nub hoben mich vom Boden auf und trugen mich weg.«

»Sie brachten dich nach L'Enfant?«

»Nach einiger Zeit.«

»Was wurde aus den Leuten, die bei dir waren, in deinem …«

»Freudenschloss? Ich weiß es nicht. Als ich ein paar Jahre später wieder nach Charleston kam, habe ich nach ihnen gesucht, aber sie waren in alle Winde verstreut. Von Miss Morrow hörte ich, dass sie nach Europa gegangen war. Aber die anderen …?« Er hob die Schultern. »So viele Menschen sind im Laufe der Jahre gekommen und gegangen. So viele Gesichter. Aber ich vergesse sie nicht. Niemals. Ich sehe sie immer noch vor mir. Ich träume von ihnen, als bräuchte ich nur die Augen zu öffnen und sie wären in Wirklichkeit bei mir.« Seine Stimme senkte sich zu einem Murmeln. »Und vielleicht wäre es auch so …«, fügte er hinzu.

Eine Weile saß er nachdenklich da, dann erhob er sich. »Das Feuer ist so hell«, sagte er. »Würdest du ein Stück mit mir gehen?«

3

Sie wanderten am Strand entlang. Nicht Hand in Hand wie an dem strahlend schönen Tag, als er sie mit zur *Samarkand* genommen hatte, sondern mit einem kleinen Abstand zwischen sich. Er wirkte so verletzlich, dass sie Angst hatte, ihm wehzutun, wenn sie ihn auch nur leicht berührte.

Zwar sprach er weiter, aber in der Dunkelheit verlor er den Faden, und seine Erzählung wurde bruchstückhaft; unzusammenhängende Betrachtungen über sein Leben in jenen Tagen in ferner Vergangenheit. Darüber, dass seine Heimkehr eine Reihe von Katastrophen entfesselt hatte; dass sein Vater von seinen Pferden umgebracht worden war; dass seine Schwester Marietta ihn vor dem Zorn seiner Mutter geschützt hatte; dass seine andere Schwester Heiltränke und Pillen kannte, die zu seiner Heilung beigetragen hatten. Rachel drang nicht mit Fragen in ihn. Sie hörte zu, wie seine Gedanken wanderten und seine Lippen erzählten.

Auch wenn Galileo nichts zur Rechtfertigung seiner Taten sagte, habe ich das Gefühl, dass ich um der Wahrheitsfindung willen ein paar eigene Beobachtungen hinzufügen muss. Er nahm alle Schuld auf sich, als wäre er allein verantwortlich für alle Sünden, die in jenen finsteren Tagen auf L'Enfant begangen wurden, aber so war es einfach nicht. Weder dafür, dass ich meinem Vater Chiyojo überließ, noch für Cesarias unerbittlichen Zorn oder für den Tod seines Freundes Charles Holt, der durch seine eigene Hand starb, trug er die Verantwortung.

Er war jedoch verantwortlich für etwas, das er in seinem Bericht nicht erwähnte. Als er mit Holt und Nickelberry nach L'Enfant kam, folgte den drei Männern jemand. Ihre Verfolger waren keine gewöhnlichen Plünderer, sondern ein kleines Grüppchen von Männern, angeführt von Katherines Vater Benjamin Morrow, der seine beiden Söhne durch Nub verloren hatte. Für damalige Verhältnisse war er mit seinen weit über sechzig Jahren ein alter Mann, und vielleicht war er aufgrund seiner Jahre vorsichtiger, als es ein jüngerer

Mann gewesen wäre. Obwohl er mit seinem Grüppchen von fünf gottesfürchtigen Bürgern aus Charleston seiner Beute während der nordwärts führenden Verfolgung ein paarmal ziemlich nah gekommen war, zögerte er den Angriff hinaus. Er wollte ins Herz der unseligen Macht vordringen, die seine geliebte Katherine so sehr in ihren Bann gezogen hatte, dass ihr jeder Sinn für Anstand verloren gegangen und sie die Hure dieses Niggers Galileo geworden war. Seine Vorsicht und seine Neugier retteten ihm und seinen Männern das Leben. Indem er der Fährte seiner Beute folgte, gelang es ihm ohne sein Wissen, die Fallen zu umgehen, denen sie zum Opfer gefallen wären, hätten sie den Weg nach L'Enfant allein gesucht. Aber als Cesaria die Anwesenheit der Eindringlinge bemerkte, stürzte sie sich wie ein Furie auf die Männer.

Ich habe sie in ihren Gräbern gesehen, und den Ausdruck in ihren Gesichtern werde ich niemals vergessen. Das Schicksal wäre gnädiger mit ihnen gewesen, hätten sie unterwegs einen Fehltritt getan und wären in einer der Fallen verschwunden. So aber sahen sie aus, als wären sie in einen Käfig voller hungriger Tiger geraten. Bedenkt man allerdings, dass Cesaria sie getötet hatte, wäre selbst das wahrscheinlich ein gnädiges Los gewesen.

Nun wissen Sie jedenfalls Bescheid. Und ich muss sagen, ich bin in einem Winkel meiner selbst davon überzeugt, dass die Schrecken, die uns bald nach dem Tod der sechs Männer aus Charleston auf L'Enfant ereilten, nicht ganz so katastrophal gewesen wären – oder vielleicht überhaupt nicht stattgefunden hätten –, wäre ihnen ihr Fehler verziehen worden, und man hätte sie unbehelligt wieder ziehen lassen. Blut fordert Blut; grausame Taten ziehen andere grausame Taten nach sich. Als die sechs erst einmal tot waren, gab es nur noch Stürme, entfesselte Pferde und Entsetzen. Galileo war nicht der Auslöser der Ereignisse. Sie war es; die Göttin selbst. Zwar hatte sie die Pracht von L'Enfant hervorgebracht, aber sie war auch diejenige, die in ihrem Wahn die dunkelste Stunde des Hauses heraufbeschwor.

II

Rachel und Galileo kehrten nicht zu dem Feuer zurück, sondern setzten sich am Ende des Strandes auf die Felsen. Das Meer lag ruhig da, und vielleicht fiel es ihm im beruhigenden Rhythmus der Brandung leichter, die Dinge einzugestehen, die noch erzählt werden mussten.

»Es war Nub, der mich aus dem Haus brachte«, fuhr er fort, »so wie er mich hineingebracht hatte. Wahrscheinlich glaubte er, Cesaria würde mich umbringen …«

»Sie hätte dir doch nichts getan, oder?«

»In diesem Zustand war sie zu allem fähig. Sie hatte mich schließlich geschaffen; ich bin sicher, sie hielt es für ihr gutes Recht als Mutter, mich auch zu vernichten. Aber sie bekam keine Gelegenheit dazu. Marietta lenkte sie ab, und Nickelberry schmuggelte mich aus dem Haus. Ich war fast ständig in Fieberfantasien versunken, aber ich erinnere mich genau – o Gott, und wie ich mich erinnere –, wie ich in dieser Nacht durch die Sümpfe stolperte und bei jedem Geräusch, das ich hinter mir hörte, glaubte, sie wäre uns auf den Fersen.«

»Was war mit Nickelberry – die Dinge, die er gesehen hatte. Wie wurde er damit fertig?«

»Oh, Nub war ein pragmatischer Mensch. Für Charles war es zu viel, aber Nub … ich weiß nicht, er wurde mit allem fertig. Und er witterte Macht. Er half mir nicht aus christlicher Nächstenliebe. Er hatte nie zu den Privilegierten gehört und war in bitterer Armut aufgewachsen. Und er war mit leeren Händen aus dem Krieg gekommen. Aber jetzt hatte er mich. Mein Leben lag in seinen Händen, und er war fest entschlossen, es zu erhalten.«

»Hast du mit ihm über die Dinge geredet, die er gesehen hatte?«

»Erst viele Wochen später. Anfangs war ich zu schwach. Er hatte Heilmittel mitgebracht, die ihm meine Schwester Zabrina gegeben hatte, und versprach mir, bei mir zu bleiben und mich gesund zu pflegen.«

»Was verlangte er als Gegenleistung?«

»Zuerst gar nichts. Wir schlugen uns zur Küste durch und verkrochen uns ein paar Wochen lang zwischen den Dünen. Niemand kam je dorthin; wir waren relativ sicher vor Entdeckung. Er baute einen Unterschlupf für uns, und in diesem lag ich, lauschte der Brandung und erholte mich allmählich. Er war mein Krankenpfleger, er war mein Trost; er fütterte mich, badete mich, hörte mir in meinem Fieberwahn zu. Und er besorgte uns etwas zu essen. Gott weiß, woher er es hatte; oder was er tat, um es zu bekommen. Seine einzige Sorge galt meiner Genesung. Es klingt vielleicht pervers, aber wenn ich an diese Zeit zurückdenke, so habe ich sie in freundlicherer Erinnerung als die Zeit in Charleston. Ich fühlte mich, als sei mir eine große Last von den Schultern genommen. Als sei ich von einer schweren Krankheit geheilt worden. Ich hatte jeden menschenmöglichen Exzess erlebt. Ich hatte mich mit so vielen Körpern in Liebe vereinigt, so viel Schönheit war durch meine Hände gegangen … Ich war so berauscht, dass ich glaubte, nie wieder Boden unter den Füßen zu spüren. Und plötzlich war alles vorbei. Über mir war nur der Sternenhimmel; ich nannte nichts mehr mein Eigen als das Meer und die Zeit zum Nachdenken. Damals begann ich davon zu träumen, dass ich mir ein Schiff bauen und davonsegeln würde …

Eines Tages fing Nub an, mir von seinen eigenen Träumen zu erzählen, und mir wurde klar, dass es Schwierigkeiten geben würde. In mir glaubte er einen Freund gefunden zu haben. Gemeinsam mit mir wollte er seine Träume verwirklichen, wenn ich erst einmal genesen war.

›*Jetzt ist der ideale Zeitpunkt für einen neuen Anfang gekommen*‹, sagte er zu mir. ›*Wenn wir zusammenhalten, können wir da draußen ein Vermögen machen.*‹

»Was hast du darauf geantwortet?«

»Ich sagte, dass ich nichts mehr mit den Menschen zu tun

haben wollte. Dass ich genug von ihnen hatte. Und ich erzählte ihm von meinem Traum, ein Schiff zu bauen und davonzusegeln.

Zuerst dachte ich, er würde mich auslachen, aber er tat nichts dergleichen. Im Gegenteil, er fand es eine sehr gute Idee. Aber dann sagte er: ›*Du kannst nicht einfach davonsegeln und vergessen, was wir zusammen durchgemacht haben. Du bist mir etwas schuldig.*‹

Natürlich hatte er Recht. Er hatte sein Leben für mich aufs Spiel gesetzt, als er die Morrow-Brüder in Charleston erschoss. Und er hatte noch einmal sein Leben riskiert, als er mich von L'Enfant wegbrachte. Der Himmel weiß, dass er meinetwegen Dinge mit ansehen musste, die jeden anderen in den Wahnsinn getrieben hätten. Und als wir dann an der Küste ankamen, kümmerte er sich Tag und Nacht um mich. Ohne seine Pflege und Zabrinas Heilkräuter wäre ich heute entstellt oder tot. Natürlich war ich ihm etwas schuldig. Da gab es keinen Zweifel.

Also fragte ich ihn, was er von mir wolle, und er gab mir eine sehr einfache Antwort: Ich sollte ihm helfen, reich zu werden. Seiner Ansicht nach boten sich unzählige Möglichkeiten, Reichtümer anzusammeln. Der Wiederaufbau hatte begonnen. Straßen mussten angelegt, Städte wieder aufgebaut, hungrige Mäuler gestopft werden. Und diejenigen, die diese Chance beim Schopf packten – die Männer, die schlau und geschickt genug waren, sich unentbehrlich zu machen –, sie würden so reich sein wie noch nie ein Mensch in der Geschichte der Vereinigten Staaten.«

»Hatte er Recht mit dieser Einschätzung?«

»Mehr oder weniger. Es gab ein paar Öl- und Straßenbaumagnaten, die bereits damals so vermögend waren, dass niemand je an sie heranreichen konnte, aber er hatte sehr gründlich über die Sache nachgedacht, und er war alles andere als dumm. Gemeinsam – mit seinem gesunden Menschenverstand und meiner Vision, seinem Wissen um die Bedürfnisse der Menschen und meiner Fähigkeit, alle Hindernisse aus dem Weg zu räumen – konnten wir innerhalb sehr kurzer Zeit zu großer Macht kommen, das wusste er.

Und er war ungeduldig. Er hatte lange genug in der Gosse gelebt. Jetzt wollte er ein besseres Leben, und es war ihm gleichgültig, wie das zu bekommen wäre, solange er nur erreichte, was er wollte.« Galileo schwieg einen Moment und starrte aufs Meer hinaus. »Er sagte, ich könne mir später immer noch ein Schiff kaufen und davonsegeln. Das sei völlig in Ordnung. Er wollte mir sogar helfen, ein Schiff zu suchen, nur das Beste vom Besten, versteht sich. Aber als Gegenleistung forderte er meine Hilfe. Er wollte eine Frau und Kinder, und er wollte ein sorgloses Leben für seine Familie. Als ich einwilligte, erschien mir sein Wunsch bescheiden. Und abgesehen davon – wie hätte ich ihm seinen Wunsch abschlagen können, nach allem, was er für mich getan hatte.

Wir schlossen an Ort und Stelle einen Pakt. Ich schwor ihm, dass ich weder ihn noch seine Familie je im Stich lassen würde. Ich schwor bei meinem Leben, dass ich bis ans Ende meiner Tage sein Freund und der Freund seiner Familie sein wollte.«

Rachel hatte das ungute Gefühl zu wissen, wie die Geschichte weiterging.

»Ich glaube, du verstehst allmählich«, bemerkte Galileo.

»Er hat seinen Namen geändert …«

»Ja, das hat er. Ein paar Tage später kam er bestens gelaunt zu unserem Versteck zurück. Er hatte in einem alten Schützengraben einen Toten gefunden – oder das, was von ihm übrig war. In seinem Tornister befanden sich seine sämtlichen Papiere: alles, was Nickelberry benötigte, um eine andere Identität anzunehmen, wozu in jenen Zeiten nicht viel gehörte. Von diesem Tag an war er nicht mehr ›Nub‹ Nickelberry. Er wurde ein Mann namens Geary.«

Mit dieser Wendung der Geschichte hatte Rachel nicht gerechnet, aber als sie jetzt darüber nachdachte, wurde ihr klar, wie die Puzzleteile zusammenpassten. Die Wurzeln der Familie, in die sie hineingeheiratet hatte, reichten in einen Sumpf aus Blut und Schmutz; wen konnte es also wundern, dass die Dynastie, die diesen Wurzeln erwuchs, schändlich und hohl war?

»Ich wusste nicht, worauf ich mich eingelassen hatte«,

fuhr Galileo fort. »Erst viel später erkannte ich, wie ehrgeizig Nubs Ziele tatsächlich waren und zu welchen Schandtaten er bereit war, um sie zu verwirklichen.«

»Und wenn du es gewusst hättest …?«

»Ob ich mich dann auch darauf eingelassen hätte? Ja, ich glaube schon. Es wäre mir nicht recht gewesen, aber ich hätte es getan.«

»Warum?«

»Wie sonst wäre es mir möglich gewesen, mich aus dieser Abhängigkeit zu befreien?«

»Du hättest einfach weggehen können.«

»Ich schuldete ihm zu viel. Hätte ich ihn im Stich gelassen, so hätte sich die Geschichte unweigerlich wiederholt. Ich hätte mich in irgendeine andere Sache hineinziehen lassen – eine andere menschliche Torheit –, und wäre gezwungen gewesen, mich eben damit abzufinden. Ich hätte den Preis in jedem Fall irgendwann bezahlen müssen. Aus diesem Teufelskreis konnte ich mich nur befreien – so sah ich es zumindest –, wenn ich Nub half, seine Träume zu verwirklichen. Erst dann hatte ich mir die Verwirklichung meines eigenen Traums verdient. Dann konnte ich mir ein Schiff bauen … und alles hinter mir lassen.« Galileo stieß einen tiefen Seufzer aus. »Die Arbeit für ihn war eine blutige Angelegenheit, sehr blutig. Aber in einem hatte er Recht: Das Geld lag auf der Straße. Natürlich musste man den anderen etwas voraus haben, wenn man es aufheben wollte. Und er hatte mich. Ich war derjenige, den er vorschickte, wenn ihm jemand Schwierigkeiten machte, und ich sorgte dafür, dass der Betreffende ihm nie wieder im Weg war. Und ich machte meine Sache gut. Nachdem ich erst einmal in Fahrt gekommen war, stellte ich fest, dass es mir leicht fiel, Menschen in Angst und Schrecken zu versetzen.«

»Das hast du von Cesaria.«

»Zweifellos. Und glaub mir, ich war genau in der richtigen Stimmung. Schließlich war ich jetzt ein Heimatloser und fühlte mich frei zu tun, was immer mir in den Sinn kam, egal, wie unmenschlich es auch war. Die Menschen waren mir verhasst, die ganze Welt war mir verhasst. Und so hatte ich Spaß daran, anderen Knüppel zwischen die Beine zu werfen und Blut zu vergießen.«

»Und Nub ...«

»Geary mittlerweile. Mr. Geary.«

»Geary also. Er hat sich niemals die Hände schmutzig gemacht? Du hast die ganze Drecksarbeit erledigt, und er hat sich nur ums Geschäftliche gekümmert?«

»Nein, er konnte durchaus selbst zupacken, wenn ihm der Sinn danach stand. Er war Koch und hatte eine Vorliebe für Messer und Schlachtfleisch. Manchmal versetzte er mich in Erstaunen. Wenn ich sah, wie er vollkommen ungerührt war angesichts der Schmerzen, die er anderen Menschen zufügte, dann habe ich ihn bewundert.«

»Bewundert?«

»Ja. Weil ich selbst immer ein schlechtes Gewissen hatte. Ich litt ständig Qualen, mein Kopf dröhnte von Stimmen, die mich mahnten, dies zu tun, jenes zu lassen und mir Gedanken über die Folgen meines Handelns zu machen. Darum berauschte ich mich so gern mit Drogen und Alkohol; es brachte die Stimmen zum Schweigen. Aber wenn ich mit Geary zusammen war: keine einzige Stimme. Nichts. Stille. Das war angenehm.

Als die Monate ins Land gingen, als ich mich vollständig erholt hatte und wieder zu Kräften kam, erwarb ich mir allmählich den Ruf eines Menschen, vor dem man Angst haben musste, und auch das war angenehm. Je mehr sich dieser Ruf verbreitete, umso mehr sorgte ich dafür, dass ich ihn auch verdiente. Wenn ich an jemandem ein Exempel statuieren wollte, konnte ich brutal sein. Ich hatte eine gewalttätige, hasserfüllte Seite – und wenn die Leute das in meinen Augen sahen oder in meiner Stimme hörten, wurden sie gefügig. Später musste ich oft nicht einmal mehr Gewalt anwenden. Man brauchte mich nur kommen zu sehen, dann fragten die Leute schon, was sie für uns tun, wie sie uns zu Diensten sein konnten.«

»Und wenn sich einer weigerte?«

»Musste er sterben. Durch meine Hand. Meistens ging es blitzschnell. Manchmal aber auch nicht. Manchmal, wenn

Geary meinte, ein Exempel statuieren zu müssen, habe ich entsetzliche Dinge getan …« Die Stimme erstarb ihm. Rachel konnte sein Gesicht nicht sehen, aber sie hörte das unterdrückte Schluchzen und sah seine schattenhafte Gestalt, die vom Weinen geschüttelt wurde. Als er sich nach einer Weile wieder gefangen hatte, fuhr er mit belegter Stimme fort:

»Staat um Staat dehnten wir unseren Einflussbereich aus. Angefangen bei Virginia über Tennessee, Missouri und Oklahoma bis nach Texas hinunter kaufte Geary Land auf, meistens mit Geld, das er nicht besaß. Aber mittlerweile hatte er sich einen Namen gemacht; er war der Mann aus Charleston, der eine Vision und eine scharfe Zunge hatte und sich das nahm, was er haben wollte. Wer es ihm verweigerte, dem tat es schon sehr bald Leid, und darum hüteten sich die Leute auch davor. Sehr schnell wollten sie ihm seinen Willen gar nicht mehr verweigern; sie wollten lieber Geschäfte mit ihm machen: Er war der Mann der Zukunft, und es kam ihnen so vor, als hätte er so viel Geld, dass man reich wurde, wenn man ihm nur die Hand schüttelte.« Galileos Stimme hatte wieder an Festigkeit gewonnen. »Tatsächlich wurden nicht wenige Leute durch ihn reich. Er war ein Naturtalent, er hatte ein Händchen für alles, was mit Geld zu tun hatte. Ich glaube, er staunte selbst über sich.

In weniger als drei Jahren hatte er es zum Millionär gebracht und fand es an der Zeit, eine Familie zu gründen. Er heiratete eine reiche Frau aus Georgia, die ihren Besitz vor dem Krieg im Norden in Sicherheit gebracht hatte. Ihr Name war Bedelia Townsend, und die beiden schienen das ideale Paar. Sie war schön, sie war ehrgeizig, und sie wollte die Welt besitzen. Die Sache hatte nur einen einzigen Haken. Er ließ ihr im Schlafzimmer nicht die Aufmerksamkeit zukommen, die sie sich wünschte. Also leistete ich ihr Gesellschaft.«

»Hatte sie Kinder von dir?«

»Nein. Es waren alles seine. In dieser Hinsicht war ich sehr vorsichtig. Es war eine Sache, sie zu befriedigen, eine andere, einen Barbarossa mit ihr zu zeugen.«

»Hat es dich nicht gereizt?«

»Ein uneheliches Kind mit ihr zu zeugen? O ja, es war eine große Versuchung für mich. Aber ich hatte Angst, dass es alles zerstören würde, was zwischen uns war. Ich genoss es, mit ihr zusammen zu sein. Nichts konnte mich glücklicher machen.«

»Und was hielt Geary von alledem?«

»Es war ihm gleichgültig. Er war damit beschäftigt, ein Imperium aufzubauen. Solange Bedelia ihm Kinder gebar und ich als sein Schläger zur Stelle war, wenn ihm jemand dumm kam, interessierte es ihn nicht, was wir miteinander trieben. Es waren anstrengende Zeiten für einen Koch, der König werden wollte. Und um ehrlich zu sein, er arbeitete hart, Tag und Nacht. In diesem Jahrzehnt nach dem Krieg wurde die Saat für alles gelegt, was je aus der Familie Geary geworden ist.«

»Irgendwann muss doch der Zeitpunkt gekommen sein, an dem du deine Schulden bezahlt hattest.«

»O ja, sicher. Aber wohin sollte ich gehen, wenn ich ihn verließ? Nach L'Enfant konnte ich nicht zurück. Außer meinem Leben mit den Gearys hatte ich nichts mehr.«

»Du hättest zur See fahren können.«

»Das habe ich schließlich auch getan.« Einen Moment hielt er nachdenklich inne. »Aber ich war nicht allein.«

»Du hast Bedelia mitgenommen?« erkundigte sich Rachel leise.

»Ja. Ich habe Bedelia mitgenommen. Sie war die erste Frau, die ihren Fuß auf die *Samarkand* setzte, und du warst die zweite. Wir stachen in See, ohne Geary etwas davon zu sagen. Sie ließ ihm, glaube ich, einen Brief zurück, in dem sie ihm ihre Gefühle erklärte; in dem sie ihm sagte, dass sie mehr wollte, als er ihr zu geben in der Lage war.«

»Wie konnte sie das tun? Wie konnte sie ihre Kinder verlassen?«

Er beugte sich dichter zu ihr hin. »Hättest du nicht dasselbe für mich getan?« fragte er.

»Ja«, murmelte sie, »ja, ich hätte dasselbe getan.«

»Siehst du, da hast du deine Antwort.«

»Hat sie ihre Kinder je wieder gesehen?«

»O ja. Später. Aber sie bekam noch ein weiteres Kind …«

»Dann hattest du also dein uneheliches Kind?«

»Ja.«

»Niolopua …?«

»Ja. Mein Niolopua. Ich ließ ihn von Anfang an wissen, dass das Blut der Barbarossas in seinen Adern floss. Auf diese Weise konnten ihm die Jahre zumindest bis zu einem gewissen Grad nichts anhaben. Von meinem Vater wusste ich, dass einige seiner Kinder – diejenigen, die nicht ahnten, wer sie waren –, ein ganz normales Menschenleben geführt hatten. Siebzig Jahre, und sie traten aus der Welt ab. Nur diejenigen seiner Kinder, die ihre eigentliche Herkunft kannten, erreichten ein biblisches Alter.«

»Das verstehe ich nicht«, warf Rachel ein. »Was macht es für einen Unterschied, ob jemand weiß, welches Blut in seinen Adern fließt, wenn er ein Barbarossa ist?«

»Es kommt nicht auf das Blut an. Es kommt darauf an zu wissen, wer man ist. Das Wissen macht das Wesen eines Barbarossa aus, nicht die Zusammensetzung des Blutes.«

»Und wenn du es ihm nie gesagt hättest?«

»Dann wäre er schon vor langer Zeit gestorben.«

»Du bist also mit Bedelia auf der *Samarkand* davongesegelt, und am Ende seid ihr hier gelandet?«

»Ja. Es war ein Zufall; der Wind wehte uns hierher, und es schien das Paradies für uns. Dieser Teil der Insel war damals völlig unbewohnt. Wir kamen uns vor wie die ersten Menschen. Natürlich waren schon vor uns Fremde da gewesen. In Poi'pu gab es eine Missionsstation. Dort wurde Niolopua geboren. Und während sich Bedelia von der Geburt erholte, beendete ich die Arbeit am Haus.« Sein Blick schweifte an ihr vorbei über den Strand. »Es hat sich nicht viel verändert hier«, bemerkte er. »Die Luft riecht immer noch so köstlich wie damals, als ich mit ihr hier ankam.«

Während er das sagte, dachte sie an Niolopua: an den unergründlichen Ausdruck, den sie so oft in seinen Augen gesehen und bei dem sie sich gefragt hatte, welche Geheimnisse er in seinem Herzen barg. Jetzt wusste sie es. Als gehorsamer Sohn hatte er über das Haus gewacht, das vor so langer Zeit für seine Mutter erbaut worden war, hatte den Horizont abgesucht und darauf gewartet, dass ein Segel in Sicht kam, das Segel der *Samarkand*, das die Rückkehr seines Vaters ankündigte. Die Trauer um ihn wollte ihr die Tränen in die Augen treiben. Obwohl sie ihn nicht besonders gut gekannt hatte, war er doch eine Verbindung zur Vergangenheit und zu der Frau, ohne deren Liebe vieles, was Rachel erlebt hatte, nicht möglich gewesen wäre. Ohne Bedelia hätte es kein Haus in diesem Garten Eden gegeben.

»Hast du genug gehört?« fragte Galileo.

In gewissem Sinne hatte sie mehr als genug gehört. Sie würde Tage brauchen, um das Gehörte im Geist zu ordnen und die Puzzleteile zu den Dingen hinzuzufügen, die sie bereits wusste: den Geschichten, die sie in Holts Tagebuch gelesen hatte; den vagen Andeutungen, die sie Gesprächen mit Niolopua und Loretta entnommen hatte; der letzten, erbitterten Konfrontation zwischen Cesaria und Cadmus. All das wurde ihr im Licht dessen, was sie von Galileo erfahren hatte, verständlicher, gleichzeitig aber auf unerklärliche Weise rätselhafter. Schmerz und Trauer, Treue und Verrat, das alles ging so viel tiefer, als sie vermutet hatte. Und auch wenn es nur eine erfundene Geschichte gewesen wäre, hätte sie es überwältigend genug gefunden. Aber es war mehr. Es war das Leben des Mannes, den sie liebte. Und sie war ein Teil davon; sie lebte es, erlebte es in diesem Augenblick.

»Darf ich dir noch eine letzte Frage stellen?« wandte sie sich schließlich an ihn. »Den Rest verschieben wir auf ein andermal.«

»Dann ist es also nicht aus?« fragte er leise, indem er ihre Hand ergriff.

»Wie meinst du das?«

»Zwischen uns.«

»Großer Gott, mein Liebster ...« Zärtlich strich sie ihm über das Gesicht. Es war so heiß, als hätte er Fieber. »Natürlich ist es nicht aus. Ich liebe dich. Ich habe dir gesagt, dass ich vor dem, was du zu erzählen hast, keine Angst habe, und das war mein Ernst. Um nichts in der Welt würde ich dich noch einmal von mir gehen lassen.« Durch den Schleier seiner Tränen hindurch versuchte er zu lächeln.

Sachte strich sie über seine Stirn. »Durch das, was du mir erzählt hast, ergibt alles einen Sinn für mich«, erklärte sie. »Und mehr wollte ich von Anfang an nicht. Ich wollte alles verstehen.«

»Du bist etwas ganz Besonderes. Habe ich dir das je gesagt? Du bist eine bemerkenswerte Frau. Ich wünschte nur, ich wäre dir früher begegnet.«

»Ich wäre nicht bereit gewesen für dich«, entgegnete Rachel. »Ich wäre davongelaufen. Es wäre zu viel gewesen …«

»Du hattest noch eine Frage«, warf Galileo ein.

»Ja. Was wurde aus Bedelia. Blieb sie hier auf der Insel?«

»Nein, ihr fehlte das gesellschaftliche Leben der Großstadt, darum kehrte sie nach dreieinhalb Jahren zurück. Nahm den Faden da wieder auf, wo sie ihn fallen gelassen hatte.«

»Und Niolopua?«

»Ein paar Jahre lang fuhr er mit mir zur See. Sah sich die Welt an. Aber das Leben auf dem Schiff gefiel ihm nicht besonders. Als er zwölf war, brachte ich ihn zur Insel zurück, wo er am liebsten sein wollte.«

Kaum war die eine Frage beantwortet, stellte sich die nächste. »Hast du Bedelia je wieder gesehen?«

»Erst ganz am Ende ihres Lebens. Irgendeine Ahnung – ich weiß nicht genau, was es war, veranlasste mich, nach New York zu segeln, und als ich in der Villa eintraf, lag sie im Sterben. Als ich sie sah, wusste ich sofort, dass sie nur noch auf meine Rückkehr gewartet hatte. Sie starb an Lungenentzündung, o Gott, sie so zu sehen … so schwach. Es brach mir das Herz. Aber sie erklärte, sie sei erst bereit zu sterben, wenn ich mit Geary Frieden geschlossen hätte. Der Himmel weiß, warum ihr das so wichtig war, aber so war es nun einmal. Sie ließ ihn zu sich ins Schlafzimmer rufen …«

»Das große Zimmer auf der Straßenseite?«

»Ja.«

»In diesem Zimmer ist Cadmus gestorben.«

»Viele Gearys sind in diesem Zimmer geboren worden und gestorben.«

»Was hat sie zu euch gesagt?«

»Sie bat uns, dass wir uns die Hand geben sollten. Dann äußerte sie ihren letzten Wunsch. Ich musste ihr versprechen, immer für die Frauen der Gearys da zu sein und sie zu trösten, so wie ich sie getröstet hatte – sie so zu lieben, wie ich sie geliebt hatte.

Und das sollte der einzige Dienst sein, den ich nach ihrem Tod der Familie Geary zu erweisen hatte. Keine Morde mehr. Keine Grausamkeiten. Nur das Versprechen, Trost und Liebe zu geben.«

»Was hast du darauf geantwortet?«

»Was sollte ich sagen? Ich hatte diese Frau von ganzem Herzen geliebt. Ich konnte ihr den Wunsch nicht abschlagen; er war das Letzte, worum sie in ihrem Leben bat. Also willigten wir ein. Wir legten an ihrem Totenbett ein feierliches Gelöbnis ab. Er versprach, das Haus auf Kauai vor allen männlichen Mitgliedern der Familie zu schützen und dafür zu sorgen, dass es allein den Frauen vorbehalten bliebe. Ich schwor, immer dann zur Stelle zu sein, wenn die Frauen mich brauchten, und ihnen Gesellschaft zu leisten. Danach lebte Bedelia noch zwei Tage. Sie klammerte sich ans Leben, wartete und beobachtete uns – Geary auf der einen Seite ihres Sterbelagers, ich auf der anderen. Aber sie sagte kein einziges Wort mehr; ich bin sicher, dass sie uns warten ließ, damit wir Zeit hatten, über unser Versprechen nachzudenken. Als sie dann starb, trauerten wir gemeinsam, und es war fast wie in alten Zeiten; wie es am Anfang gewesen war, bevor sich alles zwischen uns zum Schlechten entwickelt hatte. Ich ging nicht zu ihrem Begräbnis, denn ich wäre nicht willkommen gewesen in den vornehmen Kreisen, in denen Nub jetzt verkehrte – bei den Astors, den Rothschilds, den Carnegies. Und er wollte nicht, dass die Leute Fragen stellten, wenn ich am Grab seiner Frau stand. Also stach ich in See. An dem Tag, an dem Bedelia beerdigt wurde, lief ich mit der morgendlichen Flut aus dem Hafen aus. Nub habe ich nie wieder gesehen. Aber wir schrieben uns Briefe und regelten die notwendigen Dinge im Hinblick auf unsere Absprache. Es war merkwürdig, wie sich die Dinge entwickelt hatten. Als wir uns begegneten, war ich der König von Charleston gewesen und er ein heimatloser Wanderer. Jetzt hatten wir die Rollen vertauscht.«

»Hat es dir etwas ausgemacht? Dass dir nichts mehr gehörte, meine ich.«

Galileo schüttelte den Kopf. »Ich wollte nichts von dem, was er besaß. Außer Bedelia. Sie hätte ich gern mit mir genommen und hier auf der Insel begraben. Sie gehörte nicht in ein vornehmes Mausoleum. Sie gehörte hierher, wo sie das Rauschen des Meeres hätte hören können …«

Rachel musste unwillkürlich an die Kirche mit dem kleinen Friedhof denken, die sie bei ihrem ersten Besuch auf der Insel gesehen hatte.

»Aber ihr Geist kehrt manchmal hierher zurück.«

»Sie war also eine der Frauen im Haus?«

Galileo nickte. »Ja, sie war bei ihnen, obwohl ich nicht weiß, ob ich das Ganze nur geträumt habe.«

»Ich konnte sie deutlich sehen.«

»Das heißt nicht, dass ich es nicht geträumt habe«, entgegnete Galileo.

»Es war also nicht ihr Geist?«

»Geist. Erinnerung. Echo. Ich weiß es nicht. Es war ein Teil des Menschen, der sie war. Aber der bessere Teil ihrer Seele ist nicht mehr hier. Der weilt irgendwo bei den Sternen. Was du gesehen hast, ist das, was ich mir zur Erinnerung hier bewahrt habe. Der Traum einer Erinnerung an Bedelia. Und Kitty. Und Margie.« Er seufzte. »Ich war ihr Trost, als sie noch am Leben waren. Und jetzt gehört mir ein kleines Stück von ihnen. Siehst du, wie sich die Kreise schließen?« Erschöpft stützte er den Kopf in die Hand. »Ich habe mich müde geredet«, sagte er. »Und wir sollten unsere Abreise vorbereiten. Früher oder später wird jemand kommen und nach deinem Mann suchen.«

»Nur noch eins«, warf Rachel ein.

»Ja?«

»Wird es auch für mich eines Tages so sein? Werde ich zu

den Frauen im Haus gehören? Ich sterbe, und du träumst mich herbei, wenn du einsam bist?«

»Nein. Für uns wird es anders sein.«

»Aber wie?«

»Du wirst zur Familie Barbarossa gehören, Rachel. Du wirst eine von uns sein, damit dich der Tod nicht von mir trennen kann. Ich weiß noch nicht, wie ich das anstellen soll – ich weiß nicht einmal, ob ich es kann –, aber das ist mein Plan. Und wenn es nicht in meiner Macht steht…«, fügte er hinzu, indem er ihre Hand nahm, »wenn ich dich nicht zu einer Barbarossa machen und mit dir leben kann, dann werde ich mit dir sterben.« Er küsste sie. »Das ist ein Versprechen. Von jetzt an gehören wir zusammen, ob bis ins Grab oder bis ans Ende aller Tage.«

III

1

Ich blieb die ganze Nacht wach, um Galileos Bekenntnisse niederzuschreiben. In gewisser Weise waren dies die glücklichsten Momente meiner Arbeit an dem Buch: Endlich konnte ich die Teile der Geschichte zu Papier bringen, die mir schon lange auf der Seele lagen; und es machte mir Spaß, beim Erzählen meine Stimme mit der von Galileo zu verweben. Es war aber auch der Erste von vielen abschließenden Schritten, die in den nächsten Tagen auf mich zukommen werden, und als sich die Nacht ihrem Ende entgegenneigte, beschlich mich ein deutlicher Anflug von Melancholie. Angesichts der schmerzlichen Erfahrungen, die mit dem Schreiben dieses Buches für mich verbunden waren, erscheint Ihnen das vielleicht merkwürdig, aber bei all meinen Klagen hat mich die Reise, die ich unternommen habe, doch tief berührt und verändert, und ich sehe dem Ende nicht ganz so freudig entgegen, wie ich dachte. Um die Wahrheit zu sagen, graust mir ein wenig vor dem Ende. Ich habe Angst, dass ich, wenn alles gesagt ist und ich den Federhalter aus der Hand lege, so viel von mir in diese Seiten habe einfließen lassen, dass das, was mir bleibt, nicht mehr ausreicht, um mein Sein auszufüllen. Dass ich leer sein werde oder doch zumindest beinahe völlig ausgelaugt.

Meine Stimmung besserte sich merklich, als der Chor der Morgendämmerung erwachte; und als ich endlich in die Federn kroch, war ich schon wieder fast ausgesöhnt mit meinem Schicksal. Immerhin hatte ich ein Ergebnis meiner Mühen vorzuweisen: Wenn ich jetzt im Schlaf sterben sollte, würde ich mehr zurücklassen als die Haare im Abfluss und die Speichelflecken auf meinem Kopfkissen. Etwas, das ich mit meiner Hand und meinem Kopf geschaffen hatte; wenn

Sie so wollen das Zeugnis meines Wunsches, Ordnung in ein Chaos zu bringen.

Apropos Chaos – noch im Einschlafen fiel mir plötzlich ein, dass ich Mariettas Hochzeitsfeier verpasst hatte. Nicht, dass ich die Absicht gehabt hätte, mich auf dieses Abenteuer einzulassen; selbst wenn mich das Buch nicht derartig in Anspruch genommen hätte, wäre mir sicher irgendeine Ausrede eingefallen. Wenn ich wirklich einmal die Mauern von L'Enfant hinter mir lasse, dann ganz sicher nicht, um mich mit Mariettas lesbischen Freundinnen in irgendeiner Bar zum feuchtfröhlichen Gelage zu treffen. Andererseits musste ich unwillkürlich daran denken, dass Mariettas Hochzeit – sofern sie tatsächlich stattgefunden hatte – ein weiterer Beweis dafür war, wie sich die Dinge veränderten, und dass ich, der ich alle diese Veränderungen gesehen und als treuer Chronist festgehalten hatte, plötzlich allein zurückblieb. Das pure Selbstmitleid, kein Zweifel. Aber manchmal wirkt eine Prise Selbstmitleid besser als das schönste Wiegenlied. Während ich mich in meinem Sumpf des Bedauerns suhlte, schlief ich ein.

Ich träumte wieder; aber diesmal sah ich im Traum kein Meer und keine grauen Straßenschluchten, sondern einen strahlend blauen Himmel und eine öde Wüstenlandschaft. In einiger Entfernung vor mir bewegte sich in einer ockerfarbenen Staubwolke eine Karawane aus Kamelen und Männern dahin. Ich hörte die Rufe, mit denen die Männer ihre Kamele antrieben, und das Klatschen der Stöcke auf die Flanken der Tiere. Auch riechen konnte ich sie, obwohl sie eine Viertelmeile von mir entfernt waren: ein scharfer Geruch nach Dung und verschwitztem Fell. Mir war nicht nach der Gesellschaft dieser Leute zumute, aber als ich mich umsah, stellte ich fest, dass weit und breit nichts war als Ödnis.

Ich befinde mich in meinem eigenen Innern, dachte ich; *Staub und Leere nach allen Richtungen: Das bleibt mir, wenn ich mit dem Schreiben fertig bin.*

Die Karawane entfernte sich stetig von mir. Wenn ich zu lange zögerte, würde sie aus meinem Blickfeld verschwinden. Was sollte ich dann tun? Vor Einsamkeit sterben oder verdursten; das eine oder das andere. So unglücklich ich auch sein mochte, dazu war ich nicht bereit. Also setzte ich mich in Bewegung, und mit der wachsenden Angst, sie aus den Augen zu verlieren, wurde aus dem Gehen ein Laufen, aus dem Laufen ein Rennen.

Dann befand ich mich plötzlich mitten unter den Tieren und Männern; umgeben von Lärm und Gestank. Ich spürte das rhythmische Schaukeln eines Kamels unter mir, und als ich den Blick senkte, sah ich, dass ich tatsächlich hoch auf dem Rücken eines der Tiere saß. Die Landschaft – diese schmerzende Weite ausgedörrter Erde – war verhüllt von dem Staub, den die Reiter um mich herum aufwirbelten. Was ich erkennen konnte waren das Hinterteil des Kamels vor mir und der Kopf des Tieres hinter mir; alles andere war meinen Blicken entzogen.

Jemand begann zu singen, und seine Stimme übertönte mehr selbstsicher als melodisch das allgemeine Getöse. Es war, so würde man sagen, eine Art Traumgesang, völlig unzusammenhängend, aber irgendwie vertraut. Was war das für ein Lied? Überzeugt, dass ich erkennen würde, was ich da hörte, wenn ich mich nur richtig darauf konzentrierte, lauschte ich aufmerksamer und versuchte, die Worte zu verstehen. Aber ich kam nicht dahinter, auch wenn mir die Lösung gelegentlich zum Greifen nah schien.

Entnervt wollte ich meine Bemühung schon aufgeben, als mich etwas am Rhythmus des Liedes aufhorchen ließ. Ich hörte noch einmal genau hin, und plötzlich nahmen die Worte, die noch vor einer Sekunde unsinnig geklungen hatten, Gestalt an.

Das Lied, das ich hörte, war ein Wanderlied; keine fremdländische Hymne an den Wüstenhimmel, sondern eine Weise aus meiner Kindheit. Es war das Lied, das ich vor so vielen, vielen Jahren im Pflaumenbaum gesungen hatte.

Mir scheint, ich bin.
Mir scheint, ich wurde.
Mir scheint, ich werde

geboren, weil
mir scheint, ich bin …

Als ich das hörte, stimmte ich in den Gesang ein, und wie ein Echo kamen andere Stimmen hinzu und sangen gemeinsam mit mir dieses Lied. Immer im Kreis drehten sich die Worte, wie das Rad der Sterne … wurden geboren und existierten und wurden wieder geboren.

Eine Woge glückseliger Erinnerungen überflutete mich. Den Tränen zum Trotz, mit denen ich zu Bett gegangen war, enstand keine Leere in mir. Es gab noch die Erinnerungen, süß und bitter, wie die Früchte an den Zweigen jenes Baumes. Bereit, gepflückt zu werden, wenn ich Nahrung brauchte. Ja, es waren Kerne in diesen Früchten – harte, bittere Kerne –, aber das Fleisch, das diese Kerne umschloss, war saftig und nahrhaft. In mir würde keine Leere sein.

Der Gesang hielt an, aber die Stimmen meiner unsichtbaren Kameraden entfernten sich. Als ich mich umdrehte, war das Kamel hinter mir verschwunden, ebenso wie das Tier, das vor mir dahingetrottet war. Offenbar hatte ich meine Mitreisenden auf dem Weg hinter mir gelassen. Jetzt war ich allein, sang allein vor mich hin und passte den Rhythmus meines Liedes dem gleichmäßigen Trott meines Reittieres an.

Mir scheint, ich bin …

sang ich.

Mir scheint, ich wurde …

Jetzt, da nur noch mein eigenes Tier Staub aufwirbelte, klärte sich die Sicht. Vor mir glitzerte etwas in der Landschaft.

Mir scheint, ich werde
geboren, weil …

Ein Fluss, vor mir lag ein breiter Fluss, der mit seinem Wasser üppige, blumengesprenkelte Wiesen und Baumgruppen mit schweren Wipfeln hervorgebracht hatte. Und jenseits dieses blühenden Oasenstreifens erhoben sich im warmen Schein der untergehenden Sonne die Mauern einer Stadt.

Jetzt wusste ich, welchen Fluss ich vor mir hatte; es war der Serawschan. Und die Stadt? Auch sie kannte ich. Ein Pflaumenbaum und ein Lied hatten mich nach Samarkand gebracht.

Das war alles. Näher kam ich nicht an die Stadt heran, nur dieser eine flüchtige Blick war mir vergönnt. Aber das war genug. Im nächsten Augenblick erwachte ich mit einer so intensiven Erinnerung an meinen Traum, dass die Melancholie, die mich vor dem Schlafengehen befallen hatte, wie weggeblasen schien, geheilt durch das, was ich erlebt hatte. Das ist die wundersame Wirkung unserer Träume.

2

Inzwischen war es Nachmittag geworden, und ich ging in die Küche, um mir etwas zu essen zu machen. In dem Glauben, dass ich nur rasch etwas zu mir nehmen und dann unbemerkt wieder in mein Arbeitszimmer huschen könnte, nahm ich mir nicht die Zeit, mich vorher zurechtzumachen. In der Küche stieß ich jedoch auf zwei Mitbewohner: Zabrina und Dwight. Bei meinem Anblick schienen die beiden fast ein wenig erschrocken.

»Sie könnten eine Rasur vertragen, mein Freund«, bemerkte Dwight.

»Und frische Kleider«, fügte Zabrina hinzu. »Du siehst aus, als hättest du in diesen Klamotten geschlafen.«

»Völlig richtig«, bestätigte ich ihren Eindruck.

»Sehen Sie sich ruhig in meinem Schrank um, wenn Sie wollen«, erklärte Dwight. »Sie können alles nehmen, was ich zurücklasse.«

In diesem Augenblick fielen mir zwei Dinge auf. Zum einen der Koffer neben dem Tisch, an dem die beiden saßen; zum anderen die Tatsache, dass Zabrina rot geweinte, feuchte Augen hatte. Offensichtlich war ich mitten in eine tränenreiche Abschiedsszene geplatzt; tränenreich zumindest auf einer Seite.

»Das ist alles deine Schuld«, schniefte Zabrina. »Er geht deinetwegen.«

Dwight verzog das Gesicht zu einer Grimasse. »Das ist nicht wahr«, protestierte er.

»Du hast gesagt, wenn du das verdammte Pferd nicht gesehen hättest …«, begann Zabrina.

Aber Dwight fiel ihr ins Wort. »Es war nicht seine Schuld«, sagte er. »Ich bin aus freien Stücken mit ihm zu den Stallungen gegangen. Und wenn die Sache mit dem Pferd nicht passiert wäre, dann wäre es eben etwas anderes gewesen.«

»Ich schließe aus alledem, dass Sie uns verlassen?« warf ich ein.

Dwight warf mir einen reumütigen Blick zu. »Es muss sein«, erklärte er. »Wenn ich jetzt nicht gehe …«

»Du musst überhaupt nicht gehen«, unterbrach ihn Zabrina. »Da draußen gibt es nichts, das dich reizen könnte.« Sie streckte den Arm über den Tisch aus und ergriff Dwights Hand. »Wenn dir die Arbeit zu viel wird …«

»Das ist es nicht«, entgegnete Dwight. »Es ist nur so, dass ich nicht jünger werde, und wenn ich nicht bald gehe, werde ich es nie tun.« Sanft entzog er Zabrina seine Hand.

»Das verdammte Pferd«, knurrte sie.

»Was hat das Pferd damit zu tun?« erkundigte ich mich.

»Nichts«, antwortete Dwight. »Ich habe nur zu Zsa-Zsa gesagt …« (Zsa-Zsa, dachte ich. Himmel, die beiden waren vertrauter miteinander, als ich vermutet hatte) »… dass mir beim Anblick des Pferdes …«

»Dumuzzi.«

»… bei Dumuzzis Anblick klar geworden ist, dass ich überhaupt nichts von der Welt gesehen habe in meinem Leben. Außer in diesem da, natürlich.« Damit nickte er zu dem kleinen Schwarzweißfernseher, vor dem er, wie ich wusste, zahllose Stunden gesessen hatte. Waren die flimmernden Bilder für ihn die ganze Zeit über der Ersatz für die Welt jenseits der Mauern von L'Enfant gewesen, nach der er sich in Wirklichkeit sehnte? Es schien so. Aber offensichtlich hatte er erst durch Dumuzzis Auftauchen gemerkt, wie groß seine Sehnsucht war.

»Nun ja«, sagte er mit einem leisen Seufzer, »es wird Zeit, dass ich gehe.« Mit diesen Worten erhob er sich vom Tisch.

»Warte wenigstens bis morgen früh«, bat Zabrina. »Es wird spät. Es wäre besser, wenn du morgen in aller Frühe aufbrichst.«

»Ich fürchte, du würdest mir etwas ins Abendessen mischen«, gab er mit einem wehmütigen Lächeln zurück. »Und dann weiß ich vielleicht plötzlich nicht mehr, warum ich meinen Koffer gepackt habe.«

Mit einem leisen Tadel in der Stimme entgegnete Zabrina: »Du weißt genau, dass ich das nie tun würde.« Dann schniefte sie vernehmlich und fügte hinzu: »Wenn du gehen willst, dann tu es doch. Niemand zwingt dich zu bleiben.« Sie senkte den Blick auf ihre Hände. »Aber ich werde dir fehlen«, schloss sie leise. »Du wirst schon sehen.«

»Du wirst mir wahrscheinlich so sehr fehlen, dass ich in einer Woche wieder vor der Tür stehe«, erwiderte er.

Zabrina zitterte jetzt förmlich vor Kummer, die Tränen tropften groß wie Silbermünzen vor ihr auf die Tischplatte.

»Nicht ...«, bat Dwight mit brüchiger Stimme. »Ich hasse es, wenn du weinst.«

»Dann bring mich nicht zum Weinen«, entgegnete Zabrina im Tonfall eines bockigen Kindes. Aber dann blickte sie mit tränengefüllten Augen zu ihm auf. »Ich weiß, dass du gehen musst«, schluchzte sie. »Und ich verstehe es. Wirklich. Aber ich weiß auch, dass du nicht nach zwei Wochen wieder hier sein wirst. Du wirst zur Tür hinausgehen und vergessen, dass es mich je gab.«

»Ach, Liebling ...« Dwight beugte sich über sie und nahm sie in die Arme. Es war kein sehr graziöser Anblick, um es milde auszudrücken: Dwight, dessen Arme in dieser Position ihre Leibesfülle nicht ganz umschließen konnten, und Zabrina, die so trostbedürftig war, dass sie sich an ihn klammerte, als drohte sie aus großer Höhe in die Tiefe zu stürzen und er wäre ihre letzte Rettung. Ihr Schluchzen war jetzt langanhaltend und durchdringend, obwohl sie das Gesicht an seinem Bauch vergraben hatte. Sehr zärtlich strich er ihr übers Haar und sah mich dabei an. In seinen Augen stand Traurigkeit, keine Frage; aber es mischte sich auch ein Schatten von Ungeduld hinein. Er hatte beschlossen zu gehen, und nichts konnte seinen Entschluss jetzt noch ändern. Mit ihren Tränen und ihrer Anhänglichkeit schob sie lediglich das Unvermeidliche hinaus.

Offenbar wollte er, dass ich ihm zu Hilfe kam.

»Komm schon, Zabrina«, sagte ich munter, »genug ist genug. Er muss ja nicht sterben. Er sieht sich nur einmal in der großen bösen Welt um.«

»Das läuft auf dasselbe hinaus«, entgegnete sie.

»Jetzt bist du aber albern«, mahnte ich mit freundlicher Stimme, während ich zu ihr trat und ihr die Hände auf die Schulter legte. Meine beschwichtigende Geste lenkte sie einen Moment lang ab, was Dwight Gelegenheit gab, sich einen Schritt zurückzuziehen. Sie machte keine Anstalten, ihn festzuhalten. Offensichtlich hatte sie sich mit seinem Abschied abgefunden.

»Pass auf dich auf«, wandte sich Dwight jetzt an sie. »Und Sie, Maddox, Sie werden mir fehlen.« Damit nahm er seinen Koffer vom Boden auf. »Grüßen Sie Miss Marietta bitte von mir. Sagen Sie ihr, ich wünsche ihr alles Gute mit ihrer Herzdame.«

Als er jetzt rückwärts zur Tür ging, waren seine Schritte so zögernd, dass ich fast damit rechnete, er werde es sich anders überlegen. Und vielleicht hätte er das auch getan, hätte ihm Zabrina nicht einen wütenden Blick zugeworfen und mit einer Heftigkeit, die mich in diesem Moment von ihr überraschte, zu ihm gesagt:

»Bist du immer noch da?«

Worauf er auf dem Absatz kehrt machte und verschwand.

IV

Eine Weile bemühte ich mich redlich, Zabrina zu trösten, nachdem Dwight gegangen war, aber im Grunde wusste ich natürlich, dass nichts sie so beruhigen konnte wie ein kleiner Leckerbissen. Also erbot ich mich, ihr ein Sandwich zu machen. Zwar hob das ihre Lebensgeister nicht sofort, aber der Anblick meiner Bemühungen um ihr leibliches Wohl verfehlte seine Wirkung auf die Dauer nicht. Ihr Schluchzen wurde leiser, die Tränen versiegten allmählich. Als ich ihr das Produkt meiner Arbeit präsentierte, das, so möchte ich sagen, ein kleines Meisterwerk war (frisch abgeschnittener Schinken, in Scheibchen geschnittener kalter Spargel, Gewürzgurken, etwas Senf, ein wenig Mayonnaise), sah sie schon wieder ganz fröhlich aus.

Während sie das Sandwich aß, stellte ich eine Auswahl an Desserts vor sie hin und ließ sie allein. So vertieft war sie in den tröstlichen Genuss, dass sie wahrscheinlich nicht einmal merkte, wie ich die Küche verließ.

Ich hatte mir eine bescheidenere Variante des für Zabrina gezauberten Sandwichs bereitet und verspeiste dieses Produkt, während ich mich wusch und rasierte und meine im Schlaf zerdrückten Kleider gegen etwas Repräsentativeres tauschte. Da sich bereits die Abenddämmerung herabsenkte, goss ich mir ein Glas Gin ein und trat damit auf die Veranda, um das letzte Tageslicht zu genießen. In den Magnolien veranstalteten die Vögel ihren melodischen Lärm, im Gras gingen die Eichhörnchen geschäftig den letzten Verrichtungen des Tages nach. Ich schlürfte meinen Gin, betrachtete meine Umgebung, lauschte den Geräuschen und dachte: So vieles von dem, was an L'Enfant schön ist, wird weiter bestehen, auch wenn es das Haus längst nicht mehr gibt. Die Vögel werden weiter singen, die Eichhörnchen werden weiter ihre Kapriolen machen, die Nacht wird den Tag ablösen und den Himmel mit Sternen schmücken. Die wichtigen Dinge werden fortdauern.

Gerade als ich den letzten Schluck trank, hörte ich Gelächter, das über den Rasen herüberwehte; aus der Ferne zuerst, dann immer näher. Es war zwar noch niemand zu sehen, aber ich konnte mir natürlich denken, wer dahintersteckte. Wenn auch lärmend und wüst, war es doch eindeutig weibliches Lachen, und es kam, wenn ich mich nicht täuschte, aus mindestens einem halben Dutzend Kehlen. Marietta hatte ihre Hochzeitsgäste – oder zumindest einige der Gäste – mit nach Hause gebracht.

Ich stieg die Stufen der Veranda in den Garten hinunter. Die milchige Brust des Mondes ging rund und voll am Himmel auf. Seine Farbe glich keinem kalten Silber; er war buttergelb und tauchte alles in einen weichen Schein.

Jetzt übertönte Mariettas Stimme das Gelächter.

»Bewegt euern Hintern, Mädels!« rief sie. »Ich möchte nicht, dass eine von euch verloren geht.«

Ihre Stimme war aus den Schatten unter den Bäumen gedrungen, und gleich darauf kam sie, Hand in Hand mit Alice, in Sicht. Drei Frauen folgten wenige Schritte hinter ihnen, und eine von ihnen blickte über die Schulter zurück, was darauf schließen ließ, dass noch mehr Besucherinnen im Anmarsch waren.

Noch vor wenigen Monaten hätte mich die Vorstellung, dass Marietta so viele Fremde mit in unser heiliges Heim brachte, entsetzt. Es wäre mir wie eine Entweihung vorgekommen. Aber was spielte das jetzt noch für eine Rolle? Je mehr Menschen Jeffersons Meisterwerk sahen und bewunderten, bevor es der Zerstörung anheim fiel, umso besser, und selbst aus der Entfernung konnte ich erkennen, dass sie beim Anblick des Hauses angemessen beeindruckt waren. Das Lachen erstarb; sie blieben wie angewurzelt stehen und tauschten überraschte Blicke.

»In diesem Haus wohnt ihr Glücklichen?« fragte eine der Frauen aus dem Dreiergrüppchen.

»O ja, hier werden wir wohnen«, erwiderte Marietta.

»Es ist herrlich …!« rief die Frau aus, die über die Schulter zurückgeblickt hatte. Der Rest der Gesellschaft war vergessen. Mit staunend aufgerissenen Augen ging sie auf das Haus zu.

Zwischen den Bäumen hörte man neuerliches Gelächter, und gleich darauf tauchten die letzten Hochzeitsgäste, zwei Frauen, im Mondschein auf. Eine der beiden war halb nackt, die Bluse aufgeknöpft, der Unterkörper völlig entblößt. Ihre Begleiterin, eine ältere Frau mit zerzausten grauen Haaren, war etwas schicklicher gekleidet, aber auch ihr Kleid war vorn geöffnet und offenbarte einen üppigen Busen. Beide Frauen schienen ein wenig unsicher auf den Beinen, und die jüngere ließ sich, kaum das sie das Haus erblickt hatte, ins Gras sinken und hörte auf zu lachen.

»Ach du Scheiße, Lucy … sie hat keine Witze gemacht«, hörte ich sie sagen.

Die ältere der beiden (Lucy, wie ich annahm), trat zu ihr, und die andere lehnte ihren Kopf an ihren Schenkel.

»Wieso haben wir nichts von diesem Haus gewusst?« rief Lucy, an Marietta gewandt.

»Es war unser kleines Geheimnis«, antwortete Marietta.

»Aber jetzt ist es kein Geheimnis mehr«, fiel eine der drei Frauen ein, die sich neben Marietta gestellt hatte. »Jetzt, da wir es kennen, werden wir hier ein Fest nach dem anderen feiern.«

»Soll mir recht sein«, gab Marietta zurück. Sie zog Alice an sich und kusste sie auf den Mund. »Wir können machen …« noch ein Kuss, »… was immer …«, wieder ein Kuss, »… wir wollen.«

Mit diesen Worten setzte sie sich in Bewegung und zog Alice mit sich zum Haus. Da ich es für geraten hielt, meine Anwesenheit nicht länger zu verbergen, trat ich ins Mondlicht und machte mich Marietta durch einen Zuruf bemerkbar.

»Eddie!« begrüßte sie mich und breitete die Arme aus. »Da bist du ja! Schau uns an! Wir sind verheiratet! Was sagst du nun?«

Bereitwillig ließ ich mich von ihr umarmen. »Habt ihr den Pfarrer auch mitgebracht?«

»Wir brauchten keinen Pfarrer«, warf Alice ein. »Wir haben das Ehegelöbnis vor unseren Freundinnen und vor Gott abgelegt.«

»Und anschließend haben wir uns betrunken«, fügte Marietta hinzu. »Und sind es noch immer.« Dann fügte sie leise hinzu: »Ich liebe dich, Eddie. Ich weiß, dass ich es nicht immer zeige …«

Ich drückte sie wieder an mich, diesmal noch fester als beim ersten Mal. »Du bist eine wunderbare Frau«, erklärte ich, »ich bin stolz auf dich.«

Marietta wandte sich an ihre Gäste. »Hört mal alle zu! Ich möchte euch meinen Bruder Eddie vorstellen. Er ist der einzige Mann auf dem ganzen Planeten, der etwas taugt.« Mit diesen Worten ergriff sie meine Hand und drückte sie. »Eddie, darf ich dich mit meinen Freundinnen bekannt machen? Das ist Terri-Lynn …« Eine Blondine aus dem Dreiergrüppchen, das Marietta und Alice auf dem Fuß gefolgt war, begrüßte mich mit einem strahlenden Lächeln. »Und das Schlachtschiff da drüben ist Louise, nur darfst du sie nicht so nennen, sonst tritt sie dir in den Hintern. Sie zieht es vor, Louie genannt zu werden. Du bist also gewarnt.«

Louie, die aussah wie eine aus der Fasson geratene Gewichtheberin, schleuderte mit einer Kopfbewegung ihre Haare aus den Augen und sagte: »Hallo.« Die Frau an ihrer Seite, die ein so zartes Gesicht hatte wie Louies Züge derb waren, kam Marietta zuvor.

»Ich bin Rolanda«, stellte sie sich vor.

»Sehr erfreut, Sie kennen zu lernen«, entgegnete ich, worauf sie mir die Whiskeyflasche hinhielt, die sie in der Hand hatte. »Wollen Sie auch einen Schluck?«

Dankend nahm ich die Flasche entgegen und trank daraus.

»Da hinten, das sind Ava und Lucy«, klärte mich Marietta auf. Dann nahm sie mir die Whiskeyflasche aus der Hand und trank einen Schluck, den sie von Mund zu Mund schwesterlich mit Alice teilte.

»Ich glaube, Ava muss sich eine Weile hinlegen«, bemerkte Lucy. »Sie ist ziemlich weggetreten.«

»Alice bringt euch ins Haus«, entgegnete Marietta. »Ich möchte ein paar Worte mit meinem kleinen Bruder wechseln. Geh schon vor, Liebling!« bat sie Alice, indem sie ihre Braut an den Schultern umdrehte und ihr den Rücken tätschelte. »Bring sie ins Haus. Ich komme gleich nach.«

»Wohin soll ich sie bringen?« wollte Alice wissen.

»Wohin du willst«, antwortete Marietta mit einer weitausholenden Handbewegung.

»Nicht nach oben«, warf ich warnend ein.

»Ach Eddie, sie wird niemandem etwas zuleide tun.«

»Von wem sprecht ihr?« erkundigte sich Rolanda.

»Von meiner Mutter.«

»Louie wird sich um sie kümmern. Sie ist immer für eine kleine Schlägerei zu haben.«

»Cesaria gehört nicht zur rauflustigen Sorte«, erklärte ich. »Bleibt einfach im Erdgeschoss, dann ist alles in Ordnung.«

»Kann ich meinen Whiskey wiederhaben?« wandte sich Rolanda an Marietta.

»Nein, kannst du nicht«, gab Marietta zurück und fügte, als sie Rolandas Stirnrunzeln sah, hinzu: »Du bist betrunken genug.«

»Ach, und du etwa nicht?« Mit einem listigen Lächeln drehte sich Rolanda zu mir um. »Ich weiß, was Sie denken«, sagte sie.

»Und das wäre?«

»Sie wollen eine Frau sein, damit sie heute Nacht vernascht würden. Und wissen Sie was? Sie haben Recht. Und es wäre ein Heidenspaß.« Plötzlich griff sie mir ohne jede Vorwarnung zwischen die Beine und legte die Hand um meine Genitalien. »Ein Jammer, dass Sie das blöde Ding da hängen haben«, fügte sie mit einem aufreizenden Grinsen hinzu.

Ich glaube nicht, dass ich auch nur den Versuch einer Antwort machte, und wenn doch, so brachte ich nur Gestammel heraus. Aber sie hatte mich ohnehin schon stehen lassen und folgte den anderen ins Haus.

»Das ist also deine Clique …«, wandte ich mich an Marietta.

»Sind sie nicht zum Schreien? Übrigens benehmen sie sich nicht immer so. Aber heute ist ein besonderer Tag.«

»Was hast du ihnen erzählt?«

»Über was?«

»Über das Haus. Über uns. Über Mama.«

»Eddie, hör auf, dich verrückt zu machen. Sie würden nicht einmal hierher zurückfinden, wenn ihr Leben davon abhinge. Abgesehen davon vertraue ich ihnen. Sie sind meine Freundinnen. Und ich möchte, dass sie sich hier willkommen fühlen.«

»Warum laden wir nicht alle Welt ein, zu uns zu kommen?« grollte ich.

»Das ist gar keine so schlechte Idee, weißt du«, entgegnete sie und bohrte ihren Zeigefinger in meinen Brustkorb. »Irgendwo müssen wir einen Anfang machen.« Die Frauen waren inzwischen im Haus verschwunden.

»Worüber wolltest du mit mir reden?« erkundigte ich mich.

»Ich wollte nur mit dir anstoßen«, antwortete sie, indem sie die Flasche hob.

»Auf etwas Bestimmtes?«

»Auf dich. Auf mich. Auf Alice. Auf die Liebe.« Sie lächelte mich an. »Es ist wirklich jammerschade, dass du einen Schwanz hast, Eddie. Sonst könnte ich dir eine nette Freundin verschaffen …« Der Gedanke schien sie köstlich zu amüsieren, denn sie brach in brüllendes Gelächter aus. »O Eddie, ich wünschte, ich hätte einen Fotoapparat. Du bist ganz rot geworden.«

»Ich bin nicht rot geworden.«

»Schätzchen, wenn ich es dir doch sage. Du bist rot geworden.« Bei diesen Worten küsste sie mich auf die Wange, die zugegebenermaßen wahrscheinlich ein klein wenig gerötet war.

»Ich sollte wohl ein bisschen intensiver leben«, räumte ich ein.

»Dann lass uns darauf anstoßen«, sagte Marietta, »dass wir lebendig sind und ein bisschen intensiver leben.«

»Darauf stoße ich gern mit dir an.«

»Es wird auch Zeit, dass wir leben.« Sie setzte die Flasche an, trank einen Schluck und reichte sie dann weiter. Während ich trank, ging mir der Gedanke durch den Kopf, dass ich bald so betrunken sein würde wie der Rest der Gesellschaft, wenn ich so weitermachte. Das Sandwich war alles, was ich an diesem Tag gegessen hatte, und wenn man den Gin dazurechnete, war das jetzt der dritte kräftige Schluck Alkohol, den ich innerhalb einer halben Stunde getrunken hatte. Aber zum Teufel damit. Ich hatte nicht jeden Tag die Gelegenheit, mich mit so ausgeflippten Frauen wie diesen zu amüsieren.

»Lass uns ins Haus gehen«, schlug Marietta vor und hakte sich bei mir ein. Auf dem Weg dorthin schmiegte sie sich an mich.

»Ich bin so glücklich«, bemerkte sie, an der Tür angelangt.

»Und es ist nicht nur der Whiskey, der aus dir spricht?«

»Nein, es ist nicht der Whiskey. Ich bin glücklich. Ich bin durch und durch glücklich. Was für eine herrliche Nacht.« In diesem Moment warf sie einen Blick über die Schulter zurück und rief aus: »O, mein Gott! Sieh dir das an!«

Ich folgte ihrem Blick, um zu sehen, was ihre Aufmerksamkeit erregt hatte. Dort, mitten auf dem Rasen, hatte sich eine Gruppe von vier Hyänen versammelt, die in unsere Richtung starrten. In ihrem Ausdruck konnte ich nichts Raubtierhaftes entdecken, aber es war immerhin erstaunlich, dass sie sich so nah ans Haus gewagt hatten. Ihre natürliche Scheu schien verschwunden. Sie hatten plötzlich Mut gefasst. Als sie unseren Blick auf sich spürten, blieben drei der Tiere stehen, aber das größte kam ungerührt näher und hielt erst inne, als es bis auf vier oder fünf Meter herangekommen war.

»Ich glaube, sie möchte ins Haus kommen«, bemerkte Marietta.

»Woher willst du wissen, dass es eine Sie ist?« fragte ich. »Ich dachte, man könnte die Männchen und Weibchen nicht auseinander halten.«

»Ich erkenne ein Weibchen, wenn ich eins vor mir habe«, entgegnete Marietta. »He, Schätzchen«, rief sie dem Tier zu, »willst du hereinkommen und mit uns feiern?«

Die Hyäne hob schnüffelnd die Nase, dann sah sie sich nach ihren Begleitern um, die das Schauspiel aufmerksam beobachteten, aber keinen Schritt näher kamen. Wahrscheinlich hatte die Hyäne beschlossen, dass es besser sei, die Lage genauer zu erkunden, bevor sie sich todesmutig ins Haus wagte, denn sie kauerte sich jetzt im Gras nieder und legte den Kopf auf die Pfoten.

Wir ließen sie auf ihrem Beobachtungsposten zurück. Es war sicher nur eine Frage der Zeit, dann würde das Tier die Schwelle überqueren. Und was war dann? Wenn schon die ganze Hochzeitsgesellschaft und die Hyänen das Haus bevölkerten, wie lange würde es dauern, bis auch die Füchse und die Vögel kamen? Auf seine alten Tage würde es im Haus so von Leben wimmeln wie in seiner Umgebung. Vielleicht musste L'Enfant allen meinen düsteren Prophezeiungen zum Trotz gar keinen gewaltsamen Tod sterben, sondern würde ganz allmählich heruntergewirtschaftet von den Kreaturen, die auf dem Grundstück fröhlich gediehen waren. Hatte ich diese Möglichkeit nicht sogar schon vor Monaten in Erwägung gezogen? Ich war erstaunt, wie sehr mich der Gedanke begeisterte, dass meine Voraussage möglicherweise eintreffen könnte.

Als ich ins Haus trat, ließ ich die Tür absichtlich offen, um der Hyäne zu zeigen, dass sie willkommen war.

V

1

Warum ist es nur so viel schwerer, angenehme Dinge zu beschreiben als Zeiten des Unglücks? Ich hatte keinerlei Probleme, über Gott weiß wie viele Seiten Bilder der Trauer und Verzweiflung zu entwerfen, und jetzt, da ich lediglich erzählen will, wie ich drei oder vier wundervolle Stunden in der Gesellschaft meiner geliebten Marietta und ihrer Bande verbrachte, fehlen mir die Worte. Ich fühlte mich einfach wohl im Kreis dieser Frauen, die mit scharfer Zunge Zoten rissen und – als sie sich einmal ereiferten – einen Lärmpegel erreichten, der ohrenbetäubend war. Um was sie sich stritten? Ich weiß es, ehrlich gesagt, nicht. Ich weiß nur, dass ich wenig oder gar nichts zu der Diskussion beisteuerte. Selig saß ich da und lauschte diesem magischen Kreis, und nichts in der Welt hätte mich verführen können, ihn zu verlassen.

Am Ende machten sich der Alkohol und die späte Stunde jedoch auch bei den ausdauerndsten Festgästen bemerkbar, und irgendwann nach Mitternacht zerstreute sich das Grüppchen und verteilte sich im ganzen Haus. Da Marietta durch mich von Dwights Abreise erfahren hatte, bot sie Rolanda und Terri-Lynn an, sein Bett für diese Nacht zu benutzen. Ava lag schon seit ihrer Ankunft auf der Couch, und dort gesellte sich Lucy zu ihr. Louie blieb, wo sie war, nämlich am Tisch im Esszimmer, den Kopf auf die Arme gebettet. Die Frischvermählten schlurften, wie konnte es anders sein, Hand in Hand in Mariettas Schlafzimmer.

Auf dem Rückweg zu meinem Arbeitszimmer dachte ich darüber nach, was mir noch zu berichten blieb. Ich würde etwas über Galileos und Rachels Abreise von der Insel erzählen müssen: nur der Ordnung halber, denn im Grunde war es ein ganz und gar unspektakuläres Ereignis. Und dann war da noch die Sache mit den Leichen im Haus. Diese Episode ist, zumal nicht ohne eine gewisse makabre Note, eindeutig interessanter als Letzteres. Derselbe halb blinde Hund, den Rachel am Tag ihrer Ankunft im Haus gestreichelt hatte, als er vom Strand gekommen war, schlug Alarm. Nicht etwa indem er sich jaulend auf die Veranda setzte, sondern indem er mit einem am Knöchel abgenagten menschlichen Fuß im Maul auf der Schwelle seines Herrn auftauchte. Es dauerte nicht lange, bis die Polizei die Leichen gefunden hatte. Obwohl Mitchell Geary im Innern des Hauses lag, war es sein Leichnam, an dem der Fuß fehlte. Aus unerfindlichen Gründen musste das Tier über den Toten auf der Veranda gestiegen sein, um sich an dem Mann am Fuße der Treppe zu laben.

Der Leichenbeschauer stellte fest, dass beide Männer schon seit mehr als achtundvierzig Stunden tot waren. Zwar wurde augenblicklich die Suche auf der ganzen Insel eingeleitet, aber man nahm an, dass der Mörder längst über alle Berge sein musste, wahrscheinlich hatte er sich aufs Festland abgesetzt. Natürlich deutete vieles auf Rachel als Täterin hin: Ihr Gepäck wurde im Schlafzimmer gefunden, ihre Fingerabdrücke befanden sich auf dem Geländer in unmittelbarer Nähe der Stelle, an der Mitchell Gearys Leiche gelegen hatte. Kriminalistische Nachforschungen und Laboruntersuchungen ergaben später allerdings, dass einiges gegen ihre Täterschaft sprach: Der Ladenbesitzer identifizierte Mitchell anhand von Fotos als den Mann, der die Tatwaffe gekauft hatte, und auf dem Messer fanden sich nur die Fingerabdrücke einer Person, und das war Mitchell Geary selbst. Die Tatsache, dass sie ihrem Mann nicht die tödliche Verletzung zugefügt hatte, entlastete sie jedoch nicht von jedem Verdacht. Bald waren die Zeitungen voll von Theorien zu den Vorgängen im Haus. Die beliebteste Variante war die Annahme, Mitchell sei zur Insel gekommen, um seine Frau nach Hause zu holen, habe aber geargwöhnt, dass sie einen Anschlag auf sein Leben plante. Darum habe er sich mit dem Messer bewaffnet, den Mann getötet, den sie als seinen Mörder angeheuert hatte, sei dann aber – wahrscheinlich in einem Handgemenge mit Rachel –

die Treppe hinuntergestürzt und im Grunde genommen nur durch einen unglücklichen Unfall ums Leben gekommen.

Diese Theorie wurde lang und breit diskutiert, wobei einige der scharfsinnigeren Journalisten grundsätzlichere Betrachtungen über die offensichtlich gestörte Beziehung der männlichen Gearys zu ihren Frauen anstellten. Einige behaupteten gar, sie hätten die Tragödie kommen sehen; sie sei im Grunde unausweichlich gewesen. *Es war eine von Anfang an zum Scheitern verurteilte Ehe,* schrieb eine besonders gehässige Gesellschaftskolumnistin, *und man muss sich nur wundern, dass sie so lange gehalten hat. Dass sie letztlich auf so tragische Weise endete, kann keine Überraschung für die übrigen Mitglieder der Familie Geary sein, in der Liebe und Ehe noch nie in ruhigen Bahnen verliefen. Schon ein flüchtiger Blick auf die Geschichte der Dynastie macht überdeutlich, dass die Männer ihre Ehefrauen nur allzu oft als Investition betrachtet haben, die sich in Form der produzierten Kinder anstatt in Dollars bezahlt machte. Wen könnte es also wundern, dass Rachel Geary sich gegen ein solches Leben sträubte?*

Die Familie selbst äußerte sich nicht zu der Angelegenheit, lediglich Cecil gab eine kurze, sorgfältig formulierte Stellungnahme ab, in der er sein volles Vertrauen in die Ermittlungsarbeit der Polizei äußerte.

Auch hinter geschlossenen Türen fanden keine Familienversammlungen statt, in denen beraten wurde, wie es weitergehen sollte, keine flammenden Reden, in denen Loretta den Zusammenhalt der Gearys in Notzeiten beschwor. Es war dies der dritte Todesfall in der Familie innerhalb kurzer Zeit, und er bewirkte, dass sich alle mit ihrer Trauer und ihren schweren Gedanken in ihren privaten Winkel zurückzogen. Cadmus' Begräbnis wurde um einige Tage aufgeschoben, damit Mitchells Leichnam von Hawaii überführt und eine gemeinsame Beerdigung von Großvater und Enkel arrangiert werden konnte. Loretta kümmerte sich nicht um die Vorbereitungen: Sie überließ alles Notwendige der Umsicht Carl Linvilles. Stattdessen flog sie mit Jocelyn nach Washington, wo sie sich in ihrem Haus verkroch und weder Besuche empfing noch Anrufe entgegennahm oder mit irgendeiner Menschenseele zu reden bereit war, außer mit Cecil. Jetzt, da der Prinz tot war, hatte sie ihren letzten Verbündeten verloren. Ob ihr der Wunsch, die Geschicke der Familie zu lenken, für immer vergangen war, würde die Zeit zeigen müssen; vorerst schien es ihr nur recht zu sein, wenn die Welt ihren trägen Lauf ohne sie nahm.

Nur Garrison schien von alledem unberührt. Nein, nicht unberührt, sondern unbeeinträchtigt. Als er den Flug nach Hawaii antrat, um seinen toten Bruder nach Hause zu geleiten, schritt er durch die Menge der Fotografen, die sich am Flughafen drängten, wie ein Mann, der mit sich und der Welt zufrieden ist. Nicht dass er gelächelt hätte – so weit ging er nicht –, aber wer ihn kannte, wer seine spröde Körpersprache und seine Abneigung gegen öffentliche Auftritte kannte, sah die Veränderung deutlich, die mit ihm vorgegangen war. Es war fast so, als hätte Garrison einige der Eigenschaften seines toten Bruders übernommen; als wäre im Augenblick seines Todes alles Selbstbewusstsein, das dem Prinzen per Geburt zustand, auf Garrison übergegangen. Er teilte den Schwarm der Journalisten wie Moses das Rote Meer, wortlos, aber mit würdevollem Nicken nach rechts und nach links, als wollte er sagen: *Jetzt bin ich an der Macht.*

Auf der Insel angekommen, musste er als Erstes die traurige Pflicht erfüllen, Mitchell im Leichenschauhaus von Lihue zu identifizieren. Nachdem das geschehen war, ließ er sich nach Anahola fahren, um dem Haus einen Besuch abzustatten, und man erlaubte ihm, sich ohne Begleitung darin umzusehen. Er hatte um etwas Zeit gebeten, weil er der Vergangenheit die Ehre erweisen wollte, wie er sagte. Der Polizeibeamte, der ihn begleitete, hatte nichts gegen seinen Wunsch einzuwenden, ging aber, als Garrison nach einer halben Stunde noch nicht wieder aufgetaucht war, ins Haus, um nachzusehen, ob alles in Ordnung war. Er konnte niemanden finden. Garrison hatte seine Andacht längst beendet und stand jetzt am Strand. Mit seinem schwarzen Anzug, den glatt zurückgekämmten Haaren und den tief in die

Taschen geschobenen Händen gab er ein höchst merkwürdiges Bild ab. Das Meer leuchtete türkisfarben und weiß unter einem strahlend blauen Himmel, und Garrison starrte auf das Wasser hinaus. So stand er vielleicht eine Viertelstunde lang da. Als er zurückkam, lächelte er.

»Es wird alles gut werden«, sagte er.

2

Natürlich geht das alles nicht abrupt zu Ende. Für alle geht das Leben weiter, auch über den Schluss dieses Buches hinaus; es gibt immer noch etwas zu erzählen. Aber irgendwo muss ich einen Schlussstrich ziehen, und ich habe beschlossen, dass jetzt, abgesehen von ein paar Beobachtungen, der richtige Zeitpunkt gekommen ist. So reizvoll der Gedanke auch ist, die Fäden von Erzählungen aufzugreifen, die ich auf diesen Seiten begonnen, aber nicht zu Ende gesponnen habe, wage ich doch nicht, daran zu rühren. Denn eine jede ist in sich ein eigenes Gewand.

Nun gut. Lassen Sie mich also erzählen, was passierte, als ich, nachdem ich eine Weile durchs Haus getappt war und über das eben Berichtete nachgedacht hatte, in die Diele kam.

Mein Blick wanderte zur Treppe, und dort, fast am oberen Absatz, nahm ich in den Schatten eine Bewegung wahr.

Ich dachte, es sei vielleicht Zabrina, die den ganzen Abend über durch Abwesenheit geglänzt hatte (obwohl sie den Lärm der Hochzeitsgesellschaft unmöglich überhört haben konnte). Ich rief ihren Namen, erkannte aber im selben Augenblick meinen Irrtum. Die Gestalt auf der Treppe war klein und irgendwie schattenhaft, was keineswegs nur an der Dunkelheit lag, die sie umgab.

»Zelim?« rief ich fragend.

Die Gestalt richtete sich aus ihrer kauernden Haltung auf und kam ein paar Stufen zu mir herunter. Meine zweite Vermutung war richtig gewesen. Es war tatsächlich Zelim, oder jedenfalls das, was von ihm übrig war. Seine gegenwärtige Erscheinung verhielt sich zu seinem vorherigen Selbst wie dieses vorherige Selbst zu dem Fischer Zelim. Er war der Geist eines Geistes von kaum noch sichtbarer Substanz. Wie Rauch, möchte ich sagen; wie eine Seele aus Rauch, die nur deshalb ihre Form behält, weil kein Wind sie davonweht. Ich hielt den Atem an. Er wirkte so zart, dass er beim geringsten Hauch vergehen musste.

Aber er hatte noch die Kraft zu sprechen: mit schwindender Stimme zwar, die mit jeder Silbe schwächer wurde, aber doch überraschend eloquent. Vom ersten Ton an vernahm ich die Freude, die ihn belebte, und ich wusste, bevor er es mir sagen konnte, dass sein Wunsch erfüllt worden war.

»Sie lässt mich gehen …«, murmelte er.

Jetzt wagte ich endlich zu atmen. »Das freut mich für dich«, sagte ich.

»Danke…« Im letzten Seinsstadium waren seine Augen riesig geworden wie die Augen eines Kindes.

»Wann ist das geschehen?« fragte ich ihn.

»Vor … ein paar … Minuten …«, hauchte das Kind. Seine Stimme war so leise, dass ich mich anstrengen musste, seine Worte zu verstehen. »Sobald … sobald … sie wusste …«

Den letzten Teil des Satzes konnte ich nicht hören, aber ich wollte keine Zeit mit Fragen verlieren, aus Angst, ihn im selben Moment zu verlieren. Also schwieg ich und hörte zu. Er war fast vollständig verblasst. Nicht nur seine Stimme, sondern seine ganze physische Existenz schwand mit jeder Sekunde. Auch wenn ich kein Mitleid empfand – warum denn, nachdem er so deutlich den Wunsch geäußert hatte, diese Welt zu verlassen? – erfüllte es mich doch mit einer gewissen Melancholie zu sehen, wie eine lebendige Seele vor meinen Augen erlosch.

»Ich erinnere mich …«, murmelte er, »... wie er kam, um mich zu holen …«

Was hatte das zu bedeuten? Ich verstand nicht, was er mir sagen wollte.

»… in Samarkand …«, fuhr Zelim fort, und aus seinem Mund klang der Name der Stadt wie ein Gespinst. Jetzt begriff ich. Ich hatte hier in diesem Buch über das Ereignis berichtet, an das er sich erinnerte, ich hatte auf diesen Seiten ein Bild davon entworfen. Zelim, der betagte Philosoph, der im Kreise seiner Studenten saß und erzählte, wie Gottes Hand ihr Werk vollbrachte; der dann aufblickend einen Fremden im Raum gesehen hatte und gestorben war. Sein Tod war ein Ruf gewesen; aus seinem selbstbestimmten Sein war er in Cesaria Yaos' Dienste gerufen worden. Nun war dieser Dienst beendet, und er erinnerte sich – liebevoll, dem sanften Blick in seinen Augen nach zu urteilen –, wie er gerufen worden war und von wem. Von Galileo natürlich.

Merkte Zelim, dass mich das, was er mir erzählte, immer noch ein wenig verwirrte, oder wollte er in dieser letzten Minute nur nüchtern berichten, wie sich der Kreis geschlossen hatte? Wie dem auch sei, jedenfalls sagte er:

»Er ist hier.«

Mit diesen Worten ließ er sein Leben nach dem Tod fahren und löste sich, eine Seele aus Rauch, in Nichts auf.

Er ist hier.

Große Worte, die mich, wenn sie wahr waren, in tiefstes Erstaunen versetzten.

Galileo hier? Gott im Himmel, *Galileo hier!* Ich wusste nicht, ob ich vor Freude schreien oder mein Haupt verhüllen sollte. Ich blickte zur Treppe, in der vagen Erwartung, Cesaria dort zu sehen, die mir befahl, ihn zu ihr zu bringen. Aber die Treppe lag verlassen da, und im Haus war es noch genauso still wie in dem Moment, bevor Zelim seine letzten Worte gesprochen hatte. Wusste sie nicht, dass er hier war? Unmöglich. Natürlich wusste sie es. Dies war ihr Haus, vom Kuppeldach bis zu den Grundfesten; seit dem Augenblick, in dem er den Fuß über die Schwelle gesetzt hatte, lauschte sie seinem Atem, seinem Herzschlag, dem Rumoren seiner Verdauung.

Sie wusste, dass er früher oder später zu ihr kommen musste, und nun wartete sie einfach ab. Sie konnte es sich leisten, geduldig zu sein, nach all den langen Jahren der Einsamkeit.

Nachdem Zelim nicht mehr war, hielt ich mich nicht länger in der Eingangshalle auf, sondern ging zu meinem Arbeitszimmer zurück. Wenige Schritte vor der Tür zu meinem Zimmer wehte mir der verlockende Duft einer brennenden Havanna entgegen. Ich stieß die Tür auf, und da saß er im Sessel hinter meinem Schreibtisch, der große Reisende persönlich, und blätterte, eine meiner Zigarren rauchend, in meinem Buch.

Bei meinem Eintreten hob er den Kopf und sah mich mit einem zaghaften Lächeln an.

»Verzeihung«, sagte er. »Ich konnte einfach nicht anders.«

»Die Zigarre oder das Buch?« gab ich zurück.

»Oh, das Buch«, erklärte er. »Es ist eine beeindruckende Geschichte? Ist irgendetwas wahr daran?«

3

Ich fragte ihn nicht, wie viel er gelesen hatte oder was er von meinen stilistischen Kapriolen hielt. Und ich gab auch keinen Kommentar zu seiner albernen Frage über den Wahrheitsgehalt des Geschriebenen ab. Niemand kannte die Wahrheit besser als er.

Nachdem wir uns zur Begrüßung umarmt hatten, bot er mir eine meiner eigenen Zigarren an, die ich ablehnte, und erkundigte sich, warum das Haus voller Frauen sei.

»Wir sind von Raum zu Raum gewandert auf der Suche nach einem Platz, an dem wir unser müdes Haupt betten konnten, aber …«

»Wer ist *wir?*«

Lächelnd sah er mich an. »Als ob du das nicht wüsstest, Bruder …«

»Rachel?« fragte ich. Er nickte. »Sie ist hier?«

»Natürlich ist sie hier. Denkst du, ich würde diese Frau je wieder aus den Augen lassen, nach allem, was wir durchgemacht haben?«

»Wo ist sie?«

Sein Blick wanderte zur Tür meines Schlafzimmers. »Sie schläft«, erklärte er.

»In meinem Bett?«

»Wenn es dir nichts ausmacht?«

Mein zufriedenes Lächeln konnte ihm nicht verborgen bleiben. »Nein, natürlich macht es mir nichts aus.«

»Schön, dass ich wenigstens einem in diesem verdammten Haus eine Freude machen konnte«, erwiderte Galileo.

»Darf ich … einen Blick auf sie werfen?«

»Wozu das denn, um alles in der Welt?«

»Weil ich seit neun Monaten über sie schreibe. Ich möchte …« Was wollte ich eigentlich sehen? Ihr Gesicht? Ihr Haar? Die geschwungene Linie ihres Rückens? Wahrscheinlich hatte ich plötzlich ein unerklärliches *Verlangen* nach ihr. Etwas, das ich vermutlich die ganze Zeit über gespürt hatte, ohne mir dessen bewusst zu sein. »Ich möchte sie einfach sehen«, schloss ich.

Ohne seine Zustimmung abzuwarten, ging ich zur Schlafzimmertür. Das Bett war in Mondlicht getaucht, und dort, auf der altmodischen Steppdecke, lag die Frau meiner Tagträume. Ich konnte es kaum fassen. Da war sie: Rachel Pallenberg Geary-Barbarossa, das seidige Haar auf dem Kissen ausgebreitet, auf das ich in unzähligen Nächten meinen summenden Schädel gebettet und mir Gedanken darüber gemacht hatte, wie ich die Geschichte ihres Lebens erzählen sollte. Rachel in Boston, Rachel in New York, Rachel auf dem Weg der Genesung in Caleb's Creek, Rachel am Strand von Anahola. Rachels Verzweiflung, Rachels Kampf, Rachels Liebe …

»*Rachels Liebe*«, murmelte ich.

»Wie bitte?«

Ich wandte mich zu Galileo um. »Ich hätte das Buch *Rachels Liebe* nennen sollen.«

»Handelt es in Wirklichkeit davon?« fragte er.

»Ich weiß nicht, wovon, zum Teufel, es handelt«, entgegnete ich, und das war die reine Wahrheit. »Bis zur Mitte dachte ich, ich wüsste es, aber …«, mein Blick wanderte wieder zu der schlafenden Frau, »… vielleicht weiß ich es erst, wenn es fertig ist.«

»Du bist noch nicht fertig damit?«

»Noch nicht, da du jetzt wieder zu Hause bist«, entgegnete ich.

»Ich hoffe, du erwartest keine dramatischen Szenen«, meinte Galileo, »denn das liegt nicht in meiner Absicht.«

»Es ist, wie es ist«, bemerkte ich. »Ich bin nichts als ein Beobachter.«

»Nein, das bist du nicht«, widersprach er und erhob sich von meinem Schreibtisch. »Ich brauche deine Hilfe.« Ich sah ihn verständnislos an. »Mit ihr.« Damit verdrehte er die Augen zur Decke.

»Sie ist deine Mutter.«

»Aber du kennst sie besser als ich. Du warst in den vielen Jahren meiner Abwesenheit immer in ihrer Nähe.«

»Und du glaubst, wir haben hier gemütlich zusammengesessen und Pfefferminzlikör getrunken? Uns über die Magnolien unterhalten? Ich habe sie kaum zu Gesicht bekommen. Sie hat sich oben in ihren Räumen verkrochen und gegrübelt.«

»Hundertvierzig Jahre des Grübelns?«

»Sie hatte einiges, worüber sie sich Gedanken machen konnte. Dich. Nicodemus. Jefferson.«

»Jefferson? Sag nicht, dass sie immer noch an diesen Versager denkt.«

»O doch, das tut sie. Sie hat mir lang und breit erzählt …«

»Siehst du? Du unterhältst dich doch mit ihr. Versuch nicht, dich herauszureden. Du redest mit ihr.«

»Na schön. Ab und zu unterhalte ich mich mit ihr. Aber ich habe nicht vor, deine Verteidigung zu übernehmen.«

Galileo dachte einen Moment über meine Worte nach, schließlich hob er die Schultern. »Dann wird dein Buch kein Schlusskapitel haben, stimmt's? So einfach ist das. Du wirst hier unten sitzen und dir den Kopf darüber zerbrechen, was dort oben vor sich geht; und du wirst es nie erfahren. Du wirst es erfinden müssen.«

»Herrje …«, murmelte ich.

»Ich habe wohl den Nagel auf den Kopf getroffen?«

Natürlich hatte er mich durchschaut. Was war schlimmer als die Vorstellung, mit Galileo im Schlepptau vor Cesaria zu treten? Ohne Frage die Aussicht, hier unten zu bleiben und nicht zu erfahren, was sich zwischen Mutter und Sohn abspielte. Was immer geschehen mochte, wenn sie sich endlich wieder Auge in Auge gegenüberstanden, ich musste dabei sein. Wenn ich das versäumte, erfüllte ich meine Aufgabe als Autor nicht. Und dieser Gedanke war unerträglich für mich. Ich habe in so vielen anderen Dingen versagt.

»Also gut«, erklärte ich. »Du hast mich überzeugt.«

»Braver Junge«, sagte er, während er mich fest an seine Brust drückte. In seinen Armen kam ich mir mager und schwächlich vor. In dem Augenblick, in dem er mich an sich zog, wurde mir bewusst, dass ich nicht annähernd zum Ausdruck gebracht hatte, was die Frauen der Gearys in seinen Armen empfunden haben mussten. Ich beneidete sie.

»Ich werde Rachel aufwecken«, sagte er, bevor er die Arme sinken ließ und an mir vorbei in mein Schlafzimmer trat. Vor dem Bett ging er in die Hocke und schüttelte die Schlafende sachte.

Offensichtlich war sie in Träumen versunken, denn es dauerte eine Weile, bis sie aus dem Schlaf auftauchte. Als sie aber endlich die Augen aufschlug und Galileo sah, ging ein Leuchten über ihr Gesicht. Welch eine Liebe sprach daraus! Welch ungetrübte Freude darüber, dass er hier an ihrer Seite war.

»Zeit aufzustehen, Liebling«, sagte Galileo.

Ihr Blick wanderte in meine Richtung. »Hallo«, begrüßte sie mich. »Wer sind Sie?«

Es war ein komisches Gefühl, das kann ich Ihnen sagen – da sah mich diese Frau an, über deren Leben ich als treuer Chronist berichtet hatte und die für mich mittlerweile eine gute Bekannte war, und sie erkannte mich nicht.

»Ich bin Maddox«, stellte ich mich vor.

»Und das Bett, in dem du schläfst, ist seins«, fügte Galileo hinzu.

Als sie sich aufsetzte, rutschte das Laken herunter, und

sie zog es hastig hoch, um ihre Blöße zu bedecken. »Galileo hat viel von Ihnen erzählt«, sagte sie, und ich hatte den leisen Verdacht, dass sie damit ihre Verlegenheit überspielen wollte.

»Aber ich entspreche nicht Ihren Vorstellungen?«

»Nicht ganz.«

»Du bist schlank geworden, seit ich dich das letzte Mal beim Sumpf gesehen habe«, bemerkte Galileo, indem er meinen Bauch tätschelte.

»Ich habe hart gearbeitet und wenig gegessen.«

»Haben Sie an Ihrem Buch gearbeitet?« erkundigte sich Rachel.

In der Hoffnung, dass sie nicht weiter auf das Thema eingehen würde, nickte ich. Mir war bis jetzt nie der Gedanke gekommen, dass sie Wert darauf legen könnte zu lesen, was ich über sie geschrieben hatte. Bei dem Gedanken wurden meine Hände feucht. »Weißt du«, sagte ich, an Galileo gewandt, »wenn wir Cesaria einen Besuch abstatten wollen, halte ich es für das Beste, es bald zu tun. Sie weiß, dass du hier bist …«

»Und wenn wir noch länger auf uns warten lassen, wird sie denken, ich hätte Angst vor ihr?« gab Galileo zurück, worauf ich nickte.

»Ich würde mir gern wenigstens noch das Gesicht waschen, bevor wir gehen«, warf Rachel ein.

»Zum Badezimmer hier entlang«, erklärte ich und zeigte ihr den Weg. Dann zog ich mich aus dem Schlafzimmer zurück, um nicht aufdringlich zu wirken.

»Sie ist wunderschön«, flüsterte ich Galileo zu, der mir ins angrenzende Zimmer gefolgt war. »Du bist ein sehr glücklicher Mann.«

Ohne auf meine Bemerkung zu antworten, hob er den Blick zur Decke, als wollte er sich innerlich auf die kommende Begegnung dort oben vorbereiten.

»Was erwartest du von ihr?« fragte ich.

»Dass sie mir verzeiht, nehme ich an. Nein. Mehr als das.« Er sah mich an. »Ich möchte nach Hause zurückkommen, Eddie. Ich möchte mit der Liebe meines Lebens nach

L'Enfant kommen und hier glücklich sein bis ans Ende unserer Tage.« Jetzt blieb ich eine Erwiderung schuldig. »Du glaubst nicht an ein Happy End?« fügte er hinzu.

»Für uns?«

»Für jedermann.«

»Wir sind nicht jedermann. Wir sind die Barbarossas. Für uns gelten andere Gesetze.«

»Wirklich?« gab er mit unergründlichem Blick zurück. »Da bin ich nicht so sicher. Ich habe das Gefühl, dass uns dieselben banalen Dinge bewegen wie jeden anderen auch. Wir sind nicht besser als die Gearys. Wir sollten besser sein, aber wir sind es nicht. Wir sind genauso kleinkariert, genauso konfus wie sie. Es wird Zeit, dass wir uns Gedanken über die Zukunft machen.«

»Das sind ungewohnte Worte aus deinem Mund.«

»Ich möchte Kinder mit Rachel haben.«

»Das würde ich mir gut überlegen«, sagte ich. »Ein Halbblut ist für niemanden von Nutzen.«

Ruhig legte er mir die Hand auf die Schulter. »So habe ich auch einmal gedacht. Und ich habe mich gefragt, was für einen Vater ich abgeben würde. Jetzt wird es Zeit, Eddie.« Ein wundervolles Lächeln glitt über seine Züge. »Ich will dieses alte Gemäuer mit Kindern beleben. Und sie sollen alles über die Wunderdinge erfahren, die wir für selbstverständlich halten.«

»Es gibt nicht mehr viele Wunderdinge in diesem Haus«, warf ich ein. »Sofern es sie überhaupt je gegeben hat.«

»Der Zauber existiert noch«, widersprach er mir. »Wir sind davon umgeben. Er ist in unserem Blut. Der Boden ist getränkt damit. Und er ist dort oben, in ihr.«

»Mag sein.«

Er fasste mich energisch am Kinn. »Jetzt schau nur dich an! Freu dich doch. Ich bin zu Hause.«

VI

Wir gingen also hinauf, wir drei. Durch das dunkle, stille Haus die Treppe hoch zu Cesarias Gemächern. Aber sie war nicht da. Während ich von Raum zu Raum ging, leise an die Türen klopfte und sie dann vorsichtig öffnete, dämmerte mir ganz allmählich die Erkenntnis, dass sie *sebstverständlich* nicht da sein konnte. Sie hatte sich ein Stockwerk höher begeben, in den Himmelssaal. Der Kreis schloss sich jetzt in rasantem Tempo. Wir wurden an den Ort gerufen, an dem alles begonnen hatte – an dem ich die ersten Visionen erlebt hatte.

Als wir eben das Schlafzimmer verlassen wollten, hörte ich das klappernde Geräusch von Krallen auf dem Dielenboden und sah Cesarias Lieblingstier, das Stachelschwein Tansy, das unter dem Bett hervorgetrippelt kam. Ich ging in die Hocke und hob das Tier vorsichtig hoch. Es schien sich in meinen Armen wohlzufühlen – und aus irgendeinem unerfindlichen Grund empfand ich seine Nähe als beruhigend.

»Wohin gehen wir jetzt?« wollte Galileo wissen, der mit Rachel vor dem Schlafzimmer gewartet hatte.

»In den Kuppelsaal hinauf«, erklärte ich.

Zweifelnd sah er mich an. »Was tut sie da oben?«

»Das werden wir vermutlich gleich erfahren«, entgegnete ich und ging durch den Korridor zu der schmalen Treppe voraus. Tansy wurde mit jedem Schritt unruhiger, ein sicheres Zeichen, dass mich meine Ahnung nicht getrogen hatte und dass Cesaria uns tatsächlich dort oben erwartete.

An der Tür blieb ich stehen und drehte mich zu den Liebenden um.

»Warst du schon einmal in diesem Raum?« fragte ich Galileo.

»Nein …«

»Also, wenn wir uns aus den Augen verlieren …«, begann ich.

»Moment mal. Was redest du da, warum sollten wir uns aus den Augen verlieren? So groß ist der Raum nun auch wieder nicht.«

»Es ist kein Raum, Galileo«, berichtigte ich ihn. »Von außen mag es so aussehen, aber wenn du ihn betrittst, befindest du dich in einer anderen Welt. In ihrer Welt.«

Er fühlte sich sichtlich unwohl in seiner Haut.

»Worauf müssen wir uns also einstellen?« fragte Rachel.

»Ich fürchte, was immer ich euch darüber sage, wird das Falsche sein. Lasst euch einfach mit dem Strom treiben. Lasst den Dingen ihren Lauf. Und fürchtet euch nicht davor.«

»Sie fürchtet sich selten vor etwas«, entgegnete Galileo und bedachte Rachel dabei mit einem liebevollen Lächeln.

»Und wie gesagt, wenn wir uns aus den Augen verlieren …«

»Gehen wir ohne dich weiter«, ergänzte Galileo meinen Satz. »Einverstanden?«

»Einverstanden.«

Das Stachelschwein immer noch in meiner Armbeuge, wandte ich mich um, streckte, zugegebenermaßen etwas zögerlich, die Hand nach der Klinke aus und öffnete die Tür. Mit einem winzigen Zipfel meines Seins wagte ich mir vorzustellen, dass dieser Besuch ein zweites Wunder in mir bewirken könnte. Wenn beim ersten Mal mein zerschmetterter Körper geheilt worden war, was konnte dann dieses Mal geschehen? Galileo hatte gut reden, wenn er die Vorzüge eines Daseins als Halbblut pries, aber ich hatte an diesem Zustand nie etwas Ruhmreiches entdecken können; ganz im Gegenteil. War es möglich, dass ich von meiner Zwitterexistenz befreit würde, wenn ich jetzt wieder in das Innerste von Cesarias Welt eintrat? Dass mir eine ganz und gar göttliche Existenz gegönnt sein würde?

Diese faszinierende Vorstellung machte mich mutiger, als ich es unter anderen Umständen vermutlich gewesen wäre. Mit einem kurzen Blick versicherte ich mich, dass Galileo und

Rachel mir noch auf den Fersen waren, dann trat ich beherzt ein. Auf den ersten Blick schien der Raum leer zu sein, aber ich wusste, wie gründlich dieser erste Eindruck täuschen konnte. Cesaria war hier, daran hatte ich nicht den geringsten Zweifel. Und wenn sie hier war, dann waren es auch die Kräfte der Vision und der Verwandlung, über die sie gebot. Wir brauchten nur zu warten, bis sie in Erscheinung traten.

»Ein schöner Raum«, bemerkte Galileo hinter meinem Rücken.

Aus seiner Bemerkung war deutlich ein ironischer Unterton herauszuhören; offensichtlich glaubte er, ich habe den magischen Charakter des Ortes überschätzt. Ich sagte kein Wort zu meiner Rechtfertigung, sondern hielt einfach nur den Atem an. Ein paar Sekunden vergingen. Das Stachelschwein war in meinen Armen sehr ruhig geworden. Eigenartig, dachte ich. Langsam und vorsichtig ließ ich den angehaltenen Atem entweichen. Immer noch nichts.

»Bist du sicher«, setzte Galileo zum Sprechen an, wurde aber im selben Augenblick zum Schweigen gebracht.

»Pst.«

Das kam nicht von mir, sondern von Rachel. Ich hörte ihre Schritte hinter meinem Rücken und sah aus den Augenwinkeln, dass sie an mir vorbei zur Mitte des Raumes ging. Galileo folgte ihr nicht. Unter anderen Umständen hätte ich ihm vielleicht einen strafenden Blick über die Schulter zugeworfen und ihn einen Feigling gescholten, aber die Atmosphäre war so spannungsgeladen, dass ich es nicht wagte, mich ablenken zu lassen. Aufmerksam beobachtete ich Rachel, die sich dem Mittelpunkt des Saals näherte. Sie hatte dieses ›Pst‹ ausgestoßen, weil sie etwas vernommen hatte; aber was? Ich konnte nichts weiter hören als unsere Atemzüge und Rachels nackte Sohlen auf den blanken Dielen. Dennoch folgte sie eindeutig irgendeinem Geräusch. Sie hielt den Kopf leicht schräg geneigt, als sei sie nicht ganz sicher, ob sie dieses Geräusch wirklich gehört oder ob sie es sich nur eingebildet habe. Und während sie angestrengt lauschte, vernahm ich plötzlich den Laut, der ihre Aufmerksamkeit erregt hatte. Es war ein kaum hörbares Geräusch: ein Rauschen, so leise, dass ich es für das Strömen meines Blutes gehalten hätte, wäre es nicht auch für Rachel hörbar gewesen.

Sie senkte den Blick zu Boden, und als ich es ihr gleichtat, sah ich, dass eine unmerkliche Veränderung mit den Dielen vorging. Die Risse verschwanden, und die Zeichnung des Holzes, die Maserung der Astlöcher, alles kam in Bewegung. Offensichtlich spürte Rachel den Schub dieser Bewegung an ihren Zehenspitzen: Die Strömung verlief vom Mittelpunkt des Raumes zu ihr hin.

Jetzt brachte ich das Geräusch, das ich vernahm, mit der Bewegung der Holzdielen in Verbindung. Das Holz wurde zu Sand; Sand, über den eine sanfte, aber beharrliche Brise strich.

Rachel sah sich nach mir um. Ihrem Gesichtsausdruck nach zu urteilen fand sie die Geschehnisse eher interessant als furchteinflößend.

»Sehen Sie nur«, murmelte sie und fuhr dann, an Galileo gewandt, fort: »Es ist alles in Ordnung, Liebling.« Damit streckte sie ihm die Hand entgegen, und er trat, nicht ohne mir einen ängstlichen Seitenblick zuzuwerfen, zu ihr. Der Wind wurde stärker; die Holzdielen waren jetzt völlig verschwunden. Unter unseren Füßen war nur noch Sand, dessen feine Körner glitzernd weiterströmten.

Galileo nahm ihre Hand, und ich sah deutlich, dass er sich fragte, was für ein Ort das war, der sich so unheimlich um uns auszubreiten begann. Die Wände des Raums waren zu einem graublauen Nebel verschwommen, und als ich nach oben blickte, erkannte ich, dass auch die Kuppel verblasst war. Wo sich zuvor eine massive Decke aus Streben und Putz gespannt hatte, funkelten jetzt Sterne. Die Dunkelheit, in der sie strahlten, vertiefte sich, und die winzigen Lichtpunkte blendeten immer heller meine staunenden Augen. Ein paar Schwindel erregende Sekunden lang glaubte ich, auf sie zuzustürzen. Bevor mich die Illusion ganz in ihren Bann ziehen konnte, wandte ich den Blick ab und sah zu den beiden Liebenden hinüber, die in diesem Moment ihre Hände ineinander schmiegten.

Ein leises Beben durchlief meinen Körper, und Tansy sprang mit einem Satz aus meinem Arm und landete im Sand. Ich bückte mich, um zu sehen, ob sich das Tier nicht verletzt hatte – eigenartig genug, aber ich empfand es irgendwie als beruhigend, mich damit zu beschäftigen, während sich doch der Boden unter meinen Füßen verwandelte und die Sterne über mir unerträglich hell leuchteten. Tansy war jedoch an meiner Fürsorge nicht interessiert. Mit seinem komischen Watschelgang entwischte mir das Tier, bevor ich es fassen konnte. Erst nachdem es sich etwa drei Meter entfernt hatte, hob ich den Kopf, und was ich nun sah, ließ mich das Stachelschwein augenblicklich vergessen.

Vor mir spielte sich kein apokalyptisches Schauspiel ab; kein Flammengewölbe, keine Tiere in panischer Flucht. Ich sah eine Landschaft, die ich kannte, obwohl ich außer in meiner Vorstellung nie dort gewesen war. Aber vielleicht kannte ich sie gerade darum umso besser.

Zu meiner Rechten erstreckte sich ein dichter, dunkler Wald. Zu meiner Linken das plätschernde Wasser des Kaspischen Meeres.

Zwei Seelen, so alt wie das Firmament, wanderten eines Mittags in uralten Zeiten an dieser Küste entlang …

Es war dies der Ort, an dem die Heilige Familie erschienen war; an dem Zelim, der Fischer, seine zänkischen Gefährten verlassen und in eine Unterhaltung verstrickt worden war, die nicht nur sein Leben verändern sollte, sondern auch die Existenz, die ihm nach dem Tod beschieden war. Der Ort, an dem alles begonnen hatte.

Hier drohen keine Gefahren, dachte ich bei mir. Hier gab es nur den Wind, den Sand und das Meer. Als ich mich zur Tür umwandte oder vielmehr zu der Stelle, an der sich die Tür befunden hatte, war sie verschwunden. Kein Weg führte von diesem Ort ins Haus zurück. Und auch von Cesaria war an dem Strand weit und breit keine Spur zu entdecken. Ich glaubte in der Ferne zwischen den Dünen so etwas wie eine Ansiedlung zu sehen – ein neues Atva vielleicht oder auch das alte Dorf –, und ein Stückchen weiter ragte das Gerippe eines Bootes aus dem Sand, die Knochenreste des

Rumpfes schwarz im Sternenlicht; aber von der Frau, um derentwillen wir gekommen waren, keine Spur.

»Wo, zum Teufel, sind wir hier eigentlich?« redete Galileo laut vor sich hin.

»Das ist die Stelle, an der du getauft wurdest«, erklärte ich.

»Wirklich?« Sein Blick schweifte über die glatte Wasseroberfläche. »Wo ich versucht habe wegzuschwimmen?«

»Genau.«

»Wie weit bist du gekommen?« erkundigte sich Rachel.

Seine Antwort hörte ich nicht mehr. Das Stachelschwein, das immer weiter davongewatschelt war, fesselte meine Aufmerksamkeit, denn es hatte jetzt kehrtgemacht und näherte sich, die Nase schnüffelnd im Sand, dem Bootswrack. Auf halbem Wege hob das Tier den Kopf, stieß einen leisen, kehligen Laut aus und beschleunigte seinen Trott. Es musste jetzt nicht mehr schnüffelnd seinen Weg suchen, sondern es kannte sein Ziel. Jemand erwartete uns im Schatten des Bootes.

»Galileo …?« murmelte ich.

Als er sich zu mir umdrehte, deutete ich zum Rand des Wassers. Dort in dem Boot saß die Gebieterin über die Stürme, die zürnende Göttin selbst, den Kopf mit einem Tuch aus dunkler Seide verhüllt.

»Siehst du sie?« murmelte ich.

»Ich sehe sie«, erwiderte er und fuhr dann leiser fort: »Geh du vor.«

Ich machte keine Einwände. Meine Angst war vergangen, beschwichtigt durch die friedliche Atmosphäre, die hier herrschte. Es würden keine Stürme losbrechen, das spürte ich; keine entfesselten Kräfte, die sich hier austobten. Damit hatte sich zwar meine Hoffnung, dem Dasein als Halbblut enthoben zu werden, aller Wahrscheinlichkeit nach zerschlagen, aber es bedeutete auch, dass ich keinen Schaden erleiden würde

Tansys Fußspuren folgend, näherte ich mich dem Boot. Das Licht der Sterne wurde jetzt nicht mehr heller, aber in ihrem wohltuenden Schein konnte ich Cesaria dennoch deutlich genug erkennen, wie sie auf einem Stapel Holz saß und mir entgegenblickte. Zwischen den Rippen des Bootswracks, die sich um sie herum in die Luft reckten, sah sie aus, als säße sie in einem dunklen Blütenkelch.

»Mes Enfant ...«, sprach sie mich an, *»... ihr habt euch Zeit gelassen.«*

Tansy drängte sich an ihre Beine. Sie bückte sich, und das Tier kletterte in ihre Arme, machte es sich darin bequem und grunzte in seligem Wohlbehagen.

»Wir haben dich unten gesucht ...«, setzte ich zu einer Erklärung an.

»Ich werde nicht dorthin zurückkehren«, entgegnete sie. *»Ich habe zu viele Tränen dort unten vergossen. Und jetzt ist es genug.«*

Seit ich mich angeschickt hatte, mich ihr zu nähern, hatte sie den Blick nicht von mir abgewendet. Es war fast, als wollte sie vermeiden, ihren Sohn anzusehen, der hinter mir war; als wagte sie es nicht, weil sie fürchtete, die Tränen zu vergießen, von denen sie behauptet hatte, es seien nun genug davon geflossen. Ich merkte ihr deutlich an, wie dicht sie davor war zu weinen, welche Fülle von Gefühlen sie bewegte.

»Gibt es irgendetwas, das ich für dich tun kann?« fragte ich.

»Nein, Maddox«, entgegnete sie mit feierlichem Ernst. *»Es gibt nichts mehr. Du hast mehr als genug getan, mein Kind.«*

Kind. Es hatte Zeiten gegeben, da konnte sie mich mit diesem Wort in Rage bringen. Jetzt klang es wunderbar in meinen Ohren. Ich war immer noch ein Kind. Ich hatte, so schien sie sagen zu wollen, noch ein ganzes Leben vor mir.

»Geh fort«, sagte sie.

»Wohin?«

»Durch den Wald. Denselben Weg, den Zelim gegangen ist.«

Ich rührte mich nicht. Obwohl ich ihre Anweisung gehört hatte, konnte ich es nicht über mich bringen zu gehen. Nach all meinen Ängsten, all meinen bangen Ahnungen, was die Begegnung mit ihr bringen könnte, wollte ich noch eine Sekunde in ihrer Nähe verweilen, zwei Sekunden, drei, wollte mich am Balsam ihrer Augen und am Honig ihrer Stimme laben. Nur unter Aufbietung aller Kräfte konnte ich meine Füße dazu bringen, sich in Bewegung zu setzen, mich zum Wald hin zu tragen.

»Gute Reise, mein Kind …«, hörte ich sie noch sagen.

Aber, o Gott, es fiel mir so schwer zu gehen, auch wenn ich in gewisser Weise in die Freiheit entlassen wurde. Ich hatte mit Worten für diese Freiheit bezahlt; jeder Gedanke, den ich auf den vorangegangenen Seiten geäußert habe, war mein Lösegeld dafür. Und dennoch war, als ich jetzt ging, eine tiefe Traurigkeit in mir.

Erst als ich etwa zwanzig Schritte zurückgelegt hatte, drehte ich mich noch einmal um. Doch dann verharrte ich ein paar Minuten, um zu sehen, was sich nun abspielte. Es war der Augenblick der Entscheidung. Hand in Hand näherten sich Galileo und Rachel dem Boot.

»Sohn«, sagte Cesaria, »du hast dir Zeit gelassen.«

»Ich habe mich verirrt, Mama«, entgegnete Galileo. »Ich habe mich in der Welt verirrt. Aber jetzt bin ich wieder zu Hause.«

»Es gibt kein Zuhause mehr«, erklärte Cesaria. *»Nichts davon ist übrig geblieben.«*

»Dann lass es mich wieder aufbauen«, bat Galileo.

»Dazu fehlt dir der Mumm, mein Kind.«

»Mir selbst vielleicht«, wandte Galileo ein. »Aber gemeinsam mit Rachel …«

»Deine Rachel.« Cesarias Stimme hatte einen weicheren Klang angenommen. Sie erhob sich von ihrem Thron aus Holz und winkte Rachel zu sich. *»Komm her«*, sagte sie.

Rachel ließ Galileos Hand los und ging auf das Boot zu. Cesaria, die zwischen den Rippen des Wracks hervorgetreten war, musterte sie von oben bis unten, obwohl ich zu weit entfernt war, um ihren Gesichtsausdruck zu erkennen, konnte ich mir gut vorstellen, wie Rachel unter diesem prüfenden Blick zumute war. Ich hatte ihn am eigenen Leib erfahren; bis zu einem gewissen Grad zumindest. Cesaria drang in Rachels Seele ein. Bildete sich ein abschließendes Urteil darüber, ob diese Frau die Richtige war. Schließlich sagte sie:

»Bist du sicher, dass du all das willst?«

»All das?« fragte Rachel zurück.

»Dieses Haus. Diese Geschichte? Diesen meinen missratenen Sohn?«

Rachel warf einen Blick über die Schulter zurück. Und während dieser endlosen Sekunde, in der sie Galileo betrachtete, glaubte ich zu hören, wie die Sterne über mir ruhig und heiter ihre Bahn zogen.

»Ja«, antwortete sie dann. »Ihn will ich und keinen anderen.«

»Dann sollst du ihn haben«, erklärte Cesaria und breitete die Arme aus.

»Heißt das, dass du mir verzeihst?« fragte Galileo.

Cesaria lachte. *»Wann, wenn nicht jetzt? Komm in meine Arme, bevor du mir noch einmal das Herz brichst.«*

»Ach, Mama ...«

Er überließ sich ihr unendlich gelöst und drückte sein Gesicht an ihre Schulter, während sie die Arme um ihn schlang.

»Vergeben?« murmelte er.

»Vergeben und vergessen«, erwiderte sie.

VII

1

Ich hatte nicht erwartet, auf den letzten Seiten dieser Geschichte in Zelims Fußstapfen zu wandern, aber genau so begab es sich. In meinem Rücken nahm die frohe Wiedervereinigung ihren Lauf, während ich dem Wald zustrebte und unter das Dach der Bäume trat. Es war dunkel hier, und ich gab schon bald den Versuch auf, meine Schritte in eine bestimmte Richtung zu lenken. Stattdessen pflügte ich einfach durch das dichte Gehölz und ließ den Zufall über mein Geschick entscheiden. Der Gedanke an Zelims Erlebnisse während seiner Wanderung war nicht eben angetan, mich in Zuversicht zu wiegen. Er war, kaum dass er diesen Wald hinter sich gelassen hatte, einer Bande übelster Halunken in die Hände gefallen, und ich konnte nur hoffen, dass es das Schicksal gnädiger mit mir meinte; konnte nur hoffen, dass Cesaria, obwohl ich sie weit hinter mir am Meeresstrand zurückgelassen hatte, über meinen Wegen wachen und mich in dieser Finsternis geleiten würde.

Aber von einer schützenden und führenden Hand war wenig zu merken. Gerade als ich dachte, die Dunkelheit könnte nicht mehr tiefer werden, wurde es noch finsterer um mich herum. Bald stolperte ich nur noch vor mich hin und musste mich mit ausgestreckten Armen fortbewegen, wollte ich nicht ständig mit Baumstämmen kollidieren. Aber auch so konnte ich nicht verhindern, dass mein Gesicht, meine Brust, meine Arme und Hände von Dornen zerkratzt wurden und dass sich meine Füße in den Fangstricken der Wurzeln auf meinem Weg verfingen. Mehr als einmal schlug ich längelang so heftig hin, dass es mir die Luft nahm. Soviel zu Cesarias letztem Wunsch an mich, dachte ich. *»Gute Reise«*, dass ich nicht lache. Wenn die Welt, durch die ich hier stolperte, ihr Reich war, wie ich vermutete, hätte sie mir dann nicht zumindest einen Mond aufhängen und mir mit seinem Schein den Weg weisen können?

Nein, das wäre wahrscheinlich zu leicht gewesen. Sie gehörte nicht zu denen, die anderen allzu viel Rücksicht angedeihen ließen, nicht einmal sich selbst. Vielleicht sogar vor allem nicht sich selbst. Nur weil der verlorene Sohn zu ihr zurückgekehrt war, würde sie ihre Gewohnheiten nicht ändern.

Natürlich war es jetzt zu spät, umzukehren. Die Küste hinter mir war längst verschwunden. Mir blieb nichts anderes übrig als weiterzuwandern – wie vor mir Zelim –, und zu hoffen, dass die Tortur irgendwann ein Ende haben würde.

Und endlich, endlich war es soweit. Ich entdeckte einen bernsteinfarbenen Lichtschein zwischen den Bäumen, den ich, während ich darauf zustolperte, nicht mehr aus den Augen ließ. Vor mir dämmerte der Tag herauf; ich sah die Wolkenschichten, deren flache Unterseiten von den ersten Strahlen der aufgehenden Sonne gestreichelt wurden. Vögel erfüllten die Baumwipfel mit einem fröhlichen Choral, um dem anbrechenden Tag ihren Morgengruß zu entbieten. Obwohl meine Füße mich kaum noch tragen wollten und meine Beine vor Erschöpfung zitterten, erfüllten mich der Anblick und der Gesang mit neuer Kraft. Kaum fünf Minuten, nachdem ich den ersten Lichtschimmer erblickt hatte, trat ich aus dem Schatten des Waldes ins Freie.

Mir war überhaupt nicht aufgefallen, welche komplizierten Wege ich zurückgelegt hatte. In meiner Blindheit war ich von Cesarias Zauberkräften aus dem Haus und weit hinaus bis zum Rand des Anwesens geführt worden. Und da stand ich jetzt: an der Grenze zwischen heiligem und weltlichem Grund; zwischen dem Territorium der Barbarossas und dem Rest der Welt. Hinter mir ragte eine undurchdringliche Mauer aus Bäumen auf, zwischen denen das blühende Gestrüpp so üppig wuchs, dass ich nicht weiter als drei oder vier Meter sehen konnte, während sich vor mir eine Landschaft von schlichter Schönheit dehnte. Sanft geschwungene Hügel hinter den Sümpfen, die L'Enfant umschlossen; vereinzelte Bäume, unbestelltes Ackerland. Es war kein Zeichen einer menschlichen Besiedelung zu entdecken.

Die Vögel, die den neuen Tag begrüßt hatten, flogen jetzt aus den Baumkronen auf, und ich sah ihnen zu, wie sie sich in die Lüfte aufschwangen und ihre Kreise zogen, bevor sie in alle Himmelsrichtungen davonschwirrten. Als ich sie so hoch am strahlenden, grenzenlosen Himmel dahinfliegen sah, fühlte ich mich plötzlich sehr verwundbar. Es war so lange her, dass ich kein Dach über dem Kopf gehabt hatte, dass ich mich unwillkürlich versucht fühlte, kehrtzumachen und mich ins Haus zurück zu flüchten. Schließlich gab es dort für mich noch Dinge zu erledigen, kam es mir jetzt in den Sinn: Ich konnte nicht einfach in die Welt hinausgehen und mein gewohntes Leben hinter mir lassen. Eine Reise wie diese bedurfte sorgfältiger Planung und Vorbereitung. Ich hatte mich weder von Marietta noch von Zabrina oder Luman verabschiedet; dem Buch auf meinem Schreibtisch fehlten noch einige Schlussworte; ich musste mein Arbeitszimmer noch aufräumen und meine privaten Schriftsachen wegschließen. Es gab noch dieses und jenes zu tun.

Alles Ausflüchte natürlich, die nur dem Zweck dienten, den gefürchteten Moment hinauszuschieben, in dem ich mich tatsächlich nach so langer Zeit wieder in die Welt hinauswagen würde. Darum, das war mir klar, hatte Cesaria mich so unversehens zum Aufbruch bewegt: damit mir keine Zeit blieb für Zaudern und Zagen und ich gezwungen war, mich in das Abenteuer unter dem weiten Himmel zu stürzen. Mich, kurz gesagt, ins Leben zu stürzen.

Diese Gedanken wälzte ich im Angesicht der leeren Weite, die sich vor mir erstreckte, als ich hinter mir im Dickicht ein Geräusch vernahm. Ich fuhr herum und sah mich zu meinem Erstaunen Luman gegenüber, der sich unter deftigen Flüchen durch das Gesträuch zwängte. Als er es endlich geschafft hatte, waren sein Bart und sein Haar so mit Zweigen und Dornen gespickt, dass er aussah wie ein irrer Waldgeist. Er spuckte einen Mundvoll Blätter aus und musterte mich mit wildem Blick.

»Du solltest mir besser dankbar sein«, grollte er.

»Wofür?« fragte ich.

Darauf hob er die Hände, und ich sah, dass er zwei ziemlich ramponierte lederne Rucksäcke trug, die zum Bersten voll gestopft waren. »Ich habe dir ein paar Dinge für die Reise gebracht«, verkündete er.

»Das ist wirklich nett von dir.«

Der kleinere der beiden Rucksäcke, den er mir jetzt zuwarf, war schwer, und er stank.

»Ist das auch eine deiner Antiquitäten?« fragte ich ihn mit einem Blick auf die Insignien der Konföderierten auf der Verschlussklappe.

»Richtig«, erwiderte er. »Er stammt aus derselben Quelle wie der Säbel. Ich habe deinen Revolver eingepackt, außerdem ein bisschen Geld, ein Hemd und eine Flasche Brandy.«

»Und was ist in dem?« erkundigte ich mich, auf den größeren Rucksack deutend.

»Etwas zum Anziehen, ein Paar Stiefel und – du weißt schon was.«

Ich musste lächeln. »Du hast mir mein Buch gebracht?«

»Natürlich. Ich weiß doch, wie viel dir an dem verdammten Ding liegt. Ich hab' es in das alte Sternenbanner gewickelt.«

»Vielen Dank.« Ich nahm ihm den zweiten Rucksack ab. Er wog schwer in meiner Hand. Meine Schultern würden mir meinen Wortreichtum nicht danken in den kommenden Tagen. Aber es war ein angenehmes Gefühl, das Ding bei mir zu haben; es kam mir vor wie ein Kind, von dem ich mich nicht trennen konnte.

»Du bist ins Haus gegangen, um das Buch zu holen«, fuhr ich fort. »Dabei weiß ich, wie ungern du das tust ...«

Mit einem Blick aus den Augenwinkeln entgegnete er: »Das war einmal. Die Dinge verändern sich, nicht wahr? Scheißhaufen von den Tieren auf dem Fußboden, Frauen im ganzen Haus.« Ein koboldhaftes Grinsen breitete sich auf seinen Zügen aus.

»Vielleicht ziehe ich wieder ein. Die Damen sind große Klasse.«

»Es sind Lesbierinnen«, erinnerte ich ihn.

»Mir egal. Und wenn sie aus Wisconsin kämen«, erklärte er, »mir gefallen sie.«

»Woher wusstest du, wo ich bin?«

»Ich habe dich gehört, als du an der Räucherhütte vorbeigegangen bist und Selbstgespräche geführt hast.«

»Was habe ich gesagt?«

»Unverständliches Zeug. Ich kam raus, aber du bist an mir vorbeigegangen wie ein Schlafwandler. Irgendwie habe ich angenommen, dass sie dich in diesen Zustand versetzt hat. Unsere alte Herrin der Liebe.«

»Du meinst Cesaria.«

Er nickte. »So hat Paps sie immer genannt. ›*Die alte Herrin der Liebe, Eis und Honigblüten durch und durch.*‹ Hast du das nie gehört?«

»Nein, nicht ein einziges Mal.«

»Na gut, wie dem auch sei, ich dachte, sie hat beschlossen, dich endlich loszuwerden. Also fand ich, du solltest ein bisschen was für den Weg mitnehmen.«

»Vielen Dank. Ich weiß das sehr zu schätzen.« Mein Dank schien Luman verlegen zu machen.

»Na ja …«, murmelte er, während er sich ein verirrtes Blatt vom Mundwinkel zupfte. »Du warst nett zu mir, Bruder.«

Als ich ihn so ansah, wie er das Blatt aus seinem Bart entfernte, fragte ich mich unwillkürlich, ob mir bei der Erforschung unserer Familie vielleicht ein einfaches Muster entgangen war; konnte sein zweiter Name Pan sein, der meines anderen Bruders Dionysos und …?

Unwillig riss ich mich aus diesen Gedanken und knurrte vor mich hin.

»Was ist?«

»Ich schreibe im Kopf immer noch an diesem verdammten Buch«, erklärte ich.

»Wenn du erst einmal weg bist, wirst du es vergessen.« Lumans Blick schweifte bei diesen Worten über meine Schulter hinweg in die Ferne. In seiner Miene lag ein Hauch von Wehmut. Mir fiel unser Gespräch ein, bei dem er gesagt hatte, dass er sich nicht vorstellen könne, jemals wieder in die Welt hinauszugehen, weil ihn das vollends in den Wahnsinn treiben würde. Und doch war ihm deutlich anzusehen, wie verlockend der Gedanke eines solchen Abenteuers für ihn war. Ich beschloss, in die Rolle des Mephisto zu schlüpfen.

»Warum kommst du nicht mit?« fragte ich ihn.

Ohne mich anzusehen, den Blick fest auf die sonnenüberflutete Hügellandschaft geheftet, brummte er: »Ja, das würde ich gern. Aber ich werde es nicht tun. Jedenfalls nicht heute. Ich muss noch jede Menge Mist erledigen, Bruder. All diese Frauen müssen bewaffnet werden.«

»Bewaffnet?«

»Klar … wenn sie hier bleiben …«

»Sie bleiben nicht.«

»Marietta behauptet aber, sie bleiben.«

»Tatsächlich?«

»Das hat sie zumindest gesagt.«

Ach, du meine Güte, dachte ich: Jetzt hatte die Invasion also wirklich stattgefunden. L'Enfant war erobert worden. Nicht von den Gearys – noch nicht. Von einer Bande lesbischer Weiber.

»Weißt du noch, was du mir versprochen hast?« fuhr Luman fort.

»Wegen deiner Kinder?«

»Du erinnerst dich?«

»Natürlich erinnere ich mich.«

Mit glänzenden Augen strahlte er mich an. »Du siehst dich nach ihnen um?«

»Ich werde mich nach ihnen umsehen.«

Plötzlich trat er näher und schlang seine Arme um mich. »Ich wusste, du würdest mich nicht im Stich lassen!« rief er und drückte mir einen schmatzenden Kuss auf die Wange. »Ich liebe dich, Maddox. Und ich möchte, dass du meine Liebe mitnimmst, damit sie dich in der großen weiten Welt beschützt.« Er zog mich noch fester an seine Brust. »Hast du mich verstanden?«

Ich erwiderte seine Umarmung, wenn auch ein wenig

unbeholfen wegen der beiden unhandlichen Rucksäcke, die ich trug.

»Weißt du schon, wo du mit der Suche beginnen wirst?« erkundigte er sich, als wir uns aus der brüderlichen Umarmung lösten.

»Keine Ahnung«, erwiderte ich. »Ich werde einfach meiner Nase folgen.«

»Und du bringst meine Kinder hierher zu mir?«

»Wenn das dein Wunsch ist …«

»Es ist mein Wunsch«, erklärte er.

Sein Blick ruhte lange auf mir, und ich schwöre, dass mir aus seinen Augen so viel Wärme und Zuneigung entgegenschlug, wie ich sie seit vielen Jahren nicht mehr erfahren hatte. Dann wandte er sich abrupt ab und tauchte in das Dickicht zwischen den Bäumen ein. Nach vier oder fünf energischen Schritten war er verschwunden, von der dichten Vegetation verschluckt, und die Mauer zwischen mir und L'Enfant stand starr und unverrückbar da.

2

Luman ist klüger als man auf den ersten Blick meinen könnte. Er hatte nicht nur das Buch eingepackt, sondern darüber hinaus auch einen Stoß unbeschriebenen Papiers, zwei Füllfederhalter und sogar Tinte. Er wusste, dass ich den Wunsch haben würde, über meine Abreise von L'Enfant zu berichten; dass ich mit dem Abschied vom Haus zugleich meinen Abschied von diesem Buch nehmen musste.

Jetzt sitze ich also hier am Wegrand, etwa drei Meilen von der Stelle entfernt, an der wir uns Lebewohl gesagt haben, und bringe meine abschließenden Gedanken zu Papier. Der Tag hat es gut mit mir gemeint. Seit dem späten Vormittag weht eine sanfte Brise, und es herrscht warmer, nicht sengender Sonnenschein. Ich bin nach einem Fußmarsch von knapp zwei Stunden auf diese Straße gestoßen und habe beschlossen, ihr zu folgen, obwohl ich keine Ahnung habe, wohin sie mich führen wird. In gewisser Weise bewege ich mich – auch wenn ich sehr weit vom Kaspischen Meer entfernt bin – immer noch auf Zelims Spuren; wandere blindlings, aber voller Hoffnung dahin. Hoffnung worauf? Vielleicht auf ein wenig Weisheit; darauf, einen Schlüssel zur Antwort auf die Frage zu finden, die ich Nicodemus hatte stellen wollen: *Was ist der Sinn meines Lebens?* Wahrscheinlich ist meine Erwartung zu hoch gesteckt; die Welt gibt uns selten eine Antwort auf diese Frage, und wenn sie es doch einmal tut, muss der Betreffende im Allgemeinen einen hohen Preis für dieses Wissen bezahlen. Der Baum dieses Wissens wurzelt in der steinigen Erde von Golgatha.

Abgesehen davon habe ich keine konkreten Pläne. Ich habe zu lange unter despotischer Herrschaft gelebt, habe mich der Last meines eigenen Ehrgeizes gebeugt. Nun, da mir diese Last fast von den Schultern genommen ist, empfinde ich es vielleicht schon als Befriedigung, einfach nur ein freies Leben führen zu können. In Zukunft werde ich nichts sein als der Mann, der die Geschichte eines verlorenen Sohnes erzählt hat; der Chronist, der über die Rückkehr Galileos und seiner Geliebten an den Ort berichtet hat, an dem ihnen ein Neubeginn offen steht. Das Vorwort zu diesem Moment ist eine unbeschriebene Seite. Und auch wenn mich mein Weg durch diesen Ort führt, werde ich keine Spuren dort hinterlassen, zumindest nicht mit Worten.

Was natürlich nicht heißen soll, dass mich das weitere Leben und das Nachleben jener, über die ich geschrieben habe, nicht interessieren würde.

Ich sehe Garrison Geary in diesem Augenblick vor mir, wie er, von der Beerdigung seines Großvaters und seines Bruders kommend, in dem Raum sitzt, der einmal Cadmus' Allerheiligstes war. Vor sich auf dem Schoß Charles Holts Tagebuch. Ihm gegenüber an der Wand das gewaltige Ölgemälde von Bierstadt. Im Geist ist er der einsame Pionier auf der Bergzinne geworden; aber er träumt nicht davon, die Ebenen des Mittleren Westens in Besitz zu nehmen. Er träumt davon, L'Enfant zu besitzen. Er plant, es mit Gewalt zu erobern. Er weiß sogar schon, was er tun wird, wenn er erst einmal der Herr dieses Hauses ist, und er wird damit den Lauf der Geschichte verändern.

In Washington macht sich Loretta ihre eigenen Gedanken; auch sie grübelt über die Zukunft nach. Sie hat gesehen, wie die Männer ihrer Familie beerdigt wurden, und sie hat sich die Frage gestellt, ob es nicht voreilig war, Rachel gegenüber zu sagen, dass diese Geheimnisse zu hoch für sie wären. Wir sind nur unbedeutende Menschen, hatte sie gesagt. Wir haben nie gebetet. Aber während sie hier in der Abenddämmerung sitzt und dem Lärm des vorbeirauschenden Verkehrs lauscht, fragt sie sich, ob das nicht das Einzige ist, das ihr geblieben ist: ein Gebet und jemand, an den sie es senden kann. Es wird eine Weile dauern, bis sie alles begriffen hat; aber sie ist eine kluge Frau, und sie hat nun nichts mehr zu verlieren. Eine Tatsache, die sie gefährlich macht.

Lumans uneheliche Kinder fristen inzwischen ihr tristes Dasein in irgendeiner Stadt, deren Namen ich nicht kenne, und die Klügsten unter ihnen haben keine Erwartungen an das Leben; aber wer weiß, vielleicht steht ihnen noch eine Überraschung bevor.

Und die Haifischgötter ziehen ihre Kreise in den klaren Gewässern um die Inseln.

Und die Traumgeister der Frauen aus dem Clan der Gearys sitzen lachend unter dem Dachgesims des Hauses in Anahola.

Und gewisse Vertreter der Macht betreten, müde von ihren politischen Geschäften, ehrfürchtig einen Tempel in der Nähe des Kapitols und machen grimmig ihre Aufwartung.

Und die Götter leben weiter, ob sie wollen oder nicht; und die Straße der Menschheit dehnt sich vor uns aus, und wir schleppen uns dahin wie verwundete Kinder, die sich nach der Kraft sehnen zu rennen.